第 2 版

海商法詳論

崔 鍾 賢 著

博 英 社

제2판 머리말

2009년에 「해상법상론」이 출간된 지 어느덧 4년여가 흘렀다. 그동안 우리나라는 해양오염손해의 배상에 관한 2개의 국제협약에 추가로 가입하였고 이를 국내법화하기 위하여 유류오염손해배상보장법을 개정하였다. 또한 해운현실의 변화에 따라 여러 특별법들도 개정되었으며 국내·외에서 해상법 분야에 관한 새로운 판례도 상당히 집적되었다. 이러한 최신의 동향을 반영하기 위하여 제2판을 출간하게 되었다.

제2판을 출간하면서 중점을 둔 사항은 다음과 같다.

첫째, 유류오염에 관한 제4편 제5장에 「제4절 비유조선 선박소유자의 손해배상책임」을 신설하여 「2003년 추가기금의정서」와 「2001년 선박연료유협약」의 내용을 해설하였다.

둘째, 「해상법상론」이 출간된 이후에 집적된 국내와 외국(특히 영국)의 주요 판례를 소개하고 그동안 발표된 논문 중 주요 논문의 내용을 추가하였다.

셋째, 해상위험에 관한 제4편에 해상보험에 관한 제6장을 신설하였다. 현행상법에서는 해상보험이 보험편에 속해 있으나 해상보험이 해상법에 속하는 입법례도 많으며 실무상으로도 해상보험과 해상법은 떼려야 뗄 수 없는 긴밀한 관계에 있기 때문에 이 책에서 다루는 것도 의미가 있다고 생각하였다. 다만 해상보험은 그 내용이 방대하기 때문에 이 책에서는 해상보험의 기본 원리를 개략적으로 해설하는데 중점을 두었다.

넷째, 이 책의 독자들 중에는 법률전문가가 아닌 실무가들도 많다는 점을 고려하여 책을 읽기 수월하도록 개정하였다. 이를 위해서 서로 관련이 있는 부분은 쪽수를 표시하여 상호 참조가 용이하도록 하였으며 목차와 색인도 찾아보기 쉽게 개정하였다. 또한 참조의 편의를 위해 부록에 상법 해상편의 조문과 국제조약들의 번역문도 수록하였다.

다섯째, 「해상법상론」에 있었던 오·탈자들을 수정하였다. 「해상법상론」의 독자들께 오·탈자에 대해 죄송하다는 말씀을 드린다.

「해상법상론」 제 2 판을 출간하는 데에는 「해상법상론」에 대해 과분한 칭찬을 해 주신 채이식 고려대학교 법학전문대학원 교수님과 이균성 전 외국어대학교 법과대학 학장님의 격려가 큰 힘이 되었다. 두 분께 진심으로 감사드린다. 또한 「해상법상론」에 대해 여러 가지 좋은 개정 의견을 주신 법무법인 세경의 변호사님들과 그 밖의 다른 여러 해상 변호사님들 및 이 책의 자료 정리와 교정을 위해 많은 수고를 해 준 김종범 변호사와 아들 기민에게도 감사한 마음을 전한다. 그리고 이 책의 출간을 맡아 주신 박영사의 안종만 회장님과 편집 및 제작을 위해 애써 주신 조성호 부장님 및 편집부 여러분께도 감사를 드린다.

2014년 2월
광화문의 법무법인 세경 사무실에서
최 종 현 씀

■ ■ ■ ■ ■ ■
머 리 말

　해상법은 바다를 무대로 하여 활동하는 해상기업에 관한 법률관계를 규율하는 법이다. 우리나라는 역사적으로 신라시대 이래 해양활동에 강한 나라이었다. 또한 지정학적으로도 해양으로 진출할 수 있는 최적의 여건을 갖추고 있다. 이러한 역사적, 지정학적 배경을 바탕으로 우리나라는 현재 조선업이 세계 1위의 자리를 고수하고 있고 해운업이 세계 6, 7위를 다투는 해양 강국이 되었다. 요즘의 세계 경제의 위기로 인해 우리나라 경제도 상당히 어려움을 겪고 있으나 바다는 현재는 물론 미래에 있어서 우리나라의 생존과 번영의 토대가 될 '블루 오션(blue ocean)'이다. 이러한 블루 오션에서 활동하는 해상기업을 법적으로 뒷받침하는 것이 해상법이다. 그러므로 해상법은 우리나라 경제의 발전을 위한 필수적인 법 분야의 하나이다. 한편 전통적으로 해상법은 상법의 일부로 다루어져 왔으나 해상법은 물품의 국제운송을 다룬다는 점에서 국제거래법의 중요한 한 분야이기도 하다.

　저자가 이러한 해상법에 관한 전문변호사가 되겠다는 뜻을 세우고 이를 위해 나름대로 노력해 온 지 어언 25년이 되었다. 그동안 수많은 사건들을 처리해 오면서 느낀 것이 우리나라에 학문적으로나 실무적으로 도움이 될 만한 해상법 저서가 극히 드물다는 것이었다. 이에 저자는 그동안의 실무 경험과 틈틈이 해상법 관련 논문을 발표하며 연구해 온 결과를 토대로 해상법 교과서를 써 보아야겠다는 꿈을 품게 되었다. 이러한 꿈이 현실화될 수 있는 계기가 된 것은 저자가 2005년부터 2008년까지 연세대학교 법과대학에서 교수로서 근무하게 된 것이었다. 학교에서 학생들에게 해상법을 가르치며 실무에서 자주 문제가 되는 분야뿐만 아니라 학문적으로 중요한 분야에 이르기까지 해상법 전체를 조망하게 되자 해상법 교과서를 쓰겠다는 꿈을 이루고 싶다는 열망이 차올라 감히 이 책을 집필하게 되었다.

　이 책은 다음과 같은 점에 주안점을 두었다.

　첫째, 이 책은 해상법 교과서로서 기존의 상법 교과서들에 포함된 해상법에 관한 부분을 학문적으로 계승하고자 하였다. 따라서 이 책의 체재를 전혀 새롭게 만들기보다는 학문적 연속성을 위해 기존의 상법 교과서들의 해상편의 체재를 수용하되 2007년에 개정된 해상법의 체제에 따라 그 체재를 일부 변경하는 것으로 하였다. 또한 해상법 교과서로서의 성격에 부합하도록 가급적 해상법에 관한 중요한 사항들을 빠짐없이 다루려고 노력하였으며 나아가 저자의 실무 경험을 토대로 해상법상의 논점들에 대하여 기존의 저서들보다 상세하게 서술하려고 애썼다. 이에 따라 이 책의 양이 다소 많아지게 되었으며, 이 책의 제목을 감히 「해상법상론」으로 정하게 되었다.

　둘째, 이 책은 해상법 교과서로서의 성격에 맞도록 우리 해상법의 해석론과 입법론을 중심으로 서술하였다. 해상법은 국제적인 성질을 강하게 갖고 있으므로 해상법 분야의 연구에는 국제조약 및 주요 해운국의 법제에 대한 이해가 필요하다. 이 책도 관련되는 국제조약과 외국의 법제를 많이 소개하고자 노력하였다. 그러나 국제조약에 관한 연구나 비교법적 연구의 궁극적인 목적은 우리 해상법의 정확한 해석과 우리 해상법의 발전방향을 모색하는 데 있다. 그러나 해상법에 관한 기존의 저서들 중에는 외국법의 입장과 우리 해상법의 입장을 명확히 구별하지 아니하고 서술함으로써 외국법의 입장이 우리 해상법의 해석론인 것처럼 오도할 우려가 있는 경우가 일부 있었다. 이에 이 책은 기본적으로 우리 해상법의 해석론과 입법론을 정확하게 서술하고 외국법의 입장을 소개할 경우에는 그 외국법과 우리 해상법의 비교를 엄밀히 하여 독자로 하여금 오해의 소지를 없애고자 하였다. 한편 해운 실무에서는 영국법의 영향이 거의 절대적이므로 외국의 법제를 설명하는 경우에는 특히 영국법의 입장을 설명하는 데 주력하였다.

　셋째, 이 책이 해상법 교과서로서 기본적으로는 이론서를 지향하나 해운 실무에서도 참조할 수 있도록 실무상 자주 문제가 되는 사항들은 다소 세부적인 사항이라 할지라도 가급적 다루려고 노력하였다. 특히 이 책의 제5편에 기존의 교과서들에서는 다루지 않는 「해상분쟁의 해결」에 관한 부분을 추가하여 실무에서 해상사건을 처리할 때 수시로 부딪히는 문제들을 정리해 보고자 하였다.

넷째, 이 책에 가급적 해상법에 관한 많은 자료를 담아 독자의 편의를 기하고자 하였다. 이에 해상법에 관한 중요한 자료들을 이 책의 부록으로 첨부하는 한편 본문에 소개하는 대법원 판례의 판결내용을 각주에 충실히 인용함으로써 원 자료를 독자가 용이하게 직접 검토할 수 있도록 하였다.

이 책을 마무리해 놓고 보니 부족한 점이 많이 눈에 띈다. 앞으로 독자들의 충고와 조언에 따라 끊임없이 이 책을 개정하고 보완할 것을 약속드린다.

해상법 교과서를 쓰고자 하는 꿈이 이루어진 지금 감사를 드리고 싶은 분들이 많다. 우선 서울대학교 법과대학 은사님이시며 대학원에서 저자의 지도교수로서 해상법에 관한 연구의 틀을 잡아주신 존경하는 송상현 국제형사재판소장님의 학은(學恩)에 깊이 감사드린다. 또한 저자에게 해상보험법에 관하여 눈을 뜨게 해 주신 은사님이시며 저자의 인생의 사표 중의 한 분이신 양승규 전 세종대학교 총장님께도 진심으로 감사드린다. 그리고 서울대학교 법과대학의 다른 여러 은사님들 및 저자에게 항상 학자로서의 귀감이 되어 주시는 정동윤 전 고려대학교 법과대학 학장님과 정찬형 고려대학교 법과대학 교수님께도 심심한 감사를 드린다. 고등학교 시절 이래 저자의 40년 지기이며 저자의 동업자인 법무법인 세경의 김창준 대표변호사께도 감사의 마음을 전한다. 김 변호사의 배려로 인해 이 책의 집필을 마무리할 수 있었다. 또한 이 책이 나오기까지 많은 도움을 준 법무법인 세경의 식구들 모두에게도 감사드린다. 그리고 저자가 13여 년간 몸담았던 김·장 법률사무소의 여러 변호사님들께도 감사를 표한다. 한편 이 책의 상당 부분은 저자가 연세대학교 법과대학에서 근무하던 중에 저술하였는데, 연세대학교 법과대학에서 훌륭하신 선후배 교수님들과 함께 지냈던 시절은 저자에게는 너무나 행복한 추억으로 남아 있다. 연세대학교 법과대학 교수님들의 격려와 관심이 저자의 연구에 큰 도움이 되었다. 또한 이 책이 해상법에 관한 기존의 저서들과 다소나마 차별된다면 그것은 저자가 해상변호사로서 실제로 수많은 사건들을 처리한 경험이 이 책에 녹아 있기 때문이다. 저자가 해상변호사로서 활동하는 동안 저자를 도와 주고 격려해 주신 해운업계의 모든 분들께도 감사드린다. 이 책이 요즘 어려움을 겪고 있는 해운업계에 다소나마 도움이 된다면 저자에게는 큰 보람이 될 것이다.

저자가 이 책을 집필하던 중인 지난 5월에 아버님께서 갑자기 운명을 달리 하셨다. 생전에 아버님께 사랑하는 마음을 자주 전해 드리지 못한 것이 못내 한이

된다. 아버님 영전에 삼가 이 책을 바친다. 또한 평생을 자식들을 위해 헌신해 오
시고 지금도 자나 깨나 부족한 자식을 위하여 기도해 주시는 어머니 황병임 여사
께도 뜨거운 애정과 감사를 드린다. 그리고 늘 저자의 옆에서 훌륭하게 내조를 하
고 있는 사랑하는 아내 근진은 저자의 인생에 없어서는 안 될 사람이다. 이 자리
를 빌려 사랑하는 아내 근진과 반듯하게 자라나 준 아들 기민, 딸 수민에게 이 세
상 무엇보다도 사랑한다는 말을 전한다.

    끝으로 이 책의 출간을 맡아 주신 박영사의 안종만 회장님과 편집 및 제작을
위하여 애써 주신 조성호 부장님, 홍석태 차장님 및 편집부 여러분, 그리고 교정보
느라 고생한 연세대학교 대학원 법학과 석사과정의 성하라 군에게도 진심으로 감
사드린다.

2009. 7.

광화문의 법무법인 세경 사무실에서

최 종 현 씀

■ ■ ■ ■ ■ ■

차 례

제 1 편 서 론

제 1 장 해상법의 개념

제 2 장 해상법의 특성

제 3 장 해상법의 발전

제 4 장 해상법의 법원(法源)과 적용범위

제 5 장 해상법의 현대적 과제

제2편 해상기업의 조직

제1장 총 설

제2장 해상기업의 물적 조직(선박)

제 3 장　해상기업의 인적 조직

제 4 장   선박담보권

제 3 편　해상기업의 활동

제 1 장　총　　설

제 2 장　해상운송

제 3 장 용   선

제 4 장　예　　선

제 4 편　해상기업의 위험

제 1 장　총　　설

제 2 장　공동해손

제 3 장　선박충돌

제 4 장　해난구조

제 5 장 유류오염

제 6 장　해상보험

제 5 편　해상분쟁의 해결

제 1 장　총　　설

제 2 장　해상분쟁과 국제소송

제 3 장　해상분쟁과 중재

제 4 장　해상분쟁의 준거법(국제해상법)

제 5 장　선박에 대한 집행

부　록

참고서적 및 인용 약어표

Ⅰ. 국내서(가나다 순)

저　자	서　명	출　판　사	발행연도	인용약어
강현중	민사소송법, 제 6 판	박영사	2004	강(현),(민소)
고평석	책임보험계약법론	삼지원	1990	고(평),(책임보험)
곽윤직	물권법, 제 7 판	박영사	2002	곽,(물)
곽윤직	채권각론, 6판	박영사	2003	곽,(채·각)
김명기	국제법원론	박영사	1996	김(명),(국제)
김상원 박우동 이시윤 이재성	(주석)강제집행법(Ⅳ)	한국사법 행정학회	1993	주석강제집행법(Ⅳ)
김성태	보험법강론	법문사	2001	김(성),(보)
김성태	상법총칙·상행위	법문사	1998	김(성),(상총)
김인현	해상법, 제 3 판	법문사	2011	김(인),(해)
김인현	해상법연구	삼우사	2002	김(인),(연구)
김인현	해상법연구Ⅱ	삼우사	2008	김(인),(연구Ⅱ)
김정건	국제법	박영사	2004	김(정),(국제)
김정수	해상보험론, 제 3 판	박영사	2003	김(정),(해상보험)
김향기	법학개론, 9판	대명출판사	2013	김(향),(개)
김형만 이기욱	법학개론, 전정판	홍문사	2012	김·이,(개)
김홍규 강태원	민사소송법, 제 2 판	삼영사	2010	김(홍),(민소)
김증한	(주석)채권각칙(Ⅰ)	한국사법 행정학회	1994	주석채권각칙(Ⅰ)
김증한	(주석)채권각칙(Ⅱ)	한국사법 행정학회	1994	주석채권각칙(Ⅱ)
김증한	(주석)채권각칙(Ⅲ)	한국사법 행정학회	1994	주석채권각칙(Ⅲ)

목영준	상사중재법론	박영사	2000	목,(중재)
박용섭	해상법론	형설출판사	1998	박(용),(해)
박세민	보험법	박영사	2011	박(세),(보)
배병태	주석해상법	한국사법행정학회	1980	배
서돈각정완용	상법강의(상), 제 5 보정판	법문사	2000	서·정,(상)
서돈각정완용	상법강의(하), 제 4 전정판	법문사	1996	서·정,(하)
서동희	실무해상법·해상보험법	법문사	2007	서(동),(해)
서헌제	콘테이너복합운송인의 책임법리	삼지원	1986	서(헌),(복운)
석광현	국제사법과 국제소송 1권	박영사	2002	석,(1)
석광현	국제사법해설, 개정판	지산	2001	석,(해설)
석광현	국제재판관할에 관한 연구-민사 및 상사사건에 있어서의 국제재판관할의 기초이론과 일반관할을 중심으로	서울대학교출판사	2001	석,(관할)
석광현	국제상사중재법연구 제 1 권	박영사	2007	석,(1)
손주찬	상법(상), 제15보정판	박영사	2004	손,(상)
손주찬	상법(하), 제11보정판	박영사	2005	손,(하)
송상현박익환	민사소송법, 제10판	박영사	2011	송(상),(민소)
송상현김 현	해상법원론, 제 4 판	박영사	2008	송·김
심재두	해상보험법	길안사	1995	심,(해상보험)
심재두	해상운송법	길안사	1997	심,(해상운송)
양승규	보험법, 제 5 판	삼지원	2004	양(승),(보)
양승규한창희	해상보험법	삼지원	2007	양·한,(해상보험)
오원석	국제운송론, 제 3 개정판	박영사	2004	오(원),(운송)
유기준	해상보험판례연구	두남	2002	유(기),(판례)
이기수최병규	상법총칙·상행위법, 제 7 판	박영사	2010	이(기),(상총)
이기수최병규김인현	보험·해상법, 제 8 판	박영사	2008	이(기),(보·해)

이시윤	신민사소송법, 제 7 판	박영사	2013	이(시),(민소)
이영준	(주석)물권법(하)	한국사법 행정학회	1993	주석물권법(하)
이재성 이시윤 박우동 김상원	(주석)민사소송법(Ⅲ), 제 5 판	한국사법 행정학회	1997	주석 민사소송법(Ⅲ)
이주흥	해상운송법	박영사	1992	이(주),(운송)
이철송	상법총칙·상행위, 제11판	박영사	2012	이(철),(상총)
이철송	회사법, 제21판	박영사	2013	이(철),(회)
이한기	국제법강의, 신정판	박영사	2006	이(한),(국제)
임동철	해상법·국제운송법연구	효성출판사	1990	임(동)
정경영	상법학강의, 개정판	박영사	2009	정(경),(강의)
정동윤	민사소송법, 제 4 전정판	법문사	1996	정(동),(민소)
정동윤	상법(상), 제 6 판	법문사	2012	정(동),(상)
정동윤	상법(하), 제 4 판	법문사	2011	정(동),(하)
정동윤	상법(하), 개정판	법문사	2003	정(동),(하,개)
정영석	해상운송법강의	국제해양 문제연구소	2001	정(영),(운송)
정영석	국제해상운송법, 개정판	범한서적 주식회사	2008	정(영),(국제)
정영석	해상운송법강의	국제해양 문제연구소	2001	정(영),(운송)
정찬형	상법강의(상), 제16판	박영사	2013	정(찬),(상)
정찬형	상법강의(하), 제15판	박영사	2013	정(찬),(하)
정해덕	국제해상소송·중재	코리아쉬핑 가제트	2007	정(해),(국제)
정희철	상법학원론(하), 전정판	박영사	1984	정(희),(하)
채이식	상법강의(상), 개정판	박영사	1990	채,(상)
채이식	상법강의(하), 개정판	박영사	2003	채,(하,개)
채이식	상법강의(하)	박영사	1991	채,(하)
채이식	상법 Ⅳ, 보험법·해상법	박영사	2001	채,(보·해)
채이식	프랑스해사칙령과 나폴레옹 상법전해상편	고려대학교 출판부	2005	채,(프)
최공웅	국제소송, 제 2 판	육법사	1994	최(공),(국제)

최기원	보험법, 제3판	박영사	2002	최(기),(보)
최기원	상법학원론	박영사	2008	최(기),(원론)
최기원	상법학신론(상), 19판	박영사	2011	최(기),(상),
최기원	상법학신론(하), 15판	박영사	2008	최(기),(하)
최기원	해상법, 제3판	박영사	2002	최(기),(해)
	국제사법해설	법무부	2001	법무부,국제사법해설
	민법주해(VI), 물권(3)	박영사	1992	민법주해(VI)
	민법주해(VII), 물권(4)	박영사	1992	민법주해(VII)
	민법주해(XV), 채권(8)	박영사	1997	민법주해(XV)
	주석해상법, 제1판	한국사법행정학회	2001	주석해상
	주석민사집행법(IV)	한국사법행정학회	2004	주석민사집행법(IV)
	주석민사집행법(VI)	한국사법행정학회	2004	주석민사집행법(VI)

Ⅱ. 외국서(알파벳 순)

[일 본]

相原隆	海上運送人責任法の展開	成文堂	1999	相原
重田晴生,中元啓司,志津田一彦, 伊藤敦司,	海商法	靑林書院	1994	重田
稻葉威雄, 寺田逸郎	船泊の所有者等の責任の制限に關する法律の解說	法曹會	1988	稻葉
落合誠一	運送責任の基礎理論	弘文堂	1994	落合, (基礎理論)
落合誠一	運送法の課題と展開	弘文堂	1994	落合, (運送法の課題)
山田泰彦	船主責任制限の法理	成文堂	1992	山田
窪田宏	海商法, 第2版	晃洋書房	1984	窪田
志津田氏治	現代海商法の諸問題	成文堂	1994	志津
田中誠二	海商法詳論	勁草書房	1970	田中

田中誠二,原茂太一	新版海商法(全訂版)	千倉書房	1988	田中・原茂
藤崎道好	水先契約の研究	成山堂書店	1970	藤崎
戸田修三	海商法, 新訂第5版	文眞堂	1990	戸田,(海)
戸田修三,中村眞澄	最新海事判例評釋	成文堂	1992	戸田・中村,(判例)
戸田修三,中村眞澄	國際海上物品運送法	青林書院	1996	戸田
原茂太一	曳船契約法論	千倉書房	1970	原茂

[영 미]

David W. Abecassi, et. al.	Oil Pollution from Ships, 2nd ed.	Stevens & Sons	1985	Abecassis, Oil Pollution
Richard Aikens, et. al.	Bills of Lading	Informa	2006	Aikens, Bills of Lading
Phil Anderson	ISM Code, 2nd ed.	LLP	2005	Anderson, ISM Code
Jonathan Gilman et. al.	Arnould: Law of Marine Insurance and Average, 18th ed.	Stevens, London	2013	Arnould, Marine Insurance
Simon Baughen	Shipping Law, 2nd ed.	Cavendish Publishing Limited	2002	Baughen, Shipping Law
Mathew Bender	Benedict on Admiralty	Lexis Nexis	1997	Benedict on Admiralty
Bernard Eder, et. al.	Scrutton on Charterparties and Bills of Lading, 22nd ed.	Sweet & Maswell, London	2011	Scrutton on Charterparties
Geoferry Brice	Maritime Law of Salvage	Sweet & Maswell, London	1993	Brice, Maritime Law of Salvage
Wu Chao	Pollution from the Carriage of Oil by Sea	Kluwer Law International	1996	Chao, Pollution
Terence Coghlin, et. al.	Time Charters, 6th ed.	Informa	2008	Coghlin, Time Charters
Raoul Colinvaux	Carver's Carriage by Sea, 13th ed.	Stevens, London	1982	Carver's Carriage by Sea
Julilan Cooke, et. al.	Voyage Charters, 3rd ed.	informa	2007	Cooke, Voyage

			Charters
Martin Dockray	Cases & Materials on the Carriage of Goods by Sea, 3rd ed.	Cavendish Publishing Limited	2004	Dockray, Carriage of Goods by Sea
Gottahard Gauci	Oil Pollution at Sea-Civil Liability and Compensation for Damage	John Wiley & Sons	1997	Gauci, Oil Pollution
Nicholas J. Healy, et. al.	Cases and Materials on Admiralty, 3rd ed.	ST. Paul, Minn.	1999	Healy, Admiralty
N. Geoffrey Hudson	The York-Antwerp Rules - The principles and practice of general average adjustment, 2nd ed.	LLP	1996	Hudson, York-Antwerp Rules
Elmar Giemulla, et. al.	Warsaw Convention (Commentary)	Kluwer	2002	Giemulla, Warsaw Convention
David A. Glass	Freight Forwarding and Multimodal Transport Contracts	LLP	2004	Glass, Multimoda Transport Contracts
J. Kenneth Goodacre	Marine Insurance Claims, 3rd ed.	Witherby, London	1996	Goodacre, Marine Insurance Claims
Patrick Griggs, et. al.	Limitation of Liability for Maritime Claims, 4th ed.	LLP	2005	Griggs, Limitation of Liability
RJ Lambeth	Templeman on Maritime Insurance, 6th ed.	Pitman Publishing	1986	Templeman on Maritime Insurance
Christof Lüddeke, et. al.	The Hamburg Rules: From Hague to Hamburg via Visby, 2nd ed.	LLP	1995	Lüddeke, Hamburg Rules
Z. Oya Ozcayir	Liability for Oil Pollution and Collisions	LLP	1998	Ozcayir, Liability for Oil Pollution
G.P. Pamborides	International Shipping Law	Kluwer Law International & Ant. N. Sakkoulas Publishers Athens	1999	Pamborides, International Shipping Law
Simon Rainey	The Law of Tug and Tow, 3rd ed.	LLP	2013	Rainey, Law of Tug and Tow
F. D. Rose	General Average: Law and Practice, 2nd ed.	LLP	2005	Rose, General Average

Thomas J. Schoenbaum	Admiralty and Maritime Law, 5th ed.	ST. Paul Minn.	2012	Schoenbaum, Admiralty
John Shcofield	Laytime and Demurrage, 6th ed.	LLP	2011	Schofield, Laytime and Demurrage
Guenter Treitel, et. al.	Carver on Bills of Lading, 3rd ed.	Sweet & Maxwell	2012	Treitel, Carver on Bills of Lading
John F Wilson	Carriage of Goods by Sea, 7th ed.	Pearson Longman	2010	Wilson, Carriage of Goods by Sea

Ⅲ. 법령약어표

민　　　　　: 민법(개정 2013. 4. 5. 법제11728호)

민　　　소 : 민사소송법(개정 2011. 5. 19. 법제10629호)

민　　　집 : 민사집행법(개정 2011. 4. 12. 법제10580호)

상　　　　　: 상법(개정 2010. 6. 10. 법제10366호)

약관규제법 : 약관의 규제에 관한 법률(개정 2013. 5. 28. 법제11840호)

유　배　법 : 유류오염손해배상보장법(개정 2013. 4. 5. 법제11757호)

책 임 제 한 절　차　법 : 선박소유자 등의 책임제한절차에 관한 법률(개정 2009. 12. 29. 법제9833호)

서 론

海 / 商 / 法 / 譯 / 論

제1장 해상법의 개념

제1절 해상법의 의의

제1. 총 설

우리 법체계상 해상법은 상법의 한 부문인바, 상법에 실질적 의의의 상법과 형식적 의의의 상법이 있는 것과 마찬가지로 해상법에도 실질적 의의의 해상법과 형식적 의의의 해상법이 있다.

실질적 의의의 해상법은 학문적으로 논의되는 개념으로 해상법이 규율하는 생활관계의 실질 또는 내용에 따라 결정되게 된다. 한편 형식적 의의의 해상법은 상법전 중 「제5편 해상」편을 말하는데 이러한 형식적 의의의 해상법의 내용과 체계는 입법정책적으로 결정되게 된다.[1]

아래에서는 실질적 의의의 해상법과 형식적 의의의 해상법에 관하여 상세히 살펴보기로 한다.

제2. 실질적 의의의 해상법

(1) 실질적 의의의 해상법은 「해상기업」 특유의 생활관계를 규율하는 법이다. 해상기업은 직접 바다를 무대로 하여 선박을 이용하여 운영되는 기업을 말한다.[2] 해상기업의 대표적인 것은 해상운송기업인데, 이 이외에도 해난구조업, 예선업,

---

1) 각국이 이러한 형식적 의의의 해상법을 가지고 있는지의 여부 및 형식적 의의의 해상법의 내용 및 체계는 각국의 역사적 배경과 입법정책에 따라 다르다.
2) 정(동), (하), 731쪽.

해상준설업, 어업3) 등이 이에 포함된다. 실질적 의의의 해상법은 이러한 해상기업 특유의 생활관계를 규율하는 법으로서 해상기업 활동에 관련되는 주체간의 경제적 이익의 조정을 목적으로 한다. 한편 바다와 관련을 가지는 기업에는 해상보험업, 해상금융업 또는 해상매매업 등도 있다. 이들 기업은 해상기업을 전제로 하거나 해상기업에 부수되는 기업이기는 하나 이들은 육상의 보험업, 금융업 또는 매매업 등과 아무런 차이가 없으며 직접 바다를 무대로 기업활동을 하는 것이 아니므로 해상기업에 속하지 아니한다.

기업에 관한 생활관계를 규율하는 법이 실질적 의의의 상법이므로 해상기업에 관한 생활관계를 규율하는 실질적 의의의 해상법은 당연히 실질적 의의의 상법의 한 부문이 된다.4)

(2) 상법을 기업에 관한 「법규의 전체」라고 하는 견해가 다수설인바,5) 이러한 다수설은 실질적 의의의 해상법을 사법과 공법을 포함하여 해상기업에 특유한 「법규의 전체」를 말한다고 본다.6) 이에 반해 상법을 기업에 관한 「사법(私法) 법규」로 보는 소수설은 실질적 의의의 해상법을 해상기업에 특유한 「사법(私法) 법규」만을 말하는 것으로 본다.7) 생각건대 일정한 공법 법규는 실질적으로 해상기업 활동에 관련되는 주체간의 이익조정에 영향을 미친다는 점과 현대 법학에서 공법과 사법의 구분이 상대화되고 있다는 점8)을 고려해 보면 실질적 의의의 해상법을 해상기업에 특유한 법규의 전체로 파악하는 다수설의 입장이 타당하다고 본다.

(3) 실질적 의의의 해상법은 주로 상법 제5편 「해상」편에 규정되어 있으나 그 밖에 많은 특별법규에도 규정되어 있다. 이러한 특별법규에는 선박법, 선박등기법, 선박안전법, 선원법, 선박직원법, 도선법, 해사안전법, 해양사고의 조사 및 심판에 관한 법률, 해운법, 선박소유자 등의 책임제한절차에 관한 법률, 유류오염손해배상보장법, 해양환경관리법 등이 있다.9) 또한 해상기업의 조직이나 활동에 관하여 우리나라가 가입한 국제조약과 해상기업의 분쟁에 관한 준거법을 결정하

3) 상법 제5조에 규정된 의제상인의 영업에 해당하는 어업을 말한다.
4) 정(찬), (하), 789쪽.
5) 정(동), (상), 8쪽; 최(기), (원론), 3쪽; 손, (상), 7쪽; 서·정, (상), 7쪽; 채, (상), 1쪽.
6) 정(동), (하), 732쪽; 최(기), (해), 2쪽; 서·정, (하), 493쪽.
7) 정(찬), (하), 765쪽; 채, (상), 1쪽은 실질적 의의의 상법을 기업에 관한 법규의 전체라고 보고 있으나 실질적 의의의 해상법은 해상기업에 특유한 사법의 총체라고 본다(채, (하), 647쪽).
8) 김·이, (개), 58쪽; 김(향), (개), 52쪽.
9) 정(찬), (하), 789쪽.

는 법인 국제사법도 실질적 의의의 해상법에 속한다.

제 3. 형식적 의의의 해상법

형식적 의의의 해상법은 앞서 본 바와 같이 상법 제 5 편 「해상」편을 말한다. 상법 제 5 편은 1962년 1월 20일 법률 제1000호로 최초로 제정된 이래 30여 년만인 1991년 12월 31일 법률 제4470호로 개정되었다가 2007년 8월 3일 법률 제8581호로 재개정되었는데, 2007년에 개정된 해상법은 2008년 8월 4일부터 시행되었다.[10] 현행 상법 해상편의 가장 큰 특징은 1991년 상법 해상편의 체제를 근본적으로 변경한 점이다. 1991년 상법 해상편은 총 8개의 장으로 구성되어 있었고 여러 주제를 평면적으로 나열하는 형태를 취하고 있었는데 반해, 현행 상법 해상편은 1991년 상법 해상편의 8개의 장을 주제별로 정리하여 총 3개의 장으로 재구성하고 있다.

즉 현행 상법 해상편은 제 1 장에서 1991년 상법 해상편의 제 1 장 선박, 제 2 장 선박소유자, 제 3 장 선장과 제 8 장 선박채권을 묶어 「해상기업」이라는 제목 아래 해상기업에 관한 총칙적인 사항을 규정하고 있고, 제 2 장에서는 1991년 상법 해상편의 제 4 장 해상운송에 제 2 장(선박소유자)에 포함되었던 선박임차인에 관한 사항을 추가하여 「운송과 용선」이라는 제목 아래 해상기업 활동에 관하여 규정하고 있으며, 제 3 장에서는 1991년 상법 해상편의 제 5 장 공동해손, 제 6 장 선박충돌 및 제 7 장 해난구조를 묶어 「해상위험」이라는 제목 아래 규정하고 있다.

제 4. 실질적 의의의 해상법과 형식적 의의의 해상법의 관계

실질적 의의의 해상법과 형식적 의의의 해상법은 많은 부분이 일치하나 일부 차이가 있다. 즉 형식적 의의의 해상법은 거의 대부분이 실질적 의의의 해상법이라고 할 수 있으나,[11] 앞서 본 바와 같이 실질적 의의의 해상법 중에는 형식적 의

---

10) 이하에서는 1962년 1월 20일에 제정된 상법을 「제정 상법」, 1991년 12월 31일에 개정된 상법을 「1991년 상법」, 2007년 8월 3일에 재개정된 상법을 「현행 상법」 혹은 단순히 「상법」이라고 한다 (2007년 8월 3일 이후에도 상법의 개정이 있었으나 해상편은 개정되지 아니 하였다. 따라서 해상편에 관해서는 2007년 8월 3일에 개정된 상법과 그 이후에 개정된 상법이 동일하다).

11) 형식적 의의의 해상법에 포함되어 있는 선박 저당권에 관한 규정이 실질적 의의의 해상법이 아니라고 하는 견해가 있으나(정(동), (하), 733쪽; 정(찬), (하), 790쪽), 이러한 규정도 해상기업의 물적 조직인 선박에 대해 일반 동산과 달리 특별한 취급을 하는 규정으로서 실질적 의의의 해

의의 해상법이 아니라 다른 특별법규나 국제조약에 포함되어 있는 것이 있다. 이러한 실질적 의의의 해상법이 발전하면서 형식적 의의의 해상법의 개정에 영향을 미치게 되므로 양자는 밀접한 관계를 갖고 있다.[12]

해상법학은 지금까지 주로 형식적 의의의 해상법을 연구 대상으로 해 왔으나 해상기업이 현실에서 부딪히는 문제를 해결하기 위해서는 실질적 의의의 해상법에까지 그 연구 대상을 넓히는 것이 바람직하다. 그러므로 이하에서는 관련이 되는 경우 형식적 의의의 해상법뿐만 아니라 실질적 의의의 해상법까지 다루고자 한다.

제 2 절   해상법의 지위

제 1.   민·상법과의 관계

1. 민법과의 관계

상법이 민법에 대하여 특별법의 지위에 있으므로 상법의 일부인 해상법도 당연히 민법에 대하여 특별법의 지위를 갖는다. 예컨대 해상법상의 선박·선박공유·선체용선·선박우선특권·선박저당권·선박충돌·선박소유자 등의 책임제한 등에 관한 사항은 민법상의 동산·공유·임대차·담보물권·불법행위·계약 등에 관한 특칙이다.

2. 상법과의 관계

형식적 의의의 해상법은 형식적 의의의 상법인 상법전의 하나의 편(編)으로서 그 일부를 이루며, 실질적 의의의 해상법은 해상기업에 관한 법으로서 기업에 관한 법인 실질적 의의의 상법의 한 부문을 이룬다. 이러한 해상법은 일반 상법에 대하여 특별법의 지위를 갖는다. 예컨대 해상법이 규율하는 선장은 상법 총칙상의

상법에 속한다고 본다.
12) 정(동), (하), 733쪽; 정(찬), (하), 790쪽.

상업사용인에 관한 규정의 특칙이고 해상운송에 관한 사항은 상행위법상의 운송업에 관한 규정에 대한 특칙이다. 또한 공동해손이나 해난구조에 관한 사항은 해상기업에 특유한 제도를 반영한 것이다.[13]

3. 해상법 규정의 구성

앞서 본 민·상법과의 관계에 비추어보면 해상법 규정은 ① 일반 상법의 규정을 변경한 규정(선장·해상운송 등), ② 해상기업에 특유한 제도에 관한 규정(공동해손·해난구조 등), ③ 민법의 규정을 변경한 규정(선박·선박공유·선체용선·선박우선특권·선박저당권·선박충돌·선박소유자 등의 책임제한제도 등)으로 구성되어 있음을 알 수 있다.[14]

제 2. 해법(海法)과의 관계

해법이란 해사에 관한 법규의 전체로서 해사법이라고도 하는데 해법은 반드시 해상기업에 관한 법규만을 의미하는 것은 아니라는 점에서 실질적 의의의 해상법과는 다르다. 이러한 해법에는 해상항행의 안전이나 질서를 유지하고 해상기업의 건전한 발전을 도모하기 위한 행정적인 감독을 목적으로 하는 해사공법과 해상기업 활동과 관련된 주체들 사이의 이익 조정을 목적으로 하는 해사사법이 있다.[15] 실질적 의의의 해상법은 이러한 해법의 일부라고 할 수 있다.[16]

---

13) 정(동), (하), 733쪽; 정(찬), (하), 792쪽,

14) 정(동), (하), 733쪽.

15) 해사공법에는 선박법, 선박등기법, 선박안전법, 선원법, 선박직원법, 도선법, 해상교통안전법, 해양사고의 조사 및 심판에 관한 법률, 해운법, 개항질서법, 선박소유자 등의 책임제한절차에 관한 법률 등의 국내법과 1982년 해양법에 관한 UN협약이나 1973년 선박으로부터의 오염방지를 위한 국제협약 등의 국제법이 있고, 해사사법에는 상법전 중의 해상편, 상법의 일부규정의 시행에 관한 규정(1984. 8. 16. 대통령령 제11485호), 유류오염손해배상보장법 등이 있다.

16) 영국이나 미국에서는 해사공법과 해사사법을 포괄하여 통일적인 법영역으로서의 해법으로 파악하므로(배, 31쪽; 重田, 4頁), 이들 국가에서 말하는 해법(maritime law, admiralty law 혹은 shipping law)이 본문에서 살펴본 본래의 의미의 해법이라고 할 수 있다. 한편 프랑스나 독일과 같은 국가에서는 해법(Seerecht, droit maritime)이라는 용어를 해상법과 거의 동일한 것으로 취급한다(배, 31-32쪽). 따라서 이들 국가에서 말하는 해법은 본래의 의미의 해법과는 다른 개념이라는 점에 유의해야 한다.

제 2 장 해상법의 특성

제 1. 총   설

해상법의 특성으로서 일반적으로 논의되는 것으로는 해상법의 특수성과 자주성이 있다.[1] 해상법의 특수성이란 해상법이 일반 상법이나 민법과는 다른 성질을 가지고 있는가 하는 문제이다. 해상법의 자주성이란 해상법이 일반 상법이나 민법과는 다른 법역(法域)으로서 일반 상법이나 민법은 해상법의 영역에 적용될 수 없고 해상법은 그 자체로서 자족성(自足性)을 갖는가 하는 문제이다. 아래에서는 이러한 해상법의 특수성과 자주성에 관하여 자세히 살펴보기로 한다.

제 2. 해상법의 특수성

1. 해상법의 특수성에 관한 논의의 경과

19세기 초에 최초로 프랑스의 학자 파르드슈(Pardessus)가 해상법의 특수성으로서 통일성, 부동성(不動性), 관습적 기원성이 있다고 주장한 이래 프랑스, 이탈리아, 독일, 일본 등의 학자들에 의해서 해상법의 특수성에 관한 다양한 논의가 전개되어 왔다.[2] 그런데 근래에 들어서는 해상법이 그 자체로서 특수성을 갖고 있는 것이 아니라, 해상법이 규율하는 해상기업의 생활관계가 갖는 특수성으로 인해 해상법이 민법이나 일반 상법과는 다른 특수성을 갖고 있다고 인정하는 견해가 일반적이다.[3]

---

1) 정(찬), (하), 792-793쪽; 정(동), (하), 735-736쪽.
2) 해상법의 특수성에 관한 여러 국가 학자들의 논의에 관한 상세는 田中, 44-50頁; 배, 34-36쪽 참조.
3) 田中, 48-50頁; 배, 36쪽; 정(찬), (하), 792쪽; 정(동), (하), 735쪽 등.

2. 해상기업의 생활관계의 특수성

해상기업의 생활관계가 갖는 특수성은 해상기업이 바다를 무대로 한다는 점과 선박을 사용하여 활동한다는 점에서 생긴다. 즉 해상기업은 항상 위험을 수반하는 바다를 활동 영역으로 하기 때문에 해상기업은 일반 기업과는 다른 기업위험에 직면한다. 또한 해상기업은 선박이라는 용구를 사용하여 항행 활동을 한다는 점에서 해상기업의 생활관계는 상당히 기술적(技術的)인 성질을 갖는다. 그리고 해상기업의 기업 활동이 바다를 통해 외국에까지 미친다는 점에서 해상기업의 생활관계는 국제성을 갖는다.

3. 해상법의 특수성

위와 같은 해상기업의 생활관계의 특수성으로부터 해상법의 특수성이 나온다. 즉 해상기업이 직면하는 위험의 특수성을 고려하여 해상법은 해상기업을 보호하려는 성질을 갖는다. 해상법의 이러한 특수성을 나타내는 가장 대표적인 제도가 해상기업 주체의 책임제한제도이다.[4] 다음으로 해상기업의 기술적인 생활관계를 반영하여 해상법도 기술적인 성질을 갖는다. 해상법의 기술적 특수성을 보여주는 제도로는 각종의 용선계약 제도, 선하증권 제도, 공동해손 제도, 선박충돌 제도, 해난구조 제도 등이 있다. 또한 해상기업의 생활관계의 국제성으로 인해 해상법도 국제적 성질을 갖는다. 이러한 해상법의 국제성으로부터 해상법의 국제적 통일운동이 생겨나 각종의 국제조약이 성립되게 되었다(상세는 17쪽 이하 참조).

제 3. 해상법의 자주성

1. 해상법의 자주성에 관한 논의의 경과

연혁적으로 해상기업이 육상기업보다 먼저 발달하였기 때문에 해상법은 일반상법보다 먼저 독자적으로 발전되어 왔다. 또한 앞서 본 해상기업의 특수성으로

---

4) 현대에 들어 과학기술이 발전함에 따라 해상기업이 바다에서 부딪히는 위험이 상당히 감소되었기 때문에 해상기업이 부담하는 기업위험의 특수성이 약화되었고 이로부터 생기는 해상법의 특수성도 상대화되는 경향이 있다. 책임제한제도 폐지론(123쪽 이하 참조)은 이러한 경향을 보여준다고 할 수 있다.

인해 해상법은 일반 상법과는 다른 특수성을 갖게 되었다. 19세기 초에 프랑스의 학자인 파르드슈가 이러한 해상법의 특수성을 고려하여 해상법을 일반 상법이나 민법과는 다른 독자적인 법영역으로 취급해야 한다고 주장한 이래 해상법의 자주성을 인정하는 것이 각국 학자들의 일반적 견해이었다. 그러나 20세기에 들어 역시 프랑스 학자인 본느카아즈(Bonnecase)가 이에 대한 비판적인 견해를 주장한 후 각국에서 다시 해상법의 자주성에 관하여 많은 논의를 하였으며 그 결과 해상법이 자주성을 가지기는 하나 이러한 자주성은 절대적인 것이 아니라 상대적인 것이라는 견해가 주류적 견해로 되었다.[5]

2. 해상법의 상대적 자주성

해상법이 일반 상법이나 민법에 대해 자주성을 가지기는 하나 그 자주성이 상대적이라고 주장되는 이유는 다음과 같다. 즉 ① 해상법의 규율대상인 해상기업의 조직이나 활동에 관한 기본적인 법률관계는 일반 기업의 법률관계와 그 실질에 있어서 동일하고, ② 해상법상의 특수한 제도가 일반 상법에도 채택되고(예컨대 선하증권, 해상보험 등은 육상운송의 화물상환증, 일반 보험제도 등으로 일반 상법에 채택됨), 민법상의 제도가 해상법에 도입됨으로써(선박담보물권제도 등), 해상법과 일반 상법 및 민법의 법리가 서로 혼용되어 가는 경향에 있으며,[6] ③ 오늘날에는 복합운송이 물건운송의 총아로 등장하였는데, 해상법의 절대적인 자주성을 주장해서는 이러한 복합운송을 규율하기 어렵기 때문이다.

이처럼 해상법의 절대적 자주성을 부인하게 되면 해상법에 규정이 없는 경우에 일반 상법이나 민법의 법리가 보충 적용될 수 있다. 그러나 이 경우에도 해상법의 상대적 자주성을 인정하여 가급적 해상법의 규정을 유추 적용하여 해상법의 흠결을 보충하고 이것이 불가능하거나 적합하지 않을 때 비로소 일반 상법이나 민법의 법리를 적용해야 한다는 것이 일반적인 견해이다.[7]

---

5) 해상법의 자주성에 관한 각국의 논의의 상세는 田中, 38-44頁; 배, 36-38쪽 참조.
6) 정(찬), (하), 792쪽; 정(동), (하), 736쪽.
7) 배, 38쪽; 정(찬), (하), 792쪽; 정(동), (하), 736쪽; 田中, 42頁.

제 3 장   해상법의 발전

제 1 절   해상법의 연혁

제 1.   고대의 해상법

고대에는 도로가 발달되지 아니하여 육상교통에 많은 위험이 뒤따랐기 때문에 육상교통보다는 강과 연해를 통해 화물과 여객을 운송하는 것이 활발하였다. 이에 따라 해상법이 일찍부터 발달하게 되었는데, 해상법에 관하여 현존하는 가장 오래된 성문법은 기원전 1700년경에 편찬된 바빌로니아의 함무라비 법전이라고 알려져 있다.[1] 한편 지중해 연안의 여러 민족들도 해상법을 가지고 있었으며 이 중에서 로오드(Rhodes)해법이 가장 영향력이 컸다. 로오드해법은 기원전 300년에서 400년경에 로오드(Rhodes)섬에서 사용되던 관습법을 편찬한 것으로서 공동해손에 관한 규정이 유명하나 이 로오드해법의 원전은 발견되지 아니하였다.[2]

그 후 로마시대에는 로오드해법을 토대로 하여 로마법적인 소권(actio)제도를 해상분야에 발전시킨 해상법이 나타났다.[3] 이러한 로마법상의 해상법은 유스티니아누스 황제가 편찬한 학설휘찬을 비롯한 유스티니아누스 법전에 산재해 있다. 이처럼 로마시대에 이르러 고대의 해상법이 편찬되어 현재까지 전해지고 있기 때문에 일반적으로 해상법의 역사는 로마법에서 시작된 것으로 받아들여지고 있다.[4]

---

1) 田中, 6頁.
2) 로오드해법의 존재는 동로마제국의 유스티니아누스 황제가 고대 로마법학자들의 학설을 모아 편찬한 학설휘찬(Digesta)내에 로오드해법에 관한 언급이 있는 것으로 미루어 짐작되고 있다(배, 40쪽). 한편 서기 16세기경에 그리스어로 작성된 로오드해법이라는 이름의 법전이 발견되었으나 이는 서기 12세기말경에 작성된 위작(僞作)인 것으로 밝혀졌다(田中, 7頁).
3) 배, 40-42쪽; 田中, 7頁.

제 2. 중세의 해상법

로마제국이 몰락한 중세 초반에는 해상기업이 쇠퇴하였으나 중세 후반에 들어서 해상기업이 다시 발전하였는데, 해상기업의 발전과 더불어 지중해, 대서양 및 북해의 항구도시를 중심으로 하여 해사관습법과 판례법이 발달하였다. 중세의 해상법은 이러한 해사관습법과 판례법을 편찬한 것으로서 그중 가장 영향력이 컸던 것은 올레론해법(Rôles d'Oléron), 콘솔라토 델 마레(consolato del mare), 그리고 비스비해법(Waterrecht von Wisby)의 세 가지였다.

올레론 해법은 프랑스의 대서양 연안을 중심으로 형성된 해사판결을 수록한 해사판례집으로 서기 11세기에서 12세기 사이에 편찬되었으며 영국, 벨기에, 네덜란드 등 북유럽에서 남유럽에 이르는 여러 항구도시에 큰 영향을 미쳤으며 후에 비스비해법의 일부로 편입되었다. 한편 콘솔라토 델 마레는 지중해 연안 항구도시의 해사관습을 집대성한 것으로서 서기 14세기경에 스페인의 바르셀로나에서 편집되었다고 알려져 있다.5) 비스비해법은 북해 고틀랜드(Gotland)섬의 비스비항구를 중심으로 하여 발달한 해법으로 서기 14세기에서 15세기경 한자(Hansa)동맹에서 행해진 해사관습법에 올레론해법이 결합되어 성립된 것이다. 비스비해법은 한자동맹 도시와 네덜란드, 스칸디나비아 국가들에서도 시행되었다.6)

한편 영국에서는 서기 14세기경에 해상법을 정리하여 해법흑서(The Black Book of Admiralty)를 편찬하였는데 당시 영국은 해운의 후진국이었으므로 영국의 해상법은 유럽 대륙의 해상법, 특히 올레론해법의 영향을 많이 받았다.7)

제 3. 근세의 해상법

근세 들어 유럽에 통일국가가 성립되면서 각국은 중세 시대의 각 지방의 해사관습법을 통일하기 위하여 국가적 입법으로서 해상법을 제정하기 시작하였다. 이러한 해상법의 효시가 된 것은 프랑스의 1681년 해사칙령(L'Ordonnance de la Marine)이다. 이것은 해사에 관한 사법적 규정뿐만 아니라 해사법원의 관할권과 해

---

4) 정(동), (하), 737쪽.
5) 田中, 8頁.
6) 배, 43쪽.
7) 배, 43쪽.

사에 관한 행정적 감독, 형사처벌 등에 관한 공법적 규정을 포괄하고 있는 해사에 관한 종합적인 법전이다.[8] 해사칙령 중 사법적인 규정은 1807년 나폴레옹 상법전의 해상편에 수용되었다. 해사칙령과 나폴레옹 상법전은 유럽 각국의 해상법의 제정에 많은 영향을 끼쳤다.

독일에서는 프랑스에 비해 해상법의 입법이 상당히 지연되었는데, 1861년에 독일보통상법을 제정하면서 해상편을 포함시켰다. 독일보통상법상의 해상편은 나폴레옹 상법전의 해상편의 영향을 많이 받기는 하였으나 그 이외에 독일 법원의 판결과 관습을 토대로 한 독일 고유의 법제도를 포함함으로써 독자적인 독일법계를 형성하였다.[9]

한편 영국에서는 유럽 대륙 국가들과는 달리 근세에 들어서도 해상법 분야에서 판례법주의가 유지됨으로써 해상법의 법전화가 지연되었다. 영국 해사법원은 중세 시대의 올레론 해법, 비스비 해법, 로마법 및 해사관습 등을 참조하여 영국법계라고 할 수 있는 독특한 판례법을 발전시켰다.[10] 그러나 점차 법전화의 필요성이 대두되어 1854년에 상선법(Merchant Shipping Act)을 제정하였는데 이것은 공법적인 규정을 많이 포함한 법률로서 영국의 성문 해법의 기초가 되었다.

제 2 절   각국의 현대의 해상법

제 1. 프 랑 스

프랑스 해상법은 1807년 나폴레옹 상법전에 규정된 이래 사회·경제적 변화를 수용하기 위하여 수차례 개정되었으나 상법전의 개정으로는 급변하는 해상기업의 현실적 수요를 충족시킬 수가 없었기 때문에 프랑스는 1966년 이후에는 상법전상의 해상법을 개별화하여 각 분야별로 특별법을 제정하였다. 이러한 특별법으로는 1967년 선박 기타 해상구조물의 지위에 관한 법률 및 그 시행령, 1969년 선박

---

8) 채, (프), 14쪽.
9) 田中, 11頁.
10) 田中, 12頁.

의장 및 매매에 관한 법률 및 그 시행령, 1966년 해상운송 및 용선에 관한 법률 및 그 시행령, 1967년 해상사고에 관한 법률 및 그 시행령 등이 있다. 프랑스의 현대 해상법의 특징은 해사에 관한 국제조약들을 충실히 국내법으로 수용하고 있다는 점이다. 예컨대 프랑스는 1968년의 헤이그 비스비규칙(273쪽 이하 참조)과 「1976년 해사채권책임제한조약에 대한 1996년 개정의정서」(130쪽 이하 참조) 등의 국제조약에 가입한 후 관련 특별법들을 개정하여 위 조약들을 국내법으로 수용하였다.

프랑스 해상법의 영향을 받은 프랑스법계의 국가에는 이탈리아, 스페인, 포르투갈, 이집트, 멕시코, 기타 남미국가들이 있다.[11]

제 2. 독 일

독일 해상법은 1861년 독일 보통상법에 최초로 규정되었다가 1897년에 제정된 독일 신상법에 포함되었다. 그 후 독일 해상법은 사회·경제적 변화에 따라 여러 차례 개정되었는데 독일 해상법도 역시 국제조약을 충실히 국내법으로 수용하고 있는 것이 특색이다. 예컨대 독일은 1986년에 신상법을 개정하여 헤이그 비스비규칙을 동 법에 수용하였으며,[12] 2000년에 다시 신상법을 개정하여 「1976년 해사채권책임제한조약에 대한 1996년 개정의정서」를 동 법에 수용하였다.[13] 한편 독일도 해사에 관련된 일부 사항에 관하여 특별법을 제정하였다. 이러한 특별법으로는 선박국기법, 선원법, 등록선 및 건조 중인 선박상의 권리에 관한 법률 등이 있다. 독일 해상법의 영향을 받은 독일법계 국가로는 덴마크, 노르웨이, 스웨덴, 핀란드, 일본, 우리나라 등이 있다.[14]

제 3. 영 국

앞서 본 바와 같이 영국은 해상법에 관하여 1854년 최초로 성문법인 상선법을 제정하였다. 이 법은 그 후 여러 차례에 걸쳐 개정되었는데 그중 중요한 것은

---

11) 손, (하), 708쪽.
12) 그러나 독일은 헤이그 비스비규칙에 가입하지는 아니하였다.
13) 독일은 2001년 9월 3일에 위 1996년 개정의정서에 가입하였고 위 개정의정서는 2004년 5월 13일 독일에서 발효되었다.
14) 손, (하), 708쪽.

2004년의 개정에 의해「1976년 해사채권책임제한조약에 대한 1996년 개정의정서」를 수용한 것이다. 그리고 영국은 1971년 해상물건운송법(Carriage of Goods by Sea Act 1971)을 제정하여 헤이그 비스비규칙을 수용하였다. 이처럼 영국도 해사에 관한 국제조약들에 활발하게 가입하고 이들을 국내 성문법으로 수용하고 있다. 또한 영국은 1992년 해상물건운송법(Carriage of Goods by Sea Act 1992)을 제정하여 헤이그 비스비규칙이 적용되지 아니하는 선하증권을 규율하고 있으며15) 그 밖에 1906년 해상보험법, 1911년 해사조약법 등의 여러 단행 법률을 가지고 있다.

한편 판례법 국가인 영국에서는 이러한 성문법 이외에 여전히 해상에 관한 판례법이 해상법의 법원으로서 중요한 역할을 하고 있다.

제 4. 미   국

미국 해상법은 당초 영국 해상법을 계수하였으나 독립 이후에는 독자적인 해법을 형성하였다.16) 미국도 영국과 마찬가지로 판례법 국가임에도 불구하고 해상 분야에서는 여러 개별 성문법을 제정하였다. 미국의 성문법으로는 1851년 선박소유자책임제한법(Limitation of Shipowner's Liability Act),17) 1893년 하터법(Harter Act), 1916년 연방선하증권법(Bills of Lading Act 혹은 Pomerene Act), 1936년 해상물건운송법(Carriage of Goods by Sea Act 1936) 등이 있다. 또한 미국은 해사에 관하여 판례법으로서 일반해법(general maritime law)을 가지고 있다.

미국 해상법의 특색은 자국민을 보호하기 위하여 강한 보호주의 색채를 띠고 있으며18) 해사에 관한 국제조약을 국내법으로 수용하는 데 소극적이라는 점이다.

제 5. 일   본

일본은 1890년에 독일 보통상법을 주로 참조하고 프랑스 상법전의 내용을 일

---

15) 졸고, "공선하증권의 효력," 한국해법학회지, 제29권 제 1 호(2007. 4.), 142쪽.
16) 미국법과 영국법의 차이는 전통적으로 영국이 선주국가인데 반해 미국은 하주국가이었다는 점에서 비롯되었으나 이러한 사정이 변한 현재에도 양국법의 차이는 여전히 남아 있다(田中 20頁).
17) 46 U.S.C. §181-189(이 법은 제정된 이후 여러 차례에 걸쳐 개정되었으며 최근에는 2006년에 개정되었다).
18) 田中, 20頁.

부 절충하여 상법(구상법)을 제정하였는데 여기에 제 2 편으로 해상편이 포함되었다. 그러나 구상법상의 해상편은 1898년부터 단지 1년간 만 시행되었다. 그 후 일본은 1899년에 신상법을 제정하였는데 해상법은 신상법 제 5 편으로 편입되었다가 1938년의 개정에 의해 제 4 편으로 이동되었고 이것이 일본의 현행 해상법이다.[19]

한편 일본은 1957년에 국제해상운송[20]에 적용되는 국제해상물품운송법을 제정하였다. 이 국제해상물품운송법은 일본이 1957년에 헤이그규칙(271쪽 이하 참조)에 가입하면서 이를 국내법으로 입법화한 것이다. 그 후 일본은 1992년에 헤이그 비스비규칙에 가입하면서 국제해상물품운송법을 개정하였다.[21]

제 6. 중   국

중국은 1953년부터 해상법 제정에 착수하였으나 문화혁명으로 인하여 제정작업이 중단되었다가 1980년 6월부터 다시 작업에 착수하여 1992년에 해상법을 제정하였으며 이 해상법은 1993년 7월 1일부터 시행되고 있다.[22] 중국 해상법은 1976년 해사채권책임제한조약의 내용을 수용하였으며 헤이그 비스비규칙을 토대로 하여 함부르크규칙(275쪽 이하 참조)의 내용을 일부 수용한 점이 특색이다.[23] 또한 중국 해상법은 현재 급속히 발전하고 있는 컨테이너에 의한 복합운송에 관하여 하나의 절[24]을 두고 있는 점에서 진보적이라 평가된다.[25]

---

19) 田中, 17-18頁 및 32-33頁.
20) 일본 국제해상물품운송법은 선적항이나 양륙항이 일본국 외의 항구인 경우에 적용된다(동 법 1조).
21) 重田, 117~118頁 참조.
22) 정(영), (운송), 337-338쪽.
23) 그러나 중국은 이러한 국제조약에 가입하지는 아니하였다.
24) 중국 해상법 제 4 장 제 8 절. 이 절은 해상운송을 포함하는 복합운송에 적용된다.
25) 정(영), (운송), 341-342쪽.

제 3 절 해상법의 통일운동

제 1. 통일운동의 배경

중세 항구도시들의 해상관습법과 판례법에서 발전한 중세의 해상법은 당시 국제무역의 중심지이었던 지중해 연안의 대부분의 도시국가에 보편적으로 적용되는 통일법체계이었다.[26] 그러나 17세기 후반에 들어 중앙집권국가가 성립되면서 각국이 앞다퉈 해상법전을 편찬한 결과 해상법은 오랫동안 유지되어 오던 통일성을 상실하게 되었다. 이에 세계의 해상법은 프랑스법계, 독일법계, 영미법계로 나뉘게 되었고 각 법계에서도 구체적인 사항에 관하여는 국가마다 차이가 발생하였다.

그러나 19세기 후반에 들어 세계 경제가 발전하면서 국제무역이 활발해지고 이에 따라 해상기업에 관하여 섭외적 법률관계가 발생하는 경우가 많아지게 되자 각국의 해상법을 통일하여야 할 필요성이 절실해졌다. 더구나 해상법은 선박이라는 공통의 운송 용구를 사용하여 바다라는 공통의 무대에서 활동하는 해상기업의 생활관계를 대상으로 한다는 점에서 각국 해상법의 규정 내용이 공통성을 가지는 점이 많다. 그러므로 어느 한 국가의 역사와 전통, 도덕, 풍속 등과 밀접한 관계를 가지는 민법과는 달리 해상법은 통일이 비교적 용이하다.[27] 그리하여 19세기 말부터 각국의 해상법을 통일하자는 운동이 생겨나게 되었다.

---

26) 송 · 김, 16쪽.
27) 이에 반해, 첫째 해상법이 해사관습법에서 기원하였기 때문에 본질적으로 보수적인 성질을 가지고 있고 따라서 각국이 해상법의 통일을 위하여 자국의 해상법을 변경하는 것을 꺼린다는 점, 둘째 영미법과 대륙법은 법구조에 차이가 있어 이를 통일하는 것이 어렵다는 점, 셋째 해상기업이 국가경제 및 안보에서 차지하는 중요성 때문에 각국이 해운보호정책을 취하고 있다는 점이 해상법의 통일에 장애가 된다는 견해가 있다(배, 50-52쪽 참조). 그러나 앞서 본 바와 같이 해상법을 통일할 필요가 크기 때문에 위 첫 번째와 두 번째 점은 해상법의 통일에 커다란 장애가 되지 아니할 것으로 본다. 또한 세 번째 점도 해상법 중 각국의 해운정책에 직접적 관련이 없는 기술적인 규정의 통일에는 장애가 되지 아니하며 실제로 이러한 기술적 규정에 대한 통일운동이 활발히 진행되고 있다.

제 2. 통일의 방법

해상법을 국제적으로 통일하는 방법으로는 다음과 같은 세 가지 방법이 주로 논의된다. 첫째로 국제조약에 의하는 방법이 있다. 이 방법에 의하면 국제조약의 체약국가의 국민 상호간에는 국제조약이 적용되게 되므로 체약국간에는 해상법이 통일되는 효과가 있다. 그러나 이 방법에 의할 경우 국제조약이 적용되지 아니하는 범위에서는 체약국들이 여전히 자국의 국내법을 적용하기 때문에 체약국간에도 해상법의 완전한 국제적 통일을 이룰 수 없다는 한계가 있다. 둘째로 각국법을 통일하는 방법이 있다. 이것은 예컨대 국제조약이나 국제적으로 성립된 모델법을 토대로 하여 각국이 국내법을 제정 혹은 개정하는 방법이다. 이 방법에 의하면 단순히 국제조약에 의하는 경우에 비하여 국제조약의 체약국이 아닌 국가들의 해상법까지 통일할 수 있어 통일의 범위가 넓어지기는 하나 국제조약이나 모델법이 각국의 법체계와 모순되는 경우 각국이 이를 수용할 가능성이 많지 아니하기 때문에 이 방법은 현실성이 떨어진다. 셋째로 국제적으로 인정되는 국제적 상관습에 의하는 방법이 있다.[28] 이러한 국제적 상관습은 국제적으로 인정되는 보통거래약관에 의해 성립될 수 있다.[29] 그러나 국제적 상관습은 당사자의 의사에 의해서 적용이 배제될 수 있으며 각국의 강행법규에 위반되는 경우 무효로 된다는 점에서 한계가 있다.[30]

앞서 본 바와 같이 해상법의 통일을 위한 방법들은 각각 그 한계를 가지고 있는데, 현재 이러한 방법들 중 상대적으로 실효성이 있는 국제조약에 의한 방법이 해상법의 국제적 통일을 위하여 널리 사용되고 있다. 아래에서는 국제조약을 중심으로 한 통일운동의 현황을 살펴보기로 한다.

---

28) 정(동), (하), 738쪽.
29) 이러한 국제적 상관습으로 인정되는 보통거래약관은 공동해손에 관하여 국제법협회가 1890년에 최초로 제정한 요크·앤트워프규칙(York Antwerp Rules, 522쪽 이하 참조)이 있다(田中, 27頁).
30) 국제적 상관습이 국내법적으로 상관습법의 지위를 가지는 것은 당사자의 합의 여부를 묻지 아니하고 적용될 수 있다(상 1 조). 그러나 아래의 「제 4 장 해상법의 법원과 적용범위」에서 자세히 살펴보는 바(21쪽 이하 참조)와 같이 우리 판례상 이러한 상관습법의 지위를 가지는 것으로 인정되는 국제적 상관습은 아직 없다.

제 3. 통일운동의 현황

해상법의 국제적 통일을 위해 많은 기여를 해 온 단체는 민간단체로서 국제해법회(International Maritime Committee, comité maritime international, 약칭 CMI)가 있고[31] 공적 단체로서 UN의 전문기구인 국제해사기구(International Maritime Organization, 약칭 IMO)[32]와 UN국제상거래법위원회(UN Commission on International Trade Law, 약칭 UNCITRAL), UN무역개발위원회(UN Commission for Trade and Development, 약칭 UNCTAD)가 있다.

CMI는 해상법의 발전을 목표로 하여 1897년에 설립된 학술단체로서 각국의 해법학회를 회원으로 한다. CMI는 설립 이후 수많은 국제조약의 초안을 작성하여 이들이 국제조약으로 성립되는데 주도적인 역할을 하였다. CMI의 주도로 성립된 국제조약들 중 주요한 것에는, 1910년 선박충돌조약, 1910년 해난구조조약 및 이에 대한 1967년 개정의정서, 1924년 선박소유자의 유한책임에 관한 조약, 1924년 선하증권통일조약(소위 헤이그규칙) 및 이에 대한 1968년 개정의정서(소위 헤이그 비스비규칙), 1926년 및 1967년 선박우선특권 및 저당권 통일조약, 1926년 국유선면책조약, 1952년 선박가압류조약, 1952년 선박충돌의 민사재판관할권조약, 1957년 선박소유자책임제한조약 및 1961년 해상여객운송조약이 있으며 국제조약은 아니나 공동해손의 정산에 관하여 전 세계적으로 널리 사용되는 1974년 요크ㆍ앤트워프규칙도 CMI의 주도에 의해 작성되었다.

그러나 CMI는 민간단체로서 직접 국제조약을 제정할 지위에 있지 아니하므로 최근에는 UN의 전문기구인 IMO, UNCITRAL과 UNCTAD가 해상법 분야에 관한 국제조약을 작성하는 데 활발한 역할을 하고 있으며 CMI는 이들 기구에 대한 자문기관으로 역할을 조정하였다. IMO는 처음에는 해상에서의 인명과 재산의 안전을 확보하고 해양오염을 규제하기 위한 해사공법분야에 관한 국제조약의 제정에 관

---

31) 해상법의 국제적 통일에 기여한 단체로서 CMI 이외에 국제법협회(International Law Association)가 있다. 국제법협회는 국제법과 국제사법의 발전을 목표로 하여 1873년에 법학자와 실무가들이 설립한 단체로서 초기에는 해상법도 연구 분야의 하나로 삼아 공동해손에 관한 1890년 요크ㆍ앤트워프규칙(York Antwerp Rules)을 제정하고 여러 차례에 걸쳐 이를 개정하였다. 그러나 CMI가 설립된 1897년 이후에는 해상법 분야에 관한 연구는 CMI에 일임하였다. CMI 홈페이지의 http://www.comitemaritime.org/histo/his.html 참조.

32) IMO는 1958년에 발효한 정부간해사협의기구조약(Convention on the Inter-Governmental Maritime Consultative Organization, 1948)에 의하여 설립되었기 때문에 당초의 이름은 정부간해사기구(Inter-Governmental Maritime Consultative Organization, IMCO)이었으나 1982년에 명칭을 국제해사기구(International Maritime Organization, IMO)로 변경하였다.

여하였으나 점차 해사사법분야로 그 활동범위를 확장하고 있다. IMO에 의해 제정된 국제조약은 1969년 유류오염손해에 대한 민사책임에 관한 국제협약과 이에 대한 1992년 개정의정서, 1971년 국제유류오염손해보상기금의 설치를 위한 국제협약과 이에 대한 1992년 및 2003년 개정의정서, 2001년 선박연료유에 의한 오염손해에 대한 민사책임에 관한 국제협약, 1976년 해사채권책임제한조약 및 이에 대한 1996년 개정의정서 등이 있다.

한편 UNCTAD는 UNCITRAL과의 공동작업에 의하여 1978년 UN해상물건운송조약(소위 함부르크규칙)을 성립시켰으며 1980년 UN복합운송조약(미발효)의 성립에도 주도적인 역할을 하였다. 최근에는 UNCITRAL에서 해상물건운송에 관한 기존의 국제규범인 헤이그 비스비규칙과 함부르크규칙을 대체하고 해상운송이 포함된 복합운송을 규율하기 위한 새로운 국제조약(소위 로테르담규칙)을 성립시켰다.33)

이러한 국제적인 동향을 살펴보면 점진적이나마 해상법에 관한 국제적인 통일운동이 결실을 맺어 가고 있는 것으로 생각된다.34)

---

33) UNCITRAL의 새로운 국제조약은 2008년 12월에 UN 총회에서 채택되어 국제조약으로 성립되었다. 위 새로운 조약에 관한 논의 배경 및 그 경과에 대한 상세는, 졸고, "선하증권상의 FIO조항의 효력," 법조, 제605호(2007. 2.), 112쪽, 주 72: UNCITRAL A/CN.9/594; A/CN.9/WG.III/WP.60; Michael F. Sturley, "The United Nations Commission on International Trade Law's Transport Law Project: An Interim View of a Work in Progress," 39 Tex. Int'l L.J. 65 (Texas International Law Journal, Fall 2003) at pp. 67~70 참조. 우리나라는 제10차와 제11차 회의를 제외하고는 제9차 회의부터 2008년 1월에 열린 제21차 최종 회의까지 대표단을 파견하여 위 조약 초안 논의에 참가하였다.
34) 동지: 송·김, 19쪽.

제4장 해상법의 법원(法源)과 적용범위

제1절 해상법의 법원

제1. 총 설

해상법의 법원이란 해상기업 특유의 생활관계를 규율하는 법(실질적 의의의 해상법)의 존재형식을 말한다. 이러한 해상법의 법원으로 논의될 수 있는 것에는 제정법, 상관습법 및 보통거래약관이 있다. 아래에서 이들을 각각 살펴보기로 한다.

제2. 제 정 법

1. 상 법 전

상법전 제5편 「해상」은 형식적 의의의 해상법으로서 해상법에 관한 가장 중요한 법원이다. 앞서 본 바와 같이 이러한 상법전의 해상편은 1962년 1월 20일 제정된 이래 1991년 12월 31일에 일부 개정되었다가 2007년 8월 3일에 다시 대대적으로 개정되었다.

제정 당시의 해상법은 일본의 해상법을 기초로 하고 이에 1924년 선주유한책임조약과 1924년 헤이그규칙 등의 국제조약 내용을 일부 수용한 것이었다. 그러나 일본의 해상법은 1899년에 제정된 낡은 입법이었기 때문에 이를 기초로 한 우리 제정 해상법도 여러 가지 점에서 시대에 뒤떨어져 있었으며 비체계적이고 난삽하다는 비판이 있었다.[1]

1991년 해상법은 1976년 해사채권책임제한조약과 1968년 헤이그 비스비규칙 (일부 규정 제외)을 수용하는 한편 정기용선계약에 관한 규정을 신설하고 해상기업의 주체를 선박소유자 중심주의에서 운송인 중심주의로 변경하는 등의 개정을 하였다.[2] 그러나 1991년 해상법도 제정 해상법의 체제를 그대로 유지하였기 때문에 여전히 비체계적이고 난삽하다는 비판을 면하지 못하였다.

2007년에 개정된 현행 해상법은 해상법의 체제를 이해하기 쉽도록 전면적으로 개정하는 한편, 국제적인 흐름에 좇아 해상운송인의 책임한도액을 인상하였으며, 오늘날 해상운송에서 점차 그 사용이 활발해 지고 있는 해상화물운송장 및 전자 선하증권에 관한 규정과 복합운송에 관한 규정을 신설함으로써 우리 해상법을 상당 부분 현대화하였다. 현행 해상법은 2008년 8월 4일부터 시행되고 있다.[3]

현행 해상법의 체제를 간단히 살펴보면 다음과 같다. 「제 1 장 해상기업」은 해상법 총칙에 해당하는 사항들을 규정하고 있는데, 제 1 절에서는 해상기업의 물적 조직인 「선박」, 제 2 절에서는 해상기업의 보조자인 「선장」, 제 3 절에서는 해상기업의 주체 중 특수한 형태인 「선박공유」, 제 4 절에서는 해상기업의 주체에 관한 해상법상의 특수한 제도인 「선박소유자 등의 책임제한」, 그리고 마지막 절인 제 5 절에선 해상기업의 채권자가 선박에 대하여 가지는 담보물권에 관한 「선박담보」를 각 규정하고 있다. 「제 2 장 운송과 용선」에서는 해상기업 활동에 관하여 규정하고 있는데, 구체적으로 보면 제 1 절에서 해상물건운송업에서 가장 널리 이용되는 「개품운송」에 관하여 규정하고 있고, 제 2 절에서 「해상여객운송」에 관하여 규정하고 있으며, 제 3 절에서 제 5 절까지에는 특수한 해상기업 활동인 용선의 여러 형태, 즉 「항해용선」, 「정기용선」, 「선체용선」에 관하여 규정하고 있고, 마지막 절인 제 6 절에서는 해상물건운송계약에서 이용되는 선하증권 등의 「운송증서」에 관하여 규정하고 있다. 마지막 장인 「제 3 장 해상위험」에서는 바다를 무대로 하여 활동하는 해상기업이 필연적으로 부딪히는 해상위험을 회피하기 위한 제도인 「공동해손」(제 1 절)과 「해난구조」(제 3 절), 그리고 해상위험 중의 하나인 「선박충돌」(제 2

---

1) 현대 해상 물건운송계약의 주류가 항해용선계약에서 개품운송계약으로 변화되었음에도 불구하고 우리 제정 해상법은 항해용선계약을 중심으로 규정하고 개품운송계약에 관하여는 몇 개의 조문만을 두고 있었으며, 또한 제정 해상법은 20세기에 들어 발전하기 시작한 정기용선계약에 관하여는 아무런 규정을 두고 있지 아니하였다.

2) 손, (하), 710-711쪽.

3) 참고로 해상법의 특수성(8쪽 이하 참조)을 감안하여 해상법을 상법전에서 분리하여 단행법으로 만들어야 한다는 논의가 있다(정(동), (하), 732쪽).

절)에 관하여 규정하고 있다.

2. 특별법령

해상법의 법원 중 특별법령은 대부분 행정법령에 속하는 것이다. 그 중 중요한 것으로는 개항질서법, 국제선박등록법, 도선법, 상법의 일부규정의 시행에 관한 규정, 선박등기법, 선박법, 선박소유자 등의 책임제한절차에 관한 법률, 선박안전법, 선박직원법, 선원법, 수난구호법, 유류오염손해배상보장법, 항로표지법, 항만법, 항만운송사업법, 해사안전법, 해운법, 해양사고의 조사 및 심판에 관한 법률, 해양환경관리법 등이 있다.

이러한 특별법령은 상법에 대한 특별법이므로 상법전 해상편의 내용과 상치되는 범위에서는 특별법령이 우선적으로 적용되게 된다.

3. 국제조약

우리 헌법은 「헌법에 의하여 체결·공포된 조약과 일반적으로 승인된 국제법규는 국내법과 같은 효력을 가진다」고 규정한다(헌법 제 6 조 제 1 항). 따라서 우리나라가 가입한 해상법에 관한 국제조약은 해상법의 법원이 된다. 그러나 우리나라가 가입한 국제조약은 많지 아니하며 우리나라는 국제조약에 가입하는 대신 중요한 국제조약의 내용을 국내법에 수용하고 있다. 우리나라가 가입한 해상법에 관한 국제조약으로는 1969년 유류오염손해에 대한 민사책임에 관한 국제협약(International Convention on Civil Liability for Oil Pollution Damage)과 이에 대한 1992년 개정의정서, 1971년 국제유류오염손해보상기금의 설치를 위한 국제협약(International Convention on the Establishment of International Fund for Compensation of Oil Pollution Damage) 및 이에 대한 1992년 개정의정서와 1972년 국제충돌예방규칙에 관한 국제조약 등이 있다.

제 3. 상관습법

1. 상관습법의 의의

해사에 관한 상관습법이란 해사에 관하여 사회에서 적용되는 관습 또는 관행으로서 법적 확신과 인식에 의하여 법규범으로 승인된 것을 말하는데(법적 확신설), 이것은 불문(不文)의 형식으로 존재한다.[4] 이러한 해사에 관한 상관습법은 해상법의 법원이 될 수 있다는 점에서 단순한 사실인 관습으로서의 상관습 또는 관행과 구별되어야 한다(통설 및 판례).[5]

상법전 등의 제정법과 상관습법의 적용순서에 관하여는 학설이 대립되고 있는데,[6] ① 상관습법은 제정법에 규정이 없을 경우에만 적용된다는 견해(보충적 효력설),[7] ② 상관습법은 제정법 중 임의규정에 우선하여 적용될 수 있다는 견해(임의규정에 관한 변경적 효력설),[8] ③ 상관습법은 제정법 중 강행규정에도 우선하여 적용될 수 있다는 견해(강행규정에 대한 변경적 효력설)[9]가 있다. 생각건대 상법 제 1 조가 「상사에 관하여 본법에 규정이 없으면 상관습법에 의하고 상관습법이 없으면 민법의 규정에 의한다」라고 규정하고 있는 것은 제정법우선주의를 선언한 것으로 해석되므로 해사에 관한 상관습법은 상법전 등의 제정법에 규정이 없는 경우에만 효력을 갖는다고 보는 보충적 효력설이 타당하다고 본다. 그러나 우리 판례상 해사에 관한 상관습법으로 인정받고 있는 것은 없으므로 현재로서는 이러한 논의는 실익이 없다.

2. 사실인 상관습(상관행)

해사에 관한 「사실인 상관습」이란 해사에 관하여 반복적으로 행해지는 상관습으로서 아직 법적 확신에 의하여 승인되지 아니하는 것을 말한다. 이러한 사실인 상관습은 해상법의 법원은 아니나 해상기업의 법률관계에서 매우 중요한 역할

---

4) 정(동), (상), 27쪽 참조.
5) 대법원 1983. 6. 14. 80다3231 판결.
6) 정(동), (상), 36-37쪽.
7) 서·정, (상), 49쪽; 채, (상), 26쪽; 이(기), (상총), 60쪽.
8) 이(철), (상총), 60쪽.
9) 손, (상), 37쪽; 최(기), (원론), 25쪽; 정(동), (상), 36-37쪽; 김(성), (상총), 106쪽.

을 수행한다. 즉 사실인 상관습은 당사자가 이에 따르지 아니한다는 의사를 명확하게 표시하지 아니하는 한 당사자의 의사표시의 해석재료가 되거나 계약을 보충하는 기능을 갖는다. 다만 사실인 상관습은 강행규정에 반하는 경우에는 적용되지 아니한다(상 1조, 민 106조). 상관습의 확정은 사실인정의 문제로서 당사자가 이를 주장·증명하여야 한다.[10)

우리 판례상 해사에 관한 사실인 상관습으로 인정되고 있는 것은 보증도(259쪽 이하 참조)의 관행,[11) 보세운송의 경우 화주가 컨테이너를 적재한 샷시(chassis)를 무상으로 사용할 수 있는 기간에 관한 관행,[12) 화물인도지시서(262쪽 이하 참조)에 관한 관행[13) 등이다.

한편 신용장에 관한 통일규칙(Uniform Customs and Practice for Documentary Credits)[14) 과 공동해손에 관한 요크·앤트워프규칙(York Antwerp Rules. 522쪽 이하 참조)에 관하여는 이를 상관습법 혹은 사실인 상관습으로 보는 견해[15)와 보통거래약관의 하나로 보는 견해[16)가 대립한다. 생각건대 이 규칙들은 당사자가 이를 계약의 내용으로 편입하기로 합의한 경우에 한하여 적용될 수 있다는 점에서 이러한 합의가 없어도 적용될 수 있는 사실인 상관습과는 다르므로 이 규칙들은 보통거래약관의 하나로 보는 것이 타당하다고 본다.

제 4. 보통거래약관

1. 보통거래약관의 의의

보통거래약관이란 다수의 당사자와의 반복적 거래에 사용하기 위하여 미리

---

10) 대법원 1983. 6. 14. 80다3231 판결; 정(동), (상), 28쪽.
11) 대법원 1992. 2. 25. 91다30026 판결.
12) 대법원 1991. 4. 26. 91다1523 판결(이 판결은 컨테이너 샷시의 무상 사용기간에 관한 상관습을 3일로 보았다).
13) 대법원 2004. 5. 14. 2001다33918 판결.
14) 신용장통일규칙은 국제거래의 대금결제의 수단으로 이용되는 신용장에 관한 각국의 규칙과 관행을 통일하기 위하여 1933년에 국제상업회의소((International Chamber of Commerce)에 의해 제정되었다. 신용장통일규칙은 그 후 1951년, 1962년, 1974년, 1983년, 1993년 및 2006년에 6차례에 걸쳐 개정되었는데, 현재는 2006년에 개정되어 2007년 7월 1일부터 사용되기 시작한 제6차 개정 신용장통일규칙이 널리 사용되고 있다.
15) 손, (상), 38쪽; 김(성), (상총), 101-102쪽; 정(찬), (상), 39쪽.
16) 정(동), (상), 30쪽.

정형적(定型的)으로 작성한 계약조항을 말한다. 해사에 관하여는 이러한 보통거래약관이 매우 활발하게 사용되고 있다.

보통거래약관은 사업자나 사업자 단체가 일방적으로 작성하는 경우가 많으며 사업자나 고객이 아닌 제3자, 예컨대 학회 등이 작성하는 경우도 있다. 해사에 관한 보통거래약관으로는 해상물건운송과 관련하여 발행되는 선하증권의 이면에 포함된 운송약관과 항해용선계약, 정기용선계약, 선체용선계약에 관하여 각각 작성된 여러 형태의 보통거래약관 등이 있다.[17] 또한 앞서 본 바와 같이 공동해손에 관한 요크·앤트워프규칙과 신용장통일규칙도 이러한 보통거래약관의 하나라고 할 수 있다.

2. 보통거래약관의 법원성

이러한 보통거래약관이 해상법의 법원이 될 수 있는지의 여부는 보통거래약관의 법적 성질을 어떻게 보느냐에 따라 달라진다. 보통거래약관의 법적 성질에 관하여는 크게 보아 ① 보통거래약관은 그 자체로는 법규범이 아니고 당사자에 의하여 계약의 내용으로 편입되었기 때문에 당사자를 구속한다는 견해(법률행위설 혹은 의사설)[18]와 ② 보통거래약관은 법규범으로서의 효력을 가지므로 당사자의 의사와 관계없이 당연히 당사자를 구속한다고 보는 견해(규범설)[19]가 대립하고 있다. 법률행위설에 의하면 해사에 관한 보통거래약관은 해상법의 법원이 될 수 없으나 규범설에 의하면 보통거래약관도 해상법의 법원이 될 수 있다. 법률행위설이 다수설이며 판례도 보험약관과 관련하여 일관되게 법률행위설을 취하고 있다.[20] 한편 약관의 규제에 관한 법률(이하 약칭하여 「약관규제법」이라 한다)은 사업자에게 약관을 명시하고 설명할 의무를 부과하고 있으며 이를 위반한 경우에는 계약의 내용으로 주장할 수 없다고 규정하고 있어서(약관규제법 3조), 법률행위설에 근거하고 있다고

---

17) 항해용선계약에 관한 대표적인 보통거래약관으로는 발틱국제해사위원회(The Baltic and International Maritime Council, 약칭하여 BIMCO)에서 제정한 GENCON 양식이 있으며, 정기용선계약에 관한 대표적인 보통거래약관으로는 뉴욕물품거래소(New York Produce Exchange, 약칭하여 NYPE)에서 제정한 NYPE양식과 BIMCO에서 제정한 BALTIME 양식이 있고, 선체용선계약에 관한 대표적인 보통거래약관으로는 BIMCO에서 제정한 BARECON양식 등이 있다.

18) 정(찬), (상), 44쪽; 정(동), (상), 33쪽; 채, (상), 469쪽.

19) 양(승), (보), 71쪽.

20) 대법원 2004. 11. 11. 2003다30807 판결; 대법원 1990. 4. 27. 89다카24070 판결; 대법원 1991. 9. 10. 91다20432 판결 등.

해석된다.[21] 생각건대 계약 당사자의 일방 혹은 계약 당사자가 아닌 제3자가 일방적으로 작성한 보통거래약관을 당사자 의사와 관계없이 당사자에게 적용될 수 있는 법규범이라고 보는 것은 부당하다. 그러므로 보통거래약관이 당사자를 구속하는 것은 당사자가 명시적 혹은 묵시적으로 이를 계약의 내용으로 편입하기로 합의하였기 때문이라고 보는 법률행위설이 타당하며 따라서 보통거래약관은 해상법의 법원이 아니라고 본다.

제 2 절   해상법의 적용범위

제 1. 장소적 적용범위

우리 해상법은 우리나라의 영토 및 공해상에 있는 우리나라의 선박에 적용되는 것이 원칙이다. 그러나 섭외적 법률관계에서는 국제사법의 원칙에 따라 우리 해상법의 장소적 적용범위가 확대 혹은 축소될 수 있다. 즉 우리 국제사법의 원칙상 선적국법을 적용하는 사항(국제사법 60조 참조)에 관하여는 우리나라의 영토에 있는 외국의 선박에 관하여 외국의 해상법이 적용될 수 있고 거꾸로 외국의 국제사법이 선적국법을 적용하는 경우에는 외국에 있는 우리나라의 선박에 관하여 우리 해상법이 적용될 수 있다.

제 2. 인적 적용범위

우리 해상법은 모든 한국인에 적용되는 것이 원칙이다. 그러나 섭외적 법률관계에서는 국제사법의 원칙에 따라 우리 해상법의 인적 적용범위가 확대 혹은 축소될 수 있다. 즉 국제사법의 원칙상 당사자들의 합의에 따른 준거법이 인정되는 사항(국제사법 25조 참조)에 관하여는 우리나라 국민에게 외국의 해상법이 적용될 수

---

21) 정(찬), (상), 44쪽; 정(동), (상), 33쪽. 참고적으로 국제적으로 통용되는 해상운송업에 사용되는 보통거래약관에는 약관규제법 제7조 내지 제14조의 규정이 적용되지 아니한다(약관규제법 15조, 동 법 시행령 3조).

있고 거꾸로 외국인에게 우리 해상법이 적용될 수 있다.[22]

제 3. 사항에 관한 적용범위

우리 상법전의 해상편은 단정 또는 주로 노 또는 상앗대로 운전하는 선박에는 적용하지 아니하며(상 741조 2항), 해상편의 일부 규정은 총톤수 20톤 미만의 선박에는 적용하지 아니한다(상 743조, 744조 2항).

한편 선박충돌에 관한 규정은 어떠한 수면에서 충돌이 발생하였건 간에 항해선 상호 간 또는 항해선과 내수항행선 간의 충돌에 적용하며(상 876조 1항), 해난구조에 관한 규정은 어떠한 수면에서 구조가 발생하였건 간에 항해선 상호 간 또는 항해선과 내수항행선 간의 구조에 적용된다(상 882조).

---

22) 한편 2007년에 해상법을 개정할 때 당초의 개정안에는 운송물의 수령지·선적지·양륙지 중의 어느 한 곳이 우리나라인 경우에 우리 해상법에 반하여 운송인의 의무 또는 책임을 감경 또는 면제하는 것을 내용으로 하는 특약은 운송계약의 준거법에 관계없이 이를 무효로 한다는 규정이 포함되어 있었으나(개정안 제817조) 입법과정에서 삭제되었다. 입법례로서는 미국·캐나다·호주 등이 위 개정안에 유사한 규정을 두어 자국의 해상법을 강행적으로 적용하고 있다.

제5장 해상법의 현대적 과제

현대에 들어 해상법은 여러 방면으로 부터의 도전을 극복하여야 할 과제를 부여받고 있다. 이러한 도전은 해상법의 영역 안팎에서 이루어지고 있다.

우선 컨테이너의 발명에 따라 복합운송이 현대 국제운송의 총아로 등장하면서 해상법의 존재 자체가 위협받게 되었다. 즉 복합운송의 전 구간에 대하여 독자적으로 동일한 책임원칙과 책임한도액을 적용하는 통일책임제도(Uniform Liability System)(400쪽 참조)가 복합운송법의 국제적 규범으로 정립되게 되면 해상운송이 포함된 복합운송의 경우 해상법이 아니라 복합운송법이 적용되게 될 것이므로 해상법의 설 자리가 극히 좁아지게 된다. 해상법은 이러한 복합운송 법리의 발전 동향에 끊임없이 관심을 가지고 앞서 본 해상법의 특수성과 자주성에 비추어 복합운송의 경우에도 적어도 해상운송구간에 관한 한 해상법의 원칙이 적용될 수 있도록 노력하여야 한다.

다음으로 과학기술의 발전에 따라 해상기업의 경영 환경에 획기적인 변화가 초래되면서 해상법도 변화를 요구받게 되었다. 즉 선박이 고속화함에 따라 선하증권을 사용하지 않는 해상운송이 증가하게 되었고, 인터넷의 발전에 따라 종이선하증권 대신에 전자선하증권을 사용하는 경우가 점차 증가하고 있다. 해상법은 이러한 해운 환경의 변화에 능동적으로 대응하여 새로운 법리의 개발에 소홀히 하지 말아야 할 것이다.

또한 20세기 후반부터 국제적 관심이 집중된 해양환경문제로 인하여 해상법은 또 다른 도전에 직면해 있다. 즉 해양환경문제에 대한 국제적인 논의의 결과 해상법에 관한 종전의 법원칙을 수정한 새로운 국제규범이 생겨났다. 이러한 새로운 국제규범은 종전의 과실책임주의 원칙과 선박소유자 등의 책임제한제도를 수정하여 무과실책임주의, 새로운 선박소유자 책임제한제도 및 선박소유자책임한도를 넘는 손해에 대한 2차적 보상제도, 선박소유자의 책임에 대한 강제보험제도 등을 채택하였다.[1] 이처럼 환경문제로 인하여 촉발된 해상법원칙의 변화는 오랜 역사를 가진 해상법분야에서 생긴 변화 중 가장 중요한 변화라고 일컬어진다.[2] 이러한 변화는 앞으로도 계속될 것이므로 해상법은 이에 대해서도 계속적인 관심을 가지고 연구를 게을리하지 말아야 할 것이다.

한편 현대에 들어 영미법계의 국가들이 국제해운업계에서 주도적인 역할을 하게 되면서 해사에 관한 여러 국제조약이 영미법의 영향을 많이 받게 되었다. 앞서 본 바와 같이 우리 해상법은 기본적으로 독일법계에 속하는데, 근래에 들어서는 일부 국제조약의 내용을 해상법에 수용하고 있다. 따라서 우리 해상법의 기존 원칙들과 영미법의 영향을 받은 국제조약의 원칙들과의 조화로운 해석문제가 우리 해상법의 중요한 과제로 대두되었다.

---

1) 이에 관한 국제조약은 1969년 유류오염손해에 대한 민사책임에 관한 국제협약 및 이에 대한 1992년 개정의정서, 1971년 유류오염손해에 대한 보상을 위한 국제기금의 설치에 관한 국제협약 및 이에 대한 1992년 개정의정서와 2003년 추가기금의정서 그리고 2001년 선박연료유협약 등이 있다.
2) Gauci, *Oil Pollution*, p. 2.

해상기업의 조직

海 / 商 / 法 / 詳 / 論

제1장 총 설

　해상기업은 직접 바다를 무대로 하여 선박을 이용하여 영리활동을 하는 기업으로서 물적 조직과 인적 조직으로 구성된다. 해상기업의 물적 조직에는 선박, 컨테이너 등의 운송 설비, 화물보관창고, 사무실 등이 포함되나 선박을 제외한 다른 물적 조직은 육상기업의 물적 조직과 다르지 아니하다. 따라서 우리 해상법은 해상기업에 특유한 물적 조직인 선박과 그 속구에 관하여만 특별한 규정을 두고 있다.

　해상기업의 인적 조직에는 해상기업의 주체와 이를 보조하는 해상기업의 보조자가 있다. 우리 해상법은 해상기업의 주체로서 선박소유자, 선박공유자, 선체용선자, 정기용선자 및 항해용선자에 관한 규정을 두고 있는데, 이 중 선박소유자와 선박공유자는 「제1장 해상기업」에서 규정하고 있고 나머지 해상기업의 주체는 해상기업의 활동에 관한 「제2장 운송과 용선」에서 규정하고 있다. 그리고 우리 해상법은 이러한 해상기업의 주체의 책임제한에 관하여 「제1장 해상기업」에 특별한 규정을 두고 있다. 한편 해상기업의 보조자에는 육상기업과 마찬가지로 상업사용인이나 대리상 등이 있으나 우리 해상법은 해상기업 특유의 보조자인 선장에 관하여만 특별한 규정을 두고 있다.

　아래에서는 해상기업의 조직을 물적 조직과 인적 조직으로 나누어 살펴보기로 한다.

제 2 장 해상기업의 물적 조직(선박)

제 1. 선박의 의의

선박의 개념은 그것에 관하여 규정하고 있는 각 법률에 따라 일정하지 아니하다.[1] 이러한 여러 가지의 선박의 개념 중 해상법의 적용여부를 결정하기 위하여 중요한 것은 해상법상의 선박의 개념이다. 우리 해상법은 선박이란 「상행위나 그 밖의 영리를 목적으로 항해에 사용하는 선박」을 말한다고 규정하고 있다(상 740조). 즉 해상법상의 선박은 첫째로 사회통념상 선박으로 인정될 수 있는 것이어야 하고, 둘째로 상행위나 그 밖의 영리를 목적으로 하여야 하고, 셋째로 항해에 사용해야 한다. 아래에서 이를 자세히 살펴보기로 한다.

1. 사회통념상의 선박

(1) 해상법은 선박 중 해상법이 적용되는 선박의 범위에 관하여는 규정하고 있으나 어떠한 물체가 선박인지에 관하여는 규정하고 있지 아니하다. 따라서 무엇이 선박인지 하는 점은 사회통념에 따라 결정할 수밖에 없다.[2] 사회통념상 선박은 수상 또는 수중을 항행하기 위한 용도와 능력을 가지고 있는 부양구조물이라고 할 수 있다.[3]

---

[1] 선박에 관하여 규정하고 있는 법률에는 선박법 제 1 조의 2, 선박직원법 제 2 조 제 1 호 및 유류오염손해배상보장법 제 2 조 제 1 호 등이 있다.

[2] 정(찬), (하), 800-801쪽.

[3] 정(동), (하), 747쪽; 정(찬), (하), 801쪽. 선박법은 「선박」을 「수상 또는 수중에서 항행용으로 사용하거나 사용될 수 있는 배 종류」라고 정의하는데(동 법 1조의 2 1항), 이것은 사회통념상의 선박과 대동소이하다. 다만 선박법상으로는 선박계류용·저장용 등으로 사용하기 위하여 수상에 고정하여 설치하는 부선도 선박에 해당하나(동 법 1조의 2 1항 3호 및 26조 등), 이러한 부선은 아래에서 살펴보는 항행성이 없으므로 해상법상의 선박은 아니다.

(2) 「수상 또는 수중」을 항행하여야 하기 때문에 비행선은 선박이 아니다. 수상비행기는 수상에서 이동할 수 있지만 주로 공중 비행을 목적으로 하여 제조된 것이기 때문에 선박이라고 볼 수 없다.[4] 한편 잠수함이나 수중익선은 선박에 속한다. 또한 수상에서 약간 부양하여 이동을 하는 호버크라프트(hover craft)는 수상을 항행한다고 볼 수 있기 때문에 선박이라고 할 수 있다.[5]

(3) 수상 또는 수중을 「항행」할 수 있는 용도와 능력을 갖추어야 하기 때문에 일정한 해면에 고정되어 있는 부표, 부선거, 해상호텔 또는 수상창고 등은 선박이 아니다.[6] 한편 준설선(dredger)은 일정한 장소에서 준설작업을 하는 것을 주된 목적으로 하므로 원칙적으로 선박이 아니나[7] 준설물의 운반 작업을 겸하는 것은 선박에 속한다.[8] 한편 선박이 되기 위하여 자력으로 항행할 수 있는 능력이 필요한가 하는 점이 문제가 된다. 이 점에 관하여는 견해가 나뉘나 이를 부정하는 것이 통설이다.[9] 대법원 판례도 통설과 같다.[10] 생각건대 반드시 자력으로 항행하는 것뿐만 아니라 다른 선박에 의해 예인되거나 밀려서 수상을 항행하는 것도 사회통념상의 선박이라고 볼 수 있으므로 대법원 판례와 통설이 타당하다고 본다. 그러므로 부선(barge)도 선박에 속한다.

(4) 건조 중인 선박은 원칙적으로 선박에 해당하지 아니한다. 그러나 일단 진수하여 항행할 수 있게 된 이후에는 건조 작업이 계속되더라도 사회통념상 선박으로 볼 수 있다.[11] 우리 상법은 건조 중의 선박에 대하여도 선박담보에 관한 규

---

4) 田中, 148頁.
5) 田中, 148頁.
6) 정(동), (하), 748쪽.
7) 정(찬), (하), 801쪽; 손, (하), 713쪽.
8) 손, (하), 713쪽; 정(동), (하), 748쪽.
9) 손, (하), 713쪽; 정(동), (하), 748쪽; 채, (하), 653쪽; 정(해), (국제), 154쪽 등. 이에 반해 자력으로 항행할 수 있는 능력이 필요하다고 보는 소수설로는 김(인), (해), 91쪽이 있다. 한편 미국법도 우리 통설과 같은 입장이다. 따라서 예인에 의해 항행 중인 플로팅 독(floating dock)도 선박에 해당된다고 한다(Schoenbaum, Admiralty, p. 39).
10) 대법원 2012. 4. 17. 2010마222 결정(구 상법(2007. 8. 3. 법률 제8581호로 개정되기 전의 것, 이하 '구 상법'이라고 한다) 제740조는 선박이란 상행위 기타 영리를 목적으로 항해에 사용하는 선박을 이른다고 규정하고 있는데, 구 선박법(2007. 8. 3. 법률 제8621호로 개정되기 전의 것) 제1조의2는 자력항행능력이 없어 다른 선박에 의하여 끌리거나 밀려서 항행되는 부선도 선박이라고 규정하고 있고, 제29조는 상법 제5편 해상에 관한 규정은 상행위를 목적으로 하지 아니하더라도 항행용으로 사용되는 선박(단 국유 또는 공유의 선박은 제외)에 관하여는 이를 준용한다고 규정하고 있다. 따라서 다른 선박에 의하여 끌리거나 밀려서 항행되는 국유 또는 공유 아닌 부선은 상행위 기타 영리를 목적으로 항행하는지에 상관없이 구 상법 제5편에 규정된 선박소유자 책임제한의 대상이 되는 선박에 해당한다).

정을 준용한다고 규정한다(상 790조). 여기서 선박담보에 관한 규정이 준용되는 「건조 중의 선박」이란 아직 사회통념상의 선박에 해당하지 아니하는 건조 중의 선박을 말한다. 왜냐하면 건조 중의 선박으로서 이미 진수를 하여 사회통념상의 선박으로 된 경우에는 위 규정이 필요 없이 당연히 해상법이 적용되기 때문이다.

(5) 선박이 난파되어 항행할 수 없게 되면 더 이상 선박이 아니다. 한편 침몰선은 기술적·경제적으로 인양이 가능한 한 여전히 선박에 해당한다.[12]

(6) 사회통념상의 선박은 부양할 수 있는 구조물을 말하므로 요형(凹型)이어야 한다. 따라서 뗏목, 평면판 또는 수상스키 등은 선박에 해당하지 아니한다.[13]

2. 상행위나 그 밖의 영리 목적

(1) 해상법상의 선박은 상행위 그 밖의 영리를 목적으로 하여야 한다. 이처럼 상행위뿐만 아니라 그 밖의 영리를 목적으로 하는 선박까지 해상법상의 선박에 포함시킨 것은 상법이 상행위를 하는 당연상인(상 4조)뿐만 아니라 그 밖의 영리행위를 하는 의제상인(상 5조)까지 상인으로 인정하며, 상행위뿐만 아니라 그 밖의 영리를 목적으로 하는 경우에도 회사로 인정하는 것(상 169조)과 균형을 맞추기 위한 것이다.

(2) 여기의 상행위에는 기본적 상행위(상 46조)와 보조적 상행위(상 47조)가 포함된다. 기본적 상행위를 목적으로 하는 선박에는 주로 해상운송을 하는 선박(상 46조 13호)이 해당될 것이나 그 이외에 해난구조선, 예인선, 해상작업선 또는 도선안내선(상 46조 5호) 등도 이에 해당한다. 보조적 상행위를 목적으로 하는 선박은 예컨대 무역업자의 자기운송선, 제철회사의 광석운반선, 자동차회사의 자동차운반선, 정유업자의 유조선 등이 있다.[14] 한편 상행위 이외의 영리를 목적으로 하는 선박에는 예컨대 수산회사의 어선이나 임업회사의 목재운반선 등이 있다.[15] 또한 국유 또는 공유의 선박이라도 상행위 그 밖의 영리를 목적으로 하면 당연히 해상법이

---

11) 손, (하), 713쪽; 정(동), (하), 748쪽.

12) 침몰선에 관하여 선박우선특권에 기한 선박임의경매신청이 인용된 예가 있다(인천지방법원 2008. 4. 29. 2006타경62586 결정).

13) 정(동), (하), 748쪽; 田中, 149頁. 이에 반해 요형이 아니라 하더라도 항해능력과 적재능력이 있으면 선박으로 보아야 한다는 반대설이 있다(志律, 113頁 참조).

14) 손, (하), 713-714쪽.

15) 손, (하), 714쪽.

적용된다(상 2조).[16]

  (3) 한편 해상법은 영리를 목적으로 하지 아니하더라도 항해용 선박에 대하여
는 해상법의 규정을 준용한다고 규정한다(상 741조 1항).[17] 따라서 학술탐사선, 스포
츠용 선박 등은 해상법상의 선박은 아니나 이들에도 해상법의 규정이 유추 적용
된다. 또한 영리를 목적으로 하지 않는 국유 또는 공유의 선박에도 항해의 목적·
성질 등을 고려하여 해상법의 규정을 준용하는 것이 적합하지 아니한 경우로서
대통령령으로 정하는 경우[18]를 제외하고는 해상법의 규정이 유추 적용된다(상 741
조 1항 단서).[19] 또한 국유 또는 공유의 선박이 아니라도 선체용선계약 또는 징발 등
에 의해 공용에 사용되는 경우에는 국유 또는 공유의 선박과 마찬가지로 대통령
령이 정하는 경우에 해당하면 해상법의 규정이 유추 적용되지 아니한다고 본다.[20]

3. 항해에 사용

  (1) 해상법상의 선박은 「항해」에 사용되어야 한다. 여기서 항해라 함은 내수
즉 호천과 항만을 제외한 해상에서의 항행을 말한다. 「상법시행령」 제 4 조는 호
천, 항만의 범위를 선박안전법 시행령 제 2 조 제 1 항 제 3 호 가목에 따른 평수구
역으로 한다고 규정하고 있다. 선박안전법 시행령 제 2 조 제 1 항 제 3 호 가목은
평수구역을 「호소·하천 및 항내의 수역(항만법에 따른 항만구역이 지정된 항만의 경우 항
만구역과 어촌·어항법에 따른 어항구역이 지정된 어항의 경우 어항구역을 말한다)을 말한다」고
규정하고 있다. 따라서 해상법상의 선박은 호소, 하천 및 항만구역과 어항구역을
제외한 해상에서의 항행에 사용되는 것이어야 한다.

---

16) 정(동), (하), 746쪽.
17) 이 규정은 2007. 8. 3.에 1991년 상법을 개정하면서 선박법 제29조 본문의 내용을 반영하여
   입법한 것이다.
18) 상법의 일부 규정의 시행에 관한 규정 제 6 조의 2는 해상편의 규정이 유추 적용되지 아니하는
   선박을 국유 또는 공유의 선박으로서, ① 군함, 경찰용 선박, ② 어업지도선, 밀수감시선, ③ 그
   밖에 영리행위에 사용되지 아니하는 선박으로서 비상용·인명구조용 선박 등 사실상 공용(公
   用)에 사용되는 선박이라고 규정하고 있다.
19) 한편 선박법 제29조 단서는 모든 국유 또는 공유의 선박에 관하여 해상법을 준용하지 아니한다
   고 규정하고 있으나 앞서 본 바와 같이 상법 제741조 제 1 항 단서는 대통령령이 규정하는 경우
   를 제외하고는 국유 또는 공유의 선박에 대하여도 해상법이 준용된다고 규정하면서 이러한 상
   법의 규정이 선박법 제29조 단서에 우선한다고 명시하였다. 이처럼 선박법 제29조의 본문은 상
   법 제741조 제 1 항에 규정되었고, 단서는 실효하였으므로 선박법 제29조는 그 전체가 삭제되어
   야 할 것이다(동지: 정(찬), (하), 802쪽 주1).
20) 田中, 151頁.

(2) 해상법상의 선박은 항해에 「계속적」으로 사용되어야 한다. 따라서 내수항행선이 일시적으로 항해에 사용되더라도 해상법상의 선박으로 되는 것은 아니다. 이와는 반대로 항해에 사용되는 선박이 일시적으로 내수항행을 한다 하더라도 해상법상의 선박으로서의 지위를 잃지 아니한다. 내수 항행과 항해 모두에 계속적으로 사용되는 선박은 평소 주된 항행구역이 내수인가 해상인가에 따라 해상법상의 선박인지의 여부를 결정하는 것이 타당하다고 본다.[21]

(3) 해상법은 원칙적으로 항해선에만 적용된다. 그러나 선박충돌(상 876조)이나 해난구조(상 882조)의 경우에는 항해선과 내수항행선 간의 충돌이나 항해선과 내수항행선 간의 구조의 경우에도 해상법의 규정이 적용된다.

4. 단정 등에 관한 특칙

해상법의 규정은 단정 또는 주로 노 혹은 삿대로 운전하는 선박에는 적용하지 아니한다(상 741조 2항). 단정 또는 주로 노 혹은 삿대로 운전하는 선박은 선박을 운전하는 동력으로서 기관이나 돛을 사용하지 않는 선박을 말한다.[22] 이러한 선박에 해상법을 적용하지 아니하는 것은 이들 선박은 크기가 작고 추진력도 약하여 단거리의 항해만이 가능하고 물건이나 사람의 운송도 제한적이기 때문에 복잡한 해상법의 규정을 적용하는 것이 적절하지 않기 때문이다.[23] 한편 기관이나 돛을 사용하는 항해선은 비록 크기가 작아도 해상법이 적용된다.

제 2. 선박의 성질

1. 동   산

민법상 토지 및 그 정착물은 부동산이고 부동산 이외의 물건은 동산이다(민 99조). 따라서 선박은 동산에 속한다.[24]

---

21) 동지: 손, (하), 715쪽. 이 점에 관해 일본에서는 본문과 같이 해석하는 견해, 주된 항행구역이 해상인지를 묻지 아니하고 해상법상의 선박으로 보는 견해 및 선박의 종류, 톤수, 의장 등을 고려하여 해상법상의 선박인지의 여부를 결정해야 한다는 견해 등이 대립되고 있다(田中, 152-153頁).

22) 손, (하), 715쪽.

23) 이러한 단정 등의 선박과 항해선 간의 충돌이나 해난구조에 해상법을 적용하여야 한다는 견해가 있으나(정(찬), (하) 775쪽), 이는 상법의 명문의 규정에 반하는 해석으로서 찬성하기 어렵다.

2. 부동산 유사성

선박은 동산이지만 그 크기가 크고 가격이 고가이며 임대(선체용선) 등으로 소유와 사용이 분리되는 경우가 많다는 점에서 부동산에 유사한 성질을 가진다.[25] 따라서 아래에서 살펴보는 바와 같이 우리 법은 일정한 경우에 선박에 대하여 부동산과 같은 취급을 하고 있다.

(1) 일정한 크기 이상의 선박(총톤수 20톤 이상의 기선과 범선 및 총톤수 100톤 이상의 부선(선박계류용・저장용 등으로 사용하기 위하여 수상에 고정하여 설치하는 부선 제외))에 대하여는 선박등기제도가 인정된다(선박등기법 2조). 또한 등기한 선박에는 저당권의 설정(상 787조)과 부동산의 임대차등기에 상당하는 선체용선등기가 인정된다(상 849조).

(2) 등기할 수 있는 선박에 대한 강제집행에 있어서 부동산과 동일하게 취급된다(민집 172조 이하).

(3) 형법상 선박을 건조물과 동일하게 취급한다(형법 319조).

(4) 국제법상 공해를 항해하는 선박을 선적국의 영토의 일부로 본다.[26]

3. 합 성 물

(1) 선박은 선체(hull), 선교(bridge), 갑판(deck), 기관(boiler), 추진기(propeller), 선창(hold), 선실(cabin) 등의 각 부분이 유기적으로 결합되어 있는 합성물로서 그 자체가 독립된 하나의 물건이다.[27]

(2) 선박을 구성하는 부분과 구별되어야 할 것으로 속구가 있다. 속구란 선박의 상용(常用)에 제공하기 위하여 선박에 부속시킨 것으로서 선박의 구성부분으로 되지 아니한 독립한 물건을 말한다.[28] 속구에는 나침반, 해도, 닻, 구명정, 구명대, 레이다 등이 있다.[29] 속구는 다른 물건의 상용에 제공하기 위하여 다른 물건에 부

---

24) 선박을 동산으로 보는 사상은 로마법에서 유래하였고 부동산으로 보는 사상은 게르만법에서 유래하였다(田中, 155頁). 우리 법상 선박은 동산에 속하나 아래에서 보는 바와 같이 부동산에 준하는 취급을 받기 때문에 로마법과 게르만법의 절충적 형태라고 할 수 있다.

25) 정(동), (하), 749쪽; 손, (하), 716쪽; 정(찬), (하), 802-803쪽.

26) 1982년 해양법에 관한 국제연합협약(United Nations Convention on the Law of the Sea: 이하 "해양법협약"이라 한다) 제92조 1항; 김(정), (국제), 618쪽.

27) 정(동), (하), 749쪽.

28) 상게서.

29) 田中, 106頁; 정(찬), (하), 802쪽.

속시킨 물건이라는 점에서 종물(민 100조)과 유사하다. 그러나 종물은 그 소유자가 주물의 소유자인 것을 요건으로 하나 속구는 그 소유자가 선박소유자가 아닌 경우(예컨대 선체용선자나 정기용선자가 자기의 물건을 선박에 부속시키는 경우)도 있다는 점에서 종물과 구별된다. 즉 속구에는 종물인 속구와 종물이 아닌 속구가 있다.

(3) 선박의 구성부분은 당연히 선박의 처분에 따른다. 한편 종물인 속구는 원칙적으로 선박의 처분에 따르나(민 100조 2항), 당사자 간의 특약으로 이를 배제할 수 있다. 또한 종물이 아닌 속구가 선박의 처분에 따르지 아니한다는 것은 당연하다. 어떠한 속구가 종물인지의 여부를 둘러싸고 분쟁이 발생할 수가 있으므로 상법은 속구목록에 기재된 속구는 종물로 추정한다고 규정하였다(상 742조).

(4) 상법은 속구가 종물인지의 여부를 묻지 아니하고 속구에 대하여 일정한 법적 효력을 부여하였다. 즉 선박의 우선특권은 당연히 그 속구에 미치고(상 777조 1항), 선박저당권도 그 효력이 속구에 미치며(상 787조 2항), 속구목록에 기재하지 아니한 속구에 관하여는 공동해손분담청구권이 없다(상 872조 1항). 한편 속구에 대한 압류는 선박에 대한 압류와 일체로서 행해져야 한다.[30]

4. 사람에 준하는 취급

(1) 선박은 하나의 물건으로서 권리의 객체가 되는 것이나 사람에 유사한 취급을 받는 경우가 있다. 즉 선박은 사람과 마찬가지로 이름을 가지며(선박법 11조),[31] 선박에도 국적이 인정되고(선박법 2조), 사람에게 주소가 있듯이 선박에도 선적항(船籍港)이 있다(선박법 7조 1항, 동 법 시행령 2조). 또한 선박에 대한 우선특권제도도 선박의 운항과 관련하여 발생한 일정한 채권에 대하여 선박 자체로부터 채권의 만족을 얻을 수 있도록 한다는 점에서 선박을 사람에 준하여 취급하는 예라고 볼 수 있다.[32]

(2) 선박을 사람으로 보는 사상은 이미 중세의 해상법에서부터 나타나 있으며 영미에서는 현재도 해사소송에서 선박을 직접 당사자로 하는 대물소송(action in rem)이 인정된다.[33] 한편 19세기에 들어 선박을 법인으로 보거나(선박법인설) 또는

---

30) 田中, 178頁.
31) 다만 총톤수 20톤 미만의 기선 또는 범선이나 총톤수 100톤 미만의 부선(총톤수 100톤 이상의 부선으로서 수상에 고정하여 설치하는 부선도 동일함)은 예외이다(선박법 26조).
32) 정(동), (하), 750쪽.

법인이 아니라 하더라도 권리주체가 될 수 있다는 견해(권리주체설) 등이 생겨났으나 우리 법의 해석상 비록 선박이 사람에 준하는 취급을 받는 경우가 있다고 하더라도 선박은 여전히 물건으로서 권리의 객체가 될 뿐이고 그 자체로 독립한 사람으로 볼 수는 없다.[34]

제 3. 선박의 종류

선박은 그 구별 기준에 따라 여러 가지로 나눌 수 있는데 아래에서는 그 중 중요한 분류를 살펴보기로 한다.

1. 한국선박 · 외국선박

이것은 선박의 국적에 따른 구별이다(선박의 국적에 관하여는 44쪽 이하 참조). 한국선박은 대한민국 국적을 가지는 선박을 말하고 외국선박은 특정한 외국의 국적을 가지는지의 여부와 관계없이 대한민국의 국적을 가지지 아니한 모든 선박을 말한다. 한국선박과 외국선박을 구별하는 실익은 한국선박은 외국선박에 비해 여러 가지 특권과 의무를 갖는다는 점에 있다.[35] 한국선박이 가지고 있는 특권은 ① 대한민국 국기를 게양할 수 있고(선박법 5조), ② 불개항장에 기항하고, 국내 각 항간에서 여객 또는 화물의 운송을 할 수 있으며(선박법 6조), ③ 등록(일부 선박은 등기 및 등록)을 하고 선박국적증서를 교부받을 수 있다는 것 등이다(선박법 8조).[36] 한편 한국선박이 부담하는 의무는 ① 선박국적증서를 선박 안에 비치하여야 하며(선박법 10조), ② 대한민국 국기를 게양하고 그 명칭·선적항·흘수의 치수 등을 표시하여야 한다는 것 등이다(선박법 11조).

---

33) Healy, *Admiralty*, p.130.

34) 손, (하), 717쪽; 정(동), (하), 750쪽; 정(찬), (하), 805쪽.

35) 한편 대한민국의 국적을 취득할 것을 조건으로 하여 선체용선(Bareboat Charterparty Hire Purchase: BBCHP)된 선박을 한국선박에 준하여 취급하는 경우가 있다. 즉 선원법은 국적취득조건부로 용선한 선박에 대해 한국선박과 마찬가지로 선원법을 적용하고 있으며(동 법 3 조 1 항), 국제선박등록법은 국적취득조건부로 선체용선한 선박은 한국선박과 마찬가지로 국제선박등록을 하고 동 법상의 세제혜택 등을 받을 수 있도록 하고 있다(동 법 3 조 1 항 4호).

36) 정(동), (하), 751쪽.

2. 등기선 · 비등기선

이것은 선박이 실제로 등기를 하였는지의 여부와 관계없이 등기를 하여야 할 의무를 가지는지의 여부에 따른 구별이다(선박의 등기에 관하여는 53쪽 이하 참조). 우리 법상 총톤수 20톤 이상의 기선과 범선 및 총톤수 100톤 이상의 부선(선박계류용 · 저장용 등으로 사용하기 위하여 수상에 고정하여 설치하는 부선은 제외)은 등기선이다(선박등기법 2조).[37] 등기선이 등기를 한 후 선적항을 관할하는 지방해양항만청장에게 당해 선박의 등록을 하면 선박국적증서를 교부받을 수 있다(선박법 8조 2항). 등기선과 비등기선을 구별하는 실익은 앞서 본 바와 같이 ① 등기선에 관하여는 저당권설정등기와 선체용선등기가 인정된다는 점, ② 강제집행에 있어서 부동산에 준하는 취급을 받는다는 점 및 ③ 등기선과 비등기선은 그 소유권의 이전 방식에 차이가 있다는 점(선박소유권의 변동에 관하여는 56쪽 이하 참조)에 있다.

3. 등록선 · 비등록선

이것은 선박이 등록을 하여야 할 의무를 가지는지의 여부에 따른 구별이다(선박의 등록에 관하여는 53쪽 이하 참조). 앞서 본 등기선은 모두 등록선이다. 한편 비등기선 중에는 등록선과 비등록선이 있다. 즉 비등기선 중 ① 총톤수 5톤 미만의 범선 중 기관을 설치하지 아니한 범선, ② 총톤수 20톤 미만의 부선, ③ 총톤수 20톤 이상의 부선 중 선박계류용 · 저장용 등으로 사용하기 위하여 수상에 고정하여 설치하는 부선은 비등록선이고(선박법 26조), 그 이외의 선박은 등록선이다. 등록선과 비등록선의 구별의 실익은 ① 한국선박인 등록선의 소유자는 선적항을 관할하는 지방해양항만청장에게 해양수산부령으로 정하는 바에 따라 당해 선박의 등록을 신청하여야 하고(선박법 8조 1항), ② 등록선이 등록을 하면 선박국적증서를 교부받을 수 있으며(동 조 2항), ③ 등록선과 비등록선은 그 소유권의 이전 방식에 차이가 있

---

37) 선박의 「총톤수」란 우리나라의 해사에 관한 법령의 적용에 있어서 선박의 크기를 나타내기 위하여 사용되는 지표를 말한다(선박법 3 조 1 항 2 호). 한편 국제항해에 종사하는 선박에 대하여는 「1969년 선박톤수측정에 관한 국제협약」 및 이 협약의 부속서에 따라 그 크기를 나타내기 위한 지표로서 「국제총톤수」를 사용한다(선박법 3조 1 항 1 호). 한편 선박의 톤수에는 그 밖에도 순톤수와 재화중량톤수가 있는데 순톤수는 위 협약 및 위 협약의 부속서에 따라 여객이나 화물의 운송용으로 제공되는 선박안의 장소의 크기를 나타내기 위하여 사용되는 지표를 말하고 재화중량톤수는 항행의 안전을 확보할 수 있는 한도 내에서 선박의 여객 및 화물 등의 최대적재량을 나타내기 위하여 사용되는 지표를 말한다(선박법 3 조 1 항 3 호 및 4 호).

다는 점(56쪽 이하 참조)에 있다.

4. 정기선 · 부정기선

이것은 선박을 운항하는 형태에 따른 구별이다. 정기선(liner)은 일정한 항로를 일정한 스케줄에 따라 정기적으로 운항하는 선박을 말하고 부정기선(tramper)은 선복의 수요에 따라 불특정항로를 부정기적으로 운항하는 선박을 말한다. 정기선은 대부분이 컨테이너선이고 부정기선은 대부분 유조선, 광석운반선, 곡물운반선 등과 같은 산적화물선(bulk cargo vessel)이다. 정기선에 의한 물건운송의 경우에는 개품운송계약이 체결되는 것이 보통이며 부정기선에 의한 물건운송의 경우에는 항해용선계약이 체결되는 것이 보통이다. 현행 해상법은 개품운송계약과 항해용선계약을 엄밀히 구분하여 별도의 절에서 규정하고 각기 다른 법리를 적용하고 있기 때문에(이에 관한 상세는 234쪽 이하 참조), 정기선인지 부정기선인지에 따라 현행 해상법의 적용상 중요한 차이가 있다는 점에 정기선과 부정기선을 구별하는 실익이 있다.

5. 기선 · 범선 · 부선

이것은 선박이 추진력을 얻는 방식에 의한 구별이다. 기선은 기관(機關)을 사용하여 추진하는 선박(선체 밖에 기관을 붙인 선박으로서 그 기관을 선체로부터 분리할 수 있는 선박 및 기관과 돛을 모두 사용하는 경우로서 주로 기관을 사용하는 선박 포함)을 말하고, 범선은 돛을 사용하여 추진하는 선박(기관과 돛을 모두 사용하는 경우로서 주로 돛을 사용하는 선박 포함)을 말하며, 부선은 자력항행능력이 없어 다른 선박에 의하여 끌리거나 밀려서 항행되는 선박을 말한다(선박법 1조의2 1항). 기선에는 증기선, 석유발동기선, 전기선 및 원자력선 등이 포함된다. 우리 법은 기선과 범선을 구별하여 달리 취급하지 않고 있기 때문에 기선과 범선의 구별은 그 실익이 없다. 다만 부선은 기선과 범선에 비하여 선박의 등기나 등록에 있어서 차이가 있다는 점은 앞서 본 바와 같다.

6. 선급에 의한 분류

해상(海商)거래와 해상보험계약체결에 있어서는 선박이 안전하게 항해를 할수 있는 성능을 가지고 있는가 하는 점이 중요하기 때문에 주요 해운국은 선박의성능을 검사하는 기관으로서 선급협회(classification society)를 두고 있다. 선급(ship's class)이란 선급협회가 선박에 대하여 평가하는 등급을 말하는데, 선급협회에서는선박을 검사한 후 이에 대하여 일정한 선급을 부여하고 이를 증명하는 선급증서를 발행한다. 선급협회가 부여하는 선급의 종류는 각 선급협회마다 다르다. 주요한 선급협회로는 세계적으로 권위를 인정받고 있는 영국 선급협회(Lloyd's Register of Shipping)와 미국 선급협회(American Bureau of Shipping: ABS), 프랑스 선급협회(Bureau Veritas: BV), 노르웨이 선급협회(Det Norske Veritas: DNV), 일본 선급협회(日本海事協會: NK) 및 한국 선급협회(Korean Register of Shipping: KR) 등이 있다. 선급에 따라 선박을구분하는 실익은 사법(私法)상으로는 선급협회가 증명하는 선급이 선박의 감항성을 사실상 추정하는 효력을 가진다는 점에 있다.[38] 한편 공법상으로는 해양수산부장관과 협정을 체결한 선급법인[39]은 해양수산부장관을 대행하여 선박안전법에 따라 요구되는 일정한 검사를 할 수 있으므로(선박안전법 60조 2항), 선급협회가 해양수산부장관과 협정을 체결하고 선박을 검사한 후 선급을 증명하면 선박안전법상의검사를 받은 것으로 인정될 수 있다.

제 4. 선박의 국적

1. 선박의 국적의 의의

선박의 국적이란 선박이 속하는 국가가 어느 국가인가 하는 것이다. 선박의국적은 여러 가지 점에서 큰 의의를 가진다. 첫째로 선박의 국적은 선박을 한국선박과 외국선박으로 구분하는 기준이 되는데, 한국선박으로 인정이 된 선박이 여러특권과 의무를 가진다는 점은 앞서 본 바와 같다. 둘째로 선박의 국적에 따라 해상에 관한 섭외적 법률관계에 적용될 준거법이 결정된다.[40] 셋째로 국제법상 공해

---

38) 田中, 162頁; 정(동), (하), 755쪽.
39) 선급협회는 사단법인의 형태를 가지고 있으므로 선박안전법은 「선박법인」이라는 용어를 사용하고 있다.
40) 국제사법상 해상에 관한 ① 선박의 소유권 및 저당권, 선박우선특권 그 밖의 선박에 관한 물권,

에 있어서는 선박에는 그 선적국법이 적용되고 또한 국적이 포획 또는 해적의 취급 여부를 결정하는 기준이 된다.[41] 한편 해양법협약은 편의에 따라 2개국 이상의 국기를 선택적으로 게양하고 항해하는 선박은 어느 국적도 주장할 수 없고 무국적선으로 간주할 수 있다고 규정함으로써(동 협약 92조 2항), 선박의 2중선적을 금지하고 있다.[42]

2. 선박의 국적취득요건에 관한 입법주의

선박의 국적취득요건에 관하여는 영국의 1651년 항해조례에서 ① 선박의 제조지가 자국이고, ② 선박소유자가 자국민이며, ③ 선원이 자국민인 경우에 한하여 자국의 국적을 부여한 이래 여러 국가들이 이와 유사하게 규정하고 있었으나, 현재에는 정도의 차이는 있지만 선박소유권을 기준으로 하는 입법례가 대부분이다.[43] 다음 항에서 살펴보는 바와 같이 우리나라는 원칙적으로는 선박소유권을 기준으로 하는 국가에 속하나 일부 예외를 두고 있어서 독특한 입법주의를 채택하고 있다. 아래에서는 선박의 국적취득요건에 관한 현재의 대표적인 입법주의를 살펴보기로 한다.[44]

(1) 선박소유자 국적주의

이에는 선박소유권의 전부가 자국민에 속할 것을 요건으로 하는 입법주의(독

---

② 선박에 관한 담보물권의 우선순위, ③ 선장과 해원의 행위에 대한 선박소유자의 책임범위, ④ 선박소유자·용선자·선박관리인·선박운항자 그 밖의 선박사용인이 책임제한을 주장할 수 있는지 여부 및 그 책임제한의 범위, ⑤ 공동해손 및 ⑥ 선장의 대리권은 선적국법에 의한다(동법 제60조). 또한 공해상에서 발생한 선박충돌과 해난구조의 경우에도 가해선박 또는 구조선박의 선적국법에 의한다(국제사법 61조 및 62조).

41) 해양법협약 제92조 제1항; 손, (하), 718쪽.

42) 한편 1986년 선박등록조건에 관한 국제연합협약(United Nations Convention for the Conditions of the Registration of Ships 1986) 제12조는 선체용선한 외국 선박을 자국에 등록할 수 있는 법제를 가진 국가는 선체용선기간 동안 그 선박을 자국에 등록하고 그 선박에 자국의 국기를 게양하도록 할 수 있다고 규정하고 있다. 이처럼 외국 선박에 관하여 선체용선등록을 하게 되면 선체용선기간 동안에는 원래의 선적국의 등록의 효과가 정지되게 되고, 등록국이 선박에 대한 관할권과 감독권을 갖는다. 다만 선박에 대한 소유권이나 저당권 등 사법적 법률관계는 선체용선등록에 의하여 영향을 받지 아니한다. 이러한 선체용선등록에 의해 선박은 2중으로 등록된 결과가 되나 이는 해양법 협약이 금지하는 2중선적과는 구별되어야 한다.

43) 田中, 162頁.

44) 국제연합 해양법협약은 모든 국가는 선박에 대한 자국국적의 부여, 자국영토에서의 선박의 등록 및 자국기를 게양할 권리에 관한 조건을 정하도록 규정하고 있다(동 협약 91조 1항).

일, 일본)와 선박소유권의 일부가 자국민에 속하면 충분한 것으로 하는 입법주의(프
랑스, 이탈리아, 네덜란드)가 있다.

(2) 선박소유자 및 선원 국적주의

이에는 선박소유권의 전부가 자국민에 속하고 선원의 일정 수가 자국민일 것
을 요구하는 입법주의(미국)와 선박소유권의 일부가 자국민에 속하고 선원의 일정
수가 자국민일 것을 요구하는 입법주의(그리스, 폴란드)가 있다.

(3) 선박소유자 및 선원 국적 불문주의

이러한 입법주의를 채택하는 국가는 파나마, 온두라스, 리베리아 등이 있는
데, 이들 국가는 외국인이 소유하는 선박에 자국의 국적을 부여함으로써 선박등록
세 등의 수입을 목적으로 한다.[45]

3. 우리나라의 선박국적제도

(1) 대한민국 국적 취득요건

한국선박이 되기 위해서는 당해 선박이 ① 국유 또는 공유의 선박이거나, ②
대한민국 국민이 소유하는 선박이거나, ③ 대한민국의 법률에 의하여 설립된 상사
법인이 소유하는 선박이거나,[46] ④ 대한민국의 법률에 의하여 설립된 상사법인이
아니더라도 대한민국에 주된 사무소를 둔 법인으로서 그 대표자(공동대표인 경우에는
그 전원)가 대한민국 국민인 경우에 그 법인이 소유하는 선박이어야 한다(선박법 2
조).[47] 위 ①에서 ③까지의 요건은 선박소유자 국적주의를 채택한 것이고 ④의 요

---

45) 이러한 국가를 편의치적국이라 하고 편의치적국에 등록된 선박을 편의치적선이라고 하는데 이
   에 관하여는 47쪽 이하 참조.
46) 여기서의 「상사법인」이란 영리를 목적으로 하는 법인으로서 상법상의 회사를 말한다고 해석된
   다(상 169조).
47) 법인을 내국법인과 외국법인을 구별하는 기준에 관하여 주소지주의·설립준거법주의·설립지
   주의·사원의 국적주의·주식인수지주의 등이 대립되고 있으나 설립준거법주의가 통설이다(이
   (철), (회), 1169쪽; 정(찬), (상), 1255쪽). 설립준거법주의란 법인이 설립의 근거로 삼은 법률이
   속하는 국가에 의해 법인의 국적을 정한다는 입장이므로 우리 법에 따라 설립된 법인은 한국법
   인이 된다. 선박법 제 2 조 제 3 호가 규정하고 있는 「대한민국의 법률에 의하여 설립된 상사법
   인」이 이러한 한국법인을 말한다. 한편 선박법 제 2 조 제 4 호가 규정하고 있는 「대한민국에 주
   된 사무소를 둔 제 3 호 이외의 법인으로서 그 대표자(공동대표인 경우에는 그 전원)가 대한민국

건은 선박소유자가 법인인 경우에 일정한 요건 하에 선박소유자 국적주의에 대한 예외를 인정한 것이다.[48]

(2) 대한민국 국적의 상실

한국선박은 그 소유권이 외국인에게 이전되는 등 국적취득의 요건을 충족하지 못하게 되면 대한민국 국적을 상실한다. 또한 공유선박의 경우에는 선박공유자의 지분의 이전 또는 그 국적상실로 인하여 선박이 대한민국 국적을 상실한다(상 760조)(선박공유에 관하여는 67쪽 이하 참조). 앞서 본 바와 같이 한국선박은 여러 특권을 가지고 있으므로 대한민국 국적의 상실은 선박공유자의 이해관계에 많은 영향을 미친다. 또한 가급적 선박의 대한민국 국적을 유지시키는 것이 해운업을 육성하기 위한 정책목표에도 부합한다. 따라서 우리 해상법은 이러한 경우에 다른 공유자는 상당한 대가로 그 지분을 매수하거나 그 경매를 법원에 청구할 수 있다고 규정하고 있다(상 760조).

4. 편의치적제도

(1) 의   의

편의치적(flag of convenience)이란 선박소유자가 편의상 그 소유선박을 자국이 아닌 외국에 등록하는 제도를 말한다. 이러한 편의치적제도는 당초 정치적·군사적 이유에서 사용되기 시작하였으나 1950년대에 이후에 세금을 절약하고 선원근로조건이나 선박의 안전운항에 관한 규제를 회피하기 위한 경제적인 이유로 전 세계적으로 널리 사용되게 되어 현재에는 전 세계 선박톤수의 과반수가 편의치적되어 있다.[49] 파나마, 리베리아, 온두라스, 코스타리카, 레바논, 키프로스, 소말리아, 오만, 캄보디아, 몽골 등이 편의치적을 제공하고 있다.

국민」인 법인은 위의 주소지주의에 의하면 한국법인으로 인정될 수 있으나 통설인 설립준거법주의에 의하면 외국법인이 된다. 따라서 우리 법은 선박의 국적에 관하여 순수한 선박소유자국적주의를 채택하고 있지 않다고 할 수 있다.

48) 상법은 「외국에서 설립된 회사라도 대한민국에 그 본점을 설치하거나 대한민국에서 영업할 것을 주된 목적으로 하는 때에는 대한민국에서 설립된 회사와 동일한 규정에 의한다」고 규정하고 있는데(상 617조), 선박법은 외국법인이 소유하는 선박을 한국선박으로 인정하는 요건으로서 상법상의 위 요건에 대표자가 대한민국 국민이어야 한다는 요건을 추가하였다.

49) 채, (하, 개), 629쪽.

앞서 본 바와 같이 이러한 국가들은 선박이 자국의 국적을 취득하는 요건으로 선박소유자나 선원의 국적이 자국일 것을 요구하지 아니한다.[50] 그런데 이처럼 편의치적국이 선박의 국적을 부여하면서 선박소유자의 국적을 묻지 아니하자 해운 실무에서는 실제의 선박소유자가 자신이 실제의 선박소유자임을 드러내지 않기 위하여 편의치적국 또는 제 3 의 다른 국가에 형식상의 회사를 설립한 후 당해 회사 명의로 편의치적국에 등록하는 경우가 점점 많아지게 되었다.[51] 이러한 편의치적의 경우에는 선박소유자로 등록된 회사가 선박 1척만을 소유하는 회사인 경우가 많고(one ship company), 경우에 따라서는 사실상 종이회사(paper company)에 불과한 경우도 적지 아니하다. 아래에서 살펴보는 바와 같이 이러한 경우에 편의치적회사의 법인격을 부인할 수 있을 것인가 하는 점이 문제가 된다.

(2) 편의치적제도에 대한 논란

편의치적제도는 선원의 근로조건을 악화시킬 뿐만 아니라 편의치적을 제공하는 국가들이 대부분 후진국으로서 선박안전운항에 관한 규제를 적절하게 하지 못하기 때문에 편의치적선이 해양사고를 야기하는 경우가 종종 발생하고 있다. 이러한 문제 때문에 편의치적제도는 국제적으로 비난을 받아 왔고 이를 폐지하고자하는 노력이 있어 왔다.[52] 특히 국제연합 해양법협약은 선박의 국적을 부여하는 국가와 선박 간에는 진정한 관련성(genuine link)이 있어야 한다고 규정하는데(동 협약 91조 1 항), 편의치적을 폐지하고자 하는 입장에서는 편의치적이 이러한 해양법협약에 위반된다고 주장해 왔다.

그러나 해양법협약에서 말하는「진정한 관련성」의 의미와 이를 시행하는 방안에 관하여 국제적인 공감대가 이루어지지 않았기 때문에 해양법 협약은 편의치적에 대한 논란을 종식시키기에 부족하였다.[53] 이에 별도의 국제협약에 의해 편의치적을 폐지할 목적으로 UNCTAD의 주도하에 1986년 선박등록조건에 관한 국

---

50) 이러한 의미에서 편의치적을 개방선적(open registries)라고도 한다.

51) 편의치적국에 회사를 설립하고 당해 회사명의로 등록하는 경우에는 엄밀히 말하면 선박의 법률상의 소유자가 자국에 선박을 등록하는 것이므로 편의치적이라 할 수 없으나 실제의 선박소유자를 기준으로 하면 여전히 편의치적에 속하므로 실무에서는 이러한 경우도 편의치적이라 한다.

52) 편의치적제도의 폐지에 앞장 선 단체가 국제운송노동조합 연맹(International Transport Workers' Federation: ITF)이다. 국제운송노동조합 연맹은 각국의 운송노동조합의 국제적인 연맹을 위한 단체로서 선원들의 안전과 복지를 위하여 편의치적제도를 폐지하고자 노력해 왔다. 그러나 이러한 노력은 실효는 거두지 못하였다(Pamborides, *International Shipping Law*, pp. 12-14).

53) Pamborides, *op. cit.*, p. 6.

제연합협약[54])이 성립되었으나 당초의 의도와는 달리 위 협약에서도 선박의 국적을 부여하는 국가와 선박 간의 「진정한 관련성」을 명백히 규정하는데 실패하였을 뿐만 아니라[55]) 위 협약은 미국, 영국, 독일, 프랑스, 일본 등 주요 해운국들이 편의치적의 폐지에 소극적인 입장을 취하며 이를 비준하지 아니하여 아직 발효되지 못하였다. 이에 따라 편의치적에 대한 국제적인 규제는 국적부여의 기준의 강화보다는 선적국의 선박에 대한 감독과 관리의무를 강화하는 방향으로 진행되고 있다.[56])

(3) 편의치적과 법인격부인론

앞서 본 바와 같이 편의치적을 위하여 실제의 선박소유자가 편의치적국이나 다른 제 3 국에 형식상의 회사를 설립하고 이 회사 명의로 등록하는 경우가 많다. 이때 실제의 소유자는 형식상으로 선박의 선체용선자 또는 선박관리회사가 되어 선박의 운항을 실질적으로 지배하게 된다. 이러한 경우에 명목상 소유자 회사와 실제 소유자의 법인격을 부인하고, 명목상 소유자 회사의 채권자가 실제의 소유자에게 책임을 추궁하거나 또는 거꾸로 실제의 소유자의 채권자가 명목상 회사의 소유로 되어 있는 선박에 대하여 강제집행을 할 수 있는지의 여부가 문제가 된다. 이처럼 일정한 경우에 회사의 법인격을 제한하여 회사형태의 남용에서 생기는 폐단을 시정하자는 이론이 법인격부인론인데,[57]) 대법원은 법인격부인론에 관하여 부정적인 태도를 취해오다가 편의치적이 문제된 사건에서 최초로 법인격부인론을 채택하여 실제의 소유자의 채권자가 명목상 회사의 소유로 되어 있는 선박에 대한 가압류를 허용하였다.[58])

---

54) United Nations Convention for the Conditions of the Registration of Ships 1986.

55) Pamborides, *op. cit.*, p. 22; 윤윤수, "편의치적선," 외국사법연수논집, 재판자료 제73집(1996), 517-518쪽.

56) 이(한), (국제), 367쪽. 한편 1980년대에 들어 해운국 간의 경쟁이 치열해지면서 자국의 선대가 대량으로 편의치적을 하자, 해운선진국은 자국선대의 편의치적을 방지하기 위해 자국의 자치령 또는 속령에 치적할 경우 외국선원의 고용을 허용하고 세제혜택을 주기 시작하였는데, 이를 제 2 선적제도라 한다. 우리나라도 해운산업의 국제경쟁력을 높이기 위하여 1997년 7월 30일 국제선박등록법을 제정하여 제 2 선적제도를 도입하였다. 이에 따라 한국선박의 소유자는 종래의 선박등록에 추가하여 국토해양부장관에게 국제선박으로 등록함으로써 외국선원을 고용하고 세제지원을 받는 등의 혜택을 누릴 수 있게 되었다(국제선박등록법 3 조에서 5 조, 9 조 등 참조). 이러한 제 2 선적제도가 활성화되면 편의치적제도가 점차 축소될 것으로 예상된다.

57) 정(찬), (상), 445쪽.

58) 대법원 1988. 11. 22. 87다카1671 판결. 위 판결의 사실관계는 다음과 같다. 원고 갑은 선박 X의

(4) 편의치적과 관세법 문제

대한민국 국민이 외국에서 선박을 취득하여 사실상 소유하면서 형식적으로 외국에 회사를 설립하여 그 회사 명의로 선박을 편의치적한 경우에 이 선박을 국내에서 사용하기 위하여 국내로 반입하는 것은 실질적으로는 관세법상의 수입에 해당한다는 것이 대법원과 헌법재판소의 입장이다.[59)]

소유자로 등록되어 있는 회사이고 소외 을은 갑과 선박관리계약을 체결한 회사이며 소외 병은 소외 을과 선박관리복대리계약을 체결한 회사인데 갑, 을, 병은 주소지, 전화번호, 경영진 등이 서로 동일하였다. 한편 소외 병은 피고(현대미포조선)와 선박 X에 관하여 수리계약을 체결하면서 자신을 선박소유자로 기재하였다. 소외 병이 선박수리비를 지급하지 않자 피고는 소외 병이 선박 X의 소유자라고 주장하며 위 선박을 가압류하였다. 이에 원고 갑이 피고를 상대로 위 선박이 자기 소유임을 주장하며 제3자 이의의 소를 제기하였다. 위 사안에서 대법원은 「선박회사인 갑, 을, 병이 외형상 별개의 회사로 되어 있지만 갑회사 및 을회사는 선박의 실제상 소유자인 병회사가 자신에 소속된 국가와는 별도의 국가에 해운기업 상의 편의를 위하여 형식적으로 설립한 회사들로서 그 명의로 선박의 적을 두고 있고 (이른바 편의치적), 실제로는 사무실과 경영진 등이 동일하다면 이러한 지위에 있는 갑회사가 법률의 적용을 회피하기 위하여 병회사가 갑회사와는 별개의 법인격을 가지는 회사라는 주장을 내세우는 것은 신의성실의 원칙에 위반하거나 법인격을 남용하는 것으로 허용될 수 없다」고 판시하면서 원고의 청구를 기각한 원심판결을 인용하였다. 즉 위 대법원 판결은 갑과 을이 실제의 선박소유자인 병이 편의치적을 위하여 설립한 형식상의 회사임을 인정하고 이들 회사의 법인격을 부인하여 병의 채권자가 갑의 명의로 등록되어 있는 선박에 대한 가압류를 허용한 판결이다. 다만 이 판결이 법인격부인론을 채택한 판결로 보기에는 미흡하다는 견해도 있다(정(찬), (상), 449쪽).

59) 대법원 2000. 5. 12. 2000도354 판결(관세법 제2조 제1항 제1호는 외국으로부터 우리나라에 도착된 물품을 우리나라에 인취하는 것을 관세의 부과대상이 되는 수입의 한 가지 형태로 규정하고 있고, 여기서 우리나라에 인취한다고 함은 물품이 사실상 관세법에 의한 구속에서 해제되어 내국물품이 되거나 자유유통 상태에 들어가는 것을 의미한다고 할 것인바, 선박의 경우에는 그것이 우리나라와 다른 나라를 왕래하는 등의 특수성이 있으므로 선박이 우리나라의 영역에 들어온 것만으로는 그 선박이 수입되었다고 볼 것은 아니며, 다만 우리나라에 거주하는 자가 외국에 있던 선박의 사실상 소유권 내지 처분권을 취득하고 나아가 그 선박이 우리나라에 들어와 사용에 제공된 때에는 형식적으로는 그 선박이 우리나라의 국적을 아직 취득하지 아니하였더라도 실질적으로는 관세부과의 대상이 되는 수입에 해당한다고 보는 것이 실질과세의 원칙에 비추어 타당하고, 외국의 선박을 국내 거주자가 취득하면서 편의치적의 방법에 의하여 외국에서 서류상으로만 회사를 만들어 놓고 그 회사의 소유로 선박을 등록하여 그 외국의 국적을 취득하게 한 다음 이를 국내에 반입하여 사용에 제공하게 한 때에도 위에서 말하는 관세법상의 수입에 해당하게 되는 것이다); 헌법재판소 1998. 2. 5. 96헌바96 결정(편의치적의 방법에 의한 선박수입의 경우 그 선박이 우리나라 국적을 취득하지 않았다고 하더라도 실질적으로는 선박이 수입된 것으로 인정할 수 있기 때문에 관세부과의 대상이 된다. 따라서 편의치적이 실질과세의 원칙에 부합되는 관세부과의 대상이 되는 이상 구 관세법 제180조 제1항 본문 소정의 "사위 기타 부정한 방법으로 관세를 포탈한 경우"에 해당되는 것으로 해석하더라도 죄형법정주의 내용인 명확성의 원칙과 유추해석금지에 위반된다고 볼 수 없고, 헌법상의 재산권보장이나 직업선택의 자유(영업의 자유)에 위배되지 아니한다). 한편 현재는 선박수입의 경우 무관세이나, 그럼에도 불구하고 대법원은 편의치적된 선박을 국내에 반입하여 사용할 때에는 관세법상 수입신고를 하여야 한다는 입장을 유지하고 있다. 대법원 2004. 3. 26. 2003도8014 판결(관세법 등 관계 법령에서 정하는 소정의 적법한 절차를 밟아 수입하는 경우에 관세가 부과되지 않는 물품에 해당한다고 하더라도 적법한 수입신고 절차 없이 통관하는 경우에는 무신고수입으로 인한 관세법위반죄에

제 5.   선박의 공시(등기와 등록)

1. 총   설

선박의 공시란 선박의 명칭, 국적, 선박의 톤수, 소유자 또는 선박상의 권리관계 등을 외부에 명시하는 것을 말한다. 이러한 선박의 공시는 국제적으로는 선박의 국적에 따른 국제법상의 취급을 달리하기 위하여 필요하고 국내적으로는 자국선박에 대한 관리와 감독을 위하여 필요하다.[60] 또한 이러한 공법상의 이유 이외에 선박의 공시는 선박에 관한 소유권, 저당권 또는 임차권 등의 거래의 안전을 위하여도 필요하다.

이러한 선박의 공시를 위한 제도로는 선박등록제도가 있다. 앞서 본 바와 같이 선박이 어느 국가의 국적을 취득하기 위해서는 그 국가에 등록을 하여야 하기 때문에 각국은 선박등록에 관한 제도를 두고 있으며 이는 우리나라도 마찬가지이다. 한편 우리나라는 이러한 선박등록제도와는 별도로 선박에 대한 권리관계의 공시를 위하여 선박등기제도를 두고 있다. 이처럼 우리나라의 선박공시제도는 등기와 등록의 두 가지 제도가 있다는 점에 그 특색이 있다.

2. 선박의 등록

(1) 선박등록의무

1) 한국선박의 소유자는 선적항을 관할하는 지방해양항만청장에게 해양수산부령으로 정하는 바에 따라 당해 선박의 등록을 신청하여야 한다. 이 경우 총톤수 20톤 이상의 기선 및 범선과 총톤수 100톤 이상의 부선은 선박의 등기를 한 후에 선박의 등록을 신청하여야 한다(선박법 8조 1항). 지방해양항만청장은 등록신청을 받은 때에는 이를 선박원부에 등록하고 신청인에게 선박국적증서를 교부하여야 한다(동조 2항). 지방해양항만청장이 선박원부에 등록할 사항 중 주요한 사항으로는 국제해사기구에서 부여한 선박식별번호(IMO번호)와 호출부호, 선박의 종류와 명칭, 선적항, 선박의 길이·너비·깊이, 총톤수, 조선지, 조선자, 진수일 및 소유자의 성

해당한다); 대법원 2011. 7. 14. 2011도2136 판결 등 참조.

60) 손, (하), 720쪽.

명·주소 등이다(선박법시행규칙 11조).

2) 선박의 선적항은 시·읍·면의 명칭으로 정하는데 선적항으로 정할 시·읍·면은 선박이 항행할 수 있는 수면에 접한 곳에 한한다(선박법 시행령 2조 1항 및 2항). 또한 선적항은 원칙적으로 선박소유자의 주소지에 정하는데 국내에 주소가 없는 선박소유자가 국내에 선적항을 정하고자 하는 경우나 선박소유자의 주소지가 선박이 항행할 수 있는 수면에 접한 시·읍·면이 아닌 경우 등에는 선박소유자의 주소지가 아닌 장소를 선적항으로 할 수 있다(동조 3항).[61]

3) 한국선박은 이처럼 선박의 등록을 함으로써 선박국적증서를 교부받고 한국선박으로서의 모든 특권과 의무를 갖게 된다.

(2) 선박등록의무의 면제

선박법은 ① 군함·경찰용 선박, ② 총톤수 5톤 미만의 범선 중 기관을 설치하지 아니한 범선, ③ 총톤수 20톤 미만의 부선, ④ 총톤수 20톤 이상의 부선 중 선박계류용·저장용 등으로 사용하기 위하여 수상에 고정하여 설치하는 부선, ⑤ 노와 삿대만으로 운전하는 선박, ⑥ 어선법상의 어선, ⑦ 건설기계관리법 제 3 조에 따라 건설기계로 등록된 준설선, ⑧ 수상레저안전법 제30조에 따라 수상레저기구로 등록된 모터보트·수상오토바이·고무보트 및 스쿠터는 등록의무가 면제된다고 규정하고 있다(동법 26조).[62] 따라서 이러한 선박은 등록을 하지 않아도 한국선박의 요건을 충족하면 한국선박으로서의 특권과 의무를 갖게 된다.

(3) 국제선박등록제도

우리나라가 해운산업의 국제경쟁력을 높이기 위하여 1997년 7월 30일 국제선박등록법을 제정하여 제 2 선적제도를 도입하였다는 점은 앞서 본 바와 같다. 국제선박으로 등록할 수 있는 선박은 선박법상의 한국선박(국·공유의 선박 및 어선법상의 어선 제외)과 외항운송사업자가 대한민국 국적을 취득할 것을 조건으로 임차(선체용

---

61) 선박법상의 선적항은 등록항을 의미하는데, 상법 제749조에 있어서와 같이 해상법상의 선적항은 이러한 등록항의 의미 이외에 영업본거항의 의미로도 사용된다는 점에 유의하여야 한다(이에 관하여는 104쪽 참조).

62) 선박의 의의에서 살펴본 바와 같이 선박법상 등록의무가 면제되는 것 중 ④는 항행성을 결여하므로 해상법상의 선박이 아니고, ⑤는 해상법이 적용되지 않는 선박이며, ⑦은 준설물의 운반을 겸하는 경우에만 해상법상의 선박이 된다.

선)한 외국선박이다(국제선박등록법 3조 1항).[63] 국제선박의 등록을 하고자 하는 등록 대상 선박의 소유자 또는 외항운송사업자는 해양수산부령으로 정하는 바에 의하여 해양수산부장관에게 그 등록을 신청하여야 한다. 이 경우 한국선박의 소유자는 국제선박의 등록을 하기 전에 선박법 제 8 조 제 2 항의 규정에 의하여 당해 선박을 선박원부에 등록하고 선박국적증서를 교부받아야 한다(국제선박등록법 4조 1항). 따라서 한국선박은 일반적인 선박등록에 추가하여 국제선박등록을 하게 된다.

해양수산부장관은 국제선박의 등록신청을 받은 때에는 당해 선박이 국제선박의 등록대상이 되는 선박인지의 여부를 확인한 후 지체 없이 이를 국제선박등록부에 등록하고 신청인에게 국제선박 등록증을 교부하여야 한다(국제선박등록법 4조 2항).

이와 같이 국제선박등록을 한 선박을 국제선박이라 하는데(국제선박등록법 2조 1호), 국제선박은 원칙적으로 외국선원의 승선이 허용되고(동 법 5조에서 8조), 조세의 감면 기타 필요한 지원을 받을 수 있다는 특권을 가진다(동 법 9조).[64] 한편 국제선박은 원칙적으로 국내항과 외국항 간 또는 외국항 간에만 운항하여야 하는 의무를 진다(동 법 4조의 2).

3. 선박의 등기

(1) 선박등기의무

총톤수 20톤 이상의 기선과 범선 및 총톤수 100톤 이상의 부선(선박계류용·저장용 등으로 사용하기 위하여 수상에 고정하여 설치하는 부선 제외)은 등기선으로서 선박등기를 할 의무를 진다(선박법 8조 1항). 선박등기는 등기할 선박의 선적항을 관할하는 지방법원·동 지원 또는 등기소의 선박등기부에 한다(선박등기법 4조). 선박등기에 관하여는 부동산등기에 관한 여러 규정들이 유추 적용된다(선박등기법 5조).

---

63) 여기서 「외항운송사업자」라 함은 「해운법」 제 4 조 제 1 항의 규정에 따라 외항정기여객운송사업 또는 외항부정기여객운송사업의 면허를 받은 자와 동 법 제24조 제 2 항의 규정에 따라 외항정기화물운송사업 또는 외항부정기화물운송사업을 등록한 자를 말한다(국제선박등록법 2 조 3 호).

64) 국제선박 중 제주도 내 개항을 선적항으로 하는 선박과 외항운송사업자가 선체용선한 외국선박에 대해서는 이러한 국제선박의 특권 이외에 추가로 「지방세법」 및 「농어촌특별세법」이 정하는 바에 따라 재산세, 공동시설세, 지방교육세 및 농어촌특별세를 면제할 수 있다(제주특별자치도 설치 및 국제자유도시 조성을 위한 특별법 221조 2 항; 동 법 시행령 40조).

(2) 등기사항

선박의 등기는 소유권, 저당권 또는 선체용선자의 권리(임차권)의 설정·보존·이전·변경·처분의 제한 또는 소멸을 등기한다(선박등기법 3조). 또한 선박관리인의 선임과 그 대리권의 소멸도 등기하여야 한다(상 764조 2항; 선박등기규칙 5조 4항).

(3) 선박등기의 효력

1) 선박등기의 효력은 등기사항에 따라 다르다. 즉 선박소유권 이전등기는 제 3 자에 대한 대항요건이고(상 743조), 선박저당권설정등기는 효력발생요건이며(상 787조 3항, 민 186조), 선체용선등기는 제 3 자에 대한 효력발생요건이다(상 849조 2항).[65]

2) 등기의무자가 고의나 과실로 인하여 사실과 상위한 사항을 등기한 경우에 상업등기에 관한 상법 제39조를 유추 적용하여 등기의무자는 그 상위를 선의의 제 3 자에게 대항하지 못한다고 해석해야 한다는 견해가 있다.[66] 그러나 선박상의 권리에 관한 선박등기는 부동산등기에 유사하므로 상업등기에 관한 규정을 유추 적용하는 것은 적절하지 않다. 다만 선박관리인에 관한 등기는 상업등기에 유사하므로 선박관리인에 관한 등기에는 상업등기에 관한 규정을 유추 적용하여 선의의 제 3 자를 보호하는 것이 바람직하다고 본다.

제 6. 선박소유권의 취득과 상실

1. 총 설

선박은 동산이므로 그 소유권의 취득과 상실은 민법의 일반 동산에 관한 규정에 따라야 하는 것이 원칙이나 해상법은 해상기업의 특수성에 비추어 선박소유권의 취득과 상실에 관하여 특칙을 두고 있다.[67]

---

65) 정(동), (하), 753쪽.
66) 田中, 158-159頁.
67) 손, (하), 721쪽.

2. 선박소유권의 취득

(1) 원시취득

선박에 특수한 원시취득으로는 공법상의 원인으로 인한 것과 사법상의 원인으로 인한 것이 있다. 공법상의 원인으로 인한 것에는 국제법상의 포획[68]과 국내법에 따른 몰수[69] 및 행정법상의 수용 등이 있다. 사법상의 원인으로 인한 것에는 선박건조가 있다.[70]

한편 아래에서 살펴보는 바와 같이 등기선과 등록선의 경우에는 그 소유권의 변동에 관하여 공시방법이 마련되어 있어 부동산에 준하는 취급을 받기 때문에 이러한 선박에는 일반 동산의 원시취득 원인인 선의취득이 인정되지 아니한다.[71]

(2) 승계취득

승계취득에는 법률의 규정에 의한 것과 당사자의 법률행위에 의한 것이 있는데, 법률의 규정에 의한 것으로는 회사의 합병, 상속 등으로서 일반 동산의 경우와 다르지 아니하다. 한편 당사자의 법률행위에 의한 것으로는 계약에 의한 양도와 보험위부(상 710조),[72] 공유선박의 국적상실의 경우의 선박공유지분의 매수 또는 경매청구(상 760조), 결의반대자의 지분매수청구(상 761조), 선장의 경매(상 753조) 등이 있다. 계약에

---

[68] 포획이란 적국의 선박을 나포하는 것을 말하는데 이에 관하여는 일반적으로 승인된 국제법규인 1856년의 「해법의 제문제를 규율하는 선언」이 규율한다(이(한), (국제), 778쪽).

[69] 몰수에는 선박법 위반으로 인한 몰수(동 법 32조 3 항), 관세법 위반으로 인한 몰수(동 법 272조), 형법에 따른 몰수(동 법 48조) 등이 있다.

[70] 선박건조계약은 발주자가 조선재료의 전부나 대부분을 공급하는 경우에는 도급계약이 되고 그 이외의 경우에는 도급과 매매의 혼합계약으로 되나(손, (하), 722쪽). 실무상으로는 발주자가 조선재료를 공급하는 경우는 거의 없으므로 대부분의 선박건조계약은 도급과 매매의 혼합계약이다(발주자가 선박건조공사의 진척에 따라 건조대금을 분할지급하고 건조자가 이 대금을 조선재료를 구입하는데 사용한다 하더라도 이를 발주자가 조선재료를 공급한 것으로 볼 수 없으므로 이러한 선박건조계약도 도급과 매매의 혼합계약으로 본다). 이처럼 대부분의 선박건조계약은 선박의 매매계약의 일종이므로 선박건조의 경우에는 원칙적으로 선박건조자가 선박의 소유권을 원시취득하고 발주자가 이를 승계취득하게 된다.

[71] 손, (하), 721쪽; 정(동), (하), 755쪽; 정(찬), (하), 806쪽.

[72] 보험위부란 해상보험에서 보험의 목적이 전손된 것과 동일하게 보아야 할 경우 또는 전손이 있다고 추정되기는 하지만 그 증명이 곤란한 경우 등에 피보험자가 그 보험의 목적에 대하여 가졌던 모든 권리를 보험자에게 위부하고 보험자에 대하여 보험금액의 전부를 청구할 수 있게 하는 제도를 말한다(정(찬), (하), 685쪽). 보험위부는 피보험자의 단독행위로서 보험위부권은 형성권이다(정(찬), (하), 685쪽). 보험위부가 있으면 보험자는 보험의 목적에 관한 피보험자의 모든 권리를 취득한다(상 718조 1 항).

의한 선박소유권의 양도에 관하여는 아래의 별도의 항에서 살펴보기로 한다.

3. 선박소유권의 상실

　　선박소유권의 상실에는 절대적 상실과 상대적 상실이 있다. 선박소유권의 절대적 상실은 선박소유자가 그 소유권을 상실하면서 다른 어느 누구도 선박소유권을 취득하지 못하는 것을 말하는데, 선박의 침몰, 해체, 포기 등에 의하여 발생한다. 한편 선박소유권의 상대적 상실은 앞서 본 승계취득의 반면(反面)으로서 선박소유자의 소유권을 타인이 승계취득하는 경우에 발생한다.73)

4. 선박소유권의 양도

(1) 선박소유권 양도계약의 형식

　　선박소유권의 양도계약은 요식행위가 아니기 때문에 일정한 방식이 요구되지 아니한다. 따라서 당사자 사이의 구두상의 합의에 의한 선박양도도 가능하다. 그러나 실무에서는 매매계약서를 작성하는 것이 일반적이다.74) 75)

(2) 선박소유권 이전의 요건

　　우리 민법은 법률행위에 의한 물권의 득실변경에 관하여 성립요건주의를 취하고 있어서 법률행위에 의한 물권의 이전, 즉 물권의 양도를 위해서는 당사자의 의사표시 이외에 동산의 경우에는 인도, 부동산의 경우에는 등기를 요건으로 한다(민 186조 및 188조). 그러나 해상법상 선박소유권의 양도에 관하여는 특칙이 있다. 아래에서는 등기선과 비등기선인 등록선 그리고 비등록선으로 나누어 살펴보기로 한다. 또한 침몰선과 건조 중인 선박에 관하여도 간단히 검토하기로 한다.

1) 등 기 선

　　등기선의 경우 선박소유권의 이전은 당사자 간의 합의만으로 그 효력이 생긴

73) 손, (하), 723쪽.
74) 실무에서는 선박건조의 경우에는 서유럽선박건조자협회 양식(AWES Form)이나 일본선주협회 양식(SAJ Form)이 많이 사용되고, 중고선박의 양도의 경우에는 노르웨이 선박중개인협회가 작성하고 BIMCO가 채택한 노르웨이선박매매양식(Norwegian Saleform: NSF)이 많이 사용된다.
75) 한편 프랑스나 영국에서는 선박의 양도는 반드시 서면에 의하도록 하고 있다(田中, 168頁).

다(상 743조 본문). 그러나 이를 등기하고 선박국적증서에 기재하지 아니하면 제 3 자에게 대항하지 못한다(상 743조 단서). 이처럼 해상법은 등기선의 경우에는 민법의 성립요건주의와는 달리 대항요건주의를 채택하고 있다. 이것은 항해 중이거나 외국의 항구에 정박하고 있는 선박의 소유권을 즉시 이전시켜야 할 필요가 있다는 점을 고려한 것이다.[76] 한편 상법 제743조는 법률의 규정에 의한 소유권의 이전에는 적용되지 아니한다. 따라서 합병이나 상속 등 법률의 규정에 의해 선박 소유권이 이전되는 경우에는 대항요건을 갖추지 아니하여도 제 3 자에게 소유권의 이전을 대항할 수 있다. 다만 법률의 규정에 의해 이전된 선박 소유권을 양도하는 경우에는 당사가 간의 합의만으로 그 효력이 생기나 제 3 자에게 대항하기 위해서는 선박 등기와 등록이 필요하다고 본다.

2) 비등기선인 등록선

선박법은 비등기선인 등록선의 소유권의 양도는 등록을 하여야 그 효력이 생긴다고 규정하고 있다(선박법 8조의 2).[77] 즉 선박법은 등기선이 아닌 등록선의 소유권의 양도에 관하여 등기선의 경우와는 달리 민법상의 원칙인 성립요건주의를 채택하고 있다.[78] 이처럼 선박법이 비등기선인 등록선에 관하여 등기선과 달리 규정한 것은 비등기선인 등록선은 소형선박으로서 대부분 근해를 항행하는 선박이므로 등기선의 경우와 같이 즉시 소유권을 이전할 필요성이 크지 않기 때문이다.[79]

한편 앞서 본 바와 같이 선박법 제 8 조의 2는 법률의 규정에 의한 소유권의 취득에는 적용되지 아니하므로 법률의 규정에 의해 비등기선인 등록선의 소유권을 취득할 때에는 등록을 요하지 아니하나 민법 제187조의 준용에 의하여 그 소유권을 처분할 때에는 등록을 요한다고 본다.

---

76) 손, (하), 722쪽.

77) 선박법 제 8 조의 2는 「소형선박」의 소유권의 득실변경은 등록을 하여야 그 효력이 생긴다고 규정하고 있는데, 여기서 「소형선박」이란 총톤수 20톤 미만의 기선 및 범선과 총톤수 100톤 미만의 부선, 즉 비등기선을 말한다. 그러나 선박법 제26조는 이러한 소형선박 중 일정한 선박, 즉 비등록선에 관하여는 등록의무를 면제하고 있으므로 선박법 제 8 조의 2에서 규정하는 「소형선박」에는 비등록선은 제외된다고 해석해야 한다. 한편 선박법 제 8 조의 2는 소형선박의 소유권의 「득실변경」에 관하여 규정하고 있는데, 여기서 소유권의 「득실변경」이란 법률행위에 의한 소유권의 득실변경(즉 소유권의 양도 등)을 의미하고 법률의 규정에 의한 소유권의 득실변경은 이에 포함되지 아니한다.

78) 그러나 비등기선인 등록선에 관한 소유권 이전의 요건에 관하여 상법이 아니라 선박법에 규정한 것은 법체계상 적절하지 않다. 따라서 선박법의 규정을 상법으로 옮겨 규정하는 것이 바람직하다.

79) 손, (하), 722쪽.

3) 비등록선

비등록선의 소유권의 양도에는 해상법상 특별한 규정이 없으므로 민법상 일반 동산에 관한 원칙이 적용된다. 따라서 비등록선의 소유권의 양도는 당사자의 의사표시 이외에 인도가 있어야 그 효력을 발생한다(민 188조).[80)

4) 침 몰 선

침몰선 중 인양이 가능한 것은 선박으로서의 성질을 잃지 아니하므로 침몰선의 소유권의 양도에는 앞서 본 원칙들이 적용된다.

5) 건조 중의 선박

건조 중의 선박은 선박담보권, 즉 선박우선특권과 선박저당권에 관하여만 선박과 동일하게 취급하므로 건조 중인 선박의 소유권의 양도에는 일반 동산에 관한 민법의 원칙이 적용된다.[81)

(3) 양도의 효과

1) 일반적 효과

선박이 양도되면 선박의 속구목록에 기재된 속구는 종물이 아니라는 반증이 없는 한 그 소유권도 양수인에게 이전된다(상 742조, 민 100조 2항). 그러나 속구가 종물이라 하더라도 당사자는 특약에 의해 소유권의 이전을 배제할 수 있다는 점은 앞서 본 바와 같다(40쪽 참조).

2) 당사자 간의 관계

가. 항해 중에 있는 선박이나 그 지분을 양도한 경우에 당사자 간에 다른 약정이 없으면 양수인이 그 항해로부터 얻은 이익을 얻고 손실을 부담한다(상 763조).[82) 항해상의 손익을 소유권이전일을 기준으로 하여 나누는 것은 용이하지 않을 뿐만 아니라 당사자 간에 불공평한 경우가 생길 수 있기 때문에 항해를 전체로서 계산하

---

80) 대법원 1966. 12. 20. 66다1554 판결(총톤수 20톤 미만의 소형선박에 관한 권리의 이전은 당사자 간의 합의만으로써는 그 효력을 발생할 수 없는 것이고 일반 동산의 예에 따라 그 인도를 받지 아니하면 그 소유권을 취득할 수 없는 것이다).

81) 손, (하), 722쪽.

82) 이 규정은 선박공유지분의 양도의 효과와도 관련이 되기 때문에 「제 3 절 선박공유」에 규정되어 있으나 이는 주로 선박의 양도의 효과에 관한 규정이므로 「제 1 절 선박」에 규정하는 것이 바람직하다고 본다(동지: 정(동), (하), 756쪽 주 1).

여 그 손익을 양수인이 부담하기로 하는 것이 당사자의 의사인 경우가 많을 것이므로 이와 같이 당사자의 의사를 보충하는 규정을 둔 것이다.[83] 여기서 항해로부터 생긴 손익이란 항해로 취득한 총수입과 총비용과의 차액을 말한다.[84] 또한 「항해」란 기업활동으로서 파악한 「하나의 항해」를 의미하며 하나의 항해 중의 각 구간(stage)의 항해를 의미하는 것이 아니다.[85] 이 규정은 당사자 간의 관계에 관한 규정이므로 제3자에 대하여는 제3자와 계약을 체결한 양도인이 권리와 의무를 부담한다.[86] 따라서 선박 양도가 있더라도 양도인이 제3자(예컨대 운송계약의 상대방이나 선원 등)에 대하여 부담하는 채무는 양수인에게 이전되지 아니한다. 또한 이 규정은 선박이나 그 지분의 양도에만 적용되므로 법률의 규정에 의한 소유권의 이전에 적용되지 아니한다.

나. 선박양도 당시에 이미 양도인이 제3자와 운송계약을 체결한 경우 양수인이 그 운송계약상의 의무를 부담하지 아니한다는 점은 당연하다. 이 경우 그 운송계약에 따라 운송물의 선적이 끝났거나 선적작업이 계속되고 있는 때에는 양도인과 양수인 사이에서는 다른 특약이 없는 한 양수인이 기존의 운송계약을 이행할 의무를 부담한다고 보아야 할 것이다.[87]

3) 선원에 대한 관계

선박소유권이 양도된 경우에는 양도인과 선원 사이의 선원근로계약은 종료되며 그때부터 양수인과 선원 간에 종전의 선원근로계약과 같은 조건의 새로운 선원근로계약이 체결된 것으로 본다. 이 경우 양수인 또는 선원은 72시간 이상의 예고기간을 두고 서면으로 통지함으로써 선원근로계약을 해지할 수 있다(선원법 36조).

제 7. 선박의 압류·가압류의 금지

1. 총   설

선박의 압류 및 가압류는 선박에 대한 집행에 관한 문제이므로 민사집행법에

---

83) 동지: 정(동), (하), 756쪽.
84) 田中, 169頁.
85) 손, (하), 723쪽.
86) 손, (하), 723쪽.
87) 손, (하), 722쪽; 정(동), (하), 757쪽.

규정되어 있다. 그런데 해상법은 이러한 선박의 압류 및 가압류에 관한 사항 중 특별히 선박의 압류·가압류의 금지에 관한 규정을 두고 있다.[88] 선박의 압류 및 가압류를 포함한 일반적인 선박에 대한 집행에 관하여는 뒤의 「제 5 편 해상분쟁의 해결」에서 상세히 검토하기로 하고 여기에서는 선박의 압류·가압류의 금지에 관하여 살펴보기로 한다.

2. 선박의 압류·가압류 금지의 의의

(1) 상법은 항해의 준비를 완료한 선박과 그 속구는 원칙적으로 압류 또는 가압류를 하지 못한다고 규정하고 있다(상 744조 1항 본문). 여기서 「항해의 준비를 완료한 선박」이란 선박의 의장, 화물의 선적 또는 여객의 승선, 필요서류의 비치, 선원식료품 등 필요품의 선적, 출항절차 등을 마쳐 사실상 및 법률상 출항하는 데지장이 없는 상태가 된 선박을 말한다.[89] 항해의 준비를 완료했는지의 여부는 사실인정의 문제이다.

(2) 일단 선박이 항해의 준비를 완료한 선박인 이상 이러한 압류·가압류의 금지는 당해 선박이 목적한 항해를 완료될 때까지 계속된다는 것이 통설이다.[90] 통설에 의하면 선박이 중간기항지에 기항한 경우에 중간 기항지에서 출항할 준비가 완료되지 않았더라도 당해 선박이 압류·가압류 금지대상 선박인 점에는 변함이 없다는 결론이 된다. 그러나 아래에서 살펴보는 바와 같이 선박의 압류·가압류 금지 규정은 좁게 해석하는 것이 타당하다고 본다.[91] 따라서 위 규정에서의 「항해의 준비」란 최초의 출항지에서의 발항의 준비가 아니라 선박이 기항하였다가 출항하는 모든 항구에서의 발항의 준비를 의미한다고 해석해야 한다.[92] 즉 압류·가압류의 금지 대상이 되는 선박은 당해 항구에서의 발항의 준비를 완료한

---

88) 선박의 압류나 가압류를 금지하는 것은 선박 집행에 관한 사항이므로 이것을 상법에 규정하는 것은 법체계상 적절하지 아니하다. 따라서 이 규정은 민사집행법에 규정하는 것이 바람직하다 (동지: 정해덕, "개정상법 하에서의 선박의 의의와 선박등록등기," 법조(2008. 3.), 223쪽).

89) 손, (하), 918쪽.

90) 손, (하), 918-919쪽; 정(동), (하), 812쪽; 정(찬), (하), 991쪽; 서·정, (하), 683쪽; 배, 69쪽 등.

91) 동지: 채, (하), 665쪽; 정해덕, 전게논문, 223쪽.

92) 실제상의 문제로서도 예컨대 세계일주 항로나 왕복 항로를 운항하는 컨테이너선의 경우에 중간에 수많은 항구에 기항하여 화물을 선적하거나 양하하는데 이 경우에 통설과 같이 세계일주 항로나 왕복 항로의 항해가 종료되기 전까지는 중간 기항지에서 당해 선박을 압류하거나 가압류할 수 없다고 해석하는 것은 채권자의 권리를 지나치게 제한하는 것이 된다.

선박에 한정된다. 그러므로 선박이 중간 기항지에 도착한 경우 아직 중간 기항지
를 출항할 준비가 되지 않은 경우에는 선박의 압류·가압류 금지규정이 적용되지
않으므로 선박을 압류 또는 가압류할 수 있다고 본다.[93]

(3) 이처럼 상법이 선박에 대한 압류·가압류 금지규정을 둔 이유는 ① 항해
의 준비를 완료하기 이전에 압류나 가압류를 할 수 있었던 채권자가 권리행사를
태만히 한 경우에 그러한 채권자를 보호할 필요가 없으며, ② 선박이 예정대로 출
항하여 항해를 완료하는 것은 선박소유자, 적하소유자 또는 여객 등의 다수의 이
해관계인에게 중요한 이해관계가 있다는 공익적인 이유 때문이라고 한다.[94] 이처
럼 항해의 준비를 완료한 선박의 압류나 가압류를 금지하는 법리는 대륙법계 국
가에서 발전된 것으로서 영미의 해상법에는 존재하지 않는다.[95]

(4) 선박에 대한 압류·가압류의 금지와 관련하여 외국선박도 압류·가압류
금지의 대상이 되는가 하는 점이 문제가 된다. 우선 이 점에 관한 준거법이 선적
국법인가 아니면 법정지법인가 하는 점이 선결 문제가 되는데 선박을 압류할 수
있는지의 여부는 절차에 관한 문제이므로 법정지법이 준거법이라고 하는 것이 타
당하다.[96] 다음으로 우리나라에서의 선박을 압류·가압류할 때 적용되는 준거법
인 우리 법상 외국선박이 압류·가압류 금지의 대상이 되는가 하는 점이 문제가
되는데 ① 선박의 압류·가압류에 관한 일반법인 민사집행법이 한국선박과 외국
선박을 구별하고 있지 아니하며,[97] ② 선박의 압류·가압류 금지에 관한 상법 제
744조 제 1 항도 외국선박에 대해 적용하지 아니한다는 점을 명시하지 않고 있고,
③ 앞서 본 바와 같이 선박의 압류·가압류 금지규정을 둔 것은 공익적인 이유 때

---

93) 실무상으로도 선박을 압류하거나 가압류할 때 당해 항구가 중간 기항지인지 아니면 당초의 목
적한 항해의 종착지인지 하는 점을 묻지 아니하고 당해 항구에서의 출항 준비가 완료되었는가
하는 점만을 심사하고 있다. 또한 아래에서 살펴보는 바와 같이 실무에서는 출항준비가 되었는
지의 여부를 심사할 때 형식적인 출항준비미완료 증명서에 의한 소명으로 충분하다.

94) 정(동), (하), 812쪽; 정(찬), (하), 991쪽.

95) 정해덕, 전게논문, 217쪽. 한편 1952년 항해선의 압류에 관한 일부 규정의 통일을 위한 국제조약
(International Convention for the Unification of Certain Rules Relating to the Arrest of Sea-going
Ships, 1952)은 영미법계의 입장에 따라 항해준비를 완료한 선박도 압류할 수 있는 것으로 규정
하였으나(동 협약 3 조), 이 조약의 개정조약인 1999년 선박압류에 관한 국제조약(International
Convention on the Arrest of Ships)은 이 조항을 삭제하고 이 문제를 각국의 국내법에 일임하였다
(정완용, "1999년 선박가압류에 관한 국제조약 채택을 위한 전권외교회의 참가보고서," 한국해
법학회지, 제21권 1호(1999. 6.), 209-210쪽).

96) 동지: 정해덕, 전게논문, 220쪽.

97) 민사집행법 제186조는 민사집행법이 외국선박에도 적용되는 것을 전제로 하여 외국선박에 대한
강제집행에는 등기부에 기입할 절차에 관한 규정을 적용하지 아니한다고 규정하고 있다.

문이라는 점을 고려해 보면 외국선박도 압류·가압류 금지의 대상이 되는 선박이라고 해석하는 것이 타당하다고 본다.[98]

(5) 선박의 압류·가압류 금지규정을 둔 것은 공익적 이유 때문이므로 이 규정은 강행규정으로 보아야 한다. 따라서 이에 반하는 당사자 사이의 특약은 효력이 없다고 본다.[99]

한편 선박의 「압류·가압류」가 금지되므로 선박의 압류·가압류 금지규정이 선박에 대한 가처분에는 적용되지 않는다는 것은 위 규정의 문언상 명백하다.

3. 압류 · 가압류 금지의 예외

(1) 소형 선박

총톤수 20톤 미만의 선박에는 압류·가압류 금지규정이 적용되지 아니한다(상 744조 2항). 이러한 소형 선박은 압류·가압류를 금지해야 할 공익적 이유가 크지 않기 때문이다.[100] 그러므로 총톤수 20톤 미만의 기선, 범선 및 부선은 압류·가압류 금지의 대상이 아니다.[101]

(2) 항해준비를 위한 채무

1) 항해를 준비하기 위하여 생긴 채무에 대해서는 압류·가압류 금지규정이 적용되지 아니한다(상 744조 1항 단서). 여기서 「항해를 준비하기 위하여 생긴 채무」란 선박수리비, 선박검사비, 연료나 식량 등 선박필요품 대금 등을 말한다. 또한 앞서 본 바와 같이 압류 또는 가압류 금지의 대상이 되는 「항해의 준비를 완료한 선박」이란 중간 기항지에서의 발항의 준비를 완료한 선박도 포함한다고 해석되므로 여기서의 「항해를 준비하기 위하여 생긴 채무」도 중간 기항지에서의 발항을 준비하기 위하여 생긴 채무도 포함한다고 본다.[102]

---

98) 동지: 정해덕, 전게논문, 220쪽; 서영화, "외국선박의 집행에 있어서의 문제점," 선박집행의 제문제, 부산지방법원(1999), 195쪽; 권오곤, "외국선박집행상의 몇가지 문제점," 재판자료 제34집, 법원행정처, 639쪽.

99) 田中, 173頁.

100) 동지: 손, (하), 919쪽.

101) 압류·가압류 금지대상이 아닌 선박은 원칙적으로 비등기선이나, 비등기선 중 20톤 이상의 부선은 압류·가압류 금지 대상인 선박인 점에 유의하여야 한다.

102) 동지: 竹井 簾, 海商法(新法學全集), 375頁(田中, 175頁에서 재인용).

2) 이와 같은 예외를 둔 이유는 ① 이러한 채무를 부담하여 선박의 항해가 가능하게 되었는데도 불구하고 그러한 채무에 대해 항해 준비가 완료되었다는 이유로 압류·가압류를 금지하는 것은 합리성이 없고, ② 이러한 채무에 대해서도 압류·가압류 금지 규정을 적용하게 되면 선박이 항해를 준비하기 위하여 금융의 편의를 얻을 수가 없게 되며, ③ 이러한 채무는 변제기가 항해준비를 완료한 때가 되는 것이 보통이므로 채권자가 항해준비 완료 이전에 권리의 행사를 소홀히 하였다고 할 수 없는 점 등이다.[103]

(3) 항해준비를 위한 채무와 동일시되는 채무

발항 직전이나 발항 후에 발생하였기 때문에 발항준비가 완료되기 전에 압류의 집행을 할 수 없는 채무에 대하여는 항해의 준비를 위한 채무와 동일하게 보아 항해의 준비가 완료된 후에도 선박을 압류 또는 가압류하는 것이 가능하다는 견해가 있다.[104] 예컨대 선박충돌, 해난구조, 공동해손 등에 관한 채무에 대해서는 선박이 최초의 출항지를 출항한 이후에도 중간 기항지에서 압류 또는 가압류가 가능하다고 한다. 상법에 명문의 규정이 없음에도 불구하고 이와 같이 해석하는 것은 「항해의 준비를 완료한 선박」을 최초의 출항지에서의 발항의 준비를 완료한 선박으로 보는 입장을 취하기 때문에 생기는 불합리를 해석으로 시정하려고 하는 것이다.[105] 그러나 앞서 본 바와 같이 압류·가압류가 금지되는 「항해의 준비를 완료한 선박」은 최초의 출항지인지의 여부를 묻지 아니하고 현재 기항하고 있는 항구에서의 발항의 준비를 완료한 선박을 의미한다고 해석하는 것이 타당하므로 선박이 최초의 출항지를 발항한 이후에 부담하게 된 채무에 대하여도 당연히 당해 선박이 다음 기항지에서 발항할 준비가 완료되기 전에는 압류·가압류할 수 있다고 보아야 한다. 이러한 입장에 의하면 위에서 본 견해와 같이 상법의 명문의 규정이 없음에도 불구하고 해석으로 압류·가압류 금지의 예외를 확장할 필요가 없다.

---

103) 손, (하), 919쪽.
104) 정(동), (하), 812쪽; 정(찬), (하), 992쪽; 田中, 175頁.
105) 즉 「항해의 준비를 완료한 선박」을 최초의 출항지에서의 발항의 준비를 완료한 선박으로 보는 이상 선박이 최초의 출항지에 출항하여 항해 중에 부담하게 되는 채무에 대해서도 선박을 압류·가압류할 수 없다고 보아야 하는데 이는 불합리하기 때문이다.

4. 선박의 압류·가압류 금지규정의 폐지론

최근 들어 위와 같은 선박의 압류·가압류 금지규정을 폐지하자는 주장이 유력해지고 있다.[106] 이 주장의 근거는 다음과 같다. ① 우선 위 규정의 입법취지에 비추어 볼 때 위 규정을 존치할 필요성이 감소되었다. 즉 위 규정은 1681년의 해사칙령과 1807년의 나폴레옹 상법전에 나타난 이래 현재까지 존속되어 왔는데, 위 무렵에는 대부분의 해상기업들이 소규모이어서 선박을 여러 척 보유하는 경우가 많지 않았으며 선박들도 부정기선이 많아서 선박이 압류되는 경우 그 대체선을 구한다는 것이 거의 불가능하였기 때문에 다수의 이해관계인들을 위한다는 공익적인 이유로 일부 채권자의 권리행사를 제한하는 것이 합리화될 수 있었으나, 오늘날에는 해상기업이 여러 척의 선박을 가진 대규모 기업들이 많아졌을 뿐만 아니라 정기선 운항이 많아지고 또한 통신수단이 발달하여 대체선을 구하는 것이 그다지 어려운 일이 아니기 때문에 공익을 위해 채권자의 권리행사를 제한한다는 입법취지가 퇴색되었다. ② 압류·가압류 금지규정은 선박금융을 저해하여 궁극적으로 해상기업에게도 유리하지 않다. ③ 위 규정을 가지고 있지 않은 영미법계 국가에서 대륙법계 국가들의 선박이 압류되는 반면에 영미법계 국가들의 선박은 대륙법계 국가에서 압류되지 아니하므로 불공평한 결과가 발생한다. ④ 실무상으로도 선박의 압류·가압류시에 법원은 선박이 항해의 준비를 완료하지 아니한 사실에 대한 증거를 엄격히 요구하지 아니하므로 위 규정은 사실상 사문화되었다.

생각건대 선박의 압류·가압류 금지규정을 폐지하자는 위 견해가 타당하다고 본다. 따라서 입법론으로는 위 규정을 삭제하는 것이 바람직할 것이다.[107] 그러나 위 규정의 삭제로 인하여 발항 준비를 완료한 선박이 압류 또는 가압류되는 경우에 선주상호보험조합(P&I Club)이나 그 밖의 보험사업자 등이 발행한 보증서에 의해 용이하게 압류를 해제할 수 있도록 민사집행법도 동시에 개정되어야 할 것이다.

한편 선박의 압류·가압류 금지규정이 폐지되지 아니하더라도 앞서 본 바와 같이 위 규정의 입법취지가 퇴색한 점에 비추어 볼 때 위 규정이 적용되는 경우를 가급적 좁게 해석하는 것이 바람직하다고 본다.

---

106) 송상현, "상법 제 5 편 해상법 개정 의견," 한국해법학회지, 제 7 권 제 1 호(1985. 10.), 213- 214쪽; 정해덕, 전게논문, 221쪽; 권오곤, 전게논문, 643-644쪽.

107) 2007년 해상법 개정시 당초의 법무부 개정안에는 위 규정이 폐지되어 있었는데 그 후의 논의과정에서 위 규정을 그대로 존치하자는 선주협회의 제안이 채택되었다(김인현, "개정 상법 해상편에 대한 고찰," 개정 해상법 설명회자료집(한국선주협회, 2007. 7.), 76쪽).

제 3 장 해상기업의 인적 조직

제 1 절 해상기업의 주체

제 1. 총 설

앞서 본 바와 같이 해상기업이란 직접 바다를 무대로 하여 선박을 이용하여 영리활동을 하는 기업을 말하는데, 해상기업의 주체란 자기 명의로 이러한 해상기업 활동을 하는 자이다. 이러한 해상기업의 주체는 상법 총칙편에 규정된 상인에 해당한다.[1]

해상기업 중 가장 중요한 것은 해상운송업인데 해상운송업의 주체에는 선박소유자, 선박공유자, 선체용선자, 정기용선자, 항해용선자, 슬로트(slot) 용선자, 운항수탁자 등이 있으며, 운송주선인이 개입권을 행사하는 등으로 운송인으로서의 역할을 하는 경우에는 이러한 운송주선인도 해상운송업의 주체가 될 수 있다. 한편 해상기업에는 해난구조업, 예선업, 침몰선인양업, 해상준설업 등도 있다. 이들 해상기업의 주체에는 선박소유자, 선박공유자, 선체용선자, 정기용선자 등이 있을 수 있다.

우리 해상법은 이러한 해상기업의 주체 중 선박소유자, 선박공유자, 항해용선자, 정기용선자, 선체용선자에 관하여만 규정을 두고 있다. 아래에서는 우리 해상법에 규정된 해상기업의 주체와 그 밖의 전형적인 해상기업의 주체에 관하여 자세히 살펴보기로 한다.

---

1) 해상기업의 주체는 대부분 상법 제46조 제 5 호의 작업의 도급의 인수를 영업으로 하는 당연상인에 해당된다.

제 2. 선박소유자

우리 해상법이 사용하는 선박소유자의 개념에는 여러 종류가 있다. 우선 광의의 선박소유자는 선박에 대한 소유권을 가지고 있는 자를 말한다. 이러한 광의의 선박소유자 중 선박의 매매 또는 임대업만을 영위하는 자는 해상기업의 주체로서의 선박소유자에 속하지 아니한다.2) 다음으로 협의의 선박소유자는 선박을 소유하고 그 선박을 자기의 해상기업에 이용하는 자를 말하는데 이러한 의미의 선박소유자는 선박의 소유와 이용이라는 두 요건을 필요로 한다.3) 이러한 협의의 선박소유자는 해상기업의 주체 중 대표적인 자이며 이를 자선의장자(自船艤裝者)라고 한다.4)

한편 현행 해상법은 용선계약의 당사자를 선박소유자와 용선자로 규정하고 있다(상 827조, 842조, 847조 등). 용선계약의 한쪽 당사자인 선박소유자에는 앞서 본 광의의 선박소유자와 협의의 선박소유자가 포함될 뿐만 아니라 타인의 선박을 용선하여 재용선계약을 체결하는 자 예컨대 선체용선자, 정기용선자, 항해용선자 등도 포함된다. 타인의 선박을 용선하여 자기의 해상기업에 이용하는 자를 타선의장자(他船艤裝者)라고 하는데,5) 타선의장자가 선박을 재용선해 주는 경우에는 우리 해상법상의 선박소유자에 해당한다. 따라서 용선계약에 있어서의 선박소유자 개념은 앞서 본 광의의 선박소유자보다도 더 넓은 개념이다. 따라서 이러한 선박소유자를 최광의의 선박소유자라고 할 수 있다.

이처럼 우리 해상법은 선박소유자의 개념을 여러 가지로 사용하고 있기 때문에 해상법상의 선박소유자의 개념은 구체적인 상황에 따라 달리 해석하여야 한다는 점에 유의하여야 한다.

---

2) 동지: 이(균), (대계), 187쪽. 참고로 유류오염손해배상보장법은 유류오염손해에 대하여는 선박의 소유자로 등록된 자 혹은 이러한 등록된 선박소유자가 없는 경우에는 선박을 소유하는 자가 손해배상책임을 부담하는 것으로 규정하고 있다(동 법 5 조, 2 조 4 호). 따라서 유류오염손해배상보장법상으로는 해상기업의 주체가 아닌 광의의 선박소유자가 선박소유자로서 책임을 부담할 경우도 있게 된다.
3) 정(찬), (하), 808쪽.
4) 해상기업의 주체로서의 선박소유자가 그 소유의 선박들에 대한 매매 혹은 임대업을 겸영하는 것은 해상기업의 주체성에 아무런 영향이 없다는 점은 당연하다.
5) 정(찬), (하), 807쪽; 정(동), (하), 758쪽, 타선의장자는 실무상 관리선주(disponent owner)라고 불린다.

제 3. 선박공유자

1. 총   설

(1) 의   의

우리 해상법상 선박소유자의 개념에 광의의 선박소유자와 협의의 선박소유자가 있듯이 선박공유자의 개념에도 광의의 선박공유자와 협의의 선박공유자가 있다. 즉 광의의 선박공유자란 단순히 선박을 공동으로 소유하는 자를 말하고 협의의 선박공유자란 선박을 공동으로 소유하고 그 선박을 공동의 해상기업에 이용하는 자를 말한다.[6] 이 중 해상기업의 주체로서의 선박공유자란 협의의 선박공유자를 말한다. 이는 선박소유자에서 살펴본 것과 동일하다.

(2) 연   혁

중세시대 이래 16, 17세기경까지에는 선박공유제도가 해상기업의 기본적인 형태로서 널리 이용되었다.[7] 이는 해상에서 멸실되거나 파손될 위험이 크고 대자본이 소요되는 선박을 한 사람이 소유하는데 따르는 위험을 분산하기 위한 것이었다. 그러나 근대에 이르러 자본의 축적·기술의 발전에 따른 해상위험의 감소 등으로 인하여 선박의 단독소유가 발달하였으며, 특히 자본의 결합이 가능한 주식회사제도가 생겨나면서부터 주식회사에 의한 선박의 단독소유가 일반적인 것이 되어 선박공유제도는 그 실용성을 상실하였다.[8] 우리나라에서도 선박공유제도는 소형 어선 등을 제외하고는 그다지 사용되고 있지 아니하다.[9] 그런데 일본에서는 최근에 들어서 선박이 대형화하고 조선가격이 등귀하여 선박이 고가화되면서 선박공유제도의 이용이 다시금 증가하고 있다고 한다.[10]

(3) 법적 성질

협의의 선박공유관계는 공동기업의 한 형태로서 단순한 민법상의 공동소유관

---

6) 선박공유자는로 선박을 공동으로 소유하는 자이므로 선박공유자의 개념에는 타선의장자를 포함하는 최광의의 선박소유자에 대응하는 개념이 없다.
7) 배, 116-177쪽; 정(동), (하), 759쪽.
8) 정(동), (하), 759쪽; 손, (하), 768쪽.
9) 정(동), (하), 759쪽; 김(인), (해), 82쪽.
10) 손, (하), 768쪽; 정(동), (하), 759쪽.

계와는 다르다.[11] 이러한 협의의 선박공유관계의 법적 성질에 관하여는 선박공유
관계가 조합관계를 전제로 하되 이에 자본단체적 색채가 가미된 것이라고 하는
견해(다수설)[12]와 선박공유관계를 권리능력없는 사단관계로 보는 견해(소수설)[13]가
대립한다. 생각건대 선박공유제도는 영리를 목적으로 공동으로 해상기업활동을
하는 것이므로 민법상의 조합관계를 전제로 하고 있다고 할 수 있다. 그러나 선박
공유제도는 민법상의 조합과는 별도로 독자적으로 발달한 제도로서 내부관계에
있어서 조합과는 다른 자본단체적 특수성을 갖고 있으므로(상 756조 1항, 759조, 761조
등),[14] 선박공유를 자본단체적 특성이 가미된 조합형태라고 보는 다수설이 타당하
다고 본다. 이와 같이 볼 때 상법 제759조가 「선박공유자 사이에 조합관계가 있는
경우에도」라고 규정하고 있는 것은 「선박공유자 사이에 조합관계가 있음에도 불
구하고」라고 해석해야 한다. 그러나 다수설도 선박공유관계가 조합관계를 전제로
하기는 하나 민법상의 조합이나 인적 회사보다는 물적 회사에 가깝다고 보고 있
기 때문에 사실상 소수설과 커다란 차이가 없다. 또한 두 학설은 해상법의 규정이
없는 사항에 관하여 민법규정을 적용할 때에는 물적 회사로서의 요소를 충분히
감안해야 한다는 점에는 일치한다.

2. 내부관계

(1) 총   설

선박공유의 내부관계란 선박공유자 상호간의 법률관계를 말한다. 선박공유의
내부관계에 관하여는 선박공유의 업무집행, 비용부담이나 손익분배 등의 계산관
계, 지분의 양도 및 지분매수청구권이 문제가 된다. 한편 선박공유의 내부관계에
관한 상법 규정은 원칙적으로 임의규정이다.[15] 따라서 선박공유의 내부관계에는
선박공유자 사이의 계약이 상법 규정에 우선하여 적용된다.

---

11) 정(동), (하), 759쪽; 정(찬), (하), 808쪽. 이에 반해 광의의 공동소유자 사이의 관계는 민법상의
    공동소유관계와 다르지 아니하므로 이에는 해상법의 규정이 아니라 민법상의 공동소유에 관한
    규정이 그대로 적용되게 된다(田中, 98-99頁).

12) 서·정, (하), 553-554쪽; 손, (하). 768쪽; 채, (하), 688쪽; 정(동), (하), 759쪽.

13) 배, 116쪽; 정(희), (하), 152쪽; 田中, 99頁. 최기원 교수님도 선박공유에 사단성이 인정된다고 하
    시는 것으로 보아(최(기), (해), 38쪽) 소수설의 입장을 취하시는 것으로 보인다. 최기원 교수님
    은 나아가 선박공유에 당사자능력을 인정하고 계신다(최(기), (해), 38쪽).

14) 손, (하), 768쪽; 정(동), (하), 759쪽.

15) 정(찬), (하), 809쪽; 손, (하), 768쪽, 최(기), (해), 33쪽.

(2) 업무집행

1) 업무집행에 관한 결의

가. 통상 결의

선박공유에 있어서 선박의 이용에 관한 사항은 공유자의 지분의 가격에 따라 그 과반수로 결정한다(상 756조 1항). 여기서 선박의 이용에 관한 사항이란 선박을 상행위 기타 영리를 목적으로 항해에 사용하는 것에 관한 사항을 말한다.16) 선박의 이용에 관한 사항 이외에도 뒤에서 보는 특별 결의사항이 아닌 일반적인 업무집행에 관한 사항의 결의도 공유자의 지분 가격의 과반수로 정한다고 해석된다.17) 아래에서 살펴보는 선박관리인의 선임이 이에 속한다. 이처럼 공유자의 지분 가격의 과반수로 선박공유의 업무집행에 관한 결의를 하는 것은 물적 회사의 업무집행의 결의(상 369조 1항, 575조)와 유사하며, 지분의 가격의 과반수가 아니라 구성원의 수의 과반수로 결정되는 민법상 조합과 인적 회사의 업무집행결의(민 706조 2항 1문, 상 195조, 상 269조)와 구별된다. 이 점은 선박공유가 물적 회사로서의 색채를 강하게 띠고 있는 것을 보여준다.

우리 해상법은 선박공유에 관한 업무집행결의의 절차와 방식에 관하여는 아무런 규정을 두고 있지 아니하다. 생각건대 선박공유에 관한 계약에 업무집행결의의 절차 및 방식에 관한 규정이 없는 한 선박공유의 업무집행에 관하여는 공유자 회의에서 결의하거나 그밖에 달리 공유자의 의사를 확인할 수 있는 적당한 절차와 방식에 따라 결정하면 무방할 것으로 본다.18)

또한 우리 해상법은 선박공유에 관한 업무집행의 결의절차와 관련하여 소수 지분을 가진 공유자를 보호하기 위한 규정을 두고 있지 아니하기 때문에 결의 이전이나 결의 이후에 소수 지분을 가진 공유자에게 이러한 결의에 관하여 통지할 의무가 없다고 본다.19)

---

16) 손, (하), 727쪽.

17) 정(찬), (하), 809쪽.

18) 동지: 최(기), (해), 34쪽.

19) 동지: 최(기), (해), 34쪽. 한편 최(기), (해), 34쪽은 이러한 통지가 없는 경우 신의성실의 원칙상 과반수의 지분을 가진 공유자가 소수 지분을 가진 공유자에게 손해배상책임을 질 경우도 있을 수 있다고 하나, 과반수의 지분을 가진 공유자의 합의로 결정을 한 이상 소수 지분을 가진 공유자에게 통지를 하지 아니한 것이 신의성실의 원칙에 위배되어 손해배상책임이 발생하는 경우는 상정하기 어렵다고 생각된다.

나. 특별 결의

선박공유에 관한 계약을 변경하는 사항은 공유자의 전원일치로 결정하여야 한다(상 756조 2항). 선박공유에 관한 계약20)은 선박공유관계의 근간을 이루기 때문에 이를 변경하는 것은 당사자 간의 관계에 근본적인 변화를 초래한다. 따라서 우리 해상법은 선박공유에 관한 계약의 변경에 공유자 전원의 동의가 필요한 것으로 규정하였다. 한편 이처럼 공유에 관한 계약을 변경하는 경우 이외에도 선박공유계약에 반하거나 선박공유계약을 체결한 목적의 범위를 벗어나는 결정에는 공유자의 전원일치가 필요하다고 해석된다.21)

다. 이해관계인의 의결권 제한

선박공유자가 결의에 특별한 이해관계를 가지고 있는 경우에는 의결권을 행사할 수 없다고 본다(민 74조 및 상 368조 4항의 유추 적용).22) 만일 이해관계인이 의결권을 행사하여 결의에 영향을 미친 경우에는 그 결의는 무효로 보아야 할 것이다.23) 한편 이해관계인이 지분의 과반수를 소유한 때에는 나머지 공유자 전원의 찬성이 필요하다고 보아야 할 것이다.24)

라. 결의에 이의가 있는 선박공유자의 보호

선박공유에 관한 업무집행의 결정에 이의가 있는 공유자는 선박관리인이 아닌 경우 지분을 양도할 수 있고(상 759조) 일정한 경우에는 지분매수청구권을 행사함으로써(상 761조) 보호받을 수 있다(73쪽 이하 참조).25)

2) 업무집행의 실행

공유선박의 업무집행은 원칙적으로 선박관리인(ship's husband, 76쪽 이하 참조)이 단독으로 실행한다. 따라서 선박공유자는 업무집행자로서 선박관리인을 선임하여야 한다(상 764조 1항). 선박관리인에 대하여는 아래의 별도의 항에서 상세히 살펴보기로 한다.

---

20) 선박공유관계의 법적 성질에 관한 다수설에 의하면 이러한 계약은 조합계약이 될 것이고, 소수설에 의하면 이러한 계약은 권리능력 없는 사단의 정관에 해당하게 될 것이다.
21) 배, 117쪽.
22) 최(기), (해), 34쪽.
23) 최(기), (해), 35쪽.
24) 최(기), (해), 34쪽.
25) 배, 118쪽.

(3) 계산관계

1) 비용의 부담

각 선박공유자는 그의 지분의 가격에 따라 선박의 이용에 관한 비용을 부담한다(상 757조). 선박을 영리목적으로 운항하기 위해서는 선원 임금, 연료비, 보급품비용, 수리비, 보험료 등의 비용이 필요하다. 우리 해상법은 선박공유자가 각자의 지분의 가격에 따라 이러한 비용을 부담하는 것으로 정하였다. 이는 민법상의 조합원이 각자의 지분의 가격에 따라 조합관계로부터 생긴 비용을 부담하는 것과 동일하다.

2) 손익분배

손익의 분배는 매 항해의 종료 후에 있어서 선박공유자의 지분의 가격에 따라서 한다(상 758조). 이처럼 손익분배의 기준시기를 매 항해 종료 시로 한 것은 연혁적으로 해상기업활동이 부정기항해가 원칙이었고 한 항해가 하나의 모험으로서 해상기업활동의 단위이었기 때문이다.26) 「매 항해」란 부정기선의 경우에는 운송계약의 이행을 위한 항해를 시작하여 목적항까지 항해한 후 운송물을 양하하고 인도할 때까지를 말하고, 정해진 항로를 운항하는 정기선의 경우에는 정기운항을 시작하는 영업본거항에서 출항하여 당해 항구에 귀항할 때까지를 말한다. 항해 도중에 항해가 중단된 경우에는 중단된 항에서 결산을 하고 손익을 분배해야 한다고 해석된다.27) 또한 선박공유자가 공유선박을 선체용선 혹은 정기용선해 준 경우에는 당해 용선계약 기간이 종료한 것을 「매 항해 종료」로 보아 위 규정을 유추적용하여야 할 것이다.

3) 재산의 귀속

공유선박에 의한 해상기업활동으로 인하여 취득한 재산은 선박공유자 사이의 합유에 속한다고 본다.28) 한편 공유선박 자체도 그 명칭은 「공유」선박이나 법적으로는 선박공유자 사이의 합유에 속한다.29)

---

26) 배, 119쪽.

27) 상게서.

28) 이는 선박공유의 법적 성질을 자본단체적 특성이 가미된 조합형태로 보는 다수설에 따른 결론이다. 선박공유를 권리능력 없는 사단으로 보는 소수설에 따르면 이러한 재산은 선박공유자의 총유에 속한다고 보아야 할 것이다. 이에 반해 선박공유의 법적 성질에 관한 소수설의 입장에 따르면서도 이러한 재산이 선박공유자의 공유에 속한다는 견해가 있으나(정(찬), (하), 809쪽), 이는 의문이다.

29) 동지: 채, (하), 688쪽.

(4) 지분의 양도

1) 양도의 자유

각 선박공유자는 선박 공유에 관한 계약에 달리 정하지 않는 한 다른 공유자의 승낙 없이 자기의 지분의 전부 또는 일부를 자유로이 양도할 수 있다(상 759조). 민법상의 조합의 경우에는 조합원의 임의탈퇴와 조합재산에 대한 지분의 양도가 제한된다(민 716조, 704조, 273조). 그러나 해상법은 선박 공유자 사이에 조합관계가 있는 경우에도 지분의 자유양도를 인정한다. 이는 인적 회사에서의 지분의 양도 제한과 구별되며(상 197조, 269조), 주식회사에서의 주식의 양도의 자유와 유사하다(상 335조 1항 본문). 이처럼 선박공유지분의 양도의 자유가 인정된 것은 해상기업의 위험성을 고려하여 선박공유자를 보호하기 위한 것으로서 선박공유가 자본단체성을 띠고 있음을 보여준다.[30)]

2) 양도의 제한

가. 선박공유자가 선박관리인인 경우에는 다른 공유자 전원의 승낙이 있어야 그 지분을 양도할 수 있다(상 759조 단서). 이는 선박관리인이 선박공유관계에서 차지하는 중요성을 감안한 규정이다. 위 규정은 선박공유자가 아닌 자를 선박관리인으로 선임하기 위해서는 선박공유자 전원의 동의를 필요로 하는 규정(상 764조 1항 2문)과 같은 맥락의 규정이다.

나. 선박공유자의 지분의 이전 또는 국적상실로 인하여 선박이 대한민국의 국적을 상실할 때에는 다른 공유자는 상당한 대가로 그 지분을 매수하거나 그 지분의 경매를 법원에 청구할 수 있다(상 760조). 앞서 본 바와 같이 대한민국 선박이 될수 있는 선박은 ① 국유 또는 공유의 선박, ② 대한민국 국민이 소유하는 선박, ③ 대한민국의 법률에 의하여 설립된 상사법인이 소유하는 선박, ④ 위 ③에 기재된 법인 이외의 법인으로서 대한민국에 주된 사무소를 두고 그 대표자(공동대표인 경우에는 그 전원)가 대한민국 국민인 경우에 그 법인이 소유하는 선박인바(선박법 2조), 대한민국 국민이 그 공유지분을 외국인에게 이전하거나 공유지분을 소유하고 있는 대한민국 국민이 국적을 상실하게 되면 당해 선박은 대한민국의 국적을 상실하게 된다. 우리 해상법은 이 경우에 대한민국 선박의 국적을 유지하기 위한 공익적인 이유로 위와 같이 다른 공유자에게 지분매수권과 지분에 대한 경매청구권을

---

30) 배, 120쪽.

인정한 것이다. 이러한 입법취지에 비추어 볼 때 위 규정은 강행규정이라고 보는 것이 타당하다.[31] 그러므로 선박공유 지분의 양도의 자유는 이 범위 내에서 제한 되게 된다. 다른 공유자가 가지는 지분매수권은 형성권이다.[32]

공유지분을 외국인에게 이전하려고 하는 공유자 혹은 대한민국 국적을 상실 하는 공유자가 다른 공유자의 매수청약을 승낙하지 아니하는 경우에는 다른 공유 자는 위 공유자를 상대로 하여 법원에 승낙의 의사표시를 명하는 판결을 청구할 수 있을 것이다.

3) 양도의 방법

공유지분의 양도는 당사자 간의 합의만으로써 효력이 생긴다. 그러나 이를 등 기하고 선박국적증서에 기재하지 아니하면 제 3 자에게 대항하지 못한다(상 743조, 57쪽 참조).

(5) 지분매수청구권

1) 총   설

우리 해상법은 아래에서 살펴보는 두 가지의 경우에 선박공유자에게 지분매 수청구권을 인정한다. 통설은 이러한 지분매수청구권의 법적 성질을 형성권으로 본다.[33] 그런데 지분매수청구권을 행사한 경우의 효과에 관하여는 논의하고 있는 견해가 없다.[34] 생각건대 선박공유자가 지분매수청구권을 행사하는 경우 그 상대 방은 상당한 가격으로 그 지분에 대한 매매계약을 체결할 의무를 부담한다고 본 다. 지분매수청구를 받은 자가 이 의무를 이행하지 아니하는 경우 선박공유자는 그 자를 상대방으로 하여 법원에 상당한 가액으로 지분을 매수한다는 의사표시를 명하는 청구를 할 수 있을 것이다. 여기서 「상당한 가액」이란 지분매수청구를 한 때의 선박의 가액과 지분의 비율을 고려하여 결정된 가액을 말한다.[35]

---

31) 동지: 배, 122쪽.
32) 정(동), (하), 761쪽; 손, (하), 720쪽.
33) 정(동), (하), 761쪽; 최(기), (해), 36쪽.
34) 참고로 지분매수청구권과 유사한 성질을 가지는 주식매수청구권 행사의 효과에 관하여는 주식 매수청구권의 행사에 의하여 주식매매계약이 체결된다는 견해(정(동), (상), 574쪽; 이(철), (회), 368쪽 등)와 단지 회사에 매수가격을 협의할 의무를 생기게 할 뿐이라는 견해(정(찬), (상), 866 쪽)가 대립하고 있다.
35) 동지: 배, 125쪽.

2) 새로운 항해 또는 대수선의 결의가 있는 경우

가. 선박공유자가 새로운 항해를 개시하거나 선박을 대수선할 것을 결의한 때에는 그 결의에 이의가 있는 공유자는 다른 공유자에 대하여 상당한 가액으로 자기의 지분을 매수할 것을 청구할 수 있다(상 761조 1항). 앞서 본 바와 같이 선박공유자 사이에서 손익분배를 하는 기준 시기는 매 항해 종료시이다(상 758조). 따라서 새로운 항해를 개시하는 것은 선박공유자가 경영공동체로서 새로운 단위의 공동기업 활동을 개시하는 것이다. 또한 선박을 대대적으로 수리하는 것은 통상 새로운 항해를 위한 준비로서 새로운 투자를 하는 것이다. 위 규정은 이처럼 새로운 단위의 공동기업 활동을 개시하거나 새로운 투자에 이의가 있는 선박공유자가 그 공동체로부터 탈퇴할 수 있는 길을 마련하기 위한 것이다.

나. 새로운 항해란 부정기선의 경우에는 최초의 운송계약의 목적인 항해가 종료하고 새로운 계약에 따라 개시되는 항해를 말하고, 정기선의 경우에는 정기운항을 개시한 영업본거항에 귀환한 후 개시되는 다음의 정기운항을 말한다.[36] 한편 선박공유자가 공유선박을 선체용선 혹은 정기용선해 준 경우에는 당해 용선계약 기간이 종료한 후 새로운 용선계약을 체결하는 것을 새로운 항해를 개시한 것으로 보아 위 규정을 유추 적용하여야 할 것이다.[37]

다.「대수선」인지의 여부는 여러 가지 사정을 종합하여 판단할 사실문제로서[38] 일반적으로는 매 항해 종료 후에 행하는 통상적인 소규모의 수리가 아니라 선박안전법상의 검사기준을 충족하기 위한 상당한 규모의 수리나 선박의 가액에 변동을 가져오는 수리 등을 말한다.[39]

라. 지분매수청구권을 행사하기 위한 요건으로서 그 결의에 참가하여 반대의 의사를 표시할 것이 요구되지는 아니한다.[40] 그러나 지분매수청구권을 행사하기 위해서는 결의에 참가한 경우에는 그 결의가 있은 날부터, 결의에 참가하지 아니한 경우에는 결의통지를 받은 날부터 3일 이내에 다른 공유자 또는 선박관리인에 대하여 지분매수청구의 통지를 발송하여야 한다.

---

36) 배, 124쪽.
37) 유사한 취지: 배, 124쪽.
38) 배, 125쪽.
39) 상게서.
40) 최(기), (해), 36쪽.

3) 공유자인 선장이 해임된 경우

가. 선박공유자인 선장이 그 의사에 반하여 해임된 경우에는 다른 공유자에 대하여 상당한 가액으로 그 지분을 매수할 것을 청구할 수 있다(상 762조 1항). 이러한 지분매수청구권을 인정한 것은 선장으로서 항해를 지휘한다는 조건으로 선박공유자가 되는 경우가 많기 때문에 이러한 선박공유자를 보호하기 위한 것이다.[41]

나. 선박공유자가 지분매수청구를 하기 위해서는 지체 없이 다른 공유자 또는 선박관리인에 대하여 지분매수청구의 통지를 발송하여야 한다(상 762조 2항). 「지체 없이」의 의미에 관하여 결의반대자의 지분매수청구권의 통지기간이 3일이라는 점을 유추 적용하여 해임통지를 받은 날로부터 3일 이내라고 해석해야 한다는 견해가 있으나[42] 우리 해상법이 결의반대자의 지분매수청구권의 통지기간은 「3일 이내」라고 규정하면서 해임선장의 지분매수청구권의 통지기간을 「지체 없이」라고 구별하여 규정한 것으로 보아 결의반대자의 지분매수청구권의 행사기간인 3일보다 더 단기간의 기간이라고 해석하는 것이 타당하다고 본다. 따라서 선박공유자인 선장은 해임통지를 받은 날 혹은 해임사실을 안 날에 이은 제 1 거래일 이내에, 만일 특별한 사정이 있는 경우에는 적어도 제 2 거래일 이내에 지분매수의 통지를 발송하여야 한다.

3. 외부관계

(1) 총   설

선박공유의 외부관계란 선박공유자와 거래하는 상대방과의 법률관계를 말한다. 이러한 선박공유의 외부관계에 관하여는 선박공유자가 거래 상대방에 대하여 어떠한 책임을 질 것인가 하는 점과 누가 선박공유자를 대리하여 상대방과 거래를 할 권한을 갖는가 하는 점이 주로 문제가 된다. 한편 선박공유의 내부관계에 관한 해상법의 규정이 임의규정인 것과는 달리 선박공유의 외부관계에 관한 규정은 거래 상대방을 보호하기 위한 규정이므로 강행규정이다.[43]

---

41) 최(기), (해), 36쪽.
42) 배, 146쪽.
43) 田中, 101頁.

(2) 선박공유자의 대외적 책임

1) 해상법은 선박공유자는 그 지분의 가격에 따라 선박의 이용에 관하여 생긴 채무를 부담한다고 규정한다(상 757조). 이 규정의 해석에 관하여는 견해가 대립된다. 통설은 상법 제757조는 선박공유자의 대외적 책임에 관한 규정으로 선박공유자는 그 거래 상대방에 대하여 그 지분의 가격에 따라 분할책임을 진다는 입장을 취한다.[44] 이에 반해 소수설은 상법 제757조는 선박공유자 내부관계에 관한 규정으로서 선박공유자의 대외적 책임에 관하여는 상법 제57조 제 1 항의 원칙이 적용되고 따라서 선박공유자는 거래 상대방에 대하여 연대책임을 진다는 입장을 취한다.[45] 생각건대 상법 제757조는 선박공유라는 특수한 형태의 해상기업에서 그 주체인 선박공유자를 보호하기 위하여 그의 책임을 제한하는 규정으로서 선박공유자의 대외적 책임에 관한 규정이라고 하는 것이 타당하다고 본다. 따라서 통설에 찬성한다.

이처럼 해상법이 선박공유자의 대외적 책임을 지분의 가격에 따른 분할책임으로 한 것은 민법상 조합원의 균분책임주의(민 712조)나 일반상사채무의 연대책임주의(상 57조 1항)와 다르다.

2) 선박공유자는 자기의 부담부분에 관하여 선박소유자 등의 책임제한에 관한 규정에 따라 책임을 제한할 수 있다(상 769조 내지 776조, 선박소유자 등의 책임제한에 관하여는 122쪽 이하 참조).

(3) 선박공유의 대리관계

우리 해상법은 선박관리인에게 선박공유자를 대리하여 공유선박의 이용에 관한 대외적인 행위를 할 권한을 부여하고 있다. 선박관리인에 관하여는 아래의 별도의 항에서 자세히 살펴보기로 한다.

4. 선박관리인

(1) 선박관리인의 의의

선박관리인은 선박공유의 내부관계에서 업무를 집행하는 자인 동시에 선박공

---

44) 정(동), (하), 762쪽; 정(찬), (하), 811쪽; 최(기), (해), 39쪽; 손, (하), 770쪽.
45) 채, (하), 690쪽; 이(기), (보·해), 417쪽.

유의 외부관계에서 선박공유자를 대리하여 공유선박의 이용에 관한 재판상 또는 재판 외의 모든 행위를 할 권한을 갖는 자이다(상 765조 1항). 앞서 본 바와 같이 우리 해상법은 선박공유의 경우 선박관리인을 선임하도록 강제하고 있다(상 764조 1항). 따라서 선박공유에 있어서는 선박관리인이 내부적으로 업무를 집행하고 대외적으로 선박공유자의 대리인으로서 선박의 이용에 관한 모든 행위를 하게 된다. 이러한 선박관리인은 해상법이 정한 특별한 상업사용인으로서 지배인과 매우 유사하다.[46] 그러나 선박관리인은 그 권한이 특정한 공유선박의 이용에 관한 사항으로 한정된다는 점에서 지배인과 구별된다.[47]

(2) 선박관리인의 선임 및 해임

선박관리인의 선임에 관하여 우리 해상법은 선박공유자 이외의 자를 선박관리인으로 선임할 때에는 공유자 전원의 동의가 있어야 한다고만 규정하고 있다(상 764조 1항 2문). 따라서 선박공유자 중에서 선박관리인을 선임할 때에는 통상의 업무결정과 마찬가지로 선박공유자의 지분의 가격의 과반수로 정할 수 있다고 해석된다(상 756조 1항). 또한 우리 해상법상 선박관리인의 해임에 관하여는 특별한 규정이 없으나 선박관리인의 선임과 마찬가지로 선박공유자의 지분의 가격의 과반수로 해임할 수 있다고 본다. 선박공유자가 아닌 선박관리인의 해임의 경우에도 마찬가지이다.[48]

선박관리인의 선임과 해임 혹은 그 밖의 선박관리인의 대리권의 소멸은 이를 등기하여야 한다(상 764조 2항). 따라서 선박공유자가 선박관리인의 선임과 그 대리권의 소멸 사실을 등기하지 아니하면 선의의 제 3 자에게 대항하지 못한다(상업등기의 소극적 효력, 상 37조 1항).

(3) 선박관리인의 권한

1) 앞서 본 바와 같이 선박관리인은 선박공유자를 위하여 선박의 이용에 관한 모든 재판상 또는 재판 외의 행위를 할 수 있는 대리권을 갖는다(상 765조 1항). 따라서 선박관리인은 선박의 의장을 위한 행위, 선박을 유지 또는 관리하기 위한 행

---

46) 채, (하), 691쪽.
47) 최(기), (해), 38쪽; 채, (하), 691쪽.
48) 채, (하), 692쪽.

위, 선박구조계약의 체결, 운임보험계약의 체결, 선장이나 선원의 고용이나 해임 등의 행위를 할 권한을 갖는다.[49] 이러한 선박관리인의 대리권에 관한 제한은 선의의 제 3 자에게 대항하지 못한다(상 765조 2항). 선박관리인은 이러한 대리권을 포괄적으로 제 3 자에게 양도할 수 없으나 특정한 사항에 한하여 그 대리권을 제 3 자에게 부여하는 것은 허용된다고 본다.[50]

2) 그러나 선박관리인의 대리권에는 다음과 같은 제한이 있다. 즉 선박관리인은 선박공유자의 서면에 의한 위임이 없으면 ① 선박을 양도·임대 또는 담보에 제공하거나, ② 신항해를 개시하거나, ③ 선박을 보험에 붙이거나, ④ 선박을 대수선하거나, ⑤ 차재를 할 수 없다(상 766조). 이러한 사항은 선박공유자에게 중대한 이해관계가 있기 때문이다. 선박관리인의 권한에 대한 이러한 제한은 법률에 의한 제한이므로 선의의 제 3 자의 보호문제가 발생하지 아니한다.[51]

(4) 선박관리인의 의무

1) 선박공유자와 선박관리인 사이의 관계는 위임이므로[52] 선박관리인은 수임인으로서 선량한 관리자의 주의의무로서 업무를 집행하여야 한다(민 681조). 선박관리인이 이러한 의무에 위반하면 선박공유자에게 손해배상책임을 지는 것은 당연하다. 선박공유자는 선박관리인의 의무위반행위를 추인하는 등으로 선박관리인의 책임을 면제할 수 있다. 이 경우 선박공유자인 선박관리인은 이해관계인이므로 이러한 책임을 면제하는 결의에 참가할 수 없다.[53]

2) 선박관리인은 업무집행에 관한 장부를 비치하고 그 선박의 이용에 관한 모든 사항을 기재하여야 한다(상 767조). 이러한 장부는 선박공유자가 선박관리인의 업무집행을 감독할 수 있는 근거가 되고, 선박공유의 법률관계를 정함에 있어서 중요한 자료가 된다. 상법에 특별한 규정은 없으나 선박공유자는 언제든지 이러한 장부를 열람하고 등사를 청구할 수 있다고 본다.[54]

또한 선박관리인은 매 항해의 종료 후에 지체 없이 그 항해의 경과상황과 계

---

49) 최(기), (해), 37-38쪽.
50) 최(기), (해), 37쪽.
51) 동지: 배, 130쪽; 채, (하) 692쪽.
52) 최(기), (해), 38쪽.
53) 최(기), (해), 39쪽.
54) 최(기), (해), 41쪽.

산에 관한 서면을 작성하여 선박공유자에게 보고하고 그 승인을 얻어야 한다(상 768조). 이것은 민법상 수임인은 원칙적으로 위임이 종료한 경우에 위임인에게 위임사무 처리의 전말을 보고할 의무를 지고 위임의 존속 중에는 위임인의 청구가 있어야만 보고의무를 지는 점(민 683조)과 구별된다.

5. 해산 및 청산

선박이 침몰 · 파괴되는 등으로 절대적으로 멸실하는 경우, 선박의 이용이 폐지되는 경우 혹은 공유지분의 양도로 인하여 선박이 한 사람의 소유에 속하게 되는 경우 등에는 선박공유관계가 해산된다.[55] 이 경우에는 선박공유관계를 청산하여야 한다. 우리 해상법은 선박공유관계의 해산과 청산에 관하여 특별한 규정을 두고 있지 아니하다. 따라서 이에 관하여는 원칙적으로 민법상의 조합에 관한 규정(민 721조 내지 724조)에 의하여야 할 것이다.[56]

선박공유관계의 청산업무를 집행하기 위한 청산인은 일반적으로 선박관리인이 될 것이나 선박공유자가 달리 청산인을 선임할 수 있을 것이다. 이 경우 청산인의 선임 방법에 관하여는 선박관리인의 선임에 관한 규정(상 756조 1항, 764조 1항 2문)을 유추 적용하여야 한다고 본다. 따라서 선박공유자가 아닌 자를 청산인으로 선임하는 경우에는 선박공유자 전원의 동의가 있어야 하고 선박공유자인 자를 청산인으로 선임하는 경우에는 지분의 가격의 과반수로 정한다. 이는 민법상 조합의 경우 조합원의 과반수로써 청산인을 선임하도록 한 것(민 721조 2항)과 다르다.

제 4. 용선자(선체용선자 · 정기용선자 · 항해용선자 · 슬로트 용선자)

용선자란 다른 사람이 소유하는 선박을 용선하여 자신의 해상기업 활동에 이용하는 자를 말한다. 이러한 용선자에는 선체용선자, 정기용선자, 항해용선자[57] 및 슬로트 용선자 등이 있다. 이들은 선박을 소유하고 있지는 아니하나 다른 사람

---

55) 정(찬), (하), 811쪽; 최(기), (해), 40쪽; 채, (하), 694쪽.

56) 이에 반해 선박공유를 권리능력없는 사단으로 보는 소수설에서는 이러한 경우 물적회사의 규정을 유추 적용하여야 한다는 입장을 취한다(최(기), (해), 40쪽).

57) 아래에서 살펴보는 바와 같이 항해용선자에는 운송형 항해용선자와 기업형 항해용선자가 있는데 이 중에서 해상기업의 주체가 될 수 있는 것은 기업형 항해용선자이다(정(동), (하), 763쪽).

의 선박을 이용하여 해상기업 활동을 하므로 해상기업의 주체가 된다. 용선계약에 관한 상세는 「제 3 편 해상기업활동」에서 살펴보기로 하고 여기에서는 이들 용선자의 의의에 관하여 간략히 살펴보기로 한다.

1. 선체용선자

　(1) 선체용선자는 자기의 관리·지배하에 선박을 운항할 목적으로 타인 소유의 선박을 용선하여 자기의 해상기업에 이용하는 자이다(상 847조 1항).[58] 이처럼 선체용선자는 타인의 선박을 용선하여 물건운송이나 여객운송 등의 자기의 해상기업에 이용하므로 해상기업의 주체가 된다.

　(2) 선체용선자는 「자기의 관리·지배하」에 선박을 운항할 것을 목적으로 하므로 선체용선의 경우에는 선원이 승무하지 아니하고 의장이 되지 아니한 채로 선박을 용선하여 선체용선자가 선원을 고용하고 의장을 하는 경우가 일반적이다. 이러한 선체용선을 실무상 나용선(裸傭船: bareboat charter)이라고 한다.[59] 한편 우리 해상법은 자기의 관리·지배하에서 선박을 운항하는 것을 목적으로 선박소유자가 공급한 선원이 승무한 선박을 용선하는 자도 선체용선자로 본다(상 847조 2항 참조).[60] 선원부선체용선은 선원이 승무한 선박을 용선하여 자기의 해상기업활동에 이용한다는 점에서 정기용선[61]과 상당히 유사하다. 그러나 선원부선체용선의 경우에는 비록 선박소유자가 선원을 공급했다 하더라도 선체용선자가 선박을 관리·지배하는 반면에 정기용선자는 선박에 대한 단순한 사용·수익권만을 가진다는 차이가 있다. 따라서 선원부선체용선의 경우에는 선체용선자가 선박에 대한 점유

---

58) 1991년 해상법에서는 선체용선자의 명칭이 「선박임차인」이었다(1991년 상법 제765조, 제766조 참조).

59) 2007년 해상법의 개정 과정에서 당초 법무부가 국회에 제출한 해상법 개정안에는 「선체용선」이라는 용어 대신에 실무상 많이 사용되는 「나용선」이라는 용어를 사용하였으나 「나용선」이 일본식 용어라는 점 때문에 국회 심의 과정에서 그 명칭이 「선체용선」으로 변경되었다(상법 일부개정안 심사보고서, 법제사법위원회(2007. 7.), 50-51쪽 참조). 「선체용선」이라는 용어는 학계나 해운 실무에는 생소한 용어일 뿐만 아니라, 그 용어가 실질을 잘 표현하고 있는지의 여부에 관하여도 다소 의문이 있으나 우리식의 새로운 법률용어를 만들었다는 점에서는 긍정적으로 볼 수 있다고 본다.

60) 이하에서는 선박소유자가 선원을 공급하는 선체용선을 「선원부선체용선」이라고 한다.

61) 정기용선이란 선원이 승무하고 항해 장비를 갖춘 선박을 일정한 기간 동안 항해에 사용하기 위하여 용선하는 것을 말한다(상 842조 참조). 정기용선에 관하여는 뒤에서 자세히 살펴보기로 하고 여기에서는 선체용선과의 차이만을 간단히 검토한다.

권을 가지고 있으며 선박충돌에 대한 책임을 지고 선박수리의무를 부담하는 데 반해,[62] 정기용선의 경우에는 선박소유자가 여전히 선박을 점유하고 선박충돌에 대한 책임을 지며[63] 선박수리의무를 부담하게 된다. 현재 실무상 선원부선체용선은 정기용선으로 대체되어 거의 사용되지 아니한다.

(3) 한편 타인 소유의 선박을 임차하여 이를 자신의 해상기업활동에 이용하지 아니하고 단지 제 3 자에게 선체용선해 주는 자는 우리 해상법상 선체용선자가 아니다.[64]

(4) 선체용선자와 선체용선계약을 체결하는 상대방은 선박소유자이다. 여기서 말하는 선박소유자는 선박에 대한 소유권을 가지는 자일 수도 있고[65] 타인 소유의 선박을 임차한 자일 수도 있다. 즉 선체용선의 상대방으로서의 선박소유자는 최광의의 선박소유자를 말한다.

2. 정기용선자

(1) 정기용선자란 선원이 승무하고 항해장비를 갖춘 선박을 일정기간 동안 용선하여 이를 자기의 해상기업활동에 자유로이 이용하는 자이다(상 842조). 이처럼 정기용선자는 선박을 용선하여 물건운송이나 여객운송 등의 자기의 해상기업활동에 이용하므로 해상기업의 주체가 된다.

(2) 선체용선자가 선원을 선임하고 그 선원을 통하여 선박에 대한 점유를 갖고 그 선박을 자신의 해상기업활동에 이용하는데 반해, 정기용선자는 선원의 선임·감독권이나 선박에 대한 점유를 갖지 못하고 단지 선박에 대한 자유 사용·수익권만을 갖고 이를 통하여 그 선박을 자신의 해상기업활동에 이용한다는 점에서 차이가 있다.

한편 항해용선자는 화물의 운송을 위하여 특정한 항해를 할 목적으로 선원이

---

62) 동지: 정(찬), (하), 813쪽.
63) 선박충돌의 경우에 선박소유자와 정기용선자 중 누가 책임을 부담하는가 하는 문제는 정기용선의 법적 성질과 관련되는 어려운 문제이나 대법원은 선박소유자가 선박충돌에 대한 책임을 부담한다는 입장을 취하고 있다(대법원 2003. 8. 22. 2001다65977 판결).
64) 타인 소유의 선박을 임차하여 제 3 자에게 선체용선해 주는 경우에 선박소유자와 선박을 임차한 자 사이의 법률관계는 민법상의 임대차이므로 이에는 민법의 임대차에 관한 규정이 적용될 것이다.
65) 선박에 대한 소유권을 가지고 타인에게 선체용선을 해 주는 자는 광의의 선박소유자로서 해상기업의 주체가 아니라는 점은 앞서 본 바와 같다.

승무하고 항해장비를 갖춘 선박을 용선하는 자를 말하는데(상 827조 1항 참조), 선원이 승무하고 항해장비를 갖춘 선박을 용선한다는 점에서 정기용선자와 유사하다. 그러나 항해용선자는 통상 자기의 화물을 운송하기 위하여 특정한 항해를 목적으로 선박을 용선하므로 항해용선계약은 운송계약의 일종이고 항해용선자는 운송계약의 한 쪽 당사자인 화주의 지위에 있게 되는 반면에, 정기용선자는 일정기간 선박에 대한 자유사용권을 가지고 당해 선박을 자기의 해상기업활동에 이용하는 해상기업의 주체로서 운송인의 지위에 있게 된다는 점에서 차이가 있다. 한편 항해용선자가 선박을 용선하여 재용선해 주는 경우에는 항해용선자도 해상기업의 주체가 될 수 있으나 이 경우에도 항해용선자는 특정한 항해를 목적으로만 선박을 용선하게 되며 선박에 대한 자유사용권을 갖는 것은 아니라는 점에서 차이가 있다.

이러한 정기용선자와 선체용선자 및 항해용선자와의 차이로부터 볼 때 정기용선자는 선체용선자와 항해용선자의 중간적 지위에 있다고 할 수 있다.[66]

3. 항해용선자

(1) 항해용선자는 선원이 승무하고 항해장비를 갖춘 선박의 전부 또는 일부를 특정한 항해 단위로 용선한 자이다(상 827조 1항). 항해용선자와 항해용선계약을 체결하는 선박소유자는 선박소유권을 가지는 선박소유자뿐만 아니라 선체용선자와 정기용선자를 포함하는 최광의의 선박소유자를 말한다.

(2) 항해용선계약의 법적 성질은 운송계약으로 보는 것이 통설의 입장이다.[67] 따라서 항해용선계약에 있어서는 선박소유자가 운송인이 되고 항해용선자는 화주인 경우가 일반적이다. 이러한 항해용선계약을 운송형 항해용선이라고 한다. 그러나 경우에 따라서는 항해용선자가 용선한 선박을 재항해용선하는 경우가 있다.[68] 이러한 경우에는 항해용선자가 재항해용선자와 체결한 재항해용선계약은 재운송계약이 되고 항해용선자는 선박소유자에 대한 관계에 있어서는 화주의 지위에 있게 되나 재항해용선자에 대한 관계에서는 운송인의 지위에 있게 된다. 이러한 항해용선계약을 기업형 항해용선이라고 한다. 해상기업의 주체로서의 항해용선자는 이러한 재항해용선계약을 체결한 기업형 항해용선자를 말한다. 그러나 해운 실무

---

66) 동지: 정(찬), (하), 815쪽.

67) 서·정, (하), 582쪽; 손, (하), 797쪽; 정(찬) (하), 917쪽; 정(동), (하), 764쪽 등.

68) 항해용선자가 제 3 자와 개품운송계약을 체결할 수도 있으나 실무상 이러한 예는 드물다.

에서 이러한 재항해용선계약은 그다지 널리 이용되고 있지 아니하다.

항해용선계약에 관해서는 뒤의 해상물건운송계약에 관한 절에서 다시 자세히 살펴보기로 한다(357쪽 이하 참조).

4. 슬로트 용선자

정해진 항로를 정해진 일정에 따라 운항하는 정기 컨테이너선의 선박소유자로부터 일정 기간 동안 당해 컨테이너선의 슬로트[69] 중의 일부를 빌려 이를 자신의 해상기업활동에 이용하고 그에 대한 대가로 선박소유자에게 용선료를 지급할 의무를 지는 자를 슬로트 용선자라 한다. 이러한 슬로트 용선자는 컨테이너선의 선복의 일부 용선자라 할 수 있다.

슬로트 용선자는 정해진 항로를 운항하는 정기 컨테이너선의 선복의 일부를 빌릴 뿐이고 용선자가 컨테이너선에 대한 자유 사용권을 가지는 것이 아니라는 점과 선박의 운항과 관련된 비용을 슬로트 용선자가 아니라 선박소유자가 부담한다는 점에서 정기용선자와 구별되고 항해용선자와 유사하며, 선복의 일부를 일정 기간 동안 빌려 이를 자기의 해상운송활동에 이용한다는 점에서 항해용선자와 구별되고 정기용선자와 유사하다. 즉 이러한 슬로트 용선자는 정기용선자와 항해용선자의 중간 형태라고 할 수 있다.[70] 다만 슬로트 용선계약에서는 슬로트를 일정 기간 동안 빌리기는 하나 용선료는 특정 항해에서의 빌린 슬로트[71]를 단위로 정해지는 것이 일반적인데, 이러한 경우에는 결국 항해를 단위로 운임을 지급하는 경우와 유사하다. 따라서 슬로트 용선계약에는 그 성질에 반하지 아니하는 한 항해용선계약에 관한 규정을 준용해야 한다고 본다(상 827조 3항 참조).

이러한 슬로트 용선자는 빌린 슬로트를 이용하여 자신의 해상기업활동을 하므로 해상기업의 주체가 된다. 통상 슬로트 용선은 정기 컨테이너선을 운항하는 해상기업들이 자신의 서비스를 확장하거나 보충하려는 의도에서 다른 정기 컨테

---

69) 슬로트(slot)란 컨테이너선에서 컨테이너를 적재하는 공간을 말한다. 슬로트의 사전적 의미는 가늘고 긴 구멍을 말하는데 컨테이너선에서 컨테이너를 적재하는 공간을 거시적으로 볼 때는 가늘고 긴 구멍처럼 보이므로 이를 슬로트라 한다.

70) Cooke, *Voyage Charerers*, p. 3은 슬로트 용선을 항해용선 또는 정기용선과는 다른 별개의 용선으로 보고 있다(슬로트 용선계약의 법적 성질에 관한 견해의 대립에 관하여는 김인현, "슬로트 용선의 법적관계에 관한 고찰," 한국해법학회지, 제25권 제 1 호(2003. 4.), 75쪽 주 4 참조).

71) 해운 실무에서는 용선료를 길이가 20피트인 컨테이너 한 개(twenty-foot equivalent unit container: TEU)를 적재할 수 있는 슬로트를 단위로 하여 1 TEU당 얼마 하는 식으로 정하는 것이 보통이다.

이너선을 운항하는 해상기업과 각자가 운항하는 컨테이너선의 슬로트를 서로 빌려 이용하기로 하는 공동운항계약을 체결하는 형식으로 체결된다.

제 5. 운송주선인

1. 의   의

운송주선인이란 자기의 명의로 물건운송의 주선을 영업으로 하는 자를 말한다(상 114조).[72] 즉 운송주선인은 위탁자로부터 위탁을 받아 운송인과의 사이에 자기 명의로 위탁자의 계산으로 운송계약을 체결하는 자이다. 따라서 운송주선인은 운송인에 대하여 화주의 지위에 서게 된다.

그러나 실무상 운송주선인이 운송 자체를 인수하는 경우가 있다.[73] 또한 운송주선인이 개입권을 행사하게 되면 운송주선인은 운송인으로서의 권리와 의무를 가진다(상 116조 1항). 그리고 운송주선인이 위탁자의 청구에 의하여 선하증권을 발행하는 경우에는 개입권을 행사한 것으로 본다(동조 2항의 유추 적용).

이처럼 운송주선인이 직접 운송을 인수하는 경우나 운송주선인이 개입권을 행사하는 경우에 그 운송이 해상운송이면 운송주선인도 해상운송인으로서 해상기업의 주체가 된다.[74] 컨테이너의 운송과 같이 위탁자가 운송주선인에게 개품운송을 의뢰하는 경우에 이와 같이 운송주선인이 해상기업의 주체가 되는 경우가 많다.

---

72) 자기 명의로 타인의 계산으로 여객의 운송의 주선을 영업으로 하는 자는 준위탁매매업자인바(상 113조), 이러한 준위탁매매업에는 운송주선업에 관한 규정이 유추 적용된다고 해석된다.
73) 운송주선인이 위탁자와의 사이에 운임의 액을 정하여 운송주선계약(소위 확정운임주선계약)을 체결한 경우 에는 운송을 인수한 것으로 보는 것이 다수설의 입장이다(손, (상), 326쪽; 이(기), (상총), 435쪽; 정(찬), (상), 322쪽; 최(기), (상), 349쪽 등). 대법원도 확정운임주선계약을 운송계약이라고 보나 이러한 확정운임주선계약에 해당하기 위해서는 주선인에게 운송인으로서의 기능을 수행하는 것이 가능한 재산적 바탕이 있어야 하고 확정된 운임의 액이 운송수단의 대가뿐만 아니라 운송물이 수하인에게 도달되기까지의 액수가 정해진 경우이어야 한다고 한다(대법원 1987. 10. 13. 85다카1080 판결),
74) 참고로 실무에서는 운송주선인이 두 가지 이상의 운송수단을 사용하는 복합운송의 주선을 하는 경우가 많은데, 이러한 운송주선인을 물류정책기본법(구 화물유통촉진법)에서는 「국제물류주선업자」라 한다(동 법 2조 11호 및 43조 2항 참조). 종전의 화물유통촉진법에서는 이를 「복합운송주선업자」(freight forwarder)라 하였는데 실무에서는 아직도 이 용어가 많이 사용되고 있다.

2. 해상기업의 주체로서의 운송주선인과 위탁자와의 관계

(1) 운송물의 운송 및 인도 의무

운송주선인이 해상운송인의 역할을 하는 경우에는 운송주선인이 위탁자로부터 수령한 운송물을 선관주의로써 운송하여 목적지에서 정당한 수하인에게 인도할 의무를 지는 것은 당연하다. 이 경우 통상적으로 운송주선인은 위탁자에게 선하증권을 발행하는데 실무에서는 이 선하증권을 하우스 선하증권(house bill of lading)이라 한다. 운송주선인은 하우스 선하증권상의 운송인이 되고 위탁자는 송하인이 된다. 하우스 선하증권의 적법한 소지인은 정당한 수하인으로서 운송주선인에 대하여 목적지에서 운송물 인도청구권을 행사할 수 있다.

한편 운송주선인은 선박을 보유하고 있지 아니하는 것이 보통이므로 위탁자와 체결한 운송을 이행하기 위해서 선박소유자, 선체용선자, 정기용선자 또는 슬로트 용선자 등과 같이 선박을 운항하고 있는 다른 해상기업의 주체[75)]와 재운송계약을 체결하게 된다. 이 경우 선박소유자 등은 운송주선인에게 선하증권을 발행하는데 실무에서는 이 선하증권을 마스터 선하증권(master bill of lading)이라 한다. 운송주선인은 마스터 선하증권상의 송하인이 된다. 마스터 선하증권의 적법한 소지인은 선박소유자 등에 대하여 목적지에서 운송물 인도청구권을 갖는다. 일반적으로 운송주선인은 목적지에 있는 자신의 대리점(대리상) 또는 자신과 업무협조계약을 맺은 회사에게 마스터 선하증권을 양도하여 이들로 하여금 목적지에서 선박소유자 등으로부터 운송물을 수령하여 하우스 선하증권의 적법한 소지인에게 인도하도록 한다.[76)]

(2) 운송주선인의 책임제한

운송주선인이 해상운송인의 역할을 하는 경우에 상법에 규정되어 있는 운송인의 항변과 책임제한(포장당 혹은 중량당 책임제한, 311쪽 이하 참조)을 원용할 수 있는 것은 당연하다. 그런데 이와 관련하여 운송주선인이 상법 제769조 이하에 따라 선

---

75) 이하 이 절에서는 이들을 단순히 「선박소유자 등」이라 한다.

76) 실제의 운송물의 인도는 하우스 선하증권의 적법한 소지인으로부터 하우스 선하증권을 상환받은 운송주선인의 대리상이나 업무협조 관계에 있는 회사가 선박소유자 등에게 마스터 선하증권을 제시하고 운송물을 하우스 선하증권의 적법한 소지인에게 직접 인도하도록 지시하는 형태로 이루어지는 것이 보통이다.

박의 톤수에 따른 책임제한(소위 총체적 책임제한, 122쪽 이하 참조)도 할 수 있는가 하는 점이 문제가 된다. 생각건대 우리 상법상 총체적 책임제한을 할 수 있는 자는 선박소유자, 용선자, 선박관리인 및 선박운항자인데(상 774조 1항 1호),77) 해상기업의 주체로서의 운송주선인은 이들 중 어느 하나에 해당하지 아니한다. 따라서 운송주선인은 총체적 책임제한을 할 수가 없을 것으로 본다.78) 한편 우리 상법이 총체적 책임제한에 관하여 수용한 「1976년 해사채권책임제한조약」79)상으로도 운송주선인이 책임제한을 할 수 있는가 하는 점은 명확하지 아니하다. 이와 관련하여 1976년 책임제한조약에 가입한 일본법의 해석상으로는 해상운송인으로서의 역할을 하는 운송주선인과 같이 선박을 운항하지 아니하는 소위 비선박운항 운송인(NVOCC: non vessel operation common carrier)도 총체적 책임제한을 할 수 있을 것이라는 견해가 유력하다.80) 우리 법상으로도 해상운송에 종사하는 운송주선인에게 선박소유자나 용선자 등의 다른 해상운송인과는 달리 총체적 책임제한을 할 수 있는 권리를 부여하지 아니할 아무런 합리적인 이유가 없다고 본다. 따라서 이는 입법의 불비로서 우리 해상법상 운송주선인과 같은 비선박운항운송인도 총체적 책임제한권자에 포함시키도록 명확히 규정하는 것이 바람직할 것이다.81)

3. 선박소유자 등과 하우스 선하증권의 적법한 소지인과의 관계

(1) 채무불이행책임 혹은 법정책임의 부존재

운송주선인으로부터 재운송을 위탁받은 선박소유자 등은 하우스 선하증권의 적법한 소지인에 대한 관계에 있어서는 아무런 계약관계가 없으며 단지 운송주선인의 이행보조자에 불과하기 때문에 하우스 선하증권의 적법한 소지인에 대하여 채무불이행책임을 지지 아니한다. 한편 이와 관련하여 선박소유자가 하우스 선하증권의 적법한 소지인에게 상법 제809조에 따른 법정책임(279쪽 이하 참조)을 지는가

---

77) 뒤에서 보는 것과 같이 상법 제774조 제 1 항 제 2 호 및 제 3 호는 법인인 책임제한권자의 무한책임사원과 책임제한권자의 사용인도 총체적 책임제한을 할 수 있다고 규정하고 있으나, 이 규정은 운송주선인과는 관련이 없다.

78) 동지: 김(인), (해), 54쪽.

79) International Convention on Limitation of Liability for Maritime Claims, 1976. 이하 단순히 「1976년 책임제한조약」이라 한다.

80) Griggs, *Limitation of Liability*, p. 281. 참조.

81) 졸고, "개정 해상법하에서의 해상운송인의 지위," 한국해법학회지, 제30권 제 1 호(2008. 4.), 64-65쪽.

하는 점이 문제가 된다. 생각건대 상법 제809조는 항해용선자나 정기용선자가 제 3 자와 재운송계약을 하는 경우에 선박소유자가 제 3 자에 대하여 항해용선자나 정기용선자와 연대하여 책임을 진다고 규정하는데 운송주선인은 항해용선자나 정기용선자가 아니므로 선박소유자는 운송주선인이 위탁자와 체결한 운송계약과 관련하여 하우스 선하증권의 적법한 소지인에게 상법 제809조에 따른 책임을 지지 않는다고 해석된다.[82]

(2) 불법행위책임

운송주선인으로부터 재운송을 위탁받은 선박소유자 등은 하우스 선하증권의 적법한 소지인에 대하여 실제운송인으로서 불법행위책임을 부담하여야 할 것으로 생각된다. 다만 운송주선인이 슬로트 용선자와 재운송계약을 체결한 경우에는 슬로트 용선자가 아니라 선박소유자가 하우스 선하증권의 적법한 소지인에 대하여 실제운송인으로서 불법행위책임을 부담하여야 할 것으로 본다.

4. 운송주선인과 선박소유자 등과의 관계

운송주선인과 선박소유자 등과의 관계는 운송계약관계이므로 선박소유자 등이 운송인으로서 송하인인 운송주선인에 대하여 운송계약상의 책임을 지는 것은 당연하다. 한편 운송주선인의 선박소유자 등에 대한 운송계약상의 채권의 제척기간에 관하여는 뒤의 「제 3 편 해상기업활동」에서 상세히 살펴보기로 한다(340쪽 이하 참조).

---

82) 동지: 김(인), (해), 54쪽. 한편 실제운송인에게도 계약운송인과 연대책임을 부담시키는 것이 국제적인 조류라는 점을 고려해 볼 때(함부르크규칙 10조, 로테르담규칙 20조 참조), 입법론으로는 이러한 경우에도 선박소유자 등의 실제운송인에게 계약운송인인 운송주선인과 연대책임을 부담시키는 것이 타당하다고 본다. 이러한 경우 선박소유자 등의 실제운송인에게 연대책임을 부담시키기 위해서는 상법 제809조를 개정할 것이 아니라 위 국제조약들의 입장과 같이 실제운송인과 계약운송인의 연대책임에 관한 별도의 조문을 신설하는 것이 바람직하다고 생각된다. 이와 유사한 취지로 상법 제809조에서 운송주선인의 경우를 제외한 것은 문제라는 견해로는 김인현, "개정 상법 해상편에 대한 고찰," 개정 해상법 설명회 자료집(한국 선주협회, 2007. 7.), 84쪽 참조.

제 6.   운항수탁자

1. 운항위탁계약의 의의

운항위탁계약이란 선박소유자가 자신의 선박을 수탁자에게 제공하고, 수탁자는 자기의 이름으로 위탁자의 계산으로 위 선박을 이용하여 해상기업활동을 하기로 하는 계약을 말한다.[83] 수탁자는 그에 대한 대가로 위탁자로부터 약정된 보수를 지급받는다.

선박소유자로서는 정기용선계약을 체결하면 일정액의 용선료를 지급받는데 반해 운항위탁계약을 체결하면 운항실적이 좋을 경우 더 많은 수입을 얻을 수 있는 장점이 있고, 수탁자로서는 운항으로 인한 기업위험을 부담하지 아니하고 일정한 보수를 지급받을 수 있는 장점이 있다.[84]

이러한 운항위탁계약은 수탁자가 자기 명의로 위탁자의 계산으로 해상기업활동을 한다는 점에서 일종의 주선계약이므로 수탁자는 준위탁매매인(상 113조)이라고 할 수 있다. 따라서 운항위탁에 관한 법률관계에는 위탁매매업에 관한 규정이 유추 적용된다.

2. 운항위탁의 내부관계(운항위탁자와 수탁자와의 관계)

운항위탁의 내부관계는 계약자유의 원칙에 따라 운항위탁계약에 따라 정해진다. 선박소유자가 선원이 승선한 선박의 운항위탁을 수탁자에게 맡기는 경우에는 통상 선박소유자가 선박감항능력을 유지하는 등의 선박에 대한 관리 의무를 지고, 선원에 대한 지휘·감독권 등을 가진다.[85] 이러한 경우에 운항수탁자는 오로지 영업적인 사항을 위탁받아 수행하게 된다.

한편 선원이 승선하지 아니한 선박의 운항위탁을 수탁자에게 맡기는 경우에는 운항수탁자가 선원을 고용하여 운항을 하게 된다. 이 경우에는 운항수탁자가 선박에 대한 관리 의무와 선원에 대한 지휘·감독권 등을 가지게 된다.[86]

---

83) 정(동), (하), 765쪽.
84) 정(동), (하), 766쪽.
85) 상게서.
86) 동지: 김(인), (해), 58쪽.

3. 운항수탁의 외부관계(제 3 자와의 관계)

(1) 운항수탁자와 제 3 자와의 관계

운항수탁자는 자기 명의로 선박을 이용하여 해상기업활동을 하는 자이므로 해상기업의 주체에 해당된다. 즉 운항수탁자는 운송계약을 체결하는 상대방인 제 3 자에 대하여 운송인으로서의 채무불이행책임을 진다. 이 경우 운항수탁자는 운송인으로서 포장당 또는 중량당 책임제한은 물론 상법 제774조 제 1 항 제 1 호의 「선박운항자」에 해당되어 선박소유자와 동일하게 총체적 책임제한도 원용할 수 있다.[87]

한편 선원부선박의 운항위탁계약의 경우에는 선박소유자가 선원에 대한 지휘·감독권을 가지므로 운항수탁자는 사용자책임을 부담하지 아니한다. 선원이 승선하지 아니한 선박의 운항위탁계약에서는 운항수탁자가 선원을 고용하므로 운항수탁자가 사용자책임을 지게 된다.

(2) 선박소유자와 제 3 자와의 관계

위탁자인 선박소유자와 제 3 자 사이에는 아무런 계약관계가 없으므로 선박소유자는 제 3 자에 대하여 채무불이행책임을 지지 아니한다. 그러나 선원부운항위탁계약에서는 선박소유자가 제 3 자에 대하여 사용자책임을 부담한다.

제 2 절 해상기업의 보조자

제 1. 총 설

해상기업의 보조자에는 해상에서 선박의 운항에 관하여 해상기업을 보조하는 자(해상보조자)와 육상에서 상사에 관하여 해상기업을 보조하는 자(육상보조자)가 있다.[88] 해상보조자에는 가장 중요한 보조자로서 선원, 즉 선장과 해원이 있고 다음

---

87) 김(인), (해), 59쪽은 운항수탁자가 상법 제774조 제 1 항 제 1 호의 「선박운항자」 또는 제 3 호의 「선박소유자 등의 사용인 또는 대리인」에 해당되어 총체적 책임제한을 할 수 있다고 하나 후자는 의문이다.

으로 도선사가 있다. 또한 예선업자, 부선(barge)업자, 하역업자, 적하감독인 및 검
수인 등도 해상보조자에 속한다. 육상보조자로는 지배인 그 밖의 상업사용인, 운
송주선인, 선박대리상, 선박중개상, 창고업자, 선박관리회사 등이 있다.[88]

해상기업의 보조자는 해상기업의 주체와 고용계약을 맺고 있는 피용자인 보
조자와 해상기업의 주체와는 법률상 독립된 상인인 보조자로 구분할 수 있다. 선
원과 상업사용인은 전자에 속하고 다른 보조자는 대부분 후자에 속한다.

우리 해상법은 해상기업의 보조자 중 선장에 관하여만 특별히 규정하고 있다.
선장 이외의 다른 보조자와 해상기업 사이의 법률관계에는 상법 총칙·상행위편
과 민법의 일반 규정이 적용된다.

제 2. 선   장

1. 총   설

(1) 선장의 의의

좁은 의미의 선장은 「선박소유자에 의해 고용된 특정선박의 승무원으로서 당
해 선박의 항해를 지휘하는 한편 선박소유자의 대리인으로서 법정의한 권한을 가
진 자」를 의미하는데 상법에서 말하는 선장은 이러한 좁은 의미의 선장을 말한
다.[90] 넓은 의미의 선장은 이러한 좁은 의미의 선장 이외에 선박소유자 또는 선박
공유자로서 동시에 선장(자선선장)인 자를 포함한다.[91] 선원법은 선장을 「해원을 지
휘·감독하며 선박의 운항관리에 관하여 책임을 지는 선원」이라고 정의하고 있는
데(동 법 3조 2호), 이러한 선원법상의 선장은 넓은 의미의 선장을 말한다. 따라서 선
박소유자의 피용자로서 법정의 대리권을 가지는지의 여부를 묻지 아니하고 특정
선박의 항해지휘자는 모두 선원법상의 선장에 해당한다.

(2) 선장의 지위의 변화

중세에는 선박소유자가 자기의 선박을 지휘하는 자선선장이 원칙이었으며,

---

88) 정(찬), (하), 819쪽; 정(동), (하), 766쪽.
89) 정(찬), 상게서; 정(동), 상게서.
90) 정(찬), (하), 820쪽; 정(동), (하), 767쪽.
91) 정(찬), 상게서; 정(동), 상게서.

자선선장이 아닌 경우에도 선장은 선박소유자로부터 운임수입의 일부를 배당받는 공동경영자의 지위에 있었다.[92] 그 후 근세에 들어 해상운송이 기선에 의한 정기선경영의 형태로 발전함에 따라 선장은 선박소유자에게 고용되어 임금을 받는 피용자로 되었다.[93]

(3) 선장의 권한의 특색

선장은 선적항 외에서 선박소유자를 위하여 항해에 필요한 재판상 또는 재판외의 모든 행위를 할 권한이 있다(상 749조 1항).[94] 또한 선장의 대리권에 대한 제한은 선의의 제 3 자에게 대항하지 못한다(상 751조). 이처럼 선장의 권한은 포괄성·정형성 및 불가제한성을 갖는다는 점에서 지배인이나 대표이사 또는 선박관리인의 권한과 유사하다. 그러나 선장의 포괄적 권한은 「항해에 필요한 범위 내」에서 「선적항 외」에서만 인정된다는 점에서 이들의 권한과 다르다. 또한 뒤에서 살펴보는 바와 같이 선장은 공법상의 권한도 갖는데 이 점에서도 선장의 권한은 이들의 권한과 차이가 있다.

한편 중세에는 자선선장이 아닌 경우 선박소유자의 대표자가 승선하는 것이 일반적이어서 선장의 권한은 크지 아니하였다.[95] 그러나 그 후 이러한 관습이 점차 사라지면서 선장은 항해를 위하여 필요한 모든 행위를 할 권한을 갖게 되었고 이러한 선장의 권한이 현재에까지 이어져 왔다. 그런데 선장이 이러한 포괄적인 권한을 갖게 된 것은 당시의 통신기술 수준이나 사회·경제적인 여건에 의할 때 일단 선박이 모항(母港)을 출항을 하게 되면 선박소유자가 이를 효과적으로 통제할 수 있는 수단이 없었기 때문이었다. 그러나 통신기술이 발전하고 선박소유자의 지점이나 대리점이 세계 곳곳에 있게 된 현대에 와서는 선박이 어느 곳에 있더라도 선박소유자가 이를 직접 통제할 수가 있으므로 선장이 포괄적인 권한을 가질 필요성이 감소하였고 이에 따라 실무에서도 사실상 선장의 권한은 상당히 제한되는 것이 보통이다. 따라서 입법론으로서는 현행 해상법상의 선장에 관한 규정 중 현재의 해운현실에 맞지 아니하거나 구태여 특별히 규정할 필요가 없는 부분은 개

---

92) 田中, 188頁.
93) 배, 142쪽.
94) 선장의 권한에 관한 상세는 98쪽 이하 참조.
95) 田中, 188頁.

정하는 것이 해상법의 현대화를 위해 바람직하다고 본다.[96]

(4) 대선장 · 대행선장

선장은 불가항력으로 인하여 그 직무를 집행하기 불가능한 때에는 법령에 다른 규정이 있는 경우를 제외하고는 자기의 책임으로 타인을 선정하여 선장의 직무를 집행하게 할 수 있다(상 748조). 이 경우 선장에 의하여 선임되어 선장의 직무를 집행하는 자를 대선장이라 한다. 대선장은 상법상의 선장에 해당하므로 선장의 모든 권한을 행사할 수 있다.[97] 선장은 선박소유자에 대하여 대선장의 선임과 감독에 관한 책임이 있다(민 121조 1항).[98]

한편 선장이 사망·질병 또는 부상 등의 부득이한 사유로 직무를 수행할 수 없을 때에는 자동운항설비를 갖춘 자동화선박에서는 항해를 전문으로 하는 1등 운항사가 그 직무를 대행하고 기타의 선박에서는 1등 항해사가 그 직무를 대행한다(선박직원법 11조 2항 1호). 이처럼 선장의 직무를 대행하는 자를 대행선장이라 한다.[99] 대행선장은 선장의 직무 중 선박의 운항관리만을 대행한다(동 항 1호). 따라서 이러한 대행선장은 상법상의 선장이 아니고 상법상의 선장이 가지는 포괄적 권한을 행사할 수 없다.

2. 선장의 선임과 종임

(1) 선   임

1) 선장은 원칙적으로 선박소유자가 선임한다(상 745조). 선박소유자 이외에 선박공유자와 선체용선자도 선장을 선임할 수 있다.[100] 선박공유의 경우에는 선박관리인이 선박공유자를 대리하여 선장을 선임한다(상 765조). 앞서 본 바와 같이 대선

---

96) 동지: 송상현, "상법 제 5 편 해상법 개정 의견," 한국해법학회지, 제 7 권 제 1 호(1985. 10.), 224쪽(선장의 지위가 임금노동자의 지위로 전락하였으므로 선장에 관한 대부분의 규정은 선원법 기타 노동 법규에서 다루어야 하거나 바로 삭제하여도 무방함); 정(동), (하), 767쪽(선장의 권한의 변화를 장래의 해상법 개정에 반영하여야 함).

97) 정(동), (하), 768쪽.

98) 일본 상법상으로는 선장은 선박소유자에 대하여 대선장의 선임에 대하여만 책임을 지고 감독에 대한 책임을 지지 아니한다(동 법 707조 후단).

99) 정(동), (하), 768쪽.

100) 이하 이 절에서는 선장을 선임할 수 있는 선박소유자, 선박공유자 및 선체용선자를 단순히 「선박소유자」라 한다.

장은 선장이 선임한다. 상법은 선장의 자격을 제한하고 있지 아니하나 선박직원법상 선장은 선박의 크기와 항행구역 등에 적합한 해기사 면허를 가진 자이어야 한다(동 법 11조 1항). 선박관리회사가 선박소유자와의 계약에 따라 선박에 승선할 선장 등의 선원을 공급하는 경우에는 선박관리회사는 선박소유자의 대리인에 불과하므로 이 경우에도 선장을 선임하는 것은 선박소유자가 된다.[101]

2) 선장의 선임행위의 법적 성질은 고용과 위임의 혼합계약으로 보는 견해가 다수설이다.[102] 그러나 선박소유자가 예비원 제도를 두고 있는 경우에는[103] 선장은 먼저 선박소유자와 고용계약을 체결하고 예비원으로 대기 하다가 승선할 선박이 정해지면 선박소유자에 의해 선장으로 선임된다. 이러한 경우에 선박소유자가 예비원에서 선장을 선임하는 행위는 위임계약이라고 보아야 한다.[104] 한편 선박소유자가 예비원 제도를 두고 있지 아니하는 경우에는 선장의 선임행위는 다수설과 같이 고용과 위임의 혼합계약으로 보는 것이 타당하다. 선박소유자는 선장을 선임하면서 대리권을 수여하는 것이 일반적이다.[105]

(2) 종 임

1) 종임 사유

앞서 본 바와 같이 선장의 선임행위는 고용과 위임의 혼합계약 또는 위임계약이므로 선장은 고용과 위임의 일반적인 종료원인에 의하여 종임된다(민 658조에서 663조, 689조 및 690조). 즉 고용기간의 만료, 선장의 사망·파산·금치산, 선박소유자의 파산, 선장의 사임 등의 일반적인 종임 사유가 있으면 종임된다.[106]

또한 선장은 특정 선박에 승선하여 근무한다는 특수성상 당해 선박의 침몰·멸실·수리불능 등으로 운항이 불가능하게 된 때에도 종임된다.[107]

그리고 선장은 선박소유자의 해임에 의해서도 종임된다. 선장의 권한은 포괄

---

101) 동지: 김(인), (해), 115쪽. 부산지방법원 1991. 2. 26. 90가합21653 판결도 동일한 취지임.
102) 정(동), (하), 768쪽; 정(찬), (하), 821쪽.
103) 예비원이란 선박소유자에 의해 선박 안에서 근로를 제공하기 위하여 고용된 자로서 승무중이 아닌 자를 말한다(선원법 2조 7호). 선원법상 선박소유자는 원칙적으로 그가 고용하고 있는 총 승선원수의 10퍼센트 이상의 예비원을 확보하여야 한다(동 법 67조).
104) 동지: 김(인), (해), 114쪽.
105) 선박소유자가 선장의 대리권의 범위를 제한하더라도 이는 선박소유자와 선장의 내부관계에서만 유효하고 선의의 제3자에게는 대항할 수 없다(상 749조 및 751조).
106) 선박소유자의 사망은 선장의 종임사유가 되지 아니한다(상 50조).
107) 정(찬), (하), 821쪽.

적일 뿐만 아니라 선장의 적격여부에 따라 선박소유자는 이해관계에 큰 영향을 받게 되므로 선박소유자는 자유로이 선장을 해임할 수 있다(민 689조 1항). 그러나 선박소유자가 정당한 사유 없이 선장을 해임한 때에는 선장은 이로 인하여 생긴 손해의 배상을 청구할 수 있다(상 746조).

한편 상속 또는 포괄승계에 의한 경우를 제외하고 선박소유자가 변경된 경우에는 선장과 구소유자와의 선원근로계약은 종료되며 그때부터 신소유자와 선장 간에 종전의 선원근로계약과 같은 조건의 새로운 선원근로계약이 체결된 것으로 본다(선원법 36조 1문). 이 경우 신소유자 또는 선장은 72시간 이상의 예고기간을 두고 서면으로 통지함으로써 선원근로계약을 해지할 수 있다(동조 2문). 따라서 선박소유자의 변경이 있는 경우 새로운 소유자나 선장의 근로계약해지 통지에 의해 선장은 종임된다.

2) 선장이 선박공유자인 경우

앞서 본 바와 같이 선박공유자인 선장이 그 의사에 반하여 해임된 때에는 다른 공유자에 대하여 상당한 가액으로 그 지분을 매수할 것을 청구할 수 있다(상 762조 1 항). 이 경우에는 선박공유자인 선장은 지체 없이 다른 공유자 또는 선박관리인에 대하여 그 통지를 발송하여야 한다(동조 2항). 선박공유자인 선장이 가지는 지분매수청구권이 형성권이라는 점도 앞서 본 바와 같다. 해임에 정당한 사유가 없는 경우에는 선박공유자인 선장은 지분매수청구권을 행사하는 이외에 앞서 본 바와 같이 손해배상도 청구할 수 있다.

3) 항해 중 종임된 경우

선장이 항해 중에 해임 또는 임기가 만료된 경우에도 다른 선장이 그 업무를 처리할 수 있는 때 또는 그 선박이 선적항에 도착할 때까지 그 직무를 집행할 책임이 있다(상 747조). 선장은 선박의 항해지휘자로서 항해 중 반드시 필요한데, 이러한 경우 대행선장으로 하여금 선장의 직무를 대행하게 하는 것은 적절하지 않기 때문이다.

3. 선장의 공법상의 지위

(1) 총   설

선박에는 여러 사람이 승선하고 화물이 적재되기 때문에 선박의 안전한 항해는 공익과 커다란 관련이 있다. 따라서 선박의 안전항행과 관련된 행정적 법규는 선박의 항해지휘자인 선장의 자격을 엄격히 제한하고 선장에게 특수한 권한과 의무를 부여하고 있다. 또한 항해 중에는 선박에 대하여 국가의 권력이 미치지 아니하므로 선박의 책임자인 선장에게 일정범위의 국가의 권력을 행사하도록 할 필요가 있다. 이처럼 선장은 해상기업의 보조자로서의 사법상의 지위뿐만 아니라 공법상의 지위도 갖는다는 점에서 다른 해상기업의 보조자와 커다란 차이를 가진다. 아래에서는 이러한 선장의 공법상의 지위에 관하여 살펴보기로 한다.

(2) 선장의 자격 및 감독

선박의 안전한 항행을 위하여 항해지휘자인 선장의 자격은 엄격히 제한된다. 즉 선장은 승선하는 선박의 크기나 항행구역 등에 따라 적합한 항해사 면허를 취득한 자이어야 한다(선박직원법 11조). 또한 해양사고의 발생을 예방하기 위하여 선장의 면허에 대하여도 엄격한 감독이 이루어진다. 즉 선장이 고의나 과실로 해양사고를 발생시킨 때에는 해양사고의 재발을 방지하기 위하여 해양안전심판원은 재결로써 선장의 면허를 취소하거나 선장의 업무를 정지할 수 있다(해양사고의 조사 및 심판에 관한 법률 5조 2항, 6조 1항).

(3) 선장의 공법상의 권한

선장이 가지는 공법상의 권한을 선박권력(Schiffsgewalt)이라고 한다.[108] 선장의 공법상의 권한 중 중요한 것으로는 다음과 같은 것이 있다.[109]

1) 선박의 안전을 유지하기 위한 권한

선장은 선박의 안전을 확보하기 위하여 ① 해원을 지휘·감독하며, 선박 안에 있는 자에 대하여 선장의 직무를 수행하기 위하여 필요한 명령을 할 수 있는 권한(선원법 6조), ② 해원이 상급자의 직무상 명령에 따르지 아니하는 등의 사유가 있으

---

108) 정(동), (하), 769쪽; 정(찬), (하), 821쪽.
109) 선장이 이러한 권한을 남용하는 경우에는 벌칙의 제재를 받는다(선원법 160조).

면 해원을 징계할 수 있는 권한(동 법 22조), ③ 흉기, 폭발하거나 불붙기 쉬운 물건, 유해화학물질 관리법에 의한 유독물 그 밖에 위험성이 있는 물건에 대하여 보관・폐기 등 필요한 조치를 할 수 있고, 해원 그 밖에 선박 안에 있는 자가 인명 또는 선박에 위해를 줄 염려가 있는 행위를 하는 때에는 그 위해를 방지하는데 필요한 조치를 할 수 있는 권한(동 법 23조 2항 및 3항), ④ 해원 그 밖에 선박 안에 있는 자의 행위가 인명 또는 선박에 위해를 미치거나 선내질서를 매우 어지럽게 하는 때에는 관계행정기관의 장에게 선내질서의 유지 등을 위하여 필요한 원조를 요청할 수 있는 권한(동 법 24조)을 갖는다.

2) 국가권력의 일부를 행사할 수 있는 권한

앞서 본 바와 같이 해양법 협약상 공해상을 항행하는 선박은 선적국(船籍國)의 영토의 일부로 인정되는데, 선박의 최고 책임자인 선장에게는 ① 선박의 항행 중 배안에 있는 자가 사망한 때에 수장을 할 수 있는 권한(선원법 17조), ② 선박 내에서 발생하는 범죄에 대하여 사법경찰관의 직무를 수행할 권한(사법경찰관의 직무를 행할 자와 그 직무법위에 관한 법률 7조 1항) 및 ③ 항해 중 출생이나 사망이 있는 때에는 이를 기재하는 사무를 처리할 권한(가족관계의 등록 등에 관한 법률 49조 및 91조)과 같이 국가권력의 일부를 행사할 수 있는 권한이 부여된다.

(4) 선장의 공법상의 의무

선장은 공법상의 권한과 아울러 공법(주로 선원법)상의 의무도 부담한다. 선장이 공법상의 의무에 위반하면 벌칙이나 과태료의 제재를 받으며(선원법 160조 이하 참조), 그로 인하여 해양사고가 발생하면 앞서 본 바와 같이 면허의 취소나 정지 등의 행정적인 처분을 받는다.[110] 선장의 공법상의 의무 중 중요한 것으로는 다음과 같은 것이 있다.

---

110) 이처럼 선장이 공법상의 의무를 위반하면 벌칙이나 행정적인 처분을 받는 반면에, 선장이 사법상의 의무를 위반하면 피해자에 대하여 손해배상책임을 부담한다. 선장이 공법상의 의무를 위반하면 경우에 따라 선장의 과실이 추정되어 간접적으로 사법상의 법률관계에 영향을 미칠 수는 있지만 원칙적으로 공법상의 의무와 사법상의 의무는 부과하는 목적이나 위반에 대한 효과가 다르다는 점에 주의하여야 한다(田中, 189-191頁).

1) 선박의 안전한 항해를 위한 의무

가. 감항능력검사의무

선장은 선박의 항해지휘자로서 출항 전에 선박이 안전하게 항해를 할 수 있는 능력(감항능력)을 가지고 있는지를 검사할 의무를 진다. 즉 선장은 출항 전에 선박이 항해에 견딜 수 있는가와 화물이 실려 있는 상태 및 항해에 적합한 장비·인원·식료품·연료·서류 등이 갖추어져 있는지를 검사하여야 한다(선원법 7조). 이처럼 선원법이 선장에게 감항능력검사의무를 부과한 것은 선박의 안전 항해가 선내의 인명이나 재산의 안전에 중요하므로 선박의 안전 항해를 확보할 공익적 필요가 있기 때문이다. 여기서 「출항 전」이란 중간 기항 항을 포함하여 모든 항구에서 출항하기 전을 의미한다.[111] 선장은 선급협회나 검정인 등을 선임하여 이러한 감항능력검사의무를 이행할 수 있다.[112]

원래 운송인은 운송계약에 따라 화주에 대하여 감항능력주의의무를 부담하고(상 794조, 249쪽 이하 참조), 선장은 운송인의 이행보조자로서 운송인을 위하여 감항능력주의의무를 이행해야 하나 이와는 별개로 선박에 화물이 적재되었는지의 여부를 묻지 아니하고 선장은 선원법상의 의무로서 감항능력검사의무를 부담한다.

나. 직접지휘의무

선장은 선박이 항구를 출입할 때 또는 선박이 좁은 수로를 지나갈 때 그 밖에 선박에 위험이 생길 염려가 있는 때에는 선박의 조종을 직접 지휘하여야 할 의무를 부담한다(선원법 9조). 이처럼 선장에게 직접지휘의무를 부과한 것은 항해 중 사고가 발생할 위험이 큰 경우에 선장으로 하여금 직접 조선을 지휘하게 함으로써 사고를 예방하고자 하는 취지이다.

다. 재선의무

선장은 질병 또는 부상이나 그 밖에 해양수산부령이 정하는 부득이한 사유가 있어 선원 중 선장의 직무를 대행할 자를 지정한 때를 제외하고는 화물을 적재하거나 여객이 타기 시작할 때부터 화물을 모두 양하하거나 여객이 다 내릴 때까지 선박에 승선하고 있어야 할 의무를 부담한다(선원법 10조).[113]

---

111) 정(동), (하), 769쪽.
112) 동지: 정(동), (하), 770쪽.
113) 대선장이 선임된 경우에는 대선장이 선장을 대신하여 선장의 공법상의 의무를 이행하여야 한다. 선장이 이러한 자를 지정하지 아니한 경우에는 앞서 본 바와 같이 대행선장이 선장의 공법상의 의무를 이행하여야 한다.

라. 비상배치표 및 훈련의무

선장은 해양수산부령이 정하는 바에 의하여 비상시에 조치하여야 할 해원의 임무를 정한 비상배치표를 선박 안의 보기 쉬운 곳에 걸어두고 해원의 휴식시간에 지장이 없는 범위에서 선박 안에 있는 자에 대하여 소방훈련·구명정훈련 그밖에 비상시에 대비한 훈련을 실시하여야 한다(선원법 15조).

마. 항해의 안전을 확보하기 위한 그 밖의 의무

선장은 그 밖에 항해당직의 실시, 선박의 화재예방 그 밖에 항해안전을 위하여 해양수산부령이 정하는 사항을 지켜야 할 의무를 부담한다(선원법 16조).

바. 타 선박의 안전 항해를 위한 이상기상 등의 통보의무

해양수산부령이 정하는 선박의 선장은 폭풍우 등 이상기상 또는 떠돌아다니는 얼음덩이, 표류물·침몰물 등 선박의 항행에 위험을 줄 염려가 있는 것과 마주친 경우에는 해양수산부령이 정하는 바에 의하여 그 사실을 가까이 있는 선박의 선장과 해양경찰관서의 장에게 통보하여야 할 의무를 부담한다(선원법 14조).

2) 인명과 재산의 구조의무

가. 선박위험시의 조치의무

선장은 선박에 급박한 위험이 있는 경우에는 인명·선박 및 화물을 구조하는데 필요한 조치를 다할 의무를 부담한다(선원법 11조).

나. 선박충돌시의 조치의무

선박이 서로 충돌한 경우에는 각 선박의 선장은 자기가 지휘하는 선박에 급박한 위험이 있는 경우를 제외하고는 서로 인명과 선박을 구조하는데 필요한 조치를 다하여야 하며, 선박의 명칭·소유자·선적항·출항항 및 도착항을 상대방에게 통보하여야 한다(선원법 12조).

다. 조난선박의 구조의무

선장은 자기가 지휘하는 선박에 급박한 위험이 있는 경우와 해양수산부령이 정하는 경우를 제외하고는 다른 선박 또는 항공기의 조난을 안 경우에는 인명을 구조하는데 필요한 조치를 다하여야 한다(선원법 13조).

3) 그 밖의 의무

가. 항해성취의무

선장은 항해의 준비가 끝난 때에는 지체 없이 출항하여야 하며 부득이한 사유가 있는 경우를 제외하고는 예정항로를 따라 도착항까지 항행할 의무를 진다(선원법 8조). 이처럼 선원법이 선장에게 항해성취의무를 부과한 것은 선박이 예정항로를 따라 신속히 항해를 성취하는 것은 선박소유자나 화주 또는 여객 사이의 사법상의 이해관계뿐만 아니라 국가 전체적인 이익에도 관련되기 때문이다.

나. 유류품의 처리의무

선장은 선박 안에 있는 자가 사망하거나 행방불명된 경우에는 법령에 특별한 규정이 있는 경우를 제외하고는 해양수산부령이 정하는 바에 의하여 선박 안에 있는 유류품에 대하여 보관 그 밖에 필요한 조치를 하여야 할 의무를 부담한다(선원법 18조).

다. 재외국민의 송환의무

선장은 외국에 주재하는 대한민국의 영사가 법령의 정하는 바에 의하여 대한민국 국민의 송환을 명한 때에는 정당한 사유가 없는 한 이에 따를 의무를 부담한다(선원법 19조).

라. 서류의 비치의무

선장은 ① 선박국적증서 또는 선적증서, ② 승무원명부, ③ 항해일지, ④ 화물에 관한 서류 및 ⑤ 그 밖에 해양수산부령이 정하는 서류를 선박 안에 비치하고 승무원명부와 항해일지를 기록·유지할 의무를 부담한다(선원법 20조). 선장은 감항능력검사의무 중의 하나로서 출항 전에 선박이 항해에 필요한 모든 서류를 구비하고 있는가를 검사할 의무를 지나, 출항 이후에도 계속하여 선박 내에 위에 기재한 서류를 비치할 의무를 부담한다.

마. 선박운항에 관한 보고의무

선장은 ① 선박의 충돌·침몰·멸실·화재·좌초, 기관의 손상 그 밖의 해양사고가 발생한 경우, ② 무선통신에 의하여 알게 된 경우를 제외하고 항행 중 다른 선박의 조난을 안 경우, ③ 인명 또는 선박의 구조에 종사한 경우, ④ 선박 안에 있는 자가 사망하거나 행방불명이 된 경우, ⑤ 예정항로를 변경한 경우, ⑥ 선박이 억류되거나 포획된 경우 및 ⑦ 그 밖에 선박에 관하여 중대한 사고가 일어난 경우에는 해양수산부령이 정하는 바에 의하여 지체 없이 그 사실을 해양수산관청에 보고하여야 할 의무를 부담한다(선원법 21조).

4. 선장의 사법상의 지위

(1) 총   설

선장은 사법상 본인을 위하여 법률행위를 대리하는 대리인으로서의 지위와 타인을 위하여 사실행위를 하는 대표자로서의 지위를 갖는다. 선장이 대리 또는 대표하는 자는 자기를 선임한 선박소유자(또는 선체용선자)뿐만 아니라 적하이해관계인(화주), 여객 및 해난구조에 있어서의 해난구조료 채무자 등이 있다.[114] 선장은 이들의 대리인 또는 대표자로서 일정한 권한을 가지며 사법상의 의무와 책임을 부담한다. 아래에서는 이러한 선장의 권한과 의무 및 책임을 살펴보기로 한다.[115]

(2) 선장의 사법상의 권한

1) 선박소유자의 대리인으로서의 권한

가. 총   설

㈎ 선장의 대리권의 특색   선장은 선박소유자의 대리권수여행위에 의하여 임의대리인으로서 선박소유자를 대리할 권한을 갖는다. 선장이 선박소유자를 위하여 가지는 대리권은 임의대리권이라는 점에서 선장이 적하이해관계인과 해난구조료 채무자를 위하여 법정대리권을 갖는 것과 구별된다.

한편 앞서 본 바와 같이 선장의 대리권은 지배인 또는 선박관리인의 대리권과 같이 포괄성, 정형성 및 불가제한성을 가지나, 선장의 포괄적인 대리권은 「항해를 위하여 필요한 행위」 및 「선적항 외」로 제한된다는 점에서 이들의 대리권과 구별된다.

㈏ 선장의 대리권의 범위에 관한 입법례   선장의 대리권의 범위에 관한 입법례에는 ① 선박이 선박소유자 또는 그 대리인의 소재지에 있는지의 여부에 따라 선장의 권한의 범위를 달리 정하는 선박소유자소재지주의(프랑스법주의), ② 선장의 행위의 종류에 따라 선장의 권한의 범위를 달리 정하는 선장행위주의(영국법주의), ③ 선박이 선적항에 있는지의 여부에 따라 선장의 권한의 범위를 달리 정하는

---

[114] 한편 선박에 관하여 정기용선계약이 체결된 경우 선장은 정기용선자의 명시적 또는 묵시적 수권에 의해 정기용선자를 위하여 선하증권을 발행하는 등으로 정기용선자의 임의대리인이 될 수도 있으나 이는 일반의 임의대리인과 동일하므로 이에 대하여는 자세한 논의를 생략하기로 한다.

[115] 선장은 선박소유자에 대하여 임금청구권, 실업수당청구권, 송환비용과 송환수당청구권 및 재해보상청구권 등의 권리를 가지나 이는 선장과 선박소유자 사이의 고용계약과 관련된 문제이므로 이에 대한 논의는 생략하기로 한다.

선적항주의의 세 가지가 있다(독일법주의).116) 이 중 선박소유자소재지주의에 의하
면 선박소유자 또는 그 대리인의 소재지의 변동에 따라 선장의 권한이 변함으로
써 거래의 안전이 위태롭게 된다는 단점이 있고, 선장행위주의에 의하면 다양한
선장의 행위가 어떠한 종류에 속하는가를 판별하기가 반드시 용이한 일이 아니라
는 난점이 있으므로 선적항주의가 상대적으로 합리적이다.117) 이에 우리 상법은
선적항주의를 채택하였다. 따라서 우리 상법상 선박이 선적항에 있는지의 여부에
따라 선장의 대리권의 범위가 달라지게 된다.118)

나. 선적항 외에서의 대리권

㈎ 원   칙

(ㄱ) 앞서 본 바와 같이 선장은 선적항 외에서는 항해에 필요한 재판상 또는
재판 외의 모든 행위를 할 권한이 있고(상 749조 1항), 선장의 대리권에 대한 제한은
선의의 제3자에게 대항하지 못한다(상 751조).

(ㄴ) 여기서 「선적항」이란 원칙적으로는 선박이 등록을 한 등록항을 의미하
나 등록항 이외에 해상기업의 영업의 본거지가 되는 항구도 포함한다고 해석하여
야 한다. 대법원은 미등록선에 대하여 영업본거항도 선적항에 포함된다고 판시하
였다.119)

(ㄷ) 「항해에 필요한 행위」에 해당하기 위해서는 다음의 세 가지 요건을 충족
하여야 한다. 첫째, 「특정한 선박」의 항해에 관한 것이어야 한다. 이 점에서 선장
의 대리권은 위임받은 영업 전반에 관한 행위를 할 권한을 가지는 지배인의 대리
권과 구별된다. 둘째, 여기서의 「항해」란 선장의 임기 중의 모든 항해가 아니라
특정한 항해를 말하는데 이러한 특정한 항해란 선적항을 출항하여 선적항으로 돌
아 올 때까지의 항해를 말한다.120) 셋째, 항해에 「필요한 행위」이어야 하는데, 여
기서 항해에 필요한 행위란 기술적인 의미의 항해에 필요한 행위뿐만 아니라 경

---

116) 田中, 197頁; 정(동), (하), 772쪽; 정(찬), (하), 824쪽.
117) 손, (하), 788쪽.
118) 네덜란드는 원칙적으로 선적항주의를 채택하였으나 「선적항」의 의미를 넓게 해석하여 국내
    항이나 대리점이 있는 외국항을 선적항으로 보아 선장의 대리권한을 축소하고 있다(田中, 197
    頁). 앞서 본 바와 같이 통신기술의 발전이나 사회·경제적인 여건의 변화로 인해 선장의 포괄
    적인 권한을 축소해야 할 필요성에 비추어 볼 때 네덜란드의 입법주의가 바람직하다고 본다.
119) 대법원 1991. 12. 24. 91다30880 판결. 이 대법원 판결은 영업본거항도 선적항에 해당한다는 전제
    하에 선박소유자인 건조업자가 발주자에게 인도하기 위하여 계선관리 중인 미등록선박은 계선
    관리하고 있는 항구를 본거항(즉 선적항)으로 보았다.
120) 정(동), (하), 773쪽; 정(찬), (하), 825쪽.

제적·상업적 의미의 항해에 필요한 행위를 포함한다.[121] 이 점에서 항해에 필요한 행위는 뒤에서 살펴보는 「항해를 계속하기 위하여 필요한 비용을 지급하기 위한 행위」와는 구별된다. 항해를 위하여 필요한 행위에는 선박의 의장, 선박의 수리, 해원의 고용, 도선사 혹은 예선의 사용, 연료·식량·속구 등의 선박필요품의 구입 및 해난구조계약의 체결 등의 선박의 운항에 관한 행위와 운송계약상의 의무의 이행과 운임의 수령 등의 경영상의 행위가 포함된다.[122] 한편 항해를 위하여 필요한 행위에 운송계약이나 보험계약의 체결이 포함되는지에 관하여는 견해가 나뉘고 있다. 즉 운송계약이나 보험계약의 체결이 기술적 의미에서의 항해를 위하여 필요한 행위에 해당하는 경우에 한하여 선장의 대리권을 인정하려는 제한적 긍정설과[123] 운송계약이나 보험계약의 체결도 경제적 의미에서는 항해를 위하여 필요한 행위라는 점과 선장이 해상기업의 보조자로서의 지위를 가진다는 점을 근거로 널리 선장의 운송계약이나 보험계약을 체결을 위한 대리권을 인정하는 전면적 긍정설이 있다.[124] 판례는 후자의 견해와 같이 개품운송계약의 체결이 항해를 위하여 필요한 행위에 포함된다는 입장을 취하고 있다.[125] 생각건대 항해에 필요한 행위를 기술적 의미에서 항해에 필요한 행위뿐만 아니라 경제적·상업적 의미에서의 항해에 필요한 행위라고 보는 이상 운송계약이나 보험계약의 체결도 항해에 필요한 행위라고 하는 전면적 긍정설이 타당하다고 본다.

　(ㄹ) 항해에 필요한 「재판상」의 행위란 선장이 선박소유자의 소송대리인으로서 하는 소송행위를 말한다.[126] 항해에 필요한 「재판 외」의 행위는 이러한 소송행위 이외에 전항에서 본 바와 같은 모든 행위를 말한다.

　(나) 예　　외　　　위와 같은 원칙에 대하여는 두 가지 예외가 있다. 그 하나는 선장의 대리권을 제한하는 경우이고 다른 하나는 선장의 대리권을 확장하는 경우

---

121) 田中, 198頁; 정(동), (하), 773쪽.
122) 손, (하), 789쪽; 정(동), (하), 773쪽.
123) 손, (하), 789쪽.
124) 정(동), (하), 773쪽; 정(찬), (하), 825쪽.
125) 대법원 1975. 12. 23. 75다83 판결(상법 제773조(현행 상법 제749조) 제1항 소정 선적항 외에서의 선장의 항해에 필요한 재판상 또는 재판 외의 모든 행위를 할 권한 가운데에는 개품운송계약에 관한 권한도 포함되고 운송도중의 사고발생으로 인한 화물의 피해변상책임에 관한 특약도 운송계약내용의 일부라 할 것이다).
126) 실무에서는 선박이 외국의 항구에서 압류되었을 때 외국법원에 선박의 압류를 해제하기 위한 신청을 하는 경우에 선장이 이러한 권한에 기하여 선박소유자를 대리하여 소송대리인을 선임하는 경우가 종종 있다. 이와 같은 경우에 재판상의 행위를 할 수 있는 선장의 권한이 유용하다.

이다.

(ㄱ) 대리권이 제한되는 경우-신용행위 · 적하처분행위에 관한 권한의 제한

a. 선장은 선박수선료 · 해난구조료 그 밖에 항해의 계속에 필요한 비용을 지급하여야 할 경우 외에는 선박 또는 속구를 담보에 제공하거나, 차재하거나, 적하의 전부 또는 일부를 처분할 수 없다(상 750조 1항).[127] 선박 또는 속구를 담보에 제공하거나 차재를 하는 것과 같은 신용행위는 선박소유자에게 큰 부담이 되기 때문에 위와 같이 선장의 대리권을 제한한 것이다.

b. 선장의 적하처분이란 선장이 선박소유자의 대리인으로서 처분하는 것을 말한다.[128] 즉 선박소유자는 선박수선료 · 해난구조료 그 밖에 항해의 계속에 필요한 비용을 지급하여야 할 경우에는 적하를 처분할 권한이 있는데,[129] 선장은 이러한 선박소유자의 권한을 대리하여 적하를 처분하는 것이다.[130] 선장의 처분행위는 매각이나 입질 등의 법률행위를 말한다.

c. 이 경우 선박소유자는 적하이해관계인에게 손해배상을 해 주어야 한다. 선박소유자가 부담하는 손해배상책임은 불법행위책임이 아니라 법정책임이다.[131] 선박소유자가 지급하여야 할 손해배상액은 그 적하가 도달할 시기의 양륙항의 가격에서 지급을 요하지 아니하는 비용(예컨대 운임, 관세, 또는 양륙비용 등)을 공제한 금액이다.[132] [133] 이처럼 손해배상액을 산정하는 것은 운송물이 전부 멸실된 경우에

---

127) 위 규정은 「선적항 외」에서의 선장의 권한을 제한한다고 명시하고 있지는 아니하나 위 규정에 의해 제한되는 것은 선장의 선적항 외에서의 포괄적 대리권이라고 해석해야 한다. 왜냐하면 뒤에서 살펴보는 바와 같이 선장은 선적항에서는 특별히 위임을 받은 경우 외에는 해원의 고용과 해고를 할 권한만 가지므로 선장의 선적항에서의 권한은 특별히 위 규정에 의해 제한될 필요가 없기 때문이다.

128) 이러한 선장의 적하처분은 선장이 상법 제752조에 따라 적하이해관계인의 법정대리인으로서 적하를 처분하는 경우와는 구별된다. 이에 관한 상세는 107쪽 이하 참조.

129) 상법 제750조 제 1 항 제 3 호가 선박소유자에게 적하처분권을 부여하는 근거 규정이다.

130) 선장의 적하처분 권한이 제한되는 것은 선박소유자의 적하처분권이 제한적으로 인정되기 때문에 당연하다. 이처럼 선장은 원래부터 제한적 적하처분권만을 갖는 것이므로 엄밀히 말하면 특별히 상법 제750조 제 1 항 제 3 호에 의해 선장의 권한이 축소되었다고 볼 수 없다. 그러나 여기에서는 선장의 적하처분권의 제한을 선장의 포괄적 대리권에 대한 예외라고 설명해 온 전통적인 견해에 따르기로 한다.

131) 손, (하), 790쪽.

132) 이처럼 선박소유자의 손해배상액이 제한되는 것은 법정책임에 한한다. 만일 적하의 처분과 관련하여 선장에게 고의나 과실이 있다면 선박소유자는 불법행위책임으로서 적하이해관계인에게 모든 손해를 배상하여야 한다(손, (하), 790쪽).

133) 한편 선장의 적하처분행위시의 적하의 가격이 적하가 도달할 시기의 양륙항의 가격을 초과하는 경우에는 그 차액은 적하이해관계인에게 귀속된다(정(찬), (하), 826쪽; 정(동), (하), 774쪽).

정액배상원칙(309쪽 이하 참조)에 따라 운송인의 손해배상액을 산정하는 것과 대동소이하다.

　　d. 「항해의 계속에 필요한 비용을 지급하여야 할 경우」란 「항해에 필요한 경우」보다 좁은 의미로서 엄격히 해석해야 한다. 따라서 항해의 계속에 필요한 비용을 지급해야 할 경우란 이러한 비용을 지급하기 위하여 선박 또는 속구를 담보에 제공하거나 차재하는 것과 같은 신용행위를 하거나 적하를 처분하는 것 이외에는 다른 방법이 없는 경우를 말한다.134) 「항해의 계속에 필요한 비용」에는 도선료, 예선료, 선용품구입비 또는 선박압류를 해제하기 위한 소송비용 등이 포함된다.

　　(ㄴ) 대리권이 확장되는 경우 - 선박의 경매권 인정

　　a. 선적항 외에서 선장의 포괄적 권한이 인정되는 것은 이러한 권한이 선박의 항해를 위해 필요하기 때문이다. 따라서 선장은 원칙적으로 선박을 매각할 권한이 없다. 그러나 상법은 특별한 경우에 예외적으로 선장의 권한을 확장하여 선장에게 선박을 매각할 권한을 부여하였다. 선장이 선박을 매각하기 위해서는 첫째, 선박이 수선불능이어야 하고, 둘째, 해무관청의 인가를 받아야 하며, 셋째, 경매를 통해 매각하여야 한다(상 753조).

　　b. 선박의 수선불능에는 사실상의 불능과 경제적 불능이 있다. 선박이 수선불능인지의 여부는 구체적인 사안에 따라 개별적으로 결정할 사실판단의 문제이다.135) 그런데 상법은 주의적으로 선박의 수선불능으로 간주되는 경우를 규정하고 있다. 즉 선박이 그 현재지에서 수선을 받을 수 없으며 또 그 수선을 할 수 있는 곳으로 도달하기 불가능한 때(사실상의 불능)와 수선비가 선박의 가액의 4분의 3을 초과할 때(경제적 불능)에는 선박은 수선불능으로 본다(상 754조 1항). 전자의 사실상의 불능의 경우에는 지리적으로 불가능한 경우와 시간적으로 불가능한 경우를 포함한다.136) 후자의 경제적 불능의 경우에 기준이 되는 선박의 가액은 선박이 항해 중 훼손된 경우에는 그 발항한 때의 가액으로 하고 그 밖의 경우에는 훼손 전의 가액으로 한다. 수선비에는 구조비, 임시수리비, 회항비, 본수리비 등이 포함된다. 선박의 가액을 정하는 장소에 관하여는 아무런 규정이 없으나 선박이 항해 중 훼손된 경우에는 발항지의 가액을 표준으로 하고 그 밖의 경우에는 훼손지의 가액을 표준으로 해야 할 것이다.137)

---

134) 손, (하), 789쪽; 정(동), (하), 774쪽.
135) 정(동), (하), 774쪽.
136) 손, (하), 790쪽.

c. 상법은 선박소유자를 보호하기 위하여 선장이 경매하기 위해서는 반드시 해무관청의 인가를 받도록 규정하였다. 해무관청의 인가는 경매 전에 얻어야 한다고 해석된다. 사전에 해무관청의 인가를 얻지 아니한 경매는 무효이다.[138] 경매는 법원을 통한 경매 또는 사경매(私競賣)를 말한다.

다. 선적항에서의 대리권

(가) 선적항에서는 선장은 특히 위임을 받은 경우 외에는 해원의 고용과 해고를 할 권한만을 가진다(상 749조 2항). 선적항 내에서는 선박소유자나 그 대리인이 직접 사무를 처리하거나 선장을 지휘하여 처리할 수 있기 때문에 선장의 대리권을 최소한도로 한 것이다. 해원의 적부는 선장이 가장 잘 알 수 있으므로 선적항에서도 선장에게 해원이 고용과 해고에 관한 대리권은 인정하고 있다.[139]

(나) 한편 선적항에서 선박소유자의 특별한 위임이 없어도 선장이 운송물의 인도, 운송물의 수령, 운임 그 밖의 체당금 등의 수령, 운송물의 유치(상 807조), 운송물의 공탁(상 803조), 운송물의 경매(상 808조), 또는 선하증권의 발행행위 등을 할 수 있다는 견해가 있다.[140] 그러나 앞서 본 바와 같이 선적항에서는 선박소유자 또는 그 대리인이 직접 이러한 사무를 처리하거나 선장에게 지시를 할 수 있으므로 상법의 명문의 규정에 어긋하게 해석할 필요가 없다고 본다.[141]

2) 선박소유자를 위하여 사실행위를 할 권한

가. 적하를 처분할 수 있는 권한

앞서 본 바와 같이 선장은 선박소유자의 대리인으로서 「선박수선료·해난구조료, 그 밖에 항해의 계속에 필요한 비용을 지급하여야 할 경우」에 적하를 매각하거나 입질하는 등의 법률행위로 적하를 처분할 수 있다. 이 점과 관련하여 선장이 적하 자체를 항해에 사용하는 사실행위(예컨대 적하를 연료로 사용하는 등의 행위)를

---

137) 손, (하), 791쪽.

138) 田中, 200頁.

139) 정(동), (하) 772쪽.

140) 손, (하), 788쪽. 한편 정(동), (하), 773쪽은 이러한 행위 중 선하증권 발행행위만은 선박소유자의 위임이 있어야 할 수 있다고 한다.

141) 동지: 정(찬), (하), 825쪽. 참고로 일본에서도 선장은 선적항에서 선박소유자의 특별한 위임이 없어도 선하증권을 발행할 수 있다고 보나(田中, 201頁), 이는 일본 상법이 선하증권의 발행은 당연히 선장의 권한으로 규정하고 있기 때문이다(동 법 769조). 이에 반해 우리 상법은 선하증권은 운송인이 발행하는 것이 원칙이고 선장은 운송인의 위임에 따라 선하증권을 발행할 수 있다고 규정하고 있으므로(상 852조), 선장의 선적항에서의 권한을 일본 상법에서와 같이 해석하는 것은 적절하지 아니하다.

할 권한이 있는가 하는 점이 문제가 된다. 상법 제750조 제 1 항은 「항해의 계속에 필요한 비용을 지급하여야 할 경우」에 적하를 처분할 수 있다고 규정하는데 항해의 계속에 필요한 비용을 지급하기 위하여 적하를 항해에 사용한다는 것은 논리적으로 맞지 아니한다. 따라서 위 규정의 문언을 엄격히 해석하면 적하를 항해에 사용할 수 없다고 보아야 한다.[142] 그러나 이 점에 관하여 통설은 상세한 논의 없이 선장의 적하사용권을 인정한다.[143] 생각건대 비록 우리 상법에 일본 상법 제719조와 같은 규정이 없으나 상법 제750조 제 1 항의 취지에 비추어 볼 때 위 규정을 유추 적용하여 항해의 계속에 필요한 경우에는 선장이 적하를 항해에 사용할 수 있다고 하는 것이 타당하다고 본다. 따라서 결론에 있어서는 통설에 찬성한다. 이처럼 선장이 선박소유자를 위하여 적하를 사용한 경우에 선박소유자가 부담하는 손해배상책임에는 선장이 법률행위로서 적하를 처분한 경우에 관한 상법 제750조 제 2 항이 유추 적용된다고 본다.

나. 위험물 처분권

(개) **의   의**   송하인은 인화성·폭발성 그 밖의 위험성이 있는 운송물의 운송을 의뢰할 때에는 운송인에게 위험물임을 고지하여야 한다(송하인의 위험물 고지의무에 관하여는 349쪽 이하 참조). 이처럼 송하인으로부터 위험물임을 고지 받아 운송인이 위험물의 성질을 알고 선적한 경우에도 운송인은 그 위험물이 선박이나 다른 운송물에 위해를 미칠 위험이 있는 때에는 이를 양륙하거나 파괴하거나 또는 무해조치를 할 수 있다(상 801조 1항).[144] 위 규정의 해석상 송하인이 위험물인 사실을 고지하지 아니하여 운송인이 위험물의 성질을 알지 못하고 선적한 경우에도 운송인이 위와 같은 처분을 할 수 있는 것은 물론이다.[145] 이처럼 운송인이 위험물 처분권을 가지는 경우 선장은 운송인을 위하여 위험물의 양륙이나 파괴 그 밖의 무해조치를 할 수 있는 권한을 가진다.[146] 여기에서 위험성이 있는 운송물이란

---

142) 일본 상법은 별도의 규정을 두어 선장이 항해의 계속을 위하여 필요한 경우에는 적하를 항해에 사용할 수 있다고 규정한다(동 법 719조). 우리 상법이 이와 같은 규정을 두지 않은 것은 입법상의 불비라고 생각된다.

143) 손, (하), 789쪽; 정(동), (하), 826쪽; 정(찬), (하), 801쪽; 배, 156쪽; 서·정, (하), 571쪽 등.

144) 이는 헤이그 비스비규칙 제 4 조 제 6 항을 수용한 것이다.

145) 헤이그 비스비규칙 제 4 조 제 6 항은 이러한 경우에는 위험물이 선박이나 다른 운송물에 위해를 미칠 염려가 있는지의 여부를 묻지 아니하고 운송인이 위와 같은 처분을 할 수 있다고 규정한다. 명문의 규정이 없는 우리 상법상으로는 이러한 경우에도 위험물이 선박이나 다른 운송물에 위해를 염려가 있어야 한다고 해석된다.

146) 위험물 처분에 관한 상법 제801조는 항해용선계약에도 준용된다(상 841조 1 항).

물리적으로 위험한 물건을 말하고 법률적으로 선박이나 다른 운송물에 위해를 미칠 위험이 있는 운송물(예컨대 전시금제품)을 포함하지 않는다.[147] 후자의 운송물은 아래에서 살펴보는 위법선적물로서의 처분대상이 된다.

(나) **위험물 처분의 효과**　　선장의 위험물 처분으로 인하여 그 운송물에 발생한 손해에 대하여는 운송인은 적하이해관계인에게 아무런 손해배상책임을 부담하지 아니한다(상 801조 2항). 다만 운송인은 선장의 공동해손처분(상 865조)으로 인하여 운송인이 부담하는 공동해손분담책임은 면하지 못한다(상 801조 2항, 공동해손에 관하여는 520쪽 이하 참조). 여기에서 말하는 공동해손처분이란 위험물로 인하여 선박과 운송물에 공동위험이 생긴 경우의 처분이 아니라 다른 원인에 의하여 선박과 운송물에 공동위험이 생긴 경우의 처분을 말한다. 이는 당연한 것이나 상법은 주의적으로 헤이그 비스비규칙에 따라서 위와 같이 규정하였다.[148]

다. 위법선적물 처분권

운송인은 법령 또는 계약을 위반하여 선적된 운송물은 언제든지 이를 양륙할 수 있고, 그 운송물이 선박 또는 다른 운송물에 위해를 미칠 염려가 있는 때에는 이를 포기할 수 있다(상 800조 1항). 여기서 포기란 운송물을 선박 밖으로 옮겨 폐기한다는 의미이다.[149] 선장은 운송인을 위하여 위와 같이 위법선적물을 처분할 권한을 갖는다.[150] 우리 상법은 아무런 규정을 두고 있지 않으나 운송인은 선장의 위법선적물 처분으로 인하여 그 운송물에 발생한 손해에 대하여 적하이해관계인에게 손해배상책임을 지지 아니한다고 본다.

3) 적하이해관계인의 대리인 또는 대표자로서의 권한

가. 총 설

선장은 원래 적하이해관계인과는 법률상 아무런 관계가 없다. 그러나 항해 중 적하에 위험이 생긴 때에는 적하이해관계인을 위하여 적하에 대하여 임기응변의 조치를 취할 필요가 있기 때문에 상법은 선장에게 적하이해관계인을 위해 적하를 처분할 권한을 인정하였다. 뒤에서 살펴보는 바와 같이 선장의 적하처분행위는 법

---

147) 손, (하), 792쪽; 정(동), (하), 775-776쪽.
148) 헤이그 비스비규칙을 국내 입법화한 일본 국제해상물품운송법은 제11조에서 헤이그 비스비규칙 제4조 제6항을 수용하여 선장의 위험물처분권에 관하여 규정하면서 운송인이 공동해손분담책임을 면하지 못한다는 부분은 규정에서 제외하였다. 그 이유는 이러한 규정이 없어도 해석상 당연하기 때문이다(戶田, 237頁).
149) 주석해상, 355쪽.
150) 위법선적물의 처분에 관한 위 상법 제800조는 항해용선계약에도 준용된다(상 841조 1항).

률행위뿐만 아니라 사실행위도 포함한다. 선장의 적하처분행위가 법률행위인 경우 선장이 적하이해관계인을 대리하여 적하를 처분할 권한은 법정대리권으로 보는 것이 통설이다.[151]

연혁적으로 중세시대에는 화주나 그 대리인이 승선하여 화물을 관리하였으나 점차 그러한 관행이 폐지되면서 선장에게 적하이해관계인을 위한 법정대리인으로서의 지위를 부여하게 된 것이다. 선장은 적하이해관계인의 법정대리인으로서 권리뿐만 아니라 의무도 부담한다.

나. 적하처분권의 의의

선장이 항해 중에 적하를 처분하는 경우에는 이해관계인의 이익을 위하여 가장 적당한 방법으로 하여야 한다(상 752조 1항). 상법은 선장의 적하처분권을 직접적으로 규정하지 아니하고 선장이 적하를 처분하는 경우의 선장의 의무를 규정하고 있다. 그러나 이 규정이 선장의 적하처분권을 전제로 하고 있다는 점에는 이론이 없다.

선장이 적하를 처분을 하는 경우는 항해 중의 사고나 그 밖의 원인으로 인하여 적하에 위험이 생긴 때이다(예컨대 해양사고로 인한 적하의 침수, 항해의 지연으로 인한 적하의 부패, 전시 중 적하가 전시금제품으로 된 때 등).[152] 여기서 「항해 중」이란 선박이 출항해서 양륙항에 도착할 때까지가 아니라 화물이 선장의 관리 하에 있게 된 때로부터 수하인에게 인도된 때까지를 말한다.[153] 한편 적하의 「처분」은 매각 등의 법률상의 처분과 양륙, 투기 등의 사실상의 처분을 포함한다.[154] 또한 적하에 관한 구조계약의 체결도 적하의 처분에 포함된다고 본다. 「적하이해관계인」이란 송하인, 수하인, 선하증권 소지인 또는 적하의 소유자 등 적하에 대하여 법률상 이해관계를 가지는 자를 말한다.

항해 중 적하에 위험이 발생하는 경우 당시의 상황에 비추어 볼 때 적하를 처분을 하는 것이 적하이해관계인에게 유리하다면 선장은 적하를 처분할 의무를 부담한다. 또한 적하를 처분하는 경우에 선장은 적하이해관계인의 이익을 위하여 가장 적당한 방법을 택할 의무도 부담한다. 이처럼 선장의 적하처분권은 권한인 동시에 의무이기도 하다. 어떠한 처분이 가장 적당한지의 여부는 사실인정의 문제이

---

151) 정(동), (하), 774쪽; 정(찬), (하), 827쪽; 손, (하), 791쪽.
152) 정(동), (하), 775쪽; 손, (하), 791쪽.
153) 손, (하), 791쪽;
154) 정(동), (하), 775쪽; 손, (하), 791쪽.

다.[155]

다. 적하처분의 효과

선장은 적하이해관계인의 법정대리인으로서 적하를 처분하는 것이므로 선장의 적하처분은 법률행위이건 사실행위이건 그 효과는 적하이해관계인에게 귀속한다.[156]

선장에게 이러한 법정대리권을 부여하는 것은 적하이해관계인의 이익을 위한 것이므로 선장의 적하처분의 결과 적하이해관계인이 적하의 가액보다 더 큰 채무를 부담하는 것은 부당하다. 따라서 적하이해관계인은 과실이 없는 한 선장의 적하처분으로 인한 채무에 대하여 적하의 가액을 한도로 책임을 부담한다(상 752조 2항 본문). 적하이해관계인에게 인적책임제한을 인정한 것이다. 적하이해관계인에게 과실이 있는 경우에는 채무전액에 대하여 책임을 부담한다(동 항 단서).

선장이 적하이해관계인의 이익을 위하여 가장 적당한 방법으로 적하를 처분할 의무에 위반한 경우에는 선장은 적하이해관계인의 법정대리인으로서의 의무에 위반한 것이므로 적하이해관계인에 대하여 손해배상책임을 진다. 우리 상법은 이에 관하여 아무런 규정을 두고 있지 아니하나 해석상 당연한 것이다.[157] 한편 이 경우 선박소유자도 적하이해관계인에 대하여 손해배상책임을 부담하는가 하는 점이 문제가 된다. 이에 관하여는 긍정하는 견해가 있다.[158] 그러나 선장은 선박소유자의 대리인(또는 이행보조자)으로서 선박소유자가 적하이해관계인에 대하여 부담하는 주의의무를 이행하기 위하여 적하를 처분한 것이 아니라 적하이해관계인의 법정대리인으로서 적하이해관계인의 이익을 위하여 적하를 처분한 것이므로 선박소유자가 선장의 적하처분행위에 대해 손해배상책임을 부담하는 것은 부당하다고 생각된다. 따라서 선박소유자는 부적절한 선장의 적하처분에 대하여 적하이해관계인에게 손해배상책임을 부담하지 아니한다고 본다.[159]

---

155) 손, (하), 791쪽.

156) 정(동), (하), 775쪽: 정(찬), (하), 827쪽; 손, (하), 791쪽.

157) 정(동), (하), 775쪽은 선장이 적하이해관계인에 대하여 책임을 부담하는 근거로 상법 제750조 제 2 항을 들고 있으나 이 규정은 선장이 선박소유자의 대리인으로서 적하를 처분한 경우에 관한 규정이므로 선장이 적하이해관계인에 대하여 책임을 부담하는 근거가 되기에 적절하지 아니하다고 본다.

158) 정(동), (하), 775쪽; 손, (하), 791쪽 등.

159) 앞서 본 긍정설은 그 근거로 상법 제769조(1991년 상법 제746조)를 든다. 그러나 위 규정은 선박소유자의 책임의 발생원인에 관한 것이 아니라 다른 근거에 의해 발생한 책임의 「제한」에 관한 규정이므로 선박소유자가 적하이해관계인에 대하여 손해배상책임을 부담하는 근거가 될 수 없

4) 여객의 상속인의 대리인 또는 대표자로서의 권한

여객운송에 있어서 여객이 사망한 때에는 선장은 그 상속인에게 가장 이익이 되는 방법으로 사망자가 휴대한 수하물을 처분하여야 한다(상 824조). 상법은 선장의 수하물 처분의무에 관하여 규정하고 있으나 이러한 의무를 이행하기 위하여 선장은 수하물 처분권을 갖는다.160) 선장의 처분은 법률행위와 사실행위를 포함한다. 어떠한 처분이 가장 적당한지의 여부는 사실인정의 문제이다.

5) 구조료채무자의 대리인으로서의 권한

가. 해난구조가 있는 경우 구조된 선박의 선장은 구조료를 지급할 채무자에 갈음하여 그 지급에 관한 재판상 또는 재판 외의 모든 행위를 할 권한이 있다(상 894조 1항). 구조료를 지급할 채무자란 구조된 선박의 소유자 또는 적하 등 재산의 권리자를 말한다(상 886조). 선장은 구조료채무자의 법정대리인으로서 그 채무자를 위하여 재판상 또는 재판 외의 모든 행위를 할 권한을 갖는다. 이 규정은 구조료채무자가 다수인 경우에 이들의 법정대리인인 선장을 통하여 해난구조로 인한 법률관계를 신속·원활하게 종결할 수 있게 함으로써 구조료채권자를 보호하기 위한 것이다.

나. 구조료채무자가 선박소유자인 경우에 선장은 선적항에서도 구조료의 지급에 관하여 선박소유자를 대리할 권한을 갖는다. 한편 앞서 본 바와 같이 선장은 선적항 외에서 항해를 위하여 필요한 재판상 또는 재판 외의 모든 행위를 할 포괄적 대리권이 있기 때문에 선적항 외에서 구조료의 지급이 항해를 위하여 필요한 경우에는 위 규정이 불필요하다고 할 수 있으나, 구조료의 지급이 항해를 위하여 필요한지의 여부가 명확하지 않은 경우 등에는 위 규정이 실익이 있다.

다. 이처럼 선장에게 구조료채무자를 위하여 재판상의 행위를 할 수 있는 대리권한이 있다고 하더라도 구조료채무자를 알 수 없는 경우(예컨대 선하증권 소지인을 알지 못하는 경우) 등에 구조료채권자가 구조료채무자를 일일이 확인하여 이들을 소송당사자로 하여 소송을 제기하는 것이 상당히 곤란한 경우가 많다. 이러한 경우에 구조료채권자를 보호하기 위하여 우리 상법은 선장이 그 구조료에 관한 소송의 당사자가 될 수 있고 그 확정판결은 구조료채무자에 대하여도 효력이 있다고

다고 본다.
160) 동지: 정(찬), (하), 828쪽.

규정하고 있다(상 894조 2항). 선장이 구조료채무자에 갈음하여 소송당사자가 되는 것은 민사소송법상의 제 3 자의 소송담당에 해당한다.[161]

(3) 선장의 사법상의 의무와 책임

1) 선박소유자에 대한 의무와 책임

가. 선장의 의무

㈎ **중요사항 보고의무**   선장은 항해에 관한 중요한 사항을 지체 없이 선박소유자에게 보고하여야 한다(상 755조 1항). 중요한 사항은 선박충돌이나 좌초 등의 해양사고, 포획, 선내에서의 출생 또는 사망 등을 말한다.[162]

㈏ **계산서승인을 받을 의무**   선장은 매 항해를 종료한 때에는 그 항해에 관한 계산서를 지체 없이 선박소유자에게 제출하여 그 승인을 얻어야 한다(상 755조 2항).

㈐ **선박소유자의 청구에 따른 보고의무**   선장은 선박소유자의 청구가 있을 때에는 언제든지 항해에 관한 사항과 계산의 보고를 하여야 한다(상 755조 3항). 선장은 선박소유자의 청구가 있으면 중요한 사항인지의 여부를 묻지 아니하고 항해에 관한 모든 사항을 선박소유자에게 보고하여야 하고, 항해가 종료하지 아니하였더라도 선박소유자가 청구할 때까지의 항해에 관한 계산을 보고하여야 한다.

나. 선장의 책임

선장은 선박소유자의 대리인 또는 대표자로서 선량한 관리자의 주의의무로써 직무를 집행하여야 한다(민 681조). 선장이 직무집행에 관하여 이러한 선량한 관리자의 주의의무에 위반한 경우에는 그로 인하여 선박소유자가 입은 손해를 배상할 책임을 진다. 다만 선장은 신의칙상 상당하다고 인정되는 범위 내에서만 손해배상책임을 진다고 본다.[163] 한편 유류오염손해배상보장법상 유류오염손해를 배상한

---

161) 이(시), (민소), 147쪽.

162) 정(동), (하), 776쪽.

163) 대법원 1994. 12. 13. 94다17246 판결; 대법원 1987. 9. 8. 86다카1045 판결(사용자가 피용자의 업무집행으로 행해진 불법행위로 인하여 직접 손해를 입었거나 또는 사용자로서의 손해배상책임을 부담한 결과로 손해를 입게 된 경우에는 사용자는 그 사업의 성격과 규모, 사업시설의 상황, 피용자의 업무내용, 근로조건이나 근무태도, 가해행위의 상황, 가해행위의 예방이나 손실의 분산에 관한 사용자의 배려정도 등의 제반사정에 비추어 손해의 공평한 분담이라는 견지에서 신의칙상 상당하다고 인정되는 한도 내에서만 피용자에 대하여 위와 같은 손해의 배상이나 구상권을 행사할 수 있다). 위 대법원 판결은 피용자의 불법행위책임에 관한 것이나 고용계약 위반으로 인한 손해배상청구에도 유추 적용될 수 있다고 본다.

선박소유자는 사고와 관련된 제 3 자에 대하여 구상권을 행사할 수 있는데 선박소유자의 선장에 대한 구상권의 행사는 그 손해가 선장의 고의로 인하여 발생한 경우 또는 손해발생의 염려가 있음을 인식하면서 무모하게 한 작위 또는 부작위로 인하여 발생한 경우에 한한다(동 법 5조 6항).

2) 그 밖의 자에 대한 의무와 책임

선장이 법률의 규정에 의하여 적하이해관계인, 여객의 상속인 및 구조료채무자를 위하여 법률행위 또는 사실행위를 할 권한을 갖는 경우에도 선장은 선량한 관리자의 주의의무로써 직무를 수행하여야 한다. 선장이 이러한 주의의무에 위반한 경우에는 적하이해관계인 등이 그로 인하여 입은 손해를 배상할 책임을 진다.[164]

한편 선장은 선박소유자에 갈음하여 해원을 선임하고 해원의 직무를 감독하는 자이므로 해원들이 직무집행에 관하여 제 3 자에게 손해를 입히는 경우 선장은 해원의 선임이나 직무감독에 상당한 주의를 한 때 또는 상당한 주의를 하여도 손해가 있을 경우를 제외하고는 제 3 자에 대하여 손해배상책임을 진다(민 756조 2항).

제 3. 해   원

1. 의   의

선원법상 선원이란 임금을 받을 목적으로 선박 안에서 근로를 제공하기 위하여 고용된 자로서 선장, 해원 및 예비원을 말한다(동 법 2조 1호). 이 중 해원이란 선박 안에서 근무하는 선원 중에서 선장을 제외한 나머지 선원을 말한다(동 조 4호). 한편 예비원이란 선원 중에서 승선근무를 하지 아니하는 자를 말하는데 예비원이 승선근무를 하게 되면 선장이나 해원이 된다. 우리 상법에서 말하는 선원은 선원법상의 선원 중 예비원을 제외하고 승선근무를 하는 선장과 해원을 말한다(상 794조, 795조 등 참조).

해원은 직원과 부원으로 구분되는데 직원은 항해사, 기관장, 기관사, 통신장, 통신사, 운항사, 그 밖에 대통령령이 정하는 해원을 말하고(선원법 3조 5호), 부원은

---

164) 선장이 적하이해관계인을 위하여 적하를 처분한 경우에서와 마찬가지로 이러한 경우에는 선박소유자는 적하이해관계인 등에게 손해배상책임을 부담하지 아니한다고 본다.

직원이 아닌 해원을 말한다(동조 6호). 선박직원이 되고자 하는 자는 해양수산부장관의 해기사면허를 받아야 한다(선박직원법 4조 1항).

해원에 관한 법규로는 육상 근로자에 관한 근로기준법의 특별법으로서 해원과 선박소유자 사이의 고용관계에 관하여 적용되는 선원법이 있고, 항해의 안전을 확보하기 위하여 선박직원의 자격 및 그에 대한 감독에 관하여 규정하고 있는 선박직원법과 해양사고의 조사 및 심판에 관한 법률 등이 있다.

2. 해원의 사법상의 지위

(1) 대내관계

해원은 선박소유자 또는 그 대리인인 선장이 선임한다. 해원과 선박소유자의 관계는 고용관계일 뿐 위임관계를 수반하지 아니한다. 따라서 선장과는 달리 해원은 선박소유자의 단순한 피용자의 지위를 가질 뿐이고 선박소유자를 위하여 법률행위를 대리할 권한이 없다. 해원은 선박의 운항이나 화물의 수령, 선적, 적부, 운송, 보관, 양륙, 인도 등의 사실행위에 관하여 선박소유자를 보조한다.

(2) 대외관계

해원이 그 직무집행에 관한 위법한 행위로 제 3 자에게 손해를 입히는 경우에 선박소유자는 해원의 사용자로서 해원의 선임이나 직무감독에 상당한 주의를 한 때 또는 상당한 주의를 하여도 손해가 있을 경우를 제외하고는 제 3 자에 대하여 손해배상책임을 진다(민 756조 1항). 해원에 대해서 손해배상이 청구된 때에는 해원은 선박소유자와 마찬가지로 책임을 제한할 수 있다(상 774조 1항 3호).

제 4. 선박사용인

1. 총 설

(1) 선박사용인의 의의

선박사용인이란 좁은 의미로는 임금을 받을 목적으로 선박 안에서 근로에 종사하기 위하여 선박소유자에 의해 임시로 고용된 자를 말한다.[165] 즉 선박사용인

은 선장이나 해원과는 달리 계속적으로 일정한 선박 안에서 근로에 종사하는 것
이 아니라 수시로 선박소유자가 운항하는 선박 안에서 근로에 종사하는 자이다.
도선사, 예선업자, 부선업자, 하역업자, 그 밖에 선적·양륙·계선·이선 등의 작
업에 종사하는 자가 이에 해당할 수 있다.166) 이들과 선박소유자의 관계가 고용계
약관계가 아닌 경우에는 이들은 선박사용인이 아니라 독립적 계약자가 된다.167)
이러한 독립적 계약자에 관하여는 뒤에서 살펴보기로 한다(118쪽 이하 참조).

한편 넓은 의미의 선박사용인은 선장과 해원을 포함하나 상법상의 선박사용
인은 좁은 의미의 선박사용인을 말한다(상 794조, 795조 참조).

(2) 선박사용인의 사법상의 지위

1) 선박소유자와의 관계

앞서 본 바와 같이 선박사용인은 선박소유자의 피용자로서 선박사용인은 선
박소유자, 그 대리인인 선장 또는 선박소유자의 대리상(대리점)에 의해 고용된다.
따라서 선박사용인과 선박소유자 사이의 관계는 고용계약의 내용에 의해 정해진
다. 선박사용인은 해원과 마찬가지로 선박소유자의 단순한 피용자의 지위를 가질
뿐이고 선박소유자를 위하여 법률행위를 대리할 권한이 없다. 선박사용인은 선박
소유자 또는 그 대표자인 선장이 지시하는 바에 따라 사실행위에 관하여 선박소
유자를 보조한다.

2) 제 3 자에 대한 관계

가. 선박사용인이 그 직무집행에 관한 위법한 행위로 제 3 자에게 손해를 입히
는 경우 선박소유자는 선박사용인의의 사용자로서 선박사용인의 선임이나 직무감
독에 상당한 주의를 한 때 또는 상당한 주의를 하여도 손해가 있을 경우를 제외하
고는 제 3 자에 대하여 손해배상책임을 진다(민 756조 1항). 선박사용인에 대해서 손
해배상이 청구된 때에는 선박사용인은 선박소유자와 마찬가지로 책임을 제한할
수 있다(상 774조 1항 3호).

나. 선박사용인의 고의나 과실로 운송물의 멸실, 훼손 또는 연착이 생긴 경우

---

165) 동지: 정(동), (하), 778쪽; 정(찬), (하), 829쪽.
166) 정(동), (하), 778쪽; 정(찬), (하), 829쪽.
167) 실무에서는 예선업자, 부선업자 및 하역업자의 경우 선박사용인이 아니라 독립적 계약자가 되
   는 경우가 많다.

선박사용인은 적하이해관계인에 대하여 손해배상책임을 진다. 이 경우 그 손해가 선박사용인의 고의 또는 운송물의 멸실, 훼손 또는 연착이 생길 염려가 있음을 인식하면서 무모하게 한 작위 또는 부작위로 인하여 생긴 것이 아닌 한 선박사용인은 운송인이 주장할 수 있는 항변과 책임제한을 원용할 수 있다(상 798조 2항). 이에 관하여는 뒤에서 상세히 살펴보기로 한다(119쪽 이하 참조).

2. 도선사(導船士, pilot)

(1) 총   설

1) 의   의

도선사란 특정 지역의 수로에 관한 지식을 가지고 선박을 안전한 수로로 안내할 목적으로 임시로 특별히 승선하는 사람을 말한다(도선법 2조 1호 및 2호 참조). 도선사는 특정 선박 안에서 계속적으로 근로를 제공하지 않는다는 점에서 선장 등의 선원과 다르다. 한편 조선소에서 건조 또는 수리한 선박이 조선소에 입·출항할 때 그 선박에 승선하여 선장에 대한 보조업무 등을 담당하는 선거장(船渠長, dock master)은 도선사와 유사한 업무를 수행하기는 하나 조선소의 피용자로서 아래에서 보는 것과 같은 도선법에서 정한 면허를 얻지 아니한 사람이므로 상법상의 도선사는 아니다.[168]

선박의 안전한 항행을 확보하기 위하여 도선사의 자격은 엄격히 제한된다. 즉 도선사가 되고자 하는 사람은 해양수산부장관의 면허를 얻어야 한다(도선법 4조 1항). 도선사 면허는 1종 및 2종으로 구분하여 도선구별로 발행된다(동 조 2항).[169] 또

---

[168] 조선소 운항관리자의 과실로 인하여 선박이 손해를 입은 경우에 조선소는 선박소유자에 대하여 조선소 운항관리자의 사용자로서 사용자책임을 부담한다(대법원 1992. 10. 27. 91다37140 판결). 한편 조선소 운항관리자의 과실로 인하여 제 3 자에게 손해가 발생한 경우 조선소 운항관리자와 조선소가 제 3 자에 대하여 손해배상책임을 지는 것은 당연하나, 선박소유자도 제 3 자에 대하여 사용자책임을 부담하여야 하는가 하는 점이 문제가 된다. 앞서 본 대법원 판결은「선박에 승선하여 도선하는 선거장은 선박운항에 관한 선장의 지휘에 따라야 하는 한편 선박의 조선에 관하여는 선장에게 조언하고 서로의 의견을 교환하여 안전운항을 도모하여야 하는 지위 즉 선장에 대한 협력자로서의 지위를 아울러 갖는다」고 판시한 하급심의 판결을 인용하였다. 이에 비추어 보면 선박소유자는 그 대리인(및 피용자)인 선장을 통하여 선거장에 대한 지휘감독권이 있으므로 선거장의 과실로 인하여 손해를 입은 제 3 자에 대하여 사용자책임을 부담한다고 해석된다. 김(인), (해), 128쪽은 이와 다른 견해를 취하나 이는 의문이다.

[169] 도선법 제 5 조의 요건(총톤수 6천톤 이상의 선박의 선장으로서 5년 이상 승무한 경력이 있을 것, 도선수습생전형시험에 합격하여 도선수습생으로서 실무수습을 하였을 것, 도선사시험에 합격하였을 것, 신체검사에 합격하였을 것)을 갖춘 자에게 제 2 종 도선사 면허가 발급되며(도선법

한 도선사의 면허에 대하여도 엄격한 감독이 이루어져서, 도선사가 고의나 과실로 해양사고를 발생시킨 때에는 해양안전심판원은 재결로써 도선사의 면허를 취소하거나 도선사의 업무를 정지할 수 있다(해양사고의 조사 및 심판에 관한 법률 5조 2항, 6조 1항). 한편 도선법은 사고 발생의 위험이 높은 해역을 강제도선구로 지정하여 일정 크기 이상의 선박에는 원칙적으로 도선사의 승선을 의무화하고 있다(동법 20조 1항).[170]

2) 도선사협회

도선사협회는 도선사의 복지향상, 도선장비의 개량 및 도선업무의 발전 등을 위하여 설립된 단체로서 민법상의 사단법인이다.[171] 도선사협회에의 가입은 강제되어 있지 아니하므로 도선사협회는 임의단체이다.[172] 도선사는 도선사협회의 피용자가 아니므로 도선사는 도선업무에 관하여 도선사협회의 지휘·감독을 받지 아니한다. 따라서 도선사협회는 도선사의 불법행위에 대하여 사용자책임을 지지 아니한다.[173]

(2) 도선사의 사법상의 지위

1) 선박소유자에 대한 관계

도선사는 도선업을 영위하는 독립된 상인으로서 선박소유자의 대리인인 선장에 의해 임시로 고용되는 선박사용인이라는 것이 통설이다.[174] 따라서 앞서 본 선박사용인에 관한 논의가 그대로 도선사에게 적용된다.

이처럼 도선사와 선박소유자와의 사이에 체결되는 도선계약은 고용계약의 일종이고, 도선사와 선박소유자와의 관계는 도선계약의 내용에 따라 정해진다. 도선

시행령 1 조의2 2 호), 제 2 종 도선사로서 3년 이상 도선업무에 종사한 자에게 제 1 종 도선사 면허가 발급된다(동조 1 호). 제 1 종 도선사는 모든 선박을 도선할 수 있으며 제 2 종 도선사는 도선경력이 1년 미만인 경우에는 총톤수 3만톤 이하의 선박, 도선경력이 1년 이상 2년 미만인 경우에는 4만톤 이하의 선박, 도선경력이 2년 이상인 경우에는 5만톤 이하의 선박만을 도선할 수 있다(도선법 시행령 1 조의3 1 항).

170) 현재 강제도선구로 지정되어 있는 해역은 인천항, 대산항, 군산항, 목포항, 여수항, 마산항, 부산항, 울산항, 포항항, 동해항, 평택·당진항 도선구 중의 일부이다(도선법 시행규칙 18조 1 항 및 별표 4(2013. 3. 24. 개정) 참조).

171) 도선법 부칙(1999. 2. 8 제5917호) 제 2 항 참조. 구 도선법에는 도선사협회의 근거 규정이 있었으나 1999년 2월 8일 개정시에 위 규정이 삭제되었다.

172) 그러나 실무에서는 거의 예외 없이 모든 도선사가 도선사협회에 가입하고 있다.

173) 송·김, 495쪽.

174) 정(동), (하), 779쪽; 정(찬), (하), 830쪽.

사는 도선료 등에 관하여 도선약관을 작성하여야 한다(도선법 36조 1항).[175] 도선약
관에는 도선료에 관한 사항뿐만 아니라 도선사의 책임면제에 관한 내용이 포함되
어 있다. 즉 도선약관은 도선사는 자신의 고의 또는 중대한 과실로 인한 사고 이
외의 사고에 대하여 선박소유자에게 손해배상책임을 부담하지 아니한다고 규정한
다(도선약관 16조 1항 및 3항).

2) 제 3 자에 대한 관계

가. 선박소유자의 사용자책임 여부

도선사가 직무를 수행하다가 고의나 과실로 제 3 자에게 손해를 입힌 경우 도
선사가 제 3 자에게 불법행위책임을 지는 것은 당연하다. 한편 선박소유자가 도선
사의 사용자로서 사용자책임을 져야 하는가 하는 점과 관련하여 임의도선의 경우
에는 선박소유자가 사용자책임을 진다는 점에 이론이 없다. 그러나 강제도선의 경
우에는 선박소유자가 임의로 도선사를 선임한 것이 아니라 법에 의해 강제되어
부득이 하게 선임한 것이므로 다소 의문이 있을 수 있다.[176] 우리나라에서는 선박
소유자가 사용자책임을 진다고 하는 견해가 통설이다.[177] 생각건대 우리 법상 강
제도선의 경우에도 여전히 도선사는 선박의 운항에 관한 선장의 조력자에 불과하
고 도선사는 선장의 지휘·감독을 받으므로[178] 도선사의 제 3 자에 대한 불법행위
에 대하여 선박소유자가 사용자책임을 진다고 하는 통설이 타당하다고 본다. 다만
통설에 의하더라도 선박소유자는 도선사의 선임 및 감독에 상당한 주의를 하였거
나 상당한 주의를 하였어도 손해가 있었을 것이라는 점을 증명하는 경우에는 손
해배상책임을 면할 수 있다(민 756조 1항).

---

175) 실무에서는 도선사협회가 도선약관을 제정하여 도선사들로 하여금 이를 사용하게 하고 있다.
176) 이 점에 관하여 각 국의 입장이 통일되어 있지 아니하다. 대체로 독일과 미국에서는 선박소유자
   의 사용자책임을 부정하는 입장이고 프랑스나 영국에서는 선박소유자의 사용자책임을 인정하
   는 입장이다(田中, 217-218頁). 이처럼 각 국의 입장이 상이한 것은 강제도선의 경우 도선사가 선
   박에 대한 지휘권을 취득하고 선장이나 다른 선원들은 도선사의 지휘에 따라야 하는가 아니면
   강제도선의 경우에도 여전히 선장이 선박에 대한 항해 지휘권을 가지고 도선사는 선장의 조력
   자에 불과한가 하는 점에 관하여 각 국의 입장이 상이하기 때문이다(藤崎, 113頁). 한편 미국에
   서는 강제도선의 경우 선박소유자의 대인책임(liability in personam)은 부정되나 선박의 대물책임
   (liability in rem)은 긍정된다고 한다(Schoenbaum, Admiralty, p. 769).
177) 서·정, (하), 561쪽; 정(동), (하), 779쪽; 채, (하), 702쪽 등.
178) 도선법은 도선사가 선박을 도선하는 경우에도 그 선박의 안전을 위한 선장의 책임은 면제되지
   아니하고 그 권한을 침해받지 아니한다고 규정하는데(도선법 18조 5항), 여기서의 도선사란 강
   제도선의 경우의 도선사를 포함한다고 해석된다.

나. 선박충돌의 경우의 특칙

상법은 선박충돌에 관하여 특별한 규정을 두고 있다. 즉 상법은 선박충돌이 도선사의 과실로 인하여 발생한 경우에 선박소유자는 그로 인한 손해를 배상할 책임을 진다고 명시적으로 규정하였다(상 880조). 여기에서의 도선사는 강제도선의 경우의 도선사를 포함한다고 해석된다. 또한 선박충돌에 관한 상법 규정은 민법상의 불법행위에 관한 특별규정이므로 선박충돌이 도선사의 과실로 인하여 발생한 경우에는 도선사의 선임 및 감독에 관한 주의의무 위반 여부를 묻지 아니하고 선박소유자가 손해배상책임을 부담한다(선박충돌에 관한 상세는 539쪽 이하 참조).

다. 유류오염사고의 경우의 특칙

유조선에 의한 유류오염사고에 대한 민사책임에 관하여는 특별법으로서 유류오염손해배상보장법(이하 「유배법」이라 한다)이 있다. 유배법상 선박소유자는 유조선에 의한 유류오염사고로 인한 손해에 대하여 무과실책임을 지는데(유배법 5조 1항), 도선사의 과실로 인하여 유류오염사고가 발생한 경우에도 피해자는 도선사에 대하여 손해배상을 청구하지 못한다(동 조 5항 2호). 한편 유류오염손해를 배상한 선박소유자는 사고와 관련된 제 3 자에 대하여 구상을 청구할 수 있으나 도선사에 대하여는 그 손해가 도선사의 고의로 인하여 발생한 경우 또는 손해발생의 염려가 있음을 인식하면서 무모하게 한 작위 또는 부작위로 인하여 발생한 경우에 한하여 구상을 청구할 수 있다(동 조 6항).

제 5. 독립적 계약자

1. 의   의

해상기업의 보조자 중의 하나인 독립적 계약자(independent contractor)란 선박소유자나 그 밖의 해상기업주체와 고용관계에 있지 아니하면서 해상기업주체의 해상기업활동을 보조하는 자를 말한다.[179] 이러한 독립적 계약자는 해상기업주체의 지휘·감독을 받지 아니하고 스스로의 판단에 따라 독자적으로 업무를 수행한다.[180] 독립적 계약자는 일의 완성을 목적으로 하는 민법상의 수급인인 경우가 많

---

179) 독립적 계약자란 용어는 영미법상의 용어로서 헤이그 비스비규칙에서도 사용되고 있으나(동 규칙 4조의 2 2항), 우리 법상의 법률용어는 아니다.

180) 대법원 2007. 4. 27. 2007다4943 판결(상법 제789조의 3(현행 상법 제798조) 제 2 항에서 정한 운송

으나 운송물의 수치인이나 사실행위의 수임인인 경우도 있다. 독립적 계약자에는 하역업자, 컨테이너 터미널 운영자, 창고업자, 선급협회 등이 포함된다.

뒤에서 살펴보는 바와 같이 어떠한 해상기업보조자가 선박사용인인가 독립적 계약자인가에 따라 그 법률관계에 많은 차이가 있는데,181) 이 점은 사실인정의 문제로서 구체적인 사안에서 해상기업주체와 해상기업보조자 사이에 지휘·감독관계가 있는지의 여부에 따라 결정된다.

2. 독립적 계약자의 지위

(1) 해상기업주체에 대한 관계

독립적 계약자와 해상기업주체와의 관계는 당사자 사이의 계약내용에 따라 정하여진다. 따라서 계약의 성질에 따라 독립적 계약자는 수급인, 수치인 또는 수임인으로서의 권리를 갖고 의무를 부담한다.

(2) 제 3 자에 대한 관계

1) 제 3 자가 운송계약상의 채권자인 경우

독립적 계약자가 해상기업주체의 운송계약상의 이행보조자로서 업무 수행 중 고의나 과실로 운송계약상의 채권자에게 손해를 입힌 경우 해상기업주체가 피해자에 대하여 채무불이행책임을 부담하는 것은 당연하다. 이 경우 독립적 계약자는 피해자에 대하여 불법행위책임을 부담한다. 이와 관련하여 독립적 계약자가 해상기업주체가 피해자에 대하여 가지는 항변이나 책임제한을 원용할 수 있는가 하는 점이 문제가 된다.

우리 상법은 운송물에 대한 손해배상청구가 운송인의 사용인 또는 대리인에 대하여 제기된 경우에 그 손해가 그 사용인 또는 대리인의 직무집행에 관하여 생긴 것인 때에는 그 사용인 또는 대리인은 운송인이 주장할 수 있는 항변과 책임제

인의 '사용인 또는 대리인'이란 고용계약 또는 위임계약 등에 따라 운송인의 지휘·감독을 받아 그 업무를 수행하는 자를 말하고 그러한 지휘·감독과 관계없이 스스로의 판단에 따라 자기 고유의 사업을 영위하는 독립적인 계약자는 포함되지 아니한다).

181) 중요한 차이점은 해상기업주체가 사용자책임을 지는지의 여부, 해상기업보조자가 상법에 따라 운송인의 항변이나 책임제한을 원용할 수 있는지의 여부 및 해상기업보조자가 상법 제769조 이하에 따라 선박의 톤수에 따른 책임제한을 주장할 수 있는지의 여부 등이다.

한을 원용할 수 있다고 규정하고 있다(상 798조 2항). 여기의 「사용인 또는 대리인」이란 고용계약 또는 위임계약 등에 따라 운송인의 지휘·감독을 받아 그 업무를 수행하는 자를 말하므로 독립적 계약자는 이에 포함되지 아니한다.182) 따라서 독립적 계약자는 위 상법 규정에 근거하여 해상기업주체의 항변과 책임제한을 원용할 수 없다.

한편 실무에서는 선하증권 등의 운송계약에 독립적 계약자가 운송인의 항변과 책임제한을 원용할 수 있다는 조항이 포함되어 있는 경우가 많다. 이러한 조항을 소위 「히말라야약관」이라고 하는데,183) 판례는 이러한 히말라야약관을 유효로 본다.184) 따라서 히말라야약관상에 독립적 계약자도 운송인의 항변과 책임제한을 원용할 수 있다고 규정되어 있는 경우 손해가 독립적 계약자의 고의 또는 손해가 생길 염려가 있음을 인식하면서 무모하게 한 작위 또는 부작위로 인하여 생긴 것이 아닌 한 독립적 계약자도 운송인의 항변(예컨대 제척기간 도과 등)이나 책임제한을 원용할 수 있다.185)

---

182) 대법원 2009. 8. 20. 2007다82530 판결; 180)의 대법원 2007. 4. 27. 2007다4943 판결; 대법원 2004. 2. 13. 2001다75318 판결 등 참조.

183) 히말라야약관이란 "운송인이 갖는 면책권이나 책임제한권 등의 이익을 운송인의 사용인이나 대리인도 같이 누릴 수 있다"는 취지로 규정된 선하증권상의 약관을 말한다. 히말라야약관이란 용어는 영국의 히말라야호 사건(Adler v. Dickson (1955) 1 Q.B. 158)에서 유래되었다. 위 사건은 여객선 히말라야호의 여객인 Mrs Adler가 승선 중 상해를 입자 위 여객선의 선장과 갑판장을 상대로 손해배상을 청구한 사건인데, 위 사건에서 선장과 갑판장은 승선권에 기재된 운송인의 면책약관을 원용하여 운송인과 마찬가지로 자신들도 면책되어야 한다고 항변하였다. 그러나 영국 법원은 승선권에 기재된 면책약관에는 그 면책약관이 운송인의 사용인 또는 대리인에게도 적용된다는 내용이 명시되어 있지 않다는 이유로 위 항변을 배척하였다. 위 사건 이후 영국에서는 선하증권에 운송인의 사용인 또는 대리인도 운송인의 면책약관을 원용할 수 있다는 약관을 규정하게 되었는데 이 약관을 그 유래가 된 선박의 이름을 따라 히말라야약관이라 한다. 이러한 히말라야약관은 세계 주요 해운국에서 그 유효성을 인정받고 있으며 이에 따라 헤이그 비스비 규칙은 동 규칙 제4조의 2 제2항에 이를 규정하였다. 우리 상법 제798조 제2항은 위 헤이그 비스비규칙의 규정을 수용한 것이다. 히말라야약관에 관하여는 427쪽 이하에서 다시 자세히 살펴보기로 한다.

184) 전게 대법원 2007. 4. 27. 2007다4943 판결. 이러한 히말라야약관의 유효성을 논하는 학설은 많지 아니하나 이들 학설은 대체로 유효설을 취하고 있다(송·김, 352쪽; 김(인), (해), 133쪽).

185) 대법원 2007. 4. 27. 2007다4943 판결(선하증권 뒷면에 '운송물에 대한 손해배상 청구가 운송인 이외의 운송관련자(anyone participating in the performance of the Carriage other than the Carrier)에 대하여 제기된 경우, 그 운송관련자들은 운송인이 주장할 수 있는 책임제한 등의 항변을 원용할 수 있고, 이와 같이 보호받는 운송관련자들에 하수급인(subcontractors), 하역인부, 터미널 운영업자(terminals), 검수업자, 운송과 관련된 육상·해상·항공 운송인 및 직간접적인 하청업자가 포함되며, 여기에 열거된 자들에 한정되지 아니한다'는 취지의 이른바 '히말라야약관'(Himalaya Clause)이 기재되어 있다면, 그 손해가 고의 또는 운송물의 멸실, 훼손 또는 연착이 생길 염려가 있음을 인식하면서 무모하게 한 작위 또는 부작위로 인하여 생긴 것인 때에 해당하지 않는 한,

2) 제 3 자가 운송계약상의 채권자가 아닌 경우

이 경우에도 독립적 계약자는 피해자에 대하여 불법행위책임을 부담한다. 독립적 계약자는 해상기업주체의 사용인 또는 대리인이 아니므로 상법 제774조 제 1 항 제 3 호에 규정된 책임제한을 할 수 있는 자에 속하지 아니한다. 따라서 독립적 계약자는 상법 제769조 이하에 따른 책임제한을 할 수 없다. 한편 독립적 계약자는 해상기업주체의 피용자가 아니므로 해상기업주체는 피해자에 대하여 사용자책임을 부담하지 아니한다.

제 6. 선박관리자(Ship Managers)

선박관리자란 선박소유자의 위임에 의하여 선박소유자를 위하여 선원의 공급, 선박의 수리 등의 선박관리, 선박을 이용한 영업활동, 선박보험계약의 체결, 또는 선박의 매도와 매수 등의 업무를 처리하는 자를 말한다.[186] 통상 선박관리자는 회사의 형태를 취하므로 실무에서는 선박관리회사(ship management company)라 한다. 선박관리자는 선박소유자의 대리인으로서 선박소유자를 보조하는 해상기업의 보조자로서의 지위를 가지며 스스로가 해상기업의 주체가 되는 것은 아니다.

선박관리자는 선박소유자의 대리인이므로 선박소유자를 위하여 체결한 계약(예컨대 선원고용계약, 선박수리계약 등)상의 책임을 부담하지 아니한다.[187] 그러나 선박

독립적인 계약자인 터미널 운영업자도 위 약관조항에 따라 운송인이 주장할 수 있는 책임제한을 원용할 수 있다고 할 것이다. 상법 제789조의3 제 2 항은 '운송인이 주장할 수 있는 책임제한'을 원용할 수 있는 자를 '운송인의 사용인 또는 대리인'으로 제한하고 있어 운송인의 사용인 또는 대리인 이외의 운송관련자에 대하여는 적용되지 아니한다고 할 것이므로, 당사자 사이에서 운송인의 사용인 또는 대리인 이외의 운송관련자의 경우에도 운송인이 주장할 수 있는 책임제한을 원용할 수 있다고 약정하더라도 이를 가리켜 상법 제789조의3의 규정에 반하여 운송인의 의무 또는 책임을 경감하는 특약이라고는 할 수 없고, 따라서 상법 제790조 제 1 항에 따라 그 효력이 없다고는 할 수 없다고 할 수 있다. 한편 이른바 '히말라야약관'(Himalaya Clause)은 운송인의 항변이나 책임제한을 원용할 수 있는 운송관련자의 범위나 책임제한의 한도 등에 관하여 그 구체적인 내용을 달리 하는 경우가 있으나, 해상운송의 위험이나 특수성과 관련하여 선하증권의 뒷면에 일반적으로 기재되어 국제적으로 통용되고 있을 뿐만 아니라, 간접적으로는 운송의뢰인이 부담할 운임과도 관련이 있는 점에 비추어 볼 때, 약관의 규제에 관한 법률 제 6 조 제 1 항에서 정하는 '신의성실의 원칙에 반하여 공정을 잃은 조항'이라거나 같은 법 제 6 조 제 2 항의 각 호에 해당하는 조항에 해당한다고도 할 수 없다).

186) 이러한 선박관리자는 선박공유자의 대리인인 선박관리인과는 구별된다. 한편 선박관리자와 선박소유자 사이의 선박관리계약에 관하여는 발틱국제해사회의(BIMCO)가 제정한 표준양식인 SHIPMAN 98이 널리 사용되고 있다.

187) 다만 앞서 본 바와 같이 실제의 선박소유자가 편의치적국에 형식상의 회사를 설립하여 이 회사

관리자가 고의나 과실로 제 3 자에게 손해를 입힌 경우에는 선박관리자가 제 3 자에 대하여 불법행위책임을 진다. 이 경우 선박관리자는 선박소유자와 동일하게 책임을 제한할 수 있다(상 774조 1항 3호).

제 3 절 선박소유자 등의 책임제한제도

제 1. 총   설

1. 해상기업주체의 책임제한제도

해상법은 오래 전부터 해상기업을 보호하기 위하여 해상기업주체의 책임제한을 인정해 왔다. 해상기업주체의 책임제한제도에는 총체적 책임제한(global limitation of liability, 상 769조 이하)과 개별적 책임제한의 두 종류가 있다. 총체적 책임제한이란 선박소유자 등의 해상기업주체가 하나의 사고 또는 항해에서 생긴 모든 채권자에 대한 책임을 총체적으로 제한하는 제도이다. 한편 개별적 책임제한에는 다시 세 종류가 있는데, ① 해상운송인이 운송계약상 부담하는 책임을 개개의 운송물 또는 여객별[188]로 제한하는 해상운송인의 개별적 책임제한(상 797조),[189] ② 선장의 공동해손처분으로 인한 선박소유자의 공동해손분담금 지급책임이 선박의 가액으로 제한되는 공동해손에 있어서의 개별적 책임제한(상 868조) 및 ③ 해난구조에 있어서 선박소유자의 구조료 지급책임이 구조된 선박의 가액으로 제한되는 해난구조에 있어서의 개별적 책임제한(상 884조)이 있다.

해상기업주체는 이러한 총체적 책임제한과 개별적 책임제한을 2중으로 주장할 수 있다. 즉 우리 상법은 해상운송인의 개별적 책임은 총체적 책임제한에 영향을 미치지 아니한다고 규정하고 있다(상 797조 4항).[190] 따라서 해상운송인이 선박

를 선박소유자로 등록하고 자신은 선박관리자로서 해상기업활동을 하는 경우에 법인격이 부인된다면 예외가 될 수 있다.

188) 다만 우리 상법상으로는 여객운송인의 개별적 책임제한은 인정되지 아니한다.

189) 해상운송인의 개별적 책임제한에는 포장당 책임제한(package limitation)과 중량당 책임제한(weight limitation)이 있다(311쪽 이하 참조).

190) 공동해손분담청구권과 해난구조료 채권에 대해서는 총체적 책임제한이 인정되지 아니하므로(상 773조 2 호: 상세는 146쪽 이하 참조), 이들에 대해서는 개별적 책임제한과 총체적 책임제한

소유자나 용선자 등 총체적 책임제한의 주체인 경우에는 두 가지 책임제한제도 중 유리한 것을 원용할 수 있다.[191]

　이러한 책임제한제도 중 개별적 책임제한에 관하여는 각각 관계되는 곳에서 살펴보기로 하고 여기에서는 총체적 책임제한에 관하여 살펴보기로 한다.

2. 총체적 책임제한제도의 입법이유

　해상기업주체의 총체적 책임제한제도는 피해자의 희생하에 해상기업주체를 특별히 보호하는 제도인데 유럽 대륙에서는 중세부터 이러한 총체적 책임제한제도가 인정되었고,[192] 영국에서는 1733년부터[193] 그리고 미국에서는 1851년부터[194] 총체적 책임제한제도가 인정되었다. 이처럼 각국에서 총체적 책임제도가 인정된 근거에 관하여 외국에서는 종래 여러 가지가 주장되어 왔으나 대체로 ① 해상기업은 그 기업활동의 위험성이 크고 손해액이 다액이라는 점, ② 해상기업은 국가 경제적으로나 안보상으로 중요하므로 정책적으로 보호·육성할 필요가 있다는 점, ③ 선장의 대리권의 범위가 광범위하기 때문에 선장의 행위에 대해 선박소유자에게 무한책임을 지우는 것은 가혹하다는 점, ④ 선장이나 고급 선원은 국가가 공인하는 자격을 가진 자이며 선박소유자는 항해 중에 이들을 직접 지휘·감독하는 것이 곤란하다는 점 및 ⑤ 해상기업은 소유와 경영이 분리되어 있으므로 선박소유자의 유한책임을 인정할 필요가 있다는 점 등을 들고 있다.[195]

3. 총체적 책임제한제도에 대한 비판론

　(1) 앞서 본 총체적 책임제한제도의 근거에 대하여는, ① 오늘날에는 과학의 발달에 따라 해상위험이 감소하고 있다는 점, ② 해당기업 이외에도 국가 경제적으로나 안보상으로 중요하기 때문에 정책적으로 보호·육성할 필요가 있는 기업

과의 관계가 문제되지 아니한다.
191) 이에 대해 해상운송인에게 이처럼 2중의 책임제한을 인정하는 것은 합리적인 근거가 없다는 비판이 있다(손, (하), 725-726쪽). 그러나 총체적 책임제한과 개별적 책임제한제도는 그 입법 이유가 서로 다르기 때문에, 2중의 책임제한을 인정하는 것이 부당하다고 할 수 없다고 본다.
192) 손, (하), 726쪽.
193) Griggs, *Limitation of Liability*, p. 5.
194) 송·김, 130쪽.
195) 손, (하), 726-727쪽; 정(동), (하), 781쪽.

이 많아졌다는 점, ③ 통신기관의 발달과 지점 및 대리점의 확산으로 인하여 선장의 광범위한 대리권이 점차 축소되는 경향에 있다는 점, ④ 통신기관의 발달로 인해 항해 중에도 선장 등을 직접 지휘·감독하는 것이 용이해 졌다는 점, ⑤ 소유와 경영이 분리되는 것은 현대의 대기업에 공통되는 현상으로 해상기업에 특유한 것이 아니라는 점 및 ⑥ 오늘날에는 책임보험제도의 발달로 인하여 해상기업주체가 위험을 분산하는 것이 가능해졌다는 점 등을 들어 총체적 책임제한제도를 인정하는 근거는 대부분 그 의미를 잃었다는 비판이 있다.196) 이에 따라 입법론으로서 총체적 책임제한제도를 폐지하자는 주장도 유력하다.197)

(2) 그러나 과학이 발달한 오늘날에도 예측하지 못한 해상의 위험으로 인한 해난사고가 종종 발생하고 있는데, 손해액이 다액이라는 해난사고의 특성상 하나의 사고로 해상기업의 존폐가 결정될 수도 있다. 따라서 해상기업의 기업위험은 육상기업에 비하여 여전히 높다고 하지 않을 수 없다. 그리고 현대에 들어서도 해상기업이 국가 안보에서 차지하는 중요성은 변함없으며, 최근의 글로벌 경제하에서 해상물품운송이 국가 경제에서 차지하는 역할은 점점 더 중요해지고 있다. 그러므로 해상기업을 보호·육성할 필요성은 여전히 존재한다고 할 수 있다. 또한 오늘날 책임보험제도가 발달했다고는 하나 해상기업이 부담하는 기업위험을 정확하게 예측할 수 없으며 그 손해규모가 크다는 점 때문에 일반 보험업자가 이러한 위험을 인수하기가 어렵다.198) 따라서 실무에서는 선박소유자들이 선주상호보험조합(P&I Club)을 결성하여 상호보험형태로 이러한 위험을 인수하는데, 상호보험의 특성상 결국 그로 인한 위험은 해상기업주체 스스로가 부담하는 것이 된다. 따라서 현재의 책임보험제도는 해상기업주체의 기업위험을 분산하여 해상기업주체를 보호하기에 충분하지 아니하다.

이러한 점들을 고려해 볼 때 해상기업주체의 총체적 책임제한제도를 유지하는 것이 바람직하다고 본다.199) 다만 해상기업주체의 총체적 책임제한으로 인하여

---

196) 이러한 비판의 소개는 손, (하), 727쪽 참조.

197) 田中, 79頁.

198) 일반 보험업자가 해상기업의 기업위험을 인수한다고 하더라도 그에 대한 보험료는 해상기업주체가 감당할 수 없는 수준으로 결정될 것으로 예상된다. 이 점 때문에 총체적 책임제한제도의 폐지론자도 책임보험료는 정책적으로 국가에서 보조해 줄 것을 제안하고 있다(田中, 79頁).

199) 동지: 손, (하), 727쪽; 정(동), (하), 781쪽; 배, 75-76쪽. 현재 주요 해운국들은 모두 총체적 책임제한제도를 가지고 있다. 한편 이러한 총체적 책임제한제도가 헌법상 보장되는 국민의 재산권을 침해하는 것으로서 위헌인가 하는 점이 문제가 될 수 있으나 앞서 본 바와 같은 이유로 인정되는 총체적 책임제한제도는 상당한 합리성이 있으므로 합헌이라고 본다(동지: 손, (하), 732쪽).

전부 배상을 받지 못하는 피해자들은 스스로 보험 등에 의해 위험분산을 해야 할 것이나 현실적으로 이러한 위험분산이 가능하지 않은 영세 피해자들(예컨대 선박에 의한 유류오염으로 손해를 입은 영세어민 등)에 대하여는 국가정책적으로 이들을 보호할 수 있는 방안을 마련하는 것이 필요할 것이다.

제 2. 총체적 책임제한에 관한 입법주의

1. 총   설

세계 각국이 선박소유자 등의 총체적 책임제한을 인정하고 있으나 어떤 형태로 책임제한을 인정할 것인가에 관하여는 각국의 특수한 사정에 따라 여러 가지 입법주의가 있다. 그런데 현재 주요 해운 선진국들이 책임제한에 관한 통일적인 국제조약에 가입하고 있기 때문에(128쪽 이하 참조) 국제적으로 책임제한제도는 어느 정도 통일되어 있다. 따라서 책임제한에 관한 여러 가지 입법주의는 이제 연혁적인 의미밖에 없다. 그러나 책임제한에 관한 국제조약은 여러 가지 입법주의의 타협의 결과 생긴 것이므로 이러한 입법주의를 이해하는 것은 국제조약의 이해에도 도움이 된다. 따라서 아래에서는 책임제한에 관한 입법주의를 살펴보기로 한다.

2. 각 입법주의

(1) 위부주의

위부주의란 선박소유자는 원칙적으로 인적 무한책임을 부담하나 채권자에 대하여 선박과 운임 등의 해산(海産)을 위부하고 그 책임을 면할 수 있는 주의이다. 선박소유자는 매 항해를 표준으로 하여 그 항해에서 발생한 책임에 대하여 당해 항해가 종료된 때의 해산을 위부하고 그 책임을 면할 수 있기 때문에 위부주의는 항해주의이다.[200] 프랑스의 개정 전 상법과 일본의 개정 전 상법이 위부주의를 취하고 있었으나 현재 이들 국가는 모두 위부주의를 폐지하고 금액책임주의(아래 참조)를 취하는 국제조약에 따라 금액책임주의로 변경하였다.[201]

일본에서도 총체적 책임제한제도가 합헌이라고 판시되었다(日本 最高裁判所 1980. 11. 5. 決定, 民集 34卷 6號, 765頁).

200) 손, (하), 728쪽.

(2) 집행주의

집행주의란 선박소유자는 채무전액을 부담하나 선박소유자의 책임은 해산에 의하여 제한이 되므로 채권자는 해산에 대하여만 강제집행을 할 수 있다는 주의이다. 물적 유한책임주의라 할 수 있으며 매 항해를 표준으로 하므로 집행주의도 항해주의이다. 독일의 개정 전 상법이 취하고 있었으나 독일은 현재 집행주의를 폐지하고 국제조약에 따라 금액책임주의를 취하고 있다.[202]

(3) 선가책임주의

선박소유자는 원칙적으로 항해 종료 시에 있어서의 선박의 가액과 운임 등의 해산의 가액을 한도로 하여 인적 유한책임을 지는 주의이다. 선가책임주의도 항해를 표준으로 하는 항해주의이다. 이탈리아법이 현재 취하고 있는 입장이며[203] 미국법은 선가책임주의와 금액책임주의를 병용하고 있다.[204]

---

201) 프랑스는 1959년 7월 7일에 「1957년 해상항행선박의 소유자의 책임제한에 관한 국제조약」(이하 1957년 책임제한조약이라 한다)에 가입하고(위 조약은 1968년 5월 31일 프랑스에서 발효됨), 1967년 1월 3일에 「선박 및 해상건조물의 지위에 관한 법률」을, 같은 해 10월 27일 동 법률의 데크레(décret)를 각 제정하여 위 조약을 국내법으로 수용하였다. 또한 1981년 7월 1일에는 1976년 책임제한조약에 가입하고(위 조약은 1986년 12월 1일 프랑스에서 발효됨), 1984년 12월 21일에 위 법률을 개정하여 1976년 책임제한조약을 국내법으로 수용하였다(정완용, "프랑스해상법상의 선주책임제한제도," 한국해법회지, 제12권 제 1 호(1991. 2.), 231쪽 이하). 한편 일본은 1975년 12월 12일에 「선박의 소유자 등의 책임의 제한에 관한 법률(船舶の所有者等の責任の制限に關する法律)」을 제정하여 1957년 책임제한조약을 수용하고 1976년 3월 1일에 위 조약에 가입하였다(위 조약은 1976년 9월 1일 일본에서 발효됨). 일본은 그 후 1982년 5월 21일에 위 법률을 개정하여 1976년 책임제한조약을 수용하는 한편 같은 해 6월 4일에 위 조약에 가입하였다(위 조약은 1986년 12월 1일에 일본에서 발효됨). 또한 2006년 5월 3일에는 1976년 책임제한조약에 대한 1996년 개정의정서에 가입하였다(위 개정의정서는 2006년 8월 1일 일본에서 발효됨).
202) 독일은 1972년 6월 21일 상법을 개정하여 1957년 책임제한조약을 국내법으로 수용하였고 1972년 10월 6일에는 위 조약에 가입하였다(위 조약은 1973년 4월 6일 독일에서 발효됨). 그 후 독일은 1986년의 상법개정에 의하여 1976년 책임제한조약을 수용하는 한편 1987년 5월 12일에 위 조약에 가입하였다(위 조약은 1987년 9월 1일에 독일에서 발효됨). 또한 2000년 6월 27일에는 다시 상법을 개정하여 1976년 책임제한조약에 대한 1996년 개정의정서를 수용하였고 2001년 9월 3일에는 위 1996년 개정의정서에 가입하였다(위 개정의정서는 2004년 5월 13일 독일에서 발효됨).
203) 손, (하), 729쪽.
204) 미국은 1851년 선박소유자책임제한법(Limitation of Shipowner's Act)을 제정하면서 이러한 선가책임주의와 함께 선박소유자에게 선택적으로 해산의 위부권도 인정하였으나 1935년 8월 29일에 위 법률을 개정하면서 위부권을 폐지하고 선가책임주의와 금액책임주의를 병용함으로써 「1924년 해상항행선박의 책임제한에 관한 약간의 규칙의 통일에 관한 국제조약」(이하 1924년 책임제한조약이라 한다)과 동일한 입장을 취하고 있다.

(4) 금액책임주의

선박의 톤수에 일정한 금액을 곱하여 산출한 금액을 한도로 하나의 사고로 인한 선박소유자의 책임을 제한하는 주의이다. 금액책임제한주의는 사고를 단위로 하므로 사고주의이다. 1854년 영국 상선법이 취했던 주의로서[205] 1957년 책임제한조약과 1976년 책임제한조약 및 이에 대한 1996년 개정의정서가 모두 금액책임주의를 취하였다. 따라서 현재는 대부분의 국가가 금액책임주의를 취하고 있다.

(5) 선택주의

선박소유자의 책임은 원칙적으로 무한책임이나 선박소유자가 위부주의, 선가책임주의 및 금액책임주의 중에서 하나를 선택하여 책임을 제한할 수 있도록 하는 주의이다. 이것도 항해주의이다. 1928년 개정 전의 벨기에 상법이 채용한 주의이다.[206]

(6) 병용주의

이는 선가책임주의에 금액책임주의를 병용하는 주의이다. 1924년 책임제한조약이 채용한 주의로서 1935년에 개정된 미국법과 1928년 개정된 벨기에 상법 및 우리 제정 상법이 이 주의를 채용하였다.[207]

3. 각 입법주의에 대한 평가

위부주의와 집행주의는 과거에 하나의 항해를 모험적인 하나의 기업으로 보고 선박과 그 밖의 해산을 책임의 주체로 취급하였던 시대의 유물인데, 현존하는 해산으로부터만 채권의 만족을 얻을 수 있으므로 선박이 침몰하는 등으로 해산이 멸실되면 채권자는 전혀 구제를 받을 수 없다는 점에서 채권자에게 지나치게 가혹하다는 결함이 있다.[208] 또한 선가책임주의는 인적 유한책임이라는 점에서 위의 두 입법주의보다는 다소 진일보한 것이나 선박이 멸실되는 경우에는 위부주의나

---

205) 손, (하), 729쪽.
206) 정(동), (하), 782쪽.
207) 상게서. 벨기에는 1975년 7월 31일에 1957년 책임제한조약에 가입하였으며 위 조약은 1976년 1월 31일 벨기에에서 발효되었다. 따라서 벨기에는 현재 금액책임주의를 취하고 있다.
208) 정(동), (하), 783쪽.

집행주의와 동일한 결함을 가지고 있으며 또한 선가의 결정을 둘러싸고 분쟁이 많이 생길 수 있다는 난점이 있다. 위의 여러 입법주의를 절충한 병용주의와 선택주의는 각 입법주의가 가지는 단점을 그대로 가진다는 점에서 문제가 있다. 한편 금액책임주의는 책임한도액이 명확하고 해산의 멸실 여부에 따라 채권자의 보호가 달라지지 아니하다는 장점을 가지는 반면에 사고주의를 채택하고 있으므로 선박소유자가 기업경영상의 위험을 미리 예상하기가 어렵다는 단점이 있다. 이러한 여러 입법주의 중 금액책임주의가 상대적으로 가장 합리적이므로 아래에서 살펴보는 바와 같이 최근의 국제조약에서는 금액책임주의를 채택하였다.

4. 총체적 책임제한에 관한 국제조약

(1) 1924년 책임제한조약

선박소유자 등의 총체적 책임제한제도에 관하여 각국이 서로 다른 입법주의를 채택한 결과로 국제적 연관을 가질 수밖에 없는 해운업의 발전이 저해되자 선박소유자 등의 책임제한제도를 국제적으로 통일하려는 움직임이 생겨났고 이에 따라 1924년에 「해상항행선박소유자의 책임제한에 관한 약간의 규칙의 통일에 관한 국제조약(International Convention for the Unification of Certain Rules Relating to the Limitation of the Liability of Owners of Sea-going Vessels, 1924)」이 성립되어 1931년 6월 2일에 발효되었다. 1924년 책임제한조약은 선가책임주의를 원칙으로 하고 금액책임주의를 병용하였다. 앞서 본 바와 같이 1928년 개정된 벨기에 상법과 1935년 개정된 미국 선주책임제한법 및 우리 제정 상법이 1924년 책임제한조약의 입장에 따라 입법하였다. 그러나 이 조약은 앞서 본 선가책임주의의 단점을 가지고 있을 뿐만 아니라 금액책임주의를 병용하기 때문에 계산이 복잡하고[209] 또한 금액책임주의의 단위가 되는 영국화 파운드가 영국이 금본위제를 폐지한 이후에는 국제적 화폐단위로 적절하지 않았기 때문에[210] 주요 해운국이 이를 수용하지 않았다.

---

209) 배, 79쪽.
210) 1924년 책임제한조약상의 금액책임주의에 따른 책임한도액은 선박의 톤당 영국화 8 파운드이었다(동 조약 8 조).

(2) 1957년 책임제한조약

1924년 책임제한조약에 대체할 국제조약으로 1957년에 「해상항행선박의 소유자의 책임제한에 관한 국제조약(International Convention Relating to the Limitation of the Liability of Owners of Sea-going Vessels, 1957)」이 성립되어 1968년 5월 31일 발효되었다. 1957년 책임제한조약은 1924년 책임제한조약의 병용주의를 폐기하고 순수한 금액책임주의를 채용하였다. 또한 이 조약은 사고주의를 채용하여 이 조약에 따른 선박소유자 등의 책임은 하나의 사고마다 최대한 선박의 톤당 3,100 프랑으로 제한된다.[211) 212)] 한편 1957년 책임제한조약상 선박소유자 등은 사고가 선박소유자 자신의 고의 또는 과실(actual fault or privity of the owner)로 인하여 발생한 경우에는 책임제한을 주장할 수 없다(동 조약 1 조 1 항). 주요 해운국을 포함하여 40여 개국이 이 조약을 비준하거나 이에 가입하였다.

(3) 1976년 책임제한조약

1957년 책임제한조약이 성립된 후 20여년이 흘러 동 조약상의 책임한도액이 실정에 맞지 않게 되자 이를 증액하기 위하여 국제적으로 노력한 결과 1976년에 「해사채권에 대한 책임제한에 관한 국제조약(Convention on Limitation of Liability for Maritime Claims, 1976)」이 성립되어 1986년 12월 1일 발효되었다. 1976년 책임제한조약은 1957년 책임제한조약에 비해 다음과 같은 특색이 있다. 즉 1976년 책임제한조약은 ① 책임한도액을 인상하였고(동 조약 6 조), ② 책임한도액의 화폐단위를 국제통화기금(IMF)의 특별인출권(SDR)으로 변경하였으며(동 조약 8 조), ③ 구조선에 의하지 아니한 구조자의 책임제한을 인정하였으며(동 조약 6 조 4 항), ④ 선박소유자가 책임제한을 할 수 없는 사유를 손해가 「선박소유자 자신의 고의나 손해발생의 염려가 있음을 인식하면서 무모하게 한 작위 또는 부작위(personal act or omission, committed with the intent to cause such loss, or recklessly and with knowledge that such loss would probably result)」로 발생한 경우로 변경하였다(동 조약 4 조). 2013년 7월 12일 현

---

211) 선박소유자의 책임은 사고가 물적 손해만을 발생시킨 경우에는 선박 톤당 1,000 프랑으로 제한되고(1957년 책임제한조약 3 조 1 항 (a)호), 인적 손해만을 발생시킨 경우에는 선박 톤당 3,100 프랑으로 제한되며(동 항 (b)호), 물적 손해와 인적 손해를 발생시킨 경우에는 선박 톤당 3,100 프랑으로 제한되되 그 중 2,100 프랑은 인적 손해에만 충당되고 나머지 1,000 프랑은 인적 손해 중 변제받지 못한 손해와 물적 손해에 충당된다(동 항 (c)호).

212) 책임제한의 단위인 「프랑」은 순도 1,000분의 900인 금 65.5 밀리그램을 말한다(1957년 책임제한조약 3 조 6 항).

재 1976년 책임제한조약을 비준하거나 이에 가입한 국가는 싱가포르, 뉴질랜드, 중국령 홍콩 등 총 50여 국이다.[213] 우리나라는 1976년 책임제한조약에 가입하지는 아니하고 1991년 상법에서 그 내용을 수용하였으며, 그 후 이에 관하여 개정한 바가 없으므로 현행 상법의 입장도 1976년 책임제한조약의 입장과 동일하다.

(4) 1996년 개정의정서

1976년 책임제한조약이 성립된 후 다시 20여 년이 흘러 동 조약상의 책임한도액이 실정에 맞지 않게 되자 이를 증액하기 위하여 1996년에 「1976년 해사채권조약에 대한 개정의정서(Protocol of 1996 to Amend the Convention on Limitation of Liability for Maritime Claims, 1976)」가 성립되어 2004년 5월 13일에 발효되었다. 1996년 개정의정서는 1976년 책임제한조약에 비해 다음과 같은 특색을 가지고 있다. 즉 1996년 개정의정서는 ① 선박소유자 등의 책임한도액을 1976년 책임제한조약보다 2배에서 4배 이상 인상하였고(동 개정의정서 3 조), ② 여객의 사망이나 부상으로 인한 손해에 대해 1976년 책임제한조약은 선박소유자의 책임이 사고당 2,500만 계산단위를 초과할 수 없도록 규정하였으나 1996년 개정의정서에서는 이러한 제한을 폐지하였으며(동 개정의정서 4 조), ③ 1976년 책임제한조약상의 책임한도액을 쉽게 증액할 수 있도록 절차규정을 신설하였고(동 개정의정서 8 조), ④ 1996년 「유해·독극물질의 해상운송과 관련된 손해에 대한 책임 및 보상에 관한 국제조약」[214]이 성립함에 따라 각국이 동 조약에서 다루는 손해에 대한 청구권을 1976년 책임제한조약의 적용범위에서 배제할 수 있도록 허용하였다(동 개정의정서 7 조).[215] 2013년 7월 12일 현재 영국, 독일, 일본, 네덜란드 등 총 47개국이 이 개정의정서를 비준하거나 이에 가입하였다.[216]

---

213) IMO자료. http://www.imo.org/About/Conventions/StatusOfConventions. 이들 국가 중 1996년 개정의정서에 동시에 가입한 국가는 프랑스, 리베리아, 마샬 아일랜드 등 총 29개국이다.

214) International Convention on Liability and Compensation for Damage in Connection with the Carriage of Hazardous and Noxious Substances by Sea, 1996. 이하 「1996년 유해·독극물조약」이라 한다. 1996년 유해·독극물조약은 아직 발효되지 않았다.

215) 1996년 유해·독극물조약은 유해·독극물의 해상운송으로 인하여 발생한 손해에 대하여는 선박소유자가 원칙적으로 무과실책임을 지되(동 조약 7 조), 동 조약에 따라 책임을 제한할 수 있도록 규정하고 있다(동 조약 9 조).

216) IMO자료. http://www.imo.org/About/Conventions/StatusOfConventions.

제 3. 우리나라의 책임제한제도

1. 총   설

우리 상법상의 선박소유자 등의 책임제한제도에 관한 연혁을 살펴보면, 의용상법(依用商法)[217]은 위부주의를 채택하고 있었는데, 위부주의는 앞서 본 바와 같이 해산이 멸실되는 경우에 채권자가 아무런 구제를 받을 수 없다는 결점이 있었으므로 1962년에 상법을 제정하면서 1924년 책임제한조약을 수용하여 선가책임주의와 금액책임주의를 병용하는 병용주의를 채택하였다. 그러나 1962년 제정 상법에서 병용하는 선가책임주의는 위부주의와 마찬가지로 해산이 멸실되는 경우에 채권자가 전혀 구제받을 수 없다는 결점이 있었을 뿐만 아니라 선가의 평가를 둘러싸고 많은 분쟁이 발생하였으며 금액책임주의에서의 책임한도액이 현실과 맞지 않게 되었기 때문에 1991년에 상법을 개정하면서 당시 대부분의 주요 해운국들이 채택했던 1976년 책임제한조약의 내용을 수용하였다.[218] 한편 2007년에 상법을 개정하면서 책임제한에 관한 1991년 상법의 내용을 그대로 유지하였으나 여객의 사망 또는 신체의 상해로 인한 손해에 대한 책임한도액은 1996년 개정의정서에 따라 증액하였다.

한편 유조선에 의한 유류오염손해에 관한 채권이나 원자력손해에 관한 채권에 관하여는 상법이 아니라 특별법에 따라서 선박소유자 등의 책임이 제한된다. 아래에서는 우리 상법과 특별법상의 책임제한제도에 관하여 상세히 살펴보기로 한다.

---

217) 1945년 8월 15일 해방 후부터 상법을 제정한 1962년까지는 일제시대에 사용하던 상법을 그대로 사용하였는데 이를 의용상법이라 한다. 의용상법은 당시의 일본 상법과 동일하였다.

218) 우리나라가 1976년 책임제한조약에 가입하지 아니하고 단순히 동 조약의 내용을 상법에 수용하였기 때문에 다음과 같은 문제가 있다. 즉 동 조약은 책임제한기금이 설치되면 제한채권자는 선박소유자의 다른 재산에 대하여 권리를 행사할 수 없다고 규정하고 있으므로(동 조약 13조 1항), 어느 한 체약국에 책임제한기금이 설치되면 다른 체약국에서 선박소유자의 선박이나 재산이 압류될 수 없다. 그러나 우리나라는 1976년 책임제한조약에 가입하지 아니하였으므로 선박소유자가 1976년 책임제한조약상의 책임한도액과 동일한 금액의 책임제한기금을 우리나라에 설치한다고 하더라도 1976년 책임제한조약의 체약국에서도 선박소유자의 선박이나 재산이 압류될 수가 있게 된다. 그러므로 우리나라도 조속히 1976년 책임제한조약(또는 그에 대한 1996년 개정의정서)에 가입해야 할 것이다.

2. 책임제한권자

1962년 제정 상법상 책임제한을 할 수 있는 자는 선박소유자에 한정되었으나 (제정 상법 제746조),[219] 1991년 상법은 책임제한권자를 선박소유자뿐만 아니라 용선자 · 선박관리인 · 선박운항자, 무한책임사원 및 선원 등(이하 「선박소유자 등」이라 한다)으로 확대하였다(1991년 상법 제774조 1항). 현행 상법상의 책임제한권자는 다음과 같다.

(1) 선박소유자 · 용선자 · 선박관리인 · 선박운항자(상 769조, 774조 1항 1호)

1) 선박소유자

책임제한채권은 모두 선박의 운항과 관련된 채권이므로 여기의 선박소유자는 자기가 소유하는 선박을 해상기업에 이용하는 협의의 선박소유자를 말한다.[220] 선박소유자에는 선박공유자가 포함된다.[221] 선박공유자는 단독으로 또는 다른 공유자와 공동으로 책임제한절차를 개시할 것을 신청할 수 있다. 한편 앞서 본 바와 같이 선박공유자는 제3자에 대하여 그 지분의 가격에 따라 분할채무를 부담하는데 우리 상법상 책임한도액의 일부로서 책임제한절차를 개시할 수 있다는 근거규정이 없으므로 선박공유자가 단독으로 책임제한절차의 개시를 신청하는 경우에도 선박공유자는 일단 책임한도액 전액으로 책임제한기금을 설치하고 추후 다른 선박공유자로부터 구상을 받아야 할 것으로 본다.[222]

2) 용 선 자

앞서 본 바와 같이 우리 상법상 용선자에는 선체용선자, 정기용선자, 항해용선자 및 슬로트 용선자가 있다. 이들 중 선체용선자와 정기용선자는 해상기업의 주체로서 선박의 운항으로 인하여 손해배상책임을 부담할 수 있으므로 당연히 여기의 용선자에 해당하여 책임제한권자가 된다.[223] [224] 항해용선자는 기업형 항해

---

219) 제정 상법상의 책임제한권자인 선박소유자에는 선박공유자 · 선박임차인 · 정기용선자가 포함된다고 해석되었다.

220) 손, (하), 733쪽.

221) 정(동), (하), 785쪽.

222) 稻葉, 196-197頁.

223) 우리 상법은 선체용선자가 상행위나 그 밖의 영리를 목적으로 선박을 항해에 사용하는 경우에는 그 이용에 관한 사항에는 제3자에 대하여 선박소유자와 동일한 권리의무가 있다고 규정하므로(상 850조 1항), 선체용선자는 이 규정에 의해서도 선박소유자와 같이 책임제한을 할 수 있다.

224) 정기용선계약의 법적 성질에 관하여 다수설인 혼합계약설 또는 판례의 입장인 특수계약설을

용선자로서 자기 명의로 재운송을 하는 등 해상기업의 주체가 되는 경우에 한하여 책임제한권자가 된다.225) 한편 슬로트 용선자가 책임제한권자가 될 수 있는지의 여부는 일부 용선자가 책임제한권자가 될 수 있는가 하는 문제와 연관된다. 우리 상법은 물론 우리 상법이 수용한 1976년 책임제한조약상으로도 일부 용선자가 책임제한을 할 수 있는지의 여부가 명확하지 아니하다. 생각건대 책임제한의 취지에 비추어 볼 때 슬로트 용선자 등의 일부 용선자에게도 책임제한권을 인정하는 것이 타당하다고 본다.226) 한편 일부 용선자가 책임제한을 할 수 있다고 하더라도 선박공유자가 단독으로 책임제한절차의 개시를 신청하는 경우와 마찬가지로 일부 용선자는 일단 책임한도액 전액을 책임제한기금으로 설치하고 추후 선박소유자나 다른 일부용선자 등에게 구상하여야 할 것으로 본다.227)

3) 선박관리인

선박관리인은 선박공유에서 선박공유자에 의하여 선임되어 내부적으로 선박공유의 업무를 집행하고 외부적으로 선박공유자를 대리하여 공유선박의 이용에 관한 재판상 또는 재판 외의 모든 행위를 할 권한을 갖는 자이다(상 765조 1항). 이러한 선박관리인은 해상기업주체의 대리인일 뿐이고 스스로가 해상기업의 주체는 아니나 자기의 과실에 대한 불법행위책임 또는 감독자로서의 사용자책임을 부담하는 경우가 있으므로(민 750조, 756조 2항), 책임제한권자에 포함되었다.228) 229)

취하는 경우에는 정기용선자도 선체용선자에 관한 상법 제850조 제 1 항의 적용 또는 유추 적용에 의하여 선박소유자와 같이 책임을 제한할 수 있다. 그러나 상법 제774조 제 1 항 제 1 호가 책임제한권자를 「용선자」라고 규정하였으므로 선체용선자나 정기용선자도 이에 근거하여 책임을 제한할 수 있다고 해석하는 것이 간명하다고 본다(정기용선자에 관하여 동지: 이(기), (보・해), 455쪽).

225) 동지: 정(동), (하), 785쪽.
226) 동지: 손, (하), 733쪽; 정(동), (하), 785쪽; Griggs, *Limitation of Liability*, p. 11; 稻葉, 65頁. 한편, 1976년 책임제한조약을 기초한 초안자(drafters)들의 견해는 전체의 선박을 용선한 자만이 책임제한을 할 수 있도록 하자는 것이었으나 이 조약을 채택한 북유럽 국가들은 이 조약을 국내법화 하면서 슬로트 용선자와 같은 일부 용선자도 책임을 제한할 수 있는 것으로 규정했다고 한다(Griggs, *Limitation of Liability*, p. 11).
227) 입법론으로는 일부 용선자가 책임제한권자가 될 수 있다는 점과 이 경우 책임한도액을 산정하는 방법에 관하여 명확한 규정을 두는 것이 바람직하다(졸고, "개정 해상법 하에서의 해상운송인의 지위," 한국해법학회지, 제30권 제 1 호(2008. 4.), 64쪽.
228) 손, (하), 733쪽; 정(동), (하), 786쪽; 정(찬), (하), 833쪽.
229) 1976년 책임제한조약은 책임제한권자 중의 하나로 「manager」를 규정하고 있다. 우리 상법상의 「선박관리인」은 이것을 번역한 것이다. 그런데 동 조약은 이 「manager」의 의미에 관하여 아무런 규정을 두고 있지 아니하다. 이 점에 관하여는 동 조약상의 「manager」는 선박의 운항에 관여하는 자를 말한다고 보는 견해가 유력하다(Griggs, *Limitation of Liability*, pp. 8-9). 선박공유에서

4) 선박운항자

선박운항자란 위에서 살펴본 자들 이외에 선박을 운항하는 주체를 말한다.[230] 앞서 본 선박의 운항수탁자 또는 용선 이외의 다른 원인(예컨대 사용대차 혹은 사무관리 등)으로 선박의 점유를 취득하여 선박을 운항하는 자가 이에 해당한다.[231] 이들도 해상기업의 주체로서 책임을 부담할 수 있으므로 책임제한권자에 포함시켰다.

(2) 무한책임사원

선박소유자·용선자·선박관리인·선박운항자가 법인인 경우에 그 법인의 무한책임사원도 그 법인과 마찬가지로 책임제한을 할 수 있다(상 747조 1항 2호). 즉 우리 상법상의 합명회사나 합자회사의 무한책임사원과 같이 법인의 무한책임사원이 법인의 채무에 대하여 직접 책임을 지는 경우에(상 212조, 269조), 이들을 보호하기 위하여 이들을 책임제한권자에 포함시켰다. 법인은 책임을 제한할 수 있음에도 불구하고 그 사원은 손해전액에 대하여 책임을 진다는 것은 형평에 맞지 않기 때문이다.

(3) 선장·해원·도선사, 그 밖의 사용인 또는 대리인

책임제한권자인 선박소유자, 용선자, 선박관리인 및 선박운항자가 부담하는 책임이 선장·해원·도선사, 또는 이들의 그 밖의 사용인이나 대리인의 행위로 인하여 발생한 경우에 이러한 선장·해원·도선사, 그 밖의 사용인이나 대리인이 직접 책임을 지는 경우에는(예컨대 민 750조 또는 756조 2항) 이들도 책임을 제한할 수 있다(상 747조 1항 3호).[232] 선박소유자, 용선자, 선박관리인 및 선박운항자와 같은 해상

의 선박관리인은·선박운항에 관여하므로 동 조약상의 「manager」에 포함될 수 있는 것은 당연하다. 그러나 동 조약상의 「manager」가 선박공유에서의 선박관리인에 한정되지 아니한다는 점에서 우리 상법은 1976년 책임제한조약과 다르다. 우리 상법이 의도적으로 1976년 책임제한조약과 그 입장을 달리한 것은 아니므로 입법론으로는 우리 상법상 책임제한권자 중의 하나로 규정된 「선박관리인」을 「선박의 관리인」으로 개정하는 것이 바람직하다고 본다(졸고, 전게 "해상운송인의 지위," 64쪽, 주 28 및 일본의 「선박소유자 등의 책임에 관한 법률(船舶の所有者等の責任の制限に關する法律)」 제98조 참조).

230) 손, (하), 733쪽; 정(동), (하), 786쪽.
231) 정(찬), (하), 833쪽.
232) 주식회사의 대표이사, 유한회사의 이사 및 법인의 대표기관도 피해자에 대하여 불법행위로 인한 책임을 지는 경우(상 389조, 567조, 민 35조 1 항 단서 등)에는 상법 제774조 제 1 항 제 3 호의 유추 적용에 의해 이들도 책임을 제한할 수 있다고 본다(이균성, "개정해상법의 문제점에 관한

기업들은 책임을 제한할 수 있는 반면에 경제적 약자인 이들의 사용인이나 대리인은 손해전액에 대하여 책임을 진다는 것은 불합리하기 때문이다.[233] 여기서 도선사는 강제도선사이든 임의도선사이든 묻지 아니한다.

(4) 구 조 자

1) 해난구조란 선박 또는 그 적하나 그 밖의 물건이 위난에 조우한 경우에 이를 구조하는 것을 말하는데(상 882조, 550쪽 이하 참조), 책임제한권자로서의 「구조자」란 해난구조를 한 해난구조자보다 넓은 개념이다. 즉 책임제한을 할 수 있는 「구조자」란 구조활동에 직접 관련된 용역을 제공한 자를 말하며, 「구조활동」이란 해난구조 시의 구조활동은 물론 침몰·난파·좌초·유기, 그 밖의 해양사고를 당한 선박 및 그 선박 안에 있거나 있었던 적하와 그 밖의 물건의 인양·제거·파괴 또는 무해조치 및 이와 관련된 손해를 방지 또는 경감하기 위한 모든 조치를 말한다(상 775조 4항). 이러한 구조자는 자신 또는 자신의 피용자가 구조활동과 관련하여 제 3 자에게 책임을 부담하게 되면 이러한 책임에 대하여 앞서 본 다른 책임제한권자와 마찬가지로 책임을 제한할 수 있다(상 775조 1항).

2) 책임제한권자로서의 구조자는 구조계약을 체결하고 구조활동을 한 구조자뿐만 아니라 계약상의 의무없이 구조활동을 한 구조자를 포함한다.

3) 구조활동은 구조선을 이용하여 행하는 경우, 피구조선 위에서 행하는 경우 및 선박에 의하지 아니하고 행하는 경우 등이 있는데 구조선을 이용하여 행하는 경우는 구조자가 구조선의 선박소유자, 용선자, 선박관리인 또는 운항자 중의 하나에 해당할 것이므로 대부분의 경우 구조자는 상법 제769조나 제774조 제 1 항 제 1 호에 의하여 책임을 제한할 수 있다. 그러므로 상법 제775조의 규정은 그 이외의 경우의 구조활동에 특히 의미가 있다.[234] 이처럼 상법이 구조선을 이용하지 아니하고 구조활동을 한 구조자까지 책임제한권자에 포함시킨 것은 선박을 이용하

연구," 한국해법학회지, 제15권 제 1 호(1993. 12.), 67쪽).

233) 이것은 해상운송인의 사용인이나 대리인이 운송인의 항변과 책임제한을 원용할 수 있다고 규정한 상법 제798조 제 2 항과 같은 취지이다. 한편 독립적 계약자는 선박소유자 등의 사용인이나 대리인이 아니므로 책임제한권자가 되지 못한다.

234) 구조선을 이용하여 구조활동을 하는 경우에도 「선박의 운항」에 직접 관련이 없이 제 3 자 등에게 손해를 입힐 경우도 있을 수 있다(예컨대 구조선을 피구조선 옆에 정박시켜 놓고 구조자의 피용자인 잠수부가 해저에서 구조활동을 하다가 과실로 피구조선을 훼손시킨 경우 등). 위 상법의 규정은 이러한 경우에도 구조자가 책임을 제한할 수 있다는 점에서도 의미가 있다.

여 해상기업을 하는 해상기업의 주체만을 책임제한권자로 인정해 오던 전통적인 해상법의 입장과는 다른 것이다.[235] 이는 해상에서의 구조활동을 장려하기 위한 것으로 1976년 책임제한조약에 따른 것이다(동 조약 1조 3호).

4) 구조자의 피용자나 대리인도 책임제한을 할 수 있는지의 여부에 관하여는 아무런 규정이 없으나 상법 제774조 제 1 항 제 3 호의 유추 적용에 의하여 이들도 책임제한을 할 수 있다고 본다.[236]

(5) 책임보험자

우리 상법상 책임제한을 할 수 있는 선박소유자 등의 배상책임을 인수한 책임보험자는 피보험자가 제 3 자에 입힌 손해에 대하여 직접 책임을 부담한다(상 724 조 2항 본문). 그런데 이 경우 책임보험자가 책임을 제한할 수 있는지의 여부에 관하여 우리 상법은 1976년 책임제한조약과는 달리 아무런 규정을 두지 않고 있다.[237] 생각건대 책임보험자가 제 3 자에 대하여 직접 책임을 지는 경우 책임보험자는 피보험자가 가지는 항변으로 제 3 자에게 대항할 수 있으므로(상 724조 2항 단서), 피보험자가 상법에 따라 책임을 제한할 수 있는 경우에는 책임보험자도 피보험자와 마찬가지로 제 3 자에 대한 책임을 제한할 수 있다.[238]

---

235) 손, (하), 735쪽.

236) 동지: 정(동), (하), 787쪽; 정(찬), (하), 835쪽. 1976년 책임제한조약은 이 점을 명시적으로 규정하고 있다(동 조약 1 조 4 호).

237) 1976년 책임제한조약은 이 점을 명시적으로 규정하고 있다(동 조약 1 호 6 호).

238) 대법원 2009. 11. 26. 2009다58470 판결(구 상법(2007.8.3.법률 제8581호로 개정되기 전의 것) 제 750조 제 1 항에 선박소유자의 경우와 동일하게 책임을 제한할 수 있는 자로 선박소유자의 책임보험자가 규정되어 있지는 않으나, 같은 법 제724조 제 2 항에서 "제 3 자는 피보험자가 책임을 질 사고로 입은 손해에 대하여 보험금액의 한도 내에서 보험자에게 직접 보상을 청구할 수 있다. 그러나 보험자는 피보험자가 그 사고에 관하여 가지는 항변으로써 제 3 자에게 대항할 수 있다"고 규정하고 있을 뿐 아니라, 책임보험자는 피보험자의 책임범위 내에서만 책임을 부담하는 것이 보험법의 일반원리에도 충실하고, 같은 피해자라도 상대방이 보험에 가입하였느냐 여부 및 선박소유자 또는 보험자 어느 쪽에 대하여 청구권을 행사하느냐에 따라 그 손해전보의 범위가 달라지는 것은 합리적이지 못하며, 해상사고의 대규모성에 비추어 해상보험자에 대하여만 그 보호를 포기할 이유가 없다는 점 등을 고려하여 보면, 책임보험자도 피보험자인 선박소유자 등의 책임제한의 항변을 원용하여 책임제한을 주장할 수 있다). 동지; 손, (하), 735쪽; 정(동), (하), 787쪽; 정(찬), (하), 835쪽; 서·정, (하), 536쪽; 송·김, 110쪽; 채, (하), 711쪽; 최(기), (해), 62쪽.

3. 책임제한채권

(1) 일반 책임제한채권

선박소유자 등의 책임제한권자는 청구원인의 여하에 불구하고 아래의 채권에 대하여 상법 제770조에 따른 금액의 한도로 그 책임을 제한할 수 있다(상 769조, 다만 상 769조 단서에 관하여는 154쪽 이하 참조). 여기서 「청구원인의 여하에 불구하고」란 그 채권의 발생 원인이 채무불이행, 불법행위 또는 그 밖의 원인인지 여부를 묻지 아니한다는 의미이다.[239]

1) 선박에서 또는 선박의 운항과 직접 관련하여 발생한 인적 손해 또는 그 선박 외의 물적 손해에 관한 채권(상 769조 1 호)[240]

가. 인적 손해

㈎ 선박에서 발생한 인적 손해는 당해 선박에 승선하고 있었던 여객이나 전송객, 하역인부[241] 그 밖의 사람의 사망이나 신체의 상해로 인한 손해를 말한다. 밀항자도 여기에 포함된다고 본다.[242] 당해 선박의 선원이나 그 밖의 선박사용인은 제외된다(상 773조 1호, 149쪽 참조). 여기의 인적 손해는 당해 선박에서 발생하면 되고 선박의 운항과 관련이 있을 필요가 없으므로 예컨대 선거(船渠)에 입거하고 있는 동안에 발생한 인적 손해 또는 어로활동 중 어선 위에서 생긴 손해도 이에 포함된다.[243] 사람의 사망이나 신체의 상해로 인한 손해에 관한 채권에 어떠한 항목이 포함될 것인지는 당해 채권의 준거법에 따라 결정된다.[244]

㈏ 선박의 운항과 직접 관련하여 발생한 인적 손해는 선박충돌이나 그 밖의

---

239) 1962년 제정 상법은 선박소유자의 책임제한에 관한 규정에 「청구원인의 여하에 불구하고」란 문언을 명시하고 있지 아니하였다(제정 상법 제746조). 위 조항의 해석에 관하여 대법원은 동 법상의 선주유한책임제도는 불법행위를 원인으로 하는 경우에는 적용되지 아니한다는 입장을 취하였다(대법원 1989. 11. 24. 88다카16294 판결; 1987. 6. 9. 87다34 판결 등). 그러나 1991년 상법은 「청구원인의 여하에 불구하고」라고 명시적으로 규정하였고 현행 상법도 이 부분을 개정하지 아니하였으므로 종전의 대법원 판례는 더 이상 선례로서의 가치를 가지지 못한다.
240) 이것은 1976년 책임제한조약 제 2 조 제 1 항 (a)호를 수용한 것이다.
241) 선박소유자 등의 책임제한권자의 선박사용인이 아닌 하역인부, 즉 독립적 계약자의 피용자인 하역인부를 말한다.
242) 稻葉, 97頁.
243) 이에 반해 어로활동 중에 어선 상에서 생긴 손해는 제한채권이 되지 아니한다는 견해가 있는데 (손, (하), 736쪽; 정(동), (하), 788쪽; 정(찬), (하), 836쪽), 이는 의문이다.
244) 준거법이 한국법인 경우에는 일실이익, 장제비 또는 치료비와 같은 재산적 손해와 위자료가 포함될 것이다.

해난사고 등으로 인하여 당해 선박에 승선한 사람 이외의 사람이 사망하거나 신체의 상해를 입은 경우의 손해를 말한다. 여기의 인적 손해는 선박의 운항과 직접적인 관련성이 있을 것이 요구된다. 이러한 인적 손해에는 선박충돌의 경우 상대선의 여객이나 선원 등이 입은 손해가 있다.

나. 물적 손해

(개) 선박에서 발생한 물적 손해는 당해 선박에 적재하였던 화물이나 여객의 수하물, 하역장비, 선박의 연료유,[245] 그 밖의 물건의 멸실 또는 훼손으로 인한 손해를 말한다. 다만 당해 선박의 멸실 또는 훼손으로 인한 손해는 여기에 해당하지 아니한다는 점은 우리 상법상 명백하다.[246] 따라서 예컨대 선체용선자, 정기용선자, 항해용선자 또는 선원 등의 과실로 당해 선박이 멸실 또는 훼손된 경우 선박소유자가 이들 용선자 또는 선원 등에 대하여 가지는 채권은 책임제한채권에 해당되지 아니한다. 한편 선박의 속구의 멸실 또는 훼손으로 인한 손해가 여기의 물적 손해에 해당할 것인가 하는 점이 문제가 된다. 종물은 주물의 처분에 따르므로 종물인 속구의 멸실 또는 훼손으로 인한 손해에 관한 채권은 선박 자체의 멸실 또는 훼손의 경우와 같이 책임제한채권에서 제외된다. 그러나 종물이 아닌 속구(즉 선박소유자 이외의 자가 소유하는 속구)의 멸실 또는 훼손으로 인한 손해에 관한 채권은 책임제한채권이 된다고 본다.

(내) 선박의 운항과 직접 관련하여 발생한 물적 손해는 선박충돌이나 그 밖의 해난사고 등으로 인하여 당해 선박상의 물건 이외의 물건이 멸실 또는 훼손됨으로 인하여 발생한 손해를 말한다. 이러한 물적 손해에는 충돌 상대선의 선체나 화물 또는 여객의 수하물이 입은 손해, 항해시설 · 항만시설 및 항로표지 등의 손해, 또는 어업시설 등의 손해가 있다.

(대) 한편 선하증권과 상환하지 아니하고 운송물을 인도한 경우에 선하증권 소지인이 입은 손해가 선박의 운항과 직접 관련하여 발생한 물적 손해에 해당하는지 여부가 문제가 된다. 이와 관련하여 1976년 책임제한조약 가입국인 영국의 법원은 「1976년 책임제한조약이 '선박의 운항과 직접 관련하여 생긴 물적 손해'라고

---

245) Griggs, *Limitation of Liability*, p. 19.

246) 1976년 책임제한조약상으로는 이 점이 분명하지 않다. 이와 관련하여 영국 법원은 항해용선자가 안전항 지정의무를 위반하여 선박이 손상된 사안에서 항해용선자는 선박소유자에 대하여 책임제한을 할 수 없다고 판시하였다(*The Agean Sea* [1998] 2 Lloyd's Rep. 39). 우리 상법은 명시적으로 당해 선박의 손해에 관한 채권을 책임제한채권에서 제외하고 있다고 규정함으로써 이 점을 입법적으로 분명히 하였다.

규정하고 있는 것은 당해 선박과 물적 손해사이에 견련성이 필요하다는 것을 의미하는 것이다」라고 판시하여 「선박의 운항과 직접 관련하여 생긴 물적 손해」의 범위를 넓게 해석하고 있다.[247] 이에 따라 영국에서는 선하증권과 상환하지 아니하고 운송물을 인도한 경우에도 선박소유자등은 총체적 책임제한을 할 수 있다는 견해가 유력하다.[248] 1976년 책임제한조약의 내용을 상법에 수용한 우리나라에서도 영국에서와 같이 해석하는 것이 타당하다고 본다.

2) 운송물, 여객 또는 수하물의 운송의 지연으로 인하여 생긴 손해에 관한 채권(상 769조 2호)

이것은 운송계약상의 채무불이행 중의 하나인 운송의 지연으로 인한 손해에 관한 채권을 책임제한채권으로 한 것이다. 따라서 이 규정은 책임제한권자가 운송계약의 당사자인 경우에 적용된다. 운송인이 이러한 운송의 지연으로 인한 손해에 대하여 손해배상책임을 지는지의 여부는 당해 운송계약의 준거법에 따라 결정된다.[249]

3) 위 1) 및 2) 외에 선박의 운항과 직접 관련하여 발생한 계약상의 권리 외의 타인의 권리의 침해로 인하여 생긴 손해에 관한 채권(상 769조 1항 3호)

이것은 타인의 권리의 침해로 인한 손해에 관한 채권 중 계약상의 권리가 아닌 권리의 침해로 인한 손해에 관한 채권을 책임제한채권으로 한 것이다. 「계약상의 권리의 침해」로 인한 손해에 관한 채권은 위 1)와 2)에서 살펴본 채권을 제외하고는 책임제한채권이 되지 아니한다. 「계약상의 권리가 아닌 타인의 권리의 침해」로 인한 손해에 관한 채권에는 선박에서 유출된 기름으로 인한 오염으로 인하여 조업을 할 수 없게 된 경우의 어업권 침해 또는 선박충돌로 인한 상대선 매점의 영업권 침해로 인한 손해에 관한 채권 등이 있다.[250] 또한 선박충돌로 인하여 상대선에 적재된 운송물 등의 운송이 지연됨으로 인하여 발생한 손해도 여기의 타인의 권리의 침해로 인한 손해에 해당된다고 본다. 한편 선박충돌로 인하여 자선의 매점의 영업권이 침해된 경우에는 이는 계약상의 권리의 침해이므로 그로

---

247) [1997] 2 Lloyd's Rep. 507, p. 522; [1998] 2 Lloyd's Rep. 461, p. 473.
248) Griggs, *Limitation of Liability*, pp. 19-20.
249) 참고로 우리 해상법상으로는 운송인은 운송의 지연에 대하여 손해배상책임을 지나 헤이그 비스비규칙(273쪽 이하 참조)상으로는 그러하지 아니하다.
250) 손, (하), 737쪽.

인한 손해에 관한 채권은 책임제한채권이 아니다.[251]

그리고 당해 선박의 멸실 또는 훼손으로 인한 손해에 관한 채권은 위 1)항의 책임제한채권에서 제외되기 때문에 여기의 「위 1) 외의 타인의 권리의 침해로 인한 손해에 관한 채권」에 포함되는지의 여부가 문제가 될 수 있으나 당해 선박의 멸실 또는 훼손으로 인한 손해에 관한 채권은 여기의 타인의 권리의 침해로 인한 손해에 관한 채권에 포함되지 아니한다고 본다.[252]

4) 손해방지조치에 관한 채권·손해방지조치의 결과 생긴 손해에 관한 채권(상 769조 4호)[253]

가. 손해방지조치에 관한 채권

이것은 위 1)에서 3)까지의 책임제한채권의 원인이 된 손해를 방지 또는 경감하기 위한 조치로 인한 비용에 관한 채권을 말한다. 우리 상법은 1976년 책임제한조약과 마찬가지로 이러한 손해방지조치 비용에 관한 채권도 책임제한채권으로 하였다. 이와 관련하여 책임제한권자가 스스로 손해방지조치를 취한 경우에는 그로 인한 비용에 관한 채권이 책임제한채권인지의 여부가 문제가 된다.[254] 우리 상법상으로는 이 점이 명백하지 아니하나 1976년 책임제한조약은 손해방지조치로 인하여 책임제한권자가 가지는 채권은 책임제한채권이 아님을 명시적으로 규정하고 있다(동 조약 2조 1항 (f)호). 우리 상법이 1976년 책임제한조약을 수용하였다는 점을 고려해 볼 때 우리 상법상으로도 책임제한권자가 취한 손해방지조치에 관한 채권은 책임제한채권이 아니라고 보는 것이 타당하다고 본다.[255] 다음으로는 책임제한권자와의 계약에 따라 손해방지조치를 취한 경우에 그로 인한 보수 또는 비

---

251) 稻葉, 99頁.

252) 동지: 손, (하), 737쪽. 1976년 책임제한조약상으로도 이 점이 명확하지 아니하였기 때문에 일본은 선박소유자 등의 책임제한에 관한 법률 제 3 조 제 3 호에서 이 점을 명시적으로 규정하였다.

253) 이것은 1976년 책임제한조약 제 2 조 제 1 항 (f)호를 수용한 것이다.

254) 책임제한권자가 스스로 취한 손해방지조치로 인하여 자신에게 채권을 가진다는 것은 혼동의 법리에 비추어 보면 가능하지 않으나, 이러한 채권도 책임제한채권이 된다고 보는 경우에는 책임제한권자는 이 채권을 가지고 책임제한절차에 참가하여 자신이 설치한 책임제한기금에서 다른 제한채권자들과 경합하여 배당을 받을 수 있다는 점에서 혼동의 법리에 대한 예외가 된다. 유류오염손해배상보장법상으로는 책임제한권자인 유조선 소유자가 취한 방제조치로 인한 채권도 책임제한채권이 된다(191쪽 참조).

255) 한편 책임제한권자의 피용자가 취한 손해방지조치에 관한 채권이 책임제한채권인지의 여부도 문제가 될 수 있다. 1976년 책임제한조약은 이 점에 관하여 아무런 규정을 두지 않았으나 일본의 선박소유자 등의 책임제한에 관한 법률은 이러한 채권이 책임제한채권이 아님을 명시적으로 규정하고 있다(동 법 3 조 5 호). 우리 상법상으로도 동일하게 해석해야 한다고 본다.

용에 관한 채권이 책임제한채권인지의 여부가 문제가 된다. 우리 상법은 이 점에 관하여도 아무런 규정을 두지 않고 있는데 1976년 책임제한조약은 이러한 채권이 책임제한채권이 아님을 명시적으로 규정하고 있다(동 조약 2조 2항 2문). 우리 상법상으로도 1976년 책임제한조약과 동일하게 해석하는 것이 타당하다고 본다.[256]

결국 책임제한채권이 되는 「손해방지조치에 관한 채권」이란 위 1)에서 3)까지의 손해를 입었거나 입을 우려가 있는 자 또는 그 밖의 제 3 자가 책임제한권자와 손해방지조치에 관한 계약을 체결하지 아니하고 스스로 취한 손해방지조치로 인한 비용에 관한 채권을 말한다. 예컨대 피해선을 예인하는 비용[257]이나 해난사고로 인하여 상해를 입은 피해선의 여객의 생명을 구하기 위하여 육상의 병원으로 호송하기 위하여 사용한 헬리콥터 비용[258] 등에 관한 상환청구권 등이 이에 해당한다.[259] 이러한 채권의 근거는 불법행위, 사무관리 또는 부당이득이 될 수 있다.[260] 채권자가 공법상의 의무에 기하여 손해방지조치를 한 경우도 이에 포함된다. 한편 해난사고를 당한 선박 및 그 선박 안에 있거나 있었던 적하 등의 물건에 대한 인양·제거·파괴 또는 무해조치에 관한 채권은 본래 손해방지조치에 관한 채권에 해당하나 상법은 특별히 이러한 채권을 책임제한이 배제되는 채권으로 규정하고 있다(상 773조 4호, 150쪽 이하 참조).[261]

나. 손해방지조치로 인하여 생긴 손해에 관한 채권

손해방지조치로 인하여 생긴 손해에 관한 채권이란 손해방지조치 작업 중에 발생한 2차 손해에 관한 채권을 말한다. 손해방지조치 작업과 2차 손해와는 상당

256) 동지: 손, (하), 737쪽; 정(찬), (하), 837쪽. 그러나 선박충돌의 경우에 계약에 의하여 손해방지조치를 취하고 그로 인한 비용과 보수를 지급한 선박소유자가 상대선에게 이를 구상하는 경우에는 이러한 구상채권은 상법 제769조 제 1 호 또는 제 4 호의 책임제한채권이 된다(동지: 稻葉, 101頁).
257) 다만 이러한 예인이 책임제한권자와의 계약에 기한 경우에는 책임제한의 대상이 아닌 점은 앞서 본 바와 같고 이러한 예인이 해난구조에 해당하는 경우에는 상법의 특별규정에 따라 책임제한이 배제되는 채권이 된다(579쪽 참조).
258) 피해자 측에서 이러한 비용을 지출한 경우에는 그로 인한 채권은 위 1)항에서 살펴본 책임제한채권에 해당될 수 있을 것이다. 또한 책임제한권자와의 계약에 따라 이러한 비용이 발생한 경우에는 이러한 비용에 관한 채권은 책임제한의 대상이 아니라는 점은 앞서 본 바와 같다.
259) 손, (하), 737쪽.
260) 稻葉, 100頁.
261) 여기의 손해방지조치에 관한 채권의 예를 들면서 피해선에서 기름이 유출되어 인근 어장에 손해를 입힐 염려가 있는 경우에 유출된 기름을 제거하거나 기름이 유출될 염려가 있는 선박의 파손부분을 수리하는데 드는 비용 등을 예로 드는 견해가 있으나(손, (하), 737쪽; 정(동), (하), 789쪽; 정(찬), (하), 837쪽), 이러한 비용에 관한 채권은 책임제한에서 배제되는 채권이므로 위의 예는 적절하지 아니하다고 본다.

인과관계가 있어야 한다. 이러한 2차 손해에는 예컨대 손해방지조치를 하다가 적하에 입힌 손해 또는 기름을 제거하기 위하여 뿌린 유처리제에 의하여 어장이 입은 손해 등이 있을 수 있다.[262] 한편 여기의 손해방지조치로 인한 손해는 반드시 제 3 자가 하는 손해방지조치로 인한 손해만을 의미하지 아니한다. 따라서 책임제한권자가 하는 손해방지조치로 인한 손해도 여기에 포함된다.[263] 또한 책임제한권자와의 계약에 의하여 제 3 자가 수행하던 손해방지조치로 인하여 생긴 손해에 관한 채권도 여기의 책임제한채권이 된다. 즉 책임제한권자가 하는 손해방지조치나 책임제한권자와의 계약에 의한 손해방지조치에 관한 채권은 책임제한이 배제되는 채권인 반면에, 이러한 손해방지조치의 결과로 인한 2차 손해에 관한 채권은 책임제한채권인 점에 유의하여야 한다.

한편 손해방지조치로 인하여 책임제한권자 자신이 입은 2차 손해에 관하여 책임제한권자가 제한채권자로서 책임제한기금으로부터 배당을 받을 권리가 있는가 하는 점이 문제가 된다. 이 점에 관하여 우리 상법은 아무런 규정을 두고 있지 아니하나 1976년 책임제한조약은 이를 부정하고 있다(동 조약 2조 1항 (f)호). 우리 상법상으로도 이러한 경우 책임제한권자는 제한채권자가 될 수 없다고 하는 것이 타당하다고 본다.[264] 그러므로 예컨대 손해방지작업 중에 책임제한권자인 선박소유자의 선박이 손해를 입은 경우에 선박소유자는 제한채권자가 될 수 없다.[265]

(2) 구조자의 책임제한채권

1) 구조자는 자신 또는 그 피용자의 구조활동과 직접 관련하여 발생한 ① 사람의 사망·신체의 상해로 인하여 생긴 손해에 관한 채권, ② 재산의 멸실이나 훼손으로 인하여 생긴 손해에 관한 채권, ③ 계약상 권리 외의 타인의 권리의 침해로 인하여 생긴 손해에 관한 채권 및 ④ 그러한 손해를 방지 혹은 경감하기 위한 조치에 관한 채권 또는 그 조치의 결과로 인하여 생긴 손해에 관한 채권에 대하여 책임을 제한할 수 있다(상 775조 1항). 이러한 구조자의 책임제한채권에 관하여는 앞서 본 선박소유자 등의 일반 책임제한채권에서의 논의가 유추 적용될 수 있다. 아

---

262) 손, (하), 738쪽.
263) 稻葉, 100頁.
264) 동지: 정(동), (하), 789쪽.
265) 반대: 손, (하), 738쪽. 그러나 이러한 반대 견해는 1976년 책임제한조약의 규정에 반하는 해석으로서 타당하지 않다고 본다.

래에서 이러한 책임제한채권들을 간단히 살펴보기로 한다.

가. 인적 손해에 관한 채권

이것은 피구조선의 선원, 여객 또는 그 밖의 사람의 사망이나 신체의 상해로 인한 손해에 관한 채권을 말한다. 다만 구조선의 선원 또는 구조자의 다른 피용자로서 그 직무가 구조활동에 관련된 자의 사망이나 신체의 상해로 인한 손해에 관한 채권은 제외된다(상 773조, 146쪽 참조).

나. 물적 손해에 관한 채권

이것은 피구조선의 선체나 속구, 피구조선 위의 운송물이나 여객의 수하물, 구조선 위의 구조장비 등의 물건 또는 어업시설이나 항만시설 등의 멸실이나 훼손으로 인한 손해에 관한 채권을 말한다. 한편 물적 손해에 관한 채권과 관련하여 구조선 자체나 구조선의 속구의 멸실 또는 훼손으로 인한 손해에 관한 채권이 책임제한채권이 될 것인가 하는 점이 문제가 된다. 생각건대 앞서 선박소유자 등의 일반 책임제한채권에서 살펴본 바와 같이 구조선 자체나 구조선의 속구 중 종물인 속구의 멸실 또는 훼손으로 인한 손해에 관한 채권은 여기의 책임제한채권에서 제외된다고 본다.

다. 권리침해로 인한 손해에 관한 채권

이것은 어업권이나 피구조선의 매장의 영업권 등의 침해로 인한 손해에 관한 채권을 말한다. 피구조선에 적재된 운송물 등의 운송지연으로 인한 손해에 관하여 구조자가 직접 책임을 부담하는 경우 이러한 채권도 이에 해당한다고 본다.[266]

라. 손해방지조치에 관한 채권 및 손해방지조치의 결과로 인한 손해에 관한 채권

「손해방지조치에 관한 채권」은 제 3 자가 위 '가'에서 '다'까지의 손해를 방지하기 위하여 취한 조치로 인하여 발생한 비용에 관하여 구조자에 대하여 갖는 비용상환청구권 등을 말하고 「손해방지조치의 결과로 인한 손해에 관한 채권」은 제 3 자 또는 구조자가 취한 손해방지조치로 인하여 생긴 2차 손해에 관한 채권을 말한다.

2) 구조자가 책임을 제한할 수 있는 채권은 이러한 채권 중 구조활동과 직접 관련하여 발생한 손해에 관한 채권으로 한정된다. 구조활동과의 직접적인 관련성 여부는 사실인정의 문제이다.

3) 구조활동의 성격상 운송물, 여객 또는 수하물의 운송의 지연으로 인하여

---

266) 稻葉, 102頁.

생긴 손해에 관한 채권(상 769조 2호)이나 여객의 사망 또는 신체의 상해로 인한 손해에 관한 채권(상 770조 1항 1호)은 발생할 여지가 없으므로 이러한 채권이 구조자의 책임제한채권에 해당되지 않는 것은 당연하다. 상법 제775조 제 1 항은 주의적으로 이 점을 명시적으로 규정하고 있다.

(3) 책임보험자의 책임제한채권

책임보험자가 제 3 자에 대하여 직접 책임을 지는 경우 책임보험자는 피보험자가 가지는 항변으로 제 3 자에게 대항할 수 있으므로(상 724조 2항 단서), 책임보험자가 책임을 제한할 수 있는 채권은 피보험자가 책임을 제한할 수 있는 채권과 동일하다. 책임보험자가 채권자로부터 직접 청구를 받은 때에는 지체 없이 피보험자에게 통지하여야 하고(상 724조 3항), 이 경우 피보험자는 책임보험자의 요구에 따라 필요한 서류증거의 제출, 증언 또는 증인의 출석에 협조하여야 한다(상 724조 4항).

4. 책임제한의 예외

(1) 총   설

우리 해상법상 선박소유자 등의 책임제한에 대하여는 두 가지 예외가 있다. 첫째로 상법은 손해의 종류나 손해의 발생 원인에 따라 일정한 채권에 대하여는 책임제한을 배제한다(상 773조). 이것을 객관적 사유로 인한 예외라 한다. 다음으로 상법은 선박소유자 등의 고의나 손해발생의 염려가 있음을 인식하면서 무모하게 한 작위 또는 부작위로 인한 손해에 관한 채권에 대하여는 책임제한을 배제한다(상 769조 단서). 이를 주관적 사유로 인한 예외라 한다.

(2) 객관적 사유로 인한 예외(비제한채권)

우리 상법은 객관적 사유로 인한 예외로서 아래의 5가지의 채권을 열거하고 있다. 즉 우리 상법상 선박소유자 등은 아래의 채권에 대하여는 그 책임을 제한하지 못한다(상 773조).[267]

---

267) 이 규정은 1976년 책임제한조약 제 3 조를 수용한 것이다.

1) 선장·해원, 그 밖의 사용인으로서 그 직무가 선박의 업무에 관련된 자 또는 그 상속인, 피부양자, 그 밖의 이해관계인의 선박소유자에 대한 채권(동조 1호)

가. 이러한 채권을 비제한채권으로 한 것은 경제적 약자인 선장·해원 그 밖의 사용인을 정책적으로 보호하기 위한 것이다.[268] 여기서 「선장·해원, 그 밖의 사용인」이란 선박소유자 등과 고용관계에 있는 모든 자를 말한다. 일시적 고용관계라도 무방하다. 따라서 선박소유자 등에 의해 일시적으로 고용된 도선사나 하역인부 등도 이에 포함된다. 또한 이들은 반드시 선박 위에서 업무를 수행할 필요가 없다.[269] 따라서 육상에서 선박의 접안이나 이안을 보조하는 피용자 등도 이에 포함된다. 선박소유자 등과 도급관계에 있는 독립적 계약자가 이에 포함되지 않는 것은 당연하다.

나. 한편 이들의 직무는 「선박」의 업무에 관련되어야 한다. 이와 관련하여 여기서 말하는 선박의 업무가 「당해」 선박의 업무에 관련될 것이 요구될 것인지 하는 점이 문제가 된다.[270] 생각건대 우리 상법의 법문 상으로는 이 점이 명백하지 아니하나 선장이나 해원 등의 경제적 약자를 보호하고자 하는 입법취지에 비추어 볼 때 책임제한의 예외의 혜택을 받는 자의 직무가 반드시 당해 선박의 업무에 관련될 필요는 없다고 하는 것이 타당하다.[271] 따라서 예컨대 어떠한 선박에 승선 근무하러 가기 위하여 선박소유자의 다른 선박으로 운송되던 선원이 사고로 사망하거나 상해를 입은 경우에 이에 관한 채권에 대하여 선박소유자는 책임을 제한할 수 없다. 한편 선장·해원 등이 여객 또는 전송인으로서 승선 중에 사망하거나 상해를 입는 경우에는 이들의 채권은 선박의 업무와 관련된 것이 아니므로 이러한 채권에는 책임제한의 예외가 인정되지 아니한다.[272]

다. 책임제한의 예외가 되는 선장·해원 등이 선박소유자 등에 대하여 가지

---

268) 정(동), (하), 791쪽; 정(찬), (하), 841쪽.
269) 손, (하), 740쪽.
270) 1976년 책임제한조약 제3조 (e)호는 "…whose duties are connected with 「the」 ship…"이라고 규정하여 이들의 직무가 당해 선박의 업무에 관련된 것이 요구되는 것으로 보인다. 한편 구 일본 선주책임제한법은 당해 선박의 업무에 관련되어야 한다고 규정하고 있었으나 1982년 동 법을 개정하면서 「당해」라는 표현을 삭제하였다. 따라서 현행 일본 선주책임제한법의 해석으로는 이들의 직무가 반드시 당해 선박의 업무에 관련될 것이 요구되지 아니한다(稻葉, 128頁).
271) 동지: 손, (하), 740쪽.
272) 손, (하), 740쪽.

는 채권은 이들이 선박소유자 등에 대하여 가지는 채권으로서 상법 제769조에 규정된 것을 말한다.[273] 예컨대 선장·해원의 사망이나 상해로 인한 채권 또는 이들의 소지품의 멸실 또는 훼손으로 인한 채권 등이 이에 속한다. 한편 선장·해원 등이 가지는 채권은 고용계약상의 채권뿐만 아니라 불법행위로 인한 채권도 포함한다.[274] 예컨대 선장·해원이 선박소유자에 대하여 가지는 고용계약상의 재해보상청구권 또는 사용자책임에 근거하는 손해배상청구권 등이 이에 해당된다.

라. 선장·해원, 그 밖의 사용인의 「상속인 또는 피부양자, 그 밖의 이해관계인」의 채권도 책임제한의 예외에 해당한다. 그 밖의 이해관계인이란 선장·해원 등의 상속인이나 피부양자가 아닌 친족 등을 말한다. 이러한 채권에는 상속인, 피부양자 그 밖의 이해관계인의 위자료 청구권 또는 피부양자의 부양청구권 침해로 인한 손해배상청구권 등이 있다.

마. 한편 이와 관련하여 구조자의 사용인으로서 그 직무가 구조활동에 관련된 자 또는 그 상속인, 피부양자, 그 밖의 이해관계인의 구조자에 대한 채권도 구조자의 책임제한의 예외에 해당하는가 하는 점이 문제가 된다. 생각건대 우리 상법상 구조자는 선박소유자 등의 책임제한에 관한 규정에 따라 책임을 제한할 수 있으므로(상 775조 1항), 책임제한의 예외에 관한 상법 제773조 제 1 호도 구조자의 책임제한에 유추 적용될 수 있다고 본다.[275] 따라서 구조자는 그 직무가 구조활동에 관련된 사용인이나 그 상속인 등의 채권에 대하여 책임제한을 할 수 없다.

2) 해난구조로 인한 구조료 채권 및 공동해손의 분담에 관한 채권(동조 2호)

가. 해난구조로 인한 구조료 채권

(가) 해난구조로 인한 구조료 채권이란 해난구조(salvage)[276]를 한 구조자가 피구조자에 대하여 가지는 채권을 말하는데, 여기에는 구조자가 받을 수 있는 보수(상 882조 내지 884조)와 환경손해방지작업에 대한 특별보상(상 885조)이 포함된다. 이 중 구조의 보수에 관하여는 개별적인 책임제한이 인정된다. 즉 구조의 보수액은 다른

---

273) 상법 제769조에 규정된 채권 중 제 1 호 또는 제 4 호에 규정된 채권이 이러한 채권에 해당될 것이다.

274) 손, (하), 740쪽; 정(동), (하), 791쪽; 정(찬), (하), 841쪽.

275) 1976년 책임제한조약은 이 점을 명시적으로 규정하고 있다(동 조약 3 조 (e)호).

276) 해난구조란 넓은 의미로는 해난사고에 조우한 선박 또는 적하를 구조하는 모든 경우를 말한다. 여기에는 구조계약에 의한 구조(계약구조)와 구조계약을 체결하지 아니하고 행하는 구조(임의구조)가 포함된다. 좁은 의미의 해난구조는 임의구조만을 말한다(해난구조에 관한 상세는 565쪽 이하 참조).

약정이 없으면 구조된 목적물의 가액을 초과하지 못한다(상 884조 1항). 이와 같은 책임제한의 예외를 인정한 것은 해난구조를 장려하기 위한 정책적인 이유와 해난구조료 채권(구조보수 채권)에 관하여는 앞서 본 바와 같이 별도로 개별적인 책임제한제도가 인정되고 있기 때문이다.[277)]

(내) 이러한 책임제한의 예외가 인정되는 해난구조료 채권은 좁은 의미의 해난구조, 즉 구조계약을 체결하지 아니하고 행하는 임의구조(상 882조)로 인한 구조료 채권을 말한다.[278)]

(대) 이와 관련하여 선박충돌 등으로 인하여 해난구조료를 지급한 피해선박의 소유자가 귀책사유가 있는 상대방 선박소유자에 대하여 구상청구를 하는 경우에도 이러한 구상채권이 책임제한의 예외에 해당할 것인가 하는 문제가 있다. 1991년 상법에는 책임제한의 예외가 되는 채권이 해난(해양사고)구조에 「관한」 채권으로 규정되어 있었기 때문에(1991년 상법 제748조 제 2 호), 위와 같은 구상채권도 「해난구조에 관한 채권」으로서 책임제한의 예외에 해당한다고 해석될 여지가 있었다. 그러나 현행 상법은 책임제한의 예외를 「해난구조로 인한 구조료채권」으로 명확하게 개정하였기 때문에 위와 같은 구상채권이 책임제한의 예외에 해당되지 않는다는 것은 의문의 여지가 없다. 그러므로 위와 같은 구상채권은 상법 제769조 제 1 호의 「선박의 운항에 직접 관련하여 발생한 … 선박 외의 물건의 멸실 또는 훼손으로 인하여 생긴 손해에 관한 채권」에 해당하여 책임제한채권이 된다고 본다.

나. 공동해손의 분담에 관한 채권

(개) 공동해손(general average)이란 선박과 적하의 공동위험을 면하기 위한 선장의 선박 또는 적하에 대한 처분으로 인하여 생긴 손해 또는 비용을 말한다(상 865조, 상세는 520쪽 이하 참조). 이러한 공동해손은 선장의 공동해손처분으로 인하여 위험을 면한 선박 또는 적하의 이해관계인이 공평하게 분담하여야 하는데(상 866조), 이를 공동해손분담금이라 한다. 책임제한의 예외가 되는 공동해손의 분담에 관한 채권이란 공동해손분담금 청구권을 말한다. 공동해손분담금 청구권에는 개별적 책임제한이 인정된다. 즉 공동해손분담금은 선박이 도달하거나 적하가 인도된 때

---

277) 정(동), (하), 792쪽; 정(찬), (하), 841쪽.

278) 앞서 본 바와 같이 선박소유자 등과의 계약에 따른 손해방지조치로 인한 채권은 상법 제769조 제 4 호의 책임제한채권이 되지 아니하므로 계약구조의 구조료 채권은 어차피 책임제한의 대상이 아니다. 따라서 책임제한의 예외가 되는 구조료 채권이 임의구조의 구조료 채권만을 의미한다고 하더라도 임의구조의 구조료 채권이나 계약구조의 구조료 채권에 대해 선박소유자 등이 책임제한을 할 수 없다는 점은 동일하다.

에 현존하는 가액을 한도로 한다(상 868조).

(내) 이러한 공동해손의 분담에 대한 채권은 상법 제769조 제 1 호의 책임제한
채권에 해당될 여지가 있는데 우리 상법은 특별히 책임제한의 예외로 규정하였다.
이처럼 공동해손분담금 청구권을 책임제한의 예외로 규정한 것은 공동해손분담금
청구권에는 별도로 개별적인 책임제한이 인정된다는 점과 선박소유자에게 이러한
개별적 책임제한과 이중으로 총체적 책임제한을 인정하게 되면 적하이해관계인과
형평이 맞지 않는다는 점을 고려했기 때문이다.[279]

(대) 이와 관련하여 선박충돌 등의 사고를 당해 공동해손처분을 하고 공동해손
분담금을 지급한 피해선박의 소유자가 귀책사유가 있는 상대방 선박소유자에 대
하여 구상청구를 하는 경우에도 이러한 구상채권이 책임제한의 예외에 해당할 것
인가 하는 문제가 있다. 상법 제773조 제 2 호가 책임제한의 예외가 되는 채권을
공동해손 분담에 「관한」 채권으로 규정하고 있기 때문에[280] 위와 같은 구상채권
도 「공동해손의 분담에 관한 채권」으로서 책임제한의 예외에 해당한다고 해석될
여지가 있다. 그러나 공동해손 분담에 관한 채권을 책임제한의 예외로 규정한 입
법취지에 비추어 볼 때 이러한 구상채권은 책임제한의 예외에 해당되지 않는다고
보는 것이 타당하다.[281] 그러므로 위와 같은 구상채권은 상법 제769조 제 1 호의
「선박의 운항에 직접 관련하여 발생한 … 선박 외의 물건의 멸실 또는 훼손으로
인하여 생긴 손해에 관한 채권」에 해당하여 책임제한채권이 된다고 본다.

3) 1969년 11월 29일 성립한「유류오염손해에 대한 민사책임에 관한 국제조약」 또는 그 조약의 개정조항이 적용되는 유류오염손해에 관한 채권(동조 3 호)

가. 산적유류를 화물로서 운송하기 위하여 건조되거나 개조된 모든 선박(즉 유
조선)과 유류 및 다른 화물을 운송할 수 있는 선박(즉 겸용선) 중 산적유류를 화물로
서 운송하거나 선박 안에 그 산적유류의 잔유물이 있는 선박[282]에 의한 유류오염
손해의 배상책임에 관하여 국제적으로 1969년 11월 29일에 「유류오염손해에 대한
민사책임에 관한 국제조약」[283]이 성립되었고 1976년과 1992년에 각각 이에 대한

---

279) 정(동), (하), 792쪽; 정(찬), (하), 841쪽.

280) 이는 1991년 상법과 현행 상법이 동일하다.

281) 동지: 김창준, "상법 제748조(선주유한책임의 배제)에 관한 고찰," 경희대학교 대학원 법학석사
학위논문(1999. 2.), 45-48쪽.

282) 이하 이 절에서는 이러한 선박들을 단순히 「유조선」이라 한다.

283) International Convention on Civil Liability for Oil Pollution Damage, 1969. 이하 이 절에서는 「1969
년 민사책임협약」이라 한다.

개정의정서가 성립되었다. 우리나라는 1969년 민사책임협약 및 이에 대한 1976년
과 1992년 개정의정서에 각 가입하여 이들 조약은 국내에서 발효되었다(상세는 570
쪽 이하 참조).[284] 또한 우리나라는 1969년 민사책임협약을 국내에서 시행하기 위한
국내입법으로 유류오염손해배상보장법(유배법)을 제정하였고 그 후 1992년 개정의
정서에 가입함에 따라 유배법을 개정하였다. 이러한 국제조약들 및 유배법은 상법
에 대한 특별법의 지위에 있다. 따라서 유조선에 의한 유류오염손해에 관하여는
위 국제조약들과 유배법이 상법에 우선하여 적용된다. 한편 위 국제조약들과 유배
법상 유조선에 의한 유류오염손해에 관한 채권에 대하여는 유조선의 선박소유자
에게 별도의 총체적 책임제한이 인정된다(190쪽 이하 참조). 우리 상법이 이러한 채
권을 총체적 책임제한의 예외로 규정한 이유는 이러한 채권은 특별법인 국제조약
들과 유배법에 의해 별도로 총체적 책임제한이 인정되기 때문이다.

　나. 유조선이 유류오염손해가 아니라 그 밖의 손해를 발생시킨 경우에는 책
임제한의 예외에 해당되지 않는 것은 당연하다. 또한 유조선 이외의 선박이 유류
오염손해를 발생시킨 경우에도 책임제한의 예외에 해당되지 않는다. 그러므로 위
의 두 경우에는 선박소유자 등은 상법에 따라 책임을 제한할 수 있다.

　다. 한편 우리나라 유조선이 1992년 민사책임협약의 체약국이 아닌 국가에서
유류오염손해를 발생시킨 경우에 이러한 책임제한의 예외에 해당할 것인가 하는
점이 문제가 된다. 생각건대 우리 상법은 1969년 민사책임협약 및 그 개정조항인
1992년 민사책임협약이「적용되는」유류오염손해에 관한 채권을 책임제한의 예외
로 규정하고 있는데 1992년 민사책임협약은 체약국에서 발생한 유류오염손해에만
적용되므로(동 협약 2 조) 동 조약의 비체약국에서 유류오염손해를 발생시킨 경우에
는 우리 상법상의 책임제한의 예외에 해당되지 아니하여 선박소유자 등은 상법에
따라 책임을 제한할 수 있을 것으로 본다.[285]

---

284) 이하 이 절에서는 1992년 개정의정서에 의하여 개정된 1969년 민사책임협약을「1992년 민사책
임협약」이라 한다.
285) 이와 관련하여 1976년 책임제한조약은 1969년 민사책임협약과 그 개정의정서에서 정의하는 유류
오염손해에 관한 채권(Claims for oil pollution damage within the meaning of the International
Convention on Civil Liability for Oil Pollution Damage, dated November 29th 1969 or of any
amendment or Protocol thereto which is in force)을 책임제한의 예외라고 규정하고 있다(동 조약
3조 (b)호). 그러므로 1976년 책임제한조약상으로는 1992년 민사책임협약의 비체약국에서 유류
오염손해를 발생시킨 경우에도 그러한 유류오염손해는 동 조약에서 정의하는 유류오염손해에
는 해당되므로 결국 1976년 책임제한조약상의 책임제한의 예외에 해당되어 선박소유자 등은
1976년 책임제한조약에 따라 책임을 제한할 수 없게 된다. 한편 앞서 본 바와 같이 1992년 민사
책임협약은 체약국에서 발생한 유류오염손해에만 적용되므로(동 협약 2조) 위와 같은 경우에는

4) 침몰·난파·좌초·유기, 그 밖의 해양사고를 당한 선박 및 그 선박 안에 있거나 있었던 적하와 그 밖의 물건의 인양·제거·파괴 또는 무해조치에 관한 채권(동조 4호)

가. 침몰·난파·좌초·유기, 그 밖의 해양사고를 당한 선박의 선장, 소유자, 점유자 또는 그러한 해양사고를 야기한 자는 관련법령에 따라 이러한 선박과 그 선박 안에 있거나 있었던 적하와 그 밖의 물건에 대한 인양·제거·파괴 또는 무해조치를 할 의무를 부담하는 경우가 있다(개항질서법 26조, 해양환경관리법 64조, 65조, 해사안전법 28조 등).[286] 행정관청은 위 선박소유자 등이 의무를 이행하지 아니하면 관련법령에 따라 대집행을 하고 그 비용을 선박소유자 등에게 청구할 수 있다(개항질서법 26조, 해양환경관리법 64조, 65조 등). 또한 위와 같은 의무를 부담하는 선박소유자 등과의 계약이 없이 임의로 선박소유자 등을 위하여 위와 같은 조치를 취한 자는 위 선박소유자 등에 대하여 사무관리 또는 부당이득을 근거로 한 채권을 갖는다. 우리 상법 제773조 제4호에서 비제한채권으로 규정한 채권은 이러한 대집행비용 청구권과 사무관리 또는 부당이득을 근거로 한 채권을 말한다(구상채권에 관하여는 151쪽 이하 참조).[287]

나. 1976년 책임제한조약은 이러한 채권을 책임제한채권으로 규정하는 한편(동 조약 2조 1항 (d), (e)호), 각 체약국이 이러한 채권을 책임제한의 예외로 규정할 권리를 유보할 수 있도록 허용하고 있다(동 조약 18조). 우리 상법도 1976년 책임제한조약상의 유보조항을 참조하여 이러한 채권을 책임제한의 예외로 규정한 것이다. 이러한 채권을 책임제한의 예외로 한 이유는 다음과 같은 공익적인 목적 때문이다. 즉 첫째 대집행비용 청구권에 대해 선박소유자 등이 책임을 제한할 수 있도록 허용하는 것은 국고 부담을 가중시킬 뿐만 아니라 자발적으로 행정관청의 명령에 따른 선박소유자와의 형평상으로도 부당하며, 둘째 임의로 난파물 제거조치를 취한 자의 채권을 보장함으로써 난파물의 제거조치를 장려하고, 셋째 이러한 채권은 통상 다액이므로 이러한 채권을 책임제한채권으로 하여 책임제한기금에서

동 협약에 따른 책임제한도 인정되지 아니한다. 결국 이러한 경우에는 선박소유자 등은 무한책임을 진다는 결론이 된다(稻葉, 133頁). 이러한 1976년 책임제한조약의 입장은 부당하며 우리 상법의 입장이 타당하다고 본다.

286) 이하 해양사고를 당한 선박과 그 선박 안에 있거나 있었던 적하와 그 밖의 물건을 「난파물」이라고 하고, 인양·제거·파괴 또는 무해조치를 「제거조치」라고 한다.

287) 선박소유자 등과 계약을 체결하고 제거조치를 취한 자가 선박소유자 등에게 갖는 계약상의 채권이 책임제한의 대상이 아니라는 점은 앞서 본 바와 같다.

배당을 받도록 하면 다른 채권자의 배당액이 현저하게 감소되어 다른 채권자의
보호에 문제가 있기 때문이다.[288]

다. 선박에 적재되어 있는 유류 또는 선박에서 유출된 유류는 상법 제773조
제 4 호에서 규정하는 「선박 안에 있거나 있었던 … 그 밖의 물건」에 해당한다.[289]
따라서 이러한 유류의 제거조치에 관한 채권은 책임제한의 예외에 해당하여 선박
소유자 등은 이에 대한 책임을 제한하지 못한다.[290]

라. 상법 제773조 제 4 호의 해석과 관련하여 선박충돌 등의 사고를 당한 피해
선박의 소유자가 난파물의 제거조치를 하고 그 비용을 귀책사유가 있는 상대방
선박소유자에 대하여 구상청구를 하는 경우에도 이러한 구상채권이 책임제한의
예외에 해당할 것인가 하는 문제가 있다. 이에 관하여는 이러한 구상채권도 책임
제한의 예외에 해당한다는 비제한채권설[291]과 책임제한의 예외에 해당하지 않는
다는 제한채권설[292]로 그 견해가 나뉜다.[293] 우리 대법원은 제한채권설을 취하고

---

288) 동지: 정(동), (하), 792-793쪽.

289) 대법원 2000. 8. 22. 99다9646 판결(상법 제748조 제 3 호(현행 상법 제773조 제 3 호)의 적용을 받
지 않는 산적(散積)유류를 화물로서 운송하는 선박 이외의 선박이 난파 등을 당하여 유출한 기
름이 상법 제748조 제 4 호(현행 상법 제773조 제 4 호) 소정의 '…선박 안에 있거나 있었던 … 기
타의 물건'에 해당하는 것은 그 문언 자체의 해석에서뿐만 아니라, 상법 제748조 제 4 호 규정이
공익적인 목적을 달성하기 위하여 위와 같은 물건의 제거 등에 관한 채권에 대하여 선박소유자
가 책임을 제한하지 못한다고 한 점에 비추어 보아도 명백하다). 이에 대한 반대취지의 평석으
로는 이영동, "난파물제거채권," 부산판례연구회, 판례연구, 13집(2002), 790-791쪽이 있다.

290) 한편 부선을 임차한 임차인이 공사용 재킷을 부선에 선적한 후 이를 공사 현장까지 예인하기
위하여 예인선을 정기용선하여 예인하던 중 부선이 조류에 떠밀리는 사고로 인하여 부선이 예
인선과 분리된 후 공사용 재킷이 해저로 침몰한 사안에서 대법원은 부선에 선적된 공사용 재킷
은 예인선의 화물이라고 할 수 없으므로 부선의 임차인이 공사용 재킷을 인양하는데 소요된 비
용과 관련하여 예인선의 소유자에게 가지는 채권은 상법 제773조 제 4 호(구 상법 제748조 제 4
호)의 채권에 해당하지 않는다고 판시하였다(대법원 2012. 3. 26. 2011마2284 결정). 위 사안에서
는 예인선의 소유자와 부선의 임차인 사이에 체결된 계약이 정기용선계약이었던바, 정기용선계
약의 법적 성질에 관해 운송계약설이 아니라 특수계약설을 취하는 대법원의 입장에서는 당연한
결론이었다고 생각된다.

291) 김현, "난파물제거채권과 책임제한," 법률신문 2947호(2001. 1. 15.), 13쪽; 김(인), (연구), 140쪽.

292) 정(찬), (하), 842쪽; 이태종, "난파물제거로 인한 구상채권의 제한채권성," 저스티스, 한국법학
원, 제59호(2001. 2.), 270쪽; 김창준, "선주책임제한과 난파물제거채권," 상사판례연구[VI], 박영
사, 2006, 411쪽.

293) 비제한채권설은 그 논거로 ① 상법 제773조 제 4 호가 비제한채권을 해양사고를 당한 선박이나
적하 등의 인양·제거·파괴 또는 무해조치에 「관한」 채권으로 규정하고 있기 때문에 위와 같
은 구상채권도 위 조항이 규정하는 비제한채권에 해당한다고 해석될 수 있다는 점, ② 피해선박
의 소유자는 자신에 대한 비용청구권에 대하여 책임을 제한할 수 없는데 반해 가해선박의 소유
자는 책임을 제한할 수 있도록 하는 것은 형평에 반한다는 점, ③ 이러한 구상채권을 책임제한
채권으로 하면 해양사고를 당한 선박이나 적하 등의 인양·제거·파괴 또는 무해조치가 지연될
우려가 있다는 점 등을 들고 있다. 한편 제한채권설은 그 논거로 ① 상법 제773조 제 4 호와 동

있다.294)

생각건대 상법 제773조 제 4 호의 문언에 의하면 이러한 구상채권이 위 조항
상의 비제한채권이 되는지의 여부는 명확하지 아니하다. 따라서 결국 이 문제는
위 조항의 입법취지에 비추어 해결해야 한다고 본다. 앞서 본 바와 같이 위 조항
의 주된 입법취지가 대집행비용청구권이나 임의로 난파물의 제거조치를 취한 자
의 채권을 보장하기 위한 것이라는 점에 비추어 보면 위 조항에 따라 비제한채권
으로 되는 채권은 관련 법령에 의하여 난파물 제거의무를 지는 선박소유자에 대
한 채권을 의미하고 여기서 난파물 제거의무를 지는 선박소유자란 반드시 해양사
고를 당한 당해 선박의 소유자만을 말하는 것이 아니라 해양사고를 일으킨 귀책
사유가 있는 상대선박의 소유자도 포함한다고 해석하는 것이 타당하다.

이는 관련 법령상 상대방 선박소유자도 해양사고를 당한 선박의 소유자와 함
께 난파물 제거의무를 부담하는 경우에295) 상대방 선박소유자에 대한 채권을 비
제한채권이 아니라고 하면 해양사고를 당한 선박의 소유자가 무자력인 경우에 대

일하게 「…에 관한 채권」을 비제한채권으로 규정하고 있는 같은 조 제 2 호와 제 3 호의 해석상
구상채권은 이들 각 호의 비제한채권에 해당되지 아니한다고 해석되는데, 상법 제773조 제4호
의 해석으로도 구상채권은 동 호의 비제한채권에 해당되지 아니한다고 해석하는 것이 타당하다
는 점, ② 상법 제773조 첫머리에 나오는 「선박소유자」는 제 4 호에 나오는 「선박」의 소유자와
동일하다고 보는 것이 자연스러운 해석이라는 점, ③ 관련법령상의 의무를 부담하는 선박소유
자 등에 대한 채권을 비제한채권으로 함으로써 상법 제773조 제 4 호의 입법취지를 달성할 수
있고 이러한 구상채권까지 비제한채권으로 할 이유는 없다는 점 등을 든다. 이에 관한 상세는
김창준, 전게 석사학위논문, 70쪽 이하 참조.
294) 대법원 2000. 8. 22. 99다9646 판결(상법 제748조 제 4 호(현행 상법 제773조 제 4 호)에서 "침몰,
난파, 좌초, 유기 기타의 해양 사고를 당한 선박 및 그 선박 안에 있거나 있었던 적하 기타의
물건의 인양, 제거, 파괴 또는 무해조치에 관한 채권"(난파물 제거채권)에 대하여 선박소유자가
그 책임을 제한하지 못하는 것으로 규정하고 있는바, 이 조항의 문언 내용 및 입법의 취지와 연
혁에 비추어 볼 때, 이 규정의 의미는 선박소유자에게 해상에서의 안전, 위생, 환경보전 등의 공
익적인 목적으로 관계 법령에 의하여 그 제거 등의 의무가 부과된 경우에 그러한 법령상의 의
무를 부담하는 선박소유자에 한하여 난파물 제거채권에 대하여 책임제한을 주장할 수 없는 것
으로 봄이 상당하고, 위와 같은 법령상의 의무를 부담하는 선박소유자가 자신에게 부과된 의무
나 책임을 이행함으로써 입은 손해에 관하여 그 손해발생에 원인을 제공한 가해선박 소유자에
대하여 그 손해배상을 구하는 채권은 상법 제748조 제 4 호에 규정된 "침몰, 난파, 좌초, 유기 기
타의 해양 사고를 당한 선박 및 그 선박 안에 있거나 있었던 적하 기타의 물건의 인양, 제거,
파괴 또는 무해조치에 관한 채권"(난파물 제거채권)에 해당한다고 할 수 없으며, 오히려 이와
같은 구상채권은 구체적인 사정에 따라 선박소유자의 유한책임을 규정하고 있는 상법 제746조
제 1 호 혹은 제 3 호나 제 4 호에 해당한다). 일본 최고재판소도 같은 입장을 취하고 있다(日本
最高裁判所 昭和60年4月26日 昭和57年(才)第1210号. 이에 대한 비판 평석에 관하여는 戸田·中村,
4-6頁 참조).
295) 해양환경관리법상 어떠한 선박으로부터 유류가 배출되도록 하는 원인을 제공한 선박의 소유자
도 그 유류의 제거 등의 조치를 취할 의무를 부담한다(동 법 63조 1 항 2 호, 64조).

집행비용 청구권이나 임의로 난파물 제거조치를 취한 자의 채권을 보장하고자 하는 입법취지를 달성할 수 없기 때문이다.296)

그렇다면 피해선박의 소유자가 난파물 제거조치를 하고 그 비용을 귀책사유가 있는 상대방 선박소유자에 대하여 구상하는 경우에 상대방 선박소유자가 관련 법령에 따라 난파물 제거의무를 부담하지 아니하면 이러한 구상채권은 책임제한의 예외에 속하지 아니한다고 본다. 이 경우 이와 같은 구상채권은 상법 제769조 제1호 혹은 제4호에 해당하므로 귀책사유가 있는 상대방 선박의 소유자는 이에 대해 위 조항에 따라 책임을 제한할 수 있다. 이와는 달리 상대방 선박소유자도 피해선박의 소유자와 함께 관련 법령상 난파물 제거의무를 부담하는 경우에는 이러한 구상채권도 책임제한의 예외에 해당하여 상대방 선박소유자는 책임을 제한하지 못한다고 본다. 왜냐하면 법령상의 의무를 부담하는 상대선박의 소유자에 대한 대집행비용 청구권이나 임의로 난파물 제거조치를 취한 자의 채권을 비제한채권으로 하면서 피해 선박의 소유자가 취한 난파물 제거조치의 비용에 대한 구상채권을 제한채권으로 하는 것은 형평에 어긋나고 이러한 두 채권을 달리 취급할 만한 합리적인 이유도 없기 때문이다. 결국 제한채권설과 비제한채권설 모두 일면의 타당성만을 가지고 있으므로 절충적인 견해가 타당하다고 본다.

마. 또한 상법 제773조 제4호에서 규정하는 책임제한의 예외에 해당하는 채권은 해난사고를 당한 선박이나 적하 등의 「인양·제거·파괴 또는 무해조치」에 관한 채권이므로 이러한 조치로 인하여 생긴 「손해」에 관한 채권은 이러한 예외에 해당하지 아니한다.297) 따라서 이러한 손해에 관한 채권은 상법 제769조 제4호에 해당하여 이에 대하여 선박소유자 등은 상법에 따라 책임을 제한할 수 있다.

---

296) 그러므로 우리 대법원이 156쪽의 주 289)에서 살펴본 99다9646 판결에서 상법 제748조 제4호(현행 상법 제773조 제4호)에서 책임 제한을 주장하지 못하는 선박소유자는 침몰 등 해난을 당한 당해 선박의 소유자로 한정된다고 보아야 한다고 판시한 것은 타당하지 않다고 본다.

297) 대법원 2000. 8. 22. 99다9646 판결(상법 제748조 제3호(현행 상법 제773조 제3호)의 적용을 받지 않는 산적(散積)유류를 화물로서 운송하는 선박 이외의 선박이 난파 등을 당하여 유출한 기름이 상법 제748조 제4호(현행 상법 제773조 제4호) 소정의 '… 선박 안에 있거나 있었던 …기타의 물건'에 해당하는 것은 그 문언 자체의 해석에서뿐만 아니라, 상법 제748조 제4호 규정이 공익적인 목적을 달성하기 위하여 위와 같은 물건의 제거 등에 관한 채권에 대하여 선박소유자가 책임을 제한하지 못한다고 한 점에 비추어 보아도 명백하다).

5) 원자력손해에 관한 채권

「원자력손해」란 핵연료물질의 원자핵분열과정의 작용 또는 핵연료물질이나 그에 의하여 오염된 것의 방사선작용 또는 독성적 작용에 의하여 생긴 손해(중대한 환경손상으로 인한 환경이용관련 경제적 이익의 상실을 포함한다)와 중대한 환경손상의 원상 회복 비용 및 이러한 손해를 경감하거나 방지하기 위한 조치로 인한 비용을 말한 다(원자력손해배상법 2조 1항 2호). 이러한 원자력손해의 배상에 관하여는 원자력손해 배상법이 규정하고 있는데, 동 법은 원자력사업자의 책임제한에 관하여 특별한 규 정을 두고 있으므로(191-192쪽 참조), 선박소유자가 원자력사업자로서 원자로를 선박 에 설치한 경우에 그 선박상의 원자로의 운전 등으로 인하여 생긴 원자력손해에 대한 선박소유자의 책임제한에 관하여는 상법에 우선하여 특별법인 원자력손해배 상법이 적용된다. 그러므로 상법은 이러한 채권을 상법상의 책임제한의 예외로 규 정한 것이다.[298]

(3) 주관적 사유로 인한 예외(책임제한배제사유)

1) 총   설

우리 상법상 선박소유자 등은 자신의 고의 또는 손해발생의 염려가 있음을 인식하면서 무모하게 한 작위 또는 부작위로 인하여 생긴 손해에 관한 채권에 대 하여는 그 책임을 제한하지 못한다(상 769조 단서).[299] 이것은 선박소유자 등의 주관 적 사유로 인한 책임제한의 예외로서 1976년 책임제한조약상의 책임제한배제사유 를 수용한 것이다(동 조약 4조).[300] 이러한 사유가 있는 경우에까지 선박소유자 등

---

298) 또한 원자력손해배상법도 주의적으로 선박에 설치한 원자로의 운전 등으로 인하여 생긴 원자 력손해에 대하여는 상법 제769조, 제770조, 제773조, 제875조 및 제881조의 규정은 적용하지 아 니한다고 규정한다(동 법 3 조 4 항).

299) 상법 제769조의 책임제한배제사유와 유사한 표현이 개별적 책임제한배제사유에 관한 상법 제 797조 제 1 항, 운송인의 사용인 또는 대리인의 항변 원용권 상실사유에 관한 상법 제798조 제 2 항에도 사용되고 있다.

300) 1957년 책임제한조약은 선박소유자는 자신의 고의나 과실(actual fault or privity)로 인하여 생긴 손 해에 관한 채권에 대하여 책임을 제한할 수 없는 것으로 규정하고 있었는데(동 조약 1조 1 항), 선박소유자 자신의 과실을 널리 인정하여 책임제한을 쉽게 배제하는 국가들이 생겨남으로써 책 임제한제도가 본래의 기능을 하지 못하고 또한 이로 인해 책임제한을 깨뜨리고자 하는 소송이 남발되어 분쟁해결이 장기화되는 폐단이 있었다. 이에 책임한도액을 인상하여 적정한 수준의 손해배상을 보장하는 한편 책임제한이 배제되는 경우를 사실상 없도록 하기 위하여 1976년 책 임제한조약이 탄생되게 되었다(Griggs, *Limitation of Liability*, p. 3). 이러한 1976년 책임제한조약 의 연혁으로부터 살펴볼 때 동 조약상으로는 극히 예외적인 경우에 한하여 선박소유자 등의 책

의 책임제한을 인정하는 것은 불합리하기 때문이다.[301] 이를 상세히 살펴보면 다음과 같다.

2) 선박소유자 등의 「자신」의 행위

가. 선박소유자 등이 법인인 경우

(개) 선박소유자 등이 회사와 같은 법인인 경우 누구의 행위를 선박소유자 등의 자신의 행위라고 볼 것인가 하는 문제가 있다.[302] 이 점에 관하여 법인의 대표기관의 행위만을 법인 자신의 행위로 볼 수 있다는 견해[303]와 대표기관뿐만 아니라 대표기관으로부터 선박의 운항에 관한 권한을 위임받은 자의 행위도 법인 자신의 행위로 볼 수 있다는 견해[304]가 대립되고 있다. 생각건대 법인이 더욱 대형화되고 업무가 점점 더 복잡해지는 현실을 고려해 볼 때 대표기관이 스스로 선박의 운항에 관하여 관여하는 경우는 드물 것이므로 법인의 대표기관의 행위만을 선박소유자 자신의 행위로 본다면 사실상 책임제한배제규정이 사문화되는 결과가 될 것이다. 따라서 법인의 대표기관뿐만 아니라 대표기관으로부터 선박의 운항에 관한 권한을 위임받은 자의 행위도 선박소유자 자신의 행위로 보는 것이 타당하다. 우리 대법원도 이와 동일한 입장을 취하고 있다.[305] 또한 이처럼 대표기관으

임제한이 배제될 수 있는바, 이러한 1976년 책임제한조약의 입장은 우리 상법의 해석에 있어서도 참작하여야 한다고 본다(동지: 서·정, (하), 544쪽).

301) 손, (하), 739쪽,

302) 영국을 비롯한 대부분의 국가에서는 이 문제를 분신이론(alter ego principle)에 의해 해결한다. 분신이론이란 실제적으로 법인을 위한 행위를 지휘하고 결정하는 자(somebody who is really the directing mind and will of the corporation)를 법인의 분신으로 보고 이러한 자의 행위는 법인 자신의 행위에 해당한다는 이론이다. 이 이론은 Lennard's Carrying Co. [1915] A.C. 705, 713 에서 최초로 인정되었는데, 이 판결은 운송인의 면책사유로서의 자신의 고의 또는 과실(actual fault or privity)에 관한 판결이나 이 판결의 분신이론은 1957년 책임제한조약상의 책임제한배제사유를 다룬 사건에도 그대로 적용되었으며(*The Lady Gwendolen* [1965] 1 Lloyd' Rep. 335, p. 345), 또한 1976년 책임제한조약상의 책임제한배제사유에도 동일하게 적용된다고 설명된다 (Griggs, *Limitation of Liability*, p. 34).

303) 최(기), (해), 71쪽.

304) 배, 98쪽; 채, (하), 701쪽; 김창준, "운송인의 책임제한배제사유," 한국해법학회지, 제29권 제 2 호(2007. 11.), 19-20쪽; 졸고, 전게 박사학위논문, 39-40쪽.

305) 대법원 2012. 4. 17. 2010마222 결정(선박소유자 등 책임제한 주체가 법인인 경우에 대표기관의 무모한 행위만을 법인의 무모한 행위로 한정한다면 법인 규모가 클수록 선박의 관리·운항에 관한 실질적 권한이 하부구성원에게 이양된다는 점을 감안할 때 위 단서조항의 배제사유는 사실상 사문화되고 당해 법인이 책임제한의 이익을 부당하게 향유할 염려가 있다. 따라서 법인의 대표기관뿐만 아니라 적어도 법인의 내부적 업무분장에 따라 당해 법인의 관리 업무 전부 또는 특정 부분에 관하여 대표기관에 갈음하여 사실상 회사의 의사결정 등 권한을 행사하는 사람의 행위는 그가 이사회의 구성원 또는 임원이 아니더라도 선박소유자 등 책임제한 배제 규정을 적용할 때 책임제한 주체 자신의 행위로 보아야 한다).

로부터 선박의 운항에 관한 권한을 위임받은 자는 반드시 임원일 것이 요구되지 않는다.306) 그러나 법인 자신의 행위로 인정받기 위해서는 대표기관으로부터 위임받은 자가 위임받은 업무에 관하여는 전적인 재량권을 가지고 대표기관 대신에 최종적으로 의사를 결정할 수 있는 권한을 가져야 한다.307)

(나) 한편 국제안전관리규약(ISM Code)308) 제 4 조에 의하면 선박소유자는 최고경영진과 직접 접촉할 수 있는 책임자를 지정해야 하며 그 책임자는 선박의 운항과 관련된 안전 및 오염방지에 관하여 점검하고 필요한 경우 육상의 자원을 지원하는 일을 책임지도록 되어 있는데 그의 행위는 선박소유자 자신의 행위라고 인정되는 경우가 많을 것이다.309) 그러나 만일 그 책임자의 역할이 최고 경영진에게 선박의 안전 및 오염방지 등에 관한 사항을 보고하는데 그치고 최고 경영진 또는 최고 경영진으로부터 선박의 운항에 관한 사항을 위임받은 다른 자가 선박의 안전과 오염방지 등의 사항에 관하여 한 결정을 집행한다면 위 책임자의 행위가 바로 선박소유자의 행위로 간주되기는 어려울 것이다.310)

나. 선박소유자 등이 개인인 경우

선박소유자 등이 개인인 경우에는 별다른 의문이 없으나 이 경우에도 만일 개인선주가 선박의 운항에 관한 사항을 전부 제 3 자에게 위임한 경우에는 그 제 3 자의 행위를 선박소유자 개인의 행위라고 볼 수 있을 것인가 하는 점이 문제가 된다. 생각건대 이는 긍정해야 한다고 본다. 그렇지 않다면 개인선주의 경우 제 3 자에게 선박의 운항에 관한 사항을 전부 위임함으로써 언제나 책임제한을 할 수 있게 될 것이기 때문이다. 이 점은 아래에서 살펴보는 바와 같이 선박소유자 등이

---

306) 동지: 위 주 300)에서 살펴본 대법원 2012. 4. 17. 2010마222 결정; 채, (하), 701쪽; 김창준, "운송인의 책임제한배제사유," 한국해법학회지, 제29권 제 2 호(2007. 11.), 19-20쪽; Susan Hodges, "The legal implications of the ISM Code: insurance and limitation of liability," The International Journal of Insurance Law, January 2000, p. 46.; 山田, 351頁.

307) 동지: 위 주 300)에서 살펴본 대법원 2012. 4. 17. 2010마222 결정; 김창준, 전게 "운송인의 책임제한배제사유,"20쪽.

308) 국제안전관리규약(International Safety Management Code: ISM Code)은 선박의 안전운항과 오염방지를 목적으로 국제해사기구(IMO)의 주도로 1994년 5월에 해상인명안전조약(SOLAS) 부속서 제9장에 포함되게 되었으며 이는 1998년 7월에 국제적으로 발효되었다. 우리나라도 1997. 6. 3. 해양수산부고시 제1997-55호로 국제안전관리규약의 시행을 위한 선박안전경영규정을 고시하여 시행하고 있다. 상세는 김인현, "국제안전관리규약이 해상법과 해상보험에 미칠 영향," 한국해법회지 제 20권 제 1 호(1998. 3.), 191쪽 이하 참조.

309) Gauci, *Oil Pollution*, p. 170.

310) Susan Hodges, *op. cit.*, p. 49; Anderson, *ISM Code*, p. 118. 이는 영국법에 관한 논의이나 우리 법상으로도 동일하다고 본다.

선박관리회사를 선임하는 경우에도 동일하다.

다. 선박관리회사를 선임한 경우

선박소유자가 선박의 관리를 선박관리회사 등 외부의 제 3 자에게 위임한 경우 누구의 행위를 선박소유자 자신의 행위로 보아야 할 것인가 하는 문제가 있다. 이는 선박소유자 등이 법인인 경우와 개인인 경우 모두에 해당되는 문제이다. 이에 대하여는 수임인의 행위는 선박소유자 자신의 행위로 되지 않는다는 견해가 있다.311) 그러나 이 경우에도 선박의 관리를 위임받은 선박관리회사의 행위, 즉 선박관리회사의 대표기관이나 그로부터 전적으로 선박관리에 관한 업무를 위임받은 임원이나 직원의 행위를 선박소유자 자신의 행위로 보아야 할 것이다.312) 313) 그렇지 않다면 선박의 관리를 외부에 위임한 경우에는 책임제한이 배제되는 경우가 거의 없게 되기 때문이다.314)

라. 선박소유자 등의 피용자나 대리인의 행위

선박소유자 등의 자신의 행위만이 책임제한배제사유이기 때문에 선장, 선박사용인 그 밖의 피용자나 대리인의 행위는 선박소유자 등의 책임제한권을 상실시키지 아니한다.315) 다만 앞서 본 바와 같이 선박소유자 등의 피용자로서 법인의 대표기관으로부터 업무의 전부 또는 특정 부분에 관한 전적인 권한을 위임받은 자의 행위는 예외이다.

311) 송·김, 126쪽.
312) Susan Hodges, *op. cit.*, p. 47.
313) 우리 대법원은 선박소유자 등이 선박 관리를 외부의 제 3 자에게 위탁하였으나 선박소유자 등이 여전히 선박의 운항을 포괄적으로 관리·감독한 사안에서 선박관리회사가 선박소유자 등의 대표기관에 갈음하여 선박의 관리·운항에 관하여 회사의 의사결정 등 권한을 행사하는 대표기관에 준하는 지위에 있었던 것으로 볼 수 없으므로, 선박관리회사의 대표기관 행위를 기준으로 해상사고 당시 선박소유자 등이 무모한 행위를 하였는지를 판단할 수 없다고 판시하였다(대법원 2012. 4. 17. 2010마222 결정). 위 사안에서는 선박소유자 등이 선박의 관리를 선박관리회사에게 위탁하였음에도 불구하고 여전히 선박의 운항을 포괄적으로 관리·감독하였으나 만일 선박소유자 등이 선박의 운항과 관리에 관한 모든 사항을 선박관리회사에 위탁하였다면 대법원의 결론이 달라졌을 것으로 생각된다.
314) *Ibid.*, p. 48.; Gauci, *op. cit.*, p. 168.
315) 대법원 2006. 10. 26. 2004다27082 판결(해상운송인의 책임제한의 배제에 관한 상법 제789조의 2(현행 상법 제797조) 제 1 항의 문언 및 입법 연혁에 비추어, 단서에서 말하는 '운송인 자신'은 운송인 본인을 말하고 운송인의 피용자나 대리인 등의 이행보조자를 포함하지 않는다); 대법원 1996. 12. 6. 96다31611 판결(상법 제789조의 2(현행 상법 제797조) 제 1 항 단서에 의하여 운송인의 책임제한이 배제되기 위하여는, 운송인 본인의 고의 또는 손해발생의 염려가 있음을 인식하면서 무모하게 한 작위 또는 부작위가 있어야 하는 것이고, 운송인의 피용자인 선원 기타 선박사용인에게 고의 또는 무모한 행위가 있었다 하더라도 운송인 본인에게 그와 같은 고의나 무모한 행위가 없는 이상 운송인은 상법 제789조의 2 제 1 항 본문에 의하여 책임을 제한할 수 있다).

3) 선박소유자 등의 「고의 또는 손해발생의 염려가 있음을 인식하면서 무모하게 한 작위 또는 부작위」

가. 총   설

앞서 본 바와 같이 위 책임제한배제사유는 1976년 책임제한조약의 내용을 받아들인 것인데 1976년 책임제한조약은 항공운송에 관한 국제조약을 참조하여 위 책임제한배제사유를 규정하였다. 즉 책임제한배제사유에 관하여 위와 같은 문언을 최초로 사용한 것은 1929년 바르샤바 국제항공운송협약에 대한 1955년 헤이그 의정서[316])이다. 개정 전 바르샤바협약 제25조는 고의적 위법행위(wilful misconduct) 또는 법정지법에 따라 고의적 위법행위에 해당한다고 간주되는 귀책사유를 책임제한배제사유로 규정하고 있었으나 이 규정의 의미가 불분명하고 각국에 따라 그 해석이 달랐기 때문에 개정 바르샤바협약에서는 영미법상의 고의적 위법행위 개념을 기초로 하여 책임제한배제사유를 「손해를 발생시킬 의도로써 또는 손해발생의 염려가 있음을 인식하면서 무모하게 한 작위 또는 부작위」라고 규정하게 되었고 1976년 책임제한조약이 이를 채택한 것이다.[317]) 이처럼 위 책임제한배제사유는 영미법상의 고의적 위법행위의 개념을 기초로 한 것이므로 대륙법계 국가에서는 생소한 개념이다. 따라서 대륙법계 국가에서는 그 해석을 둘러싸고 많은 의문이 제기되었다.[318]) 이는 우리나라에서도 마찬가지로서 위 책임제한배제사유가 우리 법체계상의 귀책사유와 어떠한 관계를 가지고 있는가에 관하여 학설이 대립되고 있다. 더구나 우리 상법은 1976년 책임제한조약의 문언을 그대로 번역하지 아니하고 다소 변형하여 수용하였기 때문에 위 책임제한배제사유의 해석에 더 큰 어려움이 있다.[319]) 아래에서 위 책임제한배제사유의 해석을 둘러싼 문제점들에 관하여 검토하기로 한다.

---

316) 이하 개정 바르샤바 협약이라 한다.

317) Giemulla, *Warsaw Convention*, paras. 10-11; Chao, *Pollution*, p. 178 주 211; 受川環大, 전게논문, 27頁.

318) 이에 관한 상세는 졸고, 전게 박사학위 논문, 42-43쪽 참조.

319) 1976년 책임제한조약 제 4 조는 책임제한배제사유를 "his personal act or omission, committed with the intent to cause such loss, or recklessly and with knowledge that such loss would probably result"라고 규정하고 있는데 이것은 "그 손해를 발생시킬 의도로써 혹은 그 손해가 발생될 개연성이 있음을 인식하면서 무모하게 한 자신의 작위 또는 부작위"라고 번역할 수 있다. 이 문언은 우리 상법상의 책임제한배제사유의 문언과는 다소 차이가 있다. 이에 관하여는 아래에서 상세히 검토하기로 한다.

나. 고　　의

㈎ 1976년 책임제한조약은 책임제한배제사유의 하나로서「그 손해를 발생시킬 의도로 한 작위 또는 부작위」를 들고 있는데 반해 우리 상법은 이에 상응하는 책임제한배제사유를「고의」로 규정하였다. 1976년 책임제한조약상의 손해를 발생시킬 의도로 한 작위 또는 부작위란 우리 법체계상의 확정적 고의에 유사한 것으로 생각된다. 그런데 우리 상법은 이를 단순히 고의라고 규정함으로써 확정적인 고의 이외에 소극적 고의(미필적 고의)도 이에 포함되는가 하는 의문이 생기게 되었다. 우리 상법이 1976년 책임제한조약을 수용한 것이라는 입법연혁을 고려해 보면 우리 상법은 가급적 1976년 책임제한조약과 일치하도록 해석하는 것이 타당할 것이다. 따라서 우리 상법상의 책임제한배제사유로서의 고의란 확정적 고의만을 의미하고 미필적 고의를 포함하는 것은 아니라고 해석해야 할 것이다. 한편 우리 법체계상 확정적 고의에 해당하기 위해서는 결과발생을 의욕해야 하는데 여기서의 결과발생이란 판례에 의하면 누군가에게 손해가 발생하는 것을 말하고[320] 통설에 의하면 단지 위법한 사실의 발생을 의미한다.[321] 그런데 1976년 책임제한조약상으로는 당해 손해를 야기할 의도가 있어야 하므로 1976년 책임제한조약상의「당해 손해를 발생시킬 의도」란 우리 법체계상의 확정적 고의와도 다른 개념이다. 결국 우리 상법에서 책임제한배제사유의 하나로 규정한 고의란 일반적인 확정적인 고의와는 다른 것으로서 당해 손해의 발생을 의욕한 행위라고 해석해야 할 것이다.[322]

㈏ 다만 실제상의 문제로서 가해의사가 존재하는 경우는 드물고 이를 증명하기도 곤란하므로 사실상 책임제한배제사유로서의 고의가 문제되는 경우는 많지 않을 것이다.[323]

㈐ 한편 만일 손해가 의도한 것보다 확대된 경우에는 그 확대된 손해는 선박소유자가 의도한 것이 아니므로 이에 대하여는 아래에서 살펴볼「손해발생의 염려가 있음을 인식하면서 한 무모한 행위」에 해당되는 지의 여부에 따라 책임제한 여부가 결정되어야 한다.

---

320) 대법원 1977. 12. 27. 77다550 판결(불법점거에 의한 불법행위의 성립에 필요한 고의, 과실은 할 권원 없이 점용함으로써 누군가에게 손해가 생길 사실에 대하여 있으면 족한 것이지 어느 특정인에게 손해가 생길 것에 대하여서는 필요 없다 할 법리이다).
321) 주석 채권각칙(III), 한국사법행정학회(1986), 305쪽.
322) 졸고, 전게 박사학위 논문, 88쪽.
323) 동지: 受川環大, "國際海上物品運送人의 責任制限阻却事由," 海事法研究會誌 153卷(1999. 12), 28頁.

다. 손해발생의 염려가 있음을 인식하면서 무모하게 한 작위 또는 부작위

(가) **학설의 입장**   위 책임제한배제사유는 우리 법체계상의 귀책사유개념에는 생소한 것이어서 이의 해석을 둘러싸고 우리나라에서는 다음과 같은 학설들이 대립하고 있다.

(ㄱ) **준고의설**   이 학설은 인식있는 무모한 행위를 중과실보다는 고의에 더 가까운 개념이라고 하거나 고의에 준하는 것이라고 보는 견해이다.[324]

(ㄴ) **미필적 고의설**   이 학설은 인식있는 무모한 행위란 우리 법체계상의 미필적 고의를 말한다는 설이다.[325]

(ㄷ) **중과실설**   이 학설은 인식있는 무모한 행위란 중대한 과실로 손해가 발생하지 않을 것으로 믿거나 혹은 중대한 과실로 손해발생 가능성에 대한 인식이 미치지 못하고 행한 모든 행위를 말한다는 설이다.[326]

(ㄹ) **사   견**   앞서 본 바와 같이 위 책임제한배제사유는 영미법상의 개념인 고의적 위법행위의 개념을 기초로 한 것이므로 우리 법체계상의 귀책사유에는 이것과 정확하게 대응되는 개념이 없다.[327] 따라서 위 책임제한배제사유를 우리 법체계상의 귀책사유에 무리하게 대응시키려 하는 위 학설들의 입장은 타당하지 않다고 본다. 따라서 위 책임제한배제사유는 우리 법상 새로운 귀책사유로서 독자적으로 그 의미를 규명해야 할 것이다.[328] 이러한 입장에 따라 아래에서는 위 책임제한배제사유 그 자체의 의미에 관하여 살펴보기로 한다.

(나) **손해발생의 「염려」의 인식**   1976년 책임제한조약은 위 책임제한배제사유를 손해발생의 「개연성」을 인식하면서 무모하게 한 작위 또는 부작위라고 규

---

324) 정(찬), (하), 839쪽; 손, (하), 739쪽; 송·김, 126쪽.

325) 이균성, "개정해상법과 해상기업관계자의 총체적 책임제한," 현대상법의 과제와 전망(삼지원, 1994), 438쪽 주 22.

326) 채, (하), 713쪽; 이(기), (보·해), 461쪽.

327) 우리 상법상의 책임제한배제사유에서의 고의는 우리 법상의 귀책사유 중의 하나인 확정적 고의와 유사하나 앞서 본 바와 같이 그 발생을 의욕하는 대상에서 차이가 있고 또한 인식 있는 무모한 행위는 아래에서 살펴보는 바와 같이 우리 법상의 인식있는 중과실 및 미필적 고의와 유사하나 그 발생을 인용하는 대상이나 인식하는 대상에 있어서 이들 귀책사유와 다르다.

328) 독일에서는 위 책임제한배제사유를 전통적인 귀책사유와 비교대조하여 그 의의를 명확히 하려는 입장과 전통적인 귀책사유와는 별도의 독자적인 귀책사유로 다루려는 입장이 있다. 그러나 위 두 입장은 상충되는 것이 아니라 전자의 입장도 위 책임제한배제사유는 인식 있는 중과실과 미필적 고의의 중간에 위치하는 것이라고 설명하고 있으므로 전자의 입장에 의하더라도 위 책임제한배제사유는 종전의 귀책사유에는 없는 새로운 개념으로 이해되고 있다(受川環大, 前揭論文, 31-32頁).

정하고 있는데 우리 상법은 이를 손해발생의 「염려」가 있음을 인식하면서 무모하게 한 작위 또는 부작위라고 번역하였다.329) 여기서 「손해발생의 개연성」과 「손해발생의 염려가 있음」은 동일한 의미인 것으로 보아야 할 것이다.330) 한편 1976년 책임제한조약의 해석과 관련하여 독일 법원은 손해발생의 개연성이란 손해발생의 가능성이 50%를 넘는 경우를 말한다고 판시하였다.331) 우리 상법상으로도 손해발생의 염려가 있다는 것을 손해발생의 가능성이 50%를 넘는 경우라고 해석하는 것이 타당하다고 본다.

㈐ 인식의 존재여부의 판단 기준　　이러한 인식의 존재여부는 일반인이 인식할 수 있었는지의 여부가 아니라 행위자를 기준으로 주관적으로 판단해야 한다.332) 그리고 이러한 인식에 대한 증명책임은 청구인이 부담하나 이러한 인식의 존재는 무모한 행위의 내용 및 그 행위가 행해진 모든 상황으로부터 추정이 가능하다고 본다.333)

㈑ 인식의 대상　　1976년 책임제한조약은 인식의 대상에 관하여 「그러한 손해(such loss)」라고 규정하고 있으므로 동 조약상으로는 행위자가 발생할 개연성이 있다고 인식한 손해가 실제로 발생한 손해와 동일해야 책임제한이 배제된다.334) 이에 반해 우리 상법은 단순히 「손해」발생의 염려라고만 규정하고 있고 인식의 대상이 되는 손해에 관하여는 아무런 제한을 두지 않고 있으므로 인식의 대상이 되는 손해가 실제로 발생한 손해와 동일 또는 유사한 것이 아니어도 책임제한이 배제되는지의 여부가 문제가 된다. 생각건대 비록 우리 상법이 인식의 대상에 관하여 아무런 제한을 하고 있지 아니하더라도 1976년 책임제한조약과 마찬가지로 우리 상법의 해석으로도 실제로 발생한 손해와 동일 또는 유사한 손해가 발생할

---

329) 위 책임제한배제사유를 일본에서는 "損害の發生のおそれがあることを認識しながらした自己の 無謀な行爲"라 번역하였는데(日本 船舶の所有者 等の 責任の制限に 關する 法律 第3條 第3項), 우리 상법상의 "손해발생의 염려가 있음을 인식하면서 한 무모한 행위"라는 표현은 이와 동일하다.

330) 동지: 대법원 2012. 4. 17. 2010마222결정('손해발생의 염려가 있음을 인식하면서 무모하게 한 작위 또는 부작위'란 손해발생의 개연성이 있다는 것을 알면서도 이를 무시하거나 손해가 발생하지 않을 수도 있다고 판단하였지만 판단 자체가 무모한 경우를 의미한다).

331) Entsheidungen des Bundesgerichitshofes in Zivilsachen, 74. Band, s. 162.

332) 이는 독일과 영미법계 국가의 입장이다(위 독일 판결 및 Ozcayir, Liability for Oil Pollution, p. 360 참조). 이에 반해 프랑스에서는 행위자가 아니라 통상의 주의력을 가진 자를 기준으로 해야 한다는 객관설의 입장을 취하고 있다(受川環大, 前揭論文, 28頁).

333) 동지: 김창준, 전게 "운송인의 책임제한 배제사유," 24쪽; 受川環大, 前揭論文, 28頁.

334) Griggs, Limitation of Liability, pp. 36-37.

염려가 있음을 인식해야 한다고 본다.

⒨「무모」한 행위   무모한 행위란 지나치게 사려 없이 손해를 회피하기 위한 조치를 취하지 아니한 채 한 작위 또는 부작위를 말한다. 앞서 본 바와 같이 손해발생의 염려가 있음을 인식했는지의 여부는 행위자를 기준으로 판단하여야 하므로, 여기의 무모한 행위란 행위자가 실제로 인식하고 있었던 손해발생의 개연성을 기초로 하여 행위자가 지나치게 사려 없이 그러한 손해를 회피하기 위한 조치를 취하지 아니한 채 한 작위 또는 부작위라고 할 수 있다.[335] 이러한 무모한 행위에는 손해발생의 염려가 있음을 인식하였음에도 불구하고 그러한 손해발생을 인용하면서 한 작위 또는 부작위(즉 미필적 고의)와 손해발생의 염려가 있음을 인식하였음에도 불구하고 주의의무를 현저히 결여하여 그러한 손해가 발생되지 않을 것이라고 섣불리 믿고 한 작위 또는 부작위(즉 인식 있는 중과실)가 포함된다고 본다.[336] 우리 대법원도 동일한 입장인 것으로 생각된다.[337]

⒝ 인식 있는 무모한 행위의 사례   선박소유자 등의 총체적 책임제한배제사유에 관한 사례는 아니나, 운송인의 개별적 책임제한배제사유가 문제된 사안에서 우리 대법원은 송하인의 동의 없이 운송물을 갑판적함으로써 운송물이 훼손된 것은 운송인의 인식 있는 무모한 행위로 인한 것이므로 운송인은 이에 대하여 책임을 제한할 수 없다고 판시한 원심법원의 판결을 인용하였다.[338]

한편 외국의 사례로는 법정 선원수에 미달하는 선원을 태운 선박소유자는 선원수 부족으로 인하여 사고가 발생할 개연성을 인식하면서 무모하게 행위를 한 것으로 보아야 한다고 판시한 프랑스 법원의 판결이 있다.[339] 또한 독일에서는 위

---

335) 동지: 김동훈, "개정해상법상 선주책임제한권의 상실사유," 한국해법회지, 제15권 제 1 호(1993. 12.), 121쪽.
336) 동지: 김동훈, 상게논문.
337) 대법원 2012. 4. 17. 2010마222결정('손해발생의 염려가 있음을 인식하면서 무모하게 한 작위 또는 부작위'란 손해발생의 개연성이 있다는 것을 알면서도 이를 무시하거나 손해가 발생하지 않을 수도 있다고 판단하였지만 판단 자체가 무모한 경우를 의미한다).
338) 전게 대법원 2006. 10. 26. 2004다27082 판결. 그러나 운송물을 송하인의 동의 없이 갑판적하였다고 하여 반드시 손해발생의 염려가 있음을 인식하였다거나 그 행위가 무모하다고 할 수는 없으며 구체적인 사안에 따라 이러한 책임제한배제사유의 요건이 충족되었는지를 검토하여야 한다고 본다(동지: 相原隆, 181頁; 김(인), (연구Ⅱ), 431쪽).
339) *The Heidberg* [1993] 2 Lloyd's Rep. 324. 위 판결에서 프랑스 법원은 책임제한배제의 다른 근거로 여론을 들었는데 이러한 법원의 입장은 한편으로는 책임한도액을 증액하는 동시에 책임제한이 배제되는 경우를 엄격히 함으로써 책임제한에 관한 확실성을 부여하기 위한 1976년 책임제한조약의 제정취지를 해친다는 비판이 있다(Richard Williams, "What limitation is there on the right to limit liability under the 1976 Limitation Convention?," The International Journal of Shipping Law, LLP

대법원 판결과 마찬가지로 송하인의 동의 없이 화물을 갑판적한 경우 또는 선박
이 항해일정을 준수하기 위해 악천후에도 불구하고 출항한 경우 등이 인식있는
무모한 행위에 해당할 수 있다고 한다.[340] 일본에서는 무모한 행위란 발생할 수
있는 손해의 중대성, 발생가능성의 정도, 행위자의 위험회피능력, 손해발생에 우
선해야할 다른 법익의 존재 등을 감안하여 통상인의 판단력을 기준으로 하여 객
관적으로 판단해야 하며 그 전형적인 예로는 태풍이 접근하는 데도 불구하고 선
박소유자가 완전히 노후화된 선박에 태풍대처능력이 없는 것이 명백한 선원이 승
선하고 있다는 것을 알면서 출항을 지시한 경우가 이에 해당된다는 견해가 유력
하다.[341]

4) 책임제한배제사유의 증명책임

책임제한배제사유는 청구인이 증명하여야 한다.[342] 이는 1976년 책임제한조
약의 해석상으로도 동일하다.[343]

5) 책임제한배제사유의 개별화

책임제한배제사유는 각 책임제한권자별로 판단한다.[344] 따라서 선박소유자,
용선자, 선박관리인, 선박운항자, 구조자 및 이들의 사용인 또는 대리인 등의 일부
에게 책임제한배제사유가 있다고 하더라도 나머지 책임제한권자는 책임제한을 주
장할 수 있다. 한편 책임보험자의 경우에는 책임제한배제사유는 피보험자를 기준
으로 판단한다.[345] 선박소유자 및 용선자가 모두 피보험자인 경우와 같이 피보험
자가 여럿이고 그 중 일부에게 책임제한배제사유가 있는 경우에는 누구에게 청구
가 행해졌는지에 따라 책임보험자가 책임제한을 주장할 수 있는 지의 여부가 결
정된다.

(Part 3, September 1997), pp. 123-124).

340) Pruessmann/Rabe, Seehandelsrecht, Kommentar, 3. Aufl. 1992, Sec. 607a Anm. E3f).

341) 稻葉, 116頁.

342) 동지: 정(찬), (하), 841쪽.

343) Griggs, *Limitation of Liability*, p. 39.

344) 정(찬), (하), 840쪽.

345) Griggs, *op. cit.*, p. 35.

5. 책임제한의 효력이 미치는 범위

(1) 선박소유자 등의 책임제한의 경우

1) 선박소유자 등의 책임한도액은 ① 여객의 사상으로 인한 인적 손해, ② 여객 이외의 사람의 사상으로 인한 인적 손해 및 ③ 그 밖의 손해별로 정하여 지는데(상 770조 1항), 선박소유자 등의 책임제한의 효력은 위 각 범주의 손해별로 미친다. 따라서 하나의 사고에 의해 두 가지 종류 이상의 손해가 발생한 경우에는 선박소유자 등은 각각의 손해에 대하여 별도로 정해진 책임한도액에 의한 책임을 부담한다.

2) 선박소유자 등의 책임제한의 효력은 선박과 사고별로 미친다. 즉 위 세 가지 범주의 손해별로 정해지는 각 책임한도액은 선박마다 동일한 사고에서 생긴 각 책임한도액에 대응하는 선박소유자에 대한 모든 채권에 미친다(상 770조 2항). 따라서 선박소유자 등은 선박과 사고별로 별도로 책임한도액에 의한 책임을 부담한다. 예컨대 선박소유자가 소유하는 두 척 이상의 선박이 손해를 발생시킨 경우에는 선박소유자는 각 선박별로 정해지는 책임한도액을 한도로 하여 책임을 부담한다.[346] 또한 동일한 선박이 두 개 이상의 사고를 발생시킨 경우에는 선박소유자는 각 사고별로 정해지는 책임한도액을 한도로 하여 책임을 부담한다.[347] 한편 두 개 이상의 사고가 시간적으로 인접하여 발생한 때에는 사회통념에 비추어 보아 하나의 원인에 의해 발생했다고 인정되는 경우에 이를 하나의 사고로 보아야 할 것이다.[348]

3) 한편 선박소유자 등의 책임제한의 효력은 책임제한권자별로 미치는 것이 아니라 동일한 사고로 인하여 책임을 부담하는 모든 책임제한권자에 미친다. 즉 동일한 사고에서 발생한 모든 채권에 대한 선박소유자 및 그 밖의 책임제한권자의 책임제한의 총액은 선박마다 상법 제770조의 책임한도액을 초과하지 못한다(상 774조 2항). 따라서 동일한 사고에 대한 가해자가 2명 이상인 경우에 이 가해자들은 각각 책임을 제한할 수 있으나 이 경우 피해자가 배상받을 수 있는 책임한도액은 가해자별로 여러 개의 책임한도액으로 정해지는 것이 아니라 모든 가해자들에 대해 하나의 책임한도액으로 정해지게 된다. 또한 선박소유자 또는 그 밖의 책임제한권자가 책임제한절차를 개시하면 다른 책임제한권자도 이를 원용할 수 있다(상

---

346) 예인선과 피예인선이 사고를 발생시킨 경우에 관하여는 526쪽 이하 참조.
347) 이것을 사고주의(事故主義)라고 한다는 점은 앞서 본 바와 같다.
348) 정(동), (하), 795-796쪽.

774조 2항 및 3항).

4) 또한 선박소유자 등의 책임제한의 효력은 동일한 사고에서 발생한 모든 채권에 미친다(상 774조 2항).

(2) 구조자의 책임제한의 경우

1) 구조선에 의한 구조

구조선에 의한 구조의 경우 구조자의 책임제한의 효력은 구조선과 사고별로 미친다. 즉 구조자의 책임한도액은 구조선마다 동일한 사고로 인하여 생긴 모든 채권에 미친다(상 775조 3항).

2) 구조선에 의하지 아니한 구조

구조선에 의하지 아니한 구조(구조를 받는 선박에서만 행한 구조 포함)의 경우에는 구조자의 책임한도액에 관하여 1,500톤의 선박에 의한 구조로 보는데(상 775조 2항), 이 경우 책임제한의 효력은 구조자별로 미친다. 즉 구조자의 책임한도액은 구조자마다 동일한 사고로 인하여 생긴 모든 채권에 미친다(동조 3항).

6. 책임한도액

(1) 책임제한권자별 책임한도액

1) 선박소유자 등의 책임한도액

가. 우리 상법은 앞서 본 바와 같이 손해의 종류에 따라 세 가지 범주로 나누어 책임한도액을 각각 별도로 정하고 있다. 이는 1976년 책임제한조약의 입장을 따른 것이다(동 조약 6조, 7조).

(개) 여객의 사상으로 인한 인적 손해(상 770조 1항 1호)

(ㄱ) 여객의 사망 또는 신체의 상해로 인한 손해에 관한 채권에 대한 책임의 한도액은 그 선박의 선박검사증서에 기재된 여객의 정원에 175,000 계산단위를 곱하여 얻은 금액으로 한다. 여기서 「계산단위」란 국제통화기금의 1 특별인출권(SDR)에 상당하는 금액을 말한다(상 770조 1항 1호). 1991년 상법은 여객의 사상으로 인한 손해에 대한 책임한도액을 1976년 책임제한조약에 따라 여객의 정원에 46,666 계산단위를 곱하여 얻은 금액과 2,500만 계산단위에 상당하는 금액 중 적은 금액으

로 하고 있었다(동 법 747조 1항 1호). 그러나 현행 상법은 1976년 책임제한조약에 대한 1996년 개정의정서의 내용을 수용하여 책임한도액을 대폭 인상하였으며 2,500만 계산단위라는 최고한도를 폐지하였다.[349] 이는 여객의 생명을 존중하는 세계적인 추세와 우리 해운산업의 국제적인 신뢰도를 높일 필요성이 있다는 점을 고려한 것이다.[350]

(ㄴ) 여기의 「여객」에는 여객운송계약에 따라 운송되는 여객과 물건운송계약에 의해 운송되는 차량이나 생동물 등의 물건을 관리하기 위하여 선박소유자 등의 허락을 얻어 승선하는 사람도 포함된다고 해석된다(1976년 책임제한조약 7조 2항 참조). 한편 화물선이 여객선과 충돌하여 발생한 손해에 대하여 화물선의 선박소유자 등이 책임을 제한하는 경우 상대선인 여객선에 승선하고 있었던 여객은 위에서 말하는 여객에 포함되지 아니한다.

(ㄷ) 선박검사증서는 여객의 정원 등을 기재하는 문서로서 해양수산부장관이 발행한다(선박안전법 8조 2항). 이와 관련하여 현행 상법은 선박검사증서가 없거나 그 유효기간이 도과한 경우에는 책임한도액을 어떻게 산정할 것인가에 관하여 아무런 규정을 두고 있지 아니하다.[351] 이는 입법의 불비인 것으로 생각된다.[352] 생각건대 이러한 경우에는 당해 선박에 대해 선박검사증서가 발행되었더라면 기재되었을 정원수를 기준으로 할 수밖에 없다고 본다. 한편 선박검사증서에 기재된 정원을 초과하여 여객을 운송하던 중에 사고가 발생한 경우에는 선박안전법 위반이 되나 이와는 별개로 선박소유자 등의 책임한도액은 여전히 선박검사증서에 기재된 정원을 기준으로 하여야 할 것이다.[353]

(ㄹ) 한편 우리 상법은 여객의 인적 손해에 관한 채권에 대하여 앞서 본 총체적

---

349) 다만 책임한도액의 급격한 인상에 따른 선박소유자의 부담을 경감해 주기 위해서 현행 상법 시행 후 3년간(즉 2011년 8월 3일까지) 발생한 사고에 대하여는 선박의 선박검사증서에 기재된 여객의 정원에 8만7천500 계산단위를 곱하여 얻은 금액을 그 책임한도액으로 하였다(상법 부칙 제 4조).

350) 상법 일부개정안 심사보고서, 법제사법위원회(2007. 7.), 24-25쪽.

351) 선박안전법상 선박검사증서를 소지하지 아니하고 선박을 운항하는 것은 금지되나(동 법 17조 1항), 이에 위반하여 선박을 운항하는 경우에 문제가 된다.

352) 1991년 상법상으로는 선박검사증서상의 정원에 따른 책임한도액을 정할 수가 없으면 책임한도액의 최고한도인 2,500만 계산단위가 책임한도액이라고 해석되고 있었다(정(동), (하 · 개), 769쪽; 최(기), (해), 80쪽).

353) 이 경우에는 각 여객이 배상받는 금액이 오히려 더 적게 되는 불합리가 발생한다. 따라서 입법론으로서 이러한 경우에는 실제로 승선한 정원수를 기준으로 책임한도액을 산정하도록 개정하는 것이 필요하다고 본다.

책임제한 이외에 여객 1인당 일정한 금액으로 책임을 제한할 수 있는 개별적 책임
제한제도는 채택하지 않고 있다.[354]

(나) 여객 이외의 사람의 사상으로 인한 인적 손해(상 770조 1항 2호)

(ㄱ) 여객 외의 사람의 사망 또는 신체의 상해로 인한 손해에 관한 채권에 대한
책임의 한도액은 그 선박의 톤수에 따라서 다음에 정하는 바에 따라 계산된 금액
으로 한다.[355]

a. 300톤 미만의 선박의 경우에는 167,000 계산단위에 상당하는 금액

b. 300톤 이상 500톤 이하의 선박의 경우에는 333,000 계산단위에 상당하는
금액

c. 500톤 이상 3,000톤 이하의 선박의 경우에는 위 b의 금액에 500톤을 초과
하는 부분에 대하여 매 톤당 500 계산단위를 곱한 금액을 가산한 금액

d. 3,000톤 이상 30,000톤 이하의 선박의 경우에는 위 c의 금액에 3,000톤을
초과하는 부분에 대하여 매 톤당 333 계산단위를 곱한 금액을 가산한 금액

e. 30,000톤 이상 70,000톤 이하의 선박의 경우에는 위 d의 금액에 30,000톤
을 초과하는 부분에 대하여 매 톤당 250 계산단위를 곱한 금액을 가산한 금액

f. 70,000톤 이상의 선박의 경우에는 위 e의 금액에 70,000톤을 초과하는 부
분에 대하여 매 톤당 167 계산단위를 곱한 금액을 가산한 금액

(ㄴ) 이처럼 500톤을 초과하는 선박의 경우에는 선박의 톤수에 따라 책임한도액
이 비례하여 증가하되 그 증가비율은 점차 감소하는 체감방식이 사용된다. 이는
대형 선박의 경우 책임한도액이 지나치게 다액으로 되어 사실상 책임제한을 부인
하는 것과 같은 결과가 되는 것을 막기 위한 것이다.[356]

(ㄷ) 「여객 이외의 사람」이란 여객 이외의 모든 사람으로서 환송객, 선박소유자
등의 사용인이 아닌 하역인부,[357] 충돌 상대선의 선원이나 여객, 그 밖의 육상의

---

354) 「1974년 아테네 해상여객 및 수하물운송조약(Athens Convention Relating to the Carriage of
Passengers and their Luggage by Sea, 1974)」은 여객운송인은 여객 1인당 46,666 SDR로 책임을 제
한할 수 있다고 규정하고 있으나(동 조약 7 조), 우리 상법은 이를 수용하지 않았다.

355) 1976년 책임제한조약에 대한 1996년 개정의정서는 여객 이외의 사람의 인적 손해에 대한 책임
한도액을 2,000톤 미만의 선박의 경우에는 200만 SDR, 2,001톤에서 30,000톤까지는 매 톤당 800
SDR을 추가하고, 30,001톤에서 70,000톤까지는 매 톤당 600 SDR을 추가하며, 70,000톤 이상은 매
톤당 400 SDR을 추가하는 것으로 개정하였다(동 의정서 6 조 1 항 (a)호).

356) 정(찬), (하), 844-845쪽.

357) 선박소유자 등의 사용인인 하역인부의 인적 손해에 관한 채권이 비제한채권이라는 점은 앞서
본 바와 같다(상 773조 1 호).

사람 등을 말한다.

⑵ 「선박의 톤수」는 국제항해에 종사하는 선박의 경우에는 선박법에서 규정하는 국제총톤수로 하고 그 밖의 선박의 경우에는 같은 법에서 규정하는 총톤수로 한다(상 772조).

㈐ 그 밖의 손해(상 770조 1항 3호)

위 ㈎와 ㈏ 이외의 손해에 관한 채권에 대한 책임한도액은 그 선박의 톤수에 따라서 다음에 정하는 바에 따라 계산된 금액으로 한다.[358]

㈀ 300톤 미만의 선박의 경우에는 83,000 계산단위에 상당하는 금액

㈁ 300톤 이상 500톤 이하의 선박의 경우에는 167,000 계산단위에 상당하는 금액

㈂ 500톤 이상 30,000톤 이하의 선박의 경우에는 위 ㈁의 금액에 500톤을 초과하는 부분에 대하여 매 톤당 167 계산단위를 곱한 금액을 가산한 금액

㈃ 30,000톤 이상 70,000톤 이하의 선박의 경우에는 위 ㈂의 금액에 30,000톤을 초과하는 부분에 대하여 매 톤당 125 계산단위를 곱한 금액을 가산한 금액

㈄ 70,000톤 이상의 선박의 경우에는 위 ㈃의 금액에 70,000톤을 초과하는 부분에 대하여 매 톤당 83 계산단위를 곱한 금액을 가산한 금액

나. 선박소유자 등은 동일한 사고로 인하여 앞서 본 세 가지 범주의 손해가 발생하게 되면 그러한 손해에 대응하는 위의 각 책임한도액으로 책임을 제한할 수 있다(상 770조 2항). 각 범주의 손해에 관한 채권은 그에 대응하는 책임한도액에 대하여 각 채권액의 비율로 경합한다(동 조 3항). 여객 이외의 사람의 인적 손해에 관한 책임한도액(위 ㈏의 책임한도액)이 그 채권의 변제에 부족한 때에는 그 밖의 손해에 관한 책임한도액(위 ㈐의 책임한도액)을 그 잔액채권의 변제에 충당한다. 이 경우 동일한 사고에서 인적 손해 이외의 그 밖의 손해도 발생한 때에는 그 손해에 관한 채권과 여객 이외의 사람의 인적 손해에 관한 잔액채권이 그 밖의 손해에 관한 책임한도액에 대하여 그 채권액의 비율로 경합한다(상 770조 4항).

---

358) 이 책임한도액은 대략 여객 이외의 사람의 인적 손해에 관한 책임한도액의 절반 정도에 해당한다. 한편 1976년 책임제한조약에 대한 1996년 개정의정서는 이러한 손해에 대한 책임한도액을 2,000톤 미만의 선박의 경우에는 100만 SDR, 2,001톤에서 30,000톤까지는 매 톤당 400 SDR을 추가하고, 30,001톤에서 70,000톤까지는 매 톤당 300 SDR을 추가하며, 70,000톤 이상은 매 톤당 200 SDR을 추가하는 것으로 개정하였다(동 의정서 6 조 1 항 (b)호).

2) 구조자의 책임한도액

가. 구조선에 의한 구조의 경우

구조자가 구조선을 이용하여 구조활동을 하고 구조활동과 관련하여 손해가 발생한 경우에는 앞서 본 선박소유자 등의 책임한도액과 동일하게 발생한 손해의 종류별로 구조선의 톤수에 따라 책임한도액이 정하여 진다(상 775조 1항). 구조자의 경우에는 그 성질상 여객의 인적 손해에 관한 책임한도액이 적용되지 아니한다(상 775조 1항).

나. 구조선에 의하지 아니한 구조의 경우

구조활동을 선박으로부터 행하지 아니한 구조자(예컨대 헬리콥터를 이용하여 구조활동을 한 구조자) 또는 구조를 받는 선박에서만 구조활동을 한 구조자는 책임한도액에 관하여 1,500톤의 선박에 의한 구조자로 본다(상 775조 2항). 따라서 이러한 구조자의 책임한도액은 인적 손해에 관하여는 833,000 계산단위[333,000+500,000{500×(1,500−500)}]이 되고, 그 밖의 손해에 관하여는 334,000 계산단위[167,000+167,000{167×(1,500−500)}]이 된다.

다. 구조활동 중의 일부만 구조선에 의한 경우

이러한 경우에는 구조선에 의한 구조활동과 그 이외의 구조활동 중 어느 쪽이 주도적이었는가에 따라 책임한도액을 정하고 이 점이 명확하지 아니하면 구조선에 의한 구조로 보아 책임한도액을 정한다고 하는 견해가 다수설이다.[359] 그러나 손해를 야기한 사고가 구조선에 의한 구조활동과 그 이외의 구조활동 중의 어느 하나만에 의해 발생한 경우에는 어느 구조활동이 주도적이었는지의 여부에 관계없이 사고를 야기한 구조활동에 해당하는 책임한도액에 따라 책임한도액을 정해야 할 것으로 본다. 다만 위 두 가지의 구조활동 모두가 사고 발생의 원인이 된 경우에는 다수설과 같이 주도적인 구조활동에 해당하는 책임한도액에 따라 책임한도액을 정하고 이 점이 명확하지 아니하면 구조선에 의한 구조로 보아 책임한도액을 정해야 한다고 본다.[360]

라. 구조자의 사용인 또는 대리인의 경우

우리 상법상 명문의 규정은 없지만 구조자의 사용인 또는 대리인도 구조자와

---

359) 손, (하), 748쪽; 정(동), (하), 799쪽; 정(찬), (하), 847쪽.

360) 일본에서는 이 경우에 구조선에 의한 구조활동에 관한 책임한도액과 그 이외의 구조활동에 관한 책임한도액 양자를 더한 것이 책임한도액이 된다는 견해가 있다(稻葉, 145頁).

마찬가지로 책임을 제한할 수 있다는 점은 앞서 본 바와 같다. 이들의 책임한도액
은 구조자의 책임한도액과 같다.

구조자와 그 사용인 또는 대리인이 동일한 사고에서 발생한 손해에 대하여
책임을 지는 경우에 이들의 책임한도액의 총액은 구조자의 책임한도액을 초과하
지 못한다(상 774조 2항의 유추 적용).

3) 책임보험자의 책임한도액

책임보험자의 책임한도액은 피보험자의 책임한도액과 동일하다.

(2) 반대채권의 공제

1) 선박소유자 등이 책임의 제한을 받는 채권자에 대하여 동일한 사고로 인하
여 생긴 손해에 관한 채권을 가지는 경우에는 그 채권액을 공제한 잔액에 한하여
책임의 제한을 받는 채권으로 한다(상 771조). 이는 1976년 책임제한조약 제 5 조에
따른 것이다. 이 규정의 취지는 동일한 사고로 인하여 선박소유자와 피해자가 서
로 채권을 가지고 있는 경우에 만일 선박소유자가 피해자의 채권에서 피해자에
대하여 가지고 있는 반대채권을 공제한 나머지 채권에 대하여 책임을 제한하지
아니하고 먼저 책임제한을 한 뒤 그 책임한도액에 대해 피해자에 대한 채권을 상
계하도록 하는 것은 형평에 반하기 때문이다. 즉 이 규정은 피해자(책임제한채권자)
를 보호하기 위한 규정이다.[361] [362]

2) 이처럼 책임제한을 하기 전에 공제해야 하는 반대채권은 동일한 사고로 인
하여 생긴 손해에 관한 채권에 한한다. 따라서 예컨대 구조자가 구조활동 중 피해

---

361) 예컨대 동일한 사고로 인하여 선박소유자가 피해자에 대하여 3억원의 채권을 가지고 있고 피해
    자는 선박소유자에 대하여 10억원의 채권을 가지고 있으며 선박소유자의 책임한도액이 5억원이
    라고 가정해 보면, 선박소유자가 먼저 책임제한을 한 다음 피해자에 대한 반대채권으로 상계를
    하게 되면 피해자는 2억원(책임한도액 5억원 - 반대채권액 3억원)을 배상받게 되나, 우리 상법의
    입장과 같이 선박소유자의 반대채권을 먼저 공제한 다음 선박소유자가 책임을 제한하게 되면
    피해자는 5억원(채권액 10억원 - 반대채권액 3억원=7억원. 이에 대해 책임제한을 하면 책임한도
    액 5억원)을 배상받게 된다. 즉 상법의 입장에 의할 때 피해자(채권자)가 보호되는 결과가 된다.
362) 우리 상법의 규정에 의할 때 쌍방 과실로 인한 선박충돌로 인하여 양 선박의 선박소유자가 서
    로 상대방 선박의 소유자에 대하여 손해배상채권을 가지는 경우에 상호간의 채권을 공제한 잔
    액에 관하여 책임제한을 할 수 있다. 쌍방 과실로 인한 선박충돌에 관하여는 상호간의 채권을
    공제한 잔액에 관하여 하나의 손해배상청구권이 발생한다는 단일책임설과 상호간에 손해배상
    청구권이 발생한다는 교차책임설이 대립되고 있고 교차책임설이 통설인데, 위 상법 규정에 의
    하면 단일책임설을 취한 것과 동일한 결과가 된다. 그러나 위 상법 규정이 단일책임설을 취한
    것인가 하는 점에 관하여는 견해의 대립이 있다(545쪽 이하 참조).

자에게 손해를 입힌 경우에 구조자가 피해자에게 갖고 있는 구조료 청구권은 동일한 사고로 인하여 생긴 손해에 관한 채권이 아니므로 이 구조료 청구권은 구조자가 책임제한을 하기 전에 공제되는 것이 아니라 책임제한을 한 다음 책임한도액과 상계될 수 있다.[363]

　　앞서 본 책임제한권자별 책임한도액을 표로 정리하면 밑의 표와 같다.

책임제한권자별 책임한도액 (단위: SDR)

책임제한권자	선박의 톤수 (국제총톤수 또는 총톤수)	여객 이외의 사람의 사상으로 인한 인적 손해 (상 770조 1항 2호)	물적 손해 (상 770조 1항 3호)	여객의 사상으로 인한 인적 손해 (상 770조 1항 1호)
·선박소유자 등 (상 769, 774 ①) ·구조선에 의한 구조자(상 775 ①)	300톤 미만	167,000	83,000	선박검사 증서에 기재된 여객정원 ×175,000 (다만 2011. 8. 3.까지 발생한 사고에 대하여는 87,500)
	300톤~500톤 미만	333,000	167,000	
	500톤~3,000톤 미만	333,000+(톤수-500) ×500	167,000+(톤수-500)×167	
	3,000톤~30,000톤 미만	1,583,000+(톤수-3,000)×333		
	30,000톤~70,000톤 미만	10,574,000+(톤수-30,000)×250	5,093,500+(톤수-30,000)×125	
	70,000톤 이상	20,574,000+(톤수-70,000)×167	10,093,500+(톤수-70,000)×83	
구조선에 의하지 아니한 구조자 (상 775 ②)		833,000(333,000+1,000 톤×500)	334,000(167,000+1,000톤×167)	해당 없음
책임보험자	피보험자와 동일			

7. 책임제한절차

(1) 총   설

　　선박소유자 등의 총체적 책임제한제도의 실현방법으로는 책임제한절차에 관한 특별법령에 따라서 책임제한기금을 형성해 놓은 경우에만 책임제한을 주장할 수 있도록 하는 입법례와 그러한 특별법령 없이 통상 소송에 있어서의 책임제한

---

363) Griggs, *Limitation of Liability*, pp. 42-43.

의 항변을 허용하는 입법례가 있는데,[364] 영국, 미국, 프랑스, 일본 등 많은 해운선 진국들은 선주책임제한절차에 관한 별도의 특별법령을 마련하고 있다. 그 이유는 선박소유자 등의 책임제한제도가 해운업의 보호라는 입법정책적 배려에서 선박소 유자 등의 손해배상책임을 일정한 한도로 제한할 수 있도록 허용함으로 인하여 채권자들에게 이에 상응하는 재산적 손해의 부담을 강요하는 제도이므로 책임제 한을 인정하는 전제조건으로서 적어도 법정의 책임제한기금을 먼저 형성하도록 하는 것이 채권자 · 채무자간의 공평한 대우에 합당하기 때문이다. 뿐만 아니라 선 박사고는 통상 다수의 인적 · 물적 이해관계인들의 채권이 경합하는 경우가 많으 므로 이러한 경우에 법정 책임제한기금이라고 하는 특별 단위의 재산에 대한 일 종의 특별청산절차에 따라 일괄처리하게 하는 것이 소송경제에도 기여하게 된다. 그리고 선박소유자 등의 입장에서 보더라도 위와 같이 법정 책임제한기금을 형성 하면 당해 사고에 이해관계 있는 모든 채권자들은 그 기금에 대해서만 권리행사 를 할 수 있고 선박소유자 등의 선박 기타의 재산에 대한 압류 등 권리행사를 할 수 없게 되므로 선박소유자 등이 안심하고 해상기업 활동을 계속할 수 있다는 장 점이 있기 때문이다.

우리 상법은 후자의 입법례에 따라 제776조 제 1 항에서 책임을 제한하고자 하는 자는 채권자로부터 책임한도액을 초과하는 서면에 의한 청구를 받은 날부터 1년 이내에 법원에 책임제한절차개시의 신청을 하여야 한다고 규정하는 한편 같 은 조 제 2 항에서 책임제한절차의 구체적인 내용은 별도의 법률로 정하도록 규정 함으로써 선박소유자 등의 책임제한절차에 대한 근거규정을 마련하고 있다. 이에 따라 1991년 12월 31일 선박소유자 등의 책임제한절차에 관한 법률(이하 「책임제한절 차법」)이 제정되어 1993년 1월 1일부터 시행되고 있다. 한편 책임제한절차 사건에 는 책임제한절차법 이외에 민사소송법과 민사집행법의 규정이 준용된다(책임제한절 차법 4조).

책임제한절차는 크게 보아 절차의 개시, 절차에의 참가(제한채권의 신고), 제한채 권의 조사와 확정, 책임제한기금의 배당으로 구성된다. 아래에서는 이러한 책임제 한절차에 관하여 간단히 살펴보기로 한다.[365]

---

364) 1976년 책임제한조약은 책임제한제도의 실현방법에 관하여 각국의 국내법에 맡기고 있다(동 조 약 10조 참조).

365) 우리 책임제한절차법은 일본의 선박소유자등의 책임제한에 관한 법률(船舶の所有者等の責任制限 に關する法律)을 많이 참조하여 입법화하였는데, 본서의 책임제한절차에 관한 부분은 時岡 泰 ·

(2) 책임제한절차의 개시

1) 절차개시의 신청

가. 신청권자

㈎ 책임제한절차개시신청을 할 수 있는 자는 상법 제769조, 제774조 제 1 항 및 제775조의 규정에 따라 책임을 제한할 수 있는 선박소유자 등, 구조자 및 이들의 사용인 또는 대리인이다. 이들 책임제한권자는 단독으로 책임제한절차개시신청을 할 수도 있고 공동으로 신청할 수도 있다. 이미 어떠한 신청권자에 의하여 책임제한절차개시신청이 행해진 경우에도 다른 신청권자는 절차개시신청을 할 수 있다. 이 경우 어느 한 신청에 대하여 책임제한절차개시결정이 내려지면 나머지 신청은 그 이익이 없기 때문에 각하될 것이다.

㈏ 한편 선박공유자는 단독으로 책임제한절차개시신청을 할 수 있다고 해석된다.366) 상법상 선박공유자는 선박의 이용에 관하여 생긴 채무에 대하여 자기 지분의 가격에 따라 선박의 이용에 관하여 생긴 채무를 변제할 분할채무를 지게 되는 바(상 757조), 책임제한절차법에 따른 책임제한은 하나의 사고로 인하여 생긴 제한채권의 전체에 대하여만 허락되기 때문에 공유자의 1인이 책임제한절차개시신청을 하는 경우에도 선박공유자는 책임한도액 전액에 상당하는 기금을 형성하여야 한다.367) 이 경우 다른 공유자는 수익채무자368)가 되어 책임제한의 이익을 받게 될 것이며 신청인은 추후 다른 공유자에 대하여 그 지분의 가격에 상응하는 부담부분의 상환을 청구할 수 있다.

나. 신청기간

절차개시의 신청은 채권자로부터 책임한도액을 초과하는 청구금액을 명시한 서면에 의한 청구를 받은 날부터 1년 이내에 하여야 한다(상 776조 1항). 이 기간을 도과하면 신청이 각하된다(책임제한절차법 17조 1호). 여기서 채권자로부터 책임한도액을 초과하는 서면 청구를 받지 아니한 경우에도 신청인이 책임제한절차개시의 신청을 할 수 있을 것인가 하는 점이 문제가 된다.369) 생각건대 문리해석에 의하

谷川 久・相良朋紀, "逐條 船主責任制限法, 油濁損害賠償保障法"(商事法務研究會, 昭和 54年) 및 稲葉, 威雄・寺田逸郎 "船舶の所有者等の責任制限に關する法律の解説"(法曹會, 平成 元年)을 주로 참조하였다.

366) 일본 선박소유자 등의 책임제한에 관한 법률은 제17조에서 이를 명문으로 인정하고 있다.

367) 稲葉, 196-197頁.

368) 동일한 사고에 관하여 책임제한을 할 수 있는 신청인 이외의 자를 수익채무자라 한다. 책임제한절차법 제 9 조 제 2 항 제 8 호 참조.

면 상법 제776조 제 1 항에서 규정하고 있는 「채권자로부터 책임한도액을 초과하
는 서면 청구를 받은 날부터 1년」이란 책임제한절차개시의 신청을 할 수 있는 시
기와 종기를 규정한 것으로 보는 것이 타당하다.[370] 또한 이와 같이 해석하는 것
이 청구를 할 준비가 되어 있지 아니하여 서면 청구를 하지 않고 있는 채권자를
보호하는 것이 된다. 따라서 채권자로부터 서면 청구를 받지 아니한 경우에는 신
청인이 책임제한절차개시의 신청을 할 수 없다고 본다.[371]

다. 소　명

신청인은 책임제한절차개시의 신청을 하는 때에는 사고를 특정함에 필요한
신청의 원인사실 및 이로 인하여 발생한 상법 제770조 제 1 항 각호의 구별에 의한
제한채권(그 원인사실이 발생한 이후의 이자나 지연손해금 또는 위약금 등의 청구권은 제외)의
각 총액이 이에 대응하는 각 책임한도액을 초과함을 소명하여야 한다(책임제한절차
법 10조). 이는 신청의 남용을 방지하기 위한 것이다.

라. 책임제한사건의 관할법원

⑺ **전속관할**　　책임제한사건은 책임을 제한할 수 있는 채권(이하 「제한채권」)
이 발생한 선박의 선적소재지, 신청인의 보통재판적소재지, 사고발생지, 사고 후
에 사고선박이 최초로 도달한 곳 또는 제한채권에 기하여 신청인의 재산에 대한
압류 또는 가압류가 집행된 곳을 관할하는 지방법원의 전속관할에 속한다(책임제한
절차법 2조). 즉 책임제한사건의 사물관할은 지방법원에 속하고 토지관할은 선박의
선적소재지, 신청인의 보통재판적소재지 등을 관할하는 법원들에 경합적으로 속

---

369) 뒤에서 살펴보는 바와 같이 책임제한기금을 공탁할 때 책임한도액과 이에 대한 사고발생일 그
밖에 법원이 정하는 날로부터 연 6푼의 비율에 의한 이자도 함께 공탁하여야 하므로(책임제한
절차법 11조 1 항), 책임제한권자로서는 이자의 부담을 피하기 위하여 신속히 책임제한절차를
개시할 실익이 있다. 다른 한편 책임제한절차가 개시되면 법원이 정하는 신고기간 내에 채권을
신고해야 하고 그 신고기간은 절차개시 결정일로부터 30일 이상 90일 이내의 비교적 짧은 기간
이 되므로(책임제한절차법 20조 1 호), 아직 채권을 신고할 준비가 되어 있지 아니한 상태에서
책임제한절차가 개시되는 것은 채권자에게 불이익을 줄 수가 있다.
370) 책임제한절차개시의 신청기간에 관한 상법 제776조 제 1 항과 유사한 규정형식을 가지고 있는
것은 항소기간에 관한 민사소송법 제396조 제 1 항인데, 이 조항은 「항소는 판결서가 송달된 날
부터 2주 이내에 하여야 한다. 다만, 판결서 송달 전에도 할 수 있다」고 규정하고 있다. 위 조항
에서 특별히 단서로서 판결서 송달 전에도 항소를 할 수 있다고 규정한 것은 본문만 있는 경우
항소는 판결서가 송달된 이후에야 할 수 있다고 해석되기 때문이다. 그러므로 위 단서와 같은
규정이 없는 상법 제776조 제 1 항의 해석으로는 서면 청구를 받은 날 이후에야 책임제한절차개
시의 신청을 할 수 있다고 해석하는 것이 타당하다고 본다.
371) 그러므로 단순히 장래의 손해배상을 위한 보증장(letter of undertaking)을 요구하는 것은 이러한
서면 청구에 해당하지 아니한다고 본다(동지: 서(동), 실무해상법, 142쪽).

한다. 전속관할이 경합하여 인정되는 것은 예외적이기는 하나 개개의 사건의 사정
에 따라 적절한 관할을 정하기 위한 예외인 것으로 해석된다. 이처럼 책임제한사
건의 관할은 전속관할이므로 합의관할이나 응소관할이 생길 여지가 없다. 다만 뒤
에서 살펴보는 바와 같이 전속관할임에도 불구하고 관할이 없는 다른 법원으로의
이송이 허용된다(책임제한절차법 3 조).

(내) 개별적 토지관할

(ㄱ) 선적소재지   선적항의 소재지를 책임제한사건의 전속관할 중의 하나로
한 이유는 선적항이 당해 선박의 영업의 본거지로서 당해선박에 대해 가장 밀접
한 관계를 갖는다는 점을 고려한 것이다.[372]

(ㄴ) 신청인 보통재판적소재지   신청인의 보통재판적은 민사소송법 제 2 조 내
지 제 6 조에 의하여 정하여진다(책임제한절차법 4 조).

(ㄷ) 사고발생지   책임제한절차법상의 사고발생지에 손해발생의 원인되는
사실이 발생한 곳뿐만 아니라 손해의 결과가 발생한 곳까지 포함하는가 하는 점
이 문제가 된다. 책임제한절차법에서는 사고발생지의 의미에 관하여 명확하게 규
정하고 있지 아니하는바, 우리 대법원 판례상 행동지뿐만 아니라 손해의 결과가
발행한 곳도 불법행위지에 포함되어 준거법 및 관할의 기준이 된다는 점[373]을 고
려해 볼 때, 책임제한절차법상의 관할의 기준인 사고발생지의 의미도 결과발생지
까지 포함하는 것으로 보는 것이 타당할 것이다.[374]

(ㄹ) 사고 후에 사고선박이 최초로 도달한 곳   사고 후에 사고선박이 최초로 도
달한 곳은 사실관계에 관한 증거의 확보가 용이하므로 책임제한사건의 관할을 인
정하였다.

(ㅁ) 제한채권에 기하여 신청인의 재산에 대한 압류 또는 가압류가 집행된 곳   압류
또는 가압류될 수 있는 신청인의 재산소재지가 아니라 실제로 신청인의 재산에
대하여 압류 또는 가압류 집행이 된 곳을 의미한다는 점은 법문상 명백하다. 한편
뒤에서 살펴보는 것처럼 책임제한절차의 개시신청은 상법 제769조 제 1 항 각호의

---

372) 일본의 선박소유자 등의 책임제한에 관한 법률은 관할법원은 가능한 한 명확한 것이 바람직하
　　다는 이유로 일본에 선적항을 갖는 선박이 관계된 책임제한사건은 모두 선적항을 관할하는 법
　　원의 전속관할로 하고 있으며, 선적항이 없는 소형선박이 관계된 책임제한사건에 한하여 우리
　　책임제한절차법과 같이 신청인의 보통재판적소재지, 사고발생지 등을 관할하는 법원의 전속관
　　할로 하고 있다.

373) 대법원 1983. 3. 22. 82다카1533사건 판결 등 참조.

374) 다만 이에 대하여는 반대의 견해가 있다(최(기), (해), 94쪽 참조).

1에 해당하는 제한채권별로 할 수도 있는 바, 이 경우에 같은 법 같은 조 다른 호의 제한채권에 기하여 신청인의 재산이 압류 또는 가압류되었다고 하더라도 그곳에는 관할이 인정되지 않는다.

⒟ **관할 위반**　관할권의 유무는 법원의 직권조사사항으로서 책임제한절차 개시 요건의 존부의 심리에 앞서 우선적으로 심리된다. 토지관할결정의 기준 시기는 책임제한절차개시신청을 한 때이다(책임제한절차법 4조, 민소 33조). 다만 관할위반이 있더라도 이송결정을 하기 전까지 관할이 생기면 하자는 치유된다.

관할권이 없다고 인정되면 법원은 결정으로 사건을 관할법원으로 이송하여야 한다. 이송은 직권으로 행해지고 이해관계인들은 이송의 신청권이 없다. 따라서 이들 이해관계인들이 하는 이송의 신청은 단지 직권발동을 촉구하는 데에 불과하다.[375)]

또한 관할권이 없는 법원이 한 책임제한절차에 관한 재판은 당연무효로 되는 것이 아니고, 불복신청이 허락되는 경우에 한하여 즉시항고에 의하여 취소된다(책임제한절차법 6조). 따라서 즉시항고가 인정되지 아니하는 경우에는 비록 관할권이 없는 법원이 한 재판이라도 그 효력을 부인할 수 없게 된다. 뒤에서 살펴보는 바와 같이 책임제한절차개시신청을 받은 법원은 잠정처분으로서 강제집행 등의 정지를 명할 수 있는바(책임제한절차법 16조 1항), 이 재판에 대하여는 불복이 허용되지 않으므로 관할권이 없는 법원이 한 잠정처분이라도 효력을 부인할 수가 없다. 다만 법원은 직권으로 위 잠정처분을 변경 또는 취소할 수 있으므로(동조 2항), 이러한 직권변경, 취소조항에 따라 문제를 해결할 수 있을 것이다.

⒠ **책임제한사건의 재량이송**　책임제한사건의 관할은 전속관할임에도 불구하고 개별적인 사정에 맞추어 적절한 관할권이 행사되도록 하기 위하여 재량이송이 허용된다. 즉 법원은 현저한 손해 또는 지연을 피할 필요가 있는 경우 재량으로 책임제한사건을 다른 법원으로 이송할 수 있다(책임제한절차법 3조). 따라서 신청인 또는 제한채권자가 그 권리를 행사하는데 현저한 불이익을 받는 경우에는 법원의 재량이송이 허용된다. 예컨대 제한채권자의 대부분이 한 지방에 소재지를 두고 있는 경우에는 비록 관할권이 없더라도 제한채권자의 소재지를 관할하는 법원으로 이송하는 것이 적절할 것이다. 또한 동일한 사고로 인한 책임제한사건이 여러 법원에 나뉘어 계속 중인 경우에도 동일한 법원으로 사건을 모아 통일적으로

375) 이 점은 민사소송법의 원칙과 동일하다.

처리하는 것이 상당할 것이다. 이는 유배법이 적용되는 유조선과 일반 선박이 충돌한 경우와 같이 동일한 사고에 관하여 책임제한절차법상의 책임제한사건과 유배법상의 책임제한사건이 별개의 법원에 계속하는 경우에도 마찬가지이다.

책임제한절차법은 이러한 목적을 달성하기 위하여 법원이 책임제한사건을 재량 이송하는 경우에는 반드시 관할이 경합하는 다른 법원으로만 이송할 것을 요구하지 아니하고, 관할권이 없는 제한채권자의 보통재판적소재지 법원이나 동일한 사고로 인하여 생긴 유류오염손해에 관한 책임제한사건이 계속하는 법원으로도 이송할 수 있도록 규정하고 있다(책임제한절차법 3조).

㈒ 기타 사항   신청인은 상법 제769조 제 1 항의 각호의 1에 해당하는 제한채권, 즉 인적 손해 또는 물적 손해에 관한 채권 중의 어느 한 채권에 대하여만 책임제한절차개시신청을 할 수도 있다.[376] 한편 신청인이 책임제한절차개시를 신청하였다고 하여 신청인이 손해배상책임을 인정한 것으로 되지는 아니한다.[377] 신청이 있으면 법원은 절차개시의 요건의 존부에 대하여 심사를 하게 되는 바, 책임제한절차에 관한 재판은 변론 없이 할 수 있으며 법원은 직권으로 책임제한사건에 관하여 필요한 조사를 할 수 있다(책임제한절차법 5조). 또한 신청인은 책임제한절차의 비용 등으로 법원이 정하는 금액을 예납하여야 하는데(책임제한절차법 89조), 실무에서는 법원은 책임제한절차개시의 신청이 있으면 신청인에게 비용예납명령을 내리고 비용이 예납되면 신청에 대하여 심리를 진행한다.

2) 강제집행절차 등의 정지명령

법원은 심사 중에 신청인 또는 수익채무자의 신청에 의하여 책임제한절차개시의 결정이 있을 때까지 제한채권에 기하여 신청인 또는 수익채무자의 재산에 대하여 진행 중인 강제집행, 가압류, 가처분 또는 담보권 실행으로서의 경매절차의 정지를 명할 수 있다(책임제한절차법 16조). 원칙적으로는 책임제한절차개시신청만으로는 제한채권자의 지위에 어떠한 영향도 미치지 아니한다. 그러나 신청시부터 개시결정까지 반드시 시간적 간격이 생길 수밖에 없기 때문에 그 동안에 강제집

---

376) 책임제한절차법 제31조의 유추 해석.

377) 책임제한절차법은 이 점에 관한 명문의 규정을 두고 있지 아니하나, 만일 이와 달리 해석한다면 선박소유자 등이 손해배상책임을 부인하는 경우에는 책임제한절차를 개시할 수가 없게 되고 책임제한절차를 개시할 수 있는 1년의 기간이 도과한 후에 손해배상책임이 인정되는 경우에는 선박소유자 등으로부터 책임을 제한할 수 있는 기회를 박탈하는 것이 되므로 불합리하다. 1976년 책임제한조약은 제 1 조 제 7 항에서 이 점을 명시적으로 규정하고 있다.

행 등의 절차가 진행되면 신청인이나 수익채무자에게 불필요한 손해를 끼치고 또
한 채권자 간의 공평을 해칠 우려가 있다. 따라서 책임제한절차법은 개시결정전이
라도 필요가 있는 때에는 법원이 진행 중인 강제집행 등의 정지를 명할 수 있도록
규정하였다. 실제적인 문제로서, 책임제한절차개시의 신청 전에 제한채권자가 채
무명의를 얻는 경우는 드물 것이기 때문에 제한채권에 기해 강제집행이 진행되는
예는 거의 없을 것이다. 또한 가압류·가처분제도의 밀행성에 비추어 보아 가압
류·가처분의 정지명령이 실익이 있을 만한 단계에서 선박소유자 등이 가압류나
가처분이 진행되고 있다는 사실을 알 수 있는 경우가 거의 없을 것이다. 결국 위
정지명령은 제한채권자가 선박우선특권이나 저당권 등에 기해 경매절차를 진행하
는 경우에 실효성이 있는 제도가 될 것이다. 다만 법원은 강제집행 등의 절차를
정지하는데 그치고 이미 행해진 절차를 취소할 수는 없다. 또한 법원은 직권 또는
당사자의 신청에 의하여 위 정지명령을 변경 또는 취소할 수 있다. 즉 법원은 정
지명령의 필요가 없거나 정지명령이 상당하지 않다고 인정하는 경우에는 이미 내
린 정지명령의 변경 또는 취소를 할 수 있다. 이 경우 반드시 정지명령을 한 후에
사정변경이 있어야 하는 것은 아니고 정지명령을 내릴 당시부터 정지명령이 부당
한 경우에도 정지명령의 변경 또는 취소를 할 수가 있다.

3) 신청의 각하·기각

법원은 ① 책임제한절차개시의 신청이 상법 제776조 제 1 항의 기간을 도과한
때, ② 신청인이 파산선고를 받은 때, ③ 절차비용의 예납이 없는 때 및 ④ 신청인
이 책임한도액의 공탁명령을 이행하지 아니한 때에는 신청을 각하하여야 한다(책
임제한절차법 17조). 한편 법원은 상법 제770조 제 1 항 각호의 구별에 의한 제한채권
의 각 총액이 이에 대응하는 각 책임한도액을 초과하지 아니함이 명백한 때 및 채
권에 대해 책임을 제한할 수 없는 때(상법 769조 단서의 책임제한배제사유가 있거나 773조
각 호의 비제한 채권에 해당한 때)에는 신청을 기각하여야 한다(책임제한절차법 18조).

4) 책임제한기금의 형성

가. 신청인이 책임제한의 이익을 향유하는 전제조건으로서 책임제한액에 상
당하는 기금을 형성시켜 놓는 것이 형평의 견지에서 타당하기 때문에 책임제한절
차법은 법원이 책임제한절차개시의 신청이 상당하다고 인정하는 때에는 신청인에
대하여 14일을 넘지 아니하는 일정한 기일에 책임한도액에 상당하는 금액 및 이에

대한 사고발생일 기타 법원이 정하는 기산일부터 공탁지정일까지 연 6푼의 비율에 의한 이자를 법원에 공탁할 것을 명하도록 규정하고 있다(책임제한절차법 11조 1항). 이 경우에 책임한도액에 상당하는 금액은 공탁지정일에 가장 가까운 날에 공표되어 있는 국제기금의 특별인출권(SDR)에 대한 한화표시금액에 의하여 산정한다(책임제한절차법 11조 2항). 현금을 공탁하는 것이 원칙이지만 책임한도액이 다액인 경우에는 현금의 조달이 곤란한 경우가 예상되고, 또한 다액의 현금이 일정기간 묶이는 결과를 회피하기 위하여 신청인은 법원의 허가를 얻어 공탁보증서를 현금의 전부 또는 일부의 공탁에 갈음할 수 있다. 이 경우 신청인은 공탁보증인의 공탁이행능력이 충분함을 소명하여야 하며, 법원이 공탁보증을 허가한 후에는 공탁보증인은 공탁보증계약을 법원의 허가 없이 변경 또는 취소하지 못한다. 공탁보증인은 통상 은행법상의 은행이나 보험업법상의 보험사업자가 될 것이나 외국의 보험사업자 또는 선주상호보험조합(소위 P&I Club)도 이러한 공탁보증인이 될 수가 있다. 다만 외국의 공탁보증인은 국내에 송달을 받을 장소와 송달영수인을 정하여 법원에 신고하여야 한다(책임제한절차법 13조 8항). 법원은 책임제한기금을 배당하여야 하거나 기타 필요한 경우에는 공탁보증인에게 책임한도액에 상당하는 금액 및 연 6푼의 비율에 의한 이자를 법원에 공탁할 것을 명한다(책임제한절차법 14조 1항).

　　나. 공탁명령에 따라 신청인 또는 공탁보증인이 공탁한 금액 및 이에 대한 이자는 책임제한기금을 형성하게 된다. 이러한 책임제한기금은 신청인의 재산이기는 하나 일종의 특별재산이기 때문에 책임제한절차가 속행되는 한 신청인에 대한 다른 채권자는 이에 대하여 권리를 행사할 수가 없고 오로지 제한채권자만이 이로부터 변제를 받을 권리가 있다.[378] 신청인이 파산선고를 받아도 기금이 당연히 파산재단에 속하는 것은 아니고 후술하는 바와 같이 책임제한절차를 속행하는 것이 파산채권자를 현저히 해할 염려가 있는 경우에 한하여 책임제한절차가 폐지되고 책임제한기금은 파산재단에 편입되게 된다.

5) 책임제한절차개시결정 및 그 효과

가. 책임제한절차개시결정

　　(가) 법원은 공탁명령에 따라 현금이 공탁되거나 또는 공탁보증서가 제출되면 책임제한절차개시결정을 한다. 책임제한절차는 개시결정이 있는 때부터 그 효력

---

378) 稻葉, 265頁.

이 생긴다. 법원은 책임제한절차개시결정과 동시에 관리인을 선임하고 제한채권의 신고기간 및 조사기일을 정하여 이를 공고함과 동시에 알고 있는 제한채권자 등에게 송달하여야 한다(책임제한절차법 19조 내지 21조).

(나) 관리인은 반드시 설치해야 하는 필요적 기관으로서 법원의 감독을 받는다(책임제한절차법 35조). 그 직무내용은 제한채권의 조사기일에 있어서의 의견의 진술, 사정의 재판을 위한 조사 및 의견의 진술, 사정의 재판에 대한 이의의 소의 피고로 된 경우에는 그 소송의 수행, 배당의 실시 등이다(책임제한절차법 58조, 59조 2항 등).

나. 책임제한절차 개시결정의 효과

(가) 절차개시결정이 있으면 공탁된 금전 및 그 이자는 책임제한기금을 형성하고 제한채권자는 기금으로부터만 지급을 받을 수가 있고 기금 이외의 신청인 또는 수익채무자의 재산에 대하여 그 권리를 행사할 수가 없다(책임제한절차법 27조).[379] 또한 제한채권자는 제한채권으로 신청인 또는 수익채무자의 책임제한절차와 관계없는 채권과 상계하지 못한다(책임제한절차법 28조). 이는 책임제한절차개시 전에 이미 상계적상에 있었어도 마찬가지이다. 다만 신청인 또는 수익채무자가 제한채권자에 대하여 갖는 동일한 사고로 인한 손해와 관련된 채권은 공평의 견지에서 예외적으로 상계가 허용된다. 위와 같은 책임제한절차개시의 효과가 인정되는 것은 책임제한기금의 형성이 제한채권에 대한 일종의 변제방법이기 때문이다.[380] 그러나 신청인 또는 수익채무자가 제한채권자에 대하여 임의변제하는 것은 금지되지 않는다.

(나) 또한 책임제한절차개시 전에 신청인 또는 수익채무자를 상대로 이미 개시된 제한채권에 기한 별도의 소송(절차 외 소송)과 별도의 집행은 원칙적으로 당연히 중단·정지 또는 실효되지는 아니한다. 다만 절차 외 소송의 경우 신청인 또는 수익채무자는 책임제한절차가 개시되었다는 항변을 제기할 수가 있다. 이 항변이 인용되는 경우에는 법원은 책임제한절차가 폐지되는 것을 조건으로 하는 조건부이행판결을 하게 될 것이다. 그러나 이러한 책임제한절차개시의 항변을 하지 아니한 채 절차 외 소송에서 신청인 또는 수익채무자가 패소하여 그 판결이 확정된 경우에는 판결의 기판력에 의하여 신청인 또는 수익채무자는 책임제한의 효과를 주장

---

379) 앞서 본 바와 같이 상법도 책임제한권자 중의 1인이 책임제한절차개시의 결정을 받은 때에는 책임제한을 할 수 있는 다른 자(즉 수익채무자)도 이를 원용할 수 있다고 규정한다(상 774조 3항).

380) 小町谷操三, "船舶所有者等の責任の制限に關する法律について," 民商法雜誌 '76 74-2-36, 218頁.

하지 못한다(책임제한절차법 29조 2항, 민집 44조 2항). 한편 제한채권자가 책임제한절차에 참가한 경우에는 제한채권자는 법원에 절차 외 소송의 중지를 신청할 수 있다(책임제한절차법 61조).

(다) 그리고 제한채권자가 기금 이외의 신청인 또는 수익채무자의 재산에 대하여 강제집행 또는 담보권을 실행하는 경우에는 통상 집행채권 또는 피담보권이 제한채권인지의 여부가 명확하지 않기 때문에[381] 신청인 또는 수익채무자가 강제집행에 대한 이의의 소 및 담보권실행에 대한 이의의 소를 제기하여 그 소송에서 집행채권 또는 피담보채권이 제한채권임이 확정된 뒤에야 그 집행 또는 담보권의 실행이 불허되게 된다(책임제한절차법 29조, 30조). 이러한 이의의 소가 인용되는 경우에는 이미 집행된 집행행위 또는 담보권실행행위는 취소되고 장래의 강제집행 또는 담보권의 실행도 책임제한절차가 폐지되는 것을 해제조건으로 불허되게 된다.[382] 또한 이러한 이의의 소에는 민사집행법 제46조와 제47조의 잠정처분에 관한 규정이 준용되어 법원은 판결 시까지 강제집행이나 담보권실행의 정지를 명하는 잠정처분을 할 수가 있다(책임제한절차법 30조 3항).[383] 따라서 강제집행 또는 담보권 실행으로 선박소유자 등의 선박이 압류된 경우 선박소유자 등은 민사집행법 제46조에 따라 집행이나 담보권 실행의 정지를 명하는 결정을 받고, 압류채권자 및 배당요구를 한 채권자의 채권과 집행비용을 공탁하여 강제집행 또는 담보권 실행절차를 취소함으로써 선박의 압류를 해제할 수 있다(민집 181조 참조).

(라) 또한 제한채권자가 신청인 또는 수익채무자의 재산에 가압류·가처분을 한 후에 책임제한절차개시결정이 내려진 경우에는 신청인 또는 수익채무자는 책임제한절차법 제27조 제 2 항의 사유를 주장하여 사정변경에 의한 취소를 받고(민집 283조, 301조), 절차개시결정이후에 가압류·가처분이 행해진 때에는 같은 사유를 주장

---

381) 어떠한 채권이 상법에서 정하고 있는 책임제한의 대상이 되는 채권인지의 여부는 비교적 쉽게 결정할 수 있을 것이나 그 채권의 발생에 상법상의 책임제한배제사유인 선박소유자 등의 고의나 인식있는 무모한 행위가 개재되었는지 여부를 판단하는 것은 용이하지 않을 것이다.
382) 稻葉, 276頁.
383) 그러나 책임제한절차법 제29조 제 2 항은 단지 민사집행법 제44조의 규정이 강제집행에 대한 이의의 소에 준용된다고만 규정하고 있을 뿐이어서 민사집행법 제46조와 제47조의 규정까지 준용되는지의 여부가 명백하지 아니하다. 입법취지는 잠정처분에 관한 민사집행법 제46조와 제47조까지 준용되도록 하는 것이었던 것으로 이해된다. 그렇다면 위 조항에 이 점을 분명히 해 놓는 것이 바람직했을 것이다. 일본 선박소유자 등의 책임제한에 관한 법률 제35조 제 2 항은 청구이의의 소에 관한 민사집행법의 규정이 강제집행에 대한 이의의 소에 준용된다고 규정하고 있어서 청구이의의 소에 관한 민사집행법의 규정에는 잠정처분에 관한 규정까지 포함되므로 이러한 의문이 생기지 아니한다.

하여 이의를 신청하여 그 취소를 구할 수가 있다(민집 288조, 301조).

6) 책임제한절차의 확장

앞서 본 바와 같이 책임제한절차의 개시신청은 상법 제769조 제 1 항 각 호의 1에 해당하는 제한채권에만 한정하여 할 수도 있는 바, 이러한 경우에 다른 제한 채권에 대하여는 책임제한의 효과가 미치지 아니하는 것은 당연하다. 책임제한절 차의 확장이란 이처럼 상법 제769조 제 1 항의 어느 한 호에 해당하는 제한채권에 대하여 개시된 책임제한절차의 효과를 다른 호의 제한채권에도 미치게 함으로써 그 다른 호의 제한채권에도 책임제한의 효력이 인정되도록 하는 절차이다. 절차확 장의 신청은 신청인 또는 수익채무자가 조사기일 전에 하여야 하고 이 확장신청 에는 책임제한절차개시신청에 관한 규정들이 대부분 준용된다(책임제한절차법 31조).

(3) 책임제한절차에의 참가

1) 제한채권자 등의 채권신고

가. 제한채권자가 책임제한기금으로부터 배당을 받기 위해서는 책임제한절차 에 참가하여야 한다(책임제한절차법 42조 이하). 만약 제한채권자가 책임제한절차에 참 가하지 아니한 채 책임제한절차가 진행되어 종결되면 제한채권자는 실권하게 된 다. 한편 선박소유자 등이 책임을 제한할 권리가 없다고 주장하는 자도 그 주장이 배척될 경우에 대비하여 예비적으로 책임제한절차에 참가할 수 있다.[384]

나. 제한채권을 변제한 신청인 또는 수익채무자는 그 변제의 한도에서 변제받 은 제한채권자를 대위하여 책임제한절차에 참가할 수 있다. 또한 제한채권에 관하 여 장래 제한채권자를 대위하게 되거나[385] 신청인 또는 수익채무자에 대하여 장 래 구상권을 가지게 되는 자[386]는 자기가 제한채권을 가지는 것으로 보고, 이에 의하여 책임제한절차에 참가할 수 있다. 다만 제한채권자가 이미 책임제한절차에 참가한 때에는 그 참가한 한도에서 다시 참가하지 못한다(책임제한절차법 42조 3항). 한편 신청인 또는 수익채무자가 제한채권에 기하여 외국에서 강제집행을 당할 염 려가 있음을 소명한 때에는 그 강제집행에 의하여 지급할 제한채권의 액에 관하

---

384) 稻葉, 361頁.
385) 예컨대 제한채권자의 보험자가 장래에 보험금을 지급하고 보험자대위를 하는 경우 등을 말한다.
386) 예컨대 A선박과 B선박의 충돌로 인하여 인명손해가 발생하였고 A선의 소유자가 책임제한절차 를 개시한 경우에 B선박의 소유자가 장래에 부진정연대채무자로서 피해자에 대하여 손해배상 을 해 주고 A선의 소유자에 대하여 구상권을 취득하는 경우 등을 말한다.

여 신청인 또는 수익채무자가 제한채권을 가지는 것으로 보고 이에 의하여 책임제한절차에 참가할 수 있다(동조 4항).

다. 책임제한절차에 참가하기 위해서는 제한채권자 등은 채권신고 기간 내에 제한채권의 원인, 금액 등을 서면으로 법원에 신고하여야 한다(책임제한절차법 43조, 45조). 제한채권의 신고가 기간이 도과한 경우나 그 밖에 신고가 부적법한 경우에는 신고가 각하된다(책임제한절차법 48조). 또한 책임제한절차에 참가한 자의 신고채권을 취득한자 또는 이 채권을 변제한 신청인 또는 수익채무자는 참가한자의 지위를 승계할 수 있다(책임제한절차법 47조).

2) 참가의 효과

책임제한절차에 참가하게 되면 신고가 취하 또는 각하된 경우를 제외하고 시효중단의 효력이 있다(책임제한절차법 49조 1항). 제척기간의 적용을 받는 제한채권자가 책임제한절차에 참가한 때에는 그 때부터 그 기간의 진행이 정지된다. 다만, 그 신고가 취하되거나 각하의 결정이 확정된 때에는 그 때부터 잔여기간이 다시 진행된다(동조 2항).

3) 제한채권자표의 작성 · 비치

법원은 신고된 제한채권에 관하여 제한채권자표를 작성하여 제한채권의 신고 내용과 이에 대한 조사의 결과, 사정의 재판의 요지 및 이에 대한 이의소송의 결과를 기재하여야 한다(책임제한절차법 51조 1항). 또한 법원은 제한채권자표의 등본을 관리인에게 교부하고(동조 3항), 제한채권의 신고에 관한 서류와 함께 이해관계인이 열람할 수 있도록 법원에 비치하여야 한다(책임제한절차법 52조).

(4) 제한채권의 조사 및 확정

1) 제한채권의 조사

법원은 제한채권자가 신고한 채권에 대하여 조사기일에 제한채권인 여부와 제한채권인 경우에는 그 내용 및 상법 제770조 제1항 각호의 구별에 의한 제한채권의 분류를 조사한다(책임제한절차법 53조). 신청인, 수익채무자 및 책임제한절차에 참가한 자 또는 이들의 대리인은 제한채권의 조사기일에 출석하여 신고된 채권에 대하여 이의를 진술할 수 있다(책임제한절차법 54조 1항). 또한 제한채권의 조사기일에는 관리인이 출석하여야 한다(책임제한절차법 55조).

2) 제한채권의 확정

가. 조사기일에 관리인, 신청인, 수익채무자 및 절차에 참가한 자의 이의가 없는 때에는 신고된 채권이 제한채권인 것 및 그 내용과 상법 제770조 제 1 항 각호의 구별에 의한 제한채권의 분류가 확정된다(책임제한절차법 56조).

나. 조사기일에 신고된 채권에 대해 이의가 있으면 법원이 이의 있는 채권에 관하여 사정의 재판을 하여야 한다. 이 사정의 재판에서는 그 채권이 제한채권인 여부와 만일 제한채권이라면 그 내용 및 상법 제747조 제 1 항 각 호의 구별에 의한 제한채권의 분류를 정한다(책임제한절차법 57조). 이 사정의 재판에 대하여 불복이 있는 자(관리인 제외)는 결정을 송달받은 날부터 14일의 불변기간 내에 이의의 소를 제기할 수 있다(책임제한절차법 59조 1항). 이 경우 원고가 이의있는 채권을 신고한 자인 때에는 이의를 진술한 자를 피고로 하고, 원고가 이의를 진술한 자인 때에는 이의 있는 채권을 신고한 자를 피고로 한다(동 조 2항). 사정재판에 대한 이의의 소의 판결에 있어서는 소를 부적법 각하하는 경우를 제외하고는 사정재판을 인가 또는 변경한다(동 조 5항).

3) 관련 문제

앞서 본 바와 같이 책임제한절차가 개시되었다고 하더라도 신청인이 자기의 손해배상책임을 인정한 것으로 되지는 아니한다. 따라서 신청인 또는 수익채무자는 조사기일에서 제한채권자들의 채권의 존부 및 액에 관하여 이의를 제기할 수 있다. 만일 법원이 제한채권을 인정하는 사정의 재판을 하는 경우에는 신청인 또는 수익채무자는 이에 대한 이의의 소를 제기하여 그 소송에서 손해배상책임을 부인할 수 있을 것이다. 한편 제한채권자는 책임제한절차에 참가하는 동시에, 한편으로 신고된 채권이 제한채권이 아닌 것을 주장하여(예컨대, 선박소유자 등의 고의 또는 인식있는 무모한 행위가 있었던 것을 주장하는 등으로), 절차 외에서 전액의 지급을 구하는 것도 가능하고, 절차 외의 소송과 절차 내의 확정절차를 병행해서 진행하는 것도 가능하다. 그리고 제한채권인가 아닌가에 관하여 양쪽의 절차에서 모순되는 결정이 내려지는 것을 방지하기 위하여 책임제한절차법은 절차 외 소송의 중지, 절차 외 소송관할의 확장, 이송, 병합 등에 관한 규정을 두고 있다(책임제한절차법 61조에서 64조). 즉 제한채권자가 책임제한절차에 참가한 경우에는 제한채권자와 신청인 또는 수익채무자 사이의 절차 외 소송은 제한채권자의 신청에 의하여 중지될 수 있으며, 사정재판에 대한 이의의 소가 계속중인 때에는 절차 외 소송은 이의의 소가 계속된 법원에 제기할 수 있다. 또한 이의의 소가 계속된 법원과 다른 1심법원에 절차 외 소송이 계속중인 때에는 이의의 소가 계속된 법원은 다른 법원에 절차 외 소송의 이송을 요구할 수 있고 이 경우 다른 법원은 반드시 이송하여야 한다.

(5) 배 당

1) 배 당 표

가. 제한채권이 확정되면 제한채권자에게 배당을 하게 되는데, 책임제한기금으로부터 관리인의 소송수행비용 등 예외적으로 기금으로부터 지급되도록 되어 있는 비용을 제외한 나머지 금액을 배당에 충당한다(책임제한절차법 65조). 배당의 실시는 관리인에 의하여 행해지는데 배당을 하기 위해서는 관리인은 배당표를 작성하여 법원의 인가를 얻어야 한다(책임제한절차법 66조 1항). 배당표는 관리인이 조사기일이 종료한 후에 작성하며 배당표에는 상법 제770조 제 1 항 각호에 의한 제한채권의 분류에 따라 배당을 받을 제한채권자의 성명 또는 상호 및 주소, 배당을 받을 제한채권자의 채권총액, 배당할 금액, 배당률, 각 제한채권자에 대한 배당액 등의 사항을 기재하여야 한다(동 조 2항).

나. 배당표에 대하여 불복이 있는 자는 14일의 불변기간 내에 이의할 수 있다 (책임제한절차법 68조 1항). 이의에 대한 재판에 대하여는 즉시항고를 할 수 있다. 즉 이의가 각하 또는 기각된 경우에는 이의신청인이, 그리고 이의를 인용하여 배당표의 경정을 명한 재판에 관하여는 그로 인하여 불이익을 입은 자가 즉시항고를 할 수 있다(동 조 5항).

2) 배당의 실시

배당표에 대한 이의기간이 경과하면 관리인은 지체 없이 배당을 실시하여야 한다(책임제한절차법 69조 1항). 배당표에 대하여 이의신청이 있는 때에는 이의에 대한 재판이 확정된 후가 아니면 배당을 실시하지 못한다. 다만 이의 없는 제한채권자에 대하여 법원의 허가를 얻은 범위 안에서는 이의에 대한 재판이 확정되기 전에도 배당을 실시할 수 있다(동 조 2항). 배당의 실시는 관리인이 공탁공무원에게 기금으로부터의 지급을 위탁하는 방법으로 실시한다(동 조 3항).

3) 배당의 유보

가. 배당유보의 신청

책임제한절차에 참가한 자는 배당표에 대한 이의신청기간 경과 전에 관리인에 대하여 자기의 신고채권에 관하여 절차 외 소송이 계속 중인 것 또는 당해 채권에 기한 강제집행이나 담보권이 실행되고 있음을 증명하여 배당유보의 신청을 할 수 있다(책임제한절차법 70조 1항). 이러한 배당유보신청 제도가 없다면 책임제한절차에 참가하면서 다른 한편으로 절차 외 소송을 제기하고 있는 자 또는 강제집행 또는 담보권을 실행하는 자는 배당 단계에서 책임제한절차 내에서 배당을 받고 절차 외 소송 등을 포기할 것인지 아니면 책임제한절차에의 참가를 취하하고 절차 외 소송 등을 계속할 것인지의 선택을 강요당하게 된다. 왜냐하면 이러한 자가 책임제한절차에의 참가를 취하하지 아니하여 기금으로부터 배당액을 수령할 수 있게 된 때에 신청인 및 수익채무자는 절차 외에서 당해 제한채권에 대한 책임을 면하기 때문이다(책임제한절차법 73조). 배당유보신청 제도는 이러한 난점을 해결해 주기 위한 제도이다.

나. 관리인은 앞서 본 배당유보의 신청이 있는 채권이나 책임제한절차에서 아직 확정되지 아니한 채권 등에 관하여는 배당을 유보하여야 한다(책임제한절차법 71조).

다. 배당이 유보된 채권이 절차외소송에서 제한채권이 아닌 것으로 확정된 때에는 당해 채권은 책임제한절차로부터 제척된다(책임제한절차법 74조 1항). 이 경우 배당이 유보된 금액은 제한채권자들에게 추가로 배당된다(책임제한절차법 76조). 한편 배당이 유보된 채권이 제한채권임이 확정된 경우에는 유보된 배당이 실시된다(책임제한절차법 75조).

4) 배당의 효과

배당은 신청인과 수익채무자의 책임을 면제하는 효과가 있다. 즉 책임제한절차에 참가한 자가 배당유보의 신청을 하지 않고 기금으로부터 배당액을 수령할 수 있게 된 때에는 신청인 및 수익채무자는 절차 외에서 당해 제한채권에 대한 책임을 면한다(책임제한절차법 73조).

5) 절차의 종결

관리인은 배당의 실시가 완료된 때에는 지체 없이 이를 법원에 보고하여야 한다(책임제한절차법 77조). 이러한 보고가 있는 때에는 법원은 책임제한절차의 종결을 결정하고 그 뜻을 공고하여야 한다. 다만 제한채권자 및 수익채무자가 소수인 경우에는 법원은 신청인 및 이들에 대한 책임제한절차 종결의 결정정본의 송달로써 공고에 갈음할 수 있다(책임제한절차법 78조).

절차가 종결된 후 제한채권액의 총액이 책임제한기금의 액보다 적으면 잔액은 신청인에게 반환된다.

(6) 책임제한절차의 폐지

1) 책임제한절차가 폐지되는 경우

가. 공탁보정명령 등의 불이행으로 인한 폐지

① 공탁된 금액이 책임한도액에 부족하여 법원이 공탁보정명령을 내렸음에도 불구하고(책임제한절차법 24조 1항) 신청인이 이를 이행하지 않거나 공탁보증서의 금액이 책임한도액에 부족하여 법원이 추가 공탁보증서 제출명령을 내렸음에도 불구하고(동 조 2항) 신청인이 이를 이행하지 않는 경우, ② 예납한 비용 등이 부족하여 법원이 예납명령을 내렸음에도 불구하고(책임제한절차법 89조 2항) 신청인이 이를 이행하지 않는 경우 및 ③ 공탁보증인에 대한 공탁명령이 집행불능인 경우에는 법원은 직권 또는 당사자의 신청에 의하여 책임제한절차의 폐지의 결정을 하여야 한다(동 법 80조). 다만 위 ②의 경우에 제한채권자에게 현저한 손해를 입힐 염려가 있다고 인정되는 때에는 그러하지 아니하다.

나. 동의에 의한 폐지

신청인은 알고 있는 수익채무자 및 책임제한절차에 참가한 자의 전원의 동의를 얻어 책임제한절차의 폐지의 신청을 할 수 있고 이 경우 법원은 책임제한절차의 폐지의 결정을 하여야 한다(책임제한절차법 81조).

다. 파산선고로 인한 폐지

신청인이 파산선고를 받은 경우에 책임제한절차를 속행하는 것이 파산채권자를 현저히 해할 염려가 있다고 인정되는 때에는 법원은 파산관재인의 신청에 의하여 책임제한절차의 폐지의 결정을 하여야 한다. 다만 배당표의 인가의 공고가 있는 때 또는 파산절차에 있어서의 배당공고가 있는 때에는 그러하지 아니하다(책임제한절차법 82조).

2) 폐지의 공고 등

법원이 책임제한절차의 폐지의 결정을 한 때에는 지체 없이 그 결정의 내용을 공고하여야 한다(책임제한절차법 83조). 책임제한절차의 폐지의 신청을 각하하거나 기각하는 결정 또는 책임제한절차의 폐지의 결정에 대하여는 즉시항고를 할 수 있다(책임제한절차법 84조). 책임제한절차의 폐지의 결정은 확정되어야만 그 효력이 생긴다(책임제한절차법 86조).

(7) 신청인 등의 손해배상책임

신청인이 알고 있는 제한채권자를 책임제한절차개시신청서에 기재하지 않거나(책임제한절차법 9조 2항 7호), 신청인 또는 수익채무자가 책임제한절차에 참가하지 아니한 제한채권자를 알면서 이를 법원에 신고하지 아니함으로 인하여(책임제한절차법 50조 1항) 그 채권이 책임제한절차에서 제척된 때에는 신청인 또는 수익채무자는 이로 인하여 손해를 입은 자에 대하여 이를 배상할 책임이 있다(책임제한절차법 79조).

(8) 책임제한절차의 섭외적 법률관계

1) 외국선박의 경우

책임제한절차법상 외국선박의 선박소유자 등이 책임제한절차법에 따라 책임제한절차개시신청을 할 수 있을 것인가 하는 점이 문제가 된다. 이는 예컨대 외국에 선적을 둔 선박이 한국의 영해 내에서 해난사고를 일으키거나 또는 다른 외국의 영해 내에서 해난사고를 일으키고 사고 후 최초로 한국에 기항한 경우 등에 이러한 외국 선박의 소유자등이 책임제한절차법에 따라 책임을 제한할 수 있을 것인가 하는 문제이다.

책임절차법상으로는 이 점이 명백하지 아니하다. 책임제한절차법은 제 1 조에서 상법의 규정에 따라 선박소유자 등이 책임제한을 하는 절차에 관하여 규정함을 목적으로 한다고 규정하고 있다. 위 책임제한절차법 제 1 조의 엄격한 문리적 해석에 의하면, 총체적 책임제한의 준거법이 한국법(한국 상법)인 경우에 한하여 책임제한절차법에 따른 책임제한절차를 이용할 수 있을 것으로 보인다.

우리 국제사법상 외국선박의 경우 총체적 책임제한의 준거법은 선적국법이 되는데(국제사법 60조 4호), 위와 같은 책임제한절차법 제 1 조의 엄격한 해석에 의할 경우 외국선박의 선박소유자 등은 책임제한절차법에 따라 책임제한절차개시를 신청할 수가 없다는 결론이 될 것이다. 이 경우에는 외국선박의 소유자 등은 통상의 소송절차에서 책임제한의 항변을 제출하든가 또는 공탁의 방법을 이용할 수밖에 없을 것이다. 그러나 이는 책임제한제도의 효용성을 현저히 떨어뜨리는 일이 될 것이므로 외국선박의 선박소유자 등이 선적국법에 따라 책임을 제한하는 경우에도 책임제한절차법을 유추 적용하여 책임제한절차를 개시할 수 있다고 하는 것이 타당하다고 본다. 즉 선박소유자가 책임을 제한할 수 있는지의 여부 및 만일 책임을 제한할 수 있다면 그 책임한도액이 얼마인가 하는 실체법적인 문제와 단순한 절차적인 문제를 구별하여, 실체법적인 문제는 선적국법에 따르고, 그러한 실체법에 따라 결정되는 책임제한을 어떤 절차를 거쳐 할 수 있는가 하는 절차적인 문제는 법정지인 한국법(책임제한절차법)에 따르도록 하여도 부당하지는 않을 것으로 본다. 그러나 이 문제도 해석에 의존하여 책임제한절차법의 유추 적용을 인정하는 것보다는 조속히 책임제한절차법을 개정함으로써 이러한 외국선박소유자 등이 관련된 섭외적인 문제를 입법적으로 명백히 하는 것이 바람직할 것이다.

2) 외국에서 개시된 책임제한절차의 효과

앞서 본 바와 같이 책임제한절차법상 일단 책임제한절차가 개시되면 제한채권자는 선박소유자 등의 다른 재산에 대하여 권리를 행사할 수가 없다. 이와 관련하여 이러한 책임제한절차개시의 효과가 외국에서 개시된 책임제한절차에도 인정될 것인가 하는 점이 문제가 된다. 1976년 책임제한조약은 어느 체약국에 책임제한기금이 형성된 이후에는 기금으로부터 지급받을 수 있는 제한채권자는 기금이외의 선박소유자 등의 재산에 대하여 권리를 행사할 수 없다고 규정하고 있다(동 조약 13조 1항 및 3항).[387] 그러나 우리나라는 1976년 책임제한조약의 체약국이 아니고 단지 동 조약의 내용만을 채택하여 상법에 반영하였을 뿐이므로 동 조약상의 외국 책임제한절차개시의 효과가 우리나라에 미치지 않음은 명백하다. 책임제한절차법에도 이러한 외국 책임제한절차개시의 효과에 관한 규정은 들어 있지 아니하다. 결국 우리 책임제한절차제도상으로는 외국에서 책임제한절차가 개시되었다고 하더라도 한국에서 선박소유자 등의 다른 재산에 권리를 행사하는 것을 방지

---

387) 일본 선박소유자 등의 책임제한에 관한 법률 제96조도 동일한 취지를 규정하고 있다.

할 수 있는 방법은 없는 것으로 생각된다.388) 따라서 예컨대 한국선박이 외국의 영해 내에서 해난사고를 일으켜서 당해 선박이 압류된 경우에 그 선박의 압류를 해제하고 책임을 제한하기 위하여 당해 국가의 법에 따라 책임제한기금을 설치하였다고 하더라도 그 해난사고로 인하여 손해를 입은 제한채권자는 우리나라에서 다시 당해 선박소유자 등의 선박을 압류할 수도 있고 또한 그 선박소유자 등의 다른 재산에 대하여 권리를 행사할 수 있을 것이다. 한편 같은 맥락에서 만일 한국선박이 우리나라에서 사고를 일으키고 책임제한절차법에 따라 책임제한기금을 설치하였다고 하더라도 제한채권자가 외국에서 당해 선박소유자 등의 선박이나 다른 재산에 대하여 권리를 행사할 수도 있을 것이다.389) 이러한 결론이 부당함은 두말할 나위도 없다. 이는 우리나라가 선박소유자 등의 책임제한에 관하여 1976년 책임제한조약이나 그 밖의 국제조약에 가입하지 아니하였기 때문에 생기는 문제이다. 따라서 국제적 통일성의 요청이 강한 해상법 분야에 있어서는 독자적인 법제도를 고집하지 말고 국제적으로 널리 인정되고 있는 국제조약에 가입하는 것을 적극적으로 고려해야 할 것으로 본다.

8. 특별법상의 책임제한제도

(1) 유조선에 의한 유류오염손해

1) 유류오염손해배상보장법(유배법)은 산적유류를 화물로서 운송하기 위하여 건조되거나 개조된 모든 형의 항해선(부선을 포함한다) 또는 유류 및 다른 화물을 운송할 수 있는 선박으로서 산적유류를 화물로서 운송하거나 선박 안에 그 산적유류의 잔류물이 있는 선박(유조선 등)에 의한 유류오염손해에 대한 선박소유자의 책임제한을 규정하고 있다. 즉 유배법상 선박소유자(법인인 경우에는 무한책임사원을 포함함)는 ① 5천톤 이하의 선박의 경우에는 451만 계산단위에 상당하는 금액, ② 5천톤을 초과하는 선박의 경우에는 위 ①의 금액에 8천 977만 계산단위에 상당하는 금액의 범위 안에서 5천톤을 초과하는 매 톤당 631 계산단위를 곱하여 얻은 금액

---

388) 동지: 부산고등법원 2011. 11. 10. 2010나6789/6796 판결(현재의 법제도하에서는 두 나라 중 어느 한 나라에서 책임제한절차가 개시되었다고 하더라도 그 효과가 다른 나라에 미칠 수 없다).

389) 이 문제는 선박의 압류 등이 행해지는 당해 외국의 법에 따라 정하여질 것이나 1976년 책임제한조약이나 그 밖의 선박소유자의 책임제한에 관한 국제조약에 가입하지 않은 한국에서의 책임제한기금 설치의 효과가 인정될 수 있을 것인가 하는 점은 의문이다.

을 가산한 금액을 한도로 책임을 제한할 수 있다(유배법 8조 1항).

2) 여기서 「선박소유자」라 함은 선박법 제 8 조 제 1 항의 규정 또는 외국의 법령에 의하여 선박의 소유자로서 등록된 자를 말하며, 등록되어 있지 아니한 경우에는 선박을 소유하는 자를 말한다. 다만 외국이 소유하는 선박의 경우에 그 나라에서 그 선박의 운항자로서 등록되어 있는 회사 또는 기타의 단체가 있는 때에는 그 회사 또는 기타의 단체를 이 법에 의한 선박소유자로 보며, 대한민국 국민이 외국국적을 가진 선박을 선체용선한 경우에는 선박의 소유자로서 등록된 자와 선체용선자를 모두 이 법에 의한 선박소유자로 본다(유배법 2조 4호). 또한 「유류」라 함은 선박에 화물로서 운송되거나 선용유로서 사용되는 원유·연료유·윤활유 등 지속성 탄화수소광물성유로서 대통령령이 정하는 것을 말한다(동조 5호). 그리고 「유류오염손해」라 함은 ① 유출 또는 배출된 장소에 불구하고 선박으로부터 유류가 유출 또는 배출되어 초래된 오염에 의하여 선박외부에서 발생한 손실 또는 손해(이 경우 환경손상으로 인한 이익상실 외의 환경손상에 대한 손실 또는 손해는 그 회복을 위하여 취하였거나 취하여야 할 상당한 조치에 따르는 비용에 한한다) 및 ② 방제조치의 비용 및 방제조치로 인한 추가적 손실 또는 손해를 말한다(동조 7호).

3) 한편 유배법도 상법과 동일한 책임제한배제사유를 규정하고 있다. 즉 유류오염손해가 선박소유자 자신의 고의로 인하여 발생한 경우 또는 손해발생의 염려가 있음을 인식하면서 무모하게 한 작위 또는 부작위로 인하여 발생한 경우에는 선박소유자는 책임을 제한할 수 없다(유배법 7조 1항 단서).

4) 한편 책임제한절차개시신청 기간이 선박소유자가 채권자로부터 책임한도액을 초과하는 청구금액을 명시한 서면에 의한 청구를 받은 날부터 6월 이내인 점(유배법 7조 2항)을 제외하고는 유조선의 선박소유자의 책임제한절차에도 일반 선박의 책임제한절차에 관한 선박소유자 등의 책임제한절차에 관한 법률의 규정이 유추 적용된다(유배법 41조).

(2) 원자력손해

원자력손해배상법은 원자력사업자는 1 원자력사고마다 3억 계산단위[390] 안에서 원자력손해에 대한 배상책임을 진다고 규정한다(동 법 3조의2 1항). 따라서 선박소

---

[390] 여기서 「계산단위」라 함은 국제통화기금의 특별인출권에 상당하는 금액을 말한다(원자력손해배상법 3 조의 2 2 항).

유자가 원자력사업자로서 원자로를 선박에 설치한 경우에 그 선박상의 원자로의 운전 등으로 인하여 생긴 원자력손해에 대한 선박소유자의 책임제한에 관하여는 특별법인 원자력손해배상법상의 위 책임한도액이 적용된다. 원자력손해배상법상의 책임제한의 효력은 사고별로 미치고 선박별로 미치는 것이 아니므로 예컨대 동일한 선박소유자의 원자력선 두 척이 충돌하여 원자력 사고를 일으킨 경우에 이는 하나의 원자력 사고이므로 선박소유자의 책임한도액은 3억 계산단위가 된다.

제4장 선박담보권

제1. 총 설

1. 선박담보권의 의의

선박담보권이란 선박에 대한 담보물권을 말한다. 해상기업은 선박의 건조·매입·의장·수리·운항 등을 위하여 많은 자금을 필요로 하기 때문에 금융을 얻는 일이 많은데 해상기업이 선박을 담보로 제공하고 금융을 얻도록 하기 위하여 특별히 인정된 제도가 선박담보권제도이다.[1] 선박담보권에는 선박우선특권, 선박저당권, 선박질권 및 선박유치권이 있는데 우리 해상법은 선박우선특권과 선박저당권에 관한 특별한 규정을 두고 있다. 선박유치권이나 선박질권은 민법상의 유치권이나 질권과 다른 점이 없으므로 아래에서는 우리 상법이 특별히 규정하고 있는 선박우선특권과 선박저당권에 관하여 살펴보기로 한다.

2. 선박담보권에 관한 국제조약

선박담보권은 각국의 특성에 따라 발전해 왔기 때문에 이에 관한 각국의 법제는 그 내용이 나라마다 차이가 있다. 그런데 선박담보권 특히 선박우선특권과 선박저당권을 둘러싸고 섭외적 법률관계가 많이 발생하게 되는데, 이에 관하여 각

---

[1] 과거에 해상기업이 이용하는 금융형태 중 대표적인 것이 모험대차(bottomry)이었다. 모험대차란 선박 또는 적하를 담보로 하는 금전소비대차로서 채권자는 선박이 안전하게 항해를 종료해야만 변제를 받을 수가 있었으므로 일종의 사행계약적 성질을 띠고 있었으며, 이러한 위험을 감안하여 이율이 매우 높았다. 이 제도는 19세기까지 많이 이용되었으나 19세기 후반에 이르러 회사제도와 은행업의 발달로 인하여 자금조달이 손쉬워지고 해상보험업의 발달로 인하여 위험분산이 가능해졌기 때문에 더 이상 모험대차는 필요성이 없어져 현재는 전혀 사용되고 있지 아니하다 (정(찬), (하), 979쪽; 정(동), (하), 803쪽).

국이 서로 다른 입법을 가지고 있기 때문에 상당한 불편이 있었다. 이러한 불편을 해소하기 위하여 선박우선특권과 선박저당권에 관한 각국의 법제를 통일하고자 국제적으로 노력해 왔는데, 이러한 노력의 결과 1924년에 「선박우선특권과 저당권에 관한 일부규정의 통일에 관한 국제조약(International Convention for the Unification of Certain Rules relating to the Maritime Liens and Mortgages)」이 성립되었다. 그 후 이 조약은 1926년과 1967년에 개정되었으며[2] 1993년에는 이를 대체할 새로운 조약인 선박우선특권 및 저당권에 관한 국제조약(International Convention on Maritime Liens and Mortgages)이 성립되었다.[3] 우리 상법은 1926년 조약에 따라 입법을 하였는데 1991년 개정 시에 1967년 조약의 내용을 일부 반영하여 선박우선특권이 인정되는 피담보채권의 범위를 축소하였다.[4]

제 2. 선박우선특권

1. 총 설

(1) 선박우선특권의 의의

선박우선특권(maritime lien)이란 일정한 법정채권(상 777조 1항 1호에서 4호)을 가지는 채권자가 선박과 그 속구, 그 채권이 생긴 항해의 운임 및 그 선박과 운임에 부수한 채권에 대하여 다른 채권자보다 우선하여 변제를 받을 수 있는 해상법상의 법정 담보물권을 말한다.[5] 이를 상세히 살펴보면 다음과 같다.

1) 선박우선특권은 「법정」담보물권이다. 즉 선박우선특권은 일정한 채권의 담보를 위하여 법률상 당연히 발생하는 담보물권이다. 이 점에서 당사자의 저당권설정계약에 따라 발생하는 약정담보물권인 선박저당권과 다르다.

2) 선박우선특권은 「담보물권」이다. 따라서 선박우선특권은 담보물권이 가지

---

2) 1926년 조약은 1931. 6. 2. 발효되었으나 1967년 조약은 주요 해운국들이 가입하지 않아 아직 발효되지 아니하였다.
3) 1993년 조약은 2004. 9. 5.에 발효되었다.
4) 정(동), (하), 804쪽; 정(찬), (하), 980쪽; 송·김, 428쪽.
5) 대법원 1978. 5. 23. 77다1679 판결은 「상법 제861조(현행 상법 제777조)에서 말하는 선박우선특권 있는 채권이라 함은 선주 또는 선박운항자가 선박에 관하여 같은 조 제 1 항 각 호에 정한 노력·물품 또는 비용을 제공받고 그로 인한 채무를 이행하지 아니하는 경우에 그 선박을 담보로 하여 그로부터 다른 채권보다 우선하여 변제받을 수 있도록 하기 위하여 생기는 것」이라고 판시하였다.

는 성질과 효력을 갖는다. 즉 선박우선특권은 부종성,6) 수반성,7) 물상대위성8) 및 불가분성9)을 갖는다. 또한 선박우선특권은 다른 담보물권과 동일하게 우선변제적 효력을 가지므로 선박우선특권자는 선박 등에 대한 경매권과 우선변제권을 갖는다(상 777조 2항 1문). 이러한 점에서 선박우선특권은 선박저당권과 유사하다. 그러므로 상법은 선박우선특권에 관하여 그 성질에 반하지 아니하는 한 민법의 저당권에 관한 규정을 준용한다고 규정하고 있다(상 777조 2항 2문).

3) 한편 선박우선특권은 다른 담보물권과는 다른 특성을 갖는다. 즉 선박우선특권은 피담보채권이 법정 채권으로 제한된다는 점에서 이러한 제한이 없는 선박저당권과 다르다. 또한 다른 담보물권과는 달리 선박우선특권이 성립하기 위해서는 아무런 공시방법이 필요 없다. 따라서 선박우선특권의 성립에는 유치권이나 선박저당권의 경우와 같은 점유나 등기가 필요 없다. 그리고 뒤에서 살펴보는 바와 같이 선박우선특권은 그 성립 순서를 묻지 아니하고 선박저당권과 질권에 우선한다는 점(상 788조)에서 다른 담보물권과 구별된다.

4) 선박우선특권은 담보물권이므로 민사집행법「제3편 담보권 실행 등을 위한 경매」절차에 따라 실행된다. 민사집행법은 선박우선특권과 같은 선박담보권의 실행에 관하여 그 성질에 반하지 않는 한 부동산 강제집행규정을 준용하도록 규정하고 있다(민집 269조, 172조).10)

---

6) 부종성(附從性)이란 피담보채권의 존재를 전제로 하여서만 담보물권이 존재할 수 있다는 성질을 말한다. 이러한 부종성이 완화되어 있는 선박저당권과는 달리(민 357조) 선박우선특권의 부종성은 엄격하다.

7) 수반성이란 담보물권은 피담보채권의 이전에 따라서 이전하고 피담보채권 위에 부담이 설정되면 담보물권도 역시 그 부담에 복종하는 성질을 말한다(주석 물권법(하), 365쪽).

8) 물상대위성이란 담보물권의 목적물의 멸실·훼손·수용 등으로 그 목적물에 갈음하는 금전이나 물건이 목적물소유자에게 귀속하게 된 경우에 담보물권이 그 목적물에 갈음하는 것에 관하여 존속하는 성질을 말한다(민법주해(VI), 400쪽).

9) 불가분성이란 피담보채권의 전부의 변제를 받을 때까지 목적물의 전부에 관하여 담보물권을 행사할 수 있는 성질을 말한다.

10) 영미법상으로는 선박우선특권은 선박 자체를 피고로 하는 대물소송에 의하여 실행된다(송·김, 182쪽). 그러나 대물소송에 의해 선박을 경매하여 경매대금으로부터 우선변제를 받는다는 점에서는 그 결과에 있어서 우리 법상의 선박우선특권의 실행과 큰 차이가 없다.

(2) 선박우선특권의 입법이유[11]

선박우선특권을 입법한 가장 중요한 이유는 선박소유자 등의 책임제도와의 형평을 고려하였기 때문이다.[12] 즉 앞서 본 바와 같이 해상법은 선박소유자 등의 해상기업을 보호·육성하기 위하여 채권자의 희생 하에 선박소유자 등의 책임을 일정한 금액으로 제한하고 있으므로 이와의 균형상 채권자에게는 선박 등에 대하여 다른 담보물권에 우선하는 효력을 가지는 선박우선특권을 인정한 것이다.

한편 선박우선특권 중에는 채권자들의 공통의 이익을 위한 채권이나 선원들의 고용계약상의 채권 등을 담보하기 위한 선박우선특권과 같이 본래의 취지와는 달리 사회정책적인 이유로 입법된 것도 생겼다. 따라서 선박우선특권을 입법한 이유는 각각의 피담보채권에 따라 다르다고 할 수 있다.[13]

2. 선박우선특권의 피담보채권

선박우선특권의 피담보채권은 아래의 법정 채권으로 제한된다.[14] 이처럼 선박우선특권의 피담보채권을 제한한 이유는 선박우선특권은 아무런 공시방법이 없이 선박저당권이나 질권 및 일반 채권에 우선하므로 그 피담보채권을 제한함으로써 선박저당권자 등의 다른 담보권자 및 일반채권자를 보호하는 한편 해상기업으로 하여금 선박금융을 쉽게 얻을 수 있도록 하고자 함이다.[15] 이처럼 선박우선특권의 피담보채권의 범위를 축소하여 선박저당권의 기능을 강화함으로써 선박금융

---

11) 선박우선특권은 당초 모험대차를 담보하기 위하여 발생하였다. 그러나 그 후 각국의 법률에 의해 채권자의 공동이익을 위한 비용에 관한 채권, 선원의 고용계약상의 채권, 선박을 보존하는 행위로 인한 채권 등으로 선박우선특권이 인정되는 채권의 범위가 점차 확대되었으며 모험대차가 사용되지 않게 된 이후에도 여전히 이들 채권의 담보물권으로 존재하고 있다. 따라서 선박우선특권은 선박금융을 위한 담보로서의 기능은 상실하고 법정의 채권을 담보하는 기능만을 가지고 있다고 볼 수 있다. 이처럼 선박우선특권을 입법한 이유는 본래 선박금융의 편의를 위한 것이었으나 오늘날에는 모험대차가 이용되지 아니하면서 이러한 입법이유는 역사적 유물로 되었다.

12) 정(동), (하), 805쪽; 정(찬), (하), 980쪽.

13) 제정 상법은 선박의 보존 또는 항해계속의 필요로 인하여 선장이 선적항외에서 그 권한에 의하여 체결한 계약 또는 그 이행으로 인한 채권과 최후의 항해준비에 요한 선박의 장비, 양식과 연료에 관한 채권도 선박우선특권의 피담보채권으로 인정하고 있었으므로(동 법 861조 1 항 5 호 및 6 호), 선박우선특권을 입법한 이유 중의 하나가 해상기업의 금융조달의 편의를 위한 것이라고 할 수 있었으나 1991년의 개정으로 위 조항이 폐지되었으므로 해상기업의 금융조달의 편의를 위한 것이라는 점은 더 이상 우리 해상법상의 선박우선특권의 입법이유가 될 수 없다.

14) 국제사법 제60조 제 1 호는 선박우선특권에 관한 사항은 선적국법에 의한다고 규정하고 있으므로 외국 선박의 경우 선박우선특권의 피담보채권은 그 선적국법에 따라 결정된다.

15) 정(찬), (하), 981쪽; 정(동), (하), 805쪽.

을 원활하게 하고자 하는 것이 국제적인 추세이다.16)

(1) 채권자의 공동이익을 위한 채권 등(상 777조 1항 1호)

1) 채권자의 공동이익을 위한 소송비용

이 채권은 선박우선특권의 목적물인 선박이나 그 속구, 운임 및 선박과 운임에 부수한 채권을 확보하기 위한 재판비용 등과 같이 채권자의 공동이익을 위하여 필요한 소송비용을 말한다. 이러한 비용에 대하여 1순위의 선박우선특권을 인정한 것은 이러한 소송으로 인하여 다른 채권자들도 변제를 받을 수 있게 되었기 때문이다.17) 이러한 소송비용에는 인지대, 감정료, 증인여비 등 소송절차에 소요되는 모든 비용이 포함된다. 변호사보수는 변호사보수의 소송비용 산입에 관한 대법원규칙이 정하는 금액의 범위 안에서 소송비용으로 인정된다(민소 109조 1항). 한편 민사집행법상 선박을 경매하는 데 소요되는 비용은 집행비용으로서 경락대금에서 최우선적으로 지급되고 나머지 금액이 채권자들에게 분배되기 때문에(민집 53조 1항), 경매에 소요되는 비용은 선박우선특권이 인정되는 소송비용에 속하지 아니한다.18)

2) 항해에 관하여 선박에 과한 제세금

항해에 관하여 선박에 과한 제세금이란 항만세, 부두세 또는 정박세 등을 말

---

16) 1967년 조약은 1926년 조약상의 피담보채권 중 적하 및 수하물에 대한 손해의 배상채권과 선장이 선적항 외에서 체결한 계약으로 인한 채권을 피담보채권에서 제외하였고(1926년 조약 2조 및 1967년 조약 4조 참조), 1993년 조약은 1967년 조약상의 피담보채권 중 난파물제거비용 채권과 공동해손분담금 채권을 피담보채권에서 제외하였다(1993년 조약 4조 참조). 우리 상법도 1991년 개정 시에 「적하 및 수하물에 대한 손해의 배상채권」, 「선박의 보존 또는 항해계속의 필요로 인하여 선장이 선적항외에서 그 권한에 의하여 체결한 계약 또는 그 이행으로 인한 채권」 및 「최후의 항해준비에 요한 선박의 장비, 양식과 연료에 관한 채권」을 피담보채권에서 삭제하였다(제정 상법 제861조 제1항 제4호에서 제6호 참조).

17) 이러한 채권을 「담보의 원인을 이루는 채권(causam pignoris facere)」, 즉 다른 채권자들의 채권에 대한 담보를 보존하는 원인이 된 채권이라고 이라고 한다(정(동), (하), 805쪽).

18) 1991년 상법은 「선박과 속구의 경매에 관한 비용」을 제1순위의 선박우선특권으로 인정하고 있었으나 이러한 비용은 집행비용으로 경락대금에서 우선적으로 지급되기 때문에 2007년 개정 시에 선박우선특권의 피담보채권에서 이를 삭제하였다. 1967년 조약과 1993년 조약도 선박과 속구의 경매에 관한 비용을 선박우선특권의 피담보채권에서 제외하고 이를 경락대금에서 우선적으로 지급하도록 규정하였다(1967년 조약 11조 2항 및 1993년 조약 12조 2항). 위와 같이 상법이 개정되기 전에도 대법원은 경매에 관한 비용에 속하는 경매절차동안 발생한 정박료채권은 집행비용으로 경락대금에서 우선 지급되어야 하고 선박우선특권이 발생하는 채권으로 볼 수 없다고 판시하였다(대법원 1998. 2. 10. 97다10468 판결).

한다.[19] 이러한 세금을 선박우선특권의 피담보채권으로 한 이유는 국고의 세입을 확보하기 위한 공익적인 이유 때문으로,[20] 1926년 조약, 1967년 조약 및 1993년 조약에도 이러한 채권이 피담보채권으로 규정되어 있다.[21] 한편 이러한 제세금에 인정되는 선박우선특권은 국세기본법상 국세에 인정되는 우선징수권보다 우선한다고 본다.[22] 왜냐하면 국세기본법상 우선징수권이 인정되는 국세는 납세의무가 확정되기 전에 설정된 저당권 등에는 우선하지 못하는 반면에(동 법 35조 1항), 선박우선특권은 저당권보다 우선하기 때문이다.

3) 도선료·예선료

가. 이처럼 도선료와 예선료를 선박우선특권의 피담보채권으로 인정한 것은 도선과 예선에 의해 선박이 안전하게 항해할 수 있기 때문에 이러한 채권은 다른 채권의 담보의 원인이 되기 때문이다.

나. 도선료에는 강제도선의 도선료와 임의도선의 도선료가 모두 포함된다. 1926년 조약, 1967년 조약 및 1993년 조약에도 도선료는 선박우선특권의 피담보채권으로 규정되어 있다.[23]

다. 한편 예선료란 예선계약에 의하여 예선소유자가 피예선의 소유자에게 제공하는 예선행위에 대한 보수를 말한다. 1926년 조약은 예선료가 선박우선특권의 피담보채권이 된다는 점을 명시하지 않았다. 그러나 동 조약은 선박의 보존 또는 항해계속의 필요로 인하여 선장이 선적항 외에서 그 권한에 의하여 체결한 계약상의 채권이 선박우선특권의 피담보채권이 된다고 규정하고 있었으므로(동 조약 2조 5 호), 예선료는 이 규정에 따라 선박우선특권의 피담보채권이 될 수 있었다.[24] 이에 반해 1967년 조약과 1993년 조약은 1926년 조약 제 2 조 제 5 호에서 정한 채권을 피담보채권에서 제외하였으므로 1967년 조약과 1993년 조약상으로는 예선료는 선박우선특권의 피담보채권이 아니다.

---

19) 항만법 제30조 참조.
20) 田中, 570頁.
21) 1926년 조약 제 2 조 제 1 호, 1967년 조약 제 4 조 제 1 항 제 2 호, 1993년 조약 제 4 조 제 1 항 d호 참조.
22) 동지: 주석해상, 691쪽.
23) 1926년 조약 제 2 조 제 1 호, 1967년 조약 제 4 조 제 1 항 제 2 호, 1993년 조약 제 4 조 제 1 항 d호 참조.
24) 일본 상법도 대체로 1926년 조약의 내용에 따라 선박우선특권을 규정하고 있는데 우리 상법과 마찬가지로 명시적으로 예선료 채권에 선박우선특권을 인정하고 있다(일본 상법 842조 4 호).

라. 예선계약에는 항만의 입출항이나 부두 또는 선거(dock)의 접안·이안을 위하여 다른 선박의 조선(操船)을 보조하는 작업을 위한 예선계약과 다른 선박을 일정 장소에서 다른 장소까지 예인하는 작업을 위한 예선계약이 있다. 이와 관련하여 선박우선특권이 인정되는 예선료가 전자의 예선계약에 따른 보수만을 의미한다는 견해(제한설)25)와 두 가지의 예선계약에 따른 보수 모두를 의미한다는 견해(무제한설)가 대립되고 있다.26) 생각건대 제한설이 타당하다고 본다. 왜냐하면 다른 선박의 장소적 이전을 목적으로 하는 예선계약은 운송계약 또는 일반 도급계약의 성질을 가지는 것으로서 이러한 계약은 선박의 안전한 항해를 도와줌으로써 다른 채권의 담보의 원인이 된 채권을 보호한다는 입법이유와 관련이 없기 때문이다.27) 또한 이와 같이 해석하는 것이 선박우선특권의 피담보채권의 범위를 축소하고자 하는 국제적인 추세에도 부합한다.

마. 입법론으로서 예선료채권은 보통 유치권에 의해 보호받을 수 있으므로 선박우선특권의 피담보채권에서 제외하자는 주장이 있다.28) 이러한 입장이 1967년 조약 및 1993년 조약의 입장이라는 점은 앞서 본 바와 같다. 그러나 항만의 입출항이나 부두 또는 선거(dock)의 접안·이안을 위하여 다른 선박의 조선을 보조하는 작업을 위한 예선계약의 경우에는 예선이 피예선을 점유하는 것이 아니하므로 예선료 채권자가 피예선에 대해 유치권을 가질 수 없다. 따라서 이러한 예선료를 피담보채권에서 제외하는 경우 예선료 채권자의 지위가 현저히 불리해진다. 이러한 예선이 선박의 안전한 입출항이나 접안·이안을 위하여 불가결하다는 점을 고려해 볼 때 이러한 예선료 채권에 선박우선특권을 인정하는 것이 바람직하다고 본다.29)

4) 최후 입항 후의 선박과 그 속구의 보존비·검사비

이러한 채권에 대해 선박우선특권을 인정한 것도 이러한 채권에 의해 선박과 속구가 보존되어 다른 채권의 담보의 원인이 되기 때문이다. 1926년 조약도 이러

---

25) 배, 392-393쪽.

26) 구흥·박용섭, "상법 제861조의 예선료에 대한 선박우선특권에 대하여," 한국해법학회지, 제 3 원 제 1 호(1981), 131-132쪽; 주석해상, 693쪽.

27) 다만 이러한 예선계약이 계약에 의한 해난구조로 인정되는 경우에는 해난구조료 채권으로 선박우선특권이 인정될 수 있다(203쪽 참조).

28) 주석해상, 693쪽.

29) 이 견해는 선박우선특권의 피담보채권이 되는 예선료의 범위에 관해 제한설을 취하는 것을 전제로 한다.

한 채권에 선박우선특권을 인정하고 있다(동 조약 2조 1호).30) 여기서 「최후 입항」
의 기준이 되는 최후의 항구란 목적으로 하는 항해를 종료하고 선적항(영업본거항)
에 귀항한 경우의 항구만을 말하는 것이 아니라 항해 도중에 항해가 폐지되었을
때 선박이 존재하는 항구도 포함한다고 본다.31) 판례도 같은 입장이다.32)

선박과 속구의 「보존비」에는 항해에 적합하도록 선박과 속구의 상태 및 기능
을 유지·보전하기 위한 선박수리비가 포함된다.33) 또한 경매절차가 진행되는 동
안에 선박을 보존하기 위한 비용 중 법원의 감수·보존처분에 따른 감수·보존비
용은 집행비용으로 인정되나, 그 이외의 선박보존비용은 여기에서 말하는 최후 입
항 후의 선박과 그 속구의 보존비에 해당하여 선박우선특권의 피담보채권이 된다
고 본다.34)

(2) 선원과 그 밖의 선박사용인의 고용계약으로 인한 채권(상 777조 1항 2호)

1) 이러한 채권에 선박우선특권을 인정한 것은 경제적 약자인 선원과 선박사용
인을 보호하기 위한 사회정책적인 이유 때문이다.35) 또한 부수적으로는 선원과 선
박사용인의 노력으로 인하여 선박이 보존될 수 있으므로 이러한 채권은 다른 채권
의 담보의 원인이 된다고 하는 의미도 있다.36) 1926년 조약, 1967년 조약 및 1993년

---

30) 다만 1926년 조약은 선박의 보존비와 「감수(watching)비용」에 선박우선특권을 인정하는데 우
리 상법은 보존비와 「검사비」에 선박우선특권을 인정하고 있어서 다소의 차이가 있다. 일본 상
법은 단순히 「보존비」에 선박우선특권을 인정하고 있다. 또한 1967년 조약이나 1993년 조약은
이 조항을 폐지하였다.

31) 주석해상, 694쪽.

32) 대법원 1996. 5. 14. 96다3609 판결(상법 제861조 제 1 항 제 1 호가 최후 입항 후의 선박보존
비 등에 대하여 선박우선특권을 부여하는 것은 이러한 비용의 지출이 없으면 다른 채권자들도
선박 경매대금으로부터 변제를 받기가 불가능하게 될 것이라는 점에서 이러한 비용은 경매에
관한 비용에 준하는 성질을 가지기 때문이며, 따라서 '최후 입항 후'라는 의미는 목적하는 항해
가 종료되어 돌아온 항뿐만 아니라 선박이 항해 도중 경매 또는 양도처분으로 항해가 중지되어
경매되는 경우의 선박보존비용도 달리 보아야 할 필요가 없으므로, 항해를 폐지한 시기에 있어
서 선박이 존재하는 항도 포함하는 것으로 해석함이 상당하다). 대법원 1998. 2. 9. 97마2525 결
정도 같은 취지이다. 그런데 위 판결들에서 문제가 되었던 것은 선박이 수리를 마친 후 출항하
였다가 입항하여 경매되는 경우에 출항전의 선박수리로 인한 수리비 채권이 최후 입항 후의 선
박보존비에 해당하는가 하는 점이었는데, 대법원은 위 판시와 같이 「최후의 항」의 의미를 넓게
해석하였으나 당해 사안에서는 수리를 마친 선박이 일단 출항하였다면 출항 전의 선박수리로
인한 수리비 채권은 최후 입항 후의 선박보존비에 해당하지 않는다고 판시하여 결과적으로는
선박우선특권을 인정하지 아니하였다.

33) 대법원 1980. 3. 25. 79다2032 판결.

34) 동지: 주석해상, 689-690쪽.

35) 동일한 이유로 이러한 채권은 선박소유자의 책임제한채권에서도 제외되어 있다(상 773조 1호).

조약은 모두 이러한 채권에 선박우선특권을 인정하고 있다.37) 또한 거의 대부분의 영미법계나 대륙법계 국가에서도 이러한 채권에 선박우선특권을 인정한다.38)

　　2) 여기서의 「선원」에는 선원법상의 선원 중 승선근무를 하지 아니하는 예비원은 포함되지 않는다고 본다.39) 「그 밖의 선박사용인」의 의미는 앞서 본 바와 같다. 이들의 고용자가 선박소유자이거나 선체용선자인 경우(상 850조 2항)에는 이들의 고용계약상의 채권에 선박우선특권이 인정된다는 점은 의문의 여지가 없으나 고용자가 그 밖의 용선자인 경우에는 의문이 있다.40) 우선 고용자가 정기용선자인 경우에는 정기용선계약의 법적 성질을 선체용선과 유사하고 노무공급계약적 요소를 포함하는 특수한 계약이라고 보는 특수계약설(472쪽 이하 참조)의 입장에 의하면 정기용선에는 선체용선에 관한 규정이 유추 적용되므로 정기용선자와 체결한 고용계약상의 채권에도 선박우선특권이 인정다고 볼 것이다.41) 한편 고용자가 그 밖의 용선자, 즉 항해용선자나 슬로트 용선자 등인 경우에는 이들과 체결한 고용계약상의 채권에 대하여 선박상에 선박우선특권을 인정할 근거가 없다고 본다.42)

　　한편 고용자가 선박운항수탁자(operator)인 경우에도 고용계약상의 채권에 선박우선특권이 인정된다고 본다. 또한 선박관리회사(manager)의 경우는 선박소유자의 대리인으로서 활동을 하기 때문에 직접 고용자가 되는 경우는 거의 없을 것이나 선박관리회사가 직접 고용자가 되는 경우에는 고용계약상의 채권에 선박우선특권이 인정된다고 본다.43)

---

36) 田中, 571頁.
37) 1926년 조약 제 2 조 제 2 호, 1967년 조약 제 4 조 제 1 항 제 1 호, 1993년 조약 제 4 조 제 1 항 (a)호.
38) 배, 393쪽.
39) 1926년 조약상으로도 승선근무를 하는 자(master, crew, and other persons hired on board)의 고용계약상의 채권에 우선특권을 인정하므로(동 조약 2 조 2 호) 예비원은 이에 포함되지 않는다고 해석된다(주석해상, 696쪽). 이에 반해 예비원도 여기의 선원에 포함된다는 견해가 있으나(송·김, 188쪽; 주석해상, 696쪽), 승선할 선박이 정해지지 아니한 예비원의 고용계약상의 채권에 선박우선특권을 인정한다는 것은 목적물이 정해지지 아니한 선박우선특권을 인정한다는 것이므로 이 견해는 의문이다.
40) 선원의 고용자가 선박소유자나 선체용선자 이외의 용선자인 경우는 거의 없을 것이나 선박사용인의 고용자는 그 밖의 용선자인 경우가 있을 수 있다.
41) 한편 정기용선계약의 법적 성질을 운송계약설로 보는 입장에서는 이러한 채권에 선박우선특권을 인정하기 어려울 것이다.
42) 이에 반해 어떠한 용선자인지를 묻지 아니하고 이들과 체결한 고용계약상의 채권에 선박우선특권이 인정된다는 견해가 있는데(주석해상, 696쪽) 이는 의문이다.
43) 1993년 조약은 이 점을 명시하고 있다(동 조약 4 조 1 항).

3) 선원과 선박사용인의 고용계약상의 채권에는 임금(선원법 52조)과 퇴직금채권(선원법 55조), 실업수당(선원법 37조)·송환수당(선원법 39조)·시간 외 근로수당(선원법 62조)·유급휴가급(선원법 73조) 등의 각종의 수당채권 및 재해보상청구권(선원법 10장) 등 고용계약과 선원법에 따른 모든 채권이 포함된다. 어선의 선장이 어획고에 대한 일정비율의 특별상여금을 지급받기로 약정한 경우 특별상여금 채권도 위의 고용계약상의 채권에 해당하며,[44] 이익배당제로 고용계약을 체결한 경우 이익배당청구권도 임금에 해당한다고 본다.[45] 한편 선원의 최종 3월분의 임금과 재해보상금에 관하여는 임금우선특권이 인정되고(선원법 5조 1항, 근로기준법 38조 2항), 이러한 임금우선특권은 선박우선특권보다 우선하므로(213쪽 이하 참조) 선원의 최종 3월분의 임금과 재해보상금채권에 관하여는 선박우선특권보다는 임금우선특권을 행사하여 우선변제를 받게 될 것이다.

4) 선원과 선박사용인의 고용계약상의 채권은 고용계약 존속 중의 모든 항해로 인한 운임의 전부에 대하여 우선특권이 인정된다(상 781조).[46] 이 점에서 고용계약상의 채권은 당해 채권이 생긴 항해의 운임에만 우선특권이 인정되는 다른 채권보다 더욱 보호되고 있다.

(3) 해난구조로 인한 선박에 대한 구조료 채권과 공동해손의 분담에 대한 채권(상 777조 1항 3호)

1) 해난구조료 채권

가. 앞서 본 바와 같이 해난구조료 채권에는 구조자가 받을 수 있는 보수(상

---

44) 대법원 2008. 4. 24. 2008다10006 판결(피고가 이 사건 쌍끌이 어선의 책임선장으로 승선하면서 선주인 소외인과 사이에 총어획고에 대한 일정 비율의 특별상여금을 지급받기로 약정하였고, 승선기간 중에 계속해서 각기 승선기간 별로 약정에 따라 지급할 특별상여금의 금액까지 선주와의 사이에 확정해 왔다면, 선주와 책임선장 사이의 위 특별상여금 지급에 관한 약정은 선원 근로계약에 부수되어 체결된 약정으로서 근로계약의 내용에 포함된다고 보아야 하고, 따라서 그와 같은 특별상여금 약정에 기한 피고의 채권은 상법 제861조(현행 상법 제777조) 제 1 항 제 2 호가 정한 '선원 기타의 선박사용인의 고용계약으로 인한 채권'으로서, 선박우선특권 있는 채권에 해당한다고 할 것이다).

45) 부산지방법원 1984. 5. 25. 83가합3923 판결(상법 제861조 제 1 항 제 2 호에 정해진 채권은 법령이나 당사자사이의 계약에 의하여 선원에게 지급하도록 되어 있는 모든 채권을 포함하는 것이므로, 선장이나 선원들에게 어획실적을 기준으로 보합금 및 조업독려비를 지급하도록 어로계약이 되어 있다면 보합금 및 조업독려비채권도 위 채권에 포함된다).

46) 예컨대 최후의 항해에 관한 선원임금이 미지급된 경우에 전의 항해로 인한 운임에 대해 우선특권을 행사할 수 있으며, 전의 항해에 관한 선원임금이 미지급된 경우에 그 후의 항해로 인한 운임에 대한 우선특권을 행사할 수 있다.

882조에서 884조)와 환경손해방지작업에 대한 특별보상(상 885조)이 포함된다. 해난구
조료 채권에 선박우선특권이 인정되는 이유는 해난구조로 인하여 선박이 보존되
었기 때문에 해난구조료 채권이 다른 채권의 담보의 원인을 이루기 때문이다. 또
한 해난구조를 장려하고자 하는 정책적인 이유도 있다.[47] 1926년 조약, 1967년 조
약 및 1993년 조약도 동일한 규정을 두고 있다.[48]

　나. 선박우선특권이 인정되는 해난구조료 채권은 의무 없이 구조를 한 임의구
조(상 882조)에 대한 구조료뿐만 아니라 구조계약을 체결하고 그 계약에 따라 구조
를 한 경우의 계약구조(상 887조)에 대한 구조료를 포함한다는 것이 통설이다.[49]

　다. 해난구조료 지급의무자는 구조된 선박 또는 재산의 권리자이다. 이들은
구조된 선박 또는 재산의 가액에 비례하여 구조료를 지급할 의무를 진다(상 886조).
따라서 구조자는 선박 및 속구가 분담하는 구조료 채권에 대해 선박우선특권을
행사할 수 있다.[50]

　라. 예선계약에 따라 예선을 하는 도중에 해난구조를 한 경우에는 그러한 구
조가 예선계약의 이행으로 볼 수 없는 특수한 노력을 제공한 경우에 한하여 해난
구조료 채권이 발생하고(상 890조), 이러한 해난구조료 채권에도 선박우선특권이 인
정된다. 그 이외의 경우에는 예선료 채권만이 발생하는데, 어떠한 범위의 예선료
채권에 대하여 선박우선특권이 인정되는지에 관하여 학설이 대립하고 있다는 점
은 앞서 본 바와 같다.

2) 공동해손분담채권

　가. 앞서 본 바와 같이 선장의 공동해손처분으로 인하여 위험을 면한 선박 또
는 적하의 이해관계인은 공동해손분담금 지급의무를 부담하는데(상 866조), 선박과

---

47) 이러한 이유로 해난구조료 채권은 선박소유자 등의 책임제한채권에서도 제외된다(상 773조 2
　　호).
48) 1926년 조약 제 2 조 제 3 호, 1967년 조약 제 4 조 제 1 항 제 5 호, 1993년 조약 제 4 조 제 1
　　항 (c)호. 한편 1967년 조약은 해난구조료 채권 이외에 난파물제거비용에도 선박우선특권을
　　인정하나 1993년 조약에서는 이를 인정하지 않았다.
49) 주석해상, 700쪽; 정(동), (하), 806-807쪽; 정(찬), (하), 982쪽; 송·김, 189쪽; 채, (하), 841쪽.
50) 이에 반해 선박에 대한 해난구조 외에 적하 기타의 물건에 대한 해난구조까지도 포함하여 그
　　러한 해난구조료 채권에 선박우선특권이 인정된다는 견해가 있다(주석해상, 699쪽). 그러나 구
　　조된 재산이 적하인 경우 구조료 지급의무자는 적하 이해관계인인데, 이러한 구조료 채권에 대
　　해서까지 선박우선특권을 인정한다는 것은 의문이다. 더구나 이러한 경우에 구조자는 적하가
　　분담할 해난구조료 채권에 대하여 우선특권을 행사할 수 있으므로(상 893조), 여기에 추가하여
　　선박우선특권까지 인정할 필요는 없다고 본다.

속구가 분담할 공동해손분담금에 대하여 선박우선특권이 인정된다.

　나. 이러한 공동해손의 분담에 대한 채권에 대해 선박우선특권을 인정한 이유는 공동해손으로 인하여 선박이 보존되었기 때문이다. 1926년 조약과 1967년 조약도 동일한 규정을 두고 있다.[51] 그러나 공동해손분담금 확정을 위한 정산에는 상당한 시일이 걸리기 때문에 실무에서는 공동해손분담채권에 대하여 선박우선특권을 실행하는 대신에 공동해손분담금 지급을 위한 보증서(General Average Bond)를 교환하고 추후 정산이 종료되면 그 보증서에 따라 공동해손분담금을 지급하는 것이 관행이다. 따라서 공동해손분담금 채권에 선박우선특권을 인정할 실제적인 필요성은 크지 않으며[52] 이에 따라 1993년 조약은 이를 삭제하였다.

(4) 선박의 충돌과 그 밖의 항해사고로 인한 손해, 항해시설 · 항만시설 및 항로에 대한 손해, 선원이나 여객의 생명 · 신체에 대한 손해의 배상채권(상 777조 1항 4호)

1) 총　설

　가. 이러한 채권에 선박우선특권이 인정되는 이유는 선박소유자 등은 이러한 채권에 대해 책임제한을 할 수 있기 때문에(상 769조) 형평상 채권자를 보호하기 위한 것이다.[53] 이러한 선박우선특권은 임금채권 및 해난구조료 채권에 대한 선박우선특권과 함께 거의 대부분의 해운선진국들이 인정하고 있는데, 1926년 조약도 동일한 규정을 두고 있으며 1967년 조약 및 1993년 조약도 유사한 취지의 규정을 두고 있다.[54] 오늘날 선박 수의 증가로 인해 해상교통이 복잡해짐에 따라 항해사고가 빈발하고 있기 때문에 실무에서는 이러한 선박우선특권이 중요한 지위를 차지하고 있다.[55]

　나. 제정 상법은 「선박의 충돌 또는 기타의 항해사고로 인한 항해시설 및 항로에 대한 손해, 선원이나 여객의 생명, 신체에 대한 손해와 적하 및 수하물에 대한 손해의 배상채권」을 선박우선특권의 피담보채권으로 하고 있었다(제정 상법 제

---

51) 1926년 조약 제 2 조 제 3 호, 1967년 조약 제 4 조 제 1 항 제 5 호.
52) 주석해상, 701쪽.
53) 정(동), (하), 806쪽; 정(찬), (하), 983쪽.
54) 1926년 조약 제 2 조 제 4 호, 1967년 조약 제 4 조 제 1 항 제 3 호 및 제 4 호, 1993년 조약 제 4 조 제 1 항 (e)호.
55) 주석해상, 701쪽.

861조 제4호). 그러나 1991년에 상법을 개정하면서 제861조 제 4 호를 「선박의 충돌로 인한 손해 기타의 항해사고로 인한 항해시설 및 항로에 대한 손해와 선원이나 여객의 생명, 신체에 대한 손해의 배상채권」으로 개정하였다. 제정 상법상으로는 선박의 충돌로 인한 손해 중 선박의 충돌로 인하여 항해시설 및 항로에 발생한 손해의 배상채권에만 선박우선특권이 인정되었는데 이는 1926년 조약과 그 내용이 다르기 때문에[56] 1991년 상법 개정시에 1926년 조약과 그 내용을 일치시키기 위하여 위와 같이 개정하였다. 또한 1991년 상법은 1967년 조약에 따라 「적하 및 수하물에 대한 손해의 배상채권」을 선박우선특권의 피담보채권에서 제외하였다. 한편 2007년에 상법을 개정하면서 위 조항을 「선박의 충돌로 인한 손해 기타의 항해사고로 인한 손해, 항해시설·항만시설 및 항로에 대한 손해와 선원이나 여객의 생명·신체에 대한 손해의 배상채권」으로 다시 개정하였다.[57]

2) 선박의 충돌과 그 밖의 항해사고로 인한 손해의 배상채권

가. 선박충돌이란 두 척이상의 선박이 그 운용상의 작위 또는 부작위로 선박 상호 간에 다른 선박 또는 선박 내에 있는 사람 또는 물건에 손해를 생기게 하는 것을 말하며 직접적인 접촉의 유무를 묻지 아니한다(상 876조 2항, 상세는 539쪽 이하 참조).

나. 선박충돌로 인한 손해에는 인적 손해와 물적 손해가 있는데, 인적 손해에는 ① 자선에 승선한 선원이나 여객의 생명·신체에 대한 손해와 ② 그 외의 사람(즉 다른 선박의 선원이나 여객 또는 그 외의 해상 또는 육상에 있는 사람)의 생명·신체에 대한 손해가 있으며, 물적 손해에는 ③ 자선에 적재된 적하, 수하물 등에 대한 손해, ④ 다른 선박이나 그 위에 적재된 적하, 수하물 등에 대한 손해와 ⑤ 그 이외에 해상 또는 육상에 있는 물건에 대한 손해가 있다. 이 중 ②, ④ 및 ⑤의 손해에 대하여 선박우선특권이 인정된다는 점에는 의문의 여지가 없다.

다. 위 나.항에서 살펴본 손해 중 ①의 손해에 대하여는 아래에서 살펴보는 바와 같이 상법이 별도로 선박우선특권이 인정된다고 규정하고 있으므로 이 손해는 선박의 충돌로 인한 손해에서 제외된다.

---

56) 1926년 조약 제 2 조 제 4 호는 「선박충돌이나 다른 항해사고에 대한 배상채권, 항만·부두·항로 시설의 손해에 대한 배상채권(indemnities for collisions or other accident of navigation)」을 선박우선특권의 피담보채권으로 규정하고 있는데 이는 제정 상법이 규정하고 있었던 「선박의 충돌 또는 기타의 항해사고로 인한 항해시설 및 항로에 대한 손해의 배상채권」과 그 내용이 다르다.

57) 1991년 상법에서 규정하고 있었던 「선박의 충돌로 인한 손해 기타의 항해사고로 인한 항해시설 및 항로에 대한 손해」도 1926년 조약의 내용과 조금 차이가 있었다. 따라서 2007년 개정시에 이 부분을 1926년 조약에 충실하게 다시 개정한 것이다.

　라. 위 나.항에서 살펴본 손해 중 ③의 손해에 대하여는 선박우선특권의 피담보채권이 될 수 있는가 하는 점에 관하여는 부정설[58]과 긍정설[59]이 대립된다.[60] 생각건대 앞서 본 바와 같이 1991년에 상법을 개정하면서 제정 상법 제861조 제 4 호에서 「적하 및 수하물에 대한 손해의 배상채권」을 선박우선특권의 피담보채권에서 삭제한 것은 1967년 조약에 따른 것이다. 즉 1967년 조약은 1926년 조약에서 선박우선특권의 피담보채권으로 인정되었던 「적하와 수하물의 손해에 대한 배상채권」(동 조약 2조 4호의 일부)을 삭제하면서 이 점을 더욱 분명히 하기 위하여 계약에 의해 손해배상을 청구할 수 있는 채권은 선박우선특권의 피담보채권에서 제외한다고 규정하였다(동 조약 4조 1항 4호).[61] 1991년 상법은 이러한 1967년 조약의 취지를 따랐으며 이 점은 2007년에 개정된 현행 상법도 동일하기 때문에 현행 상법상의 「선박의 충돌로 인한 손해」에는 적하나 수하물에 대한 손해는 포함되지 않는다고 해석하는 것이 타당하다고 본다.

3) 항해시설·항만시설 및 항로에 대한 손해의 배상채권

　선박의 충돌이나 그 밖의 항해사고로 인하여 항해시설·항만시설 및 항로에 생긴 손해의 배상채권에는 전항에서 살펴 본 바에 따라 선박우선특권이 인정되므로 선박의 충돌이나 항해사고 이외의 사고 또는 이러한 사고인지의 여부가 명확하지 아니한 사고로 인한 항해시설·항만시설 및 항로에 생긴 손해의 배상채권이 여기에 해당한다(예컨대 선박이 정박 중 항만시설 등을 손괴한 경우 또는 선원이나 선박사용인이 항만시설을 손괴한 경우 등).

---

58) 주석해상, 702쪽.

59) 채, (하), 842쪽.

60) 선박충돌로 인하여 적하나 수하물이 입은 손해는 항해과실로 인한 손해이므로 통상의 경우에는 선박소유자는 이에 대해 면책이 되나(상 795조 2 항, 798조 4 항), 감항능력주의의무를 위반하는 등의 사유가 있는 때에는 선박소유자가 손해배상책임을 부담할 경우도 있다(상세는 287쪽 이하 참조).

61) 1967년 조약 제 4 조 제 1 항 제 4 호는 선박의 운항과 직접 관련하여 발생한 물적 손해에 대한 불법행위채권으로서 계약상의 채권으로 청구할 수 없는 채권(claims against the owner, based on tort and not capable of being based on contract, in respect of loss of or damage to property occurring, whether on land or water, in direct connection with the operation of the vessel)」에 선박우선특권을 인정한다. 따라서 1967년 조약상 계약상의 채권으로 청구할 수 있는 적하와 수하물에 대한 손해배상채권에는 선박우선특권이 인정되지 아니한다고 해석된다. 1993년 조약은 명시적으로 적하와 여객의 수하물 등에 대한 손해가 선박우선특권의 피담보채권에서 제외된다고 규정하고 있다(동 조약 4 조 1 항 (e)호).

4) 선원이나 여객의 생명·신체에 대한 손해의 배상채권

선박의 충돌이나 그 밖의 사고로 인하여 자선의 선원이나 여객의 생명·신체에 발생한 손해의 배상채권이 여기에 해당한다. 선원이나 여객이 승선하고 있던 중에 입은 손해는 물론이고, 승선이나 하선의 과정에 입은 손해의 배상채권도 이에 해당된다. 다만 중간 기항지에서 상륙하고 있었던 동안에 입은 손해는 이에 해당되지 않는다고 본다.[62]

(5) 유배법상의 유류오염손해배상채권

1) 유배법은 유조선, 일반선박 및 유류저장부선의 유류오염손해에 관한 제한채권자는 그 제한채권에 관하여 사고 선박, 그 속구(屬具) 및 수령하지 아니한 운임에 대하여 우선특권이 있다고 규정한다(유배법 43조 1항).[63] 이처럼 유배법이 유류오염손해배상채권에 선박우선특권을 인정한 것은 이러한 채권에 대하여 선박소유자가 책임제한을 할 수 있으므로(유배법 7조 1항, 8조, 45조, 46조) 형평을 기하기 위한 것이다.[64] 그러나 유배법은 강제보험 제도를 두고 있기 때문에 통상은 보험자에 의해 오염손해가 보상될 것이고, 유조선으로 인한 유류오염손해의 경우에는 선박소유자가 보험에 가입하지 않았거나 보험자가 자력이 없는 경우라도 「1992년 국제유류오염손해보상기금」에 의해 오염손해가 보상될 것이므로(584쪽 이하 참조) 이러한 선박우선특권을 인정한 실익은 크지 않다.[65]

---

62) 1967년 조약과 1993년 조약은 인적 손해가 선박의 운항과 직접적인 관련이 있는 경우에 선박우선특권을 인정함으로써 이 점을 명백히 하고 있다(1967년 조약 4조 1항 3호, 1993년 조약 4조 1항 (b)호).

63) 유배법상 "유조선"이란 산적(散積) 유류(油類)를 화물로 싣고 운송하기 위하여 건조(建造)되거나 개조된 모든 형태의 항해선[부선(浮船)을 포함한다]을 말하는데 유류 및 다른 화물을 운송할 수 있는 선박은 산적 유류를 화물로 싣고 운송하는 경우 또는 선박에 그 산적 유류의 잔류물이 있는 경우에는 동 법에 따른 유조선으로 본다(유배법 2조 1호). 한편 유배법상 "유류저장부선"이란 「선박안전법」 제2조 제1호에 따른 부유식 해상구조물로서 유류를 저장하는 선박을 말하며 "일반선박"이란 유조선과 유류저장부선을 제외한 모든 선박을 말한다(유배법 2조 2호 및 3호).

64) 유배법은 1992년 유류오염손해에 대한 민사책임에 관한 국제협약 및 2001년 선박 연료유 오염손해에 대한 민사책임에 관한 국제협약을 입법화한 것인데 이 조약들은 유류오염손해배상채권에 선박우선특권을 인정하지 아니하는데 우리 법은 오염피해자를 보호하기 위하여 선박우선특권을 인정하였다.

65) 한편 우리 국제사법상 선박우선특권에 의하여 담보될 채권의 종류와 선박에 대한 우선특권의 순위는 선적국법에 의하도록 되어 있는바(국제사법 60조 1호), 오염손해와 관련된 채권에 선박우선특권을 부여하지 않는 국가에 등록된 선박이 야기한 오염손해에 대하여는 우리 유배법의

2) 유류오염손해의 배상채권에 인정되는 선박우선특권의 순위는 상법 제777
조 제 1 항 제 4 호의 우선특권의 다음 순위이다(유배법 43조 2항). 유배법상 인정되는
선박우선특권에 관한 다른 사항에는 상법상의 선박우선특권에 관한 규정이 유추
적용된다(유배법 43조 3항).

3. 선박우선특권의 목적물

(1) 선박과 그 속구

선박우선특권은 피담보채권이 발생한 당해 선박과 그 속구에 대하여 행사할
수 있다. 「선박」은 상법이 적용되거나 유추 적용되는 선박을 말하며(상 741조), 등
기선 또는 등록선인지 여부를 묻지 아니한다. 한편 속구는 종물인지의 여부를 묻
지 아니한다.66) 한편 침몰선은 인양이 가능하면 여전히 선박에 해당하므로 선박우
선특권의 목적이 될 수 있다. 다만 선박우선특권의 피담보채권 중에 선박소유자의
책임제한의 대상이 되는 채권을 가진 채권자는 책임제한절차가 개시되면 선박에
대하여 우선특권을 행사할 수 없고(책임제한절차법 27조 2항), 책임제한절차에 참가하
여 책임제한기금으로부터 분배받아야 한다(동조 1항).

(2) 운 임

1) 여기서 「운임」이란 피담보채권이 선원과 그 밖의 선박사용인의 고용계약
으로 인한 채권인 경우에는 앞서 본 바와 같이 고용계약 존속 중의 모든 항해로
인한 운임의 전부를 말하고, 그 밖의 피담보채권의 경우에는 그 피담보채권을 발
생시킨 항해의 운임을 말한다(상 777조 1항, 781조).

2) 또한 운임에 대한 우선특권은 지급받지 아니한 미수운임과 지급을 받은 운
임 중 선박소유자나 그 대리인이 소지한 금액을 한하여 행사할 수 있다(상 779조).
이 규정도 1926년 조약을 따른 것이다(동 조약 10조). 미수운임의 경우에는 선박소유
자가 가지는 운임청구권이 우선특권의 목적이 된다.67) 이 경우 선박소유자가 운임

규정에도 불구하고 선박우선특권이 발생하지 않는다.

66) 동지: 정(동), (하), 807쪽. 한편 종물이 아닌 속구에는 선박우선특권이 미치지 아니한다는 반
대설로는 주석해상, 703쪽이 있다. 그러나 상법은 선박우선특권의 목적을 「속구」라고만 규정하
고 있고 이에 대해 종물인 것을 요구하지 않으므로 속구는 종물인지의 여부를 묻지 아니하고
우선특권의 목적이 된다고 해석하는 것이 타당하다고 본다.

청구권을 양도하면 선박우선특권자는 추급할 수 없다.[68] 이는 선박우선특권은 선박이 이전된 경우에만 추급력이 있기 때문이다(상 785조).

3) 기수운임의 경우 선박우선특권을 행사할 수 있는「선박소유자나 그 대리인이 소지한 금액」에는 선박소유자나 그 대리인이 현실적으로 소지하고 있는 금전뿐만 아니라 선박소유자나 그 대리인이 현실적으로 소지하지 않고 은행 등에 맡겨 놓은 운임도 이에 포함된다고 본다.[69] 그러나 후자의 경우에는 그 운임이 선박소유자나 그 대리인의 일반 재산과 구별될 수 있는 경우에 한한다.

(3) 선박과 운임에 부수한 채권

1)「선박과 운임에 부수한 채권」이란 ① 선박 또는 운임의 손실로 인하여 선박소유자에게 지급할 손해배상, ② 공동해손으로 인한 선박 또는 운임의 손실에 대하여 선박소유자에게 지급할 상금, ③ 해난구조로 인하여 선박소유자에게 지급할 구조료를 말한다(상 778조). 선박과 운임에 부수한 채권으로 위와 같은 세 가지의 채권을 인정한 것은 1926년 조약에 따른 것이다(동 조약 4조 1문).

2) 전항에서 살펴본 ①의 채권은 선박충돌이나 그 밖의 사고 등으로 인하여 선박 또는 운임이 손실된 경우에 선박소유자가 가지는 손해배상청구권을 말한다. 선박이 수리되어 그 가치가 회복된 경우에는 그 선박에 대해 우선특권을 행사하면 되므로 선박소유자가 가지는 손해배상청구권에 우선특권이 인정되지 아니한다. 한편 위 ②의 채권은 선장의 공동해손처분으로 인하여 선박이나 운임이 손실을 입은 경우에 선박소유자가 가지는 공동해손분담청구권(상 865조 이하)을 말한다. 그리고 위 ③의 채권은 해난구조로 인하여 지급될 구조료 중 선장과 해원에게 지급할 구조료(상 889조 1항)를 제외하고 선박소유자에게 지급될 구조료(상 889조)를 말한다.[70] 위 ①과 ②의 채권은 선박이나 운임의 변형물로 볼 수 있으며,[71] 위 ③의 채권은 선박의 이용으로 인한 채권으로서 선박의 운임과 같은 성질을 가진 것으

---

67) 선박소유자가 가지는 운임청구권 등의 채권이 우선특권의 목적이 되는 경우에는 선박우선특권은 당해 채권을 압류하고 추심 또는 전부명령을 받아 실행할 수 있다(민집 273조, 223조, 229조).

68) 동지: 주석해상, 704쪽.

69) 동지: 주석해상, 713쪽.

70) 다만 선박소유자가 구조계약에 따라 지급받을 구조료는 전액 선박소유자가 지급받을 권리가 있고 선장이나 해원에게 분배하지 아니하므로 이 경우에는 구조료 전부가 우선특권의 목적물이 된다(배, 307쪽).

71) 동지: 배, 396-397쪽.

로 볼 수 있기 때문에 선박우선특권의 목적물로 한 것이다.

    3) 보험계약에 의하여 선박소유자에게 지급할 보험금과 그 밖의 장려금이나 보조금은 선박과 운임에 부수한 채권에 해당되지 아니한다(상 780조). 보험금은 선박소유자가 보험료를 지급한 데 대한 대가이고, 장려금이나 보조금은 국가가 정책적으로 선박소유자에게 지급하는 금원이므로 이들 금원을 선박이나 운임의 변형물이라고 볼 수 없기 때문이다. 종래 대륙법계 국가에서는 보험금을 선박과 운임에 부수한 채권에서 제외할 것인가에 관하여 견해의 대립이 있었으나[72] 1926년 조약이 명시적으로 보험금을 선박과 운임에 대한 부수채권에서 제외하였고(동 조약 4조 3문) 우리 상법은 이를 수용하였다.

    4) 선박우선특권의 목적이 되는 것은 선박 또는 운임에 부수한 「채권」이므로 이러한 채권이 지급되면 선박소유자가 그 금액을 소지하고 있더라도 이에 대하여 우선특권을 행사할 수 없다. 이는 민법상 질권이나 저당권의 물상대위에 있어서 물상대위물의 지급 또는 인도 전에 질권자나 저당권자가 압류하여야 하는 것과 동일한 취지이다(민 342조, 370조).[73]

4. 선박우선특권의 순위

(1) 총　설

    선박우선특권의 순위는 선박 등을 경매하여 얻은 대금이 모든 선박우선특권자의 채권을 만족시키기에 충분하지 않은 경우에 어느 선박우선특권에 우선권을 줄 것인가 하는 문제인데 이에 관하여는 국가에 따라 여러 가지 원칙이 생겨났다. 우선 가장 일반적인 것은 다른 채권의 담보의 원인이 되는 채권에 인정되는 선박우선특권을 우선순위로 한다는 원칙이 있다. 이 원칙에 따르면 나중에 발생한 선박우선특권이 우선하게 된다. 이를 후발우선주의(inverse order rule)이라 한다.[74] 그러나 다른 채권의 담보의 원인이 된다는 것 이외의 다른 이유로 선박우선특권이 인정되는 채권(예컨대 선원의 고용계약으로 인한 채권이나 선박충돌로 인한 손해의 배상채권 등)

---

72) 田中, 573-574頁.
73) 1926년 조약 제10조는 선박과 운임에 부수한 채권도 운임과 마찬가지로 미지급된 경우뿐만 아니라 이미 지급되어 선박소유자나 선장 또는 그 대리인이 소지하고 있는 경우에는 선박우선특권의 목적이 된다고 명시적으로 규정하나 우리 상법은 이 규정을 수용하지 아니하였다.
74) 주석해상, 718쪽.

에는 이러한 원칙이 적용될 수 없다. 또한 후발우선주의 원칙을 엄격하게 적용하는 경우에는 선박우선특권자는 선박우선특권을 실행하지 않으면 후발 우선특권자에게 우선권을 주장할 수 없게 되므로 선박우선특권에 대한 불필요한 실행을 강제하는 결과가 된다. 이러한 결함을 보완하기 위하여 항해나 일정한 기간을 단위로 하여 그 단위 동안 발생한 선박우선특권은 동순위를 갖는다고 하는 특별기간원칙(special time rule)이 생겨났다.[75] 이처럼 선박우선특권의 순위에 관하여는 국가에 따라 다른 입장을 취하므로 이를 통일하기 위하여 1926년 조약은 항해주의와 후발우선주의를 기본원칙으로 하여 선박우선특권에 관한 규정을 두었고(동 조약 5조 및 6조), 우리 상법도 이를 수용하였다.

(2) 동일항해로 인한 선박우선특권의 순위

1) 동일항해로 인한 채권의 우선특권이 경합하는 때에는 그 우선의 순위는 상법 제777조 제 1 항 각 호의 순서에 의한다(상 782조 1항). 즉 동일항해로 인한 선박우선특권 중 서로 다른 종류의 선박우선특권 사이에서는 상법이 정책적으로 정한 순위에 따른다.[76] 여기서 「동일항해」란 정기선의 경우에는 선적항 또는 영업본거항을 출항하여 선적항 또는 영업본거항에 귀항할 때까지를 말하고 부정기선의 경우에는 목적한 항해가 개시되어 목적항에서 적하에 대한 양하작업이 종료할 때까지를 말한다.[77]

2) 한편 동일한 종류의 선박우선특권 사이에서는 원칙적으로 발생 선후를 묻지 아니하고 동일한 순위를 가지므로 각 채권은 채권액의 비율에 따라 변제를 받는다(상 784조). 이는 항해주의의 원칙이 적용된 결과이다. 그러나 상법 제777조 제 1 항 제 3 호에 기재된 우선특권 즉 해난구조료 채권과 공동해손분담채권이 경합하는 때에는 후에 생긴 채권이 전에 생긴 채권에 우선한다(상 782조 2항 1문). 즉 이 경우에는 후발우선주의가 적용된다. 이는 뒤의 채권이 앞의 채권의 담보의 원인이 되었기 때문이다. 다만 동일한 사고로 인한 해난구조료 채권과 공동해손분담채권은 동시에 생긴 것으로 본다. 이처럼 규정한 것은 순위결정을 단순하게 하기 위한 기술적인 이유에서이다.[78]

---

75) 상게서. 이러한 특별기간원칙에는 항해주의(voyage rule), 계절주의(season rule), 역년주의(calendar year rule), 40일 주의(40-day rule), 90일 주의(90-day rule) 등이 있다고 한다.
76) 이를 기재순위주의라고 한다(주석해상, 716쪽).
77) 배, 402쪽.

(3) 수회의 항해로 인한 선박우선특권의 순위

1) 수회의 항해에 관한 채권의 우선특권이 경합하는 때에는 후의 항해에 관한 채권이 전의 항해에 관한 채권에 우선한다(상 783조 1항). 즉 이 경우에는 후발우선주의가 적용된다.

2) 한편 선원 그 밖의 선박사용인의 고용계약으로 인한 채권에 기한 우선특권은 최후의 항해에 관한 다른 채권과 동일한 순위로 한다(상 783조 2항). 이는 고용계약으로 인한 채권을 우선적으로 보호하기 위한 사회정책적인 규정으로서 고용계약상의 채권에 고용계약 존속 중의 모든 항해로 인한 운임전부에 대한 우선특권을 인정하는 것(상 781조)과 동일한 취지이다.79)

5. 선박우선특권의 효력

선박우선특권은 담보물권으로서 담보물권이 가지는 목적물에 대한 경매권(민집 269조)과 우선변제권(상 777조 2항)이 있다.

또한 선박우선특권에는 추급권이 인정된다. 따라서 선박우선특권은 그 선박소유권의 이전으로 인하여 영향을 받지 아니한다(상 785조). 그러므로 선박우선특권자는 선박소유권이 이전된 경우에도 선박에 대해 선박우선특권을 행사할 수 있다. 선의로 선박소유권을 취득한 자에 대한 관계에서도 마찬가지이다. 이러한 추급권은 담보물권에 일반적으로 인정되는 효력이나 선박우선특권은 아무런 공시방법이 없음에도 불구하고 이러한 추급권이 인정된다는 점에 그 특색이 있다. 1926년 조약, 1967년 조약 및 1993년 조약도 동일한 규정을 두고 있다.80) 한편 선박우선특권에 추급권이 인정된다고 하더라도 선박소유권을 이전받은 양수인이 양도인의 채무까지 인수하는 것은 아니다. 즉 양수인은 물상보증인과 유사한 지위에 있는 것에 불과하다.81)

---

78) 상게서.

79) 상법 제783조 제 2 항은 「제781조에 따른 우선특권」은 그 최후의 항해에 관한 다른 채권과 동일한 순위로 한다고 규정하고 있는데 앞서 본 바와 같이 제781조는 고용계약상의 채권이 고용계약 존속 중의 모든 항해에 대한 운임에 우선권을 가진다는 규정이므로 「제781조에 따른 우선특권」이란 운임에 대한 우선특권만을 말한다고 해석될 여지가 있으므로 위 조항은 「제777조 제1항 제 2 호에 따른 우선특권」으로 개정하는 것이 바람직하다.

80) 1926년 조약 제 8 조, 1967년 조약 제 7 조 제 2 항, 1993년 조약 제 8 조.

81) 대법원 1974. 12. 10. 74다176 판결(상법 제 861 조 소정의 선박우선특권을 가진 선박채권자는 선박을 양수한 사람에게 채무의 변제를 청구할 수 없고 다만 선박우선특권의 추급성에 의하여 선

선박우선특권에 추급권이 인정되는 것은 선박과 그 속구에 관해서이다. 운임 청구권 또는 선박과 운임에 부수한 채권에는 추급권이 미치지 아니한다.[82] 따라서 선박우선특권자는 이러한 채권이 양도되기 전에 우선특권을 행사하여 압류하지 아니하면 우선특권을 잃는다.

선박우선특권은 유치적 효력이 없다. 따라서 선박우선특권자는 유치권자와는 달리 선박 등을 유치할 권리를 갖지 아니한다. 이는 선박저당권과 동일하다.

6. 선박우선특권과 다른 권리와의 관계

(1) 선박저당권 · 선박질권과의 관계

선박우선특권은 선박저당권이나 선박질권보다 우선한다(상 788조). 이처럼 선박우선특권을 선박저당권과 선박질권보다 우선시키는 이유는 앞서 본 바와 같이 선박우선특권은 여러 가지의 법률정책적인 이유로 특별히 법률에 의해 인정되는 권리인데, 당사자 사이의 임의의 약정에 따라 설정되는 선박저당권이나 선박질권을 선박우선특권보다 우선시키면 선박우선특권을 인정한 입법 목적을 달성할 수 없기 때문이다.[83] 또한 선박우선특권이 인정되는 채권에 의해 선박의 가치가 보존된 경우와 같이 다른 채권의 담보의 원인이 되었기 때문에 선박우선특권이 인정되는 때에는 당해 선박우선특권이 선박저당권이나 선박질권보다 우선하는 것은 당연하다고 볼 수 있다. 1926년 조약, 1967년 조약 및 1993년 조약도 동일한 규정을 두고 있다.[84] 그러나 아무런 공시방법이 없는 선박우선특권에 이처럼 선박저당권이나 선박질권보다 우선하는 효력을 부여하는 것은 선박의 담보력을 현저히 저하시키는 것이기 때문에 선박우선특권의 수를 줄이려고 하는 것이 국제적인 추세라는 점은 앞서 본 바와 같다.

(2) 임금우선특권과의 관계

근로기준법상 최종 3월분의 임금과 재해보상금은 사용자의 총재산에 대하여 질권 또는 저당권에 의하여 담보된 채권, 조세공과금 및 다른 채권에 우선하여 변

박이 우선특권의 목적물이 될 뿐이다).

82) 동지: 주석해상, 720쪽.
83) 정(동), (하), 808쪽; 정(찬), (하), 984-985쪽.
84) 1926년 조약 제3조 제1문, 1967년 조약 제5조 제1항, 1993년 조약 제5조 제1항.

제받을 권리가 있다(동 법 37조 2항). 이를 임금우선특권이라 한다. 우리 법은 선박우
선특권과 임금우선특권의 우선순위에 관하여 아무런 규정을 두고 있지 아니하다.
이 점에 관하여 대법원은 양 우선특권제도의 입법취지를 비교하면 임금우선특권
을 더 강하게 보호하는 것이 타당하므로 임금우선특권이 선박우선특권에 우선한
다고 판시하였다.[85] 이러한 대법원의 입장은 타당하다고 본다. 선원의 고용계약으
로 인한 채권 중 최종 3월분의 임금과 재해보상금 채권에 대해서는 임금우선특
권[86]과 제 2 순위의 선박우선특권(상 777조 1항 2호)이 경합적으로 인정되는데, 위 대
법원 판례에 의할 때 선원은 당연히 임금우선특권을 행사하여 변제를 받게 될 것
이다.

(3) 유치권과의 관계

유치권에는 우선변제권이 인정되지 아니하므로 선박우선특권과 유치권이 경
합하는 경우에는 선박우선특권이 우선한다고 할 수 있다. 그러나 유치권자는 그
채권의 변제를 받을 때까지 선박을 유치할 수 있으므로 사실상 선박우선특권보다
우선한다.[87]

---

85) 대법원 2005. 10. 13. 2004다26799 판결(선박우선특권 제도는 원래 해상기업에 수반되는 위험성
으로 인하여 해사채권자에게 확실한 담보를 제공할 필요성과 선박소유자에게 책임제한을 인정
하는 대신 해사채권자를 두텁게 보호해야 한다는 형평상의 요구에 의하여 생긴 제도임에 비하
여, 임금우선특권 제도는 근로자의 생활안정, 특히 사용자가 파산하거나 사용자의 재산이 다른
채권자에 의해 압류되었을 경우에 사회·경제적 약자인 근로자의 최저생활보장을 확보하기 위
한 사회정책적 고려에서 일반 담보물권자 등의 희생 아래 인정되어진 제도로서 그 공익적 성격
이 매우 강하므로, 양 우선특권제도의 입법 취지를 비교하면 임금우선특권을 더 강하게 보호할
수밖에 없고, 나아가 상법 제861조 제2항(현행 상법 제777조 제 2 항)에 의하면, 선박우선특권 있
는 채권을 가진 자는 다른 채권자보다 우선변제를 받을 권리가 있되 이 경우에 그 성질에 반하
지 아니하는 한 민법상의 저당권에 관한 규정을 준용하도록 되어 있는 점, 조세채권우선 원칙의
예외사유를 규정한 국세기본법 제35조 제 1 항 단서나 지방세법 제31조 제 2 항에서 임금우선특
권은 그 예외사유로 규정되어 당해세보다도 우선하는 반면에 선박우선특권은 예외사유에서 빠
져 있는 점, 구 근로기준법(2005. 1. 27. 법률 제7379호로 개정되기 이전의 것) 제37조 제 2 항은
임금우선특권 있는 채권은 조세·공과금 채권에도 우선한다는 취지로 규정하고 있음에 반하여
상법에는 선박우선특권 있는 채권과 조세채권 상호간의 순위에 관하여 아무런 규정이 없을 뿐
만 아니라, 오히려 상법 제861조 제 1 항은 '항해에 관하여 선박에 관한 제세금'을 제 1 호 소정의
채권에 포함시켜 선박우선특권 내부에서 가장 앞선 순위로 규정하고 있는 점 등을 감안하면, 임
금우선특권을 선박우선특권보다 우선시키는 것이 합리적인 해석이라고 할 것이다).
86) 근로기준법 제38조는 선원의 근로관계에도 적용된다(선원법 5 조).
87) 선박우선특권자는 유치권자에게 변제를 하여 유치권을 소멸시킨 후 경매를 신청하거나 또는 유
치권을 유지한 채로 경매를 신청하여 경락인으로 하여금 유치권자의 채권을 변제하도록 할 수
있다. 후자의 경우에도 경락대금이 유치권자의 채권을 감안하여 감소되게 되므로 선박우선특권
자가 배당받을 금액이 감소되게 된다. 즉 유치권자의 권리가 사실상 선박우선특권자의 권리보

(4) 일반채권과의 관계

담보물권인 선박우선특권은 당연히 일반채권보다 우선한다(상 777조 2항).

7. 선박우선특권의 양도 · 대위 · 소멸

(1) 선박우선특권의 양도

선박우선특권은 담보물권의 수반성[88]에 의해 피담보채권이 양도되면 선박우선특권도 함께 이전된다. 피담보채권의 양도는 대항요건(민 450조)을 갖추어야 하나 선박우선특권의 이전에 관하여는 아무런 요건이 필요 없다. 한편 담보물권의 부종성에 의해 선박우선특권을 피담보채권으로부터 분리하여 선박우선특권만을 양도할 수 없다.[89]

(2) 선박우선특권의 대위

선박우선특권의 피담보채권에 대해 대위변제(민 480조, 481조) 또는 보험자 대위(상 682조)가 인정되는 경우에는 선박우선특권에 관해서도 대위가 인정된다.[90]

(3) 선박우선특권의 소멸

1) 일반적 사유에 의한 소멸

선박우선특권에는 그 성질에 반하지 아니하는 한 민법의 저당권에 관한 규정이 준용되므로(상 777조 2항) 선박우선특권은 저당권의 소멸사유와 유사한 소멸사유

다 우선하는 결과가 된다.

88) 담보물권의 수반성이란 담보물권은 피담보채권의 이전에 따라서 이전하고 피담보채권 위에 부담이 설정되면 담보물권도 역시 그 부담에 복종하는 성질을 말한다(주석 물권법(하), 365쪽).

89) 동지: 주석해상, 722쪽.

90) 대법원은 2012. 7. 16. 2009마461 결정에서「국내에서 선박대리점업을 영위하는 갑 주식회사가 선박 용선자인 미국 법인 을 회사와 체결한 선박대리점계약에서 선박의 입·출항시 발생하는 항비 등 비용을 을 회사가 부담하되 갑 회사가 을 회사를 대신하여 채권자에게 우선 지급하기로 약정한 사안에서, 위 약정은 이행인수약정으로 보아야 하고, 나아가 갑 회사가 이러한 이행인수약정에 따라 자신의 출연으로 항비 등을 변제한 것은 특별한 사정이 없는 한 민법 제481조에서 정한 '변제할 정당한 이익이 있는 자'의 변제에 해당하여 항비 등 채권을 당연히 대위할 수 있다」고 판시하고 갑 주식회사에 의한 선박우선특권의 대위를 인정하였다. 동지: 정완용, "선박우선특권제도에 관한 연구," 경희대학교 법학박사학위논문(1988), 149-150쪽; 정(해), 국제해상소송, 538쪽; 권오곤, "선박우선특권있는 채권," 서울대학교 대학원 법학석사학위논문(1983), 86쪽.

로 인해 소멸된다. 즉 선박우선특권은 피담보채권의 소멸, 제 3 취득자의 변제(민 364조) 또는 불가항력에 의한 선박의 멸실 등으로 인하여 소멸한다. 또한 선박우선 특권은 다른 선박우선특권자에 의한 선박의 경매에 의하여도 소멸한다(민집 91조 2 항의 유추 적용).[91] 한편 선박우선특권이 선박저당권자에 의한 선박의 경매에 의하여 도 소멸하는지의 여부에 관하여는 다소 의문이 있으나 이 경우에도 민사집행법 제91조 제 2 항의 유추 적용에 의해 선박우선특권이 소멸한다고 생각된다.[92]

2) 단기제척기간에 의한 소멸

가. 선박우선특권은 피담보채권이 생긴 날부터 1년 이내에 실행하지 아니하 면 소멸한다(상 786조).[93] 위 기간은 제척기간이다. 선박우선특권의 제척기간은 개 품운송인의 채권·채무(상 814조 1항), 항해용선계약상의 선박소유자의 채권·채무 (상 840조 1항), 정기용선계약상의 선박소유자의 채권·채무(상 846조), 공동해손채권 (상 875조), 선박충돌로 인한 손해배상채권(상 881조) 및 해난구조료 채권(상 895조)에 있어서의 제척기간과는 달리 당사자 간의 합의로 연장할 수 없다.

나. 이처럼 선박우선특권에 단기 제척기간을 정한 것은 선박이 항해를 할 때

---

91) 부산지방법원 1988. 2. 8. 87라253 결정(우선특권있는 선박채권자가 경매청구권을 행사하여 그 경매절차가 종료된 경우에는 그 소유권이전시기인 경락대금완납시까지 그 선박 위에 존재하였 던 모든 우선특권은 소멸한다. 그 이유는 첫째, 저당권의 경우 경매에 의하여 당시까지 존재하 는 모든 저당권이 소멸하는 것으로 규정한 경매법 제3조 제2항이 위 우선특권의 경우에도 유추 적용될 수 있고, 둘째, 만약 위와 같이 보지 아니할 경우 우선특권에 기한 무한정의 경매가 가능 하게 되어 거래의 안전은 물론 법원의 경매절차에 대한 신뢰도를 크게 해칠 뿐만 아니라 선박 의 가격이 당시 선박에 붙어 있는 수개의 우선특권있는 선박채권을 전부 만족시키기에 부족한 경우 각 우선특권자는 차례로 각 별개의 경매절차를 진행시킴으로써 각 채권전부의 만족을 얻 을 수 있다는 결과가 되어 상법상 우선특권의 순위에 관한 규정이 무의미하게 될 것이기 때문 이다).

92) 만일 이 경우 선박우선특권이 소멸하지 아니한다고 하면 다음과 같이 불합리한 결과가 생긴다. 즉 선박우선특권이 먼저 실행된 경우에는 저당권이 소멸하고(민집 91조 2항의 유추 적용) 저당 권자는 선박우선특권자의 후순위로 경매대금을 배당받게 되는데, 저당권이 먼저 실행된 경우에 는 저당권자는 우선적으로 경매대금을 배당받고 선박우선특권자는 다시 선박경매를 신청하여 경매대금으로부터 우선변제를 받게 된다. 이러한 결과는 형평에 반할 뿐만 아니라 경매에 의한 선박매수인의 지위를 불안하게 하여 거래의 안전과 법원 경매절차에 대한 신뢰도를 크게 해치 게 된다. 2014. 3. 현재 CMI에서 마련 중인 「외국에서의 선박공매의 승인에 관한 조약」 초안에 도 선박우선특권은 저당권 등의 실행에 의한 선박경매로 인해 소멸하는 것으로 규정되어 있다.

93) 한편 대법원은 「국제사법 제60조 제1호는 해상에 관한 '선박의 소유권 및 저당권, 선박우선특권 그 밖의 선박에 관한 물권'은 선적국법에 의한다고 규정하고 있으므로 선박우선특권의 성립 여 부는 선적국법에 의하여야 할 것이나, 선박우선특권이 우리나라에서 실행되는 경우에 실행기간 을 포함한 실행방법은 우리나라의 절차법에 의하여야 한다」고 판시하였으나(대법원 2011. 10. 13. 2009다96625 판결), 선박우선특권을 소멸시키는 제척기간은 실체법적인 사항이므로 선적국 법에 의하여야 할 것으로 생각된다.

마다 많은 선박우선특권이 발생할 수 있으므로 선박우선특권을 단기에 소멸시키지 아니하면 선박우선특권이 누적되어 선박의 매매나 금융을 얻는데 상당한 지장을 초래하기 때문이다.[94] 더구나 후의 항해로 인한 선박우선특권이 전의 항해로 인한 선박우선특권에 우선하므로 오랫동안 선박우선특권을 존속시키는 것은 실질적인 의의도 적다.[95] 1926년 조약, 1967년 조약 및 1993년 조약도 유사한 규정을 두고 있다.[96] 당사자 간의 합의로 선박우선특권의 제척기간을 연장할 수 없도록 한 것도 동일한 취지이다.[97]

다. 제척기간 내에 선박우선특권을 실행하여야 하므로 선박우선특권자는 제척기간이 도과하기 전에 선박과 그 속구 등에 대한 경매를 신청하거나 선박우선특권의 목적이 되는 채권에 대한 압류와 추심 또는 전부명령을 신청하여야 한다.

라. 제척기간의 기산점은 「피담보채권이 생긴 날」이다. 즉 피담보채권이 발생하면 변제기에 도달하지 아니하였어도 제척기간이 개시된다.[98] 이는 앞서 본 것과 같은 이유로 선박우선특권을 단기에 소멸시키기 위한 것이다.[99]

8. 건조 중의 선박에 대한 선박우선특권

건조 중의 선박은 아직 상법상의 선박은 아니나 선박우선특권의 목적물이 될 수 있다(상 790조). 이는 건조 중의 선박이 완성된 선박이었더라면 선박우선특권을

---

94) 동지: 정(찬), (하), 986쪽; 정(동), (하), 809쪽.

95) 정(찬), (하), 986쪽; 정(동), (하), 809쪽.

96) 1926년 조약 제 9 조, 1967년 조약 제 8 조, 1993년 조약 제 9 조.

97) 이에 반해 손, (하), 841쪽은 선박우선특권의 제척기간을 당사자 간의 합의로 연장할 수 없도록 한 것은 다른 채권의 제척기간과 균형이 맞지 않는다고 비판하나, 앞서 본 이유에 의할 때 선박우선특권의 제척기간은 다른 채권의 제척기간과 달리 취급할 필요가 있다고 본다.

98) 1926년 조약은 피담보채권의 종류에 따라 제척기간의 기산점을 개별적으로 규정하고 있다. 즉 구조료 채권에 관하여는 구조 활동이 종료된 날, 선박충돌 등의 해난사고나 인적 손해로 인한 채권에 대하여는 그 손해가 발생한 날, 운송물의 멸실 또는 훼손으로 인한 채권에 대하여는 운송물이 인도된 날 또는 인도되었어야 할 날, 선박수리나 선박필요품의 공급으로 인한 채권에 대하여는 그 채권이 발생한 날 그리고 그 밖의 채권에 대해서는 권리를 행사할 수 있는 날을 각 기산점으로 하고 있다(동 조약 9조). 한편 1993년 조약은 선원의 고용계약상의 채권에 대하여는 선원이 하선한 날을 제척기간의 기산점으로 하고 그 밖의 채권에 관하여는 그 채권이 발생한 날을 기산점으로 규정함으로써 선박우선특권에 관한 제척기간의 기산점을 단순화하였다(동 조약 9 조 2 항).

99) 이와 달리 피담보채권의 변제기로부터 선박우선특권의 제척기간이 기산된다고 하면 당사자가 피담보채권의 변제기를 상당한 기간의 경과후로 정하거나 변제기를 유예하는 등으로 선박우선특권을 장기간 존속시킬 수 있게 되어 선박우선특권에 관하여 단기제척기간을 둔 취지에 반하기 때문이다.

가질 수 있었던 채권자[100]에 대해 아직 건조 중이었다는 이유로 우선특권을 인정하지 않는 것은 형평에 어긋나기 때문이다.[101]

제 3. 선박저당권

1. 선박저당권의 의의

(1) 선박저당권이란 등기 또는 등록한 선박을 목적으로 하여 당사자의 약정에 의하여 설정되는 상법상의 특수한 저당권을 말한다(상 787조 1항). 민법상의 저당권은 부동산만을 목적으로 하기 때문에 원칙적으로 동산인 선박에 대해서는 저당권이 설정될 수 없으나, 선박은 부동산에 유사할 뿐만 아니라 선박에는 등기와 등록이라는 공시방법이 인정되기 때문에 상법은 특히 등기한 선박에 대해 선박저당권을 설정할 수 있도록 허용하였다.[102]

(2) 본래 동산인 선박에 담보를 설정하고 선박금융을 얻기 위해서는 선박에 질권을 설정해야 한다. 그러나 질권을 설정하기 위해 채권자에게 선박의 점유를 이전하면 해상기업 활동을 영위할 수가 없으므로 19세기에 들어 각국에서는 점유를 이전하지 않고도 선박금융을 얻을 수 있도록 하기 위한 필요에서 선박저당권 제도를 인정하게 되었다.[103] 이러한 각국의 입장은 1926년 조약에도 반영되었고 상법은 이를 수용한 것이다.

(3) 선박저당권은 약정 담보물권이라는 점에서 법정 담보물권인 선박우선특권과 차이가 있다. 한편 선박저당권은 저당권의 일종이므로 민법상 저당권에 관한 규정이 준용된다(상 787조 3항). 따라서 저당권의 설정, 이전, 소멸, 효력, 순위 등에 관해서는 민법상의 저당권에 관한 규정이 선박저당권에 유추 적용된다. 선박저당

---

100) 건조 중의 선박에 대해서는 상법 제777조 제 1 항에 기재된 채권 중 제 1 호의 「채권자의 공동이익을 위한 소송비용」과 「예선료」채권 및 제 4 호의 「항해시설·항만시설 및 항로에 대한 손해의 배상채권」 등이 발생될 여지가 있다.

101) 한편 건조 중의 선박에 대해 선박우선특권을 인정하는 것은 선박금융의 필요 때문이라고 하는 견해가 있으나(정(찬), (하), 987쪽; 정(동), (하), 809쪽), 앞서 본 바와 같이 우리 상법상 선박금융의 편의를 위하여 선박우선특권을 인정하는 피담보채권은 없으며 특히 건조 중의 선박에 대해 선박금융의 편의를 위하여 선박우선특권을 인정할 필요가 있는 경우란 상정하기 어려우므로 위 견해는 의문이다.

102) 정(찬), (하), 987쪽; 정(동), (하), 809쪽.

103) 田中, 557頁; 정(찬), (하), 988쪽.

권에 관한 사항은 선박등기법에 따라 선박등기부에 기재한다.

2. 선박저당권의 목적물

(1) 등기 또는 등록한 선박

선박저당권의 목적은 등기선 중 실제로 등기한 선박과 비등기·등록선 중 실제로 등록한 선박이다(상 787조 1항, 소형선박저당법 2조).[104] 따라서 등기선 중 아직 등기를 하지 않은 선박(미등기선)과 비등기·등록선 중 아직 등록을 하지 않은 선박(미등록선)에는 저당권을 설정할 수 없다. 따라서 이들 선박은 선박질권의 목적이 될 수밖에 없다. 한편 등기한 선박에는 질권을 설정할 수 없는데(상 789조), 이는 점유를 이전하지 않고도 담보에 제공할 수 있도록 선박저당권제도가 인정되기 때문에 선박질권을 인정할 필요가 없으며 등기한 선박에 대해 선박저당권과 선박질권을 함께 설정할 수 있도록 허용하면 법률관계가 지나치게 복잡해지기 때문이다.[105]

(2) 속   구

선박저당권의 효력은 그 속구에 비친다(상 787조 2항). 여기서 속구는 속구목록에 기재된 것인지의 여부나 종물인지의 여부를 묻지 아니한다.[106] 민법상 다른 약정이 없는 한 종물에는 당연히 저당권의 효력이 미치므로(민 358조) 위 상법의 규정은 종물이 아닌 속구에도 선박저당권의 효력이 미친다는 점을 규정한 점에 의미가 있다. 한편 선박저당권이 설정된 후에 증가된 속구에 대하여도 선박저당권이 미치는지의 여부가 문제가 된다. 우선 그 증가된 속구가 종물인 경우에는 당연히 증가된 속구에도 선박저당권의 효력이 미친다. 증가된 속구가 종물이 아닌 경우에는 다소 의문이 있으나 우리 상법이 종물이 아닌 속구도 종물과 같은 법률적 취급을 하고 있다는 점에 비추어 볼 때 증가된 속구가 종물이 아닌 경우에도 선박저당권의 효력이 미친다고 본다.[107] 선박저당권이 설정된 후에 선박소유자가 임의로

---

104) 등기선 및 비등기·등록선의 의미에 관해서는 앞의 「제 2 편 제 2 장 해상기업의 물적 조직」 참조 (42쪽 이하 참조).

105) 田中, 583頁.

106) 동지: 정(동), (하), 810쪽; 정(찬), (하), 988쪽. 이에 반해 주석해상, 724쪽은 선박소유자의 소유에 속하지 아니하는 속구는 저당권의 목적에 포함되지 아니한다고 하나, 우리 상법은 그 속구가 선박소유자의 소유에 속하는지의 여부(즉 종물인지의 여부)를 묻지 아니하고 저당권의 목적으로 하고 있으므로 이 견해는 의문이다.

속구를 선박에서 제거하여 그 물건이 속구로서의 성질을 상실하면 선박저당권의 침해가 된다.

(3) 공유지분

선박공유에 있어서 선박관리인이 아닌 공유자는 다른 공유자의 승낙이 없이 공유지분에 선박저당권을 설정할 수 있으며 선박관리인인 선박공유자는 다른 공유자 전원의 승낙이 있으면 그 지분에 선박저당권을 설정할 수 있다(상 759조).[108] 선박저당권의 목적물은 지분의 비율에 따른 선박과 속구이다.[109]

(4) 물상대위

상법은 선박저당권의 물상대위에 관하여 아무런 규정을 두지 아니하므로 이 점에는 민법의 저당권에 관한 규정이 유추 적용된다. 따라서 선박에 갈음하는 변형물이라고 볼 수 있는 선박의 멸실·훼손 또는 공용징수로 인하여 선박소유자가 받을 수 있는 금전 기타의 물건에도 선박저당권이 미친다고 본다. 선박저당권자는 이러한 금전 기타의 물건이 지급 또는 인도되기 전에 압류하여야 한다(민 370조, 342조). 해난구조료 청구권은 선박의 변형물이 아니므로 선박저당권이 미치지 아니하는 것은 당연하다. 선박소유자가 가지는 공동해손분담청구권은 선박에 갈음하는 변형물이라고 볼 수 있으므로 선박저당권이 미친다고 본다.

한편 선박보험금청구권이 물상대위의 대상이 되는지에 관하여는 선박우선특권과는 달리 상법에 명문의 규정이 없으므로 다소 의문이 있으나 민법상으로는 저당권설정자가 가지는 보험금청구권이 물상대위의 대상으로서 저당권이 미친다고 하는 견해가 통설인 점에 비추어 볼 때,[110] 선박저당권에 관하여도 부동산저당권의 경우를 유추 적용하여 선박보험금청구권도 물상대위의 대상이 된다고 보는 것이 타당하다.[111] 이 경우 저당권자는 보험금이 선박소유자에게 지급되기 전에

---

107) 동지: 정(찬), (하), 988쪽. 이에 반해 주석해상, 724쪽은 그 속구가 선박에 필수적인 장비이거나 당사자들이 특별히 약정한 경우에 한해 증가된 속구에 선박저당권이 미친다고 한다.

108) 선박관리인인 선박공유자의 지분에는 선박저당권을 설정할 수 없다는 견해가 일반적이나(정(동), (하), 810쪽; 정(찬), (하), 989쪽; 주석해상, 725쪽), 선박관리인인 선박공유자도 공유자 전원의 동의가 있는 경우에는 자기의 지분을 처분할 수 있으므로 위 견해는 의문이다.

109) 정(찬), (하), 989쪽.

110) 민법주해(Ⅶ), 물권(4), 237; 주석 물권법(하), 610쪽; 양(승), (보), 228-229쪽.

111) 주석해상, 726쪽; 송·김, 250쪽; 정(해), (국제), 555쪽.

이를 압류하여야 한다(민 370조, 342조 단서). 그런데 보험금이 지급되기 전에 압류하는 것은 사실상 곤란한 경우가 많으므로 실무에서는 선박저당권자를 위하여 보험금청구권 위에 질권을 설정하거나 보험금청구권을 선박저당권자에게 양도담보해 놓는 것이 보통이다.[112]

3. 선박저당권의 설정

선박저당권은 저당권설정계약과 등기에 의하여 성립되고 그 효력을 발생한다.

(1) 저당권설정계약

저당권설정계약은 선박소유자(저당권설정자)와 저당권자 사이의 저당권 설정에 관한 청약과 승낙으로 성립되며 불요식·낙성계약이다. 그러나 실무에서는 금융을 제공하는 저당권자가 미리 작성한 일정한 양식의 저당권설정계약서에 따라 저당권설정계약이 체결되는 것이 일반적이다. 저당권설정계약서 양식에는 선박의 특수성을 고려하여 다음과 같은 조항이 포함되는 것이 보통이다.

1) 기한의 이익 상실에 관한 규정

이는 저당선박이 침몰, 손상, 좌초, 포획, 나포 그 밖에 행방불명된 경우에는 선박소유자는 이 사실을 바로 저당권자에게 통지하고 저당권자의 청구가 있는 때에는 지체 없이 추가담보를 제공하거나 채무의 전부 또는 일부를 변제하여야 한다는 규정이다.

2) 저당선박의 양도·임대 금지에 관한 규정

이는 저당권자의 승낙 없이 저당선박을 양도하거나 임대하는 것을 금지하는 규정이다. 이러한 규정을 둔 이유는 선박의 소유자 또는 운항자가 누구인지 하는 것이 저당권자에게 중요한 이해관계가 있기 때문이다.

3) 운임처분 금지 등에 관한 규정

이는 저당권자의 승낙 없이 저당선박의 운임이나 용선료 등의 청구권을 제 3 자에게 양도하거나 담보로 제공하지 못하며, 저당권자의 청구가 있는 때에는 운임이나 용선료 등의 청구권을 저당권자에게 양도하거나 저당권자에게 그 청구권

---

112) 정(해), (국제), 557쪽.

을 선박소유자를 대리하여 행사할 수 있는 권한을 부여하여야 한다는 규정이다. 이러한 규정을 둔 이유는 저당선박의 운임이나 용선료 등 저당선박의 이용으로 인한 수익이 저당채무의 변제에 중요한 영향을 미칠 수 있기 때문이다.

4) 보험위부에 관한 규정

이는 선박소유자가 저당선박의 점유를 상실하여 이를 회복할 가능성이 없거나 저당선박이 훼손되어 그 수리비가 수리 후의 가액을 초과하는 등 저당선박이 추정전손에 해당하여 보험위부를 할 수 있는 경우에(상 710조), 저당권자가 선박소유자를 대리하여 보험위부를 할 수 있다는 규정이다. 이러한 규정을 둔 이유는 선박소유자가 보험위부를 하지 않아 저당권자가 손해를 입을 위험을 방지하기 위한 것이다.

5) 보험금 청구권에 대한 질권 설정에 관한 규정

이는 선박소유자가 체결한 선박보험계약상의 선박보험금 청구권에 대해 저당권자를 위해 질권을 설정하여야 한다는 규정이다. 이러한 규정을 둔 이유는 앞서 본 바와 같이 저당선박이 멸실되거나 훼손되는 경우에 선박소유자가 갖는 선박보험금 청구권이 물상대위의 대상이 되기는 하나 저당권자가 대위를 하기 위해서는 보험금 지급 전에 압류를 하여야 하므로 이러한 번거로움을 피하기 위한 것이다.[113]

(2) 저당권설정등기

선박저당권은 설정등기에 의하여 그 효력이 발생한다(상 787조 3항, 민 186조). 이 점에서 선박저당권 설정등기는 제 3 자에 대한 대항요건인 선박에 관한 권리이전의 등기와 구별된다. 선박저당권 설정등기의 절차는 선박등기법과 선박등기처리규칙에 의한다.

4. 선박저당권의 순위 및 효력

(1) 선박저당권의 순위

선박저당권의 순위는 민법상의 부동산저당권과 마찬가지로 등기한 순서에 따른다(상 787조 3항, 민 370조, 333조).

---

113) 주석해상, 726쪽.

(2) 선박저당권의 효력

선박저당권자는 부동산저당권자와 동일하게 선박경매권(민 363조)과 우선변제권(민 356조)을 갖는다.

5. 선박저당권과 다른 권리와의 관계

(1) 선박우선특권과의 관계

선박우선특권이 선박저당권에 우선한다는 것과 선박저당권에 우선하는 효력을 갖는 선박우선특권의 수를 제한함으로써 선박저당권을 강화하려는 것이 국제적인 추세라는 것은 앞서 본 바와 같다.

(2) 유치권과의 관계

선박저당권이 법률상 유치권에 우선하나 사실상 유치권이 선박저당권에 우선한다는 점은 선박우선특권과 유치권과의 관계와 동일하다.

(3) 선체용선권과의 관계

선박저당권과 등기한 선체용선권(상 849조) 간의 우열관계는 부동산저당권과 등기한 임차권과의 관계와 마찬가지로 등기의 선후에 의한다.

(4) 일반 채권과의 관계

선박저당권이 일반 채권에 우선하는 것은 당연하다.

6. 건조 중의 선박에 대한 저당권

(1) 건조 중의 선박에 대하여도 선박저당권을 설정할 수 있다(상 790조). 이는 선박 건조를 위하여 금융을 얻을 필요가 있는 선박소유자 또는 건조자의 금융의 편의를 위하여 상법이 특별히 인정한 것이다. 상법상 아무런 규정은 없으나 건조 중의 선박에 대해 선박저당권등기가 허용되는 것은 완성 후의 선박이 선박저당권의 목적이 될 수 있는 등기선이 되기로 예정된 경우에 한한다고 본다. 한편 실무

에서는 건조 중의 선박에 대한 선박저당권제도가 많이 이용되지 아니하고 있다. 그 이유는 건조 중의 선박은 그 담보가치를 판정하기가 어렵고 또한 건조 중의 선 박에 대한 선박저당권에 어떠한 법률상 효력이 있을지에 관하여 의문이 있기 때 문이다.114)

(2) 건조 중의 선박에 관한 선박등기처리규칙에 의한다. 건 조 중의 선박에 관하여는 선박소유권자가 있을 수 없으므로 선박저당권 등기를 하는 경우 선박소유권을 기재하는 갑구 사항란에는 단지 등기의무자의 성명, 주소 와 저당권의 등기신청으로 인하여 등기를 하는 취지를 기재한다(선박등기규칙 23조). 선박이 완성되면 등기의무자가 선박에 관한 소유권보존등기를 하여야 하는데 소 유권보존등기는 저당권의 등기를 한 등기용지에 이를 하여야 하며 이 경우 갑구 사항란에 한 등기를 주말(朱抹)하고 소유권보존등기로 인하여 말소한다는 취지를 기재하여야 한다(선박등기규칙 24조 2항, 3항).115)

---

114) 田中, 563-564頁. 이는 일본의 실무에 관한 것이나 우리나라의 실무도 동일하다.
115) 건조 중인 선박에 대한 선박저당권 등기에 관한 법규의 국제적인 통일을 위하여 1967년에 「건 조 중의 선박에 대한 권리의 등기에 관한 국제조약(International Convention Relating to Registration of Rights in Respect of Vessels under Construction 1967)」이 성립되었으나 아직 발효되지 아니하였다.

해상기업의 활동

每 / 商 / 法 / 詳 / 論

제1장 총 설

해상기업의 활동에는 해상운송, 예선, 해난구조 및 해상준설 등이 있는데 그 중 가장 중요한 것은 선박을 이용하여 해상에서 물건 또는 여객을 운송하는 해상운송이다. 이러한 해상운송에는 운송인이 자신이 소유하는 선박을 이용하여 스스로 물건 또는 여객을 운송하는 것과 다른 사람이 소유하는 선박을 용선하여 그 용선한 선박을 이용하여 물건 또는 여객을 운송하는 것이 있다. 전자를 자선의장자(自船艤裝者)에 의한 운송, 후자를 타선의장자(他船艤裝者)에 의한 운송이라 한다. 실무에서는 자선의장자에 의한 운송에 못지 아니하게 타선의장자에 의한 운송이 널리 행해지고 있다. 이러한 타선의장자에 의한 운송의 경우에 타선의장자가 자신의 해상운송업에 이용하기 위하여 다른 사람으로부터 선박을 용선하는 행위는 해상기업의 주된 활동인 해상운송을 위한 행위로서 이러한 용선 또한 해상기업의 중요한 활동이 된다.[1]

해상기업의 활동과 관련하여 1991년 상법은 해상운송에 속하는 항해용선계약과 개품운송계약을 물건운송에 관한 제 4 장 제 1 절에 규정하면서 용선의 한 종류인 정기용선계약도 같은 절에 규정하는 한편, 용선의 다른 종류인 선체용선(선박임대차)은 선박소유자에 관한 제 2 장에 규정함으로써 그 체계가 논리적이지 못하고 난삽하다는 비판을 많이 받았다. 현행 상법은 「제 2 장 운송과 용선」이라는 표제 아래 해상기업의 활동을 모아서 체계적으로 정리하였다. 이 중 제 1 절 개품운송과 제 2 절 해상여객운송, 제 3 절 항해용선 및 제 6 절 운송증서는 해상운송에 관한 것이고, 제 4 절 정기용선과 제 4 절 선체용선은 용선활동에 관한 것이다. 이처럼 현

---

1) 타선의장자가 다른 사람으로부터 선박을 용선하는 행위는 자신의 영업을 위하여 하는 행위로서 보조적 상행위에 속한다(상 47조).

행 상법이 해상기업의 활동을 하나의 장에 모아 정리한 것은 바람직했으나, 해상운송과 용선을 제 1 절부터 제 5 절까지 병렬적으로 나열하면서 해상물건운송에 속하는「항해용선」을 다른 용선과 가깝게 배치하기 위하여「해상여객운송」에 관한 제 2 절의 뒤인 제 3 절에 배치하고, 해상물건운송에 관한「운송증서」부분을 제 6 절에 배치한 것은 그 체계의 짜임새가 다소 부족하다는 비판을 면할 수 없다. 그러므로 아래에서는「제 2 장 해상운송」에서 상법 제 2 장 제 1 절의 개품운송, 제 2 절의 해상여객운송, 제 3 절의 항해용선과 제 6 절의 운송증서를 다루는데 그 순서는 해상물건운송에 관한 제 1 절(개품운송), 제 3 절(항해용선), 제 6 절(운송증서)을 먼저 다룬 다음 해상여객운송에 관한 제 3 절을 다루고,「제 3 장 용선」에서 상법 제 2 장 제 4 절의 정기용선, 제 5 절의 선체용선과 그 밖에 특수한 용선인 슬로트 용선을 다루기로 한다.[2] 한편 예선이란 선박(예인선)을 이용하여 다른 선박 또는 구조물을 일정한 장소에서 일정한 장소까지 예인하거나 또는 다른 선박의 조종을 보조하는 행위를 말한다. 우리 상법은 예선에 관하여는 아무런 규정을 두고 있지 아니하나 실무에서는 예선이 많이 행해지고 있으므로 예선을 둘러싼 법률관계에 대한 검토가 필요하다. 따라서 아래에서는 제 4 장에서 이러한 예선에 관하여 살펴보기로 한다.

---

[2] 항해용선자가 재운송계약을 체결하는 것을 영업으로 하는 경우(기업형 항해용선)에는 항해용선자도 해상기업의 주체로서 운송인이 되는데, 이 경우에는 항해용선도 항해용선자의 영업(재운송업)을 위한 보조적 상행위로서 정기용선이나 선체용선과 같은 성질을 가진다. 그러나 항해용선은 기본적으로 해상운송계약의 한 종류이고 항해용선자가 영업적으로 재운송계약을 체결하는 것은 예외적인 것이므로 항해용선에 관하여는「제 2 장 해상운송」에서 다루기로 한다(357쪽 이하 참조).

제2장 해상운송

제1절 총 설

제1. 해상운송의 의의

해상운송이란 선박을 이용하여 해상에서 물건 또는 여객을 운송하는 것을 말한다. 운송에는 운송의 장소 및 수단에 따라 육상운송, 해상운송 및 항공운송이 있는데, 해상운송은 선박을 이용하여 해상에서 운송이 이루어진다는 점에서 육상운송 및 항공운송과 구별된다. 우리 상법상 육상운송은 육상뿐만 아니라 호천과 항만에서 이루어지는 운송을 말하므로(상 125조), 해상운송은 호천과 항만을 제외한 수면에서 이루어지는 운송을 말한다. 한편 해상운송의 수단인 선박이란 앞서 본 바와 같이 상행위 그 밖의 영리를 목적으로 하여 항해에 사용하는 것을 말하는데, 단정 또는 주로 노 또는 상앗대로 운전하는 선박은 제외된다(상 740조, 741조 2항).

해상운송은 운송의 객체에 따라 물건운송과 여객운송으로 나뉜다. 또한 물건운송은 개개의 물건을 운송하는 것을 목적으로 하는 개품운송과 대량의 물건의 운송을 위하여 선복의 전부 또는 일부를 용선하는 항해용선으로 나뉜다.[1] 연혁적으로 화주가 다른 사람의 선박을 용선하여 자신의 물건을 운송하는 항해용선이 먼저 발달하였다. 선박을 용선하기 위해서는 대량의 화물을 가져야 하므로 항해용

---

[1] 여객운송의 경우에도 개개인의 여객의 운송을 목적으로 하는 개별적인 여객운송계약과 다수의 여객의 운송을 위하여 선복의 전부 또는 일부를 용선하는 항해용선으로 나눌 수 있으나 후자의 경우는 드물기 때문에 우리 상법은 제5편 제2장 제2절에서 개별적인 여객운송계약에 관하여 규정을 두고, 여객운송을 위한 항해용선에 관하여는 그 성질에 반하지 아니하는 한 물건운송을 위한 항해용선의 규정을 준용하는 것으로 규정하였다(상 827조 2항).

선을 이용하는 화주는 일정 규모 이상의 상인이 되는 것이 보통이었다. 그 후에 점차 소규모의 화주가 개개의 물건의 운송을 운송인에게 위탁하는 형태의 개품운송이 발달하였고 20세기 중반에 들어 컨테이너가 발명된 이후에는 개품운송이 해상운송의 주류가 되었다.

제 2. 해상운송계약의 법적 성질

1. 도급계약성

해상운송계약은 물건이나 여객의 공간적 이동이라는 일의 완성을 목적으로 하고 이에 대하여 보수를 지급하는 계약이므로 민법상 도급계약의 일종이다(통설·판례).[2] 그러나 해상운송에 관하여는 상법에 상세한 규정이 있고 각종 약관이 널리 사용되고 있으므로 민법의 도급에 관한 규정이 적용될 여지는 적다.[3]

2. 상행위성

영업으로 해상운송을 인수하는 행위(해상운송계약의 체결)는 기본적 상행위이다 (상 46조 5호, 13호). 그러므로 자기 명의로 해상운송을 인수하는 자는 당연상인이 된다(상 4조).

3. 부합계약성

해상운송계약은 해상운송인이 마련해 둔 각종의 약관에 의해 체결되는 경우가 많으므로 부합계약성을 갖는다. 이러한 부합계약성은 해상여객운송계약과 개품운송계약에서 가장 강하고 항해용선계약에서는 비교적 약하다.[4] 이러한 부합계약성으로 인해 여객이나 화주가 부당하게 불이익을 받는 것을 방지하기 위하여 상법은 편면적 강행규정을 두어 일정한 계약의 내용을 무효로 한다(상 799조, 826조, 839조).

---

2) 손, (하), 794쪽; 정(찬), (하), 852쪽; 채, (하), 728쪽; 대법원 1983. 4. 26. 82누92 판결(육상운송에 관한 판결임).
3) 손, (하), 794쪽; 정(찬), (하), 852쪽.
4) 손, (하), 795쪽; 정(찬), (하), 852-853쪽.

4. 낙성 · 불요식 · 유상 · 쌍무 계약성

해상운송계약은 당사자의 의사의 합치만으로 성립되므로 낙성계약이며, 계약의 성립에 서면 등의 형식을 요건으로 하지 아니하므로 불요식계약이다.[5] 또한 해상운송계약은 당사자가 서로 채무를 부담하므로 유상 · 쌍무 계약이다.[6]

제 3. 해상운송의 주체

1962년 제정 상법은 선박소유자만을 해상운송의 주체로 하는 선박소유자 중심주의를 채택하고 있었다. 이것은 자선의장자인 선박소유자가 스스로 해상운송업을 영위하는 것이 해상운송의 대부분이었던 구시대의 유물이었다. 그러나 현대에 들어 선체용선자, 정기용선자, 항해용선자,[7] 슬로트 용선자 등의 타선의장자가 해상운송을 하는 것이 일반적으로 되었기 때문에 1991년 상법은 선박소유자 중심주의를 버리고 운송인 중심주의를 채택하여 해상운송의 주체를 「운송인」으로 규정하였다. 한편 현행 상법은 개품운송에 관하여는 여전히 운송의 주체를 「운송인」으로 규정하고 있으나 항해용선의 경우에는 해상운송의 주체를 다시 「선박소유자」라고 규정하고 있다. 그러나 현행 상법이 항해용선에 관하여 선박소유자 중심주의로 돌아간 것은 아니다. 즉 현행 상법에서 항해용선과 관련하여 해상운송의 주체로 규정된 「선박소유자」란 항해용선계약에서 용선자의 상대방을 말하는 것으로 선박소유자뿐만 아니라 선체용선자, 정기용선자 및 재운송계약을 체결하는 항해용선자까지 이에 포함된다. 따라서 항해용선에서의 해상운송의 주체인 「선박소유자」는 결국 「운송인」을 말한다.

제 4. 해상운송법

(1) 해상운송은 해상기업의 활동 중 가장 중요한 것이기 때문에 해상운송에 관한 법률관계를 다루는 해상운송법은 해상법의 중심이 된다. 우리 상법은 해상운

---

5) 정(찬), (하), 853쪽; 채, (하), 728쪽.
6) 해상운송계약이 유상계약이므로 성질에 반하지 아니하는 한 민법의 매매에 관한 규정이 준용되나(민 567조), 도급계약성에 관하여 살펴본 것과 같은 이유에서 해상운송계약에 민법의 규정이 적용될 여지는 적다.
7) 앞서 본 바와 같이 재운송계약을 체결하는 항해용선자는 타선의장자로서 운송인이 된다.

송에 관하여 물건운송과 여객운송을 구별하여 물건운송에 관하여는 제 5 편 제 2 장 제 1 절과 제 3 절에서 규정하고 여객운송에 관하여는 같은 장의 제 2 절에서 규정하고 있다.

(2) 물건운송에 관한 해상운송법은 개품운송에 관한 규정과 항해용선에 관한 규정으로 나눌 수 있다. 앞서 본 바와 같이 개품운송이 현대의 해상운송은 주류가 되었다. 그러나 1991년 상법은 이러한 해상운송의 변화를 반영하지 못하고 물건운송에 관하여 항해용선을 주로 규정하고 개품운송에 관하여는 항해용선에 관한 절에서 몇 개의 조문만을 두고 있었다. 현행 상법은 해상운송의 현실을 반영하여 개품운송과 항해용선을 구분하여 각각 별도의 절에서 규정하면서 개품운송의 중요성을 감안하여 개품운송을 제 5 편 제 2 장의 제 1 절에 규정하고 항해용선을 같은 장의 제 3 절에서 규정하고 있다.

한편 항해용선계약은 대량의 화물을 가진 화주와 운송인 간의 계약으로서 교섭력이 대등한 당사자 사이의 계약이므로 해상운송법은 항해용선에 관하여는 그 개입을 자제하고 사적 자치에 맡기는 것이 원칙이다(예외로, 상 839조). 이에 반해 개품운송계약은 소량의 화물을 가진 화주와 운송인간의 계약이 일반적이고 또 대부분 부합계약의 형식으로 체결되고 있으므로 해상운송법은 개품운송에 관하여는 화주를 보호하기 위한 강행규정을 두고 있다(상 799조).

(3) 한편 컨테이너의 발명에 따라 복합운송이 현대 국제운송의 총아로 등장하면서 UNCTAD와 UNCITRAL의 공동작업에 의하여 1980년 UN복합운송조약이 성립하였으나 아직 발효되지 않고 있다. 현행 상법은 이러한 복합운송의 중요성을 감안하여 해상운송을 포함하는 복합운송에 관하여 하나의 조문을 신설하였다(상 816조).

(4) 대부분의 해상운송은 외국적 요소가 있는 법률관계를 발생시키기 때문에 해상운송에 있어서는 이에 적용할 준거법을 정하는 것이 선결문제가 된다. 우리 국제사법상 계약에 관한 준거법은 당사자가 명시적 또는 묵시적으로 정할 수 있는데(국제사법 25조 1항), 해상운송에 관한 선하증권이나 용선계약서에는 준거법 지정에 관한 특별한 규정이 들어가 있는 경우가 많다. 따라서 외국적 요소가 있는 해상운송에 관하여는 원칙적으로 선하증권이나 용선계약서에 의하여 지정된 준거법이 한국법인 경우에 한하여 우리 상법이 적용될 수 있다는 점에 유의하여야 한다.

제 2 절   해상물건운송계약

제 1 관   개품운송계약

제 1. 총   설

1. 개품운송계약의 의의

(1) 개품운송계약이란 운송인이 개개의 물건을 해상에서 선박으로 운송할 것을 인수하고 송하인이 이에 대하여 운임을 지급하기로 하는 해상운송계약이다(상 791조). 개품운송계약상의 운송인이 될 수 있는 자는 선박소유자뿐만 아니라 선체용선자, 정기용선자, 항해용선자 등이다. 한편 송하인은 반드시 물건의 소유자임을 요하지 아니한다. 또한 운임은 반드시 송하인이 지급하여야 하는 것은 아니며 송하인과 운송인이 운임을 제 3 자(예컨대 수하인)가 지급하기로 약정하는 것도 가능하다.

(2) 운송의 객체인 개개의 물건은 모든 유체동산을 말하는데 재산적 가치의 유무나 거래의 대상이 될 수 있는지의 여부를 묻지 아니한다.[8] 이러한 물건에는 산 동물도 포함되며(상 799조 2항 참조), 물건이 운송용기에 통합되어 있거나 포장되어 있는 경우에 그러한 운송용기나 포장이 운송인이 아닌 자가 공급한 것인 때에는 그러한 운송용기나 포장도 물건에 포함된다(상 797조 2항 2호 참조).[9] 한편 법령에 의하여 운송이 금지된 물건은 운송계약의 목적으로 할 수 없는데,[10] 우리 상법은 법령에 위반하여 선적된 물건의 처분에 관하여 특별한 규정을 두고 있다(상 800조).

(3) 개품운송계약은 다른 해상운송계약과 마찬가지로 낙성·불요식 계약이다. 따라서 당사자 간의 의사의 합치로써 계약은 성립되며 반드시 서면으로 체결될 필요가 없다. 실무에서는 일반적으로 송하인이 운송인에 대하여 선적의뢰서(Shipping Request)를 보내고 이에 대하여 운송인이 승낙함으로써 계약이 성립된다. 운송인은 송하인의 청구에 의하여 선하증권이나 해상화물운송장을 송하인에게 교부하

---

8) 손, (하), 796쪽.
9) 정(찬), (하), 854쪽.
10) 손, (하), 796쪽.

여야 하나(상 852조, 863조), 이러한 문서는 계약의 증거에 불과하고 계약의 성립요건
이 아니다.[11]

2. 항해용선계약과의 차이

(1) 개품운송계약이나 항해용선계약은 모두 해상물건운송계약이라는 점에서
는 공통점이 있으나, 개품운송계약의 경우에는 운송물을 반드시 특정 선박으로만
운송할 필요가 없으므로 물건을 운송하는 선박의 개성이 중요하지 아니한 반면에,
항해용선계약의 경우에는 대량의 화물을 운송하기 위하여 그에 적합한 선박을 용
선하는 것이므로 화물을 운송하는 선박의 개성이 매우 중요하고 따라서 항해용선
계약에서는 그러한 특정된 선박을 용선한다는 점에 중점이 있다. 그러므로 개품운
송계약에서는 운송인이 운송 개시 전이나 운송 개시 후에 운송선박을 임의로 변
경할 수 있도록 허용하는 대체선약관과 환적약관이 많이 이용되나,[12] 항해용선계
약에서는 운송인이 일방적으로 용선 선박을 변경할 수 있다는 약정을 하는 경우
가 거의 없다.

(2) 개품운송계약은 특정항로를 정기적으로 운항하는 정기선을 이용하는 것이
보통이고, 항해용선계약은 화주인 항해용선자의 필요에 따라 불특정항로를 부정
기적으로 운항하는 부정기선을 이용하는 것이 보통이다.[13] 이에 따라 비유적으로
「개품운송계약은 선박이 운송물을 부르는 관계에 있고 항해용선계약은 운송물이
선박을 부르는 관계에 있다」고 한다.[14]

(3) 개품운송계약에서는 운송인이 다수의 상대방과 운송계약을 체결하는 것이
보통이므로 운송인이 작성한 약관에 따라 계약이 체결되게 되어 부합계약성이 강
한 반면에, 항해용선계약에서는 하나 또는 비교적 소수의 상대방과 계약을 체결하
게 되므로 운송인이 작성한 약관에 따라 계약이 체결되는 경우에도 당사자들이
개별적으로 협상을 하여 약관내용을 수정하는 것이 보통이어서 부합계약성이 약
하다.[15] 따라서 개품운송계약의 경우에는 편면적 강행규정을 두어 화주를 보호하

---

11) 동지: 정(찬), (하), 855쪽.
12) 정(동), (하), 842쪽.
13) 손, (하), 798쪽.
14) 상게서.
15) 정(찬), (하), 856쪽.

고 있으나(상 799조 1항), 항해용선계약의 경우에는 감항능력주의의무를 제외하고는 계약자유의 원칙에 맡기고 있다(상 839조 1항, 794조).

(4) 항해용선계약에서는 항해용선자가 제 3 자와 재운송계약(개품운송계약)을 체결한 경우에 선박소유자도 그 제 3 자에 대하여 운송계약상의 의무와 책임을 부담하나(상 809조), 개품운송계약에는 상법 제809조가 적용되지 아니한다.16)

3. 개품운송계약에 관한 국제조약

개품운송계약에 관한 법은 특히 국제적 통일의 필요성이 강하기 때문에 이에 관하여는 일찍부터 국제조약이 성립되었다. 이러한 국제조약으로는 1924년의 헤이그규칙, 1968년의 헤이그 비스비규칙 및 1978년의 함부르크규칙이 있다.17) 또한 세계 경제의 발전에 따라 이들 국제조약이 시대에 뒤떨어지자 UNCITRAL의 주도 아래 이들 국제조약을 대체할 새로운 국제조약을 만들기 위한 노력을 경주한 결과 2008년 12월에 「전부 또는 일부의 국제해상물품운송에 관한 조약(Convention on Contracts for the International Carriage of Goods Wholly or Partly by Sea, 2008)」(로테르담규칙)이 성립되어 현재 발효를 기다리고 있다. 우리나라는 위 국제조약들에 가입하지 아니하였으나 1991년 상법은 헤이그규칙과 헤이그 비스비규칙의 내용을 대부분 수용하였고(운송인의 개별적 책임제한제도는 수정하여 수용), 함부르크규칙의 내용도 일부 받아들였다(함부르크 규칙에 관한 상세는 275쪽 이하 참조). 한편 현행 상법은 1991년 상법이 헤이그 비스비규칙과 달리 규정하였던 운송인의 개별적 책임제한에 관하여 헤이그 비스비규칙에 따라 운송인의 포장당 책임한도액을 인상하고 중량당 책임제한제도(273쪽 이하 참조)를 채택하였다. 이에 따라 현행 상법은 운송인의 의무와 책임에 관하여 헤이그 비스비규칙과 거의 같은 입장을 취하고 있다.

---

16) 개품운송계약에서도 예컨대 화주와 개품운송계약을 체결한 운송주선인이 실제의 운송인과 다시 운송계약을 체결하는 경우에는 항해용선자에 의한 재운송계약과 비교하여 볼 때 비록 계약 체결의 순서는 거꾸로이나 그 법률관계에 있어서는 사실상 유사하다. 다만 본문에서 살펴본 바와 같이 상법 제809조는 이러한 경우에는 적용되지 아니한다.

17) 이들 국제조약은 원칙적으로 개품운송계약에만 적용되고 용선계약에는 적용되지 않는다. 다만 예외적으로 용선계약에 따라 선하증권이 발행된 경우에 운송인과 선하증권 소지인 사이의 법률관계에는 적용된다(헤이그규칙 1 조 (b)호, 헤이그 비스비규칙 1 조 (b)호, 함부르크규칙 2 조 3 항). 이는 앞서 본 바와 같이 항해용선계약은 사적 자치에 맡기는 것이 바람직하기 때문이다. 이처럼 위 국제조약들은 개품운송계약에 적용되는 것이 원칙이므로 모두 화주를 보호하기 위한 강행규정을 두고 있다(헤이그규칙 3 조 8 항, 헤이그 비스비규칙 3 조 8 항, 함부르크규칙 23조 1 항).

제 2. 개품운송계약의 성립

1. 계약의 당사자

(1) 직접 당사자

1) 개품운송계약의 직접 당사자는 운송인과 송하인이다. 운송인(carrier)은 물건의 해상운송을 인수하는 자로서 선박소유자, 선체용선자, 정기용선자, 슬로트 용선자 및 항해용선자(재운송계약의 경우) 등이 운송인이 될 수 있다. 송하인(shipper)은 운송을 위탁하는 자로서 반드시 물건의 소유자일 필요는 없다.[18] 한편 선하증권의 송하인란에 기재된 자가 운송계약의 당사자인 송하인이 되는 것이 일반적이기는 하나 경우에 따라서는 운송계약의 당사자가 아닌 실제의 화주를 송하인으로 기재할 수도 있으므로 선하증권 상에 송하인으로 기재되어 있다는 것만으로 그 선하증권에 의한 운송계약의 상대방이라고 단정할 수는 없다.[19] 한편 국제물품매매계약 중 운임포함조건부 매매계약(CIF 또는 CFR 계약)[20]에서는 매도인이 송하인이 되고, 본선인도조건부 매매계약(FOB 계약)[21]에서는 매수인이 송하인이 된다.[22]

---

18) 해상운송에 관한 국제조약에서는 대체로 개품운송계약의 당사자인 송하인의 영어 표기를 「shipper」라고 하나(헤이그 비스비규칙, 함부르크규칙, 로테르담규칙 등 참조), 국제항공운송에 관한 1999년 몬트리올조약에서는 송하인에 해당하는 용어로서 「consignor」를 사용하고 있다(몬트리올조약 제 5 조 등 참조),

19) 대법원 2000. 3. 10. 99다55052 판결(실제의 화주 A로부터 운송을 인수한 운송주선인 B가 실제운송인과 운송계약을 체결하고 실제운송인으로부터 교부받은 선하증권상의 송하인란에 '화주 A의 대리인 B'라고 기재된 사안에서 운송계약의 당사자는 A가 아니라 B라고 인정한 사례: 「선하증권의 송하인란을 기재함에 있어서는 반드시 운송계약의 당사자만을 송하인으로 기재하여야 하는 것은 아니고, 넓은 의미의 하주(荷主)를 송하인으로 기재할 수도 있으므로 선하증권상에 송하인으로 기재되어 있다는 것만으로 그 선하증권에 의한 운송계약의 상대방이라고 단정할 수는 없다」).

20) CIF 계약이란 매매대금에 원가(costs)뿐만 아니라 보험료(insurance premium) 및 운임(freight)이 포함된 매매계약을 말하고 CFR 계약이란 매매대금에 원가와 운임이 포함된 계약을 말한다(오(원), (운송), 118-119쪽). CIF 또는 CFR 계약에서는 매도인이 운송 선박을 수배하여 매매목적물을 선적할 의무를 부담하게 된다.

21) FOB(free on board) 계약이란 매도인은 매수인이 수배한 선박에 매매목적물을 선적하면 모든 의무를 다 이행한 것으로 간주되는 계약을 말한다(오(원), (운송), 112-113쪽).

22) 대법원 1996. 2. 9. 94다27144 판결(수출자 A가 수입자 B와 운임포함조건부(C&F) 수출입매매계약과 본선인도조건부(F.O.B.) 수출입매매계약을 각 체결하고 운송인으로부터 교부받은 각 선하증권의 송하인란에 "수출자 A"라고 기재된 사안에서 운임포함조건부 수출입매매계약과 본선인도조건부 수출입매매계약을 나누어 운임포함조건부 수출입매매계약과 관련하여 체결된 운송계약의 당사자는 수출자 A이고, 본선인도조건부 수출입매매계약과 관련하여 체결된 운송계약의 당사자는 수입자 B라고 판시한 사례: 「운임포함조건(C&F)으로 체결된 수출입매매계약에 있어서

2) 운송주선업을 영위하는 운송주선인이 위탁자로부터 운송주선이 아니라 운송을 인수하는 경우에는 운송주선인도 운송인이 될 수 있다. 또한 운송주선인이 위탁자와 운송주선계약을 체결하였더라도 개입권을 행사하여 직접 운송을 하면 운송인과 동일한 권리의무가 있다(상 116조 1항). 운송주선인이 위탁자의 청구에 의하여 선하증권을 발행한 때에는 개입권을 행사한 것으로 본다(동조 2항). 이처럼 운송주선인이 운송인과 동일한 지위에 있게 되는 경우에는 위탁자가 송하인의 지위에 있게 된다. 한편 이 경우 운송주선인은 실제운송인과의 사이에 다시 운송계약을 체결하게 되는데 실제운송인과 운송주선인 사이의 운송계약에서는 운송주선인이 송하인이 된다. 또한 이 경우에 운송주선인이 위탁자에게 발행하는 선하증권을 하우스 선하증권(house B/L)이라 하고 실제운송인이 운송주선인에게 발행하는 선하증권을 마스터 선하증권(master B/L)이라 한다.

(2) 그 밖의 관계자

1) 수 하 인

수하인(consignee)은 양하항에서 화물의 인도를 받을 권리를 가진 자로서 송하인 이외의 자를 말한다. 수하인은 운송계약의 당사자는 아니나 법률의 규정에 따라 운송계약과 관련된 권리의무를 갖는다(상 815조, 140조, 807조).[23] 선하증권이 발행된 경우에는 선하증권의 정당한 소지인만이 화물의 인도를 받을 권리를 가지게 되므로(256쪽 이하 참조), 선하증권의 정당한 소지인이 수하인이 된다.[24] 한편 선하증

는, 매도인이 선복을 확보하여 운송인과 운송계약을 체결하고 그 운임을 부담할 의무가 있는 것이고 매수인에게는 선복을 확보할 의무가 없으므로, 운송계약의 당사자는 매도인이다. 한편 본선인도조건(F.O.B.)과 같은 신용장상의 운송조건은 기본적으로는 수출입계약 당사자 사이의 비용 및 위험부담에 관한 약정이지만, 본선인도조건으로 체결된 수출입매매계약에 있어서는 당사자 사이에 특별한 약정이 없는 한 매수인이 용선계약을 체결하거나 기타 선복을 확보하여 화물을 선적할 선박을 매도인에게 통지하여 줄 의무가 있는 것이고 매도인에게는 스스로 선복을 확보하여 화물을 선적할 의무가 없는 것이므로, 매도인과 매수인이 본선인도조건으로 수출입매매계약을 체결하면서도 매수인이 선복을 확보하지 않고 매도인이 수출지에서 선복을 확보하여 운송계약을 체결하되 운임은 후불로 하여 운임후불로 된 선하증권을 발행받아 매수인이 수하인 또는 선하증권의 소지인으로서 화물을 수령할 때 운송인에게 그 운임을 지급하기로 약정하였다면, 이는 매수인이 매도인과의 내부관계에서는 운임을 부담하되 운송인과의 관계에서는 매도인이 매수인의 대리인이 아닌 본인으로서 운송계약을 체결하는 것으로 볼 것이 아니라, 매수인이 매도인에게 자신을 대리하여 운송계약을 체결하는 권한까지 부여하였다고 봄이 상당하다」); 대법원 2000. 8. 18. 99다48474 판결 및 대법원 2012. 10. 11. 2010마122 결정도 같은 취지임.
23) 정(찬), (상), 333쪽(다수설인 특별규정설의 입장).
24) 대법원 1997. 4. 11. 96다42246 판결(해상운송계약에 따른 선하증권이 발행된 경우에는 그 선하

권을 송하인이 소지하고 있는 때에는 선하증권 소지인이 송하인과 수하인의 지위를 겸하게 된다.[25]

2) 선 적 인

선적인(loader)은 운송계약에 따라 운송물을 운송인에게 인도하거나 선적하는 자를 말한다.[26] 송하인 또는 송하인으로부터 선적업무를 위탁받은 제 3 의 수탁자가 선적인이 되는 것이 보통이나, 본선인도조건부 수출입매매계약의 경우의 상품의 매도인, 위탁자를 대리하여 운송계약을 체결할 것을 위임받은 운송주선업자,[27] 상품매수의 위탁을 받은 위탁매매인 등도 송하인을 위하여 선적인이 될 수 있다.[28] 선적인은 운송계약의 당사자가 아니므로 선적인의 지위에서는 운송인에 대하여 아무런 운송계약상의 권리의무를 가지지 아니한다. 따라서 개품운송계약에서 선적인은 법률상 특별한 의미가 없다.

3) 선박소유자

항해용선자 또는 정기용선자가 자기 명의로 제 3 자와 개품운송계약을 체결한 경우에는 그 계약의 이행이 선장의 직무에 속한 범위 안에서 선박소유자도 그 제 3 자에 대하여 감항능력주의의무 및 운송물에 관한 주의의무를 부담하고 이러한 주의의무를 게을리 한 경우 그로 인한 운송물의 멸실·훼손 또는 연착으로 인한 손해를 배상할 책임을 진다(상 809조). 선박소유자는 항해용선자 또는 정기용선자가 체결한 개품운송계약의 당사자가 아니나 상법의 규정에 따른 법정책임을 부담한다(279쪽 이하 참조).

증권의 정당한 소지인이 위 법조에서 말하는 '수하인'이라고 할 것인데, 단순지시식으로 발행한 선하증권을 소지하고 있고 그 이면에는 송하인의 대표자의 서명이 기재되어 있는 경우, 선하증권 이면에 기재된 송하인의 서명은 민법 제513조 제 1 항 소정의 약식배서로서 유효한 것이므로 약식배서에 의하여 그 선하증권을 취득한 자는 정당한 소지인으로 추정되어 상법 제811조 소정의 '수하인'에 해당하고 가사 그 선하증권을 담보의 목적으로 소지하고 있다 하더라도 그 수하인으로서의 지위는 변함이 없다).

25) 정(찬), (상), 337쪽.
26) 실무에서는 개품운송계약의 경우에 송하인측에서 운송물을 직접 선적하는 예가 거의 없으므로 개품운송계약에 있어서의 선적인이란 주로 운송인에게 운송물을 인도하는 자를 말한다. 이에 반해 항해용선계약에서는 용선자측에서 운송물을 직접 선적하는 경우가 많이 있으므로 상법은 항해용선계약과 관련하여 선적인에 관한 규정을 두고 있다(상 830조).
27) 이 경우에는 위탁자가 직접 운송계약의 당사자인 송하인이 되고 운송주선인이 위탁자를 위하여 선적업무를 처리하면 운송주선인은 선적인이 된다.
28) 손, (하), 804-805쪽.

2. 계약의 체결

(1) 계약체결의 자유와 제한

1) 개품운송계약은 특별법령에 다른 규정이 없는 한 그 체결여부나 내용에 있어서 자유인 것이 원칙이다.[29] 이와 관련하여 해운법은 외항정기화물운송사업자[30]가 비상업적인 이유로 화주를 부당하게 차별하는 행위를 금지하고 있다(동 법 31조, 57조). 따라서 해운법상 외항정기화물운송사업을 영위하는 운송인은 비상업적인 이유로 특정의 화주와의 개품운송계약의 체결을 거절하거나 계약내용을 다른 화주의 경우와 달리 정할 수 없다. 외항정기화물운송사업자 이외의 운송인에게는 이러한 제한이 적용되지 아니한다.

2) 국내항간의 화물운송은 한국선박만이 할 수 있고(선박법 6조), 국내항 간의 화물운송사업을 영위하려면 해양수산부장관에게 등록을 하여야 하는데 외국인은 이러한 등록을 할 수가 없으므로(해운법 24조 1항), 국내항 간의 개품운송계약은 한국선박을 운항하는 국내 운송인만이 체결할 수 있다.

(2) 계약체결의 방식

1) 개품운송계약은 다른 해상운송계약과 마찬가지로 낙성·불요식 계약이므로 당사자의 의사의 합치만으로 성립하고 특별한 서면이나 방식이 요구되지 아니한다. 운송인은 운송물을 수령한 후 송하인의 청구에 따라 1통 또는 수통의 선하증권을 발행해야 하는데(상 852조 1항), 이러한 선하증권은 개품운송계약의 성립요건이 아니라 이미 체결된 운송계약의 증거에 불과하다.[31] 또한 운송인은 송하인의 청구가 있는 경우에 선하증권을 발행하는 대신에 해상화물운송장을 발행할 수 있는데(상 863조 1항) 이러한 해상화물운송장이 개품운송계약의 성립요건이 아니라 이미 체결된 운송계약의 증거에 불과하다는 점은 선하증권의 경우와 같다.[32]

---

29) 손, (하), 805쪽.

30) 외항정기화물운송사업자란 국내항과 외국항 사이 또는 외국항과 외국항 사이에서 정하여진 항로에 선박을 취항하게 하여 일정한 일정표에 따라 운항하는 해상화물운송사업을 영위하는 자를 말한다(해운법 23조 2 호). 개품운송계약을 체결하는 운송인은 이러한 외항정기화물운송사업자인 경우가 일반적이다.

31) 선하증권은 운송계약의 증거로서의 기능뿐만 아니라 유가증권으로서의 기능도 가지는데 이에 관하여는 405쪽 이하에서 상세히 살펴보기로 한다.

32) 해상화물운송장은 유가증권이 아니라 면책증권에 불과하다(정(찬), (하), 855쪽). 이에 관하여도 449쪽 이하에서 상세히 살펴보기로 한다.

2) 개품운송계약에 있어서는 앞서 본 선하증권이나 해상화물운송장 이외에 별도로 계약서가 작성되는 경우가 드물다. 개품운송계약과 관련하여 선하증권이 발행된 경우에는 운송인과 송하인 사이에 선하증권에 기재된 대로 개품운송계약이 체결된 것으로 추정된다(상 854조 1항, 선하증권 기재의 효력에 관한 상세는 433쪽 이하 참조). 한편 개품운송계약과 관련하여 해상화물운송장이 발행된 경우에는 선하증권의 경우와는 달리 해상화물운송장에 기재된 대로 개품운송계약이 체결된 것으로 추정되지 아니한다(상 864조 1항, 451쪽 이하 참조).

제 3. 개품운송계약의 효력

1. 운송인의 의무

(1) 운송의 준비에 관한 의무

1) 선박제공의무

운송인은 원칙적으로 운송계약에서 약정한 선박을 약정한 일시에 선적항에서 송하인에게 제공할 의무를 부담한다. 개품운송계약은 정기항로를 운항하는 선박에 관하여 체결되는 것이 일반적인데, 이 경우에는 특별한 사정이 없는 한 어느 선박으로 운송하는지의 여부는 문제가 되지 아니한다. 그러므로 개품운송계약에서는 운송인이 송하인의 동의 없이도 선박을 교체하거나 운송물을 환적할 수 있다고 보는 것이 합리적이다.[33] 실무에서는 개품운송계약과 관련하여 발행되는 선하증권에 대체선약관이나 환적약관을 기재하는 것이 보통이므로 선박의 특정과 관련하여 문제되는 경우는 거의 없다.

운송인이 약정된 일시에 선박을 제공하지 아니하여 운송물이 연착되면 운송인은 그로 인한 손해를 배상할 책임을 진다(상 795조 1항, 상세는 285쪽 이하 참조).

2) 운송물의 수령 및 보관에 관한 의무

송하인은 당사자 사이의 합의 또는 선적항의 관습에 의한 때와 곳에서 운송인에게 운송물을 제공하여야 한다(상 792조 1항). 운송인은 이처럼 송하인이 제공하는 운송물을 수령할 의무가 있으며 수령 즉시 선적하지 아니하는 운송물은 선적

---

33) 田中, 264頁.

제2장 해상운송 ● 241 ●

시까지 보관할 의무가 있다. 운송인이 운송물을 수령하거나 보관하는 때에는 상당
한 주의를 기울여야 한다(상 795조 1항). 다만 위법선적물이나 위험물에 관하여는 운
송인이 수령을 거절하거나 선적된 운송물을 양륙할 수 있다(상 800조 1항, 801조 1항,
252-253쪽 참조).

3) 운송물의 선적에 관한 의무

선적이란 운송물을 선박 내로 반입하는 것인데 이에는 송하인이 자기의 책임
하에 선적을 하는 경우와 운송인이 선적을 하는 경우가 있다.[34] 컨테이너선 등의
정기선에 의한 개품운송계약에 있어서는 운송인에 의한 선적이 일반적이다.[35] 그
러나 특수한 화물의 개품운송계약에서는 송하인이 직접 선적을 하는 경우도 있
다.[36] 운송인이 운송물을 선적하는 경우에는 운송인은 선적에 관하여 상당한 주의
를 다하여야 한다(상 795조 1항).

4) 운송물의 적부에 관한 의무

가. 적부란 운송물을 선창이나 그 밖의 부분에 계획적으로 배치하는 것을 말
하는데, 이에는 송하인이 적부하는 경우와 운송인이 적부하는 경우가 있다. 선적
의 경우와 마찬가지로 개품운송계약에 있어서는 운송인이 적부하는 것이 일반적
이다. 운송인이 적부하는 경우 운송인은 운송물의 적부에 관하여 상당한 주의를
다하여야 한다(상 795조 1항).

나. 특약이나 관습이 없으면 운송물을 선창 이외의 장소에 적부하는 것은 금
지된다.[37] 특히 갑판에 적재하는 갑판적은 위험이 크고 공동해손처분의 일차적인
대상이 되므로 원칙적으로 금지된다.[38] 컨테이너선의 경우에는 컨테이너 화물을
갑판적하는 것이 실무에서 당연한 것으로 인정되고 있는데, 선하증권 약관에 운송
인의 재량으로 갑판적할 수 있다는 취지가 기재되는 경우가 많으나 이러한 명시

---

34) 송하인에 의한 선적의 경우에는 선적작업 중에 송하인으로부터 운송인에게 운송물이 인도되나
   운송인에 의한 선적의 경우에는 선적 개시 전에 육상에서 운송물의 인도가 이루어진다(정(동),
   (하), 849쪽).
35) 이러한 계약조건을 소위 "liner terms"라 한다(졸고, "선하증권상 FIO조항의 효력," 법조, 제605
   호.(2007. 2.), 92쪽).
36) 이러한 계약조건을 소위 "Free In terms"라 한다. 이러한 계약조건이 유효한지의 여부에 관하여
   는 324쪽 이하 참조.
37) 정(동), (하), 850쪽.
38) 대법원 1974. 8. 30. 74다353판결(원심이 본건 화물과 같은 유류 등이 들은 드럼통이라 하더라도
   일반화물과 같이 선창 내에 선적하는 것이 원칙이고 화물을 적재할 곳이 아닌 갑판 상에 선적
   한다는 것은 부적당하며 위험도가 높은 것이라고 설시하였음은 그대로 수긍될 수 있다).

적인 기재가 없다고 하더라도 당사자 사이의 묵시적인 약정 또는 관습에 의해 갑판적이 허용된다고 해석된다. 한편 갑판적이 허용되는 경우에 선하증권이나 그 밖의 운송계약을 증명하는 문서의 표면에 갑판적으로 운송할 취지를 기재하여 갑판적으로 운송하는 운송물에 대하여는 운송인의 책임을 경감 또는 면제하는 특약이 허용된다(상 799조 2항).

5) 선하증권교부의무

선하증권에는 운송물을 수령한 다음 발행하는 수령선하증권과 운송물을 선적한 다음 발행하는 선적선하증권이 있는데, 운송인은 운송물을 수령한 후 송하인의 청구에 의하여 1통 또는 수통의 수령선하증권을 교부하여야 하고(상 852조 1항), 운송물을 선적한 후에는 송하인의 청구에 의하여 1통 또는 수통의 선적선하증권을 교부하거나 수령선하증권에 선적의 뜻을 표시하여야 한다(동조 2항). 운송인은 선장 또는 그 밖의 대리인에게 선하증권의 교부 또는 선적의 표시를 위임할 수 있다(동조 3항). 이러한 조항이 없더라도 운송인은 대리인을 선임하여 선하증권의 교부를 위임할 수 있으므로 위 조항은 주의적 규정이다.

6) 감항능력주의의무

가. 의   의

선박의 감항능력이란 선박이 운송물의 수령·운송과 보존에 적합한 상태를 유지하면서 안전하게 목적항까지 항해할 수 있는 능력을 말하는데(넓은 의미의 감항능력), 운송인의 감항능력주의의무란 운송인이 송하인에게 제공하는 선박이 이러한 감항능력을 갖추도록 발항 당시에 상당한 주의를 기울일 의무를 말한다(상 794조).39) 이러한 감항능력주의의무는 당사자 간의 특약으로 면제하거나 감경할 수 없으므로(상 799조 1항) 감항능력주의의무에 관한 상법 규정은 강행규정이다. 이는 감항능력주의의무가 선박 내의 인명과 재산을 보호하기 위한 공익적인 성격을 갖기 때문이다.40)

---

39) 정(찬), (하), 867-868쪽.

40) 한편 앞서 본 바와 같이 선장은 선박의 항해지휘자로서 선박 내의 인명과 재산의 안전을 위하여 출항 전에 선박이 안전하게 항해를 할 수 있는 능력을 가지고 있는지를 검사할 공법상의 의무를 지는데(선원법 7조), 선장은 선박에 화물이 적재되었는지의 여부를 묻지 아니하고 선원법상의 의무로서 감항능력검사의무를 부담한다. 또한 선장은 운송물의 선적항뿐만 아니라 중간 기항항을 출항할 때에도 감항능력검사의무를 부담한다. 이러한 감항능력검사의무는 선장에게 부과되는 공법상의 의무라는 점에서 운송인이 사법상 부담하는 감항능력주의의무와 구별된다. 다만 선장이 감항능력검사의무를 이행함으로써 운송인이 감항능력주의의무를 이행한 것으로

감항능력에 관한 운송인의 의무에 관하여 입법례에 따라서는 이를 절대적인 의무인 감항능력담보의무로 규정하여 이를 위반한 운송인에게 무과실책임을 부담시키는 국가도 있다.[41] 그러나 미국의 1893년 하터법(Harter Act)과 1924년 헤이그규칙이 감항능력에 관한 운송인의 의무를 상대적인 의무인 감항능력주의의무로 규정하여 이를 위반한 운송인에게 과실책임을 부담시키는 한편 무과실의 증명책임을 운송인에게 부담시킨 이래 1968년 헤이그 비스비규칙, 1978년 함부르크규칙[42] 및 2008년 로테르담규칙 등이 모두 헤이그 규칙과 동일한 입장을 취하고 있다. 선박이 대형화되고 그 구조나 설비가 복잡하게 된 오늘날에는 운송인에게 감항능력담보의무(무과실책임)를 부담시키는 것은 가혹하기 때문에 감항능력주의의무(과실책임)를 부담시키는 위 국제조약의 입장이 타당하다.[43] 우리 상법도 이러한 국제조약의 입장을 수용하여 감항능력에 관한 운송인의 의무를 상대적인 의무인 감항능력주의의무로 규정하였다.

운송인은 그의 사용인 또는 대리인은 물론 선박수리업자, 선급협회, 검정인 등의 독립적 계약자를 사용하여 감항능력주의의무를 이행할 수 있다. 이 경우 이러한 이행보조자의 귀책사유는 운송인의 귀책사유로 간주된다(민 391조).[44] 따라서 운송인은 이러한 이행보조자의 선임에 상당한 주의를 기울였다고 하더라도 감항능력주의의무를 다한 것으로 인정되지 아니한다.

해상보험에 있어서도 선박이 발항당시 감항능력을 흠결하였기 때문에 생긴 손해에 대하여는 보험자는 보험금 지급책임을 면한다(상 706조 1호).

될 수 있다.

41) 영국의 보통법이 이러한 입장을 취하고 있으며(Wilson, *Carriage of Goods by Sea*, p. 9). 일본 상법 제738조도 이와 같다.

42) 함부르크규칙은 감항능력주의의무에 관한 특별한 규정을 두지 아니하고 단지 운송인이 운송물의 멸실 · 훼손 또는 연착으로 인한 손해를 방지하기 위하여 상당한 주의의무를 다하였음을 증명하지 아니하면 그 손해를 배상할 책임을 진다는 일반적인 규정만을 두고 있다(동 규칙 5 조 1 항). 위 함부르크규칙의 규정상 운송인이 감항능력주의의무를 위반하여 운송물의 멸실 · 훼손 또는 연착이 생긴 경우에 운송인이 그로 인한 손해에 대하여 책임을 진다는 점은 명백하므로 함부르크규칙상으로도 운송인은 감항능력주의의무를 부담한다. 그러나 헤이그규칙이나 헤이그 비스비규칙과는 달리 함부르크규칙상 운송인은 발항당시뿐만 아니라 항해의 전 과정 동안 감항능력주의의무(감항능력유지의무)를 부담하는 것으로 해석된다(동지: Lüddeke, *Hamburg Rules*, p. 12; 落合, (基礎理論), 243頁).

43) 배, 189쪽.

44) 영국에서는 이러한 의미에서 운송인의 감항능력주의의무를 특히 이양불가능한 의무(non delegable obligation)이라고 하나(Treitel, *Carver on Bills of Lading*, p. 668), 우리 법상으로는 이행보조자의 고의나 과실을 채무자의 고의나 과실로 보는 것은 감항능력주의의무뿐만 아니라 운송인의 다른 의무도 동일하므로 감항능력주의의무를 특별히 이양불가능한 의무라고 할 필요는 없다.

나. 의무의 내용

우리 상법상 운송인이 부담하는 감항능력주의의무는 다음과 같다.

(가) **선체능력(협의의 감항능력)주의의무(상 794조 1호)**   선체능력이란 선박 자체가 안전하게 항해를 할 수 있는 상태, 즉 항해를 감당할 수 있는 상태에 있는 것을 말하는데, 운송인은 선박이 이러한 선체능력을 갖추도록 주의를 기울일 의무가 있다. 이를 선체능력주의의무 또는 협의의 감항능력주의의무라 한다. 여기서의 항해란 운송계약을 이행하기 위한 항해를 말한다. 따라서 선박 위에 여러 항구에서 선적된 운송물이 적재된 경우에는 선박이 개개의 운송물별로 목적항까지의 항해를 감당할 수 있는 상태를 갖추도록 하여야 한다.

그리고 선체능력은 운송물을 적재한 상태에서 항해를 감당할 수 있는지의 여부를 기준으로 하여야 한다. 이와 관련하여 운송인의 과실로 운송물의 적부가 불량하여 선박이 불감항으로 되는 경우에는 당해 운송물에 관하여 운송인은 선체능력주의의무에 위반한 것이 된다.[45]

한편 선박이 이러한 상태를 갖추었는지 하는 점은 상대적으로 판단한다. 따라서 선체능력은 항해의 시기나 항로, 운송물 등에 따라 달라질 수 있다.[46] 또한 선체능력은 문제가 되는 시점에서의 선박기술의 수준을 기준으로 판단한다.[47]

(나) **운항능력주의의무(상 794조 2호)**   선박의 운항능력이란 필요한 선원의 승선, 선박의장과 필요품의 보급이 이루어져 선박이 운항할 수 있는 상태에 있는 것을 말하는데, 운송인은 선박이 이러한 운항능력을 갖추도록 주의를 기울일 의무가 있다. 이를 운항능력주의의무라 한다. 필요한 선원의 승선이란 당해 선박과 운송물 및 항로 등을 고려할 때 그 수와 능력에서 충분한 선원을 승선시키는 것을 말한다.[48] 발항을 위해 필요한 경우 도선사를 승선시키는 것도 이 의무에 포함된

---

45) 戶田, 133頁.

46) 선박의 선체능력뿐만 아니라 아래에서 보는 운항능력 및 감하능력을 갖추었는지의 여부도 상대적으로 판단한다.

47) 戶田, 123頁.

48) 대법원 1989. 11. 24. 88다카16294 판결(감항능력주의의무의 내용에는 선박이 안전하게 항해를 하는데 필요한 자격을 갖춘 인원수의 선장과 선원을 승선시켜야 할 주의의무가 포함되어 있는 것이므로 선박의 출항 당시 관할 항만 당국으로부터 취직공인을 받은 선장이 승선하지 아니하였고, 이러한 사실을 위 선박의 소유자가 알지 못하였으며, 보수교육을 받지 아니하여 어로장으로서의 취직공인마저 받지 못한 어로장이 위 선박의 항해를 지휘하다가 그 항해상의 과실로 사고를 일으켰다면, 비록 그 어로장이 선장과 동종의 해기면장을 보유하고 있었더라도 위 선박은 출항당시 인적 감항능력을 충분히 갖추지 못한 상태에 있었다고 할 것이고, 따라서 이러한 사실을 알지 못한 선박의 소유자에게도 특별한 사정이 없는 한 감항능력주의의무를 다하지 아니한

다.49) 선박의장이란 선박의 닻, 나침반, 해도50) 등 항해에 필요한 장비나 서류 등을 말하고 필요품이란 연료나 물, 식량 등을 말한다.

㈐ **감하능력주의의무**(상 794조 3호)   선박의 감하능력이란 선창·냉장실, 그밖에 운송물을 적재할 선박의 부분이 운송물의 수령·운송과 보존을 위하여 적합한 상태에 있는 것을 말하는데, 운송인은 선박이 이러한 감하능력을 갖추도록 주의를 기울일 의무가 있다. 이를 감하능력주의의무라 한다. 과거에는 감항능력에 이러한 감하능력을 포함시키지 아니하고 그 대신 운송인에게 절대적인 감항능력 담보의무를 부담시켰으나 헤이그규칙에서 상대적인 감항능력주의의무로 변경하면서 감항능력주의의무에 감하능력주의의무를 포함시켰고 우리 상법도 이를 수용하였다.51)

감하능력주의의무에 관한 대법원 판례로는 「운송인 또는 그 선박사용인이 발항 전 상당한 주의로써 선체의 각 부분을 면밀히 점검 조사하여 감항능력의 유무를 확인하였더라면, 화물창구 덮개의 노후 등 하자를 발견하여 그 안전성을 확보할 수 있었는데도 이를 다하지 아니함으로써 이 사건 선박의 화물창구 덮개 일부가 파손되고 거기로 해수가 유입되어 운송물이 침수되는 사고가 발생하였다면 감항능력주의의무에 위반한 것이다」라고 판시한 것이 있으며,52) 「발항하기 이전부터 유류검량관이 파손부위가 이미 낡아서 발항 당시 선박소유자가 상당한 주의로서 세밀히 검량관의 노후여부를 조사하였더라면 이를 사전 발견하여 예방할 수 있었을 것인데 위와 같은 주의의무를 다하지 아니하고 선박이 운송물을 싣고 항해중 선창밑의 탱크에 저장된 유류가 역상류하면서 위 검량관의 낡은 부위에 생긴 틈과 구멍으로 새어나와 부근에 쌓인 운송물을 오염시켜 훼손한 경우에 운송인은 감항능력주의의무 위반으로 인한 손해배상책임을 진다」고 판시한 것이 있다.53) 또한 특정 운송물의 적부불량으로 인해 다른 운송물에 대한 관계에서 선박이 불감항으로 되는 경우가 있다.54) 이 경우에도 다른 운송물에 대한 관계에서 운

과실이 있다고 할 것이다); 대법원 1975. 12. 23. 75다83 판결(약 2개월의 경험밖에 없는 항해사는 안전항해능력이 부족하므로 운송인은 감항능력주의의무 위반의 책임을 면할 수 없다).
49) 손, (하), 810쪽.
50) 선박에 해도를 비치했다고 하더라도 해도를 최신의 정보에 맞게 수정하지 않았다면 운항능력을 결여했다고 본다(김(인), (해), 190쪽).
51) 배, 189쪽.
52) 대법원 1998. 2. 10. 96다45054 판결.
53) 대법원 1976. 10. 29. 76다11237 판결.
54) 예컨대, 갑판위에 운송물을 적재하면서 적절하게 고정시키지 않았기 때문에 선박이 악천후 속

송인이 감하능력주의의무에 위반한 것이 된다.

한편 운송인이 제공한 컨테이너의 하자로 인하여 운송물이 멸실 또는 훼손되는 경우에는 컨테이너는 선박의 일부분이 아니므로 감하능력주의의무 위반의 문제가 아니라 운송물에 대한 주의의무 위반의 문제가 된다.55)

다. 주의시기

선박이 감항능력을 갖추도록 운송인이 주의를 기울여야할 시기는 「발항당시」이다. 여기서 「발항」이란 개개의 운송계약에서 약정된 항해를 위하여 선박이 선적항(port of loading)을 출발하는 것을 말한다. 즉 「발항」은 개개의 운송계약별로 정해진다. 또한 「발항당시」란 「선적개시시부터 발항시」까지를 의미한다.56) 따라서 운송물을 선적할 당시에는 선박이 감항능력을 갖추었으나 운송물을 선적한 후 발항 전에 선박이 불감항으로 되어 운송물이 멸실 또는 훼손된 경우에는 비록 발항시에 다시 선박이 감항능력을 갖추었다고 하더라도 운송인은 감항능력주의의무에 위반한 것이 된다.57)

라. 주의정도

운송인은 선박이 감항능력을 갖추도록 상당한 주의(due diligence)를 다하여야 한다. 여기서 상당한 주의란 통상의 운송인의 주의를 말하며 이는 객관적으로 판단하여야 한다.58) 한편 앞서 본 바와 같이 선박이 감항능력을 갖추었는지 하는 점은 상대적으로 결정되어야 하므로 감항능력에 관한 주의의 정도는 항해의 시기나 항로, 운송물 등에 따라 달라질 수 있다.59) 또한 선박이 감항능력을 갖추었는지의 여부는 구체적인 상황을 참작하여 판단할 사실문제이다. 따라서 선박안전법상의 선박검사를 받았다거나 국가가 발행한 해기사 면허를 소지한 선원을 승선시킨 것

을 항해 중 그 운송물을 묶은 줄이 풀리면서 그 운송물이 갑판위의 도관(導管)을 파열하여 그 관을 통해 해수가 선창 안으로 들어가 선창안의 운송물을 훼손시킨 사안에서 선창안의 운송물에 대한 관계에서 선박은 불감항이라고 판시된 예가 있다(Edmond Weil, Inc. v. American West African Line, 147 F. 2d. 363, 1945 AMC 191. 이는 미국법에 관한 판례이나 우리 법상으로도 동일하다).

55) 戶田, 124頁.
56) 손, (하), 811쪽. 헤이그규칙 제3조 제1항도 "before and at the beginning of the voyage"라고 규정하여 이러한 취지를 명확히 하고 있다.
57) 동지: 손, (하), 811쪽.
58) 손, (하), 811쪽.
59) 해상보험상의 감항능력에 관한 대법원 1996. 10. 11. 94다60332 판결 참조(감항능력이란 특정의 항해에 있어서의 통상적인 위험에 견딜 수 있는 능력을 의미하는 상대적인 개념으로서 어떤 선박이 감항성을 갖추고 있느냐의 여부를 확정하는 확정적이고 절대적인 기준은 없으며 특정 항해에 있어서의 특정한 사정에 따라 상대적으로 결정되어야 한다).

은 운송인이 감항능력주의의무를 다하였다는 추정적 증거는 되나 결정적 증거는
될 수 없으며,[60] 선박검사를 받지 않았거나 해기사 면허가 없는 선원을 승선시켰
더라도 실제로 선박이 감항성을 갖춘 경우에는 운송인이 감항능력주의의무를 다
한 것으로 인정될 수 있다.[61]

　　한편 운송인은 발항당시의 시점에 선박이 목적된 항해를 마칠 수 있는 상태
에 두어야 할 의무가 있는 것은 아니다. 예컨대 선박이 중간항에 기항할 예정이고
중간항에서 연료와 식량을 보급받을 수 있는 조치를 취한 경우에는 발항당시에는
중간항까지 항해를 할 수 있는 연료와 식량을 적재하고 있으면 운송인은 감항능
력주의의무를 다한 것이 된다.[62] 또한 발항당시 선박에 결함이 있었더라도 운송인
이나 선원이 이 사실을 알고 있었고 또한 발항후에 선원들이 손쉽게 이를 고칠 수
있었다면 운송인은 감항능력주의의무를 위반한 것이 아니다.[63]

마. 운송물에 관한 주의의무와의 관계

　　우리 상법은 운송인에게 운송물에 대하여 상당한 주의를 기울일 의무를 부담
시킨다. 즉 우리 상법상 운송인은 자기 또는 선원이나 그 밖의 선박사용인이 운송
물의 수령·선적·적부·운송·보관·양륙과 인도에 관하여 주의를 해태하지 아
니하였음을 증명하지 아니하면 운송물의 멸실·훼손 또는 연착으로 인한 손해를
배상할 책임이 있다(상 795조 1항). 이러한 운송물에 대한 주의의무는 운송인이 운송
계약에 따라 부담하는 일반적인 의무이다. 운송물에 대한 주의의무에 대하여는 예
외가 인정되어 운송물에 관한 손해가 항해과실로 인하여 생긴 것이거나 화재(운송
인 자신의 고의 또는 과실로 인한 것 제외)로 인하여 생긴 것인 경우에는 항해과실 또는

---

60) 동지: 한낙현, "항해중의 감항능력유지의무에 관한 문제점 고찰," 한국해법학회지, 제26권 제2
　　호(2004. 11.), 95-97쪽.
61) 대법원 1995. 8. 22. 94다61113 판결(원칙적으로 선박직원법에 따른 해기사면허가 없는 선원이
　　승선한 선박은 소위 인적 감항능력을 결여한 것으로 추정되나, 선원이 그 면허를 소지하였는지
　　여부만이 선박의 인적 감항능력의 유무를 결정하는 절대적인 기준이 되는 것은 아니고, 비록 그
　　면허가 없다고 하더라도 사실상 특정 항해를 안전하게 수행할 수 있는 우수한 능력을 갖춘 선
　　원이 승선하였다면 이러한 경우까지 선박이 인적 감항능력을 결여하였다고 할 수는 없다).
62) 영국 보통법상으로는 항해가 몇 가지 단계로 구분될 수 있는 경우(예컨대, 정박단계, 내수항행
　　단계, 해양항행단계, 연료유보급단계 등)에 운송인이 각 단계마다 그 단계에 적합한 감항능력담
　　보의무를 부담한다는 이론이 있다(이 이론에 대하여는 Dockray, *Carriage of Goods by Sea*, pp.
　　52-53 참조). 이를 단계이론(doctrine of stages)이라 하는데, 헤이그규칙에는 이러한 단계이론이
　　적용되지 아니한다(Treitel, *Carver on Bills of Lading*, p. 600). 본문에서 살펴 본 사례는 단계이론
　　을 적용한 것과 그 결론이 유사하나 이는 단계이론을 적용한 것이 아니라 헤이그규칙(및 이를
　　수용한 우리 상법)상의 감항능력주의의무의 합리적 해석에 의한 결론이다.
63) 戸田, 134-135頁.

화재를 야기한 행위가 운송물에 관한 주의의무 위반에 해당한다고 하더라도 운송인은 면책된다(동조 2항, 287쪽 이하 참조).

한편 운송인의 감항능력주의의무도 운송인이 운송계약에 따라 부담하는 의무 중의 하나이기는 하나 상법은 해상운송이 처하는 해상위험의 특수성을 감안하여 일반적인 의무와 분리하여 감항능력주의의무에 관한 특별규정을 두었다.[64] 이러한 감항능력주의의무는 일반적인 의무에 대해 우선적인 지위를 갖는다고 해석된다.[65] 그 결과 일반적인 의무에 대한 예외가 되는 항해과실이나 화재로 인하여 손해가 발생하였다고 하더라도 운송인의 감항능력주의의무 위반이 이러한 항해과실 또는 화재와 경합하여 손해를 발생시키고 감항능력주의의무 위반으로 인한 손해와 항해과실 또는 화재로 인한 손해를 구분할 수 없는 경우에는 운송인은 상법 제795조 제 2 항에도 불구하고 여전히 손해 전체에 대한 책임을 부담한다.[66]

바. 증명책임

⑺ **총   설**   우리 상법은 감항능력주의의무에 관하여 과실추정주의를 채택하여 운송인에게 무과실의 증명책임을 부담시키고 있다. 즉 우리 상법상 운송인은 자기 또는 선원이나 그 밖의 선박사용인이 감항능력주의의무를 다하였음을 증명하지 아니하면 운송물의 멸실·훼손 또는 연착으로 인한 손해를 배상할 책임을 진다(상 794조). 헤이그규칙 및 헤이그 비스비규칙에도 이와 동일한 취지의 규정이 있다.[67] 이 규정의 해석과 관련하여 청구인이 먼저 선박의 불감항 사실 및 불감항과 손해 사이의 인과관계를 증명해야 하고 이러한 사실이 증명된 후 운송인이 책임을 면하기 위해 감항능력주의의무를 다하였음을 증명해야 하는가(제1 설), 아니면 운송인이 책임을 면하기 위해서는 선박이 발항 당시 감항성을 갖추었다는 사실 또는 선박의 불감항과 손해가 인과관계가 없다는 사실 혹은 운송인이 감항능

---

64) 운송물에 대한 주의의무는 운송물 자체에 관한 것이라는 점에서 선박의 능력이나 상태에 관한 의무인 감항능력주의의무와 구별된다. 선박이 불감항 상태에 있게 되면 운송물에 대한 주의의무를 다하여도 운송물의 손해를 피할 수 없다는 점에서 감항능력주의의무는 운송물에 대한 주의의무를 행사하기 위한 전제가 되는 의무라고 할 수 있다(戶田, 132-133頁). 한편 앞서 본 바와 같이 함부르크규칙은 감항능력주의의무에 관한 특별한 규정을 두지 아니하고 이를 운송인의 일반적 주의의무에 포함시켰다.

65) 이러한 점에서 영국에서는 감항능력주의의무를 우선적인 의무(overriding obligation)이라고 한다(Treitel, *Carver on Bills of Lading*, pp. 669-670).

66) 동지: 배, 195쪽; 정(찬), (하), 870쪽. 그러나 감항능력주의의무 위반으로 인한 손해와 항해과실 또는 화재로 인한 손해를 구분할 수 있는 경우에는 운송인은 감항능력주의의무 위반으로 인한 손해에 대하여만 책임을 부담한다.

67) 헤이그규칙(및 헤이그 비스비규칙) 제 4 조 제 1 항.

력주의의무를 다하였다는 사실을 증명하여야 하는가(제2설) 하는 점이 문제가 된다. 이러한 문제는 청구인이 운송인의 책임기간 동안(운송물 수령시부터 인도시까지)에 운송물의 멸실·훼손 또는 연착이 발생한 사실을 증명한 것을 전제로 한다.

아래에서는 운송인이 항해과실면책이나 화재면책 또는 법정 면책사유와 같은 면책사유를 주장하지 않는 경우, 운송인이 항해과실면책이나 화재면책을 주장하는 경우 및 운송인이 법정 면책사유를 주장하는 경우의 세 가지 경우로 나누어 이 문제를 살펴보기로 한다.

⑷ **운송인에게 다른 면책사유가 없는 경우**   운송인에게 다른 면책사유가 없는 경우에는 운송인이 책임을 면하기 위해서는 운송인은 감항능력주의의무 위반이 없었다는 점과 운송물에 관한 주의의무를 다하였음을 증명하여야 한다(상 794조 및 795조 1항). 이 경우 감항능력주의의무와 관련된 증명책임의 분배에 관하여는 헤이그 규칙을 수용한 각국의 입장이 동일하지 아니하다.[68] 생각건대 청구인이 선박의 불감항에 관한 증거를 입수하는 것은 사실상 곤란하기 때문에 청구인에게 선박의 불감항 사실 및 불감항과 손해 사이의 인과관계의 증명책임을 부담시키는 제1설은 청구인에게 과중한 부담을 지우는 것으로서 부당하다고 본다. 따라서 일단 청구인이 운송물에 관한 손해가 운송인의 책임기간 동안에 발생한 것을 증명하면 운송인은 일응 그에 대한 손해를 배상할 책임을 지고 운송인이 면책되기 위해서는 그 손해가 감항능력주의의무 위반과 인과관계가 없다는 점에 관한 모든 사실, 즉 선박이 감항성이 있었다는 사실 또는 선박의 불감항과 손해사이에 인과관계가 없다는 사실 또는 운송인이 감항능력주의의무를 다하였다는 점에 대한 증명책임을 진다고 보는 것(제2설)이 타당하다.[69] 그러나 실무에서는 운송인이 면책을 주장하기 위해서 아래의 면책사유 중의 하나를 주장하는 것이 대부분이다.

⑸ **항해과실면책 또는 화재면책을 주장하는 경우**   운송인이 항해과실면책 또는 화재면책을 주장하고 운송물에 관한 손해가 항해과실 또는 화재로 인한 것임을 증명한 경우에도 청구인이 운송인의 이러한 면책항변을 배척하기 위하여 선박의 불감항 사실 및 불감항과 손해 사이의 인과관계를 증명할 책임을 지고 이러

---

68) 영국은 제1설을 취하고 있고, 미국과 프랑스는 제2설을 취하고 있으며, 독일은 청구인이 선박의 불감항에 대해 일응의 증명만을 하면 충분하고 이러한 일응의 증명이 행해지면 운송인이 선박이 감항성이 있었다는 사실 또는 선박이 불감항이었기는 하나 운송인이 감항능력주의의무를 다하였음을 증명할 책임을 진다는 절충적인 입장을 취한다(戶田, 140-141頁).
69) 동지: 戶田, 142頁.

한 증명이 이루어진 경우에 운송인이 다시 책임을 면하기 위해 감항능력주의의무를 다하였음을 증명해야 하는가 아니면 운송인이 항해과실이나 화재면책을 주장하기 위해서는 선박이 발항 당시에 감항성을 갖추었다는 사실 또는 불감항과 손해사이에 인과관계가 없다는 사실 또는 운송인이 감항능력주의의무를 다하였다는 사실을 함께 증명해야 하는가 하는 점이 문제가 된다.70) 생각건대 앞서 본 바와 같이 청구인에게 선박의 불감항 사실 및 손해와 불감항 사이의 인과관계의 증명책임을 부담시키는 것은 청구인에게 가혹하다. 다른 한편 운송인이 운송물에 관한 손해가 항해과실 또는 화재로 인하여 발생했음을 증명했는데도 불구하고 다시 감항능력주의의무와 관련된 모든 사실에 대한 증명책임도 부담한다고 하는 것은 운송인에게 지나친 부담을 주는 것이다. 따라서 양 당사자 사이의 형평을 고려해 볼 때 운송인의 항해과실면책 또는 화재면책 주장을 배척하기 위해서는 청구인이 선박의 불감항 사실 및 손해와 불감항 사이의 인과관계에 대한 일응의 증명을 하여야 하고 이러한 일응의 증명이 있으면 다시 운송인이 선박이 발항 당시에 감항성을 갖추었다는 사실 혹은 선박의 불감항과 손해 사이에 인과관계가 없다는 사실 혹은 선박이 불감항이었기는 하나 운송인이 감항능력주의의무를 다하였다는 사실을 증명하지 아니하면 손해를 배상할 책임을 진다고 해석하는 것이 타당하다고 본다.71)

㈑ **법정 면책사유를 주장하는 경우** 우리 상법은 운송인의 법정 면책사유(상세는 296쪽 이하 참조)를 열거하고 운송인이 그러한 법정사유가 있었다는 것과 운송물에 관한 손해가 그 사유로 인하여 보통 생길 수 있는 것임을 증명한 때에는 이를 배상할 책임을 면한다고 규정한다(상 796조 본문). 그러나 운송인이 감항능력주의의무 또는 운송물에 관한 주의의무를 다하였더라면 그 손해를 피할 수 있었음에도 불구하고 그 주의를 다하지 아니하였음을 청구인이 증명한 때에는 운송인은 손해를 배상할 책임을 진다(동 조 단서). 따라서 우리 상법상 법정 면책사유가 있는

70) 영국에서는 이 경우에도 제1설을 취하는 것이 다수의 견해이다(Treitel, *Carver on Bills of Lading*, pp. 722-723).

71) 이는 앞서 본 독일의 입장과 유사하다. 또한 로테르담규칙도 이와 유사하게 운송인이 운송물에 관한 손해가 면책사유로 인하여 발생한 것임을 증명하더라도 청구인이 그 손해가 선박의 불감항으로 인하여 발생하였거나 발생했을 개연성(the loss, damage or delay was or was probably caused by or contributed to by (i) the unseaworthiness …)을 증명하면 운송인이 다시 그 손해가 불감항으로 인하여 발생한 것이 아니라는 사실 혹은 감항능력주의의무를 다하였다는 사실을 증명하지 아니하면 손해를 배상할 책임을 진다고 규정하고 있다(동 규칙 17조 3항 및 5항).

경우에 선박의 불감항을 근거로 하여 운송인에게 손해를 배상할 책임을 부담시키기 위해서는 청구인이 선박이 발항당시에 불감항 상태에 있었다는 사실, 손해와 불감항 사이에 인과관계가 있다는 사실 및 운송인이 감항능력주의의무를 위반했다는 사실을 증명하여야 한다. 이러한 증명책임의 분배는 앞서 본 항해과실면책이나 화재면책의 경우와 상당한 차이가 있다.[72]

사. 의무위반의 효과

(개) 운송인이 감항능력주의의무를 위반한 경우 운송인은 운송물의 멸실 · 훼손 또는 연착으로 인한 손해를 배상할 책임이 있다. 운송인이 손해배상책임을 부담하는 손해는 선박의 불감항과 인과관계가 있는 것이어야 한다. 따라서 발항당시 선박이 불감항이었다고 하더라도 운송물에 관한 손해가 감항능력과 관계없이 발생된 것이라는 점이 증명되면 운송인은 손해배상책임을 지지 아니한다. 한편 선박의 불감항 사실이 항해과실 또는 화재와 경합하여 손해를 발생시킨 경우에도 그 손해를 구분할 수 없는 한 운송인은 손해 전체에 대한 책임을 부담한다는 점은 앞서 본 바와 같다.

(내) 이러한 운송인의 의무 또는 책임을 경감 또는 면제하는 당사자 사이의 특약은 무효이고 감항능력주의의무 위반으로 인한 운송물에 관한 손해와 관련하여 운송물에 관한 보험의 이익을 운송인에게 양도하는 약정 또는 이와 유사한 약정도 무효이다(상 799조 1항).[73]

(대) 송하인이 선박의 발항 전에 운송인의 감항능력주의의무 위반 사실을 안 경우에 송하인은 운송인에게 상당한 기간을 정하여 이의 시정을 최고할 수 있고 운송인이 시정하지 아니하면 운송계약을 해제할 수 있는 것은 당연하다(민 544조).

(래) 운송인이 감항능력주의의무에 위반하여 손해배상책임을 지는 경우에 운송인이 선박소유자나 용선자 등의 책임제한권자에 해당하면 운송인은 자신의 고의 또는 인식 있는 무모한 행위가 없는 한 총체적 책임제한을 할 수 있다.[74]

---

72) 이러한 우리 상법의 입장은 영국법의 입장과 유사하다(Treitel, *Carver on Bills of Lading*, pp. 722-724). 그러나 이러한 입장은 청구인에게 가혹하기 때문에 최근 들어 영국은 물론 영미법계 국가들에서는 이러한 입장에 대한 비판이 유력하다(*ibid*). 일본 국제해상물품운송법은 운송물에 대한 일반적인 의무와 법정 면책사유와의 관계에서는 우리 상법과 동일하게 규정하고 있으나(동 법 4조), 감항능력주의의무에 관하여는 법정 면책사유와의 관계에 관한 규정을 두지 않고 있으므로(동 법 5조) 이는 해석에 맡겨져 있다. 이 점과 관련하여 앞서 본 戸田, 142頁은 운송인이 면책사유를 주장하는지의 여부에 대한 언급이 없이 운송인이 면책을 주장하기 위해서는 감항능력주의의무에 관한 모든 사실에 대한 증명책임을 진다고 하는 입장(앞서 본 제 2 설)을 취한다.

73) 다만 산 동물의 운송이나 갑판적 화물의 경우는 예외이다(상 799조 2 항).

(2) 운송의 실행에 관한 의무

1) 발항의무

운송인은 운송물의 선적·적부 등 항해의 준비가 끝난 경우에는 지체 없이 선박을 발항할 의무를 부담한다.[75] 정기선에 의한 개품운송의 경우에는 미리 정해 공표한 발착(發着) 시간표에 따라 발항하여야 한다. 송하인이 당사자 사이의 합의 또는 선적항의 관습에 의한 때와 곳에서 운송물을 운송인에게 제공하지 아니하는 경우에는 계약을 해제한 것으로 본다. 이 경우 선장은 즉시 발항할 수 있고, 송하인은 운임의 전액을 지급하여야 한다(상 792조 1항 및 2항). 당사자 사이에 이와 다른 특약을 하는 것은 허용된다고 해석된다.[76]

2) 운송의무

가. 운송인은 운송물을 목적항까지 운송할 의무를 진다. 운송물의 전부 또는 일부가 송하인의 책임 없는 사유로 인하여 멸실하여 운송인이 운송의무를 이행할 수 없게 된 때에는 운송인은 그 운임을 청구하지 못하며 이미 운임의 전부 또는 일부를 지급받은 때에는 이를 반환하여야 한다. 그러나 운송물의 전부 또는 일부가 그 성질이나 하자 또는 송하인의 과실로 인하여 멸실한 때에는 운송인은 운송의무를 이행하지 아니하였어도 운임의 전액을 청구할 수 있다(상 815조, 134조). 한편 운송인은 운송 도중 운송물을 상당한 주의를 기울여 보관할 의무를 진다.

나. 위법운송물의 경우

운송인은 법령 또는 계약을 위반하여 선적된 위법한 운송물에 대하여는 운송의무를 부담하지 아니한다. 즉 운송인은 언제든지 이러한 운송물을 양륙할 수 있고, 선박이 항해 중이라서 양륙할 수 없는 경우에는 그 운송물이 선박 또는 다른 운송물에 위해를 미칠 염려가 있으면 이를 포기할 수 있다(상 800조 1항). 법령에 위반한 운송물이란 예컨대 문화재와 같은 수출입금지품이나 전시금제품 등을 말한다.[77] 여기에서의 포기란 바다에의 투하를 포함한다고 해석된다.[78] 운송인이 위법한 운송물임을 알고 선적한 경우에도 동일하다.[79] 한편 운송인이 이러한 운송물을

---

74) 동지: 정(찬), (하), 870-871쪽.
75) 선원법은 선장에 대한 공법상의 의무로서 선장에게 항해의 준비가 끝난 때에는 지체 없이 출항할 의무를 부과하고 있다(동 법 8조 전단).
76) 田中, 278頁.
77) 배, 231쪽.
78) 배, 231-232쪽.

운송하는 때에는 선적한 때와 곳에서 동종 운송물의 최고운임의 지급을 청구할 수 있다(동조 2항). 위법운송물을 제공한 송하인에 대한 징벌적 의미로 최고운임을 지급하도록 한 것이다.[80] 그러므로 위법운송물을 운송하다가 항해 도중에 포기하거나 중간항에서 양륙하거나 행정관청에 압류된 경우에도 운송인은 최고운임을 청구할 수 있다고 본다.[81] 또한 위법운송물의 양륙, 포기 및 최고운임의 청구와는 별도로 운송인이나 그 밖의 이해관계인이 위법운송물로 인하여 손해를 입은 때에는 송하인의 귀책사유가 있으면 송하인에게 그 배상을 청구할 수 있다(동조 3항).

다. 위험물의 경우

인화성·폭발성이나 그 밖의 위험성이 있는 위험물에 대하여는 운송인은 운송의무를 부담하지 아니한다. 즉 위험물에 대하여는 운송인이 그 성질을 알고 선적한 경우에도 그 운송물이 선박이나 다른 운송물에 위해를 미칠 위험이 있는 때에는 운송인은 언제든지 이를 양륙·파괴 또는 무해조치할 수 있다(상 801조 1항).

한편 우리 상법은 운송인이 그 성질을 모르고 선적한 경우에 관하여는 아무런 규정을 두고 있지 아니하나 이 경우에는 위험물이 선박이나 다른 운송물에 위해를 미칠 위험이 있는지의 여부를 불문하고 운송인이 이를 양륙·파괴 또는 무해조치할 수 있다고 본다.[82] 그리고 상법에 규정은 없으나 운송인이나 그 밖의 이해관계인이 이러한 위험물로 인하여 손해를 입은 때에는 과실이 있는 송하인에게 그 배상을 청구할 수 있다고 본다(349쪽 이하 참조).[83]

3) 직항의무

가. 원　　칙

운송인은 발항하면 선적항으로부터 양륙항까지 예정항로를 따라 직항하여야 할 의무를 부담한다.[84] 운송인이 이러한 의무를 부담하는 이유는 항로를 이탈하게 되면 항해가 지연되어 운송물이 처하는 위험이 커지고 운송물이 연착될 수 있기 때문이다.[85] 우리 상법에는 이에 관한 명시적인 규정이 없으나 「해상에서의 인명

---

79) 田中, 279頁.
80) 배, 232쪽.
81) 상게서.
82) 헤이그 비스비규칙 제 4 조 제 6 항 참조.
83) 헤이그 비스비규칙 제 4 조 제 6 항은 위험물로 인하여 운송인이 입은 손해에 대한 송하인의 무과실책임을 규정하고 있다.
84) 선원법은 선장에 대한 공법상의 의무로서 선장에게 부득이한 사유가 있는 경우를 제외하고는 예정항로를 따라 도착항까지 항행하여야 할 의무를 부과한다(동 법 8 조 후단).

이나 재산의 구조를 위한 항로이탈이나 그 밖의 정당한 사유로 인한 항로이탈」을 운송인의 면책사유 중의 하나로 규정하고 있는 조항(상 796조 8호)의 반대해석으로 그러한 사유가 없는 운송인은 항로이탈을 하지 않을 의무, 즉 직항의무를 부담한다고 해석된다. 실무에서는 선하증권 등에 운송인이 재량으로 이로를 할 수 있다는 이로약관을 기재하는 경우가 많은데, 정당한 사유가 없는 경우에도 이로를 허용하는 약관은 운송인의 직항의무를 경감 또는 면제하는 약관으로서 무효라고 본다(상 799조 1항).

나. 예   외

운송인은 해상에서의 인명이나 재산의 구조를 위한 경우 또는 그 밖의 정당한 사유가 있는 경우에는 항로이탈을 할 수 있다(상 796조 8호의 유추해석). 정당한 사유가 있는지의 여부는 사실문제로서 당시의 상황을 참작하여 객관적으로 판단하여야 한다. 항로이탈이 각 운송당사자 전부에게 이익이 된다면[86] 정당한 사유가 있다고 판단될 가능성이 많다.[87]

4) 운송물의 처분에 관한 의무

운송인은 송하인 또는 선하증권이 발행된 때에는 그 소지인의 청구에 따라 운송의 중지, 운송물의 반환 그 밖의 처분을 할 의무가 있다. 이 경우에 운송인은 이미 운송한 비율에 따른 운임, 체당금과 처분으로 인한 비용의 지급을 청구할 수 있다(상 815조, 139조). 송하인의 처분권은 운송물이 양륙항에 도착한 후 수하인이 그 인도를 청구한 때에는 소멸한다(상 815조, 140조). 선하증권이 발행된 때에는 그 소지인만이 처분권과 양륙항에서의 운송물 인도청구권을 가지므로 처분권의 소멸이 문제가 될 여지가 없다. 선하증권 소지인이 처분권을 행사하는 때에는 선하증권을 운송인에게 제시하여야 한다(여러 통의 선하증권이 발행된 경우에 관하여는 257쪽 이하 참조).

(3) 운송의 종료 후의 의무

1) 양륙에 관한 의무

가. 양륙항 입항의무

운송인은 계약에서 정한 양륙항 또는 송하인이 양륙항의 지정권을 가지는 경

---

85) 정(찬), (하), 871쪽.
86) 예컨대 양륙항이 폐쇄되어 부근의 항구로 항해하는 경우 등.
87) 정(찬), (하), 871쪽.

우에는 송하인에 의해 지정된 양륙항까지의 운송을 종료한 후 운송물의 양륙을 위하여 그 양륙항에 입항하여 특약 또는 관습에 의하여 정하여진 양륙장소에 정박하여야 한다.[88] 정기개품운송계약의 경우에는 양륙항과 양륙장소는 운송인이 미리 공시하는 것이 보통이다.

나. 양륙의무

선적에서와 마찬가지로 양륙에도 수하인이 자기의 책임하에 양륙을 하는 경우와 운송인이 양륙을 하는 경우가 있다.[89] 우리 상법상 개품운송계약에 있어서는 특약이 없으면 운송인이 양륙의무를 부담한다고 해석된다.[90] 그러나 특수한 화물의 개품운송계약에서는 수하인이 직접 양륙을 하는 경우도 있다.[91] 운송인이 운송물을 양륙하는 경우에는 운송인은 양륙에 관하여 상당한 주의를 다하여야 한다(상 795조 1항).

2) 인도에 관한 의무

가. 운송물 인도의무

㈎ **총 설** 운송인은 양륙항에서 운송물을 정당한 수하인에게 인도할 의무를 부담한다. 여기서 인도는 운송물에 대한 점유를 수하인에게 이전하는 것을 의미한다.[92] 위와 같은 인도의무의 이행방법 및 시기에 대하여는 당사자 간의 약정으로 이를 정할 수 있다.[93] 우리 상법상 운송인의 책임기간은 운송물의 수령 시부터 인도시까지이므로(상 795조 1항)[94] 운송인은 이러한 인도로써 개품운송계약의

---

88) 정(동), (하), 853쪽.

89) 수하인에 의한 양륙의 경우에는 양륙작업 중에 운송인으로부터 수하인에게 운송물이 인도되나 운송인에 의한 양륙의 경우에는 양륙 후에 육상에서 운송물의 인도가 이루어진다.

90) 제정 상법은 개품운송의 경우 수하인이 양륙의무를 부담하는 것으로 규정하고 있었으나(제정 상법 제799조), 1991년 개정시에 실무의 관행을 반영하여 수하인의 양륙의무를 삭제하고 대신 수하인의 수령의무를 규정하였으며 현행 상법은 1991년 상법의 입장을 그대로 유지하였다. 이러한 개정 연혁에 비추어 볼 때 개품운송의 경우 특약이 없는 한 운송인이 양륙의무를 부담하는 것으로 해석된다(동지: 정(찬), (하), 872쪽 각주 2).

91) 이러한 계약조건을 소위 "Free Out terms"라 한다. 이러한 계약조건이 유효한지의 여부에 관하여는 324쪽 이하 참조.

92) 동지: 정(동), (하), 854쪽.

93) 대법원 2004. 10. 15. 2004다2137 판결(해상운송에 있어서 선하증권이 발행된 경우 운송인은 수하인, 즉 선하증권의 정당한 소지인에게 운송물을 인도함으로써 그 계약상의 의무이행을 다하는 것이 되고, 그와 같은 인도의무의 이행방법 및 시기에 대하여는 당사자 간의 약정으로 이를 정할 수 있음은 물론이다).

94) 헤이그 비스비규칙상 운송인의 책임기간은 운송물의 선적시부터 양하시까지이다(동 규칙 1조 (e)호). 따라서 운송물의 수령시부터 선적시까지 및 운송물의 양하시부터 인도시까지의 기간에 대한 운송인의 의무와 책임에 관하여는 당사자가 자유로이 약정할 수 있다(일본 국제해상물품

이행을 완료하게 된다. 앞서 본 바와 같이 개품운송계약에서는 특약이 없는 한 운송인이 운송물을 양륙하므로 운송물의 인도는 육상의 약정된 장소에서 이루어진다.[95] 실무상 운송인의 대리점·운송주선인·창고업자·부두경영자 등이 운송인의 대리인으로서 운송물을 인도하는 경우가 많다.[96]

(나) 운송물 인도의 상대방

(ㄱ) 선하증권이 발행된 경우

a. 정당한 소지인   선하증권이 발행된 경우에는 선하증권의 정당한 소지인이 정당한 수하인이 된다.[97] 운송인은 선하증권과 상환하여 운송물을 인도하여야 한다(상 861조, 129조).[98] 운송인이 선하증권과 상환하지 아니하고 운송물을 인도한 경우 운송인은 선하증권의 정당한 소지인에게 운송물을 인도하지 못하게 되어 운송물에 대한 그의 권리를 침해하였을 때에는 고의 또는 중대한 과실에 의한 채무불이행책임 및 불법행위책임을 진다.[99] 그러나 선하증권 소지인의 인도 지시 내지 승낙에 따라 운송물을 제 3 자에게 인도한 경우에는 그 제 3 자가 선하증권을 제시하지 않았다 하더라도 운송인이 그와 같은 인도 지시 내지 승낙을 한 선하증권 소지인에 대하여 운송물인도의무 불이행이나 불법행위로 인한 손해배상책임을 지지 아니한다.[100] 그러나 이 경우 제 3 자가 선하증권을 선의로 취득하는 경우에는

운송법 15조 3 항 참조).

95) 동지: 정(동), (하), 854쪽.

96) 손, (하), 815쪽.

97) 대법원 1999. 10. 26. 99다41329 판결(해상운송계약에 따른 선하증권이 발행된 경우, 그 선하증권의 정당한 소지인이 상법 제811조의 '수하인'이다); 대법원 1997. 4. 11. 96다42246 판결 등.

98) 대법원 1991. 12. 10. 91다14123 판결(상법 제820조(현행 상법 제861조), 제129조의 규정은 운송인에게 선하증권의 제시가 없는 운송물인도청구를 거절할 수 있는 권리와 함께 선하증권의 제시가 없는 경우운송물의 인도를 거절하여야 할 의무가 있음을 규정하고 있다고 봄이 상당하다). 또한 선하증권의 상환증권성과 관련하여 대법원은 기한부 신용장(usance credit) 거래의 경우에도 수입업자가 선하증권 없이(즉 선하증권과 상환하지 아니하고) 화물을 먼저 인도받아 가는 것이 관행이라고 인정할 수 없다는 원심의 판단을 인용하였다(대법원 2007. 6. 28. 2007다16113 판결).

99) 대법원 1999. 4. 23. 98다13211 판결. 한편 대법원은 선하증권의 소지인이 신용장 개설은행인 사안에서, 「선하증권과 상환 없이 운송물이 인도되어 신용장 개설은행이 손해를 입은 경우에 신용장 개설은행이 신용장대금 지급과 관련하여 별도의 담보를 제공받지 아니하였거나 수입보증금을 징수하지 않았다고 하더라도 그것이 손해 발생 또는 확대의 원인이 되었다고 할 수 없고, 신용장 개설은행이 선적서류를 송부받고도 화물의 행방을 알아보지 아니하였다는 사실만으로는 신용장 개설은행에게 사회통념상 또는 신의성실의 원칙상 주의의무를 게을리한 잘못이 있다고 보기 어렵다고 할 것이며, 또한 신용장 개설은행이 기한부신용장을 발행하였다는 사유만으로 화물에 관하여 일반 신용장을 발행한 경우와 다른 주의의무가 있다고 할 수 없다」고 판시하여 과실상계를 인정하지 아니하였다(대법원 2004. 3. 25. 2001다53349 판결).

100) 대법원 1997. 6. 24. 95다40953 판결. 그러나 운송물이 양륙항에 도착할 때까지 신용장이 개설되지 않았고 그 신용장이 「스테일 선하증권」수리조건부였으며 또 화물 양륙 당시까지 수출자가

운송인은 이러한 선의의 소지인에 대하여 손해배상책임을 부담한다고 본다(상 854 조 2항, 437쪽 이하 참조).

한편 운송인이 선하증권의 형식적 자격을 갖춘 소지인에게 운송물을 인도한 경우에는 그가 실질적 권리자가 아닌 경우에도 운송인이 선의이고 중대한 과실이 없는 한 운송인은 면책된다(상 65조, 민 518조).

　　b. 여러 통의 선하증권이 발행된 경우　　우리 상법상 운송인은 여러 통의 선하증권을 발행할 수 있다(상 852조 1항). 이처럼 여러 통의 선하증권의 발행을 인정하는 이유는 선하증권을 송부하는 도중의 분실에 대비하는 한편, 송하인이 증거를 보존할 필요도 있으며 수하인의 신용이 악화된 경우 송하인이 처분권을 행사할 수 있도록 하기 위해서이다.[101] 여러 통의 선하증권이 발행된 경우 각 통은 모두 선하증권으로서의 효력을 가지므로[102] 2인 이상의 선하증권 소지인이 있는 경우 각자 운송물의 인도를 청구할 수 있다. 이와 관련하여 상법은 양륙항에서 인도하는 경우와 양륙항 이외의 장소에서 인도하는 경우를 나누어 달리 규정하고 있다(상 857조, 858조).

　　a) 양륙항에서의 인도

　　ⅰ) 1통의 선하증권 소지인이 운송물의 인도를 청구하는 경우　　양륙항에서는 운송인은 1통의 선하증권의 소지인이 운송물의 인도를 청구한 경우에도 그 인도를 거부하지 못한다(상 857조 1항). 이는 양륙항에서 선하증권과 상환하여 운송물의 인도를 청구하는 자는 통상 선하증권의 정당한 소지인인 경우가 많고 또한 운송인이 1통의 소지인에게 운송물의 인도를 거절하는 것은 여러 통의 선하증권의 발행을 인정한 취지에 어긋나기 때문이다.[103] 이 경우 운송인이 다른 선하증권 소지인

　　선하증권을 소지하고 있었고 하역회사의 지정이 수출자의 대리인에 의하여 이루어진 사안에서 대법원은 「그와 같은 사정만으로는 수출자가 선하증권과 상환하지 아니하고 화물을 인도할 것을 지시하였다거나 이를 승인한 것이라고 할 수 없다」고 판시하였다(대법원 1992. 2. 14. 91다4249 판결). 또한 화물의 최종선적기일과 신용장의 유효기일의 간격이 최장 182일까지 허용되고, 소위 "스테일 비엘"조건하의 거래였으며, 수출자가 수입자에게 이 사건 화물의 수입통관에 필요한 서류를 미리 교부하였으며 또 선하증권의 소지인인 신용장발행은행이 수입자와의 사이에 운송물에 대한 양도담보계약을 체결한 사안에서도 대법원은 「그러한 사정만으로 선하증권과 상환함이 없이 또는 소지인의 동의 없이 운송물을 인도하는 것을 승인하였다고 볼 수 없다」고 판시하였다(대법원 1991. 12. 10. 91다14123 판결).
101) 정(동), (하), 902쪽. 한편 화물상환증은 여러 통의 발행이 인정되지 아니하는데 이는 비교적 단기간의 육상운송에는 해상운송에서와는 달리 여러 통을 발행할 이유가 적기 때문이다.
102) 정(동), (하), 902쪽.
103) 손, (하), 816쪽.

이 있다는 사실을 알고 있다고 하더라도 운송물의 인도를 거절하지 못한다.[104] 한편 운송인이 1통의 선하증권 소지인에게 운송물을 인도한 때에는 다른 선하증권은 그 효력을 잃는다. 그러므로 그 후에 제 3 자가 선의로 다른 선하증권을 취득하였다고 하더라도 그 제 3 자는 운송인에 대하여 아무런 권리를 가지지 못한다.

ii) 2인 이상의 선하증권 소지인이 운송물의 인도를 청구하는 경우   양륙항에서 2인 이상의 선하증권 소지인이 동시에 운송물의 인도를 청구한 때 또는 운송인이 아직 1통의 선하증권 소지인에게 운송물을 인도하기 전에 다른 소지인이 운송물의 인도를 청구한 때에는 운송인에게 누가 정당한 소지인인지의 여부를 조사할 의무를 부과하는 것은 운송인에게 가혹하며 또한 정당한 소지인이 확정될 때까지 운송인으로 하여금 운송물을 보관시키는 것은 운송인에게는 물론 정당한 소지인에게도 바람직하지 않기 때문에 상법은 이러한 경우 운송인으로 하여금 지체 없이 운송물을 공탁하고 각 청구자에게 그 통지를 발송하여야 한다고 규정한다(상 859조 1항).[105] 운송인이 1통의 선하증권 소지인에게 운송물의 일부를 인도한 후 다른 소지인이 운송물의 인도를 청구한 경우에도 운송인은 지체 없이 인도하지 아니한 운송물을 공탁하고 각 청구자에게 그 통지를 발송하여야 한다(동조 2항). 이미 인도한 운송물에 관하여는 인도를 받은 소지인의 권리가 다른 소지인의 권리에 우선하므로 운송인은 그 부분에 대하여 아무런 책임을 지지 아니한다.[106]

운송물이 공탁된 경우 수인의 선하증권 소지인간에는 공통되는 전 소지인으로부터 먼저 교부를 받은 증권 소지인의 권리가 다른 소지인의 권리에 우선한다(상 860조 1항). 여기서 「교부」란 적법한 양도를 뜻한다. 수인의 선하증권소지인에게 「공통되는 전 소지인」이란 예컨대 선하증권이 3통 발행된 경우 갑이 을에게 2통, 병에게 나머지 1통을 각각 양도하고 을은 다시 정과 무에게 각각 1통씩 양도한 사안에서 정과 무 사이에서는 을을 말하고 을(즉 을의 권리를 양수한 정과 무)과 병 사이에서는 갑을 말한다. 따라서 만일 병이 갑으로부터 먼저 선하증권 1통을 양도 받았으면 병의 권리가 을의 권리(즉 을의 권리를 양수한 정과 무의 권리)보다 우선하므로 병이 권리자가 된다. 반면에 만일 을이 갑으로부터 먼저 선하증권 2통을 양도받았

---

104) 상게서.
105) 이는 채무자가 과실 없이 채권자를 알 수 없는 경우에 인정되는 변제공탁과 대체로 같은 취지이나(민 487조 2 문), 민법상으로는 채무자가 공탁권을 갖는데 반해 상법상으로는 운송인이 공탁의무(와 통지의무)를 갖는 점에서 차이가 있다.
106) 배, 297쪽.

으면 을의 권리(즉 을의 권리를 양수한 정과 무의 권리)가 병의 권리에 우선하고 정과 무 사이에서는 공통되는 전 소지인인 을로부터 먼저 선하증권 1통을 양도받은 자의 권리가 우선하게 된다.

한편 격지자에 대하여 발송한 선하증권은 그 발송한 때를 교부받는 때로 본다(상 860조 2항). 격지자에 대하여 선하증권 여러 통을 각각 발송한 경우에는 발송시를 기준으로 한다(동조 2항). 이는 도착시를 기준으로 하면 먼저 발송된 것이 나중에 도착하는 경우가 발생할 수 있어 불합리한 결과가 초래되기 때문이다.

여러 통의 선하증권이 동시에 수인에게 양도되거나 또는 동시에 발송된 경우에는 그 수인의 소지인이 운송물에 대한 권리를 공유(준공유)한다고 해석된다.[107]

상법상의 우선순위에 관한 규정에 의하여 후순위자가 되어 손해를 입은 소지인은 공통되는 전 소지인에 대하여 손해배상을 청구할 수 있다.

b) 양륙항 이외의 장소에서의 인도　　양륙항 외에서는 운송인은 선하증권의 각 통의 반환을 받지 아니하면 운송물을 인도하지 못한다(상 858조). 양륙항 외에서는 1통의 소지인에게 인도하여야 할 필요가 적고 또 사기 등의 폐단이 있을 수 있기 때문이다.[108] 따라서 선하증권 소지인이 양륙항 외에서 운송물의 반환이나 그 밖의 처분을 청구하기 위해서는 운송인에게 선하증권 전 통을 제시하여야 한다.

c. 보증도(保證渡)의 문제[109]

a) 총　　설　　앞서 본 바와 같이 운송인은 선하증권과 상환하여 운송물을 인도할 의무를 부담하나 해운 실무에서는 운송인이 실제의 수하인으로서 추후 선하증권 소지인이 될 자를 신뢰하여 나중에 실제의 수하인이 선하증권을 취득하여 이를 운송인에게 반환할 것을 전제로 우선 운송물을 실제의 수하인에게 인도하는 경우가 종종 있다. 이처럼 운송인이 선하증권과 상환하지 아니하고 운송물을 인도하는 것을 가인도(假引渡) 혹은 공인도(空引渡)라 한다.[110] 운송인이 이처럼 운송물을 가인도 혹은 공인도함으로써 선하증권의 정당한 소지인에 대한 인도의무가 이행불능으로 되면 운송인은 선하증권의 정당한 소지인에게 채무불이행 및 고의

107) 배, 298쪽.
108) 손, (하), 817쪽.
109) 보증도의 문제는 개품운송계약에서뿐만 아니라 항해용선계약에서 선하증권이 발행된 경우에 운송인이 선하증권과 상환하지 아니하고 실제의 수하인에게 운송물을 인도하는 경우에도 발생한다. 후자의 경우에도 개품운송계약상의 보증도와 동일한 법리가 적용된다.
110) 정(동), (하), 855쪽. 해운 실무에서는 선하증권과 상환하지 않고 운송물을 인도하는 것을 불법인도(mis-delivery)라고 한다.

또는 중과실로 인한 불법행위책임을 부담하게 된다. 한편 이러한 가인도 중에서 운송인이 실제의 수하인으로부터 은행 등의 보증장을 받고 실제의 수하인에게 운송물을 가인도하는 것을 보증도라 한다. 해운 실무에서는 이러한 보증도가 국제적인 관행으로 확립되어 있는데 보증도를 한 운송인이 다른 가인도와 마찬가지로 선하증권의 정당한 소지인에 대하여 손해배상책임을 질 것인가 하는 점이 문제가 된다.

　　　　b) 보증도의 경제적 의의　　신용장에 기한 무역거래에서는 수출자가 송하인으로서 운송인으로부터 선하증권을 발행받아 이를 신용장에서 요구되는 다른 서류와 함께 신용장매입은행에 교부하여 수출대금을 지급받고, 신용장매입은행은 이러한 서류를 매입하여 신용장개설은행에 송부하며, 수입자는 신용장개설은행에 신용장대금을 지급하고 선하증권을 교부받아 이를 운송인에게 제시하고 운송물을 인도받는 것이 원칙이다. 그러나 선하증권이 아직 신용장개설은행에 도착하기 전에 운송물이 먼저 도착지에 도착하는 경우가 종종 있다. 이 경우 선하증권이 도착할 때까지 운송물의 인도를 하지 아니하게 되면 선박의 체류기간이 길어지거나 보세창고에서의 장치기간이 길어져 수입자는 추가 비용을 부담하게 된다. 또한 수입자는 조속히 운송물을 인도받아 처분하거나 이용하지 못함으로써 손해를 입을 수도 있다. 한편 운송인으로서도 운송물을 선하증권이 도착할 때까지 보관하여야 하는 부담이 있다. 또 신용장개설은행으로서도 고객인 수입자(신용장개설의뢰인)의 신용이 충분하다면 수입자의 편의를 위해 수입자가 운송물을 조속히 인도받을 수 있도록 협조할 의향이 있는 경우가 많다. 이러한 여러 당사자들의 이해관계를 반영하여 수입자로 하여금 운송물을 조기에 인도받도록 하기 위하여 생겨난 것이 화물선취보증장(Letter of Guarantee)제도이다. 일반적으로 화물선취보증장은 수입자와 보증장 발행은행이 연명으로「수입자는 선하증권 원본을 취득하는 즉시 운송인에게 반환할 것이며 만일 운송인이 선하증권과 상환하지 아니하고 운송물을 인도함으로써 손해를 입는 경우 수입자와 보증장 발행은행이 연대하여 그 손해를 보상할 것을 약정한다」는 내용으로 발행한다. 보증장 발행은행은 보통 신용장개설은행이 되나 경우에 따라서는 수입자의 다른 거래은행이 되기도 한다. 운송인은 이러한 화물선취보증장을 교부받고 운송물을 수입자에게 인도, 즉 보증도를 하여 주게 된다.

c) 보증도의 법률관계

ⅰ) 운송인과 수입자 및 보증은행과의 관계   보증도의 상관습에 대하여는 상법 제129조의 강행규정에 반하고 선량한 풍속 사회질서에 반하는 등의 이유로 무효라는 견해가 있었으나 최근의 통설과 판례는 그 유효성을 긍정한다.[111] 만일 보증도의 상관습이 무효라고 한다면 보증도를 위하여 발행한 화물선취보증장도 무효로 보아야 하고 따라서 운송인은 보증장에 기한 구상권을 행사할 수 없을 것이다. 그러나 보증도의 상관습이 유효하므로 보증장도 유효하다. 따라서 수입자는 운송인에 대하여 선하증권 원본 반환의무를 부담하고 만일 운송인이 선하증권의 정당한 소지인에게 손해배상책임을 부담하는 경우 운송인은 화물선취보증장에 기해 보증장의 발행인인 은행과 수입자에 대하여 구상을 청구할 수 있다.

ⅱ) 운송인과 선하증권 소지인과의 관계   보증도의 상관습이 유효하다고 하더라도 보증도의 상관습이 적법한지의 여부는 별개의 문제이다. 즉 보증도의 상관습의 적법성여부는 운송인이 보증도의 상관습을 들어 소지인의 운송물 인도청구에 대해 면책을 주장할 수 있을 것인가 하는 문제이다. 이 문제는 선하증권의 상환증권성에 관한 규정(상 861조, 129조)이 운송인이 선하증권과 상환하지 아니하면 운송물의 인도를 거절할 권리만을 규정한 것인지 아니면 운송인이 선하증권과 상환하지 아니하고 운송물을 인도해서는 안 될 의무까지 규정한 것인지 하는 문제와 관련된다. 이 점에 관하여 대법원은 일관하여 상법 제129조가 운송인에게 선하증권의 제시가 없는 운송물의 인도청구를 거절할 수 있는 권리와 함께 인도를 거절하여야 할 의무가 있음을 규정한 것이라고 해석하고 따라서 운송인이 보증도로 인하여 정당한 소지인에게 운송물을 인도할 수 없는 경우에는 운송계약상의 채무불이행으로 인한 손해배상책임과 고의 또는 중과실로 인한 불법행위책임을 부담한다는 입장을 취하고 있다.[112] 운송인의 채무불이행책임에 관하여는 통설도 대법원판례와 같은 입장이다.[113] 한편 운송인의 불법행위책임에 관하여는 다수설은 대법

---

111) 대법원 1992. 2. 14. 91다4249 판결에서 「이른바 보증도에 관한 상관습은 운송인 또는 운송취급인의 정당한 선하증권 소지인에 대한 책임을 면제함을 목적으로 하는 것이 아니고 오히려 보증도로 인하여 정당한 선하증권 소지인이 손해를 입게 되는 경우 운송인 또는 운송취급인이 그 손해를 배상할 것을 전제로 하고 있는 것이므로」라고 판시한 것은 묵시적으로 보증도의 상관습의 유효성을 인정한 것으로 해석된다.

112) 대법원 1992. 2. 14. 91다4249 판결; 대법원 1992. 2. 25. 91다30026 판결; 대법원 1991. 12. 10. 91다14123 판결 등.

113) 정(동), (하), 856쪽; 정(찬), (하), 875쪽; 서·정, (하), 608쪽; 채, (하), 742쪽 등 참조.

원 판례와 같은 입장을 취하나 소수설은 보증도의 상관습이 국제적인 관행임을 들어 불법행위책임을 부정한다.[114)]

따라서 대법원 판례와 다수설에 의할 때 보증도의 상관습이 있다고 하더라도 운송인이 이를 근거로 정당한 소지인에 대한 책임을 면제받을 수 있는 것이 아니다. 이 경우에 운송인이 소지인에게 배상할 금액은 운송물 멸실 당시의 가액 및 이에 대한 지연손해금 상당액이다.[115)] 한편 보증도 등으로 인하여 운송물이 멸실된 경우 채무불이행 및 불법행위로 인한 손해배상청구권은 선하증권에 화체되어 선하증권이 양도됨에 따라 선하증권 소지인에게 이전되는 것이므로 운송물이 멸실된 후에 선하증권을 취득하였다고 하더라도 그 선하증권 소지인이 손해배상청구권을 행사할 수 있고 별도의 채권양도 통지가 필요 없다.[116)]

　　d. 화물인도지시서(Delivery Order: D/O)　　화물인도지시서는 선하증권이 발행되어 있는 운송물의 인도를 지시하는 증권을 말한다. 이 화물인도지시서는 해운 실무상 관습적으로 사용되기 시작한 것으로 이러한 화물인도지시서의 성질과 효력에 관하여는 아직 견해가 일치되어 있지 아니하며 우리 상법은 화물인도지시서에 관하여 아무런 규정을 두고 있지 아니하다.

화물인도지시서에는 운송인이 운송물을 특정인에게 인도할 것을 지시하기 위하여 운송인의 대리점이나 운송물을 보관하는 보세창고업자에게 발행하는 「자기 앞 화물인도지시서」와 선하증권 소지인이 운송물을 제 3 자에게 인도할 것을 지시하기 위하여 운송인에게 발행하는 「타인 앞 화물인도지시서」가 있다.[117)] 후자에는 운송인이 승인의 표시로 부서를 한 것과 이러한 부서가 없는 것의 두 종류가 있다. 이러한 화물인도지시서는 운송인이 선하증권 원본을 회수한 이후에 발행되는 것이 원칙이다. 자기 앞 화물인도지시서와 운송인의 부서가 있는 타인 앞 화물인도지시서는 운송물인도청구권이 표창된 유가증권이나 나머지 화물인도지시서는 단순한 면책증권에 불과하다는 것이 다수설이다.[118)] 또한 유가증권인 화물인도지시서에도 물권적 효력(상 133조, 861조. 441쪽 이하 참조)이 없다는 것이 다수설이다.[119)]

──────────────

114) 불법행위긍정설은 정(동), (하), 856쪽; 정(찬), (하), 875쪽; 손, (하), 818쪽; 채, (하), 742쪽 등. 불법행위부정설은 서ㆍ정, (하), 608쪽; 최(기), (해), 170쪽 등.
115) 대법원 1993. 10. 8. 92다12674 판결.
116) 대법원 1992. 2. 14. 91다4249 판결; 대법원 1992. 2. 25. 91다30026 판결 등 참조.
117) 정(동), (하), 857쪽.
118) 상게서.
119) 상게서.

화물인도지시서가 발행된 경우 운송물의 인도시점은 화물인도지시서에 의하여 운송물이 실제로 보세창고 등으로부터 반출된 때이다.[120] 그러나 수하인이 보세창고 등에 운송물 전체에 대한 화물인도지시서를 제시하여 그 운송물 중 일부만을 출고하고 나머지는 자신의 사정으로 후에 출고할 의사로 그대로 둔 경우 그 시점에서 운송인은 운송물 전체의 인도의무를 다한 것이 된다.[121]

운송인이 선하증권 소지인이 발행한 화물인도지시서에 의하여 운송물을 제3자에게 인도한 경우에는 선하증권과 상환하지 아니하였어도 앞서 본 바와 같이 운송인은 화물인도지시서를 발행한 선하증권 소지인에 대하여 채무불이행이나 불법행위로 인한 손해배상책임을 부담하지 아니한다. 그러나 이 경우 제3자가 선하증권을 선의로 취득하는 경우에는 운송인은 이러한 선의의 소지인에 대하여 손해배상책임을 부담한다고 본다(상 854조 2항, 상세는 437쪽 이하 참조).

e. 운송물의 가인도 시점　　운송인이 어느 시점에 실제의 수하인에게 운송물을 가인도(보증도 포함)한 것으로 되는가 하는 점은 어느 시점에 운송인의 채무불이행 또는 불법행위책임이 성립하는가 하는 점과 관련될 뿐만 아니라 운송물의 취급에 관여한 자가 운송인 또는 선하증권의 정당한 소지인에 대하여 불법행위책임을 부담하는가 하는 점과도 관련되는 문제로서 해운 실무에서는 이를 둘러싸고 많은 분쟁이 발생한다. 이와 관련하여 우리 대법원은 구 관세법하에서 운송인이 운송물을 실제의 수하인의 자가용 보세장치장(구 관세법 제65조 참조)에 인도하게 되면 그 시점에 이미 운송물의 가인도가 발생한 것이라고 판시하였다.[122] 이는 구 관세법 하에서 운송인이 운송물을 자가용 보세장치장이 아니라 실제의 수하인이 지배·관리하는 타소장치장(구 관세법 제67조 참조)에 인도한 경우에도 동일하다고 해석된다. 다만 현행 관세법은 타소장치 제도를 폐지하고 보세장치장을 보세창고로 통합하였는바, 현행 관세법 상으로도 운송인이 실제의 수하인의 자가 보세창고로 운송물을 인도하면 운송인은 운송물을 가인도한 것으로 인정될 것으로 해석된다. 그러나 운송인이 운송물을 일반 보세창고에 입고한 경우에는 비록 실제의 수하인이 일반 보세창고와 임치계약을 체결했다고 하더라도 운송인은 보세창고업자와의 사이에 묵시적으로 임치계약을 체결한 것으로 인정되기 때문에(소위 2중적 임치계약 이론),[123] 운송인

---

120) 동지: 정(찬), (하), 878쪽.
121) 대법원 2005. 2. 18. 2002다2256 판결.
122) 대법원 1990. 2. 13. 88다카23735 판결.
123) 2중적 임치이론에 관한 상세는 이진홍, "선하증권이 회수되지 아니한 운송물의 인도에 관한 법

은 보세창고업자를 통하여 운송물에 대한 점유를 계속하고 있고 따라서 운송인이 실제의 수하인에게 운송물을 가인도한 것으로 인정되지는 아니한다.124)

또한 우리 대법원에 따르면 운송인이 선하증권과 상환하지 아니하고 임의로 실제의 수하인의 의뢰를 받은 하역업자로 하여금 양하작업을 하도록 하여 선상에서 실제의 수하인에게 운송물에 대한 지배를 이전하였다면 이로써 운송물을 가인도한 것으로 되어 선하증권의 정당한 소지인에 대한 불법행위는 그 시점에 성립하며,125) 유류화물의 경우에는 통상적으로 유류화물이 유조선의 파이프 라인과 육상 저장탱크의 파이프라인을 연결하는 유조선 갑판 위의 영구호스 연결점(Vessel's permanent hose connections)을 지나는 때에 운송물을 가인도한 것으로 된다.126)

률관계," 한국해법학회지, 제28권 제 2 호(2006. 11.), 138-139쪽; 졸고, "보세창고업자의 화물 불법인도에 대한 운송인의 채무불이행책임," 한국해법학회지, 제27권 제 2 호(2005. 11.), 280-283쪽 참조.

124) 대법원 2007. 6. 28. 2005다22404 판결(해상운송화물이 통관을 위하여 보세창고에 입고된 경우에는 운송인과 보세창고업자 사이에 해상운송화물에 관하여 묵시적 임치계약이 성립한다고 볼 것이고, 따라서 보세창고업자는 운송인과의 임치계약에 따라 운송인 또는 그가 지정하는 자에게 화물을 인도할 의무가 있고, 한편 운송인은 선하증권상의 수하인이나 그가 지정하는 자에게 화물을 인도할 의무가 있으므로, 보세창고업자로서는 운송인의 이행보조자로서 해상운송의 정당한 수령인인 수하인 또는 수하인이 지정하는 자에게 화물을 인도할 의무를 부담하게 되는바, 보세창고업자가 화물을 인도함에 있어서 운송인의 지시 없이 수하인이 아닌 사람에게 인도함으로써 수하인의 화물인도청구권을 침해한 경우에는 그로 인한 손해를 배상할 책임이 있다. 또한, 보세창고업자가 해상운송화물의 실수입자와의 임치계약에 의하여 화물을 보관하게 되는 경우, 운송인 또는 그 국내 선박대리점의 입장에서는 해상운송화물이 자신들의 지배를 떠나 수하인에게 인도된 것은 아니고 보세창고업자를 통하여 화물에 대한 지배를 계속하고 있다고 볼 수 있으므로, 보세창고업자는 해상운송화물에 대한 통관절차가 끝날 때까지 화물을 보관하고 적법한 수령인에게 화물을 인도하여야 하는 운송인 또는 그 국내 선박대리점의 의무이행을 보조하는 지위에 있다고 할 수 있다); 대법원 2009. 10. 15. 2009다39820 판결; 대법원 2004. 5. 14 2001다33918 판결; 대법원 1992. 2. 14. 91다4249 판결 등 참조.

125) 대법원 2004. 10. 15. 2004다2137 판결(수하인이 스스로의 비용으로 하역업자를 고용한 다음 운송물을 수령하여 양륙하는 방식(이른바 '선상도')에 따라 인도하기로 약정한 경우에는 수하인의 의뢰를 받은 하역업자가 운송물을 수령하는 때에 그 인도의무의 이행을 다하는 것이 되고, 이때 운송인이 선하증권 또는 그에 갈음하는 수하인의 화물선취보증서 등과 상환으로 인도하지 아니하고 임의로 선하증권상의 통지처에 불과한 실수입업자의 의뢰를 받은 하역업자로 하여금 양하작업을 하도록 하여 운송물을 인도하였다면 이로써 선하증권의 정당한 소지인에 대한 불법행위는 이미 성립하는 것이다).

126) 대법원 2009. 10. 15. 2008다33818 판결(유류화물은 일반 컨테이너 화물과 달리 운송인이 수입업자인 용선자(이하 '수입업자'라 한다)와 사이에 국제적으로 표준화된 용선계약 양식에 따라 항해용선계약을 체결하고, 유조선이 도착항에 도착한 후 유조선의 파이프 라인과 육상 저장탱크의 파이프라인을 연결하는 유조선 갑판 위의 영구호스 연결점(Vessel's permanent hose connections)에서 유류화물을 인도하는 것으로 약정하는 것이 일반적이다. 따라서 이와 같은 약정에 따라 운송인이 유조선 도착 후 갑판 위의 영구호스 연결점을 통하여 수입업자가 미리 확보한 육상의 저장탱크에 연결된 파이프 라인으로 유류화물을 보낸 경우에, 위 약정에 불구하고 운송인이 수입업자와 별도로 육상의 저장탱크를 관리하는 창고업자에게 수입된 유류화물을 임

앞서 본 대법원 판례에 의하면 결국 운송인이 언제 실제의 수하인에 대하여 운송물을 가인도한 것으로 볼 것인가 하는 점은 언제 운송물이 실제의 수하인의 지배·관리 하에 놓여졌는가 하는 점에 달려 있다고 해석된다.

한편 이처럼 일단 운송물에 대한 가인도가 발생하게 되면 그 후에 운송물의 취급에 관여한 하역업자나 보세창고 등의 제 3 자는 운송인 또는 선하증권의 정당한 소지인에 대하여 불법행위책임을 부담하지 아니한다.[127)]

(ㄴ) 선하증권이 발행되지 아니한 경우

a. 정당한 수하인   선하증권이 발행되지 아니한 경우에는 운송계약에서 지정된 수하인이 정당한 수하인이 된다. 반환된 선하증권(소위 sunendered B/L)의 경우에도 이와 같다. 수하인은 운송계약의 당사자는 아니나 운송물이 양륙항에 도착한 때에는 송하인과 동일한 권리를 취득하고(상 815조, 140조 1항), 수하인이 운송물의 인도를 청구한 때에는 수하인의 권리가 송하인의 권리에 우선한다(상 815조, 140조 2항).[128)] 따라서 운송물이 양륙항에 도착한 때에 수하인이 송하인이 보다 먼저 운송물의 인도를 청구하면 운송인은 수하인에게 운송물을 인도할 의무를 부담한다.[129)]

치하였다고 볼 수 있는 사정이 없는 한 창고업자는 운송인의 유류화물 운송 내지 보관을 위한 이행보조자의 지위에 있다고 할 수 없으므로, 유류화물이 위 영구호스 연결점을 지나는 때에 운송인의 점유를 떠나 창고업자를 통하여 수입업자에게 인도된 것으로 보아야 한다).

127) 주 125의 대법원 2004. 10. 15. 2004다2137 판결.

128) 해상법상의 수하인의 지위에 관하여는 육상운송의 수하인의 지위에 관한 규정(상 139조, 140조)이 준용된다(상 815조). 따라서 수하인의 지위는 운송물의 지리적 이전과 의사실현의 정도에 따라 다음과 같이 그 지위가 발전된다(정(동), (하), 858-859쪽). 우선 ① 운송물이 양륙항에 도착하기 전에는 수하인은 운송물에 대하여 아무런 권리·의무를 가지지 못하고 송하인만이 운송계약상의 모든 권리·의무를 가지고 운송물에 대한 처분권을 갖는다(상 139조). ② 운송물이 양륙항에 도착한 후에는 수하인은 송하인과 동일한 권리를 갖는다(상 140조 1항). 이 경우 송하인의 권리와 수하인의 권리는 병존한다. ③ 운송물이 양륙항에 도착한 후 수하인이 운송물의 인도를 청구한 때에는 수하인의 권리가 송하인의 권리에 우선한다(상 140조 2항). 다만 수하인이 권리를 포기한 경우에는 송하인의 권리가 부활하며, 수하인이 운송물의 수령을 거절하거나 수령할 수 없을 때에는 운송인은 송하인의 처분지시를 받아야 한다(상 143조 1항, 142조 2항). 이러한 수하인의 지위에 관하여는 법률의 규정에 의하여 인정된 것이라고 하는 특별규정설과 제 3 자를 위한 계약에 의한 것이라고 하는 제 3 자를 위한 계약설이 대립하고 있으나 특별규정설이 다수설이다(정(찬), (상), 340쪽).

129) 수하인이 운송물의 인도를 청구한 후에 운송인이 송하인에게 배서금지문구가 있는 기명식 선하증권을 발행한 경우 송하인(선하증권 소지인)은 운송물의 인도청구권이 없다는 취지의 판례로 대법원 2003. 10. 24. 2001다72296 판결이 있다(수하인이 도착한 화물에 대하여 운송인에게 인도청구를 한 다음에는 비록 그 운송계약에 기한 선하증권이 뒤늦게 발행되었다고 하더라도 그 선하증권의 소지인이 운송인에 대하여 새로이 운송물에 대한 인도청구권 등의 권리를 갖게 된다고 할 수는 없다). 이 경우 만일 지시식 선하증권이 발행되고 선의의 제 3 자가 선하증권 소지인이 된 경우에는 운송인은 그 선하증권 소지인에 대하여 채무불이행 또는 불법행위로 인한 손해배상책임을 부담하였을 것으로 생각된다.

운송인은 운송물의 인도를 청구하는 자가 운송계약에서 지정된 수하인인지 여부를 선량한 관리자의 주의로써 검사하여야 한다. 한편 이 경우 운송인은 송하인에 대하여 가지는 항변으로 수하인에게 대항할 수 있다. 이 점에서 수하인의 지위는 선하증권 소지인의 지위보다 약화되어 있다.[130]

b. **해상화물운송장(seaway bill)이 발행된 경우**　선하증권에 갈음하여 해상화물운송장이 발행된 경우에(상 863조), 해상화물운송장은 유가증권이 아니고 상환증권성이 없기 때문에 운송인은 반드시 해상화물운송장과 상환하여 운송물을 인도하여야 할 의무를 부담하지 아니한다(해상화물운송장에 관한 상세는 449쪽 이하 참조). 즉 운송인은 해상화물운송장과의 상환하지 아니하여도 해상화물운송장에 기재된 수하인에게 운송물을 인도하면 그 인도의무를 다한 것이 된다. 그러나 운송인은 운송물을 인도할 때 운송물을 수령하는 자가 해상화물운송장에 기재된 수하인인지의 여부에 관하여는 선량한 관리자로서의 주의를 기울여 조사하여야 한다. 상법은 수령인이 해상화물운송장에 기재된 수하인 또는 그 대리인이라고 믿을 만한 정당한 이유가 있는 때에는 운송인은 그 책임을 면한다고 규정하고 있는데(상 864조 2항), 이는 운송인이 해상화물운송장의 정당한 수하인이 아닌 자에게 운송물을 인도한 경우에도 운송인이 선의·무과실이면 그 책임을 면한다는 의미이다.

(대) **수하인의 의무**　상법은 운송인의 운송물 인도의무와 관련하여 아래에서 살펴보는 바와 같이 수하인에게 수령의무와 통지의무 및 운임 등 지급의무를 부과하고 있다.[131]

(ㄱ) **수하인의 수령의무**　우리 상법은 운송물의 도착통지를 받은 수하인은 당사자 사이의 합의 또는 양륙항의 관습에 의한 때와 곳에서 지체 없이 운송물을 수령하여야 한다고 규정한다(상 802조). 따라서 운송물의 도착통지를 받은 수하인은 운송물 수령의무를 부담하고 수하인이 이 의무를 해태하면 그로 인하여 운송인이 입은 손해(예컨대 보관비용 또는 폐기비용)를 배상할 책임을 진다.[132] 이러한 수하인의 운송물 수령의무는 선적의 경우 송하인이 운송물을 제공할 의무를 부담하는 것(상 792조)에 대응되는 것이다.[133] 제정 상법은 개품운송계약의 수하인에게 운송물 양

---

130) 정(찬), (상), 339쪽.

131) 수하인이란 앞서 본 바와 같이 선하증권이 발행된 경우에는 선하증권의 소지인을 말하고 선하증권이 발행되지 아니한 때에는 운송계약에서 수하인으로 지정된 자를 말한다.

132) 이에 대해 윤배경, "수하인의 지위 확정과 운송물 수령의무에 관한 고찰", 법조, 제457호 (1994), 94-95쪽은 수하인의 수령의무를 부정하나 이는 상법의 명문의 규정에 반하는 해석으로서 그 타당성은 의문이다.

륙의무를 부담시키고 있었으나 개품운송계약의 경우 운송인이 운송물을 양륙하는 것이 해운 실무이었으므로 1991년 개정 시에 수하인에게 양륙의무 대신에 수령의무를 부담시키는 것으로 개정하였다.[134]

그러나 입법론으로서 운송물의 인도를 청구하는 등으로 운송물에 대한 권리를 행사하지 아니한 선하증권의 소지인에게조차 이러한 수령의무를 부담시키는 것이 타당한 것인가는 의문이다.[135] 이처럼 운송물의 인도청구를 하지 않은 수하인(선하증권 소지인)에게 수령의무를 부담시키는 것은 외국의 입법례를 찾기 어려운 독특한 입법이다.[136] 따라서 개품운송계약의 경우 수하인(선하증권 소지인)에게 무조건적으로 수령의무를 부과하고 있는 조문은 로테르담규칙과 같이 수하인(선하증권 소지인)이 운송물에 대한 권리를 행사한 경우에 한하여 수령의무를 부담하는 것으로 개정하는 것이 바람직하다고 본다.

(ㄴ) 수하인의 통지의무   운송물의 일부 멸실 또는 훼손이 있는 경우 수하인은 운송물을 수령한 후 지체 없이 그 개요에 관하여 운송인에게 서면에 의한 통지를 발송하여야 한다(상 804조 1항 본문). 다만 그 멸실 또는 훼손이 즉시 발견할 수 없는 것인 때에는 수령한 날부터 3일 이내에 그 통지를 발송하여야 한다(상 804조 1항 단서). 이 통지가 없는 경우에는 운송물이 멸실 또는 훼손 없이 수하인에게 인도한 것으로 추정한다(동조 2항). 그러나 수하인이 운송인에 대하여 운송물의 일부 멸실 또는 훼손으로 인한 손해배상을 청구하기 위해서는 위와 같은 통지를 하였는지의 여부에 관계없이 어차피 운송물의 일부 멸실 또는 훼손된 사실을 증명하여야 하므로 위와 같은 수하인의 통지의무 및 통지를 해태한 경우의 추정의 효과에 관한 규정은 주의적 규정에 불과하다.[137]

---

133) 정(찬), (하), 879쪽.

134) 송·김, 277-278쪽; 윤배경, "수하인의 지위 확정과 운송물 수령의무에 관한 고찰," 법조, 제457호 (1994), 94쪽. 한편 제정 상법이 수하인에게 양륙의무를 부담시킨 데에 대한 비판은 배, 246쪽 참조.

135) 이처럼 수하인에게 무조건적으로 수령의무를 부과하는 것은 해운이나 무역 실무에도 부합하지 아니한다. 즉 신용장 개설 신청인이 신용장 대금을 납부하지 아니하여 신용장 발행은행이 신용장 대금의 양도담보로서 지시식 선하증권을 취득하여 소지하고 있는 경우 은행이 수하인이 되는 바, 이러한 은행이 수하인으로서 수령의무를 이행하지 아니하면 그로 인한 손해배상책임을 부담해야 한다고 하는 것은 무역대금의 결제업무처리 기관에 불과한 은행에게 지나친 부담을 지우는 것이다.

136) 참고로 로테르담규칙은 선하증권 소지인이 운송물에 대한 권리를 행사한 경우에 한하여 수령의무를 부담하는 것으로 규정하고 있다(동 규칙 43조 참조).

137) 헤이그 비스비규칙 제3조 제6항도 수하인에게 이와 유사한 통지의무를 부과하고 통지의무를 해태한 경우의 추정적 효과를 규정하고 있는데, 영국법상으로도 이러한 통지의무 및 추정적 효

운송인 또는 그 사용인이 악의인 경우, 즉 운송물의 멸실 또는 훼손에 관하여 알고 있는 경우에는 수하인은 이러한 통지의무를 부담하지 않는다(동 조 3항). 한편 운송물이 전부 멸실된 경우 또는 운송물이 연착된 경우에는 수하인은 이러한 통지의무를 부담하지 아니한다. 이러한 경우에는 운송인 또는 그 사용인이 운송물의 전부 멸실 또는 연착에 관하여 알고 있는 경우가 많기 때문이다.

운송물에 일부 멸실 또는 훼손이 발생하였거나 그 의심이 있는 경우에는 운송인과 수하인은 서로 운송물의 검사를 위하여 필요한 편의를 제공하여야 한다(동 조 4항).

수하인의 통지의무에 관한 규정은 편면적 강행규정이므로 이에 반하여 수하인에게 불리한 당사자 사이의 특약은 효력이 없다(동 조 5항).

(ㄷ) 운임 등 지급의무   수하인이 운송물을 수령하는 때에는 운송계약 또는 선하증권의 취지에 따라 운임·부수비용·체당금, 운송물의 가액에 따른 공동해손 또는 해난구조로 인한 부담액을 지급하여야 한다(상 807조 1항).[138] 여기의 수하인은 운송물 인도청구권을 가지는 정당한 수하인을 의미한다.[139] 송하인은 운송계약의 당사자로서 여전히 운임, 부수비용 및 체당금의 지급의무를 부담하므로 송하인과 수하인은 부진정연대채무를 부담한다. 그러나 공동해손분담채무는 공동의

과에 관한 규정은 별다른 의미가 없다고 해석된다(Treitel, *Carver on Bills of Lading*, p. 686). 이에 반해 통지의무를 게을리 하면 증명책임이 전환되는 불이익을 받는다는 견해가 있다(손, (하), 821쪽; 정(찬), (하), 880쪽). 그러나 본문에서 살펴본 바와 같이 어차피 수하인은 운송물의 일부 멸실 또는 훼손에 대한 증명책임을 부담하므로 이 견해는 의문이다. 또한 대법원 1988. 9. 27. 87 다카2131 판결(1936년의 미국해상물건운송법 제 1 편 제 3 조 제 6 항의 규정은 수하인이 화물을 인도받을 때 또는 화물의 멸실, 손상이 외부에 나타나지 않을 경우에 화물을 인도받은 날로부터 3일 이내에 서면으로 화물의 멸실 또는 손상 등을 통지하지 아니하면 운송인은 선하증권에 기재된 내용대로 화물을 인도한 것으로 추정한다는 것이어서 그 멸실 또는 손상에 관한 입증책임을 전환시킨 것에 불과하고 수하인이 위 통지를 게을리 하였다 하여 곧 운송인에게 지워질 운송계약상의 책임이 면제된다고 할 수 없다)도 미국 해상물건운송법의 해석과 관련된 것이기는 하나 증명책임에 관한 법리를 오해한 것으로 보인다.

138) 상법 제807조 제 1 항은 수하인이 체선료도 지급하여야 한다고 규정하고 있으나 개품운송계약의 경우에는 체선료가 발생하지 아니하므로 이는 입법의 착오로 보인다. 만일 상법 제807조 제 1 항에서 체선료를 규정한 것이 항해용선계약에의 준용을 염두에 둔 의도적인 것이라면 이는 부적절한 입법 형식이다. 즉 항해용선에 관한 상법 제841조 제 1 항에서 상법 제807조 제 1 항을 준용할 것이 아니라 운임이나 체선료 등의 지급에 관한 별도의 규정을 두는 것이 바람직했을 것이다.

139) 앞서 본 바와 같이 대법원은 선하증권이 발행된 경우에 정당한 수하인(선하증권 소지인)이 아닌 자라도 실질적인 수하인으로서 운송물을 수령한 경우에는 운임을 지급할 의무를 부담한다고 판시하였는데(대법원 1977. 7. 26. 76다2914 판결), 실제 운송물을 수령한 자가 부당이득 또는 손해배상으로 운임상당액을 지급할 의무를 부담하는 것은 별론으로 하고 정당한 수하인과 마찬가지로 운임지급의무를 부담한다고 하는 것은 타당하지 않다고 본다.

위험을 면한 재산의 이해관계인이 부담하고(상 866조), 해난구조료 지급채무는 구조된 재산의 권리자가 부담하는 것이 원칙이므로(상 886조) 운송계약상 송하인이 이를 부담한다는 특약이 없는 한 이러한 채무는 수하인만이 부담한다.

나. 공탁의무 등

㈎ 수하인의 수령거절 등   수하인을 확실히 알 수 없거나 수하인이 운송물의 수령을 거절한 때에는 운송인은 이를 공탁하거나 세관이나 그 밖에 법령으로 정한 관청의 허가를 받은 곳에 인도하고 지체 없이 송하인 및 알고 있는 수하인에게 그 통지를 발송하여야 한다(상 803조 2항).140) 이처럼 운송물을 공탁하거나 세관이나 그 밖에 법령으로 정한 관청의 허가를 받은 곳에 인도한 경우에는 선하증권소지인이나 그 밖의 수하인에게 운송물을 인도한 것으로 본다(동조 제3항). 이 규정은 운송인을 보호하기 위한 규정이다. 그러나 해운 실무에서는 운송인이 운송물을 공탁하는 것은 법원이 지정하는 공탁 장소의 공간부족 등의 문제로 거의 이루어지지 아니하고 있으며, 「세관이나 그 밖의 법령으로 정한 관청의 허가를 받은 곳」에 인도할 수 있기 위한 아무런 시행령이나 시행규칙이 제정되지 않았기 때문에 상법 제803조는 사실상 사문화된 조문이다. 따라서 입법론으로서 상법 제803조를 실효성 있도록 개정하자는 논의가 유력하다.141)

수하인을 확실히 알 수 없는 경우란 선하증권이 발행된 경우에는 누가 선하증권 소지인인지 알 수 없는 경우를 말하고,142) 선하증권이 발행되지 아니한 경우에는 운송계약에서 지정된 수하인이 소재불명인 경우를 말한다.143)

㈏ 수하인의 수령해태   수하인이 운송물의 수령을 게을리 한 때에는 운송인은 이를 공탁하거나 세관이나 그 밖에 법령으로 정한 관청의 허가를 받은 곳에 인도할 수 있고 이 경우 지체 없이 수하인에게 그 통지를 하여야 한다(상 803조 1항). 이처럼 운송물을 공탁하거나 세관이나 그 밖에 법령으로 정한 관청의 허가를

---

140) 상법 제803조 제2항은 운송인이 용선자에게도 그 통지를 발송하여야 한다고 규정하고 있으나 이는 입법의 착오로 보인다. 만일 상법 제803조 제2항에서 용선자에 대한 통지를 규정한 것이 항해용선계약에의 준용을 염두에 둔 의도적인 것이라면 이는 부적절한 입법 형식이다. 즉 항해용선에 관한 상법 제841조 제1항에서 상법 제803조 제2항을 준용할 것이 아니라 별도의 규정을 두는 것이 바람직했을 것이다.

141) 이러한 입법론에 관한 상세는 졸고, "한국 해상법의 발전 방향," 한국해법학회지, 제31권 제1호(2009. 4.), 37쪽 참조.

142) 여러 통의 선하증권을 발행한 경우에 2인 이상의 소지인이 운송물의 인도를 청구한 경우에도 수하인을 확실히 알 수 없는 경우에 속한다고 볼 수 있으나 이 경우에는 상법이 제859조에 특별규정을 두고 있으므로 상법 제803조가 적용되지 아니한다고 본다.

143) 동지: 정(찬), (상), 353쪽.

받은 곳에 인도한 경우에는 선하증권 소지인이나 그 밖의 수하인에게 운송물을 인도한 것으로 본다(동조 3항). 그러나 위 조문이 사실상 사문화되었다는 점은 앞서 본 바와 같다.

수하인이 운송물의 수령을 게을리 한 때에는 수령거절 등의 경우와는 달리 운송인은 공탁의무를 부담하는 것이 아니라 그 선택에 따라 공탁을 할 수 있는 권리를 갖는다. 만일 운송인이 운송계약에서 약정된 기간을 초과하여 운송물을 계속하여 보관하게 되면 수하인에게 초과된 기간에 대한 보관료를 청구할 수 있다. 한편 수하인이 운송물의 수령을 게을리 하는 것은 채권자지체에 해당하므로 운송인은 운송물의 보관 중에 발생한 운송물의 멸실 또는 훼손으로 인한 손해에 대하여 고의 또는 중과실이 없는 한 면책된다(민 401조).

(다) 여러 통의 선하증권이 발행된 경우　　여러 통의 선하증권이 발행된 경우 양륙항에서 2인 이상의 선하증권 소지인이 동시에 운송물의 인도를 청구한 때 또는 운송인이 아직 1통의 선하증권 소지인에게 운송물을 전부 인도하기 전에 다른 소지인이 운송물의 인도를 청구한 때에는 운송인은 지체 없이 운송물을 공탁하고 각 청구자에게 그 통지를 발송하여야 한다는 것은 앞서 본 바와 같다(상 859조 1항 및 2항). 운송인이 운송물을 공탁한 때에는 운송인은 운송물 인도의무를 면한다고 본다(상 803조 3항의 유추 적용). 또한 운송물이 공탁된 경우 수인의 선하증권 소지인 간에는 공통되는 전 소지인으로부터 먼저 교부를 받은 선하증권 소지인의 권리가 다른 소지인의 권리에 우선하며, 격지자에 대하여 발송한 선하증권은 그 발송한 때를 교부받은 때로 본다는 점도 앞서 본 바와 같다(상 860조 1항 및 2항).

2. 운송인의 손해배상책임

(1) 총　　설

1) 상법상 책임제도의 특색

운송인의 손해배상책임에는 운송계약 위반으로 인한 채무불이행책임과 불법행위에 기한 손해배상책임이 있다.[144] 이러한 운송인의 손해배상책임은 다른 민사책임과 마찬가지로 과실책임주의를 원칙으로 하며 또한 운송인의 채무불이행책임에는 운송인의 과실이 추정되어 운송인이 책임을 면하기 위해서는 무과실을 증명

---

144) 통설·판례인 청구권 경합설의 입장이다.

하여야 한다(상 794조, 795조). 그러나 해상법은 운송인의 과실을 항해과실과 상사과실로 구분하여[145] 항해과실로 인한 손해에 대하여는 운송인의 책임을 면제하고 있으며 선박화재로 인한 손해의 경우에도 운송인 자신의 귀책사유가 없으면 운송인의 책임을 면제한다는 점에서 운송인의 손해배상책임은 다른 민사책임과 다르다(상 795조 2항). 또한 해상법은 해상 고유의 위험이나 천재지변 등의 면책사유가 있는 경우에 운송인의 증명책임을 경감하고 있다(상 796조). 그리고 운송인이 손해배상책임을 부담하는 경우에도 해상법은 운송인의 책임을 일정 한도로 제한하고 있다(상 797조).

이처럼 개품운송계약상의 운송인의 책임제도는 다른 민사책임에 비하여 큰 특색을 갖고 있다. 이는 전통적으로 해상법이 해상기업의 보호를 주된 이념으로 삼아왔기 때문이다.[146]

위와 같은 우리 해상법의 입장은 운송인의 손해배상책임에 관한 국제조약의 내용을 수용한 것이다. 따라서 우리 해상법상의 운송인의 손해배상책임에 관하여 자세히 검토하기 전에 먼저 우리 해상법에 영향을 미친 국제조약에 관하여 간단히 살펴보기로 한다.[147]

2) 운송인의 손해배상책임에 관한 국제조약[148]

가. 헤이그규칙(Hague Rules)

⑺ **성립 경위**   영미 보통법상으로 운송인은 운송물의 멸실이나 훼손으로 인한 손해에 대하여 엄격 책임(strict liability)을 부담하여 천재지변(act of God), 공적(公

---

145) 상사과실은 운송물의 수령·선적·적부(積付)·운송·보관·양륙과 인도에 관한 과실을 의미하고, 항해과실은 항해 또는 선박의 관리에 관한 과실을 의미한다(손, (하), 822쪽: 상세는 285쪽 이하 참조).

146) 이처럼 해상법이 해상기업을 보호해 온 것은 해상기업이 국가경제나 안보상 중요함에도 불구하고 해상기업이 처하는 기업활동상의 위험은 육상기업에 비해 현저히 크기 때문이다. 그러나 근대에 들어 국제적으로 피해자보호 사상이 확대되어 감에 따라 전통적인 해상법의 이념에 많은 도전을 받게 되었다. 이에 따라 해상법 분야에 있어서도 해상기업의 보호와 피해자보호의 조화가 중요한 화두로 대두되었다(졸고, 전게 "한국 해상법의 발전 방향," 13-14쪽).

147) 아래에서 살펴보는 바와 같이 우리 상법은 헤이그규칙, 헤이그 비스비규칙 및 함부르크규칙의 내용을 수용하였다. 그런데 헤이그규칙이나 헤이그 비스비규칙은 선하증권이 발행된 경우에만 적용되고 또한 그 시간적 적용범위도 운송물이 선적된 때로부터 양하될 때까지로 제한되는데 반해 함부르크규칙은 선하증권의 발행여부를 묻지 아니하고 적용되며 그 시간적 적용범위도 운송인이 운송물을 수령한 때로부터 운송물을 수하인에게 인도할 때까지 라는 점에 차이가 있다. 운송인의 책임의 적용범위에 관하여 우리 상법은 함부르크규칙의 입장을 따랐다.

148) 로테르담규칙에 관해서는 여기에서 별도로 다루지 아니하고 관련되는 부분에서 각각 살펴보기로 한다.

敵) 행위(public enemies), 운송물 고유의 하자(inherent vice)로 인한 손해 이외의 손해에 대하여는 운송인의 과실 유무를 묻지 아니하고 책임을 면할 수 없었다. 그러나 19세기에 들어 계약자유의 원칙이 발전하게 되자 운송인들은 화주들에 비해 우월한 협상력을 이용하여 선하증권에 운송인의 책임을 면제하거나 감경하는 면책약관을 삽입하기 시작하였다. 그러나 점차 이러한 면책약관이 남용되게 되어 심지어는 운송인의 과실책임도 면책시키는 면책약관마저 사용되는 등 면책약관의 남용으로 인해 많은 폐해를 가져오게 되었다.

이에 각국은 운송인들의 면책약관 사용을 제한하려는 노력을 하기 시작하였는데 그 결과 미국에서 최초로 1893년에 하터법(Harter Act)이 제정되었고 영연방 국가에서 유사한 입법이 뒤따랐다.149) 하터법은 선주의 과실을 상사과실과 해기(海技)과실으로 구분하고 상사과실과 감항능력 주의의무에 대한 면책약관은 무효로 하되 해기과실을 법정 면책사유에 포함시키는 것을 주요 내용으로 한다(동 법 1 조 내지 3 조).

그러나 국제적으로 각국의 이러한 입법만으로는 충분하지 않다는 공감대가 형성되어 국제법협회(International Law Association) 해상법위원회의 주관 아래 선하증권을 발행한 해상운송인의 권리의무에 관한 국제적인 통일규칙의 제정 작업에 착수하여 1921년 9월에 헤이그회의에서 헤이그규칙이 채택되었다. 이 헤이그규칙은 국제조약이 아니라 그 채택 여부가 운송계약 당사자의 선택에 맡겨져 있는 임의적인 것이었다. 그 후 국제해법회(Comit'e Maritime International: CMI)가 주도하여 이 헤이그 규칙을 약간 수정하여 1924년 8월 25일 벨기에의 브뤼셀에서 26개국 대표가 서명함으로써 선하증권을 발행한 해상운송인의 권리의무에 관한 최초의 국제조약이 성립되었다. 이 조약의 정식 명칭은 "선하증권에 관한 일부 규정의 통일을 위한 국제조약(International Convention for the Unification of Certain Rules of Law Relating to Bill of Lading)"으로서 헤이그규칙을 모체로 한 것이므로 통상 헤이그규칙이라 일컬어진다. 이 조약은 1931년에 발효하였고 현재 75개국이 체약국으로 되어 있다.150) 우리나라는 헤이그규칙에 가입하지 아니하고 그 주된 내용을 1962년 제정 상법에 일부 반영하였다.

(나) **주요 내용**　　헤이그규칙은 그 명칭에서도 드러나 있듯이 해상물건운송에

---

149) 예컨대, 1904년 호주 해상물품운송법(Australian Carriage of Goods by Sea Act 1904), 1910년 캐나다수상운송법(Canadian Water Carriage Act 1910) 등이 있다.

150) CMI, Yearbook 2005-2006, pp. 411-413.

관한 완벽한 법체계를 수립하려고 한 것이 아니라 선하증권이 발행된 해상운송에서 운송인의 최소한의 기본적인 의무와 책임을 규정하는 동시에 이를 편면적 강행규정으로 하여 이에 반하는 면책약관이나 책임감경약관을 무효로 함으로써 화주에 대한 최소한의 보호기준을 만드는 것을 목표로 하였다. 그 주요 내용은 다음과 같다. ① 과실책임 원칙에 따르되 하터법과 마찬가지로 운송인의 과실을 상사과실과 해기과실로 구분하여 상사과실 및 감항능력 주의의무 위반에 관하여는 운송인이 책임을 부담하나 해기과실에 관하여는 운송인은 면책된다(동 규칙 3 조 1 항, 3 조 2 항, 4 조 1 항, 4 조 2 항(a)). ② 운송인의 법정 면책사유를 열거하는 이른바 면책카탈로그 조항이 규정되어 있다(동 규칙 4 조 2 항). ③ 운송인은 화물의 포장 또는 선적단위 당 100 금파운드(pound sterling)로 책임을 제한할 수 있다(동 규칙 4 조 5 항).[151] ④ 송하인이 청구하는 경우 운송인은 일정 사항이 기재된 선하증권을 발행하여야 하고 선하증권은 반증이 없는 한 그 선하증권에 기재된 대로의 화물을 수령한 것에 대한 증거가 된다(동 규칙 3 조 3 항 및 4 항). ⑤ 헤이그규칙에 반하여 운송인의 책임을 면제하거나 감경하는 당사자 사이의 약정 혹은 보험의 이익을 운송인에게 양도하는 약정은 무효로 된다(동 규칙 3 조 8 항). ⑥ 운송인의 책임기간은 운송물의 선적 시부터 양하 시까지이다(동 규칙 1 조 (e)항). ⑦ 헤이그규칙은 동 규칙의 체약국에서 발행한 모든 선하증권에 대하여 적용된다(동 규칙 10조).

나. 헤이그 비스비규칙(Hague-Visby Rules)

⑺ **성립 경위**　　헤이그규칙은 성립한 이래 해상운송법의 국제적 통일에 기여를 많이 하였으나 시간이 흐름에 따라 여러 문제점이 생겨나게 되었다. 우선 1925년에 헤이그규칙상의 운송인의 포장당 책임한도액의 계산단위인 영국 금 파운드가 금태환력을 상실함으로써 헤이그규칙의 각 체약국이 자국의 통화로 책임한도액을 환산하는 과정에서 각 국의 책임한도액이 상이하게 되었다.[152] 또한 화물의 컨테이너화가 진행됨에 따라 포장당 책임한도액의 기준이 되는 포장 또는 선적단위의 개념을 명확히 할 필요가 생겼다. 그리고 헤이그규칙의 적용범위를 확대하여야 한다는 논의도 활발해졌다. 이에 따라 국제해법회가 주도하여 헤이그규칙의 개정작업에 착수하여 1963년 스톡홀름에서 열린 국제해법회 제26차 총회에

---

151) 이처럼 운송인이 포장 또는 선적단위당 책임을 제한할 수 있는 제도를 포장당 책임제한제도 혹은 개별적 책임제한제도라 한다. 한편 헤이그 비스비규칙은 운송인이 화물의 중량에 따라 책임을 제한할 수 있도록 허용하고 있다.

152) 정(영), (운송), 28쪽 주 102.

서 헤이그규칙에 대한 개정안이 채택되었다.[153] 이 개정안은 비스비(Visby)시에서 서명되었으므로 이를 비스비규칙이라 한다. 그 후 이 비스비규칙을 국제조약으로 만들기 위하여 1968년 브뤼셀에서 열린 해사법 외교회의에서 비스비규칙을 일부 수정한 의정서를 채택하였다. 이 의정서의 정식 명칭은 "1924년 선하증권에 관한 일부 규정의 통일을 위한 국제조약을 수정하기 위한 의정서(Protocol to Amend the International Convention for the Unification of Certain Rules of Law Relating to Bills of Lading, 1924)"로서 비스비규칙을 모체로 하고 있으므로 통상 비스비규칙이라 불린다. 한편 이 비스비규칙에 의해 개정된 헤이그 규칙을 통상 헤이그 비스비규칙이라 부른다.[154] 비스비규칙은 1977년 6월 23일에 발효되었고 현재 체약국은 영국, 프랑스, 노르웨이 등 32개국이다. 미국은 이에 가입하지 아니하였다. 우리나라도 이에 가입하지 아니하고 그 주요 내용을 1991년 상법 개정시에 일부 반영하였다.

(ㄴ) **주요 내용**　　헤이그 비스비규칙은 헤이그규칙상의 운송인의 책임원칙이나 면책사유에 관하여는 개정하지 아니하였다. 헤이그 비스비규칙의 주요 내용은 다음과 같다. ① 운송인의 개별적 책임제한액을 포장 또는 선적단위 당 10,000 포앙카레 프랑(666.67 SDR에 해당함) 또는 킬로그램 당 30 포앙카레 프랑(2 SDR에 해당함) 중 높은 가격으로 인상하였다(동 규칙 4 조 5 항(a)). 또한 컨테이너, 팔레트, 혹은 이와 유사한 운송 용구가 운송물의 통합을 위하여 사용되는 경우에 이와 같은 운송 용구에 내장된 운송물의 포장 또는 선적단위의 수가 선하증권에 기재된 때에는 그 각 포장 또는 선적단위를 하나의 포장 또는 선적단위로 본다(동 규칙 4 조 5 항(c)). ② 선하증권 기재의 효력에 관하여 선의의 제 3 자에 대해 반증이 허용되지 않는다는 조항이 추가되었다(동 규칙 3 조 4 항). ③ 동 규칙에 따른 운송인의 항변사유와 책임의 한도가 불법행위 청구에도 적용되며 운송인의 대리인 또는 사용인도 운송인의 항변사유와 책임의 한도를 원용할 수 있다는 규정이 신설되었다(동 규칙 4 조의 2 1 항 및 2 항). ④ 동 규칙은 그 적용범위를 확장하여 (a) 선하증권이 체약국에서 발행되

---

153) 정(영), (운송), 29쪽.
154) 한편 헤이그 비스비규칙은 개별적 책임제한제도에 따른 책임한도액의 계산단위를 포앙카레 프랑으로 개정하였다. 포앙카레 프랑은 표준순도 1,000분의 900인 금 65.6밀리그램에 상당하는 화폐단위인데 1977년에 포앙카레 프랑의 금본위제가 폐지됨에 따라 1979년 위 계산단위를 국제통화기금(International Monetary Fund: IMF)의 특별인출권(Special Drawing Right: SDR)로 변경하기 위한 의정서가 채택되었다. 이 의정서는 통상 SDR 개정의정서라 불리운다. 이 SDR 개정의정서는 1984년에 발효되었는데 이 의정서에 의해 개정된 헤이그 비스비규칙도 통상 헤이그 비스비규칙이라 한다.

었을 때, (b) 운송이 체약국의 항구로부터 개시되었을 때, (c) 선하증권에 포함되거나 선하증권에 의해 증명되는 운송계약이 동 규칙의 규정이나 동 규칙을 입법화한 체약국의 법률이 그 운송계약에 적용된다고 규정할 때에 적용되도록 개정하였다(동 규칙 10조). ⑤ 당사자 사이의 합의로 1년의 제소기간을 연장할 수 있다는 규정을 추가하였다(동 규칙 3조 6항). 또한 제3자에 대한 구상청구소송은 위 1년이 도과한 경우에도 법정지의 법률이 허용하는 기간 내에 제기할 수 있다. 위 허용되는 기간은 구상을 청구하는 당사자가 손해배상액을 지급한 날 또는 자기가 피고로 된 손해배상청구소송의 소장을 수령한 날로부터 3개월 이상이어야 한다(동 규칙 3조 6항의 2).

다. 함부르크규칙

⑺ **성립 경위**　　1970년대 후반에 들어 국제정치적으로 화주국인 개발도상국들의 발언권이 강화되면서 개발도상국 사이에 헤이그 비스비규칙이 선주국들의 영향으로 인해 지나치게 선주국에 유리하게 작성되었다는 불만이 고조되었다. 이에 따라 개발도상국들이 수적으로 우세한 국제연합(United Nations)을 중심으로 헤이그 비스비규칙을 대체하는 국제조약을 제정하기 위한 검토를 시작하였다. 그 결과 국제연합의 산하기관인 UNCTAD와 UNCITRAL의 주도하에 1978년 3월 30일 함부르크에서 해상물건운송에 관한 UN협약(United Nations Convention on the Carriage of Goods by Sea, 1978)이 채택되었다. 이 UN협약을 통상 함부르크규칙이라 한다. 함부르크규칙은 1992년 11월 1일 발효되었다. 현재 체약국은 32개국으로서 주로 개발도상국들이고 미국이나 영국, 독일, 프랑스, 일본 등의 선진국은 가입하지 아니하였다. 우리나라도 이에 가입하지 아니하고 함부르크규칙의 일부 내용을 1991년 상법 개정시에 반영하였다.

⑻ **주요 내용**　　함부르크규칙은 헤이그 비스비규칙을 대체하기 위한 것으로서 기존의 헤이그규칙 또는 헤이그 비스비규칙 체제에 획기적인 변화를 가져왔는데 운송인의 책임강화와 그 적용범위를 확대하는 것을 골자로 한다. 함부르크규칙의 주요 내용은 다음과 같다. ① 헤이그 비스비규칙보다 운송인의 책임기간을 확장하여 운송인은 선적항에서 화물을 수령한 때로부터 양륙항에서 화물을 인도할 때까지 책임을 부담한다(함부르크규칙 4조). ② 헤이그 비스비규칙과는 달리 감항능력주의의무를 따로 규정하지 아니하고 일반 과실책임에 흡수하였기 때문에 운송인은 발항당시뿐만 아니라 항해 중에도 감항능력유지의무를 부담한다. ③ 헤이그

비스비규칙에서 규정하고 있던 일반적 면책사유(면책 카탈로그)가 삭제되었기 때문에 운송인은 산 동물의 고유한 위험으로 인한 손해나 인명구조를 위한 조치 또는 재산구조를 위하여 합리적인 조치로 인한 손해에 관하여만 면책된다(함부르크규칙 5조 5항 및 6항). ④ 헤이그 비스비규칙과는 달리 화재로 인한 손해에 관하여 운송인의 면책규정을 삭제하는 대신 화재의 원인에 관한 증명책임을 청구권자에게 부담시킨다. 따라서 청구권자가 운송인, 그 사용인이나 대리인의 과실로 인하여 화재가 발생하였음을 증명하면 운송인은 화재로 인한 손해에 대하여 책임을 부담한다(함부르크규칙 5조 4항). ⑤ 운송인측의 과실과 다른 원인이 경합하여 손해를 발생시킨 경우 운송인은 운송인측의 귀책사유와 인과관계가 없는 손해를 증명함으로써 그 부분의 배상책임을 면할 수 있다(동 규칙 5조 7항). ⑥ 헤이그 비스비규칙보다 운송인의 개별적 책임제한액을 인상하였다. 즉 운송인은 화물의 포장 또는 선적단위당 835SDR 혹은 1킬로그램당 2.5SDR로 책임을 제한할 수 있다(함부르크규칙 6조 1항 (a)). ⑦ 헤이그 비스비규칙과는 달리 운송물의 인도지연에 대하여 운송인의 책임을 인정하였다(함부르크규칙 5조 1항, 6조 1항(b)). ⑧ 계약운송인뿐만 아니라 계약운송인 등으로부터 운송의 전부 또는 일부를 위탁받은 실제운송인도 계약운송인과 연대하여 책임을 부담한다(동 규칙 10조). ⑨ 함부르크규칙은 헤이그 비스비규칙에 비해 그 적용범위를 확장하였다. 즉 함부르크규칙은 (a) 해상운송계약에서 정한 선적항이 체약국에 있을 때, (b) 해상운송계약에서 정한 양륙항이 체약국에 있을 때, (c) 해상운송계약에서 정한 선택적 양륙항 중 실제의 양륙항이 체약국에 있을 때, (d) 선하증권이나 해상운송계약을 증명하는 다른 증권이 체약국에서 발행될 때, (e) 선하증권이나 해상운송계약을 증명하는 다른 증권이 동 규칙의 규정이나 동 규칙을 입법화한 체약국의 법률이 그 운송계약에 적용된다고 규정할 때에 적용된다(동 규칙 2조 1항). ⑩ 제소기간이 2년으로 연장되었다(동 규칙 20조 1항). ⑪ 헤이그 비스비규칙에서는 재판관할지를 규정하고 있지 아니하나 함부르크규칙은 원고의 선택에 따라 피고의 영업소 소재지, 계약체결지, 선적항 또는 양륙항, 계약상의 합의지 등에서 소송이나 중재를 개시할 수 있도록 규정하고 있다(함부르크규칙 21조 1항 및 2항).

3) 육상물건운송인 및 항공물건운송인의 손해배상책임과의 비교

가. 육상물건운송인의 책임과의 비교

책임원인에 있어서 육상물건운송인은 항상 과실책임주의 및 과실추정주의에 의해 책임을 부담하나, 해상개품운송인은 항해과실과 선박화재의 경우 면책이 되며 해상 고유의 위험이나 천재지변 등의 면책사유가 있는 경우에 해상운송인의 증명책임이 경감된다는 점에 차이가 있다. 또한 손해배상액에 있어서 육상물건운송인은 정액배상주의(상 137조)에 의해서만 책임이 제한되나, 해상개품운송인은 개별적 책임제한제도(상 797조) 및 총체적 책임제한제도(상 797조 4항, 상 769조)에 의해 책임이 추가로 제한되어 책임이 더욱 경감되어 있다는 점에 차이가 있다. 그리고 육상물건운송인의 책임에 관한 상법의 규정은 임의규정이나 해상개품운송인의 책임에 관한 상법의 규정은 편면적 강행규정(상 799조)이라는 점에서도 차이가 있다.

나. 항공물건운송인의 책임과의 비교

우리나라는 2007년 9월 20일에 「1999년 국제항공운송에 관한 일부 규칙의 통일에 관한 협약」[155]에 가입하였고 동 협약은 2007년 12월 29일에 우리나라에서 발효되었다. 한편 2011년 5월 23일에 개정된 현행 상법은 몬트리얼 협약의 주요 내용을 수용하여 제 6 편에 항공운송에 관한 규정을 신설하였다. 상법 제 6 편은 국내항공운송과 국제항공운송 모두에 적용된다. 그러므로 현행법상으로는 몬트리얼 협약의 적용범위에 속하는 국제항공운송에 관하여는 동 협약이 우선 적용되게 되고 그 이외의 항공운송에 관하여는 상법 제 6 편이 적용되게 된다. 아래에서는 상법 제 6 편의 항공물건운송인의 책임과 해상개품운송인의 책임을 비교해 보기로 한다.

우선 책임원인에 있어서 항공물건운송인은 운송물의 멸실 또는 훼손으로 인한 손해에 대하여 무과실책임을 부담한다는 점(상 913조)에서 해상개품운송인의 책임과 차이가 있다. 다만 운송물의 연착으로 인한 손해에 대하여는 항공물건운송인은 과실책임주의 및 과실추정주의에 따라 책임을 부담한다는 점(상 914조)에서 해상개품운송인의 책임과 동일하다. 한편 손해배상액에 있어서 항공물건운송인의 책임에는 정액배상주의가 적용되지 아니하며(상 920조 참조) 개별적 책임제한제도 중 포장당 책임제한이 적용되지 아니한다는 점(상 915조)에서 해상개품운송인의 책임과 차이가 있다. 또한 수하인이 운송물의 일부 멸실 또는 훼손에 대한 통지를

---

155) Convention for the Unification of Certain Rules for International Carriage by Air (Montreal 28 May 1999)(이하 「몬트리얼 협약」이라 한다).

게을리한 경우에 수하인은 항공물건운송인 또는 그 사용인이나 대리인이 악의가
아닌 한 항공물건운송인에 대하여 제소할 수 없다는 점(상 916조)에서도 해상개품
운송인의 책임과 차이가 있다.

(2) 책임의 주체 · 청구권자

1) 책임의 주체

가. 운송인(계약운송인)

개품운송계약과 관련하여 발생한 손해에 대한 책임의 주체는 송하인과 운송
계약을 체결한 운송인, 즉 계약운송인(contractual carrier)이다. 선박소유자, 선체용선
자, 정기용선자 또는 슬로트 용선자, 항해용선자 등이 이러한 운송인이 될 수 있
다. 운송인은 운송계약 위반으로 인한 채무불이행책임 및 불법행위로 인한 손해배
상책임의 주체가 된다.

나. 실제운송인

실제운송인(actual carrier)이란 계약운송인의 위임을 받아 운송의 전부 또는 일
부를 수행하는 자로서 계약운송인의 사용인이나 대리인이 아닌 자를 말한다. 이러
한 실제운송인은 독립적 계약자(independent contractor)로서 그 법적 성질은 하수급인
이다. 재운송계약의 경우의 선박소유자 또는 하수운송의 경우의 하수운송인이 이
러한 실제운송인이다. 실제운송인은 운송계약의 당사자가 아니므로 송하인 또는
수하인에 대하여 계약상의 책임을 지지 아니하며 민법상의 불법행위책임을 부담
한다.[156] 한편 우리 상법은 실제운송인의 책임과 관련하여, 운송물에 관한 손해배
상청구가 실제운송인에 대하여 제기된 경우에 이들은 계약운송인의 항변이나 책
임제한을 원용할 수 있다고 규정한다(상 798조 4항).[157] 그러나 이 규정은 실제운송

---

156) 다만 상법 제809조가 적용되는 경우 중 선박소유자가 실제운송인이 되는 경우에는 실제운송
인 선박소유자는 상법 제809조에 따른 법정책임도 부담한다(279쪽 이하 참조).

157) 우리 상법은 실제운송인으로 하여금 계약운송인의 항변이나 책임제한을 원용할 수 있도록 하는
개품운송계약에 관한 개정 해상법 제798조 제 4 항을 항해용선계약에는 준용하고 있지 아니하다
(상 841조 1 항 참조). 그러나 이러한 입법은 타당하다고 보기 어렵다. 왜냐하면 항해용선자가
제 3 자와 재항해용선계약을 체결하는 경우 제 3 자는 선박소유자에 대하여 실제운송인으로서의
불법행위책임을 물을 수 있는데, 이 경우 선박소유자는 항해용선자가 제 3 자에 대하여 가지는
항변이나 책임제한을 원용할 수 없으므로 항해상의 과실이나 기타 면책사유나 책임제한을 원용
할 수 없게 되기 때문이다. 항해용선계약의 경우 이처럼 선박소유자의 제 3 자에 대한 책임을 강
화하고자 하는 것이 입법 의도는 아닌 것으로 이해된다. 그렇다면 제798조 제 4 항을 항해용선계
약에 준용하지 아니하도록 규정한 것은 입법상의 실수로서 개정되어야 한다고 본다.

인의 책임의 근거가 되는 규정은 아니므로 실제운송인이 손해배상책임을 부담하는지의 여부는 민법상의 불법행위법리에 따른다. 실제운송인이 손해배상책임을 부담하는 경우 계약운송인과 부진정연대책임을 진다.

다. 선박소유자

㈎ 항해용선자 또는 정기용선자가 자기의 명의로 제 3 자와 개품운송계약을 체결한 경우에는 그 계약의 이행이 선장의 직무에 속한 범위 안에서 선박소유자도 그 제 3 자에 대하여 상법 제794조(감항능력주의의무) 및 제795조(운송물에 관한 주의의무)에 따른 책임을 부담한다(상 809조).[158] [159] 「선장의 직무」란 선장의 감항능력주의의무 및 운송물에 관한 주의의무를 말한다. 그러므로 선박소유자는 이러한 주의의무를 게을리 하여 생긴 운송물의 멸실, 훼손 또는 연착으로 인한 손해에 대하여 손해배상책임을 부담한다. 이러한 선박소유자의 책임은 상법의 규정에 따른 법정책임으로서 선박소유자는 계약운송인과 부진정연대책임을 진다.

㈏ 여기의 「선박소유자」에 선박에 대한 소유권을 가지고 이를 자신의 해상기업에 이용하는 협의의 선박소유자가 포함되는 것은 당연하다. 한편 선박이 선체용

---

158) 연혁적으로 살펴보면, 제정 상법에서는 「용선자가 제 3 자와 운송계약을 체결한 경우에도 그 계약의 이행이 선장의 직무에 속한 범위 내에서는 선박소유자만이 그 제 3 자에 대하여 책임을 진다」고 규정하고 있었다(제806조). 이는 용선자가 선장에 대한 지휘감독권을 가지지 못하기 때문에 책임을 부담시키는 것이 적절하지 아니하며 또한 선박소유자와 용선자의 의무가 그 내용에서 일치하는 범위(즉 운송계약의 이행이 선장의 직무에 속한 범위) 내에서는 구상관계를 간편하게 하기 위한 것이다(배, 260쪽). 그런데 1991년 개정시에 위와 같이 재운송계약이 체결된 경우에는 선박소유자와 용선자가 연대책임을 지는 것으로 개정하였다. 이러한 개정은 화주를 보호하기 위한 것이었다. 그런데 1991년 상법 제806조의 해석과 관련하여 정기용선자가 자기 명의로 제 3 자와 운송계약을 체결한 경우에 선박소유자가 정기용선자와 연대책임을 질 것인지 하는 점에 관하여 하급심 판례의 입장이 일치되지 아니하였고(이 점에 관한 대법원 판결은 없으며 정기용선자가 위 조문상의 용선자에 포함된다는 판결은 부산지방법원 1998. 6. 3. 96가합17786 판결이 있고 포함되지 않는다는 판결은 서울민사지방법원 1990. 8. 23. 89가합48654 판결이 있다), 학설도 대립되고 있었다(이 문제는 정기용선계약의 법적 성질에 관한 논의와 연결된다. 즉 정기용선계약을 운송계약으로 보는 학설에 의하면 정기용선자도 위 조문상의 용선자에 포함된다고 보는 반면에, 정기용선계약의 법적 성질을 특수계약설 혹은 혼합계약설로 보는 견해에 의하면 정기용선자는 위 조문상의 용선자에 포함되지 아니하고 오히려 선박소유자에 포함된다고 보게 된다). 현행 상법은 정기용선자가 제 3 자와 운송계약을 체결한 경우에도 적용된다는 점을 명시적으로 규정함으로써 1991년 상법상의 논란을 입법적으로 해결하였다.

159) 상법 제809조는 이론상 문제가 많은 조문이므로 이를 삭제하는 것이 바람직하다는 논의가 있다. 제809조의 삭제에 찬성하는 입장에서는 제809조가 없더라도 선박소유자는 실제운송인으로서 불법행위책임을 지기 때문에 화주가 충분히 보호된다고 주장한다. 그러나 현행 상법 제809조를 유지하게 되면 증명책임의 부담 등에서 제 3 자가 더 두텁게 보호받을 수 있으므로 제809조를 존치시키는 것은 긍정적으로 볼 수 있다고 생각된다(이에 관한 상세는 졸고, 전게 "개정 해상법 하에서의 해상운송인의 지위," 79-80쪽 참조).

선된 경우에는 선체용선자가 선박소유자와 동일한 권리의무를 가지므로(상 850조 1
항), 선박에 대한 소유권을 가진 선박소유자(광의의 선박소유자)가 아니라 선체용선자
가 여기의 「선박소유자」에 해당한다.160) 한편 우리 상법은 정기용선자, 항해용선
자 및 슬로트 용선자와 정기용선계약, 항해용선계약 및 슬로트 용선계약을 체결하
는 다른 쪽 당사자를 선박소유자라 하는바(상 827조, 842조 참조), 이러한 최광의의 선
박소유자도 위의 「선박소유자」에 포함될 것인가 하는 점이 문제가 된다. 생각건대
상법 제809조의 입법취지가 개품운송계약을 체결하는 송하인을 보호하기 위한 것
이므로 이러한 입법취지를 일관성 있게 하기 위해서는 최광의의 선박소유자도 위
규정상의 「선박소유자」에 포함된다고 해석하는 것이 타당하다고 본다.161)

  (대) 항해용선자가 제 3 자와 개품운송계약을 체결한 경우에는 선박소유자와 항
해용선자가 체결한 항해용선계약이 주운송계약이 되고 항해용선자가 제 3 자와 체
결한 개품운송계약이 재운송계약이 된다. 이 경우 선박소유자가 운송에 관하여 선
원이나 그 밖의 사용인에 대한 지휘·감독권을 가지는 경우(예컨대 선박소유자가 협의
의 선박소유자, 선체용선자 또는 정기용선자인 경우)에는 선박소유자가 실제운송인이 된다.
따라서 이러한 경우에는 선박소유자는 상법 제809조에 따른 법정책임과 함께 실
제운송인으로서 제 3 자에 대하여 불법행위책임도 부담한다.

  (라) 정기용선자가 제 3 자와 개품운송계약을 체결한 경우에도 선박소유자는 제
3 자에 대하여 정기용선자와 연대책임을 진다. 이 경우 정기용선자가 제 3 자와 체
결한 계약은 재운송계약이 아니라 주운송계약이 된다.162)

  (마) 항해용선자나 정기용선자가 제 3 자와 항해용선계약을 체결하는 경우에는
상법 제809조가 적용되지 아니한다(상 841조 1항 참조). 이는 2007년에 상법을 개정하

---

160) 같은 맥락에서 선박이 재선체용선된 경우에는 재선체용선자가 여기의 「선박소유자」에 해당한다.
161) 동지: 채이식, "2005년 상법 제 5 편 해상편 개정안에 대한 소고," 한국해법학회지, 제27권 제 2
  호(2005. 11.), 458쪽.
162) 이는 정기용선계약의 법적 성질을 운송계약으로 보지 않는 다수설·판례의 입장이다(471쪽 이
  하 참조). 상법 제809조는 그 제목을 「항해용선자 등의 재운송계약시 선박소유자의 책임」이라
  고 하여 정기용선자가 제 3 자와 체결하는 운송계약도 「재운송계약」이라고 규정함으로써 묵시
  적으로 정기용선계약의 법적 성질을 운송계약으로 규정한 것처럼 보인다. 그러나 현행 상법 제
  809조의 입법 취지가 정기용선계약의 법적 성질을 운송계약으로 규정한 것이 아니라, 정기용선
  계약의 법적 성질과는 무관하게 정기용선자가 제 3 자와 개품운송계약을 체결한 경우에도 선박
  소유자가 제 3 자에 대하여 정기용선자와 연대책임을 지는 것으로 규정함으로써 정기용선자와
  개품운송계약을 체결한 화주를 보호하기 위한 것이었으므로 제809조의 제목은 적절하지 아니하
  다. 따라서 제809조의 제목은 「항해용선자 등의 개품운송계약시 선박소유자의 책임」으로 개정
  되는 것이 바람직하다고 본다.

면서 항해용선계약은 대등한 협상력을 가진 당사자 사이의 계약이므로 항해용선자나 정기용선자와 항해용선계약을 체결한 제 3 자를 특별히 보호할 필요가 없다고 판단했기 때문인 것으로 보인다. 그러나 실무에서는 항해용선자 또는 정기용선자가 충분한 재산을 가지고 있지 아니한 경우도 종종 발생하므로 이러한 경우에 제 3 자를 보호하기 위하여 상법 제809조를 준용하도록 개정하는 것이 바람직하다고 본다.

(ㅂ) 한편 선박소유자의 제 3 자에 대한 책임과 관련하여 선박소유자가 제 3 자에 대하여 상법에 따른 책임제한이나 항변(상 796조, 797조 및 798조 등)을 주장할 수 있는지의 여부가 문제가 된다. 우리 상법상 이 점이 명백하지는 않으나 해석상 선박소유자는 위와 같은 상법에 따른 책임제한이나 항변을 원용할 수 있다고 본다.

또한 선박소유자가 제 3 자에 대하여 주운송계약상의 항변사유 또는 재운송계약상의 항변사유를 주장할 수 있는지의 여부도 문제가 된다. 우선 선박소유자가 제 3 자에 대하여 주운송계약상의 항변사유를 원용할 수 있는지를 살펴보기로 한다. 선박소유자와 항해용선자 사이에 체결된 주운송계약인 항해용선계약에는 앞서 본 바와 같이 선박소유자의 감항능력주의의무(상 794조)를 제외하고는 불이익변경금지의 원칙이 적용되지 아니한다(상 839조 참조). 그러므로 선박소유자는 주운송계약에서 운송물에 관한 주의의무(상 795조)에 관한 의무와 책임을 경감 또는 면제하는 특약을 할 수가 있다. 그런데 앞서 본 바와 같이 우리 상법은 재운송계약의 경우에 제 3 자를 보호하기 위하여 선박소유자가 제 3 자에 대하여 감항능력주의의무(상 794조)뿐만 아니라 운송물에 관한 주의의무(상 795조)에 따른 책임을 진다고 규정하고 있다. 그러므로 주운송계약에 운송물에 관한 주의의무에 관한 의무와 책임을 경감 또는 면제하는 특약이 규정되어 있다고 하더라도 선박소유자는 이러한 항변사유를 가지고 제 3 자에게 대항할 수 없다고 해석하는 것이 타당하다. 선박소유자는 그 이외의 주운송계약상의 항변사유는 제 3 자에 대하여 원용할 수 있다고 본다.163)

다음으로 재운송계약상의 항변사유에 관하여 살펴보면, 항해용선자가 제 3 자에 대하여 주장할 수 있는 항변을 선박소유자가 원용한다고 하더라도 제 3 자에게 불이익한 것이 아니므로 선박소유자는 항해용선자와 마찬가지로 제 3 자에 대하여

---

163) 이에 반하여 항변사유의 종류를 묻지 아니하고 선박소유자가 주운송계약상의 항변사유를 가지고 제 3 자에게 대항할 수 있다는 견해가 있으나(정(찬), (하), 858쪽; 채, (하), 790쪽), 이는 의문이다.

재운송계약상의 항변사유를 원용할 수 있다고 본다. 다만 항해용선자와 제 3 자 사이에 체결된 재운송계약에는 불이익변경 금지의 원칙에 관한 상법 제799조가 적용되므로 선박소유자는 재운송계약상의 항변사유 중 불이익변경 금지의 원칙에 반하지 아니하는 항변사유만을 원용할 수 있다.

라. 운송인(계약운송인) 또는 실제운송인의 사용인 또는 대리인

(가) 우리 상법은 운송인 또는 실제운송인의 사용인 또는 대리인이 운송물에 관하여 손해배상책임을 지는지의 여부에 관하여는 아무런 규정을 두고 있지 아니하다. 그러므로 운송인 또는 실제운송인의 사용인 또는 대리인이 운송물에 관하여 손해배상책임을 지는지의 여부는 민법상의 불법행위법리에 따른다. 한편 우리 상법은 운송물에 관한 손해배상청구가 운송인이나 실제운송인의 사용인이나 대리인에 대하여 제기된 경우에 그 손해가 그 사용인 또는 대리인의 직무집행에 관하여 생긴 것인 때에는 이들은 고의 또는 인식있는 무모한 행위가 없는 한 운송인의 항변이나 책임제한을 원용할 수 있다고 규정한다(상 798조 2항, 4항). 그러므로 운송인 또는 실제운송인의 사용인이나 대리인이 불법행위책임을 지는 경우에 원칙적으로 이들은 운송인의 항변이나 책임제한을 원용할 수 있다. 이는 이들이 운송인이나 실제운송인보다 더 큰 책임을 부담하는 것은 불합리하기 때문이다. 우리 상법의 위 규정은 헤이그 비스비규칙에 따라 해상운송의 실무에서 많이 사용되는 소위 히말라야약관을 입법화한 것이다.

(나) 운송인이나 실제운송인의 사용인이나 대리인이 손해배상책임을 부담하는 경우 이들은 운송인 및 실제운송인과 부진정연대책임을 진다. 이 경우 운송인 및 실제운송인과 그들의 사용인 또는 대리인의 운송물에 대한 책임제한금액의 총액은 상법 제797조 제 1 항에 따른 개별적 책임제한금액으로 한정된다(상 798조 3항, 4항).

(다) 운송인 또는 실제운송인의 「사용인 또는 대리인」이란 운송인 또는 실제운송인과의 고용계약 또는 위임계약 등에 따라 운송인의 지휘·감독을 받아 그 업무를 수행하는 자를 말하고, 그러한 지휘·감독에 관계없이 스스로의 판단에 따라 자기 고유의 사업을 영위하는 독립적인 계약자는 포함되지 아니한다.[164]

(라) 운송인 또는 실제운송인의 사용인 또는 대리인이 운송인의 항변이나 책임

---

164) 대법원 2004. 2. 13. 2001다75318 판결(상법 제789조의 3(현행 상법 제798조) 제 2 항 소정의 '사용인 또는 대리인'이란 고용계약 또는 위임계약 등에 따라 운송인의 지휘감독을 받아 그 업무를 수행하는 자를 말하고 그러한 지휘감독 관계없이 스스로의 판단에 따라 자기 고유의 사업을 영위하는 독립적인 계약자는 포함되지 아니한다).

제한을 원용할 수 있는 경우는 운송물에 관한 손해가 이들의 「직무집행」에 관하여 생긴 것인 경우에 한한다. 또한 운송물에 관한 손해가 운송인 또는 실제운송인의 사용인 또는 대리인의 고의 또는 운송물의 멸실·훼손 또는 연착이 생길 염려가 있음을 인식하면서 무모하게 한 작위 또는 부작위로 인하여 생긴 때에는 이들은 운송인의 항변과 책임제한을 원용하지 못한다(상 798조 2항 단서).

마. 독립적 계약자

독립적 계약자란 운송인의 사용인 또는 대리인이 아닌 자로서 운송인의 계약의 이행을 보조하는 자를 말한다. 이러한 독립적 계약자에는 앞서 본 실제운송인과 그 밖에 하역업자, 부두경영자 또는 창고업자 등이 있다.[165] 우리 상법은 독립적 계약자가 운송물에 관하여 손해배상책임을 지는지의 여부에 관하여 아무런 규정을 두고 있지 아니하다. 그러므로 이러한 독립적 계약자가 운송물에 관하여 손해배상책임을 지는지의 여부는 민법상의 불법행위법리에 따른다. 한편 앞서 본 바와 같이 우리 상법 제798조 제 2 항은 독립적 계약자에는 적용되지 아니한다. 그러므로 운송인의 사용인이나 대리인이 아닌 독립적 계약자가 운송물에 관한 손해에 대하여 불법행위책임을 지는 경우 이러한 독립적 계약자는 운송인의 항변과 책임제한을 원용할 권리를 갖지 못한다. 그러나 히말라야 약관에서 명시적으로 독립적 계약자에게 운송인의 항변과 책임제한을 원용할 권리를 부여한 경우에는 이러한 히말라야약관은 유효하고 따라서 독립적 계약자는 이에 기해 운송인의 항변과 책임제한을 원용할 수 있다.[166] 그러나 그 손해가 독립적 계약자의 고의 또는 손해

---

165) 실제운송인에 관하여는 앞서 본 바 있으므로 여기서는 실제운송인 이외의 독립적 계약자에 관하여 살펴본다.

166) 대법원 2007. 4. 27. 2007다4943 판결(선하증권 뒷면에, "운송물에 대한 손해배상 청구가 운송인 이외의 운송관련자(anyone participating in the performance of the Carriage other than the Carrier)에 대하여 제기된 경우, 그 운송관련자들은 운송인이 주장할 수 있는 책임제한 등의 항변을 원용할 수 있고, 이와 같이 보호받는 운송관련자들에 하수급인(subcontractors), 하역인부, 터미널운영자업자(terminals), 검수업자, 운송과 관련된 육상·해상·항공 운송인 및 직간접적인 하청업자가 포함되며, 여기에 열거된 자들에 한정되지 아니한다는 취지"의 이른바 히말라야약관(Himalaya Clause)이 기재되어 있다면, 그 손해가 고의 또는 운송물의 멸실, 훼손 또는 연착이 생길 염려가 있음을 인식하면서 무모하게 한 작위 또는 부작위로 인하여 생긴 것인 때에 해당하지 않는 한, 독립적인 계약자인 터미널운영업자도 위 약관조항에 따라 운송인이 주장할 수 있는 책임제한을 원용할 수 있다고 할 것이다(대법원 1997. 1. 24, 95다25237 판결 참조). 상법 제789조의 3(현행 상법 제798조) 제 2 항은 '운송인이 주장할 수 있는 책임제한'을 원용할 수 있는 자를 '운송인의 사용인 또는 대리인'으로 제한하고 있어 운송인의 사용인 또는 대리인 이외의 운송관련자에 대하여 적용되지 아니한다고 할 것이므로 당사자 사이에서 운송인의 사용인 또는 대리인 이외의 운송관련자의 경우에도 운송인이 주장할 수 있는 책임제한을 원용할 수 있다고 약정하더라도 이를 가리켜 상법 제789조의 3의 규정에 반하여 운송인의 의무 또는 책임을 경감하는 특약이라고

가 생길 염려가 있음을 인식하면서 무모하게 한 작위나 부작위로 인하여 생겼을 때에는 히말라야약관에도 불구하고 독립적 계약자는 운송인의 항변과 책임제한을 원용하지 못한다고 본다(상 798조 2항 단서 참조).[167]

바. 순차운송인[168]

육상운송에서의 순차운송인의 책임에 관한 규정은 해상 개품운송계약에도 준용된다(상 815조, 138조). 따라서 각 순차운송인은 운송물의 멸실, 훼손 또는 연착으로 인한 손해를 연대하여 배상할 책임이 있다(상 138조 1항). 순차운송인중 1인이 손해를 배상한 때에는 그 손해의 원인이 된 행위를 한 순차운송인에 대하여 구상권이 있다(동조 2항). 이 경우에 그 손해의 원인이 된 행위를 한 운송인을 알 수 없는 때에는 각 운송인은 그 운임액의 비율로 손해를 분담한다. 그러나 그 손해가 자기의 운송구간 내에서 발생하지 아니하였음을 증명한 때에는 손해분담의 책임이 없다(동조 3항).

사. 책임보험자

보험법상 피해자는 책임보험자에 대하여 직접 손해의 보상을 청구할 수 있으므로(상 724조 2항 본문), 운송인과 책임보험계약을 체결한 책임보험자도 운송물에 관한 손해에 대한 책임의 주체가 된다. 이 경우 책임보험자는 피보험자가 가지는 항변으로 피해자에게 대항할 수 있으므로(상 724조 2항 단서) 피보험자인 운송인이 가지는 항변과 책임제한을 원용할 수 있다.[169]

2) 청구권자

운송물에 관한 손해에 대하여 손해배상을 청구할 수 있는 자는 선하증권이 발행된 경우에는 선하증권의 정당한 소지인이고 선하증권이 발행되지 아니한 경우에는 수하인(운송물이 목적지에 도착하여 수하인의 운송물의 인도를 청구한 경우) 또는 송하인(그 이외의 경우)이다.

는 할 수 없고, 따라서 상법 제790조(현행 상법 제799조) 제1항에 따라 그 효력이 없다고는 할 수 없다고 할 것이다).

167) 상게 대법원 2007. 4. 27. 2007다4943 판결 참조.

168) 순차운송인이란 부분운송인이나 하수운송인 및 동일운송인을 제외한 협의의 순차운송인을 말한다(순차운송에 관한 상세는 정(찬), (상), 356-358쪽 참조). 순차운송인의 책임에 관하여는 333쪽 이하 참조.

169) 정(동), (하), 872쪽; 정(찬), (하), 886쪽).

(3) 책임의 발생원인

1) 감항능력주의의무를 위반한 경우

가. 운송인은 자기 또는 선원이나 그 밖의 선박사용인이 감항능력주의의무를 위반한 경우에는 그로 인한 운송물의 멸실·훼손 또는 연착으로 인한 손해를 배상할 책임을 진다. 운송인의 이러한 책임은 과실책임이며 과실이 추정되므로 운송인이 감항능력주의의무를 다하였음을 증명할 책임을 진다는 점은 앞서 본 바와 같다.

나. 운송인이 감항능력주의의무 위반과 관련하여 책임을 부담하는 것은 감항능력주의의무 위반과 인과관계가 있는 운송물의 멸실·훼손 또는 연착으로 인한 손해에 한정된다. 따라서 감항능력주의의무 위반과 인과관계가 없는 손해나 또는 운송물의 멸실·훼손 또는 연착으로 인한 손해 이외의 손해에 대하여는 감항능력주의의무 위반을 이유로 책임을 부담하지 아니한다.[170]

2) 상사과실이 있는 경우

가. 운송인은 상사과실로 인하여 발생한 운송물에 관한 손해에 대하여 손해배상책임을 진다. 즉 운송인은 자기 또는 선원이나 그 밖의 선박사용인이 운송물의 수령·선적·적부(積付)·운송·보관·양륙과 인도에 관하여 주의를 해태하지 아니하였음을 증명하지 아니하면 운송물의 멸실·훼손 또는 연착으로 인한 손해를 배상할 책임이 있다(상 795조 1항). 이러한 운송인의 책임은 민법상 채무자의 책임원칙과 마찬가지로(민 390조, 391조), 과실책임이며 과실이 추정되기 때문에 운송인이 면책되기 위해서는 운송인측에 상사과실이 없었음을 운송인이 증명하여야 한다. 이처럼 운송인이 상사과실에 대하여 부담하는 책임은 민법상의 채무자의 책임과 그 성질이 같기 때문에 상법 제795조 제1항은 민법상 채무불이행책임에 대한 예외규정이 아니라 예시적 규정이다.[171] 따라서 상법 제795조 제1항이 예시하고 있지 아니한 유형의 채무불이행이 있거나 동 조에서 예시하지 않은 손해가 발행한 경우에 운송인은 민법의 규정에 따라 그로 인한 손해를 배상할 책임을 진다.[172]

나. 운송인측이 주의를 할 사항의 범위는 원칙적으로 운송물의 수령·선적·

---

170) 이처럼 감항능력주의의무 위반을 이유로 하는 책임을 부담하지 아니하더라도 다른 원인을 근거로 하여 책임을 부담하는 경우도 있으나 감항능력주의의무 위반으로 인하여 책임을 지는 경우에는 항해과실이나 화재면책을 주장할 수 없다는 점에서 이를 구별할 실익이 있다.

171) 동지: 정(찬), (하), 887쪽: 정(동), (하), 872쪽; 채 (하), 744쪽.

172) 동지: 정(찬), (하), 887쪽.

적부(積付)・운송・보관・양륙과 인도에 관한 것이다. 운송물의 수령과 인도에 관한
주의의무까지 포함하는 점에서 우리 상법은 헤이그규칙(헤이그 비스비규칙도 동일함)과
다르다. 그러나 운송계약에서 운송물의 선적, 적부, 양륙 등을 화주측, 즉 송하인이
나 수하인이 하기로 특약을 한 경우에는 이러한 특약은 유효하며 운송인은 이러한
사항에 관해서는 주의의무를 부담하지 아니한다.173) 한편 운송인측이 기울여야할
주의의 정도는 선량한 관리자의 주의 즉, 상당한 주의(due diligence)이다.

　　다. 상법 제795조 제 1 항은 운송물에 관한 주의의무를 부담하는 자로서 운송
인 자신과 선원 및 그 밖의 선박사용인만을 규정하고 있으나 위 규정은 예시규정
으로서 육상의 사용인과 독립적 계약자도 이에 포함된다고 본다. 그러므로 실제운
송인이나 하역업자, 부두경영자 또는 창고업자 등과 같은 독립적 계약자의 상사과
실에 대해서도 운송인이 책임을 부담한다. 결국 운송인은 자신뿐만 아니라 운송계
약의 이행을 위하여 사용하는 모든 이행보조자의 상사과실에 대하여 책임을 부담
한다. 이러한 운송인의 이행보조자는 운송인과 고용계약관계에 있는지의 여부 또
는 그 관계가 계속적인지의 여부를 묻지 아니한다.174)

　　라. 운송물의 「멸실」에는 절대적 멸실(물리적 멸실)뿐만 아니라 도난・유실 또
는 무권리자에 대한 인도 등의 상대적 멸실(법률적 멸실)도 포함된다.175) 운송물의
「훼손」은 운송물의 가치가 감소된 상태에 이른 것을 말하는데 운송물의 형태나
품질이 악화된 경우뿐만 아니라 하나의 운송물의 일부(예컨대 기계의 부품)가 분실된
경우를 포함한다.176) 또한 해난구조로 인해 운송물이 해난구조료 채무에 대한 우
선특권을 부담하게 되는 경우에는 운송물의 물리적 손상은 아니나 법률적 손상에
해당되어 운송인이 우선특권을 소멸시킬 의무를 부담한다고 본다.177) 「연착」은 운
송물이 계약에서 약정된 일시 또는 이러한 약정이 없는 경우에는 통상적인 운송
과정을 통해 도착하였을 일시에 도착하지 않은 것을 말한다.178) 운송물이 정상적

---

173) 화주측이 선적 및 양륙한다는 특약 조건을 「FIO」(free in and out)조건이라 하는데, 이러한 FIO
　　조건의 유효성에 관하여는 졸고, 전게 "선하증권상 FIO조항의 효력" 및 후술 참조.
174) 대체로 같은 취지: 정(찬), (하), 887쪽; 정(동), (하), 873쪽.
175) 정(동), (하), 873쪽; 대법원 1990. 2. 13. 88다카23735 판결(해상운송인이 선하증권의 정당한 소지
　　인에게 선하증권과 상환으로 운송물을 인도하지 아니하고 임의로 운송계약상의 통지선에 인도
　　하고 그가 이를 불법반출 멸실시킨 경우에는 선하증권 소지인의 선하증권에 의한 운송물 인도
　　청구권이 이행불능되게 된 것이므로 해상운송인은 운송계약상의 채무불이행으로 인한 손해를
　　배상할 책임이 있다).
176) 상게서.
177) 戸田, 65頁.

으로 도착하였으나 인도가 지연된 경우에도 연착에 준하여 운송인은 손해배상책임을 부담한다고 본다.[179]

3) 그 밖의 계약위반이 있는 경우

앞서 본 바와 같이 상법 제795조 제 1 항은 예시적 규정이므로 운송인의 다른 계약위반(예컨대 계약의 부당파기 등)이 있는 경우에 운송인은 민법상의 채무불이행책임에 관한 규정에 따라 손해배상책임을 진다. 또한 운송물의 멸실·훼손 또는 연착으로 인한 손해 이외의 손해가 발생한 경우에도 운송인은 상법 제795조 제 1 항이 아니라 민법의 규정에 따라 손해배상책임을 진다.[180]

(4) 면책사유

1) 항해과실이 있는 경우

가. 우리 상법상 운송인은 선장·해원·도선사, 그 밖의 선박사용인의 항해 또는 선박의 관리에 관한 행위로 인하여 생긴 운송물에 관한 손해에 대하여는 책임을 지지 아니한다(상 795조 2항). 즉 운송인은 항해상의 행위 또는 선박의 관리에 관한 행위에 과실이 있더라도 책임을 면한다. 이러한 항해상의 행위 또는 선박의 관리에 관한 행위와 관련된 과실을 항해과실(해기과실)이라 한다. 이처럼 항해과실에 대하여 운송인의 면책을 인정하게 된 연혁을 살펴보면, 19세기 후반부터 운송인의 책임을 경감하거나 면제하는 각종의 면책약관이 선하증권에 기재되게 되자이로 인해 생기는 폐해를 방지하고 선하증권에 관한 각 국의 법을 통일하기 위하여 1924년에 헤이그규칙을 제정하게 되었는데, 헤이그규칙은 그 당시 널리 인정되던 운송물에 관한 주의의무 위반에 대해서도 책임을 면제하는 면책약관을 강행규정에 의해 금지하면서 이에 대한 타협책으로 항해과실 면책을 인정하게 된 것이다(동 규칙 4조 2(a)항). 한편 위와 같은 연혁적인 이유 이외에 항해과실 면책을 인정하는 이론적 근거로는 선박의 조종이나 선박의 관리 등은 고도의 기술성을 가지고 있어서 운송인이 직접 관여할 수 없는 사항이라는 점, 선원 등의 항해과실이

---

178) 헤이그규칙과 헤이그 비스비규칙은 운송물의 연착에 대한 운송인의 책임을 명시적으로 규정하고 있지 아니하다. 이에 반해 함부르크규칙 제 5 조 제 1 항과 로테르담규칙 제17조 제 1 항은 명시적으로 운송인이 인도지연으로 인한 손해에 대해 손해배상책임을 진다고 규정하고 있다.

179) 함부르크규칙 제 5 조 제 1 항과 로테르담규칙 제17조 제 1 항은 운송물의 「인도지연(delay in delivery)」에 대하여 운송인이 책임을 부담한다고 규정함으로써 이 점을 명확하게 하였다.

180) 육상운송인의 책임에 관하여 동지: 정(동), (상), 251쪽.

막대한 손해를 발생시키는 점, 운송인을 면책하더라도 선원 등에게는 형벌・행정벌 등의 벌칙규정이 있어 손해의 발생을 조장할 염려가 없는 점 등을 든다.[181] 우리 상법은 위와 같은 헤이그규칙의 입장을 수용한 것이다. 해상고유의 위험 등 법정 면책사유(상 796조)는 운송인측의 과실이 없는 사유들인데 반해 항해과실의 경우에는 운송인측에 과실이 있음에도 불구하고 운송인을 면책시키는 점에 그 특색이 있다.[182]

나. 운송인이 면책되는 항해과실에는 「항해에 관한 과실」과 「선박관리상의 과실」의 두 가지가 있다. 이 중 항해에 관한 과실이란 순수하게 항해기술에 관한 과실로서 예컨대 선장이 항로나 정박지를 잘못 선정했다거나 선원이 해도를 잘못 읽었다거나 또는 상대선박의 항로를 잘못 파악하여 좌초나 선박충돌 등의 사고를 발생시키는 것을 의미한다. 이에 반해 선박관리상의 과실이란 보다 넓은 개념으로서 선박의 안전을 위하여 직접 선박이나 그 속구에 대하여 취하는 행위에 관한 과실을 의미한다.[183] 항해에 관한 과실과 선박관리상의 과실은 모두 운송인의 면책사유이므로 이 두 과실을 구별하는 것은 실익이 없다. 항해과실에 대한 증명책임은 면책을 주장하는 운송인이 부담한다.

다. 운송인이 면책되는 항해과실과 운송인이 책임을 부담하는 상사과실을 구별하는 것은 매우 중요하다. 이와 관련하여 항해과실 중의 항해에 관한 과실과 상사과실을 구별하는 것은 별다른 어려움이 없다. 그러나 선박관리상의 과실과 상사과실을 구별하는 것은 상당히 어려운 문제이다. 이에 관해서는 외국의 판례와 학설이 대체로 당해 행위의 목적과 성질을 기준으로 하여 행위의 주된 목적이나 성질이 선박의 이익을 위한 것이면 선박관리상의 과실에 해당하고 운송물의 이익을 위한 것이면 상사과실에 해당한다고 보아야 한다는 입장을 취하고 있다.[184] 예컨대 선창 내의 환기장치의 조작의 잘못이나 양하를 위한 기중기의 조작의 잘못은 운송물의 이익을 위한 행위에 관한 것이므로 상사과실에 해당하며, 선박의 발라스트 탱크 밸브의 조작에 관한 잘못으로 인해 선박 내로 해수가 침수하여 선박이 복원력을 상실하고 침몰한 경우에는 발라스트 탱크 밸브의 조작 행위가 간접적, 부

---

181) 戶田, 67-68頁; 정(찬), (하), 889쪽; 정(동), (하), 874쪽.
182) 이러한 항해과실 면책은 함부르크규칙과 로테르담규칙에서는 운송인과 화주측의 이해관계의 균형을 보다 공평하게 조정한다는 취지에서 폐지되었다.
183) 동지: 손, (하), 825쪽.
184) 戶田, 69-70頁.

수적으로 운송물의 이익에 영향을 미쳤다 하더라도 그 주된 목적이 선박의 이익을 위한 것이므로 이는 선박관리상의 과실에 해당한다. 만일 상사과실인지 선박관리상의 과실인지가 명백하지 아니한 경우에는 상사과실로 보아 운송인은 손해배상책임을 부담하여야 할 것이다.[185] 면책사유인 선박관리상의 과실은 엄격하게 해석해야 하기 때문이다.

라. 운송인이 면책되는 것은 선장·해원·도선사, 그 밖의 선박사용인의 항해과실로 인하여 발생한 손해이다. 그러므로 운송인 자신의 항해과실이 있는 경우, 예컨대 도선사를 사용해야 함에도 불구하고 운송인이 도선사의 사용을 금지했다거나 운송인이 특정항로를 항행할 것을 지시하여 선박이 좌초되는 등의 경우에는 운송인은 면책되지 아니한다.[186] 이와 관련하여 운송인이 동시에 선장인 경우에 선장으로서의 항해과실에 대해 운송인으로서 면책되는지의 여부가 문제가 된다. 생각건대 우리 상법은 선장의 항해과실에 대하여 운송인이 면책된다고 규정하고 있으므로 비록 운송인이 동시에 선장인 경우에도 항해과실은 선장의 자격에서 한 기술적 행위로 인한 것이므로 운송인이 면책된다고 해석하는 것이 타당하다고 본다.[187]

마. 운송인의 항해과실 면책이 인정되는 것은 운송인이 감항능력주의의무를 다 했다는 것을 전제로 한다는 것은 앞서 본 바와 같다. 따라서 선박의 발항당시에 운송인이 감항능력주의의무를 위반하였기 때문에 항해 도중 항해과실이 생긴 경우, 예컨대 경험이나 능력이 없는 선원을 승선시켰기 때문에 당해 선원이 항해 도중 항해상의 과실을 범한 경우에는 운송인은 면책되지 아니한다.[188] 항해과실면책과 감항능력주의의무 위반과 관련된 증명책임의 분배에 관하여는 앞서 감항능력주의의무에 관한 설명에서 살펴보았으므로 여기서는 상세한 설명을 생략한다.

2) 화재의 경우

가. 우리 상법상 운송인은 자신의 고의 또는 과실로 인한 것이 아닌 화재로 인하여 생긴 운송물에 관한 손해에 대하여는 책임을 지지 아니한다(상 795조 2항). 즉 운송인은 자신의 고의 또는 과실로 인한 것이 아닌 한 비록 그 화재가 선장·

---

185) 동지: 이(균), 700쪽; 이(기), (보·해), 528쪽.
186) 戸田, 70頁.
187) 동지: 戸田, 70-71頁.
188) 정(찬), (하), 890쪽.

해원 그 밖의 이행보조자의 과실로 인하여 발생한 것이라 하더라도 그 화재로 인하여 생긴 손해에 대하여 면책된다. 이는 헤이그규칙 제 4 조 제2(b)항을 수용한 것인데, 헤이그규칙이 이처럼 화재면책을 인정하게 된 연혁적인 이유는 항해과실면책을 인정하게 된 이유와 비슷하다. 즉 헤이그규칙을 제정할 당시 화재는 선하증권의 면책약관에 의해 면책되는 것이 일반적이었는데 운송인측과 화주측이 다른 면책약관을 무효로 하면서 타협책으로 화재면책을 인정하게 되었던 것이다.189) 한편 화재면책을 인정하는 이론적인 이유는 첫째, 선박의 화재는 운송물 전체를 소실시켜 거액의 손해를 발생시키기가 쉽고 또한 화재에 대한 과실의 판단이 곤란하기 때문에 화재로 인한 손해에 대하여 운송인에게 책임을 부담시키는 것은 운송인에게 가혹하며, 둘째, 화재로 인한 운송물의 손해는 적하보험에서 보상이 되기 때문에 운송인을 면책해도 적하이해관계인에게는 불이익하지 않다는 점을 든다.190)

　　나. 우리 상법은 단순히 「화재」로 인하여 생긴 운송물에 관한 손해에 대하여 운송인이 책임을 지지 아니한다고 규정하고 있으므로 화재의 발생 장소는 묻지 아니한다. 이는 헤이그규칙과 동일하다(동 규칙 4 조 2(b)항). 그러므로 우리 상법상 운송인이 면책이 되는 화재에는 선박상의 화재뿐만 아니라 육상의 화재도 포함된다. 선박상의 화재는 선박안에 발화원인이 있는 화재나 또는 직접 선박 내부에서 발생한 화재에 한하지 않고 선박외부의 화재가 선박으로 옮겨 붙은 화재를 포함한다.191) 또한 육상의 화재도 포함하므로 운송인이 운송물을 수령한 후 선적전에 또는 양하한 후 인도전에 육상에서의 화재로 인하여 발생한 손해에 대하여도 운송인은 화재면책을 원용할 수 있다.192) 한편 화재란 불꽃(火焰)이 생긴 것을 전제로

---

189) 이에 반해 함부르크규칙과 로테르담규칙은 청구인이 운송인이나 그 사용인의 고의 또는 과실로 인하여 화재가 발생한 것을 증명하면 운송인이 책임을 부담하는 것으로 규정하였다(함부르크규칙 5 조 4 항, 로테르담규칙 17조 3 항, 4 항).

190) 정(찬), (하), 890쪽.

191) 대법원 2002. 12. 10. 2002다39364 판결(상법 제788조(현행 상법 제795조) 제 2 항 본문 및 단서에서의 '화재'란, 운송물의 운송에 사용된 선박 안에 발화원인이 있는 화재 또는 직접 그 선박 안에서 발생한 화재에만 한정되는 것이 아니고, 육상이나 인접한 다른 선박 등 외부에서 발화하여 당해 선박으로 옮겨 붙은 화재도 포함한다고 해석된다); 정(찬), (하), 890쪽; 손, (하), 825쪽. 반대: 정(동), (하), 875쪽. 그러나 상법 제795조 제 2 항의 화재에는 선박상의 화재뿐만 아니라 육상의 화재도 포함되므로 선박상의 화재가 직접 선박에서 발화한 것만을 의미하는지 또는 외부에서 발화하여 선박으로 옮겨 붙은 화재도 포함하는지의 여부를 논하는 실익은 없다.

192) 독일법의 입장이 이와 동일하다(戶田, 72頁). 이에 반해 일본 국제해상물품운송법은 운송인이 면책되는 것은 「선박에서의 화재(船舶における 火災」에 한정된다(동 법 3 조 2 항). 그러므로 일본법상으로는 운송인이 면책되는 화재는 직접 선박에서 발화한 것만을 의미하는 것으로 해석된다

하기 때문에 불꽃이 없이 단순한 열에 의한 손해에 대하여는 운송인이 면책되지
아니한다. 또한 폭발(explosion)로 인한 손해 중 기계적 폭발이 아닌 화학적 폭발의
경우에는 폭발과정에서 화학작용에 의해 화재(화염)가 발생할 수 있기 때문에 화재
면책 규정에 따라 운송인이 면책되는 경우가 많을 것으로 본다.

　다. 화재에 의해 운송물에 생긴 손해에는 직접적 손해뿐만 아니라 소화작업으
로 인한 손해와 연소방지를 위한 작업으로 인한 손해 등 간접적 손해도 포함된
다.193)

　라. 상법 제795조 제 2 항 단서에서 말하는 운송인의 고의 또는 과실이란 운송
인 자신의 고의 또는 과실을 의미하고 선장 그 밖에 운송인의 이행보조자의 고의
나 과실은 포함하지 않는다.194) 그러므로 운송인 자신의 고의나 과실로 발생한 화
재로 인한 손해에 대하여 운송인은 면책되지 아니한다.195) 운송인이 법인인 경우
에 누구의 고의나 과실을 운송인 자신의 고의나 과실로 볼 것인가 하는 문제는 앞
서 선박소유자 등의 총체적 책임제한과 관련하여 살펴보았으므로 여기에서는 생
략한다.

　마. 운송인 자신의 고의 또는 과실에 관한 증명책임을 누가 부담하는가에 관
하여는 운송인이 자신의 무과실을 증명해야 한다는 운송인설과 청구인이 운송인

　　　(戸田, 72頁). 우리 제정 상법은 일본법과 마찬가지로 운송인이 면책되는 화재를 「선박에서의 화
　　　재」라고 규정하였었으나(제정 상법 제788조 2 항), 1991년 상법 개정시에 헤이그규칙에 충실하
　　　게 단순히 「화재」라고 개정하였다.
193) 손, (하), 825쪽.
194) 대법원 2002. 12. 10. 2002다39364 판결(상법 제788조(현행 상법 제795조) 제 2 항 단서에 따라 화
　　　재로 인한 손해배상책임의 면제에서 제외되는 사유인 고의 또는 과실의 주체인 '운송인'이란,
　　　상법이 위 제 2 항 본문에서는 운송인 외에 '선장, 해원, 도선사 기타의 선박사용인'을 명시하여
　　　규정하고, 같은 조 제 1 항 및 제787조(현행 상법 제794조)에서도 각 '자기 또는 선원 기타의 선
　　　박사용인'을 명시하여 규정하고 있는 점과 화재로 인한 손해에 관한 면책제도의 존재이유에 비
　　　추어 볼 때, 그 문언대로 운송인 자신 또는 이에 준하는 정도의 직책을 가진 자만을 의미할 뿐
　　　이고, 선원 기타 선박사용인 등의 고의 또는 과실은 여기서의 면책제외사유에 해당하지 아니한
　　　다고 해석하여야 할 것이며, 위 조항이 상법 제789조의2(현행 상법 제797조) 제 1 항 단서처럼
　　　'운송인 자신의 고의'라는 문언으로 규정되어 있지 않다고 하여 달리 해석할 것이 아니다).
195) 대법원 1973. 8. 31. 73다977 판결(원심은 본건 선박에서의 화재는 난방용 난로를 고정시키지 않
　　　고 피워놓은 견습선원이나 위 난로를 잘못하여 넘어뜨린 승객에게만 과실이 인정되고 선박소유
　　　자인 피고회사 자신의 과실로는 볼 수 없다고 판시하였으나, 선박안전법 제 2 조 제 1 항 제 6 호
　　　의 규정에 의하면 소방시설을 하게 되어있고 1962. 4. 3 공포시행된 각령 제630호인 선박설비규
　　　정 제93조의 규정에 보면 선박에 곤로를 설치할 경우에는 이동하지 아니하도록 고정할 것을 소
　　　방시설로서 요구하고 있음에도 불구하고 본건 선박에 따로 고정시켜놓은 난로 등이 있음에도
　　　이를 이용하지 아니하고 따로 난방용 난로를 고정시키지 않고 피워 놓은 것인지의 여부도 조사
　　　하지 아니하고 선박소유자인 피고의 과실이 아니라고 판시한 원심판단은 본조 제 2 항 단서에
　　　규정된 선박소유자의 과실에 관한 법리를 오해하였다 할 것이다).

자신의 고의 또는 과실을 증명해야 한다는 청구인설이 대립되고 있다.[196) 운송인설은 그 근거로 화재면책은 운송인의 책임에 대한 예외이므로 화재면책에 관해서는 운송인에게 엄격하게 해석해야 한다는 점 및 청구인이 운송인 자신의 고의나 과실을 증명하는 것은 용이하지 않다는 점을 든다.[197) 이에 반해 청구인설은 그 근거로 운송인 자신의 고의나 과실로 인한 화재에 대해 운송인이 책임을 부담하는 것은 화재면책에 대한 예외이므로 이러한 예외에 대한 증명책임은 이를 주장하는 자가 부담해야 한다는 증명책임분배의 원칙(법규영역설)을 든다. 이 점에 관한 우리 대법원의 판결은 없으나 명시적 혹은 묵시적으로 청구인설을 취한 하급심 판결이 있다.[198) 생각건대 헤이그규칙에 가입한 국가들 중 다수의 국가가 청구인설을 취하고 있다는 점과 우리 상법의 규정 형식상 화재면책에 대한 예외규정인 단서에 대한 증명책임은 이를 주장하는 자가 부담하는 것이 타당하다는 점에 비추어 볼 때 청구인설이 타당하다고 본다.[199)

바. 항해과실 면책에서와 마찬가지로 운송인의 화재면책이 인정되는 것은 운송인이 감항능력주의의무를 다했다는 것을 전제로 한다. 따라서 선박의 발항 당시에 운송인이 감항능력주의의무를 위반하였기 때문에 화재가 발생한 경우에는 운송인은 면책되지 아니한다.[200) 화재면책과 감항능력주의의무 위반과 관련된 증명책임의 분배에 관하여는 앞서 감항능력주의의무에 관한 설명에서 살펴보았으므로 여기에서는 생략한다.

3) 고가물의 불고지의 경우

가. 화폐, 유가증권 기타의 고가물에 대하여는 송하인이 운송을 위탁할 때에

---

196) 운송인설: 정(찬), (하), 891쪽; 배, 211-212쪽; 이상주, "상법 제788조 제 2 항 본문 후단의 '화재'의 발화원인 내지 발생장소의 범위와 같은 조 제 2 항 단서의 '운송인'의 범위," 대법원판례해설, 제42호(2002), 40쪽. 청구인설: 채, (하), 758쪽; 김(인), (해), 202쪽. 헤이그규칙(헤이그 비스비규칙도 동일함)상으로는 이 점이 명확하지 아니하기 때문에 헤이그규칙에 가입한 국가들의 입장도 운송인설과 청구인설로 나뉘고 있다. 영국과 미국 및 프랑스는 청구인설의 입장을 취하고 있고 독일은 운송인설의 입장을 취하고 있다. 또한 일본의 다수설도 운송인설을 취한다(각국의 입장에 관한 상세는 戶田, 75-76頁 참조).

197) 戶田, 76頁.

198) 서울고법 2002. 6. 14. 2002다9501 판결; 서울중앙지법 2006. 11. 1. 2005가단277219 판결.

199) 참고로 일본 국제해상물품운송법은 「운송인 자신의 고의 또는 과실에 기한 것이 아닌 화재의 경우에 운송인이 면책된다」는 규정 형식을 취하고 있기 때문에(동 법 3 조 2 항) 운송인설을 취하는 다수설이 타당할 수 있으나 우리 상법의 규정 형식은 이와 다르기 때문에 우리 상법의 해석은 일본 국제해상물품운송법의 해석과는 달라야 한다고 본다.

200) 동지: 정(찬), (하), 891쪽.

그 종류와 가액을 명시한 경우에 한하여 운송인이 손해를 배상할 책임이 있다(상 815조, 136조). 우리 상법이 위와 같은 규정을 둔 이유는 다음과 같다. 즉 고가물은 멸실·훼손될 위험이 크고 손해의 규모도 크기 때문에 송하인이 사전에 이를 명시하여 운송인으로 하여금 고가물에 적절한 주의를 기울이게 하고 그에 상응하는 운임을 지급하는 것이 바람직하다. 그런데 송하인이 고액의 운임을 지급하지 않기 위해서 고가물임을 명시하지 않고 보통물에 대한 운임만을 지급하는 경우가 많다. 이 경우에 운송인이 고가물에 알맞는 주의를 기울이지 않아 손해가 발생한 때에 운송인에게 고가물에 대한 손해를 배상할 책임을 지우는 것은 불공평하고 신의칙에 반한다.[201] 그러므로 위 규정은 운송인을 보호하고, 고가물의 사전 명시를 유도하여 손해를 미연에 방지하고자 하는 것이다.[202]

나. 고가물이란 부피·무게 등에 비하여 현저히 가격이 비싼 물건을 말한다.[203] 보석·귀금속·고급시계·미술품·골동품은 물론 반도체칩이나 정밀부품도 고가물에 속한다.[204] 고가물인지의 여부는 사회통념에 의해 판단하는데, 그 물건의 현재의 객관적·경제적 가치를 기준으로 하며 송하인 등이 그 물건에 부여하는 주관적 가치는 고려되지 아니한다.[205]

다. 명시의 대상은 고가물의 종류와 가액이다. 종류는 고가물임을 식별할 정도로 밝혀야 한다.[206] 가액은 실제의 가액을 밝혀야 한다. 명시의 방법에는 아무런 제한이 없다. 한편 명시의 시기에 관하여는 운송계약 체결시에 명시하여야 한다는 견해(제 1 설)와 운송물을 인도할 때까지 명시하여야 한다는 견해(제 2 설)가 대립된다. 생각건대 송하인이 운송물을 인도할 때에 고가물임을 명시하면 운송인이 고가물에 상응하는 주의를 기울일 수 있기 때문에 제 2 설이 타당하다고 본다. 이 경우 운송인은 송하인에 대하여 고가물이기 때문에 추가로 발생하는 비용이나 추가 운임의 지급을 청구할 수 있다고 본다.[207]

라. 명시되지 아니한 고가물에 대한 책임

(가) 송하인이 고가물의 명시를 하지 아니한 경우에는 운송인은 손해배상책임

---

201) 이(철), (상총), 521쪽.
202) 정(찬), (상), 344쪽; 이(철) (상총), 521쪽.
203) 정(동), (상), 253쪽.
204) 이(철), (상총), 522쪽.
205) 상게서.
206) 정(동), (상), 253쪽.
207) 동지: 이(철), (상총), 524쪽.

을 부담하지 아니한다. 이 경우에는 보통의 운송물로서의 책임도 지지 아니한다고 본다(통설).

(나) 송하인이 고가물의 명시를 하지 아니하였으나 운송인이 우연히 고가물이라는 사실을 안 경우에 운송인이 손해배상책임을 부담하는가에 관하여는 운송인은 여전히 면책된다는 견해(제 1 설),[208] 운송인은 보통물로서의 주의의무와 고가물로서의 손해배상책임을 부담한다는 견해(제 2 설),[209] 운송인은 고가물로서의 주의의무와 고가물로서의 손해배상책임을 부담한다는 견해(제 3 설)[210]가 대립된다. 생각건대 제 1 설은 운송인이 고가물임을 알았는데도 불구하고 아무런 손해배상책임을 지우지 않는 것이므로 신의칙에 반하며 제 3 설은 고가물의 명시를 하지 아니하고 보통물에 대한 운임만을 지급한 경우에 운송인에게 고가물의 명시를 한 것과 동일한 책임을 지우는 것이므로 형평에 반한다. 그러므로 제 2 설이 타당하다고 본다.

(다) 송하인이 고가물의 명시를 하지 않았고 운송인이 고가물이라는 사실을 중대한 과실로 인하여 알지 못한 경우에 운송인이 악의인 것과 동일시할 수 있을 것인가가 문제가 된다. 이에 관하여는 상법 제136조의 입법취지에 비추어 볼 때 중대한 과실은 악의와 동일시할 수 없으므로 운송인은 손해배상책임이 없다는 견해가 통설이다.[211]

(라) 송하인이 고가물의 명시를 하지 않았고 운송인이 고가물이라는 사실을 몰랐다고 하더라도 운송인이나 그 사용인이 고의로 운송물을 멸실 또는 훼손시킨 경우에는 운송인은 고가물에 대한 손해배상책임을 부담한다고 본다.[212] 이러한 경우까지 운송인을 면책시키는 것은 부당하기 때문이다.

마. 명시된 고가물에 대한 책임   송하인이 고가물임을 명시한 경우에는 운송인은 고가물에 대한 책임을 부담한다. 이 경우 손해배상액은 명시된 가액을 한도로 하여 정액배상의 원칙(상 137조)에 따라 실제의 가액을 기준으로 한다.[213] 즉 명시된 가액이 실제의 가액보다 적은 경우에는 실제의 가액을 청구하는 것은 신의칙에 반하므로 명시된 가액을 기준으로 한다.

---

208) 채, (상), 299쪽.

209) 정(동), (상), 254쪽; 정(찬), (상), 345쪽; 최(기), (상), 378쪽.

210) 이(철), (상총), 523쪽; 김(성), (상총), 606쪽.

211) 정(동), (상), 254쪽; 정(찬), (상), 345쪽: 서·정, (상), 226쪽 등.

212) 동지: 정(동), (상), 254-255쪽; 정(찬), (상), 344쪽.

213) 정(동), (상), 254쪽; 이(철), (상총), 523쪽.

바. 증명책임　　운송인이 상법 제136조에 따라 책임을 면하기 위해서는 운송물이 고가물이라는 사실과 송하인의 명시가 없었다는 사실을 증명하여야 한다.[214]

사. 불법행위 책임에의 적용　　개품운송계약에 관한 상법 규정은 운송인의 불법행위책임에도 적용되므로(상 798조 1항), 고가물의 명시가 없는 경우에는 운송인은 불법행위책임도 지지 아니한다.[215]

4) 운송물의 부실고지의 경우

가. 송하인이 운송인에게 운송물을 인도할 때에 그 종류와 가액을 고지하고 선하증권이나 그 밖에 운송계약을 증명하는 문서에 이를 기재한 경우에는 개별적 책임제한이 적용되지 아니하는데(상세는 319쪽 참조), 이 경우 송하인이 운송물의 종류 또는 가액을 고의로 현저하게 부실의 고지를 한 때에는 운송인은 자기 또는 그 사용인이 악의인 경우를 제외하고 운송물의 손해에 대하여 책임을 면한다(상 797조 3항). 이는 송하인이 운송물의 종류 또는 가액을 고의로 현저하게 부실의 고지를 하여 부당한 손해배상을 받는 사기적인 행위를 방지하고자 하는데 그 취지가 있는 것으로 헤이그 비스비규칙 제 4 조 5(h)항을 수용한 것이다.

나. 송하인이 과실로 부실의 고지를 한 경우 및 운송인이나 그 사용인이 운송물을 인도받을 때 그 운송물의 종류 또는 가액을 알고 있었던 경우에는 운송인은 책임을 면하지 못한다. 또한 송하인이 운송물의 종류나 가액에 관하여 고의로 경미하게 사실과 다른 고지를 한 경우에도 운송인은 책임을 면하지 못한다. 이는 운송물의 종류나 가액에 관하여 다소의 착오나 오차가 있을 수 있기 때문이다.[216]

다. 한편 송하인이 운임이나 관세 등을 경감하고자 하는 이유에서 고의로 현저하게 낮은 가액을 고지하는 경우가 있는데 이러한 경우에도 운송인이 책임을 면할 것인지의 여부가 문제가 된다. 헤이그 비스비규칙의 해석상으로도 동일한 문제가 생기는데, 이에 관하여는 헤이그 비스비규칙에 가입한 각국의 입장이 동일하지 아니하다.[217] 생각건대 이러한 경우에는 송하인에게 부당한 손해배상을 받으려

---

214) 동지: 이(철), (상총), 524쪽.

215) 이 점은 육상운송인의 손해배상책임에 관한 대법원 판례의 입장과 다르다(대법원 1991. 8. 23. 91 다15409 판결은 「상법 제136조와 관련되는 고가물 불고지로 인한 면책규정은 일반적으로 운송인의 운송계약상의 채무불이행으로 인한 청구에만 적용되고 불법행위로 인한 손해배상청구에는 그 적용이 없다」고 판시하였다).

216) 헤이그 비그비규칙 제 4 조 5(h)항은 「현저하게」라는 요건을 명시적으로 규정하고 있지 아니하나 마찬가지로 해석될 수 있다고 본다.

고 하는 사기적 행위가 있다고 볼 수 없기 때문에 운송인의 책임을 완전히 면제하는 것은 불합리하다. 따라서 이러한 경우에는 고지된 가액을 운송물의 가액으로 보고 이를 기준으로 운송인이 손해배상책임을 부담하는 것이 타당하다고 본다.

　　라. 송하인의 부실고지가 있는 경우 운송인은 송하인뿐만 아니라 선하증권의 선의의 소지인에 대해서도 그 책임을 면한다.[218] 이 경우 선하증권의 선의의 소지인은 송하인에 대하여 손해배상을 청구하여야 할 것이다.

　　마. 송하인이 고의로 현저하게 부실고지를 하였다는 점 및 운송인 및 그 사용인이 선의이었다는 점에 대한 증명책임은 책임을 면하려고 하는 운송인이 부담한다고 본다.[219]

5) 법정면책사유(증명책임 감경사유)가 있는 경우

가. 총　　설

　　우리 상법상 운송인은 제796조에서 규정한 각 호의 사실이 있었다는 것과 운송물에 관한 손해가 그 사실로 인하여 보통 생길 수 있는 것임을 증명한 때에는 이를 배상할 책임을 면한다(상 796조 본문). 다만 운송인이 감항능력주의의무(상 794조) 및 운송물에 관한 주의의무(상 795조 1항)에 따른 주의를 다하였더라면 그 손해를 피할 수 있었음에도 불구하고 그 주의를 다하지 아니하였다는 사실을 청구인이 증명한 때에는 그러하지 아니하다(상 796조 단서). 이 규정은 헤이그규칙(헤이그 비스비규칙도 동일함)상의 면책사유에 관한 규정(동 규칙 4조 2항)을 근거로 한 것이기는 하나 헤이그규칙의 내용과는 다른 점이 많다. 즉 헤이그규칙 제 4 조 제 2 항은 17가지의 면책사유를 열거하고 있는데 반해 우리 상법은 헤이그규칙이 17가지 면책사유 중의 하나로 규정하고 있는 항해과실과 화재를 상법 제795조 제 2 항에 별도의 면책사유로서 규정하였고, 나머지 15가지의 면책사유를 재정리하여 상법 제796조에 모두 11가지의 면책사유로 규정하였다. 또한 헤이그규칙상으로는 운송인이 운송물에 관한 손해가 열거된 면책사유 중의 하나로 인하여 발생하였음을 증명하

---

217) 영국에서는 이러한 경우에도 운송인이 면책된다고 보는 반면에(Treitel, *Carver on Bills of Lading*, p. 747), 일본은 국제해상물품운송법을 제정하면서 명시적으로 이러한 경우에는 운송인이 고지된 가액을 운송물의 가액으로 보고 이를 기준으로 책임을 부담한다고 규정하였다(일본 국제해상물품운송법 13조 7 항).

218) Treitel, *Carver on Bills of Lading*, p. 747; 戶田, 287頁.

219) 일본 국제해상물품운송법 제13조 제 8 항은「전 2 항의 규정은 운송인의 악의가 있는 경우에는 적용하지 아니한다」고 규정하였기 때문에 운송인의 악의에 대한 증명책임은 청구인이 부담하는 것으로 해석된다(戶田, 287頁).

면 그 손해를 배상할 책임을 면하는 것으로 해석되는데 반해, 우리 상법 제796조는 운송인이 면책사유와 운송물에 관한 손해 사이의 인과관계를 증명할 필요가 없이 단지 그러한 면책사유가 있었다는 것과 운송물에 관한 손해가 면책사유로 인하여 보통 생길 수 있다는 것만 증명하면 충분한 것으로 규정하고 있다. 그러나 이 경우 운송인이 손해배상책임을 완전히 면하는 것이 아니라 청구인이 감항능력 주의의무 또는 운송물에 관한 주의의무에 관한 운송인측의 과실을 증명하면 운송인은 손해배상책임을 부담하게 된다. 따라서 우리 상법 제796조가 규정하고 있는 사유는 완전한 면책사유가 아니라 운송인의 증명책임을 경감해 준 것에 불과하다. 이러한 우리 상법의 입장은 일본 국제해상물품운송법의 입장을 따른 것이다(동 법 4조 2항).

나. 면책사유의 내용

우리 상법 제796조는 아래의 11가지 면책사유를 열거하고 있다. 이러한 면책사유는 단순히 예시적인 것이 아니라 제한적으로 열거한 것으로 해석된다.[220]

(가) 해상이나 그 밖에 항행할 수 있는 수면에서의 위험 또는 사고(1호)[221]

(ㄱ) 이 사유는 헤이그규칙이 영국법상 통상 「해상고유의 위험(perils of the sea)」이라고 불리는 면책사유를 수용하면서 그 적용범위를 해상뿐만 아니라 그 밖에 항행할 수 있는 수면, 즉 호천이나 항만 등에까지 확장한 것으로 우리 상법도 헤이그규칙을 따라 이를 면책사유 중의 하나로 규정하였다.[222] 「해상이나 그 밖에 항행할 수 있는 수면에서의 위험 또는 사고」란 선박의 항행구역이나 계절에 비추어 볼 때 상당한 주의로써 예견할 수 없거나 예견할 수 있다고 하더라도 방지할 수 없는 해상이나 그 밖에 항행할 수 있는 수면에 특유한 위험 또는 사고를 말한다.[223] 이러한 해상고유의 위험에는 태풍이나 폭풍과 같은 악천후, 농무, 해일, 큰 파도 등이 있다. 또한 상대선의 전적인 과실로 인한 선박충돌,[224] 해저부유물이나 유빙(遊氷)과의 충돌, 또는 짙은 안개로 인한 임의좌초 등도 해상고유의 위험에 해

---

220) 배, 216쪽. 헤이그규칙상의 면책사유도 이와 동일하다(戶田, 87頁).

221) 이 사유는 헤이그규칙 제 4 조 제 2 항 c호의 「Perils, dangers, and accidents of the sea or other navigable waters」에 해당한다.

222) 통상적인 용례에 따라 아래에서는 이 면책사유를 「해상고유의 위험」이라고 한다.

223) 영국법과 캐나다법 및 호주법도 같은 입장이다(Treitel, *Carver on Bills of Lading*, pp. 609-610; Great China Metal Industries Co. Ltd. v. MISC (*The Bunga Seroja*), (1995), 39 N.S.W.L.R. 683). 한편 미국에서는 예견할 수 있었던 위험은 해상고유의 위험에 해당하지 않는다고 하여 해상고유의 위험을 엄격하게 해석하고 있다(Thyssen Inc. v. M/V Eurounity, 1994 AMC 1638, 21 F.3d. 533).

224) Treitel, *Carver on Bills of Lading*, p. 710.

당한다. 한편 쥐에 의해 구멍난 해수 파이프로 침입한 해수에 의해 화물이 손상을 입은 경우에도 해상고유의 위험으로 인한 손해에 해당하나 쥐가 화물을 갉아 먹었거나 혹은 쥐가 담수 파이프에 구멍을 내 담수에 의해 화물이 손상을 입은 경우는 육상에서도 생기는 위험이므로 해상고유의 위험에 해당하지 아니한다.225) 이러한 해상고유의 위험은 인간의 행위가 개재되지 않아야 한다는 요건이 필요 없다는 점 및 해상 등의 수면에 특유한 위험 또는 사고이어야 한다는 점에서 아래의 「불가항력」과 구별된다.226) 그러나 해상고유의 위험과 불가항력 모두 면책사유이기 때문에 이 두 가지를 구별하는 실익은 없다.

(ㄴ) 어떠한 위험이 해상고유의 위험에 해당하는가 하는 점은 운송인이 증명할 책임을 진다. 즉 운송인은 어떠한 위험이 해상 등의 수면에 특유한 위험이라는 점, 그러한 위험이 통상 예견할 수 없었거나 또는 상당한 주의로써 방지할 수 없었다는 점을 증명하여야 한다. 그러므로 선박충돌의 경우에 운송인은 상대선의 전적인 과실로 인한 것임을 증명해야만 선박충돌이 해상고유의 위험에 해당할 수 있다. 이 경우 운송인이 감항능력주의의무 또는 운송물에 관한 주의의무를 다하였더라면 운송물에 관한 손해를 피할 수 있었음에도 불구하고 그러한 주의의무를 게을리 하였음을 청구인이 증명하면 운송인은 손해를 배상할 책임을 면하지 못한다(상 796조 단서).227)

(ㄷ) 해상고유의 위험은 「해상의 위험(perils on the sea)」와는 구별된다. 해상의 위험은 바다 위에서 발생하는 모든 위험이나 사고를 말하는 것으로 해상고유의 위험뿐만 아니라 예견하거나 방지할 수 있는 위험 및 해상 등의 수면에 특유하지 아니한 위험까지도 포함한다. 이러한 해상의 위험은 아무런 법률적인 의미를 가지지 아니한다.

(나) **불가항력(2호)**228)   여기서 불가항력이란 인간의 행위가 개재되지 아니한

---

225) *ibid.*
226) 戸田, 91頁.
227) 선박충돌에 관하여 운송인측에 과실이 있으면 해상고유의 위험에 해당하지 않으나 운송인은 여전히 항해과실에 의한 면책을 주장할 수 있다. 그러나 이 경우에는 청구인이 선박이 불감항이라는 사실 및 불감항과 손해 사이에 인과관계가 있다는 사실을 증명하면 운송인이 감항능력주의의무를 다하였음을 증명할 책임을 진다는 점에서 해상고유의 위험에 의한 면책의 경우와 차이가 있다.
228) 우리 상법상의 면책사유 중의 하나인 「불가항력」은 헤이그규칙 제 4 조 제 2 항 d호의 「act of God」을 번역한 것이다. 위 act of God란 인간의 행위가 개재되지 않은 자연력에 의한 재해만을 의미한다. 그러나 우리 법체계에서 「불가항력」이란 운송인의 귀책사유가 없는 것을 의미하는

자연력에 의한 재해로서 상당한 주의로써 예견하거나 방지할 수 없는 것을 말한다.[229] 불가항력(천재지변)은 인간의 행위가 개재되지 않아야 한다는 점과 해상에 특유한 것이 아니어도 무방하다는 점에서 해상고유의 위험과 구별된다는 것은 앞서 본 바와 같다. 집중호우, 낙뢰, 지진, 해저화산의 폭발, 서리, 농무,[230] 결빙 등이 불가항력(천재지변)에 해당한다.

(다) 전쟁 · 폭동 또는 내란(3호)[231]

(ㄱ) 전쟁이란 국가 또는 이에 준하는 단체 간의 집단적, 조직적 무력충돌을 말하는데 국제법상의 전쟁에 한하지 않고 사회통념상의 전쟁이면 여기의 면책사유에 해당한다.[232] 운송인이나 선박, 선원 또는 화주가 전쟁의 당사국에 속하는지의 여부는 묻지 아니한다. 교전국에 의한 포격이나 선박의 나포, 운송물의 몰수 등과 같이 전쟁이 직접 원인이 된 경우뿐만 아니라 항구의 봉쇄를 피하기 위해 양하항 또는 항로를 변경함으로 인하여 발생한 운송물의 연착 등과 같이 전쟁이 간접 원인이 된 경우도 이에 해당한다. 한편 운송인이 전쟁상태임을 알면서 운송을 인수하거나 또는 전쟁을 예견하였음에도 불구하고 운송을 인수한 경우에는 운송인이 전쟁면책을 원용할 수 없다.[233] 이 경우 운송인이 전쟁상태임을 알았거나 전쟁을 예견하였다는 사실은 청구인이 증명하여야 한다(상 796조 단서).

(ㄴ) 폭동이란 다수인이 집합하여 일정한 목적을 달성하기 위해 상대방에 대하여 폭력적으로 목적을 실현하여 사회의 질서와 공공의 평화를 해하는 것을 말한다.[234] 당해 선박의 선원의 폭동도 이에 해당한다.[235] 내란은 정부의 전복이나

것으로서 인간의 행위가 개재된 경우까지 포함한다(예컨대, 상법 제796조에서 규정하고 있는 전쟁, 폭동, 해적행위 등 다른 면책사유들도 대부분 불가항력에 해당한다). 따라서 act of God를 불가항력이라고 번역한 것은 정확하지 아니하다. 그러므로 우리 상법상의 불가항력이라는 용어는 「천재지변」으로 개정하는 것이 바람직하다고 생각된다(동지: 배, 218쪽).

229) 영국 보통법상으로는 불가항력(천재지변)이 되기 위해서는 예견이 불가능한 것이어야 하나 해상고유의 위험에서 살펴본 것과 마찬가지로 예견할 수 있더라도 상당한 주의로써 방지할 수 없다면 불가항력(천재지변)에 해당하는 것으로 보아야 할 것이다(동지: 배, 218쪽; 戶田, 89頁).

230) 다만 농무에 의해 운송물이 직접 손해를 입은 경우에는 불가항력(천재지변)에 해당하나 농무로 인해 임의좌초한 것은 인간의 행위가 개재되어 있으므로 불가항력(천재지변)에 해당하지 않는다(戶田, 89頁). 후자는 경우에 따라 해상고유의 위험에 해당할 수 있다.

231) 이 사유는 헤이그규칙 제4조 제2항 e호의 「act of war」및 k호의 「riots and civil commotions」에 해당한다.

232) 戶田, 95頁.

233) 동지: 배, 219쪽.

234) 戶田, 96頁.

235) 배, 219쪽.

국권을 탈취하는 등 국가의 기본조직을 불법적으로 파괴하는 조직적, 집단적 폭력 행위를 말한다. 내전(內戰)도 내란에 속한다고 할 수 있다.[236] 폭동과 내란은 집단적 폭력행위가 조직적인가의 여부에 따라 구별된다. 그러나 두 가지 모두 면책사유이므로 이를 구별할 실익은 없다.

(라) 해적행위나 그 밖에 이에 준한 행위(4호)[237]   해적행위는 사적(私的)인 집단에 의한 선박이나 선박 위의 재산의 약탈을 말한다. 「그 밖에 이에 준한 행위」에는 집단적인 강도나 테러행위 등이 포함된다. 운송인이 운송계약을 이행하기 위하여 선박을 용선하였는데 운송물의 선적 후에 선박소유자가 선원들과 공모하여 운송물을 횡령하는 것도 이에 속한다.[238] 그러나 집단적이 아닌 강도행위나 선원이나 제 3 자에 의한 절취행위는 이에 해당하지 아니한다.[239]

(마) 재판상의 압류, 검역상의 제한, 그 밖에 공권에 의한 제한(5호)[240]

(ㄱ) 재판상의 압류는 민사재판에 의한 압류 또는 가압류를 말한다. 이는 공권력이 능동적으로 발동이 아니라 사법(私法)관계를 기초로 하여 수동적 입장에서 발동하는 것이다. 그러므로 행정소송 등 행정권의 발동으로 인한 재판상의 압류는 이에 해당하지 아니하고 뒤의 「그 밖의 공권에 의한 제한」에 해당한다.[241] 운송인의 귀책사유로 인한 재판상의 압류에 대해 운송인은 면책을 주장할 수 없다. 그러나 운송인에게 귀책사유가 있다는 사실은 청구인이 증명해야 한다(상 796조 단서). 재판상의 압류는 선박 자체의 압류이든 운송물의 압류이든 묻지 아니한다.

(ㄴ) 「검역상의 제한 그 밖에 공권에 의한 제한」은 능동적인 공권력의 발동에 의한 선박이나 운송물의 억류 또는 제한을 말한다. 검역상의 제한이란 전염병 등의 예방을 위한 억류 또는 제한을 말한다. 「그 밖에 공권에 의한 제한」에는 세관 또는 항만관리상의 규제, 운송물의 수출입금지 또는 제한, 선박의 입출항금지, 해상봉쇄, 금제품의 몰수 등이 있다. 또한 공권력에 의한 제한이 임박하여 운송인이 이를 회피하기 위해 취한 조치에 의해 운송물에 관한 손해가 발생하였을 경우에

---

236) 내전은 전쟁에 해당한다고 볼 수도 있으나 전쟁이나 내란 모두 면책사유이므로 차이가 없다.

237) 이 사유는 헤이그규칙 제 4 조 제 2 항 (f)호의 「공적(公敵)행위(act of public enemies)」를 구체화한 것이다.

238) 동지: 戸田, 97-98頁.

239) 戸田, 98頁.

240) 이 사유는 헤이그규칙 제 4 조 제 2 항 (g)호의 「행정권에 의한 억류 또는 강제 또는 재판상의 압류(arrest or restraint of princes, rulers or people, or seizure under legal process)」와 h호의 「검역상의 제한(quarantine restraint)」을 통합한 것이다.

241) 戸田, 101頁.

도 그러한 조치를 취하는 것이 합리적이었다면 운송인은 면책을 주장할 수 있다.[242] 운송인이 운송계약 체결시에 공권력에 의한 제한의 위험을 알았거나 알 수 있었을 경우에는 운송인은 면책을 주장할 수 없다.[243] 이 경우 운송인이 위와 같은 위험을 알았거나 알 수 있었다는 사실은 청구인이 증명해야 한다.

　㈐ 송하인 또는 운송물의 소유자나 그 사용인의 행위(6호)[244]

　　㈀ 송하인 또는 운송물의 소유자나 그 사용인의 행위로 인한 운송물에 관한 손해는 운송인의 귀책사유로 인한 것이 아니므로 이에 대하여 운송인이 책임을 부담하지 아니하는 것은 과실책임의 원칙상 당연하다.[245] 그러나 위 면책사유는 운송인이 무과실을 증명할 책임을 완화하여 증명책임을 감경해 준 점에 의의가 있다. 이 점에서 위 면책사유는 아래에서 살펴보는 제 9 호의 운송물의 포장의 불충분 또는 기호의 표시의 불완전이나 제10호의 운송물의 특수한 성질 또는 숨은 하자와 그 취지가 동일하다.

　　㈁ 송하인이 운송인에게 운송물의 종류나 성질에 대해서 허위의 통지를 하여 운송인이 이에 기해 운송물의 적부를 적절하게 하지 않아서 운송물에 관한 손해가 생긴 경우에 운송인은 위 면책사유에 기해 면책을 주장할 수 있다. 그런데 송하인의 허위의 통지에 근거해 운송인이 선하증권을 발행한 경우에 선하증권의 선의의 소지인에 대하여 운송인이 위 면책사유를 원용하여 면책을 주장할 수 있는가 하는 점이 문제가 된다. 생각건대 위 면책사유의 입법취지나 연혁에 비추어 볼 때 위 면책사유는 송하인 또는 운송물의 소유자나 그 사용인의 행위로 인하여 운송물 자체에 멸실 또는 훼손이 생기거나 운송물이 연착되는 경우에 적용되는 것이고, 선하증권의 부실기재로 인하여 선하증권 소지인이 입은 손해에 대하여 적용되는 것은 아니다. 따라서 선하증권의 부실기재의 경우에는 운송인은 상법 제797조 제 3 항 단서의 요건이 충족되면 그에 따라 면책을 주장할 수 있고, 그 이외의 경우에는 상법 제854조 제 2 항에 따라 선의의 선하증권 소지인에 대하여 손해배상책임을 부담하여야 할 것이다. 이 경우 손해배상을 해 준 운송인은 송하인에 대하여 구상권을 행사할 수 있다(상 853조 3 항).

---

242) 동지: 戶田, 100頁.
243) 동지: 戶田, 100頁.
244) 이 사유는 헤이그규칙 제 4 조 제 2 항 (i)호의 「act or omission of the shipper or owner of the goods, his agent or representative」를 번역한 것이다.
245) 정(찬), (하), 893쪽.

㈐ 송하인 또는 운송물의 소유자나 그 사용인에게 과실이 없는 경우에도 운송인이 위 면책사유를 원용하여 면책을 주장할 수 있다.246) 한편 청구인이 운송인의 과실이 손해의 발생에 기여한 것을 증명한 경우에는 운송인은 책임을 부담한다(상 796조 단서). 이 경우 송하인 또는 운송물의 소유자나 그 사용인에게 과실이 있는 경우에 송하인이나 운송물 소유자의 청구에 대해 운송인은 과실상계를 할 수 있다. 그러나 과실이 없는 선하증권 소지인에 대하여는 과실상계가 허용되지 아니한다.

㈑ 송하인 또는 운송물의 소유자나 그 사용인의 행위로 인하여 다른 운송물에 손해가 생긴 경우에 운송인은 위 면책사유를 근거로 면책을 주장할 수 없는 것은 당연하다. 이 경우 운송인은 당해 운송물에 관한 주의의무 위반이 없었음을 증명하여야 그 책임을 면할 수 있다(상 795조 1항).

㈒ 소위 FIO 조항247)또는 이와 유사한 약관이 있는 경우에도 운송인이 위 면책사유를 원용하여 면책을 주장할 수 있다는 견해도 있으나248) FIO 조항 등이 있는 경우에는 운송인이 선적이나 양하 작업을 인수하지 않았기 때문에 운송인이 이러한 작업에 대한 주의의무 자체를 부담하지 않는다. 그러므로 선적이나 양하 작업 중에 발생한 운송물에 관한 손해에 대하여 운송인은 위 면책사유를 원용할 필요도 없이 당연히 책임을 부담하지 않는 것으로 보아야 한다.249) 그러나 만일 FIO 조항에 따라 송하인이 선적 작업을 하다가 운송물에 손상이 발생한 경우에 운송인이 무유보선하증권(410쪽 참조)을 발행하였다면 운송인은 선의의 선하증권 소지인에 대해서는 운송물 손상에 대한 책임을 면하지 못한다(선하증권의 확정적 효력에 관한 437쪽 이하 참조).

㈙ **동맹파업이나 그 밖의 쟁의행위 또는 선박폐쇄(7호)250)**

㈎ 「동맹파업이나 그 밖의 쟁의행위 또는 선박폐쇄」는 임금이나 근로시간 또는 복지 등의 근로조건에 관한 것뿐만 아니라 정치적, 사회적 원인의 것을 포함한다.251) 또한 이러한 쟁의행위는 부분적인 것이라도 무방하다.252) 태업(사보타지)

---

246) 戸田, 107頁.
247) FIO 조항에 관한 상세는 334쪽 이하 참조.
248) 戸田, 107-108頁.
249) Treitel, *Carver on Bills of Lading*, p. 714.
250) 이 사유는 헤이그규칙 제 4 조 제 2 항 (j)호의 「strikes or lockouts or stoppage or restraint of labour from whatever cause, whether partial or general」를 번역한 것이다.
251) 헤이그규칙 제 4 조 제 2 항 (j)호는 쟁의행위의 원인을 묻지 아니한다는 점(from whatever cause)

은 그 밖의 쟁의행위에 속한다. 또한 운송인과 그 사용인 간의 노동쟁의로 인한 쟁의행위뿐만 아니라 항만노동자의 파업 등과 같이 운송인 및 그 사용인과 관계 없는 제 3 자간의 노동쟁의로 인한 쟁의행위도 이에 속한다.

(ㄴ) 운송인이 위 면책사유를 원용하여 면책을 주장할 수 있는 것은 원칙적으로 쟁의행위로 인하여 직접적으로 발생한 손해에 한정된다.[253] 왜냐하면 항만노동자의 파업이 해제된 후 항만의 혼잡(congestion)으로 인하여 발생한 손해 또는 쟁의행위가 벌어지는 항구를 피하기 위해 항로이탈을 한 결과 발생한 손해 등과 같이 쟁의행위로 인하여 간접적으로 발생한 손해에 대하여는 운송인은 그러한 손해가 쟁의행위로 인하여 보통 생길 수 있는 것임을 증명하기가 어렵기 때문이다(상 796조).

(ㄷ) 쟁의행위가 발생한 데 대하여 운송인의 과실이 개입된 경우에는 운송인은 면책되지 아니한다. 이 경우에 운송인의 과실은 청구인이 증명하여야 한다(상 796조 단서).[254]

(아) 해상에서의 인명이나 재산의 구조행위 또는 이로 인한 항로이탈이나 그 밖의 정당한 사유로 인한 항로이탈(8호)[255]

(ㄱ) 구조행위   해상에서의 인명이나 재산의 구조행위는 운송물에 대한 위험을 증대시키고 연착의 원인이 되기 때문에 이것을 면책사유로 하는 것은 적하이해관계인에게는 상당히 불리하나 인명이나 재산의 구조행위를 장려하기 위하여 운송인의 면책사유 중의 하나로 인정한 것이다.[256] 구조행위에 착수하였으나 구조에 실패한 경우에도 운송인은 위 면책사유를 원용할 수 있다.[257]

헤이그규칙은 구조행위뿐만 아니라 구조의 시도(attempting to save life or property at sea) 행위도 면책사유로 규정하고 있는데, 우리 상법상의 면책사유도 동일하게 해석해

을 명시적으로 규정하고 있다.

252) 헤이그규칙 제 4 조 제 2 항 (j)호는 쟁의행위가 전면적인 것이든 부분적인 것이든 묻지 아니한다는 점(whether partial or general)을 명시적으로 규정하고 있다.

253) 戸田, 103頁.

254) 배, 222쪽; 戸田, 104頁.

255) 이 사유는 헤이그규칙 제 4 조 제 2 항 (l)호의 「saving or attempting to save life or property at sea」와 동조 제 4 항(Any deviation in saving or attempting to save life or property at sea or any reasonable deviation shall not be deemed to be an infringement or breach of this convention or of the contract of carriage, and the carrier shall not be liable for any loss or damage resulting therefrom)을 통합한 것이다.

256) 배, 222쪽. 한편 선원법상 선장은 조난당한 선박이나 항공기의 인명을 구조할 의무를 부담한다(동 법 13조).

257) 동지: 배, 222쪽.

야 할 것이다.258) 따라서 구조를 위한 준비행위를 하였으나 구조행위에 착수하지 아니한 경우 등도 위 면책사유에 해당한다.

구조행위를 원인으로 하여 면책을 주장할 수 있는 손해는 구조에 필요한 범위에서 생긴 운송물의 멸실, 훼손 또는 연착에 관한 손해를 말한다. 구조를 위해 운송인이 의도적으로 한 운송물의 처분으로 인한 손해도 이에 포함된다고 본다.259)

한편 위 면책사유와 관련하여, 선박소유자가 구조료청구권을 취득하는 재산 구조행위를 면책사유로 하는 것은 그 타당성이 의심스러우며 따라서 위 면책사유 중 재산의 구조행위를 엄격히 해석하여 인명 구조시에 행해진 재산 구조행위 또는 선박충돌시의 재산 구조행위 등으로 제한해야 한다는 견해가 있다.260) 생각건대 위 견해에 일부 수긍할 만한 점은 있으나 운송인이 선박소유자가 아닌 경우에는 운송인이 구조료청구권을 가질 수 없으므로 위 견해는 전적으로 타당하다고 할 수 없다. 또한 이러한 해석은 상법 또는 그 연원이 된 헤이그규칙의 문리 해석에 반한다고 본다.

(ㄴ) 항로이탈   항로이탈은 운송물에 대한 해상위험을 증대시키고 연착의 원인이 되기 때문에 원칙적으로 허용되지 아니한다.261) 그러나 인명이나 재산을 구조하기 위한 경우 또는 그 밖에 정당한 사유가 있는 경우에는 항로이탈을 허용하는 것이 바람직하므로 이를 면책사유로 한 것이다. 여기서 항로이탈이란 정박항의 변경 또는 정박순서의 변경도 포함한다.262)

어떠한 경우에 정당한 사유가 있다고 볼 것인가 하는 점은 구체적인 사안에 따라 개별적으로 판단하여야 할 것이다. 법령이나 관습상 허용되는 항로이탈이나, 해상의 위험 또는 나포의 위험을 피하기 위한 항로이탈, 선박의 감항능력을 회복하기 위한 항로이탈 등은 정당한 사유가 있는 항로이탈에 해당할 것이다.263) 한편 운송인의 귀책사유로 인하여 발생한 위험을 피하기 위한 항로이탈은 원칙적으로 정당한 사유가 있는 항로이탈에 해당되지 아니한다.264) 그러나 항해과실이나 화재

---

258) 배, 222쪽; 戸田, 112頁.
259) 동지: 戸田, 113頁.
260) 戸田, 112-113頁.
261) 선원법상 선장은 부득이한 사유가 있는 경우를 제외하고는 예정항로를 따라 도착항까지 항행하여야 할 의무를 부담한다(동 법 8조).
262) 戸田, 113頁.
263) 배, 223쪽.

와 같이 운송인이 면책되는 귀책사유로 인한 위험을 피하기 위한 항로이탈은 정
당한 사유가 있는 항로이탈에 해당한다.[265]

한편 실무에서는 선하증권에 이로자유 약관(liberty clause 혹은 deviation clause)을
기재하는 경우가 많다. 이러한 약관이 있는 경우에도 운송인은 임의로 항로이탈을
할 수는 없고 정당한 사유가 있는 범위 내에서만 항로이탈을 할 수 있다고 보아야
한다.[266] 그러므로 선하증권에 이러한 약관을 기재하였는지의 여부는 운송인의 책
임에 아무런 영향을 미치지 아니한다.

항로이탈이 정당한 사유로 인한 것이라는 증명책임은 운송인에게 있다.[267]

㈜ 운송물의 포장의 불충분 또는 기호의 표시의 불완전(9호)[268]

㈀ 송하인은 운송을 위탁할 때 운송물의 성질, 외형, 중량 및 크기 등을 감
안하여 운송물이 통상의 운송과정을 견딜 수 있을 정도로 적절하게 운송물을 포
장하고 적절한 기호를 표시하여 운송인에게 제공하여야 한다. 송하인이 이에 위반
하여 운송물의 포장을 불충분하게 하거나 기호의 표시를 불완전하게 하는 경우
운송인은 제 6 호의 「송하인 또는 운송물의 소유자나 그 사용인의 행위」를 근거로
면책을 주장할 수도 있다. 그러나 포장의 불충분이나 기호의 표시의 불완전이 누
구의 행위인가를 증명할 필요가 없이 운송인이 면책을 주장할 수 있다는 점에서
위 제 9 호의 면책사유를 인정한 실익이 있다.[269]

㈁ 포장의 불충분이란 운송물의 포장 재료가 불량하거나 포장 방법이 적절
하지 않아 항해 중의 통상적인 위험과 통상적인 선적이나 양하 등의 작업을 감당
할 수 없는 포장상태를 말한다.[270] 포장의 불충분에는 포장을 전혀 하지 아니한
경우도 포함된다. 한편 포장의 불충분을 외관상 알 수 있는 경우에는 선하증권에
이를 기재하지 아니하면 운송인은 선의의 선하증권 소지인에게 위 면책사유를 주

---

264) 이러한 경우에 항로이탈로 인한 손해는 결국 운송인의 귀책사유로 인한 것이므로 운송인이 책
  임을 부담한다.
265) 戶田, 114頁.
266) 운송인이 임의로 항로이탈을 할 수 있다는 약관은 편면적 강행규정(상 799조)에 위반하여 무효
  라고 본다.
267) 동지: 戶田, 115頁. 한편 배, 223쪽은 이로자유 약관이 있는 경우에 정당한 사유가 없었다는 점에
  대한 증명책임은 청구인에게 있다는 견해를 취하나 이는 앞서 본 이로자유 약관의 효력에 비추
  어 볼 때 의문이다.
268) 이 사유는 헤이그규칙 제 4 조 제 2 항 (n)호의 「insufficiency of packing」과 (o)호의 「insufficiency
  or inadequacy of marks」를 통합한 것이다.
269) 배, 223-224쪽.
270) 동지: 배, 224쪽.

장할 수 없다.[271] 그러나 이 경우에도 운송인은 송하인 또는 악의의 소지인에 대하여는 포장의 불충분을 근거로 면책을 주장할 수 있다.[272]

한편 운송인이 상당한 주의를 기울여도 포장의 불충분을 알 수 없는 경우에는 운송인은 위 제9호 또는 아래에서 살펴보는 운송물의 숨은 하자를 근거로 선의의 소지인에 대하여도 면책을 주장할 수 있다.

(ㄷ) 기호의 표시의 불완전   운송물의 기호는 운송물의 외관에 기재되는 양륙항표시, 원산지표시, 수량표시, 번호표시, 품질등급표시, 취급상의 주의사항 표시 등을 말한다. 기호의 표시의 불완전이란 이러한 표시 자체가 결여되거나, 표시가 부정확하거나 불충분하거나, 또는 항해의 종료시까지 표시가 판독할 수 있도록 유지되지 못하는 것 등을 말한다. 운송인이 이러한 기호의 표시의 불완전으로 인해 다른 운송물을 인도하거나 정당한 수하인이 아닌 자에게 잘못 인도하거나 또는 인도할 수가 없는 경우 등에 운송인은 위 제9호를 근거로 면책을 주장할 수 있다.

운송물의 기호의 불완전은 외관상 알 수 있는 경우가 일반적인바, 이 경우 운송인은 선하증권에 이를 기재하지 아니하면 선의의 소지인에 대하여 위 제9호를 근거로 면책을 주장하지 못한다. 운송인이 선의의 소지인에 대하여 면책을 주장하지 못하고 손해배상책임을 부담한 경우 운송인은 송하인에 대하여 구상권을 행사할 수 있다(상 853조 1항 2호, 3항). 한편 운송인이 송하인이나 악의의 소지인에 대하여 면책을 주장할 수 있다는 점은 포장의 불충분의 경우와 마찬가지이다.

(ㅊ) 운송물의 특수한 성질 또는 숨은 하자(10호)[273]

(ㄱ) 여기서 운송물의 특수한 성질이란 그 운송물과 동종인 물품에 공통되는

---

271) 대법원 2003. 1. 10. 2000다70064 판결(원심은, 이 사건 화물의 훼손은 습기의 침투 방지나 충격 흡수 등을 고려하지 않은 송하인의 불충분한 포장으로 인하여 발생한 것이거나 화물 고유의 특수한 성질 또는 숨은 하자로 인하여 발생한 것이라는 피고의 주장에 대하여, 이 사건 선하증권은 무고장선하증권(무유보선하증권, Clean on Board Bill of Lading)인 사실이 인정되므로, 피고는 선하증권의 소지인인 포스트레이드에 대하여 위 기재에 반하여 화물의 포장이 불충분하고 양호하지 않은 상태로 선적되었다는 주장을 할 수 없고, 달리 이 사건 화물의 훼손이 화물 고유의 특성이나 숨은 하자로 인한 것이라는 점을 인정할 만한 증거도 없다는 이유로 위 피고의 주장을 배척하였다. 원심판결 이유를 기록에 비추어 살펴보면, 원심의 위와 같은 사실인정과 판단은 정당하다). 동지: 배, 224쪽; Treitel, *Carver on Bills of Lading*, p. 717.

272) 다만 외관상 포장의 불충분을 알 수 있는 경우에 운송인은 그 포장 상태대로 운송물을 안전하게 운송할 수 있도록 합리적인 주의를 기울일 의무를 부담한다(Treitel, *Carver on Bills of Lading*, p. 615). 운송인이 이러한 의무에 위반한 경우 청구인이 운송인의 귀책사유를 증명하면 운송인은 손해배상책임을 부담한다(상 796조 단서).

273) 이 사유는 헤이그규칙 제4조 제2항 (m)호의 「wastage in bulk or weight or any other loss or damage arising from inherent defect, quality or vice of the goods」에 해당한다.

특성으로서 운송물이 통상의 운송 과정에서 자연적으로 멸실 또는 훼손을 일으키는 특성을 말한다. 예컨대 과일이나 어류의 자연부패, 산 동물의 자연사, 곡물의 자연발아, 액체화물의 자연감량, 습기에 젖은 면화의 자연발화 등이 이에 해당한다. 운송인은 이러한 특수한 성질을 가진 운송물이 손해를 입은 경우 제10호를 근거로 면책을 주장할 수 있다. 한편 운송물의 특수한 성질을 알면서 운송을 인수한 경우나 운송인이 특수한 성질을 알 수 있었던 경우에 운송인이 이러한 특수한 성질에 상응하는 상당한 주의를 기울일 의무에 위반하여 손해가 발생하였음을 청구인이 증명하면 운송인은 손해배상책임을 부담한다(상 796조 단서).

(ㄴ) 운송물의 숨은 하자란 동종의 물품에 일반적으로 존재하는 하자가 아니라 특정한 물품에만 존재하는 하자로서 상당한 주의를 기울여도 발견할 수 없는 하자를 말한다. 운송물이 화학제품인 경우 그 제조과정에서의 잘못된 부산물로 인한 운송물의 변색이 이에 해당한다.[274] 운송물의 하자가 상당한 주의를 기울여도 발견할 수 없는 숨은 하자라는 점에 대한 증명책임은 운송인이 부담한다. 그러나 운송인은 실제로 상당한 주의를 기울였다는 사실까지 증명할 필요는 없다.

㈔ 선박의 숨은 하자(11호)

(ㄱ) 선박의 숨은 하자란 상당한 주의를 기울여도 발견할 수 없는 선박의 하자로서 선박의 특정 부분의 하자에 제한되지 아니한다.[275] 제정 상법에는 면책사유에 포함되어 있지 아니하였으나 헤이그규칙을 참조하여 1991년 상법 개정시에 추가되었다.[276] 선박의 하자가 숨은 하자라는 점에 대한 증명책임은 운송인이 부담한다. 앞서 본 운송물의 숨은 하자의 경우와 마찬가지로 운송인은 실제로 상당

---

274) 대법원 2006. 5. 12. 2005다21593 판결(운송물인 페놀의 변색이 그 자체의 특수한 성질이나 제조과정에서 생성된 부산물의 존재 등 숨은 하자로 인하여 생긴 것이고, 그와 같은 변색은 그 특수한 성질이나 숨은 하자로 인하여 보통 생길 수 있다고 봄이 상당하므로 운송인이 면책된다고 한 사례).

275) 정(동), (하), 878쪽은 선박의 숨은 하자로 인한 면책은 감항능력주의의무에 관한 규정과 충돌될 우려가 있으므로 선박의 숨은 하자는 운송물의 선적, 적부 및 양륙에 사용하는 기계의 결함이라고 좁게 해석해야 한다고 하나 이는 의문이다.

276) 다만 헤이그규칙은 「선박의 숨은 하자」가 아니라 「상당한 주의를 기울여도 발견할 수 없는 하자(latent defects not discoverable by due diligence)」를 면책사유 중의 하나로 규정하고 있다(동 규칙 4조 2항 (p)호). 헤이그 규칙상의 위 면책사유는 선박의 하자뿐만 아니라 육상의 기중기나 다른 하역장비와 같이 선박 이외의 장비의 하자도 포함한다고 해석될 수 있다(Treitel, *Carver on Bills of Lading*, p. 718). 이 점에서 우리 상법의 입장은 헤이그규칙과 다르다. 한편 일본 국제물품해상운송법은 헤이그규칙상의 위 면책사유를 수용하면서 우리 상법의 입장과는 반대로 선박의 하자는 제외하고 「기중기 그 밖에 이에 준하는 시설의 숨은 하자」를 면책사유로 규정하였다(동법 4조 2항 11호).

한 주의를 기울였다는 사실까지 증명할 필요는 없다.

　　(ㄴ) 선박의 숨은 하자로 인한 면책과 관련해서는 선박의 숨은 하자가 감항능력과 관련이 되는 경우에 운송인은 상법 제794조 제1항에 따라 감항능력주의의무를 다했음을 증명하여야 면책이 되는가 아니면 위 제11호에 근거하여 면책을 주장할 수 있는가 하는 점이 문제가 된다. 생각건대 상법 제796조가 운송인이 면책사유를 원용하는 경우에 청구인이 운송인의 감항능력주의의무 위반을 증명하여 운송인에게 손해배상책임을 부담시킬 수 있다고 규정한 것에 비추어 보면 선박의 숨은 하자가 선박의 감항능력과 관계되는 경우에도 운송인이 면책되기 위해서는 선박의 하자가 상당한 주의를 기울여도 발견할 수 없는 숨은 하자라는 사실 및 손해가 이러한 숨은 하자로부터 보통 생길 수 있는 것만 증명하면 족하고 나아가 감항능력주의의무를 다하였음을 증명할 필요는 없다고 본다.[277] 이 점에서 선박의 숨은 하자를 별도의 면책사유로 규정한 의의가 있다. 또한 선박의 하자가 발항 후에 생겨난 경우에는 이러한 하자는 감항능력주의의무와는 관련이 없고, 운송인은 그러한 하자가 숨은 하자임을 증명하여 제11호를 근거로 면책을 주장할 수 있다.[278]

　　다. 효　과

　　(가) 앞서 본 법정 면책사유는 운송인의 귀책사유 또는 위법성이 없는 사유이므로 이로 인한 손해에 대해 운송인이 책임을 부담하지 아니하는 것은 당연하다. 따라서 상법 제796조가 특별히 면책사유를 규정하고 있는 것은 운송인의 증명책임을 경감해준다는 점에 의의가 있다. 즉 법정 면책사유가 존재하는 경우 운송인은 자기 또는 그 사용인의 무과실을 증명할 필요가 없으며 또한 법정 면책사유와 손해 사이의 인과관계도 증명할 필요가 없다. 운송인은 단지 법정 면책사유가 있었다는 것과 운송물에 관한 손해가 그 사실로 인하여 보통 생길 수 있는 것임을 증명한 때에는 배상책임을 면할 수 있다(상 796조 본문).

　　(나) 한편 운송인이 감항능력주의의무 또는 운송물에 관한 주의의무를 다하였더라면 그 손해를 피할 수 있었음에도 불구하고 그 주의를 다하지 아니하였음을 청구인이 증명하면 운송인은 여전히 책임을 부담한다(상 796조 단서). 즉 운송인에게 책임을 부담시키기 위해서는 청구인은 운송인의 감항능력주의의무 위반 또는 운

---

277) 이는 헤이그규칙의 해석상으로도 동일하다(Treitel, *Carver on Bills of Lading*, p. 718).

278) Treitel, *Carver on Bills of Lading*, p. 718.

송물에 관한 주의의무 위반뿐만 아니라 이러한 의무위반과 손해의 발생 또는 확대 사이에 인과관계가 있다는 사실을 증명하여야 한다.[279] 운송인의 의무위반이 손해의 확대에 기여하였음이 증명된 경우 운송인은 확대된 손해에 대하여만 책임을 부담한다.

6) 운송인의 면책에 관한 증명책임의 분배

앞서 논의한 바에 따라 우리 상법상 운송인의 면책에 관한 증명책임의 분배를 정리해 보면 다음과 같다. 먼저 그 손해의 원인이 될 수 있는 사실이 밝혀진 경우에 그 사실이 상법 제796조에 열거된 사유 중의 하나이면 운송인은 그러한 사유가 존재하였고 손해가 그러한 사유로 인하여 보통 생길 수 있다는 점을 증명하여야 한다. 이 경우 청구인이 운송인에게 손해배상책임을 부담시키기 위해서는 청구인이 감항능력주의의무 또는 운송물에 관한 주의의무와 관련하여 운송인측의 과실이 있었음을 증명하여야 하고 이러한 증명을 하지 못하면 운송인은 면책된다. 다음으로 그 손해의 원인이 상법 제796조에 열거된 사유 중의 하나가 아니라 항해과실 또는 화재인 경우에는 운송인은 그 손해가 항해과실 또는 화재로 인한 것임을 증명하면 면책된다. 손해의 원인이 이러한 면책사유에 해당하지 아니하는 경우 또는 손해의 원인이 밝혀지지 않은 경우에는 운송인은 자신 또는 그 이행보조자가 감항능력주의의무 및 운송물에 관한 주의의무를 전부 이행했음을 증명하지 아니하면 손해를 배상할 책임을 진다.

(5) 책임의 제한

1) 정액배상주의

가. 우리 상법은 개품운송인의 손해배상액에 관하여 육상물건운송인의 경우와 같이 정액배상주의에 따라 운송인의 손해배상액을 제한하였다(상 815조, 137조). 따라서 운송물이 전부 멸실 또는 연착된 경우의 손해배상액은 인도할 날의 도착지의 가격에 의하고(상 137조 1항),[280] 운송물이 일부 멸실.또는 훼손된 경우의 손해배상액은 인도한 날의 도착지의 가격에 의한다(동 조 2항). 즉 운송물이 전부 멸실된

---

279) 戸田, 117頁.
280) 대법원은 운송인의 채권채무의 소멸과 관련하여 「상법 제811조 소정의 '운송물을 인도할 날'이라고 함은 통상 운송계약이 그 내용에 좇아 이행되었으면 인도가 행하여져야 했던 날을 말한다.고 판시하였는바(대법원 1997. 11. 28. 97다28490 판결), 위 판결은 정액배상주의에서의 '운송물을 인도할 날'의 의미에도 동일하게 적용될 수 있다고 본다.

경우에는 운송인은 인도할 날의 도착지에서의 운송물의 가격을 배상하면 되고, 운
송물이 연착된 경우에는 운송물의 가격이 하락한 경우에 한하여 인도할 날의 가
격과 인도한 날의 가격과의 차액을 배상하면 된다.[281] 여기서 운송물의 「가격」은
어떤 가격을 기준으로 할 것인가 하는 점이 문제가 되는데, 수하인은 도매상인 경
우가 보통이라는 점을 고려해 볼 때 특별한 사정이 없는 한 도매가격이 기준이 된
다고 본다.[282] 또한 운송물이 일부 멸실 또는 훼손된 경우에는 인도한 날의 도착
지의 가격에 따른 감가액을 배상하면 된다. 한편 운송물이 일부 멸실 또는 훼손된
상태로 연착한 경우에는 연착의 경우에 준하여 인도할 날의 운송물의 가격을 기
준으로 한다.[283]

　　　또한 실손해액이 정액배상주의에 의해 산정된 가액에 미달하는 경우에도 운
송인은 정액배상주의에 의해 산정된 가액을 배상하여야 한다.[284]

　　　나. 민법의 채무불이행책임의 원칙에 의하면 운송인은 채무불이행과 상당인
과관계가 있는 모든 손해에 대해 배상을 해야 하고(민 393조 1항), 운송인이 알 수
있었던 특별한 사정으로 인한 손해도 배상해야 한다(동 조 2항). 상법상의 정액배상
주의는 이러한 민법의 일반원칙에 대한 예외이다. 이처럼 우리 상법이 정액배상주
의를 채택한 것은 해상물건운송인의 책임을 경감하여 해상물건운송업을 보호·육
성하고, 법률관계를 간명하게 하여 배상액에 관한 분쟁을 방지하기 위한 정책적인
이유에서이다.[285] 그러나 운송물의 멸실, 훼손 또는 연착이 운송인이나 그 사용인
의 고의나 중대한 과실로 인한 때에는 위 정액배상주의가 적용되지 아니하고 운
송인은 모든 손해를 배상할 책임을 진다(동 조 3항). 이러한 경우에까지 운송인을 보
호할 필요가 없기 때문이다. 또한 운송물의 멸실 또는 훼손으로 인하여 지급을 요
하지 아니하는 운임 그 밖의 비용은 손해배상액에서 공제된다(동 조 4항). 이는 손익
공제의 원칙상 당연한 것이다.

　　　다. 운송물의 멸실, 훼손 또는 연착으로 인한 손해 이외의 손해에 대하여는

---

281) 우리 상법상 연착의 경우에 운송물의 가격이 올라 인도한 날의 운송물의 가격이 인도할 날의
　　운송물의 가격보다 높은 경우에는 운송인은 손해배상책임을 지지 않게 된다. 이 점에서 연착의
　　경우에까지 정액배상주의를 채택한 우리 상법은 입법의 불비라는 주장이 유력하다(이(철), (상
　　총), 519쪽).
282) 대전지방법원 강경지원 1988. 3. 24. 87가합104 판결(운송물이 일부 멸실된 경우의 손해배상액은
　　인도한 날의 도착지의 도매가격에 의한다).
283) 이(철), (상총), 520쪽; 정(찬), (상), 343쪽.
284) 戶田, 252頁.
285) 이(철), (상총), 517-518쪽.

정액배상주의가 적용되지 아니하므로 운송인은 민법의 채무불이행책임의 일반 원칙에 따라 손해배상책임을 부담한다.[286)

2) 개별적 책임제한

가. 총   설

㈎ 해상물건운송인이 포장당 또는 선적단위당 일정 금액으로 그 책임을 제한할 수 있는 제도가 포장당 책임제한제도이고, 운송물의 중량 1 킬로그램당 일정 금액으로 그 책임을 제한할 수 있는 제도가 중량당 책임제한제도이다. 선박소유자 등의 해상기업주체가 선박의 톤수에 따라 그 책임을 제한할 수 있는 총체적 책임제한제도에 대응하여 해상물건운송인이 원용할 수 있는 포장당 책임제한제도와 중량당 책임제한제도를 개별적 책임제한제도라 한다.

㈏ 해상물건운송인의 개별적 책임제한제도는 선박소유자 등의 총체적 책임제한제도와 더불어 해상법의 가장 큰 특색 중의 하나이다. 이러한 개별적 책임제한제도 중 포장당 책임제도는 해상물건운송인이 해상기업활동 중에 발생하는 책임을 최소화하기 위하여 100여 년 전부터 사용해 온 제도인데 운송인들이 선하증권에 명목상의 책임한도액을 기재하여 사실상 책임을 회피하려는 경향이 생기자 국제적으로 포장당 책임제한제도의 유효성에 관하여 논란이 제기되었다. 그리하여 포장당 책임제한제도의 유효성은 인정하되 그 최저금액을 강행적으로 규정하기로 하는 타협이 이루어져 1924년에 헤이그규칙에 포장당 책임제도가 규정되게 되었다.[287) 그런데 헤이그규칙이 성립된 후 경제의 발전에 따라 물가가 상승함으로써 헤이그 규칙상의 포장당 책임제한액이 현실과 맞지 않게 되었다. 또한 해운업의 혁명적인 변화로서 새로운 운송용기인 컨테이너가 등장함에 따라 과연 컨테이너를 하나의 포장으로 보아야 하는가 아니면 컨테이너에 내장된 운송물 각각을 포장으로 보아야 하는가 하는 어려운 문제가 발생하였다. 이러한 문제들을 해결하기 위하여 해운선진국들의 주도하에 1968년에 헤이그규칙을 개정하는 헤이그 비스비규칙이 성립되었다. 개별적 책임제한제도에 관하여 헤이그규칙과 비교해 볼 때 헤이그 비스비규칙은 다음과 같은 특색을 가지고 있다.

첫째, 헤이그규칙은 포장당 책임제한만을 인정함에 비해 헤이그 비스비규칙

---

286) 정(동), (하), 883-884쪽; 이(철), (상총), 521쪽.
287) 헤이그규칙 제 4 조 제 5 항은 운송인의 책임은 포장 또는 단위(package or unit)당 영국화 100파운드로 제한된다고 규정하였으며 제 3 조 제 8 항은 동 규칙상의 책임을 감경하는 당사자 간의 합의는 무효라고 규정하였다.

은 중량당 책임제한을 인정하고 있다.[288] 이에 따라 해상물건운송인은 곡물, 원유, 석탄 등 살화물(bulk cargo)의 경우에도 책임을 제한할 수 있게 되었다.

둘째, 포장당 책임한도액을 영국화 100파운드에서 666.67 계산단위(국제통화기금의 특별인출권)로 인상하였다. 즉 책임한도액을 인상함과 동시에 계산단위를 국제통화기금의 특별인출권으로 정함으로써 책임한도액이 물가인상의 영향을 적게 받도록 하였다.[289]

셋째, 컨테이너나 팔레트 등의 운송용기가 사용된 경우 컨테이너나 팔레트 등에 내장된 운송물의 포장이나 단위가 선하증권에 기재(enumerate)되면 이러한 운송물의 포장이나 단위를 기준으로 포장당 책임한도액을 계산하도록 하고 그 이외의 경우에는 컨테이너나 팔레트 등의 운송용기를 하나의 포장이나 단위로 본다고 하는 소위 컨테이너 조항을 신설하였다.[290] 이처럼 컨테이너 조항이 신설됨으로써 헤이그 비스비규칙이 적용되는 경우에는 컨테이너나 팔레트 등의 운송용기를 포장으로 볼 것인가 그 안의 내용물을 포장으로 볼 것인가 하는 점은 운송용기에 내장된 운송물의 포장이나 단위가 선하증권에 기재되었는지의 여부에 따라 결정되는 것으로 정리되었다.

㈐ 우리 상법은 1991년 개정 시에 헤이그 비스비규칙 제 4 조 제 5 항을 참조하여 운송인의 책임을 일정 금액으로 제한하는 포장당 책임제한제도를 도입하였다. 그러나 포장당 또는 선적단위당 책임한도액은 당시의 해운현실을 감안하여 헤이그 비스비규칙상의 666.67 계산단위(1 계산단위는 국제통화기금의 1 특별인출권에 상당하는 금액)보다 감액된 500 계산단위로 정하였다.[291] 또한 우리 상법은 1991년 개정 시에 헤이그 비스비규칙의 소위 컨테이너 조항도 그대로 수용하여 제789조의 2(현행 상법 797조) 제 2 항에서 규정하였다. 한편 1991년 개정 시에는 헤이그 비스비규칙

---

288) 헤이그 비스비규칙 제 4 조 제5(a)항은 운송인의 책임은 포장 또는 단위당 666.67 계산단위 또는 총중량 1킬로그램당 2 계산단위 중에 높은 금액으로 제한된다고 규정하고 있다. 동 규칙 제 4 조 제5(d)항에 의하면 위 계산단위는 국제통화기금의 특별인출권(SDR)을 의미한다.

289) 한편 로테르담규칙은 운송인의 책임한도액을 포장 또는 선적단위당 875 계산단위(SDR) 혹은 1 킬로그램당 3 계산단위 중 큰 금액으로 인상하였다(동 규칙 59조 1 항). 또한 로테르담규칙은 인도지연에 대한 운송인의 책임한도액을 운임의 2.5배로 정하였다(동 규칙 60조).

290) 헤이그 비스비규칙 제 4 조 5(c)항.

291) 1991년 개정 시에 당초에는 포장당 책임한도액을 헤이그 비스비규칙과 같이 666.67 계산단위로 하고자 하였으나 입법과정에서 해운업계의 의견을 참조하여 위 헤이그 비스비규칙상의 책임한도액과 미국 해상물건운송법(Carriage of Goods by Sea Act: 이하 "COGSA"라 한다)상의 책임한도액 미화 500달러의 중간 정도인 500 계산단위로 하였다.

상의 중량당 책임제한제도는 도입하지 아니하였다. 그 후 우리 상법은 2007년 개정 시에 헤이그 비스비규칙 제4조 제5항을 그대로 수용하여 포장당 또는 선적단위당 책임한도액을 666.67 계산단위로 인상하는 동시에 중량당 책임제한제도를 도입하여 운송인은 위 포장당 또는 선적단위당 책임한도액과 운송물 중량 1 킬로그램당 2 계산단위의 금액 중 큰 금액을 책임한도액으로 하였다(상 797조 1항 본문).292)

나. 제한되는 운송인의 책임의 범위

운송인의 개별적 책임제한이 적용되는 운송인의 책임은 상법 제794조부터 제796조에 따른 책임이다(상 797조 1항). 즉 운송인은 감항능력 주의의무 위반으로 인한 운송물의 멸실·훼손 또는 연착으로 인한 손해(상 794조)와 운송물에 관한 주의의무 위반으로 인한 운송물의 멸실·훼손 또는 연착으로 인한 손해(상 795조) 중 항해과실이나 화재 또는 법정 면책사유로 인하여 운송인이 면책되는 손해를 제외한 손해에 대한 책임에 대하여 개별적 책임제한을 원용할 수 있다. 한편 운송인의 감항능력주의의무 위반과 운송물에 관한 주의의무 위반 이외의 채무불이행(예컨대 계약의 부당파기 등)으로 인한 손해에 대한 책임에 대하여는 개별적 책임제한이 적용되지 아니한다. 또한 운송인의 감항능력주의의무 위반이나 운송물에 관한 주의의무 위반으로 인한 손해 중 운송물의 멸실·훼손 또는 연착으로 인한 손해 이외의 손해에 대한 책임에 대하여도 개별적 책임제한이 적용되지 아니한다.293)

다. 책임한도액

우리 상법상의 운송인은 매 포장당 또는 선적단위당 666.67 계산단위와 1 킬로그램당 2 계산단위 중 큰 금액으로 책임을 제한할 수 있다는 점은 앞서 본 바와 같다(상 797조 1항).294)

㈎ **포장의 의의**　　포장당 책임제한에 있어서 「포장」이란 운송물의 보호 내

---

292) 다만 중량당 책임제한에 관한 상법규정은 2010년 8월 4일부터 시행된다(현행 상법 2007. 8. 3. 부칙 제1조).

293) 동지: 정(찬), (하), 897쪽. 반대설: 정(동), (하), 884쪽.

294) 1991년 상법 제789조의 2(현행 상법 제797조) 제1항이 「… 운송인의 손해배상의 책임은 … 이를 제한할 수 있다」라는 형식으로 규정하고 있기 때문에 우리 상법상 해상물건운송인은 당사자 사이에 포장당 책임제한에 관한 약정이 있는 경우에 한하여 책임을 제한할 수 있다고 해석될 여지가 있으며 이는 입법상의 실수라는 견해가 있다(장상균, "해상운송인의 포장당 책임제한," 한국해법학회지, 제26권 2호 (2004. 11.), 180쪽). 그러나 우리 법의 규정형식상 「…할 수 있다」라고 규정되어 있으면 당사자 사이의 약정유무와 관계없이 당사자의 일방이 당해 규정을 원용할 수 있다고 해석하는 것이 타당하므로 우리 상법의 해석으로도 해상물건운송인은 당사자의 약정 유무를 묻지 않고 포장당 책임제한을 할 수 있다고 보아야 한다. 이는 동일한 규정형식을 취하고 있는 해상운송인의 총체적 책임제한에 관한 상법 제746조의 해석에 있어서도 마찬가지이다.

지는 취급을 용이하게 하기 위하여 고안된 것으로서 반드시 운송물을 완전히 감싸고 있어야 하는 것도 아니며 구체적으로 무엇이 포장에 해당하는지 여부는 운송업계의 관습 내지는 사회 통념에 비추어 판단하여야 한다.295)

(나) 컨테이너 조항

(ㄱ) 앞서 본 바와 같이 우리 상법은 1991년 개정 시에 헤이그 비스비규칙의 소위 컨테이너 조항도 그대로 수용하였다. 이에 따라 우리 상법상 ① 컨테이너나 그 밖에 이와 유사한 운송용기가 운송물을 통합하기 위하여 사용되는 경우에 그러한 운송용기에 내장된 운송물의 포장 또는 선적단위의 수를 선하증권이나 그 밖에 운송계약을 증명하는 문서에 기재한 때에는 그 각 포장 또는 선적단위를 하나의 포장 또는 선적단위로 보고 이 경우를 제외하고는 이러한 운송용기 내의 운송물 전부를 하나의 포장 또는 선적단위로 보며, ② 운송인이 아닌 자가 공급한 운송용기 자체가 멸실 또는 훼손된 경우에는 그 용기를 별개의 포장 또는 선적단위로 본다(상 797조 2항).

(ㄴ) 컨테이너 조항과 관련해서는 운송용기에 내장된 운송물의 포장 또는 선적단위의 수가 선하증권의 어느 부분에 기재되어야 하는가 하는 점이 문제가 된다. 헤이그 비스비규칙이나 우리 상법은 운송용기 내의 운송물의 포장이나 선적단위의 수가 선하증권의 어느 부분에 기재되어야 하는지에 관하여 아무런 규정을 하고 있지 아니하다. 따라서 선하증권상의 「컨테이너 또는 포장의 수」란이나 「포장의 종류 및 화물의 내역」란을 묻지 않고 어느 곳에건 운송용기 내의 운송물의 포장이나 선적단위의 수가 기재되면 족하다는 견해와 이와는 달리 운송용기 내의 운송물의 포장이나 선적단위의 수가 반드시 선하증권상의 「포장의 수(number of package)」란에 기재되어야 한다는 견해가 있을 수 있다. 생각건대 헤이그 비스비규칙이나 상법에 운송용기 내의 운송물의 포장이나 선적단위의 수를 기재할 곳에 관하여 특별한 규정이 없다는 점을 고려해 보면 반드시 「포장의 수」란에만 기재하여야 한다고 제한적으로 해석할 근거가 없다고 생각된다. 따라서 전자의 견해가 타당하다고 본다. 그러므로 「포장의 수」란에 아무런 기재가 없거나 컨테이너 등의 운송용기의 수가 기재되고 「포장의 종류와 화물의 내역」란에 운송용기 내의 포장이나 선적단위의 수가 기재된 경우에는 헤이그 비스비규칙이나 상법의 컨테이너

---

295) 대법원 2004. 7. 22. 2002다44267 판결.

조항의 해석상 운송용기 내의 운송물의 포장이나 선적단위의 수가 선하증권에 기재된 것으로 보아 운송용기 내의 포장이나 선적단위를 기준으로 포장당 책임제한을 해야 할 것으로 생각된다.[296] 우리 대법원도 묵시적으로 위와 같은 입장을 취하고 있다.[297]

　(ㄷ) 한편 운송용기 내의 운송물의 큰 포장의 수와 그 속의 작은 포장의 수가 선하증권에 나타나는 경우 포장당 책임제한과 관련하여 무엇을 포장으로 보아야 하는가 하는 문제가 있다. 이에 관하여는 우선 선하증권에 표시된 당사자의 의사를 최우선적인 기준으로 삼아야 할 것인바,[298] 당사자의 의사를 규명하는 것은 사실인정의 문제이다. 이 점과 관련하여 우리 대법원은 특별한 사정이 없는 한 최소포장단위에 해당하는 소포장을 책임제한의 계산단위가 되는 포장으로 보기로 하는 것이 당사자의 의사라고 보아야 한다고 판시하였다.[299] 운송용기에 내장된 큰 포장의 수와 그 속의 작은 포장의 수가 모두 선하증권의 동일한 난에 기재된 경우에는 위 대법원의 판시와 같이 선하증권에 작은 포장의 수를 기재하고자 하는 것이 당사자의 의사로 보아 작은 포장의 수를 기준으로 책임제한을 하는 것이 타당하다고 본다. 그러나 큰 포장의 수와 작은 포장의 수가 선하증권의 서로 다른 난에 기재된 경우에는 「포장의 종류 및 화물의 내역」란이나 이와 유사한 란에 기재된 숫자보다는 「포장의 수」란에 기재된 숫자가 선하증권에 기재된 운송용기 내의 운송물의 포장 또는 선적단위의 수라고 보는 것이 타당하다고 본다.[300] 이는 「포장의 종류 및 화물의 내역」란에는 포장에 관한 사항뿐 아니라 포장이 아닌 화물의 내역까지도 혼합하여 기재하도록 되어 있으므로 큰 포장의 수를 「포장의 수」란에 기재하고 「포장의 종류 및 화물의 내역」란에 다시 큰 포장 및 작은 포장을 기재한

---

296) 같은 취지의 호주 판결이 있다(El Greco (Australia) Pty Ltd. and Another v. Mediterranean Shipping Co. S.A., [2004] 2 Lloyd's Rep. 537, para. 286). 다만 운송용기 내의 운송물의 큰 포장의 수가 「포장의 수」에 기재되고 그 속의 작은 포장이나 선적단위의 수가 「포장의 종류 및 화물의 내역」란에 기재된 경우에 포장당 책임제한 목적상 어느 것이 선하증권에 기재된 것으로 보아야 하는가 하는 점은 아래에서 검토한다.
297) 대법원 2004. 7. 22. 2002다44267 판결.
298) 미국 법원도 동일한 입장을 취하고 있으며(송·김, 400쪽), River Gurara호 사건에서의 영국 제1심 법원도 이와 동일한 입장을 취했다(*The River Gurara*, [1998] 1 Lloyd's Rep. 225).
299) 대법원 2004. 7. 22. 2002다44267 판결.
300) 이 점에 관하여 위 대법원 2004. 7. 22. 2002다44267 판결은 「… '포장의 수'란에 최소포장단위가 기재되어 있지 아니하는 경우라 할지라도 거기에 기재된 숫자를 결정적인 것으로 본다는 명시적인 의사표시가 없는 한 선하증권의 다른 난의 기재까지 모두 살펴 그 중 최소포장단위에 해당하는 것을 당사자가 합의한 책임제한의 계산단위라고 봄이 상당하다」고 판시하였는데, 아래에서 살펴보는 바와 같이 이 판시는 타당하지 않다고 본다.

경우에 「포장의 종류 및 화물의 내역」란에 기재된 작은 포장은 화물의 내역을 기재한 것이라고 보는 것이 합리적이기 때문이다.[301]

(ㄹ) 또한 소위 부지약관[302]과 함께 운송물의 포장 또는 선적단위의 수가 기재된 경우 상법 제797조 제 2 항의 적용목적상 포장 또는 선적단위의 수가 기재된 것으로 인정될 자격이 있는가 하는 점이 문제가 된다. 부지약관은 송하인이 컨테이너에 운송물을 적입하고 봉인하여 운송인에게 인도하는 경우와 같이 운송인이 운송물을 확인할 수 있는 방법이 없는 경우에 운송인은 송하인이 신고한 대로 선하증권에 운송물의 명세를 기재하되 그러한 기재의 구속을 받지 아니할 목적으로 사용된다.[303] 선하증권 상에 이러한 부지약관과 함께 컨테이너에 내장된 운송물의 포장 또는 선적단위의 수가 기재된 경우 상법 제797조 제 2 항의 적용목적상 포장 또는 선적단위의 수가 기재된 것으로 인정될 자격이 있는가 하는 점에 관하여 대법원은 이를 긍정하고 있다.[304] 외국의 판례나 학설도 대체로 동일하다.[305] 생각

---

301) 동지: 장상균, "해상운송인의 포장당 책임제한," 197쪽.

302) 부지약관이란 선하증권상에 운송물의 내용, 중량, 품질 등에 관하여 운송인은 알지 못한다는 취지를 기재한 약관을 말한다. 실무상 영문으로 「weight, measure, quality, quantity, … unknown」 혹은 「said to contain…」이라는 문언을 사용한다. Noble Resources Ltd. v. Cavalier Shipping Corporation *(The Atlas)*, [1996] 1 Lloyd's Rep. 642에서 "unknown"이라는 용어를 사용한 부지약관과 "said to"라는 용어를 사용한 부지약관의 효력이 다르다는 주장이 제기되었으나 영국 여왕좌부(상사법원)는 두 가지 부지약관의 효력을 달리 볼 이유가 없다고 판시하였다.

303) 우리 대법원은 부지약관이 유효하다고 판시하였다. 대법원 2001. 2. 9. 98다49074 판결(송하인측에서 직접 화물을 컨테이너에 적입(積入)하여 봉인한 다음 운송인에게 이를 인도하여 선적하는 형태의 컨테이너 운송의 경우에 있어서는, 상법 제814조 제1항 소정의 선하증권의 법정기재 사항을 충족하기 위하여 혹은 그 선하증권의 유통편의를 위하여 부동문자로 "외관상 양호한 상태로 수령하였다."는 문구가 선하증권상에 기재되어 있다고 할지라도, 이와 동시에 "송하인이 적입하고 수량을 셈(Shipper's Load & Count)" 혹은 "……이 들어 있다고 함(Said to Contain……)." 등의 이른바 부지(不知)문구가 선하증권상에 기재되어 있고, 선하증권을 발행할 당시 운송인으로서 그 컨테이너 안의 내용물 상태에 대하여 검사, 확인할 수 있는 합리적이고도 적당한 방법이 없는 경우 등 상법 제814조 제2항에서 말하는 특별한 사정이 있는 경우에는 이러한 부지문구는 유효하고, 위 부지문구의 효력은 운송인이 확인할 수 없는 운송물의 내부상태 등에 대하여도 미친다고 할 것이어서 선하증권상에 위와 같은 부지문구가 기재되어 있다면, 이와 별도로 외관상 양호한 상태로 선적되었다는 취지의 기재가 있다 하여 이에 의하여 컨테이너 안의 내용물의 상태에 관하여까지 양호한 상태로 수령 또는 선적된 것으로 추정할 수는 없다고 할 것이므로, 이러한 경우 선하증권 소지인은 송하인이 운송인에게 운송물을 양호한 상태로 인도하였다는 점을 입증하여야 한다). 부지약관에 관한 상세는 졸고, "선하증권상의 부지약관의 효력," 한국해법학회지, 제24권 제 1 호(2002. 4), 163쪽 이하 참조.

304) 대법원 2004. 7. 22. 2002다44267 판결(포장의 수와 관련하여 선하증권에 'Said to Contain' 또는 'Said to Be'와 같은 유보문구가 기재되어 있다는 사정은 포장당 책임제한조항의 해석에 있어서 아무런 영향이 없다).

305) 졸고 전게 "선하증권상의 부지약관의 효력," 193쪽 참조.

건대 송하인이 컨테이너 등의 통합운송용기에 운송물을 적입하고 봉인하여 운송인에게 제공하는 경우 부지약관이 필수적으로 사용될 수밖에 없다는 현실을 고려해 볼 때 위 대법원의 입장이 타당하다고 본다.[306] 다만 만일 선하증권에 기재된 포장이나 선적단위의 종류가 실제의 포장이나 선적단위와 다르다면 이 경우에는 선하증권에 포장이나 선적단위가 기재되지 않은 것으로 취급해야 할 것이다.

한편 부지약관이 기재되어 있더라도 선하증권이 컨테이너 등 통합운송용기 내의 포장이나 선적단위를 기재한 것으로 보아야 한다면 다음으로는 포장단위당 책임한도액을 산정할 때 선하증권에 기재된 포장이나 선적단위의 수를 기준으로 할 것인가 아니면 실제의 포장이나 선적단위의 수를 기준으로 할 것인가 하는 점이 문제가 된다. 생각건대 선하증권에 부지약관과 함께 기재된 포장이나 선적단위의 수는 문언적 효력(확정적 효력 또는 추정적 효력. 435쪽 이하 참조)을 갖지 못하므로 운송인은 실제로 선적된 포장이나 선적단위의 수를 기준으로 포장당 책임제한을 할 수 있다고 본다.[307]

(다) **선적단위**　　우리 상법의 포장당 책임제한의 근거가 된 헤이그규칙(헤이그비스비규칙도 동일함)의 포장당 책임제한조항은 운송인이 운송물의 포장(package)당 또는 「단위(unit)」당 일정 금액으로 책임을 제한할 수 있다고 규정하고 있다.[308] 여기서 「단위」가 선적단위(shipping unit)[309]만을 의미하는가 아니면 운임단위(freight unit)[310]까지 포함하는가에 관하여 헤이그규칙을 수용한 각국의 입장이 달랐다. 헤이그규칙의 「단위」라는 용어를 그대로 수용하여 입법화한 영국에서는 해석상 「단위」가 「선적단위」와 동일한 개념으로 이해되었던 반면에,[311] 미국은 헤이그규칙을 수용하여 1936년에 COGSA를 제정하면서 포장당 책임제한과 관련해서는 헤이그규칙상의 「단위」를 「관습적 운임단위(customary freight unit)」란 용어로 수정하였다.[312] 한편

306) 동지: 장상균, "해상운송인의 포장당 책임제한," 189쪽.
307) 이 점에 관한 상세한 논의는 졸고, 전게 "선하증권상의 부지약관의 효력," 172-177쪽 참조.
308) 헤이그규칙 제4조 제5항.
309) 선적단위란 자동차와 같이 자체의 성질에 의하여 운송에 적합하도록 분리되어 있는 물건을 말한다. 채, (보·해), 301쪽.
310) 운임단위란 중량이나 용적과 같이 운임계산의 기준이 되는 단위를 말한다.
311) Wilson, *Carriage of Goods by Sea*, p. 196; Akiens, *Bills of Lading*, p. 294.
312) 따라서 영국법상으로는 포장당 책임제한을 적용함에 있어 포장의 의의는 크게 문제가 되지 않았다. 왜냐하면 개개의 물건이 하나의 포장에 해당되지 않더라도 선적단위에 해당될 수 있으므로 포장당 책임제한의 적용에 아무런 차이가 없었기 때문이었다. 이에 반해 미국법상으로는 관습적 운임단위를 기준으로 하는 책임한도액보다 포장을 기준으로 하는 책임한도액이 큰 사건에서는(관습적 운임단위를 기준으로 하는 책임한도액이 포장당 책임한도액보다 큰 경우에는 관습

우리 상법은 포장당 책임제한의 기준이 「선적단위」임을 명시하여 위 논란을 입법적으로 해결하였다.313) 따라서 우리 상법상으로는 어떠한 개별 운송물이 포장으로 인정되지 아니하더라도 선적단위에 해당할 수 있으면 운송인은 포장당 책임제한을 원용할 수 있으므로 우리 상법상으로는 영국법과 마찬가지로 포장의 개념이 무엇인가 하는 점은 크게 문제가 되지 않는다.

(라) **계산단위**   개별적 책임제한에서의 1계산단위가 국제통화기금의 1 특별인출권(SDR)에 해당하는 금액인 점은 총체적 책임제한에서와 동일하다(상 770조 1항 1호). 이 계산단위는 실제의 배상일의 환율을 기준으로 국내통화로 환산하여야 하는데, 소송의 경우에는 실제의 배상일에 가까운 사실심 변론종결일을 기준으로 한다.314)

라. 개별적 책임제한의 배제

(가) **고의 또는 인식있는 무모한 행위**   운송물에 관한 손해가 운송인 자신의 고의 또는 손해발생의 염려가 있음을 인식하면서 무모하게 한 작위 또는 부작위로 인하여 생긴 것인 때에는 운송인은 개별적 책임제한을 원용할 수 없다(상 797조 1항 단서). 이러한 운송인의 개별적 책임제한의 배제사유는 앞서 본 선박소유자 등의 총체적 책임제한배제사유(상 769조 단서)와 동일하다. 그러므로 운송인의 개별적

적 운임단위를 기준으로 하는 책임한도액이 적용되므로 어떠한 개별 운송물이 포장된 운송물인지의 여부를 검토할 실익이 없다), 어떠한 개별 운송물이 포장된 운송물에 해당하면 포장당 책임제한이 적용되나 포장에 해당되지 않으면 설사 그 운송물이 선적단위에 해당하더라도 포장당 책임제한이 적용되지 않고 관습적 운임단위를 기준으로 하는 책임한도액이 적용되게 되므로 포장의 의의가 대단히 중요한 쟁점으로 되었다. 그러므로 미국에서는 포장의 의의에 관한 많은 판례가 집적될 수 있었다.

313) 우리 상법상 선적단위의 해석에 관한 상세는 최동열, "상법 제789조의 2 제 1 항의 선적단위의 해석에 관한 소고," 상사판례연구 VI, 박영사, 2006, 415쪽 이하 참조. 위 논문은 우리 상법상의 선적단위가 운임단위를 의미한다고 하는 것이 상법 제797조(1991년 상법 제789조의 2)의 입법의 도라고 설명하는 견해가 있으나 상법개정특별분과위원회 회의록을 보면 반드시 그렇다고 볼 수 없다는 견해를 피력하고 있다. 그러나 헤이그규칙상의 「단위」의 해석을 놓고 「선적단위」와 「운임단위」라는 입장이 나뉘어 있었던 상태에서 우리 상법 개정시에 「선적단위」라는 용어를 사용한 것은 입법적으로 이러한 논란을 종식시키고자 한 것이라고 해석된다.

314) 동지: 대법원 2001. 4. 27. 99다71528 판결(상법 제789조의 2(현행 상법 제797조)에 규정된 국제통화기금의 1 특별인출권(SDR)에 상당하는 금액인 계산단위를 국내통화로 환산하는 시점에 관하여 상법상 명문의 규정이 없는바, 운송인의 손해배상책임을 제한하는 입법 취지와 1978년의 함부르크규칙을 비롯한 관련 국제조약 및 독일, 일본 등 여러 나라에서 실제 배상일이나 판결일 등을 국내통화로 환산하는 기준일로 삼고 있는 점, 선박소유자 등의 책임제한절차에 관한 법률 제11조 제 2 항에서 공탁지정일에 가장 가까운 날에 공표된 환율에 의하도록 규정하고 있는 점 등에 비추어 볼 때, 상법 규정에 의한 계산단위를 소송상 국내통화로 환산하는 시점은 실제 손해배상일에 가까운 사실심 변론종결일을 기준으로 하여야 할 것이다).

책임제한배제사유에서의 「운송인 자신」[315]의 의미 및 「고의 또는 손해발생의 염려가 있음을 인식하면서 무모하게 한 작위 또는 부작위」의 의미는 선박소유자 등의 총체적 책임제한배제사유에서 살펴본 내용과 동일하므로 여기에서는 생략하기로 한다.

(나) **운송물의 내용을 고지한 경우**　　송하인이 운송인에게 운송물을 인도할 때에 그 종류와 가액을 고지하고 선하증권이나 그 밖에 운송계약을 증명하는 문서에 이를 기재한 경우에는 개별적 책임제한이 적용되지 아니한다(상 797조 3항 본문).[316] 여기서 고지는 서면으로 할 필요는 없다.[317] 위 규정이 적용되는 경우에는 운송인은 선하증권이나 그 밖의 문서에 기재된 가액에 따라 배상하여야 한다. 그러나 이 경우에도 여전히 정액배상주의와 총체적 책임제한 규정은 적용될 수 있다.

한편 송하인이 운송물의 종류 또는 가액을 고의로 현저하게 부실의 고지를 한 때에는 운송인은 자기 또는 그 사용인이 악의인 경우를 제외하고 운송물의 손해에 대하여 책임을 면하는데(상 797조 3항 단서), 이에 관하여는 이미 앞서 살펴보았다.

마. **총체적 책임제한과의 관계**

운송인의 개별적 책임제한은 총체적 책임제한의 적용에 영향이 없다(상 797조 4항). 그러므로 운송인이 선박소유자 등 총체적 책임제한의 주체에 해당하는 경우에는 운송인에게는 개별적 책임제한과 총체적 책임제한이 이중으로 적용되므로 운송인은 이 중 유리한 것을 주장하여 책임을 제한할 수 있다.

바. **정액배상주의와의 관계**

운송인의 개별적 책임제한은 정액배상주의의 적용에도 영향이 없다. 그러므로 운송인은 개별적 책임제한과 정액배상주의 중 유리한 것을 주장하여 책임을 제한할 수 있다.

---

315) 대법원 2001. 4. 27. 99다71528 판결(상법 제789조의 2(현행 상법 제798조) 제 1 항 단서에 의하여 운송인의 책임제한이 배제되기 위하여는 운송인 본인의 고의 또는 손해발생의 염려가 있음을 인식하면서 무모하게 한 작위 또는 부작위(이하 '고의 또는 무모한 행위'라고 한다)가 있어야 하는 것이고, 운송인의 피용자인 선원 기타 선박사용인에게 고의 또는 무모한 행위가 있다 하더라도 운송인 본인에게 그와 같은 고의나 무모한 행위가 없는 이상, 운송인은 상법 제789조의 2 제 1 항 본문에 의하여 책임을 제한할 수 있으며, 이는 운송인의 운송이 해상운송의 성질을 가지는 한, 해상에서의 피용자뿐만 아니라 보세창고업자와 같은 육상에서의 피용자에게 고의 또는 무모한 행위가 있었다 하더라도 마찬가지로 보아야 할 것이다).
316) 실무에서는 송하인이 운송물의 종류와 가액을 고지하는 경우가 많지 아니한다. 이는 송하인이 이러한 고지를 하고 선하증권이나 그 밖의 문서에 이를 기재할 것을 요청하는 경우에 운송인은 개별적 책임제한이 배제되는 것을 고려하여 운임을 인상할 것이기 때문이다.
317) 손, (하), 834쪽.

(6) 불법행위책임과의 관계

우리 상법은 운송인의 채무불이행책임에 관한 규정은 운송인의 불법행위로 인한 손해배상의 책임에도 적용한다고 규정하고 있다(상 798조 1항). 채무자의 채무불이행이 불법행위의 요건을 갖추는 경우에 채무불이행책임과는 별도로 불법행위책임이 성립하는가 하는 점에 관하여 종래 청구권경합설, 법조경합설, 절충설이 대립되어 왔으나 통설·판례는 청구권경합설을 취하고 있다.[318] 청구권경합설에 의하는 경우 운송인은 채무불이행책임 이외에 불법행위책임도 부담하게 된다. 그런데 우리 상법상의 운송인의 책임에 관한 규정 특히 책임제한이나 면책사유에 관한 규정이 운송인의 채무불이행책임에만 적용되고 불법행위책임에는 적용되지 아니한다고 하면 해상물건운송인을 보호하기 위한 면책사유나 책임제한, 그 밖의 항변에 관한 규정의 취지를 달성할 수 없게 된다. 그러므로 우리 상법은 위와 같이 운송인의 채무불이행책임에 관한 규정이 불법행위책임에도 적용된다고 명시적으로 규정한 것이다.[319] 이는 헤이그 비스비규칙 제 4 조의 2 제 1 항을 수용한 것이다.

한편 우리 상법 제798조 제 1 항에 따라 운송인의 불법행위책임에도 적용되는 「운송인의 책임에 관한 규정」에는 증명책임의 분배에 관한 상법 제795조 제 1 항은 포함되지 아니하므로, 운송인에게 불법행위로 인한 손해배상책임을 묻기 위해서는 청구인이 운송인에게 귀책사유가 있음을 증명하여야 한다.[320] 즉 운송인의 불법행위책임이 성립하는지의 여부는 민법의 일반원칙에 따르고 이에 따라 운송인의 불법행위책임이 성립하는 경우에 운송인은 불법행위책임에도 상법상의 면책

---

318) 청구권경합설은 채무불이행책임과 불법행위책임이 병존한다는 견해이고, 법조경합설은 채무불이행책임만이 성립한다는 견해이며, 절충설은 채무자의 고의 또는 중과실이 있는 경우에만 채무불이행책임과 불법행위책임이 병존한다는 견해이다.

319) 상법 제798조 제 1 항이 운송인의 채무불이행책임에 관한 규정이 불법행위책임에도 적용된다고 규정한 것은 청구권경합설을 전제로 한 것이다. 그러나 위 규정에 의해 채무불이행책임과 불법행위 책임의 내용이 동일하게 되었으므로(아래에서 살펴보는 불법행위책임의 성립요건에 관한 증명책임 제외), 청구권경합여부를 둘러싼 논의가 대부분 그 의의를 상실하였다.

320) 대법원 2001. 7. 10. 99다58327 판결(상법 제789조의 3(현행 상법 제798조) 제 4 항은 운송물에 관한 손해배상청구가 운송인 이외의 실제운송인 또는 그 사용인이나 대리인에 대하여 제기된 경우에도 제 1 항 내지 제 3 항의 규정을 적용한다고 규정하고 있고, 같은 조 제 1 항은 이 장의 운송인의 책임에 관한 규정은 운송인의 불법행위로 인한 손해배상의 책임에도 이를 적용한다고 규정하고 있는데, 같은 조 제 1 항에서 말하는 "운송인의 책임에 관한 규정"에 입증책임의 분배에 관한 상법 제788조(현행 상법 제795조) 제 1 항은 포함되지 아니하므로, 운송인에게 불법행위로 인한 손해배상책임을 묻기 위해서는 청구인이 운송인에게 귀책사유가 있음을 입증하여야 한다).

사유나 책임제한 그 밖의 항변을 원용할 수 있다.

(7) 불이익변경 금지의 원칙

1) 총   설

해운 실무상 운송인은 선하증권이나 그 밖의 운송계약을 증명하는 문서에 운송인의 책임을 면제하거나 감경하는 약관(면책약관)을 기재하는 경우가 많다. 그런데 운송인이 화주들에 비해 우월한 협상력을 이용하여 면책약관을 남용함으로써 많은 폐해를 가져왔고 이를 시정하기 위한 국제조약으로 헤이그규칙이 성립하였다는 것은 앞서 본 바와 같다. 헤이그규칙은 운송인의 최소한의 기본적인 의무와 책임을 규정하는 동시에 불이익변경 금지의 원칙을 채택하여 운송인의 의무와 책임에 관한 규정을 편면적 강행규정으로 하고 이에 반하는 면책약관을 무효로 하였다(동 규칙 3조 8항). 이러한 불이익변경 금지의 원칙은 그 후의 국제조약인 함부르크규칙(동 규칙 23조 1항)과 로테르담규칙(동 규칙 79조)에도 채택되었다. 우리 상법도 헤이그규칙을 참조하여 불이익변경 금지의 원칙을 채택하고 있다.

2) 불이익변경 금지의 원칙의 적용범위

가. 운송인의 의무·책임을 경감하는 특약

우리 상법은 상법 제794조부터 제798조까지의 규정에 반하여 운송인의 의무 또는 책임을 경감 또는 면제하는 당사자 사이의 특약은 효력이 없다고 규정하고 있다(상 799조 1항 1문). 따라서 운송인의 감항능력주의의무에 관한 규정(상 794조), 운송물에 관한 주의의무에 관한 규정(상 795조), 운송인의 법정 면책사유에 관한 규정(상 796조), 운송인의 개별적 책임제한에 관한 규정(상 797조), 운송인과 실제 운송인 및 그들의 사용인 또는 대리인의 불법행위 책임에 관한 규정(상 798조)의 규정에 반하여 운송인의 의무와 책임을 경감 또는 면제하는 특약은 무효이다.[321]

---

321) 대법원은 제정 상법의 해석과 관련하여 선하증권상의 면책약관을 책임조건약관(책임제외약관 및 책임변경약관)과 책임결과약관(배상액산정기준에 관한 약관 및 배상액제한약관)으로 구분하고 전자는 상법 제790조(현행 상법 제799조)에 위반되어 무효이나 후자는 배상액이 신의성실의 원칙에 반하고 공서양속에 반하는 정도의 소액이 아닌 한 상법 제790조에 위반되지 아니하므로 유효라는 입장을 취하였다(대법원 1965. 1. 12. 63다609 판결, 대법원 1975. 12. 30. 75다1349 판결, 대법원 1988. 9. 27. 86다카2377 판결, 대법원 1987. 10. 13. 83다카1046 판결 등 참조). 그러나 책임결과약관을 유효로 보는 위 대법원 판결들은 모두 우리 상법이 1991년 개정에 의해 개별적 책임제한제도를 도입하기 전의 사안에 관한 판결들이므로 운송인의 개별적 책임제한액을 현행 상법상의 책임한도액보다 감경하는 특약의 효력에 관하여는 위 대법원 판결들이 선례로서의 효력을

한편 위 불이익변경 금지의 원칙이 정액배상에 관한 규정(상 815조, 137조)에도 적용되는지의 여부가 문제가 된다. 생각건대 상법 제799조는 불이익변경 금지의 원칙이 적용되는 범위를 명시적으로 정하고 있는데 정액배상에 관한 규정은 여기에 포함되어 있지 않다는 점, 우리 상법이 그 밖에 달리 불이익변경 금지의 원칙을 적용하는 경우에는 개별 조문에서 이 사실을 명시하고 있다는 점(예컨대 상 804조 5항) 및 상법 제815조가 준용하는 육상운송의 정액배상에 관한 규정은 임의규정이라는 점을 고려해 보면 정액배상주의에 관하여는 불이익변경 금지의 원칙이 적용되지 않는다고 해석하는 것이 타당하다고 본다. 그러므로 정액배상주의에 따라 정해지는 금액보다 적은 금액을 배상액으로 하는 당사자 사이의 특약은 원칙적으로 유효하다.[322] 다만 이 배상액이 공서양속에 반하는 정도의 소액인 경우에는 무효라고 보아야 할 것이다.[323]

위 상법의 규정은 편면적 강행규정이므로 운송인의 의무나 책임을 가중하는 특약은 유효하다.[324]

나. 운송물에 관한 보험의 이익을 양도하는 특약

운송물에 관한 보험의 이익을 양도하는 약정 또는 이와 유사한 약정도 효력이 없다(상 799조 1항 2문). 여기서 「보험의 이익을 양도하는 약정」이란 보험금청구권을 양도하는 약정을 말한다. 예컨대 운송물에 관하여 적하보험에 가입한 송하인 또는 그 밖의 적하이해관계인이 적하보험금청구권을 운송인에게 양도하고 운송인이 보험금을 지급받는 경우에 손해배상을 하기로 하는 약정 등이 이에 해당한다.

상실했다고 본다. 그러나 뒤에서 살펴보는 바와 같이 그 밖의 배상액제한약관에 관하여는 여전히 선례로서의 가치가 있다.

322) 이러한 특약은 제정 상법 시대의 대법원 판결에서 말하는 책임결과약관(배상액제한약관)에 해당한다.

323) 대법원 1988. 9. 27. 86다카2377 판결(해상운송인의 책임결과의 일부를 감경하는 배상액제한 약관은 원칙적으로 상법 제790조(현행 상법 제799조)에 저촉되지 않는다고 할 것이지만 배상책임을 면제하는 것과 다름없다고 할 정도로 적은 액수를 책임한도액으로 정한 배상액 제한약관은 실질적으로는 책임제외 약관과 다를 바 없는 것이므로 상법 제790조에 저촉되어 무효라고 할 것이고, 배상액제한약관에서 정한 책임한도액이 배상책임을 면제하는 것과 다름없는 정도의 소액인가의 여부는 그 책임한도액이 해상운송의 거래계에서 관행으로 정하여지고 있는 책임한도액 및 운송인이 받은 운임등과 비교하여 볼 때 실질적으로 운송인의 배상책임을 면제하는 정도의 명목상의 금액에 불과한 것인가의 여부에 따라 결정하여야 한다).

324) 동지: 대법원 1971. 4. 30. 71다70 판결(해송계약서에 "항해중 선체 및 화물의 사고에 대하여 선주가 책임을 진다"고 되어 있다면 이는 선박소유자의 항해상 과실사고의 법정면책 규정인 본조 제 2 항의 규정을 배제한 것으로 보여지고 같은 조항이 강행법규라고 볼만한 이유가 없으므로 이 사건 좌초사고가 도선사의 수로 향도수행사의 과실로 인하여 발생한 항해상 과실사고라 하더라도 선주는 이 사고로 인한 손해에 대하여 책임이 있다).

한편 「이와 유사한 약정」이란 예컨대 운송인의 손해배상채무와 적하보험금청구권과의 차액만을 지급하기로 하는 약정 등을 말한다. 이러한 약정을 금지하는 것은 이러한 약정은 형식적으로는 면책약관은 아니지만 사실상 운송인을 면책하는 결과를 초래하기 때문이다.

3) 불이익변경 금지의 원칙의 적용여부가 문제가 되는 약관

가. 운송인특정약관(identity of carrier clause, demise clause)

해운 실무에서는 선하증권에 「본선이 당사(선하증권 발행인)에 의해 소유 또는 선체용선되지 않은 경우에는 이에 반하는 기재에도 불구하고 이 선하증권은 선박소유자 또는 선체용선자를 계약당사자로 하는 계약으로서 효력을 갖고 당사는 선박소유자 또는 선체용선자의 대리인으로서만 행위를 하고 이 계약에 관해서는 어떠한 책임도 부담하지 아니한다」는 약관을 두고 있는 경우가 많다. 이를 운송인특정약관이라 하는데 이는 연혁적으로 선박소유자만이 책임제한을 원용할 수 있었기 때문에 정기용선자 등이 선하증권을 발행하는 경우에도 선박소유자를 운송인으로 하여 책임제한이 가능하도록 하기 위하여 생겨났다. 그러나 오늘날에는 선박소유자뿐만 아니라 정기용선자 등도 운송인으로서 책임제한의 이익을 향유할 수 있게 되었으므로 이러한 연혁적인 이유는 그 근거를 상실했다. 그러나 해운 실무에서는 여전히 이러한 운송인특정약관이 많이 사용되고 있는데 이러한 운송인특정약관의 효력이 문제가 된다. 생각건대 운송인이 자기 명의로 선하증권을 발행하면서 이면약관에 이러한 운송인특정약관을 두는 경우에는 이 약관은 운송인으로서의 책임을 면하고자 하는 약관으로서 불이익변경 금지의 원칙에 반하여 무효라고 본다.325) 326)

나. 부지약관

부지약관과 포장당 책임제한의 관계에 관하여는 앞서 살펴본 바 있으나 부지약관과 관련하여 부지약관이 불이익변경 금지의 원칙에 반하여 무효인지의 여부도 문제가 된다. 생각건대 우리 상법은 송하인이 통지한 사항이 실제로 수령한 화

---

325) 동지: 서울고등법원 1991. 4. 2. 90나43614 판결(소위 폴사 도스호 사건의 원심 판결). 폴사 도스호에 관한 대법원 1992. 2. 25. 91나14215 판결은 운송인특정약관의 효력에 관하여는 명시적으로 판단하지 아니하였으나 위 원심 판결을 인용(認容)함으로써 사실상 운송인특정약관이 무효라는 입장을 취한 것으로 해석된다.

326) 영국과 일본을 제외한 대부분의 국가에서는 이러한 운송인특정약관의 효력을 부인하고 있다(이에 관한 상세는 김인현, "선박운항과 관련한 책임주체확정에 대한 연구," 고려대학교 대학원 법학박사학위논문(1998. 12.), 122-124쪽 참조).

물의 수량이나 중량 등과 다르다고 의심할 만한 상당한 이유가 있는 경우 또는 이를 확인할 적당한 방법이 없는 경우에는 송하인이 통지한 화물의 수량이나 중량 등을 기재한 선하증권을 발행할 의무를 부담하지 않는다고 규정하고 있는데(상 853 조 2항),327) 이러한 특별한 사정이 있는 경우에는 부지약관이 기재된 선하증권을 발행하여도 불이익변경 금지의 원칙에 반하지 않는 것으로 본다. 컨테이너 화물의 경우에는 대체로 이러한 특별한 사정이 있다고 인정될 수가 있을 것이나 컨테이너이외의 일반 화물의 경우에는 이러한 특별한 사정은 극히 예외적인 경우에 한하여 인정될 수 있을 것이다.

다. FIO 조항328)

⑺ **FIO 조항의 유효성**   화주측이 운송물의 선적 및 양륙한다는 특약 조건을 FIO(free in and out)조항이라고 하는데, 이러한 FIO 조항에 따라 체결된 운송계약에서는 화주가 선적과 양륙작업의 비용만을 부담하는 것이 아니라 자신의 위험과 책임 부담 아래 선적과 양륙작업을 하게 된다.329) 이러한 FIO 조항과 관련하여 그 조항이 불이익변경 금지의 원칙에 위반되어 무효인가 하는 점이 문제가 된다.330) 이 점에 관하여는 학설이 나뉘고 있다. 즉 운송인의 고유한 의무를 제한하

---

327) 한편 함부르크규칙은 이와 같은 특별한 사정이 있는 경우 그러한 사정을 선하증권에 기재하도록 규정한다(동 규칙 제16조 제 1 항). 따라서 함부르크규칙상으로는 특별한 사정의 기재 없이 부지약관만을 기재하는 경우 부지약관의 효력이 부인될 가능성이 있다. 입법론으로서 운송물의 중량·용적·개수 또는 기호는 운송물의 동일성의 인식에 있어서 중요한 사항이므로 이에 관한 기재를 생략할 수 있다고 하기 보다는 함부르크규칙처럼 이에 대한 유보(reservation)와 함께 이를 기재하도록 우리 해상법을 개정하는 것이 바람직하다는 견해가 있다(이균성, "개정해상법의 문제점에 관한 연구," 한국해법학회지, 제15권 제 1 호(1993. 12.), 91-92쪽).

328) FIO조항은 항해용선계약에서 주로 사용되고 개품운송계약에서는 거의 사용되지 아니한다. 그러나 항해용선계약에 따라 선하증권이 발행되면 선박소유자는 선의의 선하증권 소지인에 대하여 개품운송계약의 운송인과 동일한 의무를 부담하는데(상 855조 3 항), 그 선하증권에 FIO조항이 포함된 경우에 개품운송인과 동일한 의무를 지는 선박소유자와 그 선하증권의 소지인 사이에 FIO조항의 효력이 문제가 되므로 FIO조항의 효력에 관하여 여기에서 검토하기로 한다.

329) 대법원 2010. 4. 15. 2007다50649 판결(운송계약서나 선하증권에 단순히 'F.I.O.'라는 두문자(頭文字)만을 기재하고 선적과 양륙작업에 관한 위험과 책임을 누가 부담할 것인지를 명시적으로 정하지 아니한 경우, 우리나라의 해상운송업계에서 단순히 F.I.O.조건에 따라 체결된 운송계약에서도 화주가 선적·양륙작업의 비용만을 부담하는 것이 아니라 하역인부를 수배·고용하고 경우에 따라서는 작업에 대한 지시·감독까지하는 것이 관행인 점 등에 비추어, 달리 특별한 사정이 없는 한, 화주가 비용뿐 아니라 자신의 위험과 책임 부담 아래 선적·양륙작업을 하기로 약정하였다고 해석함이 상당하다).

330) FIO조항의 효력에 한한 상세는, 졸고, "선하증권상의 FIO조항의 효력," 법조, 제605호, 2007. 2, 82쪽 이하 참조. 한편 운송물의 선적 또는 양하뿐만 아니라 적부(stowage)와 정돈(trimming)까지도 화주측의 위험부담과 책임하에 하는 것을 내용으로 하는 특약을 FIOST라고 하는데, 이 조항의 효력여부도 FIO조항의 효력여부와 동일하다.

는 FIO조항은 상법 제799조에 위반되어 무효라는 견해[331]와 FIO 조항은 운송인이 인수할 운송의 범위를 정하는 약정으로서 유효하다는 견해,[332] 그리고 특수한 화물의 경우에는 선박 이외의 하역장비를 사용하든가 특수한 경험과 기술을 가진 송하인 또는 수하인이 작업을 하는 것이 안전하고 효율적이므로 이러한 경우에는 유효이나 운송인이 자기 책임을 면할 목적만으로 약정한 FIO조항은 무효라는 견해가 있다.[333] 한편 하급심 판례는 FIO조항의 유효성을 긍정하고 있었으며[334] 대법원도 최근의 판결에서 명시적으로 FO조항의 유효성을 인정하였다.[335] 생각건대 FIO조항은 운송인과 화주 양 당사자 모두에게 유리한 조항으로서 그 경제적 효용성과 필요성이 있기 때문에 해운 실무에서 많이 사용되고 있으므로 이러한 해운실무를 가급적 보호하고 조장하는 방향으로 법을 해석하는 것이 바람직하다고 본다. 또한 법리상으로 보더라도 운송인이 스스로 행하지 아니한 선적, 적부나 양하 등의 작업에 대해 책임을 부담하지 않는 것은 근대 사법이 추구하는 과실책임의 법리에도 부합한다. 그러므로 우리 상법 제795조 제 1 항을 합목적적으로 해석하여 위

---

331) 장희목, "해상물건운송인의 손해배상책임," 사법논집 제10집, 법원행정처, 1979, 357-358쪽은 상법 제788조(현행 상법 제795조)에 규정된 모든 사항은 운송인의 고유의 의무라고 보고 있으므로 결국 무효설을 취한 것으로 생각된다. 송·김, 367쪽도 운송물취급에 관한 주의의무는 위임이 불가능하다고 하고 있으므로 무효설의 입장인 것으로 보인다. 또한 정(영), (국제), 74쪽은 미국 판례를 언급하며 FIO조항이 무효라고 하고 있다.

332) 정(찬), (하), 901쪽 주 1); 채, (보·해), 301쪽; 이(주), (운송), 111-112쪽; 김인현, "FIO계약조건과 그 유효성 및 선상도의 법률관계," 상사판례연구 제19집 제 1 권, 2006, 174쪽.

333) 배, 203쪽; 임(동), 71-72쪽 참조.

334) 서울민사지방법원 1986. 12. 26. 86가합506 판결(FIO특약은 운송인과 송·수하인 사이에 운송용역제공의 조건이 아닌 그 범위를 한정함에 불과한 것으로서 해상운송거래상 필요성이 있을 뿐만 아니라 어느 일방에 불리한 약정이 아닌 점에서 합리성이 인정되므로 상법 제788조(현행 상법 제795조) 제 1 항에 규정된 운송인의 의무와 책임을 경감하는 당사자사이의 특약을 무효로 하는 위 법 제790조(현행 상법 제799조)의 규정에 실질적으로 위반되지 아니하여 유효하다); 서울지방법원 1996. 9. 24. 93가단10222 판결.

335) 대법원 2010. 4. 15. 2007다50649 판결(구 상법(2007. 8. 3. 법률 제8581호로 개정되기 전의 것) 제788조 제 1 항은 해상운송인에게 위 조항에 열거된 모든 용역을 해야 할 의무를 부과하는 규정이 아니라 위 조항에 열거된 용역 중 일정한 범위의 용역을 인수한 경우에 그 인수한 용역에 대하여 상당한 주의를 기울여 이행할 의무를 부과하는 규정이다. 따라서 선적·적부·양륙작업에 관하여 화주가 위험과 책임을 부담하기로 하는 약정은 운송인이 인수할 용역의 범위를 한정하는 약정으로서 용선계약에 따라 선하증권이 발행된 경우 용선자 이외의 선하증권소지인에 대하여 구 상법 제788조 제 1 항에 규정된 운송인의 의무 또는 책임을 경감 또는 면제하는 당사자 사이의 특약을 무효로 하는 구 상법 제790조 제 1 항 전문, 제 3 항 단서에 위반되지 아니하여 유효하다); 대법원 2004. 10. 15. 2004다2137 판결(이 사건 해상운송계약이 운송물의 인도시기 및 방법과 관련하여 운임 이외의 운송과 관련된 비용과 하역비용은 수하인이 부담하는 소위 FO(Free out) 조건으로 체결된 것이라면 운송물을 하역하는 것은 운송인의 의무가 아니라 수하인의 의무라 할 터이다).

규정은 운송인이 인수하는 용역의 범위를 정하는 것을 금지하지 않으며 따라서 FIO조항은 위 규정에 위반되지 아니하므로 유효라고 하는 것이 타당하다고 본다.

(나) **FIO조항의 유효성과 관련된 문제**　FIO조항이 유효라고 하는 경우에도 몇 가지 관련 문제가 남아 있다. 아래에서는 이러한 관련 문제들을 살펴보기로 한다.

(ㄱ) **운송인이 인수하지 않을 수 있는 용역의 범위**　우리 상법이 운송인이 인수할 수 있는 용역의 범위를 정하는 약정을 허용한다고 하더라도336) 운송인이 운송물의 수령에서 인도까지의 운송 과정에 관련되는 용역 중 어떠한 용역을 인수하지 않을 수 있을 것인가 하는 점이 문제가 된다. 생각건대 운송계약상의 의무에는 타인에게 이전할 수 없는 기본적인 의무와 부차적인 의무가 있는데 감항능력주의의무는 전자에 속하고 선적, 적부, 혹은 양하 작업을 할 의무는 후자에 속한다. 운송계약의 본질에 비추어 볼 때 운송인의 기본적인 의무는 타인에게 이전할 수 없다고 해석된다.337) 이러한 기본적인 의무에 속하는 의무는 감항능력주의의무 이외에도 운송인이 운송물을 수령하여 운송할 의무, 운송도중 운송물을 보관할 의무,338) 운송 완료 후 수하인에게 운송물을 인도할 의무가 있다. 따라서 이러한 기본적인 의무는 운송인이 이를 인수하지 않고 운송계약의 상대방에게 이전할 수 없다고 보아야 할 것이다. 이에 반해 운송물의 선적, 적부 및 양하 작업, 운송물의 정돈 작업(trimming), 운송물의 계량 작업, 운송물을 양하한 후 수하인에게 인도할 때까지 운송물을 보관하는 작업339) 등은 부차적인 의무에 속하므로 이를 화주측에게 이전할 수 있다고 본다.

(ㄴ) **용역을 제 3 자에게 이전할 수 있는지의 여부**　FIO조항은 운송 과정에 관여되는 여러 용역 중 일부를 운송계약의 상대방에게 이전하는 것이다. 그런데 여

---

336) 이는 헤이그 비스비규칙의 입장도 동일하다. 그러므로 아래의 논의는 헤이그 비스비규칙의 해석에도 적용될 수 있다.

337) Jindal Iron and Steel Co., Ltd. and Others v. Islamic Solidarity Shipping Co Jordan Inc., (*The Jordan II*) [2005] 1 Lloyd's Rep. 57, para. 19 참조.

338) 특수한 운송물의 경우 화주측이 운송도중 선박에 승선하여 운송물을 보관하는 경우도 있을 수 있을 것이나 이러한 경우는 극히 예외적인 경우이므로 일반적으로 운송물을 보관할 의무는 운송인의 기본적인 의무라고 할 수 있을 것이다.

339) 양하된 운송물을 보관할 의무를 수하인에게 이전한다는 것은 운송물을 수하인에게 인도한 것과 동일하므로(수하인의 자가보세장치장에 운송물을 입고한 경우에 수하인에게 운송물을 인도한 것으로 본 대법원 1990. 2. 13. 88다카23735 판결 참조), 양하된 운송물을 수하인에게 인도할 때까지 보관할 의무를 수하인에게 이전한다는 것은 이론적으로 가능하지 않을 것이다. 그러나 양하된 운송물을 수하인에게 인도할 때까지 보관할 의무를 수하인이 아닌 송하인측에게 이전하는 것은 이론적으로 가능하다.

기서 이러한 용역을 운송계약의 상대방이 아닌 제 3 자에게 이전하는 것이 가능할 것인가가 문제가 된다. FIO조항이 우리 상법상의 불이익변경금지의 원칙에 반하지 않는다는 것은 운송계약의 당사자 사이에 운송인이 운송 과정에 관여되는 여러 용역 중의 일부 용역을 인수하지 않고 상대방인 화주측이 이를 수행하도록 약정하는 것은 계약자유의 원칙상 허용될 수 있다고 보기 때문이다. 그런데 운송 과정에 관여되는 용역 중의 일부 용역을 운송계약의 당사자가 아닌 제 3 자에게 이전할 수 있다고 하는 것은 이러한 계약자유의 원칙과는 관련이 없다. 따라서 이러한 경우에는 제 3 자는 운송인이 인수한 작업을 운송인을 위하여 수행한 이행보조자로 보아야 하므로 운송인은 이러한 제 3 자의 과실로 인한 손해에 대한 손해배상책임을 면할 수 없다고 보아야 한다.340)

  (ㄷ) FIO조항에도 불구하고 운송인이 손해배상책임을 지는 경우   FIO조항에 따라 화주측이 선적, 적부 또는 양하 등의 작업을 수행했다고 하더라도 그러한 작업으로 인한 운송물의 멸실, 훼손이나 인도지연에 대해 여전히 운송인이 손해배상책임을 지는 경우가 있다.

  우선 위와 같은 작업의 결과 선박이 불감항으로 되었음에도 불구하고 운송인이 감항능력주의의무에 위반하여 선박을 출항시킨 결과 운송물의 멸실, 훼손이나 인도지연이 발생했다면 운송인은 그로 인한 손해에 대한 배상책임을 면할 수 없다고 보아야 할 것이다.341) 이는 앞서 본 바와 같이 감항능력주의의무는 운송인이 다른 사람에게 전가할 수 없는 기본적인 의무이기 때문이다. 같은 맥락에서 설사 운송물에 대한 선적, 적부 혹은 양하 작업을 화주측이 한다고 하더라도 운송인은 운송물의 수령, 운송, 운송중의 보관 및 인도와 같은 기본적인 의무를 이행하기 위하여 필요한 범위 내에서는 이러한 작업을 감독하고 필요한 지시를 할 의무를 부담한다고 보는 것이 합리적이다.342) 따라서 설사 운송계약에 FIO조항이 포함되어

---

340) 동지: Nichola Gaskell, "Shipowner Liability for Cargo Damage caused by Stevedores," [1993] LMCLQ, pp. 174. 이 점에 관하여 영국 항소법원은 Balli Trading Ltd. v. Afalona Shipping Co., Ltd. (The "Coral") [1993] 1 Lloyd's Rep. 1 사건에서 운송인이 용선자에게 선적 등의 작업을 이전하는 것이 가능할 수도 있는 것처럼 설시하였으나 Gaskell은 위 논문에서 이를 비판하고 있다. 한편 위와 같은 문제가 생기는 것은 운송인이 용선자 등의 제 3 자에게 선적, 적부, 양하 등의 작업을 위임하고 그에 대한 보수를 지급한 경우이다. 만일 화주측이 이러한 작업을 용선자 등의 제 3 자가 수행하는데 동의하고 그에 대한 보수를 지급했다면 이는 화주측이 이러한 작업을 한 것으로 보아야 하므로 FIO조항을 유효라고 보는 이상 운송인의 책임 문제가 생기지 아니한다.

341) 동지: Simon Baughen, "Defining the Limits of the Carrier's Responsibilities," *Lloyd's Maritime and Commercial Law Quarterly*, Part 2 May 2005, p. 158; 戸田, 109頁 참조.

342) 예컨대 화주측이 운송물을 적부하는 방법이 운송에 적합하지 않아 운송 도중 화물이 훼손될 것

있다고 하더라도 운송인은 위와 같은 의무를 이행하였음을 증명하지 아니하면 그 위반으로 인한 운송물의 멸실, 훼손 또는 인도지연으로 인한 손해배상책임을 면하지 못한다고 생각된다.[343) 344)] 우리 법원도 동일한 입장을 취하고 있다.[345)]

　다음으로는 FIO조항하에서 선원들이 위에서 살펴 본 기본적인 의무와 관계없이 선적 등의 작업에 관여한 경우가 문제가 된다. 이 경우 만일 선원들이 화주측의 의뢰에 따라 관여한 경우에는 그 범위에서는 선원들은 화주측의 피용자 또는 대리인으로 보아야 할 것이다. 따라서 운송인은 이러한 선원들의 행위에 대해 책임을 부담하지 않을 것이다. 그러나 화주측의 의뢰 없이 선원들이 선적 등의 작업에 관여한 경우에는 운송인은 선원들의 행위에 대해 손해배상책임을 부담하여야 할 것이다. 이러한 경우의 운송인의 책임은 계약상의 책임이 아니라 불법행위책임인 사용자책임이라고 하여야 할 것으로 본다.[346)] 한편 만일 FIO조항에 따라 수하인이 양하 작업을 하여야 함에도 불구하고 수하인이 양하 작업을 하지 않아 운송인이 양하 작업을 하는 경우에는 운송인은 의무없이 타인을 위하여 양하 작업을 하는 것이므로 양하 작업 중 과실로 운송물의 멸실, 훼손 또는 인도지연으로 인해 손해가 발생한 때에는 사무관리의 법리에 따라 손해배상책임을 부담해야 할 것이다.[347)]

이 명백한 경우 등에는 운송인은 화주측으로 하여금 적절하게 적부하도록 감독하고 지시할 의무가 있다고 보아야 할 것이다.

343) 동지: Treitel, *Carver on Bills of Lading*, p. 660.

344) 이 경우 만일 송하인의 적부상의 과실과 운송인의 기본적 의무의 해태가 경합하여 운송물이 멸실, 훼손 또는 지연인도 되었다면 운송인이 송하인의 과실 비율에 따른 일부 면책을 주장할 수 있을 것인가 하는 점이 문제가 된다. 이 점에 관하여는 적부상의 과실로 인한 손해와 운송인의 과실로 인한 손해를 구분할 수 있다면 적부상의 과실로 인한 손해에 대하여 운송인은 면책될 수 있을 것이나 위 두 손해를 구분하는 것이 불가능하다면 우리 상법 제796조 단서의 해석상 운송인은 전부의 손해에 대하여 책임을 면할 수 없다고 해석하는 것이 타당하다고 본다. 면책사유와 운송인의 상사과실이 경합된 사건에서 미국 연방 대법원도 같은 취지로 판시하였다. Schnell & Co. v. S.S. Vallescura, 293 U.S. 296(1934) 참조. 이에 반해 로테르담규칙 제17조 제4항은 이러한 경우 운송인은 자기과실비율에 따른 책임만을 부담한다고 규정하고 있다.

345) 서울고등법원 1993. 11. 4. 92나66994 판결(FIO조건에 따른 운송계약의 이행 중 선원들이 선박의 선창덮개를 닫는 작업상의 과실을 범해 운송물이 손상된 사안에서 FIO조건에 불구하고 선원들의 사용자인 선박소유자가 손해배상책임을 부담한다고 판시한 사례).

346) 동지: Treitel, *Carver on Bills of Lading*, p. 660. 한편 Baughen, *op. cit.*, p. 158은 선원들이 선적 등의 작업에 관여한 것이 기본적인 의무를 이행하기 위한 것인지의 여부를 구분하지 않고 단순히 이러한 경우 운송인이 손해배상책임을 부담한다고만 설명하고 있다. 한편 戸田, 109頁도 역시 이를 구분하지 않고 선원들이 선적 등의 작업에 관여한 경우 운송인은 FIO조항을 원용하지 못한다고 설명하고 있다. 그러나 앞서 본대로 선원들이 기본적인 의무를 이행하기 위하여 선적 등의 작업에 관여한 경우에는 운송인이 계약상의 책임을 부담하고 그렇지 않은 경우에는 사용자책임을 부담한다고 보는 것이 타당하다고 본다.

마지막으로 FIO조항에 따라 화주측이 선적과 적부 작업을 하는 과정 중에 운송물이 멸실되거나 훼손된 경우에 운송인이 무하자선하증권을 발행하게 되면 운송인은 선하증권의 선의의 소지인에 대하여 FIO조항을 원용하여 책임을 면할 수 없다. 이는 FIO조항의 효력이 부인되기 때문이 아니라 선하증권의 문언증권성 때문이다(상 854조 2항).[348]

(ㄹ) **증명책임과의 관계**   FIO조항이 유효하다고 할 때 운송물의 멸실, 훼손 혹은 인도지연으로 인한 손해에 대하여 화주측이 운송인을 상대로 손해배상청구를 하는 경우 FIO조항이 증명책임에 어떠한 영향을 미치는가 하는 점이 문제가 된다. 우리 상법상 화주측이 운송인에게 운송물을 인도할 당시 운송물이 양호한 상태이었다는 점과 운송인으로부터 운송물을 인도받을 때 운송물이 훼손되어 있었거나 또는 인도받아야 할 때 운송물이 인도되지 않았다는 점을 증명하면 원칙적으로 운송인의 과실이 추정되어 운송인은 자기나 선원 기타의 선박사용인이 감항능력주의의무와 운송물의 수령, 선적, 적부, 운송, 보관, 양륙과 인도에 대한 주의의무를 해태하지 아니하였음을 증명하지 못하면 손해배상책임을 면하지 못한다(상 794조, 795조 1항).[349]

그러나 FIO조항이 있는 경우에는 운송인이 운송물의 수령에서부터 인도에 이르기까지 운송의 전 과정에 관련되는 용역을 전부 인수한 것이 아니기 때문에 위 증명책임의 원칙이 변경되어야 할 것으로 본다. 즉 화주측으로서는 우선 운송물의 멸실, 훼손 혹은 인도지연을 야기한 사고가 운송인이 인수한 용역의 수행 중 발생하였음을 증명하여야 운송인의 과실이 추정되고 이 경우 운송인은 상법 제795조 제 1 항에 기재된 용역 중 자신이 인수한 용역에 대한 주의의무를 다하였음을 증명하면 면책된다고 보아야 할 것이다.[350] 예컨대 FIO조항에 따라 화주측이 운송물의 선적과 양하 작업을 한 경우라면 화주측이 운송물을 운송인에게 인도할 당시에는 운송물이 양호한 상태이었으나 운송인으로부터 운송물을 인도받을 당시에는

---

347) 이러한 경우 운송인이 손해배상책임을 부담한다는 점에 관하여는 Baughen, *op. cit.*, p. 158도 같다.

348) 동지: Baughen, *ibid.*

349) 다만 운송인이 운송물의 멸실, 훼손 혹은 인도지연이 감항능력과 관계없이 발생하였음을 증명한다면 운송인은 감항능력주의의무를 이행하였다는 점까지 증명할 필요는 없다. 이러한 해석은 영국법상으로도 동일하다(Wilson, *Carriage of Goods by Sea*, p. 190 참조).

350) FIO조항과 관계없이 운송인은 여전히 감항능력주의의무를 부담하므로 운송인이 감항능력주의의무를 다하였다거나 운송물의 멸실 등이 선박의 감항능력과 관계없이 발생하였다는 사실을 증명하여야 면책되는 것은 당연하다.

손상되어 있었다는 점만을 증명하는 것은 운송인의 과실을 추정시키기에 부족하다. 수하인은 운송물이 양하되기 전에 이미 손상되어 있었다는 점까지도 증명하여야 한다.[351] 한편 위 사례에서 선적상의 과실로 인하여 운송 도중에 운송물의 손상이 발생하였다면 화주측은 운송인에게 인도할 당시에 운송물이 양호하다는 점과 운송물을 양하하기 전에 운송물이 손상을 입은 점을 증명할 수 있으므로 일응 운송인의 과실은 추정된다. 따라서 운송인은 운송물의 손상에 운송인측의 과실이 없었다는 점(상 795조 1항) 또는 운송물의 손상이 송하인이나 운송물의 소유자나 그 사용인의 행위로 인하여 보통 생길 수 있다는 점(상 796조 2항 6호)을 증명하여야 면책될 수 있을 것이다.

라. 레틀라(Retla) 약관

레틀라 약관이란 주로 철제 화물의 운송에서 사용되는 약관으로 그 내용은 「이 선하증권에 운송물이 외관상 양호한 상태로 선적되었다고 기재되었다고 하더라도 이는 화물의 외관상 물에 젖은 부분이나 녹이 없다는 것을 의미하는 것은 아니다. 만일 송하인이 요구한다면 위와 같은 문언을 삭제하고 본선 수취증이나 검수증명서에 나타나 있을 수 있는 물에 젖은 부분 또는 녹을 기재한 선하증권으로 교체해 주겠다」는 취지인 것이 보통이다.[352] 이러한 레틀라 약관이 불이익변경 금지의 원칙에 위배되어 무효인지의 여부가 문제가 된다. 생각건대 뒤에서 살펴보는 바와 같이 운송인은 운송물의 외관 상태를 선하증권에 기재하여야 하고(상 853조 1항 3호), 이러한 외관 상태의 기재는 선의의 제 3 자에 대하여 대항하지 못한다(상 854조 2항, 855조 1항 내지 3항). 따라서 우리 상법상 운송물에 외관상 하자가 있음에도 불구하고 운송인이 운송물이 외관상 양호한 상태로 선적되었다고 선하증권을 발행하고 나서 선의의 선하증권 소지인에 대하여 레틀라 약관을 근거로 선하증권의 기재와 다른 주장을 하는 것은 허용될 수 없다고 본다. 그러므로 우리 상법상 선의의 선

---

351) 위 사례에서 선적 작업 중에 운송물이 손상되었다면 화주측이 운송인에게 운송물을 인도할 당시에 양호한 상태이었다는 점을 증명할 수 없을 것이므로 운송인의 과실이 추정되지 않는 것은 당연하다.

352) 일반적으로 사용되는 영문은 다음과 같다. "The term "apparent good order and condition" when used in this bill of lading with reference to iron, steel or metal products does not mean that the goods, when received, were free of visible rust or moisture. If the shipper so requests a substitute bill of lading will be issued omitting the above definition and setting forth any notations as to rust or moisture which may appear on the mate's or tally clerks's receipts." 이 약관은 레틀라 해운회사가 발행한 선하증권에 기재되어 있었는데 미국의 제 9 순회 항소심 법원이 이를 유효라고 판시한 이래(Tokio Marine & Fire Insurance Company v. Retla Steamship Company, 426 F. 2d 1372), 레틀라 약관이라 불리게 되었다.

하증권 소지인에 대한 관계에서는 레틀라 약관은 불이익변경 금지의 원칙에 위배되어 무효라고 해석된다.[353]

4) 불이익변경 금지의 원칙의 예외

가. 산 동물의 운송

불이익변경 금지의 원칙은 산 동물의 운송에는 적용되지 아니한다(상 799조 2항). 그러므로 산 동물의 운송에서는 운송인의 책임을 상법의 규정보다 경감 또는 면제하는 특약을 할 수 있다. 산 동물의 운송은 특별한 위험을 수반하기 때문에 산 동물의 운송에 불이익변경 금지의 원칙을 적용하게 되면 운임이 현저히 상승하거나 운송인이 운송의 인수를 거절할 우려가 있어 오히려 화주측에 불리하기 때문이다.

운송계약 체결시에 운송물이 산 동물이면 그 후에 당해 동물이 사망을 해도 그 사망이 불가항력으로 인한 것이 아닌 한 운송계약이 당연히 종료되지는 아니한다(상 810조 1항 4호). 이 경우 송하인이 운송계약을 해제하지 아니하면(상 833조) 운송계약은 존속하므로 운송인은 운송계약을 이행하여야 한다. 이러한 운송에도 당초에 약정한 운송인의 책임을 경감 또는 면제하는 특약은 적용된다고 본다.[354]

한편 운송인이 산 동물의 운송이라는 사실과 이에 대한 책임을 경감 또는 면제하는 특약을 선하증권에 기재한 경우에는 선하증권의 선의의 소지인에게도 대항할 수 있다(상 854조 2항). 그러나 송하인 또는 악의의 소지인에 대해서는 이러한 기재가 없어도 운송인은 위 특약을 증명하면 이를 원용할 수 있다(동 조 1항).

나. 갑판적 화물의 운송

㈎ 일반 선박에 의한 갑판적 운송　　갑판적 화물이란 갑판에 적재한 운송물을 의미하는데 여기서 갑판이란 노천갑판(weather deck)을 말한다. 해상법의 전통적인 원칙에 의하면 갑판적 화물은 파도에 의해 멸실 또는 훼손되거나 해수침수

---

353) 앞서 본 바와 같이 미국 제9순회 항소심 법원은 레틀라 약관을 유효라고 판시하였으며 제6순회 항소심 법원도 이에 따르고 있다(Acwoo International Steel Corporation v. Toko Kaiun Kaish, Ltd., 840 F. 2d 1284). 이처럼 미국 법원이 레틀라 약관을 유효라고 판시한 것은 미국이 선하증권 기재의 확정적 효력(437쪽 참조)을 규정하고 있는 헤이그 비스비규칙에 가입하지 아니하였기 때문인 것으로 이해된다. 한편 미국과는 달리 영국에서는 2012. 11. 7 고등법원 여왕좌부 상사법원이 레틀라 약관을 제한적으로 해석하여 레틀라 약관은 철제화물 내부의 녹에는 적용되지 아니하므로 운송인은 레틀라 약관을 근거로 선하증권 기재와 다른 주장을 할 수 없다고 판시하였다([2012] EWHC 3124 (Comm)).

354) 戶田, 372-373頁.

로 인해 손해를 입을 위험이 클 뿐만 아니라 선박이 해상위험에 처하게 되면 먼저 투하되기 쉽기 때문에 갑판적은 특약 또는 관습이 없는 한 금지된다.[355]

　다른 한편 갑판적이 특약 또는 관습에 의해 허용되는 경우에는 갑판적 화물의 운송이 수반하는 위와 같은 위험을 고려하여 일정한 요건 하에 불이익변경 금지의 원칙을 적용하지 아니한다. 즉 선하증권이나 그 밖에 운송계약을 증명하는 문서의 표면에 갑판적으로 운송할 취지를 기재하고 실제로 갑판적으로 운송을 할 경우에는 운송인의 책임을 경감하거나 면제하는 특약을 할 수가 있다(상 799조 2항). 운송인이 갑판적 사실과 책임 경감 또는 면제의 특약을 선하증권에 기재한 경우에는 선의의 소지인에게도 대항할 수 있다(상 854조 2항).

　(내) **컨테이너선에 의한 갑판적 운송**　　컨테이너선에는 컨테이너를 안전하게 갑판적하여 운송하기 위한 설비가 갖추어져 있고 컨테이너가 그 내장된 운송물을 해수로 인한 손해로부터 보호할 수 있기 때문에 컨테이너선에 의한 갑판적 운송에 수반되는 위험이 일반 선박에 의한 갑판적 운송에 비해 현저하게 감소하였다. 따라서 해운 실무상 컨테이너선에 의한 컨테이너 화물의 운송에는 갑판적이 일상화되어 있다.[356] 이러한 점을 고려해 볼 때 컨테이너의 운송에는 앞서 본 갑판적 금지의 원칙이 적용되지 아니한다고 본다.[357] 한편 컨테이너의 운송에 갑판적 금지의 원칙이 적용되지 아니하는 것과 동일한 근거에서 컨테이너가 갑판적으로 운

---

355) 戶田, 374頁. 당사자 사이의 특약 또는 관습이 없는데도 불구하고 운송인이 운송물을 갑판적으로 운송한 경우에 대법원은 운송인에게 손해 발생의 염려가 있음을 인식하면서 한 무모한 행위가 있으므로 운송인은 포장당 책임제한을 할 수 없다고 판시하였다(대법원 2006. 10. 26. 2004다27082 판결).

356) 여기서의 컨테이너란 밀폐형 컨테이너를 말한다. 컨테이너에는 지붕 개방형인 오픈 탑 컨테이너(open top container)와 바닥과 네 구석의 기둥 형태만으로 된 플랫 랙 컨테이너(flat rack container)도 있는데 이들 컨테이너는 수밀이 되지 아니하므로 원칙적으로 일반 화물과 동일하게 취급될 것이다. 따라서 이들 컨테이너가 갑판적으로 인하여 멸실 또는 훼손된 경우 운송인은 손해배상책임을 부담한다. 참고로 미국 항소심은 갑판적된 플랫 랙 컨테이너의 화물이 불충분한 포장으로 인하여 플랫 랙 컨테이너로부터 이탈되어 손상을 입은 사안에서 플랫 랙 컨테이너를 갑판적한 것 자체가 불합리한 준이로(準離路)에 해당하여 운송인이 전혀 면책을 주장할 수 없는 것은 아니며 화물이 손상된 것은 갑판적으로 인한 것이 아니라 포장의 불충분으로 인한 것이므로 운송인은 손해배상책임이 없다고 판시한 바 있다(O'Connell Machinery Company, Inc. v. M.V. Americana, her Engines, etc., and Italia Di Navigazione, S.p.A., 1986 A.M.C. 2822, 797 F 2d 1130). 위 미국 항소심 판결과 유사한 사안에서 서울고등법원도 갑판적이 아니라 플랫 랙 컨테이너에 화물을 부적절하게 고박한 것이 화물손상의 원인이라는 이유로 운송인의 면책을 인정한 바 있다(서울고등법원 2011. 3. 2. 2009나103532 판결).

357) 미국 항소심도 같은 입장을 취하고 있으며(*The Mormacvega*, 1974 AMC 67, 493 F. 2d 97), 프랑스는 법률로 이 점을 명시적으로 규정하였다(戶田, 382頁).

송된다고 하더라도 운송인은 그 책임을 경감 또는 면제하는 특약을 할 수 없다고 보아야 할 것이다.358)

(다) **갑판적선택 약관의 효력** 해운 실무에서는 선하증권이나 그 밖에 운송계약을 증명하는 문서에 운송인의 선택에 따라 갑판적 운송을 할 수 있다는 갑판적선택 약관이 기재되는 경우가 많은데 이 약관의 효력이 문제가 된다. 컨테이너선에 의한 운송의 경우에는 앞서 본 바와 같이 갑판적 금지의 원칙이 적용되지 아니하므로 갑판적선택 약관의 효력에 관하여 논의할 실익은 없다. 일반 선박에 의한 운송의 경우에는 특약이나 관습이 없는 한 갑판적 운송을 할 수 없는데, 갑판적선택 약관이 있는 경우에는 갑판적의 특약이 있다고 보아 운송인이 갑판적 운송을 하더라도 운송계약의 위반으로 되지 아니한다고 본다. 다음으로는 갑판적선택 약관에 따라 갑판적 운송을 한 경우에 운송인의 책임을 경감 또는 면제하는 특약을 할 수 있는가 하는 점이 문제가 된다. 우리 상법은 갑판적 화물의 경우에 선하증권이나 그 밖에 운송계약을 증명하는 문서의 표면에 갑판적으로 운송할 취지를 기재하여야만 운송인의 책임을 경감 또는 면제하는 특약을 할 수 있는데 갑판적선택 약관만이 있는 경우에는 갑판적으로 운송할 취지가 기재된 것이 아니므로 위와 같은 특약을 할 수 없다고 보는 것이 타당하다.359)

(8) 순차 개품운송인의 손해배상책임

1) 순차 개품운송인의 연대책임

가. 수인이 순차로 개품운송을 하는 경우에 각 운송인은 운송물의 멸실·훼손 또는 연착으로 인한 손해를 연대하여 배상할 책임이 있다(상 815조, 138조 1항). 여기서 순차운송이란 수인의 운송인이 각 구간별로 운송을 인계인수하는 연락관계를 가지고 있을 경우 송하인이 제 1 운송인에게 운송을 위탁함으로써 나머지 운송인의 운송조직도 동시에 이용할 수 있는 「협의의 순차운송(공동운송)」을 의미한다.360)

나. 연대책임을 지는 순차운송인은 계약운송인인 제 1 운송인이 가지는 책임제한과 항변을 원용할 수 있다고 본다. 한편 순차운송과 관련하여 당사자 사이에

---

358) 프랑스에서는 이 점을 법률에 명시적으로 규정해 놓고 있다(戶田, 382頁).
359) 戶田, 383頁.
360) 정(찬), (하), 902쪽; 정(동), (하), 888쪽.

순차운송인의 연대책임을 변경하는 특약을 할 수 있는가 하는 점이 문제가 된다. 순차운송인은 원래 송하인과 아무런 계약관계가 없기 때문에 단지 자기가 실행한 운송구간에 관하여만 실제운송인으로서 불법행위책임을 부담해야 할 것이나 법률의 규정에 따라 전 구간에 대해 연대책임을 부담하는 것이다. 그런데 육상운송에서는 상법 제138조 제 1 항은 임의규정으로서 송하인과 제 1 운송인간의 특약에 의해 분할책임으로 할 수 있다고 해석되고 있다.[361] 그런데 해상운송에서는 운송인의 감항능력주의의무(상 794조)나 운송물에 관한 주의의무(상 795조 1항)를 경감 또는 면제하거나 그 위반으로 인한 책임을 경감 또는 면제하는 특약은 불이익변경 금지의 원칙상 효력이 없다(상 799조 1항). 그러므로 순차운송인의 책임을 분할책임으로 하는 특약이 이처럼 금지되는 특약에 해당할 것인가 하는 점이 관건이 된다. 생각건대 순차운송인으로 하여금 자기가 실행한 구간 이외의 구간에서 발생한 손해에 대하여 책임을 면제하기로 하는 특약은 상법 제794조나 제795조에 위반하는 것이 아니므로 불이익변경 금지 원칙에 위반되지 아니하여 유효라고 본다.[362] 그러나 제 1 운송인은 계약운송인으로서 전운송구간에 관하여 책임을 부담하기 때문에 제 1 운송인이 자기의 운송구간에 대하여만 책임을 진다는 특약은 무효라고 본다.

2) 손해배상을 한 운송인의 구상권

운송인 중 1인이 손해를 배상한 때에는 그 손해의 원인이 된 행위를 한 운송인에 대하여 구상권이 있다(상 138조 2항). 이 경우에 그 손해의 원인이 된 행위를 한 운송인을 알 수 없는 때에는 각 운송인은 그 운임액의 비율로 손해를 분담하는데 순차운송인이 그 손해가 자기의 운송구간 내에서 발생하지 아니하였음을 증명한 때에는 손해분담의 책임이 없다(동 조 3항).

(9) 책임의 소멸

1) 단기제척기간

가. 의   의

우리 상법상 운송인의 송하인 또는 수하인에 대한 책임은 그 청구원인의 여하에 불구하고 운송인이 수하인에게 운송물을 인도한 날 또는 인도할 날부터 1년

---

361) 이(철), (상총), 547쪽.
362) 동지: 戶田, 320頁.

이내에 재판상 청구가 없으면 소멸한다(상 814조 1항 본문). 이 규정을 둔 취지는 해상운송은 관련 당사자가 다수이고 다국적인 경우가 많으므로 이들 사이의 법률관계나 계산관계가 매우 복잡하여 이를 단기간에 확정지어야 할 필요가 크기 때문에 운송계약상의 법률관계를 조속히 확정하기 위한 것이다. 위 기간은 제척기간으로 보는 것이 통설363)·판례364)의 입장이다. 이처럼 위 기간은 제척기간이므로 기간의 중단이나 정지가 인정되지 않는다. 다만 위 기간은 당사자의 합의에 의하여 연장할 수 있다(동 항 단서). 이러한 기간 연장의 합의는 운송물에 관한 손해가 발생하기 전에도 할 수 있다.365) 이처럼 기간의 연장이 인정된다는 점에서 운송인의 책임에 관한 단기 제척기간은 일반 제척기간과 다른 특색이 있다.

한편 위 단기 제척기간을 준수하기 위해서는 반드시 재판상 청구를 해야 하는데, 여기의 재판상 청구란 본안에 관한 청구만이 이에 해당하고 가압류나 가처분 등과 같은 임시적 처분의 신청은 이에 포함되지 않는다.366) 본안에 관한 청구인 한 이행소송이건 확인소송이건 묻지 아니한다. 그리고 지급명령의 신청(민소 462조)도 재판상 청구에 해당할 수 있으며 그 밖에 재판상 청구에 준하는 절차, 예컨대 채무자 회생 및 파산에 관한 법률에 따른 회생절차나 파산절차에의 참가나 선박소유자 등의 책임제한절차에 관한 법률에 따른 책임제한절차에의 참가도 재판상 청구에 해당한다고 본다. 또한 중재약정이 있는 경우에는 중재를 제기하는 것도 재판상 청구에 해당한다고 해석된다.367)

단기 제척기간의 준수 여부는 소송제기요건이므로 법원이 직권으로 조사하여 그 기간이 도과한 경우에는 소각하 판결을 하여야 한다.368)

---

363) 채, (하), 766쪽; 정(찬), (하), 902-903쪽; 서·정, (하), 620쪽 등.
364) 대법원 1997. 11. 28. 97다28490 판결 등.
365) 헤이그 비스비규칙 제3조 제6항은 우리 상법과는 달리 운송물에 관한 손해가 발생한 이후에만 기간연장의 합의를 할 수 있는 것으로 규정하고 있다.
366) 이에 대해 서울고등법원은 2012. 4. 3. 2011나37553 판결에서 가압류 신청도 재판상 청구에 포함된다고 판시하였으나 이는 해상물건운송인의 책임에 관하여 단기 제척기간을 둔 취지에 반할 뿐만 아니라 재판상 청구와 가압류를 엄밀히 구별하고 있는 민법 제168조 및 동법 제170조 제2항의 규정에도 반하는 해석으로서 타당하지 아니하다(동지: 이광후, "상법 제814조 제척기간(서울고법 2012. 4. 3. 선고 2011나37553 판결에 대한 평석 포함)," 월간해양한국 469호(2012. 10. 4.), 160쪽 이하 참조).
367) 동지: 채, (하), 766쪽 참조. 함부르크규칙 제20조 제1항은 이 점을 명시적으로 규정하였다(Any action relating to carriage of goods under this Convention is time-barred if judicial or arbitral proceedings have not been instituted within a period of two years).
368) 대법원 2007. 6. 28. 2007다16113 판결(운송인의 용선자, 송하인 또는 수하인에 대한 채권·채무는 그 청구원인의 여하에 불구하고 운송인이 수하인에게 운송물을 인도한 날 또는 인도할 날부

한편 상법 제814조 제 1 항은 운송인의 악의나 고의 여부 등을 가리지 아니하고 적용된다.369) 그러므로 운송인이 선하증권과 상환하지 아니하고 운송물을 무권리자에게 인도하는 등 운송인의 고의나 중과실로 인해 운송물에 관한 손해가 발생한 경우에도 운송인의 책임에는 1년의 단기 제척기간이 적용된다.

나.「수하인」의 개념

상법 제814조 제 1 항에 규정된「수하인」은 선하증권이 발행된 경우에는 그 선하증권의 정당한 소지인을 말한다.370) 한편 이와 관련하여 은행이 선하증권을 신용장대금지급에 대한 담보의 목적으로 취득하는 경우에 은행이 선하증권의 정당한 소지인으로서 상법 제814조 제 1 항 소정의 수하인이 될 수 있는가 하는 점이 문제가 된다. 이 점에 관하여는 발행되는 선하증권의 종류를 나누어 검토할 필요가 있다.

우선 수하인을 송하인이 지시할 수 있도록 하는 지시식 선하증권이 발행된 경우 송하인이 이 선하증권을 은행에 배서양도하는 것은 선하증권(및 선하증권상에 기재된 운송물)에 대한 양도담보인 것으로 해석된다. 그러므로 이러한 배서양도는 운송인에 대한 관계에서는 완전한 권리의 양도이므로 은행이 운송인에 대하여 운송물에 대한 인도청구권을 갖는다고 보아야 할 것이다.371) 그렇다면 은행은 선하

터 1년 이내에 재판상 청구가 없으면 소멸하는 것이고(상법 제811조(현행 상법 제814조 제 1 항)), 위 기간은 제소기간으로서 법원은 그 기간의 준수 여부에 관하여 직권으로 조사하여야 하므로 그 기간 준수 여부에 대하여 의심이 있는 경우에는 필요한 정도에 따라 직권으로 증거조사를 할 수 있으나, 법원에 현출된 모든 소송자료를 통하여 살펴보았을 때 그 기간이 도과하였다고 의심할 만한 사정이 발견되지 않는 경우까지 법원이 직권으로 추가적인 증거조사를 하여 기간 준수의 여부를 확인하여야 할 의무는 없다).

369) 대법원 1997. 4. 11. 96다42246 판결(상법 제789조의 3(현행 상법 798조) 제 1 항은 운송인의 책임에 관한 상법의 규정은 운송인의 불법행위로 인한 손해배상의 책임에도 적용하도록 되어 있고, 같은 법 제811조(현행 상법 제814조 제 1 항)는 '그 청구원인의 여하에 불구하고' 운송인의 수하인 등에 대한 채권 및 채무에 대하여 적용하도록 되어 있으므로, 운송인의 악의로 인한 불법행위채무 역시 운송인이 수하인에게 운송물을 인도한 날 또는 인도할 날부터 1년 내에 재판상 청구가 없으면 소멸한다).

370) 대법원 1997. 9. 30. 96다54850 판결(상법 제811조(현행 상법 제814조 제 1 항)는 "운송인의 용선자, 송하인 또는 수하인에 대한 채권 및 채무는 그 청구원인의 여하에 불구하고 운송인이 수하인에게 운송물을 인도한 날 또는 인도할 날부터 1년 내에 재판상 청구가 없으면 소멸한다"고 규정하고 있는바, 해상운송계약에 따른 선하증권이 발행된 경우에는 그 선하증권의 정당한 소지인이 위 규정에서 말하는 수하인이므로 선하증권 소지인의 해상운송인에 대한 채권의 경우에도 상법 제811조가 적용된다).

371) 대법원 2008. 11. 27. 2006도4263 판결(금전채무를 담보하기 위하여 채무자가 그 소유의 동산을 채권자에게 양도하되 점유개정에 의하여 채무자가 이를 계속 점유하기로 한 경우, 특별한 사정이 없는 한 동산의 소유권은 신탁적으로 이전되고, 채권자와 채무자 사이의 대내적 관계에서 채무자는 의연히 소유권을 보유하나 대외적인 관계에 있어서 채무자는 동산의 소유권을 이미 채

증권의 정당한 소지인으로서 상법 제814조 제 1 항에서 말하는 수하인에 해당될 것이다.

한편 기명식 선하증권에는 신용장발행은행이 수하인으로 기재되는 경우와 화물에 대한 수입자가 수하인으로 기재되는 경우가 있는데 이러한 기명식 선하증권의 경우에는 수하인으로 지정된 자가 배서양도할 권리가 있다. 신용장발행은행이 수하인으로 기재된 경우 송하인이 선하증권에 배서한 뒤 이를 당해 은행에 교부하는 때에는 은행이 기명수하인으로서 선하증권을 소지하게 된 것이므로 은행은 선하증권의 정당한 소지인이 된다. 이때 설사 당해 은행이 담보목적으로 선하증권을 취득하였어도 은행을 상법 제814조 제 1 항 소정의 수하인으로 보아야 할 것이다. 이는 단순지시식으로 발행된 선하증권을 은행에 배서양도한 경우와 동일하다. 이와는 달리 선하증권에 수입자가 수하인으로 기재된 경우에는 이 선하증권을 송하인이 배서(백지배서)한 뒤 은행에 제시하여 신용장대금을 지급받게 되는데 이때 은행을 선하증권의 정당한 소지인이라고 할 수는 없다. 왜냐하면 선하증권상의 권리자인 수하인의 배서가 없기 때문이다. 이 경우 은행은 단순히 선하증권을 점유함으로써 수하인으로 기재된 자가 운송인에게 화물의 인도를 청구할 수 없게 하여 신용장대금지급을 사실상 담보하게 된다. 이때 운송인이 화물을 선하증권과 상환하지 않고 인도하였다면 은행은 담보권 침해를 근거로 운송인에 대하여 불법행위로 인한 손해배상을 청구할 수 있을 것이다. 이 경우에도 운송인의 책임에 단기 제척기간이 적용될 것인가 하는 문제가 있다. 엄밀하게 말하면 이 경우 은행은 수하인이 아니므로 위 조항이 적용되지 않는다고 하여야 한다. 그러나 사실상 동일한 거래구조하에서 단지 선하증권상의 수하인란에 신용장개설은행이 아니라 수입자가 기재되었다는 이유로 권리행사기간에 차이가 있다고 해석하는 것은 타당하지 않다고 본다. 그러므로 상법 제814조 제 1 항의 문리해석에 맞지는 않으나 이러한 경우에도 위 상법 규정을 유추 적용하여 운송인의 책임에 대하여 1년의 단기 기간이 적용된다고 해석해야 할 것이다.

다. 「청구원인의 여하에 불구하고」의 의미

상법 제814조 제 1 항이 운송인의 송하인 또는 수하인에 대한 책임에 청구원인의 여하에 불구하고 1년의 단기 제소기간이 적용된다고 규정한 것은 헤이그 비

권자에게 양도한 무권리자가 된다. 따라서 동산에 관하여 양도담보계약이 이루어지고 채권자가 점유개정의 방법으로 인도를 받았다면, 그 정산절차를 마치기 전이라도 양도담보권자인 채권자는 제 3 자에 대한 관계에 있어서는 담보목적물의 소유자로서 그 권리를 행사할 수 있다).

스비규칙 제 4 조의 2 제 1 항372)을 따른 것이라고 보는 것이 일반적이다.373) 그러나 헤이그 비스비규칙 청구원인을 계약과 불법행위로 특정하여 이들 두 청구원인으로 인한 운송인의 책임에만 1년의 단기 제소기간이 적용되도록 규정하고 있는 반면에 상법은 「청구원인의 여하에 불구하고」라고 규정함으로써 청구원인이 계약이나 불법행위뿐만 아니라 사무관리나 부당이득, 또는 부진정연대채무자 사이의 구상인 경우에도 1년의 단기 제소기간이 적용된다는 해석이 가능하도록 규정하였다. 그러나 입법취지로 보아 운송인의 송하인 또는 수하인에 대한 모든 책임이 1년의 단기 기간의 대상이 되는 것이 아니라 운송인이 해상운송계약과 관련하여 송하인 또는 수하인에 대하여 부담하는 책임만이 상법 제814조 제 1 항의 적용대상이라고 보아야 할 것이다. 해상운송계약과 관련하여 생기는 책임에는 채무불이행책임과 불법행위책임이 있으며 그 성질상 사무관리나 부당이득 또는 부진정연대채무자 사이의 구상책임은 제외된다. 그러므로 우리 상법상으로도 송하인 또는 수하인에 대한 운송인의 책임은 그 청구원인이 계약이나 불법행위인 경우에 한하여 상법 제814조 제 1 항의 단기 제소기간이 적용된다고 본다.374)

라. 제척기간의 기산점

(가) 상법 제814조 제 1 항의 단기 제척기간의 기산점은 운송인이 수하인에게 운송물을 인도한 날 또는 인도할 날이다. 운송물을 인도한 날은 운송물을 양하한 날과는 구별된다. 수하인이 운송물을 인도받아 가지 않아 운송인이 상법 제803조 제 1 항 또는 제 2 항의 규정에 따라 이를 공탁하거나 세관 등의 관청의 허가를 받은 곳에 인도한 때에는 선하증권소지인이나 그 밖의 수하인에게 운송물을 인도한 것으로 보므로(동조 제 3 항), 공탁일 또는 세관 등의 허가를 받은 곳에 인도한 날이

---

372) 헤이그 비스비규칙 제 4 조의 2 제 1 항은 다음과 같다. 「이 조약에 규정되어 있는 항변사유 및 책임의 한도는 소송이 계약을 기초로 한 것이건 불법행위를 기초로 한 것이건 구별 없이 운송계약의 대상인 화물의 멸실 또는 훼손에 관하여 운송인에 제기되는 일체의 소송에 적용된다(The defences and limits of liability provided for in these Rules shall apply in any action against the carrier in respect of loss or damage to goods covered by a contract of carriage whether the action be founded in contract or in tort).」

373) 서·정, (하), 621쪽 참조.

374) 대법원 2001. 10. 30. 2000다62490 판결도 계약운송인과 실제운송인과 같은 부진정연대채무자 사이의 구상채권·채무에는 1년의 단기 제척기간이 적용되지 아니한다고 판시하였다(해상물건운송계약에 있어 계약운송인과 실제운송인과의 관계와 같이 복수의 주체가 운송물의 멸실·훼손으로 인하여 선하증권소지인에 대하여 연대하여 손해배상책임을 부담하는 경우, 어느 일방이 선하증권소지인에 대하여 먼저 손해액을 배상한 후 다른 일방에 대하여 그 배상금액을 구상하는 경우에는, 운송인의 채권·채무의 소멸을 규정하고 있는 상법 제811조(현행 상법 제814조 제 1 항) 소정의 단기제척기간에 관한 규정은 적용되지 않는다고 할 것이다).

위 제척기간의 기산점이 된다고 본다.

(나) 운송물이 멸실된 경우에는 운송물을 인도할 날이 기산점이 된다. 대법원 판례에 의하면 「운송물을 인도할 날」이란 통상 운송계약이 그 내용에 좇아 이행 되었으면 인도가 행하여져야 했던 날을 말한다.[375] 해운 실무상으로는 운송물이 목적항에 도착한 후에도 선하증권 원본이 여전히 송하인의 수중에 있거나 은행의 점유하에 있는 경우가 많다. 이 경우 인도가 행하여져야 했던 날이 선하증권 원본 이 목적항의 은행에 도착하여 수입자가 이를 입수하여 운송인에게 제시하고 운송 물을 수령할 수 있었던 날인지 아니면 운송물이 목적항에 도착하여 언제든지 운 송인이 운송물을 선하증권 원본을 제시하는 자에게 인도할 준비가 되었을 날인지 의문이 있을 수 있다. 생각건대 운송물이 목적항에 도착하여 운송인이 인도준비를 갖춘 후에는 수하인측이 운송물의 인도를 받아 가지 않는 것은 수하인측의 수령 지체가 되므로 운송물을 인도할 날이란 운송인의 인도준비가 완료되었을 날이라 고 해석하는 것이 타당하다고 본다.[376] 따라서 운송물이 목적항에 도착하기 전에 멸실된 경우에는 통상적으로 운송물이 목적항에 도착하여 인도준비가 완료되었을 날 그리고 운송물이 목적항에 도착한 후 멸실된 경우에는 실제로 운송물에 대한 인도준비가 완료된 날이 제척기간의 기산점이 된다.

(다) 또한 운송물이 목적항에 도착한 후 수하인이 운송물을 수령하여 가지 않 는 데도 운송인이 이를 공탁하지 않고 보관하고 있는 경우 또는 운송인이 운송물 의 인도를 거절한 경우 등과 같이 운송물이 인도되지 아니한 경우에 기산점이 언 제로 될 것인가 하는 문제가 있다. 제정 상법 제812조에 의하여 준용되던 상법 제 121조 제 2 항은 운송물이 전부 멸실된 경우에 한하여 인도할 날을 기산점으로 보 았다. 그러나 상법 제814조 제 1 항(1991년 상법 제811조도 동일함)은 운송물이 전부 멸실된 경우에만 인도할 날이 기간의 기산점이 된다는 제한이 없으므로 위와 같 은 경우에도 운송물을 인도할 날, 즉 운송물의 인도준비가 완료된 날을 기산점으 로 보아야 할 것이다.[377] 대법원도 이와 동일한 입장을 취하고 있다.[378]

---

375) 대법원 1997. 11. 28. 97다28490 판결.

376) 정(동), (하), 880쪽은 정액배상주의에 있어서의 「인도할 날」의 해석과 관련하여 같은 입장을 취한다.

377) 동지: 조희종, "해상운송인의 책임은 언제 소멸하는가?," 대법원판례해설집, 1997년 하반기(29호), 205-206쪽.

378) 대법원 2007. 4. 26. 2005다5058 판결(상법 제811조(현행 상법 제814조 제 1 항)에서 정한 '운송물 을 인도할 날'은 통상 운송계약이 그 내용에 좇아 이행되었으면 인도가 행하여져야 했던 날을

2) 운송을 재위탁한 경우의 특칙

가. 운송인이 인수한 운송을 다시 제 3 자에게 위탁한 경우에 송하인 또는 수하인이 1년의 단기 제척기간 이내에 운송인과 배상 합의를 하거나 운송인에게 재판상 청구를 하였다면, 그 합의 또는 청구가 있은 날부터 3개월이 경과하기 이전에는 그 제 3 자에 대한 운송인의 채권·채무는 1년의 단기 제척기간에도 불구하고 소멸하지 아니한다(상 814조 2항 1문).

예컨대 운송주선업자가 계약운송인으로서 인수한 운송을 실제운송인에게 재위탁하거나 운송인이 인수한 운송의 일부에 관하여 하수운송계약을 체결한 경우 등과 같이 운송인이 인수한 운송을 다시 제 3 자에게 위탁한 경우에 운송인과 제 3 자 사이에 체결된 운송계약에 있어서는 운송인(원수운송인)이 송하인의 지위에 있고 제 3 자(하수운송인)가 운송인의 지위에 있다. 따라서 운송인이 원래의 운송계약에 따라 송하인 또는 수하인에게 손해배상을 해 준 경우에 운송인은 제 3 자와 체결한 운송계약에 따라 제 3 자에 대하여 송하인의 지위에서 손해배상을 청구할 수 있는데 이 경우 제 3 자가 운송인에 대하여 부담하는 손해배상책임의 제척기간의 기산점은 운송인이 송하인 또는 수하인에 대하여 부담하는 손해배상책임의 제척기간의 기산점과 동일하다. 그러므로 제 3 자의 운송인에 대한 손해배상책임에 1년의 단기 제척기간이 적용된다면 운송인이 불측의 손해를 입을 염려가 많다. 왜냐하면 이러한 경우 운송은 제 3 자에 의해 실행되기 때문에 운송인은 자기와 운송계약을 체결한 화주가 손해배상을 청구해 오기 전에는 운송물의 멸실, 훼손 혹은 인도지연이 있었는지를 알 수 없는 경우가 많은데 만일 화주가 1년의 제척기간이 만료될 무렵 운송인에게 손해배상청구를 해 오는 경우 운송인으로서는 제 3 자에 대하여 소송을 제기할 시간적 여유가 없기 때문이다. 이러한 이유로 헤이그비스비규칙이나 함부르크규칙은 운송인이 제 3 자에 대하여 가지는 채권(즉 제 3 자의 운송인에 대한 손해배상책임)의 제척기간은 법정지법에 의해 결정되는 기간 동안 연장되는 것을 원칙으로 하되 그 연장기간이 운송인이 화주측에게 손해배상금을 지급한 날 혹은 화주측이 운송인에게 재판을 청구한 날로부터 최소한 3개월(헤이그비스비규칙) 혹은 90일(함부르크규칙) 이상이 되도록 규정하고 있다.[379] 우리 상법은

말하는데, 운송물이 멸실되거나 운송인이 운송물의 인도를 거절하는 등의 사유로 운송물이 인도되지 않은 경우에는 '운송물을 인도할 날'을 기준으로 위 규정의 제소기간이 도과하였는지 여부를 판단하여야 한다).

379) 헤이그 비스비규칙 제 3 조 제 6 항의 2, 함부르크규칙 제20조 제 5 항 참조.

2007년 개정 시에 헤이그 비스비규칙을 참조하여 위와 같은 규정을 추가한 것이다.

　　나. 운송인과 그 제 3 자 사이에 단기 제척기간을 연장하는 약정이 있는 경우에도 앞서 본 것과 동일한 원칙이 적용된다(상 814조 2항 2문). 즉 그 연장된 기간이 배상 합의 또는 재판상 청구가 있은 날부터 3개월이 경과하기 이전에 만료되는 경우에도 운송인의 제 3 자에 대한 채권은 위 3개월 이내에는 소멸하지 아니한다. 그 연장된 기간이 배상 합의 또는 재판상 청구가 있은 날부터 3개월이 경과한 이후에 만료되는 경우에는 운송인의 제 3 자에 대한 채권이 그 연장된 기간이 경과하기 전에는 소멸하지 아니하는 것은 당연하다. 한편 재판상 청구를 받은 운송인이 그로부터 3개월 이내에 그 제 3 자에 대하여 소송고지를 하면 위 3개월의 기간은 그 재판이 확정되거나 그 밖에 종료된 때부터 기산한다(동조 3항).

　　다. 상법 제814조 제 2 항의 해석과 관련해서는 우선 선박소유자와 항해용선계약을 체결한 항해용선자가 화주와 개품운송계약(재운송계약)을 체결한 경우에도 위 조항이 적용될 것인가 하는 문제가 있다. 이 경우는 비록 운송인이 인수한 운송을 제 3 자에게 재위탁하는 경우와 시간적 순서는 다르나 계약운송인인 항해용선자가 화주로부터 인수한 운송(개품운송)을 제 3 인인 선박소유자에게 재위탁한다는 점에서 양자는 법률적으로 차이가 없기 때문이다. 우리 현행 상법과 유사한 규정을 가지고 있는 일본 국제해상물품운송법[380]의 해석으로는 이러한 경우에도 위 조항이 적용된다고 본다.[381] 생각건대 상법 제814조 제 2 항은 운송인의 제 3 자에 대한 채권은 「제 1 항의 규정에 불구하고」 일정시점으로부터 3개월이 지나기 전에는 소멸하지 아니한다고 규정한다. 위에서 말하는 「제 1 항」은 1년의 제척기간에 관한 규정이다. 따라서 상법 제814조 제 2 항은 1년의 제척기간이 적용되는 경우를 전제로 하고 있다. 그런데 현행 상법상 항해용선자가 선박소유자에 대하여 가지는 채권에는 원칙적으로 2년의 제척기간이 적용된다(상 840조 1항). 따라서 재운송계약의 경우에 항해용선자가 선박소유자에 대하여 가지는 구상채권에는 상법 제814조 제 2 항이 적용되지 않는다고 해석하는 것이 타당하다. 더구나 현행 상법상 항해용선자와 화주 사이의 채권·채무의 제척기간은 1년인데 반해 항해용선자와 선박소유자 사이의 채권·채무의 제척기간은 2년이다. 따라서 항해용선자로서는 화주로

---

380) 우리 상법의 위 규정은 일본 국제해상물품운송법 제14조 제 3 항과 유사하다(일본 국제해상물품운송법은 소송고지의 경우에 관하여 규정하고 있지 아니한 점에서 우리 개정 해상법과 차이가 있을 뿐이다).

381) 戶田, 314頁.

부터 손해배상청구를 받은 후 선박소유자에게 구상을 청구할 시간적 여유가 충분하다고 할 수 있다. 따라서 우리 상법상으로는 일본 국제해상물품운송법과는 달리 이러한 경우에는 위 규정이 적용되지 않는다고 해석해야 한다고 본다.

　　라. 앞서 본 바와 같이 우리 대법원은 1991년 상법상의 단기 제척기간과 관련하여 운송인의 제 3 자에 대한 구상채권에는 상법 제814조 제 1 항의 단기 제척기간이 적용되지 아니한다고 판시하였는데,[382] 이 대법원 판결이 2007년에 추가된 현행 상법 제814조 제 2 항에 의해 그 효력을 잃게 된 것인가 하는 점이 문제가 된다. 그러나 제814조 제 2 항은 동 조 제 1 항이 적용되는 것을 전제로 하여 동 조 제 1 항에도 불구하고 일정 기간 이내에는 운송인의 채권이 소멸하지 아니한다고 규정하고 있다. 위 대법원의 판결은 운송인이 제 3 자에 대하여 부진정연대채무자로서 구상청구를 하는 경우에는 1년의 제척기간이 적용되지 아니한다는 것이므로 이러한 구상채권은 현행 상법 제814조 제 2 항의 적용 대상이 아니라고 본다. 따라서 현행 상법 제814조 제 2 항에도 불구하고 앞서 본 대법원 판례는 여전히 유효하다고 할 것이다.[383]

3. 운송인의 권리

(1) 기본적 권리

운송인은 기본적 권리로서 운임청구권과 부수비용 등의 청구권을 가지고 이러한 권리를 담보하기 위하여 유치권, 경매권 및 우선변제권을 갖는다.

1) 운임청구권
가. 운임청구권자 및 지급의무자

운임이란 운송이라는 일의 완성에 대한 대가로서 받는 보수를 말한다.[384] 운

---

382) 대법원 2001. 10. 30. 2000다62490 판결. 이 대법원 판결에 의할 때 운송인이 부진정연대채무자인 제 3 자에 대하여 가지는 구상채권의 소멸시효 기간이 상사시효인 5년인가 민사시효인 10년인가 하는 문제가 있는데, 민사시효인 10년이라고 하는 것이 타당하다고 본다(이에 관한 상세는 졸고, "개정 해상법 하에 있어서의 해상운송인의 지위," 한국해법학회지, 제30권 제 1 호(2008. 4.), 60-61쪽 참조).
383) 따라서 현행 상법 제814조 제 2 항은 실질적으로 운송인과 제 3 자가 부진정 연대채무를 부담하지 아니하는 경우(예컨대 제 3 자가 운송인으로부터 재위탁받은 운송에 관한 업무의 전체 또는 일부를 재하도급하고 운송물이 그 재하수급인의 귀책사유로 멸실 또는 훼손된 경우와 같이 제 3 자가 불법행위책임을 지지 아니하는 경우 등)에만 그 의의가 있다고 할 수 있다.
384) 뒤에서 살펴보는 항해용선계약도 그 법적성질은 운송계약이므로 항해용선계약에서 용선자가

송인은 운송계약에 의하여 운송을 이행한 데 대한 보수로서 송하인에 대하여 운임을 청구할 권리를 갖는다. 운송인이 운송계약 또는 선하증권의 취지에 따라 운임의 미지급 사실을 수하인에게 대항할 수 있는 경우에는 운송물을 수령한 수하인도 운임지급 의무를 부담한다(상 807조 1항). 이 경우에는 송하인과 수하인이 운임지급에 관하여 부진정연대채무자가 된다.[385] 그러나 수하인이 운송인으로부터 운송물의 도착통지를 받았다고 하더라도 운송물을 수령하지 아니한 경우에는 운임지급의무가 없다.[386]

나. 운임청구권의 발생요건

(가) **원 칙** 운송계약은 도급계약이므로 일의 완성, 즉 운송물이 목적지에 도착하여야 발생하는 것이 원칙이다. 따라서 운송물이 전부 또는 일부가 송하인의 책임 없는 사유로 인하여 멸실한 때에는 운송인은 그 운임을 청구하지 못한다. 운송인이 이미 그 운임의 전부 또는 일부를 받은 때에는 이를 반환하여야 한다(상 815조, 134조 1항). 그러나 운임의 지급에 관한 규정은 임의규정이므로 당사자 사이의 특약으로 운임을 그 이전에 지급하는 것으로 약정하여도 무방하다.

(나) **예 외** 다음의 경우에는 예외적으로 운송물이 목적지에 도착하지 아니한 경우에도 운송인이 운임청구권을 갖는다.

(ㄱ) 운송물의 전부 또는 일부가 그 성질이나 하자 또는 송하인의 과실로 인하여 멸실한 때에는 운송인은 운임의 전액을 청구할 수 있다(상 815조, 134조 2항).

(ㄴ) 선장이 선박수선료 · 해난구조료, 그 밖에 항해의 계속에 필요한 비용을 지급하기 위하여 적하의 전부나 일부를 처분하거나(상 750조 1항), 선박과 적하의 공동위험을 면하기 위하여 적하를 처분하였을 때(상 865조), 운송인은 예외적으로 운임의 전액을 청구할 수 있다(상 813조).

(ㄷ) 항해 도중에 불가항력으로 인하여 선박이 침몰 또는 멸실하거나, 선박이 수선할 수 없게 되거나 또는 선박이 포획된 때에는 운송인은 운송의 비율에 따라

선박소유자에게 지급하는 보수도 운임이라고 한다(상 827조).

385) 정(찬), (하), 904-905쪽; 정(동), (하), 861쪽.

386) 참조 판례: 대법원 1996. 2. 9. 94다27144 판결(상법 제800조(현행 상법 제807조) 제 1 항에는 "수하인은 운송물을 수령하는 때에는 운송계약 또는 선하증권의 취지에 따라 운임, 부수비용, 체당금, 정박료, 운송물의 가액에 따른 공동해손 또는 해난구조로 인한 부담액을 지급하여야 한다"고 규정하고 있으므로, 수하인 또는 선하증권의 소지인은 운송물을 수령하지 않는 한 운임 등을 지급하여야 할 의무가 없다고 보아야 할 것이고, 따라서 수하인이 운송인으로부터 화물의 도착을 통지받고 이를 수령하지 아니한 것만으로 바로 운송물을 수령한 수하인으로 취급할 수는 없으며, 상법 제800조(현행 상법 제807조) 제 1 항 소정의 운임 등을 지급할 의무도 없다).

현존하는 운송물의 가액의 한도에서 운임을 청구할 수 있다(상 810조 2항).

(ㄹ) 운송인은 운송계약이 해제 또는 해지된 경우에도 운임의 전부 또는 일부를 청구할 수 있는 경우가 있다(상 792조 2항, 811조 2항). 이에 관하여는 운송계약의 종료에 관한 항에서 자세히 살펴보기로 한다.

다. 운 임 액

운임의 액이나 계산방법은 운송계약에서 정하는 것이 보통일 것이나 상법은 해상운송의 기술적 성격을 고려하여 보충적으로 다음과 같은 규정을 두고 있다.[387]

(가) 운송물의 중량 또는 용적으로 운임을 정한 때에는 운송물을 인도하는 때의 중량 또는 용적에 의하여 그 액을 정한다(상 805조). 이는 운송물의 중량 또는 용적이 변동되는 경우가 있기 때문에 운임 산정의 기준을 명백히 하고자 한 것이다.

(나) 기간으로 운임을 정한 때에는 운송물의 선적을 개시한 날부터 그 양륙을 종료한 날까지의 기간에 의하여 그 액을 정한다(상 806조 1항). 이는 운송인이 운송을 실행한 기간을 운임 산정의 기준으로 정한 것이다. 따라서 이 경우에는 민법상의 기간계산에 관한 일반 원칙(민 156조 이하)이 적용되지 아니한다. 위 기간에는 불가항력으로 인하여 선박이 선적항이나 항해 도중에 정박한 기간 또는 항해 도중에 선박을 수선한 기간을 산입하지 아니한다(동조 2항). 이러한 기간은 운송을 실행한 기간이 아니므로 제외하는 것이 공평하기 때문이다.

운임에 관한 약정이 없고 위 상법의 보충 규정에 의해서도 운임을 결정할 수 없는 경우에는 운송계약을 체결한 때와 곳의 통상의 운임이 적용될 것이다.[388]

라. 상계문제

우리 법상 송하인 또는 수하인이 운송인에 대하여 채권(예컨대 운송물의 멸실, 훼손 또는 연착으로 인한 손해배상청구권)을 가지고 있으면 송하인 또는 수하인은 이러한 채권을 자동채권으로 하여 운송인의 운임채권과 상계할 수 있다.[389] 이에 반해 영국법상으로는 해상기업을 보호하기 위하여 운임에 대하여 상계할 수 없는 것이 원칙이다.[390] 이러한 영국법의 입장과 같이 우리 법상으로도 운임에 대해서는 상계할 수 없다고 하는 견해가 있다.[391] 그러나 우리 법상 명문의 규정이 없이 운임

---

387) 정(찬), (하), 905쪽.
388) 비슷한 취지: 손, (하), 841쪽.
389) 이는 뒤에서 살펴보는 항해용선계약에 있어서의 운임에 관해서도 마찬가지이다.
390) Cooke, *Voyage Charters*, pp. 299-302.

에 대해서 상계가 금지된다고 해석하는 것은 타당하지 않다고 본다.

2) 부수비용 등의 청구권

운송인은 운송계약 또는 선하증권의 취지에 따라 부수비용(예컨대 보관료, 검수료, 운송물 공탁비용 등)과 체당금(운송인이 대지급한 관세 등) 등을 송하인에게 청구할 수 있다. 운송물을 수령한 수하인도 이러한 부수비용 등을 지급할 의무를 부담한다(상 807조 1항).[392]

한편 운송인은 운송계약이 해제 또는 해지된 경우에 송하인에게 부수비용과 체당금 등을 청구할 수 있는 경우가 있다(상 833조 내지 837조). 이에 관하여는 운송계약의 종료에 관한 항에서 자세히 살펴보기로 한다.

3) 담 보 권

가. 유 치 권

운송인은 운송계약 또는 선하증권의 취지에 따라 지급되어야 할 운임·부수비용·체당금 등의 금액을 지급받지 아니하면 운송물을 인도할 의무가 없다(상 807조 2항). 따라서 운송인은 위 금액을 지급받을 때까지 운송물을 유치할 권리가 있다.[393] 이 운송인의 유치권은 피담보채권과 유치목적물 사이에 관련이 필요하고, 유치목적물이 채무자의 소유인지의 여부를 묻지 아니하며, 점유취득원인이 채무자에 대한 상행위인지의 여부를 묻지 아니한다는 점에서 일반 상사유치권(상 58조)과 다르며 민사유치권(민 320조)과 유사하다.[394] 그러나 유치목적물이 운송물로 제한된다는 점에서 민사유치권과도 차이가 있다. 이러한 운송인의 운송물유치권은 해상법에 의해 인정된 특별한 유치권이다. 운송인은 각각의 요건을 충족하면 위 운송물유치권과 함께 민사유치권도 갖는다.

---

391) 채, (하), 773쪽.

392) 상법 제807조 제 1 항은 수하인이 운송물을 수령하는 때에는 운송물의 가액에 따른 공동해손 또는 해난구조로 인한 부담액도 지급하여야 한다고 규정하고 있다. 그러나 이러한 공동해손 분담액 또는 해난구조료 부담액의 지급을 청구할 수 있는 자는 운송인이 아니라 공동해손으로 손해를 입은 자 또는 구조자이다. 또한 이러한 금액을 지급할 의무가 있는 자는 송하인이 아니라 공동해손처분에 의해 위험을 면한 적하의 이해관계인 또는 구조된 적하의 이해관계인(즉 운송물을 수령하는 수하인)이다. 그러므로 운송인은 위의 금액을 송하인에 대하여 청구할 권리를 가지지 아니한다.

393) 상법 제807조 제 2 항은 선장의 유치권에 관하여 규정하고 있으나, 위 규정에서 말하는 선장의 유치권은 운송인의 유치권으로 해석해야 한다. 다만 공동해손 분담 청구권이나 해난구조료 청구권에 관하여는 위 규정에 따라 선장이 유치권을 행사할 수 있다고 본다.

394) 정(찬), (하), 879쪽.

이러한 운송물유치권은 법정의 담보물권이므로 피담보채권의 범위를 확장하는 당사자 사이의 약정은 무효이다. 다만 상법 제807조 제1항이 규정하는 채권뿐만 아니라 그 이외의 채권의 지급을 받을 때까지 운송인이 운송물의 점유를 계속하는 것을 인정하고 운송인에 대하여 운송물의 인도를 청구하지 않을 것을 당사자 사이에 약정하는 경우와 같이 채권적인 효력을 가지는 당사자 사이의 약정은 유효하다. 이 경우에 운송인이 아래에서 살펴보는 운송물 경매권을 가질 수 없는 것은 당연하다.

한편 당사자 사이에 운송인의 유치권을 배제하기로 하는 특약은 유효하다고 본다.

나. 경매권 및 우선변제권

운송인은 운송계약 또는 선하증권의 취지에 따라 운임·부수비용·체당금 등의 지급을 받기 위하여 하여 법원의 허가를 받아 운송물을 경매하여 우선변제를 받을 권리가 있다(상 808조 1항). 법원의 허가 등의 경매절차는 비송사건절차법에 따른다(동법 72조 5항). 한편 운송인이 수하인에게 운송물을 인도한 후에도 운송인은 그 운송물에 대하여 경매권 및 우선변제권을 행사할 수 있다. 다만 인도한 날부터 30일을 경과하거나 제3자가 그 운송물에 점유를 취득한 때에는 그러하지 아니하다(상 808조 2항). 이처럼 운송인이 수하인에게 운송물을 인도한 후에도 경매권을 행사할 수 있도록 한 것은 보관비 등의 비용을 절감하거나 운송물의 검사를 위하여 부득이 운송물을 인도하여야 할 경우에 운송인을 보호하기 위한 것이다.[395] 제3자가 운송물의 점유를 취득한 때에 운송물을 경매할 수 없도록 한 것은 거래의 안전을 위한 것이다. 따라서 운송인은 경매권을 상실하는 것은 제3자가 선의로 점유를 취득한 경우에 한한다.[396]

이처럼 운송인이 경매권을 행사하기 위해서는 법원으로부터 운송물 경매허가결정을 받아야 하고, 운송인이 수하인에게 운송물을 인도하여 점유권을 상실한 경우에도 경매를 할 수 있으며, 경매대금에서 우선변제를 받을 수 있다는 점에서 운송인의 경매권은 민법상 유치권자의 경매권(민 322조 1항)과 차이가 있다.

---

395) 정(찬), (하), 880쪽.
396) 동지: 배, 257쪽.

(2) 부수적 권리

운송인은 앞서 본 기본적 권리 이외에 송하인에 대하여 몇 가지 부수적 권리를 갖는다. 이러한 부수적 권리로서는 운송물제공청구권(상 792조 1항), 발항권(동 조 2항), 운송에 필요한 서류의 교부청구권(상 793조), 위법선적물 또는 위험물에 대한 처분권(상 800조, 801조), 선하증권 등본의 교부청구권(상 856조) 등이 있다. 그러나 이러한 부수적 권리의 대부분은 송하인의 간접의무에 대응되는 것으로서 본래의 의미의 권리(즉 송하인의 불이행에 대하여 이행청구 및 손해배상을 청구할 수 있는 권리)에 해당되지 아니한다. 이러한 운송인의 부수적 권리에 대하여는 이미 앞서 운송인의 의무와 관련하여 살펴보았으므로(240쪽 이하 참조)[397] 여기에서는 자세한 설명을 생략하기로 한다.

(3) 운송인의 채권의 소멸

1) 단기제척기간

운송인의 송하인 또는 수하인에 대한 채권은 그 청구원인의 여하에 불구하고 운송인이 수하인에게 운송물을 인도한 날 또는 인도할 날부터 1년 이내에 재판상 청구가 없으면 소멸한다. 다만 이 기간은 당사자의 합의에 의하여 연장할 수 있다(상 814조 1항). 여기서 「수하인」 및 「청구원인의 여하에 불구하고」의 의미와 제척기간의 기산점은 앞서 운송인의 손해배상책임에 관한 단기 제척기간에서서 살펴본 것과 동일하다. 헤이그 비스비규칙은 운송인의 손해배상책임에 관해서만 단기 제척기간을 규정하고 운송인의 채권에 관해서는 각국의 국내법에 맡기고 있는데(동 규칙 3조 6항), 우리 상법은 운송인의 손해배상책임의 단기 제척기간과의 형평을 고려하여 운송인의 채권에도 단기 제척기간을 둔 것이다.

2) 운송을 재위탁한 경우의 특칙

운송인이 인수한 운송을 다시 제 3 자에게 위탁한 경우에 송하인 또는 수하인이 단기 제척기간 이내에 운송인과 배상 합의를 하거나 운송인에게 재판상 청구를 하였다면, 그 합의 또는 청구가 있은 날부터 3개월이 경과하기 이전에는 그 제 3 자에 대한 운송인의 채무는 단기 제척기간에도 불구하고 소멸하지 아니한다(상 814조 2항). 여기서 운송인(원수운송인)이 제 3 자(하수운송인)에 대하여 부담하는 채무는

---

397) 다만 선하증권 등본의 교부청구권에 관하여는 446쪽 참조.

다른 측면에서 살펴본다면 제 3 자가 운송인의 지위에서 송하인의 지위에 있는 원
수운송인에 대하여 가지는 채권을 말하는데, 이 채권에 관하여도 원칙적으로는 상
법 제814조 제 1 항에 따라 1년의 단기 제척기간이 적용되어야 하나 상법은 제814
조 제 2 항에서 특별히 3개월의 유예기간을 둔 것이다. 이는 제 3 자의 운송인에 대
한 손해배상책임에도 위와 같은 유예기간을 두는 것과의 형평을 고려한 것이다.

　　운송인과 그 제 3 자 사이에 단기 제척기간의 연장에 관한 약정이 있는 경우
에도 제 3 자의 운송인에 대한 채권에 대하여 위와 같은 유예기간이 적용된다는
점과 재판상 청구를 받은 운송인이 그로부터 3개월 이내에 그 제 3 자에 대하여 소
송고지를 하면 3개월의 기간은 그 재판이 확정되거나 그 밖에 종료된 때부터 기산
한다는 점은 앞서 운송인의 손해배상책임의 단기 제척기간에서 살펴본 바와 동일
하다(상 814조 2항 2문 및 3항).

4. 송하인의 의무

(1) 운송물 제공의무

　　송하인은 당사자 사이의 합의 또는 선적항의 관습에 의한 때와 곳에서 운송
인에게 운송물을 제공할 의무를 부담한다(상 792조 1항). 앞서 본 바와 같이 송하인
이 이러한 의무를 위반하면 운송계약을 해제한 것으로 보며 이 경우 선장은 즉시
발항할 수 있고 송하인은 운임의 전액을 지급하여야 한다(동 조 2항).

　　한편 우리 상법상 규정은 없으나 송하인은 다른 약정이 없는 한 운송인에게
운송에 적합한 상태로 운송물을 제공할 묵시적인 계약상의 의무를 부담한다고 본
다.[398] 즉 운송계약의 당사자 사이에는 달리 특별히 약정하지 않는 한 송하인이
운송물을 적절하게 포장하거나 컨테이너 내부에 적절하게 고정시키는 등 운송물
을 운송에 적합한 상태로 준비하고, 운송인은 단지 상당한 주의로써 송하인이 제
공하는 운송물을 수령하여 양륙항까지 운송하기로 하는 합의가 있다고 보는 것이
당사자의 합리적 의사에 부합한다. 그러므로 운송물이 운송에 적합하지 않음으로
인하여 운송물이 입은 손해에 대하여 운송인은 손해배상책임이 없다(상 796조 6호, 9
호 또는 10호, 301쪽 이하 참조). 또한 운송물이 운송에 적합하지 않음으로 인하여 운송
인이 손해를 입은 경우에 귀책사유가 있는 송하인은 그로 인한 손해를 배상할 책

---

398) 로테르담규칙 제27조는 이 점을 명시적으로 규정하고 있다.

임을 진다. 이 경우 송하인이 책임을 면하기 위해서는 과실이 없음을 증명하여야
한다고 본다.[399]

(2) 운임 등 지급의무

송하인이 개품운송계약의 당사자로서 계약에 따라 운임, 부수비용 및 체당금
의 지급의무를 부담하는 것은 당연하다. 한편 수하인이 운송물을 수령하는 때에는
수하인도 운임 등의 지급의무를 부담하고 이 경우 송하인과 수하인이 부진정연대
채무를 부담한다는 점은 앞서 본 바와 같다.

(3) 운송물 수령의무

송하인은 개품운송계약의 당사자로서 당사자 사이의 합의 또는 양륙항의 관
습에 따른 때와 곳에서 운송물을 수령할 의무를 부담한다. 송하인이 수령의무를
위반하는 경우 운송인이 그로 인하여 입은 손해를 배상할 책임을 진다. 또한 우리
상법상 운송물의 도착통지를 받은 수하인(선하증권 소지인 포함)도 운송물 수령의무를
부담하는데(상 802조), 이 경우 송하인과 수하인의 수령의무는 부진정연대채무 관계
에 있게 된다. 송하인과 도착통지를 받은 수하인이 수령의무를 해태하게 되면 채
권자지체에 해당하므로 운송인은 운송물의 보관 중에 발생한 운송물의 멸실 또는
훼손으로 인한 손해에 대하여 고의 또는 중과실이 없는 한 면책된다(민 401조). 운
송인의 고의 또는 중과실이 없다는 점에 대한 증명책임은 운송인이 부담한다는
점은 앞서 본 바와 같다.

(4) 위험물 고지의무

1) 우리 상법상 송하인의 위험물 고지의무에 관한 규정은 없으나 송하인은
인화성·폭발성 그 밖의 위험성이 있는 운송물의 운송을 의뢰할 때에는 운송인에
게 위험물임을 고지할 묵시적인 계약상의 의무를 부담한다고 본다.[400] 즉 운송물

---

399) 한편 운송물이 운송에 적합하지 않음으로 인하여 다른 화물이 손해를 입는 등 제 3 자가 손해를
    입는 경우에 송하인은 제 3 자에 대하여 불법행위책임을 지게 된다.
400) 위험물선박운송및저장규칙은 송하인이 위험물의 운송을 위탁하기 전에 위험물의 분류·항목·
    품명 및 위험성 등을 기재한 위험물명세서를 운송인 또는 선장에게 제출하여야 한다고 규정한
    다(동 규칙 16조). 위험물선박운송및저장규칙은 선박안전법 제41조 제 3 항의 위임에 따른 행정
    법규로서 이에 따른 송하인의 위험물 고지의무는 공법상의 의무이기는 하나 본문의 내용과 같

이 위험물인 경우에는 운송인은 그 운송물의 운송을 거절할 가능성이 있으며, 위험물임을 알면서 그 운송을 인수하는 경우에는 그 운송물을 갑판 위에 적재하는 등 특별한 취급을 할 필요가 있고 그에 대해 고가의 운임을 청구할 가능성이 있으므로 운송계약의 당사자 사이에는 운송물이 위험물인 경우 송하인이 운송인에게 이를 알려 주기로 하는 합의가 있다고 보는 것이 당사자의 합리적 의사에 부합한다. 여기에서 위험성이 있는 운송물이란 물리적으로 위험한 물건을 말하고 법률적으로 선박이나 다른 운송물에 위해를 미칠 위험이 있는 운송물(예컨대 전시금제품)을 포함하지 않는다.[401] 후자의 운송물은 아래에서 살펴보는 위법선적물이 된다.

위험물 고지의무를 위반한 송하인은 위험물임을 알지 못한 운송인이 입은 손해에 대하여 계약법의 일반원칙에 따라 과실 책임을 부담한다고 본다.[402] [403] 송하인의 과실은 추정되므로 송하인은 귀책사유가 없음을 증명하여야 한다. 한편 운송인이 선의이었더라도 상당한 주의를 기울였다면 그 운송물이 위험물임을 알 수 있었던 때에는[404] 송하인은 과실상계를 할 수 있다.

2) 한편 앞서 본 바와 같이 운송인이 위험물의 성질을 알고 선적한 경우에는 운송인은 그 위험물이 선박이나 다른 운송물에 위해를 미칠 위험이 있으면 이를 양륙하거나 파괴하거나 또는 무해조치를 할 수 있다(상 801조 1항). 한편 송하인이 위험물인 사실을 고지하지 아니하여 운송인이 위험물의 성질을 알지 못하고 선적한 경우에는 운송인은 위험물이 선박이나 다른 운송물에 위해를 미칠 염려가 있는지의 여부를 묻지 아니하고 위와 같은 처분을 할 수 있다.[405] 운송인의 위험물

이 송하인은 사법상으로도 동일한 의무를 부담한다고 본다. 헤이그 비스비규칙도 송하인에게 위험물 고지의무를 부담시키는 명시적인 규정을 두고 있지 아니하나 운송인이 위험물임을 알지 못한 경우에 운송인이 그 위험물로 인하여 입은 손해에 대하여 송하인이 무과실책임을 부담하도록 규정하고 있으므로(동 규칙 제4조 제6항), 사실상 송하인의 고지의무를 인정하고 있다(동지: 양석완, "송하인의 위험물에 관한 고지의무," 한국해법학회지, 제30권 제2호(2008. 11), 103쪽). 함부르크규칙 제13조 제2항과 로테르담규칙 제32조는 송하인의 위험물 고지의무를 명시적으로 규정하고 있다.

401) 손, (하), 792쪽; 정(동), (하), 775-776쪽.
402) 헤이그 비스비규칙 제4조 제6항, 함부르크규칙 제13조 제2(a)항 및 로테르담규칙 제30조 제2항은 송하인의 무과실책임을 규정하고 있다.
403) 한편 송하인이 위험물 고지의무를 위반함으로 인하여 다른 화물이 손해를 입는 등 제3자가 손해를 입는 경우에 송하인은 제3자에 대하여 불법행위책임을 지게 된다.
404) 예컨대 송하인이 위험물임을 고지하지는 아니하였으나 운송인에게 선하증권의 발행을 청구하면서 운송물의 종류를 통지한 경우에(상 853조 1항 2호), 그 통지된 운송물의 종류로부터 위험물임을 알 수 있는 경우 등.
405) 헤이그 비스비규칙 제4조 제6항 참조.

처분으로 인하여 그 운송물에 발생한 손해에 대하여는 운송인은 적하이해관계인에게 아무런 손해배상책임을 부담하지 아니한다(상 801조 2항). 다만 운송인은 선장의 공동해손처분(상 865조)으로 인하여 운송인이 부담하는 공동해손분담책임은 면하지 못한다(상 801조 2항, 공동해손에 관하여는 520쪽 이하 참조). 여기에서 말하는 공동해손처분이란 위험물로 인하여 선박과 운송물에 공동위험이 생긴 경우의 처분이 아니라 다른 원인에 의하여 선박과 운송물에 공동위험이 생긴 경우의 처분을 말한다. 이는 당연한 것이나 상법은 주의적으로 헤이그 비스비규칙에 따라서 위와 같이 규정하였다.

(5) 위법한 운송물을 제공하지 않을 의무

송하인은 계약 또는 법령에 위반한 운송물을 제공하지 않을 묵시적인 계약상의 의무를 부담한다고 본다. 즉 이러한 위법한 물건을 운송하는 경우에는 선박이 나포되거나 억류되는 등의 위험에 처할 수 있으므로 운송계약의 당사자 사이에는 송하인이 위법한 운송물을 제공하지 않기로 하는 합의가 있다고 보는 것이 당사자의 합리적 의사에 부합한다. 앞서 본 바와 같이 운송인은 법령 또는 계약을 위반하여 선적된 운송물은 언제든지 이를 양륙할 수 있고, 그 운송물이 선박 또는 다른 운송물에 위해를 미칠 염려가 있는 때에는 이를 포기할 수 있다(상 800조 1항). 우리 상법은 아무런 규정을 두고 있지 않으나 운송인은 선장의 위법선적물 처분으로 인하여 그 운송물에 발생한 손해에 대하여 적하이해관계인에게 손해배상책임을 지지 아니한다고 본다. 또한 운송인이 이러한 위법선적물을 운송하는 때에는 선적한 때와 곳에서 동종 운송물의 최고운임의 지급을 청구할 수 있다(동 조 2항).

한편 운송인의 위법선적물 처분 및 최고 운임의 청구는 운송인과 그 밖의 이해관계인의 송하인에 대한 손해배상청구에 영향을 미치지 아니한다(상 800조 3항). 그러므로 위법선적물로 인하여 운송인에 손해를 입은 경우 송하인은 운송인에 대하여는 계약법 일반원칙에 따라 과실책임을 부담하며 이 경우 송하인의 과실은 추정된다. 한편 송하인은 그 밖의 제 3 자에 대하여는 불법행위책임을 부담한다.

제 4. 개품운송계약의 종료

1. 총   설

개품운송계약도 계약의 일반 종료원인에 의해 종료하게 되나 상법은 다수의 송하인이 관여되고 운송 중에 많은 해상위험에 조우하게 되는 해상운송의 특수성을 고려하여 개품운송계약의 종료원인에 관한 특별규정을 두고 있다. 이러한 규정은 임의규정이므로 당사자는 이와 다른 약정을 할 수 있다. 아래에서는 상법이 규정하는 개품운송계약의 특별한 종료원인에 관하여 살펴보기로 한다.

2. 송하인의 임의해제 또는 해지

(1) 발항 전의 임의해제

1) 송하인은 선박의 일부가 항해용선된 경우에는 용선자 및 다른 송하인 전원과 공동으로, 그렇지 아니한 경우에는 다른 송하인 전원과 공동으로 하는 경우에는 운임의 반액을 지급하고 계약을 해제할 수 있다(상 833조 1항, 832조 1항).[406] 위상법 규정은 운임의 반액의 지급이 계약을 해제하기 위한 요건인 것처럼 규정하고 있으나 송하인의 계약해제의 의사표시로 계약은 해제되고 송하인은 운임의 반액을 지급할 의무를 부담한다고 해석된다.[407]

한편 송하인은 용선자 또는 다른 송하인 전원과 공동으로 하지 아니하더라도 발항 전에 계약을 임의로 해제할 수 있으나 이 경우에는 운임의 전액을 지급하여야 한다(상 833조 2항). 이때에는 운송인이 용선자 또는 다른 송하인과의 계약을 이행하여야 하므로 원래의 예정대로 선박을 운항하여야 하는데, 그 예정된 운항 계획에 적합한 대체화물을 구하기가 쉽지 않다는 점을 고려한 것이다. 또한 송하인이 당사자 사이의 합의 또는 선적항의 관습에 의한 때와 곳에서 운송인에게 운송물을 제공하지 아니한 경우에는 계약을 해제한 것으로 보고 운송인은 선박을 즉시 발항시킬 수 있으며 송하인은 운임의 전액을 지급하여야 한다는 것은 앞서 본

---

406) 왕복항해의 경우의 계약해제에 관한 상법 제832조 제 2 항이나 선박이 다른 항에서 선적항에 항행하여야 하는 경우의 계약해제에 관한 상법 제832조 제 3 항의 규정은 개품운송계약에는 해당되지 아니한다.
407) 동지: 田中, 343-344頁.

바와 같다(상 792조).

이와 같이 송하인이 계약을 해제하는 경우에 지급하는 운임의 반액 또는 전액은 실무에서는 공적운임(dead freight)이라고 하는데 그 법적 성질은 법정해약금이다.[408]

그러나 발항 전이라도 송하인이 운송물의 전부 또는 일부를 선적한 경우에는 다른 용선자와 송하인의 동의를 받지 아니하면 계약을 해제하지 못한다(상 833조 3항). 즉 이러한 경우에는 송하인이 다른 용선자와 송하인의 동의를 받지 아니하고 한 계약해제의 의사표시는 무효이다. 이와 같이 규정한 이유는 송하인이 선적한 운송물을 양륙하기 위하여 선박의 운항이 지연되거나 또는 환적으로 인하여 다른 운송물에 손해가 발생할 우려가 있기 때문이다.[409]

2) 송하인이 위와 같이 발항 전에 계약을 임의해제한 경우에 송하인은 운임 이외에 부수비용과 체당금을 지급하여야 한다(상 834조 1항).[410] 또한 송하인이 운송물의 전부 또는 일부를 선적한 때에 다른 용선자와 송하인의 동의를 받아 계약을 해제한 경우에는 송하인은 그 선적과 양륙의 비용을 부담하여야 한다(상 835조).

(2) 발항 후의 임의해지

1) 송하인은 발항 후에도 운송계약을 임의로 해지할 수 있으나 이 경우에는 발항 전에 계약을 해제하는 경우에 비하여 운송인이 입는 불이익이 더 크기 때문에 상법은 발항 후의 계약해지의 효과에 관하여 발항전의 계약해제에 비하여 더 엄격하게 규정하고 있다.[411] 즉 발항 후에는 송하인은 운임의 전액, 부수비용,[412]

---

408) 동지: 배, 239쪽; 田中, 343頁.
409) 정(찬), (하), 909쪽.
410) 상법 제834조 제1항은 「송하인이 제832조 및 제833조 제1항에 따라 계약을 해제 또는 해지를 한 때에도 부수비용과 체당금을 지급할 책임을 면하지 못한다」고 규정하여 송하인이 다른 용선자와 송하인 전원과 공동으로 운임의 반액을 지급하고 계약을 해제한 경우에만 부수비용과 체당금을 지급할 책임이 있는 것으로 규정하고 있으나 송하인이 운임 전액을 지급하고 단독으로 계약을 임의해제하는 경우에 위와 같은 부수비용과 체당금을 지급할 의무가 없다고 하는 것은 타당하지 아니하므로 이는 입법의 착오라고 본다. 참고로 위 규정은 일본 상법을 참조한 것인데 일본 상법상으로는 송하인의 단독 해제의 경우에도 송하인에게 부수비용과 체당금의 지급의무를 부담시키고 있는 것으로 해석된다(일본 상법 750조, 748조, 746조; 重田, 179頁; 窪田, 135頁). 또한 상법 제834조 제2항은 왕복항해나 선박이 다른 항에서 선적항에 항행하여야 하는 경우에 송하인이 공동해손 분담금이나 해난구조료를 지급할 의무가 있다고 규정하고 있으나, 앞서 본 바와 같이 위와 같은 경우는 개품운송계약에는 해당하지 아니하므로 위 규정도 입법의 착오라고 본다.
411) 정(찬), (하), 909쪽.
412) 상법 제837조는 부수비용에 관하여 규정하고 있지 아니하나 이를 제외할 합리적인 이유가 없으

체당금, 공동해손 또는 해난구조의 부담액을 지급하고 운송물을 양륙하기 위하여
생긴 손해를 배상하거나 이에 대한 상당한 담보를 제공하지 아니하면 계약을 해
지하지 못한다(상 837조). 위 상법의 규정은 운임 등의 지급과 손해의 배상 또는 담
보의 제공이 송하인이 계약을 해지하기 위한 요건인 것처럼 규정하고 있으나 앞
서 계약의 해제에 관하여 살펴본 바와 같이 송하인의 해지의 의사표시에 의해 계
약은 해지되고 그 효과로서 송하인은 상법 제837조에 따른 금액을 지급하거나 의
무를 부담하는 것이라고 본다.413) 운송인은 이러한 금액을 지급받기 위하여 운송
물 위에 유치권을 갖는다(상 807조).414) 여기서「운송물을 양륙하기 위하여 생긴 손
해」란 양륙비용은 물론 양륙을 위한 회항비용, 운항의 지연으로 인한 손해 그 밖
에 양륙과 상당인과관계가 있는 모든 손해를 의미한다.415)

2) 또한 송하인이 운송물의 전부 또는 일부를 선적한 경우에는 다른 용선자
와 송하인 전원의 동의를 받지 아니하면 계약을 해지하지 못하므로(상 833조 3항),
송하인이 발항 후에 계약을 해지하기 위해서는 다른 용선자와 송하인 전원과 공
동으로 하거나 또는 다른 용선자와 송하인 전원의 동의를 받아야 한다고 본다.416)
그러므로 이러한 동의 없이 송하인이 단독으로 한 계약해지의 의사표시는 무효이다.

3. 법정사유에 의한 해제 및 해지

(1) 발항 전의 임의해제

1) 법정사유가 운송물 전체에 발생한 경우

가. 발항 전에 항해 또는 운송이 법령을 위반하게 되거나 그 밖에 불가항력으
로 인하여 계약의 목적을 달할 수 없게 된 때에는 각 당사자는 계약을 해제할 수
있다(상 811조 1항). 여기서「법령」이란 선적지 또는 목적지의 법령을 말하는데,「법
령에 위반하게 된 때」란 예컨대 목적지와의 통상이 금지된 때, 선적항이나 목적항
이 봉쇄된 때, 운송물이 수출입금지품이 된 때 등을 말한다.417)「그 밖에 불가항력
으로 인하여 계약의 목적을 달성하게 없게 된 때」란 예컨대 선적항이 결빙된 때

므로 송하인은 부수비용도 지급하여야 하는 것으로 해석된다.
413) 동지: 배, 242쪽; 田中, 344頁.
414) 배, 242쪽.
415) 정(찬), (하), 909-910쪽.
416) 동지: 田中, 344頁.
417) 배, 265쪽.

또는 전쟁으로 인하여 선박이 나포될 위험이 있는 때 등과 같이 당사자의 귀책사
유가 없는 사유로 계약의 목적을 달성할 수 없는 경우를 말한다.

나. 이러한 법정사유로 인하여 계약을 해제하는 경우에는 각 당사자는 법정해
약금의 지급책임이나 손해배상책임을 부담하지 아니하고 계약을 해제할 수 있다.

2) 법정사유가 운송물의 일부에 대하여 발생한 경우

가. 법령의 위반이나 불가항력의 사유가 운송물의 일부에 대하여 생긴 때에는
그 일부 운송물을 제외하고도 계약의 목적을 달성할 수 있는 경우가 많을 것인바,
이러한 경우에는 송하인은 계약의 전부를 해제할 수 없고 일부만을 해제할 수 있
다고 본다.[418] 일부 운송물을 제외하면 계약의 목적을 달성할 수 없다는 특별한
사정이 있는 경우에는 송하인은 계약의 전부를 해제할 수 있다. 앞서 본 바와 같
이 법정사유로 인하여 계약을 해제하는 경우 법정해약금이나 손해배상금을 지급
할 책임이 없으므로 송하인이 계약의 전부 또는 일부를 해제하더라도 송하인은
전부 또는 일부의 공적 운임이나 부수비용 등을 지급할 책임이 없다.

나. 그런데 이처럼 법정사유가 운송물의 일부에 대하여 발생한 경우 계약을
해제하는 것보다 그 일부 운송물 대신에 다른 운송물을 선적하여 계약을 유지하
는 것이 양 당사자에게 이익이 된다. 따라서 상법은 법정사유가 운송물의 일부에
대하여 생긴 때에는 송하인은 운송인의 책임이 가중되지 아니하는 범위 안에서
다른 운송물을 선적할 권리가 있다고 규정한다(상 812조 1항). 운송인의 책임이 가
중되는 경우란 예컨대 운송물의 종류가 달라져서 운송보관에 특별한 주의가 필요
하거나 운송물의 중량이나 용적이 증가한 경우, 대체 운송물이 고가물인 경우 등
을 말한다.[419]

다. 송하인이 대체 운송물을 선적할 권리를 행사하고자 하는 때에는 지체 없
이 운송물의 양륙 또는 선적을 하여야 한다(상 812조 2항 1문). 즉 송하인은 법정 사
유가 생긴 일부 운송물을 이미 선적한 경우에는 지체 없이 그 운송물을 양륙하고
대체 운송물을 선적하여야 하며 이러한 일부 운송물을 아직 선적하지 아니한 경
우에는 지체 없이 대체 운송물을 선적하여야 한다. 송하인이 운송물의 양륙과 선
적을 게을리 한 때에는 송하인은 운임의 전액을 지급할 책임을 진다(상 812조 2항 2

---

418) 일본 상법은 이러한 경우에 송하인이 계약을 전부 해제할 수 있으나 운임의 전액을 지급하여야
    한다고 규정한다(동 법 763조 2 항).
419) 배, 267쪽.

문). 이 경우에는 운송인과 다른 적하이해관계인에게 불이익이 되기 때문이다.[420) 그러나 해운 실무에서는 개품운송의 경우 대부분 운송인이 운송물의 선적과 양륙을 하게 되므로 위 규정은 적용될 경우가 거의 없다.[421) 한편 송하인이 대체 운송물을 선적할 권리를 행사하기 위해서는 지체 없이 대체 운송물을 운송인에게 제공하여야 하는데(상 792조 1항 참조), 송하인이 지체 없이 대체 운송물을 운송인에게 제공하지 아니한 경우에는 송하인이 계약을 해제한 것으로 보고 운송인은 선박을 즉시 발항시킬 수 있다(동조 2항). 이 경우에 송하인은 운임의 전액을 지급할 책임이 있다고 본다(상 792조 2항 및 812조 2항 2문 유추 적용).[422)

(2) 발항 후의 임의해지

발항 후 운송 중에 항해 또는 운송이 법령에 위반하거나 그 밖에 불가항력으로 인하여 운송계약의 목적을 달성할 수 없게 된 때에 각 당사자는 계약을 해지할 수 있는데, 이처럼 계약이 해지되는 경우 송하인은 운송의 비율에 따라 운임을 지급하여야 한다(상 811조 2항). 여기서 운송의 비율이란 단순히 운송한 거리의 비율뿐만 아니라 항해의 준비와 항해의 난이도 등을 고려하여 합리적으로 결정하여야 한다.[423)

4. 법정사유에 의한 당연종료

(1) 요 건

운송계약은 ① 선박이 침몰 또는 멸실한 때, ② 선박이 수선할 수 없게 된 때, ③ 선박이 포획된 때, ④ 운송물이 불가항력으로 인하여 멸실된 때에는 당연히 종료한다(상 810조 1항). 위 사유가 발항 전에 발생하였건 발항 후에 발생하였건 묻지 아니한다.[424) 그러나 위 ① 내지 ③의 사유의 발생에 양 당사자의 귀책사유가 없어야 한다.[425) 그러므로 운송인의 귀책사유로 인하여 위 ① 내지 ③의 사유가 발

420) 배, 268쪽.
421) 일본 상법은 개품운송의 경우에는 송하인에게 대체 운송물을 선적할 권리를 인정하지 아니한다 (동 법 762조, 763조).
422) 동지: 배, 268쪽.
423) 배, 264쪽.
424) 정(찬), (하), 910쪽.
425) 동지: 배, 263쪽; 田中, 347頁. 위 ④의 사유는 불가항력으로 인하여 발생하는 것이므로 위 ④의

생한 경우에는 운송계약은 종료되지 아니하므로 운송인은 계약을 이행하여야 하고 운송물의 멸실, 훼손 또는 연착이 발생하면 앞서 본 면책사유가 없는 한 운송인은 손해배상책임을 부담한다.

(2) 효   과

위 법정사유로 인하여 운송계약이 종료되면 양 당사자는 채무불이행 책임을 부담하지 아니한다. 한편 위 ①호부터 ③호까지의 사유가 항해 도중에 생긴 때에는 송하인은 운송의 비율에 따라 현존하는 운송물의 가액의 한도에서 운임을 지급하여야 한다(상 810조 2항). ④호의 경우에는 운송물이 존재하지 아니하므로 운임 지급의무가 없다(상 815조, 134조 1항).

제 2 관   항해용선계약

제 1. 총   설

1. 항해용선계약의 의의

항해용선계약이란 특정한 항해를 할 목적으로 선박소유자가 용선자에게 선원이 승무하고 항해장비를 갖춘 선박의 전부 또는 일부를 제공하기로 약정하고 용선자가 이에 대하여 운임을 지급하기로 약정함으로써 그 효력이 생기는 계약을 말한다(상 827조 1항). 항해용선계약의 법적 성질은 해상물건운송계약으로 보는 것이 통설이라는 점은 앞서 본 바와 같다.

우리 상법상의 항해용선계약에 관한 규정은 대부분이 임의규정인바(상 839조 제외), 실무에서는 항해용선계약은 대부분 상세한 보통거래약관에 의해 체결되기 때문에 상법이 적용될 여지가 많지 아니하다.426) 항해용선계약에 관한 보통거래약

사유에 양 당사자의 귀책사유가 없는 것은 당연하다.
426) 우리 현행 상법상의 항해용선계약에 관한 규정은 1962년 제정 상법의 규정과 대동소이하다. 그 동안 항해용선에 관한 해운 관행에 많은 변화가 있었음에도 불구하고 우리 상법이 항해용선에 관하여 40여 년 전의 낡은 조문을 그대로 유지하고 있는 것은 임의규정이라는 이유만으로 정당화될 수 없다. 따라서 항해용선에 관한 현재 실무의 관행에 관한 연구를 거쳐 우리 해상법의 항해용선에 관한 규정을 현대화하는 작업이 필요하다.

관으로는 발틱국제해사위원회(The Baltic and International Maritime Council: BIMCO)에서 제정한 GENCON 양식이 세계적으로 널리 이용되고 있다.[427]

항해용선계약과 정기용선계약 및 선체용선계약의 차이점에 관하여는 앞서 해상기업의 주체에 관한 절에서 살펴보았으므로 여기에서는 생략하기로 한다.

2. 항해용선계약의 종류

(1) 전부용선계약과 일부용선계약

항해용선계약에는 물건의 운송에 제공하는 선복이 선박의 전부인 전부용선계약과 일부인 일부용선계약이 있다. 상법은 이 두 가지를 달리 취급하는 경우가 있다(상 832조, 833조).

(2) 주용선계약과 재용선계약

항해용선자가 다시 제3자와 항해용선계약을 체결하는 경우에 원래의 용선계약을 주용선계약이라하고 뒤의 용선계약을 재용선계약이라 한다. 재용선계약의 법적성질은 재운송계약이라 할 수 있으나 재용선계약에는 상법 제809조가 적용되지 아니하므로(상 841조 참조), 항해용선자와 재용선계약을 체결한 제3자에 대하여 선박소유자가 상법 제809조에 따른 법정책임을 지지 아니한다는 점에 유의하여야 한다. 그러나 선박소유자는 실제운송인으로서 제3자에 대하여 불법행위책임을 부담한다(386쪽 이하 참조).

(3) 순수 항해용선계약과 항해용선계약에 준하는 기간용선계약

항해용선계약은 항해를 단위로 용선하는 계약인데 반해 기간용선계약은 기간을 단위로 용선하는 계약이다. 기간용선계약은 대부분 정기용선계약으로 되었고 물건의 운송을 목적으로 하는 용선계약으로서의 순수기간용선계약은 실무에서는 거의 사용되지 아니한다.[428] 한편 우리 상법은 일정한 기간 동안 선박을 용선하더

---

427) GENCON은 발틱국제해사위원회가 1922년에 제정한 이래 여러 차례에 걸쳐 개정되었는데 그 중 1976년과 1994년에 주요한 개정이 있었다. 현재 해운 실무에서는 1976년 개정본과 1994년 개정본이 함께 사용되고 있으나 점차 1994년 개정본이 더 많이 사용되고 있는 경향에 있다.

428) 정(찬), (하), 917-918쪽.

라도 항해를 단위로 운임을 지급하기로 약정한 경우에는 그 성질에 반하지 아니하는 한 상법상의 항해용선에 관한 규정이 준용된다고 규정하고 있다(상 827조 3항). 실무상 대량의 화물을 가지고 있는 화주가 선박소유자와의 사이에 선박소유자가 일정한 기간에 걸쳐 일정한 양의 화물을 운송하기로 하기로 약정하고 용선자가 이에 대하여 특정 항해에 의해 운송된 화물의 양에 따라 운임을 지급하기로 약정하는 소위 장기운송계약(contract of affreightment)을 체결하는 경우가 이에 해당한다. 이러한 용선계약은 용선자가 선박에 대한 자유 사용권이나 선장에 대한 지휘·감독권을 갖지 아니한다는 점에서 정기용선계약과 다르다. 이러한 용선계약은 복수의 항해용선계약이 하나의 계약으로 체결된 것이라고 할 수 있다.

(4) 물건운송을 위한 항해용선계약과 여객운송을 위한 항해용선계약

대부분의 항해용선계약은 물건의 운송을 목적으로 하나 여객의 운송을 목적으로 하는 항해용선계약도 있다. 이처럼 여객의 운송을 목적으로 하는 항해용선계약에도 그 성질이 반하지 아니하는 한 상법상의 항해용선에 관한 규정이 준용된다(상 827조 2항).

제 2. 항해용선계약의 성립

1. 계약의 당사자

(1) 기본당사자

항해용선계약의 기본당사자는 「선박소유자」와 「용선자」이다. 선박소유자는 특정한 항해를 할 목적으로 용선자에게 선원이 승무하고 항해장비를 갖춘 선박의 전부 또는 일부를 물건의 운송에 제공하기로 약정한 자이고 용선자는 그에 대한 대가로 운임의 지급을 약정한 자이다. 즉 우리 상법상 항해용선계약에서의 「선박소유자」란 항해용선자와 항해용선계약을 체결하는 상대방 당사자를 의미하므로 이에는 선박에 대한 소유권을 가지고 있는 선박소유자 이외에 선체용선자, 정기용선자 또는 재용선계약을 체결하는 항해용선자가 포함된다.

(2) 그 밖의 관계자

1) 수 하 인

수하인(consignee)은 양하항에서 화물의 인도를 받을 권리를 가진 자로서 항해용선자 이외의 자를 말한다. 수하인은 운송계약의 당사자는 아니나 법률의 규정에 따라 운송계약과 관련된 권리의무를 갖는다(상 841조, 140조, 807조). 선하증권이 발행된 경우에는 선하증권의 정당한 소지인만이 화물의 인도를 받을 권리를 가지게 되므로(상세는 372쪽 참조), 선하증권의 정당한 소지인이 수하인이 된다. 한편 선하증권을 항해용선자가 소지하고 있는 때에는 항해용선자가 수하인의 지위를 겸하게 된다.

2) 선 적 인

선적인(loader)은 항해용선계약에 따라 운송물을 선박소유자에게 인도하거나 선적하는 자를 말한다.[429] 항해용선계약에서는 용선자측에서 운송물을 직접 선적하는 경우가 많이 있으므로 상법은 항해용선계약과 관련하여 선적인에 관한 규정을 두고 있다(상 830조). 용선자 또는 용선자로부터 선적업무를 위탁받은 제 3 의 수탁자가 선적인이 되는 것이 보통이나, 본선인도조건부 수출입매매계약의 경우의 상품의 매도인, 위탁자를 대리하여 항해용선계약을 체결할 것을 위임받은 운송주선인,[430] 상품매수의 위탁을 받은 위탁매매인 등도 용선자를 위하여 선적인이 될 수 있다.[431] 선적인은 운송계약의 당사자가 아니므로 선적인의 지위에서는 운송인에 대하여 아무런 운송계약상의 권리의무를 가지지 아니한다. 따라서 항해용선계약에서 선적인은 법률상 특별한 의미가 없다.

---

429) 실무에서는 개품운송계약의 경우에 송하인측에서 운송물을 직접 선적하는 예가 거의 없으므로 개품운송계약에 있어서의 선적인이란 주로 운송인에게 운송물을 인도하는 자를 말한다. 이에 반해 항해용선계약에서는 용선자측에서 운송물을 직접 선적하는 경우가 많이 있으므로 상법은 항해용선계약과 관련하여 선적인에 관한 규정을 두고 있다(상 830조).

430) 이 경우에는 위탁자가 직접 운송계약의 당사자인 송하인이 되고 운송주선인이 위탁자를 위하여 선적업무를 처리하면 운송주선인은 선적인이 된다.

431) 손, (하), 804-805쪽.

2. 계약의 체결

(1) 계약체결의 자유

항해용선계약은 원칙적으로 그 체결 여부나 내용에 있어서 자유이다.[432] 한편 해운 실무상 항해용선계약은 대부분 중개인(broker, 상 93조)을 통해서 체결되는데 선박소유자와 용선자가 각자의 중개인에게 중개를 위탁하고 선박소유자 측의 중개인과 용선자 측의 중개인이 서로 협력하여 항해용선계약을 중개하는 경우가 많다. 그리고 해운 실무상 중개인이 항해용선계약의 한 쪽 당사자의 대리인 역할을 하거나 또는 직접 항해용선계약의 당사자가 되는 경우도 있다. 그러므로 항해용선계약의 체결과 관련된 중개인의 역할은 구체적인 사안에 따라 달라질 수 있다는 점에 유의하여야 한다.

(2) 계약체결의 방식

1) 항해용선계약은 다른 해상운송계약과 마찬가지로 낙성·불요식계약이므로 당사자의 의사의 합치만으로 성립하고 특별한 서면이나 방식이 요구되지 아니한다. 이러한 의사의 합치는 계약의 내용을 이루는 모든 사항에 관하여 있을 필요는 없고 계약의 본질적 사항(예컨대 선적항, 양하항, 운송물의 수량, 선박의 크기, 운임 등)이나 당사자가 중요하다고 생각하는 사항에 관하여 의사의 합치가 있으면 충분하다. 또한 당사자의 의사의 합치는 묵시적인 의사의 합치로도 가능하다. 그러므로 당사자 사이에 명시적으로 합의되지 아니한 계약의 내용이라도 관습이나 당사자 사이의 종전의 거래(previous dealing)로부터 의사의 합치를 추정할 수 있으면 계약의 성립에는 지장이 없다.[433] 그러나 계약의 체결을 위한 협상 중에 일정한 조건부로 계약의 성립에 관하여 합의가 된 경우에는 일반적으로 그러한 조건이 성취되지 아니하는 한 계약은 성립되지 않았다고 본다.[434]

---

432) 정(찬), (하), 919쪽. 뒤에서 살펴보는 바와 같이 예외적으로 감항능력주의의무에 관해서는 불이익변경 금지의 원칙이 적용된다(상 839조 1 항, 794조).

433) 동지: Cooke, *Voyage Charters*, p. 5 (이는 영국법의 입장에 관한 것이나 우리 법의 입장도 동일하다. 이하에서도 영국법의 입장과 우리 법의 입장에 차이가 없는 경우에는 영국법에 관한 자료를 소개하기로 한다).

434) 해운 실무에서 많이 사용되는 조건의 예로는 「세부 사항에 관한 합의를 조건으로(subject to details)」, 「선박검사를 조건으로(subject to survey)」, 「이사회의 승인을 조건으로(subject to board approval)」 등이 있다. 한편 계약의 주요 내용에 관한 합의를 한 후 기타 사항은 표준계약서 양식을 구체적인 사안에 맞게 논리적으로 수정하는 것을 조건으로 한 경우(subject to logical

2) 한편 중개인을 통하여 항해용선계약이 체결되는 경우 양 당사자 사이에 계약의 내용에 관한 의사의 합치가 이루어지면 중개인이 성약서(fixture note)를 양 당사자에게 교부하는 것이 일반적이다. 이러한 성약서는 항해용선계약의 성립을 증명하는 증거증권으로 상법 제96조의 결약서와 동일한 성격의 문서이다.435) 또한 항해용선계약의 당사자는 상대방의 청구에 의하여 용선계약서를 교부하여야 하나(상 828조), 이때에도 용선계약서는 증거증권에 불과하다.

3) 선박소유자는 운송물을 수령한 후 용선자의 청구에 따라 1통 또는 수통의 선하증권을 발행해야 하는데(상 855조 1항), 이러한 선하증권은 항해용선계약의 성립요건이 아니다. 또한 선박소유자는 용선자의 청구가 있는 경우에 선하증권을 발행하는 대신에 해상화물운송장을 발행할 수 있는데(상 863조 1항) 이러한 해상화물운송장도 선하증권과 마찬가지로 항해용선계약의 성립요건이 아니다.

제3. 항해용선계약의 효력

1. 총 설

항해용선계약의 효력으로 발생하는 법률관계는 선박소유자와 용선자 사이의 내부관계와 선박소유자 및 용선자와 제3자 사이의 외부관계로 나눌 수 있다.

우리 상법은 항해용선의 내부관계에 관하여 규정을 두고 있으나 이러한 우리 상법의 규정은 감항능력주의의무 및 제척기간에 관한 규정을 제외하고는 모두 임의규정이다. 따라서 항해용선의 내부관계는 우선적으로 용선계약의 내용에 따라 결정되고 용선계약에 규정되지 아니한 사항에 관하여 상법 규정이 보충적으로 적용되게 된다. 그러므로 항해용선의 내부관계와 관련해서는 우리 상법의 규정과 함께 해운 실무에서 널리 사용되는 GENCON(1994년 개정본)의 주요한 내용을 살펴보기로 한다.

---

amendment or alterartions)에는 당사자 사이에 계약의 성립에 관한 의사의 합치가 있었다고 볼 수 있다(Cooke, *Voyage Charters*, p. 9).

435) 다만 우리 상법상 중개인은 결약서에 기명날인 또는 서명을 한 후 각 당사자에게 교부하여야 하며(상 96조 1항) 당사자가 즉시 이행을 하여야 하는 경우를 제외하고 중개인은 각 당사자로 하여금 결약서에 기명날인 또는 서명을 하게 한 후 그 상대방에게 교부하여야 하나(동 조 2항), 해운 실무에서는 중개인의 기명날인 또는 서명이나 각 당사자의 기명날인 또는 서명을 생략하는 경우가 종종 있다. 그러나 이러한 기명날인 또는 서명이 누락되었어도 계약의 성립에는 아무런 영향이 없다.

한편 항해용선의 외부관계에는 용선자가 제 3 자와 다시 재용선계약 또는 개품운송계약을 체결한 경우에 선박소유자 및 용선자와 그 제 3 자 사이의 법률관계가 있다.[436] 이 점에 관하여는 상법 제809조의 적용여부 및 실제운송인의 책임이 문제가 된다. 아래에서는 이러한 점들을 차례로 살펴보기로 한다.

2. 항해용선의 내부관계(선박소유자와 용선자의 관계)

(1) 상법상 항해용선의 내부관계[437]

1) 선박소유자의 의무

가. 운송의 준비에 관한 의무

㈎ **선박제공의무**　선박소유자는 용선계약에서 약정한 선박을 약정한 일시에 선적항에서 용선자에게 제공할 의무를 부담한다. 항해용선계약은 선박의 개성이 중요하므로 용선자의 동의가 없으면 선박소유자는 약정된 선박을 변경할 수 없다.[438] 선박소유자가 약정된 일시에 선박을 제공하지 아니하여 운송물이 연착되면 선박소유자는 그로 인한 손해를 배상할 책임을 진다(상 841조, 795조 1항).

㈏ **선적준비완료통지(notice of readiness for loading)의무**

㈀ 항해용선계약의 경우에는 선박소유자는 선박이 운송물을 선적함에 필요한 준비가 완료된 때에는 지체 없이 용선자에게 그 통지를 발송하여야 한다(상 829조 1항). 항해용선계약에서는 용선자가 운송물을 선적하는 것이 일반적이므로 용선자로 하여금 선적 작업을 개시할 수 있도록 선박소유자에게 이러한 의무를 부과한 것이다. 이러한 선적준비완료통지는 아래에서 살펴보는 선적기간의 기산점을 정하는데 중요한 의의가 있다. 「선적준비완료」란 선박이 용선계약에서 약정된 장소에 도착하여 물리적으로나 법률적으로나 운송물을 선적할 준비가 되어 있다는 것을 의미한다.[439] 약정된 장소에 도착한다는 것은 예컨대 용선계약에서 약정된

---

436) 항해용선의 외부관계에는 그 밖에 항해용선계약에서 선하증권이 발행된 경우에 선박소유자와 선하증권 소지인 사이의 법률관계가 있으나 이에 관하여는 아래의 선하증권에 관한 항에서 살펴보기로 한다.

437) 선박소유자와 용선자 사이의 관계는 기본적으로 해상물건운송계약관계이므로 선박소유자의 권리, 의무 및 손해배상책임 등은 개품운송계약에서의 운송인의 권리, 의무 및 손해배상책임 등과 유사한 점이 많다. 그러므로 아래에서는 개품운송계약에서의 법률관계와 같은 점은 간단히 언급하고 차이점에 관해서만 자세히 살펴보기로 한다.

438) 정(찬), (하), 920쪽.

439) Cooke, *Voyage Charters*, p. 358.

장소가 항구 내의 해상의 한 지점이면[440] 선박이 부두에 접안하기 전이라고 하더라도 그 지점에 도착하면 충분하고, 용선계약에서 선박이 용선자가 지정한 부두에 접안할 것이 요구되면[441] 부두에 접안하여야 한다. 한편 법률적으로 운송물을 선적할 준비가 되어 있다는 것은 예컨대 선박이 운송물을 선적하는데 지장이 없도록 필요한 모든 서류나 허가 등을 갖추고 있어야 한다는 것을 말한다.[442]

(ㄴ) 이러한 요건이 충족되지 않은 상태에서 발송된 선적준비완료통지는 무효이다. 선박이 그 후에 실제로 선적준비를 완료하더라도 선적준비완료통지가 그 시점부터 유효로 되지 아니한다.[443] 따라서 선박소유자는 실제로 선적준비를 완료한 후 다시 선적준비완료통지를 발송하여야 한다. 다만 용선자가 선적준비 완료사실을 인정하고 선적작업을 개시한 경우에는 새로운 선적준비완료통지 없이 선적기간이 기산될 수 있다.[444]

(ㄷ) 선적준비완료 통지의 상대방은 원칙적으로 용선자이나 용선자가 제 3 자를 통지수령인으로 지정한 경우에는 제 3 자에게 통지하여야 한다. 또한 용선자 외의 제 3 자가 선적인인 경우에는 그 제 3 자에게 통지를 하여야 한다.[445] 이 경우 선박소유자(선장)가 그 제 3 자를 확실히 알 수 없거나 그 제 3 자가 운송물을 선적하지 아니한 때에는 선박소유자(선장)는 지체 없이 용선자에게 그 통지를 발송하여야 하는데, 이 경우 선적기간 이내에 한하여 용선자가 운송물을 선적할 수 있다(상 830조).

(다) **정박의무**

(ㄱ) 항해용선계약의 경우 선박소유자는 용선자가 운송물을 선적하도록 선적항에서 일정 기간 동안 선박을 정박시킬 의무가 있다. 이에 반해 개품운송계약에서는 운송인은 정박의무를 부담하지 아니한다는 점에 차이가 있다.[446]

선박을 정박시켜야 하는 기간, 즉 정박기간[447]이란 당사자 사이에 선적기간에

---

440) 이러한 용선계약을 「port charter」라 한다.
441) 이러한 용선계약을 「berth charter」라 한다.
442) Schofield, *Laytime and Demurrage*, p. 97.
443) Cooke, *Voyage Charters*, p. 358.
444) Cooke, *Voyage Charters*, p. 358.
445) 배, 181쪽; 정(찬), (하), 920쪽.
446) 앞서 본 바와 같이 개품운송계약에서 송하인은 당사자 사이의 합의 또는 선적항의 관습에 의한 때와 곳에서 운송인에게 운송물을 제공하여야 하는데, 송하인이 이에 위반하여 운송물을 제공하지 아니한 경우에는 계약을 해제한 것으로 보고 선장은 즉시 발항할 수 있으므로(상 792조), 운송인은 정박의무를 부담하지 아니한다(田中, 275頁).

관한 약정이 있는 경우에는 약정된 선적기간을 말하고, 약정된 선적기간이 없는 경우에는 선적항에서의 관습에 따라 합리적으로 신속하게 선적을 하는 경우(with reasonable despatch)에 소요되는 관습상의 선적기간을 말한다.

(ㄴ) 약정된 선적기간이 있는 경우에는 그 기간은 선적준비완료통지가 오전에 있은 때에는 그 날의 오후 1시부터 기산하고, 오후에 있은 때에는 다음날 오전 6시부터 기산하며, 이 기간에는 불가항력으로 인하여 선적할 수 없는 날과 그 항의 관습상 선적작업을 하지 아니하는 날을 산입하지 아니한다(상 829조 2항). 위 규정은 우리 상법이 1991년 개정 시에 GENCON(1976년 개정본) 제 6 조 (c)항의 내용을 참조하여 개정한 것이다. 또한 선박소유자의 귀책사유로 인하여 운송물의 선적이 지연된 시간은 위 선적기간에 포함되지 아니한다.448)

(ㄷ) 선적기간의 경과 후에는 용선자가 운송물의 전부를 선적하지 아니한 경우에도 선장은 즉시 발항할 수 있다(상 831조 2항). 즉 선적기간의 경과 후에는 선박소유자는 정박의무를 부담하지 아니한다. 여기의 「선적기간」에는 약정된 선적기간과 관습상의 선적기간이 포함된다고 본다.

한편 해운 실무에서는 약정된 선적기간 또는 관습상의 선적기간을 경과하여 운송물을 선적하는 경우에 용선자가 선박소유자에게 초과된 날짜당 일정한 금액을 지급하기로 약정하는 경우가 많다. 이러한 금원을 체선료(demurrage) 또는 정박료라 한다.449) 이처럼 체선료에 관한 약정을 하는 경우에도 체선료기간, 즉 체선료의 지급에 따른 허용정박기간(days on demurrage)까지도 약정하는 경우450)와 이러한 체선료기간에 관한 약정이 없는 경우451)가 있다. 전자의 경우에는 선박소유자는 약정된 선적기간 또는 관습상의 선적기간이 도과하더라도 체선료기간 동안은 선박을 정박시킬 의무를 부담한다. 만일 체선료기간까지도 도과하게 되면 선박소유자는 선박을 즉시 발항시킬 수 있다. 한편 후자의 경우에는 선박소유자는 용선자가 운송물을 선적하기 위한 상당한 기간 동안 선박을 정박시킬 의무를 부담한

---

447) 정박기간은 선적기간 외에 뒤에서 보는 양륙기간을 포함한다.

448) Cooke, *Voyage Charters*, p. 415; 심, (해상운송), 187쪽. 이는 영국법의 입장이나 우리 법상으로도 마찬가지라고 본다.

449) 한편 해운 실무에서는 약정된 선적기간 이내에 운송물의 전부를 선적한 경우에 선박소유자가 용선자에게 절약된 시간에 대하여 일정한 금액을 지급하기로 약정하는 경우도 많은데, 이러한 금액을 조출료(despatch money)라 한다. 조출료는 체선료의 반액인 경우가 보통이다.

450) 1976년 GENCON 제 7 조 참조.

451) 1994년 GENCON 제 7 조 참조.

다.[452] 어느 정도의 기간이 상당한 기간인지의 여부는 구체적인 사정에 따라 달라질 것이다.

그리고 용선자는 운송물의 전부를 선적하지 아니한 경우에도 선장에게 발항을 청구할 수 있다(상 831조 1항). 이 경우에 선박소유자가 정박의무를 부담하지 아니하는 것은 당연하다.

한편 선박소유자가 선적기간의 경과 후 또는 용선자의 청구에 따라 선박을 발항시킨 경우에는 용선자는 운임의 전액과 운송물의 전부를 선적하지 아니함으로 인하여 생긴 비용을 지급하여야 하고, 또한 선박소유자의 청구가 있는 때에는 상당한 담보를 제공하여야 한다(상 831조 3항). 운송물의 전부를 선적하지 아니함으로 인하여 생긴 비용이란 운송물의 일부가 선적되지 아니함으로 인하여 적부계획을 변경할 필요가 생겨 운송물을 재적부하는 등의 비용을 말한다.[453] 용선자가 이러한 비용을 지급하지 아니하는 경우에 선박소유자는 선적된 운송물에 관해 유치권을 행사하는 이외에(상 841조, 807조), 상당한 추가 담보의 제공을 청구할 수 있다.

(ㄹ) 한편 체선료에 관한 약정이 없다고 하더라도 선박소유자가 약정된 선적기간을 경과한 후에도 즉시 선박을 발항시키지 아니하고 운송물을 선적하는 경우가 있다. 이때에는 선박소유자가 용선자에 대하여 상당한 보수를 청구할 수 있다(상 829조 3항). 이에 관하여는 뒤의 선박소유자의 권리에 관한 항에서 상세히 살펴보기로 한다.

(ㅁ) 용선자가 선적기간 내에 운송물을 전혀 선적하지 아니한 때에는 계약을 해제 또는 해지한 것으로 본다(상 836조). 계약을 해지한 것으로 보는 경우란 앞서 본 장기운송계약이나 왕복항해의 용선계약 또는 선박이 다른 항에서 선적항에 항행하여야 할 경우 등을 말한다. 이러한 경우에 선박소유자가 정박의무를 부담하지 아니하는 것은 당연하다.

(라) **운송물 수령 및 보관에 관한 의무**　　선박소유자는 용선자가 용선계약에 따라 인도한 운송물을 수령할 의무가 있다(상 841조 1항, 795조 1항). 다만 아래에서 보는 바와 같이 위법선적물이나 위험물에 관하여는 선박소유자가 수령을 거절하거나 선적된 운송물을 양륙할 수 있다(상 841조 1항, 800조 1항, 801조 1항). 이는 개품운송계약에서와 마찬가지이므로 여기에서는 상세한 설명을 생략하기로 한다.

---

452) Cooke, *Voyage Charters*, p. 418.
453) 배, 183쪽.

(마) **선적의무**　　선적이란 운송물을 선박 내로 반입하는 것인데 이에는 용선자가 자기의 책임하에 선적을 하는 경우와 선박소유자가 선적을 하는 경우가 있다. 항해용선계약에서는 용선자가 선적을 하는 것이 보통이라는 것은 앞서 본 바와 같다.454) 선박소유자가 운송물을 선적하는 경우에는 선박소유자가 선적에 관하여 상당한 주의를 다하여야 하는 것은 당연하다(상 841조 1항, 795조 1항).

(바) **적부의무**　　적부란 운송물을 선창이나 그 밖의 부분에 계획적으로 배치하는 것을 말하는데, 이에는 용선자가 적부하는 경우와 선박소유자가 적부하는 경우가 있다.455) 선박소유자가 적부하는 경우 선박소유자는 운송물의 적부에 관하여 상당한 주의를 다하여야 한다(상 795조 1항).456) 특약이나 관습이 없으면 운송물을 선창 이외의 장소에 적부하는 것은 금지된다는 점은 개품운송계약에서와 마찬가지이므로 여기에서는 상세한 설명을 생략하기로 한다. 한편 갑판적이 허용되는 경우에 선하증권이나 그 밖의 운송계약을 증명하는 문서의 표면에 갑판적으로 운송할 취지를 기재하여 갑판적으로 운송하는 운송물에 대하여는 감항능력주의의무 위반으로 인한 선박소유자의 책임도 경감 또는 면제하는 특약이 허용된다(상 839조, 799조 2항).

---

454) 항해용선계약에는 운송물에 관한 주의의무에 관한 규정에 불이익변경금지의 원칙이 적용되지 아니하므로(상 839조 참조), 항해용선계약에서는 개품운송계약에서와는 달리 FIO조항은 당연히 효력이 있다. 다만 항해용선계약에서 발행된 선하증권에 FIO조항이 편입된 경우에는 이 선하증권의 소지인에 대한 관계에서 FIO조항의 효력이 여전히 문제가 되는데 이에 관하여는 개품운송계약에서의 논의 참조(324쪽 이하).

455) 항해용선계약에서는 용선자가 운송물의 선적, 양하, 적부 및 정돈을 하는 FIOST조항이 이용되는 경우가 종종 있는데 이러한 FIOST조항은 FIO조항과 마찬가지로 유효하다.

456) 대법원 2003. 1. 10. 2000다70064 판결(운송계약이 성립한 때 운송인은 일정한 장소에서 운송물을 수령하여 이를 목적으로 운송한 다음 약정한 시기에 운송물을 수하인에게 인도할 의무를 지는데, 운송인은 그 운송을 위한 화물의 적부(積付)에 있어 선장·선원 내지 하역업자로 하여금 화물이 서로 부딪치거나, 혼합되지 않도록 그리고 선박의 동요 등으로부터 손해를 입지 않도록 하는 적절한 조치와 함께 운송물을 적당하게 선창 내에 배치하여야 하고, 가사 적부가 독립된 하역업자나 송하인의 지시에 의하여 이루어졌다고 하더라도 운송인은 그러한 적부가 운송에 적합한지의 여부를 살펴보고, 운송을 위하여 인도 받은 화물의 성질을 알고 그 화물의 성격이 요구하는 바에 따라 적부를 하여야 하는 등의 방법으로 손해를 방지하기 위한 적절한 예방조치를 강구하여야 할 주의의무가 있다). 위 사안은 선박소유자(운송인)가 선적, 적부 및 양하 작업에 대한 의무와 책임을 부담하기로 약정한 경우이므로 독립된 하역업자는 선박소유자의 이행보조자이고 따라서 독립된 하역업자의 과실에 대해 선박소유자가 책임을 지는 것은 당연하다. 또한 적부에 대해 송하인이 지시를 하였다고 하더라도 선적과 양하에 대한 책임을 지는 선박소유자가 그 지시를 따를 의무가 없으므로 송하인의 지시에 따랐다는 것을 이유로 하여 선박소유자가 책임을 면하지 못하는 것도 당연하다. 그러므로 대법원의 위 판시는 당연한 사항을 주의적으로 언급한 것으로 생각된다. 위 판결에 관한 평석은 졸고, "선하증권상 FIO조항의 효력," 127-130쪽 참조.

⑷ 용선계약서 및 선하증권 교부의무

(ㄱ) 항해용선계약의 당사자는 상대방의 청구에 의하여 용선계약서를 교부하여야 한다(상 828조). 용선계약서는 계약의 성립요건이 아니라 계약의 증거에 불과하나 추후의 분쟁을 예방하기 위하여 당사자에게 용선계약서 교부의무를 부과하였다.[457] 선박소유자뿐만 아니라 용선자도 동일한 의무를 부담한다.

(ㄴ) 선박소유자가 운송물을 수령한 후 용선자의 청구에 의해 1통 또는 수통의 선하증권을 교부하여야 한다는 점은 앞서 본 바와 같다.

⑻ 감항능력주의의무

감항능력주의의무에 관한 상세는 앞서 개품운송계약과 관련하여 살펴보았는데, 항해용선계약에 있어서 선박소유자도 이러한 감항능력주의의무를 부담한다(상 841조, 794조). 선박소유자가 감항능력주의의무를 위반한 경우 운송인은 운송물의 멸실·훼손 또는 연착으로 인한 손해를 배상할 책임이 있는데, 이러한 선박소유자의 의무 또는 책임을 경감 또는 면제하는 당사자 사이의 특약은 무효이며 운송물에 관한 보험의 이익을 선박소유자에게 양도하는 약정 또는 이와 유사한 약정도 또한 같다(상 839조 1항).[458] 항해용선계약에 관한 규정은 대부분 임의규정이나 감항능력주의의무에 관한 규정은 편면적 강행규정으로 불이익변경금지의 원칙이 적용된다는 점에 특색이 있다.

나. 운송의 실행에 관한 의무

㈎ 발항의무

선박소유자는 운송물의 선적·적부 등 항해의 준비가 끝난 경우에는 지체 없이 선박을 발항시킬 의무를 부담한다.[459] 이는 개품운송계약에서와 마찬가지이다. 즉 선박소유자는 선적기간 내에 운송물의 전부가 선적된 경우에는 지체 없이 선박을 발항시켜여야 한다. 한편 선적기간 내에 운송물의 전부를 선적하지 아니한 경우에도 용선자가 발항을 청구하는 경우에는 선박소유자는 선박을 발항시켜여야 한다는 점은 앞서 본 바와 같다(상 831조 1항).

㈏ 운송의무

(ㄱ) 선박소유자가 운송물을 목적항까지 운송할 의무를 진다는 점은 당연하

---

457) 앞서 본 바와 같이 해운 실무에서는 용선계약의 체결 시에 중개인이 개입되는 것이 일반적인데, 중개인은 양 당사자에게 성약서를 교부한 후(경우에 따라서는 이미 용선계약의 이행이 개시된 이후에) 정식의 용선계약서를 작성하여 양 당사자의 기명날인 또는 서명을 받는 것이 보통이다.

458) 다만 산 동물의 운송이나 갑판적 화물의 경우는 개품운송계약과 마찬가지로 예외이다(상 839조 2항, 799조 2항).

459) 선원법은 선장에 대한 공법상의 의무로서 선장에게 항해의 준비가 끝난 때에는 지체 없이 출항할 의무를 부과하고 있다(동 법 8 조 전단).

다. 운송물의 전부 또는 일부가 용선자의 책임 없는 사유로 인하여 멸실하여 선박소유자가 운송의무를 이행할 수 없게 된 때에는 선박소유자는 그 운임을 청구하지 못하며 이미 운임의 전부 또는 일부를 지급받은 때에는 이를 반환하여야 한다. 그러나 운송물의 전부 또는 일부가 그 성질이나 하자 또는 용선자의 과실로 인하여 멸실한 때에는 선박소유자는 운송의무를 이행하지 아니하였어도 운임의 전액을 청구할 수 있다(상 841조, 134조). 한편 선박소유자는 운송 도중 운송물을 상당한 주의를 기울여 보관할 의무를 진다.

(ㄴ) **위법선적물의 경우**　　위법선적물의 경우 선박소유자가 운송의무를 부담하지 않으며 선박소유자가 이러한 위법선적물에 대한 처분권을 갖는 것은 개품운송계약에서와 마찬가지이므로 여기에서는 설명을 생략하기로 한다(상 841조, 800조).

(ㄷ) **위험물의 경우**　　위험물의 경우 선박소유자가 운송의무를 부담하지 않으며 선박소유자가 이러한 위험물에 대한 처분권을 갖는 것은 개품운송계약에서와 마찬가지이다(상 841조, 801조).

(다) **직항의무**　　선박소유자는 발항하면 선적항으로부터 양륙항까지 예정항로를 따라 직항하여야 할 의무를 부담한다.[460] 그러나 개품운송계약에서와 마찬가지로 선박소유자는 예외적으로 해상에서의 인명이나 재산의 구조를 위한 경우 또는 그 밖의 정당한 사유가 있는 경우에는 항로이탈을 할 수 있다(상 841조, 796조 8호의 유추해석).

(라) **운송물의 처분에 관한 의무**　　개품운송계약에서는 운송인이 송하인 또는 선하증권이 발행된 때에는 그 소지인의 청구에 따라 운송의 중지, 운송물의 반환 그 밖의 처분을 할 의무를 진다(상 815조, 139조). 그러나 항해용선계약의 경우 선박소유자는 용선자에 대하여 이러한 의무를 부담하지 아니한다(상 841조 1항 참조).[461] 이는 항해용선계약에는 가급적 법률이 개입하지 아니하고 당사자 사이의 사적자치에 맡기고자 하기 때문이다. 따라서 당사자 사이의 특약으로 선박소유자가 이러한 의무를 부담하는 것은 가능하다.

---

460) 선원법은 선장에 대한 공법상의 의무로서 선장에게 부득이한 사유가 있는 경우를 제외하고는 예정항로를 따라 도착항까지 항행하여야 할 의무를 부과한다(동 법 8 조 후단).

461) 항해용선계약에 따라 선하증권이 발행된 경우에 선박소유자는 선하증권의 소지인에 대하여도 이러한 의무를 부담하지 아니한다고 본다.

다. 운송 종료 후의 의무

(가) 양륙에 관한 의무

(ㄱ) **양륙항 입항의무**　선박소유자는 용선계약에서 정한 양륙항 또는 용선자가 양륙항의 지정권을 가지는 경우에는 용선자에 의해 지정된 양륙항까지의 운송을 종료한 후 운송물의 양륙을 위하여 그 양륙항에 입항하여 특약 또는 관습에 의하여 정하여진 양륙장소에 정박하여야 한다.462)

(ㄴ) **양륙준비완료통지**(notice of readiness for discharge)**의무**　운송물을 양륙함에 필요한 준비가 완료된 때에는 선박소유자는 지체 없이 수하인에게 그 통지를 발송하여야 한다(상 838조 1항).463) 항해용선계약에서는 수하인이 운송물을 양륙하는 것이 일반적이므로 선박소유자에게 이러한 의무를 부과한 것이다. 이러한 양륙준비완료통지는 앞서 본 선적준비완료통지에 대응되는 것으로 선적준비완료통지에서 살펴본 내용이 양륙준비완료통지에도 유추 적용될 수 있다. 양륙준비완료통지는 아래에서 살펴보는 양륙기간의 기산점을 정하는데 중요한 의의가 있다.

양륙준비완료 통지의 상대방은 원칙적으로 수하인이나 용선자가 용선계약에서 이와 달리 지정할 수 있다.

(ㄷ) 정박의무

a. 항해용선계약의 경우 선박소유자는 용선자가 운송물을 양륙하도록 선적항에서 일정 기간 동안 선박을 정박시킬 의무가 있다. 선박을 정박시켜야 하는 기간, 즉 정박기간이란 당사자 사이에 양륙기간에 관한 약정이 있는 경우에는 약정된 양륙기간을 말하고, 약정된 양륙기간이 없는 경우에는 선적항에서의 관습에 따라 합리적으로 신속하게 양륙을 하는 경우(with reasonable despatch)에 소요되는 관습상의 양륙기간을 말한다.

b. 약정된 양륙기간이 있는 경우에는 그 기간은 양륙준비완료통지가 오전에 있은 때에는 그 날의 오후 1시부터 기산하고, 오후에 있은 때에는 다음날 오전 6시부터 기산하며, 이 기간에는 불가항력으로 인하여 선적할 수 없는 날과 그 항의 관습상 선적작업을 하지 아니하는 날을 산입하지 아니한다(상 838조 2항, 829조 2항). 위 규정은 우리 상법이 1991년 개정 시에 GENCON(1976년 개정본) 제 6 조 (c)항

---

462) 정(찬), (하), 923-924쪽.
463) 우리 상법은 선장이 양륙준비완료통지를 하여야 한다고 규정하고 있으나 선장은 선박소유자의 이행보조자로서 통지를 하는 것이므로 선박소유자가 통지를 하여야 한다고 규정하는 것이 바람직했다고 본다.

의 내용을 참조하여 개정한 것이다.

    c. 한편 약정된 양륙기간을 경과한 후 운송물을 양륙한 때에는 선박소유자는 상당한 보수를 청구할 수 있다(상 838조 3항). 이에 관하여는 뒤의 선박소유자의 권리에 관한 항에서 상세히 살펴보기로 한다(385쪽 참조).

    ㈃ **양륙의무**   선적에서와 마찬가지로 양륙에도 용선자 또는 수하인이 자기의 책임하에 양륙을 하는 경우와 선박소유자가 양륙을 하는 경우가 있다.[464] 항해용선계약에서는 용선자 또는 수하인이 양륙의무를 부담하는 하는 것이 일반적이다.[465] 선박소유자가 운송물을 양륙하는 경우에는 선박소유자는 양륙에 관하여 상당한 주의를 다하여야 한다(상 841조, 795조 1항).

    ㈏ **인도에 관한 의무**

    ㈀ **운송물 인도의무**

    a. 선박소유자는 양륙항에서 운송물을 정당한 수하인에게 인도할 의무를 부담한다. 여기서 인도는 운송물에 대한 점유를 수하인에게 이전하는 것을 의미한다.[466] 위와 같은 인도의무의 이행방법 및 시기에 대하여는 당사자 간의 약정으로 이를 정할 수 있다. 우리 상법상 선박소유자의 책임기간은 운송물의 수령 시부터 인도 시까지 이므로(상 841조, 795조 1항) 선박소유자는 이러한 인도로써 항해용선계약의 이행을 완료하는 것이 된다. 앞서 본 바와 같이 항해용선계약에서는 특약이 없는 한 수하인이 운송물을 양륙하므로 운송물의 인도는 양륙과 동시에 이루어진다.[467]

    b. 선박소유자가 운송물을 인도해야 할 상대방은 정당한 수하인인바, 누가 정당한 수하인인가 하는 점은 선하증권이 발행되었는지의 여부에 따라 달라진다는 점은 개품운송계약에서와 마찬가지이다.

---

464) 수하인에 의한 양륙의 경우에는 양륙작업 중에 선박소유자로부터 수하인에게 운송물이 인도되나 선박소유자에 의한 양륙의 경우에는 양륙 후에 육상에서 운송물의 인도가 이루어진다.

465) 이러한 계약조건을 소위 "Free Out terms"라 하며 이러한 계약조건이 유효하다는 점은 앞서 본 바와 같다..

466) 동지: 정(동), (하), 854쪽.

467) 대법원 2004. 10. 15. 2004다2137 판결(해상운송에 있어서 선하증권이 발행된 경우 운송인은 수하인, 즉 선하증권의 정당한 소지인에게 운송물을 인도함으로써 그 계약상의 의무이행을 다하는 것이 되고, 그와 같은 인도의무의 이행방법 및 시기에 대하여는 당사자 간의 약정으로 이를 정할 수 있음은 물론이며, 만약 수하인이 스스로의 비용으로 하역업자를 고용한 다음 운송물을 수령하여 양륙하는 방식(이른바 '선상도')에 따라 인도하기로 약정한 경우에는 수하인의 의뢰를 받은 하역업자가 운송물을 수령하는 때에 그 인도의무의 이행을 다하는 것이 된다).

a) 선하증권이 발행된 경우   항해용선계약에서 선박소유자는 운송물을 수령
한 후 용선자의 청구에 따라 선하증권을 발행해야 하는데(상 855조 1항), 이처럼 선
하증권이 발행된 경우에는 선하증권의 정당한 소지인이 정당한 수하인이 된다.468)
이 경우 선박소유자가 선하증권과 상환하여 선하증권의 정당한 소지인에게 운송
물을 인도하여야 한다는 점은 앞서 개품운송계약에서 살펴본 바와 같으므로 여기
에서는 생략하기로 한다.

b) 선하증권이 발행되지 아니한 경우   이 경우에는 용선계약에서 지정된 수하
인이 정당한 수하인이 된다. 수하인은 용선계약의 당사자는 아니나 운송물이 양륙
항에 도착한 때에는 송하인과 동일한 권리를 취득하고(상 841조, 140조 1항), 수하인
이 운송물의 인도를 청구한 때에는 수하인의 권리가 용선자의 권리에 우선한다(상
841조, 140조 2항). 이러한 수하인의 지위는 개품운송계약에서 살펴본 것과 동일하다.
선박소유자는 운송물의 인도를 청구하는 자가 용선계약에서 지정된 수하인인지의
여부를 선량한 관리자의 주의로써 검사하여야 한다. 한편 이 경우 선박소유자는
용선자에 대하여 가지는 항변으로 수하인에게 대항할 수 있다. 이 점에서 수하인
의 지위는 선하증권 소지인의 지위보다 약화되어 있다.469)

선하증권에 갈음하여 해상화물운송장(449쪽 이하 참조)이 발행된 경우의 법률관
계도 앞서 개품운송계약에서 살펴본 바와 마찬가지이다.

c. 수하인의 의무   우리 상법은 선박소유자의 운송물 인도의무와 관련하
여 아래에서 살펴보는 바와 같이 수하인에게 일정한 의무를 부과하고 있다.

a) 수하인의 통지의무   운송물의 일부 멸실 또는 훼손이 있는 경우 수하인
이 통지의무를 부담하고 이러한 통지가 없는 경우에는 운송물이 멸실 또는 훼손
없이 수하인에게 인도한 것으로 추정한다는 것은 개품운송계약에서와 마찬가지이
다(상 841조 1항, 804조). 그러나 이러한 수하인의 통지의무에 관하여 수하인에게 불
리한 당사자 사이의 특약은 유효하다(상 841조 1항의 반대해석).

b) 운임 등 지급의무   수하인이 운송물을 수령하는 때에는 운송계약 또는
선하증권의 취지에 따라 운임·부수비용·체당금, 체선료, 운송물의 가액에 따른
공동해손 또는 해난구조로 인한 부담액을 지급하여야 한다(상 841조, 807조 1항). 이
점에 관하여도 개품운송계약에 관하여 살펴본 것과 대부분 마찬가지이므로 여기

---

468) 대법원 1999. 10. 26. 99다41329 판결(해상운송계약에 따른 선하증권이 발행된 경우, 그 선하증권
의 정당한 소지인이 상법 제811조의 '수하인'이다); 대법원 1997. 4. 11. 96다42246 판결 등.
469) 정(찬), (상), 339쪽.

에서는 생략하기로 한다.

c) 수하인의 수령의무　　우리 상법은 항해용선계약에 관하여는 개품운송계약에서와 같이 수하인에게 수령의무를 부담시키는 규정을 두고 있지 아니하다(상 841조 1항 참조). 그러므로 항해용선계약에서 용선자가 수하인으로 지정한 자에게는 운송물 수령의무가 없다고 본다. 또한 항해용선계약하에서 선하증권이 발행된 경우에도 그 소지인은 선박소유자에 대하여 운송물의 인도를 청구하는 등 소지인으로서의 권리를 행사하지 않는 한 운송물 수령의무를 부담하지 않는다고 본다(상세는 448쪽 참조).

(ㄴ) 공탁의무 등

a. 수하인의 수령거절 등　　수하인을 확실히 알 수 없거나 수하인이 운송물의 수령을 거절한 때에는 선박소유자(선장)는 이를 공탁하거나 세관이나 그 밖에 법령으로 정한 관청의 허가를 받은 곳에 인도하고 지체 없이 용선자 및 알고 있는 수하인에게 그 통지를 발송하여야 한다(상 841조 1항, 803조 2항). 이처럼 운송물을 공탁하거나 세관이나 그 밖에 법령으로 정한 관청의 허가를 받은 곳에 인도한 경우에는 선하증권소지인이나 그 밖의 수하인에게 운송물을 인도한 것으로 본다(상 841조 1항, 803조 3항). 이는 개품운송계약에서 살펴본 것과 마찬가지이다.

b. 수하인의 수령해태　　수하인이 운송물의 수령을 게을리 한 때에는 운송인은 이를 공탁하거나 세관이나 그 밖에 법령으로 정한 관청의 허가를 받은 곳에 인도할 수 있고 이 경우 지체 없이 수하인에게 그 통지를 하여야 한다(상 841조 1항, 803조 1항). 이처럼 운송물을 공탁하거나 세관이나 그 밖에 법령으로 정한 관청의 허가를 받은 곳에 인도한 경우에는 선하증권소지인이나 그 밖의 수하인에게 운송물을 인도한 것으로 본다(상 803조 3항).

수하인이 운송물의 수령을 게을리 한 때에는 수령거절 등의 경우와는 달리 선박소유자는 공탁의무를 부담하는 것이 아니라 그 선택에 따라 공탁을 할 수 있는 권리를 갖는다. 수하인이 양륙의무를 부담하는 경우(즉 Free Out 조건의 항해용선약의 경우)에 선박소유자가 용선계약에서 약정된 기간을 초과하여 선박 위에 운송물을 계속하여 보관하게 되면 수하인에게 초과된 기간에 대한 체선료를 청구할 수 있다(상 838조 3항). 한편 선박소유자는 운송물의 보관 중에 발생한 운송물의 멸실 또는 훼손으로 인한 손해에 대하여 고의 또는 중과실이 없는 한 면책된다(민 401조).

c. 여러 통의 선하증권이 발행된 경우   여러 통의 선하증권이 발행된 경우 양륙항에서 2인 이상의 선하증권 소지인이 동시에 운송물의 인도를 청구한 때 또는 선박소유자가 아직 1통의 선하증권 소지인에게 운송물을 전부 인도하기 전에 다른 소지인이 운송물의 인도를 청구한 때에는 선박소유자는 지체 없이 운송물을 공탁하고 각 청구자에게 그 통지를 발송하여야 한다는 것은 개품운송계약에서와 마찬가지이다(상 859조 1항 및 2항). 선박소유자가 운송물을 공탁한 때에는 선박소유자는 운송물 인도의무를 면한다고 본다(상 803조 3항의 유추 적용). 또한 운송물이 공탁된 경우 수인의 선하증권 소지인간에는 공통되는 전 소지인으로부터 먼저 교부를 받은 증권 소지인의 권리가 다른 소지인의 권리에 우선하며, 격지자에 대하여 발송한 선하증권은 그 발송한 때를 교부받은 때로 본다는 점도 개품운송계약에서와 마찬가지이다(상 860조 1항 및 2항).

2) 선박소유자의 손해배상책임

가. 개품운송 및 육상운송에 관한 규정의 준용

항해용선에서의 선박소유자의 손해배상책임은 개품운송인의 손해배상책임과 큰 차이가 없다. 즉 항해용선에서의 선박소유자의 손해배상책임에 관하여는 개품운송인의 손해배상책임에 관한 규정의 대부분이 준용되고 또한 개품운송계약에서와 비슷하게 육상운송에서의 운송인의 손해배상책임에 관한 일부 규정이 준용된다(상 841조 1항). 구체적으로 보면 항해용선에서의 선박소유자의 손해배상책임에는 육상운송에서의 고가물에 대한 책임(상 136조) 및 정액배상의 원칙(상 137조)에 관한 규정이 준용되고, 개품운송에서의 감항능력주의의무 위반에 대한 책임(상 794조), 운송물에 관한 주의의무 위반에 대한 책임(상 795조), 운송인의 법정면책사유(상 796조), 개별적 책임제한(상 797조) 및 비계약적 청구에 대한 적용(상 798조)에 관한 규정이 준용된다.

나. 개품운송인의 손해배상책임과의 차이

(가) 불이익변경 금지원칙의 적용범위   우리 상법은 항해용선에서의 선박소유자의 손해배상책임에 관하여 별도의 규정으로 불이익변경 금지의 원칙을 채용하여 선박소유자의 책임경감이나 면제를 금지하고 있다. 즉 감항능력주의의무에 관한 규정(상 794조)에 반하여 상법이 정한 선박소유자의 의무 또는 책임을 경감 또는 면제하는 당사자 사이의 특약은 효력이 없으며(상 839조 1문), 운송물에 관한 보

험의 이익을 선박소유자에게 양도하는 약정 또는 이와 유사한 약정도 또한 같다 (상 839조 2문).[470] 감항능력주의의무에 관한 규정은 선박 내의 인명과 재산의 보호를 위한 공익적인 규정이므로 항해용선의 경우에도 이러한 규정에 반하는 특약을 금지한 것이다.[471]

그러나 항해용선의 경우에는 개품운송인의 경우에 비하여 불이익변경 금지의 원칙의 적용범위를 축소하였다. 즉 앞서 본 감항능력주의의무에 관한 규정을 제외하고 운송물에 관한 주의의무에 관한 규정(상 795조), 운송인의 법정면책사유에 관한 규정(상 796조), 개별적 책임제한에 관한 규정(상 797조) 및 비계약적 청구에 관한 규정(상 798조) 등에 반하여 선박소유자의 책임을 경감 또는 면제하는 특약을 하는 것은 허용된다는 점에 개품운송의 경우와 차이가 있다(상 839조 1항의 반대해석).[472]

(나) **손해배상책임의 소멸**　　　　우리 상법은 항해용선에서의 선박소유자의 손해배상책임의 소멸에 관하여 별도의 규정을 두어 단기제척기간을 인정하고 있다. 즉 선박소유자의 용선자 또는 수하인에 대한 책임은 그 청구원인의 여하에 불구하고 선박소유자가 운송물을 인도한 날 또는 인도할 날부터 2년 이내에 재판상 청구가 없으면 소멸한다(상 840조 1항 1문). 개품운송인의 책임의 제척기간이 1년인데 반해 선박소유자의 책임의 제척기간은 2년이라는 점에 차이가 있다. 이 제척기간은 기간은 당사자의 합의에 의하여 연장할 수 있다. 이는 개품운송의 경우와 마찬가지이다.

한편 항해용선계약의 경우 선박소유자의 용선자 또는 수하인에 대한 책임에 대한 제척기간은 항해용선계약에 명시적으로 기재함으로써 단축할 수 있다(상 840조 2항). 이 점도 개품운송에서의 운송인의 책임의 단기제척기간과 다른 점이다. 이는 우리 상법을 2007년에 개정하면서 개품운송인의 손해배상책임에 관한 1년의 제척기간이 지나치게 단기간이라는 점을 고려하여 선박소유자의 책임에 관하여는

---

470) 우리 상법 제839조 제2문은 선박소유자에게 운송물에 대한 보험의 이익을 양도하는 당사자간의 특약의 효력을 부인한다. 여기서 「운송물에 대한 보험의 이익」은 선박소유자의 감항능력주의의무 위반으로 인하여 발생한 운송물에 관한 손해로 인하여 지급받을 보험금청구권이라고 제한적으로 해석해야 한다. 그러하지 아니하고 이를 선박소유자의 운송물에 관한 주의의무 등의 위반으로 인하여 발생한 운송물에 관한 손해로 인하여 지급받을 보험금청구권이라고 넓게 해석하면 이러한 우리 상법의 입장은 항해용선계약의 경우에 운송물에 관한 주의의무 위반에 대한 선박소유자의 책임을 면제 또는 감경하는 특약의 효력을 인정하고 있는 것과 일관성이 없게 되기 때문이다.

471) 정(찬), (하), 927쪽.

472) 상게서.

제척기간을 2년으로 연장하면서 당사자 사이의 특약으로 이를 단축할 수 있도록 개정한 것이다. 그런데 이와 관련하여 당사자들이 명시적 특약으로 제척기간을 얼마나 단축할 수 있는가 하는 점이 문제가 된다. 우리 상법은 이 점에 관하여 아무런 규정을 두고 있지 아니하기 때문에 해석에 맡길 수밖에 없다. 생각건대 항해용선계약의 경우에도 개품운송계약과 마찬가지로 제척기간은 1년 미만으로 단축할 수 없다고 해석해야 할 것으로 본다.[473]

(다) **순차운송인의 책임**　　항해용선계약에는 개품운송에서와는 달리 순차운송인의 책임에 관한 육상운송의 규정(상 138조)이 준용되지 아니한다(상 841조 1항 참조). 이는 항해용선계약에서는 순차운송이 일어날 경우가 거의 없기 때문이다.

3) 선박소유자의 권리

가. 기본적 권리

선박소유자는 기본적 권리로서 운임청구권, 체선료(정박료)청구권 및 부수비용 등의 청구권을 가지고 이러한 권리를 담보하기 위하여 유치권, 경매권 및 우선변제권을 갖는다.

(가) **운임청구권**

(ㄱ) **운임청구권자 및 지급의무자**　　앞서 본 바와 같이 항해용선계약도 그 법적 성질은 운송계약이므로 항해용선계약에서 선박소유자는 선박을 물건의 운송에 제공하고 이에 대한 대가로 용선자에 대하여 운임을 청구할 권리가 있다(상 827조).[474] 여기의 운임에는 비율운임(상 841조 1항, 810조 2항, 811조 2항)이 포함된다.[475] 선박소유자가 용선계약 또는 선하증권의 취지에 따라 운임의 미지급 사실을 수하인에게 대항할 수 있는 경우에는 운송물을 수령한 수하인도 운임지급 의무를 부담한다(상 841조 1항, 807조 1항). 이 경우에는 용선자와 수하인이 운임지급에 관하여 부진정 연대채무자가 된다.

(ㄴ) **운임청구권의 발생요건**

a. **원　　칙**　　운송계약은 도급계약이므로 일의 완성, 즉 운송물이 목적지

---

473) 그러나 항해용선계약에 계약자유의 원칙을 충실히 적용해야 한다는 입장에서는 1년 미만으로 단축할 수 있다는 해석도 물론 가능하다. 입법론으로서는 이 점을 분명하게 규정하는 것이 바람직하다고 본다.

474) 우리 상법은 정기용선이나 선체용선에서 용선자가 선박소유자에게 지급하는 대가는 「용선료」라고 하여(상 842조, 847조), 항해용선에서의 운임과 구별하고 있다.

475) 정(찬), (하), 928쪽.

에 도착하여야 발생하는 것이 원칙이다. 따라서 운송물이 전부 또는 일부가 용선자의 책임 없는 사유로 인하여 멸실한 때에는 선박소유자는 그 운임을 청구하지 못하며 이미 그 운임의 전부 또는 일부를 받은 때에는 이를 반환하여야 한다(상 841조 1항, 134조 1항). 그러나 운임의 지급에 관한 규정은 임의규정이므로 당사자 사이의 특약으로 운임을 그 이전에 지급하는 것으로 약정하여도 무방하다.

b. 예　　외　　다음의 경우에는 예외적으로 운송물이 목적지에 도착하지 아니한 경우에도 선박소유자가 운임청구권을 갖는다.

a) 운송물의 전부 또는 일부가 그 성질이나 하자 또는 용선자의 과실로 인하여 멸실한 때에는 선박소유자는 운임의 전액을 청구할 수 있다(상 841조 1항, 134조 2항).

b) 선장이 선박수선료·해난구조료, 그 밖에 항해의 계속에 필요한 비용을 지급하기 위하여 적하의 전부나 일부를 처분하거나(상 750조 1항), 선박과 적하의 공동위험을 면하기 위하여 적하를 처분하였을 때(상 865조), 선박소유자는 예외적으로 운임의 전액을 청구할 수 있다(상 841조 1항, 813조).

c) 항해 도중에 불가항력으로 인하여 선박이 침몰 또는 멸실하거나, 선박이 수선할 수 없게 되거나 또는 선박이 포획된 때에는 선박소유자는 운송의 비율에 따라 현존하는 운송물의 가액의 한도에서 운임을 청구할 수 있다(상 841조 1항, 810조 2항).

d) 선박소유자는 용선계약이 해제 또는 해지된 경우에도 운임의 전부 또는 일부를 청구할 수 있는 경우가 있다(상 832조, 833조, 837조, 841조 1항, 811조 2항). 이에 관하여는 용선계약의 종료에 관한 항에서 자세히 살펴보기로 한다.

㈐ 운 임 액　　운임의 액이나 계산방법은 용선계약에서 정하는 것이 보통일 것이나 상법은 해상운송의 기술적 성격을 고려하여 보충적으로 다음과 같은 규정을 두고 있다.476)

a. 운송물의 중량 또는 용적으로 운임을 정한 때에는 운송물을 인도하는 때의 중량 또는 용적에 의하여 그 액을 정한다(상 841조 1항, 805조). 이는 개품운송계약에서와 마찬가지이다.

b. 기간으로 운임을 정한 때에는 운송물의 선적을 개시한 날부터 그 양륙을 종료한 날까지의 기간에 의하여 그 액을 정한다(상 841조 1항, 806조 1항). 이는 운송

---

476) 정(찬), (하), 929-930쪽.

인이 운송을 실행한 기간을 운임 산정의 기준으로 정한 것이다. 따라서 이 경우에는 민법상의 기간계산에 관한 일반 원칙(민 156조 이하)이 적용되지 아니한다. 다만 위 기간에는 불가항력으로 인하여 선박이 선적항이나 항해 도중에 정박한 기간 또는 항해 도중에 선박을 수선한 기간을 산입하지 아니한다(상 806조 2항). 이러한 기간은 운송을 실행한 기간이 아니므로 제외하는 것이 공평하기 때문이다. 이 점도 개품운송계약에서와 마찬가지이다.

또한 위 기간에는 선적기간(상 829조 2항) 또는 양륙기간(상 838조 2항)이 경과한 후에 운송물을 선적 또는 양륙한 경우에 그 기간경과 후의 선적 또는 양륙기간은 산입하지 아니한다. 이는 이러한 초과 선적 또는 양륙기간에 대해서는 별도로 보수(체선료)를 청구할 수 있기 때문이다(상 829조 3항, 838조 3항).

한편 운임에 관한 약정이 없고 위 상법의 보충 규정에 의해서도 운임을 결정할 수 없는 경우에는 용선계약을 체결한 때와 곳의 통상의 운임이 적용될 것이다.[477)]

(나) **체선료(정박료) 청구권**

(ㄱ) 항해용선계약의 경우 약정된 선적기간 또는 양륙기간이 경과한 후 운송물을 선적 또는 양륙한 때에는 체선료에 관한 약정이 있으면 선박소유자가 약정된 체선료를 청구할 수 있다는 것은 당연하다. 또한 약정된 선적기간 또는 양륙기간이 없더라도 체선료에 관한 약정이 있는 경우에는 관습상의 선적기간 또는 양륙기간을 경과한 후 선적 또는 양륙한 때에도 선박소유자는 약정된 체선료를 청구할 수 있다.

한편 운송물의 선적에 관하여 체선료에 관한 약정을 하면서 체선료기간까지 약정한 경우에는 체선료기간까지도 도과하게 되면 선박소유자는 선박을 즉시 발항시킬 수 있다는 점은 앞서 본 바와 같다. 그러나 선박소유자가 선박을 발항시키지 아니하고 체선료기간을 경과한 후 운송물을 선적한 때에는 선박소유자는 약정된 체선료가 아니라 실손해에 대한 배상을 청구할 수 있다고 본다.[478)] 이는 운송물의 양륙에 관하여 체선료기간을 약정한 경우에 체선료기간을 경과한 후 운송물을 양륙한 때에도 마찬가지이다.

(ㄴ) 한편 체선료에 관한 약정이 없다고 하더라도 약정된 선적기간 또는 양륙

---

477) 비슷한 취지: 손, (하), 841쪽.
478) Cooke, *Voyage Charters*, p. 417. 이는 영국법의 입장이나 우리 법상으로도 마찬가지라고 본다.

기간을 경과한 후 운송물을 선적 또는 양륙한 때에는 그 초과정박기간에 관하여 선박소유자는 용선자에게 상당한 보수를 청구할 수 있다(상 829조 3항, 838조 3항). 이 경우 상당한 보수액은 선박에 따라 다를 것이나 대체로 선박의 운항비용, 운임율, 관습, 시장의 상황 등을 고려하여 결정하여야 한다.[479]

(ㄷ) 그러나 선박소유자의 귀책사유로 인하여 운송물의 선적 또는 양륙이 지연된 시간은 위 선적기간 또는 양륙기간에 포함되지 아니하며 선박소유자는 이에 대해 체선료 청구권이 없다. 또한 선적기간이나 양륙기간에 대한 약정 및 체선료에 관한 약정이 모두 없는 경우에도 선박소유자는 체선료를 청구할 수 없다(상 829조 3항 및 상 838조 3항의 반대해석).[480]

(ㄹ) 한편 수하인도 운송물을 수령하는 경우에 체선료를 지급할 의무를 진다(상 841조 1항, 807조 1항). 이 경우 용선자와 수하인은 체선료에 관하여 부진정연대채무를 부담한다.

(ㅁ) 약정 또는 상법의 규정에 의해 발생하는 체선료의 법적 성질에 관하여는 특별보수설과 손해배상설이 대립된다.[481] 생각건대 체선료는 선박소유자의 손해 유무를 묻지 아니하고 발생하며 그 액도 선박소유자의 실제의 손해에 의해 결정되는 것이 아니라는 점을 고려해 볼 때 체선료는 손해배상으로 볼 수 없다. 따라서 체선료는 당사자 사이의 약정 또는 상법의 규정에 의해 발생하는 특별한 보수라고 하는 특별보수설이 타당하다고 본다. 우리 상법도 「…상당한 보수를 청구할 수 있다」(상 829조 3항, 838조 3항)고 규정하여 특별보수설의 입장에서 입법하였다. 대법원 판례도 마찬가지로 특별보수설을 취하고 있다.[482] 이처럼 체선료는 특별한 보수이므로 약정 체선료액이 과다하다고 하더라도 이를 손해배상액의 예정으로 보아 법원이 감액할 수 없으며(민 398조 2항 참조), 과실상계도 허용되지 아니한다.[483]

---

479) 동지: 배, 179-180쪽.

480) 이러한 경우 선적항에서는 선박소유자는 관습상의 선적기간이 경과하면 선박을 즉시 발항시킬 수 있다(상 831조 2 항). 선박소유자가 선적항에서 선박을 즉시 발항시키지 아니하거나 또는 양륙항에서 관습상의 양륙기간을 경과하여 운송물을 양륙한 때에는 용선자나 수하인의 귀책사유가 있으면 선박소유자가 손해배상을 청구할 수 있다고 본다(Schofield, *Laytime and Demurrage*, p. 68).

481) 특별보수설: 배, 180쪽; 최(기), (해), 213쪽; 이(기), (보・해), 490쪽; 김(인), (해), 235쪽; 田中, 336-337頁. 손해배상설: 정(찬), (하), 930쪽; 송・김, 438쪽; 채, (하), 767쪽.

482) 대법원 2005. 7. 28. 2003다12083 판결(체선료는 체선기간 중 선박소유자가 입는 선원료, 식비, 체선비용, 선박이용을 방해받음으로 인하여 상실한 이익 등의 손실을 전보하기 위한 법정의 특별보수이고 용선자의 채무불이행으로 인한 손해배상액의 예정이 아니다).

483) 위 대법원 2005. 7. 28. 2003다12083 판결. 다만 선박소유자의 귀책사유로 인하여 지연된 기간 동

㈐ **부수비용 등의 청구권**   선박소유자는 용선계약의 취지에 따라 부수비용 (예컨대 보관료, 검수료, 운송물 공탁비용 등)과 체당금(선박소유자가 대지급한 관세 등) 등을 용 선자에게 청구할 수 있다. 운송물을 수령한 수하인도 이러한 부수비용 등을 지급 할 의무를 부담한다(상 841조 1항, 807조 1항).[484] 한편 선박소유자는 용선계약이 해제 또는 해지된 경우에 용선자에게 부수비용과 체당금 등을 청구할 수 있는 경우가 있다(상 832조 내지 837조). 이에 관하여는 용선계약의 종료에 관한 항에서 자세히 살 펴보기로 한다(388쪽 이하 참조).

㈑ **담 보 권**

㈀ **유 치 권**   선박소유자는 용선계약 또는 선하증권의 취지에 따라 지급 되어야 할 운임·부수비용·체선료·체당금 등의 금액을 지급받지 아니하면 운송 물을 인도할 의무가 없다(상 841조 1항, 807조 2항). 따라서 선박소유자는 위 금액을 지급받을 때까지 운송물을 유치할 권리가 있다.[485] 위 선박소유자의 유치권은 개 품운송인의 유치권과 그 법적 성질이 동일하므로 여기에서는 상세한 설명을 생략 하기로 한다.

㈁ **경매권 및 우선변제권**   선박소유자는 용선계약 또는 선하증권의 취지에 따라 운임·부수비용·체선료·체당금 등의 지급을 받기 위하여 하여 법원의 허 가를 받아 운송물을 경매하여 우선변제를 받을 권리가 있다(상 841조 1항, 808조 1항). 선박소유자의 경매권 및 우선변제권도 개품운송인의 경매권 및 우선변제권과 마 찬가지이다.

나. 부수적 권리

선박소유자는 앞서 본 기본적 권리 이외에 용선자에 대하여 몇 가지 부수적 권리를 갖는다. 이러한 부수적 권리로서는 용선계약서 교부청구권(상 828조), 선적 기간 경과 후의 발항권(상 831조 2항), 운송에 필요한 서류의 교부청구권(상 841조 1항,

---

안에는 체선료가 발생하지 않는다는 점은 앞서 본 바와 같다.

[484] 상법 제807조 제 1 항은 수하인이 운송물을 수령하는 때에는 운송물의 가액에 따른 공동해손 또 는 해난구조로 인한 부담액도 지급하여야 한다고 규정하고 있다. 그러나 이러한 공동해손 분담 액 또는 해난구조료 부담액의 지급을 청구할 수 있는 자는 선박소유자가 아니라 공동해손으로 손해를 입은 자 또는 구조자이다. 또한 이러한 금액을 지급할 의무가 있는 자는 용선자가 아니 라 공동해손처분에 의해 위험을 면한 적하의 이해관계인 또는 구조된 적하의 이해관계인(즉 운 송물을 수령하는 수하인)이다. 그러므로 선박소유자는 위의 금액을 용선자에 대하여 청구할 권 리를 가지지 아니한다.

[485] 상법 제807조 제 2 항은 선장의 유치권에 관하여 규정하고 있으나, 위 규정에서 말하는 선장의 유치권은 선박소유자의 유치권으로 해석해야 한다. 다만 공동해손 분담 청구권이나 해난구조료 청구권에 관하여는 위 규정에 따라 선장이 유치권을 행사할 수 있다고 본다.

793조), 위법선적물 또는 위험물에 대한 처분권(상 841조 1항, 800조, 801조), 선하증권 등본의 교부청구권(상 856조) 등이 있다. 그러나 이러한 부수적 권리의 대부분은 용선자의 간접의무에 대응되는 것으로서 본래의 의미의 권리(즉 용선자의 불이행에 대하여 이행청구 및 손해배상을 청구할 수 있는 권리)가 아니다. 이러한 선박소유자의 부수적 권리에 대하여는 이미 앞서 선박소유자의 의무와 관련하여 살펴보았으므로[486] 여기에서는 자세한 설명을 생략하기로 한다.

다. 선박소유자의 채권의 소멸(단기제척기간)

우리 상법은 항해용선에서의 선박소유자의 채권의 소멸에 관하여 별도의 규정을 두어 단기제척기간을 인정하고 있다. 즉 선박소유자의 용선자 또는 수하인에 대한 채권은 그 청구원인의 여하에 불구하고 선박소유자가 운송물을 인도한 날 또는 인도할 날부터 2년 이내에 재판상 청구가 없으면 소멸한다(상 840조 1항 1문). 개품운송인의 채권의 제척기간이 1년인데 반해 선박소유자의 채권의 제척기간은 2년이라는 점에 차이가 있다. 이 제척기간은 기간은 당사자의 합의에 의하여 연장할 수 있다(동 항 2문). 이는 개품운송의 경우와 마찬가지이다.

한편 항해용선계약의 경우 선박소유자의 용선자 또는 수하인에 대한 채권에 대한 제척기간은 항해용선계약에 명시적으로 기재함으로써 단축할 수 있다(상 840조 2항). 이 점도 개품운송에서의 운송인의 채권의 단기제척기간과 다른 점이다. 그런데 이와 관련하여 당사자들이 명시적 특약으로 제척기간을 얼마나 단축할 수 있는가 하는 점이 문제가 된다. 선박소유자의 손해배상책임에서와 마찬가지로 위 제척기간은 1년 미만으로 단축할 수 없다고 해석해야 할 것으로 본다.

4) 용선자의 의무

가. 항해용선계약에서는 용선자가 운송물을 선적하는 것이 보통이므로 다른 약정이 없는 한 용선자는 약정된 선적기간 또는 관습상의 선적기간 내에 운송물을 선적할 의무를 부담한다. 앞서 본 바와 같이 선적기간의 경과 후에는 용선자가 운송물의 전부를 선적하지 아니한 경우에도 선장은 즉시 발항할 수 있고(상 831조 2항), 이 경우 용선자는 운임의 전액과 운송물의 전부를 선적하지 아니함으로 인하여 생긴 비용을 지급하고, 또한 선박소유자의 청구가 있는 때에는 상당한 담보를 제공하여야 한다(동 조 3항). 또한 개품운송계약에 있어서의 송하인과 마찬가지로

---

486) 다만 선하증권 등본의 교부청구권에 관하여는 433쪽 참조.

다른 약정이 없는 한 용선자는 운송물을 운송에 적합한 상태로 선적하여야 할 묵시적인 계약상의 의무를 부담한다.

나. 용선자가 용선계약에 따라 운임, 부수비용, 체선료 및 체당금 등의 지급의무를 부담하는 것은 당연하다. 한편 수하인이 운송물을 수령하는 때에는 수하인도 운임 등의 지급의무를 부담하고 이 경우 용선자와 수하인이 부진정연대채무를 부담한다는 점은 앞서 본 바와 같다.

다. 양륙항에서 용선자는 항해용선계약의 당사자로서 당사자 사이의 합의 또는 양륙항의 관습에 따른 때와 곳에서 운송물을 수령할 의무를 부담한다. 용선자의 수령의무 위반으로 인하여 선박소유자가 손해를 입게 되면 용선자가 이를 배상할 책임을 진다. 한편 용선자가 수령의무를 해태하게 되면 채권자지체에 해당하므로 선박소유자는 운송물의 보관 중에 발생한 운송물의 멸실 또는 훼손으로 인한 손해에 대하여 고의 또는 중과실이 없는 한 면책된다(민 401조). 선박소유자의 고의 또는 중과실이 없다는 점에 대한 증명책임은 선박소유자가 부담한다.

라. 개품운송계약에서와 마찬가지로 용선자는 위험물 고지의무 및 위법한 운송물을 선적하지 아니할 의무를 부담한다고 본다(상 841조 1항, 800조). 이에 관하여는 개품운송계약에서 살펴보았으므로 여기에서는 자세한 설명을 생략하기로 한다.

마. 한편 용선계약상 용선자가 선적항 또는 양륙항을 지정하는 경우에는 용선자는 안전한 항구를 지정할 묵시적인 계약상의 의무를 부담한다고 본다. 용선자가 이러한 의무에 위반하는 경우 선박소유자는 용선자에 대해 용선자가 안전항을 지시할 때까지 대기함으로 인하여 입은 손해의 배상을 청구할 수 있다.[487] 그리고 용선자가 지정한 항구가 안전한 항구가 아닌 경우에 선박소유자가 이를 알지 못하고 선박을 그 항구에 입항시킴으로 인하여 입은 손해에 대하여 용선자에게 배상을 청구할 수 있다.[488]

(2) GENCON(1994년 개정본)상의 항해용선의 내부관계

아래에서는 GENCON(1994년 개정본)[489]의 중요한 내용 중 우리 상법에 규정이 없거나 상법의 규정과 차이가 있는 부분을 살펴보기로 한다.

---

487) Cooke, *Voyage Charters*, p. 133(이는 영국법의 입장에 관한 것이나 우리 법의 해석상으로도 동일하다고 본다).
488) 박(용), (해), 495쪽(이는 영국법의 입장에 관한 것이나 우리 법의 해석상으로도 동일하다고 본다).
489) 이하 단순히 GENCON이라 한다.

1) 선박소유자의 의무

가. 선박제공의무

(가) 선박소유자는 기존의 계약이 종료된 후 지체 없이 용선계약에서 지정된 선적항에 선박을 입항시켜 용선자에게 제공할 의무가 있다(1 조). 선박이 기존의 계약을 이행하는 중에 용선계약이 체결된 경우에 선박소유자가 언제 용선자에게 선박을 제공해야 하는가에 관하여 의문이 있을 수 있으므로 GENCON은 위와 같이 명시적으로 기존의 계약이 종료된 후에 신속히 선박을 용선계약에서 지정된 선적항으로 항행시키면 충분한 것으로 규정한 것이다.

(나) 한편 GENCON은 선박이 약정된 날짜(계약해제일)까지 선적항에 도착하여 운송물을 선적할 준비를 완료하지 아니하면 용선자가 계약을 해제할 수 있다고 규정한다(9 조). 이는 약정해제권이므로 선박소유자의 귀책사유가 없는 경우에도 용선자는 계약을 해제할 수 있으며,[490] 용선자는 계약해제 이외에 별도로 손해배상을 청구할 수 없다.[491]

(다) 선박소유자의 선박제공의무와 관련하여 GENCON은 용선자의 안전항 지정의무를 명시적으로 규정하고 있다. 즉 용선자는 안전한 항구를 선적항 또는 양륙항으로 지정할 의무를 부담한다(1 조). 용선자가 이러한 안전항 지정의무에 위반하면 선박소유자는 용선자가 지시한 항구에 선박을 입항시켜 선박을 제공할 의무가 없다.[492]

나. 정박의무

GENCON은 정박기간에 관하여 당사자가 약정하도록 규정하고 있으며 이러한 약정된 정박기간에는 기상조건상 작업이 가능한 날만이 산입되고 일요일과 공휴일은 실제로 작업을 하지 않는 한 산입되지 아니한다고 규정한다(6 조 (a) 및 (b)항). 한편 정박기간의 기산점에 관하여는 우리 상법과 동일한 규정을 두고 있으며 그 밖에 정박기간의 계산에 관하여도 상세한 규정을 두고 있다(6 조 (c)항).

다. 운송물의 선적 · 적부 · 정돈 · 고정 등의 의무

GENCON은 용선자가 자신의 위험, 책임 및 비용부담하에 선적항에서 운송물

---

490) Cooke, *Voyage Charters*, p. 536.
491) 동지: 대법원 1983. 1. 18. 81다89 판결(약정해제권의 행사의 경우에는 법정해제의 경우와는 달리 그 해제의 효과로서 손해배상의 청구는 할 수 없다 할 것이다); Cooke, *Voyage Charters*, p. 553.
492) 선박소유자가 용선자의 안전항 지정의무 위반으로 인하여 손해를 입은 경우 용선자에게 그 손해의 배상을 청구할 수 있다는 점은 앞서 본 바와 같다.

의 선적·적부·정돈·고정 등의 작업을 하도록 규정한다(1 조, 5 조 (a)항). 이처럼 GENCON은 선박소유자가 아니라 용선자가 선적의무를 진다는 점을 명시적으로 규정하였다.

라. 하역장비 제공의무

선박소유자는 선박에 부착된 하역장비를 무상으로 용선자에게 제공하여야 하며 용선자측의 귀책사유 없이 발생한 하역장비의 고장으로 인하여 선적 또는 양하작업을 하지 못한 시간은 정박기간 또는 체선료기간에 산입하지 아니한다(5 조 (b)항).

마. 직항의무

GENCON은 선박소유자의 직항의무를 다소 변경하여, 선박은 해상에서의 인명이나 재산의 구조를 위한 경우에 항로이탈을 할 수 있는 것은 물론이고, 어떠한 항구라도 순서에 상관없이 또는 그 목적에 상관없이 기항할 수 있으며 다른 선박을 예선하거나 구원할 수 있다고 규정한다(3 조).

2) 선박소유자의 손해배상책임

가. 선박소유자는 자신이나 선박의 관리인(manager)의 감항능력주의의무 위반으로 인하여 발생한 운송물의 멸실, 훼손 또는 연착으로 인한 손해에 대하여 손해배상책임을 부담하나, 그 이외에는 그 발생 원인의 여하에 불구하고 손해배상책임을 부담하지 아니한다(2 조). 앞서 본 바와 같이 항해용선계약에는 계약자유의 원칙이 널리 적용되므로 이 조항은 원칙적으로 유효하나, 선박의 관리인 이외에 선원이나 그 밖의 사용인의 감항능력주의의무 위반으로 인한 손해까지 선박소유자를 면책시키는 부분은 무효이다(상 839조 1항).

나. 한편 우리 상법상 선하증권 또는 용선계약서에 갑판적으로 운송할 취지를 기재하여 갑판적으로 행하는 운송에 대하여는 감항능력주의의무 위반으로 인한 손해배상책임을 경감 또는 면제하는 특약이 허용되는바(상 839조 2항, 799조 2항), GENCON은 갑판적 화물에 대하여 특별한 규정을 두고 있다. 즉 GENCON은 선박소유자가 용선자와 운송물을 갑판적하기로 약정한 경우에는 갑판적은 용선자의 위험과 책임으로 한다고 규정한다(1 조). 우리 상법상 이 규정은 유효하다. 그러므로 선박소유자는 갑판적 화물에 관하여 발생한 손해에 대하여는 그 손해가 비록 감항능력주의의무 위반으로 인한 경우에도 손해배상책임을 부담하지 아니한다.

다만 선박소유자가 면책되기 위해서는 선하증권 또는 용선계약서에 갑판적으로 운송할 취지가 기재되어야 한다.

3) 선박소유자의 권리

가. 운임청구권

GENCON상 당사자는 운임을 운송물의 선적 시에 선급하는 것으로 약정할 수 있다. 운임을 선급하기로 약정한 경우에는 선박소유자는 선급된 운임을 확정적으로 취득하며 선박이나 운송물이 멸실되더라도 반환할 필요가 없다(4 조 (b)항). 이는 우리 상법상의 운임에 관한 규정에 관한 특약으로 유효하다

나. 체선료청구권

GENCON은 당사자 사이에 체선료에 관하여 약정하도록 규정하고 있으며, 체선료는 1일당(per day or pro rata) 일정금액으로 정해지도록 규정한다(7 조). 또한 체선료의 지급기일은 매일 매일 도래하는 것으로 하고, 용선자가 체선료의 지급을 지체한 경우에는 선박소유자는 96시간 이내에 지급할 것을 최고하고 이러한 최고에도 불구하고 용선자가 체선료를 지급하지 아니하는 경우에는 선박이 선적항에 있으면 선박소유자는 용선계약을 해지하고 그로 인한 손해배상을 청구할 수 있다(7 조).

다. 유 치 권

GENCON은 선박소유자가 운임, 공적운임(deadfreight), 체선료, 손해배상금액, 그 밖에 선박소유자가 용선계약에 따라 지급받을 금액과 이러한 금액의 회수를 위한 비용의 지급을 위하여 운송물 및 재용선계약상의 운임(sub-freight)상에 유치권을 갖는다고 규정한다(8 조).

우선 위 규정 중 선박소유자에게 운송물에 대한 유치권을 부여하는 부분에 관하여 살펴보면, 우리 법상 물권법정주의로 인해 당사자의 약정으로 유치권을 창설할 수 없으므로 위 규정 중 운송물상의 유치권에 관한 부분은 효력이 없다. 다만 위 규정은 선박소유자에게 운송물의 인도를 거절할 수 있는 채권적인 권리를 부여한 것으로서는 유효할 수 있다.

다음으로 위 규정은 재용선계약상의 운임상에도 유치권을 갖는다고 규정하나 우리 법상으로는 선박소유자가 용선자의 재용선자에 대한 운임청구권을 압류 또는 가압류하지 아니하는 한 이러한 운임청구권에 대해 권리를 행사할 수 없다.[493]

---

493) 영국법상으로는 용선계약서에 이러한 운임청구권에 대한 유치권 조항(lien on sub-freight)이 있으면 운임청구권의 양도가 있었다고 보며 이 경우에는 선박소유자가 재용선자에게 유치권 행사

3. 항해용선의 외부관계(제 3 자에 대한 관계)

(1) 용선자와 제 3 자의 관계

항해용선계약에 있어서 용선자는 화주의 입장에 있는 것이 일반적이므로 용선자와 제 3 자 사이에는 원칙적으로 아무런 법률관계가 발생하지 아니한다. 그러나 용선자가 제 3 자와 개품운송계약 또는 재용선계약을 체결하는 경우에는 용선자가 해상기업의 주체가 되므로 용선자는 제 3 자에 대하여 개품운송인 또는 선박소유자로서의 권리와 의무 및 책임을 부담한다. 이 경우에 용선자와 제 3 자 사이의 법률관계는 앞서 본 개품운송계약 및 항해용선계약의 법률관계와 마찬가지이다.

(2) 선박소유자와 제 3 자의 관계

1) 용선자가 제 3 자와 계약을 체결한 경우

가. 용선자가 개품운송계약을 체결한 경우

(가) 항해용선자가 자기의 명의로 제 3 자와 개품운송계약을 체결한 경우에는 그 계약의 이행이 선장의 직무에 속한 범위 안에서 선박소유자도 그 제 3 자에 대하여 감항능력주의의무 및 운송물에 관한 주의의무를 부담하고 이러한 주의의무를 게을리하여 생긴 운송물의 멸실, 훼손 또는 연착으로 인한 손해에 대하여 손해배상책임을 부담한다는 점은 앞서 본 바와 같다(상 809조). 이러한 선박소유자의 책임은 상법의 규정에 따른 법정책임으로서 선박소유자는 용선자와 부진정연대책임을 진다.

(나) 여기서 선박소유자란 항해용선자와 항해용선계약을 체결한 최광의의 선박소유자를 의미한다는 점은 앞서 본 바와 같다. 그러므로 선박에 대한 소유권을 가지고 이를 자신의 해상기업에 이용하는 협의의 선박소유자, 선체용선자 및 정기용선자가 항해용선자와 항해용선계약을 체결한 경우 이들도 선박소유자로서 제 3 자에 대하여 법정책임을 부담한다. 또한 항해용선자가 재항해용선자인 경우에는 원 항해용선자도 이러한 선박소유자에 해당한다.

의 통지를 하면 재용선자에게 직접 운임을 청구할 수 있다(*The Annangel Glory* [1988] 1 Lloyd's Rep. 45). 우리 법상으로도 이와 같은 경우에 선박소유자와 용선자 사이에 조건부 채권양도가 있었다고 볼 여지가 있으나 우리 법상으로는 양도인인 용선자의 양도통지 또는 채무자인 재용선자의 승낙이 없으면 선박소유자가 채권양도를 재용선자에게 대항하지 못한다는 점에 차이가 있다(민 450조).

(다) 한편 선박소유자가 항해용선자와 항해용선계약을 체결하고 항해용선자가 제 3 자와 개품운송계약을 체결한 경우에 선박소유자가 운송에 관하여 선원이나 그 밖의 사용인에 대한 지휘·감독권을 가지는 경우(예컨대 선박소유자가 협의의 선박소유자, 선체용선자 또는 정기용선자인 경우)에는 선박소유자가 실제운송인이 된다. 따라서 이러한 경우에는 선박소유자는 상법 제809조에 따른 법정책임과 함께 실제운송인으로서 제 3 자에 대하여 불법행위책임도 부담한다.

나. 용선자가 재항해용선계약을 체결한 경우

항해용선자가 제 3 자와 재항해용선계약을 체결하는 경우에는 상법 제809조가 적용되지 아니한다는 점은 앞서 본 바와 같다. 그러므로 이 경우 선박소유자는 제 3 자에 대하여 법정책임을 부담하지 아니한다. 한편 선박소유자가 운송에 관하여 선원이나 그 밖의 사용인에 대한 지휘·감독권을 가지는 경우(예컨대 선박소유자가 협의의 선박소유자, 선체용선자 또는 정기용선자인 경우)에는 선박소유자가 실제운송인이 된다. 따라서 이러한 경우에는 선박소유자는 실제운송인으로서 제 3 자에 대하여 불법행위책임을 부담한다.

2) 선박소유자가 선하증권을 발행한 경우

가. 항해용선계약에 따라 선하증권이 발행된 경우에 항해용선계약의 당사자가 아닌 선하증권의 소지인과 선박소유자와의 사이에는 선하증권의 채권적 효력 (433쪽 이하 참조)에 따라 채권·채무관계가 발생한다. 이 경우 선박소유자와 악의의 소지인과의 사이에는 단순히 선박소유자가 선하증권에 기재된 대로 운송물을 수령 또는 선적한 것으로만 추정될 뿐이다(상 855조 2항). 그러므로 선박소유자는 실제로 수령 또는 선적된 운송물과 항해용선계약의 내용을 증명하여 선하증권의 악의의 소지인에게 대항할 수 있다. 결국 선박소유자는 용선자에 대하여 부담하는 책임과 마찬가지로 악의의 소지인에 대하여도 실제로 수령 또는 선적한 운송물에 관하여 항해용선계약 조건에 따라 책임을 부담하는 것이 된다.

나. 이에 반해 제 3 자가 선의로 선하증권을 취득한 경우 선박소유자는 선하증권에 기재된 대로 운송물을 수령 혹은 선적한 것으로 보고 선하증권에 기재된 바에 따라 개품운송인으로서의 권리와 의무가 있고 책임을 진다(상 855조 3항 1문, 854조 2항). 용선자의 청구에 따라 선박소유자가 제 3 자에게 선하증권을 발행한 경우에도 또한 같다(상 855조 3항 2문). 여기의 제 3 자는 선의의 제 3 자를 말한다. 이러한

경우에는 선박소유자는 선의의 제 3 자에 대하여 개품운송인과 동일한 지위에 서게 된다. 그러므로 이 경우 감항능력주의의무(상 794조), 운송물에 관한 주의의무(상 795조), 법정면책사유(상 796조), 개별적 책임제한(상 797조) 및 비계약적 청구에 대한 적용(상 798조)에 반하여 선박소유자의 의무와 책임을 경감 또는 면제하는 특약을 하지 못한다(상 855조 5항). 또한 선박소유자의 선의의 제 3 자에 대한 채권과 채무는 1년의 단기제척기간이 적용된다(상 855조 3항, 814조).

제 4. 항해용선계약의 종료

1. 총   설

항해용선계약도 계약의 일반 종료원인에 의해 종료하게 되나 상법은 항해용선의 특수성을 고려하여 항해용선계약의 종료원인에 관하여 특별한 규정을 두고 있다. 다만 이러한 규정은 임의규정이므로 당사자는 이와 다른 약정을 할 수 있다. 아래에서는 상법이 규정하고 있는 항해용선계약의 특별한 종료원인에 관하여 살펴보기로 한다.

2. 용선자의 임의해제 또는 해지

(1) 발항 전의 임의해제 또는 해지

1) 전부용선계약의 경우

가. 요   건

㈎ 단일항해의 경우 발항 전에는 전부용선자는 운임의 반액을 지급하고 계약을 해제할 수 있다(상 832조 1항). 왕복항해의 용선계약인 경우에 전부용선자가 그 회항 전에 계약을 해지하는 때 또는 선박이 다른 항에서 선적항에 항행하여야 할 경우에 전부용선자가 선적항에서 발항하기 전에 계약을 해지하는 때에는 운임의 3분의 2를 지급하여야 한다(동 조 2항 및 3항). 운임의 반액 또는 2/3의 지급이 계약해제 또는 해지의 요건이 아니라 전부용선자의 계약해제 또는 해지의 의사표시로 계약은 해제 또는 해지되고 용선자는 운임의 반액 또는 2/3를 지급할 의무를 부담한다고 해석된다.[494]

이와 같이 전부용선자가 계약을 해제하는 경우에 지급하는 운임의 반액 또는 2/3는 실무에서는 공적(空積)운임(dead freight)이라고 하는데 그 법적 성질은 법정해 약금이다.[495]

(나) 전부용선자가 선적기간 내에 운송물을 전혀 선적을 하지 아니한 때에는 계약을 해제(단일항해의 경우) 또는 해지(왕복항해의 경우 또는 선박이 다른 항에서 선적항에 항행하여야 할 경우)한 것으로 본다(상 836조). 이 경우에 전부용선자는 운임의 반액 또는 2/3를 선박소유자에게 지급하여야 한다.

나. 효 과

(가) 전부용선자가 위와 같이 발항 전에 계약을 임의해제 또는 해지한 경우에 전부용선자는 운임 이외에 부수비용과 체당금을 지급하여야 한다(상 834조 1항). 이는 개품운송계약의 경우에 송하인이 개품운송계약을 해제한 경우와 마찬가지이다. 한편 왕복항해의 용선계약인 경우에 회항 전에 용선계약이 해지된 경우에는 전부용선자는 부수비용과 체당금 이외에 운송물의 가액에 따라 공동해손 또는 해난구조로 인하여 부담할 금액을 지급하여야 한다(상 841조 2항). 즉 왕복항해를 위한 용선계약에서 편도의 항해 중 선박이 해난에 조우하여 공동해손 또는 해난구조가 발생한 때에는 전부용선자가 선박의 회항 전에 용선계약을 해지하면 전부용선자는 공동해손처분에 의해 위험을 면한 운송물 또는 해난구조에 의해 구조된 운송물의 가액에 따라 공동해손분담금 또는 해난구조료를 지급할 의무를 부담한다.[496]

(나) 또한 전부용선자가 운송물의 전부 또는 일부를 선적한 때에는 그 선적과 양륙의 비용은 전부용선자가 부담한다(상 835조).

2) 일부용선계약의 경우

가. 요 건

(가) 일부용선자는 다른 용선자와 송하인 전원과 공동으로 하는 경우에는 운임의 반액을 지급하고 계약을 해제 또는 해지할 수 있다(상 833조 1항, 832조 1항). 여기서 「송하인」은 원칙적으로 선박소유자와 개품운송계약을 체결한 송하인을 말하

---

494) 동지: 田中, 343-344頁.
495) 동지: 정(찬), (하), 933쪽; 배, 239쪽; 窪田, 134頁.
496) 한편 우리 상법 제834조 제2항은 선박이 다른 항에서 선적항에 항행하여야 할 경우에 전부용선자가 선적항에서 발항하기 전에 계약을 해지하는 때에도 전부용선자가 공동해손분담금 또는 해난구조료를 지급할 의무가 있다고 규정하고 있으나, 선박이 다른 항에서 선적항으로 항해하는 도중에 해난에 조우하더라도 운송물이 선적되지 않은 상태이므로 공동해손나 운송물에 대한 해난구조가 성립되지 아니하므로 위 규정은 입법상의 착오이다.

나, 선박소유자가 항해용선계약하에서 선하증권을 발행한 경우에 이 선하증권을 취득한 제 3 자 또는 선박소유자가 용선자의 청구에 따라 제 3 자에게 선하증권을 발행한 경우에 이 선하증권을 발행받은 제 3 자도 이러한 송하인으로 간주된다(상 855조 3항, 4항).[497)

전부용선의 경우와 마찬가지로 운임의 반액 또는 2/3의 지급이 계약해제 또는 해지의 요건이 아니라 일부용선자의 계약해제 또는 해지의 의사표시로 계약은 해제 또는 해지되고 일부용선자는 운임의 반액 또는 2/3를 지급할 의무를 부담한 다.[498)

(내) 한편 일부용선자는 다른 용선자 및 송하인 전원과 공동으로 하지 아니하더라도 발항 전에 계약을 임의로 해제 또는 해지할 수 있으나 이 경우에는 운임의 전액을 지급하여야 한다(상 833조 2항). 또한 일부용선자가 선적기간 내에 운송물을 전혀 선적하지 아니한 때에는 계약을 해제 또는 해지한 것으로 본다는 것은 전부용선의 경우와 마찬가지이다(상 836조).

(다) 그러나 발항 전이라도 일부용선자가 운송물의 전부 또는 일부를 선적한 경우에는 다른 용선자와 송하인의 동의를 받지 아니하면 계약을 해제하지 못한다(상 833조 3항). 즉 이러한 경우에는 일부용선자가 다른 용선자와 송하인의 동의를 받지 아니하고 한 계약 해제의 의사표시는 무효이다. 이와 같이 규정한 이유는 일부용선자가 선적한 운송물을 양륙하기 위하여 선박의 운항이 지연되거나 또는 환적으로 인하여 다른 운송물에 손해가 발생할 우려가 있기 때문이다.[499)

나. 효   과

일부용선자가 위와 같이 발항 전에 계약을 임의해제한 경우에 일부용선자는 운임 이외에 부수비용과 체당금을 지급하여야 한다(상 834조 1항). 한편 일부용선자가 운송물의 전부 또는 일부를 선적한 때에 다른 용선자와 송하인의 동의를 받아 계약을 해제한 경우에는 일부용선자는 그 선적과 양륙의 비용을 부담하여야 한다

---

497) 이러한 송하인의 의미는 용선계약의 발항 전·후를 묻지 아니하고 항해용선계약의 임의해제 또는 해지에 공통적으로 적용된다(상 855조 4항). 한편 상법 제855조 제 3 항에서 규정하고 있는 「제 3 자」는 선의의 제 3 자를 말하나, 용선계약의 해제 또는 해지와 관련하여 상법 제833조부터 제835조 및 제837조의 적용 목적상 송하인으로 간주되는 제 3 자는 반드시 선의의 제 3 자만을 의미할 필요는 없다고 본다. 입법론으로는 이러한 취지가 분명하게 드러나도록 상법 제855조 제 4 항을 개정하는 것이 바람직하다.

498) 동지: 田中, 343-344頁.

499) 정(찬), (하), 933쪽.

(상 835조).

(2) 발항 후의 임의해지

1) 용선자는 발항 후에도 용선계약을 임의로 해지할 수 있으나 이 경우에는 발항 전에 계약을 해제하는 경우에 비하여 선박소유자가 입는 불이익이 더 크기 때문에 상법은 발항 후의 계약해지의 효과에 관하여 발항 전의 계약해제에 비하여 더 엄격하게 규정하고 있다.[500] 즉 발항 후에는 용선자는 운임의 전액, 부수비용,[501] 체당금, 공동해손 또는 해난구조의 부담액을 지급하고 운송물을 양륙하기 위하여 생긴 손해를 배상하거나 이에 대한 상당한 담보를 제공하지 아니하면 계약을 해지하지 못한다(상 837조). 위 상법의 규정은 운임 등의 지급과 손해의 배상 또는 담보의 제공이 용선자의 계약을 해지하기 위한 요건인 것처럼 규정하고 있으나 앞서 계약의 해제에 관하여 살펴본 바와 같이 용선자의 해지의 의사표시에 의해 계약은 해지되고 그 효과로서 용선자는 상법 제837조에 따른 금액을 지급하거나 의무를 부담하는 것이라고 본다.[502] 선박소유자는 이러한 금액을 지급받기 위하여 운송물 위에 유치권을 갖는다(상 807조).[503] 여기서 「운송물을 양륙하기 위하여 생긴 손해」란 양륙비용은 물론 양륙을 위한 회항비용, 운항의 지연으로 인한 손해 그 밖에 양륙과 상당인과관계가 있는 모든 손해를 의미한다.[504]

2) 또한 일부용선자가 운송물의 전부 또는 일부를 선적한 경우에는 다른 용선자와 송하인 전원의 동의를 받지 아니하면 계약을 해지하지 못하므로(상 833조 3항), 일부용선자가 발항 후에 계약을 해지하기 위해서는 다른 용선자와 송하인 전원과 공동으로 하거나 또는 다른 용선자와 송하인 전원의 동의를 받아야 한다고 본다.[505] 그러므로 이러한 동의 없이 일부용선자가 단독으로 한 계약해지의 의사표시는 무효이다.

---

500) 정(찬), (하), 934쪽.
501) 상법 제837조는 부수비용에 관하여 규정하고 있지 아니하나 이를 제외할 합리적인 이유가 없으므로 용선자는 부수비용도 지급하여야 하는 것으로 해석된다.
502) 동지: 배, 242쪽; 田中, 344頁.
503) 배, 242쪽.
504) 정(찬), (하), 934쪽.
505) 동지: 田中, 344頁.

3. 법정사유에 의한 해제 및 해지

(1) 발항 전의 임의해제

1) 법정사유가 운송물 전체에 발생한 경우

발항 전에 항해 또는 운송이 법령을 위반하게 되거나 그 밖에 불가항력으로 인하여 계약의 목적을 달할 수 없게 된 때에는 각 당사자는 계약을 해제할 수 있다(상 841조 1항, 811조 1항). 이는 개품운송계약에서와 마찬가지이므로 여기에서는 자세한 설명을 생략하기로 한다.

2) 법정사유가 운송물의 일부에 대하여 발생한 경우

가. 법령의 위반이나 불가항력의 사유가 운송물의 일부에 대하여 생긴 때에는 그 일부 운송물을 제외하고도 계약의 목적을 달성할 수 있는 경우가 많을 것인바, 이러한 경우에는 일부용선자는 계약의 전부를 해제할 수 없고 일부만을 해제할 수 있다고 본다.506) 일부 운송물을 제외하면 계약의 목적을 달성할 수 없다는 특별한 사정이 있는 경우에는 용선자는 계약의 전부를 해제할 수 있다. 앞서 본 바와 같이 법정사유로 인하여 계약을 해제하는 경우 법정해약금이나 손해배상금을 지급할 책임이 없으므로 용선자가 계약의 전부 또는 일부를 해제하더라도 용선자는 전부 또는 일부의 공적운임이나 부수비용 등을 지급할 책임이 없다.

나. 그런데 이처럼 법정사유가 운송물의 일부에 대하여 발생한 경우 계약을 해제하는 것보다 그 일부 운송물 대신에 다른 운송물을 선적하여 계약을 유지하는 것이 양 당사자에게 이익이 된다. 따라서 상법은 법정사유가 운송물의 일부에 대하여 생긴 때에는 용선자는 선박소유자의 책임이 가중되지 아니하는 범위 안에서 다른 운송물을 선적할 권리가 있다고 규정한다(상 841조 1항, 812조 1항). 선박소유자의 책임이 가중되는 경우란 예컨대 운송물의 종류가 달라져서 운송보관에 특별한 주의가 필요하거나 운송물의 중량이나 용적이 증가한 경우, 대체 운송물이 고가물인 경우 등을 말한다.507)

다. 용선자가 대체 운송물을 선적할 권리를 행사하고자 하는 때에는 지체 없이 운송물의 양륙 또는 선적을 하여야 한다(상 841조 1항, 812조 2항 1문). 즉 용선자는

---

506) 일본 상법은 이러한 경우에 송하인이 계약을 전부 해제할 수 있으나 운임의 전액을 지급하여야 한다고 규정한다(동 법 763조 2항).

507) 배, 267쪽.

법정 사유가 생긴 일부 운송물을 이미 선적한 경우에는 지체 없이 그 운송물을 양륙하고 대체 운송물을 선적하여야 하고 이러한 일부 운송물을 아직 선적하지 아니한 경우에는 지체 없이 대체 운송물을 선적하여야 한다. 용선자가 운송물의 양륙과 선적을 게을리 한 때에는 용선자는 운임의 전액을 지급할 책임을 진다(상 841조 1항, 812조 2항 2문). 이 경우에는 선박소유자와 다른 적하이해관계인에게 불이익이 되기 때문이다.[508)]

(2) 발항 후의 임의해지

발항 후 운송 중에 항해 또는 운송이 법령에 위반하거나 그 밖에 불가항력으로 인하여 운송계약의 목적을 달성할 수 없게 된 때에 각 당사자는 계약을 해지할 수 있는데, 이처럼 계약이 해지되는 경우 용선자는 운송의 비율에 따라 운임을 지급하여야 한다(상 841조 1항, 811조 2항).

4. 법정사유에 의한 당연종료

(1) 요 건

용선계약은 ① 선박이 침몰 또는 멸실한 때, ② 선박이 수선할 수 없게 된 때, ③ 선박이 포획된 때, ④ 운송물이 불가항력으로 인하여 멸실된 때에는 당연히 종료한다(상 841조 1항, 810조 1항). 위 사유가 발항 전에 발생하였건 발항 후에 발생하였건 묻지 아니한다.[509)] 그러나 위 ① 내지 ③의 사유의 발생에 양 당사자의 귀책사유가 없어야 한다.[510)] 그러므로 선박소유자의 귀책사유로 인하여 위 ① 내지 ③의 사유가 발생한 경우에는 운송계약은 종료되지 아니하므로 선박소유자는 계약을 이행하여야 하고 운송물의 멸실, 훼손 또는 연착이 발생하면 앞서 본 면책사유가 없는 한 선박소유자는 손해배상책임을 부담한다.

---

508) 배, 268쪽.
509) 정(찬), (하), 935쪽.
510) 동지: 배, 263쪽; 田中, 347頁. 위 ④의 사유는 불가항력으로 인하여 발생하는 것이므로 위 ④의 사유에 양 당사자의 귀책사유가 없는 것은 당연하다.

(2) 효   과

위 법정사유로 인하여 용선계약이 종료되면 양 당사자는 채무불이행 책임을 부담하지 아니한다. 한편 위 ①호부터 ③호까지의 사유가 항해 도중에 생긴 때에는 용선자는 운송의 비율에 따라 현존하는 운송물의 가액의 한도에서 운임을 지급하여야 한다(상 810조 2항). ④호의 경우에는 운송물이 존재하지 아니하므로 운임 지급의무가 없다(상 815조, 134조 1항).

제 3 관 특수한 해상물건운송계약

제 1. 재운송계약

1. 의   의

(1) 항해용선자가 자기 명의로 제 3 자와 운송계약을 체결하는 경우에 이를 재운송계약이라 한다(상 809조).[511] 이 경우 선박소유자와 항해용선자 사이의 용선계약을 주운송계약이라 한다. 재운송계약은 재용선계약일 수도 있고 개품운송계약일 수도 있다. 이러한 재운송계약은 항해용선자가 계약의 상대방인 제 3 자로부터 취득하는 운임과 선박소유자에게 지급할 운임의 차액을 취득할 것을 목적으로 체결된다.

(2) 재운송계약은 주운송계약과 독립한 별개의 제 2 의 운송계약이다. 따라서 재운송계약의 형태와 내용은 주운송계약과 일치할 필요가 없으며,[512] 재운송계약은 주운송계약상의 법률관계에 아무런 영향을 미치지 아니한다. 그러므로 재운송계약에서 선박소유자의 권리의무를 선박소유자에게 불이익하게 변경하여도 이는 선박소유자에 대하여는 아무런 효력이 없다.[513]

(3) 한편 운송주선업자가 송하인과의 사이에 개품운송계약을 체결하고 그 계

---

511) 정기용선자가 자기 명의로 제 3 자와 운송계약을 체결하는 경우도 이를 재운송계약이라고 보는 견해가 있으나(정(찬), (하), 856쪽), 이는 정기용선계약의 법적성질에 관하여 운송계약설(471쪽 이하 참조)을 취하는 소수설의 입장이다. 다수설인 혼합계약설(472쪽 참조)이나 대법원 판례의 입장인 특수계약설(472쪽 이하 참조)의 입장을 취할 때 이러한 경우는 재운송계약이라 할 수 없다.
512) 정(찬), (하), 857쪽.
513) 상게서.

약의 이행을 위하여 실제운송인과의 사이에 다시 개품운송계약을 체결하는 경우
에는 위에서 본 재운송계약과 그 체결의 순서가 반대이나 그 법률관계에는 유사
한 점이 많다. 그러나 이 경우는 상법상의 재운송계약에 해당하지 아니하므로 상
법 제809조가 적용되지 아니한다. 따라서 이 경우에는 송하인은 실제운송인에 대
하여 불법행위에 기한 손해배상을 청구할 수밖에 없다.

2. 효   력

(1) 주운송계약의 당사자 사이의 관계

주운송계약의 당사자인 선박소유자와 항해용선자 사이의 관계는 주운송계약
인 항해용선계약에 따른다. 항해용선자는 용선계약에 다른 약정이 없는 한 선박소
유자의 승낙이 없어도 재운송계약을 체결할 수 있다.[514] 이 경우 재운송계약의 상
대방인 제 3 자의 귀책사유(예컨대 위험물이나 위법선적물의 선적 등)로 인하여 선박소유
자에게 손해가 발생하면 이는 주운송계약의 위반이 되므로 항해용선자는 선박소
유자에게 그 손해를 배상하여야 한다.

(2) 재운송계약의 당사자 사이의 관계

항해용선자와 재운송계약의 상대방인 제 3 자 사이의 관계는 재운송계약에
따른다. 즉 재운송계약이 개품운송계약이면 항해용선자는 개품운송인으로서의
권리·의무가 있고, 재운송계약이 재항해용선계약이면 항해용선자는 선박소유자
로서의 권리·의무가 있다. 따라서 항해용선자는 개품운송인 또는 선박소유자로
서 개별적 책임제한(상 797조, 841조 1항)을 원용할 수 있다. 또한 항해용선자는 총체
적 책임제한도 원용할 수 있다(상 774조 1항 1호).

(3) 선박소유자와 재운송계약의 상대방 사이의 관계

1) 원   칙

선박소유자와 재운송계약의 상대방인 제 3 자와의 사이에는 원칙적으로 아무
런 직접적 법률관계가 없다.[515] 따라서 선박소유자는 그 제 3 자에 대하여 운임이

---

514) 상게서; 정(동), (하), 891쪽.
515) 대법원 2004. 10. 27. 2004다7040 판결(재용선계약의 경우, 선주와 용선자 사이의 주된 용선계약

나 용선료를 청구할 수 없다.[516] 이는 제 3 자가 운송물을 수령한 경우에도 마찬가지이다.[517] 다만 제 3 자가 항해용선자에게 운임 등을 지급하였다고 하더라도 선박소유자는 항해용선자로부터 운임, 부수비용, 체당금, 체선료 등을 지급받을 때까지 운송물을 유치할 수 있다(상 807조 2항).[518]

2) 상법 제809조가 적용되는 경우

재운송계약이 개품운송계약인 경우에 그 계약의 이행이 선장의 직무에 속한 범위 안에서 선박소유자도 그 제 3 자에 대하여 법정책임을 부담한다는 점은 앞서 본 바와 같다. 한편 이 경우 선박소유자가 제 3 자에 대하여 어떠한 항변을 주장할 수 있는가 하는 점이 문제가 되는데 이에 관하여는 개품운송인의 손해배상책임과 관련하여 자세히 살펴보았으므로 여기에서는 간단히 요약해 보기로 한다. 우선 우리 상법상 명백하지는 않으나 선박소유자는 상법에 따른 책임제한이나 항변(상 796조, 797조 및 798조 등)을 주장할 수 있다고 본다. 또한 선박소유자는 원칙적으로 주운송계약상의 항변사유를 가지고 제 3 자에 대하여 대항할 수 있으나 주운송계약에 운송물에 관한 주의의무에 관한 의무와 책임을 경감 또는 면제하는 특약이 규정되어 있는 경우에는 선박소유자는 이러한 항변사유를 가지고 제 3 자에게 대항할 수 없다. 그리고 선박소유자는 재운송계약상의 항변사유 중 불이익변경 금지의 원칙에 반하지 아니하는 항변사유를 가지고 제 3 자에게 대항할 수 있다.

3) 선박소유자의 불법행위 책임

선박소유자가 협의의 선박소유자, 선체용선자 또는 정기용선자와 같이 운송과 관련하여 선원들에 대한 지휘·감독권을 갖는 경우에는 선박소유자는 제 3 자에 대하여 실제운송인으로서 불법행위책임을 부담한다. 이 점에 관하여도 앞서 본 바 있으므로 여기서 자세한 설명은 생략하기로 한다.

과 용선자와 재용선자 사이의 재용선계약은 각각 독립된 운송계약으로서 선주와 재용선계약의 재용선자와는 아무런 직접적인 관계가 없다 할 것이다).

516) 대법원 1998. 1. 23. 97다31441 판결(재용선계약의 경우에는 선주와 용선자 사이의 주된 운송계약과 용선자와 재용선자 사이의 재운송계약은 각각 독립된 운송계약으로서 선주와 재운송계약의 운송의뢰인(재용선자)과의 관계에서는 아무런 직접적인 관계가 없으므로 선주가 직접 재용선자에 대하여 주된 운송계약상의 운임 등을 청구할 수는 없고, 수하인에 대한 관계에서도 수하인이 화물을 수취하여도 수하인은 재용선계약의 운송인인 용선자에 대하여 운임 지불 의무를 부담하는 것일 뿐 선주가 수하인에 대하여 주된 운송계약의 운임 등을 직접 청구할 수는 없다).

517) 田中, 253頁.

518) 정(찬), (하), 858쪽.

제 2. 통운송(연락운송)계약(contract of through carriage)

1. 의   의

(1) 통운송계약이란 운송구간이 구분되는 경우에 해상운송인이 자기가 실제로 담당하는 구간의 운송뿐만 아니라 다른 운송인의 담당구간까지 포함하여 목적지에 이르기까지의 전(全)구간의 운송을 인수하는 계약을 말한다.[519] 통운송계약의 형태에는 동종의 운송수단에 의한 단순통운송계약과 2종 이상의 운송수단에 의한 복합운송계약이 있다. 단순통운송계약은 상법의 순차운송(광의의 순차운송)에 해당한다.[520] 한편 복수의 운송수단에 의한 운송이라는 점에서 통운송계약은 환적약관 (transshipment clause)[521]이 있는 일반 운송계약과 유사하나 통운송계약은 계약체결 시부터 운송인과 운송수단이 복수로 예정되어 있다는 점에서 환적약관부 운송계약과 차이가 있다.[522]

(2) 통운송계약을 이용하는 경우에는 ① 운송구간마다 운송계약을 새로 체결하는 시간낭비를 방지할 수 있고, ② 중간운송주선인에 의한 운송주선이 불필요하게 되어 비용이 절약되며, ③ 송하인 등은 전운송과정에 소요되는 운임 등의 비용을 미리 확정할 수 있으므로 특히 매도인이 운임 등의 비용을 부담하는 CIF조건에 따른 매매계약의 경우에 편리하고, ④ 통운송에서는 보통 통선하증권(through bill of lading)이 발행되기 때문에 송하인은 이 통선하증권을 이용하여 운송물의 선적 후 즉시 자금을 회수할 수 있고 수하인도 운송물의 도착 전에 통선하증권에 의해 운송물을 처분할 수 있다는 장점이 있다.[523]

2. 종   류

통운송계약에는 제1 운송인만이 송하인에 대하여 당사자로서 계약하는 단독 통운송계약과 제1 운송인뿐 아니라 전(全)운송인이 송하인에 대하여 당사자로서

---

519) 손, (하), 800쪽. 이는 법전상의 용어가 아니라 강학상의 용어이다(정(찬), (하), 859쪽).
520) 광의의 순차운송에 관한 상세는 정(찬), (상), 365-366쪽 참조.
521) 환적약관이란 운송인의 선택에 따라 운송물을 다른 운송수단(통상적으로 다른 선박)에 환적하여 운송할 수 있다는 약관을 말한다.
522) Glass, *Multimodal Transport Contracts*, p. 209; 손, (하), 800쪽.
523) 손, (하), 801쪽.

계약하는 공동통운송계약의 두 가지가 있다. 단독통운송계약에 있어서는 제 1 운송인만이 단독으로 통선하증권을 발행한다. 한편 공동통운송계약에서는 전(全)운송인이 공동으로 통선하증권을 발행하게 되나, 일반적으로는 제 1 운송인이 자기를 위하여 통선하증권에 서명 또는 기명날인하는 동시에 다른 운송인의 대리인으로서 서명 또는 기명날인한다.[524]

3. 효   력

(1) 단독통운송계약의 효력

선하증권이 발행되지 아니한 경우에는 제 1 운송인만이 전운송구간에 걸쳐 송하인과 수하인에 대하여 계약상의 권리·의무가 있다. 제 2 이하의 운송인은 자기의 운송구간에서 발생한 운송물에 관한 손해에 관하여 불법행위책임을 진다.

한편 선하증권이 발행된 경우에는 책임구간 한정약관이나 분할책임약관[525]을 두는 것이 일반적인데, 해상운송과 같이 운송인의 책임을 감면하는 특약의 효력을 무효로 하는 불이익변경 금지의 원칙이 적용되는 운송구간에 대하여 제 1 운송인이 자기의 담당운송구간이 아니라는 이유로 책임을 면하고자 하는 경우에는 그러한 책임구간 한정약관이나 분할책임약관은 약관은 무효라고 본다. 한편 불이익변경금지의 원칙이 적용되지 아니하는 운송구간에 관하여는 위 책임구간 한정약관이나 분할책임약관이 유효하므로 통선하증권소지인은 발행인인 제 1 운송인에 대하여는 그 운송담당구간에서 발생한 운송물에 관한 손해에 대하여만 그 선하증권에 따라 책임을 물을 수 있고 제 2 이하의 운송인에 대하여는 제 1 운송인으로부터 당해 운송구간에 관한 선하증권을 양도받아 그 선하증권상의 권리를 행사하거나 불법행위책임을 물을 수 있다.[526]

(2) 공동통운송계약의 효력

선하증권이 발행되지 아니한 경우에는 공동통운송인이 모두가 계약운송인으로서 전구간의 운송에 대해 연대책임을 부담한다(상 57조 1항). 선하증권이 발행되

---

524) 손, (하), 801쪽.
525) 책임구간한정약관이나 분할책임약관이란 자기가 담당한 운송구간에서 발생한 운송물에 관한 손해에 대하여만 책임을 부담한다는 취지의 약관을 말한다.
526) 동지: 손, (하), 801쪽.

는 경우에는 앞서 본 책임구간 한정약관이나 분할책임약관을 두는 것이 일반적인데, 이 경우에도 불이익변경 금지의 원칙이 적용되는 구간에 관하여는 이러한 약관은 무효이다. 그러하지 아니한 구간에 관하여는 각 운송인은 자기의 운송담당구간에 관하여만 책임을 부담한다.

제 3. 복합운송계약(combined transport, multimodal transport)

1. 의   의

복합운송계약이란 2종류 이상의 운송수단(예컨대 선박·철도·자동차·항공기 등)에 의하여 실행되는 운송을 내용으로 하는 운송계약을 말하는데, 이는 통운송계약의 일종이다.

20세기 후반에 들어 컨테이너의 발명에 따라 오늘날 복합운송이 국제화물운송에서 보편적인 것으로 되었는데, 이러한 복합운송계약은 각 운송구간에 적용되는 법률과 책임체계가 상이하다는 점에 특색이 있다.

2. 복합운송인의 책임에 관한 입법주의[527)]

(1) 이종(異種)책임제도(network liability system)

이종책임제도는 각 운송구간에 적용되던 기존의 구간운송법을 존중하여 복합운송인의 책임에 관하여 손해발생구간이 확인되면 그 구간에 적용되는 법을 적용하고 손해발생구간이 확인되지 아니한 경우에는 복합운송에 독자적인 책임규정 혹은 일정 구간의 손해로 간주하여 그 구간운송법을 적용하는 제도를 말한다. UN 무역개발회의(U.N. Conference on Trade and Development: UNCTAD)와 국제상업회의소(International Chamber of Commerce: ICC)의 합동작업반이 1992년에 제정한 UNCTAD/ICC 국제복합운송증권규칙이 이러한 입장을 취하고 있다. 또한 실무에서 많이 사용되는 국제운송주선인협회연합회(Fédération Internationale des Associations de Transitaires et Assimilés 혹은 International Federatin of Freight Forwarder Association: FIATA)의 복합운송증권

---

527) 이에 관한 상세는 김창준, "복합운송주선업자의 법적 지위에 관한 연구," 법학박사학위논문(경희대, 2004. 2.), 68-70쪽 참조.

(FIATA bill of lading)은 UNCTAD/ICC 국제복합운송증권 규칙을 채용하였다.

(2) 통일책임제도(uniform liability system)

통일책임제도는 복합운송인의 책임에 관하여 손해발생구간을 묻지 않고 모든 구간에서 생긴 운송물에 관한 손해에 대하여 동일한 독자적인 책임규정을 적용하는 제도를 말한다.

(3) 수정 통일책임제도(modified uniform liability system)

수정 통일책임제도는 이종책임제도와 통일책임제도를 절충한 것인데 수정 이종책임제도(modified network liability system)이라고도 한다.[528] 이 제도는 복합운송인의 책임에 관하여 손해발생구간을 묻지 않고 복합운송에 독자적인 책임규정 적용하되 손해발생구간이 확인되고 그 구간운송법상의 책임한도액이 위 독자적인 책임규정에 따른 책임보다 고액인 경우에는 그 높은 한도액 적용하는 제도를 말한다. 1980년 UN국제복합운송조약(U.N. Convention on International Multimodal Transport of Goods)이 이러한 입장을 취하고 있다.[529]

3. 우리 상법의 입장

(1) 앞서 본 바와 같이 복합운송이 일반화됨에 따라 우리 상법에 복합운송에 관한 규정을 신설하자는 점에 대한 의견의 일치가 이루어져[530] 2007년 상법 개정시에 해상운송이 포함된 복합운송에 관한 하나의 조항을 신설하였다(상 816조).[531]

---

528) 김창준, 전게 "복합운송주선업자의 법적 지위에 관한 연구," 70쪽.

529) 이 조약은 2013년 8월 31일 현재 아직 발효되지 아니하였다.

530) 한국해법학회에서도 복합운송에 관한 개정시안을 제시하였는바, 이에 관한 상세는 김창준, "복합운송에 관한 상법규정의 신설," 한국해법학회지, 제26권 제2호(2004. 11.), 337쪽 이하 참조.

531) 그러나 이러한 하나의 조문으로는 복합운송에 관한 법률관계를 다루기에 부족한 것은 의문의 여지가 없다. 특히 복합운송에 있어서는 복합운송증권이 유가증권성을 갖는가 하는 점이 중요한 문제가 되는데, 유가증권 법정주의를 취하고 있는 우리 법상 법률상의 근거가 없이 복합운송증권의 유가증권성을 해석론에 맡겨 놓는 것은 바람직하지 않다고 본다(동지: 김창준, "복합운송에 관한 상법규정의 신설," 358-359쪽. 다만 서(헌), (복운), 227쪽은 상법 제65조 및 민법의 지시채권과 무기명채권에 관한 규정에 의해 복합운송증권의 유가증권성을 인정할 수 있다고 한다). 더구나 우리 상법상의 복합운송에 관한 조항은 해상운송이 포함된 복합운송에만 적용되는 것으로서 복합운송 전반에 관한 조항은 아니다. 이에 따라 2013. 8. 1. 현재 법무부에서는 상법 제2편 상행위편 제9장 운송업에 복합운송에 관한 절을 신설하기로 하는 상법 개정안을 마련

위 조항은 이종책임제도를 채택하여 운송인이 인수한 운송에 해상 이외의 운송구간이 포함된 경우 운송인은 손해가 발생한 운송구간에 적용될 법에 따라 책임을 지는 것을 원칙으로 하였다(상 816조 1항).532) 533) 한편 어느 운송구간에서 손해가 발생하였는지 불분명한 경우 또는 손해의 발생이 성질상 특정한 지역으로 한정되지 아니하는 경우에는 운송인은 운송거리가 가장 긴 구간에 적용되는 법에 따라 책임을 진다.534) 다만, 운송거리가 같거나 가장 긴 구간을 정할 수 없는 경우에는 운임이 가장 비싼 구간에 적용되는 법에 따라 책임을 진다(동 조 2항).

(2) 이와 관련하여 당사자가 적용될 법에 관하여 상법 제816조와 다른 약정을 한 경우에 이러한 약정이 유효한지의 여부가 문제가 된다. 생각건대 위 상법 규정에 의해 정해지는 법에 편면적 강행규정이 있는 경우(예컨대 해상운송 또는 항공운송 등의 경우)에, 당사자 사이의 약정에 의하여 적용될 법에 의하면 위 강행규정에 위반하여 운송인의 의무나 책임을 경감 또는 면제하는 결과가 되는 때에는 이러한 약정은 무효라고 본다. 한편 상법의 규정에 의하여 정해지는 법이 육상운송에 관한 법인 경우에는 육상운송에 관한 우리 상법 규정은 임의규정이므로 당사자 사이에 다른 법을 적용하기로 하는 약정을 하는 것은 허용된다고 본다.

하여 입법 과정을 밝고 있다.

532) 그러나 손해발생구간이 확인된 경우에 그 운송구간에 적용될 법의 강행성 여부를 묻지 아니하고 당해 구간의 법을 적용하기로 규정한 점의 타당성은 의문이다. 로테르담규칙은 손해발생구간이 확인된 경우에도 당해 구간에 강행적으로 적용되는 국제조약이 있는 경우에 한하여 그 국제조약이 적용되고 그러하지 아니한 경우에는 로테르담규칙이 적용되도록 규정하고 있다(동 규칙 제26조).

533) 구 상법 시대의 판결이기는 하나 대법원 2009. 8. 20. 2008다58978 판결 참조(해상운송의 경우에는 구 상법(2007. 8. 3. 법률 제8581호로 개정되기 전의 것) 제811조에서 운송인의 송하인 또는 수하인에 대한 채무는 운송인이 수하인에게 운송물을 인도한 날 등으로부터 1년 내에 재판상 청구가 없으면 소멸하도록 하고 이를 당사자의 합의에 의하여 연장할 수 있으나 단축할 수는 없도록 규정하고 있는 반면에, 육상운송의 경우에는 상법 제147조, 제121조에 따라 운송인의 책임은 수하인이 운송물을 수령한 날로부터 1년을 경과하면 소멸시효가 완성하고 이는 당사자의 합의에 의하여 연장하거나 단축할 수 있다고 볼 것인 점, 복합운송의 손해발생구간이 육상운송구간임이 명백한 경우에도 해상운송에 관한 규정을 적용하면 복합운송인이 그 구간에 대하여 하수급운송인으로 하여금 운송하게 한 경우에 하수급운송인과 복합운송인 사이에는 육상운송에 관한 법률이 적용되는 것과 균형이 맞지 않게 되는 점 등을 고려하면, 복합운송에서 손해발생구간이 육상운송구간임이 명백한 경우에는 복합운송증권에서 정하고 있는 9개월의 제소기간은 강행법규에 저촉되지 아니하는 것으로서 유효하다).

534) 우리 상법이 손해발생구간이 확인되지 아니한 경우에 운송거리가 긴 구간(또는 운임이 비싼 구간)의 법이 적용되도록 규정한 점의 타당성도 의문이다. 복합운송에 관한 독일 상법이나 UN국제복합운송조약 또는 로테르담규칙은 손해발생구간이 확인되지 아니한 경우에는 당해 법률(즉 독일 상법) 또는 당해 조약이 적용되도록 규정하고 있다(독일 상법 제452조; UN복합운송조약 제19조의 반대해석; 로테르담규칙 제26조의 반대해석).

제 4. 계속운송계약

계속운송계약이란 운송인(또는 선박소유자)이 송하인(또는 항해용선자)에 대하여 일정한 장기간동안 일정한 종류의 운송물의 불특정 다수량을 일정한 운임률로 수시로 계속하여 운송할 것을 약정하고 그 매회의 운송물의 수량·선적 시기 및 장소 양륙항의 결정 등은 송하인(또는 항해용선자)에게 부여하는 것을 내용으로 하는 운송계약을 말한다.535) 이러한 운송계약은 운송인(또는 선박소유자)이 운송을 독점하여 안정적으로 운송물을 확보하고 송하인(또는 항해용선자)은 저렴한 운임으로 계속적으로 운송을 할 수 있다는 점에서 많이 이용된다. 앞서 본 장기운송계약이 이러한 계속운송계약에 해당한다. 계속운송계약과 관련해서는 일부분의 운송에 대한 당사자의 채무불이행을 이유로 전체의 계약을 해지할 수 있는지의 여부가 종종 문제가 되기 때문에 보통 이에 관하여 계약에 구체적인 규정을 두고 있다.

제 5. 혼합선적계약

혼합선적계약이란 해상운송에서 서로 다른 항해용선자(또는 송하인)가 자기의 운송물을 다른 동종·동질의 운송물과 혼합하여 운송할 것을 승인하고 체결하는 운송계약을 말한다.536) 곡물의 운송이나 유조선에 의한 원유의 운송 등에서 많이 이용된다. 선박소유자(또는 운송인)에게는 이러한 운송계약에 의하여 선복을 경제적으로 이용할 수 있고 운송물의 보관·관리가 용이하다는 이점이 있고 항해용선자(또는 송하인)에게는 저렴한 운임으로 운송할 수 있다는 이점이 있다. 혼합선적계약에서 혼합선적된 운송물은 각 운송물의 소유자들의 공유에 속한다.537) 따라서 혼합선적된 운송물의 일부 멸실 또는 훼손이 있는 경우에는 각 운송물의 소유자들이 남아 있는 정상적인 운송물에 대하여 각자의 지분 비율로 인도를 청구할 권리를 갖고 운송물에 관한 손해에 대하여 각자의 지분 비율로 선박소유자(운송인)에 대하여 손해배상청구권을 취득한다고 본다.

---

535) 손, (하), 802-803쪽.
536) 손, (하), 803쪽.
537) 곽, (물), 202-203쪽.

제 4 관 운송증서

제 1. 총 설

운송증서란 운송과 관련된 유가증권 내지 운송계약상의 권리행사와 관련된 증서를 말한다. 1991년 상법은 운송증서 중 선하증권에 관하여만 규정하고 있었는데(제4장 제1절 제2관), 현행 상법은 선하증권의 전자적 형태인 전자선하증권에 관한 규정과 해운 실무에서 널리 사용되는 해상화물운송장에 관한 규정을 신설하여 1991년 상법상의 선하증권에 관한 규정과 묶어「운송증서」라는 제목의 별도의 절을 두었다(제2장 제6절). 아래에서는 운송증서 중 가장 중요한 선하증권을 중심으로 하여 운송증서에 관하여 살펴보기로 한다.

제 2. 선하증권

1. 총 설

(1) 선하증권 제도의 의의

선하증권(Bill of Lading, B/L)은 해상물건운송에서 운송인이 운송물을 수령 또는 선적하였음을 증명하고 도착지에서 이를 정당한 소지인에게 인도할 것을 약속하는 유가증권이다. 이러한 선하증권은 송하인 또는 항해용선자의 청구에 의해 운송인이 발행한다(상 852조 1항, 855조 1항). 선하증권은 육상운송에서의 화물상환증에 해당하는 것이나 연혁적으로는 선하증권이 먼저 발달하였고 이것이 후에 화물상환증으로 응용된 것이다. 상법은 입법의 편의상 선하증권에 관하여 몇 가지 특별규정만을 두고 나머지 사항에 관해서는 모두 상행위편의 육상운송에 관한 장(제2편 제9장)에 있는 화물상환증에 관한 규정을 준용하도록 하고 있다(상 861조, 129조, 130조, 132조, 133조).

해상운송은 통상 운송기간이 길기 때문에 송하인이나 수하인이 운송 중인 화물을 양도하거나 담보에 제공하기 위하여 선하증권을 이용하게 된다. 따라서 해상운송을 이용하는 국제간의 무역거래에 있어서는 선하증권이 사용되는 경우가 많

다. 그리고 이처럼 선하증권은 주로 국제적인 거래에서 사용되게 되므로 선하증권
에 적용될 법규에 대한 국제적인 통일작업이 필요해 진다.

한편 오늘날 해상운송의 고속화로 말미암아 선하증권이 수하인에게 도달하기
전에 운송물을 실은 선박이 먼저 양륙항에 도착하는 일이 빈번하게 발생하므로
시간과 비용을 절약하기 위하여 전통적인 선하증권제도의 개선이 요구되고 있고
이에 대처하기 위하여 국제적으로 전자식 선하증권제도를 도입하거나 선하증권의
발행에 갈음하여 해상화물운송장(sea waybill)을 발행하는 등의 해결방법이 모색되
고 있다.538) 현행 상법은 이러한 국제적인 추세에 발맞추어 전자선하증권과 해상
화물운송장에 관한 규정을 신설하였다.

그리고 앞서 본 바와 같이 20세기 후반에 들어 화물의 운송도구로 컨테이너가
발명되면서 국제 화물운송에서 육상운송, 해상운송 및 항공운송 중 두 가지 이상
의 운송방법을 사용하는 복합운송이 일반화되었다. 이러한 복합운송에서 운송인
이 발행하는 운송증권에도 선하증권에 관한 법리가 유추 적용된다. 이 점에서 선
하증권제도의 현대적 의의를 찾을 수 있다.

(2) 연   혁

선하증권은 11세기 중반에 지중해 해운에서 발생하였다고 하는데, 당시 공증
인과 같은 지위에서 선박에 동승하던 선박서기가 화주의 요구에 따라 선박장부에
의거하여 당해 화주의 화물에 관한 증명을 목적으로 선박장부의 등본을 발행한
것이 선하증권의 기원으로 알려져 있다.539) 그 후 13세기에 들어 이러한 등본에
운송인이 목적항에서 화물을 인도할 것을 약속하는 문언도 기재하는 관행이 생겨
나게 되었고 16세기 초에 이르기까지 이러한 관행이 유럽 각국에 보급되었다. 또
한 16세기 초에는 선박서기와 함께 선장에게도 이러한 등본을 교부할 권한이 인정
되게 되었고 그 후 선박서기가 승선하는 관행이 폐지됨에 따라 주로 선장이 위 문
서를 발행할 권한을 가지게 되었다.540) 이와 같이 발생한 초기의 선하증권은 17세
기 중반부터 선하증권에 의해 해상운송 중의 화물을 매각하거나 이것을 담보로
금융의 편의를 얻는 것이 가능하게 되면서 점차 유가증권으로 발전하였다.541)

---

538) 정(동), (하), 897쪽.
539) 田中, 349頁; 배, 272-273쪽
540) 田中, 349頁.
541) 배, 272-273쪽.

한편 19세기 후반부터 해상운송인의 책임을 경감하거나 면제하는 각종의 면책약관이 선하증권에 기재되게 되었다. 이로 인해 생기는 폐해를 방지하고 선하증권에 관한 각국의 법을 통일하기 위하여 여러 국제 조약이 제정되었는데, 1924년의 헤이그규칙, 1968년의 헤이그 비스비규칙, 1978년의 함부르크규칙 및 2008년의 로테르담규칙 등이 그것이라는 점은 앞서 본 바와 같다.[542)

(3) 기   능

선하증권의 기능은 운송과 관련된 기능과 물품거래와 관련된 기능으로 나누어 볼 수 있다.

1) 운송과 관련된 기능

선하증권은 운송과 관련하여 다음의 세 가지 기능을 가진다.

첫째, 선하증권은 개품운송계약의 성립과 내용에 대한 증거가 된다. 즉 선하증권은 개품운송에 대한 운송계약서 자체는 아니다. 개품운송계약은 통상 선하증권이 발행되기 전에 구두로 체결된다. 또한 경우에 따라서는 개품운송계약이 별도의 서면으로 체결될 수도 있다. 이처럼 선하증권이 개품운송계약서는 아니나 선하증권은 개품운송계약의 당사자인 송하인 및 악의의 소지인에 대한 관계에서는 개품운송계약의 성립과 내용에 대한 추정적 증거가 되고, 운송인과 선의의 소지인 사이에서는 개품운송계약의 확정적 증거가 된다(상 854조).[543)

둘째, 선하증권은 운송인이 송하인(또는 항해용선자)으로부터 선하증권에 기재된 수량과 상태의 화물을 수령하였다는 사실 혹은 당해 화물을 선적하였다는 사실을 증명하는 수령증(receipt)으로서의 기능을 가진다(상 854조, 855조).

셋째, 선하증권은 운송물인도청구권을 표창하는 유가증권으로서의 기능을 가진다. 따라서 운송인은 목적지에서 선하증권과 상환하여 정당한 소지인에게 운송물을 인도할 의무를 부담하고 그 소지인은 운송인에게 운송물의 인도를 청구할 권리를 가지게 된다.

---

542) 이들 국제조약에 관하여는 앞서 개품운송인의 손해배상책임과 관련하여 살펴보았다.

543) 다만 항해용선계약이 체결되고 그에 따라 선하증권이 발행되는 경우에는 항해용선계약이 운송계약으로서 상세한 조건을 규정하게 되므로 특별한 사정이 없는 한 용선계약의 당사자인 선박소유자와 용선자 사이에서 선하증권의 내용이 운송계약의 내용으로 되는 경우는 거의 없게 된다. 선하증권 기재의 효력에 관하여는 433쪽 이하에서 상세히 살펴보기로 한다.

2) 물품거래와 관련된 기능

선하증권은 운송물을 대표하는 서면으로서[544] 선하증권에 의하여 운송물을 받을 수 있는 자에게 선하증권을 교부한 때에는 운송물 위에 행사하는 권리의 취득에 관하여 운송물을 인도한 것과 동일한 효력이 인정된다(상 861조).[545] 선하증권의 이러한 기능에 의해 송하인은 운송물 자체의 인도 없이도 선하증권의 배서양도 혹은 교부에 의하여 운송 중인 운송물을 매도하거나 담보로 제공할 수 있다. 이처럼 선하증권에 의해 운송물을 담보로 제공하는 기능은 상업신용장(Letter of Credit)제도와 결부되어 오늘날 국제무역거래에서 필수적인 역할을 한다. 즉 국제무역거래에서 물품대금의 결제는 주로 상업신용장 방식을 이용하는데 상업신용장의 결제서류 중 가장 중요한 것이 화환어음(documentary bill of exchange)과 선하증권이다.[546] 이 경우 선하증권은 화환어음을 담보하는 기능을 한다.[547] 이러한 선하증권의 담보적 기능으로 인하여 상업신용장거래가 원활히 이루어질 수 있기 때문에 국제무역거래에서는 선하증권을 무역화폐(currency of trade)라고 부른다.[548]

---

544) 영미법에서는 선하증권의 이러한 기능을 「Bill of Lading as a Document of Title」이라 한다.

545) 이는 선하증권의 물권적 효력에 관한 통설인 대표설의 입장에 따른 해설이다. 선하증권의 물권적 효력에 관한 상세는 441쪽 이하 참조.

546) 상업신용장의 법률관계에 관한 상세는 정(찬), (하), 162쪽 이하 참조.

547) 선하증권의 담보적 기능에 관하여는 대법원 1998. 9. 4. 96다6240 판결 참조(수출자가 선하증권을 첨부한 화환어음을 발행하여 국내 거래은행으로부터 할인을 받거나 또는 추심위임을 하고 그 국내은행이 신용장 개설은행에 추심하는 방법에 의하여 수출대금이 결제되는 방식의 무역거래에 있어서는, 다른 특별한 사정이 없는 한, 수입자가 그 수출대금을 결제할 때까지는 운송증권에 의하여 표창된 운송 중인 수출품이 위 화환어음의 담보가 되는 것이고, 수출자가 신용장 발행은행을 수하인으로 한 운송증권을 첨부하여 환어음을 발행한 경우에는 신용장 발행은행이 운송 목적지에서의 수출품의 반환청구권을 가지게 되고 수입자가 신용장 발행은행에 수출대금을 결제하고 그로부터 이러한 반환청구권을 양수받지 않는 한 수출품을 인도받을 수 없게 되고, 신용장 발행은행이 수출대금의 결제를 거절하는 경우에는 수출대금 추심을 위하여 수출자가 발행한 환어음과 함께 운송증권 등 선적서류를 반환함으로써 위 반환청구권이 국내 거래은행 또는 수출자에게 이전되어 결과적으로 위 반환청구권이 수출대금을 담보하는 기능을 하게 되므로, 신용장 발행은행이 수출대금의 결제를 거부하고 자신이 수취인으로 기재된 운송증권을 다른 서류와 함께 반환한 경우, 이를 반환받은 국내 거래은행 또는 수출자는 운송증권을 그 수하인으로부터 적법하게 교부받은 정당한 소지인으로서 그 증권이 표창하는 운송물에 대한 권리를 취득한다).

548) 이균성, "개정해상법 개관," 한국해법학회지, 제13권 제 1 호(1991. 12.), 58쪽.

(4) 선하증권의 준거법

1) 준거법 확정의 필요성

선하증권은 주로 국제해상물건운송에서 이용되는데 이처럼 국제해상물건운송에서 이용되는 선하증권에 관한 법률관계는 외국적 요소가 있는 법률관계이므로 선하증권에 관한 법률문제를 해결하기 위해서는 우선 이러한 법률관계에 적용될 준거법을 확정하는 일이 선결문제가 된다. 이러한 선하증권의 준거법은 국제사법 원칙에 따라 정해지게 되는데, 선하증권에 준거법을 지정하는 약관이 기재되어 있으면 그 준거법의 적용이 우리나라의 선량한 풍속이나 사회질서에 명백히 위반되지 아니하는 한 당해 준거법이 적용되고 그러하지 아니하면 선하증권에 의해 증명되는 운송계약과 가장 밀접한 관련이 있는 국가의 법이 준거법으로서 적용된다(국제사법 25조, 26조). 이러한 준거법은 비록 우리나라의 강행법규에 위반되더라도 적용된다.[549]

한편 오늘날 국제해상물건운송에 이용되는 선하증권의 이면에는 대부분 준거법 지정에 관한 지상약관(Paramount Clause)이 기재되어 있다. 이러한 지상약관의 내용은 선하증권마다 조금씩 다르나 대체로 선적지나 양륙지에서 헤이그 비스비규칙이 강행적으로 적용되면 그에 의하고 그러하지 아니하는 경우에는 최소한 헤이그 규칙을 적용한다는 내용이 포함된다. 이 약관의 취지는 당해 선하증권에 관하여 어느 경우에나 최소한 헤이그 규칙이 규정하고 있는 운송인의 의무와 책임을 확보함으로써 선하증권 소지인을 보호하고자 하는 것이다.

2) 주요 해운국가의 선하증권에 관한 법원(法源)

아래에서는 미국, 영국과 일본의 선하증권에 관한 법원을 간단히 살펴보기로 한다.

가. 미 국 법

국제적인 운송이나 미국 내의 주간(州間) 운송을 위하여 미국 내에서 발행되는 모든 선하증권에는 연방선하증권법(Federal Bills of Lading Act, 1916)[550]이 적용된다(동법 81조). 이 연방선하증권법은 주로 선하증권 상의 권리의 이전, 선하증권 소지인의 권리 등 유가증권적인 법리에 관하여 규정한다. 한편 미국항구를 선적항 또는

---

549) 대법원 1999. 12. 10. 98다9038 판결 참조.
550) 49 U.S.C. §§80101-80116. 이 법은 통상 포머린선하증권법(Pomerene Bills of Lading Act)이라 불린다.

양륙항으로 하는 해상운송계약과 관련하여 선하증권을 발행한 운송인의 의무와 책임에 관하여는 헤이그 규칙을 입법화한 1936년 미국해상물품운송법(U.S. Carriage of Goods by Sea Act, 1936, 이하 "U.S. COGSA")[551]이 강제적으로 적용된다(동 법 12조). 이처럼 연방선하증권법은 선하증권의 유가증권적인 측면을 규율하고 U.S. COGSA는 선하증권을 발행한 운송인의 책임의 측면을 규율하므로 양법은 서로 보완적으로 적용되게 된다.

한편 미국의 한 주 내의 연안운송계약 또는 내수운송계약에 관하여 발행되는 선하증권의 유가증권적인 측면에는 보통법(common law)인 일반해상법(general maritime law)이 적용되고 이러한 선하증권 상의 운송인의 책임에 관하여는 하터법(Harter Act)이 적용된다.[552]

나. 영 국 법

영국은 헤이그규칙을 수용하여 1924년 해상물품운송법(Carriage of Goods by Sea Act)을 제정하였으나 1971년에 헤이그 비스비규칙을 수용하여 1971년 해상물품운송법을 제정하면서 1924년 U.K. COGSA를 폐기하였다. 따라서 현재 영국에서는 앞서 본 헤이그 비스비규칙의 적용범위에 속하는 선하증권에 관하여는 1971년 해상물품운송법이 적용된다.

한편 1971년 해상물품운송법의 적용범위에 속하지 아니하는 선하증권에는 1855년에 제정된 선하증권법(Bills of Lading Act 1855)이 적용되었으나 이 법은 1992년에 별도의 해상물품운송법이 제정됨으로써 폐지되었다.[553]

따라서 현재 영국에서는 헤이그 비스비규칙의 적용범위에 속하는 선하증권에 관하여는 1971년 해상물품운송법이 적용되고 그 밖의 선하증권에 관하여는 1992년 해상물품운송법이 적용되게 된다.[554]

다. 일 본 법

일본은 1957년에 헤이그규칙을 비준하면서 국제해상물품운송법을 제정하였다. 이 국제해상물품운송법은 선적항이나 양륙항이 일본국 이외의 국제 해상물건운송에만 적용된다. 그 후 일본은 1992년에 헤이그 비스비규칙을 비준하면서 국제

---

551) 46 U.S.C. §1301 et. seq.
552) 송·김, 326쪽.
553) 1992년 해상물품운송법의 주요 내용에 관하여는 이성철, "영국해상물건운송법 1992에 관하여," 한국해법학회지, 제15권 제 1 호(1993. 12.), 204-206쪽 참조.
554) 졸고, "공선하증권의 효력," 한국해법학회지, 제29권 제 1 호(2007. 4.), 142쪽 참조.

해상물품운송법을 개정하였다.

한편 국내 해상운송에서 발행된 선하증권에 관하여는 일본 상법 제 4 편(해상편) 제 3 장 제 1 절 제 2 관이 적용된다. 따라서 일본에서는 국제 해상물건운송에서 발행된 선하증권에는 국제해상물품운송법이 적용되고, 국내 해상운송에서 발행된 선하증권에는 상법 해상편이 적용되게 된다.[555]

2. 선하증권의 종류

선하증권은 분류하는 기준에 따라 다음과 같이 나뉘어진다.

(1) 수령선하증권(received B/L) · 선적선하증권(shipped B/L 혹은 on board B/L)

이는 선하증권의 발행시기에 따른 구별이다. 즉 운송인이 운송물을 수령한 후에 발행하는 선하증권이 수령선하증권(상 852조 1항)이고 운송물을 선적한 후에 발행하는 선하증권이 선적선하증권(동 조 2항 전단)이다. 운송인은 수령선하증권에 선적사실을 표시하여 선적선하증권으로 할 수도 있다(동 항 후단).

선하증권은 본래 운송물을 선적하였음을 증명하는 것이므로 선적선하증권이 원칙이다. 그러나 정기선해운이 발달하고 다수의 개개 운송물을 취급하게 됨에 따라 운송인이 미리 운송물을 수령하여 보관하였다가 선박의 입항 즉시 선적하는 것이 실무상 편리하고 효율적이므로 운송물을 미리 수령한 다음 선적 전에 수령선하증권을 발행하는 관습이 생겨났다. 송하인으로서는 미리 선하증권을 발행받아 화환어음에 첨부하여 금융의 편의를 얻을 수 있는 장점이 있었다.[556]

수령선하증권이 생겨난 초기에는 그 적법성에 관하여 논란이 있었으나[557] 해운업계의 관행을 고려하여 헤이그규칙은 수령선하증권의 발행을 인정하였으며(동 규칙 3조 3항), 함부르크규칙의 경우도 마찬가지이다(동 규칙 14조 1항). 우리 상법도 수령선하증권을 발행하는 것을 원칙으로 하고 있다(상 852조 1항).

화환신용장거래에서 화환어음에 첨부할 선하증권은 선적선하증권에 한한다.[558]

---

555) 졸고, 전게 "공선하증권의 효력," 144쪽.
556) 배, 276쪽.
557) 배, 276쪽.
558) 신용장통일규칙 (Uniform Customs and Practice for Documentary Credits, 2007 Revision, ICC

(2) 기명식 선하증권(straight B/L) · 지시식 선하증권(order B/L) · 무기명식 혹은 소지인출급식 선하증권(bearer B/L)

이는 수하인의 표시방법에 따른 구별이다. 기명식 선하증권은 수하인의 성명이 선하증권에 기재된 선하증권이고, 지시식 선하증권은 선하증권에 기재된 수하인 또는 그가 지시한 자가 운송물을 수령할 권리가 있는 선하증권이다. 한편 무기명식 선하증권은 수하인의 기재가 없는 선하증권이고 소지인출급식 선하증권은 소지인을 수하인으로 하는 선하증권으로서 둘의 법률적 효력은 동일하다.

지시식 선하증권은 통상 수하인란에 단순히 「to order」라고 기재하거나 혹은 수하인의 성명을 기재한 다음 그 뒤에 "또는 그가 지시하는 자(or his order)"라고 기재하는 방식으로 발행된다. 단순히 수하인란에 「to order」라고 기재된 경우에는 「송하인이 지시하는 자(to order of shipper)」라는 의미이다. 따라서 송하인이 배서에 의하여 운송물을 수령할 자를 지정할 수 있으며 이 경우 최초의 배서인은 송하인이 된다. 수하인의 성명이 기재된 경우에는 최초의 배서인은 기명된 수하인이 된다. 배서는 기명식, 백지식 혹은 소지인출급식으로 할 수 있다(상 65조, 민 510조, 512조).

한편 기명식 선하증권도 법률상 당연한 지시증권으로서 배서에 의하여 양도할 수 있다(상 861조, 130조 본문).[559] 그러나 기명식 선하증권에 배서를 금지하는 뜻을 기재한 경우에는 그 선하증권은 지명채권양도방식에 따라서만 양도할 수 있다.[560]

(3) 무유보선하증권(clean B/L) · 유보선하증권(foul B/L, claused B/L, 혹은 dirty B/L)

이는 운송물의 사고 유무가 선하증권에 기재되어 있는지의 여부에 따른 구별이다. 무유보선하증권은 선하증권상에 「외관상 양호한 상태」라는 문구가 기재된 선하증권이고, 유보선하증권은 운송물의 손상, 개수의 부족 등 운송물에 대한 사고에 관한 언급(remarks)이 기재되어 있는 선하증권이다.

운송인은 선하증권을 발행할 때 수령한 운송물을 외관상 점검하여 이상이 있으면 선하증권에 이에 대한 기재를 하여야 하고 운송물에 이상이 있는데도 불구

Publication no. 600: UCP600) 제20조.

559) 한편 영국법상으로는 우리 법과 달리 기명식 선하증권은 배서양도할 수 없다(Treitel, *Carver on Bills of Lading*, pp. 4-5).

560) 대법원 2001. 3. 27. 99다17890 판결.

하고 운송인이 무유보선하증권을 발행하는 경우에는 운송인은 선의의 선하증권 소지인에게 대항할 수 없다(상 854조 2항). 그런데 신용장 거래에서 금융기관들은 원칙적으로 유보선하증권을 매입하지 아니하므로561) 운송물에 이상이 있는 경우에도 송하인이 운송인에게 운송인이 입을 모든 손해를 보상한다는 약정이 기재된 보상장(Letter of Indemnity)을 제출하고 무유보선하증권을 발행받는 것이 국제적인 관행이다. 이러한 보상장의 효력에 관하여는 국제적으로 논란이 있다. 영국에서는 이러한 보상장을 발행하고 무유보선하증권을 발행받는 것이 선의의 선하증권 소지인에 대한 사기에 해당한다고 보아 보상장의 효력이 부인되는데 반해562) 일본에서는 이러한 보상장이 원칙적으로 유효하되 특히 사기적으로 이용되거나 선량한 풍속 기타 사회질서에 위반되는 경우에만 무효로 보아야 한다는 것이 다수설이다.563) 우리나라에서도 일본과 마찬가지로 해석되고 있다.564)

(4) 통선하증권(through B/L) · 중간 선하증권 · 복합운송증권(combined transport B/L 혹은 multimodal transport B/L)

이는 통운송계약에서 선하증권의 발행인에 따른 구별이다. 통선하증권은 통운송계약에서 전(全)운송인(공동통선하증권) 또는 제 1 운송인(단독통선하증권)이 전(全)운송구간에 대하여 발행하는 선하증권을 말하고, 중간선하증권은 단독통운송증권이 발행된 경우에 중간운송인이 자기의 운송구간에 대하여 제 1 운송인에게 발행하는 선하증권을 말한다.

복합운송증권은 통선하증권의 일종으로서 운송방법이 육상(도로 혹은 철도)운송 · 해상운송 · 항공운송 중 2개 이상인 복합운송에서 복합운송인이 전 구간의 운송에 대하여 발행하는 운송증권으로 복합선하증권이라고도 한다. 오늘날 복합운송이 일반화되면서 복합운송증권도 자주 사용되고 있다. 신용장통일규칙에도 은행이 복합운송증권을 수리할 수 있다고 규정되어 있다.565)

복합운송에 관하여는 앞서 본 바와 같이 1980년 5월에 UN국제복합운송조약이 성립되었으며 이 조약에 복합운송증권에 관한 조항들이 들어 있으나 이 조약은

---

561) UCP 제27조.
562) Wilson, *Carriage of Goods by Sea*, pp. 126-127.
563) 重田, 192頁; 田中, 359頁.
564) 정(동), (하), 900쪽.
565) UCP600 제19조.

아직 발효되지 않았다. 한편 현재 국제적인 운송실무상 복합운송증권의 표준양식
으로는 국제복합운송업자연맹에서 작성한 FIATA 복합운송증권(FIATA MT B/L) 양식
이 널리 사용된다.566) 우리나라에서는 국제복합운송협회(Korea International Freight
Forwarders Association: KIFFA)가 FIATA 복합선하증권을 모델로 하여 KIFFA 복합운송증
권 양식(KIFFA MT B/L)을 제정하여 그 회원사들이 사용하고 있다.

(5) 하우스 선하증권(house B/L) · 마스터 선하증권(master B/L)

운송주선인(freight forwarder)이 송하인과 직접 운송계약을 체결하거나 혹은 운
송주선계약을 체결한 후 개입권을 행사하는 경우에 운송주선인이 발행하는 선하
증권을 하우스 선하증권 혹은 운송주선인 선하증권이라 한다. 이 경우 운송주선인
은 운송수단을 가지고 있는 해상운송인과의 사이에 화주의 입장에서 화물운송계
약을 체결하고 선하증권을 발행받게 되는데, 운송주선인이 해상운송인으로부터
발행받는 선하증권을 마스터 선하증권이라고 한다. 하우스 선하증권은 일반적으
로 앞에서 본 FIATA 선하증권(혹은 KIFFA 선하증권) 양식에 따라 발행된다. 이 하우스
선하증권은 유통을 목적으로 하여 발행되는 선하증권으로서 신용장 거래에서 은
행이 매입하는 것은 이 하우스 선하증권이다. 한편 마스터 선하증권은 보통 운송
주선인으로부터 도착지에서의 운송물의 인도 업무를 위탁받은 도착지 운송주선인
을 수하인으로 하여 기명식으로 발행된다. 따라서 마스터 선하증권은 유통을 목적
으로 하여 발행되는 것이 아니다. 그러나 이러한 마스터 선하증권도 경우에 따라
서는 선의취득될 수가 있다.567) 이처럼 하나의 운송물에 대하여 하우스 선하증권
과 마스터 선하증권이 발행된 경우에 마스터 선하증권이 선의취득되면 하우스 선
하증권의 적법한 소지인과 마스터 선하증권의 선의취득자 사이에 누구의 권리가
우선할 것인가 하는 문제가 있다. 이 경우에는 마스터 선하증권의 선의취득자의
권리가 우선하는 것으로 보아야 할 것이다.568)

---

566) FIATA 복합운송증권 양식은 1970년에 제정된 이래 여러 차례에 걸쳐 개정되었는데 현재 전 세
    계적으로 널리 사용되고 있는 것은 1992년에 개정되어 1994년 3월 1일부터 사용되기 시작한 개
    정본이다.
567) 동지: 김창준, "복합운송주선업자의 법적 지위에 관한 연구," 192쪽.
568) 이 점에 관한 상세는 김창준, 전게 "복합운송주선업자의 법적 지위에 관한 연구," 192-194쪽 참조.

(6) 직접선하증권(direct B/L) · 환적선하증권(transshipment B/L)

선적항으로부터 양륙항까지 운송하는 도중에 운송물을 다른 선박이나 운송수단에 환적하지 아니하고 직접 운송하기로 하는 조건이 기재되어 있는 선하증권을 직접선하증권이라 하고, 환적조건이 기재된 선하증권을 환적선하증권이라 한다.

(7) 정기선선하증권(liner B/L) · 용선계약선하증권(charter party B/L)

정기선에 의한 개품운송계약에 따라 발행되는 선하증권을 정기선선하증권이라 하고, 항해용선계약에 따라 발행되는 선하증권을 용선계약선하증권이라 한다. 앞서 본 바와 같이 용선계약선하증권이 운송계약의 증거로서의 역할을 하지 못한다는 점 이외에는 양자의 효력에는 차이가 없다.

(8) 약식선하증권(short form B/L)

선하증권 이면의 약관의 전부 또는 일부를 생략하고 선하증권 이외의 다른 서류 등에 기재된 내용에 따르기로 하여 발행되는 선하증권을 약식선하증권이라 한다. 약식선하증권은 주로 용선계약선하증권의 경우에 발행된다. 신용장통일규칙상 약식선하증권도 수리가 가능하다.[569] 용선계약의 조건을 편입하기로 하는 약식선하증권의 경우 용선계약상의 중재조항은 원칙적으로 약식선하증권에 중재조항도 편입한다는 명시적인 언급이 있는 경우에 한하여 선하증권에 편입된다.[570]

---

569) UCP600, 제22조.
570) 대법원 2003. 1. 10. 2000다70064 판결(일반적으로 용선계약상의 중재조항이 선하증권에 편입되기 위하여는 우선, 용선계약상의 중재조항이 선하증권에 '편입'된다는 규정이 선하증권상에 기재되어 있어야 하고, 그 기재상에서 용선계약의 일자와 당사자 등으로 해당 용선계약이 특정되어야 하며(다만, 위와 같은 방법에 의하여 용선계약이 특정되지 않았더라도 선하증권의 소지인이 해당 용선계약의 존재와 중재조항의 내용을 알았던 경우는 별론으로 한다), 만약 그 편입 문구의 기재가 중재조항을 특정하지 아니하고 용선계약상의 일반 조항 모두를 편입한다는 취지로 기재되어 있어 그 기재만으로는 용선계약상의 중재조항이 편입 대상에 포함되는지 여부가 분명하지 않을 경우는 선하증권의 양수인(소지인)이 그와 같이 편입의 대상이 되는 중재조항의 존재를 알았거나 알 수 있었어야 하고, 중재조항이 선하증권에 편입됨으로 인하여 해당 조항이 선하증권의 다른 규정과 모순이 되지 않아야 하며, 용선계약상의 중재조항은 그 중재약정에 구속되는 당사자의 범위가 선박 소유자와 용선자 사이의 분쟁뿐 아니라 제3자, 즉 선하증권의 소지인에게도 적용됨을 전제로 광범위하게 규정되어 있어야 할 것이다).

(9) 전자선하증권

정보통신기술의 발달과 인터넷의 보급에 따라 전자식 자료교환(electronic data interchange: EDI) 제도가 발전하면서 근래에 들어 국제 무역거래에서도 선하증권 등의 선적서류를 전자화·무서류화하고자 하는 추세가 생겨났는데, 이처럼 전자식 자료교환제도에 의해 발행된 선하증권을 전자선하증권이라 한다. 국제해법회에서는 1990년에 전자선하증권에 관한 CMI규칙[571]을 제정하였으나 널리 활용되지 못하여 사실상 폐기되었다. 현재는 볼레로인터내셔널사(Bolero International Limited)가 볼레로닷넷(www.bolero.net)을 통하여 상업적으로 서비스를 하는 볼레로형 전자선하증권이 많이 사용되고 있다.[572] 우리 상법은 2007년 개정 시에 전자선하증권을 발행할 수 있는 법적 근거를 마련하였다(상 862조, 455쪽 이하 참조).

3. 선하증권의 법적 성질

선하증권은 운송물인도청구권을 표창하는 유가증권이다. 선하증권에 위 청구권이 화체되어 있기 때문에 선하증권이 운송물을 대신한다.[573] 선하증권에 표창된 청구권이란 해상물건운송계약에 따라 운송물의 인도를 청구하는 청구권을 말한다. 따라서 선하증권은 채권증권이다. 또한 선하증권에 표창된 청구권은 이미 운송계약의 체결에 의하여 발생된 권리이므로 선하증권은 비설권증권(불완전 유가증권)이다. 이러한 선하증권은 유가증권으로서 다음과 같은 법적 성질을 갖는다.

(1) 요식증권성

요식증권이란 유가증권의 작성방식이 법정되어 있어서 그 방식에 따라 발행되어야만 유가증권으로서의 효력을 발생하는 유가증권을 말한다. 선하증권은 그 기재사항이 법정되어 일정한 형식이 요구되므로 요식증권이다(상 853조 1항). 그러나 위 기재사항 중 본질적인 것을 제외하고 나머지는 흠결되더라도 선하증권으로

---

571) CMI Rules for Electornic Bills of Lading.

572) 볼레로란 Bill of Lading Electronic Registration Organazation의 약자이다. 볼레로형 전자선하증권에 관한 상세는 정경영, "전자선하증권의 도입에 관한 법적 검토," 상사판례연구 제15권(2003), 487쪽 이하; 강선준, "볼레로형 전자선하증권의 도입에 관한 연구," 상사법연구 제25권 제1호 (2006. 5.), 77쪽 이하 참조.

573) 이 점에서 선하증권을 권원증권(document of title)이라고 한다는 것은 앞서 본 바와 같다.

서의 효력에는 지장이 없다. 또한 선하증권에는 법정의 기재사항 이외의 사항도
자유로이 기재할 수 있다. 이처럼 선하증권의 요식성은 엄격하게 요구되지 아니하
므로 선하증권은 상대적 요식증권이다. 이 점에서 선하증권은 요식성이 엄격하게
요구되는 어음이나 수표와 같은 절대적 요식증권과 구별된다.

(2) 요인증권성

유가증권은 유가증권상의 권리의 발생과 원인관계 사이에 관련이 있는지의
여부에 따라 요인증권과 무인증권으로 나뉘는데[574] 선하증권은 운송물의 수령을
원인으로 하여 발행되므로 요인증권이다. 따라서 운송계약의 부존재, 무효, 취소
등이나 운송물의 수령이 없이 선하증권을 발행하는 것은 채권발생의 원인에 하자
가 있는 것으로서 원칙적으로 선하증권의 효력에 영향을 미친다. 그러나 운송인은
선의의 소지인에 대하여는 선하증권에 기재된 바에 따라 책임을 진다(상 855조 2항,
상세는 437쪽 이하 참조).

(3) 문언증권성

유가증권에 관련된 이해관계인 사이에서 유가증권을 둘러싼 법률관계는 그
증권에 기재된 바에 따르는 것이 원칙이다. 유가증권의 이러한 성질을 문언증권성
이라고 한다. 유가증권의 거래의 안전과 유통성을 보장하기 위하여 정도의 차이는
있으나 모든 유가증권에 이러한 문언증권성이 인정된다.

선하증권에도 이러한 문언증권성이 인정되는데, 우리 상법은 선하증권의 발
행인과 송하인 혹은 발행인과 악의의 소지인 사이에서는 문언증권성이 추정되고
발행인과 선의의 소지인 사이에서는 문언증권성이 인정된다고 규정한다(상 854조
및 855조, 상세는 435쪽 이하 참조).

(4) 법률상 당연한 지시증권성

지시증권이란 증권상에 권리자로 지정된 자와 그가 지시하는 자가 권리자로
될 수 있는 유가증권을 말한다. 지시증권은 유가증권의 고유한 양도방법인 배서
혹은 교부에 의하여 양도되며 그 소지인은 배서의 연속 혹은 소지(무기명증권이나 무

---

574) 정(찬), (하), 22-23쪽.

기명배서의 경우)에 의하여 적법한 권리자로 추정된다. 배서는 기명식, 백지식, 혹은 소지인출급식으로 할 수 있다(상 65조, 민 510조, 512조). 백지식 혹은 소지인 출급식 배서가 된 유가증권의 경우에는 배서 없이 단순한 교부에 의하여 양도할 수 있다(민 511조 3호). 선하증권의 배서에는 권리이전적 효력(상 65조, 민 508조), 자격수여적 효력(상 65조, 민 513조)은 있으나 담보적 효력은 없다.

선하증권은 기명식인 경우에도 배서금지의 기재가 없으면 법률의 규정에 따라 당연히 지시증권성을 가진다(상 861조, 130조). 따라서 선하증권은 기명식, 지시식, 무기명식, 소지인출급식 등 어떤 방식으로 발행되었더라도 지시증권성을 가진다.

한편 앞서 본 바와 같이 기명식으로 발행된 선하증권에 배서금지의 기재가 있으면 배서에 의하여 양도할 수 없고 지명채권양도 방식에 따라서만 양도할 수 있다. 이러한 선하증권은 사실상 유통성이 없으므로 해상화물운송장과 유사하다. 신용장통일규칙상 이러한 비유통성 선하증권도 수리가 가능하다.575)

(5) 처분증권성

선하증권이 발행된 경우 운송물에 관한 처분은 선하증권으로써 하여야 한다(상 861조, 132조). 이를 선하증권의 처분증권성이라 한다. 여기서 운송물의 처분이란 물권적 처분(양도, 담보권설정 등)뿐만 아니라 채권적 처분을 포함한다(상 815조, 139조).

(6) 인도증권성

유가증권의 교부가 증권에 기재되어 있는 물건의 인도와 같은 효력을 가지는 증권을 인도증권이라 한다. 우리 상법상 선하증권은 인도증권성을 가진다. 따라서 선하증권에 의하여 운송물을 받을 수 있는 자에게 선하증권을 교부한 때에는 운송물 위에 행사하는 권리의 취득에 관하여 운송물을 인도한 것과 동일한 효력이 있다(상 861조, 133조). 운송물을 인도한 것과 동일한 효력이 있다고 하는 것은 소유권 혹은 담보권 등의 권리를 취득함에 있어서 그 효력발생요건인 운송물의 점유를 이전하는 것과 동일한 효력이 있다는 의미이다. 선하증권의 이러한 효력을 물권적 효력이라고 한다(상세는 441쪽 이하 참조).

---

575) UCP 제21조.

(7) 제시증권성

유가증권은 변제기한이 있는 경우에도 그 기한이 도래한 후에 소지인이 증권을 제시하여 이행을 청구한 때로부터 채무자가 지체책임을 지는데 이를 제시증권성이라고 한다.576) 선하증권도 제시증권성을 가진다. 따라서 선하증권의 소지인이 운송물의 인도를 청구할 때에는 반드시 운송인에게 선하증권을 제시하여야 하고 운송인은 소지인이 선하증권을 제시한 때로부터 이행지체의 책임을 진다.

(8) 상환증권성

유가증권상의 권리자가 권리를 행사하려면 증권을 채무자의 변제와 상환하여야 하는데 이를 상환증권성이라고 한다.577) 선하증권이 발행된 경우에 소지인은 이와 상환하지 아니하면 운송물의 인도를 청구할 수 없다(상 861조, 129조). 이는 배서가 금지된 기명식 선하증권의 경우에도 동일하다.578) 운송인은 선하증권의 제시가 없는 운송물의 인도청구를 거절할 수 있는 권리를 가진다. 또한 운송인은 선하증권과 상환하지 아니하고 운송물을 인도하지 않아야 할 주의의무를 부담한다.579) 운송인이 선하증권과 상환하지 아니하고 운송물을 인도하면 선하증권의 적법한 소지인에 대하여 채무불이행책임580) 및 고의 혹은 중과실로 인한 불법행위책임581)을 진다. 그러나 운송인이 선하증권 소지인의 인도 지시 내지 승낙에 따라 운송물을 제 3 자에게 인도한 경우에는 그 제 3 자가 선하증권을 제시하지 않았다고 하더라도 운송인이 그와 같은 인도 지시 내지 승낙을 한 선하증권 소지인에 대하여 채무불이행이나 불법행위책임을 지지 아니한다는 점은 앞서 개품운송인의 손해배상책임에 관한 항에서 살펴본 바와 같다.582)

---

576) 정(찬), (하), 26쪽.
577) 상게서.
578) 배서금지어음에 관한 대법원 1989. 10. 24. 88다카20774 판결 참조(배서금지의 문언을 기재한 약속어음은 양도성 자체까지 없어지는 것이 아니고 지명채권의 양도에 관한 방식에 따라서, 그리고 그 효력으로써 이를 양도할 수 있는 것인데 이 경우에는 민법 제450조의 대항요건(통지 또는 승낙)을 구비하는 외에 약속어음을 인도(교부)하여야 하고 지급을 위하여서는 어음을 제시하여야 하며 또 어음금을 지급할 때에는 이를 환수하게 되는 것이다). 동지: 김창준, "배서가 금지된 기명식 선하증권의 법적 성질," 한국해법학회지 제25권 제 1 호(2003. 4.), 293-296쪽. 영국 법원의 입장도 동일하다(J I MacWilliam Company Inc. v. Mediterranean Shipping Company SA [2005] UKHL 11, para. 20.).
579) 대법원 1992. 2. 14. 91다4249 판결; 대법원 1992. 2. 25. 91다30026 판결 등.
580) 대법원 1990. 2. 13. 88다카23735 판결 참조.
581) 대법원 2001. 4. 10. 2000다46795 판결; 대법원 1999. 4. 23. 98다13211 판결 등 참조.

4. 선하증권의 발행

(1) 발행 당사자

1) 발행의무자

선하증권의 발행의무자는 개품운송인(상 852조 1항 및 2항) 또는 항해용선계약을 체결한 선박소유자(상 855조 1항)이다. 이들은 해상물건운송업을 영위하는 해상기업의 주체로서 좁은 의미의 선박소유자, 선체용선자, 정기용선자 및 재운송계약을 체결하는 항해용선자를 포함한다.

제정 상법에서는 선하증권의 발행의무자를 선박소유자라고 규정하고 있었지만 이는 운송인을 의미하는 것으로 해석되고 있었다.[583] 그 후 1991년에 상법을 개정할 때 선박소유자 중심주의에서 운송인 중심주의로 변경하면서[584] 선하증권 발행의무자를 운송인으로 변경하였다. 그 후 2007년에 상법을 개정할 때 개품운송계약과 항해용선계약을 구별하여 규정하면서 항해용선계약의 경우에는 선하증권 발행의무자를 다시 선박소유자로 변경하였다.[585]

선하증권의 발행은 대리에 친한 행위이므로 운송인 또는 선박소유자는 선장[586] 또는 그 밖의 대리인에게 선하증권의 발행을 위임할 수 있다(상 852조 3항, 855조 1항).[587] 주로 선장이 운송인 또는 선박소유자의 대리인으로서 선하증권을 발행하나 경우에 따라서는 육상 영업소의 대리인, 지점의 지배인, 또는 대리상이나 운송주선인 등이 운송인 또는 선박소유자를 대리하여 발행할 수도 있다.[588] 이러한 대리인이 선하증권을 발행하면서 본인인 운송인 또는 선박소유자를 위한 것임을 표시하지 아니하여도 운송인 또는 선박소유자가 발행자가 된다.[589]

---

582) 대법원 1997. 6. 24. 95다40953 판결.
583) 배, 284쪽.
584) 이균성, 전게 "개정해상법 개관," 47쪽.
585) 그러나 현행 상법상 항해용선계약의 경우의 선하증권 발행의무자인 「선박소유자」는 항해용선자의 계약 상대방을 총칭하는 것으로 제정 상법에서의 선하증권 발행의무자인 선박소유자와는 그 개념이 다르다는 점에 유의하여야 한다.
586) 앞서 본 바와 같이 선장의 대리권의 범위와 관련하여 운송계약체결권을 포함하는가의 여부에 관하여 견해가 대립되나 선하증권의 발행권에 관하여는 우리 상법은 명시적으로 이를 인정하였다. 이러한 선장의 선하증권 발행권한에 대한 제한은 선의의 제 3 자에게 대항하지 못한다(상 751조).
587) 이러한 상법의 입장은 헤이그규칙 제 3 조 제 3 항 및 제 7 항, 함부르크규칙 제14조 제 1 항 및 제 2 항의 입장과 동일하다.
588) 정(동), (하), 902쪽.
589) 대법원 1997. 6. 27. 95다7215 판결.

운송주선인이 개입권을 행사한 경우에는 운송인으로서 선하증권을 발행하여야 한다(상 116조 1항). 또 운송주선인이 자기 명의로 선하증권을 발행한 경우에는 개입권을 행사한 것으로 본다(동 조 2항). 그러나 운송주선인이 양륙항에서의 통관 및 육상운송의 편의를 위하여 화주의 부탁을 받고 양륙항의 상인을 대리하여 선하증권을 발행하는 경우는 이에 해당하지 아니한다.590)

2) 발행청구자

운송인과 개품운송계약을 체결한 송하인은 운송인에 대하여 선하증권의 발행을 청구할 수 있다(상 852조 1항). 한편 선박소유자와 항해용선계약을 체결한 용선자도 선박소유자에 대하여 선하증권의 발행을 청구할 수 있다(상 855조 1항).

(2) 선하증권의 발행 절차

1) 선하증권은 모든 해상운송에서 반드시 발행되어야 하는 것이 아니라 송하인 또는 용선자의 청구가 있는 경우에 한하여 발행된다. 앞에서 본 바와 같이 근래에 들어 선하증권 대신에 해상화물운송장이 발행되는 경우가 늘어나고 있으며, 국내 운송의 경우에는 화물수령증(cargo receipt)이 발행되는 것이 보통이다.591)

2) 개품운송계약의 경우에는 송하인이 운송인에게 운송물을 인도하면 운송인은 일단 부두수령증(wharfage note)을 교부한 뒤 송하인의 요청이 있는 경우 이와 상환으로 수령선하증권을 발행하는 것이 보통이다. 한편 운송물이 선적된 후에는 운송인이 선적선하증권을 발행한다. 운송인이 수령선하증권을 발행하지 아니한 경우에는 부두수령증과 상환으로 선적선하증권을 발행한다. 수령선하증권을 발행한 경우에는 수령선하증권과 상환으로 선적선하증권을 발행하거나 수령선하증권에 선적의 뜻을 표시하게 된다(상 852조 2항 후단). 어느 경우에나 선적선하증권으로서의 효력에는 아무런 차이가 없다.

항해용선계약의 경우에는 통상 용선자가 운송물을 선적한 다음 선박소유자가 선적선하증권을 발행하게 된다.

---

590) 대법원 1987. 10. 13. 85다카1080 판결(해상운송주선인 갑이 선적선하증권을 자기의 명의로 발행한 것이 아니고 양륙항에서의 통관 및 육상운송의 편의를 위하여 화주의 부탁을 받고 양륙항의 현지상인이면서 갑과 상호대리관계에 있는 을의 대리인자격으로 발행한 것이라면, 갑과 을 간에 상호대리관계가 있다하여도 그것만으로는 이 선하증권이 상법 제116조의 개입권행사의 상법조건이 되는 '운송주선인이 작성한 증권'으로 볼 수는 없다).

591) 배, 285쪽.

3) 운송물을 선적하지 아니한 채 선적선하증권을 발행하는 경우 운송인 또는 선박소유자와 송하인 또는 용선자 사이에서는 선하증권에 기재된 대로 운송물이 선적된 것으로 추정되며(상 854조 1항, 855조 2항), 선의의 소지인에 대하여는 선하증권에 기재된 대로 운송물이 선적된 것으로 간주된다(상 854조 2항, 상 855조 3항).

4) 운송인 또는 선박소유자가 선하증권을 발행할 시기에 관하여는 명시적인 규정은 없으나 지체 없이 발행하여야 한다고 해석된다.592)

5) 운송인이 발행하여야 할 선하증권의 통수는 송하인의 청구에 따라 1통 또는 수통이다. 실무에서는 통상적으로 3통을 발행한다. 수통의 발행을 인정하는 이유는 앞서 본 바와 같이 ① 송하인이 수하인에게 선하증권을 발송하여 수하인이 이를 수령하기까지 도난과 분실의 위험이 있고, ② 경우에 따라 선하증권의 신속한 도착을 위하여 여러 경로를 통하여 선하증권을 발송할 필요가 있으며, ③ 수하인의 신용이 악화된 경우에 송하인이 운송물의 처분권을 행사할 필요가 있고, ④ 송하인이 증거로서 이를 보존할 필요가 있는 등 때문이다.593) 수통을 발행하는 경우에 각 통의 내용이 동일하여야 함은 당연하다. 이러한 각 통은 복본으로서 각각 독립하여 선하증권으로서의 효력이 있다. 그러므로 수통을 발행하는 경우에는 거래의 안전을 위하여 발행되는 통수를 각 증권에 기재하여야 한다(상 853조 1항 10호). 선하증권을 수통 발행한 경우의 법률관계에 관하여는 앞서 보았으므로(257쪽 이하 참조) 여기에서는 생략하기로 한다.

(3) 선하증권의 기재사항

1) 총   설

상법 제853조는 제 1 항에서 선하증권에 기재하여야 할 사항을 규정하고 제 2 항에서 제 4 항까지에서는 이러한 법정 기재사항과 관련된 몇 가지 사항들을 규정하고 있다. 이처럼 선하증권에 기재할 사항이 법정되어 있으므로 선하증권은 요식증권이다. 그러나 선하증권의 요식성은 어음이나 수표처럼 엄격한 것이 아니므로 선하증권은 상대적 요식증권이다.594) 따라서 법정 기재사항 중 선하증권의 본질에

---

592) 배, 287쪽.

593) 정(동), (하), 902쪽.

594) 정(동), (하), 903쪽; 정(찬), (하), 941쪽; 채, (하, 개), 722쪽; 최(기), (해), 225쪽 등; 서울고등법원 1995. 12. 12. 95나9473 판결(선하증권과 같은 인도증권에 관하여는 어음법 제 2 조 제 1 항과 같은 규정이 적용되지 않는 점과 선하증권의 요식증권성을 엄격히 해석하여 기재 사항 흠결의 경우

관한 것이 아닌 일부사항을 흠결하여도 선하증권으로서의 효력에는 지장이 없다. 선하증권의 본질에 관한 사항으로서는 선박에 관한 기재(선적선하증권의 경우), 운송물의 동일성을 알 수 있는 기재, 양륙항에 관한 기재 등이 있다.[595] [596] 이에 반해 운임, 송하인, 발행지, 수통의 선하증권에 관한 기재 등은 선하증권의 본질에 관한 사항이라고 보기 어렵다. 한편 선하증권이 상대적 요식증권이므로 선하증권에는 법정 기재사항 이외에 임의적 기재사항을 기재할 수 있다.

2) 선하증권의 법정 기재사항

가. 선박의 명칭, 국적 및 톤수

이 사항은 선적선하증권에 한하여 요구된다. 수령선하증권의 경우에는 운송물을 선적할 선박을 특정할 수 있는 정도의 기재로 족하다.[597] 선적선하증권에 이러한 기재가 요구되는 것은 운송물을 운송할 선박을 특정하기 위한 것이다. 그러나 환적이 허용된 선하증권의 경우에는 운송물이 제1차로 선적된 선박에 관한 사항만이 기재되므로 운송물을 운송할 선박을 특정하기 위한 것이라는 취지가 다소 희석된다.

앞서 본 바와 같이 선박의 국적은 선박이 속하는 국가를 나타내는 표지로서 통상 선박소유자가 등록한 국가인 선적국(船籍國)을 말한다. 선적국은 일반적으로 기국(旗國)과 동일하나 경우에 따라서는 다를 수 있다.[598] 이러한 선박의 국적은 국제재판관할이나 국제사법의 적용에 중요한 의의를 가진다.[599]

증권을 무효로 한다면 거래의 안전을 해치는 결과가 된다는 점에 비추어 보면, 선하증권에는 어떠한 운송품이 어떠한 선주 또는 해상운송인에 의하여 선적되고, 어느 항구에서 인도될 것으로 되어 있는가의 점이 명확히 기재되어 있으면 족하고, 그 이외의 사항에 대한 기재가 흠결되더라도 선하증권으로서의 효력이 부정되는 것은 아니라고 해석함이 상당하므로, 선하증권의 수하인으로 기재된 자가 선하증권의 인수를 거절하는 경우 그 선하증권상의 수하인의 기재는 그로써 효력을 잃게 되고, 그에 따라 그 인수거절된 선하증권을 적법하게 반환하거나 양수받은 자는 그에 대한 권리를 취득하는 한편 송하인과 해상운송인은 그 소지인의 요청에 따라 선하증권상의 수하인의 기재를 변경해 줄 의무가 있으므로, 선하증권을 그와 같은 경위로 취득한 자는 그 수하인의 기재가 변경되기 전이라도 선하증권의 정당한 소지인이라고 보아야 한다).

595) 전게 서울고등법원 1995. 12. 12. 95나9473 판결 참조.
596) 헤이그규칙에는 선하증권의 기재사항으로 (a) 운송물을 식별하기 위한 주요 기호(the leading marks necessary for the identification of the goods), (b) 포장 또는 개품의 수, 용적 혹은 중량 (either the number of packages or pieces, or the quantity, or weight), (c) 운송물의 외관상태 (apparent order and condition of goods)를 규정하고 있다(동 규칙 제3조 제3항).
597) 배, 290쪽.
598) 앞서 본 바와 같이(45쪽 주42) 참조) 입법례에 따라서는 자국에 선체용선등록을 하면 자국의 깃발을 게양하고 항행하는 것을 허락하는 국가가 있다(예컨대, 안티구아 바르구다국). 이 경우에는 선박소유자가 선박을 등록한 국가인 선적국과 기국이 일치하지 않을 수 있다.

선박의 톤수에는 국제총톤수, 총톤수, 순톤수, 재화중량톤수가 있는데(선박법 3조), 국제해상운송에서 사용되는 선하증권에 기재되어야 할 선박의 톤수는 국제총톤수를 말하고 그 밖의 선하증권의 경우에는 총톤수를 말한다. 이러한 선박의 톤수는 선박소유자의 책임제한액을 계산하는 기준이 된다(상 772조).

나. 송하인이 서면으로 통지한 운송물의 종류, 중량 또는 용적, 포장의 종별, 개수와 기호

이 기재사항은 선하증권에 기재된 운송물과 실제 운송되는 운송물의 동일성을 담보하기 위한 것이다. 「운송물의 종류」는 물건의 종류를 말하고, 「중량 또는 용적」은 운송의 단위가 되는 것을 말하는데 그 중 하나만 기재하면 되며, 「포장의 종별」은 상자, 팔레트, 꾸러미 등 포장의 종류를 말하고, 「기호」는 운송물에 특유한 표시를 말한다.[600] 운송인은 송하인이 서면으로 통지한 사항을 기재하면 된다. 그러나 운송인은 위 기재사항 중 운송물의 중량·용적·개수 또는 기호가 운송인이 실제로 수령한 운송물을 정확하게 표시하고 있지 아니하다고 의심할 만한 상당한 이유가 있는 때 또는 이를 확인할 적당한 방법이 없는 때에는 그 기재를 생략할 수 있다(상 853조 2항). 한편 송하인은 운송인에게 통지한 사항이 정확함을 담보한 것으로 간주된다(동조 3항). 위 상법 제853조 제 2 항과 제 3 항은 헤이그규칙 제 3 조 제 3 항 및 제 5 항 전단을 수용한 것이다. 헤이그규칙 제 3 조 제 5 항 후단은 송하인이 통지한 사항이 부정확함으로 인해 운송인이 손해를 입은 경우에 송하인이 운송인에 대해 손해를 배상할 책임이 있다고 규정하고 있는데 우리 상법은 이 부분을 수용하지 아니하였다. 헤이그규칙상 송하인의 책임은 무과실책임으로 해석되고 있다. 비록 우리 상법이 위 헤이그규칙 제 3 조 제 5 항 후단을 수용하지 아니하였더라도 우리 상법상으로도 송하인이 통지한 사항의 정확성을 담보하였으므로 송하인은 그 사항의 부정확함으로 인해 운송인이 입은 손해를 배상할 무과실책임을 진다고 해석된다.

한편 항해용선계약의 경우에도 용선자의 청구에 따라 선박소유자가 선하증권을 발행할 의무를 부담하는데 이 경우에는 선박소유자에 대하여 운송물에 대한 기재사항을 서면으로 통지하고 이러한 사항의 정확성을 담보하는 자는 항해용선자라고 해석된다.

---

599) 국제사법 제60조 내지 제62조 참조.
600) 배, 291쪽.

다. 운송물의 외관상태

운송인 또는 선박소유자는 운송물이 외관상 양호한지 여부를 확인하고 이를 선하증권에 기재하여야 한다. 선하증권 양식에는 일반적으로 「운송물이 외관상 양호한 상태로 선적되었다(shipped in apparent good order and condition)」라는 문구가 기재되어 있다. 여기서 외관상 양호한 상태란 단순히 포장상태만을 말하는 것이 아니라 운송인 또는 선박소유자가 상당한 주의를 기울여 운송물의 외관을 관찰하여 알 수 있는 운송물의 상태(예컨대, 이상한 소리, 냄새, 또는 변색 등)를 포함한다.[601]

선하증권에 운송물의 외관상태가 양호하다고 기재되어 있는 경우에 운송물이 선하증권 소지인에게 인도될 때 손상된 상태라면 운송물은 운송인 또는 선박소유자의 귀책사유로 손상된 것으로 추정된다. 이 경우 운송인 또는 선박소유자는 악의의 소지인에게는 반증을 들어 책임을 면할 수 있으나 선의의 소지인에게는 이러한 반증을 들어 책임을 면할 수 없다(상 854조 1항 및 2항, 855조 2항 및 3항).

라. 용선자 또는 송하인의 성명 · 상호

이 조항에서 말하는 용선자 또는 송하인은 선박소유자 또는 운송인과 항해용선계약 또는 개품운송계약을 체결한 당사자를 말한다. 항해용선계약의 경우에도 선박소유자는 용선자의 청구에 따라 선하증권을 발행하여야 하므로(상 855조 1항), 용선자의 성명과 상호를 선하증권에 기재하도록 규정하였다.

용선자 또는 송하인은 운송인이 수하인을 알 수 없거나 수하인이 운송물의 수령을 거부한 때에 운송물을 공탁하거나 세관 그 밖의 관청의 허가를 받은 곳에 인도한 다음 이에 관하여 운송인이 보내는 통지를 수령할 사람이다(상 803조 2항).

용선자 또는 송하인은 운송물의 소유자임을 요하지 아니하며 이들은 운송주선인일 수도 있다. 일반적으로 용선자 또는 송하인이 운송인에게 운송물을 인도하게 되나 선적인(loader)이 이들을 위하여 운송인에게 운송물을 인도하는 경우에도 용선자 또는 송하인의 성명과 상호가 선하증권의 기재사항이다.

마. 수하인 또는 통지수령인의 성명 · 상호

앞서 본 바와 같이 선하증권은 지시식, 무기명식 또는 소지인출급식 등으로도 발행될 수 있으므로 수하인의 성명과 상호는 필수적 기재사항은 아니다.

통지수령인(notify party)을 기재하도록 한 것은 운송인이 선하증권 상의 수하인 혹은 그로부터 선하증권을 양수한 소지인을 잘 알 수 없거나 이들과 교신이 안되

---

601) 배, 291쪽.

는 경우에 대비하기 위한 것이다. 운송인이 이러한 통지수령인에게 운송물에 관한 통지를 한 때에는 용선자,[602] 송하인 및 선하증권소지인 그 밖의 수하인에게 통지한 것으로 본다(상 853조 4항 및 855조 1항).

해운 실무상 선하증권의 수하인란에 신용장개설은행이 기재되는 경우가 있다. 이는 물품대금 상환채권의 추심을 확보하기 위하여 신용장개설은행이 직접 수하인으로서 권리행사를 하기 위한 것이다. 이 경우 신용장개설은행은 운송물에 대한 양도담보권자의 지위에 있게 된다. 이러한 경우 일반적으로 신용장개설의뢰인인 수입자는 통지수령인으로 선하증권에 기재된다. 신용장개설은행은 수입자로부터 신용장대금을 지급받고 수입자에게 선하증권을 배서양도하게 된다. 한편 선하증권의 수하인란에 신용장개설은행이 아니라 수입자가 수하인으로 기재된다고 하더라도 신용장개설은행은 신용장매입은행으로부터 선하증권을 송부받아 이를 점유함으로써 수입자로부터 신용장대금지급을 확보할 수 있으므로 수하인란의 기재의 차이가 신용장개설은행에게 중요한 의미가 있는 것은 아니다.

바. 선 적 항

선적선하증권의 경우에는 실제로 선적한 항구를 기재하고 수령선하증권의 경우에는 선적을 예정하고 있는 항구를 기재한다.

사. 양 륙 항

양륙항은 운송물을 수하인에게 인도하기 위하여 양륙할 항구를 말한다. 이곳은 운송물의 인도장소로서 운송계약의 이행이 종료되는 곳이다. 운송물이 멸실·훼손되거나 또는 연착된 경우 양륙항에서의 가격을 기준으로 손해배상액을 산정한다(상 815조, 137조). 또 선장이 선박수선료·해난구조료 그 밖에 항해의 계속에 필요한 비용을 지급하기 위하여 적하를 처분한 경우 양륙항의 가격을 기준으로 손해배상액을 산정한다(상 750조 2항). 또한 공동해손의 액을 평가할 때에는 적하의 경우 양륙항에서의 가액을 기준으로 한다(상 869조). 이러한 양륙항은 필수적 기재사항으로 이를 흠결하면 선하증권은 무효로 된다.[603]

아. 운 임

운임은 원칙적으로 운송계약 또는 항해용선계약의 당사자인 송하인 혹은 용선자가 지급의무를 부담하며 통상적으로 선지급된다. 이 경우 일반적으로 선하증

---

602) 상법 제853조 제4항에 용선자는 기재되어 있지 아니하나 제855조 제1항에서 용선계약 하에서 선하증권이 발행되는 경우에 제853조를 준용하고 있으므로 동 조 제4항도 준용된다고 해석된다.

603) 배, 292쪽.

권에는 운임의 액을 기재하지 아니하고 단순히 「운임선급(freight pre-paid)」라고 기재된다. 한편 운임이 후급인 경우에는 원칙적으로 운임액수를 기재하여야 하나 운임액수의 기재가 없더라도 선하증권의 효력에는 영향이 없다.[604] 해운 실무상으로는 「운임은 0000년 0월 0일자 용선계약에 따라 지급될 것임(freight payable as per charterparty dated(day, month, year)」, 혹은 단순히 「운임미지급(freight to be paid)」이나 「운임수하인부담(freight collect)」라고 기재하는 경우가 많다. 선하증권 소지인은 운송물을 수령할 때 선하증권의 취지에 따라 운임과 부수비용 등을 지급할 의무를 부담하기 때문에 선하증권에 위와 같이 기재된 경우 소지인이 운송물을 수령할 때 운임을 지급할 의무를 진다(상 807조 1 항).

자. 발행지와 그 발행연월일

발행지란 운송인이 선하증권에 기명날인 혹은 서명을 한 곳을 말한다. 발행연월일은 기명날인 혹은 서명을 한 날을 말하는데 해운 실무상으로는 통상 운송물을 수령한 날을 기재한다.[605]

차. 수통의 선하증권을 발행한 때에는 그 수

앞서 본 바와 같이 선하증권을 수통 발행한 경우에는 각 통은 독립하여 선하증권으로서의 효력이 있으므로 선하증권에 발행된 발행 통수를 기재하게 한 것이다.

카. 운송인의 성명 또는 상호

이 사항은 2007년 개정시에 추가된 것이다. 이는 선하증권상의 운송인의 확정을 용이하게 하기 위하여 함부르크규칙 제15조 제 1 항 (c)항(「the name and principal place of business of carrier」)을 따라 규정한 것이다. 여기서 「운송인」은 항해용선계약에서의 선박소유자를 포함한다. 이는 운송인에 관한 아래의 두 가지 기재사항에 관하여도 마찬가지이다.

타. 운송인의 주된 영업소 소재지

이 사항도 함부르크규칙 제15조 제 1 항 (c)항에 따라 개정 상법에서 추가되었다. 이로써 운송인 또는 선박소유자의 확정뿐 아니라 운송인 또는 선박소유자에 대한 소송의 재판관할지의 확정이 용이하게 되었다.

파. 운송인의 기명날인 또는 서명

이 사항은 선하증권의 필수적 기재사항이다. 운송인 또는 선박소유자가 대리

---

604) 상게서.
605) 상게서.

인을 통해 선하증권을 발행할 때에는 대리인의 기명날인 또는 서명이 요구된다.

3) 선하증권의 임의적 기재사항

가. 앞서 본 바와 같이 선하증권은 상대적 요식증권이므로 법정 기재사항 이외에 임의적 기재사항을 기재할 수 있다. 이러한 임의적 기재사항은 유효하며 소지인에게도 그 효력이 미친다. 다만 이러한 임의적 기재사항은 선하증권의 본질에 반하지 아니하여야 한다.

일반적으로 선하증권에는 여러 임의적 기재사항이 기재된다. 이러한 임의적 기재사항이 선하증권에 기재되는 방법은, ① 임의적 기재사항이 미리 선하증권 양식에 인쇄되어 있거나, ② 임의적 기재사항을 기재할 난이 공란으로 선하증권 양식에 인쇄되어 있거나, ③ 혹은 필요에 따라 선하증권에 수기, 타이핑, 고무인 등으로 그때 그때 기입해 넣는 방법 등이 사용된다.

나. 해운 실무상 통상적으로 선하증권에는 임의적 기재사항으로서 운송계약에 관한 여러 종류의 약관이 기재된다. 이들은 선하증권 전면에 기재되기도 하나(표면약관) 대부분은 뒷면에 기재된다(이면약관). 특별한 사정이 없는 한 양자의 효력에는 아무런 차이가 없다. 한편 이러한 약관들은 미리 선하증권 양식에 인쇄되어 있는 것이 보통이나(일반약관), 선하증권의 여백에 수기, 타이핑, 고무인 등으로 기재되는 경우도 있다(특별약관). 양자가 서로 상충되는 경우에는 특별약관이 우선한다. 선하증권에 통상적으로 기재되는 약관 들 중 대표적인 약관들은 다음과 같다.

⑺ **면책약관**(exception clause)　　면책약관이란 운송인의 책임을 감경하거나 면제하는 약관을 말한다. 이러한 면책약관에는 책임제외 내지 변경약관과 책임액 제한약관이 있다. 이러한 면책약관은 그 준거법의 강행규정에 반하는 경우에는 효력이 없다(상 799조, 839조 참조). 대법원은 당사자 사이에 선하증권상의 면책약관을 불법행위책임에도 적용하기로 하는 숨은 합의가 있는 것으로 보아야 하므로 선하증권상의 유효한 면책약관은 특별한 사정이 없는 한 운송인의 채무불이행책임 뿐 아니라 불법행위책임에도 적용된다는 입장을 취하고 있다.[606] 그러나 면책약관은 고의 또는 중과실로 인한 불법행위책임에는 적용되지 아니한다.[607] 한편 선하증권의 면책약관에는 약관의 규제에 관한 법률의 일부 규정이 적용되지 아니한다.[608]

---

606) 대법원 1983. 3. 22. 82다카1533 판결; 대법원 1991. 8. 27. 91다8012 판결 등.
607) 대법원 1989. 2. 14. 87다카124 판결; 전게 대법원 1991. 8. 27. 91다8012 판결 등.
608) 약관규제법 제15조는 "국제적으로 통용되는 약관 기타 특별한 사정이 있는 약관으로서 대통령령이 정한 경우에는 제 7 조 내지 제14조의 규정의 적용을 조항별, 업종별로 제한할 수 있다"고

(나) 히말라야약관(Himalaya clause) · 순환보상약관(circular indemnity clause)

(ㄱ) 히말라야약관이란 「운송인이 갖는 면책권이나 책임제한권 등의 이익을 운송인의 피용자나 대리인도 같이 누릴 수 있다」는 취지로 규정된 선하증권상의 약관을 말한다는 것은 앞서 본 바와 같다. 영국에서는 당초에는 이러한 약관의 효력이 부인되었으나 New Zealand Shipping Line v. Satterthwaite(*The Eurymedon*) 사건[609]에서 최초로 그 유효성이 인정되었으며 그 후 이러한 입장이 유지되고 있다.[610] 미국과 독일 등에서도 이러한 히말라야약관은 그 유효성을 인정받고 있다.[611] 한편 헤이그 비스비규칙은 이처럼 주요 국가에서 그 유효성을 인정받은 히말라야약관을 수용하여 동 규칙 제 3 조에 규정하였다.[612] 따라서 헤이그 비스비규칙에 가입한 국가에서는 히말라야약관의 유효성이 입법적으로 해결되어 있다.

우리 상법도 1991년에 개정하면서 제789조의 3(현행 상법 제798조) 제 2 항에서 "운송물에 관한 손해배상청구가 운송인의 사용인 또는 대리인에 대하여 제기된 경우에 그 손해가 그 사용인 또는 대리인의 직무집행에 관하여 생긴 것인 때에는 그 사용인 또는 대리인은 운송인이 주장할 수 있는 항변과 책임제한을 원용할 수 있다"고 규정하여 히말라야약관을 입법화하였다.[613] 그러나 위 조항을 입법화할 때 헤이그 비스비규칙과는 달리 하역업자와 같은 독립적 계약자(independent contractor)가 「운송인의 사용인 또는 대리인」에 해당되지 아니한다는 점을 명백히 하지 않아 해석상 의문이 있을 수 있다. 그런데 1991년에 상법을 개정할 당시의 개정위원들의 의견은 명시적 규정이 없어도 하역업자와 같은 독립적 계약자에게는 원용권이 없다는 것이었다.[614] 따라서 우리 상법상 운송인의 사용인 또는 대리

규정하고 있고, 동 법 시행령 제 3 조는 국제적으로 통용되는 운송업의 약관에 동 법 제 7 조 내지 제14조를 적용하지 아니한다고 규정하고 있다. 한편 대법원은 동 법의 취지에 비추어 볼 때 대통령령이 정하는 약관에는 동 법 제 6 조의 규정도 적용되지 아니한다고 판시하였다(대법원 1999. 12. 10. 98다9038 판결; 대법원 2002. 5. 28. 2000다50299 판결). 따라서 선하증권상의 면책약관에는 동 법 제 6 조 내지 제14조의 규정이 적용되지 아니한다.

609) [1974] 2 Lloyd's Rep. 534 (P.C.).
610) 히말라야약관의 유효성에 관한 연혁적인 논의에 관하여는 *Carver's, Carriage by Sea*, pp. 248-264 참조.
611) 히말라야약관의 유효성에 관한 미국법상의 논의에 관하여는 *Benedict on Admiralty*, Sec. 169 참조.
612) 헤이그 비스비규칙 제 4 조의 2 제 2 항. 원문은 다음과 같다. "2. If such an action is brought against a servant or agent of the carrier (such servant or agent not being an independent contractor), such servant or agent shall be entitled to avail himself of the defences and limits of liability which the carrier is entitled to invoke under this Convention."
613) 대법원은 제정 상법이 적용된 사안에서 히말라야약관의 유효성을 인정하였다(대법원 1997. 1. 24. 95다25237 판결).

인은 히말라야약관이 없더라도 위 조항에 기해 운송인의 면책약관을 원용할 수 있으나 독립적 계약자는 히말라야약관에 그 수혜자로 명시적으로 규정되지 아니하는 한 운송인의 항변이나 책임제한을 원용할 수 없다고 해석된다.[615]

한편 운송물의 손해가 히말라야약관의 수혜자인 사용인, 대리인, 혹은 독립적 계약자의 고의 또는 손해가 생길 염려가 있음을 인식하면서 무모하게 한 작위나 부작위로 인하여 생겼을 때에는 히말라야약관에도 불구하고 이들은 운송인의 면책약관을 원용하지 못한다(상 798조 2항 단서).[616]

(ㄴ) 순환보상약관이란 "운송인의 사용인 혹은 대리인 등은 수하인에게 운송물의 멸실이나 훼손 등에 대하여 책임을 지지 않으며 만일 수하인이 이들로부터 손해를 배상받은 경우에는 운송인이 수하인으로부터 그 배상받은 금액의 상환을 받을 권한이 있다"는 취지의 약관이다. 이는 수하인으로 하여금 오로지 운송인에게만 손해배상을 청구하도록 하기 위한 규정이다. 선하증권에는 히말라야약관과 함께 이러한 순환보상약관을 기재하는 경우가 많다. 대법원은 이러한 약관을 운송인의 사용인 혹은 대리인 등에 대한 불제소약관이 아니라 면책약관이라고 해석하고 운송인의 사용인이나 대리인 등의 고의 혹은 중과실로 인한 불법행위책임에는 이러한 약관이 적용되지 않는다고 판시하였다.[617]

614) 상법개정특별분과위원회 회의록 Ⅱ(법무부, 1990), 610쪽 참조.
615) 선하증권 상의 히말라야약관에 독립적 계약자를 그 수혜자로 명시적으로 규정한 경우에는 독립적 계약자가 그에 기해 운송인의 면책약관을 원용할 수 있을 것인가 하는 점이 문제가 될 수 있으나 우리 상법 제798조는 임의규정이므로 당사자들이 이와 다른 약정을 하는 것은 가능하고 따라서 이러한 경우에는 독립적 계약자도 운송인의 면책약관을 원용할 수 있다고 해석된다(대법원 2007. 4. 27. 2007다4943 판결 참조).
616) 제정 상법이 적용된 사안에서 대법원도 같은 입장을 취하였다. 전게 대법원 1997.1.24. 95다25237 판결 참조.
617) 대법원 1992. 2. 14. 91다4249 판결(선하증권 이면 약관에 "운송인의 하수인과 대리점은 고용 중 또는 고용과 관련된 행동 중에 자기의 행위, 소홀, 실수로 인하여 직접적 또는 간접적으로 발생하는 면실 또는 손상에 대하여 어떠한 경우에도 화주에게 책임을 지지않는다"고 규정되어 있으나 그 후단부에 "이 선하증권상의 모든 면책, 제한, 조건과 자유 그리고 운송인에게 적용되는 모든 권리 책임으로부터의 면책, 방어와 면제는 위와 같은 운송인의 하수인이나 대리점을 보호하기 위하여 적용되고 확장될 수 있다"고 규정되어 있고, 그 마지막 부분에 "화주 또는 기타의 자가 운송인의 대리점으로부터 화물의 면실, 훼손 또는 지연으로 인한 손해를 보상받은 경우에는 운송인은 화주에 대하여 보상금액을 상환 받을 수 있는 권한이 있다"고 이른바 순환보상약관을 규정하고 있는 점에 비추어 볼 때 위 약관조항은 운송계약상 운송인의 면책이나 책임경감에 관한 사항을 운송인의 이행보조자에게도 확장 적용하여 형평을 기하고자 하려는 데 그 취지가 있는 것이고, 위 약관조항의 존재만으로 운송인의 이행보조자와의 사이에 부제소의 합의가 이루어진 것으로 볼 수 없고 위 약관은 면책약관의 성질을 가지는 것이라고 봄이 상당하다 할 것인데 위 면책약관은 뒤에서 판단하는 바와 같이 고의 또는 중대한 과실로 인한 불법행위책임을 추궁하고 있는 이 사건의 경우에는 적용되지 않는다고 할 것이다).

㈐ **운송물의 일부 멸실·훼손의 통지 약관**   선하증권에는 일반적으로 수하인이 운송물을 인도받은 뒤 일정기간 내에 운송물의 일부 멸실이나 훼손사실을 통지하지 아니하면 운송인이 책임을 면한다는 약관을 두고 있다. 이와 관련하여 앞서 본 바와 같이 우리 상법은 수하인이 운송물의 일부 멸실이나 훼손이 즉시 발견할 수 없을 때에는 수령한 날로부터 3일 내에, 그러하지 않은 경우에는 수령한 후 즉시 이러한 사실을 운송인에게 통지하여야 하고 이러한 통지가 없는 경우에는 운송물이 멸실 또는 훼손 없이 인도된 것으로 추정한다고 규정한다(상 804조 1항). 따라서 수하인은 이러한 통지를 게을리하였어도 반증을 들어 운송인에게 손해배상을 청구할 수 있다. 또한 위 조항은 운송인 또는 그 사용인이 악의인 경우에는 적용하지 아니하며(동조 3항), 이러한 조항에 반하여 수하인에게 불리한 약정은 효력이 없다(동조 5항). 따라서 수하인이 운송물의 일부 멸실·훼손의 통지를 게을리하면 운송인이 책임을 면한다는 약관은 무효라고 해석된다.[618]

㈑ **제소기간에 관한 약관**   대부분의 선하증권에는 운송인이 수하인에게 운송물을 인도한 날 혹은 인도할 날로부터 1년내에 소송을 제기하지 아니하면 운송인이 책임을 면한다는 약관이 기재되어 있다. 앞서 본 바와 같이 우리 상법도 이와 동일하게 규정하고 있으므로(상 814조) 위 규정은 특별한 의미가 없다. 그런데 복합운송증권 중 대표적인 FIATA 운송증권에는 제소기간이 9개월로 단축되어 있다. 이에 관하여 대법원은 위 약관이 우리 상법에 비해 단기의 제소기간을 정하는 것이므로 효력이 없다고 판시하였다.[619]

㈒ **공동해손약관**(General Average Clause)   선하증권에는 일반적으로 공동해손[620]이 발생하면 공동해손의 정산에 관하여 국제적으로 널리 사용되는 요크·앤

---

618) 다만 항해용선계약에는 상법 제804조 제5항이 준용되지 아니하므로(상 841조 1항 참조), 항해용선계약하에서 발행된 선하증권의 경우에는 소지인이 선의의 소지인이 아닌 한 위 약관은 유효하다(440-441쪽 참조).

619) 대법원 1997. 11. 28. 97다28490 판결(이 사건 운송약관 제17조는 "화물이 인도된 후 또는 화물이 인도되어야 할 날, 또는 제6조 제4항에 따라 화물이 인도되지 않아 수하인이 그 화물을 멸실된 것으로 간주할 수 있는 권한을 갖게 되는 날로부터 9개월 이내에 소송이 제기되지 않고 다른 방법에 의하여 명백히 합의되지 않는 한 운송인은 본 조항에 의해 모든 책임으로부터 면제된다"고 규정하고 있는바, 이러한 부제소 특약은 앞서 본 상법 제811조(현행 상법 제814조 제1항)의 제척기간보다 해상운송인의 책임소멸기간을 단축하는 것이 되어 효력이 없다고 할 것이다). 참고로 복합운송에서 손해발생구간이 육상운송구간임이 명백한 경우에는 복합운송증권에서 정한 9개월의 제소기간은 유효하다(대법원 2009. 8. 20. 2008다58978 판결 참조).

620) 공동해손(General Average)이란 선박과 적하의 공동위험을 면하기 위해 선장이 선박 또는 적하에 대하여 한 처분으로 인하여 생긴 손해와 비용을 말한다(상 865조, 520쪽 이하 참조).

트워프규칙621)에 따라 정산하기로 하는 약관이 규정되어 있다. 또한 위 약관에는 수하인이 운송물을 인도받기 전에 공동해손분담금에 대한 담보를 제공하여야 한다는 취지가 규정되어 있다. 이러한 공동해손약관은 우리 상법상의 강행규정에 반하지 아니하므로 유효라고 해석된다.

　㈑ **뉴 제이슨 약관**(New Jason Clause)　　이 약관은 공동해손과 관련된 것으로, 공동해손이 발생하면 공동해손의 원인이 된 사고가 운송인의 과실에 의해 발생하였다고 하더라도 운송인이 그 사고로 인한 손해에 대해 면책이 되는 한 운송물 소유자는 공동해손분담금을 운송인에게 지급하여야 한다는 취지의 약관이다.622) 오늘날 대부분의 선하증권에 이러한 취지의 약관이 기재된다. 이 약관은 1898년 Irrawaddy호 사건623)에서 미국 대법원이 「운송인이 면책되는 과실로 인하여 공동해손이 발생했다면 비록 운송인이 운송물 소유자에 대해 운송물의 멸실이나 훼손으로 인한 손해배상책임은 면책이 되나 운송물 소유자에 대해 공동해손분담금을 청구할 수는 없다」고 판시한 이래 미국으로부터 운송되거나 미국으로 운송되는 해상운송에 사용되는 선하증권에 기재되기 시작하였다. 이 약관은 Jason호 사건624)

---

621) 요크 · 앤트워프규칙은 공동해손의 정산에 관한 국제적인 통일을 위하여 1890년에 최초로 제정된 이래 1974년, 1990년, 1994년, 2004년 등 여러 차례에 걸쳐 개정되었다. 현재 전 세계적으로 1994년 요크 · 앤트워프규칙이 가장 널리 사용되고 있다. 우리 상법은 1974년 요크 · 앤트워프규칙 내용을 수용하였기 때문에 시대에 뒤떨어져 있다. 이러한 요크 · 앤트워프규칙은 국제조약이 아니기 때문에 당사자가 합의한 경우에만 적용된다. 따라서 대부분의 선하증권에 요크 · 앤트워프규칙을 적용하기로 하는 공동해손약관을 두고 있다.

622) 뉴 제이슨 약관의 영문과 번역문은 다음과 같다.
　「In the event of accident, danger, damage or disaster before or after commencement of the voyage, resulting from any cause, whether due to negligence or not, for which or for the consequence of which the ocean carrier is not responsible by statute, contract or otherwise, the goods and the merchant shall jointly and severally contribute with the ocean carrier in general average to the payment of any sacrifices, loss, or expenses of a general average nature that may be incurred, and shall pay salvage and special charges incurred in respect of the goods. If a salving ship is owned or operated by the ocean carrier, salvages shall be paid for as fully and in the same manner as if such salving ship belonged to strangers(항해의 개시 전 또는 개시 후에 사고 · 위험 · 손상 또는 재해가 발생한 경우에는 그 원인이 무엇이든, 또 그것이 과실로 인한 것이든 아니든 불문하고, 그 과실에 대하여 또는 그 과실의 결과에 대하여 해상 운송인이 법률 · 계약 · 기타에 의하여 책임을 지지 아니한 때에는, 운송물 및 화주는 해상운송인과 연대하여 발생한 공동해손의 성질을 갖는 일체의 희생 · 멸실 또는 비용의 지급에 관하여 공동해손으로서 분담해야 하며, 또 운송물에 관하여 발생한 구조비 및 특별비용을 지급하여야 한다. 구조선이 해상운송인에 의해 소유 또는 운항되고 있는 경우에도 구조비는 그 구조선이 제 3자에 소속하고 있는 경우와 마찬가지로 전액을 동일한 방법으로 지급하여야 한다).」

623) The Irrawaddy(1898) 171 U.S. 187.

624) The Jason(1908) 225 U.S. 32.

에서 미국 대법원에 의해 유효한 것으로 판시되었기 때문에 제이슨 약관이라고
불리었다. 그 후 1936년에 미국 COGSA가 제정된 이후 이 약관의 내용이 일부 수
정되어 현재의 형태를 갖추게 되었고 이것이 현재 널리 사용되는 뉴 제이슨 약관
이다. 요크·앤트워프규칙은 공동해손의 원인이 된 사고가 이해관계자의 과실에
의해 발생하였다고 하더라도 공동해손분담청구권은 아무런 영향을 받지 않으며
과실이 없이 공동해손분담금을 지급한 자는 책임이 있는 자에 대하여 구상권을
행사할 수 있다고 규정하고 있다.[625] 따라서 요크·앤트워프규칙에 의하면 위 약
관이 없더라도 동일한 결과가 되어 위 약관은 불필요한 것이 된다. 그러나 미국으
로부터의 운송이나 미국으로의 운송의 경우에 Irrawaddy호 판결로 인해서 위 약관
이 없는 경우에는 운송인은 운송물 소유자에게 공동해손분담금을 청구할 수가 없
게 되므로 이러한 경우에는 위 약관이 중요하게 된다. 해운 실무상으로는 미국으
로부터의 운송이나 미국으로의 운송인지의 여부를 묻지 아니하고 위 약관을 기재
하는 것이 관례로 되어 있다.

　㈎ **쌍방과실충돌약관**(Both to Blame Collision Clause)　　이 약관은 "쌍방 과실
로 인한 선박충돌의 경우에 운송인이 자선에 적재된 운송물의 손해와 관련하여
상대선의 소유자에 대하여 부담하는 손해배상액을 수하인이 운송인에게 보상하여
야 한다"는 취지의 약관이다. 이 약관도 뉴 제이슨 약관과 같이 미국으로부터 혹
은 미국으로의 운송에 필요한 약관이다. 즉 쌍방 과실로 인한 선박 충돌의 경우
운송인은 자선에 적재된 운송물의 손해에 대해서는 원칙적으로 면책이 된다. 이
경우 운송물 소유자는 상대선의 소유자에 대해 그의 과실비율에 따른 손해배상을
청구할 수 있는 것이 많은 국가에서 적용되는 원칙이다(분할책임의 원칙)(상 879조 1항,
544쪽 이하 참조). 그러나 미국 불법행위법상으로는 이 경우 운송물 소유자는 상대선
의 소유자에 대해 그의 과실비율에 따른 손해가 아니라 전체의 손해에 대한 배상
을 청구할 수 있다.[626] 운송물 소유자에게 손해액 전액을 배상한 상대선 소유자는
다시 운송인에게 운송인의 과실비율에 따른 구상을 청구할 수 있다. 이렇게 되면
결국 운송인은 자신이 면책되는 손해에 대하여 손해배상을 해 준 것이 된다. 쌍방
과실충돌약관은 이러한 불합리한 결과를 방지하기 위하여 필요한 약관이다. 이처
럼 이 약관은 미국으로부터 혹은 미국으로의 운송에 필요한 약관이나 해운 실무

---

625) 1994년 요크·앤트워프규칙 D조.
626) Allied Chemical Corp. v. Hess Tankship Co, 661 F.2d 1044(5th Cir. 1981).

상으로는 미국으로부터의 운송이나 미국으로의 운송인지의 여부를 묻지 아니하고
위 약관을 기재하는 것이 관례로 되어 있다.

(아) **준거법 약관**　　앞서 본 바와 같이 선하증권에는 준거법에 관한 지상약관
이 기재되는 것이 일반적이나 지상약관과 별도로 준거법에 관한 약관이 기재되는
경우도 많다. 지상약관은 최소한 헤이그규칙에 따른 운송인의 의무와 책임을 확보
하고자 하는 것이기 때문에[627] 지상약관에 의하여 결정되는 준거법은 헤이그규칙
의 적용범위,[628] 즉 운송물의 선적 이후 양하 이전에 발생한 운송물의 멸실 혹은
훼손에 대한 운송인의 책임에만 적용이 된다. 따라서 헤이그규칙이 적용되지 아니
하는 사항에 관하여 적용될 준거법이 필요하기 때문에 많은 선하증권에 지상약관
과는 별도로 준거법에 관한 약관이 기재된다.

(자) **관할법원약관·중재약관**　　선하증권에는 일반적으로 관할법원에 관한 약
관이 기재되는데 외국 법원을 전속적 합의관할로 하는 약관은 당해 사건이 우리 법
원의 전속관할에 속하지 아니하고, 지정된 외국 법원이 그 외국법상 당해 사건에
대해 관할권을 가지며, 당해 사건이 그 외국 법원에 대하여 합리적인 관련성을 가
지는 경우에 한하여 유효하며 전속적인 관할합의가 현저하게 불합리하고 불공정한
경우에는 공서양속에 반하여 무효이다(647쪽 이하 참조).[629] 한편 우리 법원을 전속적
합의관할로 하는 약관도 당사자 혹은 분쟁이 된 사안이 우리나라와 실질적 관련이
있는 경우에 한하여 유효하다(국제사법 2조 1항).

최근 들어 선하증권에 분쟁해결을 특정 중재원의 중재에 의하여 해결하기로

---

627) 일반적으로 사용되는 지상약관의 예를 들어 보면 다음과 같다.
「1924년 8월 25일 브뤼셀에서 서명된 선하증권에 관한 일부 규칙의 통일을 위한 국제조약에 포
함된 헤이그규칙을 입법화한 선적국의 법이 이 계약에 적용된다. 선적국에 그러한 법령이 시행
되고 있지 아니한 경우에는 목적지국의 그러한 법률이 적용되나 만일 그러한 법령이 강행적으
로 적용되지 않는 경우에는 상기 조약의 규정이 적용된다. 1968년 2월 23일 브뤼셀에서 서명된
의정서에 의해 개정된 1924년 브뤼셀 조약(헤이그 비스비규칙)이 강행적으로 적용되는 거래에
는 그 규칙을 입법화한 법률의 규정이 이 선하증권에 편입된 것으로 간주된다(The Hague Rules
contained in the International Convention for the Unification of Certain Rules relating to Bills of
Lading, dated Brussels the 15th August 1924 as enacted in the country of shipment shall apply to
the Contract. When no such enactment is in force in the country of shipment, the corresponding
legislation of the country of destination shall apply but in respect of shipments to which no such
enactment is compulsorily applicable, the terms of the said convention shall apply. In trades where
the International Brussels Convention 1924 as amended by the protocol signed at Brussels on
February 23rd 1968-the Hague Visby rules-apply compulsorily, the provisions of the respective
legislation shall be considered incorporated in this Bill of Lading).」
628) 헤이그규칙 제 1 조 (e) 참조.
629) 대법원 1997. 9. 9. 96다20093 판결.

하는 약관을 두는 경우가 생겨나고 있다.⁽⁶³⁰⁾ 이 중재약관은 운송인과 선하증권 소지인 사이에서도 유효하다고 해석된다.

(4) 수령자의 의무

선하증권은 운송과 관련된 사항에 관한 중요한 증거가 되므로 선하증권을 발행한 운송인도 이를 보관할 필요가 있다. 이러한 경우를 위하여 우리 상법은 선하증권을 발행받은 송하인 또는 항해용선자에게 운송인의 청구에 따라 선하증권의 등본에 기명날인 또는 서명을 하여 운송인에게 교부할 의무를 부과하고 있다(상 856조). 항해용선자의 청구에 의해 운송인이 제3자에게 선하증권을 발행하는 경우에는 선하증권을 발행받는 제3자가 선하증권 등본에 기명날인 또는 서명을 해야 하는 것으로 해석된다. 운송인이 선하증권 원본을 수 통 발행하여 그 중 한 통을 보관하는 경우에는 송하인 혹은 항해용선자가 이러한 원본에 기명날인 또는 서명을 하여도 된다.

한편 우리 상법상 송하인 혹은 용선자는 서면으로 통지한 운송물의 종류, 중량 또는 용적, 포장의 종별, 개수와 기호에 관하여 운송인에 대하여 그 정확함을 담보한 것으로 간주되는데(상 853조 3항), 이들이 선하증권을 수령하면서 선하증권 등본에 기명날인 또는 서명한 것은 이들이 통지한 사항이 선하증권에 정확하게 기재가 되었다는 유력한 증거가 된다.

5. 선하증권의 효력

선하증권은 채권적 효력과 물권적 효력을 가지고 있다.

(1) 채권적 효력

1) 선하증권의 채권적 효력의 의의

가. 선하증권의 채권적 효력이란 선하증권의 소지인과 발행인인 운송인 또는 선박소유자 간의 채권적 관계를 정하는 효력을 말한다. 이러한 선하증권의 채권적 효력에 의해 선하증권의 소지인은 선하증권에 의하여 증명이 되는 운송계약상의

---

630) 예컨대 고려해운주식회사가 사용하는 선하증권 양식에 대한상사중재원의 중재에 따라 분쟁을 해결하기로 하는 약관이 기재되어 있다.

권리를 취득하고 의무를 부담한다. 선하증권 소지인이 취득하는 권리 중에서 주된 권리는 운송물 인도 청구권이다.

　나. 제정 상법은 화물상환증의 문언증권성에 관한 제131조를 선하증권에 준용하고 있었다(제정 상법 제820조). 따라서 화물상환증의 문언증권성을 둘러싸고 발생하였던 요인증권성설(화물상환증의 요인성을 중시하는 견해), 문언증권성설(화물상환증의 문언성을 중시하는 견해), 절충설(요인성과 문언성을 함께 중시하여 선의의 소지인을 보호하는 견해)의 대립은 선하증권의 채권적 효력에 관하여도 그대로 준용되었다. 이와 관련하여 대법원은 화물상환증에서와 마찬가지로 선하증권에 관하여도 요인증권성설의 입장을 취하였다.[631]

　다. 그런데 1991년에 상법을 개정하면서 제131조 준용 규정을 삭제하고 「선하증권 기재의 효력」[632]이라는 표제 아래 독자적인 규정을 신설하였다(1991년 상법 제814조의2). 이 신설된 조항은 헤이그 비스비규칙 제3조 제4항과 함부르크규칙 제16조 제3항을 수용한 것으로서 선하증권의 문언증권성을 강화하여 제정 상법 아래에서 선하증권의 문언증권성을 둘러싸고 발생했던 학설의 대립을 입법적으로 해결하고자 하는 것이었다(통설).[633] 따라서 제정 상법 아래에서 발생하였던 학설의 대립은 1991년 상법 아래에서는 불필요하게 되었으며 요인증권성설을 취한 앞서 살펴본 대법원 판례도 선례로서의 구속력을 상실한 것으로 생각된다.[634]

　라. 한편 2007년에 상법을 개정하면서 개품운송계약상의 선하증권의 채권적

---

631) 대법원 1982. 9. 14. 80다1325 판결(선하증권에 의한 운송물의 인도청구권은 운송인이 송하인으로부터 실제로 받은 운송물 즉 특정물에 대한 것이고 따라서 운송물을 수령 또는 선적하지 않았음에도 불구하고 선하증권이 발행된 경우에는 그 선하증권은 원인과 요건을 구비하지 못하여 목적물의 흠결이 있는 것으로서 이는 누구에 대하여도 무효라고 봄이 상당하다). 한편 대법원은 운송인이 운송물을 전부 수령한 뒤 수령선하증권에 선적의 뜻을 기재하여 송하인에게 교부하였으나 운송물의 일부가 선적되지 아니한 사안에서 그 선하증권은 운송물 전부에 대한 수령선하증권으로서의 유효성은 부인할 수 없다고 판시하였다(대법원 1989. 12. 22. 88다카8668). 이는 수령선하증권에 선적의 뜻을 기재한 부분만이 무효로 되고 수령선하증권으로서의 효력 자체는 영향이 없다는 판시로서 제정 상법 아래에서 대법원이 취하고 있었던 요인증권성설의 입장을 변경한 것은 아니다(김창준, "운송물 연착으로 인한 손해배상의 범위," 상사판례연구[II], 박영사, 1996, 435-436쪽).

632) 선하증권 기재의 효력이란 결국 선하증권의 문언증권성에 관한 것이므로 표제의 차이는 중요한 것이 아니다.

633) 손, (하), 856쪽; 정(동), (하), 907쪽; 최준선, "선하증권의 채권적 효력," 한국해법학회지, 제27권 제2호(2005. 11.), 33-34쪽 등 참조. 일본도 헤이그 비스비규칙에 따라 국제해상물건운송법을 개정함으로써 선하증권의 문언증권성을 인정하였다(落合, 〈運送法の課題〉, 80-81頁).

634) 한편 상법 제131조도 2010. 5. 14. 상법 제854조와 동일한 취지로 개정되었다. 따라서 현행 상법 하에서는 화물상환증 기재의 효력과 선하증권 기재의 효력이 동일하게 되었다.

효력과 항해용선계약상의 선하증권의 채권적 효력을 구분하여 규정하였는데(상 854조, 855조), 개품운송계약에 관하여는 1991년 상법 규정의 의미를 보다 명확하게 하기 위하여 일부 문구를 수정하였을 뿐이므로 현행 상법상의 개품운송계약상의 선하증권의 채권적 효력은 1991년 상법의 내용과 동일하다. 한편 현행 상법은 항해용선계약상의 선하증권의 채권적 효력에 관하여는 선의의 소지인과 악의의 소지인을 나누어 규정하고 있다(상 855조 2항, 3항).

아래에서는 현행 상법상의 선하증권의 채권적 효력을 살펴보기로 한다.

2) 선하증권의 채권적 효력의 내용

가. 개품운송계약상의 선하증권의 채권적 효력

㈎ 추정적 효력

(ㄱ) 추정적 효력의 주관적 범위   개품운송계약과 관련하여 선하증권이 발행된 경우 운송인과 송하인 사이에 선하증권에 기재된 대로 개품운송계약이 체결되고 운송물을 수령 또는 선적한 것으로 추정된다(상 854조 1항). 그런데 이처럼 선하증권의 기재가 추정적 효력을 갖는 주관적 범위에 대해서는 견해의 대립이 있다. 제 1 설은 선하증권 기재의 추정적 효력이 미치는 것은 운송인과 선하증권을 발행받은 송하인 및 악의의 선하증권 소지인에 대한 관계라는 견해이다.[635] 이 견해에 의하면 운송인과 송하인 혹은 악의의 소지인 사이에서는 반증이 없는 한 선하증권의 채권적 효력에 따라 선하증권에 기재된 대로 채권적 법률관계가 발생하게 된다. 제 2 설은 선하증권의 기재가 추정적 효력을 갖는 것은 운송인과 악의의 선하증권 소지인간의 관계일 뿐이고 운송인과 송하인 사이에서는 선하증권의 요인증권성에 따라 실제로 체결된 운송계약이 당연히 적용된다고 하는 견해이다.[636] 생각건대 현행 상법은 추정적 효력이 적용되는 범위를 제한하고 있지 아니하므로 (1991년 개정 상법도 동일함), 운송인과 송하인 사이에도 추정적 효력이 적용된다고 보는 것이 합리적인 해석이며, 이것이 우리 상법의 기초가 된 헤이그 비스비규칙의 연원(淵源)인 영국 보통법상의 일응의 증거의 원칙(prima facie evidence rule)[637]과도 일

---

635) 정완용, "운송물의 수령 없이 발행된 선하증권의 효력," 상사판례연구 Ⅱ, 박영사, 1996, 417쪽 (이는 1991년 개정 상법의 해석과 관련된 논의이나 1991년 개정 상법과 현행 상법이 이 점에서는 동일하므로 개정 상법에도 적용될 수 있는 논의이다).

636) 정(찬), (하), 945쪽.

637) 영국 보통법상 선하증권의 기재는 원칙적으로 일응의 증거로서의 효력을 가지되 선의의 소지인에 대하여는 반증을 들지 못한다고 한다. 따라서 영국법상 선의의 소지인을 제외한 나머지 송하인이나 악의의 소지인에 대하여는 일응의 증거로서의 효력을 갖는 것으로 해석된다.

치한다. 그러므로 우리 상법상의 선하증권의 기재의 효력에 관하여는 요인증권성과 관계없이 상법 규정에 따라 추정적 효력이 발생하고 운송인은 상대방이 선의의 소지인이 아닌 한 반증을 들어 선하증권 기재의 효력을 부인할 수 있다고 해석하는 제 1 설이 타당하다고 본다.638)

한편 악의란 선하증권의 기재가 사실과 다르다는 것을 인식하는 것을 말하고 그 이상으로 사실이 어떠한가까지 알 필요는 없다.639) 악의 여부는 선하증권 취득시를 기준으로 한다. 또한 소지인이 선의이나 중과실이 있는 경우에는 보호할 가치가 없으므로 악의에 준하여 취급하여야 한다.640)

(ㄴ) **추정적 효력의 객관적 범위**

a. 1991년 상법은 제814조의 2에서 "제814조 제 1 항의 규정에 따라서 선하증권이 발행된 경우에는 운송인이 그 증권에 기재된 대로 운송물을 수령 또는 선적한 것으로 추정한다"라고 규정하여 추정적 효력이 미치는 객관적 범위가 "증권에 기재된 대로 운송물을 수령 또는 선적했다는 사실"임을 명시하고 있다. 이에 반해 현행 상법은 제854조 제 1 항에서 추정적 효력이 미치는 범위를 "운송인과 송하인 사이에 선하증권에 기재된 대로 개품운송계약이 체결되고 운송물을 수령 또는 선적한 사실"이라고 규정하고 있다. 즉 현행 상법은 1991년 상법에 비하여 추정적 효력이 미치는 사항에 개품운송계약의 체결 사실을 추가하였다. 그러나 1991년 상법 하에서도 추정적 효력이 미치는 범위가 단순히 선하증권에 기재된 대로 운송물을 수령 또는 선적한 것뿐만 아니라 그 밖의 운송계약에 관한 사항도 포함한다고 해석하는 것이 타당하다. 이는 선하증권이 운송계약의 성립과 내용에 관한 추정적 증거로서의 기능을 하기 때문이다. 그러므로 현행 상법에서 추가된 내용은 1991년 상법 규정의 의미를 보다 명확하게 하고자 추가된 것에 불과하다.

b. 이러한 추정적 효력이 미치는 것은 선하증권에 기재된 운송물의 종류, 중량 또는 용적, 포장의 종별, 개수와 기호, 운송물의 외관 상태이다. 따라서 운송인이 상당한 주의를 기울여도 알 수 없는 운송물의 품질이나 밀봉된 컨테이너 내부의 운송물의 상세에 관하여는 추정적 효력이 미치지 아니한다.641) 또한 운송인

---

638) 졸고, "공선하증권의 효력," 150쪽 참조.

639) 정(동), (하), 905쪽.

640) 戸田, 180頁 참조. 한편 정완용, "운송물의 수령없이 발행된 선하증권의 효력," 414쪽은 선의에 무과실까지 요구하는 것은 아니라고 하나 중과실이 있는 경우에 어떻게 될 것인지에 관하여는 논의하고 있지 아니하다.

641) 대법원 2001. 2. 9. 98다49074 판결(선하증권에 기재되어 추정을 받는 '운송물의 외관상태'는 상

은 선하증권에 기재된 대로 운송물을 수령 혹은 선적한 것으로 추정되므로 공(空)선하증권의 경우에 운송물을 수령하지 아니하였더라도 운송인은 운송물을 수령 또는 선적한 것으로 추정된다.

(나) **확정적 효력**

(ㄱ) 현행 상법은 운송인과 선의의 소지인 사이에는 운송인이 선하증권에 기재된 대로 운송물을 수령 혹은 선적한 것으로 간주하고 선하증권에 기재된 바에 따라 운송인으로서의 권리·의무를 가진다고 규정한다(상 854조 2항). 즉 운송인과 선의의 소지인 사이에는 선하증권의 문언증권성에 따라 채권적 법률관계가 발생한다. 이 규정은 선하증권의 기재를 신뢰하여 거래한 제3자를 보호하고 선하증권의 유통성을 확보하기 위하여 1991년 상법이 헤이그 비스비규칙의 입장을 수용하여 신설한 것인데 현행 상법이 문구를 일부 수정한 것이다.

(ㄴ) 앞서 본 바와 같이 제정 상법상으로는 선하증권의 문언증권성에 관하여 화물상환증에 관한 규정을 준용하고 있었으므로 선하증권에 관하여도 공권(空券)의 효력 혹은 선하증권에 기재된 운송물과 실제의 운송물이 상이한 선하증권의 효력과 관련하여 요인증권성을 강조하는 학설, 문언증권성을 강조하는 학설, 절충설 등으로 나뉘어져 있었다. 그러나 1991년 상법 및 현행 상법은 별도의 규정을 두어 선의의 제3 취득자에 대하여 선하증권의 문언증권성을 인정하고 있으므로 공권이나 운송물이 상이한 선하증권의 경우에도 운송인은 선의의 소지인에 대하여는 선하증권에 기재된 대로 운송물을 인도할 책임을 지며 만일 선하증권에 기재된 운송물을 인도하지 못하는 경우에는 채무불이행책임을 진다고 하는 것이 통설이다. 이러한 통설에 의할 때 선의의 소지인에 대한 관계에서는 선하증권의 기재가 확정적 효력을 갖는다. 따라서 공(空)선하증권이나 운송물이 상위한 선하증권의 경우에도 운송인은 선의의 선하증권 소지인에 대하여 선하증권에 기재된 바에 따라 운송물을 인도할 채무를 부담하고 결국 이를 이행할 수 없기 때문에 채무불이행으로 인한 손해배상책임을 져야 한다.

이에 반해 1991년 상법하에서도 선하증권의 요인증권성을 중시하여 공선하증권을 무효로 보는 소수설이 있었다.[642] 이 견해에 의하면 상법 제814조의 2에서 확

당한 주의를 기울여 검사하면 발견할 수 있는 외관상의 하자에 대하여서만 적용되는 것이지 상당한 주의를 기울이더라도 발견할 수 없는 운송물의 내부상태에 대하여서는 위 추정규정이 적용될 수 없다).

642) 정완용, 전게논문, 414-418쪽.

정적 효력을 인정하고 있는 것은 운송물이 상이한 경우에 한한다고 해석한다. 그러나 위 소수설은 상법 제814조의 2(현행 상법 제854조)의 명문 규정에 반하는 해석이므로 타당하지 않다고 본다.(643)

(ㄷ) 그런데 1991년 상법 아래에서 대법원은 「선하증권은 운송물의 인도청구권을 표창하는 유가증권인바, 이는 운송계약에 기하여 작성되는 유인증권으로 상법은 운송인이 송하인으로부터 실제로 운송물을 수령 또는 선적하고 있는 것을 유효한 선하증권 성립의 전제조건으로 삼고 있으므로 운송물을 수령 또는 선적하지 아니하였는데도 발행된 선하증권은 원인과 요건을 구비하지 못하여 목적물의 흠결이 있는 것으로서 무효라고 봄이 상당하다」고 판시한 바 있다.(644) 이 판결의 사안은 선의의 소지인이 운송인을 상대로 채무불이행책임을 묻지 아니하고 공선하증권이 무효임을 전제로 하여 불법행위책임을 물은 사안이다. 이 판결에서 대법원이 1991년 상법 제814조의 2에 대한 언급이 전혀 없이 선하증권의 요인증권성을 강조하며 공선하증권이 무효라고 판시한 것은 마치 대법원이 제정 상법 시대와 마찬가지로 요인증권설의 입장에서 공선하증권이 당연히 무효라는 입장을 취한 것으로 오해될 여지가 많으므로 적절하지 않다고 본다.(645)

(ㄹ) 한편 1991년 상법은 제814조의 2 단서에서 운송인은 선하증권의 선의의 소지인에 대하여 반대의 증거를 들어 선하증권에 기재된 대로 운송물을 수령 또는 선적하지 아니하였음을 대항하지 못한다고 규정하였다. 이에 반해 현행 상법은 제854조 제 2 항에서 「운송인은 선하증권에 기재된 대로 운송물을 수령 혹은 선적한 것으로 보고 선하증권에 기재된 바에 따라 운송인으로서 책임을 진다」고 규정한다. 1991년 상법과 현행 상법이 다른 점은 우선 현행 상법에는 1991년 상법에 기재되어 있지 아니한 「선하증권에 기재된 바에 따라 운송인으로서의 책임을 진다」라는 표현이 추가되어 있다는 점이다. 그러나 이러한 표현이 없더라도 1991년 상법하에서 운송인은 선의의 소지인에 대하여 선하증권에 기재된 바에 따라 운송인으로서의 채무를 이행할 책임을 지고 있었으므로 이러한 표현상의 차이점은 실질적인 차이를 가져오는 것이 아니라 단지 1991년 상법의 의미를 명확히 한 것에 불

---

643) 또한 위 소수설이 요인증권성을 중시한다면 운송물이 상이한 경우에도 공선하증권과 마찬가지로 선하증권을 무효로 보아야 할 것인데 이 둘을 구분하는 것은 논리의 일관성도 결여하고 있다고 본다(졸고, 전게논문 "공선하증권의 효력," 151쪽 참조).

644) 대법원 2005. 3. 24. 2003다5535 판결.

645) 졸고, 전게 "공선하증권의 효력," 164-165쪽.

과하다. 다음으로 1991년 상법이 선의의 소지인에 대하여 「대항」하지 못한다고 규정하고 있던 것을 현행 상법은 선하증권에 기재된 대로 운송물을 수령 혹은 선적한 것으로 「보고」라고 개정하였다. 1991년 상법에서는 「대항하지 못한다」라고 규정하고 있었으므로 선의의 소지인측에서 선하증권의 기재와 다른 사항을 주장하는 것은 허용된다고 해석되고 있었다.646) 이에 반해 「대항하지 못한다」를 「…으로 본다」는 간주 규정으로 개정한 현행 상법 아래에서 과연 선의의 소지인이 선하증권의 기재와 다른 사항을 주장하는 것이 허용될 것인가 하는 점이 문제가 된다. 이 규정의 취지가 선의의 소지인을 보호하는 것이라는 점과 현행 상법에서 이 규정을 개정한 취지가 단순히 1991년 상법의 의미를 보다 명확하게 하는 것이었다는 점을 고려해 볼 때 위 규정의 문언의 차이에도 불구하고 선의의 소지인은 1991년 상법에서와 같이 선하증권의 기재와는 다른 사항을 주장하는 것이 가능하다고 해석된다. 따라서 1991년 상법과 현행 상법은 선하증권의 확정적 효력에 관하여 아무런 차이가 없다고 본다.

나. 항해용선계약하에서 발행된 선하증권의 채권적 효력

(개) 추정적 효력

(ㄱ) 현행 상법은 항해용선계약에서 선박소유자가 선하증권을 발행한 경우(즉 용선계약선하증권의 경우) 선박소유자는 선하증권에 기재된 대로 운송물을 수령 또는 선적한 것으로 추정한다고 규정한다(상 855조 2항). 이 경우 운송물의 수령 혹은 선적 이외의 사항에 대하여도 추정적 효력이 발생하는가 하는 점이 문제가 된다. 이 점을 다루고 있는 학설이나 판례는 아직 없으나 이러한 용선계약선하증권의 경우에는 운송인과 항해용선자 혹은 악의의 소지인 사이에는 운송물의 수령 혹은 선적 이외의 사항은 용선계약 내용이 적용된다고 해석하여야 할 것이다. 따라서 용선계약선하증권의 추정적 효력은 운송물의 수령 혹은 선적에만 미친다. 즉 개품운송계약에서 발행된 선하증권의 경우에는 운송물의 수령 또는 선적뿐만 아니라 선하증권에 기재된 대로 운송계약이 체결된 사실도 추정되는데 반해 항해용선계약하에서 발행된 선하증권의 경우에는 운송물의 수령 또는 선적만이 추정된다. 현행 상법이 이와 같이 개품운송계약의 경우와 달리 규정한 것은 항해용선계약의 경우에는 선하증권 발행 전에 항해용선계약서가 작성되는 것이 일반적이고 이 경우 운송인과 항해용선자 사이에서는 항해용선계약의 내용이 선하증권의 기재보다 우

---

646) 졸고, 전게 "공선하증권의 효력," 152쪽.

선하기 때문인 것으로 해석된다. 이처럼 항해용선계약에서는 운송계약의 체결이 추정되지 않으므로 운송계약의 체결 및 그 내용을 주장하는 자가 이를 주장하고 증명할 책임을 진다. 이러한 해석은 1991년 상법이 운송물의 수령 혹은 선적 사실에 대하여만 추정적 효력이 미친다고 규정하고 있음에도 불구하고 이러한 사실뿐만 아니라 운송계약에 관한 다른 사항에 대하여도 추정적 효력이 미친다고 해석하는 것과 다르다. 동일한 문언을 이와 같이 달리 해석할 수밖에 없는 것은 현행 상법이 의도적으로 개품운송계약에서 발행된 선하증권의 추정적 효력과 항해용선계약에서 발행된 선하증권의 추정적 효력을 달리 규정하고 있기 때문이다. 그러나 입법론으로서는 항해용선계약에서 발행된 선하증권의 경우에도 운송계약의 체결 사실을 추정하고 선박소유자로 하여금 반증을 들어 이를 번복할 수 있도록 하는 것이 일관성이 있어 바람직할 것이다.[647]

(ㄴ) 한편 아래에서 보는 바와 같이 선하증권의 선의의 소지인(선의의 취득자와 선의로 발행받은 자)에 대하여는 선하증권의 기재가 확정적 효력을 가지므로 선하증권의 추정적 효력이 미치는 것은 선의의 소지인 이외의 자, 즉 항해용선자와 악의의 소지인에 대한 관계에서 뿐이다.

(나) **확정적 효력**

(ㄱ) 항해용선계약에서 발행된 선하증권을 선의로 취득한 자 또는 선박소유자가 항해용선자의 청구에 따라 선의의 제3자에게 선하증권을 발행한 경우에는 개품운송계약의 경우와 마찬가지로 운송물의 수령 또는 선적 사실 및 선하증권에 기재된 대로 운송계약이 체결된 사실이 간주되고 선박소유자는 그에 따라 개품운송인과 동일한 권리[648]와 의무를 부담한다(상 855조 3항). 따라서 이 경우에는 선하증권의 기재가 운송물의 수령 혹은 선적 사실 및 운송계약의 체결 사실에 관해 확정적 효력을 가진다.

(ㄴ) 개품운송계약에서와 마찬가지로 선박소유자는 선의의 소지인에 대한 관계에서 상법의 규정보다 그 책임을 감경하거나 면제할 수 없으며 선박소유자의 책임을 경감 또는 면제하는 특약은 그 효력이 없다(상 855조 5항).

---

647) 전게 상법개정안 심사보고서 56쪽도 이러한 점을 검토할 필요성을 제기하고 있다.
648) 우리 상법은 선박소유자가 개품운송인과 동일한 의무뿐만 아니라 동일한 「권리」도 가진다고 규정하는데, 이와 관련하여 항해용선계약하에서 발행된 선하증권의 소지인이 운송물의 수령을 해태하는 경우에 선박소유자가 선하증권 소지인에 대해 수령의무 위반으로 인한 손해배상청구권을 갖는가 하는 점이 문제가 된다. 이 점에 관하여는 아래의 「선하증권 소지인의 지위」에 관한 항에서 살펴보기로 한다(445쪽 이하 참조).

3) 선하증권의 채권적 효력이 미치는 범위

가. 선하증권의 채권적 효력은 운송인 또는 선박소유자가 소지인에 대하여 주장할 수 있는 항변권의 범위 내에서는 제한을 받는다. 즉 선하증권 발행에 관한 사기, 착오, 강박 등 선하증권 작성행위에 관한 하자, 불가항력이나 그 밖의 운송인의 면책사유에 의한 운송물의 멸실 등 선하증권의 성질에서 생기는 사유 및 운송인 또는 선박소유자가 선하증권 소지인에게 직접 대항할 수 있는 사유(예컨대 선의취득 주장에 대한 악의의 항변) 등으로 인하여 운송인 또는 선박소유자가 항변을 주장할 수 있는 범위 내에서는 선하증권의 채권적 효력이 제한된다.[649]

나. 또한 선하증권의 채권적 효력은 선의의 증권 소지인을 보호하는데 그 목적이 있으므로 운송인 또는 선박소유자가 이것을 자기의 이익을 위하여 원용할 수는 없다.

(2) 물권적 효력

1) 물권적 효력의 의의

우리 상법상 선하증권에 의하여 운송물을 수령할 자에게 선하증권을 교부한 때에는 그 운송물 위에 행사하는 권리의 취득에 관하여 운송물을 인도한 것과 동일한 효력이 있고(상 861조, 133조), 이러한 선하증권의 성질을 인도증권성이라고 함은 앞서 본 바와 같다. 이러한 선하증권의 인도증권성에 따라 선하증권의 교부가 운송물의 인도와 동일한 효력을 가짐으로써 운송물 위의 물권관계에 변동이 생기는 효력을 선하증권의 물권적 효력이라고 한다. 또한 우리 상법상 선하증권이 발행된 경우에는 운송물에 관한 처분은 선하증권으로써 하여야 하므로(상 861조, 132조), 운송물 위의 물권관계의 변동은 반드시 선하증권에 의하여만 발생되게 된다. 이러한 선하증권의 물권적 효력이 인정되는 것은 운송 중의 운송물의 양도나 담보설정을 용이하게 하기 위해서이다.

2) 물권적 효력의 발생요건

물권적 효력이 발생하기 위해서는 운송인이 운송물을 인도 받았어야 하고, 운송물이 존재해야 하며, 선하증권에 의하여 운송물을 받을 수 있는 자에게 선하증권이 교부되어야 한다.[650] 여기서 선하증권에 의하여 운송물을 받을 수 있는 자라

---

649) 정(찬), (상), 360쪽 참조.

함은 선하증권의 정당한 소지인을 말한다. 어떠한 자가 선하증권의 정당한 소지인 인가에 관하여는 아래에서 상세히 살펴보기로 한다(446쪽 이하 참조).

3) 물권적 효력의 내용

가. 선하증권의 물권적 효력이 인정됨으로써 선하증권 소지인은 운송물의 점유를 이전받은 것이 되어 운송물의 소유권이나 담보권 등의 물권을 취득한다. 따라서 운송물이 운송 도중에 멸실 혹은 훼손되면 선하증권 소지인은 운송인에 대하여 소유권이나 담보권 등의 권리 침해를 원인으로 하여 불법행위책임을 물을 수 있다.[651]

나. 선하증권의 물권적 효력은 소유권, 담보권, 위탁매매인의 처분권 등의 권리의 취득에 관하여만 인정된다. 따라서 그 이외의 사항 예컨대 상법 제69조의 적용에 있어서는 선하증권의 교부가 물건의 인도와 동일한 효력을 가지지 아니한다.

다. 수 통의 선하증권이 발행되어 선하증권 소지인이 수인인 경우에는 수인의 선하증권 소지인에게 공통되는 전자로부터 먼저 교부받은 소지인에게 물권적 효력이 인정된다(상 860조 1항).

라. 그 밖에 선하증권의 물권적 효력의 이론구성 특히 상법 제133조와 민법 제190조(목적물반환청구권의 양도)와의 관계는 화물상환증의 경우와 동일하므로 설명을 생략하기로 한다.

6. 전자선하증권

(1) 총   설

오늘날 정보통신기술의 발달로 인하여 국제 무역거래가 전자화·무서류화되는 추세에 있는데 이러한 무역거래의 전자화에서 필수적인 것이 선적서류, 그 중에서도 가장 중요한 선하증권의 전자화이다. 앞서 본 바와 같이 전자식 선하증권에 관하여는 국제해법회에서 1990년에 전자식 선하증권에 관한 CMI규칙을 제정한 바 있으며 현재는 볼레로인터내셔널사(Bolero International Limited)가 상업적으로 서비스를 하는 볼레로형 전자식 선하증권이 국제적으로 많이 사용되고 있다.

이러한 현실을 반영하여 현행 상법에서 종이선하증권이 전자적 환경에서 전

---

650) 정(찬), (상), 360-361쪽.
651) 대법원 2001. 4. 10. 2000다46795 판결.

자적 형태로 이용될 수 있도록 전자선하증권에 관한 근거 규정을 두었다.[652] 이러한 전자선하증권 제도가 활성화되면 선하증권의 위조, 변조, 분실위험을 방지할 수 있고 선하증권의 발행·보관·관리 및 유통비용을 절감할 수 있으며 종이선하증권의 도착지연에 따라 발생하는 보증도와 같은 법률문제도 해결될 수 있을 것으로 기대되고 있다.[653]

한편 현행 상법은 전자선하증권에 관하여 단 한 개의 기본적 조문을 두고 구체적인 사항은 대통령령에 위임하고 있는데 이러한 입법 형식이 타당한 것인지에 관하여는 입법 과정에서 많은 논란이 있었다.[654] 또한 국제 무역거래에서 사용되는 선하증권에 관하여 국제적인 통일적 제도가 아니라 우리나라 독자적인 전자선하증권 제도를 마련하는 것이 어느 정도 실효성이 있을지에 관하여도 의문이 있다. 따라서 현행 상법은 단지 전자선하증권에 관한 근거 규정을 마련했다는 점에 그 의의가 있는 것으로 생각된다.

다만 상법의 전자선하증권 규정은 제862조 제 1 항에서 전자등록방식을 취하고 있는 것처럼 규정하고 있으나, 제 2 항 내지 제 4 항에서는 전자문서방식을 취한 것처럼 규정하고 있어 전체적으로 일관성이 결여되어 있다.[655] 따라서 이 점은 향후 상법의 개정시에 재고하여야 할 것으로 본다.

(2) 전자선하증권의 의의

전자선하증권은 종이선하증권을 발행하는 대신 그 권리의 성립, 이전, 담보설정 등의 권리관계를 전자적 방식으로 법무부장관이 정하는 등록기관의 권리등록

---

652) 현행 상법상의 전자선하증권 규정에 관한 상세한 논의는 정완용, "개정 해상법상 전자선하증권 규정에 관한 고찰," 한국해법학회지, 제30권 제 1 호(2008. 4.), 85쪽 이하 참조.

653) 전게 상법개정안 심사보고서, 60쪽.

654) 실제로 2007년 상법 개정 시에 전자선하증권에 관한 별도의 법률을 제정하자는 의견과 상법에 기본적인 규정을 두되 구체적인 사항은 다른 법률에 위임하자는 의견 등이 제시되었다(전게 상법개정안심사보고서, 62쪽). 한편 상법의 위임에 따라 제정된 대통령령인 "상법의 전자선하증권 규정의 시행에 관한 규정"의 내용 중에는 국민의 권리와 의무에 관련된 사항이 많은데(예컨대, 동 규정 제 7 조의 "용선계약과 전자선하증권" 또는 제12조의 "서면선하증권으로의 전환"), 이러한 사항을 "그 밖의 필요한 사항은 대통령령으로 정한다"는 포괄적 위임규정에 의해 대통령령으로 규정하는 것은 적절하지 않다고 본다.

655) 전자등록방식은 권리등록부에 유가증권의 권리내용을 전자적으로 등록하고 이를 기초로 하여 유가증권상의 권리의 발생, 이전, 행사, 소멸 등이 이루어지도록 하는 방식이며, 전자문서방식은 권리등록부를 사용하지 아니하고 단순히 유가증권을 전자문서화함으로써 유가증권이 표창하는 권리를 전자문서에 화체하는 방식으로 이 방식은 권리의 발생, 이전, 행사 등이 증권과 같은 법적 효력을 갖는 전자문서의 작성, 송신 등에 의하여 이루어진다(정완용, 전게 논문, 91-92쪽).

부에 등록하고 전자식 권리등록부상의 기재에 권리관계 변동의 법적 효력을 부여하거나 계약관계를 의제함으로써 종이선하증권이 표창하던 권리의 유통을 보장하는 제도라고 정의할 수 있다.[656]

(3) 전자선하증권의 발행

운송인 또는 선박소유자는 송하인 또는 용선자의 동의를 얻어 법무부장관이 지정하는 등록기관에 등록하는 방식으로 전자선하증권을 발행할 수 있다(상 862조 1항 1문). 전자선하증권에는 종이선하증권의 기재사항에 관한 정보가 포함되어야 하고 운송인 또는 선박소유자가 전자서명을 하여 송신하고 용선자 또는 송하인이 이를 수신하여야 효력이 생긴다(동조 2항). 전자선하증권도 기명식, 지시식, 무기명식 등으로 발행될 수 있을 것이나 이에 관한 구체적 사항은 대통령령으로 정한다(동조 5항). 그러나 앞서 본 바와 같이 전자선하증권의 발행방식에 관한 사항과 같이 전자선하증권 상의 권리·의무에 중요한 사항을 법률이 아닌 대통령령에 위임한 것은 타당하지 않다는 비판이 있다.[657]

(4) 전자선하증권의 효력

전자선하증권은 종이 선하증권과 동일한 법적 효력을 가지며(상 862조 1항 2문) 운송인 또는 선박소유자가 송신한 전자선하증권을 수신한 용선자 또는 송하인은 종이 선하증권을 교부받은 소지인과 동일한 권리를 취득한다(동조 4항). 한편 전자선하증권을 수신한 용선자 또는 송하인이 배서의 뜻을 기재한 전자문서를 작성한 다음 전자선하증권을 첨부하여 법무부장관이 지정한 등록기관을 통하여 거래 상대방에게 송신하고 상대방이 이를 수신하게 되면 종이선하증권을 발행받은 송하인 또는 용선자가 이를 거래 상대방에게 배서하여 교부한 것과 동일한 효과가 생긴다(동조 3항 및 4항). 이 경우 이러한 전자문서를 수신한 권리자는 종이선하증권을 교부받은 소지인과 동일한 권리를 취득한다(동조 4항).

이처럼 전자선하증권은 종이선하증권과 동일한 효력을 가지므로 전자선하증권도 종이선하증권과 마찬가지로 채권적 효력, 즉 전자선하증권에 포함된 정보에 대해 추정적 효력과 확정적 효력을 가지며, 배서의 뜻을 기재한 전자문서와 이에

---

656) 정경영, "전자선하증권의 도입에 관한 법적 검토," 상사판례연구 제15집(2003. 12), 494-495쪽.
657) 전게 상법개정안 심사보고서, 62쪽.

첨부된 전자선하증권의 송신 및 수신은 운송물 위에 행사하는 권리의 취득에 관하여 운송물을 인도한 것과 동일한 물권적 효력을 가진다.

(5) 전자선하증권의 양도

전자선하증권의 권리자는 배서의 뜻을 기재한 전자문서를 작성한 다음 전자선하증권을 첨부하여 법무부장관이 지정한 등록기관을 통하여 상대방에게 송신함으로써 그 권리를 양도할 수 있다(상 862조 3항). 전자선하증권 양도의 효력은 상대방이 수신할 때 생긴다(동조 4항). 그러나 전자선하증권이 양도불능조건으로 발행된 경우에는 그러하지 아니하다고 해석된다. 따라서 전자선하증권은 특별히 양도불능조건으로 발행된 것이 아닌 한 그 권리자가 자유로이 전자적 방식으로 그 권리를 양도할 수 있다. 배서의 뜻을 기재한 전자문서와 이에 첨부된 전자선하증권의 송신 및 수신은 종이선하증권의 양도배서와 같이 권리이전적 효력과 자격수여적 효력을 가진다. 따라서 위 전자문서를 수신한 권리자는 종이선하증권을 교부받은 소지인과 동일한 권리를 취득한다(동조 4항).

(6) 기타 사항

앞서 본 바와 같이 현행 상법은 전자선하증권에 관한 기본적인 사항만을 규정하고 전자선하증권의 실제적 운용을 위한 구체적인 사항, 즉 전자선하증권의 등록기관의 지정요건, 발행 및 배서의 전자적 방식, 운송물의 구체적인 수령절차 그 밖에 필요한 사항은 대통령령에 위임하였다(상 862조 5항).[658]

7. 선하증권 소지인의 지위

(1) 선하증권의 양도방법

선하증권은 당연한 지시증권이므로 기명식 선하증권도 증권상에 배서를 금지하는 뜻의 기재가 없는 한 당연히 배서에 의하여 양도할 수 있다(상 861조, 130조). 지시식 선하증권도 배서에 의하여 양도할 수 있음은 당연하다. 또한 무기명식 또는 소지인출급식 선하증권은 단순한 교부만에 의하여 양도된다(상 65조, 민 523조).

---

658) 상법의 위임에 따라 대통령령으로 「상법의 전자선하증권 규정의 시행에 관한 규정(2008. 6. 20. 공포 대통령령 제20829호)」이 제정되었다.

선하증권의 배서에는 권리이전적 효력(상 65조, 민 508조)과 자격수여적 효력(상 65조, 민 513조)은 있으나 담보적 효력은 없다.[659]

(2) 선하증권의 정당한 소지인의 의의

선하증권상의 권리를 가지는 자는 선하증권의 정당한 소지인이다. 정당한 소지인이란 적법한 소지인과 같은 의미로서 원칙적으로 선하증권상의 형식상의 자격도 가지고 실질적인 권리도 가진 자를 말하나[660] 상속, 합병 등과 같이 선하증권상의 권리가 법률상 당연히 이전되는 경우에는 형식적 자격이 없더라도 정당한 소지인이 된다. 선하증권 소지인의 형식적 자격이란 앞서 본 바와 같이 배서에 의하여 양도되는 기명식이나 지시식 선하증권의 경우에는 「배서의 연속」, 교부만에 의하여 양도되는 무기명식이나 소지인출급식 선하증권의 경우에는 단순한 「소지」를 말한다.[661] 또한 선하증권의 선의취득자도 정당한 소지인에 해당한다. 선하증권 소지인이 담보의 목적으로 선하증권을 취득하였더라도 정당한 소지인이 되는 데에는 아무런 지장이 없다.[662]

운송인이 송하인에게 선하증권을 발행하면 송하인은 선하증권의 최초의 정당한 소지인이 된다. 또한 송하인이 선하증권을 선하증권상의 권리를 취득할 수 있는 제 3 자[663]에게 교부한 경우에는 이러한 제 3 자가 정당한 소지인이 된다. 이러한 정당한 소지인은 배서양도 혹은 교부에 의해 다시 제 3 자에게 선하증권을 양도할 수 있으며 이처럼 선하증권을 양수한 자가 정당한 소지인이 된다.

선하증권이 발행된 경우에는 운송물에 대하여 권리를 행사할 수 있는 자는 그 증권의 정당한 소지인이므로 우리 상법에서 운송물에 대하여 권리를 행사할 수 있는 자로서 규정된 「송하인」 혹은 「수하인」은 선하증권이 발행된 경우에는 오로지 선하증권의 정당한 소지인만을 의미하는 것으로 해석된다.[664]

---

659) 정(찬), (하), 942쪽.
660) 이 점과 관련하여 대법원은 1998. 9. 4. 96다6240 판결에서 신용장 발행은행이 대금의 지급을 거절하면서 자신이 수하인으로 기재된 선하증권을 기명날인 혹은 서명이 없이 매입은행에 반환한 경우에도 그 매입은행이 선하증권의 정당한 소지인이 된다고 판시하였으나 이 경우 매입은행은 형식적 자격을 갖지 못하므로 정당한 소지인이 될 수 없어 위 판결의 타당성은 의문이다.
661) 정(찬), (하), 308쪽.
662) 대법원 1997. 4. 11. 96다42246 판결.
663) 기명식 선하증권의 경우에는 수하인으로 기명된 자를 말하고 지시식 선하증권의 경우에는 지시할 수 있는 자로 기명된 자를 말한다. 무기명식 또는 소지인 출급식 선하증권의 경우에는 아무런 제한이 없이 어떠한 제 3 자라도 가능하다.

(3) 선하증권 소지인의 권리 · 의무

1) 소지인의 권리

첫째, 소지인은 선하증권의 채권적 효력에 따라 운송인에 대하여 선하증권에 기재된 대로 운송계약의 이행을 청구할 권리를 가진다. 이러한 권리 중 가장 중요한 권리가 도착지에서 운송물의 인도를 청구할 수 있는 권리이다. 또한 운송인이 운송물을 송하인으로부터 수령하여 소지인에게 인도하기 전까지의 기간 동안 운송물이 운송인의 귀책사유로 인하여 멸실, 훼손, 또는 연착된 경우에는 소지인은 운송인에 대하여 채무불이행으로 인한 손해배상청구권을 가진다. 운송물의 멸실, 훼손 또는 연착이 운송인이 운송물을 수령한 이후 선하증권이 발행되기 이전에 발생하였더라도 마찬가지이다. 또 운송물의 멸실 또는 훼손이 운송인이 운송물을 수령하기 전에 발생한 것이라도 운송인이 무유보선하증권을 발행한 경우에는 운송인은 선의의 소지인에 대하여 채무불이행으로 인한 손해배상책임을 진다(상 854조 2항, 855조 3항).

둘째, 소지인은 운송물에 대한 처분권을 가진다. 즉 소지인은 운송인에 대하여 운송의 중지, 운송물의 반환 기타의 처분을 청구할 수 있다(상 815조, 139조).[665]

셋째, 소지인은 선하증권의 물권적 효력에 따른 권리를 가진다. 즉 소지인은 물권적 효력에 따라 운송물 위의 소유권 또는 담보권 등의 권리를 취득하게 되므로 이러한 권리를 침해한 운송인이나 다른 제 3 자에 대하여 불법행위를 원인으로 한 손해배상청구권을 가진다.

2) 소지인의 의무

가. 운송물 수령의무

앞서 본 바와 같이 우리 상법은 개품운송계약의 경우 운송물의 도착통지를 받은 수하인은 당사자 간의 합의 또는 양륙항의 관습에 의한 때와 곳에서 지체 없이 운송물을 수령하여야 한다고 규정한다(상 802조). 그러므로 개품운송계약과 관련하여 발행된 선하증권의 소지인은 운송물 수령의무를 부담하고 이를 게을리 한 경우 그로인하여 운송인이 입은 손해를 배상할 책임을 진다.

한편 우리 상법은 용선계약의 경우 수하인에게는 운송물 수령의무를 부담시

---

664) 대법원 1997. 4. 11. 96다42246 판결 등
665) 다만 용선계약선하증권의 소지인은 이러한 처분권이 없다는 점은 앞서 본 바와 같다.

키는 규정을 두고 있지 아니하다. 이와 관련하여 용선계약하에서 발행된 선하증권의 소지인에게도 운송물 수령의무를 부담시킬 수 있는가 하는 점이 문제가 된다. 즉 우리 상법은 항해용선계약에서 발행된 선하증권을 선의로 취득한 자 또는 선박소유자가 항해용선자와 청구에 따라 선의의 제 3 자에게 선하증권을 발행한 경우에는 선박소유자는 개품운송인과 동일한 권리와 의무를 부담한다고 규정하는데 (상 855조 3항), 여기서 선박소유자가 갖는 개품운송인과 동일한 「권리」에 개품운송인이 수하인에 대하여 갖는 수령의무 해태로 인한 손해배상청구권이 포함되는가 하는 점이 문제가 된다. 이 점에 관하여 다루고 있는 판례나 학설이 거의 없다.

생각건대 상법 제855조 제 3 항의 취지는, 항해용선계약하에서 발행된 선하증권의 경우에도 선박소유자와 선의의 소지인 사이에서는 선하증권의 기재가 확정적 효력을 가지며, 따라서 선박소유자는 선하증권 소지인에 대하여 선하증권에 기재된 대로 운송계약을 이행할 의무와 책임을 부담하고, 운송물을 수령하는 선하증권 소지인에 대하여는 선하증권의 취지에 따라 운임·부수비용 등을 청구할 권리를 갖는다는 것이라고 해석된다. 즉 위 규정은 용선계약 하에서 발행된 선하증권의 선의의 소지인을 보호하기 위한 규정으로서 나아가 선하증권 소지인에게 개품운송계약에서와 같은 수령의무를 부담시키고자 하는 것이 위 규정의 취지는 아닌 것으로 본다. 또한 앞서 본 바와 같이 개품운송계약에서 선하증권 소지인에게 수령의무를 부담시키는 규정을 개정하는 것이 바람직하다는 점에 비추어 보더라도 위와 같이 해석하는 것이 타당하다. 그렇다면 항해용선계약 하에서 발행된 선하증권의 소지인은 선하증권을 소지한다는 사실만으로는 운송물 수령의무를 부담하지는 아니한다. 그러나 선하증권 소지인이 선박소유자에 대하여 운송물의 인도를 청구하거나 운송물의 손해에 대한 손해배상을 청구하는 등으로 선하증권 상의 권리를 행사한 경우에는 금반언의 원칙상 선하증권 소지인은 운송물을 수령할 의무를 부담하고 이 의무를 위반하는 경우에는 그로 인하여 선박소유자가 입은 손해를 배상할 책임을 진다고 본다.

나. 운임 등 지급의무

앞서 본 바와 같이 우리 상법상 선하증권 소지인은 운송물을 수령하는 때에는 운송계약 또는 선하증권의 취지에 따라 운임, 부수비용, 체당금, 정박료, 운송물의 가액에 따른 공동해손 또는 해난구조로 인한 부담액을 지급할 의무를 부담한다(상 807조 1항). 그러나 선하증권 소지인이 운송물을 수령하지 아니한 때에는

이러한 운임 등을 지급할 의무가 없다.[666]

(4) 소지인이 권리를 행사할 수 있는 시기

선하증권이 발행되지 않은 경우 운송물이 도착지에 도착할 때까지는 송하인이 운송계약상의 권리를 가지고 도착지에 도착한 경우에는 수하인이 송하인과 동등한 권리를 가진다(상 815조, 140조). 즉 수하인은 운송물이 도착지에 도착한 때 이후에만 권리를 가지게 된다. 그러나 선하증권이 발행된 경우에는 소지인은 선하증권을 취득한 때로부터 운송물에 대한 권리를 행사할 수 있다.

제 3. 선하증권 이외의 운송증서

1. 해상화물운송장(sea waybill)

(1) 해상화물운송장의 의의

해상화물운송장은 운송인이 운송물을 수령 또는 선적하였음을 확인하고 양륙항까지 운송하여 지정된 수하인에게 인도할 것을 약정하여 발행하는 운송계약의 증거서류를 말한다.[667] 해상화물운송장은 선하증권과 여러 가지 점에서 유사하나 유가증권이 아니라 단순한 증거증권으로서 유통성을 가지지 않는다는 점에서 선하증권과 구별된다. 따라서 해상화물운송장은 선하증권과는 달리 상환증권성, 지시증권성 및 처분증권성을 가지지 않으며 해상화물운송장의 교부에 물권적 효력이 인정되지도 아니한다. 다만 제한된 범위에서 해상화물운송장의 기재에 추정적 효력이 부여된다.

이러한 해상화물운송장은 1970년대부터 해운 실무에서 사용되기 시작하였다. 이는 컨테이너선에 의한 운송이 일반화되고 선박의 운항 속력 및 항만의 하역속도

---

666) 대법원 1996. 2. 9. 94다27144 판결(상법 제800조(현행 상법 제807조) 제 1 항에는 "수하인은 운송물을 수령하는 때에는 운송계약 또는 선하증권의 취지에 따라 운임, 부수비용, 체당금, 정박료, 운송물의 가액에 따른 공동해손 또는 해난구조로 인한 부담액을 지급하여야 한다"고 규정하고 있으므로, 수하인 또는 선하증권의 소지인은 운송물을 수령하지 않는 한 운임 등을 지급하여야 할 의무가 없다고 보아야 할 것이고, 따라서 수하인이 운송인으로부터 화물의 도착을 통지받고 이를 수령하지 아니한 것만으로 바로 운송물을 수령한 수하인으로 취급할 수는 없으며, 상법 제 800조 제 1 항 소정의 운임 등을 지급할 의무도 없다).
667) 정완용, "해상화물운송장의 입법방안에 관한 고찰," 한국해법학회지, 제26권 제 2 호(2004. 11), 76-79쪽; 영국 1992년 COGSA Section 1(3).

가 빨라짐으로 인해 해상운송에 걸리는 시일이 현저히 단축되어 선하증권보다 운송물이 목적지에 먼저 도착하는 일이 종종 발생하게 되었고[668] 이러한 경우에 선하증권의 상환증권성으로 인하여 운송물을 적법하게 인도받을 수 있는 방법이 없었기 때문이다. 즉 이러한 경우에 대비하여 상환증권성을 가지는 유가증권이 아니면서 선하증권과 유사한 기능을 하는 운송증서가 필요했기 때문에 해상화물운송장이 사용되기 시작하였다.[669] 이러한 해운 실무를 반영하여 국제해법회에서는 1990년에 해상화물운송장에 관한 통일 규칙[670]을 제정하였고 신용장통일규칙에서도 해상화물운송장을 수리가능한 선적 서류 중의 하나로 인정하고 있다.[671] 현행 상법도 해상화물운송장의 발행 및 그 효력에 관한 규정을 두고 있다(상 863조 및 864조).

(2) 해상화물운송장의 발행

1) 운송인 또는 선박소유자는 용선자 또는 송하인의 청구가 있으면 선하증권을 발행하는 대신 해상화물운송장을 발행할 수 있다(상 863조 1항 1문). 그러나 이러한 근거 규정이 없는 1991년 상법 아래에서도 운송인 또는 선박소유자는 용선자 또는 송하인의 청구에 따라 해상화물운송장을 발행할 수 있었으므로 위 규정은 특별한 의미가 없다.

2) 현행 상법이 선하증권을 전자식으로 발행할 수 있도록 허용한 것과의 균형상 개정 상법은 해상화물운송장도 당사자의 합의가 있는 경우 전자식으로 발행할 수 있도록 허용한다(상 863조 1항 2문). 그러나 현행 상법은 전자선하증권과는 달리 전자해상화물운송장에 관하여는 그 발행 절차와 방법에 관하여 아무런 규정을 두고 있지 아니하다. 이는 전자해상화물운송장의 경우에는 전자선하증권처럼 법무부장관이 지정하는 등록기관에 등록을 하는 등 엄격한 절차를 거칠 필요가 없기 때문이다. 따라서 전자해상화물운송장 발행의 절차나 방법에 관하여도 당사자의 합의에 의해 결정해야 하는 것으로 해석된다.

3) 해상화물운송장에는 해상화물운송장이라는 표시 및 선하증권의 법정 기재

---

668) 전게 상법 일부법률개정안 심사보고서, 63쪽.
669) 앞서 본 바와 같이 이러한 경우에 대비하여 보증도의 관행이 생겨났으나 보증도의 경우에도 운송인은 일단 선하증권 소지인에게 책임을 부담하고 보증장에 기해 구상을 해야 한다는 난점이 있었다.
670) CMI Unform Rules for Sea Waybills 1990.
671) UCP 600, 제21조.

사항을 기재하고 운송인이 기명날인 또는 서명하여야 한다(상 863조 2항). 선하증권의 경우와 마찬가지로 선하증권의 법정 기재사항의 일부를 누락해도 그 효력에는 영향이 없다고 해석된다. 또한 송하인이 통지한 운송물에 관한 정보가 부정확하다고 의심할 만한 상당한 이유가 있거나 이를 확인할 적당한 방법이 없는 때에는 그 기재를 생략할 수 있다(동조 3항). 또 운송인이나 선박소유자가 해상화물운송장에 기재된 통지수령인에게 운송물에 관한 통지를 하면 송하인 또는 수하인에게 통지한 것으로 본다(동조 3항).

4) 해상화물운송장의 경우에는 송하인이 운송인에게 통지한 운송물에 관한 정보가 정확함을 운송인에게 담보한 것으로 보지 아니한다. 이는 아래에서 보는 바와 같이 해상화물운송장의 기재가 단지 운송물의 수령 또는 선적에 관하여 추정적 효력만을 가질 뿐이고 해상화물운송장의 기재가 확정적 효력을 가지지 아니하는 것과의 형평을 위한 것이다.

(3) 해상화물운송장의 효력

1) 해상화물운송장이 발행되면 운송인이 그 운송장에 기재된 대로 운송물을 수령 또는 선적한 것으로 추정된다(상 864조 1항). 즉 해상화물운송장의 기재는 추정적 효력이 있다. 우리 상법은 해상화물운송장의 기재에 관하여 확정적 효력을 인정하지 아니하므로 추정적 효력이 미치는 주관적 범위는 운송인·선박소유자와 송하인·용선자 및 수하인이다. 이 경우 수하인의 선의, 악의는 묻지 아니한다. 이러한 추정적 효력이 미치는 객관적 범위는 운송물의 선적 및 수령 사실이다. 따라서 해상화물운송장에 기재된 대로 운송계약이 체결되었다는 점은 추정되지 아니한다. 이는 용선계약 아래에서 발행된 선하증권의 경우와 마찬가지이다. 따라서 운송계약의 체결 및 그 내용을 주장하는 자가 이를 증명할 책임을 진다.

2) 해상화물운송장은 유가증권이 아니고 상환증권성이 없기 때문에 운송인은 반드시 해상화물상환증과 상환하여 운송물을 인도하여야 할 의무는 부담하지 아니한다. 그러나 해상화물상환증과의 상환여부를 불문하고 운송인은 운송물을 인도할 때 운송물을 수령하는 자가 해상화물상환증에 기재된 수하인인지의 여부에 관하여는 선량한 관리자로서의 주의를 기울여 조사하여야 한다. 우리 상법은 수령인이 해상화물운송장에 기재된 수하인 또는 그 대리인이라고 믿을 만한 정당한

이유가 있는 때에는 운송인은 그 책임을 면한다고 규정하고 있는데(상 864조 2항), 이는 운송인은 운송물의 인도에 관하여 선의·무과실이면 그 책임을 면한다는 의미이다.

2. 운송주선인 화물수령증(forwarder's cargo receipt: FCR)

운송주선인 화물수령증은 운송주선인이 운송물의 수령을 증명하기 위하여 발행한 서류를 말하며 해운 실무상 운송주선인이 개입되는 해상운송에서 종종 사용된다. 이러한 화물수령증은 선하증권과 달리 유가증권이 아니며 단순한 증거증권에 불과하다는 점에서 해상화물운송장과 유사하다. 그러나 대법원은 상환문구가 기재된 화물수령증의 경우 이를 발행한 운송주선인은 화물수령증의 소지인에게 운송물을 인도할 의무가 있다고 판시하여 이 경우에는 당사자 사이의 약정에 따른 상환증권성을 인정하였다.[672] 우리 상법은 이러한 화물수령증에 관하여 아무런 규정을 두고 있지 아니하다.

3. 화물인도지시서(delivery order: DO)

화물인도지시서는 선하증권이 발행되어 있는 운송물의 인도를 지시하는 증권을 말한다. 이 화물인도지시서는 해운 실무상 관습적으로 사용되기 시작한 것으로 그 성질과 효력에 관하여는 아직 견해가 일치되어 있지 못하다. 화물인도지시서에 관해서는 앞서 살펴보았으므로(262쪽 이하 참조) 여기에서는 자세한 설명을 생략하기로 한다.

---

672) 대법원 1987. 5. 12. 85다카2232 판결(수출자가 상환문구가 기재되어 있는 운송주선업자의 화물수령증을 첨부하여 환어음을 발행한 경우에는 신용장발행 은행이 운송목적지에서의 수출품의 반환청구권을 가지게 되며 수입자가 신용장발행 은행에 수출대금을 결제하고 그로부터 화물수령증을 교부받아 이러한 반환청구권을 양수받지 않는 한 수출품을 인도받을 수 없게 되고 신용장발행 은행이 수출대금의 결제를 거부하는 경우에는 화물수령증의 반환과 함께 위 반환청구권이 수출자에게 이전되어 결과적으로 위 반환청구권이 수출대금을 담보하는 기능을 하게 되는 것이므로 위와 같은 화물수령증을 발행한 운송주선업자로서는 선하증권을 화물수령증의 소지인인 적법한 반환청구권자에게 교부하여 위 운송품을 인도받을 수 있도록 할 의무가 있다).

제 3 절 해상여객운송계약

제 1 관 총   설

제 1. 해상여객운송계약의 의의

1. 의의 및 성질

해상여객운송계약이란 운송인이 특정한 여객을 출발지에서 도착지까지 해상에서 선박으로 운송할 것을 인수하고, 이에 대하여 상대방이 운임을 지급하기로 약정하는 계약을 말한다(상 817조). 해상여객운송계약은 운송의 객체가 「사람」이므로 선적·인도·보관이라는 관념의 여지가 없고 송하인·수하인이라는 것이 있을 수 없다는 점에서는 육상여객운송계약과 유사한 점이 많고, 또한 해상운송계약의 일종이라는 점에서는 해상물건운송계약과 유사한 점이 많다.[673] 그러므로 해상여객운송계약에 관하여는 해상법에 약간의 특별규정을 두고(상 817조 내지 825조) 그 밖의 사항에 대하여는 육상여객운송의 규정과 해상물건운송에 관한 규정을 준용하고 있다(상 826조).

이러한 해상여객운송계약은 다른 운송계약과 마찬가지로 도급계약의 일종이다. 또한 해상여객운송계약은 유상인 경우가 일반적이나 무상인 경우도 있다.

2. 여객운송계약의 종류

해상여객운송계약에도 물건운송계약의 경우와 마찬가지로 여객운송을 목적으로 하는 항해용선계약과 개개의 여객의 운송을 목적으로 하는 개별운송계약이 있다.[674] 전자의 경우에는 그 성질에 반하지 아니하는 한 물건운송을 목적으로 하는 항해용선계약에 관한 규정이 준용된다는 점은 앞서 본 바와 같다(상 827조 2항). 또한 이 경우에는 용선자가 개별 여객과 재운송계약을 체결하게 된다. 재운송계약의 경우 계약운송인인 용선자와 개별 여객과의 사이에는 상법의 여객운송에 관한

---

673) 손, (하), 862쪽.
674) 손, (하), 862쪽.

규정 및 재운송계약의 내용이 적용되게 된다. 한편 선박소유자도 여객운송계약의
이행이 선장의 직무에 속하는 범위 내에서는 개별 여객에 대하여 계약운송인과
동일한 의무와 책임을 부담한다(상 826조, 809조).

제 2. 해상여객운송에 관한 국제조약

연혁적으로 보면 해상여객운송을 영업으로 하게 된 것은 기선에 의한 정기선
운항이 발달한 19세기 후반부터로서 중세 해상법이나 프랑스 해사칙령에는 여객
운송에 관한 규정이 없다.[675] 그러나 20세기에 들어 해상여객운송이 발달하게 되
자 이에 관한 각국의 법을 통일할 필요성이 대두되게 되었다. 그리하여 1961년에
「해상여객운송에 관한 규칙의 통일을 위한 국제조약(International Convention for the
Unification of Certain Rules relating to the Carriage of Passengers by Sea)」이 성립되었고, 1967
년에 「해상여객수하물운송에 관한 통일조약(International Convention for the Unification of
Certain Rules Relating to the Carriage of Passenger Luggage by Sea)」이 성립되었다.[676]

그 후 1974년에는 여객운송과 수하물운송에 관한 위 두 조약을 통합하고 일부
수정하여 새로운 「해상여객 및 수하물운송에 관한 아테네 조약(Athens Convention
Relating to the Carriage of Passengers and their Luggage by Sea, 1974: 이하 "아테네 조약"이라 한다)」
이 성립되었고 1990년 및 2002년에는 이에 대한 개정의정서가 성립되었다.[677] 이
중 아테네 조약은 1987년 4월 28일에 발효되었으나 나머지 개정의정서는 아직 발
효되지 아니하였다. 아테네 조약은 여객운송인의 책임원칙에 관하여 과실책임주
의를 채택하고 있으나 완전한 과실추정주의를 채택하고 있지는 아니하다.[678] 또한

675) 배, 300쪽.
676) 여객운송에 관한 1961년 조약은 1965년 6월 4일에 발효하였으나 영국, 미국, 독일, 일본 등의 주
요 국가는 비준하지 않고 있으며, 수하물운송에 관한 1967년 조약은 2013년 8월 31일 현재 아직
발효되지 아니하였다.
677) 아테네 조약에 대해서 1976년에도 개정의정서가 성립되었으나 이는 책임한도액의 계산단위를
금프랑에서 국제통화기금의 특별인출권으로 변경하는 것으로 1989년 4월 30일에 발효되었다. 이
하의 설명은 1976년 개정의정서에 의해 개정된 계산단위에 따른 책임한도액을 기준으로 한다.
678) 아테네 조약에 의하면 운송인은 여객의 사망 또는 상해로 인한 손해에 대하여 그 손해의 원인
인 사고가 운송과정에서 생긴 것이고 또한 운송인이나 그 사용인 또는 대리인의 귀책사유로 인
하여 생긴 것인 경우에는 손해배상책임을 지는데 이에 대한 증명책임은 청구인이 부담한다(동
조약 3 조 1 항 및 2 항). 다만 여객의 사망 또는 상해가 선박의 난파, 충돌, 좌초, 폭발, 화재 또
는 선박의 결함으로 인한 것인 경우에는 운송인측의 귀책사유로 인한 것으로 추정된다(동 조약
3 조 3 항). 이에 관한 상세는 이균성, 전게 "개정해상법에서의 문제점에 관한 연구," 96-97쪽 참

아테네 조약은 여객의 인명손해에 대한 운송인의 책임을 여객 1인당 46,666 계산단위로 제한하고 있으며(동 조약 7조 1항, 1976년 개정의정서 2조 1항),[679] 수하물의 손해에 대한 운송인의 책임의 경우에는 휴대수하물은 833 계산단위, 자동차는 3,333 계산단위, 위탁수하물은 1,200 계산단위로 각 제한하고 있다(동 조약 8조, 1976년 개정의정서 2조 2항).

제 3. 해상여객운송계약법의 과제

현행 상법의 여객운송에 관한 제 2 장 제 2 절의 규정은 1962년에 제정된 상법의 여객운송에 관한 규정과 거의 동일하다. 즉 1991년 상법 개정 시에 물건운송에 있어서의 운송인의 감항능력주의의무에 관한 규정과 운송인의 책임경감금지에 관한 규정을 여객운송에 준용하도록 개정한 것을 제외하고는(1991년 상법 제830조) 제정 상법의 여객운송에 관한 규정을 그대로 유지하였으며, 현행 상법도 2007년 개정시에 해상여객운송계약의 의의에 관한 규정을 신설한 것을 제외하고는 1991년 상법 규정을 그대로 유지하였다.[680] 이처럼 현행 해상법의 여객운송에 관한 대부분의 규정은 1962년 제정 당시의 규정을 그대로 답습하고 있으며 국제적인 조류와는 완전히 동떨어져 있다. 이는 그동안 여객운송이 국내운송에 국한되어 왔기 때문에 구태여 국제조약을 참조하여 이를 개정할 필요를 느끼지 못하였기 때문이다.[681] 그러나 경제의 발전에 따라 국제여객운송이 급격히 증가하고 있으며[682] 이러한 추세는 앞으로도 계속될 것으로 예상되기 때문에 우리 상법도 여객운송에 관한 국제조약을 수용해야 할 필요성이 크다. 더구나 근대에 들어 인명존중 사상이 보편화되었는바, 여객운송에 관한 우리 상법의 규정도 이러한 인명존중의 이념에 비추어 근본적으로 재검토하여 현대화할 필요가 있다.[683]

조.
679) 참고로 1990년 개정의정서상의 책임한도액은 175,000 계산단위이고 2002년 개정의정서상의 책임한도액은 400,000 계산단위이다.
680) 다만 2007년 개정시에 선박소유자 등의 책임제한에 관한 절(제 1 장 제 4 절)에서 여객의 인적 손해로 인한 책임한도액을 여객의 정원에 175,000SDR을 곱한 금액으로 대폭 상향하였다.
681) 채이식, 전게 "2005년 상법 제 5 편 해상편 개정안에 대한 소고," 456쪽.
682) 1998년에 537,738명이던 국제해상여객수가 2007년에는 2,549,884명으로 약 10년 사이에 5배나 증가하였다(출처: 해양수산부 홈페이지 통계정보).
683) 2007년 상법 개정시에 한국해법학회에서 여객운송에 관한 규정의 개정시안을 제시하였는데, 이 중 개별적 책임제한 규정, 운송인에 대한 청구권의 소멸 규정 등은 추후 해상법 개정시에 참작

제 2 관 해상여객운송계약의 성립

제 1. 계약의 당사자

해상여객운송계약의 당사자는 운송계약을 인수하는 해상여객운송인과 그에 대한 대가로 운임을 지급하는 여객인 것이 원칙이다. 그러나 부모가 아이의 운송을 위탁하는 경우와 같이 운송계약의 당사자와 운송계약의 객체가 다른 경우가 있다.[684] 또한 여객의 운송을 목적으로 항해용선계약을 체결하는 경우에는 선박소유자와 용선자가 여객운송계약의 당사자가 된다(상 827조 2항).

제 2. 계약의 체결

(1) 해상여객운송계약은 해상물건운송계약과 마찬가지로 낙성·불요식 계약이므로 당사자의 의사의 합치만으로 성립하고 특별한 서면이나 방식이 요구되지 아니한다. 용선계약의 경우에는 용선계약서를 작성하고(상 827조 2항, 828조), 개별운송계약의 경우에는 승선표를 발행하는 것이 일반적이지만 이러한 것이 운송계약의 성립요건이 되는 것은 아니다.[685] 해운 실무에서는 운송인이 선박의 발착시간과 운임표를 광고하면(청약의 유인), 여객이 이에 근거해 운송계약의 청약을 하고 운송인이 이를 승낙함으로써 운송계약이 성립한다.[686]

여객운송계약도 도급계약이므로 원칙적으로는 운송을 종료한 후에 운임을 지급하여야 하나 해운 실무에서는 여객이 승선하기 전에 운임을 미리 받고 승선표를 발행하는 것이 보통이다. 이 경우에는 승선표의 발행 시에 여객운송계약이 성립하는 것이 원칙이다. 한편 승선 후에 승선표를 구입하는 경우에는 여객운송계약이 승선 시에 성립한다고 본다.[687]

(2) 승선표의 법적 성질은 육상운송에서의 승차표와 같으므로[688] 승선표가 유

할 만한 가치가 있다고 본다(해상법(상법 제 5 편) 개정문제연구보고서, 19-22쪽 참조). 한편 여객운송에 관한 상세한 개정 논의로는 최재선, "해상여객운송법제(아테네 협약) 수용방안에 관한 연구," 한국해법학회지, 제25권 제 2 호(2003. 11.), 287쪽 이하 참조.

684) 정(찬), (하), 912쪽.
685) 손, (하), 863쪽.
686) 배, 301쪽.
687) 정(찬), (상), 369쪽.

가증권성을 갖는가 하는 점에 관하여 승차표에 관한 논의가 그대로 적용될 수 있다. 즉 무기명승선표가 유가증권성을 갖는다는 점에 관하여는 이론(異論)이 없으나,[689] 기명식승선표에 관하여는 견해가 대립된다.[690] 생각건대 해상여객운송계약의 경우에는 우리 상법은 명시적으로 기명식 승선표를 타인에게 양도하지 못한다고 규정하고 있으므로(상 818조), 해상여객운송계약에서 발행되는 기명식승선표는 단순한 증거증권에 불과하고 유가증권성은 갖지 못한다고 본다.

(3) 개별 해상여객운송계약도 개품운송계약에서와 같이 보통거래약관에 의하여 정형적으로 체결되므로 부합계약성을 갖는다.[691] 그러므로 상법은 개품운송계약의 불이익변경 금지의 원칙을 여객운송인에게도 준용한다(상 826조, 799조). 한편 여객운송을 목적으로 하는 항해용선계약의 경우에도 물건운송을 목적으로 하는 항해용선계약상의 불이익변경 금지의 원칙이 준용된다(상 827조 2항, 839조).

제 3 관 해상여객운송계약의 효력

제 1. 해상여객운송인의 의무

1. 총   설

해상여객운송계약에는 개별 해상여객운송계약과 여객의 운송을 목적으로 하는 항해용선계약이 있다는 점은 앞서 본 바와 같은데, 여객운송을 목적으로 하는 항해용선계약의 경우에는 그 성질에 반하지 아니하는 한 물건운송을 목적으로 하는 항해용선계약의 규정이 준용되므로 이에 관하여는 상세한 설명을 생략하고 아래에서는 개별 해상여객운송계약의 경우 여객운송인의 의무에 관하여 살펴보기로 한다.

해상여객운송인의 의무는 육상여객운송인의 의무 및 해상물건운송인의 의무와 유사한 점이 많다. 따라서 상법은 해상여객운송인의 의무에 관하여 이들에 관한 규정을 많이 준용하고 있다(상 826조). 다만 해상여객운송계약의 경우에는 운송

---

688) 정(찬), (하), 912쪽.
689) 이(철), (상총), 550쪽 각주 69).
690) 이(철), 상게서.
691) 정(찬), (하), 912쪽.

의 객체가 사람이라는 점에서 상법은 이에 관한 약간의 특별규정을 두고 있다.

2. 승선에 관한 의무

해상여객운송인은 약정된 시기와 장소에 선박을 기항・정박시키고 승객이 안전하게 승선하도록 할 의무를 부담한다.[692] 개별 여객운송인은 정박의무를 부담하지 않으므로 여객이 승선시기까지 승선하지 아니한 때에는 선장은 즉시 발항할 수 있다. 이 경우 여객은 운임의 전액을 지급하여야 한다(상 821조).

3. 감항능력주의의무

해상여객운송인은 물건운송의 경우와 마찬가지로 감항능력주의의무를 부담한다. 이는 여객의 운송 및 위탁받은 수하물의 운송의 경우에 적용된다(상 826 1항 및 2항, 794조).[693] 다만 여객운송의 특수성을 고려해 볼 때 여객운송인의 감항능력주의의무는 여객의 생명・신체의 안전 및 보건위생에 필요한 설비를 갖추어야 할 의무를 포함한다고 본다.[694] 한편 휴대수하물의 운송의 경우에는 여객의 운송에 포섭되므로 상법은 별도로 규정하고 있지 아니하다. 이러한 감항능력주의의무를 경감하거나 면제하는 당사자 사이의 특약은 효력이 없다(상 826조 1항 및 2항, 799조).

4. 식사제공의무

해상여객운송인은 다른 약정이 없으면 여객의 항해 중의 식사를 제공할 의무를 부담한다(상 819조 1항). 이는 해상여객운송이 보통 장기간인 경우가 많으므로 상법은 운임 중에 식사비용을 포함시키는 것을 전제로 운송인에게 식사제공의무를 부과하였다.

---

692) 손, (하), 863-864쪽.
693) 그런데 상법 제794조의 감항능력주의의무는 운송인이 발항 당시까지만 부담하는 의무로서 여객운송의 경우에 운송인이 발항 당시까지만 감항능력주의의무를 부담한다는 것은 적절하지 않다. 따라서 입법론으로서 여객운송의 경우에는 전 항해기간 동안 감항능력유지의무를 부담하는 것으로 개정하거나 감항능력주의의무를 준용하는 규정을 삭제해야 한다고 본다.
694) 손, (하), 864쪽.

5. 선박수선 중의 거처 · 식사제공의무

항해 도중에 선박을 수선하는 경우에는 운송인은 그 수선 중 여객에게 상당한 거처와 식사를 제공하여야 한다. 다만, 여객의 권리를 해하지 아니하는 범위 안에서 상륙항까지의 운송의 편의를 제공한 때에는 그러하지 아니하다(상 819조 2항). 여기서 운송의 편의를 제공한다는 것은 예컨대 다른 선박이나 그 밖의 다른 운송수단에 의하여 목적항까지의 운송을 계속하도록 하는 경우를 말한다. 여객의 권리를 해하는지의 여부는 여객이 운송계약을 체결한 목적을 고려하여 구체적인 경우에 따라 개별적으로 결정하여야 한다.[695]

운송인이 이러한 운송의 편의를 제공한 때에는 여객이 이를 거부한 때에도 운송인은 거처 · 식사제공의무를 면한다. 이 경우 여객은 항해의 비율에 따른 운임을 지급하고 계약을 해지할 수 있다(상 819조 3항). 해운 실무에서는 운임을 선급하게 되므로 여객이 계약을 해지하게 되면 비율운임을 공제한 잔액을 환급받게 된다.

6. 휴대수하물 무임운송의무

여객이 계약에 의하여 선내에서 휴대할 수 있는 수하물에 대하여는 운송인은 다른 약정이 없으면 별도로 운임을 청구하지 못한다(상 820조). 이처럼 운송인이 휴대수하물에 대한 무임운송의무를 부담하는 경우에도 운송인은 휴대수하물에 관한 손해에 대한 배상책임을 면하지 못한다(462쪽 참조).

7. 상륙에 관한 의무

운송인은 목적항에서 여객을 안전하게 상륙하게 할 의무가 있다.

8. 사망한 여객의 수하물처분의무

여객이 사망한 때에는 선장은 그 상속인에게 가장 이익이 되는 방법으로 사망자가 휴대한 수하물을 처분하여야 한다(상 824조). 이러한 의무를 운송인의 의무라고 하는 견해가 있으나[696] 이는 선장이 상속인의 대리인 또는 대표자로서 부담

---

695) 배, 304쪽.

하는 의무라는 점은 앞서 선장의 공법상의 지위에 관한 항에서 살펴본 바와 같다.

제 2. 해상여객운송인의 손해배상책임

우리 상법은 해상여객운송인의 손해배상책임에 관하여 여객 자신이 입은 손해에 대한 책임과 수하물에 대한 책임으로 구분하여 규정하고 있다.

1. 여객 자신이 입은 손해에 대한 책임

(1) 해상여객운송인의 책임발생원인

1) 해상여객운송인의 여객의 인적손해에 대한 손해배상책임은 육상여객운송인의 손해배상책임과 동일하다(상 826조 1항, 148조). 따라서 해상여객운송인은 자기 또는 사용인이 운송에 관한 주의를 해태하지 아니하였음을 증명하지 아니하면 여객이 운송으로 인하여 받은 손해를 배상할 책임을 면하지 못한다(상 148조 1항). 즉 해상여객운송인은 과실책임을 지며 운송인의 과실은 추정된다.[697]

2) 여기서 「여객이 운송으로 인하여 받은 손해」란 여객의 사망이나 상해로 인한 손해와 여객의 연착으로 인한 손해 및 여객의 피복 등에 발생한 손해를 포함한다.[698] 여객의 사망이나 상해로 인한 손해는 재산적 손해와 정신적 손해(위자료)를 포함한다. 여객의 사망이나 상해로 인한 손해에 대한 손해배상의 액을 정함에는 법원은 피해자와 그 가족의 정상을 참작하여야 한다(상 148조 2항). 이는 여객이 입은 특별손해에 대하여 당사자의 예견 유무를 묻지 아니하고 법원이 당연히 이를 참작하여야 한다는 것으로 민법상 손해배상책임의 일반원칙(민 393조 2항)에 대한 예외를 규정한 것이다.[699]

---

696) 손, (하), 867쪽; 정(찬), (하), 913쪽.
697) 한편 운송인의 주의의무의 범위에 속하지 아니하는 사항에 대하여는 이러한 과실추정원칙이 적용되지 아니하며 이에 대하여는 운송인이 손해배상책임을 부담하지 아니한다는 취지의 대법원 판례가 있다(대법원 1987. 10. 28. 87다카1191 판결 참조).
698) 정(찬), (상), 370쪽.
699) 정(찬), (상), 371쪽.

(2) 해상여객운송인의 책임제한

우리 상법은 해상여객운송인의 책임을 여객 1인당 일정 금액으로 제한하는 개별적 책임제한에 관하여는 규정하지 아니하고 운송인이 선박소유자 등인 경우에 총체적 책임제한에 관하여만 규정하고 있다.[700] 즉 여객의 사망 또는 신체의 상해로 인한 선박소유자 등의 손해배상책임의 한도액은 그 선박의 선박검사증서에 기재된 여객의 정원에 175,000 계산단위를 곱하여 얻은 금액으로 한다(상 770조 1항 1호). 이에 관하여는 앞에서 살펴보았으므로 여기에서는 자세한 설명을 생략하기로 한다.

2. 수하물에 대한 책임

(1) 위탁수하물에 대한 책임

1) 위탁수하물의 손해에 대하여 해상여객운송인은 해상물건운송인의 책임과 동일한 책임을 부담한다(상 826조 2항).[701] 즉 앞서 살펴본 감항능력주의의무(상 794조), 운송물에 관한 주의의무(상 795조), 운송인의 법정 면책사유(상 796조), 운송인의 개별적 책임제한(상 797조), 비계약적 청구에 대한 적용(상 798조), 운송인의 책임경감 금지(상 799조), 위법선적물의 처분(상 800조), 위험선적물의 처분(상 801조), 재운송계약시 선박소유자의 책임(상 809조), 운송인의 책임의 단기제척기간(상 814조), 고가물에 대한 책임(상 136조)에 관한 규정이 해상여객운송인의 책임에 준용된다. 이는 해상여객운송인이 운임을 지급받지 아니한 경우에도 동일하다고 본다.[702]

2) 여객이 위탁수하물의 일부 멸실 또는 훼손을 발견한 때에는 수령 후 지체없이 그 개요에 관하여 해상여객운송인에게 서면에 의한 통지를 발송하여야 하는데, 그 멸실 또는 훼손이 즉시 발견할 수 없는 것인 때에는 수령한 날부터 3일 이내에 그 통지를 발송하여야 한다. 이러한 통지가 없는 경우에는 위탁수하물이 멸

---

700) 참고로 아테네 조약과 그 개정의정서는 개별적 책임제한을 채택하고 있는데, 아테네 조약은 여객운송인의 책임을 여객 1인당 46,666 계산단위로(동 조약 7조), 1990년 개정의정서는 175,000 계산단위로(동 개정의정서 2조), 2002년 개정의정서는 400,000 계산단위로(동 개정의정서 6조), 각각 제한하고 있다. 또한 아테네 조약은 개별적 책임제한은 총체적 책임제한에 영향을 미치지 아니하는 것으로 규정하고 있다(동 조약 19조).

701) 예외적으로 정액배상에 관한 상법 제137조는 위탁수하물에 관한 해상여객운송인의 손해배상책임에 준용되지 아니한다(상 826조 2항 참조).

702) 손, (하), 866쪽.

실 또는 훼손 없이 여객에게 인도된 것으로 추정한다. 다만 해상여객운송인 또는
그 사용인이 악의인 경우에는 위 통지의무와 추정은 적용되지 아니한다. 위탁수하
물에 멸실 또는 훼손이 발생하였거나 그 의심이 있는 경우에는 해상여객운송인과
여객은 서로 수하물의 검사를 위하여 필요한 편의를 제공하여야 한다. 위에 반하
여 여객에게 불리한 당사자 사이의 특약은 효력이 없다(상 826조 2항, 804조). 이는 해
상물건운송인의 경우와 마찬가지이다.

(2) 휴대수하물에 대한 책임

휴대수하물의 손해에 대한 해상여객운송인의 책임의 발생요건은 육상여객운
송인의 손해배상책임의 경우와 동일하다(상 826조 3항, 150조). 따라서 해상여객운송
인은 여객으로부터 인도를 받지 아니한 수하물의 멸실 또는 훼손에 대하여는 자
기 또는 사용인의 과실이 없으면 손해를 배상할 책임이 없다. 즉 휴대수하물의 손
해에 대하여는 해상여객운송인의 과실이 추정되지 아니하므로 청구인이 해상여객
운송인의 과실을 증명하여야 한다.

한편 해상물건운송인의 개별적 책임제한(상 797조 1항 및 4항), 비계약적 청구에
대한 적용(상 798조), 운송인의 책임경감금지(상 799조 1항), 재운송계약의 경우의 선
박소유자의 책임(상 809조) 및 운송인의 책임의 단기제척기간(상 814조)에 관한 규정
은 해상여객운송인의 휴대수하물에 대한 책임에 준용된다(상 826조 3항).

제 3. 해상여객운송인의 권리

1. 운임청구권

(1) 여객운송에 대한 운임청구권

해상여객운송인은 여객의 운송에 대한 보수로서 운임청구권을 갖는다. 운임
액은 당사자 간의 약정에 따라 결정되어야 할 것이나 통상은 운송인이 미리 정한
운임표에 의한다. 또한 해운 실무에서는 운임 선급이 보통이라는 점은 앞서 본 바
와 같다.

(2) 위탁수하물에 대한 운임청구권

해상여객운송인은 당사자 간의 약정이 있으면 위탁수하물에 대하여도 운임을 청구할 수 있다. 이 경우 위탁수하물의 전부 또는 일부가 여객의 책임 없는 사유로 인하여 멸실한 때에는 운송인은 그 운임을 청구하지 못한다. 운송인이 이미 그 운임의 전부 또는 일부를 받은 때에는 이를 반환하여야 한다(상 826조 2항, 134조 1항). 위탁수하물의 전부 또는 일부가 그 성질이나 하자 또는 여객의 과실로 인하여 멸실한 때에는 운송인은 운임의 전액을 청구할 수 있다(상 826조 2항, 134조 2항). 이는 육상물건운송인 및 해상물건운송인의 경우와 마찬가지이다(상 134, 815조).

2. 유 치 권

여객이 위탁수하물을 수령하는 때에는 약정된 운임·부수비용·체당금, 수하물의 가액에 따른 공동해손 또는 해난구조로 인한 부담액을 지급하여야 한다. 운송인(선장)은 위 금액의 지급과 상환하지 아니하면 위탁수하물을 인도할 의무가 없다(상 826조 2항, 807조).

다만 해상여객운송인은 해상물건운송인과는 달리 미지급 운임 등을 지급받기 위하여 위탁수하물에 대한 경매권 및 우선변제권은 갖지 아니한다(상 826조 2항의 반대해석).

3. 발 항 권

앞서 본 바와 같이 여객이 승선시기까지 승선하지 아니한 때에는 해상여객운송인은 선박을 즉시 발항시킬 수 있다. 항해 도중의 정박항에서도 또한 같다. 이 경우에는 여객은 운임의 전액을 지급하여야 한다(상 821조).

4. 위법선적물 처분권

해상여객운송인(선장)은 법령 또는 계약을 위반하여 선적된 위탁수하물은 언제든지 이를 양륙할 수 있고, 그 수하물이 선박 또는 다른 운송물에 위해를 미칠 염려가 있는 때에는 이를 포기할 수 있다. 해상여객운송인이 위 물건을 운송하는 때에는 선적한 때와 곳에서의 동종 수하물의 최고운임의 지급을 청구할 수 있다 (상 826조 2항, 800조 1항 및 2항). 그 밖에 해상여객운송인이 위법선적물로 인하여 손해 를 입은 경우에는 여객을 상대로 손해배상을 청구할 수 있다(상 826조 2항, 800조 3 항). 이는 해상물건운송인의 경우와 마찬가지이다.

5. 위험물 처분권

인화성 · 폭발성이나 그 밖의 위험성이 있는 위탁수하물은 해상여객운송인이 그 성질을 알고 선적한 경우에도 그 수하물이 선박이나 다른 수하물 또는 운송물 에 위해를 미칠 위험이 있는 때에는 해상여객운송인(선장)은 언제든지 이를 양륙 · 파괴 또는 무해조치할 수 있다. 해상여객운송인은 위 처분에 의하여 그 수하물에 발생한 손해에 대하여는 공동해손분담책임을 제외하고 그 배상책임을 면한다(상 826조 2항, 801조). 이것도 해상물건운송인의 경우와 마찬가지이다.

6. 위탁수하물의 공탁권 · 경매권

위탁수하물이 도착지에 도착한 날로부터 10일내에 여객이 그 인도를 청구하 지 아니한 때에는 해상여객운송인은 그 수하물을 공탁하거나 상당한 기간을 정하 여 최고한 후 경매할 수 있다. 이 경우에는 지체 없이 여객에 대하여 그 통지를 발 송하여야 한다. 이때 여객에 대하여 최고를 할 수 없거나 수하물이 멸실 또는 훼 손될 염려가 있는 때에는 최고 없이 경매할 수 있다. 해상여객운송인이 위 규정에 의하여 그 수하물을 경매한 때에는 그 대금에서 경매비용을 공제한 잔액을 공탁 하여야 하나 그 전부나 일부를 운임에 충당할 수 있다(상 826조 2항, 149조 2항 본문, 67 조). 한편 주소 또는 거소를 알지 못하는 여객에 대하여는 최고와 통지를 요하지 아니한다(상 826조 2항, 149조 2항 단서).

7. 운송인의 채권의 소멸

운송인이 위탁수하물 또는 휴대수하물에 관하여 여객에 대하여 갖는 채권은 그 청구원인의 여하에 불구하고 운송인이 여객에게 그 수하물을 인도한 날 또는 인도할 날부터 1년 이내에 재판상 청구가 없으면 소멸한다. 다만, 이 기간은 당사자의 합의에 의하여 연장할 수 있다(상 826조 2항 및 3항, 814조 1항). 이는 해상물건운송인의 경우와 마찬가지이다.

제 4 관 해상여객운송계약의 종료

제 1. 총   설

해상여객운송계약도 계약의 일반 종료원인에 의해 종료하게 되나 상법은 해상위험에 조우하게 되는 해상운송의 특수성을 고려하여 해상물건운송의 경우와 마찬가지로 해상여객운송계약의 종료원인에 관한 특별규정을 두고 있다. 이러한 규정은 임의규정이므로 당사자는 이와 다른 약정을 할 수 있다. 아래에서는 상법이 규정하는 해상여객운송계약의 특별한 종료원인에 관하여 살펴보기로 한다.

제 2. 여객의 임의해제 또는 해지

여객은 발항 전에는 운임의 반액을 지급하고, 발항 후에는 운임의 전액을 지급하고 계약을 해제할 수 있다(상 822조). 여기서 운임의 반액 또는 운임의 전액은 법정 해약금이다. 해상물건운송의 경우와 마찬가지로 운임의 반액 또는 전액의 지급은 계약해제의 요건이 아니라 여객의 해제의 의사표시로 운송계약은 해제되고 여객은 운임의 반액 또는 전액을 지급할 의무를 부담한다고 본다. 한편 항해 도중에 선박을 수선하는 경우에는 여객은 항해의 비율에 따른 운임을 지급하고 계약을 해지할 수 있다(상 821조).

제 3. 법정사유에 의한 해제 및 해지

(1) 여객이 발항 전에 사망·질병이나 그 밖의 불가항력(주관적 불가항력)으로 인하여 항해할 수 없게 된 때에는 여객은 여객운송계약을 해제할 수 있다. 이 경우 해상여객운송인은 운임의 10분의 3을 청구할 수 있다. 한편 발항 후에 위 사유가

생긴 때에는 여객은 여객운송계약을 해지할 수 있다. 이 경우 해상여객운송인의 선택으로 운임의 10분의 3 또는 운송의 비율에 따른 운임을 청구할 수 있다(상 823조).

(2) 위탁수하물의 경우에 항해 또는 위탁수하물의 운송이 법령을 위반하게 되거나 그 밖에 불가항력으로 인하여 계약의 목적을 달할 수 없게 된 때에는 각 당사자는 계약을 해제할 수 있다. 위 사유가 항해 도중에 생긴 경우에 계약을 해지한 때에는 여객은 운송의 비율에 따라 운임을 지급하여야 한다(상 826조 2항, 811조).

제 4. 법정사유에 의한 당연종료

해상여객운송계약은 ① 선박이 침몰 또는 멸실한 때, ② 선박이 수선할 수 없게 된 때, ③ 선박이 포획된 때에는 당연히 종료한다(상 825조, 810조 1항 1호에서 3호). 위 사유가 발항 전에 발생하였든 발항 후에 발생하였든 묻지 아니한다. 그러나 위 사유의 발생에 양 당사자의 귀책사유가 없어야 한다. 그러므로 운송인의 귀책사유로 인하여 위 사유가 발생한 경우에는 운송계약은 종료되지 아니한다. 이는 해상물건운송계약의 경우와 마찬가지이다.

위 법정사유로 인하여 운송계약이 종료되면 양 당사자는 채무불이행책임을 부담하지 아니한다. 한편 위 항해 도중에 생긴 때에는 여객은 운송의 비율에 따른 운임을 지급하여야 한다(상 825조 2문).

제3장 용 선

제1절 총 설

제1. 의 의

　용선계약(charter party)이란 용선자가 선박소유자로부터 선박의 전부 또는 일부를 빌리고 그에 대한 대가로 용선료 또는 운임을 지급하기로 하는 계약이다. 이러한 용선계약의 전형적인 형태로는 항해용선계약, 정기용선계약 및 선체용선계약이 있다. 현행 상법이 위 세 종류의 용선계약을 제2장(운송과 용선)의 제3절에서부터 제5절까지 규정하고 있다는 점은 앞서 본 바와 같다. 그런데 이 중 항해용선계약은 실질이 해상물건운송계약으로서 다른 용선계약과는 그 법적 성질이 다르다. 따라서 본서(本書)에서는 항해용선계약을 앞서 해상물건운송에 관한 장(章)에서 개품운송계약과 함께 살펴보았다. 그러므로 이 장에서는 용선계약 중 정기용선계약과 선체용선계약을 살펴보기로 한다. 한편 오늘날 해운 실무상 컨테이너선의 일부공간을 용선하여 자기의 개품운송 영업에 사용하는 슬로트 용선(slot charter)이 많이 행해진다. 그런데 이러한 슬로트 용선의 법적 성질이 애매하여[1] 그 법률관계를 둘러싸고 많은 분쟁이 발생하고 있다. 따라서 이 장에서는 이러한 슬로트 용선계약에 관하여도 살펴보기로 한다.

---

1) Cooke, *Voyage Charters*, p. 3은 슬로트 용선을 항해용선 또는 정기용선과는 다른 별개의 용선으로 보고 있다.

제 2. 용선계약의 법률관계

이 장(章)에서 살펴보는 용선계약에 관한 법률관계는 ① 선박소유자와 용선자 사이의 내부관계, ② 용선자와 화주 및 그 밖의 제 3 자와의 외부관계 및 ③ 선박소유자와 화주 및 그 밖의 제 3 자와의 외부관계의 3면(面)관계로 나눌 수 있다.[2] 이 중 선박소유자와 용선자 사이의 내부관계는 원칙적으로 당사자 사이의 용선계약에 따른다. 이는 용선계약에 관한 상법의 규정이 대부분 임의규정이기 때문이다. 한편 용선자와 화주 등의 제 3 자와의 외부관계도 용선자와 그 제 3 자 사이에 체결된 계약에 따르게 되나[3] 그 계약이 개품운송계약처럼 강행규정이 적용되는 계약인 경우에는 상법의 규정이 우선 적용되게 된다. 마지막으로 선박소유자와 화주 등의 제 3 자 사이에는 계약관계가 없으므로 선박소유자와 그 제 3 자와의 외부관계에는 일반 법리가 적용되는 것이 원칙이다. 그러나 우리 상법은 이에 관하여 약간의 특별규정을 두고 있다. 아래에서는 각각의 용선계약별로 위와 같은 3면의 법률관계를 살펴보기로 한다.

제 2 절 정기용선계약

제 1. 총 설

1. 의 의

정기용선계약이란 선박소유자가 선원이 승무하고 항해장비를 갖춘 선박을 일정한 기간동안 항해에 사용하게 할 것을 약정하고 용선자가 이에 대하여 기간으로 정한 용선료를 지급하기로 약정하는 계약을 말한다(상 842조). 정기용선계약은 19세기 중반에 영국에서 발생하였는데,[4] 정기용선계약의 초기 형태는 정기용선자에게 선박의 점유가 이전되는 형태이었다.[5] 이러한 정기용선은 현행 해상법상의

---

2) 정(동), (하), 822쪽.
3) 한편 용선자와 계약을 체결하지 아니한 제 3 자와의 관계에는 일반 법리가 적용되게 된다.
4) 정(동), (하), 823쪽.
5) 졸고, "정기용선계약의 대외적 법률관계," 상사판례연구 Ⅵ, 박영사, 2006, 454쪽 각주 3) 참조.

선체용선(특히 선원부선체용선)과 사실상 차이가 없었다. 그러나 초기의 정기용선은 점차 정기용선자에게 선박의 점유가 이전되지 아니하는 현재와 같은 형태의 정기용선계약으로 발전하였다.

선박소유자로서는 선장과 그 밖의 선원을 그대로 보유하고 있기 때문에 장래 스스로 해상기업을 경영하는 경우에 선박을 즉시 동원할 수 있고 이들을 통하여 선박에 대한 관리를 할 수 있다는 장점이 있고, 정기용선자로서는 선박을 소유하기 위하여 대규모의 자본을 투자할 필요가 없고 선장과 그 밖의 선원들의 고용으로부터 생길 수 있는 문제를 피하면서도 자기의 해상기업활동을 위하여 선박을 자유로이 사용할 수 있다는 장점이 있기 때문에 정기용선계약이 많이 이용되고 있다.

해운 실무에서는 정기용선계약은 대부분 보통거래약관에 의해 체결된다. 정기용선계약에 관한 보통거래약관 중 세계적으로 널리 이용되는 것으로는 발틱국제해사위원회에서 제정한 양식6)과 뉴욕물품거래소(New York Produce Exchange)에서 제정한 뉴욕물품거래소양식이 있다.7)

2. 정기용선의 종류

정기용선에는 정기용선자가 선원부선박을 용선하여 자기의 해상기업활동에 사용하는「기업형」정기용선과 대량의 자기 화물을 가지고 있는 화주가 장기적 안정적 운송을 위하여 선원부선박을 장기간 용선하는「운송형」정기용선이 있다. 해운 실무상 전자가 일반적이다. 한편 특정의 항해를 통하여 물건을 운송할 목적으로 선박을 용선하는 경우에 선적항이나 양하항의 사정을 알 수 없어서 기간으로 정하여 운임을 지급하기로 하는 용선계약8)의 경우도「운송형」정기용선에 속한다고 할 수 있다.9)

---

6) 발틱국제해사위원회에서 제정한 양식에는 BALTIME-Uniform Time Charter와 GENTIME이 있다. 이 중 BALTIME-Uniform Time Charter는 발틱국제해사위원회의 전신인 발틱백해회의(Baltic and White Sea Conference)에 의해 1909년에 제정된 이래 몇 차례에 걸쳐 개정되었는데 현재 1939년 개정본(BALTIME 1939)이 널리 사용되고 있다. 이 1939년 개정본은 2001년에 약간의 조문이 개정되었다. 이하에서는 발틱국제해사위원회에서 제정한 양식을 BALTIME이라 한다.

7) 뉴욕물품거래소양식(NYPE)은 1913년에 제정된 이래 역시 몇 차례에 걸쳐 개정되었는데(최근에는 1993년에 개정됨), 현재 세계적으로 1946년 개정본이 널리 사용되고 있다. 이하에서는 뉴욕물품거래소양식을 NYPE라 한다.

8) 이것을 실무상 one trip time charter라 한다.

3. 선체용선계약 및 항해용선계약과의 구별

(1) 선체용선계약과의 구별

선체용선계약이란 용선자의 관리·지배하에 선박을 운항할 목적으로 선박소유자가 용선자에게 선박을 제공할 것을 약정하고 용선자가 이에 따른 용선료를 지급하기로 약정하는 계약을 말하는데(상 847조 1항, 494쪽 이하 참조), 이러한 선체용선계약에서는 선체용선자가 선박을 관리·지배하게 되므로 일반적으로 선체용선자가 선원을 선임하고 그 선원을 통하여 선박을 점유한다. 이에 반해 정기용선계약에서는 선박소유자가 선원을 선임하고 그 선원을 통하여 선박을 점유하며 정기용선자는 단지 선박에 대한 사용·수익권만을 갖는다는 점에서 차이가 있다.

한편 우리 상법은 자기의 관리·지배 하에서 선박을 운항하는 것을 목적으로 선박소유자가 공급한 선원이 승무한 선박을 용선하는 자도 선체용선자로 본다(상 847조 2항 참조).[10] 이러한 선원부선체용선계약은 선원이 승무한 선박을 용선하여 자기의 해상기업활동에 이용한다는 점에서 정기용선계약과 상당히 유사하다. 그러나 선원부선체용선의 경우에는 비록 선박소유자가 선원을 공급했다 하더라도 선체용선자가 선박을 관리·지배하는 반면에 정기용선자는 선박에 대한 단순한 사용·수익권만을 가진다는 차이가 있다. 현재 실무상 선원부선체용선은 정기용선으로 대체되어 거의 사용되지 아니한다.

(2) 항해용선계약과의 구별

항해용선계약이란 앞서 본 바와 같이 특정한 항해를 할 목적으로 선박소유자가 용선자에게 선원이 승무하고 항해장비를 갖춘 선박의 전부 또는 일부를 제공하기로 약정하고 용선자가 이에 대하여 운임을 지급하기로 약정함으로써 그 효력이 생기는 계약을 말한다(상 827조 1항). 항해용선계약에서는 항해용선자가 선원이 승무하고 항해장비를 갖춘 선박을 용선한다는 점에서 정기용선계약에서의 정기용선자와 유사하다. 그러나 항해용선자는 통상 자기의 화물을 운송하기 위하여 특정한 항해를 목적으로 선박을 용선하므로 항해용선계약은 운송계약의 일종이고 항해용선자는 운송계약의 한 쪽 당사자인 화주의 지위에 있게 되는 반면에 정기용

---

9) Baughen, *Shipping Law*, p. 173; 배, 139쪽.
10) 이하 선박소유자가 선원을 공급하는 선체용선을 「선원부선체용선」이라고 한다.

선계약에서의 정기용선자는 일정기간 선박에 대한 사용·수익권을 가지고 당해 선박을 자기의 해상기업활동에 이용하는 해상기업의 주체로서 운송인의 지위에 있게 된다는 점에서 차이가 있다. 이처럼 항해용선계약은 운송계약의 일종이므로 항해용선자는 선박소유자에게 운송물의 수량에 따른 운임을 지급할 의무를 지는 반면에, 정기용선계약은 정기용선자가 일정기간 선박을 빌려 이를 사용·수익할 권리를 갖는데 대한 대가로 기간을 단위로 하는 용선료를 지급할 의무를 부담한다.[11] 한편 항해용선자가 재운송계약을 체결하는 경우에는 항해용선자도 해상기업의 주체가 될 수 있다는 점은 앞서 본 바와 같으나 이 경우에도 항해용선자는 선박에 대한 사용·수익권을 갖는 것이 아니라 특정한 항해를 목적으로만 선박을 용선한 것에 불과하다는 점에서 정기용선의 경우와 차이가 있다.[12]

제 2. 정기용선계약의 법적 성질

정기용선계약의 법적 성질에 관하여는 종래부터 많은 논의가 있어 왔다. 정기용선계약의 법적 성질에 관한 논의는 주로 정기용선계약의 대외적 법률관계를 규명하기 위한 시도에서 비롯되었는데, 이에 관하여는 아래와 같은 여러 견해가 대립되고 있다.

1. 운송계약설

이 학설은 정기용선계약을 운송계약으로 보는 견해이다. 즉 정기용선계약은 선박소유자가 일정 기간 동안 정기용선자의 지시에 따라 정기용선자가 수배하는 운송물을 운송하기로 하는 계약이라고 한다.[13] 그러므로 이 학설에 의하면 정기용선계약 하에서 해상기업의 주체는 선박소유자이며 정기용선자는 운송을 선박소유

---

11) 이처럼 정기용선계약에서는 시간의 손실로 인한 손해를 정기용선자가 부담하므로 정기용선자의 귀책사유 없이 선박을 사용할 수 없는 기간 동안에는 용선료의 지급이 중단된다는 조항(소위 off hire 조항)이 포함되는 것이 일반적이다(491쪽 참조). 이에 반해 항해용선계약에서는 시간의 손실로(혹은 절약으로) 인한 손해(또는 이득)를 선박소유자가 부담하므로 앞서 본 체선료 또는 조출료의 약정을 하는 것이 일반적이다(365쪽 참조).

12) 이처럼 항해용선의 경우에는 정해진 선적항과 양륙항의 제한하에서 항해용선자가 재운송계약을 체결하게 된다.

13) 정(찬), (하), 816쪽; 채, (보·해), 246쪽.

자에 대하여 청구할 수 있는 운송의뢰인에 불과하게 된다.[14)

이 학설은 정기용선계약을 운송계약으로 보기 때문에 정기용선자에게는 선체용선에 관한 상법 제850조 제1항(1991년 상법 제766조 제1항)이 적용되지 아니한다고 하는 것이 논리에 일관성이 있게 된다. 그러나 운송계약설을 취하는 학설도 「정기용선계약에는 선체용선계약의 성질이 일부 있음을 부인할 수 없다」거나[15) 「당사자 사이에 다른 약정이 없으면 민법상 임대차에 관한 규정을 유추 적용하여야 한다」고 하여[16) 실제적 적용에 있어서는 아래에서 보는 특수계약설의 입장에 많이 근접하고 있다.

2. 혼합계약설

이 학설은 정기용선계약을 선박임대차계약과 노무공급계약의 혼합계약이라고 보는 견해이다.[17) 이 학설에 의하면 정기용선자는 선체용선자와 같은 지위에 있게 되므로 정기용선자가 선박을 점유하고 해상기업의 주체가 되며, 상법 제850조 제1항에 따라 선박의 이용에 관한 사항에 관하여 제3자에 대하여 선박소유자와 동일한 권리의무가 있게 된다.

이 학설에 대하여는 정기용선의 경우 선박소유자가 자기가 고용한 선원을 통하여 선박에 대한 점유를 한다는 점에서 선박임대차와는 근본적으로 다르다는 점을 간과했다는 비판이 있다.[18)

3. 특수계약설

이 학설은 정기용선계약을 선박임대차에 유사하며 노무공급계약적 요소를 수반하는 특수한 계약으로 보는 견해이다.[19) 이 학설에 의하면 정기용선계약에서는

---

14) 최(기), (해), 45쪽 참조.
15) 정(찬), (하), 816쪽.
16) 채, (하), 681쪽.
17) 최(기), (해), 45쪽.
18) 채, (보·해), 247쪽.
19) 정(희), (하), 156쪽. 한편 혼합계약설을 취한다고 하는 손, (하), 777쪽도 그 학설의 내용을 검토해 보면 「정기용선계약은 선박임대차에 유사하며 이것과 노무공급계약의 혼합계약으로서 임대차에 관한 규정을 유추 적용하게 된다」고 하여 사실상 특수계약설과 동일한 입장을 취하고 있다. 한편 서·정, (하), 563쪽은 「정기용선계약은 임대차에 근사한 계약과 노무공급계약의 혼합

선박소유자가 여전히 선박을 점유하기 때문에 정기용선계약은 선박임대차와 다르나, 정기용선자가 선박의 사용·수익권과 선원에 대한 지휘·감독권을 갖는다는 점에서 선박임대차에 유사하므로 정기용선자가 해상기업의 주체가 되고, 상법 제850조 제 1 항의 유추 적용에 의해 선박의 이용에 관한 사항에 관하여 제 3 자에 대하여 선박소유자와 동일한 책임이 있다고 한다. 운송계약상의 책임과 관련된 우리 대법원 판례의 입장이다.[20][21]

이 학설에 대하여는 특수성의 내용에 관하여 아무런 설명이 없으므로 정기용선계약의 법적 성질이나 지위를 이해하는데 아무런 도움을 주지 못한다는 비판이 있다.[22]

4. 유 형 설

이 학설은 정기용선의 유형에 따라 정기용선의 법적 성질을 다르게 보는데, 「기업형」 정기용선은 정기용선자가 선원부선박을 임차하여 자기의 해상기업활동에 사용하는 것으로서 그 법적 성질이 기업 단위조직의 임대차라고 하고, 「운송형」 정기용선은 그 법적 성질이 운송계약이라고 한다.[23]

5. 사   견

생각건대 정기용선자를 단순한 운송의뢰인으로 보는 운송계약설은 정기용선

형태이고 임대차에 관한 규정을 유추 적용할 계약이다」고 하여 특수계약설의 입장과 대동소이한 입장을 취한다. 혼합계약설을 취하는 최(기), (해), 45-46쪽도 특수계약설을 취한 위 대법원 판례를 소개하며 위 판례가 혼합계약설의 입장을 취하고 있다고 하여 사실상 혼합계약설과 특수계약설을 구분하고 있지 아니하다.

20) 대법원 1992. 2. 25. 91다14215 판결(당사자 간에 체결된 정기용선 계약이 그 계약 내용에 비추어 선박에 대한 점유권이 용선자에게 이전되는 것은 아니지만 선박임대차와 유사하게 용선자가 선박의 자유사용권을 취득하고 그에 선원의 노무공급계약적인 요소가 수반되는 것이라면 이는 해상기업활동에서 관행적으로 형성 발전된 특수한 계약관계라 할 것으로서 이 경우 정기용선자는 그 대외적인 책임관계에 있어서 선박임대인에 관한 상법 제766조의 유추적용에 의하여 선박소유자와 동일한 책임을 지는 것이라 할 것이므로 정기용선자는 선장이 발행한 선하증권상의 운송인으로서의 책임을 부담한다 할 것이다).

21) 대법원은 선원의 해기과실로 인한 손해배상책임과 관련하여 정기용선의 법적 성질에 대해 특수계약설의 입장과는 다른 판결을 하였는데 이에 관해서는 488-489쪽 참조.

22) 채, (하), 680쪽.

23) 배, 139쪽.

자가 일정 기간 선박에 대한 사용·수익권을 갖고 해상 기업의 주체로 활동하는 실질에 맞지 아니하므로 타당하지 아니하다. 또한 혼합계약설은 정기용선자에게 선박의 점유가 이전되지 않으므로 선박의 임대차와는 다르다는 점을 간과한 학설로서 이론적으로 흠결이 있다. 한편 유형설은 선박을 기업의 단위조직으로 보고 기업형 정기용선계약을 기업 단위조직의 임대차계약으로 보나 위에서 본 바와 같이 정기용선계약은 선박의 임대차가 아니므로 이는 타당하지 아니하며, 운송형 정기용선계약의 경우에도 정기용선자가 선박에 대한 사용·수익권을 갖고 상사사항에 관하여 선원들을 지휘·감독하는 점에 비추어 이를 단순한 운송계약으로 보는 것은 타당하지 아니하다고 본다. 결국 정기용선계약은 선박임대차(선체용선)에 유사하며 노무공급계약적 요소를 수반하는 특수한 계약이라고 하는 특수계약설이 타당하다고 본다.

한편 종래의 학설은 정기용선계약의 법적 성질을 정한 다음 정기용선계약의 대외적인 법률관계를 정기용선계약의 법적 성질에 따라 획일적으로 결정하고자 해 왔는데, 이러한 태도는 타당하지 않다고 본다. 즉 정기용선계약의 법적 성질에 관하여 특수계약설을 취한다고 하더라도, 정기용선의 대외적인 법률관계는 특수계약설에 따라 획일적으로 결정할 것이 아니라 구체적인 사안에 따라 정기용선계약의 내용을 참작하여 개별적으로 결정하되 이러한 방식에 의해 결정되지 아니하는 사항(예컨대 정기용선된 선박의 이용에 관하여 생긴 선박우선특권의 효력이 선박소유자에게 미치는가 하는 점 등)에 한해서 정기용선계약의 법적 성질을 고려하여 해결해야 한다고 본다.

제 3. 정기용선의 내부관계(선박소유자와 정기용선자의 관계)

1. 총 설

우리 상법은 실무에서 많이 사용되는 표준약관을 참조하여 정기용선계약의 내부관계에 관하여 몇 가지 규정을 두고 있다. 그러나 이러한 규정은 대부분 임의규정으로서[24] 정기용선자와 선박소유자 사이의 관계에는 당사자 사이의 계약 내용이 우선적으로 적용된다. 당사자 사이의 약정이나 상법에 규정이 없는 사항에

---

24) 다만 아래에서 살펴보는 바와 같이 정기용선계약상의 채권의 제척기간에 관한 규정은 강행규정이다.

관하여는 해사관습에 의하고 해사관습도 없으면 민법의 임대차에 관한 규정을 유추 적용한다.

아래에서는 정기용선계약의 내부관계에 관하여 우리 상법이 규정하고 있는 사항과 세계적으로 널리 사용되는 표준 약관인 NYPE(1946년 개정본) 및 BALTIME (2001년 개정사항을 반영한 1939년 개정본)에서 규정하는 사항 중 중요한 사항에 관하여 검토하기로 한다.

2. 정기용선자의 권리와 의무

(1) 정기용선자의 권리

1) 선박의 사용・수익권

정기용선자는 용선 기간 동안 선박을 자신의 해상기업을 위하여 자유로이 사용하여 수익을 얻을 권리를 갖는다(상 842조). 이러한 선박의 사용・수익권은 정기용선자가 갖는 가장 중요한 권리로서 정기용선계약의 기본적인 요소이다. 또한 정기용선자는 다른 약정이 없는 한 선박을 자신의 해상기업에 사용하지 아니하고 제 3 자에게 재용선할 권리를 갖는다.[25]

2) 선장지휘권

정기용선자는 약정된 범위 안의 선박의 사용을 위하여 선장을 지휘할 권리가 있다(상 843조 1항). 또한 정기용선자는 해원 그 밖의 선박사용인에 대하여도 지휘권을 갖는다(상 843조 2항의 유추해석). 이러한 정기용선자의 선장・해원 및 그 밖의 선박사용인에 대한 지휘권은 정기용선자의 선박에 대한 사용・수익권을 보장해 주기 위한 것이다.[26] 다만 정기용선자의 선장 등에 대한 지휘권은 상사적인 사항(예컨대 화물의 선적 또는 양륙을 위하여 특정한 항구로 항해할 것을 지시하거나 화물의 선적, 보관 및 양륙과 관련하여 지시를 하는 것 등)에 한정된다.[27] [28]

---

25) NYPE 전문 제16행과 제17행 및 BALTIME 제20조는 정기용선자의 재용선권을 규정하고 있다.

26) NYPE 제 8 조와 BALTIME 제 9 조도 동일한 취지를 규정하고 있다.

27) 대법원 2003. 8. 22. 2001다65977 판결도 비슷한 취지이다(정기용선계약에 있어서 선박의 점유, 선장 및 선원에 대한 임면권, 그리고 선박에 대한 전반적인 지배관리권은 모두 선주에게 있고, 특히 화물의 선적, 보관 및 양하 등에 관련된 상사적인 사항과 달리 선박의 항행 및 관리에 관련된 해기적인 사항에 관한 한 선장 및 선원들에 대한 객관적인 지휘・감독권은 달리 특별한 사정이 없는 한 오로지 선주에게 있다고 할 것이다).

28) 한편 정기용선자의 선장지휘권과 관련하여 정기용선자가 선장에게 특정한 항로를 통해 항해할

선장·해원이나 그 밖의 선박사용인이 정기용선자의 정당한 지시에 위반하여 정기용선자에게 손해가 발생한 경우에는 선박소유자가 이를 배상할 책임이 있다 (상 843조 2항). 정기용선자는 선장에 대한 지휘권을 가지므로 선장이 정기용선자의 지시에 위반한 경우에는 선박소유자가 정기용선자의 지시가 부당했다는 점에 대한 증명책임을 진다고 본다.[29] 안전하지 아니한 항구에의 입항 지시 등과 같이 선박이나 선원의 안전을 위태롭게 하는 지시 혹은 선박의 항행이나 관리에 관련된 해기적인 사항에 관한 지시 등은 부당한 지시로서 선장은 이에 따를 의무가 없으며,[30] 선장이 이러한 지시에 위반하여 정기용선자에게 손해가 발생하여도 선박소유자는 이를 배상할 책임이 없다.

3) 선하증권 발행을 위한 대리권

정기용선자는 해상기업의 주체로서 자기 명의로 화주와 운송계약을 체결하고 선하증권을 발행할 수 있는 것은 당연하다. 그런데 정기용선계약에는 정기용선자에게 선박소유자를 대리하여 선박소유자 명의로 선하증권을 발행할 권한을 부여하는 규정이 포함되는 것이 일반적이다.[31] 이 경우 선박소유자는 정기용선자가 발행한 선하증권상의 운송인으로서 화주측에 대하여 운송계약상의 책임을 부담하게 된다.

4) 선원행위 시정요구권

정기용선자는 선장이나 해원의 행위에 대해 불만이 있으면 선박소유자에게 이에 대한 시정을 요구할 권리가 있다. 이 경우 선박소유자는 지체없이 이를 조사하여 정당하다고 인정되면 선원의 교체 등 필요한 조치를 하여야 한다.[32]

5) 해난구조료 분배청구권

정기용선된 선박이 해난구조에 종사하는 경우 정기용선자는 해난구조료에서 구조비용과 선원들 몫을 공제한 금액을 선박소유자와 균등하게 분배받을 권리가

것을 지시할 수 있는가 하는 점이 문제가 될 수 있는데, 선적항이나 양륙항의 지정뿐만 아니라 그 항구까지 항해하기 위한 가장 적합한 항로의 지정도 선박의 사용과 관련되는 것이므로 정기용선자의 권한에 속한다고 본다. 영국법도 이와 동일한 입장을 취한다(*The Hill Harmony* [2001] 1 Lloyd's Rep. 147).

29) 동지: 정(찬), (하), 816쪽; 정(동), (하), 826쪽.
30) Coghlin, *Time Charters*, p. 335 및 p. 348.
31) Coghlin, *Time Charters*, p. 395. 1993년 개정판 NYPE 제30조 (a)항 참조.
32) NYPE 제 9 조 및 BALTIME 제 9 조 참조.

있다(해난구조에 관하여는 565쪽 이하 참조).[33]

(2) 정기용선자의 의무

1) 용선료 지급의무

정기용선자는 선박의 사용·수익권에 대한 대가로 선박소유자에게 용선료를 지급할 의무가 있다(상 842조). 실무상 용선료는 15일 혹은 30일 단위로 선지급하는 것이 일반적이다.[34] 용선료 지급의무는 정기용선계약에서 정기용선자가 부담하는 가장 기본적인 의무이다. 뒤에서 자세히 살펴보는 바와 같이 정기용선자가 용선료 지급의무를 이행하지 아니하는 경우 선박소유자는 정기용선계약을 해제 혹은 해지할 수 있다(상 845조 1항).

그러나 정기용선자의 책임이 없는 사유로 정기용선자가 선박을 사용·수익할 수 없었던 시간 동안은 용선료를 지급할 의무가 없다.[35]

2) 안전항 지정의무

정기용선자는 선장으로 하여금 안전한 항구 혹은 안전한 장소로 항해하도록 지시할 의무가 있다.[36] 선장은 정기용선자가 안전하지 아니한 항구 혹은 장소로 항해할 것을 지시하는 경우 이러한 지시에 따를 의무가 없다.

3) 적법화물 운송의무

정기용선자는 용선한 선박으로 적법한 화물만을 운송할 의무가 있다.[37] 화물은 선적항의 법, 양하항의 법, 선적국법 및 용선계약의 준거법 모두에 의할 때 적법해야 한다.[38]

4) 비용분담의무

정기용선자는 선박의 연료유, 항비, 도선료, 예선료, 대리점비 등 선박의 운항과 관련된 비용을 부담할 의무가 있다.[39] 정기용선자가 비용을 지급한 연료유에

---

33) NYPE 제19조 및 BALTIME 제18조 참조.
34) NYPE 제 5 조는 15일 단위의 선지급을, BALTIME 제 6 조는 30일 단위의 선지급을, 각 규정하고 있다.
35) NYPE 제15조 및 BALTIME 제11조 (A)항 참조. 이러한 조항을 「Off Hire」 조항이라 한다.
36) NYPE 전문 제27행 및 BALTIME 제 2 조 참조.
37) NYPE 전문 제24행 내지 제25행 및 BALTIME 제 2 조 참조.
38) Coghlin, *Time Charters*, p. 175.
39) NYPE 제 2 조 및 BALTIME 제 4 조 참조.

대한 소유권은 정기용선자가 갖는다.[40)]

5) 선박반환의무

정기용선자는 용선기간이 만료되면 용선을 위하여 선박을 인수한 때의 상태와 동일한 상태로 선박을 선박소유자에게 반환할 의무가 있다.[41)] 따라서 선박을 반환할 때 선박에 용선기간 중 발생한 손상이 있는 경우에는 그 손상이 정기용선자의 계약상의 의무위반으로 인하여 발생한 것이면 정기용선자가 그로 인한 수리비를 지급할 책임을 진다.[42)] 그러나 그러한 손상이 통상적인 마모로 인한 것인 경우에는 정기용선자는 수리비를 지급할 책임이 없다.[43)]

정기용선자는 용선기간이 만료되기 일정기간 전에 선박을 반환할 예정일과 예정항을 선박소유자에게 통지하여야 한다.[44)]

3. 선박소유자의 권리와 의무

(1) 선박소유자의 권리

1) 계약 해제·해지권

정기용선자가 용선료를 약정기일에 지급하지 아니한 때에는 선박소유자는 계약을 해제 또는 해지할 수 있다(상 845조).[45)] 선박소유자가 계약을 해제하기 위하여 정기용선자에게 상당한 기간을 정하여 이행을 최고할 필요가 없으며, 용선료를 2번 연체하지 않아도 계약을 해지할 수 있다는 점에서 민법상의 계약의 해제 또는 해지와 다르다(민 544조 및 640조 참조). 한편 NYPE나 BALTIME은 정기용선자가 용선료의 지급을 해태하는 경우 선박소유자에게 선박회수권(right of withdrawal)을 부여하는데[46)] 선박소유자의 선박회수권의 행사가 계약의 해제 또는 해지에 해

---

40) 따라서 이론적으로 정기용선자에 대하여 채권을 가지는 채권자는 정기용선된 선박의 연료유에 대하여 강제집행을 할 수가 있다. 그러나 선박의 연료유에 대하여 강제집행하는 것은 기술적으로 곤란하기 때문에 실무상 강제집행에 성공한 예는 거의 없다.

41) NYPE 제4조 및 BALTIME 제7조 참조.

42) Coghlin, *Time Charters*, p. 272.

43) NYPE 제4조 및 BALTIME 제7조 참조.

44) 정기용선자가 선박을 반환하기 며칠 전에 선박소유자에게 이러한 통지를 해야 하는가에 관하여 NYPE 제4조는 이를 당사자간의 약정으로 정하도록 하고 있고, BALTIME 제7조는 최소한 10일 전에 통지할 것을 규정하고 있다.

45) 정기용선자가 제1회 용선료를 약정기일에 지급하지 하니한 때에는 선박소유자는 계약을 해제할 수 있고 그 이외의 경우에는 계약을 해지할 수 있다.

당한다.[47)]

정기용선자가 용선료의 지급을 해태하는 경우 선박소유자는 특별한 약정이 없는 한 이러한 계약의 해제권 혹은 해지권 이외에 선박의 제공을 일시적으로 중단할 권리는 가지지 아니한다.[48)]

2) 손해배상청구권

정기용선자가 용선료를 약정기일에 지급하지 아니한 때에는 선박소유자는 정기용선계약을 해제 또는 해지하는 것 외에 정기용선자를 상대로 손해배상을 청구할 수 있다(상 845조 4항).[49)]

3) 운송물 유치권 및 경매권

정기용선자가 선박소유자에게 용선료·체당금 그 밖에 이와 유사한 정기용선계약에 의한 채무를 이행하지 아니하는 경우에는 선박소유자는 위 금액의 지급과 상환하지 아니하고는 운송물을 인도할 의무가 없다(상 844조 1항, 807조 2항). 또한 선박소유자는 위 금액의 지급을 받기 위하여 법원의 허가를 얻어 운송물을 경매하여 우선변제를 받을 권리가 있다. 선장이 수하인에게 인도한 후에도 선박소유자는 그 운송물에 대한 경매권을 행사할 수 있다. 그러나 인도한 날부터 30일을 경과하

---

46) NYPE 제 5 조, BALTIME 제 6 조.

47) 1993년판 NYPE 제11조 (b)항은 용선료의 지급 해태가 용선자 혹은 용선자측의 금융기관의 간과(oversight), 과실(negligence) 혹은 실수(errors or omissions) 등 고의 이외의 사유로 인한 것인 경우에는 선박소유자가 선박을 회수하기 전에 용선자에게 일정한 기간(grace period)을 정하여 지급을 최고하도록 규정하고 있다. 이 규정을 anti-technicality clause라 한다. BALTIME에는 이러한 조항이 없으나 당사자간의 특약으로 이러한 조항을 삽입하는 것이 일반적이다(Coghlin, *Time Charters*, p. 298).

48) Wilford, *Time Charters*, p. 297. 다만 1993년판 NYPE 제11조 (a)항은 용선료가 지급되지 않는 동안 선박소유자가 선박의 제공을 중단할 수 있는 권리를 갖는다고 규정한다.

49) 영국법상으로는 용선자가 용선료의 지급을 해태한 경우 선박소유자가 선박을 회수하는 외에 용선자에 대하여 손해배상을 청구할 수 있는지의 여부가 명백하지 아니하다. 용선자가 더 이상 용선계약을 이행할 의사가 없음을 명백히 한 경우에는 계약의 이행거절(repudiation)에 해당하여 선박소유자가 손해배상도 청구할 수 있다고 보는 것에 관하여 이론이 없으나, 단순한 지급 해태의 경우에 선박소유자가 선박을 회수하는 이외에 손해배상도 청구할 수 있는지의 여부에 관하여 최고법원인 귀족원(및 대법원)의 판결은 없으며, 하급심 판결은 견해가 나뉘고 있었다(Wilford, *Time Charters*, pp. 308-310). 그러나 최근 영국 고등법원 여왕좌부(상사법원)에서 용선료의 지급의무 위반이 있으면 계약해지와 함께 손해배상을 청구할 수 있다고 명시적으로 판시함으로써 영국법상으로도 우리 법과 마찬가지로 손해배상도 청구할 수 있는 것으로 정리된 것으로 보인다(Kuwait Rocks Co v. AMN Bulkcarriers Inc (The Astra) [2013] EWHC 865 (Comm)). 한편 미국법도 우리 법과 마찬가지로 선박소유자에게 손해배상청구권을 인정한다(Wilford, *Time Charters*, p. 319).

거나 수하인 이외의 제 3 자가 그 운송물에 점유를 취득한 때에는 그러하지 아니하다(상 844조 1항, 808조). 운송물이 정기용선자의 소유인지의 여부는 묻지 아니한다. 따라서 선박소유자가 가지는 운송물 유치권 및 경매권은 선박소유자와 제 3 자 사이에도 동일하게 적용된다. 다만 선박소유자는 정기용선자가 발행한 선하증권을 선의로 취득한 제 3 자에게 대항하지 못하며(상 844조 1항 단서), 선박소유자의 유치권 및 경매권은 정기용선자가 운송물에 관하여 약정한 용선료 또는 운임의 범위를 넘어서 행사하지 못한다(상 844조 2항).

(2) 선박소유자의 의무

1) 선박인도의무

선박소유자는 약정된 날짜에 약정된 항구에서 약정된 선박을 정기용선자에게 인도할 의무가 있다. 당해 선박은 정기용선계약의 목적을 달성하기에 적합한 상태이어야 한다.[50] 일반적으로 선박이 감항능력을 갖추고 있으면 위 요건을 충족할 것이나 특약이 있는 경우에는 선박이 감항능력을 갖추는 외에 계약에서 특별히 요구하는 상태를 갖추어야 한다.[51] NYPE나 BALTIME은 선박소유자가 선박인도 의무를 위반하면 용선자가 정기용선계약을 해제할 수 있다고 규정하고 있다.[52] 이 경우 선박소유자의 귀책사유가 있는지의 여부는 묻지 아니한다. 또한 이러한 해제권은 약정해제권이므로 원칙적으로 정기용선자는 선박소유자에 대하여 손해배상을 청구할 수 없다.[53]

한편 선박소유자에게 귀책사유가 있는 경우에는 정기용선자는 약정해제권의 행사 대신에 선박소유자에게 상당한 기간을 정하여 선박을 인도할 것을 최고하고 선박소유자가 그 기간 내에 이행하지 아니하면 용선계약을 해제하고(법정해제권의 행사) 선박소유자에게 손해배상을 청구할 수 있다(민 544조, 551조). 또한 선박소유자

---

50) NYPE 전문 제21행 내지 제24행 참조.

51) Coghlind, *Time Charters*, pp. 160-161 참조.

52) BALTIME 제21조. 한편 NYPE는 BALTIME 제21조와 같은 명시적인 규정은 없으나 뉴욕 프로듀스 양식 제14조에 의하면 선박소유자는 약정된 기일까지 용선자에게 선박인도준비완료통지(notice of readiness)를 하여야 하고 이를 위반하면 용선자는 정기용선계약을 해제할 수 있도록 되어 있는데 선박이 정기용선계약의 목적을 달성하기에 적합한 상태가 아닌 경우에 선박인도 준비완료통지를 하여도 이는 무효이므로(Wilford, *Time Charters*, p. 164 참조) 결국 NYPE에 의하더라도 선박소유자가 약정된 기일까지 적합한 선박을 인도하지 아니하면 용선자는 정기용선계약을 해제할 수 있다.

53) 곽, (채·각), 84-85쪽; 주석 채권각칙(Ⅰ), 383쪽.

가 귀책사유에 의해 약정된 날짜 보다 늦게 선박을 제공하는 경우 정기용선자는 약정해제권 혹은 법정해제권의 행사 대신에 선박을 인수하고 손해배상을 청구할 수 있다(민 390조).[54]

2) 선박의 상태 유지의무

선박소유자는 용선기간 동안 선박의 상태를 용선계약의 목적을 달성하기에 적합하도록 유지할 의무가 있다.[55] 선박소유자가 귀책사유로 이러한 의무에 위반하는 경우 정기용선자는 상당한 기간을 정하여 유지의무의 이행을 최고하고 선박소유자가 이를 이행하지 아니하면 정기용선자는 정기용선계약을 해지할 수 있다.

3) 비용분담의무

선박소유자는 선원들의 급료, 식량, 선박에 대한 보험료, 통상의 마모 혹은 정기용선자가 책임을 지지 아니하는 사유로 인한 선박손상에 대한 수리비 등 선박의 유지비용을 지급할 의무가 있다.[56]

4. 정기용선계약상의 채권의 제척기간

정기용선계약에 관하여 발생한 당사자 사이의 채권은 선박이 선박소유자에게 반환된 날로부터 2년 이내에 재판상 청구가 없으면 소멸한다.[57] 그러나 이 기간은 당사자 사이의 합의에 의하여 연장할 수 있다(상 846조 1항, 814조 1항 단서). 위 기간은 제척기간으로 보는 것이 통설이다.[58] 이러한 제척기간을 둔 것은 정기용선계약을 둘러싼 법률관계가 복잡하고 증거를 오래 보관하는 것이 곤란하다는 점을 고려하여 정기용선계약상의 법률관계를 조속히 종결하기 위한 것이다. 따라서 제척기간에 관한 상법의 규정은 강행규정이다.

한편 위 기간을 단축하는 선박소유자와 용선자의 약정은 정기용선계약에 명시적으로 기재하지 아니하면 그 효력이 없다(상 846조 2항, 840조 2항). 우리 상법은 2

---

54) 영국법상으로도 선박소유자의 귀책사유로 인한 선박인도의무 위반의 경우 정기용선자는 약정 해제권의 행사와 별도로 선박소유자에게 손해배상을 청구할 수 있다(Wilford, *Time Charters*, p. 408 참조).

55) NYPE 제 1 조; BALTIME 제 3 조 참조.

56) NYPE 제 1 조; BALTIME 제 3 조 참조.

57) 1991년 상법상의 제척기간은 1년이었으나(동 법 제812조의 6), 2007년의 개정으로 2년으로 연장되었다.

58) 정(동), (하), 827쪽.

년의 제척기간을 어느 정도로 단축할 수 있을 것인가 하는 점에 관하여 아무런 규정을 두고 있지 아니하므로 이 점은 해석에 의해 해결할 수밖에 없다.[59) 이는 입법의 불비라고 생각된다.

제 4. 정기용선의 외부관계(제 3 자에 대한 관계)

1. 총 설

(1) 선결 문제

정기용선계약의 외부관계는 정기용선자와 제 3 자와의 관계 및 선박소유자와 제 3 자와의 관계를 말한다. 이러한 정기용선계약의 외부관계와 관련해서는 정기용선된 선박을 이용하여 제 3 자의 운송물을 운송하기로 하는 운송계약이 체결된 경우(선하증권이 발행된 경우 포함) 선박소유자와 정기용선자 중 누가 운송계약과 관련된 채무불이행책임 및 불법행위책임을 부담하는가 하는 점60)과, 정기용선된 선박이 다른 선박과 충돌하는 경우 등과 같이 운송계약과 관계없는 불법행위가 발생한 경우 누가 불법행위책임을 지는가 하는 점이 선결 문제가 된다. 아래에서는 정기용선계약의 외부관계를 정하기 위한 위 두 가지 선결문제에 관하여 검토한 다음 선박소유자와 제 3 자와의 관계 및 정기용선자와 제 3 자와의 관계를 살펴보기로 한다.

(2) 운송계약과 관련된 책임의 주체

정기용선된 선박을 이용하여 제 3 자의 운송물을 운송하기로 하는 운송계약과 관련된 책임의 주체에 관하여는 정기용선계약의 법적 성질에 관한 각 학설의 입장에 따라 그 결론을 달리한다. 또한 정기용선계약의 법적 성질과는 무관하게 운송계약과 관련된 책임의 주체를 결정하고자 하는 학설도 있다. 아래에서는 이러한 각 학설의 입장과 대법원 판례를 검토한 다음 사견을 제시해 보고자 한다.

---

59) 생각건대 개품운송계약상의 채권의 제척기간이 1년인 점과의 균형상 1년보다 짧은 기간으로 단축할 수 없다고 해석하는 것이 타당하다. 그러나 정기용선계약에 계약자유의 원칙을 충실히 적용해야 한다는 입장에서는 1년 미만으로 단축할 수 있다고 해석할 수도 있다. 결국 이 점은 입법으로 해결할 문제이다.

60) 정기용선자가 운송계약 이외의 계약(예컨대 재정기용선계약)을 체결한 경우에는 정기용선자가 그 계약상의 책임을 진다는 점에는 의문의 여지가 없다.

1) 각 학설의 입장

가. 운송계약설

운송계약설에 의하면 정기용선계약은 정기용선자가 수배한 화물을 선박소유자가 운송하기로 하는 운송계약이므로, 정기용선 중에 제3자와의 사이에 체결된 운송계약상의 운송인은 선박소유자가 되고 그 결과 선박소유자가 운송계약상의 채무불이행책임 및 운송계약의 이행과 관련된 불법행위책임을 부담한다고 한다.

나. 혼합계약설

혼합계약설에 의하면 정기용선계약은 선체용선(선박임대차)과 노무공급계약의 혼합계약이므로 정기용선계약의 대외적 법률관계에는 선체용선에 관한 상법 제850조 제1항이 적용된다고 한다. 그 결과 정기용선자는 선박의 사용에 관한 사항에 관하여 제3자에 대하여 선박소유자와 동일한 권리의무를 가지게 된다. 따라서 이 학설에 의하면 정기용선자가 제3자에 대한 운송계약상의 채무불이행책임 및 운송계약의 이행과 관련된 불법행위책임을 부담하게 된다.

다. 특수계약설

특수계약설은 정기용선계약의 대외적 법률관계에 선체용선에 관한 상법 제850조 제1항이 「적용」되는 것이 아니라 「유추 적용」된다고 본다는 점만 혼합계약설의 입장과 다를 뿐이고 정기용선자가 제3자에 대한 운송계약상의 채무불이행책임 및 운송계약의 이행과 관련된 불법행위책임을 부담한다고 보는 점에 있어서는 혼합계약설의 입장과 같다.

라. 유형설

유형설에 의하면 「기업형」 정기용선의 경우에는 혼합계약설의 입장과 마찬가지로 상법 제850조 제1항의 적용에 의해 정기용선자가 운송계약상의 운송인으로서 채무불이행책임 및 운송계약의 이행과 관련된 불법행위책임을 부담하고, 「운송형」 정기용선의 경우에는 운송계약설과 마찬가지로 선박소유자가 이러한 책임을 부담한다고 본다.

마. 해기·상사구별설

해기·상사구별설은 선박의 이용에 관한 사항을 선박의 항해나 선박의 관리와 같은 해기사항과 운송물의 운송과 관련된 상사사항으로 구분하고 해기사항에 관하여는 선박소유자가, 그리고 상사사항에 관하여는 정기용선자가 책임을 부담한다는 견해이다. 이 학설에 의하면 운송계약과 관련된 책임은 채무불이행책임과 불법행위책임 모두 정기용선자가 부담하게 된다.

2) 대법원 판례의 입장

앞서 본 바와 같이 우리 대법원은 정기용선계약의 법적 성질에 관하여 특수계약설을 취하고 있다. 그러므로 우리 대법원에 의하면 정기용선자는 상법 제850조의 유추 적용에 의하여 운송계약과 관련된 채무불이행책임 및 불법행위책임을 부담한다고 한다.[61]

3) 사 견

가. 정기용선된 선박을 이용하여 제 3 자의 운송물을 운송하기로 하는 운송계약이 체결되는 경우 운송계약상의 운송인의 명의가 운송계약상 명확한 경우와 불명확한 경우가 있다. 앞서 본 학설들은 이를 구분하지 아니하고 정기용선된 선박에 관하여 체결된 운송계약상의 책임의 주체를 논하고 있다. 선박소유자(및 선박임차인)만을 해상기업의 주체로 인정하는 선박소유자중심주의를 채택하고 있었던 제정 상법 시대에는 운송계약상의 운송인의 명의여하를 불문하고 그러한 운송계약에 따라 책임을 지는 해상기업의 주체가 누구인가를 논하는 위와 같은 학설들의 입장은 수긍할 수 있었다.[62] 그러나 1991년에 개정된 상법(현행 상법도 동일함)은 선박소유자중심주의가 아니라 운송인중심주의를 채택하였기 때문에 선박소유자

---

61) 대법원 1992. 2. 25. 91다14215 판결(폴사 도스호 판결)(정기용선계약이 그 계약내용에 비추어 선박에 대한 점유권이 용선자에게 이전되는 것은 아니지만 선박임대차와 유사하게 용선자가 선박의 자유사용권을 취득하고 그에 선원의 노무공급 계약적 요소가 수반되는 것이라면 이는 해상기업활동에서 관행적으로 형성 발전된 특수한 계약관계라 할 것으로서 이 경우 정기용선자는 그 대외적인 책임관계에 있어서 선박임차인에 관한 상법 제766조(현행 상법 제850조)의 유추 적용에 의하여 선박소유자와 동일한 책임을 지는 것이라 할 것이므로 정기용선자는 선장이 발행한 선하증권상의 운송인으로서의 책임을 부담한다고 할 것이다); 대법원 1994. 1. 28. 93다18167 판결(로스토치호 판결)(선박의 소유자 아닌 정기용선자라 하여도 다른 특별한 사정이 없는 한 대외적인 책임관계에 있어서는 선박임차인에 관한 상법 제766조(현행 상법 제850조)가 유추 적용되어 선박소유자와 동일한 책임을 지는 것이므로, 가사 피고가 위 로스토치호의 소유자가 아니라 정기용선자에 불과하다 하더라도 원심이 적법하게 확정한 바와 같이 위 △△어업이 피고와 화물운송계약을 맺었는데, 위 로스토치호의 선원 기타 선박사용인의 과실로 인하여 그 화물에 손상이 있었다면 피고는 위 △△어업 내지 그를 대위하는 원고에 대하여 불법행위책임을 부담하여야 한다).
62) 제정 상법 제806조는 용선자가 자기 명의로 제 3 자와 운송계약을 체결한 경우에도 선박소유자만이 제 3 자에 대하여 운송계약상의 책임을 부담한다고 규정하였다. 따라서 정기용선자에게 선박임차인에 관한 제정 상법 제766조가 적용 혹은 유추 적용되지 아니하면 비록 운송계약상 정기용선자가 운송인으로 명시되어 있더라도 선박소유자만이 운송인으로서의 책임을 부담하였다.

와 선박임차인(선체용선자)뿐만 아니라 정기용선자 혹은 항해용선자도 해상기업의 주체가 될 수 있게 되었다. 그러므로 이제는 정기용선된 선박에 관하여 체결된 운송계약상의 책임의 주체를 결정하기 위해서는 정기용선계약의 법적 성질에 관한 논의는 필요가 없으며 운송계약의 해석문제로서 운송계약상의 운송인의 명의가 누구인가를 결정하면 충분하다고 본다. 따라서 정기용선된 선박에 관하여 체결된 운송계약상의 책임의 주체를 결정하기 위해서는 우선 운송계약에 표시된 당사자의 의사가 무엇이었는지를 확인해야 하고 만일 당사자의 의사가 불명확하면 그 단계에서 거래의 안전이나 관행 등을 고려하여 합목적적으로 운송인을 결정하여야 할 것이다. 아래에서는 이러한 입장에서 정기용선계약하에서 체결된 운송계약상의 책임의 주체에 관하여 검토해 보기로 한다.

나. 운송계약상 운송인이 명확한 경우

(가) 정기용선자가 명시적으로 선박소유자를 운송인으로 표시하고 운송인의 대리인으로서 운송계약을 체결하였다면 이러한 경우에는 운송계약과 관련된 책임의 주체는 선박소유자라고 보아야 할 것이다. 따라서 운송물이 멸실·훼손 혹은 연착된 경우 선박소유자가 채무불이행책임 및 불법행위책임을 부담해야 한다. 이 경우 만일 정기용선계약상 정기용선자에게 선박소유자를 대리하여 운송계약을 체결할 권한이 없었다면 정기용선자는 무권대리책임을 져야 할 것이며 사안에 따라서는 선박소유자가 표현대리책임을 부담할 경우도 있을 것이다.

(나) 정기용선자가 자기를 운송인으로 표시하고 운송계약을 체결한 경우에는 정기용선자가 운송인으로서 채무불이행책임을 부담하여야 하는 것은 당연하다. 또한 정기용선자는 상사사항에 관하여 선장과 선원들에 대한 지휘·감독권을 가지므로 운송물의 멸실·훼손 혹은 연착에 관하여 정기용선자는 불법행위책임(사용자책임)도 부담하여야 한다.[63]

(다) 한편 현행 상법은 「정기용선자가 자기의 명의로 제 3 자와 운송계약(개품운송계약)을 체결한 경우에는 그 계약의 이행이 선장의 직무에 속한 범위 안에서 선박소유자도 그 제 3 자에 대하여 감항능력주의의무(상 794조) 및 운송물에 관한 주의의무(상 795조)의 규정에 의한 책임을 진다」고 규정한다(상 809조). 1991년 상법하에서는 이러한 경우 선박소유자가 정기용선자와 함께 운송계약에 따른 책임을 부담

---

63) 484쪽 주 61)에서 살펴 본 대법원 1994. 1. 28. 93다18167 판결도 이러한 경우 정기용선자에게 불법행위책임도 부담시키고 있다. 한편 운송물의 연착에 관하여는 채무불이행책임과 별도로 불법행위책임이 발생하는 것은 드물 것이다.

하는가에 관하여 학설이 대립하고 있었고[64] 하급심 판례도 나뉘어 있었다.[65] 현행 상법은 정기용선자와 개품운송계약을 체결한 제3자를 보호하기 위하여 이러한 경우 선박소유자도 정기용선자와 부진정연대책임을 부담한다는 점을 명백히하여 1991년 상법하에서의 논란을 입법적으로 정리하였다(279쪽 이하 참조). 따라서 정기용선자가 자기 명의로 제3자와 개품운송계약을 체결한 경우에 선박소유자는 정기용선자와 연대하여 제3자에 대하여 채무불이행책임을 부담한다.[66]

다. 운송계약상의 운송인이 불명확한 경우

운송계약상의 운송인이 불명확한 경우로는 예컨대 선하증권 전면에는 명시적으로 정기용선자를 운송인으로 표시한 반면에 선하증권 이면약관에는 소위 운송인특정약관[67]을 두고 있는 경우를 들 수 있다. 이 경우에는 선하증권에 표시된 당사자의 의사가 서로 상충되기 때문에 누구를 운송인으로 보는 것이 타당한가 하는 문제가 생긴다. 일반적인 해석원칙상 선하증권의 이면에 인쇄된 약관보다는 전면에 타이핑한 것이 우선하며 또한 송하인이나 선하증권의 소지인은 전면에 기재된 정기용선자가 운송인이라는 기재를 신뢰하고 거래를 하는 경우가 많을 것이므로 이러한 경우에는 정기용선자를 운송인으로 보는 것이 타당하다고 본다.[68] 이 경우 선하증권 이면의 운송인특정조항은 상법 제799조에 위반되어 무효라고 보아야 한다.

---

64) 이 문제는 정기용선계약의 법적 성질에 관한 논의와 연결된다. 즉 정기용선계약을 운송계약으로 보는 학설에 의하면 정기용선자도 위 조문상의 용선자에 포함된다고 보는 반면에, 정기용선계약의 법적 성질을 특수계약설 혹은 혼합계약설로 보는 견해에 의하면 정기용선자는 위 조문상의 용선자에 포함되지 아니하고 오히려 선박소유자에 포함된다고 보게 된다.

65) 이 점에 관한 대법원 판결은 없으며 정기용선자가 위 조문상의 용선자에 포함된다는 판결은 부산지방법원 1998. 6. 3. 96가합17786 판결이 있고, 포함되지 않는다는 판결은 서울민사지방법원 1990. 8. 23. 89가합48654 판결이 있다. 이에 관한 상세는 졸고, "개정 해상법하에서의 해상운송인의 지위," 한국해법학회지, 제30권 제1호(2008. 4.), 76-80쪽 참조.

66) 다만 상법 제809조는 정기용선자가 항해용선계약을 체결한 경우에는 적용되지 아니한다(상 841조 참조). 따라서 이 경우에는 정기용선자만이 채무불이행책임 및 불법행위책임을 부담하게 된다.

67) 운송인특정약관(identity of carrier clause)이란 선박소유자 또는 임차인만이 동 선하증권 상의 운송인이라고 하는 약관을 말한다는 점은 앞서 개품운송인의 손해배상책임에 관한 항에서 살펴본 바와 같다.

68) 참고적으로 이와 동일한 사안에서 영국의 1심법원은 선하증권 전면의 기재를 중시하여 정기용선자를 운송인으로 보았으나(*The Starsin*, [2000] 1 Lloyd's Rep. 85), 항소심은 운송인특정에 관한 이면약관은 그러한 경우에도 적용된다고 보아 선박소유자가 운송인이라고 판시하였다. 이 항소심 법원의 판결은 2:1의 다수결에 의해 결정되었다. 그러나 영국의 귀족원(House of Lords)은 항소심 판결을 파기하고 1심법원과 마찬가지로 정기용선자가 운송인이라고 판시하였다(*The Starsin*, [2003] 1 Lloyd's Rep. 571 이하 참조).

다음으로 선하증권 전면에 운송인에 관한 아무런 명시적인 기재가 없이 이면약관에 위와 같은 운송인특정조항이 포함되어 있는 경우가 있다. 이러한 경우에도 선하증권 전면에 정기용선자의 로고(logo)가 기재된 선하증권 양식을 사용하는 경우와 아무런 로고가 없는 백지 양식을 사용하는 경우로 나눌 수 있다. 전자의 경우에 있어서는 정기용선자가 자기를 운송인이라고 표시하였다고 볼 수 있으며 이에 따라 제3자가 정기용선자를 운송인으로 믿고 거래하는 것이 보통일 것이므로 거래의 안전을 위하여 선하증권 이면의 운송인특정조항은 무효이고 정기용선자가 운송인이라고 하는 것이 타당하다고 본다. 한편 이와는 달리 백지 양식의 선하증권을 사용하는 경우에는 선하증권의 기재를 전체적으로 파악해 볼 때 운송인특정조항과 상충되는 기재나 표시가 없기 때문에 제3자가 정기용선자를 운송인으로 믿고 거래하는 것이 이례적일 것이므로 이 경우에는 원칙적으로 선박소유자를 운송인으로 보아야 할 것이다. 그러나 대법원은 이와 유사한 사안에서 정기용선자를 운송인으로 보았는데,[69] 이는 대법원이 정기용선계약의 법적 성질에 관하여 특수계약설을 입장을 취하고 이러한 법적 성질에 따라 획일적으로 운송계약의 주체를 정하는 종래의 학설의 입장을 그대로 따른 것으로서 그 타당성에 의문이 있다.[70]

(3) 일반 불법행위책임의 주체

1) 총   설

정기용선된 선박이 운항 중 다른 선박과 충돌하는 등과 같이 운송계약과 관련이 없는 일반 불법행위가 발생하였을 때 누가 책임의 주체가 될 것인가 하는 점에 관하여도 정기용선계약의 법적 성질에 관한 학설에 따라 입장이 대립된다. 또한 정기용선계약의 법적 성질과 무관하게 일반 불법행위책임의 주체를 정하고자 하는 학설도 있다. 아래에서는 각 학설과 대법원 판례의 입장을 검토한 다음 사견을 제시해 보기로 한다.

2) 각 학설의 입장

가. 운송계약설에 의하면 선박소유자가 일반 불법행위책임의 주체가 되는 것

---

69) 484쪽 주 61)에서 살펴 본 대법원 1992. 2. 25. 91다14215 판결(폴사 도스호 판결).
70) 참고로 일본에서는 정기용선자의 로고가 기재된 선하증권양식이 사용되고 서명은 「For the Master」로 되었으며 선하증권 이면약관에 운송인특정조항이 포함되어 있는 사안에서 선박소유자를 운송인으로 보았다(日本 最高裁判所 平成10年 3月 27日(1998) 平成5年(オ)1492号 判決(소위 자스민호 판결)).

이 당연하다.[71] 한편 혼합계약설과 특수계약설에 의하면 상법 제850조 제 1 항의 적용 또는 유추 적용에 의해 정기용선자가 일반 불법행위책임의 주체가 된다.[72]

　　나. 유형설에 의하면「기업형」정기용선의 경우에는 혼합계약설과 결론을 같이 하고,「운송형」정기용선의 경우에는 운송계약설과 결론을 같이 한다.

　　다. 해기・상사구별설에 의하면 선박 충돌과 같은 사항은 해기사항으로서 선박소유자가 불법행위책임을 부담한다고 한다. 한편 이 학설에 의하면 운송물의 운송과 관련하여 화주 이외의 제 3 자가 손해를 입은 경우(예컨대 정기용선된 선박에서 운송물의 양하작업을 하던 하역인부가 선원들의 과실로 인명손해를 입은 경우 등)에는 이는 상사사항에 관한 것이므로 정기용선자가 불법행위책임을 부담하게 된다.

　　라. 한편 정기용선의 법적 성질을 해상기업의 임대차로 보면서도 선박의 항행 또는 선박 자체의 관리에 관한 불법행위책임에 관하여는 선박소유자도 정기용선자와 연대하여 책임을 부담한다는 연대책임설을 주장하는 견해가 있다.[73] 이 학설은 선박소유자가 선장 및 선원의 임면권을 가지고 있고 선박소유자에 의해 선임된 선장이 선박의 항행에 대한 책임을 지며 선박소유자가 선박 자체의 관리에 대한 책임을 부담한다는 점을 고려하여, 선박의 항행이나 선박의 관리에 관하여 제 3 자에게 입힌 손해에 대하여는 선박소유자도 해상기업의 주체로서 정기용선자와 연대하여 불법행위책임을 진다고 본다.

3) 대법원 판례의 입장

　　우리 대법원은 선박충돌 사고가 발생한 사안에서, 선박의 항행 및 관리에 관련된 해기적인 사항에 관한 한 선장 및 선원들에 대한 객관적인 지휘・감독권은 달리 특별한 사정이 없는 한 오로지 선박소유자에게 있다고 할 것이므로, 정기용선된 선박의 선장이 항행상의 과실로 충돌사고를 일으켜 제 3 자에게 손해를 가한 경우 정기용선자가 아니라 선박소유자가 선장의 사용자로서 불법행위책임을 부담한다고 판시하였다.[74] 위 판례는 해기사항과 상사사항을 구분하여 각각의 책임의

---

71) 채, (하), 685쪽.

72) 손, (하), 780쪽; 田中・原茂, 91頁.

73) 박홍대, "정기용선자의 지위," 재판자료 52집(법원행정처, 1991), 122쪽.

74) 대법원 2003. 8. 22. 2001다65977 판결(정기용선계약에 있어서 선박의 점유, 선장 및 선원에 대한 임면권, 그리고 선박에 대한 전반적인 지배관리권은 모두 선주에게 있고, 특히 화물의 선적, 보관 및 양하 등에 관련된 상사적인 사항과 달리 선박의 항행 및 관리에 관련된 해기적인 사항에 관한 한 선장 및 선원들에 대한 객관적인 지휘・감독권은 달리 특별한 사정이 없는 한 오로지 선주에게 있다고 할 것이므로, 정기용선된 선박의 선장이 항행상의 과실로 충돌사고를 일으켜

주체를 정하고 있다는 점에서 해기·상사구별설의 입장과 동일하다. 위 판결에서 대법원은 정기용선의 법적 성질에 관하여 「정기용선계약은 선박소유자 또는 임차인(이하 통칭하여 '선주'라 한다)이 용선자에게 선원이 승무하고 항해장비를 갖춘 선박을 일정한 기간 동안 항해에 사용하게 할 것을 약정하고 용선자가 이에 대하여 기간으로 정한 용선료를 지급할 것을 약정하는 계약으로서 용선자가 선주에 의해 선임된 선장 및 선원의 행위를 통하여 선주가 제공하는 서비스를 받는 것을 요소로 하는 것이고, 선박 자체의 이용이 계약의 목적이 되어 선주로부터 인도받은 선박에 자기의 선장 및 선원을 탑승시켜 마치 그 선박을 자기 소유의 선박과 마찬가지로 이용할 수 있는 지배관리권을 가진 채 운항하는 선박임대차계약과는 본질적으로 차이가 있다」고 판시함으로써 선원의 해기과실로 인한 손해배상책임과 관련해서는 특수계약설의 입장을 변경한 것으로 보인다.[75)]

4) 사   견

정기용선된 선박의 운항 중에 발생한 일반 불법행위책임의 주체를 결정하는 경우에 있어서도 정기용선계약의 법적 성질에 따라 획일적으로 결정할 것이 아니라 구체적인 법률관계에 따라 책임의 주체를 개별적으로 결정해야 할 것이다. 이와 관련하여 정기용선자는 상사사항에 관하여만 선원들에 대한 지휘·감독권을 가지고 있으며 해기적 사항에 관하여는 여전히 선박소유자가 선원들에 대한 지휘·감독권을 가지고 있기 때문에 정기용선된 선박의 운항 중에 일반 불법행위가 발생한 경우에는 상사사항과 관련하여 발생된 불법행위책임은 정기용선자가 부담하고 해기사항과 관련하여 발생된 불법행위책임은 선박소유자가 부담한다고 하는 해기·상사구별설에 찬성한다. 이 점에서 선박충돌에 관한 위 대법원 판결의 입장

제3자에게 손해를 가한 경우 용선자가 아니라 선주가 선장의 사용자로서 상법 제845조(현행 상법 제878조) 또는 제846조(현행 상법 제879조)에 의한 배상책임을 부담하는 것이고, 따라서 상법 제766조 제1항(현행 상법 제850조 제1항)이 유추 적용될 여지는 없으며, 다만 정기용선자에게 민법상의 일반 불법행위책임 내지는 사용자책임을 부담시킬 만한 귀책사유가 인정되는 때에는 정기용선자도 그에 따른 배상책임을 별도로 부담할 수 있다); 대법원 2009. 6. 11. 2008도11784 판결 및 대법원 2010. 4. 29. 2009다99754 판결도 동일한 취지임.

75) 대법원 2010. 4. 29. 2009다99754 판결도 동일한 취지임. 대법원은 정기용선된 선박의 선장이 항행상의 과실로 충돌사고를 일으켜 업무상과실일반교통방해죄가 문제로 된 사안에서는 더 나아가 「이 사건 용선계약은 선체용선계약과는 구별되는 정기용선계약으로서의 기본 요건을 모두 갖추었다고 봄이 상당하므로 원심이 노무공급계약적 요소가 수반된 특수한 계약관계로 본 것은 잘못이다」라고 판시하였다(2009. 6. 11. 2008도11784 판결). 대법원이 운송계약상의 책임과 관련해서도 특수계약설의 입장을 변경한 것인지는 앞으로 판례를 지켜보아야 할 것으로 생각된다.

은 종전의 대법원 판결에 비해 진일보한 것으로서 타당하다고 본다.

2. 정기용선자와 제 3 자와의 관계

(1) 운송계약과 관련된 의무 및 책임

앞서 본 바와 같이 정기용선된 선박에 관하여 제 3 자와 운송계약이 체결된 경우 선박소유자가 운송인임을 명시하지 아니하는 한 대부분의 경우 정기용선자가 운송계약의 당사자로 인정되는 경우가 많다. 이 경우에는 정기용선자가 운송인으로서의 의무와 그 위반에 대한 채무불이행책임 및 불법행위책임을 부담한다.[76)

(2) 일반 불법행위책임

정기용선자는 상사사항에 관하여만 선원들에 대한 지휘감독권을 가지므로 특별한 사정이 없는 한 정기용선자는 선박충돌 그 밖에 선박의 운항과 관련하여 선원들이 범한 불법행위에 대한 사용자책임을 지지 아니한다. 또한 정기용선자는 선박에 대한 점유자가 아니므로 선박의 하자로 인한 점유자로서의 1차적인 공작물책임도 부담하지 아니한다.

(3) 정기용선자의 책임제한

정기용선자가 운송계약과 관련하여 운송인으로서 제 3 자에 대하여 채무불이행책임 혹은 불법행위책임을 부담하는 경우에는 정기용선자가 상법 제797조에 따라 운송인으로서 포장당 혹은 중량당 책임제한을 원용할 수 있는 것은 당연하다. 또한 이 경우 정기용선자는 선박소유자와 동일하게 선박의 톤수에 따른 책임제한도 원용할 수 있다(상 797조 4항).[77)

---

76) 다만 정기용선자가 제 3 자와 체결한 운송계약이 개품운송계약인 경우에는 선박소유자도 정기용선자와 연대하여 채무불이행책임을 부담한다는 점은 앞서 본 바와 같다(상 809조).

77) 정기용선자가 선박의 톤수에 따른 책임제한을 할 수 있는 근거에 관하여 선체용선에 관한 상법 제850조 제 1 항을 유추 적용한다고 해석할 수도 있고, 상법 제774조 제 1 항 제 1 호의 적용한다고 해석할 수도 있다. 연혁적으로 상법 제774조 제 1 항 제 1 호에서 규정하고 있는 「용선자」는 본래 항해용선자를 의미하였으나 현행 상법이 항해용선자, 정기용선자 및 선체용선자를 엄밀히 구별하지 아니하고 이들을 용선자라고 표현하고 있으므로(상 827조, 842조, 847조 참조), 현행 상법의 해석으로는 정기용선자가 상법 제774조 제 1 항 제 1 호의 용선자에 해당하고 따라서 이 조항의 적용에 의하여 선박소유자와 동일하게 책임을 제한할 수 있다고 해석하는 것이 간명하다.

3. 선박소유자와 제3자와의 관계

(1) 운송계약과 관련된 의무 및 책임

1) 정기용선된 선박에 관하여 제3자와 운송계약이 체결된 경우 운송계약상 선박소유자가 운송인이라고 명시되는 등으로 선박소유자가 운송인으로 인정되는 경우에는 선박소유자만이 운송인으로서의 의무와 책임을 진다.

2) 정기용선된 선박에 관하여 제3자와 개품운송계약을 체결된 경우 정기용선자가 운송인이 되는 경우에는 앞서 본 바와 같이 선박소유자는 상법 제809조에 따라 제3자에 대하여 운송인인 정기용선자와 동일한 의무 및 책임을 진다. 정기용선자와 선박소유자의 채무는 부진정연대채무이다.

(2) 일반 불법행위책임

선박소유자는 해기사항에 관하여는 선원들에 대한 지휘·감독권을 가지므로 선박충돌, 선박에 의한 유류오염사고, 선박에 의한 어장 손괴 등과 같은 선원들의 불법행위에 대하여 선박소유자는 사용자책임을 부담한다. 한편 정기용선된 선박에 관하여는 선박소유자가 자신이 고용한 선원들을 통하여 점유하고 있으므로 선박소유자는 선박의 하자로 인한 공작물책임도 부담한다.

(3) 제3자의 선박우선특권의 효력

앞서 본바와 같이 정기용선의 법적 성질에 관하여 혼합계약설 혹은 특수계약설을 취하는 입장에서는 정기용선에 선체용선에 관한 상법 규정이 적용 혹은 유추 적용된다고 해석한다. 따라서 이 학설은 정기용선된 선박의 이용에 관하여 생긴 우선특권은 선박소유자에게도 그 효력이 있다고 본다(상 850조 2항의 적용 혹은 유추 적용).[78] 우리 대법원은 정기용선의 법적 성질에 관하여 특수계약설을 취하므로 우리 대법원도 위와 동일한 입장을 취할 것으로 보인다. 이 견해에 의할 때 상법 제777조 제1항의 선박우선특권이 있는 채권 중 제1호의 도선료와 예선료 채권 혹은 채권자의 공동이익을 위한 소송비용 채권을 가지는 채권자는 비록 채무자가 정기용선자라 하더라도 선박에 대하여 우선특권을 행사할 수 있다.[79]

---

78) 손, (하), 781쪽; 정(동), (하), 828쪽; 김(인), (해), 169쪽.
79) 상법 제777조 제1항에 기재된 선박우선특권 있는 채권 중 앞서 본 채권 이외의 채권의 채무자

한편 정기용선의 법적성질에 관한 혼합계약설이나 특수계약설 이외의 다른 학설들 중 이 점을 논하고 있는 견해는 없으나 이들 학설은 정기용선자가 선박을 이용하던 중에 생긴 채권에 부여된 선박우선특권은 선박소유자에게는 효력이 없다는 입장을 취할 것으로 생각된다.

(4) 정기용선계약이 해제 · 해지된 경우

1) 운송의무

정기용선자가 용선료를 약정기일에 지급하지 아니하는 경우에 선박소유자가 최고없이 정기용선계약을 해제 혹은 해지할 수 있다는 것은 앞서 본 바와 같다(상 846조 1항). 그러나 정기용선자가 자신을 운송인으로 하여 제 3 자와 운송계약을 체결하고 운송물을 선적하여 출항한 후에 이와같이 정기용선계약이 해제 혹은 해지되어 선박소유자가 운송을 중단하면 제 3 자가 예상하지 못한 손해를 입을 염려가 있다. 우리 상법은 이러한 경우 제 3 자를 보호하기 위하여 선박소유자에게 운송의무를 지우고 있다. 즉 정기용선자가 제 3 자와 운송계약(항해용선계약포함)을 체결하여 운송물을 선적한 후 선박의 항해 중에 선박소유자가 용선료 미지급을 이유로 정기용선계약을 해제 혹은 해지한 때에는 선박소유자는 적하이해관계인에 대하여 정기용선자와 동일한 운송의무를 진다(상 845조 2항).[80] 이는 법정의무이다. 운송물을 선적한 후 아직 출항하지 않은 경우에는 선박소유자는 이러한 운송의무를 지지 않으며 운송물을 양하할 수 있다. 「적하이해관계인」이란 정기용선자가 제 3 자와 개품운송계약을 체결한 경우에는 선하증권의 정당한 소지인(선하증권이 발행된 경우)이나 송하인 혹은 수하인(선하증권이 발행되지 아니한 경우)을 말하고, 정기용선자가 제 3 자와 항해용선계약을 체결한 경우에는 항해용선자를 말한다.

위와 같은 선박소유자의 운송의무에도 불구하고 적하이해관계인이 정기용선계약의 해제 혹은 해지로 인하여 손해를 입는 경우 적하이해관계인은 정기용선자에 대하여 손해배상을 청구할 수 있다(상 845조 4항).

는 정기용선자가 아니라 선박소유자이므로 그 채권에 부여된 선박우선특권의 효력이 선박소유자에게 미치는 것은 당연하다.

80) 상법 제809조는 정기용선계약이 유효하게 존재하는 경우에 선박소유자가 정기용선자와 동일한 운송의무를 부담한다는 규정이므로 정기용선계약이 해제 또는 해지된 경우에는 적용되지 아니한다. 따라서 정기용선계약이 해제 또는 해지된 경우에는 적하이해관계인을 보호하기 위하여 선박소유자에게 운송의무를 부담시키는 상법 제845조 제 2 항이 필요하다.

2) 질권 설정 간주

우리 상법은 앞서 본 바와 같이 적하이해관계인을 보호하기 위하여 선박소유자에게 운송의무를 지우는 것과의 균형상 선박소유자를 보호하기 위하여 선박소유자의 용선료 등의 채권을 담보하기 위한 담보권을 인정하고 있다. 즉 선박소유자가 정기용선계약의 해제 또는 해지 및 운송계속의 뜻을 적하이해관계인에게 서면으로 통지한 때에는 선박소유자의 정기용선자에 대한 용선료·체당금 그 밖에 이와 유사한 정기용선계약상의 채권을 담보하기 위하여 정기용선자가 적하이해관계인에 대하여 가지는 용선료 또는 운임의 채권을 목적으로 질권을 설정한 것으로 본다(상 845조 3항). 선박소유자가 적하이해관계인에게 하는 통지는 전자문서로 하여도 무방하다고 해석된다(전자문서및전자거래기본법 2조 및 4조 참조). 정기용선자가 제 3 자와 항해용선계약을 체결한 경우에는 정기용선자가 항해용선자에 대하여 가지는 용선료채권에 대하여, 개품운송계약을 체결한 경우에는 정기용선자가 송하인(혹은 수하인)에 대하여 가지는 운임채권에 대하여 질권이 설정된 것으로 간주한다. 적하이해관계인이 이미 정기용선자에게 용선료나 운임을 지급한 경우에는 이러한 질권은 성립될 여지가 없다. 또한 정기용선자가 운임이 선지급되었다고 기재된 선하증권을 발행한 경우 비록 운임이 미지급되었다고 하더라도 선의로 선하증권을 취득한 소지인에 대하여는 정기용선자가 운임지급채권을 가지지 아니하므로 선박소유자의 질권도 성립되지 아니한다고 해석된다.

선박소유자는 이러한 질권을 취득하는 것과는 별도로 손해가 있으면 정기용선자에 대하여 손해배상을 청구할 수 있다(상 845조 4항).

(5) 선박소유자의 운송물 유치권 및 경매권

정기용선자가 선박소유자에게 용선료·체당금 그 밖에 이와 유사한 정기용선계약에 의한 채무를 이행하지 아니하는 경우에는 선박소유자는 정기용선자가 발행한 선하증권의 선의의 소지인이 아닌 제 3 자 소유의 운송물에 대하여도 유치권 및 경매권을 행사할 수 있다는 점은 앞서 본 바와 같다.

제 3 절   선체용선계약

제 1. 총   설

1. 의의 및 법적 성질

선체용선계약이란 용선자의 관리·지배하에 선박을 운항할 목적으로 선박소
유자가 용선자에게 선박을 제공할 것을 약정하고 용선자가 이에 따른 용선료를
지급하기로 약정하는 계약이다(상 847조 1항). 선체용선계약에서는 선체용선자[81]가
「자기의 관리·지배하」에 선박을 운항할 것을 목적으로 선박을 용선하므로 선원
이 승무하지 아니하고 의장이 되지 아니한 채로 선박을 용선하여 선체용선자가
선원을 고용하고 의장을 하는 경우가 일반적이며 이러한 선체용선계약을 실무상
나용선(裸傭船)계약(bareboat charter)이라고 한다는 것은 앞서 본 바와 같다. 한편 우
리 상법상 선박소유자가 선장과 그 밖의 해원을 공급할 의무를 지는 경우에도 선
체용선자의 관리·지배하에서 선원이 선박을 운항하는 것을 목적으로 하면 이를
선체용선계약으로 본다(상 847조 2항 참조).

선체용선은 연혁적으로 중세에 타인의 선박을 임차하여 자기의 화물을 운송
한 데서 시작된 것으로 자기의 선박을 이용하여 자기의 화물을 운송하던 자선운
송에서 운송계약에 의한 운송으로 이행되는 과도기적 단계에서 발생한 것이다.[82]
현대로 와서는 선체용선은 선박을 소유하는 데 따르는 경제적 부담 없이 자기의
선대를 확충하기 위하여 자주 이용되는데,[83] 특히 선박금융의 수단으로 많이 이용
되고 있다.[84] [85]

---

81) 1991년 상법에서는 선체용선자의 명칭이 「선박임차인」이었다는 것은 앞서 본 바와 같다(동 법
765조, 766조 참조).
82) 정(동), (하), 829-830쪽.
83) 정(동), (하), 830쪽.
84) 선박의 신조와 관련하여 실무상 자주 사용되는 선박금융의 형태와 방법은 다음과 같다. 우선
금융기관이 선박의 신조와 관련하여 금융을 제공하기로 하면 금융기관은 통상적으로 자신이 지
배하는 외국의 회사(소위 특수목적회사: special purpose company)로 하여금 조선소와 선박건조
계약을 체결하고 건조된 선박의 소유권을 취득하도록 한다. 다음으로 특수목적회사는 선박금융
을 얻고자 하는 자와 장기간 선체용선계약을 체결한다. 선체용선자는 선박을 관리·지배하여 자
기의 해상기업활동에 이용하고 특수목적회사에게 용선료를 지급한다. 마지막으로 용선기간이
종료되면 통상 선체용선자가 무상 혹은 저렴한 가격으로 선박에 대한 소유권을 취득한다. 이러

　　한편 해운 실무상 선체용선계약은 대부분 보통거래약관에 의해 체결된다. 선체용선계약에 관한 보통거래약관으로는 발틱국제해사위원회에서 제정한 나용선계약양식(BARECON)이 세계적으로 널리 이용된다.[86]

　　선체용선은 민법상의 임대차에 유사하다. 따라서 우리 상법은 그 성질에 반하지 아니하는 한 선체용선계약에 민법상의 임대차에 관한 규정을 준용하도록 하고 있다(상 848조 1항).

2. 선체용선계약의 종류

　　앞서 본 바와 같이 선체용선계약에는 선박만을 용선하는 통상의 선체용선약과 선원부선체용선계약이 있다. 또한 선체용선계약에는 일반적인 선체용선계약과 선박금융의 수단으로 사용되는 선체용선계약이 있다. 선박금융의 수단으로 사용되는 선체용선계약에서는 용선기간이 종료된 후에 선체용선자가 선박의 소유권을 취득하기로 약정하는 것이 일반적인데 이러한 선체용선계약을 소유권취득조건부 선체용선계약이라고 한다. 우리 상법은 소유권취득조건부 선체용선계약에도 상법이 적용되도록 규정한다(상 848조 2항).

제 2.　선체용선의 내부관계(선박소유자와 선체용선자의 관계)

1. 총　　설

　　선박소유자와 선체용선자 사이의 관계에 관하여 우리 상법은 선체용선자의

한 선체용선에서 금융기관이 특수목적회사를 통하여 선박에 대한 소유권을 사실상 보유하거나 지배하는 것은 금융의 담보를 목적으로 하는 것이고 선체용선자가 지급하는 용선료는 금융을 얻은 금액의 분할 상환의 성격을 갖는다. 이러한 선체용선은 일종의 물적 금융으로서 리스계약과 유사하다고 할 수 있다. 우리 상법은 이러한 선체용선에도 해상법이 적용되도록 규정한다(상 848조 2 항).

85) 선박투자회사법에 의해 설립된 선박투자회사가 선박펀드를 조성하여 자신 또는 자회사의 명의로 선박을 취득한 후 그 선박을 선박운항회사에 빌려 주고 용선료 등을 그 투자대가로 취득하는 경우 일반적으로 선박투자회사 또는 그 자회사는 선박운항회사와 선체용선계약을 체결하게 된다. 이는 새로운 형태의 선박금융이라고 할 수 있다. 이에 관한 상세는 이(균), (대계), 193-194쪽 참조.

86) BARECON 양식은 1974년에 제정된 이래 몇 차례에 걸쳐 개정되었는데 가장 최근의 개정은 2001년에 이루어졌다. 2001년에 개정된 BARECON 양식을 「BARECON 2001」이라 한다.

등기청구권과 선체용선계약상의 권리의 제척기간을 규정하고 있다(상 849조 1항, 851 조). 아래에서 보는 바와 같이 우리 상법의 위 규정은 강행규정이라고 해석되므로 선박소유자와 선체용선자 사이의 관계에는 위 상법 규정이 우선적으로 적용된다. 선박소유자와 선체용선자 사이의 그 밖의 관계는 선체용선계약의 내용에 의한다. 선체용선계약에 규정이 없는 사항에 관하여는 그 성질이 반하지 않는 한 민법상 의 임대차에 관한 규정을 준용한다. 아래에서는 선체용선계약의 내부관계에 관하 여 우리 상법이 규정하고 있는 사항과 실무상 자주 문제로 되는 BARECON 2001의 내용에 관하여 검토하기로 한다.

2. 선체용선자의 권리와 의무

(1) 선체용선자의 권리

1) 선박의 관리·지배·사용·수익권

선체용선자는 용선 기간 동안 자신의 관리·지배 하에 선박을 자신의 해상기 업을 위하여 자유로이 사용하여 수익을 얻을 권리를 갖는다(상 847조). 이러한 선박 의 관리·지배·사용·수익권은 선체용선자가 갖는 가장 중요한 권리로서 선체용 선계약의 기본적인 요소이다. 또한 선체용선자는 다른 약정이 없는 한 선박을 직 접 자신의 해상운송활동 등에 사용하지 아니하고 제 3 자에게 정기용선 또는 항해 용선을 할 권리를 갖는다.[87]

2) 등기청구권

등기선박의 경우 선체용선자는 선박소유자에 대하여 선체용선등기에 협력할 것을 청구할 수 있다(상 849조 1항). 이는 당사자 사이에 특약이 없는 경우에 한하여 임차인이 등기청구권을 가지는 민법상의 임대차에 비해 선체용선자를 더욱 보호 하기 위한 것으로서 강행규정이라고 해석된다. 따라서 선체용선자의 등기청구권 을 배제하는 반대의 약정은 그 효력이 없다.[88]

---

87) BARECON 2001 제22조 (a)항은 선박소유자의 사전 서면 동의 없이는 선체용선자가 재선체용선 을 하지 못한다고 규정하고 있으므로, 선체용선자가 그 밖의 용선계약을 하는 데에는 아무런 제 한이 없다. 재선체용선에 관하여 아래에서 살펴보기로 한다.
88) 동지: 정(찬), (하), 813쪽.

(2) 선체용선자의 의무

1) 용선료 지급의무

선체용선자는 선박의 관리·지배·사용·수익에 대한 대가로 선박소유자에게 용선료를 지급할 의무가 있다(상 847조). 해운 실무상 용선료는 30일 단위로 선지급하는 것이 일반적이다.[89] 용선료 지급의무는 선체용선계약에서 선체용선자가 부담하는 가장 기본적인 의무이다. 아래에서 살펴보는 바와 같이 선체용선자가 용선료 지급의무를 이행하지 아니하는 경우 선박소유자는 선체용선계약을 해제 혹은 해지할 수 있다고 약정하는 것이 보통이다.

2) 선박의 관리·유지 및 수리의무

선체용선자는 자신의 관리·지배하에 선박을 사용하는 것이기 때문에 용선기간 동안 선박을 선량한 관리자의 주의로써 관리하고 선박의 상태를 양호한 상태로 유지할 의무가 있다고 약정하는 것이 보통이다.[90] 따라서 용선기간 중에 선박을 수리하여야 할 필요가 있는 경우 선체용선자가 이를 수리할 의무를 부담한다. 이는 민법상의 임대차와 다른 점이다.

3) 선박반환의무

선체용선자는 용선기간이 만료되면 용선을 위하여 선박을 인수한 때의 상태와 동일한 상태로 선박을 선박소유자에게 반환할 의무가 있다.[91] 따라서 선박을 반환할 때 선박에 용선기간 중 발생한 손상이 있는 경우에는 선체용선자가 그로 인한 수리비를 지급할 책임을 진다.

선체용선자는 용선기간이 만료되기 일정기간 전에 선박을 반환할 예정일과 예정항을 선박소유자에게 통지하여야 한다.[92]

---

89) BARECON 2001 제11조 (b)항 참조.
90) BARECON 2001 제10조 (a)항.
91) BARECON 2001 제15조.
92) BARECON 2001 제15조는 14일 전에 이러한 통지를 하도록 규정하고 있다.

3. 선박소유자의 권리와 의무

(1) 선박소유자의 권리

1) 계약 해제·해지권

정기용선계약에서와 마찬가지로 선체용선계약에서도 선체용선자가 용선료를 약정기일에 지급하지 아니한 때에는 선박소유자는 계약을 해제 또는 해지할 수 있다는 규정을 두는 것이 보통이다. 이 경우 선체용선자가 제 1 회 용선료를 약정기일에 지급하지 아니한 때에는 선박소유자는 계약을 해제할 수 있고 그 이외의 경우에는 계약을 해지할 수 있다. 다만 선체용선자가 부주의로 인하여 용선료를 약정기일에 지급하지 아니한 경우에는 선체용선자를 보호하기 위하여 선박소유자로 하여금 일정기간을 정해 지급을 최고한 후에야 계약을 해제 또는 해지할 수 있도록 한다.[93] 용선료를 2번 연체하지 않아도 계약을 해지할 수 있다는 점에서 민법상의 임대차계약의 해지와 다르다(민 640조 참조). 한편 이러한 특약이 없어도 우리 민법상 선체용선자가 귀책사유로 인해 제 1 회 용선료를 약정기일에 지급하지 아니한 때에는 선박소유자는 최고절차를 거쳐 선체용선계약을 해제할 수 있고 제 2 회 이후의 용선료의 지급을 2번 연체하면 선체용선계약을 해지할 수 있다고 본다.

2) 손해배상청구권

선체용선자가 귀책사유로 인해 용선료를 약정기일에 지급하지 아니한 때에는 선박소유자는 민법 규정에 따라 선체용선계약을 해제 또는 해지하고 선체용선자를 상대로 손해배상을 청구할 수 있다(민 551조).

3) 운송물 유치권

선체용선자가 선박소유자에게 용선료·체당금 그 밖에 이와 유사한 선체용선계약에 의한 채무를 이행하지 아니하는 경우에 선박소유자는 위 채권의 지급을 받기 위하여 운송물 위에 유치권을 갖는가 하는 점이 문제가 된다. 우리 법상 위 운송물이 선체용선자의 소유가 아닌 한 선박소유자는 일반 상사유치권을 갖지 못하며, 또한 위 채권이 운송물에 관하여 발생한 것이 아닌 한 민법상의 유치권도 갖지 못한다. 그러나 해운 실무에서는 선박소유자의 채권의 지급을 담보하기 위하여 선박소유자가 운송물 위에 유치권을 갖는다고 약정하는 것이 보통이다.[94] 유치

93) BARECON 2001 제28조.
94) BARECON 2001 제18조.

권은 법정 담보물권이므로 당사자 사이의 약정으로 이러한 물권을 발생시킬 수는 없다. 다만 선박소유자가 위 채권의 지급을 받을 때까지 운송물의 점유를 계속하는 것을 인정하고 선박소유자에 대하여 운송물의 인도를 청구하지 않을 것을 당사자 사이에 약정하는 경우와 같이 채권적인 효력을 가지는 당사자 사이의 약정은 유효하다. 이 경우에 선박소유자가 운송물의 반환을 거부할 수는 있으나 운송물에 대한 경매권을 가질 수 없는 것은 당연하다.

(2) 선박소유자의 의무

선박소유자는 약정된 날짜에 약정된 항구에서 약정된 선박을 선체용선자에게 인도할 의무가 있다. 이는 선체용선계약에서 선박소유자가 부담하는 가장 기본적인 의무이다. 당해 선박은 감항능력을 갖추고 있어야 한다.[95] BARECON 2001은 선박소유자가 선박인도의무를 위반하면 용선자가 선체용선계약을 해제할 수 있다고 규정하고 있다.[96] 이 경우 선박소유자의 귀책사유가 있는지의 여부는 묻지 아니한다. 또한 이러한 해제권은 약정해제권이므로 원칙적으로 선체용선자는 선박소유자에 대하여 손해배상을 청구할 수 없다.[97]

한편 선박소유자에게 귀책사유가 있는 경우에는 선체용선자는 약정해제권의 행사 대신에 선박소유자에게 상당한 기간을 정하여 선박을 인도할 것을 최고하고 선박소유자가 그 기간 내에 이행하지 아니하면 용선계약을 해제하고(법정해제권의 행사) 선박소유자에게 손해배상을 청구할 수 있다(민 544조, 551조). 또한 선박소유자가 귀책사유에 의해 약정된 날짜보다 늦게 선박을 제공하는 경우 선체용선자는 약정해제권 혹은 법정해제권의 행사대신에 선박을 인수하고 손해배상을 청구할 수 있다(민 390조).

4. 선체용선계약상의 채권의 제척기간

선체용선계약에 관하여 발생한 당사자 사이의 채권은 선박이 선박소유자에게 반환된 날부터 2년 이내에 재판상 청구가 없으면 소멸한다(상 851조 1항 1문). 이 조

---

95) BARECON 2001 제 3 조 (a)항.
96) BARECON 2001 제 3 조 (a)항.
97) 곽, (채·각), 84-85쪽; 주석 채권각칙(Ⅰ), 383쪽.

항은 선체용선계약 당사자 사이의 법률관계를 조속히 종결하기 위하여 1991년의 상법 개정 시에 신설된 것이다. 위 제척기간은 양 당사자 사이의 합의로 연장할 수 있다(상 851조 1항 2문, 814조 1항 단서). 위 제척기간을 단축하는 약정은 선체용선계약에 명시적으로 기재하여야만 그 효력이 있다(상 851조 2항, 840조 2항).

5. 선체용선자의 지위의 양도 혹은 재선체용선

선체용선은 선박소유자가 선체용선자에게 선박의 관리·지배를 넘기는 것이므로 당사자 사이의 신뢰가 중요하다. 따라서 선체용선계약에는 선체용선자가 선박소유자의 동의가 없으면 그 지위를 양도하거나 제3자에게 재선체용선해 주지 못하도록 규정하는 것이 일반적이다.[98] 한편 선체용선계약에 위와 같은 규정이 없다고 하더라도 임대인의 동의가 없으면 임차권을 양도하거나 전대하지 못한다는 민법의 규정(민 629조)을 유추 적용하여 선체용선자는 선박소유자의 동의가 없으면 그 지위를 양도하거나 재선체용선할 수 없다고 보아야 할 것이다.

선체용선자의 지위가 양도된 경우 선박소유자와 양수인 사이에는 직접적인 선체용선계약관계가 생긴다. 따라서 양수인은 선박소유자에 대하여 직접 등기청구권을 행사할 수 있다. 한편 선박이 재선체용선된 경우 선박소유자와 재선체용선자 사이에는 직접적인 계약관계가 발생하지 아니한다. 따라서 재선체용선자는 선박소유자에 대하여 직접 등기청구권을 행사할 수 없고 선체용선자의 권리를 대위하여 선박소유자에게 등기청구권을 행사하여 선체용선자 명의로 선체용선 등기를 한 다음 선체용선자를 상대로 부기등기를 청구할 수 있다고 본다. 한편 재선체용선자는 선박소유자에 대하여 직접 의무를 부담하므로(민 630조 1항 유추 적용), 용선료를 선박소유자에게 지급할 의무를 부담한다. 이 경우 용선료는 주선체용선계약과 재선체용선계약에서 정한 용선료 중 적은 금액을 한도로 한다.[99]

---

98) BARECON 2001 제22조 (a)항.
99) 민법주해(XV), 채권(8), 122쪽 참조.

제 3. 선체용선의 외부관계(제 3 자에 대한 관계)

1. 선체용선자와 제 3 자의 관계

(1) 선박의 이용에 관한 사항

1) 선체용선자가 상행위 그 밖에 영리를 목적으로 선박을 항해에 사용하는 경우에는 그 이용에 관한 사항에는 제 3 자에 대하여 선박소유자와 동일한 권리의무가 있다(상 850조 1항). 위 규정에서 말하는 「제 3 자」란 선박소유자 이외의 자를 의미하며 선체용선자와 계약관계가 있는 자를 포함한다.100) 또한 「선박소유자와 동일한 권리의무가 있다」는 것은 선체용선자가 선박소유자와 공동으로 권리를 가지고 의무를 부담한다는 것이 아니라 선체용선자가 선박소유자로 취급되어 선박소유자의 권리와 의무를 갖는다는 의미이다. 따라서 예컨대 선체용선자가 선박을 자기의 해상기업활동에 사용하던 중에 선박이 해난구조를 한 경우 선체용선자가 해난구조료청구권을 가지며,101) 선박이 충돌한 경우 선체용선자가 일실이익청구권을 갖는다.102) 한편 선박이 운항 중 제 3 자에게 손해를 끼친 경우에 선박소유자가 아니라 선체용선자가 제 3 자에 대하여 손해배상책임을 진다.103) 이 경우 선체용선자는 선박소유자와 마찬가지로 그 책임을 제한할 수 있다(상 769조 참조).104)

이처럼 선체용선자가 선박소유자와 동일한 권리의무를 가지는 것은 선체용선등기의 유무와 관계가 없다.105) 또한 선체용선자는 선박의 「이용」에 관한 사항에 관하여만 선박소유자와 동일한 권리의무를 가지므로 그 이외의 사항, 예컨대 선박

---

100) 선체용선자와 계약을 체결한 자에 대하여 선체용선자가 계약상의 권리와 의무를 갖는 것은 당연하다. 그러나 선체용선자는 계약상대방에 대하여 계약상의 권리와 의무 이외에 선박소유자가 가지는 권리와 의무(예컨대 상법 제769조 이하에 의하여 선박소유자가 가지는 책임제한권 등)도 갖는다는 점에 위 상법 규정이 의의가 있다.

101) BARECON 2001 제19조 참조.

102) 선체용선자는 선박의 「이용」에 관한 사항에 관하여만 선박소유자와 동일한 권리의무를 가지므로 선박충돌의 경우 선박의 멸실로 인한 선박가액 상당의 손해배상청구권 등은 선체용선자가 아니라 선박소유자가 가진다는 점은 당연하다. 같은 맥락에서 공동해손분담청구권도 선박소유자가 갖는다.

103) 제정 상법하에서의 판례이기는 하나, 같은 취지의 판결로 대법원 1975. 3. 31. 74다847 판결 참조(선박임차인이 항해 중에 선장의 과실로 제 3 자에게 가한 손해에 대하여는 선박임차인에게 손해배상책임이 있고 임대인인 선박소유자에게는 그 책임이 없다).

104) 현행 상법의 해석론으로는 선체용선자가 상법 제774조 제 1 항 제 1 호의 「용선자」에 해당하므로 그에 따라 책임제한을 할 수 있다고 볼 수 있다.

105) 정(찬), (하), 813쪽.

소유권의 양도, 저당권의 설정 등에 관하여는 선박소유자로 취급되지 아니한다.[106]

2) 선체용선자가 상행위 그 밖의 영리를 목적으로 하지 아니하고 선박을 항해에 사용하는 경우에도 상법 제850조의 규정이 준용된다(상 741조 1항). 또한 위 규정은 해상기업의 활동을 장려하고 제 3 자를 보호하기 위한 규정이므로 선체용선 이외에 다른 원인(예컨대 사무관리, 사용대차 등)으로 선박에 대한 점유를 취득하여 자기의 관리·지배하에 선박을 운항하는 자에 대하여도 위 규정이 준용된다고 해석된다.[107]

(2) 선체용선등기의 효력

선체용선을 등기한 때에는 그 때부터 제 3 자에 대하여 효력이 생긴다(상 849조 2항). 따라서 선체용선자는 선체용선등기 후에 선박의 소유권이나 그 밖의 물권을 취득한 자에 대하여 선체용선으로 대항할 수 있다. 그러나 비등기선[108]의 경우에는 선체용선을 등기할 수 없으므로 위 규정이 적용되지 아니한다.[109] 따라서 비등기선의 경우에는 선체용선자는 선박의 소유권이나 다른 물권을 취득한 자에 대하여 대항할 수 없다.

2. 선박소유자와 제 3 자의 관계

원칙적으로 선박소유자는 선박의 운항과 관련하여 제 3 자와 아무런 법률관계를 갖지 아니한다. 그러나 우리 상법은 선체용선자가 상행위 그 밖에 영리를 목적으로 선박을 사용하는 경우에 그 이용에 관하여 생긴 선박우선특권은 선박소유자에게도 그 효력이 있다고 규정한다(상 850조 2항). 이것은 선체용선자의 선박 사용과 관련하여 채권을 가지게 된 선박채권자를 보호하기 위한 규정이다.[110] 그러나 선박우선특권자가 선체용선자의 선박 사용이 선체용선계약에 반한다는 사실을 안 때에는 그러하지 아니하다(상 850조 2항 단서).

---

106) 정(동), (하), 832쪽; 정(찬), (하), 813쪽.
107) 정(동), (하), 832쪽; 손, (하), 772-773쪽.
108) 총톤수 20톤 미만의 기선 및 범선과 총톤수 100톤 미만의 부선은 비등기선이다(선박등기법 2조).
109) 정(동), (하), 832쪽.
110) 정(찬), (하), 814쪽; 정(동), (하), 832-833쪽.

제 4 절 슬로트 용선계약

제 1. 총 설

1. 의 의

슬로트 용선계약이란 선박소유자가 일정한 항로를 정해진 일정에 따라 운항하는 정기 컨테이너선의 슬로트 중의 일부를 물건의 운송에 제공하기로 약정하고 용선자가 이에 대하여 용선료를 지급하기로 약정하는 계약을 말한다. 즉 슬로트 용선계약은 정기 컨테이너선의 선복의 일부 용선계약이라고 할 수 있다.

이러한 슬로트 용선계약은 단독 계약의 형태로 체결될 수도 있고 정기선사들 사이의 공동운항계약의 형태로 체결될 수도 있다.[111] 공동운항계약의 형태로 체결되는 경우에는 선박을 공동운항에 제공하는 정기선사들 상호간에 슬로트 용선계약이 체결되게 된다.[112]

2. 법적 성질

앞서 해상기업의 인적 조직에 관한 장에서 살펴본 바와 같이 이러한 슬로트 용선계약에서의 용선자는 컨테이너선의 선복의 일부를 빌릴 뿐이고 용선자가 컨테이너선에 대한 자유 사용권을 가지는 것이 아니라는 점과 선박의 운항과 관련된 비용을 슬로트 용선자가 아니라 선박소유자가 부담한다는 점에서 슬로트 용선계약은 정기용선계약과 구별되고 항해용선계약과 유사하며, 반면에 선복의 일부를 일정 기간 동안 빌린다는 점에서는 항해용선계약과 구별되고 정기용선계약과 유사하다. 그러므로 슬로트 용선계약은 정기용선계약과 항해용선계약의 중간 형태라고 할 수 있다.[113] 다만 슬로트 용선계약에서는 슬로트를 일정 기간 동안 빌리기는 하나 용선료는 특정 항해에 있어서의 빌린 슬로트를 단위로 정해지는 것

---

111) 발틱국제해사위원회에서는 1993년에 주로 단독계약의 형태로 체결되는 슬로트 용선계약에 사용하기 위한 표준계약서 양식을 제정하였다. 이 양식을 SLOTHIRE라 한다.

112) *Benedict on Admiralty*, 2A, §224.

113) 앞서 본 바와 같이 Cooke, *Voyage Charerers*, p. 3은 슬로트 용선을 항해용선 또는 정기용선과는 다른 별개의 용선으로 보고 있다(467쪽 참조).

이 보통이므로 이러한 경우에는 결국 항해를 단위로 운임을 지급하는 경우와 유사하다. 따라서 슬로트 용선계약에는 그 성질에 반하지 아니하는 한 항해용선계약에 관한 규정이 준용된다(상 827조 3항 참조).

제2. 슬로트 용선계약의 내부관계(선박소유자와 슬로트 용선자와의 관계)

우리 상법은 슬로트 용선에 관하여는 아무런 규정을 두고 있지 아니하다. 따라서 슬로트 용선의 내부관계, 즉 슬로트 용선자와 선박소유자와의 관계는 원칙적으로 계약자유의 원칙에 따라 슬로트 용선계약에 의해 정해진다. 슬로트 용선자가 부담하는 기본적인 의무는 빌린 슬로트에 대한 용선료 지급의무이다. 용선료는 항해를 단위로 하여 통상 슬로트 용선자가 선적, 양륙 및 적재에 대한 비용과 위험에 대한 책임을 부담하는 FIOS(Free In Out Stowage)조건으로 정해진다.[114] 또한 용선료는 빌린 슬로트의 사용여부를 묻지 아니하고 지급되어야 한다.[115] 한편 슬로트 용선자는 선박에 대한 자유 사용권이나 선원에 대한 지휘·감독권을 가지지 아니한다는 점에서는 항해용선자와 유사하므로 선박소유자는 슬로트 용선자에 대하여 감항능력주의의무를 부담하고 이를 위반하여 선박소유자의 의무 또는 책임을 감경 또는 면제하기로 하는 특약은 그 효력이 없다고 본다(상 839조의 유추 적용).

제3. 슬로트 용선계약의 외부관계(제3자에 대한 관계)

1. 슬로트 용선자와 제3자와의 관계

슬로트 용선자는 자신의 명의로 화주와 운송계약을 체결하므로 운송인으로서의 권리를 가지고 의무와 책임을 부담한다. 이 경우 슬로트 용선자는 상법 제797조에 의해 포장당 혹은 중량당 책임제한을 원용할 수 있다. 또한 슬로트 용선자는 상법 제774조 제1항 제1호에 의해 선박소유자와 동일하게 선박의 톤수에 따른 책임제한도 원용할 수 있다는 점은 앞서 본 바와 같다(상 797조 4항).

---

114) SLOTHIRE 박스 15 참조.
115) SLOTHIRE 제5조 참조.

한편 슬로트 용선자는 해기사항이나 상사사항을 묻지 아니하고 선원들에 대한 지휘감독권을 가지지 아니하므로 선원들의 귀책사유로 인한 불법행위에 대하여 사용자책임을 부담하지 아니한다.

2. 선박소유자와 제 3 자와의 관계

(1) 슬로트 용선자가 제 3 자와 체결한 운송계약(개품운송계약)에 관하여 그 계약의 이행이 선장의 직무에 속한 범위 안에서 선박소유자도 그 제 3 자에 대하여 슬로트 용선자와 동일한 책임을 진다(상 809조의 유추 적용).[116]

(2) 한편 선원들의 귀책사유로 인한 불법행위에 대하여 선박소유자가 사용자책임을 부담한다는 것은 당연하다.

(3) 또한 슬로트 용선자가 용선료를 약정기일에 지급하지 아니하여 선박소유자가 슬로트 용선계약을 해제 혹은 해지하는 경우, 정기용선에 있어서의 선박소유자의 운송의무 및 질권 설정 간주에 관한 규정(상 845조 2항 및 3항)이 유추 적용될 수 있는가 하는 점이 문제가 된다.[117] 생각건대 우리 법상의 물권법정주의에 의할 때 명문의 규정이 없이 선박소유자의 슬로트 용선자에 대한 채권을 담보하기 위하여 질권을 설정한 것으로 간주할 수 없다고 본다. 그렇다면 형평상 선박소유자에게 운송의무도 지울 수 없다고 해석하는 것이 타당하다고 본다.

---

116) 상법 제809조는 항해용선자 또는 정기용선자가 제 3 자와 개품운송계약을 체결한 경우를 규정하고 있는데 앞서 본 바와 같이 슬로트 용선자는 항해용선자와 정기용선자의 중간적 형태이므로 슬로트 용선자에 상법 제809조가 유추 적용될 수 있다는 점에는 의문이 없다고 해석된다.

117) 앞서 본 바와 같이 슬로트 용선계약은 정기용선계약과 항해용선계약의 중간 형태로서 항해용선계약에 보다 더 유사하기는 하나 정기용선계약에 유사한 점도 있으므로 위 점이 문제가 된다.

제4장 예 선

제1. 총 설

1. 예선계약의 의의

예선계약이란 예선자가 선박(예인선)의 동력을 이용하여 다른 선박 또는 수면·
수중에서 이동이 가능한 물건[1]의 해상에서의 장소적 이동을 위한 노무의 제공 또
는 일의 완성을 약정하고 이에 대하여 피예선자가 보수를 지급할 것을 약정하는
계약을 말한다.[2] 예선자는 선박을 이용하여 예선업이라는 해상기업활동을 하므로
해상기업의 주체가 된다. 예선자에는 다른 해상기업의 주체와 마찬가지로 자선의
장자와 타선의장자가 포함된다.

한편 예선행위는 예인선이 피예인물과 예인삭을 연결하여 앞에서 끄는 것이
보통이나 예인선과 피예인물이 결합하여 일체로서 이동을 하는 경우도 있다. 해운
실무에서는 예선계약은 발틱국제해사위원회에서 제정한 표준 예인계약서 양식[3]
에 따라 체결되는 것이 보통이다. 우리 상법은 예선계약에 관하여는 아무런 규정
을 두고 있지 아니하다.[4]

---

1) 아래에서는 예인선에 의해 예인되는 「다른 선박 또는 수면·수중에서 이동이 가능한 물건」을
   피예인물이라 하고 피예인물이 선박인 경우에는 이를 피예인선이라 한다.
2) 原茂, 44-45頁.
3) 발틱국제해사위원회에서 제정한 표준 예인계약서 양식에는 International Ocean Towage Agree-
   ment(Lump Sum)(TOWCON이라 약칭된다)와 International Towage Agreement(Daily Hire)(TOWHIRE
   라 약칭된다)가 있다. 전자는 예인의 보수를 확정 일괄급(lump sum)으로 하는 반면에 후자는 일
   당급(daily hire)으로 한다. 이러한 예인의 보수에 대한 차이 이외에는 양자의 내용은 거의 동일
   하다.
4) 다만 우리 상법은 해난구조와 관련하여 「예선의 본선 또는 그 적하에 대한 구조에 관하여는 예
   선계약의 이행으로 볼 수 없는 특수한 노력을 제공한 경우가 아니면 구조료를 청구하지 못한다」
   고 규정하고 있다(상 890조). 이에 관하여는 556쪽 이하 참조.

2. 예선계약의 종류

예선계약에는 고용형 예인계약, 운송형 예인계약 및 도급형 예인계약의 세 가지가 있다.[5] 아래에서는 이들 각 종류의 예선계약에 관하여 차례로 검토해 보기로 한다.

(1) 고용형 예선계약

고용형 예선계약은 예컨대 항만에서의 예인과 같이 피예인선이 예인선에 대한 지휘·감독권을 갖고 예인선의 노무를 이용하는 형태의 예인계약을 말한다. 고용형의 예인계약에 있어서는 예인선의 선장과 선원은 피예인선의 피고용자의 지위에 있게 되므로 피예인선의 선박소유자는 예인선의 선장과 선원의 사용자로서 이들의 불법행위에 대하여 민법상의 사용자책임을 부담한다. 한편 예인선의 소유자도 예인선의 선장과 선원의 고용자로서의 지위를 유지하므로 예인선의 선장과 선원의 불법행위에 대해 사용자책임을 부담한다. 이 경우 예인선 소유자의 책임과 피예인선 소유자의 책임은 부진정연대채무관계가 된다.

(2) 운송형 예선계약

운송형 예선계약은 일반적으로 무동력 상태의 피예인물을 예인하여 해상의 일정 장소에서 일정 장소까지 운송하기로 하는 것을 목적으로 하는 예선계약을 말한다.[6] 이 운송형의 예선계약에서는 예선자가 자기의 보관하에 피예인물을 운송하게 된다. 이러한 운송형의 예선계약은 예선자가 해상에서 선박을 이용하여 물건의 운송을 한다는 점에서 광의의 해상물건운송계약의 일종으로 볼 수 있다. 그러나 피예인물이 운송 선박(즉 예인선) 위에 있지 않아 항해도중 예인선이 운송의 목적물에 대한 주의의무를 용이하게 실행할 수 없다는 점에서 통상의 해상물건운

---

5) 박(용), (해), 846-849쪽; 손, (하), 796쪽.
6) 한편 부선을 임차한 임차인이 공사용 재킷을 부선에 선적한 후 이를 공사 현장까지 예인하기 위하여 예인선을 정기용선하여 예인하던 사안에서 대법원은 「부선의 임차인은 예인선의 소유자와 부선을 예인해 주기로 하는 예선계약을 내용으로 한 정기용선계약을 체결하였을 뿐 위 부선이나 부선에 선적된 공사용 재킷에 관한 운송계약을 체결한 것은 아니다」라고 판시하였다(대법원 2012. 3. 26. 2011마2284 결정). 위 사안에서는 예인선의 소유자와 부선의 임차인 사이에 체결된 계약이 정기용선계약이었던바, 정기용선계약의 법적 성질에 관해 운송계약설이 아니라 특수계약설을 취하고 있는 대법원의 입장에서는 당연한 결론이었다고 생각된다.

송계약과는 다른 점이 있다. 그러므로 이러한 운송형 예선계약에는 예선계약의 특성에 반하지 아니하는 범위 내에서만 우리 해상법의 해상물건운송계약에 관한 규정이 적용 또는 유추 적용된다고 보아야 한다.[7]

　운송형의 예선계약에서는 예선자가 피예인물을 보관하게 되므로 예인선이 항해지휘권을 갖는 것은 당연하다. 따라서 예선과정에서 피예인선이 제 3 자에게 입힌 손해에 대하여 통상 예인선의 소유자가 전적인 책임을 진다.

(3) 도급형 예선계약

　도급형 예선계약은 피예인물에 대한 예선행위의 완성을 목적으로 하는 예선계약을 말한다. 앞서 본 운송형 예산계약도 그 법적 성질은 도급계약이기는 하나 도급형 예선계약에서는 예선자가 피예인물을 보관하지 아니한다는 점에서 운송형 예선계약과 다르다.[8] 도급형 예선계약에서는 대체로 피예인물이 선박이고 피예인선에 선원이 승선하고 있으며 예인선의 소유자와 피예인선의 소유자는 각자 자기의 선원들을 통하여 각자의 선박을 지배하고 보관하게 된다. 이 도급형의 예선계약에서 항해에 대한 지휘권은 도급계약의 특성상 예인선에 있는 것이 통상적일 것이나 경우에 따라 피예인선이 도급의 성질을 해하지 않는 범위 내에서 예인선에 대하여 지휘를 하는 경우가 있다.[9] 도급형 예선계약에 있어서의 예인선과 피예인선의 법적 책임은 그 지휘권의 귀속에 따라 달라지게 된다. 즉 지휘권이 예인선에 있는 경우는 운송형 예선계약의 경우와 동일하고 지휘권이 피예인선에 있는 경우는 고용형 예선계약의 경우와 동일하다. 따라서 아래에서는 도급형 예선계약에 관한 설명은 생략하기로 한다.

제 2.　예선계약의 내부관계(예선자와 피예선자의 관계)

　우리 상법은 예선계약에 관하여는 아무런 규정을 두고 있지 아니하므로 예선계약의 내부관계, 즉 예선자와 피예선자와의 관계는 원칙적으로 계약자유의 원칙에 따라 예선계약에 의해 정해진다. 아래에서는 각 예선계약의 종류별로 내부관계

---

7) 동지: 서울고등법원 2000. 1. 19. 98나31792 판결.
8) 原茂, 70頁.
9) 松本雅信, "航洋曳航契約의 比較," 海事法硏究會誌 No. 92(1989年 12月号), 23頁 참조.

를 살펴보기로 한다.

1. 고용형 예선계약의 경우

고용형 예선계약에서 예선계약서가 있다면 이러한 서면계약의 내용이 예선자와 피예선자 사이의 법률관계를 규율하게 되는 것은 당연하다. 그러나 항만에서의 예선과 같은 고용형의 예선계약의 경우에는 예선계약서가 작성되는 경우가 거의 없다. 이러한 경우에는 결국 당사자 사이의 묵시적인 합의, 당해 항구에서의 관습, 거래의 실정 및 상법과 민법의 기본 원칙 등을 고려하여 예선계약의 내부관계가 정해지게 된다. 이 경우 예선계약의 내부관계에 관한 원칙적인 사항들은 다음과 같다.

우선 예선자는 물적 및 인적 감항능력이 있는 예인선을 피예선자에게 제공하고 예인선의 선장과 선원들로 하여금 피예인선의 지휘·감독에 따르도록 하여야 할 의무를 부담한다. 따라서 예인선의 감항능력 결여나 예인선의 선장과 선원의 귀책사유로 피예인선이 손해를 입게 되는 경우 예선자는 피예선자가 입은 손해를 배상할 책임을 진다. 또한 위와 같은 사유로 피예선자가 제 3 자에게 손해배상책임을 진 경우 피예선자는 예선자에게 구상을 청구할 수 있다. 이 경우 예선자는 예인선의 톤수를 기준으로 하여 총체적 책임제한을 할 수 있다.

한편 피예선자는 예인선을 적절하게 지휘·감독할 의무를 부담한다. 만일 피예인선의 잘못된 지시의 결과 예인선이 손해를 입게 되는 경우 피예선자는 예선자가 입은 손해를 배상할 책임을 진다. 이 경우 피예선자는 피예인선의 톤수를 기준으로 하여 총체적 책임제한을 할 수 있다.

2. 운송형 예선계약의 경우

(1) 일반적 원칙

운송형 예선계약의 경우에는 예선계약서가 작성되는 것이 보통이다. 따라서 운송형 예선계약에서는 내부관계가 이러한 계약서의 내용에 따라 정해지게 된다. 한편 계약에서 특별히 정하지 않은 사항에 관하여는 앞서 살펴본 바와 같이 예선계약의 성질에 반하지 않는 범위 내에서 우리 상법상의 해상물건운송계약에 관한 규정이 준용되게 될 것이다.[10] 운송형 예선계약의 내부관계의 원칙적인 사항들은 다음과 같다.

우선 피예선자는 예선자에게 약정된 장소까지 무사히 예인될 수 있는 감항성을 갖춘 피예인물을 인도할 의무를 부담한다. 만일 피예인물의 불감항으로 인해 피예인물이 손해를 입은 경우 예선자는 그에 대한 손해배상책임을 부담하지 않는다.[11] 또한 피예인선의 불감항으로 인해 예인선이 손해를 입은 경우 피예선자가 이를 배상할 책임을 진다.

한편 예선자는 피예인물을 약정된 장소까지 무사히 예인할 능력이 있는 예인선을 제공할 의무를 부담한다. 위와 같은 예선자의 주의의무가 절대적인 의무인가 아니면 상당한 주의를 기울이면 충분한 정도의 주의의무인가에 관하여는 영국법의 입장과 미국법의 입장이 상이하다.[12] 즉 영국법상은 예인선의 소유자가 상당한 주의를 기울여 예인에 적합한 예인선을 제공하면 족한 반면에 미국법상으로는 예인선 소유자의 의무는 절대적인 의무로서 만일 예인선이 예인에 적합하지 않은 경우 예선자는 과실유무를 묻지 않고 피예선자에 대해 책임을 부담하게 된다. 우리 법상으로는 영국법의 입장과 마찬가지로 상당한 주의의무를 기울여 예인에 적합한 예인선을 제공하면 될 것으로 본다. 또한 항해용선계약에서와 마찬가지로 예선자는 발항당시에 감항능력주의의무를 이행하면 충분하다(상 841조 1항 및 794조의 유추 적용).

또한 예선자는 예인과정 중에 피예인물이 손해를 입은 경우에는 항해용선계약에 있어서 운송물이 멸실·훼손 또는 연착된 경우에 선박소유자가 부담하는 책임과 동일한 책임을 진다고 본다. 한편 이 경우 예선자는 예인선의 톤수를 기준으로 하여 총체적 책임제한을 할 수 있다.[13]

---

10) 우리 상법이 규정하는 해상물건운송계약에는 개품운송계약과 항해용선계약이 있는데, 운송형 예선계약은 예인선의 동력을 이용하여 피예인물을 운송하는 것을 목적으로 하므로 예인선의 개성이 중요하고, 예인선이 부정기적으로 운항을 하며, 그 계약이 부합계약성이 약하다는 점에서 개품운송계약 보다는 항해용선계약에 가까운 것으로 보인다. 따라서 운송형 예선계약에는 그 성질에 반하지 않는 한 항해용선계약에 관한 규정을 준용할 수 있다고 본다.

11) 508쪽 주 7)에서 살펴본 서울고등법원 판결에서도 피예인물의 불감항으로 인해 피예인물이 침몰한 사안에서 예선자의 책임을 부인하였다.

12) Rainey, *The Law of Tug and Tow*, p. 42.

13) 이 경우 운송인의 포장당 또는 중량당 책임제한에 관한 상법 제797조는 그 성질상 예선자의 책임에 유추 적용되지 않는다고 생각된다.

(2) 발틱국제해사위원회 표준예선계약서상의 Knock for Knock 원칙

오늘날 해운 실무에서는 국제적인 예선계약은 대부분 발틱국제해운회의소가 1985년에 제정한 TOWCON 또는 TOWHIRE[14] 양식에 따라 예선계약이 체결된다. 따라서 TOWCON에 따라 예선계약이 체결된 경우에는 당연히 TOWCON의 내용이 예선계약의 내부관계를 규율하게 된다. 이와 관련하여 TOWCON에는 Knock for Knock 원칙(소위 자손자담(自損自擔)의 원칙)을 규정하고 있다.[15] 이는 귀책사유가 누구에게 있는지를 불문하고 예인선측에 발생한 손해와 예인선이 제 3 자에게 입힌 손해는 예선자가 부담하고 피예인물측에 발생한 손해와 피예인물이 제 3 자에게 입힌 손해는 피예선자가 부담한다는 원칙이다. 따라서 TOWCON에 따라 예선계약이 체결된 경우 내부관계는 앞서 본 일반적인 원칙과는 달리 귀책사유의 소재를 불문하고 손해를 각자 부담하므로 통상 예선자와 피예선자 상호간에는 아무런 청구권도 가지지 않게 된다. 그러나 예컨대 예인선과 피예인선 양측의 과실로 인해 피예인선이 제 3 의 선박과 충돌하였는데 제 3 자가 예인선의 소유자를 상대로 하여 손해배상을 청구하고 예선자가 이를 배상하는 등과 같은 예외적인 경우에 예선자는 피예선자에 대해 구상을 청구할 수 있다.

제 3. 예선계약의 외부관계(제 3 자에 대한 관계)

1. 총   설

예선계약의 외부관계는 예인 과정에 제 3 자가 손해를 입은 경우 과연 예선자와 피예선자 중 누가 책임을 부담할 것인지, 그리고 그 책임한도는 얼마인지 하는 문제 등을 말한다. 해운 실무에서는 예선계약과 관련하여 이러한 외부적 법률관계가 빈번하게 문제가 된다. 아래에서는 예선계약의 종류별로 제 3 자에 대한 책임의 주체와 그 책임제한에 관해서 살펴보기로 한다.[16]

---

14) 아래에서는 편의상 TOWCON과 TOWHIRE를 단순히 TOWCON이라 한다.

15) TOWCON 제18조.

16) TOWCON상의 Knock for Knock 원칙은 TOWCON 계약당사자 사이의 법률관계만을 규율한다. 따라서 예인과정 중에 손해를 입은 제 3 자는 TOWCON상의 Knock for Knock 원칙에 불구하고 책임이 있는 당사자에게 손해배상을 청구할 수 있다. 이 경우 제 3 자에게 손해를 배상한 자가 TOWCON 계약의 상대방에게 구상을 청구할 수 있을지의 여부는 Knock for Knock 원칙에 따라 결정된다. 즉 TOWCON 계약하에서는 예인선과의 충돌 등 예인선에 의해 발생한 제 3 자의 손해

2. 예선계약별 책임의 주체

(1) 고용형 예선계약의 경우

앞서 본 바와 같이 고용형 예선계약에서는 피예인선이 예인선에 대한 지휘·감독권을 갖는다. 따라서 예인과정에서 예인선 또는 피예인선의 과실로 예인선이나 피예인선이 다른 선박과 충돌하는 등으로 제 3 자에게 손해를 입힌 경우 원칙적으로 피예선자가 제 3 자에 대하여 손해배상책임을 진다.

한편 고용형 예선계약에서도 예인선의 선장 및 선원과 예선자와의 고용계약은 여전히 유지된다. 따라서 예선자는 예인선의 선장이나 선원의 과실로 인해 제 3 자가 손해를 입은 경우 이를 배상할 책임을 진다. 이 경우 예선자와 피예선자의 책임은 부진정연대채무관계가 된다.[17]

(2) 운송형 예선계약의 경우

운송형 예선계약에서는 예인선이 피예인물을 지휘·감독할 뿐만 아니라 피예인물에 대한 점유를 가지므로 예인 과정 중의 과실로 예인선이나 피예인물이 다른 선박과 충돌하는 등으로 제 3 자에게 손해를 입힌 경우 원칙적으로 예선자가 손해배상책임을 진다. 또한 피예인물이 감항성이 없었기 때문에 예인도중 제 3 자가 손해를 입은 경우에도 피예인물의 점유자인 예선자가 공작물의 하자에 대한 일차적인 손해배상책임을 진다(민 758조 1항 본문). 이 경우 손해를 배상한 예선자는 피예선자에 대하여 예선계약에 따라 구상을 청구할 수 있다.

3. 예선자·피예선자의 책임제한

예인 도중에 발생한 손해에 대하여 예선자 또는 피예선자가 선박소유자나 용선자 등 총체적 책임제한의 주체로서 책임을 제한하는 경우에 책임제한금액은 무엇을 기준으로 산정할 것인가 하는 점이 문제가 된다. 이 점과 관련해서는 책임을 부담하는 예인선 또는 피예인선의 톤수만을 기준으로 해야 한다는 입장,[18] 예인

는 예인선의 소유자가 최종적으로 부담하고 피예인선과의 충돌 등 피예인선에 의해 발생한 제 3 자의 손해는 피예인선의 소유자가 최종적으로 부담한다(TOWCON 18조 참조).

17) 동지: 박(용), (해상), 848쪽.

18) 아래에서는 이를 「개별톤수기준설」이라 한다.

선과 피예인선의 톤수를 합산한 톤수를 기준으로 하여야 한다는 입장[19] 및 예인선과 피예인선의 책임제한금액을 각각 산정한 뒤 이를 합산해야 한다는 입장[20]이 있다. 이 문제는 예선계약에서 있어서의 책임의 주체와도 관련되는 문제이다. 아래에서는 구체적인 경우를 나누어 살펴보기로 한다.

(1) 예인선만의 귀책사유로 인한 손해의 경우

예인선만의 귀책사유로 예인선 혹은 피예인선에 의해 제3자에게 손해가 발생한 경우에는 예선자는 예인선의 톤수를 기준으로 책임을 제한할 수 있다고 본다.[21] 즉 이러한 경우에는 개별톤수기준설이 타당하다고 본다. 이는 예선자가 동시에 피예인선의 소유자나 용선자이라고 하더라도 마찬가지이다. 이 경우 피예인선의 소유자나 용선자로서의 예선자는 제3자에 대하여 아무런 손해배상책임을 부담하지 않기 때문이다.

(2) 피예인선만의 귀책사유로 인한 손해의 경우

위에서 살펴본 것과 동일한 논리에서 만일 피예인선만의 귀책사유로 예인선 혹은 피예인선에 의해 제3자에게 손해가 발생하였다면 피예선자는 피예인선의 톤수를 기준으로 책임을 제한할 수 있다고 본다.

(3) 예인선과 피예인선 양측의 귀책사유로 인한 손해의 경우

1) 예인선과 피예인선의 소유자(또는 용선자 등)가 동일하고 양 선박에 모두 귀

---

19) 아래에서는 이를 「톤수합산설」이라 한다(유(기), (판례), 461쪽 참조).

20) 아래에서는 이를 「금액합산설」이라 한다(유(기), (판례), 461쪽 참조).

21) 대법원 2010. 7. 30. 2010마660 결정(예인선 소유자로부터 예인선을 정기용선한 자가 임차한 피예인선(무동력 부선)은 예인선의 예인목적물에 불과하고 달리 예인선 소유자가 피예인선을 소유하거나 임차하는 등으로 피예인선에 관하여 선박소유자와 동일한 책임을 부담한다고 볼 사정이 없음에도, 예인선의 피예인선에 대한 지배적 기능에만 치중하여 예인작업을 하는 동안은 예인선 소유자가 피예인선의 재임차인 내지 그와 유사한 지위에 있다고 보아 예인선 소유자에게 피예인선의 책임한도액에 상응하는 금전까지 공탁할 의무가 있다고 한 원심의 판단에는 선박소유자의 책임 제한에 관한 법리오해의 위법이 있다). 이는 Sir Joseph Rawlinson호 사건(1972)에서의 영국 법원의 입장과 동일하다(Rainey, *op. cit.*, pp. 542-545 참조). 위 사건의 사안은 다음과 같다. 예인선이 부선을 예인하던 중 예인선과 부선이 제3의 선박인 Sir Joseph Rawlinson호와 충돌하여 이 제3의 선박이 침몰하였다. 예인선과 부선은 동일한 소유자에 속하였으며 사고의 원인은 예인선의 예항상의 과실로 밝혀졌다. 이 사안에서 영국 법원은 예인선의 소유자는 예인선만의 톤수를 기준으로 산정한 책임한도액으로 책임을 제한할 수 있다고 판시하였다.

책사유가 있는 경우(예인선의 과실이 피예인선의 항해에도 관련이 있는 경우도 포함)에는 책임제한금액을 산정함에 있어 양 선박을 모두 고려하여야 한다. 그러나 이 경우에 하나의 책임제한절차를 개시할 것인가 아니면 각 선박별로 책임제한절차를 개시할 것인가 또한 전자의 경우라면 책임한도액을 산정할 때 과연 톤수합산설에 의할 것인가 금액합산설에 의할 것인가 하는 점이 문제가 된다. 이 점에 관하여 우리 대법원은 예인선의 소유자는 예인선과 피예인선의 각각의 톤수를 기준으로 산정된 각각의 책임한도액을 합한 금액으로 책임을 제한할 수 있다고 판시함으로써 묵시적으로 이러한 경우에는 하나의 책임제한절차가 개시되어야 한다는 입장을 취하였으며 책임한도액에 관하여는 명시적으로 금액합산설의 입장을 취하였다.22) 이에 대해 이러한 경우에는 각 선박별로 책임제한절차가 개시되어야 한다는 견해가 있다.23) 생각건대 앞서 선박소유자 등의 총체적 책임제한에 관한 항에서 살펴본 바와 같이 책임제한의 효력은 선박별로 미친다. 따라서 예인선과 피예인선의 소유자(또는 용선자 등)가 동일하다고 하더라도 책임제한절차는 각 선박별로 개시되어야 한다는 견해가 타당하다고 본다. 이 견해를 취한다면 예인선 및 피예인선의 소유자(또는 용선자 등)의 책임한도액은 금액합산설을 취한 것과 결과적으로 동일하게 된다.

　2) 만일 예인선의 소유자(또는 용선자 등)와 피예인선의 소유자(또는 용선자 등)가 다르고 양 선박에 모두 귀책사유가 있는 경우에는 예선자와 피예선자는 각각 자기가 운항하는 선박의 톤수를 기준으로 책임을 제한할 수 있을 것이다.

---

22) 대법원 2010. 7. 30. 2010마660 결정(예인선 소유자가 피예인선을 소유하거나 임차하는 등으로 선박소유자와 동일한 책임을 부담하고, 예인선측의 과실이 피예인선의 항해에도 관련이 있다는 등의 사정이 인정되는 경우에는, 예인선 소유자의 책임한도액은 예인선과 피예인선에 대하여 각각 구 상법 제747조 제1항 제3호에 따라 산정한 금액을 합한 금액이 된다 할 것이다); 대법원 1998. 3. 25. 97다2758 결정도 동일한 취지임. 한편 영국에서는 이 점에 관하여 판례의 입장이 나뉜다. 우선 Smejli호 사건(1982)에서는 우리 대법원의 입장과 같이 금액합산설을 취하였다(Rainey, *op. cit.*, p. 544). 이에 반해 Harlow호 사건(1922)에서는 톤수합산설을 취하였다(Rainey, *op. cit.*, p. 540). 한편 캐나다에서는 이러한 경우 톤수합산설의 입장이 확립되어 있다(Rainey, *op. cit.*, p. 546).

23) 이춘원, "예부선 상황에서의 충돌에 관한 몇 가지 문제점," 한국해법학회지, 제29권 제 1 호 (2007. 4.), 50쪽 이하 참조.

제 4. 그 밖의 관련 문제

1. 해난구조

예선계약의 이행 중에 피예인선 또는 그 적하 또는 그 밖의 피예인물이 위난에 처한 경우에 예인선이 피예인선 등을 구조하여도 이에 대하여는 예선계약의 이행으로 볼 수 없는 특수한 노력을 제공한 경우가 아니면 구조료를 청구하지 못한다(상 890조). 이에 관하여는 아래의 해난구조에 관한 장에서 상세히 살펴보기로 한다.

2. 공동해손

운송형 예선계약에서 예선계약의 이행 중에 예인선과 피예인물이 공동의 위험에 처했을 때 공동의 위험을 면하기 위하여 예인선의 선장이 예인선이나 피예인물에 대하여 처분 행위를 하는 경우에는 공동해손(공동해손에 관한 상세는 520쪽 이하참조)이 성립한다.24)

---

24) 原茂, 285頁 이하 참조.

해상기업의 위험

海 / 商 / 法 / 詳 / 論

제1장 총 설

해상기업은 해상에서 선박을 이용하여 기업활동을 하기 때문에 필연적으로 각종의 해상위험과 해양사고에 조우하게 된다. 이처럼 해상기업이 직면하게 되는 해상위험과 해양사고에 어떻게 대처하고 그로 인한 손해를 각 이해당사자 사이에 어떻게 적정하게 배분하여 해상기업의 발전을 도모하는 동시에 이해당사자를 보호할 것인가 하는 것이 해상법의 중요한 과제 중의 하나이다.[1]

우리 상법은 해상기업의 위험과 관련하여 공동해손, 선박충돌, 해난구조 및 해상보험에 관한 규정을 두고 있다. 이 중 공동해손과 해난구조는 적극적으로 해상위험에 대처하는 제도이고, 선박충돌과 해상보험은 해상위험으로 인하여 발생한 손해를 사후에 처리하기 위한 제도이다. 우리 상법은 해상보험에 관하여 「보험」편에서 규정하고 있으나 해상보험은 해상기업의 위험에 관한 사항이므로 여기에서 다루기로 한다.

또한 해상기업이 처하는 해양사고 중 자주 발생하며 그 피해액이 막대하여 많은 문제가 되는 것이 유류오염사고이다. 이러한 유류오염사고에는 상법이 아니라 특별법인 유류오염손해배상보장법과 국제조약이 적용되나 이러한 유류오염사고로 인한 손해배상책임도 해상기업이 기업활동을 하는 중에 직면하는 위험의 하나이므로 여기에서 다른 해상위험과 함께 다루기로 한다.

이러한 해상기업의 위험에 관한 제도는 모든 해상기업에 공통적으로 적용된다.

---

1) 정(동), (하), 927쪽.

제 2 장 공동해손

제 1. 총 설

1. 공동해손의 의의

(1) 해손의 의의

광의의 해손(海損, average)이란 선박의 항해 중에 생기는 모든 손해와 비용을 말한다. 광의의 해손에는 소해손(또는 통상해손)과 협의의 해손(또는 비상해손)이 있다. 소해손(小海損)이란 선박의 자연소모나 입항세와 같이 항해에 보통 수반하는 것으로서 운임이나 용선료에 포함되어 선박소유자가 스스로 부담하는 것으로 이러한 소해손은 법률상 문제가 되지 아니한다.[1] 한편 협의의 해손은 예기하지 못한 해상위험이나 해양사고에 의해 발생하는 해손으로 다시 공동해손과 단독해손으로 구분된다. 공동해손은 그 손해를 선박과 운임 및 적하가 공동으로 부담하는 해손을 말하고 단독해손은 손해를 입은 당사자만이 그 손해를 부담하는 해손을 말한다. 협의의 해손 중에 공동해손에 속하지 아니하는 해손은 모두 단독해손이다.[2]

(2) 공동해손의 의의

공동해손이란 선박과 적하의 공동위험을 면하기 위한 선장의 선박 또는 적하에 대한 처분으로 인하여 생긴 손해 또는 비용을 말한다(상 865조). 앞서 본 바와 같이 이러한 공동해손은 협의의 해손의 일종이다. 여기서 선장의 처분을 공동해손행위 또는 공동해손처분이라고 한다.

---

1) 배, 316쪽.
2) 단독해손에는 예컨대 선박충돌이나 좌초 등으로 인한 손해가 있다. 우리 상법은 이러한 단독해 손 중 특히 중요한 선박충돌로 인한 손해에 대하여 규정을 두고 있다.

한편 이러한 공동해손을 모든 이해관계인에게 분담시키는 제도가 공동해손제
도인데 이러한 공동해손제도 자체를 공동해손이라고 부르기도 한다. 아래에서도
「공동해손」이란 경우에 따라 협의의 해손으로서의 공동해손을 의미하거나 또는
공동해손제도 자체를 의미하는 것으로 사용하기로 한다.

2. 공동해손의 법적 성질

공동해손의 법적 성질에 관하여 외국에서는 공동대리설이나 부당이득설
등이 있으나[3] 우리나라에서는 「해상법상의 특수한 법률요건」이라고 하는 것이
통설이다.[4] 생각건대 대리는 의사표시에 관한 것이므로 의사표시가 아닌 공동
해손행위를 공동대리로 파악하는 것은 적절하지 않다. 한편 부당이득은 법률상
의 원인이 없이 타인의 재산으로 인하여 이익을 얻고 이로 인하여 타인에게 손
해를 가한 경우(즉 타인의 재산의 손실과 이득 사이에 인과관계가 있는 경우)에 성립되는
데, 우리 상법은 공동해손행위와 선박 또는 적하의 잔존 사이에 인과관계가 없
어도 공동해손의 성립을 인정하므로(소위 잔존주의, 529쪽 이하 참조), 공동해손을 부
당이득으로 파악하는 것도 적절하지 않다. 따라서 공동해손은 해상법상 특수한
법률요건으로서 이 요건을 충족하면 당연히 법률이 정한 법률효과가 발생한다
고 보는 통설의 입장이 타당하다고 본다.

한편 공동해손에 관한 상법의 규정은 임의규정이므로 당사자 사이의 특약으
로 달리 정하는 것은 무방하다. 해운 실무에서는 선하증권 또는 용선계약서 등에
요크·앤트워프규칙(522쪽 이하 참조)에 따라 공동해손을 정산하기로 하는 규정을 두
는 것이 일반적이다.

3. 공동해손의 인정근거

공동해손제도를 인정하는 근거에 대하여는 여러 가지 견해가 있었으나 근래
에는 형평설과 공동위험단체설이 유력하게 주장되고 있다.[5] 형평설은 전체를 위

---

3) 공동대리설은 미국의 학자들이 주장하고 있으며, 부당이득설은 프랑스 학자들이 주장하고 있다
   (田中, 477頁).
4) 정(찬), (하), 952쪽; 정(동), (하), 930쪽 등.
5) 田中, 477頁.

한 희생은 전체에 의하여 분담되는 것이 정의와 형평에 부합된다는 학설로서 영국에서 주장되고 있다. 한편 공동위험단체설은 선박이 항해 중 해상위험에 조우하게 된 경우에는 그 위험은 선박과 적하에 대한 공동의 위험이 되므로 선박소유자 및 적하소유자는 하나의 공동위험단체를 구성하는데, 이 경우 공동의 위험을 면하기 위하여 선장이 선박 또는 적하를 처분하는 행위로 인하여 공동위험단체의 일부에 생긴 손해는 마치 상호보험에서와 같이 전체가 이를 분담하여야 한다는 학설로서 독일에서 주장되고 있으며 우리나라의 통설이다.[6] 생각건대 형평설이나 공동위험단체설 모두 공동해손을 인정하는 근거로서 나름의 타당성을 가지고 있으나, 해상법상의 특수한 제도인 공동해손제도를 일반적인 개념인 「형평」이라는 개념으로 설명하는 것보다는 해상법상의 특수한 현상인 공동위험단체로 설명하는 공동위험단체설이 보다 적절하다고 본다. 그러나 어느 학설을 취하거나 실제상 아무런 차이는 없다.

4. 공동해손에 관한 국제적 통일규칙

공동해손은 해상법상 가장 오래된 제도 중의 하나로서 이미 로오드 해법에 투하(jettison)에 관한 공동해손을 규정하고 있었고, 로마법과 중세의 해상법에도 공동해손에 관한 규정을 두고 있었다. 그 후 근대에 들어 각국의 해상법에 공동해손이 규정되게 되었으나 오랜 역사를 가진 공동해손인 만큼 각국의 법제에 많은 차이가 있어 해상기업의 활동에 많은 지장을 초래하였다. 이에 국제적으로 공동해손제도를 통일하고자 하는 운동이 전개되기 시작하였는데, 영국 사회과학진흥회(National Association for the Promotion of Social Science)의 주관하에 1864년에 영국 요크에서 공동해손제도의 통일을 위한 국제회의가 개최되었고 그 결과 요크규칙(York Rules)이 제정되었다. 그러나 요크규칙은 영국보험업자들의 반대로 인하여 시행되지 못하였다. 그 후 국제법학회가 공동해손제도의 통일 업무를 인계받아 여러 차례의 회의 끝에 1890년에 요크규칙을 수정·보완하여 총 18개의 조문으로 된 요크·앤트워프규칙(York-Antwerp Rules)을 제정하였다. 요크·앤트워프규칙은 1924년, 1950년, 1974년, 1994년 및 2004년에 개정되었는데 현재 해운 실무상 1994년에 개정된 요크·앤트워프규칙이 세계적으로 널리 사용되고 있다.[7] 그런데 요크·앤트워프

---

6) 정(찬), (하), 953쪽.

규칙은 국제조약이 아니라 일종의 모델 규칙이므로 당사자 사이에 요크·앤트워프규칙을 적용하기로 하는 합의가 있어야만 적용된다는 점에 유의하여야 한다.

우리 상법의 공동해손에 관한 규정은 1950년 요크·앤트워프규칙에 기초한 것으로서,[8] 시대에 많이 뒤떨어져 있다. 따라서 우리 해상법의 현대화를 위해 근래에 개정된 요크·앤트워프규칙에 따라 공동해손에 관한 규정을 개정할 필요가 있다. 아래에서는 관련되는 부분에서 1994년 요크·앤트워프규칙의 내용도 함께 살펴보기로 한다.[9]

제 2. 공동해손의 요건

1. 위험요건(공동위험의 존재)

공동해손은 선박 및 적하의 공동위험(common peril or danger)을 면하기 위한 것이어야 한다. 이를 분설하면 아래와 같다.

(1) 위험의 현실성

위험은 현실적(real)이어야 한다.[10] 그러나 그러한 위험은 급박할(imminent) 필요는 없다. 따라서 위험이 현실적인 것인 한 선장이 사전에 이를 회피하기 위하여 선박 또는 적하에 대하여 처분을 하는 경우에는 공동해손이 성립된다. 예컨대 태풍이 다가오는 경우 아직 태풍의 영향권 내에 들어가지 않았더라도 피난항으로 피항하는 경우에는 공동해손이 성립된다.[11] 그러나 단지 위험이 잠재적으로만 존재하는 경우에는 위험이 현실적으로 존재한다고 할 수 없다. 따라서 선박이 좌초되었다고 하더라도 현실적으로 위험이 없으면 선박을 재부양하기 위하여 선박의 기관 등을 손상시킨 경우에는 공동해손이 성립되지 아니한다.[12]

---

7) 요크·앤트워프규칙은 이해관계인인 선박소유자측(해운업계)과 화주측(해상적하보험업계)의 동의 하에 개정되어 왔으나 2004년 요크·앤트워프규칙은 선박소유자측의 동의 없이 화주측에 의해 선박소유자측에 불리하게 개정되었으므로 해운 실무에서 많이 사용되고 있지 아니하다(여성구, "YAR 2004가 선주, 화주 및 보험자에 미치는 영향에 관한 연구," 2006년도 한국해법학회 가을철 학술발표회 자료, 101-102쪽 참조).

8) 배, 316쪽.

9) 아래에서는 1994년 요크·앤트워프규칙을 단순히 요크·앤트워프규칙이라 한다.

10) Rose, *General Average*, p. 22.

11) 정(동), (하), 931쪽.

(2) 위험의 객관성 여부

위험이 객관적으로 존재하여야 하는가에 관하여는 주관설과 객관설로 견해가 나뉜다. 주관설은 선장이 위험이 있다고 판단한 것이 합리적이라고 인정할 만한 사정이 있으면 객관적으로 위험이 존재하지 않는 경우에도 공동해손이 성립된다는 견해이다.[13] 객관설은 선장이 위험이 존재한다고 믿었더라도 객관적으로 위험이 존재하지 않았으면 선장의 판단이 합리적이었는지의 여부를 묻지 아니하고 공동해손이 성립되지 아니한다는 견해이다.[14] 객관설은 공동해손처분과 선박 또는 적하의 보존 사이에 인과관계가 있어야 한다고 하는 입법주의(인과주의. 529쪽 참조)를 근거로 하며 주관설은 이러한 인과관계가 필요 없이 선박 또는 적하가 잔존하면 충분하다는 입법주의(잔존주의, 529쪽 참조)를 근거로 한다.[15] 생각건대 객관설에 의하는 경우 선장이 위험이 객관적으로 존재하는 것을 확인할 때까지 처분을 주저하게 되어 공동해손제도의 취지를 약화시킬 우려가 있으며 우리 법은 잔존주의를 취하였으므로(상 866조) 주관설의 입장이 타당하다고 본다.[16] 한편 요크·앤트워프규칙도 잔존주의를 채택하였으므로(동 규칙 A조), 동 규칙상으로도 주관설의 입장이 타당하다고 해석된다.[17]

(3) 위험의 발생원인

1) 공동해손이 성립되기 위해서는 위험의 발생원인은 묻지 아니한다. 따라서 선박 또는 적하의 하자나 그 밖에 이해관계인의 과실에 의해 위험이 발생했더라도 공동해손은 성립된다.[18] 다만 공동해손의 분담자는 책임이 있는 자에 대하여 구상권을 행사할 수 있다(상 870조). 요크·앤트워프규칙도 마찬가지 입장을 취하고 있다(동 규칙 D조).

2) 이와 관련하여 피해자(공동해손분담 청구권자)에게 과실이 있는 경우에도 공

---

12) 요크·앤트워프규칙 제Ⅶ조.
13) 손, (하), 879쪽; 정(동), (하), 931쪽; 채, (보·해), 354쪽; 최(기), (해), 282쪽; 서·정, (하), 650쪽; 重田, 223頁.
14) 정(찬), (하), 954쪽; Rose, *General Average*, p. 23. 다만 객관설도 위험이 절대적인 것일 필요는 없고 일반적으로 보아 위험이 존재하면 족하다고 한다(戸田, (海), 234頁).
15) 손, (하), 879쪽.
16) 동지: 손, (하), 879쪽.
17) 田中, 481頁.
18) 손, (하), 878쪽; 정(동), (하), 931쪽; 정(찬), (하), 955쪽.

동해손이 성립하는가 하는 문제가 있다. 이 점에 관하여는 국내외적으로 긍정설과 부정설로 견해가 나뉜다. 긍정설은 이러한 경우에도 공동해손은 성립된다는 견해이고,[19] 부정설은 이러한 경우에는 형평의 견지에서 공동해손이 성립되지 아니한다고 보는 견해이다.[20] 생각건대 긍정설에 의할 때 이러한 경우에 공동해손이 성립하므로 공동해손 분담의무자는 먼저 공동해손 분담의무를 이행하고 나서 다시 공동해손 분담금을 지급받은 피해자에 대하여 구상권을 행사하게 되나 이는 불필요한 우회라고 생각된다.[21] 따라서 이러한 경우에는 공동해손이 성립되지 아니한다는 부정설이 타당하다고 본다. 다만 선박소유자의 항해과실로 공동의 위험이 발생하여 선장이 선박에 대해 처분을 한 경우 등과 같이 과실이 있는 피해자에게 면책사유가 있는 경우에는 피해자에게 과실이 없는 경우와 마찬가지이므로 공동해손의 성립을 긍정해야 한다고 본다. 한편 요크 · 앤트워프규칙(동 규칙 D조)의 해석에 관하여도 동 규칙이 긍정설을 취했다고 하는 견해[22]와 부정설을 취했다고 하는 견해[23]가 나뉜다. 이는 요크 · 앤트워프규칙 D조의 문언이 불분명하기 때문인데,[24] 위 D조의 단서에 의하면 과실 있는 피해자의 공동해손 분담청구에 대해 공동해손 분담의무자가 항변(방어)권을 행사할 수 있는 것으로 해석되므로 결국 이러한 경우에는 공동해손이 성립되지 아니한다고 해석하는 것이 타당하다고 본다.[25]

---

19) 손, (하), 879쪽; 田中, 482頁. 한편 일본의 긍정설은 공동해손은 성립하나 공동해손의 분담의무자는 피해자에 대한 구상권으로 이를 상계할 수 있다고 본다. 결국 일본의 긍정설에 의하면 피해자의 과실이 있는 경우 공동해손은 성립하되 공동해손 분담의무자는 분담의무를 이행할 필요가 없게 되어 부정설과 아무런 차이가 없게 된다. 그러나 우리 법상으로는 공동해손의 분담의무자가 분담의무를 이행하기 전에는 피해자에 대한 구상권이 발생하지 아니하므로 분담의무와 구상권을 상계한다는 것은 가능하지 않다고 본다.

20) Rose, *General Average*, p. 78 및 p. 81; Hudson, *York-Antwerp Ruks*, pp. 58-59.

21) 앞서 본 일본의 긍정설과 같이 공동해손 분담의무자가 분담의무와 구상권을 상계할 수 있다고 하면 굳이 긍정설을 취할 실익이 없다고 본다.

22) 손, (하), 879쪽.

23) Rose, *General Average*, p. 81.

24) 동 규칙 D조는 다음과 같이 규정하고 있다. 「희생 또는 비용을 발생하게 한 사고가 모험(항해)의 당사자 중의 1인의 과실로 인한 것인 경우에도 공동해손분담청구권은 영향을 받지 아니한다. 그러나 위 규정은 그 과실이 있는 자에 대한 구상권이나 항변(방어)권에 불리한 영향을 주지 아니한다(Rights to contribution in general average shall not be affected, though the event which gave rise to the sacrifice or expenditure may have been due to the fault of one of the parties to the adventure, but this shall not prejudice any remedies or defences which may be open against or to that party in respect of such fault)」.

25) 이처럼 해석한다면 동 규칙 D조의 본문은 공동해손 분담의무자의 과실이 있는 경우에도 공동해손이 성립한다는 점을 규정한 것이라고 볼 수 있다.

(4) 선박과 적하의 공동의 위험

공동해손은 「공동위험」을 면하기 위한 것이므로 선박 또는 적하의 어느 하나에 대한 위험밖에 없는 경우 또는 각각에 대하여 위험의 원인이 다른 경우에는 공동해손이 성립하지 아니한다.[26] 또한 선박과 적하가 아니라 인명의 위험을 면하기 위한 선장의 처분으로 인하여 생긴 손해는 공동해손이 아니다.[27] 이러한 공동의 위험은 적하가 선박에 선적된 때 개시되고 양륙된 때 종료된다.[28]

2. 처분요건(자발적 처분)

공동해손은 선박 또는 적하에 대한 선장의 고의·비상(非常)의 합리적인 처분으로 인한 것이어야 한다.

(1) 선장의 고의에 의한 처분

선장의 고의에 의한 처분이 있어야 하므로 그 처분이 선장의 우연한 행위, 외력의 작용 또는 제 3 자의 행위에 의한 경우에는 공동해손이 성립되지 아니한다.[29] 여기서 선장의 처분은 사실행위와 법률행위를 포함한다. 사실행위의 예로는 투하(요크·앤트워프규칙 1 조), 임의좌초(동 규칙 5 조), 연료 대신에 적하·선용품 등을 사용하는 행위(동 규칙 9 조), 피난항에의 입항(동 규칙 10조 및 11조) 등이 있고, 법률행위의 예로는 구조계약이나 수리계약의 체결 등이 있다.

처분행위는 선장이 하여야 한다. 여기서 선장이란 선박소유자(또는 선체용선자)가 선임한 선장뿐만 아니라 대선장(상 748조)과 대행선장(선박직원법 11조 2 항 1 호) 및 이들에 의해 처분행위의 위임을 받은 자를 포함한다.[30] 이처럼 처분행위를 할 수 있는 자를 선장으로 제한한 것은 선장이 공동위험이 있는지의 여부 및 이러한 공동위험을 면하기 위한 합리적인 처분의 결정에 관하여 경험과 전문성을 가진 자이기 때문이다. 한편 요크·앤트워프규칙은 처분을 할 수 있는 자를 제한하고 있지 아니하다는 점에서 우리 상법과 차이가 있다(동 규칙 A조).

---

26) 정(동), (하), 930쪽; 정(찬), (하), 954쪽.
27) 정(찬), (하), 954쪽; 손, (하), 880쪽. 요크·앤트워프규칙 A조도 같은 입장이다.
28) 田中, 482頁.
29) 동지: 손, (하), 880쪽.
30) 손, (하), 880쪽; 정(동), (하), 931쪽.

(2) 비상의 합리적인 처분

선장의 처분은 선박 또는 적하를 공동위험으로부터 구하기 위한 비상의 처분이어야 한다. 따라서 항해에 수반하는 통상적인 행위나 처분에 의해 손해나 비용이 발생하는 경우에는 공동해손이 성립되지 아니한다.[31] 그러나 도선료 또는 입항세와 같이 보통은 소해손(小海損)에 해당하는 것도 선장의 비상의 처분(예컨대 피난항에 입항하는 경우 등)에 의해 발생하면 공동해손이 성립된다. 또한 선장의 처분은 공동이익(common benefit)을 위한 적극적인 처분(예컨대 항해의 계속을 위한 수리계약 등)이 아니라 공동안전(common safety)을 위한 소극적인 처분이어야 한다.[32] 한편 선장의 처분이 합리적이어야 한다는 점은 당연하다.[33]

(3) 선박 또는 적하에 대한 처분

선장의 처분은 선박 또는 적하에 대한 것이어야 한다. 반드시 선박과 적하 양자를 모두 처분하여야 하는 것은 아니므로 그 어느 한 쪽만의 처분이 있으면 공동해손이 성립한다.[34]

3. 손해 · 비용요건(손해 또는 비용의 발생)

공동해손이 성립하려면 선장의 처분으로 인하여 손해 또는 비용이 발생하여야 한다.

(1) 실손해 · 비용의 발생

선장의 처분에 의해 실제적으로 손해 또는 비용이 발생하여야 한다. 공동해손인 손해에는 예컨대 임의좌초로 인한 선박의 손해나 투하로 인한 적하의 손해 등이 있다. 한편 공동해손인 비용에는 예컨대 구조계약에 의한 구조비용이나 피난항에의 입항으로 인한 도선료, 입항세 등이 있다. 선장이 경제적 가치가 없는 물건을 처분한 경우에는 공동해손이 성립되지 아니한다.[35]

---

31) 손, (하), 881쪽.
32) 손, (하), 881쪽.
33) 요크 · 앤트워프규칙상의 최우선 규칙(Rule Paramount) 참조.
34) 정(찬), (하), 955쪽.
35) Rose, *General Average*, p. 40.

(2) 손해·비용의 범위

1) 입법주의

앞서 본 바와 같이 선장의 처분은 공동안전을 위한(즉 공동위험을 면하기 위한) 소극적 처분이어야 하는데, 이러한 선장의 처분의 결과 발생하는 손해와 비용 중 어떠한 범위의 손해와 비용에 대하여 공동해손이 성립하는가 하는 점이 문제가 된다. 이에 대하여는 공동안전주의(common safety theory, 공동의 안전을 목적으로 하는 손해와 비용에 대하여만 공동해손이 성립한다는 주의), 공동이익주의(common benefit theory, 공동의 안전을 위한 손해나 비용에 한하지 않고 항해의 계속이라는 공동의 이익을 목적으로 하는 손해와 비용에 대해서도 공동해손의 성립을 인정하는 주의) 및 희생주의(Opfersystem, 공동의 안전이나 공동의 이익과는 관계없이 선장의 처분행위와 상당인과관계가 있는 모든 손해 또는 비용에 대해서 공동해손의 성립을 인정하는 주의)의 3가지 입법주의가 있는데,36) 우리 상법은 희생주의를 취하였다. 따라서 우리 상법상 선장의 처분과 상당인과관계가 있는 모든 손해 또는 비용이 공동해손으로 인정된다(상 865조). 요크·앤트워프규칙은 공동안전주의를 원칙으로 하면서 예외적인 경우에 공동이익주의를 취하고 있다.37)

2) 요크·앤트워프규칙상의 공동해손인 손해와 비용

요크·앤트워프규칙에서 공동해손으로 인정하고 있는 손해와 비용 중 주요한 것에는, ① 적하의 투하로 인한 손해(동 규칙 1조), ② 공동안전을 위한 그 밖의 희생으로 인한 손해(동 규칙 2조), ③ 선박 내 화재의 소방으로 인한 손해(동 규칙 3조), ④ 선박의 난파 부분이나 그 밖의 일부분의 절단으로 인한 손해(동 규칙 4조), ⑤ 임의좌초로 인한 손해(동 규칙 5조), ⑥ 구조료(동 규칙 6조), ⑦ 좌초된 선박을 부양하기 위한 조치로 인해 선박의 기계와 기관이 입은 손해(동 규칙 7조), ⑧ 좌초된 선박을 부양하기 위한 비용(동 규칙 제8조), ⑨ 연료로 사용된 적하 그 밖의 선박의 자재 등(동 규칙 9조), ⑩ 피난항 등에의 입항비, 출항비 및 공동해손행위나 해난사고로 인한

---

36) 공동안전주의는 영국법의 입장인데, 이에 의하면 선박과 적하가 안전한 장소에 도달하면 그 후에 발생하는 손해나 비용은 원칙적으로 공동해손으로 인정하지 아니한다. 따라서 예컨대 피난항에 입항한 경우 입항비는 공동해손에 해당하나 정박비와 출항비는 이에 해당하지 않을 가능성이 많다. 공동이익주의에 의하면 피난항에 입항한 경우 입항비와 정박비 및 출항비는 물론 임시수리비도 항해의 계속을 위한 공동의 이익을 위반 비용으로서 공동해손에 해당할 수 있다. 희생주의는 독일법의 입장인데, 이에 의하면 피난항에 입항한 경우 입항비와 정박비 및 출항비는 공동해손에 해당하나 임시수리비는 공동의 위험을 피하기 위한 선장의 처분과 상당인과관계가 없으므로 공동해손에 해당하지 아니한다(손, (하), 881-882쪽 참조).

37) 여성구, 전게 "YAR 2004가 선주, 화주 및 보험자에 미치는 영향에 관한 연구," 84쪽.

선박손해를 수리하기 위하여 적하나 연료유 또는 선내 저장품(stores)을 양륙하는 비용 등(동 규칙 10조), ⑪ 피난항 등에서의 선원의 급료나 연료비 등(동 규칙 11조), ⑫ 적하나 연료유 또는 선내 저장품의 양륙·재선적 등의 작업이 공동해손으로 인정되는 경우 이러한 작업시 발생한 손해(동 규칙 12조), ⑬ 임시수리비(동 규칙 14조) 및 ⑭ 운임의 상실 등이 있다.

4. 잔존요건(선박 또는 적하의 잔존)

선장의 처분에 의하여 선박 또는 적하의 전부 또는 일부가 공동위험을 면하고 잔존하여야 한다(상 866조).

(1) 선박 또는 적하의 잔존

선장의 처분 후에 선박 또는 적하가 잔존하여야 하는데, 선장의 처분과 선박 또는 적하의 잔존 사이에 인과관계를 요구하는가 하는 점에 관하여 입법주의가 인과주의(처분과 잔존 사이에 인과관계를 요구하는 주의)와 잔존주의(선장의 처분 후 잔존하면 충분하고 처분과 잔존 사이에 인과관계를 요구하지 않는 주의)로 나뉜다. 인과주의를 취하게 되면 선장이 공동해손행위를 하는데 주저하게 되기 때문에 공동해손제도를 인정한 취지에 반한다는 결함이 있으므로 잔존주의가 더 우수하다고 할 수 있다.[38] 우리 상법은 잔존주의를 채택하고 있으며(상 866조), 요크·앤트워프규칙도 동일하다고 해석된다(동 규칙 A조).[39]

선박 또는 적하는 공동위험을 면한 시점에 잔존하면 충분하다.[40] 따라서 그 이후에 선박 또는 적하가 다른 원인으로 멸실하더라도 공동해손은 성립한다. 다만 공동해손의 분담액을 정함에 있어서는 선박의 도달 또는 적하의 양륙의 때와 곳에서의 가액을 기준으로 하므로(상 867조), 공동위험을 면한 후에 멸실된 재산은 공동해손을 분담하지 않는다(535쪽 참조).

---

38) 손, (하), 882쪽.
39) 田中, 485頁.
40) 동지: 손, (하), 882쪽; 田中, 487頁.

(2) 잔존목적물

공동해손이 성립되기 위하여 잔존하는 목적물이 무엇이어야 하는가에 하는
점에 관하여 입법주의가 선박잔존주의(반드시 선박이 잔존해야 한다는 주의), 병존주의
(선박과 적하 모두가 잔존해야 한다는 주의) 및 종류불문주의(선박 또는 적하 중의 어느 한 쪽만
이라도 잔존하면 충분하다는 주의)로 나뉜다. 선박잔존주의나 병존주의에 의하면 선장의
공동해손행위를 제한하는 것으로 되어 공동해손제도의 취지에 반하므로 종류불문
주의가 우수하다.[41] 상법도 종류불문주의를 채택하고 있으며(상 866조), 요크·앤트
워프규칙도 동일하다고 해석된다(동 규칙 A조).[42]

제 3.   공동해손의 효과

1. 총   설

공동해손이 성립하면 선장의 공동해손행위에 의해 생긴 손해와 비용은 각 이
해관계인이 분담하게 된다. 따라서 손해를 입거나 비용을 지출한 자는 처분 후 보
존된 재산의 이해관계인에 대하여 공동해손 분담청구권을 갖는다(상 866조). 이는
공동위험단체의 구성원이 전체의 공동위험을 면하기 위하여 손해를 입거나 비용
을 지출하게 되면 이를 다른 구성원 및 피해자, 즉 전체의 구성원이 분담하는 것
이 공평하기 때문이다. 이처럼 공동해손을 분담하기 위해서는 한편으로는 공동해
손인 손해와 비용의 범위와 가액을 결정하여야 하고, 다른 한편으로는 공동해손을
분담하는 재산의 가액과 분담액이 결정되어야 한다. 이러한 결정을 공동해손의 정
산이라고 한다.

2. 공동해손채권

(1) 공동해손채권자

선장의 처분으로 인하여 공동해손인 손해를 입거나 비용을 부담한 선박소유
자, 해상물건운송인 및 적하의 이해관계인이 공동해손채권자가 된다. 공동해손은

---

41) 손, (하), 883쪽.
42) 田中, 486頁.

공동위험단체에 의하여 분담되는 것이기 때문이 공동해손채권자의 채권은 공동해
손 분담청구권이라 한다. 한편 공동해손채권자는 공동위험단체의 구성원이어야
하므로 공동위험단체에 속하지 아니하는 제3자가 공동해손인 비용을 지출하는
경우에는 그 제3자는 공동해손채권자가 될 수 없다.[43)]

(2) 공동해손에서 제외되는 채권

1) 앞서 본 바와 같이 우리 상법은 희생주의를 취하고 있으므로 원칙적으로
선장의 공동해손행위와 상당인과관계가 있는 모든 손해와 비용이 이해관계인이
분담할 공동해손인 손해 및 비용에 포함된다. 그러나 예외적으로 ① 속구목록에
기재하지 아니한 속구, ② 선하증권이나 그 밖에 적하의 가격을 정할 수 있는 서
류 없이 선적한 하물 및 ③ 종류와 가액을 명시하지 아니한 화폐나 유가증권과 그
밖의 고가물이 선장의 처분으로 인하여 손실된 경우에는 그 가액을 공동해손의
액에 산입하지 아니한다(상 872조 1항). 이러한 물건은 그 가액을 산정할 수 없으며
특히 고가물의 경우에는 이를 명시하였더라면 공동해손행위의 대상에서 제외되어
보존될 가능성이 있었기 때문이다.[44)]

2) 또한 갑판에 적재한 하물도 손실된 경우에는 그 가액을 공동해손의 액에
산입하지 아니한다(상 872조 2항). 이는 갑판적 화물은 선박이 해상위험에 처했을
때 안전을 위하여 투기되어야 할 필요가 가장 크고 또 투기가 용이하기 때문에 갑
판적으로 운송할 것에 동의한 화주는 화물이 투기될 것을 예상했다고 보아야 하
기 때문이다.[45)] 운송인이 화주의 동의 없이 갑판적을 한 경우에도 그 화물의 가액
을 공동해손의 가액에 포함시키지 아니한다. 이 경우에는 운송인은 피해자에 대하
여 운송계약상의 채무불이행 및 불법행위책임을 지게 된다.

한편 갑판에 선적하는 것이 관습상 허용되는 경우와 그 항해가 연안항행에
해당되는 경우에는 갑판적 화물의 가액을 공동해손의 액에 산입한다(상 872조 2항
단서). 이는 갑판적이 관습상 허용되는 경우에 갑판적 화물의 이해관계인에게 불리
하게 처리하는 것은 불공평하기 때문이다. 연안항행의 경우에는 갑판적이 일반적
인데, 이 경우에도 마찬가지이다.[46)] 관습상 허용되는 갑판적 화물을 공동해손 분

---

43) 손, (하), 883쪽.
44) 정(동), (하), 934쪽.
45) 田中, 493-494頁.
46) 상법 시행령 제46조는 공동해손의 경우 분담 등에 특례가 인정되는 연안항행구역의 범위를 전

담청구에 포함시키도록 한 것은 2007년에 개정된 것인데, 요크·앤트워프규칙도 같은 입장인 것으로 해석된다(동 규칙 1 조).

(3) 공동해손채권액의 산정

1) 원 칙

공동해손이 비용인 경우에는 그 금액이 명확하기 때문에 문제가 없으나 선박 또는 적하의 손해인 경우에는 그 산정이 때와 곳에 따라 다를 수 있으므로 산정의 기준을 정해 놓을 필요가 있다. 이에 따라 우리 상법은 선박의 가액은 도달의 때와 곳의 가액으로 하고, 적하의 가액은 양륙의 때와 곳의 가액으로 하되 적하에 관하여는 그 손실로 인하여 지급을 면하게 된 모든 비용을 공제하여야 한다고 규정한다(상 869조). 그러므로 선박이 공동해손행위로 훼손된 경우에는 선박이 도달한 때와 곳의 가액을 기준으로 하고, 선박이 멸실된 경우에는 선박이 도달했었을 때와 곳의 가액을 기준으로 한다. 또한 적하의 일부 또는 전부가 공동해손행위로 멸실된 경우에는 적하가 양륙된 때와 곳이나 양륙되었을 때와 곳의 가액을 기준으로 한다.

한편 적하의 손해의 경우에는 그 손실로 인하여 지급을 면하게 된 비용은 공동해손의 액에서 공제하여야 하나, 선장이 공동해손행위로 적하를 처분하였을 때에도 운임은 전액 지급되어야 하므로(상 813조 2 호), 운임은 공동해손의 액에서 공제되지 아니한다.

2) 예 외

선하증권이나 그 밖에 적하의 가격을 정할 수 있는 서류에 적하의 실가보다 저액을 기재한 경우에 그 하물이 손실된 때에는 그 기재액을 공동해손의 액으로 한다(상 873조 1항). 또한 적하의 가격에 영향을 미칠 사항에 관하여 거짓 기재를 한 경우에도 마찬가지이다(동 조 2 항). 이는 적하를 실가보다 저액으로 신고함으로써 공동해손의 분담액을 줄여 부당이득을 하는 것을 막기 위한 것으로서 부실기재에 대한 제재의 의미를 가지고 있으며 금반언의 원칙의 반영이기도 하다.[47) 요크·앤트워프규칙도 동일한 규정을 두고 있다(동 규칙 19조 2 문). 이와 반대로 실가보다 고

라남도 영광군 불갑천구 북안에서 같은 군 가음도, 신안군 재원도·비금도·신도, 진도군 가사도·진도, 완도군 보길도·자지도·청산도, 여수시 초도·소리도와 경상남도 거제시 거제도 및 부산광역시 영도를 거쳐 같은 광역시 승두말에 이르는 선안의 해면으로 한다고 규정한다.

47) 田中, 495頁.

액을 기재한 경우에는 실가를 기준으로 채권액을 산정하여야 한다고 본다.[48]

(4) 공동해손채권의 이자

우리 상법은 공동해손채권에 이자가 발생하는지의 여부에 관하여는 아무런 규정을 두고 있지 아니하나 공동해손채권에 대하여 법정이자청구권을 긍정하는 것이 통설이다.[49] 그런데 이처럼 이자청구권을 인정하는 근거에 대하여는 상법 제55조 제 2 항을 유추 적용할 수 있다는 견해가 있다.[50] 선박소유자가 공동해손인 비용을 부담한 경우에는 상인의 체당금에 관한 상법 제55조 제 2 항을 유추 적용하여 공동해손인 비용을 지급한 날 이후의 법정이자청구권을 인정하는 것이 타당하다고 본다. 그러나 공동해손인 손해가 발생한 경우에는 피해자가 반드시 상인이 아니므로 상법 제55조 제 2 항을 유추 적용하는 것은 적절하지 않다고 본다.[51] 이 경우에는 공동해손제도의 취지에 비추어 이자를 지급하는 것이 공평하기 때문이라고 볼 수밖에 없다. 이자의 기산 시기는 공동해손인 비용의 경우를 유추 적용하여 공동해손인 손해가 발생한 날 다음 날부터 기산된다고 본다.

한편 요크·앤트워프규칙은 명시적으로 이자청구권을 인정한다(동 규칙 21조).

(5) 공동해손채권에 관한 담보권

적하이해관계인이 공동해손 분담채무를 부담하는 경우에는 선박소유자(선장)는 운송물에 대하여 유치권을 갖는다(상 807조 1 항 및 2 항). 또한 적하이해관계인도 선박소유자의 공동해손 분담채무에 관하여 선박에 대하여 우선특권을 갖는다(상 777조 1 항 3 호). 그러나 아래에서 살펴보는 바와 같이 공동해손의 정산에 상당한 시일이 소요되기 때문에 해운 실무에서는 공동해손 분담금에 대한 보증장 등을 받고 위와 같은 담보권의 실행을 유예하는 것이 보통이다.

(6) 공동해손채권의 소멸

공동해손채권은 그 계산이 종료한 날부터 1 년 이내에 재판상 청구가 없으면

---

48) 田中, 495頁.
49) 손, (하), 885쪽; 정(동), (하), 935쪽; 정(찬), (하), 958쪽 등.
50) 동지: 손, (하), 885쪽.
51) 田中, 496頁.

소멸한다. 이 기간은 제척기간이다. 다만 이 기간은 당사자 사이의 합의에 의하여 연장할 수 있다(상 875조).

3. 공동해손채무

(1) 분담의 원칙

1) 공동해손은 그 위험을 면하여 잔존하게 된 선박 또는 적하의 가액과 운임의 반액과 공동해손의 액과의 비율에 따라 각 이해관계인이 이를 분담한다(상 866조). 공동해손을 분담하는 이해관계인에는 공동해손으로 인한 피해자를 포함한다.[52] 이는 만약 피해자가 공동해손을 분담하지 않게 되면 피해자는 손해의 전액을 보상받게 되어 불공평하기 때문이다. 운임의 반액을 기준으로 한 것은 정산의 편의를 위한 것이다.[53]

2) 한편 속구목록에 기재하지 아니한 속구, 선하증권이나 그 밖에 적하의 가격을 정할 수 있는 서류 없이 선적한 하물 또는 종류와 가액을 명시하지 아니한 화폐나 유가증권과 그 밖의 고가물은 보존된 경우에는 그 가액을 공동해손의 분담에 산입한다(상 872조 1 항). 갑판에 적재한 하물도 마찬가지이다(동 조 2 항).

(2) 분담의 예외

1) 선박에 비치한 무기, 선원의 급료, 선원과 여객의 식량·의류는 보존된 경우에도 그 가액을 공동해손의 분담에 산입하지 아니한다(상 871조 전단). 선박에 비치한 무기를 분담에서 제외한 것은 이것이 공동위험의 방지를 위해 필요하기 때문이고, 선원의 급료를 분담에서 제외한 것은 선원을 보호하기 위한 사회정책적인 이유에서이다. 한편 선원과 여객의 식량·의류는 생활필수품이기 때문에 이를 분담에서 제외하였다.[54] 그러나 이러한 물건이 손실된 경우에는 공동해손채권에 관한 원칙에 따라 그 가액을 공동해손의 액에 산입한다(동 조 후단).

---

52) 각 이해관계인이 공동해손을 분담하는 비율의 수식은 다음과 같다. 공동해손인 손해를 L, 선박의 가액을 S, 적하의 가액을 C, 운임을 F라 하면 분담률은 $L/(S+C+F/2+L)$이 되고, 선박소유자의 분담액은 S에 분담률을 곱한 금액이 되고, 적하이해관계인의 분담액은 C에 분담률을 곱한 금액이 되며, 피해자의 분담액은 L에 분담률을 곱한 금액이 된다(정(찬), (하), 960쪽).
53) 손, (하), 885쪽.
54) 손, (하), 885쪽.

2) 우편법상 우편물과 그 취급에 필요한 물건이 보존된 경우에도 그 가액을 공동해손의 분담에 산입하지 아니한다(동법 7조 3항). 이는 우편업무를 보호하기 위한 공익상의 이유에서이다. 따라서 이는 강행규정이므로 이와 다른 당사자 사이의 약정은 무효이다.[55]

3) 요크·앤트워프규칙은 우편물과 여객의 수하물, 개인소지품과 위탁하지 않은 승용차를 분담에서 제외한다(동규칙 17조).

(3) 분담액 산정의 기준

1) 원   칙

공동해손을 분담할 잔존재산의 산정방법에 관하여는 입법주의가 즉시주의(공동해손행위가 행해진 후 바로 분담액을 확정하는 주의)와 항해주의(항해의 종료 시를 기준으로 분담액을 확정하는 주의)로 나뉘고 있다.

우리 상법은 요크·앤트워프규칙과 마찬가지로 항해주의를 채택하고 있다(상 867조 및 동규칙 17조, G조 참조). 즉 공동해손 분담액을 정함에 있어서는 선박의 가액은 도달의 때와 곳의 가액으로 하고, 적하의 가액은 양륙의 때와 곳의 가액으로 한다(상 867조). 그러므로 공동해손행위에 의하여 공동위험을 면한 후에 선박 또는 적하가 다른 원인으로 훼손된 경우에는 선박소유자 또는 적하이해관계인은 훼손된 재산의 가액을 기준으로 공동해손 분담액을 산정하고, 만일 공동위험을 면한 후 선박 또는 적하가 멸실되면 선박소유자 또는 적하이해관계인은 공동해손 분담금을 지급할 책임이 없다.

한편 적하에 관하여는 그 가액 중에서 멸실로 인하여 지급을 면하게 된 운임과 그 밖의 비용을 공제하여야 한다(상 867조). 여기서 「멸실로 인하여 지급을 면하게 된 운임과 그 밖의 비용」이란 선장이 공동해손처분을 하지 않아 적하가 멸실되었을 경우에 그 지급을 면하게 되었을 운임과 그 밖의 비용을 말한다.[56] 왜냐하면 이러한 경우에는 적하의 잔존으로 인하여 적하이해관계인이 얻은 이익은 적하의 가액과 그 지급을 면했을 운임과의 차액이기 때문이다.

---

55) 일본법의 입장도 동일하다. 田中, 498頁 참조.

56) 일본법의 입장도 동일하다. 田中, 498頁 참조. 따라서 위 상법의 규정은 「멸실의 경우 지급을 면하게 되는 운임」으로 개정하는 것이 바람직하다고 본다(일본 상법 790조 참조).

2) 예   외

선하증권이나 그 밖에 적하의 가격을 정할 수 있는 서류에 적하의 실가보다 고액을 기재한 경우에 그 하물이 보존된 때에는 그 기재액에 의하여 공동해손의 분담액을 정한다(상 873조 1항). 적하의 가격에 영향을 미칠 사항에 관하여 거짓 기재를 한 경우에도 마찬가지이다(동조 2항). 이는 앞서 공동해손채권액의 산정에서 살펴본 바와 마찬가지로 부실기재에 대한 제재의 의미를 가지고 있으며 금반언의 원칙의 반영이기도 하다. 이와는 반대로 실가보다 저액을 기재한 경우에는 실가에 따라 분담하여야 하는 것은 당연하다. 요크 · 앤트워프규칙은 이 점을 명시적으로 규정하고 있다(동 규칙 19조 2문).

(4) 공동해손채무자의 책임제한

공동해손제도는 잔존재산의 이해관계인이 위험공동의 취지에서 피해자의 손해를 분담하는 것이므로 공동해손채무자의 공동해손 분담채무는 잔존재산의 범위 내로 제한하는 것이 그 취지상 당연하다. 우리 상법도 공동해손의 분담책임이 있는 자는 선박이 도달하거나 적하를 인도한 때에 현존하는 가액의 한도에서 책임을 진다고 규정한다(상 868조). 이는 인적 유한책임으로서 해상법상 인정되는 개별적 책임제한의 하나이다.

(5) 공동해손채무자의 구상권

선박과 적하의 공동위험이 선박 또는 적하의 하자나 그 밖의 과실 있는 행위로 인하여 생긴 경우에도 공동해손이 성립한다는 것은 앞서 본 바와 같다. 이 경우에는 공동해손의 분담자는 그 책임이 있는 자에 대하여 구상권을 행사할 수 있다(상 870조). 이러한 구상권은 그 계산이 종료한 날부터 1년 이내에 재판상 청구가 없으면 소멸하는데, 다만 이 기간은 당사자 사이의 합의에 의하여 연장할 수 있다(상 875조).

4. 공동해손의 정산

(1) 정 산 자

우리 상법은 공동해손의 정산자에 관하여 아무런 규정을 두고 있지 아니하나 통설은 선장을 정산의무자로 본다.[57] 그러나 공동해손의 정산은 매우 복잡하고 전문적인 업무이므로 해운 실무에서는 선장이 이를 전문가인 공동해손정산인(average adjuster)에게 위임하는 것이 보통이다. 이러한 정산인이 공동해손정산서(general average statement)를 작성하게 된다. 선장이나 정산인의 정산은 구속력이 없으므로 당사자가 이를 수용하지 아니할 수도 있다.[58]

(2) 정 산 지

우리 상법은 공동해손의 정산지에 관하여도 아무런 규정을 두고 있지 아니하나 특약이 없는 한 항해종료지 즉 적하가 최종적으로 양륙되는 항구라고 본다(통설, 상 867조, 869조 참조).[59] 그러나 항해가 중단된 경우에는 중단된 곳이 정산지가 된다.[60]

(3) 정산시기

우리 상법은 수하인이 운송물을 수령하는 때에는 공동해손 분담금을 지급하여야 한다고 규정하고 있으므로(상 807조), 공동해손의 정산은 양륙항에서 운송물을 수하인에게 인도할 때까지는 종료하여야 한다. 그러나 정산에 상당한 시일이 소요되기 때문에 해운 실무에서는 선장이 수하인으로부터 적하보험자가 발행한 공동해손 분담금에 대한 보증장 등의 담보를 수령하고 운송물을 수하인에게 인도하고 정산은 그 후에 하는 것이 보통이다.[61] 선박소유자가 공동해손채무를 부담하는 경우에도 마찬가지로 적하이해관계인은 선박소유자로부터 보증장 등의 담보를 수령하고 선박에 대한 우선특권의 행사를 유예하는 것이 보통이다.

---

57) 정(동), (하), 936쪽; 손, (하), 886쪽; 정(찬), (하), 960쪽.
58) 정(찬), (하), 960쪽.
59) 손, (하), 887쪽.
60) 정(찬), (하), 961쪽; 정(동), (하), 937쪽.
61) 손, (하), 887쪽; 정(찬), (하), 961쪽; 정(동), (하), 937쪽.

(4) 수회의 공동해손의 경우의 정산

동일 항해 중에 공동해손이 수회 발생한 경우의 정산방법에 관하여는 우리 상법이나 요크·앤트워프규칙에 아무런 규정이 없다. 이 경우 수회의 공동해손은 각각 공동위험이 다르고 공동위험단체의 범위도 같지 아니하기 때문에 각각 별개의 공동해손으로 정산하는 것이 타당하다.[62] 이처럼 수회의 공동해손을 각각 정산한다고 하더라도 앞의 공동해손을 먼저 정산할 것인지 뒤의 공동해손을 먼저 정산할 것인지 하는 점이 문제가 된다. 이에 관하여는 뒤의 공동해손을 먼저 정산하여야 한다는 것이 통설이다.[63] 왜냐하면 앞서 본 바와 같이 공동해손은 선박의 도달과 적하의 양륙의 때에 있어서의 현존가액으로 분담하는데, 위 가액은 뒤의 공동해손의 분담액을 공제하여야 비로소 알 수 있기 때문이다. 다만 뒤의 공동해손을 정산할 때에는 앞의 공동해손액을 공동해손채무액에 포함하여야 한다. 이는 뒤의 공동해손에 의해 앞의 공동해손액의 분담청구권이 보존되었기 때문이다.[64]

5. 손해의 회복과 상금반환의무

선박소유자·용선자·송하인, 그 밖의 이해관계인이 공동해손의 액을 분담한 후 선박·속구 또는 적하의 전부나 일부가 소유자에게 복귀된 때에는 그 소유자는 공동해손의 상금으로 받은 금액에서 구조료와 일부손실로 인한 손해액을 공제하고 그 잔액을 반환하여야 한다(상 874조). 여기서 「공동해손의 상금」이란 피해자가 분담한 금액을 포함한 전손해액을 말한다.[65] 반환된 금액은 각자가 공동해손을 분담한 비율에 따라 피해자를 포함한 모든 이해관계인에게 분배된다.[66]

---

62) 배, 334쪽.
63) 정(동), (하), 937-938쪽; 배, 334-335쪽.
64) 田中, 503-504頁.
65) 정(찬), (하), 961쪽.
66) 손, (하), 887쪽.

제 3 장 선박충돌

제 1. 총 설

(1) 항해장비와 기술의 발전에도 불구하고 선박의 충돌은 해상기업이 기업활동 중에 불가피하게 직면하는 사고이다. 선박충돌은 본래 민법상 불법행위의 일종이나, 해상항행의 기술적 성격으로 인하여 선박의 충돌원인이 매우 다양하고 복잡하여 양측의 과실 여부나 그 경중을 판단하기가 어렵고 또한 선박충돌로 인한 인적·물적 손해가 큰 점을 고려하여 우리 상법은 해상법에 몇 가지 특별규정을 두었다.[1]

(2) 선박충돌에 관하여는 이러한 사법(私法)적인 규정 이외에도 공법상의 규정이 있는데, 이에는 해사안전법, 1972년 국제해상충돌예방규칙에 관한 조약(Convention on the International Regulations for Preventing Collisions at Sea, 1972, as amended. 이하 「국제해상충돌예방규칙」이라 한다),[2] 1978년 선원의 훈련·자격증명 및 당직근무의 기준에 관한 국제협약(International Convention on Standards of Training, Certification and Watchkeeping for Seafarers, 1978),[3] 선박안전법 및 선원법 등이 있다. 국제해상충돌예방규칙은 선박충돌을 예방하기 위한 항행규칙을 규정하고 있는데 해상교통안전법은 이를 국내입법화한 것이다. 또한 선박안전법은 해상교통의 안전을 확보하기 위한 여러 가지 의무사항을 규정하고 있으며, 선원법(동 법 12조)은 선박충돌의 경우의 선장의 인명 및 선박의 구조 등의 조치에 관하여 규정하고 있다. 이러한 공법 규

---

1) 정(찬), (하), 961-962쪽; 정(동), (하), 939쪽.
2) 우리나라는 1977년 7년 29일에 1972년 국제해상충돌예방규칙에 관한 조약에 가입하였고 위 조약은 같은 날 우리나라에서 발효되었다.
3) 우리나라는 1985년 4월 4일에 위 조약에 가입하였고 위 조약은 같은 해 7월 4일에 우리나라에서 발효되었다.

정은 직접적으로 사법적인 법률관계와 관련이 있는 것은 아니나 사실상 선박충돌의 과실여부 및 그 경중을 판단하는 데 영향을 미친다.

(3) 선박충돌은 선박국적의 동일여부나 영해의 내외여부를 묻지 아니하고 발생하기 때문에 그 법률관계에 외국적인 요소가 포함되는 경우가 많다. 따라서 국제적으로 19세기 말경부터 선박충돌에 관한 법을 통일하고자 하는 노력이 시도되어 1910년에 브뤼셀에서 「선박충돌에 관한 일부규정의 통일에 관한 조약(International Convention for the Unification of Certain Rules with respect to Collisions between Vessels)」4)이 성립되었고, 1952년에 「충돌 및 그 밖의 항행사고에 관한 형사재판관할에 관한 일부규정의 통일에 관한 조약(International Convention for the Unification of Certain Rules relating to Penal Jurisdiction in Matters of Collision or Other Incidents of Navigation)」과 「충돌에 관한 민사재판관할에 관한 일부규정의 통일에 관한 조약(International Convention for the Unification of Certain Rules relating to Civil Jurisdiction in Matters of Collision)」이 성립되었다. 우리나라는 이들 국제조약에 가입하지 않았다. 한편 우리 상법의 선박충돌에 관한 규정은 1910년 충돌조약의 내용을 참조하여 제정되었다.

제 2. 선박충돌의 의의

우리 상법상 선박충돌이란 2 척 이상의 선박이 수면에서 충돌하여 선박 또는 선박 내에 있는 물건이나 사람에 손해를 입히는 것을 말한다(상 876조). 이를 자세히 살펴보면 다음과 같다.

1. 2척 이상의 선박의 충돌

(1) 여기의 「선박」이란 원칙적으로 상법의 적용 또는 준용을 받는 선박을 말한다. 따라서 항해에 사용하는 영리선(상 740조)과 비영리선(상 741조 1 항)이 여기의 선박에 해당한다. 그러나 항해선이라도 단정 또는 주로 노 또는 상앗대로 운전하는 선박과 국유 또는 공유의 선박으로 대통령령이 정하는 선박은 제외된다(상 741조 1 항 단서 및 2 항). 또한 내수항행선도 항해선과 충돌한 경우에는 여기의 선박에 해당한다(상 876조 1 항). 이처럼 항해선과 내수항행선 간의 충돌에도 상법의 선박충

---

4) 이 조약은 1913년 3 월 1 일에 발효되었다. 아래에서는 이 조약을 「1910년 충돌조약」이라 한다.

돌에 관한 규정을 적용하도록 규정한 것은 이 경우에 항해선에는 상법을 적용하고 내수항행선에는 민법을 적용하면 법률관계가 복잡하므로 두 선박 모두에 상법을 적용하여 법적용의 일원화를 기하고자 한 것이다.[5]

(2) 한편 단정 또는 주로 노 또는 상앗대로 운전하는 선박과 다른 항해선의 충돌, 내수항행선간의 충돌, 상법이 준용되지 아니하는 국·공유선과 다른 항해선간의 충돌 등은 상법상의 선박충돌에 해당하지 아니한다. 그러나 상법이 준용되지 아니하는 국·공유선과 다른 항해선 간의 충돌로 인한 사법적인 법률관계는 항해선 간의 충돌로 인한 사법적인 법률관계와 사실상 차이가 없으므로 이에는 상법의 규정을 유추 적용하는 것이 타당하다고 본다.[6]

(3) 선박의 「충돌」이란 2 척 이상의 선박이 그 운용상 작위 또는 부작위로 선박 상호 간에 다른 선박 또는 선박 내에 있는 사람 또는 물건에 손해를 생기게 하는 것을 말하며, 직접적인 접촉의 유무를 묻지 아니한다(상 876조 2 항). 직접적인 접촉이 없는 충돌이란 예컨대 선박이 다른 선박과의 충돌을 피하기 위하여 좌초하든가 또는 부두나 암벽 등에 충돌하여 손해를 받는 경우 등을 말한다. 이러한 충돌을 간접충돌이라 하는데, 2007년 상법 개정시에 1910년 충돌조약 제13조를 참조하여 간접충돌을 선박충돌에 포함시켰다.

(4) 상법상의 선박충돌은 2 척 이상의 선박 간의 충돌이므로 반드시 2 척의 선박만이 관여될 필요는 없다. 또한 선박과 선박의 충돌이어야 하므로 선박이 부두나 암벽과 충돌하는 것은 선박충돌이 아닌 것은 당연하다. 한편 선체의 일부라고 할 수 있는 닻과 다른 선박 간의 접촉도 선박충돌이 된다.[7] 또한 항해 중의 접촉이든 정박 중의 접촉이든 묻지 아니한다.[8]

(5) 한편 충돌선박이 동일한 소유자의 소유인 경우에도 선박충돌이 된다. 이는 각 선박의 이해관계인(예컨대 적하이해관계인, 보험자 등)이 반드시 같지 아니하기 때문이다.[9] 또한 예인선과 피예인선 간의 충돌도 피예인선이 예인선의 보관하에 있는 경우(즉 운송형 예인계약의 이행으로서의 예인)가 아니면 선박충돌에 해당한다.[10]

---

5) 정(찬), (하), 963쪽.
6) 동지: 손, (하), 889쪽.
7) 손, (하), 890쪽.
8) 손, (하), 890쪽.
9) 손, (하), 889쪽.
10) 대법원 2010. 4. 29. 2009다99754 판결(선박의 충돌이란 2척 이상의 선박이 그 운용상 작위 또는 부작위로 선박 상호 간에 다른 선박 또는 선박 내에 있는 사람 또는 물건에 손해를 생기게 하는

(6) 충돌의 장소는 수면이든 수중이든 묻지 아니하며,[11] 해상이든 평수구역이든 묻지 아니한다(상 876조 1 항).

2. 손해의 발생

(1) 충돌로 인하여 선박 또는 선박 내에 있는 물건이나 사람에 손해가 발생하여야 한다. 손해발생이 없으면 당사자 사이에 사법적인 법률관계가 문제가 되지 않기 때문이다.[12] 손해는 선박 자체 또는 선박 내에 있는 물건이나 사람에 대하여 발생하여야 한다. 이러한 물건이나 사람 이외의 물건 또는 사람에 손해가 발생한 경우에 그러한 손해에 대해서는 상법의 선박충돌에 관한 규정이 적용되지 아니한다(상 876조 1 항). 예컨대 선박충돌로 인하여 유류가 유출되어 주변의 양식장에 손해를 입힌 경우에 양식장 소유주의 손해배상청구권에는 상법의 선박충돌 규정이 아니라 일반 민법상의 불법행위에 관한 규정이 적용된다.

(2) 이러한 손해는 선박충돌과 상당인과관계가 있는 손해이어야 한다. 선박충돌로 인하여 선박이 침몰한 경우에는 선박의 시장가격과 상실된 운임 및 대체선을 마련할 때까지의 휴업손해가 통상의 손해이고,[13] 일부 손상된 경우에는 수리비 및 수리기간 동안의 휴업손해가 통상의 손해이다.

제 3. 선박충돌의 사법상의 효과

1. 총   설

선박충돌이 발생하면 그 사법상의 효과로서 관련 당사자들 간의 손해배상책임이 문제가 된다. 이러한 선박충돌로 인한 손해배상책임은 충돌의 원인에 따라

것으로 직접적인 접촉의 유무를 묻지아니하며, 예인선과 자력항행이 불가능한 부선인 피예인선 상호간의 경우에도 마찬가지로 적용된다). 동지: 정(찬), (하), 963쪽; 정(동), (하), 945쪽.

11) 정(동), (하), 940쪽.

12) 정(찬), (하), 964쪽.

13) 대법원 2004. 3. 18. 2001다82507 판결(불법행위로 영업용 물건이 멸실된 경우, 이를 대체할 다른 물건을 마련하기 위하여 필요한 합리적인 기간 동안 그 물건을 이용하여 영업을 계속하였더라면 얻을 수 있었던 이익, 즉 휴업손해는 그에 대한 증명이 가능한 한 통상의 손해로서 그 교환가치와는 별도로 배상하여야 하고, 이는 영업용 물건이 일부 손괴된 경우, 수리를 위하여 필요한 합리적인 기간 동안의 휴업손해와 마찬가지라고 보아야 할 것이다).

달라진다. 선박충돌의 원인에는 불가항력으로 인한 충돌 또는 원인불명의 충돌과 과실로 인한 충돌이 있고 후자에는 다시 일방의 선박의 과실로 인한 충돌과 2척 이상의 선박의 과실로 인한 충돌이 있다. 아래에서는 이들 각 경우에 있어서 그 사법상의 효과를 살펴보기로 한다.

2. 불가항력으로 인한 충돌 또는 원인불명의 충돌

선박의 충돌이 천재지변 등의 불가항력으로 인하여 발생하거나 충돌의 원인이 명백하지 아니한 때에는 피해자는 충돌로 인한 손해의 배상을 청구하지 못한다(상 877조). 선박충돌로 인하여 손해를 입은 피해자가 손해배상을 청구하기 위해서는 선박충돌이 피고의 고의나 과실로 인한 것임을 증명하여야 하는데 불가항력으로 인한 충돌의 경우나 충돌의 원인이 명백하지 아니한 경우에는 이러한 고의나 과실을 증명할 수 없기 때문에 손해배상을 청구하지 못하게 되는 것이다. 여기의 「충돌의 원인이 명백하지 아니한 경우」란 양 선박 중 어느 한 선박의 과실로 인하여 선박충돌이 발생한 것은 명백하나 어느 선박의 과실로 인한 것인가 하는 점이 명백하지 아니한 경우를 포함한다.[14] 상법의 위 규정은 1910년 충돌조약 제 2 조의 규정을 수용한 것이다. 이러한 경우에는 충돌선박의 소유자는 상대선의 소유자뿐만 아니라 제 3 자에 대하여도 아무런 책임을 부담하지 아니한다.

3. 과실[15]로 인한 충돌

(1) 일방 선박의 과실로 인한 충돌

1) 선박의 충돌이 일방의 선원의 과실로 인하여 발생한 때에는 그 일방의 선

---

14) 田中, 513頁. 이러한 경우는 선박충돌이 양 선박의 과실로 인한 것이 명백하나 각 선박의 과실의 경중을 판정할 수 없는 경우(상 879조 1 항 2 문)와는 구별하여야 한다.

15) 선박충돌에 관한 상법 조항들에서 말하는 「과실」은 불법행위 성립요건으로서의 과실이 아니라 과실상계의 요건으로서의 과실을 의미하는 것으로 보아야 한다는 견해가 있다. 이정원, "선박 충돌과 민사상 '과실' 개념에 관한 고찰," 한국해법학회지 제35권 제 1 호(2013. 4.), 261쪽 이하 참조. 불법행위 성립요건으로서의 과실과 과실상계 요건으로서의 과실을 구별하여야 한다는 점은 타당하나 선박충돌에 관한 상법 조항들에 규정된 「과실」은 선박의 충돌의 원인이 된 과실, 즉 불법행위 성립요건으로서의 과실을 의미하는 것이 문언상 명백하므로 위 견해에 찬성하지 아니한다. 다만 일방의 과실로 인한 선박충돌에서 피해자측에 과실상계 요건에 해당하는 과실이 있다면 상법 제878조에도 불구하고 과실상계가 가능할 것으로 생각된다.

박소유자는 피해자에 대하여 충돌로 인한 손해를 배상할 책임이 있다(상 878조). 선박의 충돌이 어느 일방의 선박의 도선사의 과실로 인하여 발생한 경우에도 마찬가지이다(상 880조). 이 경우의 도선사는 임의도선사이건 강제도선사이건 묻지 아니한다.16) 또한 위에서 일방의 「선원의 과실」이란 일방의 선원의 과실뿐만 아니라 일방의 선박의 하자와 일방의 선박소유자의 과실을 포함하는 것으로 해석된다.17) 그리고 위에서 「피해자」란 과실이 있는 선박 위의 적하이해관계인 또는 여객을 포함한다.18) 또한 선박소유자는 선원의 선임이나 사무 감독에 과실이 없었음을 근거로 하여 면책을 주장하지 못한다(민 756조 1 항 단서의 적용배제).19)

2) 과실 있는 선박의 소유자는 상법 제769조 이하의 규정에 따라 피해자에 대한 책임을 제한할 수 있다. 손해를 배상한 선박소유자는 과실이 있는 선원에 대하여 구상권을 갖는다(민 756조 3 항).20) 또한 과실이 있는 선원은 피해자에 대하여 직접 민법상의 불법행위책임을 진다(민 750조). 과실이 있는 선원은 이러한 책임에 대하여 선박소유자와 동일하게 책임을 제한할 수 있다(상 774조 1 항 3 호).

(2) 2척 이상의 선박의 과실에 의한 충돌

1) 충돌선박 상호간의 관계

가. 과실의 경중에 따른 책임의 분담

선박의 충돌이 쌍방의 선원의 과실로 인하여 발생한 때에는 쌍방의 과실의 경중에 따라 각 선박소유자가 손해배상의 책임을 분담하는데, 이 경우 그 과실의 경중을 판정할 수 없는 때에는 손해배상의 책임을 균분하여 부담한다(상 879조 1 항). 선박충돌이 쌍방 선박의 도선사들의 과실로 인한 경우에도 마찬가지이다(상 880조). 또한 여기의 「선원의 과실」도 선원의 과실뿐만 아니라 선박의 하자와 선박

---

16) 손, (하), 891쪽. 1910년 충돌조약도 같은 입장을 취하고 있다(동 조약 5 조).
17) 1910년 충돌조약은 「일방의 선박 측의 과실(the fault of one of the vessels)」이라고 규정하여 이 점을 명확히 하였다(동 조약 3 조).
18) 다만 적하의 손해에 대하여는 감항능력주의의무 위반으로 인하여 선박충돌이 발생한 것이 아닌 한 선박소유자(운송인)는 항해과실면책 규정(상 795조 2 항)에 의해 면책된다는 점은 앞서 본 바와 같다.
19) 이는 쌍방의 선원의 과실로 인한 선박충돌의 경우에 양 선박의 소유자와 제 3 자와의 관계에서도 동일하다.
20) 다만 과실이 있는 선원에 대한 선박소유자의 구상권의 행사는 신의칙상 상당하다고 인정되는 범위로 제한된다는 점은 앞서 선장의 선박소유자에 대한 책임에 관한 항에서 살펴본 바와 같다(대법원 1987. 9. 8. 86다카1045 판결 등 참조).

소유자의 과실을 포함하는 것이라는 점은 앞서 일방 선박의 과실에 의한 충돌에서 살펴본 바와 동일하다.

한편 3척 이상의 선박이 충돌에 관여된 경우에 선박의 충돌이 각 선박의 과실로 인하여 발생한 때에도 위와 마찬가지로 과실의 경중에 따라 각 선박소유자가 손해배상의 책임을 분담하고, 그 과실의 경중을 판정할 수 없는 때에는 손해배상의 책임을 균분하여 부담한다. 한편 3척 이상의 선박 중에 과실 없는 선박이 있는 경우에는 피해자는 과실이 있는 선박의 소유자에 대하여 손해배상을 청구할 수 있고 이 경우에 과실 있는 선박이 2척 이상이면 앞서 본 바와 같이 과실 있는 선박의 소유자들이 과실의 경중에 따라 손해배상의 책임을 분담한다.

나. 손해분담청구권에 관한 학설

(가) 충돌에 관여된 선박의 소유자들이 손해를 분담하는 경우의 배상청구권에 관하여는 교차책임설과 단일책임설이 대립하여 왔다.[21] 교차책임설은 쌍방의 선박의 과실로 인한 선박충돌의 경우는 각 선박에 대하여 불법행위가 성립하고 따라서 각 선박소유자는 과실의 비율에 따라 상호간에 손해배상청구권을 가진다는 견해로서 통설의 입장이다.[22] 이러한 교차책임설에 의하면 쌍방의 선박의 과실로 인한 선박충돌로 인하여 2개의 불법행위가 성립되고 2개의 손해배상청구권이 발생하게 된다. 이 경우 각 선박소유자는 상대방에 대한 손해배상청구권을 가지고 자신의 손해배상채무와 상계할 수 있다고 한다. 한편 단일책임설은 쌍방의 선박의 과실로 인한 선박충돌의 경우에도 하나의 불법행위가 성립하며 각 선박이 입은 피해와 과실비율에 따라 정산한 결과 일방의 선박소유자에게만 하나의 손해배상청구권이 생긴다고 하는 견해이다.[23]

생각건대 쌍방의 선박의 과실로 인한 선박충돌의 경우에는 충돌이라는 사실은 하나이나 법률적으로는 각 선박별로 불법행위가 성립되며 따라서 선박소유자 상호간에 손해분담청구권을 갖는다고 보는 것이 타당하다. 또한 3척 이상의 선박의 과실로 인한 선박충돌의 경우에는 손해배상청구권이 다수 발생할 수밖에 없으므로[24] 이 점에서도 선박충돌이 하나의 불법행위로서 하나의 손해배상청구권이

---

21) 종래의 교차책임설과 단일책임설은 2척의 선박이 충돌에 관여된 경우를 전제로 한 논의이다.
22) 정(찬), (하), 966쪽; 정(동), (하), 943쪽; 손, (하), 892쪽.
23) 손, (하), 892쪽.
24) 예컨대 A선의 50%의 과실과 B선의 40%의 과실과 C선의 10%의 과실로 인하여 3척의 선박 간에 선박충돌이 발생한 경우 A선과 B선, B선과 C선 및 A선과 C선 사이에 손해배상청구권이 발생하게 된다.

발생한다는 단일책임설은 이론적으로 흠결이 있다. 따라서 교차책임설이 타당하다고 본다.[25]

(나) 한편 앞서 본 바와 같이 우리 상법은 선박소유자의 책임제한과 관련하여 선박소유자가 책임의 제한을 받는 채권자에 대하여 동일한 사고로 인하여 생긴 손해에 관한 채권을 가지는 경우에는 그 채권액을 공제한 잔액에 한하여 책임의 제한을 받는 채권으로 한다고 규정하고 있다(상 771조). 이는 단일책임설을 취한 것과 동일한 결과가 되므로 선박소유자의 책임제한에 관한 한 우리 상법이 단일책임설을 취하였다는 견해가 있다.[26] 생각건대 2 척의 선박의 쌍방 과실로 인하여 선박충돌이 발생한 경우에는 위 규정에 의하면 단일책임설을 취한 것과 동일한 결과가 되는 것은 사실이다. 그러나 위 규정은 3 척 이상의 선박의 과실로 선박충돌이 발생한 경우에 복수의 선박소유자가 책임을 제한하는 경우에도 적용되는 규정이므로 우리 상법이 단일책임설을 취한 것으로 해석할 수는 없다고 본다.[27] 즉 위 규정은 각 선박소유자가 먼저 책임제한을 한 뒤 그 책임한도액에 대해 피해자에 대한 채권을 상계하도록 하는 것은 형평에 반하기 때문에 피해자를 보호하기 위하여 둔 규정에 불과하다.

2) 제 3 자에 대한 관계

가. 인적 손해의 경우

쌍방의 선원의 과실로 인하여 선박충돌이 발생하고 그 결과 제 3 자가 사망하거나 상해를 입은 경우에는 이러한 제 3 자의 사상에 대한 손해배상은 쌍방의 선박소유자가 연대하여 그 책임을 진다(상 879조 2 항). 3 척 이상의 선박의 과실에 의한 선박충돌로 인하여 인적 손해가 발생한 경우에도 마찬가지로 과실 있는 선박의 소유자들이 모두 연대하여 책임을 부담한다. 이는 민법상 공동불법행위자의 책

---

25) 해운 실무에서 널리 사용되는 해상보험약관에는 교차책임조항(cross liability clause)이 규정되는 것이 보통이다(1983년 영국협회선박기간보험약관 제8.2.1조 등 참조).

26) 손, (하), 892-893쪽.

27) 앞서 본 A선의 50%의 과실과 B선의 40%의 과실과 C선의 10%의 과실로 인하여 3 척의 선박 간에 선박충돌이 발생한 경우의 예에서 예컨대 A선과 B선 사이에 반대채권액을 공제한 후 A선이 B선에 대하여 그 잔액에 대하여 손해배상책임을 지고 또 A선과 C선 사이에 반대채권액을 공제한 후 A선이 C선에 대하여 그 잔액에 대하여 손해배상책임을 지며, 또 B선과 C선 사이에 반대채권액을 공제한 후 B선이 C선에 대하여 그 잔액에 대하여 손해배상책임을 진다고 가정하면, A선의 소유자는 B선에 대한 잔액채무 및 C선에 대한 잔액채무에 대하여 책임제한을 할 수 있으며, B선의 소유자는 C선에 대하여 그 잔액채무에 대하여 책임제한을 할 수 있다. 이는 하나의 손해배상채권이 발생한다는 단일책임설의 입장과는 다르다.

임의 원칙과 동일하다(민 760조).

나. 물적 손해의 경우

(개) 쌍방의 선박의 과실로 제 3 자에게 물적 손해가 발생한 경우에 과실 있는 각 선박의 소유자가 제 3 자에 대하여 어떠한 손해배상책임을 지는가에 관하여 우리 상법에는 명시적인 규정이 없으나 이에 관하여는 상법 제879조 제 1 항은 선박소유자 간의 내부적 법률관계뿐만 아니라 제 3 자에 대한 물적 손해에 대한 손해배상책임에도 적용되어 과실 있는 각 선박의 소유자는 그 과실비율에 따라 분할책임을 진다는 것이 통설[28]과 판례[29]의 입장이다. 1910년 충돌조약은 이 점을 명시적으로 규정하고 있다(동 조약 4 조 2 문). 이러한 통설·판례의 입장에 의하면 선박충돌로 인하여 제 3 자가 물적 손해를 입은 경우에는 민법상의 공동불법행위에 관한 연대책임 규정은 적용되지 아니한다. 생각건대 우리 상법의 선박충돌에 관한 규정이 1910년 충돌조약의 내용을 수용한 것이라는 점에 비추어 볼 때 위 통설·판례의 입장이 타당하다고 본다. 다만 입법론으로는 추후 상법 개정시에 이 점을 명확하게 규정하는 것이 바람직할 것이다.[30]

3 척 이상의 선박의 과실로 물적 손해가 발생한 경우에도 마찬가지로 과실 있는 각 선박의 소유자는 그 과실비율에 따라 분할책임을 진다.

(내) 한편 이러한 분할책임의 원칙이 적용되는 것은 충돌 선박 내에 있는 물건에 관한 손해의 배상에 한정되기 때문에(상 876조), 선박 외에서 물적 손해가 발생하면 민법의 공동불법행위에 관한 규정에 따라 과실 있는 각 선박의 소유자가 연대책임을 진다는 점은 앞서 본 바와 같다.

(다) 쌍방 선원의 과실로 인한 선박충돌로 인하여 적하에 손해가 생긴 경우에 운송선박의 소유자(운송인)는 그 선박으로 운송하던 적하에 대하여는 충돌에 기여한 과실이 감항능력주의의무 위반이 아닌 한 항해과실면책 규정(상 795조 2 항)에 의해 운송선박의 과실비율에 따른 책임으로부터 면책된다. 한편 이처럼 쌍방의 선원

---

28) 손, (하), 894쪽; 정(찬), (하), 967쪽; 정(동), (하), 944쪽 등.

29) 대법원 1972. 6. 13. 70다213 판결(상법 제846조(현행 상법 제879조)는 구 상법(의용상법) 제797조와는 달리 통일조약 제 4 조에 따라 명문으로서 제 3 자의 사상으로 생한 손해에 한하여 연대책임을 인정하고 재산상의 손해에 대하여는 각선주의 과실정도에 의한 분할책임을 규정하고 있으므로 상법 제843조(현행 상법 제876조)에 의하여 선박충돌로 인하여 생긴 손해의 배상에 관하여는 위 상법규정(제846조(현행 상법 제879조))만이 적용되고 민법상의 공동불법행위 관한 규정은 그 적용이 배제된다고 할 것이다).

30) 동지: 이균성, 전게 "개정해상법의 문제점에 관한 연구," 99-100쪽.

의 과실로 인하여 선박이 충돌하여 적하에 손해가 생긴 경우에 그 적하를 운송하
던 선박의 소유자와 화주 사이에 체결된 면책약관을 상대 선박의 소유자가 원용
할 수 있는지에 관한 논의가 있다.[31] 그러나 앞서 본 분할책임의 원칙에 따라 상
대 선박의 소유자는 자기의 과실 비율에 따른 책임만을 부담하게 되기 때문에 우
리 법상으로는 이러한 논의는 의미가 없다.[32]

4. 선박충돌채권의 소멸

선박의 충돌로 인하여 생긴 손해배상의 청구권은 그 충돌이 있는 날부터 2년
이내에 재판상 청구가 없으면 소멸한다. 이 기간은 제척기간이다. 다만 이 기간은
당사자 사이의 합의에 의해 연장할 수 있다(상 881조).

제 4. 선박충돌의 공법상의 효과

1. 선원법상의 효과

선박이 서로 충돌한 경우에는 각 선박의 선장은 서로 인명과 선박을 구조하
는데 필요한 조치를 다하여야 하며, 선박의 명칭·소유자·선적항·출항항 및 도
착항을 상대방에게 통보하여야 한다. 다만, 자기가 지휘하는 선박에 급박한 위험
이 있는 경우에는 그러하지 아니하다(선원법 12조). 선장이 위 규정에 위반하여 인명
과 선박의 구조에 필요한 조치를 다하지 아니한 때에는 형사벌에 처해진다(동 법
162조).

---

31) 손, (하), 894쪽; 정(동), (하), 944-945쪽 등.
32) 제3자의 물적 손해에 대하여 상대선의 소유자가 연대책임을 진다고 가정한다면 이러한 논의가
   의미가 있다. 즉 상대선의 소유자가 운송선박의 소유자와 화주 사이의 면책약관을 원용할 수
   없다고 한다면, 상대선의 소유자는 화주에게 전액을 배상하여야 하기 때문에 상대선의 소유자
   가 이처럼 전액을 배상한 다음 운송선박의 소유자에 대해 그 과실비율에 상당하는 금액을 구상
   하는 경우에, 운송선박의 소유자는 상대선의 소유자에 대하여 면책약관을 가지고 대항할 수 없
   으므로 결국 운송선박의 소유자에게는 그 화주와의 사이에 면책약관을 둔 것이 아무런 의미가
   없게 된다. 따라서 상대선의 소유자가 이러한 면책약관을 원용할 수 있는지의 여부가 중요한
   문제가 된다.

2. 해사안전법상의 효과

선장이나 선박소유자는 선박충돌 등의 해양사고가 일어나 선박이 위험하게 되거나 다른 선박의 항행 안전에 위험을 줄 우려가 있는 경우에는 위험을 방지하기 위하여 신속하게 필요한 조치를 취하고, 선박충돌 등의 발생사실과 조치사실을 해양경찰서장이나 지방해양항만청장에게 보고하여야 한다(해사안전법 43조 1항). 한편 해양경찰서장은 선장이나 선박소유자가 위 조치를 취하지 아니하였거나 취한 조치가 적당하지 아니하다고 인정되는 경우에는 해당 선박의 선장이나 선박소유자에게 선박충돌사고 등을 신속하게 수습하고 해상교통의 안전을 확보하기 위하여 필요한 조치를 취할 것을 명할 수 있다(동조 3항). 선장이나 선박소유자가 이러한 명령에 위반하는 경우 형사벌에 처해진다(동 법 107조).

3. 해양사고의 조사 및 심판에 관한 법률상의 효과

해양사고의 조사 및 심판에 관한 법률은 해양사고에 대한 조사 및 심판을 통하여 해양사고의 원인을 규명함으로써 해양안전의 확보에 이바지함을 목적으로 하여 제정된 법률인바, 동 법상 해양안전심판원은 선박충돌 등의 해양사고가 발생한 경우 그 원인을 규명하고, 해양사고가 해기사 또는 도선사의 직무상 고의 또는 과실로 인하여 발생한 것으로 인정할 때에는 재결로써 이를 징계한다(동 법 5조 2항). 해기사 또는 도선사에 대한 징계에는 면허의 취소, 업무의 정지 및 견책이 있다(동 법 6조 1항).

제 4 장 해난구조

제 1. 총   설

1. 해난구조의 의의

(1) 해난구조란 「항해선 상호 간 또는 항해선과 내수항행선 간에 선박 또는 그 적하 그 밖의 물건이 어떠한 수면에서 위난에 조우한 경우에 이를 구조하는 것」을 말하는데 이에는 사법상의 구조의무 없이 구조를 행하는 해난구조(임의구조)와 구조계약에 기하여 행하는 해난구조(계약구조)의 두 가지가 있다. 좁은 의미의 해난구조는 임의구조만을 말하고, 넓은 의미의 해난구조란 임의구조와 계약구조를 포함한다.

(2) 해난구조제도는 본래 아무런 의무 없이 위험을 무릅쓰고 해상위험에 처한 선박과 적하를 구조한데 대하여 보수를 인정함으로써 해난구조를 장려하고 해상의 안전을 도모하기 위한 제도로서 생겨났다.[1] 그런데 점차 전문적인 해난구조업자에 의한 계약구조가 일반화되자 이러한 계약구조도 넓은 의미의 해난구조로서 규율하게 되었다. 우리 상법은 2007년 개정 전에는 임의구조에 관하여만 규율하였으나 2007년 개정시에 그 성질에 반하지 아니하는 한 계약구조에 있어서도 구조계약에서 정하지 아니한 사항에는[2] 상법의 해난구조에 관한 규정을 적용하는 것으로 개정하였다(상 887조 1 항).[3] 아래에서 살펴보는 해난구조에 관한 국제조약도 임

---

[1] 손, (하), 897쪽.
[2] 해운 실무에서는 대부분의 해난구조가 전문적인 해난구조회사와의 구조계약에 의하여 이루어지는데, 이 경우에 「Lloyd's Standard Form of Salvage Agreement-No Cure No Pay」이라는 표준계약서양식이 사용되는 것이 보통이다. 위 표준양식을 해운 실무에서는 Lloyd's Open Form(LOF)이라고 부른다. 이러한 LOF 양식은 1892년에 최초로 제정된 이래 여러 차례에 걸쳐 개정되었으며 현재는 LOF 2000이 사용되고 있다(LOF 2000에 관한 상세는 서동희, "LOF 2000의 도입의 배경 및 주요 조항에 관한 검토," 한국해법학회지, 제29권 제 1 호(2007. 4.), 7쪽 이하 참조).
[3] 해양사고의 조사 및 심판에 관한 법률은 1999년 2월 5일에 개정되면서 「해난」이란 용어를 「해양

의구조와 계약구조를 포괄하여 규율하고 있다.[4] 이러한 해난구조제도는 앞서 본 공동해손제도와 함께 해상기업이 직면하는 해상위험에 적극적으로 대처하는 제도이다.

(3) 종래 대륙법에서는 구원(assistance)과 구조(salvage)를 구별하여 구원은 「선원이 점유하는 조난물을 구출하기 위하여 협력하는 것」이라 하고 구조는 「선원의 점유를 떠난 조난물을 구출하는 것」이라 하였다. 이는 양자의 구조료액에 차이를 두기 위한 것이었는데, 이 양자의 구별이 명확한 것이 아니고 양자의 구조료액에 차이를 두는 것도 불합리하기 때문에 영미법에서는 이를 구별하지 않고 있으며 국제조약도 마찬가지이다.[5] 우리 상법도 국제조약에 따라 구원과 구조를 구별하지 않고 있다.

2. 법적 성질

좁은 의미의 해난구조(임의구조)의 법적 성질에 대하여는 외국에서는 사무관리설·부당이득설·준계약설 등 여러 학설이 있으나[6] 우리나라에서는 해상법상의 특별한 법률요건으로 보는 설이 통설이다.[7]

한편 계약구조는 구조라는 일의 완성에 대하여 구조료를 지급하는 것이므로 민법상 도급계약의 일종이라고 해석된다.[8] 그러나 구조계약을 체결하면서 일의 완성에 대한 보수가 아니라 1 일당 일정액의 보수를 지급하기로 특약을 맺는 경우에는 그 법적 성질은 도급계약이 아니라 위임계약 또는 고용계약이라고 본다.

사고」로 개정하였고 이에 따라 상법의 「해난구조」도 「해양사고구조」로 그 용어가 개정되었다 (동 법 부칙 6 조 7 항). 그러나 상법의 「해난구조」에서의 「해난」과 해양사고의 조사 및 심판에 관한 법률상의 「해양사고」는 그 개념이 동일한 것이 아니므로 2007년 상법 개정시에 다시 「해난구조」라는 용어를 사용하는 것으로 개정하였다. 참고적으로 해양사고의 조사 및 심판에 관한 법률에 있어서의 「해양사고」란 ① 선박의 구조·설비 또는 운용과 관련하여 사람이 사망 또는 실종되거나 부상을 입은 사고, ② 선박의 운용과 관련하여 선박 또는 육상·해상시설에 손상이 생긴 사고, ③ 선박이 멸실·유기되거나 행방불명된 사고, ④ 선박이 충돌·좌초·전복·침몰되거나 선박을 조종할 수 없게 된 사고 및 ⑤ 선박의 운용과 관련하여 해양오염피해가 발생한 사고를 말하는 것으로서(동 법 2 조 1 호), 해난구조에 있어서의 해난의 개념보다 훨씬 광범위하다.

4) 1989년 해난구조에 관한 국제조약 제 6 조 참조.
5) 손, (하), 897쪽; 정(동), (하), 948쪽; 정(찬), (하), 969쪽.
6) 이에 관한 상세는 田中, 533-534頁.
7) 손, (하), 897쪽; 정(동), (하), 948쪽; 정(찬), (하), 970쪽 등.
8) 동지: 손, (하), 897쪽; 정(동), (하), 948쪽; 정(찬), (하), 970쪽.

3. 해난구조에 관한 국제조약

(1) 연혁적으로 고대 이래 조난선박에 대한 약탈이 널리 행해져 왔기 때문에 각국의 법제는 해상위험에 처한 선박과 적하에 대한 약탈을 금지하는 것을 주목 적으로 해 왔다. 그러다가 19세기에 들어 각국의 법제는 적극적으로 해난구조를 장려하는 입장으로 바뀌게 되었다.[9] 그러나 국가마다 해난구조에 관한 법제에는 많은 차이가 있었다. 한편 해난구조에는 다수의 이해관계인이 관여되게 되고, 이 들의 국적이 다른 경우가 많기 때문에 해난구조는 복잡한 국제사법적 법률관계를 수반하게 된다. 그런데 해난구조에 관한 각국의 법제가 달라 많은 불편이 있었기 때문에 국제적으로 해난구조에 관한 각국의 법제를 통일하고자 하는 운동이 생겨 났다. 그리하여 1910년에 「해상에서의 구원 및 구조에 관한 일부 규정의 통일을 위한 조약(International Convention for the Unifications of Certain Rules Relating to Assistance and Salvage at Sea)」이 성립되었으며 이 조약은 1967년에 그 적용범위를 군함과 국공유 선으로 확장하는 등 일부 개정되었다. 그 후 1989년에는 기존의 조약을 전면적으 로 개정하는 새로운 「해난구조에 관한 국제조약(International Convention on Salvage)」이 성립되었으며 이 조약은 1996년 7월 14일에 발효되었다.[10] 1989년 해난구조조약은 기존의 조약에서의 불성공 무보수(no cure no pay)의 원칙을 수정하여 구조자가 환 경손해를 경감 또는 방지하는 작업을 한 경우에는 구조가 성공하지 못한 경우에 도 특별보상(special compensation)을 청구할 수 있도록 개정한 것이 큰 특색이다. 이 는 구조자로 하여금 재산의 구조뿐만 아니라 환경손해방지작업을 하도록 장려하 기 위한 것이다.

(2) 우리나라는 해난구조에 관한 국제조약에 가입하지 않고[11] 1962년 상법 제 정시에 1910년 해난구조조약의 내용을 수용하여 해난구조에 관한 규정을 입법하 였다. 그 후 1991년 상법 개정시에 1989년 해난구조조약 중 일부 내용을 수용하여 해난구조료의 결정시에 환경손해방지를 위한 노력을 참작할 수 있도록 개정하였 으며(1991년 상법 제850조), 2007년 개정시에는 1989년 해난구조조약의 내용을 대폭

---

9) 정(동), (하), 949쪽.
10) 아래에서는 이 조약을 「1989년 해난구조조약」이라 한다.
11) 해난에 조우한 선박의 구조 문제는 여러 국가가 관련되는 복잡한 법률문제를 발생시킬 뿐만 아니 라 해양환경의 보존 문제와도 직결되는 것이기 때문에 세계의 주요 해운국들은 대부분 1989년 해 난구조조약에 가입하고 있다(2008년 10월 현재 54개국이 위 조약에 가입하였음). 우리나라도 조속 히 위 조약에 가입하고 위 조약의 내용 중 상법에 반영되지 아니한 중요한 내용을 상법에 반영해 야 할 것으로 본다(동지: 채이식, 전게 "2005년 상법 제 5 편 해상편 개정안에 대한 소고," 463쪽).

수용하여 환경손해방지작업에 대한 특별보상규정(상 885조)을 신설하고 계약구조에
도 해상법의 규정이 적용되도록 명시하였다(상 887조 1 항).

제 2. 해난구조의 요건

1. 총   설

계약구조의 경우에는 구조자와 피구조자 사이의 법률관계는 구조계약의 내용
에 의하여 결정되는 것이 원칙이다. 따라서 계약구조의 경우에는 해난구조의 요건
이 문제가 되지 아니한다. 한편 좁은 의미의 해난구조의 경우에는 구조자가 아무
런 의무 없이 피구조자의 선박 또는 적하를 구조하고 그에 대하여 보수를 청구하
는 것이므로 구조자의 행위가 해난구조에 해당하기 위한 요건이 무엇인가 하는
점이 중요한 문제가 된다. 그러므로 아래에서는 좁은 의미의 해난구조의 요건을
살펴보기로 한다.

2. 위난요건

해난구조가 성립하기 위해서는 선박 또는 그 적하 그 밖의 물건이 어떠한 수
면에서 위난에 조우해야 한다.

(1) 위난의 의의

위난이란 「선박이 자력만으로써 선박 또는 그 적하 그 밖의 물건의 전부 또는
일부의 멸실 또는 훼손을 피할 수 없는 위험」을 의미한다.[12] 이러한 위난은 보통
항해 중의 위험을 말하나 정박 중의 위험(예컨대 정박 중의 화재)도 포함한다.[13] 위난
은 현실적으로 예견할 수 있는 것이어야 한다.[14] 그러나 위험이 급박할 필요는 없
다. 한편 위험은 객관적으로 존재할 필요는 없고 구조 개시시의 상황에 비추어 위
험이 존재한다고 합리적으로 판단하였으면 충분하다.[15]

---

12) 동지: 정(찬), (하), 971쪽.
13) 손, (하), 899쪽.
14) 정(동), (하), 949쪽; 손, (하), 899쪽.
15) 정(동), (하), 950쪽. 이는 공동해손에 있어서의 주관설의 입장과 동일하다.

(2) 위험의 발생원인

위험의 발생원인은 묻지 아니한다. 따라서 위험은 자연력에 의한 것이든 인위적인 것이든 관계없다.[16] 또한 적극적 원인이든 소극적 원인이든 무방하다.[17] 또한 위험이 선박과 적하에 공통될 필요도 없다.[18] 이는 공동해손과 다른 점이다.

(3) 위험의 발생장소

위험의 발생장소는 그것이 수면인 한 어떠한 수면이라도 무방하다(상 882조 참조). 따라서 해상뿐만 아니라 호천·항만에서 발생한 위험도 포함된다. 또한 위험의 발생장소가 반드시 고립무원의 장소일 필요도 없다.[19]

이와 관련하여 조선소 선거(dock) 내의 선박의 구조가 해난구조에 해당하는가 하는 점이 문제가 된다. 이에 관하여는 긍정설과 부정설이 대립되고 있다.[20] 긍정설은 구조를 장려하려는 목적과 형평의 입장에서 이러한 경우에도 해난구조가 성립한다는 견해이고, 부정설은 해난구조는 항행이 가능한 수면에서의 위험을 전제로 한 것이므로 선거 내의 선박에 대한 위험은 이에 해당하지 않는다는 견해이다. 생각건대 해난구조제도의 연혁과 취지에 비추어 볼 때 해난구조는 항행할 수 있는 수면에서 위난에 조우한 경우를 전제로 하는 것이므로 부정설이 타당하다고 본다. 다만 선박이 악천후에서 파도에 의해 육지로 떠밀려 올라간 후 해수가 빠지는 바람에 육상 위에서 위험에 처하게 된 경우에는 그 위험이 항행할 수 있는 수면에서 비롯된 것이므로 이러한 경우에는 해난구조를 인정할 수 있다고 본다.[21]

3. 목적물요건

해난구조의 목적물은 선박 또는 그 적하 그 밖의 물건이다.

---

16) 田中, 536頁. 그러나 뒤에서 살펴보는 바와 같이 위험이 구조자의 과실로 인하여 발생한 경우에는 구조료청구권을 갖지 못한다(상 892조 2호).
17) 손, (하), 899쪽.
18) 손, (하), 899쪽; 정(찬), (하), 971쪽.
19) 田中, 536頁.
20) 긍정설: 정(동), (하), 950쪽. 부정설: 손, (하), 890쪽.
21) Brice, *Maritime Law of Salvage*, pp. 31-32.

(1) 선박과 적하 등

1) 해난구조의 목적물인 「선박」은 상법의 적용 또는 준용을 받는 선박이므로 항해선이 원칙이다. 그러나 항해선이 내수항행선을 구조한 경우에는 내수항행선도 해난구조의 목적물인 선박에 포함된다(상 882조).22) 내수항행선이 내수항행선을 구조한 경우에는 구조된 내수항행선은 우리 상법상 해난구조의 목적물인 선박에 해당하지 아니한다. 그러나 이러한 경우를 항해선이 내수항행선을 구조한 경우 구별할 합리적인 이유가 없으므로 이러한 경우에도 우리 상법 규정을 유추 적용하는 것이 타당하다고 본다.23) 또한 국・공유선이나 단정 또는 주로 노 또는 상앗대로 운전하는 선박은 해난구조의 목적물인 선박에 해당하지 아니한다.

2) 「적하」는 반드시 운송계약의 목적물에 한하지 않고 선박장비, 선원과 여객의 식량 등도 포함한다고 하는 견해가 있으나24) 우리 상법상의 「적하」라는 용어를 해상편 전체를 통하여 같은 의미로 해석하는 것이 바람직하기 때문에 여기의 적하는 운송계약의 목적물인 운송물을 말하고, 선박장비나 선원과 여객의 식량 등은 「그 밖의 물건」에 해당한다고 해석하는 것이 타당하다고 본다. 「그 밖의 물건」에는 이 이외에도 속구와 여객의 수하물 등이 있다.25) 이러한 적하 등은 구조 당시에 반드시 선박 위에 있을 필요는 없다. 따라서 해수에 표류하고 있는 적하 등을 구조한 경우에도 해난구조가 성립한다.26) 한편 우리 상법상 운임은 해난구조의 목적물에 해당하지 아니한다.27) 다만 선박 등의 물건과 함께 운임이 구조된 경우 구조보수를 결정할 때 참작사유가 될 수는 있다(상 883조).28)

3) 해저광물자원의 탐사나 개발을 위한 해상구조물을 구조한 경우가 해난구조에 해당할 것인가 하는 문제가 있는데 1989년 해난구조조약은 이를 명시적으로 해난구조에서 제외하고 있다(동 조약 3조). 이러한 해상구조물은 선박이나 그 적하 등의 물건이 아니므로 우리 상법상으로도 마찬가지로 해석해야 한다고 본다. 해상에 추락한 항공기나 그 적하 등도 해난구조의 목적물이 아닌 것은 당연하다. 또한 난

---

22) 우리 상법은 내수항행선이 항해선을 구조한 경우에도 해난구조가 성립한다고 규정하고 있으나 (상 882조) 이는 주의적 규정이다.

23) 동지: 정(동), (하), 950쪽.

24) 손, (하), 900쪽; 정(찬), (하), 971쪽; 정(동), (하), 950쪽.

25) 손, (하), 900쪽.

26) 동지: 정(동), (하), 950쪽.

27) 1989년 해난구조조약은 운임을 해난구조의 목적물에 포함시키고 있다(동 조약 1조 (c)호).

28) 손, (하), 900쪽.

파선은 구조의 목적물이 아니므로 그 인양은 해난구조가 아니다.[29] 침몰선은 기술적·
경제적으로 인양이 가능한 경우에는 여전히 선박으로서의 성질을 잃지 않는다는 것은
앞서 본 바와 같은데, 이 경우에는 해난구조의 목적물이 될 수 있다고 본다.

(2) 동일소유자에 속한 선박 간의 구조

동일한 선박소유자에 속한 선박 간의 구조도 해난구조에 해당한다(상 891조).
이는 구조의 효과가 선박소유자뿐만 아니라 선장이나 선원 등 구조작업에 종사한
자, 적하의 소유자 및 보험자 등에게도 미치기 때문이다(상 889조). 한편 해운 실무
에서 널리 사용되는 해상보험약관에는 동일한 선박소유자에 속한 선박 간의 구조
도 해난구조에 해당하고 선박소유자는 보험자로부터 구조료를 보상받을 수 있다
는 소위 자매선 약관(sister ship clause)을 두는 것이 보통이다.[30]

(3) 인명구조

우리 상법상 인명구조는 해난구조에 해당하지 아니한다(상 882조). 그러므로 인
명구조자는 구조료청구권을 갖지 아니한다. 이처럼 인명구조를 해난구조로 보지
아니하는 것은 인명구조는 도덕적 의무에서 비롯된 것으로서 이에 대해 피구조자
에 대한 보수청구권을 인정한다는 것은 적절하지 아니하고 보수액을 산정하기도
어렵기 때문이다.[31] 그러나 재산구조와 함께 인명구조가 행해진 경우에는 예외적
으로 인명의 구조에 종사한 자도 구조료를 청구할 수 있다(상 888조 2 항). 이에 관해
서는 뒤에서 자세히 살펴보기로 한다(559쪽 참조).

4. 구조요건

해난구조가 성립하기 위해서는 의무 없이 구조를 하였어야 한다.

(1) 「의무 없이」 구조한다는 것은 사법상의 의무 없이 구조하는 것을 말한다.
그러므로 조난선의 선원이 조난선 또는 그 선박에 적재된 화물을 구조하는 경우
나 도선사가 도선하던 선박을 구조하는 경우 또는 예인선이 피예인선을 구조하는

---

29) 정(동), (하), 950쪽.
30) 1983년 영국협회선박기간보험약관 제 9 조 등 참조.
31) 이러한 인명구조의 경우에는 국가에서 보상할 방법을 마련해야 한다는 견해가 있다(정(동),
　　(하), 951쪽; 손, (하), 903쪽).

경우에는 사법상의 의무의 이행으로 구조를 하는 것이므로 해난구조가 성립하지 아니한다.[32] 다만 예선계약이나 도선계약의 이행이라고 볼 수 없는 특수한 노력을 제공한 경우에는 해난구조가 성립한다(상 890조의 반대해석).[33]

(2) 선박충돌의 경우에 선장이 상대선박이나 그 적하 등을 구조하는 경우와 같이 선원법[34] 등에 의해 공법상의 구조의무를 부담하는 자가 하는 구조도 해난구조에 해당한다는 것이 통설이다.[35] 그러나 수난구호법에 따라 해양경찰서장이 해상에서 조난된 선박 등을 구조한 경우(동 법 13조)처럼 구조자가 자기의 직무로서 구조작업을 행한 경우에는 해난구조에 해당하지 않는다고 본다.[36]

(3) 구조방법에는 아무런 제한이 없으므로 반드시 선박을 이용하여 구조작업을 할 필요가 없다. 그러므로 구조선이 상법의 적용 또는 준용을 받는 선박이 아니라 하더라도 해난구조가 성립하는 데에는 아무런 영향이 없다. 한편 구조행위는 반드시 육체적인 구조활동에 한정되는 것이 아니므로 단순한 기술적인 조언도 구조행위가 될 수 있다.[37] 또한 구조자는 수인이 공동으로 구조작업을 할 수도 있다(상 888조).

(4) 해난구조로 인한 구조료청구권이 발생하려면 구조의 결과가 발생하여야 하는가에 관하여 입법주의가 노력주의와 결과주의로 나뉘어 있는데, 우리 상법은 해난구조의 보수에 관하여는 결과주의를 채택하였다(상 882조). 따라서 구조의 결과가 있어야만 구조의 보수청구권이 발생하는데, 이를 불성공 무보수(no cure no pay)의 원칙이라고 한다. 이는 해난구조에 관한 국제조약의 입장을 따른 것으로서[38] 이처럼 결과주의를 취한 것은 구조를 가장하여 구조료를 청구하려는 폐단을 막기 위한 것이다.[39] 구조의 결과가 발생하였다고 하기 위해서는 선박이나 적하 등이 해난을 면하고 안전한 상태에 놓여져야 한다. 다만 안전은 절대적 안전을 필요로 하는 것은 아니고 상대적 안전이면 충분하다고 본다.[40] 그러므로 일단 구조의 결과가 있은 후에 별개의 원인으로 선박 또는 적하가 멸실하여도 구조의 보수청구

---

32) 손, (하), 901쪽.
33) 정(찬), (하), 972쪽.
34) 선박이 서로 충돌한 경우에는 자기가 지휘하는 선박에 급박한 위험이 없는 한 각 선박의 선장은 서로 인명과 선박을 구조하는데 필요한 조치를 다하여야 한다(선원법 12조).
35) 정(찬), (하), 972쪽; 정(동), (하), 951-952쪽; 손, (하), 901쪽.
36) 동지: 손, (하), 901쪽; 정(찬), (하), 972쪽.
37) 정(동), (하), 952쪽.
38) 1910년 해난구조조약 제 2 조 참조.
39) 정(동), (하), 952쪽.
40) 손, (하), 903쪽; 배, 368쪽.

권에는 영향이 없다.[41] 또한 구조행위가 구조의 직접적인 원인이 아니라도 구조행
위와 구조의 결과 사이에 상당인과관계를 인정할 수 있으면 구조의 보수청구권이
발생한다고 본다.[42]

(5) 한편 이러한 결과주의와 관련하여, 우리 상법은 선박 또는 그 적하로 인하
여 환경손해가 발생할 우려가 있는 경우에 손해의 경감 또는 방지의 효과를 수반
하는 구조작업에 종사한 구조자는 구조의 성공 여부와 상관없이 구조에 소요된
비용을 특별보상으로 청구할 수 있다고 규정하고 있다(상 885조 1항). 이는 1989년
해난구조조약 제14조가 환경의 위험이 있는 경우에 환경손해방지작업을 장려하기
위하여 결과주의에서 노력주의로 변경한 것을 우리 상법이 수용한 것이다. 이러한
구조를 환경구조(salvage of environment)[43]라 하거나 또는 환경손해로 인한 손해배상
책임으로부터 구조한다는 의미에서 책임구조(liability salvage)[44]라 할 수 있다. 이에
관하여는 뒤에서 자세히 살펴보기로 한다.

제 3. 해난구조의 효과

1. 구조료청구권의 발생

(1) 구조료의 의의

구조료란 해난구조에 대한 보수와 환경손해방지작업에 대한 특별보상을 말한
다(상 886조). 구조자는 일정한 요건이 충족되면 구조료청구권, 즉 보수청구권과 특
별보상청구권을 갖는다. 아래에서는 구조료청구권에 관하여 보수청구권과 특별보
상청구권으로 나누어 살펴보기로 한다.

(2) 보수청구권

1) 보수청구권의 발생

가. 좁은 의미의 해난구조에 있어서는 앞서 본 해난구조의 요건을 충족하면
구조자에게 상당한 보수청구권이 발생한다(상 882조).[45] 이러한 보수에는 구조자가

---

41) 정(동), (하), 952쪽; 배, 368쪽.
42) 대체로 동지: 손, (하), 903쪽.
43) Healey, *Admiralty*, p. 714.
44) Brice, *Maritime Law of Salvage*, p. 408.
45) 이러한 보수청구권은 해난구조의 결과발생을 조건으로 하여 구조작업을 시작한 때에 발생한다

지출한 비용이 포함되므로(상 883조) 구조자는 비용을 별도로 청구할 수 없다(다만 특별보상청구권에 관해서는 560쪽 이하 참조).

나. 한편 앞서 본 바와 같이 재산구조와 함께 인명구조가 행해진 경우에는 예외적으로 인명의 구조에 종사한 자도 구조료의 분배를 받을 수 있다(상 888조 2항). 이는 한 구조자가 재산구조와 함께 인명구조를 한 경우는 물론이고 한편의 구조자는 재산구조를 하고 다른 구조자는 인명구조를 한 경우에도 마찬가지이다. 전자의 경우에는 구조자는 재산의 피구조자에 대하여 재산구조에 대한 보수와 함께 인명구조에 대한 보수도 청구할 수 있다. 한편 후자의 경우에는 우리 상법은 「구조료의 분배를 받을 수 있다」고 규정하나 이는 인명만을 구조한 자가 재산의 구조자에게 보수의 분배를 청구할 수 있다는 것이 아니라 재산의 피구조자에 대하여 직접 보수청구권을 갖는다는 의미로 해석된다.[46] 인명피구조자는 어느 경우에나 보수지급의무를 부담하지 아니한다.

다. 계약구조에 있어서는 구조계약의 내용에 따라 보수청구권이 발생한다. 즉 도급형 구조계약에서는 구조를 완료한 때 그리고 위임형 또는 고용형 구조계약에서는 구조계약에서 정한 때에 보수청구권이 발생한다.

2) 보 수 액

가. 좁은 의미의 해난구조의 경우

(개) 좁은 의미의 해난구조에 있어서 그 보수액에 관하여 당사자 간의 사전 약정이 없는 경우가 보통이므로 보수액에 관하여는 구조가 완료된 후 당사자의 합의에 의하여 정하게 된다. 이 경우 그 액에 대하여 당사자 사이에 합의가 성립하지 아니한 때에는 법원은 당사자의 청구에 의하여 구조된 선박·재산의 가액, 위난의 정도, 구조자의 노력과 비용, 구조자나 그 장비가 조우했던 위험의 정도, 구조의 효과, 환경손해방지를 위한 노력, 그 밖의 제반사정을 참작하여 그 액을 정한다(상 883조).

(내) 이러한 구조의 보수액은 다른 약정이 없으면 구조된 목적물의 가액을 초과하지 못하며 선순위의 우선특권이 있는 때에는 구조의 보수액은 그 우선특권자

는 견해가 있으나(정(찬), (하), 973쪽), 보수청구권의 발생을 이처럼 소급시킬 합리적인 이유가 없으며, 우리 상법이 보수청구권의 제척기간의 기산점을 구조가 완료된 날로 정하고 있는 점을 고려해 볼 때(상 895조), 위에서 살펴본 바와 같이 해난구조의 요건이 충족된 때, 즉 해난구조의 결과발생이 있은 때에 보수청구권이 발생한다고 보는 것이 타당하다고 본다.

46) 정(동), (하), 951쪽.

의 채권액을 공제한 잔액을 초과하지 못한다(상 884조). 여기서 「다른 약정」이란 아래에서 보는 바와 같이 해난 당시에 구조의 보수에 관하여 약정을 한 경우를 말한다. 이와 같이 구조의 보수액을 제한한 취지는 피구조자는 구조의 보수액이 피구조물의 가액을 초과하는 경우에는 구조를 원하지 않을 것이 명백하기 때문이다. 이러한 구조의 보수에 대한 책임제한은 개별적 책임제한의 일종으로서 인적유한책임이다.

나. 계약구조의 경우

계약구조의 경우에 구조에 대한 보수는 구조계약에서 정한 바에 따른다. 이 경우에는 구조의 보수가 구조된 목적물의 가액으로 제한되지 아니한다(상 884조 1 항).

다만 아래에서 살펴보는 바와 같이 약정된 보수액이 현저하게 부당한 경우에 법원이 그 금액을 증감할 수 있다(상 887조 2 항).

(3) 특별보상청구권

1) 특별보상청구권의 발생

가. 앞서 본 바와 같이 우리 상법은 2007년 개정시에 1989년 해난구조협약 제14조의 특별보상제도를 수용하여 환경손해방지작업에 대한 특별보상을 규정하였다. 즉 선박 또는 그 적하로 인하여 환경손해가 발생할 우려가 있는 경우에 손해의 경감 또는 방지의 효과를 수반하는 구조작업에 종사한 구조자는 구조의 성공 여부 및 구조된 목적물의 가액에 상관없이 구조에 소요된 비용을 특별보상으로 청구할 수 있다(상 885조 1 항).[47] 또한 구조자는 발생할 환경손해가 구조작업으로 인하여 실제로 감경 또는 방지된 때에는 보상의 증액 청구권을 갖는다(동조 3 항).

나. 이러한 특별보상청구권은 좁은 의미의 해난구조뿐만 아니라 구조계약에 명시적 또는 묵시적인 다른 약정이 없는 한 계약구조에도 적용된다고 본다(1989년 해난구조조약 6 조 1 항).

2) 특별보상액

구조자는 구조에 소요된 비용을 특별보상으로 청구할 수 있는데, 여기서 「비용」이란 구조작업에 실제로 지출한 합리적인 비용 및 사용된 장비와 인원에 대한 정당한 보수를 말한다(상 885조 2 항).[48] 한편 구조자는 발생할 환경손해가 구조작업

---

47) 이러한 특별보상을 지급할 채무자에 관하여는 564쪽 참조.

으로 인하여 실제로 감경 또는 방지된 때에는 보상의 증액을 청구할 수 있다(동조 3항 전단). 이 경우에도 당사자 사이에 합의가 되지 않으면 법원은 해난구조의 보수 결정시에 참작하는 사정(상 883조)을 참작하여 증액 여부 및 그 금액을 정한다. 이 경우 증액된다 하더라도 구조료(특별보상액)는 구조에 소요된 비용의 배액을 초과할 수 없다(상 885조 3 항 2 문). 한편 구조자의 고의 또는 과실로 인하여 환경손해의 경감 또는 방지에 지장을 가져온 경우 법원은 구조에 소요된 비용에 따른 특별보상 액 또는 증액된 특별보상액을 감액 혹은 부인할 수 있다(동조 4 항).

(4) 현저하게 부당한 약정 구조료 액의 증감

좁은 의미의 해난구조에서 해난 당시에 구조료에 관하여 약정을 한 경우[49] 또는 계약구조의 경우에 그 약정된 구조료의 액이 현저하게 부당한 때에는 법원은 구조에 대한 보수를 결정할 때 참작하는 사정(상 883조 참조)을 참작하여 그 금액을 증감할 수 있다(상 887조 2 항). 이는 해난이라는 급박한 사정 속에서 약정한 구조의 보수액이 현저하게 부당한 경우에는 이것을 합리적으로 시정하는 것이 타당하기 때문이다. 여기서 약정된 구조료의 액이 현저하게 부당한지의 여부는 당사자가 알고 있었던 사정이 아니라 약정 당시에 객관적으로 존재하고 있었던 사정을 기준으로 판단하여야 한다.[50]

(5) 보수청구권과 특별보상청구권이 경합하는 경우

하나의 구조작업을 시행한 구조자가 보수청구권과 특별보상청구권을 동시에 갖는 경우에는 그 중 큰 금액을 구조료로 청구할 수 있다(상 885조 5 항).[51]

---

48) 「사용된 장비와 인원에 대한 정당한 보수」란 1989년 해난구조조약 제14조 제 3 항의 「fair rate for equipment and personnel」을 번역한 것인데, 위 조약상의 fair rate의 의미에 관하여는 많은 논란이 있기 때문에 해운 실무에서는 국제구조자협회(International Salvage Union), 선주상호보험조합 국제그룹(International Group of P&I Clubs) 및 런던손해보험자협회(London Property Underwriters) 사이에 Special Compensation P&I Clubs Clause(SCOPIC)을 제정하였다. 이 SCOPIC은 장비와 인원에 대한 정당한 보수를 미리 일정한 요율표에 의하여 확정하여 논란의 여지를 없앴다(서동희, 전게 "LOF 2000의 도입의 배경 및 주요조항에 관한 검토," 26쪽).

49) 구조계약을 체결하지 않고 구조작업을 하는 경우에도 구조작업 개시시에 구조의 보수에 관하여 약정하는 것은 가능하다(배, 369쪽).

50) 田中, 546頁.

51) 이 경우 보수액이 특별보상액보다 다액이어서 구조자가 보수액을 구조료로 청구하게 되면 이 구조료는 해난구조에 대한 보수이므로 해운 실무에서는 피구조자에 대한 해상보험을 인수한 보험자가 이를 지급한다. 한편 특별보상액이 보수액보다 다액이어서 구조자가 특별보상액을 구조

2. 구조료청구권자

(1) 좁은 의미의 해난구조의 경우

1) 원   칙

가. 좁은 의미의 해난구조에 있어서 보수청구권을 갖는 자는 원칙적으로 해난구조작업에 종사한 모든 자이다(상 882조). 특별보상청구권을 갖는 자도 동일하다고 본다. 해난구조는 선박에 의하여 행해지는 것이 보통이기 때문에 구조선의 선장과 해원이 구조료청구권자가 되는 것이 일반적이다. 한편 선박소유자는 스스로 구조작업에 종사하지는 않았으나 구조작업에 출연한 자이므로 우리 상법은 선박소유자에게 선박의 손해액과 구조비용에 대한 청구권뿐만 아니라 구조료청구권을 인정하였다(상 889조). 한편 선체용선의 경우에는 선체용선자가 선박소유자에 갈음하여 구조료청구권을 갖는다(상 850조 1항).[52] 이들 구조료청구권자는 각각 독립하여 구조료청구권을 갖는다.[53] 또한 동일한 선박소유자에게 속한 선박 상호 간에 있어서도 구조에 종사한 자에 대하여 구조료청구권을 인정한다(상 891조).

나. 한편 선박에 의하지 아니한 해난구조(예컨대 헬리콥터에 의한 해난구조나 육상으로부터의 해난구조 등)의 경우에는 구조작업에 실제로 종사한 자가 구조료청구권을 갖는다.

다. 재산구조와 함께 인명구조가 행해진 경우 인명구조자도 재산의 피구조자에 대하여 구조료청구권을 갖는다는 점은 앞서 본 바와 같다.

2) 예   외

예외적으로 ① 구조 받은 선박에 종사하는 자, ② 고의 또는 과실로 인하여 해난사고를 야기한 자, ③ 정당한 거부에도 불구하고 구조를 강행한 자 및 ④ 구조된 물건을 은닉하거나 정당한 사유 없이 처분한 자에게는 구조료청구권이 인정되지 아니한다(상 892조). 구조 받은 선박에 종사하는 자는 구조를 해야 할 사법상

료로 청구하게 되면 해난구조에 대한 보수액까지는 보험자가 지급하고 이를 넘는 부분은 피구조선박의 선주상호보험조합(P&I Club)이 지급한다(1989년 해난구조조약 14조 4항 참조).

52) 이에 반해 정기용선자나 항해용선자는 구조료청구권을 갖지 아니한다(Brice, *Law of Salvage*, p. 60. 이는 영국법에 관한 것이나 우리 법상으로도 동일하다고 해석된다). 다만 1946년 뉴욕 프로듀스 양식은 선박소유자와 정기용선자가 구조료를 균등하게 배분하도록 규정하고 있다(동 양식 19조). 이는 선박소유자와 정기용선자 사이의 내부관계에 관한 규정으로 대외적으로는 선박소유자만이 구조료청구권을 가진다고 본다.

53) 정(동), (하), 954쪽.

의 의무를 부담하기 때문에 구조료청구권을 갖지 않는 것은 당연하고, 그 밖의 경우는 형평의 원칙에서 구조료청구권을 인정하지 않은 것이다.[54]

한편 구조자가 고의 또는 과실로 인하여 해난사고를 야기하거나 구조된 물건을 은닉하거나 정당한 사유 없이 처분한 자는 그로 인하여 손해를 입은 자에게 손해를 배상할 책임을 져야 한다. 또한 구조자가 구조작업 중에 귀책사유로 선박이나 적하 등의 재산에 손해를 입힌 경우에는 구조자가 어떠한 책임을 부담할 것인가 하는 점이 문제가 되나 좁은 의미의 해난구조에 관하여는 민법상의 긴급사무관리에 관한 규정을 유추 적용하여 구조자의 고의나 중대한 과실이 없으면 이로 인한 손해를 배상할 책임이 없다고 본다(민 735조).

(2) 계약구조의 경우

계약구조에 있어서는 구조계약을 체결한 당사자만이 계약상대방에 대하여 구조료청구권을 갖는다.[55] 또한 우리 상법이 규정하는 구조료청구권의 박탈 사유 중 구조된 물건을 은닉하거나 정당한 사유 없이 처분하는 경우는 계약구조에도 적용된다고 본다(상 887조 1항 참조). 또한 구조자는 구조계약에 따라 선량한 관리자의 주의로써 구조작업을 하여야 할 의무를 부담하므로 구조자의 고의 또는 과실로 구조작업 중에 선박이나 적하 등의 재산에 손해를 입힌 경우에는 그로 인한 손해를 배상할 책임을 진다고 본다.

3. 구조료의 지급

(1) 구조료의 지급채무자 및 지급비율

1) 좁은 의미의 해난구조의 경우

가. 구조의 보수

좁은 의미의 해난구조에 있어서 구조의 보수를 지급할 채무자는 구조된 선박의 소유자 및 구조된 적하 등의 재산의 권리자, 즉 피구조자이다. 구조의 보수를

---

54) 손, (하), 904-905쪽. 한편 1910년 해난구조조약 제8조나 1989년 해난구조조약 제18조는 위 ②내지 ④와 유사한 경우에 구조료청구권의 전부 또는 일부를 박탈할 수 있다고 규정하고 있어 위 조약들 상으로는 구조료를 전부 박탈하지 아니하고 그 일부를 감액하는 것도 가능하다.
55) 이 경우 구조선의 선장 등은 구조자와의 계약(예컨대 고용계약 등)에 따라 구조자에 대한 청구권을 가질 수 있다.

지급할 채무자는 그 구조된 선박 또는 재산의 가액에 비례하여 구조에 대한 보수를 지급할 의무가 있다(상 886조 전단). 한편 인명구조와 재산구조가 동시에 행해진 경우에 재산의 피구조자는 인명구조자에 대하여 구조의 보수를 지급할 의무를 부담한다. 이는 인명구조로 인하여 재산의 구조가 용이하게 수행되었다고 할 수 있기 때문이다.[56]

나. 특별보상

우리 상법은 특별보상에 관하여도 구조된 선박의 소유자 및 구조된 적하 등의 재산의 권리자가 그 구조된 선박 또는 재산의 가액에 비례하여 특별보상을 할 의무를 부담한다고 규정한다(상 886조 후단). 그러므로 우리 상법에 의할 때 구조된 재산이 있는 경우에 그 구조된 재산의 권리자는 그 가액에 비례하여 특별보상을 지급할 채무를 부담한다. 그러나 우리 상법상 구조된 재산이 없는 경우에 누가 특별보상을 지급할 채무를 지는가 하는 점이 명백하지 아니하다. 이는 입법의 불비이다.[57]

2) 계약구조의 경우

계약구조에 있어서는 구조자와 구조계약을 체결한 당사자가 계약상의 보수를 지급할 채무자인 것은 당연하다. 한편 특별보상에 관하여는 1989년 해난구조조약과 같이 계약구조의 경우에도 선박소유자가 특별보상을 지급할 채무를 부담한다고 하는 것이 타당하다고 본다.

3) 구조료지급채무의 책임제한여부

구조료지급채무자가 선박소유자인 경우에 선박소유자는 구조료에 관하여 총체적 책임제한을 하지 못한다(상 773조 2 호).

(2) 구조료 지급에 관한 선장의 권한

1) 선장은 구조료를 지급할 채무자에 갈음하여 그 지급에 관한 재판상 또는 재판 외의 모든 행위를 할 권한이 있다(상 894조 1 항). 구조료를 지급할 채무자는 앞서 본 바와 같이 선박소유자 또는 구조된 적하 등의 재산의 권리자를 말한다. 선

---

56) 정(찬), (하), 976쪽.

57) 1989년 해난구조조약은 재산의 구조 여부를 묻지 아니하고 특별보상의 지급 채무자를 구조작업의 대상이 된 선박의 소유자라고 명시적으로 규정하고 있다(동 조약 14조 1 항). 우리 상법은 2007년 개정시에 위 조약을 참조하여 특별보상제도를 도입하였으므로 위 조약과 같이 재산의 구조와 상관없이 특별보상의 지급채무자를 선박소유자로 명시적으로 규정하는 것이 바람직하다고 본다.

장은 구조료채무자의 법정대리인으로서 그 채무자를 위하여 재판상 또는 재판 외의 모든 행위를 할 권한을 갖는다. 이 규정은 구조료채무자가 다수인 경우에 이들의 법정대리인인 선장을 통하여 해난구조로 인한 법률관계를 신속·원활하게 종결할 수 있게 함으로써 구조료채권자를 보호하기 위한 것이다.

2) 구조료채무자가 선박소유자인 경우에 선장은 선적항에서도 구조료의 지급에 관하여 선박소유자를 대리할 권한을 갖는다. 한편 앞서 본 바와 같이 선장은 선적항 외에서 항해를 위하여 필요한 재판상 또는 재판 외의 모든 행위를 할 포괄적 대리권이 있기 때문에 구조료의 지급이 항해를 위하여 필요한 경우에는 위 규정이 불필요하다고 할 수 있으나 구조료의 지급이 항해를 위하여 필요한지의 여부가 명확하지 않은 경우 등에는 위 규정이 실익이 있다.

3) 이처럼 선장에게 구조료채무자를 위하여 재판상의 행위를 할 수 있는 대리권한이 있다고 하더라도 구조료채무자를 알 수 없는 경우(예컨대 선하증권 소지인을 알지 못하는 경우) 등에 구조료채권자가 구조료채무자를 일일이 확인하여 이들을 소송당사자로 하여 소송을 제기하는 것이 상당히 곤란한 경우가 많다. 이러한 경우에 구조료채권자를 보호하기 위하여 우리 상법은 선장이 그 구조료에 관한 소송의 당사자가 될 수 있고 그 확정판결은 구조료채무자에 대하여도 효력이 있다고 규정하고 있다(상 894조 2항). 선장이 구조료채무자에 갈음하여 소송당사자가 되는 것은 민사소송법상의 제3자의 소송담당에 해당한다.[58]

4) 이러한 구조료채무자를 위한 선장의 권한은 구조료채권자인 구조선의 선장에게도 인정되는가에 관하여 우리 상법은 아무런 규정을 두고 있지 아니하다. 이에 관하여는 상법이 선장에게 구조료채무자를 위하여 구조료의 지급에 관한 권한을 수여한 취지는 구조료채권자에게도 그대로 적용될 수 있기 때문에 이 경우에도 상법 제894조를 유추 적용하여 구조선의 선장에게도 같은 권한을 인정하여야 한다는 것이 통설의 입장인데, 이러한 통설이 타당하다고 본다.[59] 그러므로 구조선의 선장은 구조료채권자인 선박소유자와 해원에 갈음하여 그 지급에 관한 재판상 또는 재판 외의 모든 행위를 할 권한이 있고, 직접 구조료에 관한 소송의 당사자가 될 수 있으며 이 경우 그 확정판결은 모든 구조료채권자에 대하여 효력이 있다.

---

58) 이(시), (민소), 147쪽.
59) 정(동), (하), 956쪽; 정(찬), (하), 977쪽; 손, (하), 908쪽.

4. 구조료의 분배

(1) 공동구조의 경우

1) 공동구조란 독립한 수인이 공동으로 구조에 종사한 경우를 말하는데, 이에는 예컨대 여러 척의 선박이 구조에 종사하거나, 선박과 헬리콥터가 구조에 종사하거나 또는 선박과 육상의 구조자가 구조에 종사하는 경우 등이 있다.[60] 공동구조자 사이에 공동구조에 관한 합의가 있었는지의 여부는 상관이 없다. 이러한 공동구조의 경우에 법원은 해난구조의 보수를 결정할 때 참작하는 사정(상 883조)을 참작하여 분배비율을 정한다(상 888조). 여기서 우리 상법이 구조료의 「분배」란 용어를 사용하고 있으나 이는 전체의 구조료를 공동구조자가 공동으로 수령하여 이를 공동구조자 사이에 배분한다는 것이 아니라 각 공동구조자가 피구조자에 대하여 직접 자신 몫의 구조료에 대한 청구권을 갖는다는 것을 의미한다. 한편 공동구조자 사이에 구조료의 분배비율에 관하여 약정이 있다고 하더라도 이는 공동구조자 사이의 내부에서만 효력이 있고 피구조자에 대한 관계에서는 효력이 없다고 본다.[61]

2) 공동구조자 중에 선박이 있는 경우에는 그 선박에 분배된 구조료는 다시 그 선박 내에서의 분배비율(상 889조)에 따라 분배된다.

3) 앞서 본 공동구조자 사이의 분배비율은 좁은 의미의 해난구조의 경우에 문제가 되고 계약구조의 경우에는 문제가 되지 아니한다. 왜냐하면 계약구조의 경우에는 각 구조자별로 구조료에 관한 약정이 있게 되기 때문이다.

4) 재산구조와 함께 인명구조가 행해진 경우에 인명구조에 종사한 자도 구조료의 분배를 받을 수 있다는 점은 앞서 본 바와 같다(상 888조 2항).

(2) 선박 내에서의 구조료의 분배

선박이 구조에 종사하여 그 구조료를 받은 경우에는 먼저 선박의 손해액과 구조에 들어간 비용을 선박소유자에게 지급하고 그 잔액의 절반은 선장과 해원에게 지급하여야 하고 나머지 절반은 선박소유자가 취득한다(상 889조 1항). 한편 해원에게 지급할 구조료의 분배는 선장이 각 해원의 노력, 그 효과와 사정을 참작하여 그 항해의 종료 전에 분배안을 작성하여 해원에게 고시하여야 한다(동조 2항).

---

60) 그러나 한 척의 선박 내의 선장·해원 등은 공동구조자가 아니다(정(찬), (하), 975쪽 각주 2)).
61) 田中, 549頁.

우리 상법이 구조료의 「분배」라는 용어를 사용하고 있으나 선박소유자, 선장 및 해원이 재산의 피구조자에 대하여 직접 자신 몫의 구조료청구권을 갖는다는 것은 공동구조자 간의 구조료 분배의 경우와 마찬가지이다.[62]

5. 구조료청구권의 담보

(1) 우선특권

1) 선박이 구조된 경우 선박에 대한 구조료 채권은 선박·그 속구, 그 채권이 생긴 항해의 운임, 그 선박과 운임에 부수한 채권에 대하여 우선특권이 있다는 점은 앞서 본 바와 같다(상 777조 1항 3호).

2) 적하 그 밖의 물건이 구조된 경우 구조에 종사한 자의 구조료채권은 구조된 적하 등의 재산에 대하여 우선특권이 있다. 다만 채무자가 그 적하를 제 3 취득자에게 인도한 후에는 그 적하에 대하여 이 권리를 행사하지 못한다(상 893조 1항). 이 우선특권에는 그 성질에 반하지 아니하는 한 선박우선특권에 관한 규정을 준용한다(동조 2항).

(2) 유 치 권

구조자가 구조물을 점유하고 있는 동안에는 구조료청구권은 그 구조물에 관하여 생긴 것이므로 구조자는 구조물에 대하여 민법상의 유치권을 갖는다(민 320조).[63]

6. 구조료청구권의 소멸

구조료청구권은 구조가 완료된 날부터 2 년 이내에 재판상 청구가 없으면 소멸한다. 이 기간은 제척기간이다. 다만 위 기간은 당사자의 합의에 의하여 연장할 수 있다(상 895조).

---

62) 이 점에서 우리 상법 제889조 제1항이 "그 구조료를 「받은」 경우에는"이라고 규정하고 있는 것은 오해의 소지가 있으므로 "그 구조료를 「받는」 경우에는"으로 개정하는 것이 바람직하다고 본다.

63) 구조료청구권은 원칙적으로 구조의 완료시에 발생하는데 이 청구권은 기한이 없는 채권이므로 이행청구가 있는 때에 변제기에 도달한다(민 387조 2항).

제5장 유류오염[1]

제1절 총 설

(1) 해상기업이 선박을 이용하여 기업 활동을 하면서 직면하는 위험 중의 하나가 선박에 의해 해양오염을 발생시키는 것이다.[2] 20세기 후반 들어 국제적으로 해양환경의 중요성에 대한 인식이 제고되어[3] 해양환경을 보전하는 문제가 국제적인 관심사가 되었는데, 특히 선박에 의한 해양오염을 방지하고 해양오염사고가 발생한 경우에 그로 인한 손해를 적절히 배상·보상하는 제도에 관하여 국제적으로 많은 논의가 있었다. 그 결과 IMO의 주도하에 여러 국제조약이 체결되었는데, 이 중 오염손해의 배상 및 보상에 관한 국제조약들을 살펴보면 다음과 같다.

우선 유조선[4]에 의한 유류오염손해의 배상·보상과 관련하여 1969년에 「유류오염손해에 대한 민사책임에 관한 국제협약(International Convention on Civil Liability for Oil Pollution Damage)」[5]이 제정되었고, 1971년에 이를 보완하기 위한 자매 협약으로서 「유

---

1) 이 장의 내용은 졸고, "선박에 의한 오염손해의 전보에 관한 연구," 서울대학교 법학박사학위논문(2001. 2.)의 내용을 많이 참조하였다.
2) 이러한 해양오염에는 그 오염원에 따라 유류에 의한 오염과 그 밖의 유해·위험물질에 의한 오염이 있으며, 유류에 의한 오염에도 유류를 화물로서 운반하는 유조선에 의한 오염과 비유조선의 연료유에 의한 오염이 있다.
3) 이러한 계기가 된 것은 1967년에 발생한 Torrey Canyon호 사건이다. 위 사건의 경위는 다음과 같다. 1967년 3월 18일 리베리아 선적의 유조선 Torrey Canyon호가 걸프만의 Mena al Ahmadi에서 쿠웨이트산 원유 약 117,000톤을 싣고 영국으로 항해하던 중 영국 남서부 해상 암초에 좌초하였다. 이 사고로 인하여 약 60,000톤의 원유가 유출되어 영국 남부해안과 프랑스의 브레타뉴 지방의 해안을 오염시켜 막대한 오염피해를 초래하였다. 특히 영국 정부와 프랑스 정부는 각각 850만달러와 750만달러 합계 1,600만달러의 방제비용을 지출하였다(나윤수, "해상유류오염피해 보상제도에 관한 연구," 한국외국어대학교 법학박사 학위논문(1992), 9쪽).
4) 여기서 유조선이란 유조선과 일정한 조건하에서의 겸용선(573쪽 참조) 등을 포함한다.
5) 이하 이를 「1969년 민사책임협약」이라 한다.

류오염손해에 대한 보상을 위한 국제기금의 설치에 관한 국제협약(International Convention on the Establishment of International Fund for Compensation of Oil Pollution Damage)」[6]이 제정되었으며 1992년에는 위 두 조약에 대한 각 개정의정서가 제정되었다.[7] 또한 2003년에는 1992년 국제기금협약에 대한 개정의정서가 제정되었다.[8] [9]

한편 비유조선의 연료유에 의한 유류오염손해의 배상과 관련하여 2001년에 「선박연료유에 의한 오염손해에 대한 민사책임에 관한 국제협약(International Convention on Civil Liability for Bunker Oil Pollution Damage)」[10]이 제정되었으며, 그 밖의 유해・위험물질에 의한 해양오염손해의 배상・보상과 관련하여 1996년에 「유해・위험물질의 해상운송과 관련된 손해에 대한 책임과 보상에 관한 국제협약(International Convention on Liability and Compensation for Damage in Connection with the Carriage of Hazardous and Noxious Substances by Sea)」[11]이 제정되었고 2010년에 이에 대한 개정의정서[12]가 만들어졌다.

---

6) 이하 이를 「1971년 국제기금협약」이라 한다.

7) 이하 1992년 개정의정서에 의하여 개정된 1969년 민사책임협약을 「1992년 민사책임협약」이라 하고, 1992년 개정의정서에 의하여 개정된 1971년 국제기금협약을 「1992년 국제기금협약」이라 한다. 1992년 민사책임협약과 1992년 국제기금협약은 각각 1969년 민사책임협약과 1971년 국제기금협약상의 책임한도액을 인상하는 것을 주된 내용으로 한다.

8) 1992년 국제기금협약에 대한 2003년 개정의정서는 1992년 국제기금협약상의 책임한도액을 초과하는 오염손해에 대한 3차적 보상제도를 도입하는 것을 목적으로 하는데, 이하에서는 이를 「2003년 추가기금의정서」(Supplementary Fund Protocol)라 한다. 이 추가기금의정서는 2005년 3월 3일 발효되었다.

9) 한편 2003년 추가기금의정서의 도입으로 인해 기금을 출연하는 정유회사 등의 화주 측의 부담이 증가하자 이들이 불만을 제기하며 민사책임협약 및 국제기금협약 체제의 전면적인 개편을 요구하게 되었다. 이에 현 체제의 존속을 희망하는 유조선 선주 측에서 2005년에 민사책임협약상의 책임한도액을 초과하는 손해로서 국제기금협약에 따라 보상되는 손해 중 일부분을 유조선 선주 측에서 자발적으로 부담하기로 하는 제안을 하였고 화주 측에서 이 제안을 받아 들여 현 체제를 유지하는 것으로 결정되었다. 이러한 유조선 선주 측의 자발적인 제안이 STOPIA(Small Tankers Oil Pollution Indemnification Agreement)와 TOPIA(Tanker Oil Pollution Indemnification Agreement)이다. STOPIA는 총톤수 29,548톤 이하의 유조선 선주들과 그 선주들이 가입한 P&I Club(선주상호보험조합. 다만 이 P&I Club은 International Group of P&I Clubs의 회원이고 International Group과 재보험계약을 체결하였어야 함)간의 계약이고, TOPIA는 모든 유조선 선주들과 그 선주들이 가입한 P&I Club(STOPIA와 마찬가지로 이 P&I Club은 International Group의 회원이고 International Group과 재보험계약을 체결하였어야 함)간의 계약이다. STOPIA는 2006년에 개정되었는데, STOPIA 2006의 내용은 1992년 민사책임협약상의 책임한도액과 2,000만 SDR (또는 1992년 국제기금(584쪽 이하 참조)이 1992년 국제기금협약에 따라 보상한 금액이 2,000만 SDR보다 적은 경우에는 이 보상액)과의 차액을 유조선 선주(사실상은 P&I Club)가 1992년 국제기금에 보상해 준다는 것이다(STOPIA는 유조선 선주와 P&I Club의 계약이나 1992년 국제기금을 위한 제3자를 위한 계약이다). 한편 TOPIA는 2005년과 2006년에 차이가 없는데, 그 내용은 추가기금의정서에 따라 추가기금이 보상한 오염손해의 50%를 유조선 선주가 추가기금에 보상한다는 것이다(STOPIA 및 TOPIA에 관한 상세는 IOPC Funds Annual Report 2007, pp. 42-44 참조).

10) 이하 이를 「선박연료유협약」이라 한다. 이 연료유협약은 2008년 11월 21일 발효되었다.

11) 이하 이를 「1996년 HNS협약」이라 한다.

12) 이하 이를 「2010년 HNS 개정의정서」라 한다. 1996년 HNS 협약과 2010년 HNS 개정의정서는 아

(2) 유조선에 의한 유류오염손해와 관련하여 우리나라는 1969년 민사책임협약, 1971년 국제기금협약, 1992년 민사책임협약, 1992년 국제기금협약 및 2003년 추가기금의정서에 각 가입하여 이들 국제조약은 국내에서 발효되었다.[13) 14)]

위 국제조약 중 1969년 민사책임협약과 1992년 민사책임협약은 유조선 소유자의 오염손해 배상책임에 관한 국제조약이고, 1971년 국제기금협약과 1992년 국제기금협약 및 2003년 추가기금의정서는 민사책임협약상의 유조선 소유자의 책임한도를 초과하는 오염손해 등에 대하여 화주측이 출연하여 만든 국제적인 기금[15)]에 의한 2차적 보상제도에 관한 국제조약이다. 위 국제조약들은 종전의 전통적인 법원칙이나 제도에 비해 환경피해자의 피해구제에 보다 중점을 둠으로써 한결 환경친화적으로 진보된 제도라고 평가된다. 즉 1969년 민사책임협약과 1992년 민사책임협약은 전통적인 과실책임주의를 수정하여 유조선 소유자의 무과실책임주의를 원칙으로 하고 유조선 소유자에게로 책임을 일원화하며 유조선 소유자의 손해배상책임한도를 종래에 비해 대폭 인상하는 한편 이를 담보하기 위하여 강제보험제도를 도입하였다. 또한 1971년 국제기금협약과 1992년 국제기금협약은 다른 국제조약에서 선례를 찾을 수 없는 2차적인 보상 제도를 신설하여 유조선 소유자의 책임한도를 초과하는 오염손해 등에 대한 보상이 가능하도록 하였다. 한편 2003년 추가기금의정서는 1992년 국제기금협약상의 책임한도액을 넘는 오염손해에 관한 추가적 보상을 목적으로 한다.

(3) 비유조선에 의한 유류오염손해와 관련하여 우리나라는 2009년 8월 28일 선박연료유협약에 가입하였으며 이 협약은 2009년 11월 28일 국내에서 발효되었다.

직 발효되지 아니하였으며 우리나라는 이에 가입하지 아니하였다.

13) 1969년 민사책임협약과 1971년 국제기금협약은 각각 1992년 민사책임협약과 1992년 국제기금협약에 의해 대체되었으므로 아래에서는 1969년 민사책임협약과 1971년 국제기금협약에 관해서는 설명을 생략하기로 한다.

14) 우리나라는 2010년 5월 6일 2003년 추가기금의정서에 가입하였으며 이 추가기금의정서는 2010년 8월 6일에 국내에서 발효되었다.

15) 1971년 및 1992년 국제기금협약과 2003년 추가기금의정서는 각각 이러한 국제적인 기금을 관리하기 위하여 「유류오염손해보상을 위한 국제기금(International Oil Pollution Compensation Fund)」을 설치하도록 규정하고 있다(각 협약 제 2 조). 1971년 국제기금협약에 따라 「1971년 국제유류오염손해보상기금(International Oil Pollution Compensation Fund)」이 설치되었고 1992년 국제기금협약에 따라 「1992년 국제유류오염손해보상기금(International Oil Pollution Compensation Fund)」이 설치되었으며 2003년 추가기금의정서에 따라 「2003년 국제유류오염손해보상추가기금(International Oil Pollution Compensation Supplementary Fund)」이 설치되었다. 이하 1992년 국제기금협약의해 설치된 국제기금을 「1992년 국제기금」이라 하고 2003년 추가기금의정서에 따라 설치된 국제기금을 「추가기금」이라 한다.

선박연료유협약은 비유조선의 연료유로 인하여 발생한 유류오염손해에 관하여 1969년 민사책임협약이나 1992년 민사책임협약과 마찬가지로 비유조선 소유자의 무과실책임주의를 원칙으로 하고 비유조선 소유자에게로 책임을 일원화하는 한편 비유조선 소유자의 책임을 담보하기 위하여 강제보험 제도를 도입하였다.

(4) 한편 우리나라는 1992년 12월 8일 유류오염손해배상 보장법(유배법)을 제정하여 1969년 민사책임협약 및 1971년 국제기금협약을 국내 입법화하였는데, 1997년 1월 13일에 위 유배법을 개정하여 1992년 민사책임협약 및 1992년 국제기금협약을 유배법에 수용하였으며 2009. 5. 27.에는 선박연료유협약과 2003년 추가기금의정서에 가입할 것을 예정하여 미리 유배법을 개정하여 위 두 국제협약의 내용을 유배법에 수용하였다. 그런데 유배법은 제정시에 1969년 민사책임협약을 그대로 수용하지 않고 다소 변형하여 수용하였기 때문에 오염손해의 배상과 관련하여 유배법과 국제조약의 입장에 다소 차이가 있다.[16] 우리 법체계상 헌법에 의하여 체결・공포된 국제조약은 국내법과 동일한 효력을 가지는바(헌 6 조 1 항),[17] 국내법과 동일한 효력을 가지는 위 국제조약들과 유배법이 서로 상충되는 경우에는 신법우선의 원칙에 따라 유배법이 우선하게 될 것이다.[18] 한편 유배법에 규정이 없는 사항에 관하여는 1992년 민사책임협약이 보충적으로 적용되게 된다.

아래에서는 유류오염손해에 관하여 유조선 소유자의 손해배상책임(1 차적 배상제도)과 국제기금의 보상책임(2 차적 보상제도) 및 비유조선 소유자의 손해배상책임으로 나누어 살펴보기로 한다.

---

16) 아래에서는 관련되는 부분에서 유배법과 1992년 민사책임협약과의 차이점을 언급하기로 한다.

17) 국제협약은 국내법 중 법률과 동등한 효력을 갖는다는 것이 통설이다(이(한), (국제), 144쪽; 김(명), (상), 119쪽 등).

18) 1969년 민사책임협약은 1979년 3월 18일에 국내에서 발효되었고 이를 입법화한 유배법은 1993년 1월 1일에 발효되었으므로 유배법이 1969년 민사책임협약 보다 신법이다. 한편 1969년 민사책임협약에 대한 1992년 개정의정서(1992년 민사책임협약)는 1969년 민사책임협약의 책임한도액을 인상하는 것을 주된 내용으로 하므로 위 개정의정서와 유배법과의 상충문제는 없다. 한편 오늘날 국제조약에 위반된 국내법은 국가책임의 발생 원인이 되고 국가는 국내법을 이유로 국제조약의 구속을 면할 수 없다고 보는 것이 일반적이므로 가급적 국제조약과 국내법을 일치시키는 것이 바람직할 것이다(김(명), (국제), 116쪽).

제 2 절   유조선 소유자의 손해배상책임

제 1.   유류오염손해배상 보장법의 적용범위

유조선에 의한 유류오염손해에 대하여 유조선 소유자는 유배법 및 1992년 민사책임협약에 따라 일반 상법이나 민법상의 손해배상책임과는 다른 특별한 책임을 부담하는데, 유배법과 1992년 민사책임협약은 이러한 특별한 책임이 적용되는 대상인 선박, 유류, 오염손해 및 장소에 관하여 특별한 규정을 두고 있다.

1. 적용대상 선박

(1) 유 조 선

유배법이 적용되는 「유조선」이라 함은 산적유류를 화물로서 운송하기 위하여 건조되거나 개조된 모든 형의 항해선(부선을 포함한다)을 말한다(동 법 2 조 1 호). 다만 유조선이라도 유류를 산적하지 않고 포장하여 운송하기 위한 선박에는 적용이 없다. 한편 유류를 산적 운송하기 위한 유조선인 한 실제로 유류를 운송하지 않고 공선으로 항해하던 중이라도 적용대상이 된다. 한편 유조선이 해상에서 유류를 저장하기 위하여 사용되는 경우(소위 storage tank)에 과연 적용대상이 될 것인가 하는 문제가 있다. 1992년 민사책임협약이나 유배법은 유조선이 유류를 운송하는 것을 전제로 하지 않고 단지 유류를 산적 운송할 수 있는 선박인가의 여부를 기준으로 하므로 이러한 경우에도 적용대상이 된다고 해석된다.[19] 유배법은 「선박안전법」 제 2 조 제 1 호에 따른 부유식 해상구조물로서 유류를 저장하는 선박인 「유류저장부선」을 유조선에 포함시키고 있지는 아니하나 유류저장부선에 의한 유류오염손해에 관하여 유류저장부선 소유자에게 유조선 소유자와 동일한 책임을 지우고 있다(동 법 44조 및 46조 참조).

---

19) Chao, *Pollution*, p. 142. 그리스 대법원도 2000년 6월 15일에 발생한 슬롭스(Slops)호 사건에서 이와 같은 입장을 취했다(IOPC Funds Annual Report 2007, pp. 91-92).

(2) 겸 용 선

유류 및 다른 화물을 운송할 수 있는 겸용선은 산적유류를 화물로서 운송하거나 선박 안에 그 산적유류의 잔류물이 있는 경우에 한하여 유배법에 의한 선박으로 본다(동 법 2 조 1 호). 잔유물이 반드시 화물로서 운송되는 경우뿐만 아니라 찌꺼기 상태(slops)인 경우에도 적용대상이라고 해석된다. 잔유물이 남아 있었는지의 여부에 대한 증명책임은 유배법상의 책임을 면하고자 하는 선박소유자가 부담한다.[20]

(3) 난파선(wreck)

유조선이 해양사고를 당하여 침몰하였거나 좌초되어 전손(total loss)이 된 경우에 이러한 난파선(wreck)에서 기름이 유출되는 경우 유배법이 적용될 것인지의 여부가 문제로 된다. 해양사고와 인접한 시간에 오염사고가 발생하는 경우에는 유배법이 적용되어야 한다는 데 의문의 여지가 별로 없다. 왜냐하면 사고 당시에 유배법의 적용대상이 되는 선박이었기 때문이다. 그러나 상당한 기간이 경과한 후 난파선에서 기름이 유출되는 경우 이러한 난파선은 이미 선박으로서의 성질은 상실하고 단지 폐기물일 뿐인데 이러한 경우에도 유배법이 적용될 것인가에 관하여는 의문이 있을 수 있다. 그러나 다른 원인이 개입되지 아니하고 난파선에서 기름이 유출되는 경우에는 원래의 해양사고와 동일한 원인을 가지는 일련의 사고(series of occurrences having the same origin)에 해당된다고 보아 유배법의 적용대상이 된다고 본다.[21]

(4) 국 유 선

1992년 민사책임협약은 체약국이 소유하거나 운항하는 군함이나 기타 선박으로서 비상업적인 용도로 사용되는 선박에는 적용되지 않는다(동 협약 11조). 유배법에는 이에 관하여 아무런 규정이 없으므로 이 점에 관하여는 위 1992년 민사책임협약의 규정이 적용된다. 따라서 국유선으로 인한 유류오염은 위 1992년 민사책임협약의 규정에 따라 동 협약의 적용범위에서 배제된다.

---

20) Chao, *op. cit.*, p. 143.
21) 동지: Abecassis, *Oil Pollution*, p. 199.

2. 적용대상 유류

유배법이 적용되는 「유류」라 함은 선박에 화물로서 운송되거나 선용유로서 사용되는 원유・연료유・윤활유 등 지속성 탄화수소광물성유로서 대통령령이 정하는 것을 말한다(동 법 2 조 5 호).[22] 선박이 유배법의 적용대상인 선박인 한 오염손해를 일으킨 기름이 반드시 화물로서 운송되던 기름일 필요는 없으며, 그 선박의 연료유가 유출되어 오염손해를 일으킨 경우에도 유배법이 적용된다. 그 이유는 적용대상 선박에서 유류가 유출된 경우 그것이 화물유인지 연료유인지 구별하는 것이 사실상 매우 어렵기 때문이다.[23] 또한 화물로서 운송되거나 선용유로 사용되는 것 이외에도 찌꺼기유(slops 또는 bilge)로서 선내에 남아 있던 유류가 배출된 경우에도 유배법의 적용이 있다고 해석된다.[24]

3. 적용대상 오염손해

(1) 오염손해의 의의

유배법의 적용대상인 오염손해는 ① 유출 또는 배출된 장소에 불구하고 선박으로부터 유류가 유출 또는 배출되어 초래된 오염에 의하여 선박외부에서 발생한 손실 또는 손해 및 ② 방제조치의 비용 및 방제조치로 인한 추가적 손실 또는 손해를 말한다(동 법 2 조 7 호).[25]

이처럼 오염손해는 선박의 외부에서 생긴 손실 또는 손해를 의미하는데 선박의 외부란 반드시 바다를 의미하지 않는다. 따라서 기름이 바다로 유입되지 않고 육상이나 다른 선박으로 유출 또는 배출되어 오염손해를 일으킨 경우도 선박의 외부에 생긴 손해로서 유배법상의 오염손해에 해당한다.[26]

한편 환경손상으로 인한 손실 또는 손해 중 이익의 상실 이외의 손실 또는 손해는 환경의 회복을 위하여 취하였거나 취하여야 할 상당한 조치에 따르는 비용

---

22) 대통령령이 정하는 유류는 원유, 중유, 선용연료유, 윤활유 및 그 밖에 산업표준화법 제12조에 따른 한국산업표준의 석유제품증류시험방법에 의하여 시험한 때에 섭씨 340도 이하에서 그 부피의 50퍼센트를 초과하는 양이 유출되지 아니하는 탄화수소유를 말한다(동 시행령 2 조).
23) Chao, *op. cit.*, p. 41.
24) *ibid.*
25) 1992년 민사책임협약 제 1 조 제 6 항
26) Fund/WGR. 7/3, paragraph 2.1.7.

에 한하여 오염손해에 해당한다(유배법 2조 7호 가목 2문).

(2) 방제조치의 의의

유배법상 방제조치란 사고가 발생한 후에 유류오염손해를 방지 또는 경감하기 위하여 당사자 또는 제 3 자에 의하여 취하여진 모든 합리적 조치를 말한다(동법 2조 9호). 이처럼 방제조치란 오염손해를 방지 또는 감경하기 위한 조치를 말하므로 선박이나 화물을 구조하기 위한 조치는 방제조치에 해당되지 않는다. 또한 유배법상의 「사고」란 유류오염손해를 일으키거나 유류오염손해를 일으킬 수 있는 중대하고 절박한 위험이 있는 사건 또는 동일한 원인을 가지는 일련의 사건을 말하므로(동조 8호), 반드시 오염손해가 발생하지 않았어도 장래 오염손해가 발생할 것을 방지하거나 경감할 목적으로 방제조치를 취하여도 그 방제비용은 오염손해에 해당한다. 따라서 유조선이 좌초된 경우에 유류의 배출을 방지하기 위한 조치로 인한 비용은 유배법상 배상이 가능한 오염손해이다.

4. 장소적 적용범위

유배법은 대한민국의 영역(영해를 포함) 및 대한민국의 배타적 경제수역에서 발생한 유류오염손해에 대하여 적용한다. 다만 대한민국의 영역 및 대한민국의 배타적 경제수역에서의 유류오염손해를 방지하거나 경감하기 위한 방제조치에 대하여는 그 장소에 관계없이 유배법을 적용한다(동법 3조).

제 2. 책임의 주체

유배법상 특별한 책임을 부담하는 주체는 다음과 같다.

1. 선박소유자

(1) 유배법은 유조선의 선박소유자에게 동 법상의 특별한 책임을 부담시키고 있다. 여기서 선박소유자란 선박의 소유자로서 등록된 자를 말하며, 등록되어 있지 아니한 경우에는 선박을 소유하는 자를 말한다(동법 2조 4호 가목 본문). 즉 유배

법상의 선박소유자는 자신의 선박을 이용하여 해상기업 활동을 하는 좁은 의미의 선박소유자뿐만 아니라 선박에 대한 소유권만을 가지고 있는 넓은 의미의 선박소유자를 포함한다. 한편 외국이 소유하는 선박의 경우에 그 나라에서 그 선박의 운항자로서 등록되어 있는 회사 또는 기타의 단체가 있는 때에는 그 회사 또는 기타의 단체를 유배법에 의한 선박소유자로 본다(동 법 2 조 4 호 가목 단서).

(2) 한편 사고가 둘 이상의 유조선이 관련되어 발생한 경우에 그 유류오염손해가 어느 선박으로부터 유출 또는 배출된 유류에 의한 것인지 분명하지 아니한 때에는 각 선박소유자는 연대하여 그 손해를 배상할 책임이 있다. 다만 그 유류오염손해에 대해 어느 선박소유자가 면책을 주장할 수 있는 경우에는 해당 선박소유자는 손해배상책임을 지지 아니한다(유배법 5 조 2 항). 또한 사고가 일련의 사건으로 이루어진 때에는 최초의 사건 당시의 선박소유자를 사고 당시의 선박소유자로 본다(동 조 3 항).

2. 선체용선자

한편 유배법은 1992년 민사책임협약과는 달리 책임의 주체를 선박소유자에 한정하지 아니하고 대한민국 국민이 외국국적을 가진 선박을 선체용선한 경우 선박의 소유자로서 등록된 자와 선체용선자를 모두 선박의 소유자로 본다고 규정한다(동 법 2 조 4 호 가목 단서 후단). 이 경우 선박소유자와 선체용선자는 연대책임을 진다(동 법 5 조 4 항). 여기의 선체용선자에는 재선체용선자도 포함되는 것으로 해석된다. 따라서 외국 국적의 선박이 대한민국 국민에게 선체용선되었다가 다시 대한민국 국민에게 재선체용선된 경우 선박소유자와 선체용선자 및 재선체용선자가 연대책임을 지게 된다.[27]

---

27) 이처럼 우리 유배법이 책임의 주체에 대한민국 국민인 선체용선자를 포함시킨 것은 외국의 선박소유자와 함께 대한국민인 선체용선자를 책임의 주체로 함으로써 피해배상을 좀 더 쉽고 신속하게 하기 위한 것이다. 그런데 1992년 민사책임협약이 책임의 주체를 선박소유자로 단일화한 것은 책임의 주체를 명확히 함으로써 책임의 주체를 둘러싼 분쟁을 감소시켜 손해배상을 촉진하기 위한 것이었다. 또한 강제보험제도가 있기 때문에 책임의 주체를 단일화해도 1차적인 피해배상에는 문제가 없다는 점도 고려되었다. 그리고 1992년 국제기금에 의한 2차적 보상제도가 있으므로 사실상 1992년 민사책임협약에 의한 배상의 중요성이 감소되었으며 따라서 책임의 주체를 단일화해도 아무런 문제가 없었다. 그러므로 유배법이 1992년 민사책임협약과 달리 선체용선자를 책임의 주체에 포함시킨 것의 타당성은 의문이다. 이처럼 선체용선자가 책임의 주체에 포함됨으로써 선박소유자뿐만 아니라 선체용선자도 유배법상의 책임에 대한 보험을 가입해야 하는 부담을 지게 되어 2중으로 보험에 가입해야 하는 결과가 되었다.

3. 선박소유자의 사용인과 대리인 등의 면책

유배법은 ① 선박소유자의 대리인·사용인 또는 선원, ② 선원이 아닌 자로서 도선사 등 그 선박에 역무를 제공하는 자, ③ 선박의 용선자(선체용선자를 제외함)· 관리인 또는 운항자, ④ 선박소유자의 동의를 받거나 관할관청의 지시에 의하여 구조작업을 수행한 자, ⑤ 방제조치를 취한 자 및 ⑥ 위 ③호 내지 ⑤호에 규정된 자의 대리인 또는 사용인에 대하여서는 유배법에 의한 손해배상을 청구하지 못한 다고 규정한다(동 법 5 조 5 항).[28]

1992년 민사책임협약상 원칙적으로 선박소유자의 사용인과 대리인 등은 오염 손해에 대하여 책임을 지지 않으나 오염손해가 이들의 고의나 또는 손해발생의 개연성을 인식하면서 한 무모한 행위로 인한 것인 때에는 예외적으로 이들도 오염손해에 대하여 책임을 진다(동 협약 3 조 4 항). 그러나 우리 유배법상으로는 선박소유자의 사용인과 대리인 등이 오염손해에 대하여 예외적으로 책임을 지는 경우가 규정되어 있지 않다. 따라서 선박소유자의 사용인과 대리인 등은 오염손해를 입은 피해자에 대하여 유배법에 따른 책임을 지는 경우는 없다. 그러나 다른 한편으로 1992년 민사책임협약이 선박소유자의 사용인과 대리인등에 대하여 이들의 고의나 무모한 행위가 없는 한 동 협약 또는 기타 어떠한 근거로든지 손해배상책임을 청구할 수 없도록 규정하고 있는 반면에(동 협약 3 조 4 항), 유배법은 선박소유자의 사용인과 대리인 등에 대하여 동 법에 따른 손해배상을 청구할 수 없다고 규정함으로써 이들에게 동 법을 근거로 하지 않고 다른 법상의 손해배상책임(일반 과실책임주의에 따른 민법상의 불법행위책임)을 묻는 것은 가능하도록 되어 있다. 따라서 우리 법상 선박소유자의 사용인과 대리인 등의 고의나 과실로 인하여 오염손해가 발생한 경우 피해자는 일반 과실책임원칙에 따라 이들을 상대로 손해배상을 청구할 수 있을 것이므로 결국 선박소유자의 사용인과 대리인 등에게는 우리 유배법이 1992년 민사책임협약에 비해 불리하다.

4. 선박소유자의 구상권

유배법상 유류오염손해를 배상한 선박소유자는 사고와 관련된 제 3 자에 대하

---

28) 이하 이들을 「선박소유자의 사용인과 대리인 등」이라 한다.

여 구상권을 행사할 수 있다. 다만 선박소유자의 사용인과 대리인 등에 대한 구상
권의 행사는 그 손해가 이들의 고의로 인하여 발생한 경우 또는 손해발생의 염려
가 있음을 인식하면서 무모하게 한 작위 또는 부작위로 인하여 발생한 경우에 한
한다(동 법 5조 6항). 그런데 1992년 민사책임협약에는 이러한 제한이 없으므로 선
박소유자는 그 사용인과 대리인 등에게 일반 과실책임의 법리에 따라 구상을 청
구할 수가 있다. 이처럼 1992년 민사책임협약에 비해 우리 유배법상으로는 선박소
유자의 사용인과 대리인 등은 선박소유자의 구상권으로부터 더 보호가 되고 있다.

제 3. 책임의 법적 성질과 면책사유

1. 무과실책임

　유배법은 1992년 민사책임협약과 마찬가지로 유류오염손해가 발생한 경우에
극히 제한된 몇 가지 예외의 경우를 제외하고는 선박소유자나 선장, 기타 사용인
의 과실유무를 묻지 아니하고 선박소유자가 배상책임을 지는 무과실책임 원칙을
채택하고 있다(동 법 5조 1항). 따라서 유조선에 의해 유류오염손해가 발생한 경우
에 선박소유자는 아래에서 살펴보는 면책사유가 없는 한 과실유무를 묻지 아니하
고 그 오염손해를 배상할 책임을 진다. 이러한 무과실책임은 종전의 과실책임의
원칙에 대한 중대한 수정으로서 유배법은 이러한 무과실책임을 채택하는 한편 아
래에서 살펴보는 바와 같은 책임의 제한을 인정함으로써 이해관계의 균형을 도모
하고 있다.

2. 면책사유

　(1) 유배법상 선박소유자는 ① 오염손해가 전쟁·내란·폭동 또는 불가항력으
로 인한 천재·지변에 의하여 발생한 경우, ② 선박소유자 및 그 사용인이 아닌
제3자의 고의만으로 인하여 발생한 경우 및 ③ 국가 및 공공단체의 항로표지 또
는 항행보조시설의 관리의 하자만으로 인하여 발생한 경우에는 면책된다(동 법 5조
1항).

　(2) 여기서 「불가항력으로 인한 천재·지변」이란 1992년 민사책임협약의 「예

외적이고 불가피하며 또한 불가항력적인 자연현상」을 번역한 것인데, 그 의미는 동일하다. 위 1992년 민사책임협약상의 면책사유의 해석에 관하여는 영국법상의 act of God와 동일한 의미라고 보는 견해29)와 이보다 더욱 제한적이라는 견해로 나뉘어져 있다.30) 영국법상의 act of God는 "합리적으로 요구되는 주의를 다하여도 예견할 수 없었거나 또는 예견하였더라도 합리적으로 요구되는 통상적인 수단을 사용하여서는 이를 회피할 수 없었던 자연현상"이라고 해석되는바,31) 무과실책임을 원칙으로 하는 1992년 민사책임협약상의 면책사유인 「예외적이고 불가피적이며 또한 불가항력적인 자연현상」이란 이러한 act of God보다 제한적으로 해석해야 한다고 생각된다. 따라서 전혀 예견할 수 없었거나 또는 예견할 수 있었던 경우에는 가능한 모든 수단을 사용하였음에도 회피할 수 없었던 자연현상으로 인한 오염손해에 한하여 면책된다고 보아야 할 것이다. 또한 위 면책사유는 해상고유의 위험(perils of the sea)보다도 더 좁은 의미라고 해석된다.32)

(3) 한편 예외적이고 불가피하며 또한 불가항력적인지의 여부는 누구를 기준으로 해야 할 것인가 하는 문제가 있다. 이에 관하여는 당해 선박을 기준으로 해야 한다는 설과 유사한 유형의 선박을 기준으로 해야 한다는 설, 모든 선박을 기준으로 해야 한다는 설이 있을 수 있다. 면책조항을 엄격히 해석해야 한다는 원칙에 의할 때 당해 선박을 기준으로 하는 설은 타당하지 않을 것이다. 또한 모든 선박을 기준으로 하는 경우에는 거의 면책이 불가능할 것이므로 비슷한 유형의 선박을 기준으로 하는 것이 타당하다는 견해가 있으나33) 면책을 엄격히 제한함으로써 가급적 피해를 배상하고자 하는 협약의 취지에 비추어 볼 때 모든 선박을 기준으로 하여 어느 누구도 그러한 상황에서는 사고를 피할 수 없었던 경우에 한하여 이러한 자연현상으로 인한 면책을 인정해야 할 것으로 본다.34)

---

29) 동지: 이상돈, "유조선의 사고로 인한 유류오염피해를 구제하기 위한 국제협약에 관한 고찰," 법조, 제35권 제 2 호(1986. 2.), 78쪽; 나윤수, 전게논문, 134쪽.

30) Abecassis, *op. cit.*, pp. 205; Gauci, *op. cit.*, pp. 73-74.

31) *Scrutton on Charterparties*, p. 233; Colinvaux, *Carver's Carriage by Sea,* paras. 9-13 참조.

32) Gauci, *op. cit.*, p. 74.

33) Gauci, *op. cit.*, pp. 73-74.

34) Abecassis, *op. cit.*, p.205.

3. 피해자의 행위로 인한 전부 또는 일부 면책

　　유배법은 유류오염손해가 피해자의 고의 또는 과실로 인하여 발생한 때에는 법원은 손해배상의 책임 및 금액을 정함에 있어서 이를 참작하여야 한다고 규정한다(동 법 6 조). 이 경우에는 단지 귀책사유가 있는 피해자에 대하여만 책임이 전부 또는 일부 면제될 수 있다. 따라서 이러한 피해자 이외의 제 3 자에 대한 책임에는 영향이 없다.[35]

제 4.　책임의 제한

　　유배법상의 선박소유자의 책임제한에 관하여는 앞서 선박소유자 등의 책임제한에 관한 절에서 살펴보았으므로 여기에서는 생략하기로 한다(190-191쪽 참조).

제 5.　강제보험제도

1. 적용대상 선박

　　1992년 민사책임협약은 유류를 산적화물로서 2,000톤 이상을 운송하는 선박을 강제보험의 적용대상 선박으로 하는 반면에(동 협약 7 조 1 항), 우리 유배법은 1992년 민사책임협약과는 달리 대한민국 선박으로서 200톤 이상의 산적유류를 화물로서 운송하는 선박소유자는 반드시 보험이나 그 밖의 오염손해배상보장계약을 체결하도록 규정하고 있다(동 법 14조 1 항). 따라서 200톤 이상 2,000톤 미만의 산적유류를 운송하는 선박의 선박소유자는 당해 선박이 기항하게 될 외국이 1992년 민사책임협약 체약국으로서 이러한 강제보험을 요구하지 않고 있다고 하더라도 우리 유배법에 따라 보험이나 기타 손해배상보장계약을 체결하여야 한다. 이는 국내의 소형 유조선주들에게도 강제보험제도를 실시함으로써 오염손해의 배상을 보장하고자 하는 취지이다.[36]

---

35) 나윤수, 전게논문, 137쪽 참조.
36) 그러나 1992년 민사책임협약과 1992년 국제기금협약 제정시에 2,000톤 이상의 산적유류를 운송하는 경우에만 보험 등에 가입하기로 국제적으로 합의가 되었는데 그 이면에는 만일 2,000톤 미만의 산적유류를 운송하는 소형 유조선에 의해 오염손해가 발생하고 당해 소형 유조선주가 무자력인 경우에는 1992년 국제기금에서 오염손해를 보상한다는 점에 관한 합의가 있었다. 따라

2. 직접청구권

(1) 우리 유배법상 피해자는 선박소유자와 보험계약 그 밖의 오염손해배상보장계약을 체결한 자(보험자 등)에게 직접청구권을 행사할 수 있다(동 법 16조 1 항). 이 경우 보험자 등은 선박소유자에게 책임을 제한할 권리가 없더라도 책임제한을 할 수 있다(동조 3 항). 유배법상 유류오염손해가 선박소유자 자신의 고의로 인하여 발생한 경우 또는 손해발생의 염려가 있음을 인식하면서 무모하게 한 작위 또는 부작위로 인하여 발생한 경우에는 책임을 제한할 수 없는데(동 법 7 조 1 항 단서), 이 경우에 보험자 등에게 무한책임을 지우는 것은 강제보험의 본래의 목적에 어긋나기 때문이다. 또한 실제상으로도 이러한 경우에 보험자 등에게 무한책임을 지우게 되면 선박소유자에게 보험증서 등을 발행할 보험자 등을 구하기가 상당히 곤란할 것이다. 이처럼 보험자 등의 책임이 제한되는 경우 책임한도액을 초과하는 손해는 선박소유자에게 청구할 수밖에 없을 것이다.

또한 피해자가 보험자 등에게 직접 손해배상을 청구하는 경우에는 보험자 등은 선박소유자가 원용할 수 있는 항변만을 원용할 수 있다(유배법 16조 2 항). 따라서 보험자는 선박소유자가 보험자 등에게 청구하는 경우에 원용할 수 있었던 다른 항변을 피해자에 대하여는 원용할 수 없다.

(2) 한편 오염손해가 선박소유자의 고의에 의하여 생긴 경우에는 보험자 등은 면책을 주장할 수 있다(유배법 16조 1 항 단서). 여기의 「고의」는 1992년 민사책임협약상의 wilful misconduct를 번역한 것인데(동 협약 7 조 8 항), 1992년 민사책임협약상의 위 사유는 영국 해상보험법상의 보험자의 면책사유를 수용한 것으로서,[37] 이는 고

서 2,000톤 미만의 산적유류를 운송하는 소형 유조선주에 대해 강제보험을 요구하지 않더라도 오염손해의 보상에는 문제가 없는데도 불구하고 우리 유배법이 소형 유조선주들에게 강제보험을 요구하고 있는 것은 그 타당성에 의문이 있다. 더구나 이러한 강제보험으로 인해 소형 유조선주들의 비용증가로 인해 국제 경쟁력이 감소될 것으로 우려된다. 한편 국내선박뿐만 아니라 외국 선박도 200톤 이상의 산적유류를 적재하고 우리나라 항구에 기항하고자 할 때에는 반드시 보험 등에 가입하여야 한다(동 법 14조 2 항). 만일 이러한 선박이 1992년 민사책임협약의 체약국에 등록이 된 선박인 경우 우리나라는 1992년 민사책임협약에 가입하면서 한 약속을 위반하는 것이 되어 국제예양위반문제가 제기될 것으로 예상된다.

37) 손해가 피보험자의 wilful misconduct로 인해 발생한 경우 보험자가 면책된다는 것은 영국 해상보험법의 기본 원칙이다(영국 1906년 해상보험법(Marine Insurance Act, 1906) 55조 2 항 (a)호 참조). 한편 영국법상 wilful misconduct는 피보험자가 자신의 행위가 보험에서 부보되는 손해를 발생시킬 개연성이 있으며 자신의 행위가 잘못된 행위라는 사실을 인식하면서 그 행위를 한 경우 또는 자신의 행위가 잘못된 행위일 수 있다는 가능성과 그 행위의 결과를 전혀 고려하지 않고 무모하게 행위를 한 경우에 인정된다. 즉 영국법상의 wilful misconduct는 고의행위와 무모한 행

의뿐만 아니라 무모한 행위까지 포함하는 개념이다. 그런데 우리 유배법은 이를 단순히 「고의」라고 번역하여 입법하였으므로 우리 유배법은 이 점에서 1992년 민사책임협약과 차이가 있다.

제6. 선박우선특권

우리 유배법은 오염손해로 인한 채권에 대해 선박우선특권을 부여하고 있다 (동법 51조). 이는 1992년 민사책임협약에는 없는 규정이다. 따라서 우리 유배법상 피해자의 권리구제가 더욱 확실하게 되었다. 그러나 유배법은 강제보험제도를 갖고 있기 때문에 통상은 피해자가 보험자로부터 변제를 받을 수 있으며 또한 만일 보험이 없거나 보험자가 무자력인 경우라도 1992년 국제기금에 의해 오염손해가 보상될 것이므로(상세는 586쪽 이하 참조) 이러한 선박우선특권을 인정한 실익은 크지 않을 것으로 본다. 한편 우리 국제사법상 선박우선특권에 관하여는 선적국법에 의하도록 되어 있는바(동법 60조 1호), 오염손해와 관련된 채권에 선박우선특권을 부여하지 않는 국가에 등록된 선박이 야기한 오염손해에 대하여는 우리 유배법의 규정에도 불구하고 선박우선특권이 발생하지 않는다고 해석해야 할 것이다.

제7. 관할, 외국판결의 효력 및 청구권의 제척기간

1. 관 할

유류오염손해에 관한 선박소유자에 대한 소는 다른 법률에 의하여 관할법원이 정하여지지 아니하는 경우에는 대법원규칙이 정하는 법원의 관할에 속한다(유배법 12조). 그러므로 통상의 경우에는 민사소송법상의 관할에 관한 규정에 의해 관할이 정해질 것이나 외국의 선박소유자로서 민사소송법의 규정에 의해 관할이 정하여 지지 아니하는 경우에는 서울중앙지방법원의 관할로 한다(유류오염손해배상사건 등의 절차에 관한 규칙 1조).

위를 포괄하는 개념이다(Goodacre, *Marine Insurance Claims*, p. 204; Arnould, *Marine Insurance* , pp. 1063-1064 참조).

2. 외국판결의 효력

1992년 민사책임협약의 규정에 의하여 관할권이 있는 외국법원이 유류오염손해배상청구의 소에 관하여 한 확정판결은 ① 그 판결을 사기에 의하여 취득한 경우와 ② 피고가 소송의 개시에 필요한 소환 또는 명령의 송달을 받지 못하였거나 자기의 주장을 진술할 공평한 기회를 부여받지 못한 경우를 제외하고는 그 효력이 있다(유배법 13조 1 항).

3. 청구권의 제척기간

(1) 선박소유자에 대한 손해배상청구권은 유류오염손해가 발생한 날부터 3 년 이내에 재판상 청구가 없는 경우에는 소멸한다. 그 유류오염손해의 원인이 되었던 최초의 사고가 발생한 날부터 6 년 이내에 재판상 청구가 없는 경우에도 또한 같다(유배법 11조). 위 기간 내에 반드시 소송을 제기하여야 하므로 위 기간은 제척기간(제소기간)이라고 해석된다.

(2) 한편 오염손해가 선박소유자의 책임한도액을 초과하기 때문에 선박소유자가 책임제한절차를 개시하는 경우에 오염손해를 입은 피해자(제한채권자)가 책임제한절차에 참가하면 그 때부터 제척기간의 진행이 정지된다(책임제한절차법 49조 2 항 본문). 다만 그 신고가 취하되거나 각하의 결정이 확정된 때에는 그 때부터 잔여기간이 다시 진행된다(동조 2 항 단서). 또한 책임제한절차 개시의 결정이 취소되거나 또는 폐지가 확정된 때에는 그 채권은 그 취소 또는 폐지가 확정된 날부터 180 일 내에 재판 상의 청구가 없으면 소멸한다(동조 3 항). 또한 책임제한절차가 개시되면 제한채권자는 책임제한기금외에 선박소유자의 재산에 대하여 권리를 행사하지 못하므로(책임제한절차법 27조 2 항), 오염손해를 입은 피해자가 책임제한절차에 참가하지 아니한 경우에는 아직 제척기간이 경과하지 아니하여 채권이 소멸하지 아니하였다고 하더라도 선박소유자의 다른 재산에 대하여 권리를 행사할 수 없으므로 선박소유자에 대한 채권은 사실상 소멸한 것과 같은 결과가 된다.[38]

(3) 한편 사고가 일련의 사건으로 이루어진 경우에는 6 년의 기간은 최초의 사

---

38) 다만 이 경우에도 피해자는 책임제한절차에 참가하였더라면 배당을 받을 수 있었던 금액을 초과하는 손해에 대하여는 1992년 국제기금으로부터 보상받을 수 있다(1992년 국제기금에 의한 보상에 관하여는 584쪽 이하 참조).

건일자로부터 기산된다.[39] 이와 관련하여 난파선으로부터 기름이 유출되어 오염
손해가 발생하는 경우 6 년의 제척기간의 기산점이 언제인가 하는 점이 문제가 된
다. 생각건대 앞에서 본 바와 같이 난파선으로부터 기름이 유출되어 오염손해가
발생하는 경우에 1992년 민사책임협약이 적용되는 것은 난파선으로부터의 기름유
출을 그 선행 사고와 일련의 사건으로 보기 때문이므로 이 경우에는 최초의 사건
으로부터 6 년의 제척기간이 진행된다고 보아야 할 것이다.

제 3 절 국제기금의 오염손해보상책임

제 1. 총   설

앞서 본 바와 같이 유배법은 1992년 민사책임협약상의 유조선 소유자의 오염
손해배상책임에 관한 내용을 대부분 유배법에 다시 규정하고 있는 반면에, 1992년
국제기금협약상의 1992년 국제기금의 오염손해보상책임과 2003년 추가기금의정서
상의 추가기금의 오염손해보상책임에 관하여는 1992년 국제기금 및 추가기금에
대한 보상청구와 관련된 몇 개의 조문만을 두고 있기 때문에[40] 1992년 국제기금
및 추가기금의 오염손보상책임에 관하여는 1992년 국제기금협약 및 2003년 추가
기금의정서에 따르게 된다. 그런데 2003년 추가기금의정서는 1992년 국제기금협약
상의 보상책임한도를 초과하는 오염손해에 관한 보상을 규정하고 있는 외에는 대
부분 1992년 국제기금협약의 규정을 적용하고 있으므로 아래에서는 주로 1992년
국제기금협약상의 1992년 국제기금의 보상책임에 관하여 살펴보고 필요한 경우에

---

39) 1992년 민사책임협약 제 8 조.

40) 유배법은 1992년 국제기금의 보상책임에 관하여 「피해자는 선박소유자 또는 보험자 등으로부터
배상을 받지 못한 유류오염손해금액에 관하여 1992년 국제기금협약이 정하는 바에 따라 1992년
국제기금에 대하여 1992년 국제기금협약 제 4 조 제 1 항의 규정에 의한 보상을 청구할 수 있다」
고 하는 일반 규정(동 법 21조)과 국제기금의 소송참가, 국제기금에 대한 소송고지, 국제기금에
대한 소송의 관할 등에 관한 절차적인 규정만을 두고 있다(동 법 22조 내지 25조). 한편 유배법
은 추가기금의 보상책임에 관하여 「유조선에 의한 유류오염 피해자는 국제기금의 보상한도액
을 초과하는 유류오염손해에 대하여는 추가기금협약에서 정하는 바에 따라 추가기금에 대하여
추가기금협약 제4조 제 1 항에 따른 보상을 청구할 수 있다」고 하는 일반 규정(동 법 30조)과
1992년 국제기금에 관한 규정을 준용하는 규정(동 법 31조)만을 두고 있다.

한하여 2003년 추기가금의정서에 관하여 언급하기로 한다.

제 2.   보상책임의 원인

1992년 국제기금은 다음의 경우에 피해자에게 오염손해를 보상할 책임을 부담한다(동 협약 3 조 및 4 조 1 항).[41]

1. 1992년 민사책임협약에 따라 선박소유자의 손해배상책임이 발생하지 않는 경우

1992년 민사책임협약에 따라 선박소유자의 손해배상책임이 발생하지 않는 경우는 동 협약 제 3 조 제 2 항에 따른 면책사유가 있는 경우와 동 협약 제11조 제 1 항에 따라 군함 등 비상업적 용도로 사용되는 선박에 의해 오염손해가 발생한 경우이다. 이러한 사유 중 뒤에서 살펴보는 바와 같이 1992년 국제기금은 전쟁이나 적대행위 등에 의하여 오염손해가 발생한 경우와 군함 등 비상업적 용도로 사용되는 선박에 의하여 오염손해가 발생한 경우에 역시 면책된다(동 협약 4 조 2 항). 따라서 1992년 민사책임협약에 따라 선박소유자에게 손해배상책임이 발생하지 않는 경우 중 1992년 국제기금이 보상책임을 지는 경우는 ① 오염손해가 예외적이고 불가피적이며 또한 불가항력적인 자연현상에 의하여 발생한 경우, ② 전적으로 제 3 자의 고의로 인하여 발생한 경우, 및 ③ 전적으로 등대 기타 항행보조시설의 유지에 책임이 있는 정부 또는 기타 당국의 과실 기타의 위법행위에 의하여 발생한 경우이다. 위 ②의 경우 오염손해를 보상한 1992년 국제기금은 제 3 자에 대하여 구상을 청구할 수 있을 것이다.[42] 한편 위 ③의 경우 과실이 있는 국가가 1992년 국제기금에 대해 오염손해에 대한 보상을 청구하는 경우 1992년 국제기금은 이러한 청구에 대하여 면책될 것이다. 그러나 이러한 사유로 제 3 자가 오염손해를 입은 경우 1992년 국제기금은 이에 대한 보상책임을 진다.

---

41) 1971년 국제기금협약에 따라 1971년 국제기금이 보상책임을 지는 경우도 이와 동일하다.
42) 1992년 국제기금의 구상권에 관하여는 아래에서 자세히 검토하기로 한다.

2. 1992년 민사책임협약에 의하여 책임있는 선박소유자와 보험자 등이 전액배상하지 못하는 경우

이는 주로 선박소유자가 무자력이고 보험에 가입하지 않은 경우와 보험에는 가입하였으나 보험자가 무자력인 경우 또는 보험조건상 보험자가 면책되는 경우를 말한다.[43] 1992년 민사책임협약상 2,000톤 이상의 유류를 화물로서 운반하는 선박만 강제보험을 들도록 규정하고 있기 때문에(동 협약 7 조 1 항) 2,000톤 미만의 유류를 운반하다가 오염사고가 발생한 경우에는 보험자가 없으므로 선박소유자가 영세하여 무자력인 경우에는 피해자는 선박소유자측으로부터 배상을 받을 수 없게 된다. 이 경우 배상받지 못한 오염손해를 1992년 국제기금이 보상하게 된다. 한편 보험에 가입하였으나 보험자가 무자력이므로 1992년 국제기금이 보상하게 되는 경우는 이론적으로는 가능하나 실제상은 거의 없을 것이다. 또한 오염사고가 피보험자인 선박소유자의 고의나 무모한 행위(wilful misconduct)에 의해 발생한 경우 통상의 보험조건상 보험자는 면책일 것이므로 이러한 경우에 선박소유자가 무자력이라면 1992년 국제기금이 보상하게 된다.

한편 오염손해가 1992년 민사책임협약의 적용대상선박에 의해 발생하기는 하였으나 어느 선박인지가 확인되지 않는 경우에는 선박소유자나 그의 보험자로부터 배상을 받는 것이 불가능하므로 1992년 국제기금이 보상책임을 지게 될 것이다.

3. 오염손해가 1992년 민사책임협약상의 선박소유자의 책임한도를 초과하는 경우

(1) 오염손해가 선박소유자의 책임한도액을 초과하는 경우 피해자는 선박소유자의 책임한도액까지는 선박소유자 또는 그 보험자로부터 배상을 받고 책임한도액을 초과하는 손해는 1992년 국제기금으로부터 보상을 받게 된다. 1992년 국제기금이 오염손해에 대한 보상책임을 부담하는 경우는 대부분 이 경우이다.

(2) 한편 이와 관련하여 오염손해를 입은 피해자가 선박소유자가 개시한 책임제한절차에 참가하지 않고 바로 1992년 국제기금을 상대로 청구를 하는 경우에 1992년 국제기금의 책임이 어떻게 될 것인가 하는 문제가 있다. 1992년 국제기금은 원칙적으로 선박소유자의 책임한도를 넘는 부분만을 보상할 책임을 진다. 그러므로 청구인

---

43) Abecassis, *op. cit.*, pp. 256-257.

이 선박소유자로부터 책임한도까지 배상을 받지 아니한 경우에 1992년 국제기금이 증명된 청구금액 전액에 관하여 책임을 지는 것이 아니라 동 청구인이 책임제한절차에 참가하였더라면 배당받았을 금액을 공제한 금액에 관하여만 보상책임을 진다고 해석된다.[44] 따라서 오염손해를 입은 피해자가 손해 전부를 보상받기 위해서는 반드시 일단 책임제한절차에 참가하여 자기의 채권을 신고하는 것이 필요하다.

(3) 만일 오염손해가 선박소유자의 책임제한이 배제되는 사유로 인하여 발생한 경우에는 선박소유자가 오염손해 전액에 대한 배상책임을 질 것이므로 원칙적으로 1992년 국제기금이 보상해 주는 경우는 없을 것이다. 그러나 선박소유자의 책임제한이 배제되는 경우에는 통상 보험조건상 보험자가 면책될 경우가 많을 것이므로 선박소유자 스스로가 손해액 전액을 배상하여야 하나 선박소유자의 자력이 없으면 결국 1992년 국제기금이 보상해야 할 것이다. 또한 선박소유자의 책임제한이 배제되더라도 보험조건상 보험자가 면책되지 않는 경우가 있더라도 통상 유류오염손해배상책임을 인수하는 선주상호보험조합은 그 책임한도를 일정액으로 제한하고 있으므로 대형 오염사고가 발생하여 오염손해액이 위 일정액을 초과하는 경우에는 결국 선박소유자가 이를 부담하여야 하는데 이 경우에도 선박소유자가 무자력이면 1992년 국제기금이 보상하게 될 것이다.

제 3. 면책사유

1. 보상책임의 전부 면제

1992년 국제기금은 다음의 경우에 모든 책임을 면한다(동 협약 4 조 2 항). 한편 이러한 면책사유에 대한 증명책임은 면책을 주장하는 1992년 국제기금이 부담한다.

(1) 오염손해가 전쟁, 적대행위, 내란 또는 폭동으로 인하여 발생한 경우

앞서 본 바와 같이 1992년 민사책임협약은 예외적이고 불가피적이며 또한 불가항력적인 자연현상에 의하여 오염손해가 발생한 경우를 선박소유자의 면책사유로 규정하고 있으나 1992년 국제기금협약은 이러한 경우에도 1992년 국제기금의

---

44) 1995년 9월 21일 부산 근해에서 발생한 제 1 유일호 유류오염사고와 1997년 4월 3일 거제도 근해에서 발생한 오성 3호 유류오염사고 등과 관련하여 1971년 국제기금이 오염손해에 대한 보상을 할 때에도 위와 같이 처리하였다.

보상책임을 인정한다.

(2) 군함 또는 비상업적 용도에 쓰이는 정부소유의 공용선에 의하여 오염손해가 발생한 경우

이 사유는 1992년 민사책임협약상 선박소유자의 면책사유이기도 하다. 따라서 이 경우에는 오염손해의 피해자는 일반 과실책임 원칙에 따라 귀책사유가 있는 자에게 손해배상책임을 청구할 수밖에 없다.

(3) 피해자가 오염손해가 유조선에 의한 사고에서 비롯된 것임을 증명하지 못한 경우

이는 1992년 국제기금이 보상책임을 지는 것은 유조선으로 인한 오염손해에 한하기 때문이다. 이 경우 피해자는 유조선에 의한 것임을 증명하면 족하고 어느 특정 선박에 의한 것이라는 점까지 증명할 필요는 없다.

2. 피해자의 행위로 인한 책임의 전부 또는 일부 면제

(1) 원   칙

1992년 국제기금협약은 위와 같은 면책사유 이외에 오염손해가 전적으로 또는 부분적으로 피해자의 고의 또는 과실로 인하여 발생한 것임을 증명하는 경우에는 1992년 국제기금이 전부 또는 일부의 책임을 면할 수 있다고 규정하고 있다(동 협약 4 조 3 항 1 문). 또한 1992년 국제기금은 어느 경우에도 선박소유자가 1992년 민사책임협약 제 3 조 제 3 항에 따라 오염손해가 전적으로 또는 부분적으로 피해자의 고의 또는 과실로 인한 것임을 증명하여 책임을 면할 수 있었던 범위 내에서 책임을 면한다(1992년 국제기금협약 4 조 3 항 2 문). 1992년 국제기금협약 제 4 조 제 3 항의 두 번째 문장은 1992년 국제기금과 선박소유자가 오염손해가 피해자의 고의 또는 과실로 인한 것임을 증명하여 책임을 면하는 범위가 다를 수 있다는 점을 고려한 조문이다. 이 경우 1992년 국제기금은 최소한 선박소유자가 면책되는 범위에서 역시 책임을 면하게 된다. 한편 위 면책조항은 단지 자초행위를 한 피해자에 대한 책임에만 적용된다. 따라서 이러한 피해자 이외의 제 3 자에 대한 책임에는 영향이 없다.

(2) 예   외

방제비용에 대해서는 이러한 면책규정이 적용되지 않는다(1992년 국제기금협약 4
조 3 항 3 문). 그러므로 1992년 국제기금은 설사 방제비용을 지출한 피해자의 고의
나 과실로 인하여 오염손해가 발생하였더라도 방제비용에 대하여 면책될 수 없다.

제 4.   보상책임한도

1. 책임한도액

1992년 국제기금협약상 1992년 국제기금의 보상책임한도는 ① 예외적이고 불
가피하며 불가항력적인 자연현상에 의하여 오염손해가 발생한 경우 또는 그 밖에
1992년 국제기금이 책임을 부담하는 원인으로 인하여 오염손해가 발생한 경우에
는 1992년 민사책임협약에 따라 실제로 지급된 금액을 포함하여 각각 2억 300만
계산단위(국제통화기금의 특별인출권)이고(동 협약 4 조 (a)항 및 (b)항), ② 예외적이고 불가
피하며 불가항력적인 자연현상과 그 밖에 1992년 국제기금이 책임을 부담하는 원
인이 경합하여 오염손해가 발생한 경우에는 1992년 민사책임협약에 따라 실제로
지급된 금액을 포함하여 3억 74만 계산단위이다(동 협약 4 조 (c)항). 위 책임한도액은
1992년 국제기금의 총회에서 보상금을 지급하는 첫째 날로 결정한 날의 환율에 따
라 당해 국가의 통화로 환산된다(동 협약 4 조 4 항 (e)호). 한편 2003년 추가기금의정
서에 따른 추가기금의 보상한도액은 1992년 민사책임협약과 1992년 국제기금협약
에 따라 배상 및 보상된 금액을 포함하여 총 7억 5,000만 계산단위이다(동 의정서 4
조 2 항).

2. 책임한도액의 분배

1992년 국제기금에 대한 증명된 청구금액이 위 보상한도를 초과하는 경우에
는 1992년 국제기금협약에 의하여 실제로 보상될 금액과 증명된 청구금액의 비율
이 모든 청구권자에게 동일하도록 1992년 국제기금의 보상한도액을 비율 분배한
다(동 협약 4 조 5 항). 추가기금의 경우에도 동일하다(2003년 추가기금의정서 4 조 3 항). 증
명된 청구금액이란 1992년 국제기금과 청구인 사이에 합의된 금액이나 법원의 확

정판결에 의하여 확정된 금액을 말한다.

이처럼 1992년 국제기금협약은 증명된 청구액이 동 협약상의 책임한도를 넘는 경우 책임한도액을 청구인들에게 비율 분배하도록 규정하고 있기 때문에 오염손해에 대한 청구가 책임한도액을 넘거나 넘을 가능성이 있는 경우 국제기금은 오염손해의 보상에 관하여 독특한 관행을 발전시켜 왔다. 즉 청구금액이 책임한도를 넘거나 청구금액이 책임한도를 넘지 않는다고 하더라도 책임한도에 근접하여 아직 청구되지 않은 피해를 고려해 볼 때 최종적인 청구액이 책임한도를 넘을 가능성이 있는 경우 국제기금으로서는 청구금액 중의 일부에 관하여 합의가 이루어지거나 법원의 확정판결이 있더라도 이를 전액 지급할 수가 없다. 왜냐하면 만일 일부 증명된 청구에 관하여 전액 지급하였다가 추후 나머지 청구들 중 증명된 금액이 책임한도를 넘는 것으로 판명되는 경우 피해자들에게 비율 분배를 해야 할 의무에 위반한 것이 되기 때문이다. 따라서 이러한 경우 국제기금이 먼저 증명된 청구에 대하여 일단 일정비율만을 보상해 준 뒤 나머지 청구들 중 증명된 금액이 책임한도를 초과하지 않는다는 것이 확정된 후에 잔액을 보상해 주는 관행이 정착되었다.[45]

제 4 절 비유조선 소유자 등의 손해배상책임

제 1. 총   설

앞서 언급한 바와 같이 우리나라는 2009년 8월 28일 선박연료유협약에 가입하였으며 위 협약은 2009년 11월 28일 국내에서 발효되었다. 또한 위 협약에 가입할 것을 전제로 하여 2009년 5월 27일 미리 유배법을 개정하여 위 협약을 국내법화하였다. 따라서 아래에서는 선박연료유협약과 유배법상 비유조선에 의한 유류오염손해손해에 관한 비유조선 선박소유자의 배상책임을 살펴보기로 한다. 한편 유배법은 유류오염손해에 대한 선박소유자의 배상책임에 관하여 유조선과 유류저장부선을 동일하게 취급하고 있으므로(572쪽 참조) 이 절에서 말하는 「비유조선」이란 유

---

45) 1995년 9월 21일 한국 부산 근해에서 발생한 제 1 유일호 유류오염사고에서 1971년 국제기금은 일단 입증된 청구액의 60%만을 지급했다가 나중에 모든 입증된 청구액이 책임한도를 넘지 않는다는 것이 확인된 후에야 나머지 40%를 지급하였다.

조선과 유류저장부선을 제외한 일반선박을 말한다. 또한 유배법은 대한민국의 영역(영해를 포함) 및 대한민국의 배타적 경제수역에서 발생한 유류오염손해에 대하여 적용되므로(동법 3조), 비유조선으로 인한 유류오염손해의 경우에도 이와 같다.

제 2. 책임의 주체

유배법상 비유조선에 의한 유류오염손해에 관하여 특별한 책임을 부담하는 주체는 다음과 같다.

1. 선박소유자

비유조선으로 인한 유류오염손해에 대해 책임을 지는 선박소유자의 의미는 앞서 본 유조선으로 인한 유류오염손해에 대해 책임을 지는 유조선의 선박소유자의 의미와 동일하다(575-576쪽 참조). 한편 사고가 둘 이상의 비유조선이 관련되어 발생한 경우에 그 유류오염손해가 어느 선박으로부터 유출 또는 배출된 유류에 의한 것인지 분명하지 아니한 때에는 각 선박소유자는 연대하여 그 손해를 배상할 책임이 있다. 다만 그 유류오염손해에 대해 어느 선박소유자가 면책을 주장할 수 있는 경우에는 해당 선박소유자는 손해배상책임을 지지 아니한다(유배법 43조 2항, 5조 2항). 또한 사고가 일련의 사건으로 이루어진 때에는 최초의 사건 당시의 선박소유자를 사고 당시의 선박소유자로 본다(동법 43조 2항, 5조 3항).

2. 선체용선자

한편 유배법은 선박연료유협약과는 달리 책임의 주체를 선박소유자에 한정하지 아니하고 대한민국 국민이 외국국적을 가진 선박을 선체용선한 경우 선박의 소유자로서 등록된 자와 선체용선자를 모두 선박소유자로 본다고 규정한다(동법 2조 4호 가목 단서 후단). 이 경우 선박소유자와 선체용선자는 연대책임을 진다(동법 43조 2항, 5조 4항). 여기의 선체용선자에는 재선체용선자도 포함되는 것으로 해석된다. 따라서 외국 국적의 선박이 대한민국 국민에게 선체용선되었다가 다시 대한민국 국민에게 재선체용선된 경우 선박소유자와 선체용선자 및 재선체용선자가 연대책임을 지게 된다.

3. 선박소유자의 사용인과 대리인 등

비유조선으로 인한 유류오염손해에 관해서는 유조선으로 인한 유류오염손해와는 달리 선박소유자의 대리인·사용인 또는 선원 등이 면책되지 아니한다(유배법 43조 2 항 참조). 따라서 이들은 비유조선으로 인한 유류오염손해에 관하여 민법상의 원칙에 따라 책임을 부담한다.

4. 선박소유자의 구상권

유배법상 유류오염손해를 배상한 선박소유자는 사고와 관련된 제 3 자에 대하여 구상권을 행사할 수 있다(동 법 43조 2 항, 5 조 6 항 본문).

제 3. 책임의 법적 성질과 면책사유

1. 무과실책임

유배법은 선박연료유협약과 마찬가지로 비유조선에 의한 유류오염손해가 발생한 경우에 극히 제한된 몇 가지 예외의 경우를 제외하고는 선박소유자나 선장, 기타 사용인의 과실유무를 묻지 아니하고 선박소유자가 배상책임을 지는 무과실책임 원칙을 채택하고 있다(동 법 43조 1 항, 5 조 1 항). 이는 유조선에 의한 유류오염손해의 경우와 동일하다. 따라서 비유조선에 의해 유류오염손해가 발생한 경우에 선박소유자는 아래에서 살펴보는 면책사유가 없는 한 과실유무를 묻지 아니하고 그 오염손해를 배상할 책임을 진다.

2. 면책사유

유배법상 비유조선의 선박소유자는 ① 오염손해가 전쟁·내란·폭동 또는 불가항력으로 인한 천재·지변에 의하여 발생한 경우, ② 선박소유자 및 그 사용인

이 아닌 제 3 자의 고의만으로 인하여 발생한 경우 및 ③ 국가 및 공공단체의 항로
표지 또는 항행보조시설의 관리의 하자만으로 인하여 발생한 경우에는 면책된다
(동 법 43조 1 항, 5 조 1 항). 이는 유조선에 의한 유류오염손해의 경우와 동일하다.

3. 피해자의 행위로 인한 책임의 전부 또는 일부 면제

유배법은 비유조선에 의한 유류오염손해가 피해자의 고의 또는 과실로 인하
여 발생한 때에는 법원은 손해배상의 책임 및 금액을 정함에 있어서 이를 참작하
여야 한다고 규정한다(동 법 43조 2 항, 6 조). 이는 유조선에 의한 유류오염손해의 경
우와 동일하다.

제 4. 책임의 제한

선박연료유협약은 동 협약이 비유조선에 의한 유류오염손해에 대한 비유조선
선박소유자의 책임제한권에 아무런 영향이 없다고 규정한다(동 협약 6 조). 따라서
유류오염손해에 대하여 비유조선 선박소유자는 국제조약 또는 국내법에 따라 책
임제한을 할 수 있다. 유배법은 「일반선박의 연료유로 발생한 유류오염손해의 배
상책임이 있는 일반선박 선박소유자(법인인 일반선박 선박소유자 등의 무한책임사원을 포함
한다)의 책임제한에 관하여는 제 9 조 및 제10조를 준용하고, 상법 제769조, 제770조
제 1 항, 제771조, 제773조 제 4 호 및 제774조부터 제776조까지의 규정을 적용한다.」
고 다소 복잡하게 규정하고 있으나(동 법 45조), 위 규정이 선박연료유협약 제 6 조를
국내 입법화한 것이라는 점에 비추어 볼 때 위 규정의 취지는 결국 비유조선 선박
소유자는 우리 상법에 따라 책임제한을 할 수 있다는 것으로 해석된다(선박소유자
등의 상법상의 책임제한에 관하여는 132쪽 이하 참조).46)

---

46) 유배법 제 45조에 의하면 외국 비유조선이 우리 영해 또는 배타적 경제수역에서 유류오염손해
를 발생시킨 경우에도 비유조선의 소유자는 상법에 따른 책임제한을 할 수 있는데, 우리 국제사
법은 외국 선박 소유자가 책임제한을 할 수 있는지 여부는 선적국법에 의하도록 규정하고 있으
므로(국제사법 60조 4 호) 위 유배법 규정은 국제사법과 충돌되는 것으로 생각된다. 입법론으로
는 유배법 제45조를 삭제하는 것이 바람직하다고 본다.

제5. 강제보험제도

1. 적용대상 선박

유배법은 총톤수 1천톤을 초과하는 대한민국 국적을 가진 비유조선 선박소유자는 유배법에 따른 유류오염 손해배상책임을 담보하기 위하여 반드시 보험이나 그 밖의 유류오염 손해배상 보장계약을 체결하도록 규정하고 있다(동법 47조 1항). 이는 선박연료유협약에 따른 것이다(동 협약 47조 1항). 손해배상 보장계약의 담보금액은 상법 상의 물적 손해에 대한 책임한도액 이상이어야 한다(유배법 48조 3항 1호).

2. 직접청구권

유배법상 피해자는 선박소유자와 보험계약 그 밖의 오염손해배상보장계약을 체결한 자(보험자 등)에게 직접청구권을 행사할 수 있다(동법 49조, 16조 1항). 이러한 피해자의 직접청구권은 유조선으로 인한 유류오염손해의 경우와 동일하다(574-574쪽 참조).

제6. 선박우선특권

우리 유배법은 비유조선으로 인한 유류오염손해로 인한 채권에 대해 선박우선특권을 부여하고 있다(동법 51조 1항). 이러한 선박우선특권은 상법 제777조 제1항 제4호의 다음 순위이다(유배법 51조 2항) 선박연료유협약에는 이처럼 유류오염손해로 인한 채권에 선박우선특권을 부여하는 규정이 없다. 따라서 우리 유배법상 피해자의 권리구제가 더욱 확실하게 되었다. 그러나 유배법은 강제보험제도를 갖고 있기 때문에 통상은 피해자가 보험자로부터 변제를 받을 수 있으므로 이러한 선박우선특권을 인정한 실익은 크지 않을 것으로 본다. 한편 우리 국제사법상 선박우선특권에 관하여는 선적국법에 의하도록 되어 있는바(동법 60조 1호), 유류오염손해와 관련된 채권에 선박우선특권을 부여하지 않는 국가에 등록된 선박이 야기한 오염손해에 대하여는 우리 유배법의 규정에도 불구하고 선박우선특권이 발생하지 않는다고 해석해야 할 것이다.

제 7.   청구권의 제소기간

선박소유자에 대한 손해배상청구권은 유류오염손해가 발생한 날부터 3 년 이
내에 재판상 청구가 없는 경우에는 소멸한다. 그 유류오염손해의 원인이 되었던
최초의 사고가 발생한 날부터 6 년 이내에 재판상 청구가 없는 경우에도 또한 같
다(유배법 43조 3 항, 11조). 위 기간 내에 반드시 소송을 제기하여야 하므로 위 기간은
제척기간(제소기간)이라고 해석된다. 이러한 청구권의 제소기간은 유조선으로 인한
유류오염손해의 경우와 동일하다(583쪽-584쪽 참조).

제 6 장 해상보험

제 1 절 총   설

제 1. 해상보험의 의의

　　해상보험이란 해상사업에 관련된 사고로 인하여 생길 손해를 보상할 것을 목적으로 하는 손해보험을 말한다(상 693조). 즉 해상보험계약은 해상사업과 관련된 사고로 인한 선박이나 적하 등의 손해를 담보하기 위하여 이용되는 것으로서 보험계약자가 보험료를 지급하고, 보험자는 해상사업과 관련된 우연한 사고로 보험의 목적에 입은 피보험자의 재산상의 손해를 보상할 것을 내용으로 하는 손해보험계약이다.[1] 이러한 해상보험은 해상기업의 활동 및 국제무역거래에서 거의 필수적으로 이용되고 있다.[2]

제 2. 해상보험의 특성

1. 기업보험으로서의 성질

　　해상보험은 해상기업이나 무역업자들이 해상위험을 극복하기 위하여 이용하

---

1) 해상보험은 해상위험으로 인한 손해를 보상해 주는 것을 목적으로 하나 육상이나 내수면에서 발생하는 손해라 하더라도 해상항해에 부수되는 것일 때에는 이를 해상보험으로 한꺼번에 담보하는 것이 편리하므로 영국 해상보험법은 해상항해에 부수되는 육상 또는 내수면에서의 위험 또는 손해를 해상보험으로 담보할 수 있도록 하였다(영국 1906년 해상보험법(Marine Insurance Act 1906) 2조 1항).

2) 양(승), (보), 290쪽.

는 보험으로서 기업보험으로서의 성질을 갖는다. 따라서 이러한 해상보험에서는 당사자 간의 사적자치의 원칙이 존중된다.3) 특히 해상보험에는 상법상의 보험계약자등의 불이익변경금지원칙이 적용되지 않는다(상 663조 단서).4)

2. 국제적 성질

해상보험은 바다를 통하여 국제적으로 활동하는 해상기업 또는 무역업자 등이 이용하는 보험이므로 자연히 국제적 성질을 갖는다. 그리하여 해상보험실무에서는 전세계적으로 영국의 런던보험자협회가 작성한 해상보험에 관한 보험증권양식5) 및 표준 협회약관6)들이 사용되고 있다. 이는 우리나라도 동일하다. 이러한 보험증권 및 표준 협회약관에는 영국법을 준거법으로 한다는 영국법 준거조항이 삽입되어 있다. 대법원은 이러한 영국법 준거조항을 유효한 것으로 보고 있다.7) 따

---

3) 해상보험과 같이 국제적으로 통용되는 보험에서 사용되는 약관에는 약관의 규제에 관한 법률의 일부 조항이 적용되지 않는다(동 법 15조, 동 법 시행령 3 조).

4) 수산업협동조합중앙회에서 실시하는 어선공제사업은 항해에 수반되는 해상위험으로 인하여 피공제자의 어선에 생긴 손해를 담보하는 것인 점에서 해상보험에 유사하다. 이 점에서 통상의 해상보험과 마찬가지로 어선공제에도 불이익변경금지의 원칙의 적용이 배제될 것인지의 여부가 문제가 되었는데 대법원은 어선공제의 경우에는 공제계약 당사자들이 영세한 어민들로서 계약교섭력이 대등한 기업보험적인 성격을 지니고 있다고 보기 어렵다는 이유로 불이익변경금지의 원칙의 적용이 배제되지 않는다는 입장을 취하였다. 대법원 1996. 12. 20. 96다23818 판결(수산업협동조합중앙회에서 실시하는 어선공제사업은 항해에 수반되는 해상위험으로 인하여 피공제자의 어선에 생긴 손해를 담보하는 것인 점에서 해상보험에 유사한 것이라고 할 수 있으나, 그 어선공제는 수산업협동조합중앙회가 실시하는 비영리 공제사업의 하나로 소형 어선을 소유하며 연안어업 또는 근해어업에 종사하는 다수의 영세어민들을 주된 가입대상자로 하고 있어 공제계약 당사자들의 계약교섭력이 대등한 기업보험적인 성격을 지니고 있다고 보기는 어렵고 오히려 공제가입자들의 경제력이 미약하여 공제계약 체결에 있어서 공제가입자들의 이익보호를 위한 법적 배려가 여전히 요구된다 할 것이므로, 상법 제663조 단서의 입법취지에 비추어 그 어선공제에는 불이익변경금지원칙의 적용을 배제하지 아니함이 상당하다).

5) 보험증권은 보험계약을 증명하는 서면으로서 뒤에서 살펴보는 바와 같이 영국 해상보험법상 보험증권이 작성되어야만 보험계약의 존재 및 효력이 인정된다.

6) 런던 보험자협회의 표준 협회약관에는 선박보험에 관하여 협회선박기간보험약관(Institute Time Clauses-Hulls: 이하 「협회선박기간보험약관」이라 한다), 협회선박항해보험약관(Institute Voyage Clauses-Hulls: 이하 「협회선박항해보험약관」이라 한다)이 있고, 적하보험에 관하여 협회적하보험약관 A, B, C(Institute Cargo Clauses (A), (B), (C): 이하 「ICC」 (A), (B), (C)라 한다), 협회전쟁약관(Institute War Clauses), 협회동맹파업약관(Institute Strikes Riots and Civil Commotions Clauses) 등이 있다.

7) 대법원 2005. 11. 25. 2002다59528 판결(영국 협회선박기간보험약관은 그 첫머리에 이 보험은 영국의 법률과 관습에 따른다고 규정하고 있는바, 이러한 영국법 준거약관은 오랜 기간에 걸쳐 해상보험업계의 중심이 되어 온 영국의 법률과 관습에 따라 당사자 사이의 거래관계를 명확하게 하려는 것으로서, 그것이 우리나라의 공익규정 또는 공서양속에 반하는 것이라거나 보험계약자

라서 해상보험에 있어서는 우리 상법보다는 영국 해상보험법8)이 더 중요한 법원
(法源)이 된다.9) 10) 따라서 아래에서는 우리 상법과 영국 해상보험법을 함께 살펴
보기로 한다.11)

의 이익을 부당하게 침해하는 것이라고 볼 수 없어 유효하다); 대법원 1991. 5. 14. 90다카25314
판결(보험증권 아래에서 야기되는 일체의 책임문제는 외국의 법률 및 관습에 의하여야 한다는
외국법 준거약관은 동 약관에 의하여 외국법이 적용되는 결과 우리 상법 보험편의 통칙의 규정
보다 보험계약자에게 불리하게 된다고 하여 상법 제663조에 따라 곧 무효로 되는 것이 아니고
동 약관이 보험자의 면책을 기도하여 본래 적용되어야 할 공서법의 적용을 면하는 것을 목적으
로 하거나 합리적인 범위를 초과하여 보험계약자에게 불리하게 된다고 판단되는 것에 한하여
무효로 된다고 할 것인데, 해상보험증권 아래에서 야기되는 일체의 책임문제는 영국의 법률 및
관습에 의하여야 한다는 영국법 준거약관은 오랜 기간 동안에 걸쳐 해상보험업계의 중심이 되
어 온 영국의 법률과 관습에 따라 당사자간의 거래관계를 명확하게 하려는 것으로서 우리나라
의 공익규정 또는 공서양속에 반하는 것이라거나 보험약자의 이익을 부당하게 침해하는 것이라
고 볼 수 없으므로 유효하다) 등 참조.

8) 영국 해상보험법의 법원(法源)에는 성문법인 영국 1906년 해상보험법(Marine Insurance Act 1906)
과 판례법인 보통법이 있다. 따라서 아래에서 말하는 「영국 해상보험법」이란 성문법인 영국
1906년 해상보험법과 보통법을 포함하는 개념으로서 성문법을 언급할 때는 「영국 MIA」라고 하
기로 한다.

9) 다만 선박보험에 사용되는 준거법 조항과 적하보험에 사용되는 준거법 조항은 그 내용이 다르
다는 점에 주의하여야 한다. 즉 선박보험의 준거법 조항은 "이 보험은 영국의 법률 및 관습에
따른다(This insurance is subject to English law and practice)"라고 되어 있어 영국법이 당해 보험
에 관한 모든 법률문제의 준거법이 된다. 한편 적하보험의 준거법 조항은 "이 보험증권에 포함
되어 있거나 또는 이 보험증권에 첨부되는 어떠한 반대되는 규정이 있음에도 불구하고, 이 보험
은 일체의 보상청구에 대한 책임 및 결제에 관하여만 영국의 법률과 관습에 의한다(Notwithstanding
anything contained herein or attached hereto to the contrary, this insurance is understood and agreed
to be subject to English law and practice only as to liability for and settlement of any and all
claims)"고 되어 있어 영국법이 적용되는 범위가 보험금청구에 대한 보상책임의 유무와 지급방
법에 관한 사항으로 제한이 되어 있다. 대법원도 적하보험에 있어서는 보험계약의 보험목적물
이 무엇인지 여부에 관한 사항 즉 보험계약의 성립에 관한 사항에는 영국법이 아니라 우리 상
법이 적용된다고 판시하였다. 대법원 1998. 7. 14. 96다39707 판결(해상적하보험증권상 "이 보험
증권에 포함되어 있거나 또는 이 보험증권에 첨부되는 어떠한 반대되는 규정이 있음에도 불구
하고, 이 보험은 일체의 전보청구 및 결제에 관해서 영국의 법률과 관습에만 의한다."라는 영국
법 준거약관은 보험계약의 보험목적물이 무엇인지 여부에 관한 사항, 즉 보험계약의 성립 여부
에 관한 사항에까지 영국의 법률과 실무에 따르기로 하기로 한 것으로는 볼 수 없으므로, 이와
같은 사항에는 우리나라의 법률이 적용되어야 한다).

10) 다만 수산업협동조합중앙회의 수협공제계약에는 영국법 준거조항이 삽입되어 있지 아니하므로
수협공제에는 우리 상법상의 보험편이 준용되게 된다.

11) 영국법 준거약관에 따라 보험계약의 준거법이 영국법인 경우에는 상법이나 약관의 규제에 관한
법률 등 국내 강행법규도 그 적용이 없다고 보아야 한다. 동지: 서울고등법원 2012. 10. 25. 2012
나7207 판결(외국법을 준거법으로 하여 체결된 계약에 관하여 당연히 약관규제법을 적용할 수
있는 것은 아니고(대법원 2010. 8. 26. 2010다28185 판결 참조), 달리 이 사건에서 약관규제법을
적용하여야 할 사정도 보이지 아니하므로, 이 사건 선박보험에는 약관규제법이 적용되지 아니
한다). 이에 대해 대법원은 준거법이 영국법인 경우에도 약관의 규제에 관한 법률을 적용하여
보험자가 설명의무를 부담한다고 판시하였으나(대법원 2010. 9. 9. 2009다105388 판결), 이 판결
의 타당성은 의심스럽다(동지: 이정원, "영국법 준거약관과 보험자의 설명의무-대판 2010. 9. 9.

제 2 절 해상보험의 종류

제 1. 보험의 목적 및 피보험이익에 의한 분류

1. 선박보험

　선박보험은 선박을 보험의 목적으로 하는 보험이다. 선박보험의 대상인 선박
은 해상법상의 선박으로 한정되는 것이 아니라 거래통념상 선박으로 인정되는 모
든 선박을 포함한다.[12] 또한 선박뿐만 아니라 선박의 속구, 연료, 식량 기타 항해
에 필요한 물건은 선박 보험의 목적이 될 수 있다(상 697조 2 항, 영국 MIA 제 1 부칙 15
조). 선박보험에서의 피보험이익은 주로 선박소유자가 선박에 대하여 가지는 경제
적 이익이 될 것이나 선체용선자나 선박리스이용자 및 담보권자가 가지는 경제적
이익도 이에 포함된다.[13] 선박관리자가 선박에 관하여 가지는 경제적 이익도 선박
보험의 피보험이익이 될 수 있다.[14]

　2009다105383의 평석을 중심으로-," 저스티스 통권 제 122 호(2011. 2.), 212쪽 이하; 석광현, "약
관규제법은 국제적 강행규정인가," 법률신문 2011. 3. 21. 등 참조).

12) 양(승), (보), 292쪽; 김(정), (해상보험), 38쪽

13) 대법원 1988. 2. 9. 86다카2933 판결(손해보험계약은 피보험이익에 생긴 손해를 전보하는 것을
목적으로 하는 것이며 선박보험에 있어 피보험이익은 선박소유자의 이익 외에 담보권자의 이
익, 선박임차인의 사용이익도 포함되므로 선박임차인도 추가보험의 보험계약자 및 피보험자가
될 수 있다); 대법원 2010. 9. 9. 2009다105383 판결(리스회사 갑과 선박 등에 관한 리스계약을 체
결한 리스이용자 을이 그 계약에 따라 리스선박에 대하여 협회선박기간보험약관이 적용되는 선
박보험계약을 체결하면서 피보험자를 '소유자 갑, 관리자 을'로 한 사안에서, 을은 리스계약상
선박의 법률상 소유자는 아니지만 리스이용자로서 선박을 사용할 권리를 갖고 있고 그 멸실·
훼손에 대하여 위험부담을 지고 선박의 훼손시 이를 복원·수리할 의무를 부담하며 리스기간
종료시 선박을 법률상 소유자인 리스회사로부터 양도받을 수 있는 지위에 있는데, 그렇다면 을
은 그 선박에 관하여 법률상 이해관계가 있고 그 결과 선박의 멸실이나 손상 등으로 수리비 등
을 지출함으로써 손해를 입거나 그에 관하여 책임을 부담할 수 있는 지위에 있으므로, 위 보험
계약의 준거법인 영국 해상보험법상 그 보험계약에 관하여 피보험이익이 있다).

14) 동지: 박(세), (보), 542쪽. 한편 실무에서는 전게 대법원 2010. 9. 9. 2009다105383 판결(주13) 참
조)에서와 같이 선박관리자도 선박소유자와 함께 선박보험의 공동 피보험자로 기재되는 경우가
많으나 선박관리자는 선박의 멸실이나 손상 등으로 인한 손해 중 자신의 피보험이익과 관련이
없는 손해에 관하여는 보험자로부터 보상을 받을 권리를 가지지 아니한다.

2. 적하보험

적하보험은 해상운송의 대상인 운송물(적하)을 보험의 목적으로 하는 보험이다. 적하보험의 목적인 적하는 경제적 가치가 있는 모든 물건을 말하며 산 동물도이에 포함된다.[15] 선원들의 개인소지품은 이에 포함되지 아니한다(영국 MIA 제 1 부칙 17조). 적하보험에서의 피보험이익은 적하의 소유자가 적하에 대하여 가지는 경제적 이익이다.

3. 운임보험

운임보험은 운임을 보험의 목적으로 하는 보험이다. 운임은 운송인이 해상운송의 대가로서 취득하는 보수를 말한다. 운임보험의 목적인 운임에는 제 3 자로부터 지급받을 운임뿐만 아니라 선박소유자가 자신의 선박을 사용하여 자신의 화물또는 동산을 운송하는 경우 그로 인하여 얻었을 이익이 포함되나 여객운임은 포함되지 아니한다(영국 MIA 90조). 운임보험에서의 피보험이익은 해상위험으로 인하여 운송인이 운송의무를 이행하지 못함으로써 운임채권을 취득하지 못하거나 이미 수령한 운임을 반환하여야 하는 경우[16] 또는 운임채권이 공동해손분담의무를지게 됨으로 인하여 운송인이 손해를 입는 경우에 대한 운송인의 경제적 이익이다.

4. 희망이익보험

희망이익보험은 적하가 목적지에 무사히 도착하여 화주가 이를 매각하는 등으로 인하여 얻을 것으로 기대되는 이익을 보험의 목적으로 하는 보험이다. 희망이익은 장래의 기대이익이므로 평가하기가 곤란하다. 따라서 실무상 적하의 송장가격(운임 및 보험료를 포함한 CIF 가격)의 10%를 협정보험가액으로 약정하는 것이 국제상거래의 관습으로 되어 있다.[17]

---

15) 양(승), (보), 292쪽; 박(세), (보), 543쪽.
16) 운송인의 운임청구권에 관해서는 342쪽 이하 참조.
17) 김(정), (해상보험), 40-41쪽.

5. 선비(船費)보험

선비보험은 선박의 의장 기타 선박의 운항에 필요한 비용을 보험의 목적으로 하는 보험이다. 선비보험에서의 피보험이익은 해상위험으로 인하여 선비(disbursement)의 이익이 상실되거나 선비의 목적이 달성될 수 없는 경우에 선박소유자 등이 입을 손해에 대한 선박소유자 등의 경제적 이익이다. 일반적으로 선비는 운임에 포함되어 운임을 취득함으로써 회수가 되기 때문에 선비에 대한 위험은 운임보험으로 담보가 되나 선비만을 별도로 부보할 수도 있다.[18]

6. 불가동손실보험

불가동손실보험은 선박이 해상위험으로 인하여 가동할 수 없게 된 경우 선박소유자 등이 불가동기간 동안 지출해야 하는 고정비용 또는 운임 기타 용선료의 손실을 보험의 목적으로 하는 보험이다.[19] 해상위험으로 인하여 선박소유자 등이 입는 이러한 손실로 인한 손해는 선박보험에 의해 담보되지 아니하므로 별도로 부보할 필요가 있다. 일반적으로 선박가액의 일정 비율을 한도로 하여 선박보험에 추가하여 부보한다.[20]

7. 충돌손해배상책임보험

충돌손해배상책임보험은 부보된 선박이 다른 선박과의 충돌로 인하여 상대선박과 그 선박에 적재된 물건을 멸실시키거나 손상을 입히는 등으로 인하여 선박소유자 등이 손해배상책임을 부담하는 경우에 보험자가 그로 인한 손해를 보상할 것을 목적으로 하는 보험이다. 이러한 보험은 책임보험에 속하는 것이나 실무상 선박보험에서 이러한 위험을 확장 담보하고 있다.[21]

---

18) 양(승), (보), 293쪽.
19) 최(기), (보), 391쪽.
20) 협회선박기간보험약관 제21조; 협회선박항해보험약관(1983) 제19조 참조.
21) 협회선박기간보험약관 제8조; 협회선박항해보험약관(1983) 제6조 참조.

8. 선주책임상호보험[22]

선주책임상호보험은 일반적인 해상보험에서 인수하지 아니하는 선박소유자, 용선자 및 선박운항자 등의 책임과 비용을 담보하기 위해 선박소유자 등이 조합을 결성하여 조합원 상호의 이익을 위하여 영위하는 상호보험을 말한다. 선주책임상호보험에서 담보하는 위험에는 적하에 대한 손해배상책임, 선원이나 여객의 사상, 질병에 대한 책임, 해상오염으로 인한 손해에 대한 손해배상책임과 오염제거비용, 잔존물 제거책임 및 충돌손해배상책임 중 선박보험에서 인수하지 아니하는 책임 등이 있다.

제2. 보험기간에 의한 분류

1. 항해보험

항해보험은 보험기간이 일정한 항해를 기준으로 하여 정하여 지는 보험으로 선박보험보다는 적하보험에서 많이 이용된다.[23] 실무상 적하보험에서의 항해보험은 화물의 운송을 시작하여 목적지에서 화물을 인도할 때까지를 보험기간으로 하고 있다.

2. 기간보험

기간보험은 일정한 기간을 표준으로 보험자의 책임이 정하여 지는 보험으로 선박보험에 많이 이용된다.[24] 실무상 몇년 몇월 몇일 몇시부터 1년간이라고 기간을 정하는 것이 일반적이다.

---

22) 선주책임상호보험을 P&I 보험이라고 하는데, P&I는 protection(보호)과 indemnity(배상)의 약자로서 P&I보험은 선박소유자가 부담하는 각종의 손해배상책임을 인수하는 상호보험을 말한다. 일반 해상보험자들이 선박소유자의 손해배상책임 중 충돌손해배상책임의 3/4은 인수해 왔으나 나머지 손해배상책임은 인수하지 않았으므로 선박소유자들이 선주상호보험조합(소위 P&I Club)을 결성하여 상호보험으로써 이러한 나머지 손해배상책임에 대한 보험을 인수하는 것이 실무상의 관행이다. 우리나라 선주들은 대체로 영국이나 유럽의 P&I Club에 가입하고 있다. 우리나라에서도 1999년 12월 선주상호보험조합법이 제정되었고 이에 근거하여 한국선주상호보험조합이 설립되어 우리나라 선주들이 이에 가입할 수 있게 되었다. 또한 한국해운조합에서도 우리나라 선주들에게 선주책임상호보험에 해당하는 선주상호공제를 제공하고 있다.

23) 양(승), (보), 293쪽.

24) 양(승), (보), 294쪽.

3. 혼합보험

혼합보험은 항해와 기간의 양자를 표준으로 하여 보험기간을 정하는 보험으로서 선박보험에서 이용되나 실무상 그 예가 많지는 않다.

제 3. 확정보험과 예정보험

1. 확정보험

확정보험은 보험계약의 내용의 전부가 보험계약을 맺을 때 확정되어 있는 보험을 말한다.

2. 예정보험(floating policy 혹은 open policy)

예정보험은 보험계약의 내용의 일부 또는 전부가 보험계약을 맺을 때 확정되어 있지 아니한 보험을 말한다.[25] 예정보험은 보험계약의 내용이 확정되기를 기다려서 보험계약을 체결하기가 부적당하거나 불편한 경우(예컨대 적하보험에 있어서 운송할 선박이 확정될 때까지 기다려서 부보하였다가는 그동안의 위험을 담보하지 못하는 경우) 또는 계속적 거래관계에 있는 수출자 또는 수입자들이 화물의 운송시마다 개별적으로 보험에 드는 불편을 피하기 위하여 화물의 종류만 지정하고 한꺼번에 다량을 부보하고자 하는 경우 등에 주로 이용된다. 예정보험은 미확정한 사항이 확정된 때에 보험자가 당연히 위험을 담보하는 것으로서 보험계약의 예약이 아니라 독립한 보험계약이다.[26] 보험계약자는 미확정부분이 확정되면 보험자에게 확정통지를 할 의무를 부담한다(상 704조 1 항 참조).[27]

---

25) 양(승), (보), 294쪽.
26) 양(승), (보), 295쪽.
27) 또한 선박미확정의 예정보험에서 확정통지를 게을리 하면 보험자는 그 사실을 안 날로부터 1월 내에 보험계약을 해지할 수 있다(상 704조 2 항).

제 4. 미평가보험과 기평가보험

1. 미평가보험

미평가보험은 보험계약체결시에 보험금액은 약정되어 있으나 보험가액에 관하여는 약정하지 않은 보험을 말한다.[28] 일반 보험에서는 미평가보험이 원칙이다. 미평가보험의 경우 보험가액은 보험자의 책임이 개시되는 때를 기준으로 하여 산정한다(상 696조 1 항, 영국 MIA 16조). 미평가보험의 경우에는 보험사고 발생시 거의 초과보험 또는 일부보험의 문제가 생긴다.

2. 기평가보험

기평가보험은 보험계약체결시에 미리 보험가액을 약정하여 둔 보험을 말한다. 현재 실무상 해상보험은 거의 전부 기평가보험으로 부보된다. 영국 해상보험법상 사전에 약정된 보험가액은 사기에 의한 것이 아닌 한 보험자와 피보험자 사이에서는 확정적인 것이 된다(영국 MIA 27조 3 항).[29]

제 3 절 해상보험증권

제 1. 의   의

해상보험증권은 해상보험계약이 성립한 후에 보험계약의 내용을 증명하기 위하여 보험자가 발행하는 증권이다. 보험증권의 발행은 계약당사자의 편의를 위한

---

28) 보험금액이란 보험사고 발생시 보험자가 지급하기로 약정한 보험금의 최고한도를 말하고 보험가액이란 피보험이익의 평가액으로서 원칙적으로 보험의 목적인 물건의 가치를 말한다.

29) 영국 해상보험법상 보험가액이 지나치게 과다하게 평가되어 약정되는 경우 보험자는 다음의 세가지 항변을 할 수 있다. 첫째, 피보험자가 실제 가치를 알고 있었음에도 이를 고지하지 않았거나 부실 고지한 경우에는 고지의무위반으로 보험계약의 효력을 부인할 수 있다. 둘째, 피보험자가 보험자를 기망한 경우에는 사기에 의한 것이므로 영국 MIA 제27조 제 3 항에 따라 약정된 보험가액이 확정적이 아니라고 주장할 수 있다. 셋째, 피보험자의 피보험이익이 극히 작은 경우에는 그 보험계약이 영국 MIA 제 4 조의 사행 또는 도박계약에 해당하여 무효라고 주장할 수 있다. 상세는 심, (해상보험), 58-60쪽 참조.

것이고 계약의 성립요건이 아니다. 또한 보험자만이 기명날인 또는 서명하는 것이므로 계약서도 아니다.30)

그러나 아래에서 살펴보는 것처럼 영국 해상보험법상으로는 해상보험증권에 특별한 법적 효과가 부여된다.

제 2. 법적 성질

해상보험증권은 증거증권이고 면책증권이다.31) 한편 보험자가 보험금을 지급할 때에는 보통 보험증권과 상환하는 것이 일반적이므로 보험증권은 상환증권성도 가지고 있다. 그러나 보험증권을 제출할 수 없을 때에는 다른 방법에 의하여 그 권리를 증명함으로써 보험금을 청구할 수 있으므로 엄격한 의미에서의 상환증권은 아니다.32) 한편 지시식 또는 무기명식으로 발행된 보험증권의 유가증권성에 관하여는 견해가 나뉘나 선하증권과 같이 유통되는 지시식 또는 무기명식 적하보험증권에 한해 유가증권성을 인정하는 일부 긍정설이 통설이다.33)

제 3. 발행의 효과

영국 해상보험법상 해상보험계약은 보험증권이 발행되지 않는 한 증거로서 받아들여질 수 없다(영국 MIA 22조). 따라서 영국 해상보험법상 보험계약이 체결되었더라도 보험증권이 발행되지 않으면 보험자에게 보험금을 청구할 수 없다. 이러한 영국 해상보험법의 원칙은 영국 사법절차상의 증거법과 관련이 되는 것으로서 과연 영국법 준거조항의 효력을 인정한다고 하더라도 이러한 증거법상의 원칙까지 적용되어야 하는 가에 대하여는 의문이 있다. 따라서 해상보험계약의 준거법이

---

30) 영국의 보험시장에서 해상보험계약이 체결되어 보험증권이 작성, 발행되는 순서는 보통 다음과 같다. 우선 피보험자가 보험중개인에게 보험계약의 체결을 위탁하면 보험중개인이 슬립(slip)이라고 하는 네모난 용지에 피보험자가 제시한 조건의 개요를 간단히 정리하여 기입한 뒤 보험자들에게 제시하고 인수여부를 문의한다. 이때 보험을 인수하고자 하는 보험자는 그 슬립에 인수비율을 적고 서명한다. 그러면 그 인수비율만큼의 범위 내에서 보험계약이 체결되게 된다. 이와 같은 방식으로 부보하고자 하는 목적 전체에 대해 보험인수가 되면 보험중개인은 보험자들에 대하여 보험증권의 발행을 요청하고 보험자들이 보험증권을 작성하여 발행해 주게 된다.

31) 양(승), (보), 132-133쪽.

32) 양(승), (보), 133쪽.

33) 양(승), (보), 135쪽-136쪽.

영국법이라고 하더라도 보험계약의 체결에 대한 증거는 반드시 해상보험증권이 아니라 다른 증거로써 입증이 가능하다고 본다.

제 4. 양   도

1. 양도가능의 원칙

영국 해상보험법상 해상보험증권은 양도를 금지하는 명시적인 조건을 포함하고 있지 않은 한 양도가 가능하며 양도는 손해발생 전후를 불문한다(영국 MIA 50조 1항). 앞서 본 바와 같이 우리 상법상으로도 선하증권에 부수하여 유통되는 지시식 또는 무기명식 적하보험증권은 유가증권성을 갖고 있으며 양도가 가능하다는 것이 통설이다(605쪽 참조).

2. 피보험이익의 양도와의 관계

영국 해상보험법상 피보험이익을 양도하였다고 하여 당연히 보험증권이 양도되는 것이 아니다. 따라서 보험증권은 피보험이익의 양도와는 별도의 행위로 양도되어야 한다(영국 MIA 15조). 또한 보험증권의 양도는 피보험이익이 양도되기 전에 또는 그와 동시에 행해져야만 효력이 있다(영국 MIA 51조). 다만 손해가 발생되고 난 이후에 보험증권을 양도해도 양도의 효력이 있다(영국 MIA 50조 1항 2문). 우리 상법에는 위와 같은 규정들이 없으나 우리 상법상으로도 동일하다고 생각된다.

3. 양도의 방법

영국 해상보험법상 보험증권의 양도는 배서 또는 기타의 관습적인 방법으로 행해질 수 있다(영국 MIA 50조 3항). 우리 상법상으로도 마찬가지라고 생각된다.

4. 양수인과 보험자 사이의 관계

영국 해상보험법상 보험증권이 양도되면 양수인은 자기의 이름으로 보험자를

상대로 소를 제기할 수 있다. 다만 이 경우 보험자는 양도인에게 주장할 수 있는
보험계약상의 항변을 양수인에게도 주장할 수 있다(영국 MIA 50조 2 항). 우리 상법상
으로도 마찬가지라고 생각된다.

제 4 절 보 험 료

제 1. 의   의

　보험료는 보험자가 위험을 인수하는 데 대한 대가이다. 영국법상 계약이 유효
하자면 가치 있는 약인(valuable consideration)이 있어야 하는데 이 보험료가 약인
이다.

제 2. 지급시기

　우리 상법상 보험계약이 성립한 후 지체 없이 보험료의 전부 또는 제 1 회 보
험료가 지급되어야 하고 보험료가 지급되지 아니하면 다른 약정이 없는 한 계약
성립 후 2 월이 경과하면 보험계약이 해제된 것으로 본다(상 650조 1 항). 또한 보험
자의 책임은 최초의 보험료를 받은 때로부터 개시된다(상 656조). 영국 MIA에는 이
러한 규정이 없다. 한편 영국 해상보험법상으로는 특약이 없는 한 보험계약자(피보
험자)의 보험료 지급의무와 보험자의 보험증권 발행의무는 동시 이행의 관계에 있
다(영국 MIA 52조).[34)]

---

34) 다만 로이즈를 비롯한 런던 해상보험시장에서는 보험중개인들이 보험자와의 사이에 보험계정
　을 개설하여 일정기간 동안에 발생한 거래로 인하여 지급할 보험료와 지급받을 보험금, 환급보
　험료를 서로 상계하고 남은 차액을 지급하는 형식으로 거래를 정산하는 방법이 관행적으로 이
　용되고 있는데, 이 방법 하에서는 보험자가 보험증권을 발행할 때마다 보험료를 지급하는 것이
　아니라 일정기간 동안에 보험자가 발행한 보험증권 모두에 대하여 한꺼번에 보험료를 정산하는
　형식으로 보험료가 지급된다.

제 3. 지급의무자

우리 상법상 보험료의 1 차적 지급의무자는 보험계약자이고 피보험자는 2 차적 지급의무를 진다(상 639조 3 항). 영국 해상보험법상으로도 원칙은 동일하나 보험계약이 보험중개인을 통하여 체결된 경우에는 보험계약자(피보험자)가 아니라 보험중개인이 보험자에 대한 보험료지급의무를 지게된다(영국 MIA 53조 1 항). 그러나 이 경우에도 보험금이나 환급보험료는 보험자가 직접 피보험자에게 지급하여야 한다.

제 4. 보험료의 환급

영국 해상보험법상 보험료는 당사자간의 약정이 있을 때와 보험료를 지급한 데 대한 약인이 흠결되었을 경우에는 환급된다.[35]

1. 당사자 간의 약정이 있는 경우

당사자 간의 약정이 있는 경우는 예컨대 협회선박기간보험약관 제 4 조가 선박의 소유권 또는 국적이 변경된 경우, 선박이 나용선된 경우 등에 보험계약이 자동종료되는 것으로 규정하면서 잔여기간에 대한 보험료는 환급되는 것으로 규정하고 있는 경우 등과 같다.

2. 약인이 흠결되었을 경우

보험료를 지급한 데 대한 약인이 흠결된 경우란 보험자의 보험금지급가능성이 없는 경우 예컨대 선박보험계약에서 보험기간이 개시되기 전에 선박이 멸실된 경우와 같다. 한편 보험계약이 무효이거나 보험자가 보험계약을 소급적으로 해제하여 위험이 개시되기 전에 보험계약이 효력을 상실한 경우에도 피보험자의 사기나 불법이 없는 한 보험료는 환급된다. 고지의무위반의 경우가 이에 해당한다(영국 MIA 18조, 20조). 다만 그 위험이 분할할 수 없는 성질의 것이고 일단 위험이 개시되었으면 보험료는 환급되지 않는다. 한편 뒤에서 살펴보는 바와 같이 담보특약

---

35) 우리 상법상으로도 이와 대동소이할 것이나 우리 법상은 약인개념이 없으므로 약인이 흠결된 경우는 원상회복의 문제로 처리될 것으로 생각된다.

(warranty)위반의 경우에는 보험료 환급에 관하여 특별한 취급을 하고 있다(631쪽 이하 참조).

제 5 절 보험자의 보험금 지급책임

제 1. 총   설

보험자는 손해가 담보된 위험으로 말미암아 보험기간 중에 발생한 경우에 면책사유가 없는 한 보험금 지급책임을 진다. 따라서 보험자의 보험금 지급책임에 관한 기본적인 요소는 보험기간, 담보위험, 인과관계, 손해, 면책사유 및 증명책임이다. 이하에서는 이들을 차례로 검토하기로 한다.

제 2. 보험기간

1. 기간보험의 경우

기간보험의 경우에는 보험기간이 날짜와 시간으로 특정되므로 보험자 책임의 개시, 존속, 종료 시점이 명확하여 별다른 문제가 생기지 않는다. 다만 기간보험에서 부보된 선박이 항해중이거나 조난 중에 보험기간이 종료되는 것에 대비하여 협회선박기간보험약관 제 2 조는 이러한 경우 피보험자가 보험자에게 사전통지를 하고 추가 보험료를 지급함으로써 선박이 목적항에 도착할 때까지 보험기간이 연장되는 것으로 규정하고 있다. 한편 기간보험에 사용된 날짜와 시간은 통상 보험증권이 발행된 곳의 날짜와 시간을 의미한다.

2. 항해보험의 경우

(1) 보험기간의 개시

특정장소로 "부터(from)"라는 조건으로 부보된 경우에는 당해 선박이 부보된 항해를 위하여 출항할 때까지는 보험기간이 개시되지 않는다. 또 출항항이 보험증권에 명시된 경우 다른 곳에서 출항한 경우에는 보험기간이 개시되지 않는다(영국 MIA 43조, 상 701조 2 항). 목적항이 보험증권에 명시된 경우 다른 목적항을 향하여 출항한 경우에도 보험기간이 개시되지 않는다(영국 MIA 44조, 상 701조 2 항).

한편 특정장소 "에서 및 부터(at and from)"라는 조건으로 부보된 경우 선박이 특정장소에 있다면 즉시 보험기간이 개시되고 선박이 특정장소에 없었다면 선박이 안전한 상태로 그 특정장소에 도착하였을 때 보험기간이 개시된다.

적하보험의 경우에는 ICC (A), (B), (C) 모두 제 8 조에서 소위 운송약관(transit clause)이라 하여 내륙의 창고 또는 보관지점에서 부터 보험기간이 개시되도록 규정하고 있다.[36]

(2) 보험기간의 종료

1) 원   칙

가. 선박보험의 경우

선박이 보험증권에서 약정한 목적항에 안전하게 도착하면 보험기간이 종료한다.

나. 적하보험의 경우

ICC (A), (B), (C) 제 8 조 운송약관에 의하면, ① 보험증권에 기재된 목적지에 있는 수하인이나 다른 사람의 최종 창고 혹은 보관지점에 화물이 인도된 때, ② 보험증권에 기재된 목적지 이전에서건 목적지에서건 불문하고 피보험자가, 통상의 운송과정에서가 아닌 보관을 위하여 혹은 할당 또는 분배를 위하여 사용하고

---

36) 운송약관과 관련하여 다음의 점이 문제로 된다. 즉 Incoterms(International Rules for the Interpretation of Trade Terms)상 FOB, CFR 조건의 매매계약의 경우 적하보험계약은 매수인이 체결하게 되는데 운송약관에 따라 선적되기 전 육상운송구간도 보험기간에 속하게 된다. 그러나 육상운송구간동안은 매수인에게 피보험이익이 없으므로 육상운송구간에서 손해가 발생한 경우 원칙적으로 매수인은 보험금을 청구할 수 없게 된다. 다만 이 경우에도 매수인은 희망이익에 대해서는 피보험이익을 갖는다. 서울고등법원 1995. 3. 21. 93나49149 판결(시 엔드 에프(C & F) 조건부 매매계약에 있어서는 당사자 사이에 특별한 약정이 없는 한 해상으로 운송되는 매매목적물이 선적되기 전, 즉 선측난간을 통과하기 전에는 수입상에게 그 매매목적물에 대한 소유권이나 위험부담이 귀속하지 않고, 수입상은 매매목적물이 선적되어야 비로소 그에 대한 위험을 부담하게 되어 그 목적물 가액 상당의 피보험이익을 갖게 된다. 다만 매매목적물이 목적지에 안전하게 도달하는 경우 수입상이 그 매각에 의하여 일정한 이윤획득을 기대할 수 있는 희망이익은 수입상에게 매매목적물에 대한 소유권이나 위험부담이 귀속하고 있는가 여부와는 관계없이 피보험위험의 발생에 의하여 상실될 수 있는 이익이므로, 이윤 상당의 희망이익은 매매목적물이 선적되기 전에도 수입상에게 귀속할 수 있으며 그러한 희망이익도 피보험이익이 될 수 있다).

자 하는 어떠한 창고 혹은 보관지점에 화물이 인도된 때, ③ 부보된 화물이 최종
양하항에서 선박으로부터 하역완료된 후 60일이 경과한 때 중에 어느 것이건 먼저
발생하는 때에 보험기간이 종료한다. 한편 위 약관 제 9 조는 운송계약종료약관이
라 하여 피보험자가 통제할 수 없는 사정에 의하여 목적지 이외의 항구나 장소에
서 운송계약이 종료된 경우 혹은 제 8 조에 규정한 대로 화물이 인도되기 전에 운
송이 종료된 경우에는 보험도 종료된다고 규정한다. 다만 보험자에게 이러한 사정
을 즉시 통지한 경우에는 추가보험료의 지급을 조건으로, 화물이 상기 항구나 장
소에서 매각된 후 인도될 때까지 혹은 별도의 합의가 없는 한 부보된 화물이 상기
항구 또는 장소에 도착한 후 60일이 경과할 때까지 중 먼저 발생하는 때까지나,
혹은 만일 화물이 위 60일(또는 합의로 연장된 기간) 내에 다시 목적지를 향하여 운송
되기 시작한 때에는 제 8 조의 규정에 따라 종료될 때까지 보험이 유효하게 존속
한다.

2) 예외적 종료
가. 항해의 변경
　보험기간이 개시된 이후에 목적항이 변경된 경우 보험자는 항해의 변경이 결
정된 때부터 책임을 면한다(영국 MIA 45조, 상 701조 3 항). 항해의 변경이 결정된 때란
실제로 항로를 이탈하지 않았더라도 항해를 변경할 의사가 명백해 진 때를 말한
다. 다만 약관상으로는 항해의 변경이 있는 경우 보험자에게 즉시 통지하면 보험
료와 보험조건에 대하여 추후 협정할 것을 조건으로 계속 부보된다.[37]

나. 이로
　선박이 정당한 사유없이 보험계약에서 정하여진 항로를 이탈하는 경우에는
보험자는 그때부터 책임을 지지 아니한다(영국 MIA 46조 1 항, 상 701조의 2). 이로가 결
정된 것만으로는 부족하고 실제로 항로를 이탈해야 한다. 이 점은 항해의 변경과
다르다. 또한 선박이 손해발생 전에 본래의 항로로 복귀하여도 마찬가지이다. 한
편 이로와 보험사고와의 사이에 인과관계가 없는 경우에도 보험자의 면책에는 영
향이 없다.[38]

---

37) 협회선박항해보험약관 제 2 조, ICC (A), (B), (C) 제10조.
38) 우리 상법의 해석과 관련하여 양승규 교수님은 상법 제655조 단서를 해상보험에도 유추적용하
　여 보험사고와 이로사이에 인과관계가 없는 경우에는 보험자가 면책을 주장할 수 없다고 풀이
　하고 계시나(양(승), (보), 331-332쪽), 해상보험에 관한 제701조의 2를 상법 제655조의 특칙이라
　고 보아 영국 해상보험법과 마찬가지로 해석해야 할 것으로 본다.

한편 영국 해상보험법상 이로를 정당화할 수 있는 사유는, ① 보험증권에 특약이 있는 경우,39) ② 선장 및 그의 사용주가 통제할 수 없는 사정에 의한 경우, ③ 명시적 또는 묵시적 담보특약(warranty)을 충족하기 위한 경우, ④ 선박 또는 보험목적의 안전을 위하여 합리적으로 필요한 경우, ⑤ 인명구조를 위하여 또는 인명이 위험에 빠질 염려가 있는 조난선을 구조하기 위한 경우, ⑥ 선상에 있는 사람에게 내과 또는 외과적 치료를 받게 하기 위하여 합리적으로 필요한 경우 및 ⑦ 선장 또는 선원의 악행이 부보위험인 경우에 그러한 악행으로 생긴 경우의 7 가지이다(영국 MIA 49조 1 항).

우리 상법상의 입장도 위 영국 해상보험법의 입장과 동일할 것으로 생각된다.40)

다. 발항 또는 항해의 부당한 지연

피보험자가 정당한 사유 없이 발항 또는 항해를 지연한 때에는 보험자는 발항 또는 항해를 지연한 이후의 손해에 대하여는 책임을 지지 않는다(영국 MIA 42조 1 항, 상 702조).41) 항해의 지연을 정당화할 수 있는 사유는 이로에 대한 정당한 사유와 같다.

제 3. 담보위험

1. 총 설

담보위험이란 해상보험계약에서 보험자가 피보험자에게 그로 인한 손해가 있으면 보상하여 주기로 약정한 위험을 말한다. 어떤 것을 담보위험으로 할 것인가 하는 점은 전적으로 계약당사자의 의사에 맡겨져 있다. 실무상으로는 선박보험에 관하여는 협회선박기간보험약관 및 협회선박항해보험약관, 그리고 적하보험에 관하여는 ICC (A), (B), (C) 등의 협회약관에서 담보위험을 정형화하여 규정하고 있

---

39) 협회선박항해보험약관 제 2 조는 피보험자가 즉시 보험자에게 이로사실을 통지하고 보험자가 요구하는 부보조건의 변경 및 추가보험료에 대한 합의가 이루어질 것을 조건으로 계속 부보된다고 규정하고 있고 ICC (A), (B), (C) 제 8 조 제 3 항은 피보험자가 통제할 수 없는 이로의 경우 보험은 종료되지 않는다고 규정한다.

40) 양(승), (보), 332쪽.

41) 다만 영국 MIA 제42조 제 1 항은 발항지연의 경우 단순히 보험자가 책임을 면하는 것이 아니라 보험자가 보험계약을 소급적으로 무효로 할 수 있다(the insurer may avoid the contract)라고 규정한다.

다. 아래에서는 이 약관들에서 규정하고 있는 담보위험을 간단히 살펴보기로 한다.

2. 협회선박보험약관상의 담보위험42)

협회선박보험약관에서 담보위험에 관한 규정은 제 6 조 및 제 7 조이다.43) 이 중 제 6 조가 담보위험에 관한 기본적인 규정으로서 제 1 항의 담보위험과 제 2 항의 담보위험으로 구분하여 규정하고 있다. 제 6 조 제 1 항에서 규정하고 있는 담보위험은 다른 전제조건이 필요 없이 동 항에 규정된 위험으로 인하여 피보험선박의 멸실 또는 손상이 발생하면 보험자가 보상책임을 부담하는 담보위험으로서 절대적 담보위험이라고 할 수 있다. 이에 반해 제 6 조 제 2 항에서 규정하고 있는 담보위험은 피보험자, 선박소유자, 또는 선박관리자가 상당한 주의를 해태하지 않았을 것을 전제로 하여 보험자가 보상책임을 부담하는 담보위험으로서 상대적 담보위험이라고 할 수 있다.

제 6 조 제 1 항은 8 종의 담보위험44)을, 그리고 동 조 제 2 항은 5 종의 담보위험45)을 규정하고 있다.

한편 제 7 조는 피보험선박에 의한 오염을 방지하기 위하여 권한 있는 정부

---

42) 이에 관한 상세는 졸고, "영국 협회선박보험약관상의 담보위험," 민사판례연구 XXIX, 1111쪽 이하 참조.
43) 협회선박기간보험약관과 협회선박항해보험약관은 각각 제 6 조와 제 7 조에서 담보위험을 규정하고 있는데 그 내용은 동일하다.
44) 협회선박보험약관 제 6 조 제 1 항이 규정하는 담보위험은 다음과 같다.
　6.1.1. 바다, 강, 호수 또는 기타 항해 가능한 수면에서의 고유의 위험
　6.1.2. 화재, 폭발
　6.1.3. 선박 외부로부터 침입한 자에 의한 폭력을 수반한 도난
　6.1.4. 투하
　6.1.5. 해적행위
　6.1.6. 핵장치나 원자로의 고장 또는 사고
　6.1.7. 항공기 또는 이와 유사한 물체 또는 그로부터 떨어지는 물체, 육상운송용구, 부두 또는 항만 시설이나 장비와의 접촉
　6.1.8. 지진, 화산폭발 또는 낙뢰
45) 협회선박보험약관 제 6 조 제 2 항이 규정하는 담보위험은 다음과 같다.
　6.2.1. 적하 또는 연료의 선적, 양륙 또는 이동 중의 사고
　6.2.2. 기관의 파열, 차축의 파손 또는 기계나 선체의 숨은 하자
　6.2.3. 선장, 고급선원, 보통선원 또는 도선사의 과실
　6.2.4. 수리업자 또는 용선자의 과실(다만 수리업자나 용선자가 보험계약의 피보험자인 경우는 제외)
　6.2.5. 선장, 고급선원 또는 보통선원의 악행

당국이 피보험선박에 대해 취한 조치로 인하여 피보험선박이 입게 되는 손해에 대한 보험자의 보상책임을 규정하고 있는데 이 제 7 조에서 규정하고 있는 담보위험은 피보험자, 선박소유자 및 선박관리자의 상당한 주의의무위반이 없었던 것을 전제로 하므로 상대적 담보위험이다.[46]

3. 협회적하보험약관상의 담보위험

(1) 협회적하보험약관 (A)

협회적하보험약관 (A)상의 담보위험은 적하의 멸실 또는 손상에 대한 모든 위험이다. 따라서 보험자는 아래에서 살펴보는 면책사유가 없는 한 보험기간 내에 발생한 적하의 멸실 또는 손상에 대해 그 원인을 묻지 아니하고 보험금을 지급할 책임을 부담한다.

(2) 협회적하보험약관 (B)

협회적하보험약관 (B)는 제 1 조 내지 제 3 조에서 총 12가지의 담보위험을 열거하고 있다.[47] 이 담보위험 중 1.1항에 기재된 위험은 그러한 위험에 상당하게

---

46) 협회선박보험약관 제 7 조가 규정하는 담보위험은 다음과 같다.
　　7. 오염위험
　　이 보험은 이 보험에서 보험자가 책임지는 선박손상의 직접적인 결과로 발생한 오염의 위험 또는 위협을 방지하거나 완화하기 위하여 권한을 위임받은 정부당국이 취한 행위로 인한 선박의 멸실 또는 손상을 담보합니다. 다만, 피보험자, 선주 및 선박관리자가 오염의 위험이나 위협을 방지 또는 완화하는데 상당한 주의를 결여하고 있었던 결과로 정부당국의 그러한 행위가 발생한 경우에는 담보하지 아니합니다. 선장, 고급선원, 보통선원 또는 도선사가 선박에 지분이 있어도 이 약관7의 해석상 선주로 간주하지 아니합니다.
47) 협회적하보험약관 (B)의 담보위험은 다음과 같다.
　　1. 이 보험은 다음의 손해를 담보함. 단 제 4 조, 제 5 조, 제 6 조 및 제 7 조의 면책조항에 규정된 손해는 제외함.
　　　1.1. 다음 위험에 정당하게 기인된 보험의 목적의 멸실 또는 손상
　　　　1.1.1. 화재 또는 폭발
　　　　1.1.2. 선박 또는 부선의 좌초, 교사, 침몰 또는 전복
　　　　1.1.3. 육상운송용구의 전복 또는 탈선
　　　　1.1.4. 선박, 부선 또는 운송용구와 물 이외의 타 물체와의 충돌 또는 접촉
　　　　1.1.5. 조난항에서의 적하의 양하
　　　　1.1.6. 지진, 분화 또는 낙뢰
　　　1.2. 다음 위험으로 인한 보험의 목적의 멸실 또는 손상
　　　　1.2.1. 공동해손희생
　　　　1.2.2. 투하 또는 파도에 의한 갑판상의 유실

기인된(attributable to) 적하의 멸실 또는 손상을 담보하고 있는 위험이며, 1.2항에 기재된 위험은 그러한 위험으로 인하여(caused by) 발생한 적하의 멸실 또는 손상을 담보하고 있는 위험이다. 여기서 「그러한 위험에 상당하게 기인된」의 의미와 「그러한 위험으로 인하여 발생한」의 의미에 어떠한 차이가 있는가 하는 점이 문제가 되나 뒤에서 살펴보는 바와 같이 영국 해상보험법상의 인과관계인 근인관계와 관련하여 효과 면에서 손해의 발생에 미치는 영향이 가장 지배적인 원인(proximate cause in efficiency)을 근인(近因)으로 보고 있기 때문에 사실상 둘 사이의 차이는 거의 없다고 해석된다(623-624쪽 참조).[48]

(3) 협회적하보험약관 (C)

협회적하보험약관 (C)는 제 1 조 내지 제 3 조에서 총 9 가지의 담보위험을 열거하고 있다.[49] 협회적하보험약관 (B)에 규정된 담보위험 중 협회적하보험약관

        1.2.3. 선박, 부선, 선창, 운송용구, 콘테이너, 리프트밴 또는 보관소에 해수, 호수 또는 하천수의 유입
      1.3. 선박 또는 부선에 선적 또는 양하작업중 해수면으로 낙하하여 멸실되거나 추락하여 발생된 포장당 전손
    2. 이 보험은 제 4 조, 제 5 조, 제 6 조 및 제 7 조에서 또는 이 보험의 기타조항에서 제외한 원인 이외의 원인에 의한 손실을 피하기 위하여 또는 피함에 관련하여 발생한 공동해손 및 구조비를 담보함. 공동해손 및 구조비의 정산 또는 결정은 해상운송계약 및/ 또는 준거법 및 관례에 따름.
    3. 이 보험에서는 손해보상의 범위를 확장하여 해상화물운송계약 "쌍방과실충돌"약관에 의한 피보험자의 부담액중 보험증권에서 보상을 받을 수 있는 손해에 관한 부분을 지급해 줌. 상기 약관에 의거 선주로부터 청구를 받았을 경우에는 피보험자는 그 취지를 보험자에게 통지할 것을 약속함. 보험자는 자기의 비용으로 선주의 청구에 대하여 피보험자를 보호할 권리를 가짐.

48) *Templeman on Marine Insurance*, pp. 193-194.
49) 협회적하보험약관 (C)의 담보위험은 다음과 같다.
    1. 이 보험은 다음의 손해를 담보함. 단 제 4 조, 제 5 조, 제 6 조 및 제 7 조의 면책조항에 규정된 손해는 제외함.
      1.1 다음 위험에 정당하게 기인된 보험의 목적의 멸실 또는 손상
        1.1.1. 화재 또는 폭발
        1.1.2. 선박 또는 부선의 좌초, 교사, 침몰 또는 전복
        1.1.3. 육상운송용구의 전복 또는 탈선
        1.1.4. 선박, 부선 또는 운송용구와 물 이외의 타 물체와의 충돌 또는 접촉
        1.1.5. 조난항에서의 적하의 양하
      1.2. 다음 위험으로 인한 보험의 목적의 멸실 또는 손상
        1.2.1. 공동해손희생
        1.2.2. 투하
    2. 이 보험은 제 4 조, 제 5 조, 제 6 조 및 제 7 조에서 또는 이 보험의 기타조항에서 제외한 원인 이외의 원인에 의한 손실을 피하기 위하여 또는 피함에 관련하여 발생한 공동해손 및 구조

(C)에 제외되어 있는 위험은 ① 지진, 화산의 폭발, 낙뢰, ② 파도에 의한 갑판상의 유실,[50] ③ 선박, 부선, 선창, 운송용구, 컨테이너, 리프트반 또는 보관장소에 바닷물, 호숫물 또는 강물의 유입, ④ 선박 또는 부선에의 선적작업 도중에 또는 그로부터의 양륙작업 도중에 해수면으로 유실되거나 추락되어 발생된 포장당 전손이다.

제 4. 면책사유

1. 법정 면책사유

(1) 영국 해상보험법상의 면책사유

영국 해상보험법상의 면책사유는 ① 피보험자의 고의적 위법행위(wilful misconduct), ② 지연으로 인한 손해 및 ③ 통상의 자연소모, 통상의 누손 및 파손, 보험목적물의 고유의 하자[51] 또는 성질, 쥐 또는 해충에 의한 손해, 해상위험에 근인하여 발생하지 않은 기계의 손상의 3가지이다.[52]

비를 담보함. 공동해손 및 구조비의 정산 또는 결정은 해상운송계약 및/ 또는 준거법 및 관례에 따름.

3. 이 보험에서는 손해보상의 범위를 확장하여 해상화물운송계약 "쌍방과실충돌"약관에 의한 피보험자의 부담액중 보험증권에서 보상을 받을 수 있는 손해에 관한 부분을 지급해 줌. 상기 약관에 의거 선주로부터 청구를 받았을 경우에는 피보험자는 그 취지를 보험자에게 통지할 것을 약속함. 보험자는 자기의 비용으로 선주의 청구에 대하여 피보험자를 보호할 권리를 가짐.

50) 협회적하보험약관 (B) 1.2.2.에서는 「투하 또는 파도에 의한 갑판상의 유실」을 담보위험으로 규정하고 있는데 협회적하보험약관 (C) 1.2.2.에서는 「투하」만을 담보위험으로 규정하고 있다.

51) 보험목적물의 「고유의 하자」란 「다른 외부의 우연한 사고의 개입 없이 예정된 항해에서 통상적으로 발생할 수 있는 자연적인 작용의 결과로서 보험목적물이 멸실 또는 손상될 수 있는 위험」을 말한다(Soya GmbH Mainz Kommanditgesellschaft v. White [1983] 1 Lloyd's Rep 122 참조). 한편 최근 영국 대법원은 보험사고 발생에 다른 근인이 존재한다면 보험목적물에 하자가 존재한다고 하더라도 이러한 보험목적물의 하자는 면책사유인 고유의 하자에 해당되지 아니한다고 판시하였다(Global Process Systems Inc and another (Respondents) v. Syarikat Takaful Malaysia Berhad (Appellant), *The Cendor Mopu* [2011] UKSC 5 참조).

52) 영국 MIA 제55조 제2항. 한편 영국 MIA 제55조 제1항은 담보위험에 근인하여 발생한 손해에 대하여 책임을 지고 담보위험에 근인하여 발생하지 않은 손해에 대해 보험자가 책임을 지지 않는다고 규정하고 있는바, 이를 영국 MIA가 규정하는 면책사유 중의 하나라고 하는 견해도 있으나(심, (해상보험), 232쪽), 이는 면책사유가 아니라 보험자 책임의 요건을 규정한 것이라고 보아야 할 것으로 생각된다.

(2) 우리 상법상의 면책사유

우리 상법상의 면책사유는, ① 선박 및 운임이 보험의 목적인 경우 선박의 감항능력의 결핍으로 인한 손해, ② 적하보험인 경우 용선자, 송하인, 수하인의 고의 또는 중과실로 인한 손해 및 ③ 항해중의 통상비용의 세 가지이다(상 706조).

2. 협회약관상의 면책사유

(1) 선박보험약관상의 면책사유

협회선박보험약관상의 면책사유는 ① 전쟁면책,[53] ② 동맹파업면책, ③ 악의행위면책[54] 및 ④ 원자력면책의 네 가지이다.[55]

(2) 적하보험약관상의 면책사유[56]

협회적하보험약관상의 면책사유에는 일반면책사유와 특별면책사유가 있는데, 일반면책사유에는 ① 피보험자의 고의적 위법행위에 기인한 멸실, 손상 또는 비용, ② 보험목적의 통상의 누손, 중량 또는 용적의 통상의 손실 또는 통상의 자연소모, ③ 보험목적의 포장 또는 준비의 불충분함 또는 부적합으로 인한 멸실, 손상 또는 비용, ④ 보험목적의 고유의 하자 또는 성질로 인한 멸실, 손상 또는 비용, ⑤ 지연에 근인한 손해, ⑥ 선박소유자, 선박관리인, 용선자 또는 운항자의 지급불능 또는 재정상의 채무불이행으로 인한 멸실, 손상 또는 비용, ⑦ 어떠한 자의 위법행위에 의하여 보험목적 전부 또는 일부가 고의적으로 손상 또는 파괴된 경우[57] 및 ⑧ 원자력 면책이 있다.

한편 특별면책사유에는 ① 불감항면책,[58] ② 전쟁면책 및 ③ 동맹파업면책이 있다.

---

53) 약관상의 전쟁면책에는 전쟁, 내란 등의 적대행위로 인한 손해뿐만 아니라 국가에 의한 포획, 나포 등의 행위와 유기된 기뢰, 어뢰 등에 의해 야기된 손해에 대한 면책도 포함된다.
54) 보험자는 악의적으로 행동하는 자에 의하거나 정치적 동기로 부터 발생된 폭발물의 폭발이나 전쟁무기로 인한 손해에 대하여 면책이다. 협회선박기간보험약관 제25조, 협회선박항해보험약관 제22조.
55) 협회선박기간보험약관은 제23조 내지 제26조에서, 협회선박항해보험약관 제20조 내지 제23조에서 각각 면책 사유를 규정하고 있는데 그 내용은 동일하다.
56) ICC (A), (B), (C) 제4조 내지 제7조.
57) ICC (A)에는 이 사유가 면책사유로 규정되어 있지 않다.
58) 보험자는 피보험자가 선박의 불감항사실을 알고 있었던 경우에 한하여 책임을 면한다(ICC (A), (B), (C), 5조).

제 5. 보험자의 손해보상범위

1. 전　손

(1) 의　의

전손이란 피보험이익의 전부가 손해를 입은 것을 말한다. 이에는 현실전손과 추정전손이 있다. 전손의 경우에는 보험가액의 전액이 보험자가 보상할 손해액이다. 즉 보험자는 기평가보험의 경우에는 약정된 보험가액, 미평가보험의 경우에는 보험자의 책임이 개시될 때의 가액을 보상하여야 한다.

(2) 현실전손

영국 해상보험법상 보험목적이 파괴된 경우, 보험목적이 훼손되어 더 이상 부보된 종류의 물건이라고 할 수 없는 경우, 피보험자가 보험목적의 점유를 박탈당하여 회복할 수 없는 경우가 현실전손에 해당된다(영국 MIA 57조 1 항). 우리 상법의 입장도 동일한 것으로 생각된다.

한편 영국 해상보험법상 선박이 행방불명되고 상당기간동안 그 소식을 모르는 경우 현실전손으로 추정될 수 있다(영국 MIA 58조). 우리 상법은 선박이 2월간 행방불명이면 현실전손으로 추정한다(상 711조).

(3) 추정전손

1) 정　의

영국 해상보험법은 보험목적의 현실전손이 불가피하다고 보이거나 또는 비용을 지출하여야 하는 경우에 그 비용이 지출되고 난 이후의 보험목적의 가액을 초과하는 정도의 비용을 지출하지 않고서는 현실전손을 피할 수 없는 상황이기 때문에 보험목적을 위부하는 것이 상당하다고 인정되는 경우가 추정전손에 해당한다고 정의한다(영국 MIA 60조 1 항). 우리 상법은 추정전손의 정의를 두고 있지는 아니하나 보험위부의 원인에 관한 규정(상 710조)을 보면 영국 해상보험법의 입장과 동일한 것으로 생각된다.

2) 추정전손에 해당되는 경우

영국 해상보험법상 ① 피보험자가 보험사고로 인하여 자기의 선박 또는 적하의 점유를 상실하여 이를 회복할 가능성이 없을 것 같거나 회복하기 위한 비용이 회복하였을 때의 가액을 초과하리라고 예상될 경우, ② 선박이 보험사고로 인하여 심하게 훼손되어 이를 수선하기 위한 비용이 수선하였을 때의 가액을 초과하리라고 예상될 경우[59] 및 ③ 적하가 보험사고로 인하여 심하게 훼손되어서 이를 수선하기 위한 비용과 그 적하를 목적지까지 운송하기 위한 비용과의 합계액이 도착하는 때의 적하의 가액을 초과하리라고 예상될 경우에 추정전손에 해당하는데, 이는 우리 상법상 보험위부를 할 수 있는 경우와 동일하다(영국 MIA 60조 2항, 상 710조).

3) 추정전손의 판단시점

영국 해상보험법상 추정전손이 있는 지의 여부를 판단하는 시점은 보험금 청구소송이 제기된 때이다. 따라서 피보험자가 보험위부를 통지한 이후 보험금 청구소송이 제기되기 이전에 발생한 사실이 추정전손의 존부판단에 영향을 미치기 때문에 실무상으로는 통상 보험자가 보험위부를 승인하지 않겠다는 거절의 의사표시를 하면서 그 거절의 의사표시를 할 때에 보험금청구소송이 제기된 것으로 간주하겠다는 약속을 하는 것이 관행이다. 이는 불필요한 소송을 막기 위한 것이다. 우리 상법상으로는 보험위부가 단독행위이므로 이러한 보험위부가 효력이 있는지의 여부, 즉 추정전손의 요건에 해당하는지의 여부는 보험위부의 통지가 보험자에게 도달한 때라고 해석해야 할 것이다.

4) 추정전손의 효과

영국 해상보험법상 추정전손의 경우 피보험자는 이를 분손으로 취급하여 실

---

[59] 대법원 2002. 6. 28. 2000다21062 판결(추정전손인지 여부의 판단을 위한 영국 해상보험법 및 협회선박기간보험약관상의 선박수리비는 훼손된 선박을 원상으로 회복하는 데 소요되는 비용으로서, 이에는 선박의 손상 부위와 정도를 감정하기 위한 비용·선박을 수선항으로 예인하기 위한 비용·선급검사인의 검사료·예선증명서의 발급비용·수선감독자의 감독비용·기타 수선에 부수하는 비용도 포함되고, 그 수리의 정도는 동일한 적하를 운송하는 데 필요한 수리가 아니라 공선(空船) 상태로 또는 어떠한 적하 상태에서 원래의 목적항으로 항해할 수 있는 선박으로 수리하는 것으로서, 영국법상 수리비는 사고발생 장소와 시간상 그 선박에 수반하는 모든 상황을 고려하여 산정하되, 문제는 선박이 존재하는 곳에서의 수리비가 얼마인가라는 것이며, 또 협회선박기간보험약관에 따라 수리비를 평가할 경우에 선박의 나이, 노후 등으로 인하여 증가된 수리비는 공제하지 아니하지만, 선박이 수리 후의 가격보다 적은 비용으로 항해할 수 있도록 수리가 가능한 경우에는 선박의 노후상태로 인하여 완전한 수리를 위한 비용이 수리 후의 선박가격보다 많다는 이유로 추정전손을 주장하여 위부를 선택할 수는 없다).

제의 손해를 청구할 수도 있고 현실전손인 것처럼 취급할 수도 있다(영국 MIA 61조). 우리 상법상은 아무런 규정이 없으나 동일하게 해석할 수 있을 것이다. 한편 추정전손의 경우 현실전손으로 취급하기 위하여는 피보험자가 보험자에게 보험의 목적을 위부하여야 한다.

5) 보험위부

가. 의의

보험위부란 추정전손을 현실전손으로 취급하기 위하여 피보험자가 보험목적에 대하여 가지고 있는 권리를 무조건 보험자에게 위부하고 보험자에 대하여 전손보험금을 청구할 수 있는 제도이다. 보험위부를 하기 위해서는 피보험자가 보험자에게 위부의 통지를 하여야 한다.

나. 위부의 통지

위부의 통지는 무조건적이어야 한다(상 714조 1항). 또한 위부의 통지는 위부의 원인이 생긴 이후에 상당한 기간 내에 행해져야 하고(상 713조, 영국 MIA 62조 3항), 이를 해태하면 피보험자는 위부권을 상실한다.

다. 위부의 승인, 불승인

보험자가 위부를 승인한다는 것은 손해에 대한 책임 및 위부의 통지가 유효하다는 것을 확정적으로 인정하는 것이다. 따라서 일단 위부의 승인을 하면 그 위부에 대하여 이의를 하지 못한다(상 716조, 영국 MIA 62조 6항 후문). 그 결과 피보험자가 담보특약을 위반하였어도 보험자는 위부를 승인한 이상 담보특약 위반을 이유로 책임을 면할 수 없다. 그러므로 실무상으로는 보험자가 일단 보험위부를 거절하는 것이 관행이다.

라. 위부의 효과

영국 해상보험법상 위부가 유효하면 보험자는 보험목적의 잔존물에 대한 피보험자의 이익과 권리를 승계할 권리를 갖는다(MIA 63조 1항). 따라서 보험자는 승계를 거절할 수도 있다. 이에 반해 우리 상법은 「보험자는 위부로 인하여 그 보험의 목적에 관한 피보험자의 모든 권리를 취득한다」라고 규정한다(상 718조 1항). 따라서 우리 상법상으로는 보험자가 권리의 승계를 거절할 수 있을 것인가 하는 점이 불분명하다.[60]

---

60) 이 점에 대해서 양승규 교수님은 영국 해상보험법의 입장과 마찬가지로 보험자가 권리를 포기할 수 있다고 해석하신다(양(승), (보), 346쪽).

2. 분손(단독해손손해)

보험목적이 일부 멸실, 훼손된 분손의 경우 보상범위는 선박보험과 적하보험
에 따라 다르다.

(1) 선박의 분손

선박의 일부가 훼손되어 그 훼손된 부분의 전부를 수리한 경우에는 보험자는 수
리비를 1회의 사고에 대하여 보험금액을 한도로 보상할 책임을 지고, 선박의 일부가
훼손되어 그 훼손된 부분의 일부만을 수리한 경우에는 보험자는 수리비와 수리를 하
지 않음으로써 생긴 감가액을 보상할 책임을 지고, 선박의 일부가 훼손되었으나 이를
수리하지 아니한 경우에는 감가액을 보상할 책임을 진다(상 707조의 2, 영국 MIA 69조).

선박이 수리되기 전에 다시 전손이 생긴 경우에는 보험자는 전손에 대해서만
책임을 진다(영국 MIA 77조 2항). 한편 보험기간 중 분손이 여러차례 발생하면 보험
자는 매 사고마다 보험금액의 한도까지 손해보상책임을 진다(영국 MIA 77조 1항).

(2) 적하의 분손

보험의 목적의 일부가 멸실된 때에는 보험자는 기평가보험의 경우에는 멸실
된 일부의 보험가액이 전체의 보험가액에 대하여 차지하는 비율을 보험증권상의
확정된 보험가액에 곱한 금액을 보상할 책임을 지고, 미평가보험의 경우에는 당해
멸실된 일부의 보험가액을 보상할 책임을 진다. 일부가 훼손된 상태로 목적지에서
인도된 경우에는 도착지에서의 정상품으로서의 가격과 훼손품으로서의 가격의 차
액이 정상품으로서의 가격에 대하여 차지하는 비율을 보험가액에 곱하여 산정한
금액이 보상된다(상 708조, 영국 MIA 71조).

(3) 소손해면책

손해가 보험가액의 일정비율 또는 일정금액이하인 경우에 보험자가 손해보상
책임을 지지 않는 것을 소손해면책이라 한다. 소손해면책에는 손해가 한도액을 초
과하는 경우에도 그 한도액을 공제하고 보상하는 공제소손해면책(excess clause 혹은
deductible clause)과 한도액을 초과하는 경우에는 모든 손해를 보상하는 무공제소손

해면책(franchise clause)이 있다.[61]

3. 공동해손손해

공동해손손해란 선박과 적하의 공동위험을 면하기 위하여 선장이 선박이나 적하에 대하여 한 처분으로 인하여 생긴 희생 또는 비용으로서, 이러한 희생 또는 비용을 이해관계인이 분담해야 하는 것을 말한다(공동해손에 관하여는 520쪽 이하 참조). 공동해손손해 중 선박이나 적하 자체의 희생을 공동해손희생이라 하고, 공동위험을 피하기 위하여 지출한 비용을 공동해손비용이라 하며 각 이해관계인이 부담해야하는 분담금을 공동해손분담금이라 한다. 보험자는 담보위험을 피하기 위한 공동해손손해를 보상할 책임을 진다(상 682조, 영국 MIA 66조 4 항). 다만 협회적하보험약관은 담보위험이외의 다른 원인으로 인한 손해를 피하기 위한 공동해손손해도 보상한다고 규정한다(ICC (A), (B), (C) 2 조).

4. 구 조 료

해상보험법에서 구조료란 구조계약이 없이 구조한 구조자가 받을 보수만을 말한다.[62] 보험자는 담보위험으로 인한 손해를 방지하기 위하여 발생한 구조료를 보상할 책임이 있다(상 694조의 2, 영국 MIA 65조 1 항). 구조료와 분손(단독해손손해), 공동해손손해를 합친 합계액이 보험금액을 초과하는 경우 피보험자는 보험금액의 한도에서만 보상받을 수 있다.

5. 특별비용(손해방지비용)

특별비용은 피보험자가 담보위험으로 인하여 보험목적에 발생할 손해를 방지하거나 경감하기 위하여 지출하는 비용을 말한다. 보험자는 보험계약상의 보상과는 별도로 이러한 특별비용을 지급할 책임을 진다(영국 MIA 78조 1 항). 협회보험약관도 동일하게 규정한다(협회선박기간보험약관 13조 6 항, 협회선박항해보험약관 11조 6 항, ICC (A), (B), (C) 16조). 다만 선박보험약관은 특별비용의 보상한도를 보험금액이라고 제

---

61) 심, (해상보험), 356쪽 참조.
62) 구조계약이 있는 경우는 경우에 따라 공동해손비용이나 특별비용(손해방지비용)으로 보상된다.

한하는 데 반해 적하보험약관은 이러한 제한이 없다. 우리 상법은 선박보험과 적하보험을 구분하지 않고 특별비용의 보상한도를 보험금액으로 제한한다(상 694조의 3).

제 6. 인과관계

우리 상법 보험자는 담보원인과 상당 인과관계를 가진 손해에 대하여 손해를 보상할 책임을 진다. 한편 영국 해상보험법상으로는 보험자는 보험증권에서 달리 약정하지 않는 한 담보위험에 근인(proximately caused)하여 발생한 손해에 대하여만 보험금 지급책임을 진다(영국 MIA 55조 1 항). 즉 여러 가지의 원인이 경합하여 손해를 발생시킨 경우 그 여러 원인 중 근인으로 인정되는 원인이 담보위험인 경우에 한하여 보험자가 책임을 진다. 여기서 과연 어떠한 원인을 근인이라고 할 것인가 하는 점이 어려운 문제로 된다. 이에 관하여는 영국 보통법상 시간적으로 가까운 원인(proximate cause in time)이 아니라 효과면에서 손해의 발생에 미치는 영향이 가장 지배적인 원인(proximate cause in efficiency)이 근인이라고 한다.[63] 또한 어떠한 원인이 효과면에서 가장 지배적인가 하는 점은 상식에 비추어 판단해야 한다고 한다.[64] 영국의 보통법상 나타난 사례들을 검토해보면 여러 가지 원인이 경합한 경우에 최후의 원인이 선행원인들로부터 필연적으로 발생하는 것이 아니라 우연하게 발생한 것인 경우에는 선행원인들과의 인과관계가 단절되고 최후의 원인이 근인이 되며 그 외의 경우에는 선행원인이 근인이 된다고 한다.[65]

여기서 우리 상법상의 「담보원인과 상당인과관계가 있는 손해」와 영국 해상보험법상의 「담보원인과 근인관계에 있는 손해」가 어떠한 차이가 있을 것인가 하는 점이 문제가 되나 실제상의 문제로서는 커다란 차이가 있는 것으로 생각되지 아니한다.

---

63) Arnould, *Marine Insurance*, pp. 995-996; 대법원 2005. 11. 25. 2002다59528 판결(영국 해상보험법 제55조 제 1 항에 의하면 손해가 담보위험을 근인(proximate cause)으로 하는지 여부가 보험자의 책임 유무를 결정하는 기준이 되는바, 여기서 근인이라 함은 손해와 가장 시간적으로 근접하는 원인(proximate in time)을 말하는 것이 아니라 손해의 발생에 있어서 가장 효과적인 원인(proximate in efficiency)을 말한다).
64) Arnould, *Marine Insurance*, pp. 995-996.
65) 심, (해상보험), 236쪽 참조.

제 7. 증명책임

1. 총   설

우리 상법상 피보험자가 보험금을 청구하기 위해서는 원칙적으로 피보험자가 손해가 담보위험으로 인하여 발생하였다는 점을 증명하여야 한다. 즉 피보험자는 보험사고가 발생한 사실, 그 보험사고가 담보위험으로 인한 것이라는 사실, 손해와 담보위험 사이에 인과관계가 있다는 사실에 대한 증명책임을 진다. 한편 보험자는 보험자의 책임을 면제하는 면책사유에 대한 증명책임을 진다. 영국 해상보험법상으로도 이와 동일하다.

2. 증명의 정도

우리 상법상 증명의 정도는 개연성의 우월(preponderance of probabilities)이면 족하다.[66] 영국 해상보험법상으로도 같다.[67] 즉 피보험자와 보험자가 서로 상이한 사실을 주장하는 경우 피보험자가 주장하는 사실의 개연성이 보험자가 주장하는 사실의 개연성보다 우월하면 피보험자가 증명책임을 다한 것이 된다. 다만 피보험자가 주장한 사실의 개연성이 거의 없는 경우에는 설사 피보험자가 주장하는 사실이 보험자가 주장한 사실 보다는 그 개연성이 있을 가능성이 다소 높다고 하여도 피보험자가 증명책임을 다한 것으로 인정되지 않는다.[68]

---

66) 이는 형사사건에서의 증명의 정도인 "합리적인 의심이 없을 정도(beyond reasonable doubt)"보다 약한 정도의 증명이다.

67) 부산고등법원 2002. 9. 17. 2001나1645 판결(위와 같은 요증사실은 사고원인에 관한 가설의 개연성을 형량하였을 때(balance of probability), 보험사고가 부보위험에 의하여 일어났을 개연성 (probability)이 그렇지 않을 개연성보다 우월(more likely than not the loss arose because of an insured peril)할 정도로 입증되어야 하고, 만일 부보위험과 미부보위험 또는 부보위험에서 제외되는 위험(a non-insured or an excepted peril)이 동등한 정도로 보험사고에 영향을 주었다고 인정되는 경우에는 피보험자의 입증은 실패하게 된다).

68) Rhesa Shiping Company S.A. v. Edmunds(*The Popi M*), H.L. [1985] 2 Lloyd's Rep. 1. 참조.

3. 구체적인 경우

(1) 전위험담보(all risks)[69] 조건상의 증명책임

전위험담보 조건의 경우에는 피보험자는 손해가 발생하였음을 증명하면 족하고 그 손해가 어떠한 위험 또는 사고로 인하여 발생한 것이라는 점까지 증명할 필요는 없다. 다만 그 손해가 필연적으로 발생한 것이 아니라 우연한 성질의 것임은 증명하여야 한다.

(2) 원인불명 침몰의 경우의 증명책임

1) 해상보험에 있어서의 증명의 특수성

해상보험에 있어서 피보험자는 자주 입증의 곤란에 부딪힌다. 피보험자는 항해하는 선박으로부터 멀리 떨어져 있기 때문에 어떤 위험으로 인하여 손해가 야기되었는가를 직접 증명한다는 것이 곤란한 경우가 많기 때문이다. 이러한 해상보험소송에서 다른 사건에 있어서와 마찬가지로 엄격한 증명원칙을 요구한다면 피보험자는 증명의 부족으로 인하여 보험금을 지급받기가 어려운 경우가 많을 것이고 이는 사실상 보험계약에 있어서의 보장목적을 포기하는 것이 된다. 따라서 해상보험소송 분야에서는 일찍부터 엄격한 증명원칙을 완화하는 법리가 형성되어 왔다.[70] 그리하여 영국에서는 어떤 선박이 원인불명의 상황 하에서 침몰한 경우에 사고당시 기상이 양호하지 않은 한 사고는 해상고유의 위험으로 인한 것으로 추정된다.[71] 또한 사고당시 기상 상태가 불량했다면 비록 선박의 감항성이 없어서 그러한 기상에 견디지 못하였다고 하더라도 그 사고는 해상고유의 위험으로 인한 것으로 인정될 수 있다.[72]

---

69) 앞서 본 바와 같이 ICC (A)가 전위험담보조건이다(630쪽 참조).

70) 독일에서는 해상보험소송분야뿐만 아니라 일반의 보험소송분야에서도 소위 일응의 추정의 법리, 또는 표현증명의 법리에 따라 증명의 곤란 문제를 해결해 왔다고 한다. 자세한 것은 주광희, "보험법에 있어서의 일응의 추정의 법리," 해상·보험법에 관한 제문제(하)(법원행정처, 재판자료 제53집), 551쪽 이하 참조.

71) *Templeman on Marine Insurance*, p. 20 참조; 대법원 1991. 5. 14. 90다카25314 판결(화물이 선박과 함께 행방불명된 경우에는 현실전손으로 추정되고(영국 MIA 58조), 그 현실전손은 일응 부보위험인 해상위험으로 인한 것으로 추정되어 보험자는 전보책임을 면할 수 없는 것이며, 부보위험으로 인한 손해라는 추정은 보험자가 부보위험이 아닌 다른 위험 내지 면책위험으로 인한 것일 가능성이 있음을 주장하고 그 가능성이 보다 우월하거나 동일함을 입증하는 경우에 한하여 깨어지는 것이라고 할 것이다).

72) Arnould, *Marine Insurance*, p. 1091 참조.

2) 양호한 기상상태 하에서의 원인불명 침몰 경우의 불감항성의 추정

한편 양호한 날씨 하에서 원인 모르게 선박이 침몰된 경우에는 침몰이 선박의 불감항으로 인한 것이라는 추정을 받는다. 이처럼 사고가 불감항으로 인한 것으로 추정되는 경우에 피보험자가 선박이 감항성이 있었다는 점에 대하여 더 이상의 아무런 증명을 할 수가 없으면 결국 보험사고가 담보위험으로 인한 것이라는 증명을 할 책임을 지는 피보험자가 증명에 실패한 것이므로 보험금청구는 기각되게 된다.[73] 따라서 기상이 양호한 상태 하에서 선박이 원인 모르게 침몰하는 경우 피보험자는 우선 보험사고가 담보위험으로 인한 것이라는 점을 증명하여야 할 부담에 덧붙여 위와 같은 불감항의 추정을 번복하여야 할 부담까지도 지게 된다.

그런데 위와 같이 불감항성의 추정이 있는 경우에 만일 피보험자가 당해 선박이 사고에 가까운 시점에 감항성이 있었음을 증명하면 이러한 불감항성의 추정이 번복될 것인가 하는 문제가 있다. 영국의 판례는 대체로 이를 긍정하고 있다. 이 경우 사고 전에 선박이 감항성이 있었다는 것이 증명되면 과연 사고가 어떤 원인에 의하여 발생하였는지 하는 점에 관하여는 다시 원칙으로 돌아가 법원이 제출된 모든 증거들을 교량하여 판단하여야 한다.[74] 물론 만일 법원이 어느 쪽의 심증도 얻지 못하는 경우에는 증명책임의 원칙에 따라 피보험자의 보험금 청구가 기각되게 된다.

제 6 절 해상보험과 관련된 그 밖의 몇 가지 문제

제 1. 고지의무

1. 총 설

영국 MIA 제17조는 해상보험계약이 최대선의(utmost good faith)에 기한 계약이며 최대선의의 위반이 있는 경우 그 계약은 해제될 수 있다고 규정하고 있다. 이 조항은 해상보험의 기본원칙을 선언한 규정으로서 이 최대선의의무에서 고지의무

---

73) *Templeman on Marine Insurance*, p. 203; The 'Popi M', Court of Appeal [1984] 2 Lloyd's Rep. 560 참조.
74) The 'Popi M', Court of Appeal [1984] 2 Lloyd's Rep. 560 참조.

가 파생되어 나온다고 설명된다.[75] 한편 영국 MIA 제18조에서 제20조는 보다 직접적으로 고지의무에 관하여 규정하고 있다. 즉 영국 MIA 제18조 제 1 항은 피보험자가 중요한 사항을 고지하지 않은 경우에 보험자는 보험계약을 해제할 수 있다고 규정하고 있으며 영국 MIA 제19조는 피보험자가 대리인에 의하여 보험계약을 체결하는 경우의 대리인의 고지의무에 관하여 규정하고 있다. 또한 영국 MIA 제20조 제 1 항은 중요한 사항에 관하여 부실고지가 있는 경우에 보험자가 보험계약을 해제할 수 있음을 규정하고 있다.

2. 우리 상법과 영국 해상보험법의 비교

고지의무에 관한 영국 해상보험법의 입장은 우리 상법상의 입장과 다음과 같은 점에서 주된 차이가 있다.

(1) 고지의무의 대상

1) 우리 상법과 영국 해상보험법은 모두 고지의무의 대상이 되는 사항을 「중요한 사항」이라고 규정하고 있다(상 651조, 영국 MIA 18조에서 20조). 여기서 무엇이 중요한 사항인가 하는 점이 문제로 된다. 이 점에 관하여 영국 MIA는 「신중한 보험자가 보험료를 산정하거나 또는 위험인수여부를 결정함에 있어 그 판단에 영향을 미치는 일체의 사항은 중요한 사항이다」라고 규정하고 있다(영국 MIA 18조 2 항, 20조 2 항).[76]

여기서 신중한 보험자의 판단에 영향을 미치는 사항이란 그 사항이 고지되었더라면 신중한 보험자가 보험료의 산정이나 또는 위험의 인수여부에 관하여 다른 결정을 내렸을 사항을 말하는가 아니면 그보다는 더 약한 정도의 영향으로도 족한가, 그리고 만일 더 약한 정도의 영향으로도 족하다면 그 기준은 무엇인가 하는 점에 관하여 법원과 학자들 및 실무계 사이에 견해가 나뉘어져 있었다.

이에 관하여 영국 귀족원(House of Lords)은 피보험자가 고지하여야 할 중요한 사항이란 신중한 보험자의 결정에 실제적으로 결정적인 영향을 미치지 아니하더

---

75) *Templeman on Marine Insurance*, p. 20 참조.

76) 영국 MIA 제18조 제 2 항의 원문은 다음과 같다. "Every circumstance is material which would influence the judgment of a prudent insurer in fixing the premium, or determining whether he will take the risk."

라도 신중한 보험자가 위험의 인수여부 또는 보험료를 결정함에 있어서 알고자 하는 사항을 말한다는 입장을 채택하여 오래된 논쟁에 종지부를 찍었다.77) 따라서 영국 해상보험법상 피보험자가 고지하여야 할 중요한 사항의 범위는 상당히 넓다고 할 수 있다.78)

2) 한편 우리 상법은 단지 피보험자(또는 보험계약자)에게 「중요한 사항」을 고지할 의무를 부과하고 있을 뿐 어떠한 사항이 중요한 사항이며 그 판단은 누구를 기준으로 할 것인가 하는 점에 관하여는 명시적으로 규정하고 있지 아니하다(상 651조 참조). 중요한 사항의 판단을 누구를 기준으로 하여야 할 것인가 하는 점에 대하여 우리나라의 학설은 대체적으로 객관적인 보험자를 기준으로 하여야 한다고 설명하고 있다.79) 이처럼 우리 상법의 해석상으로도 중요한 사항인지의 판단을 피보험자(또는 보험계약자) 또는 당해 보험자를 기준으로 하지 아니하고 객관적인 보험자를 기준으로 하는 점에 있어서 신중한 보험자를 기준으로 하고 있는 영국법의 입장과 대동소이한 것으로 생각된다. 한편 어떠한 사항이 중요한 사항인가 하는 점에 관하여 일부 학설과 하급심판결은 「고지의무의 대상이 되는 중요한 사항이란 보험자가 그 사실을 안다면 그 계약을 체결하지 않든가, 또는 적어도 그와 동일한 조건으로 계약을 체결하지 않았으리라고 생각되는 사항을 말한다」고 설명함으로써 영국의 결정적 영향설과 같은 입장을 취한 것이 있다.80) 나머지 학설들도 비록 명확하지는 아니하나 대체로 결정적 영향설과 마찬가지로 중요한 사항이란 객관적인 보험자의 결정에 영향을 미쳤을 사항을 의미하는 것으로 해석하고 있는 것으로 보인다. 이러한 우리의 학설과 법원의 입장은 팬 아틀란틱 사건에서 영국 귀족원이 내린 판결의 입장과는 차이가 있는 것으로 생각된다.

---

77) Pan Atlantic Insurance Co., Ltd. v. Pine Top Insurance Co., Ltd.[1994] 2 Lloyd's Rep. pp. 427-468 (이하 「팬 아틀란틱 사건」이라 한다) 참조.
78) 부산고등법원 1997. 11. 7. 95나12392 판결(선박의 감항성에 관한 정보를 제공하는 선급유지는 해상적하보험계약에 있어서 보험료를 정하고 그 위험인수를 여부를 판단하는 데 영향을 미칠 사항으로서 영국 해상보험법 제18조 소정의 보험자에게 고지해야 할 중요한 사항에 해당된다).
79) 최(기), (보), 160쪽; 권혁재, "보험계약상의 고지의무," 해상·보험법에 관한 제문제(법원행정처, 재판자료 제53집), 179-180쪽 등 참조. 이처럼 고지의무의 대상인 중요한 사항의 판단기준을 객관적인 일반 보험자로 하여야 한다는 입장을 객관설이라고 하는바, 고지의무의 대상인 중요한 사항에 관하여 우리 상법과 동일한 규정을 가지고 있는 일본 상법의 해석으로도 객관설이 다수설이다. 그러나 일본에서는 중요한 사항인지의 여부를 객관적인 보험자가 아니라 당해 보험자를 기준으로 판단하여야 한다는 주관설이 등장하여 점점 유력해 지고 있다. 이 주관설에 관한 상세는 たけはま おさむ, "告知義務と 重要な 事實," 別册 ジリスト 121 (1993. 2.), 88頁, 中西 正明, "告知義務と 重要な 事實," 別册 ジリスト 55(1977. 11.), 88頁 참조.
80) 양(승), (보), 120쪽; 권혁재, 전게논문, 179-180쪽; 서울고등법원 1995. 3. 21. 93나49149 판결 등 참조

(2) 고지의무위반의 요건

우리 상법상 고지의무위반의 요건으로는 피보험자(또는 보험계약자)의 고의 또는 중대한 과실이라는 주관적인 요건이 필요하나 영국법상으로는 이러한 주관적인 요건이 필요 없이 단순히 중요한 사항의 불고지 또는 부실고지라는 객관적인 요건만 있으면 고지의무위반이 성립된다.

(3) 고지의무위반의 효과

1) 우리 상법상으로는 고지의무위반이 있는 경우에 보험자에게 계약해지권이 부여되는 반면에 영국 해상보험법상으로는 보험자에게 계약해제권이 부여된다. 따라서, 원칙적으로 우리 상법상으로는 보험자가 계약을 해지하더라도 그 해지에는 소급효가 없기 때문에 보험자는 보험계약을 해지하는 시점이 속하는 보험료 기간까지에 대한 보험료 청구권을 갖는다. 이에 반해 영국 해상보험법상으로는 보험자가 계약을 해제함으로써 보험계약은 소급적으로 실효된다. 따라서 보험자는 이미 지급받은 보험료를 환급해 줄 의무를 부담하게 된다. 다만 우리 상법상으로도 보험금 지급의무에 관하여는 예외적으로 위 비소급효의 원칙을 수정하여 보험자가 보험사고가 발생한 후에 보험계약을 해지한 때에도 보험자에게는 보험금 지급의무가 없으며 이미 지급한 보험금의 반환을 청구할 수 있도록 되어 있으므로 (상 655조)[81] 이 점에서는 우리 상법과 영국법의 입장이 동일하다.

2) 우리 상법은 고지의무위반과 보험사고의 발생 사이에 인과관계가 존재하지 않는 경우에는 비소급효 원칙에 대한 예외를 규정한 상법 제655조 본문이 적용되지 않도록 규정하고 있다(상 655조 단서). 따라서 보험자가 보험사고 발생후 보험계약을 해지하는 경우에 고지의무위반과 보험사고의 발생사이에 인과관계가 없으면 다시 해지의 비소급효원칙으로 돌아가 보험자는 보험금 지급의무를 부담하게 된다. 이에 반해 영국 해상보험법상으로는 고지의무위반과 보험사고의 발생 사이에 아무런 인과관계가 존재하지 않더라도 보험자는 보험계약을 해제하고 보험금 지급책임을 면할 수 있다.[82]

---

81) 다만 뒤에서 살펴보는 바와 같이 고지의무위반과 보험사고 발생 사이에 인과관계가 없는 경우에는 다시 비소급효의 원칙이 적용된다.

82) 팬 아틀란틱 사건.

(4) 해지(해제)권 행사 기간

우리 상법상으로는 보험자의 계약해지권은 보험자가 고지의무 위반사실을 안 날로부터 1월, 보험계약 체결일로부터 3년이 경과하면 소멸하도록 규정하고 있으나(상 651조 본문), 영국 해상보험법상으로는 보험자가 계약해제권을 행사하여야 할 기한이 정하여져 있지 아니하다. 다만 영국 해상보험법상으로도 보험자가 고지의무위반사실을 알면서 합리적인 기간(reasonable time) 내에 해제권을 행사하지 아니하는 때에는 경우에 따라 보험자가 해제권을 포기한 것으로 간주될 수는 있다.[83] 여기서 어느 정도의 기간이 합리적인 기간인가 하는 점은 일률적으로 정할 수 없고 구체적인 사건에서 개별적으로 결정되어야 할 문제이다. 이 점에서 영국 해상보험법은 해지권 행사기간을 일률적으로 정해 놓고 있는 우리 상법과 차이가 있다.

(5) 고지의무위반과 계약체결 사이의 인과관계요부

앞에서 살펴 본 바와 같이 영국 해상보험법상 고지의무의 대상이 되는 중요한 사항은 신중한 보험자를 기준으로 하여 판단하는 바, 중요한 사항이라고 판단된 사항에 관한 고지의무위반이 있으면 보험자는 바로 면책을 주장할 수 있는가 아니면 추가로 중요한 사항의 불고지 또는 부실고지가 당해 보험자(actual insurer)로 하여금 보험계약을 체결하도록 유도(induce)하였음이 필요한가 하는 점이 다음으로 문제가 된다. 이는 고지의무위반과 보험계약 체결사이에 인과관계가 필요한가 하는 문제이다. 이러한 인과관계가 필요하다는 입장의 근거는 고지의무위반을 이유로 보험자가 면책을 주장할 수 있도록 한 것은 보험계약체결에 동의한 보험자의 의사표시의 완전성이 고지의무위반으로 인해 손상을 입었기 때문인데, 그러한 사항의 고지가 있었더라도 보험자가 동일한 조건으로 보험계약을 체결하였을 것이라면 보험자의 의사표시의 완전성이 손상을 입었다고 말할 수 없으며 이 경우에까지 고지의무위반으로 인한 면책을 허용하는 것은 정의와 상식에 반한다는 것이다.

팬 아틀란틱 사건 이전의 판례나 학자들의 견해 중 이 점을 명확하게 언급한 것은 거의 없었다.[84] 이 점에 관하여 팬 아틀란틱 사건의 귀족원은 만장일치로 이

---

83) *Templeman on Marine Insurance*, p. 29 참조.
84) 다만 Zurich General Accident and Liability Insurance Co., Ltd. v. Morrison [1942] 72 Lloyd's Rep.

러한 인과관계가 필요하다고 판시하였다.[85] 따라서 영국 해상보험법상 고지의무
위반을 이유로 보험자가 면책받기 위해서는 중요한 사항에 대한 고지의무위반이
없었더라면 당해 보험자가 동일한 조건으로 보험계약을 체결하지 않았을 것이라
는 요건이 필요한 것으로 확립되었다. 한편 우리 상법상으로는 고지의무위반과 당
해 보험자의 계약체결 사이에는 인과관계가 요구되지 아니하므로 이 점에 관하여
는 우리 상법의 입장과 영국 해상보험법의 입장에 차이가 있게 되었다.

제 2. 담보특약(warranty)

1. 총   설

워런티(warranty)는 영미 계약법에 특유한 개념으로서 사용되는 분야에 따라
그 의미나 효과가 다르다. 영국 해상보험법에서 사용되는 워런티는 「피보험자가
특정한 사항이 행하여지거나 행하여지지 않을 것, 혹은 특정한 조건이 준수될 것
을 약속하거나, 또는 특정한 사실 상태의 존재나 부존재를 보증하는 것」으로 정의
된다.[86] 즉 영국 해상보험법상의 워런티란 피보험자가 보험자에 대하여 일정사항
에 대하여 명시적 또는 묵시적으로 한 특약이다. 따라서 영국 해상보험법상의 워
런티는 담보특약이라고 부르는 것이 적절하다고 생각된다. 아래에서 살펴보는 바
와 같이 영국 해상보험법은 이러한 담보특약의 위반이 있는 경우 담보특약 위반
시점부터 보험자의 책임을 면제하는 등 담보특약에 대하여 특별한 법적효과를 부
여하고 있다. 이러한 담보특약 제도는 우리 상법에 없는 독특한 제도로서 그 위반
의 효과가 피보험자에게 지나치게 불리하기 때문에 영국에서도 담보특약의 엄격

172에서는 보험법의 일반 원칙상 이러한 인과관계가 불필요하다는 견해가 피력되었다. 그러나
위 판결에서 피력된 견해는 단지 방론(obiter)에 불과한 것으로서 구속력이 없다는 것이 팬 아틀
란틱 사건에서의 Lord Mustill의 견해이었다. [1994] 2 Lloyd' Rep. p. 451 참조.
85) 팬 아틀란틱 사건에서 문제로 된 것은 중요한 사항의 불고지이었던바, 귀족원은 먼저 중요한
사항의 부실고지(영국 MIA 20조 2 항)와 관련하여 이러한 인과관계가 요구된다고 판시한 후 불
고지(동 법 18조 2 항)와 부실고지의 상호 유사성에 비추어 볼 때 불고지의 경우에도 마찬가지
라고 판시하였다.
86) 영국 MIA 제33조 제 1 항. 그 원문은 다음과 같다.
"A warranty, in the following sections relating to warranties, means a promissory warranty, that is to
say, a warranty by which the assured undertakes that some particular thing shall or shall not be
done, or that some condition shall be fulfilled, or whereby he arrifrms or negatives the existence of
a particular state of facts."

성을 완화하는 방향으로 담보특약제도를 개선하자는 논의가 진행 중이다.[87]

2. 종　　류

담보특약에는 명시적 담보특약과 묵시적 담보특약이 있다. 명시적 담보특약은 보험증권에 그 내용이 명시적으로 기재된 담보특약을 말한다. 명시적 담보특약은 당사자 사이의 약정에 따라 인정되는 담보특약으로 보험계약에 따라 그 내용이 다르다.

한편 묵시적 담보특약은 당사자 사이의 약정이 없어도 법률상 당연히 인정되는 담보특약으로 선박항해보험계약에서의 감항성 담보특약(영국 MIA 39조 1 항)[88]과 적법성 담보특약(영국 MIA 41조)이 있다.

3. 담보특약에 관한 원칙

(1) 중요성 불문의 원칙(principle of non-materiality)

이 원칙은 담보특약된 사실이 담보위험에 영향을 주었는지 여부, 즉 담보특약의 위반과 손해발생 사이의 인과관계를 묻지 아니하고 담보특약의 위반은 보험자의 책임을 면제한다는 원칙이다.[89]

(2) 엄격준수의 원칙(principle of strict compliance)

이 원칙은 담보특약은 엄격하고도 정확하게 준수되어야 하고 담보특약의 위

---

87) 한창희, "선박보험계약에서의 영국법의 적용범위," 법률신문 2012. 2. 20. 참조.

88) 선박기간보험에는 묵시적인 감항성 담보특약이 없으며 피보험자가 선박이 감항능력이 없다는 사실을 알면서 선박을 항해하도록 하였다면 보험자는 선박의 불감항으로 인하여 발생한 손해에 대한 보상책임이 없다(영국 MIA 39조 5 항). 대법원 2002. 6. 28. 2000다21062 판결(영국 해상보험법상 선박기간보험에 있어 감항능력 결여로 인한 보험자의 면책요건으로서 피보험자의 악의(privity)는 영미법상의 개념으로서 피보험자가 선박의 감항능력 결여의 원인이 된 사실뿐 아니라, 그 원인된 사실로 인하여 해당 선박이 통상적인 해상위험을 견디어낼 수 없게 된 사실, 즉 감항능력이 결여된 사실을 알고 있는 것을 의미하는 것으로서, 감항능력이 없다는 것을 적극적으로 아는 것(positive knowledge of unseaworthiness)뿐 아니라, 감항능력이 없을 수도 있다는 것을 알면서도 이를 갖추기 위한 조치를 하지 않고 그대로 내버려두는 것(turning the blind eyes to unseaworthiness)까지 포함하는 개념이다) 참조.

89) 영국 MIA 제33조 제 3 항. 다만 미국에서는 담보특약 위반과 손해의 발생 사이에 인과관계가 없으면 보험자가 보험금지급책임을 진다고 한다. *Templeman on Marine Insurance*, p. 431.

반이 있으면 그 위반이 사소하더라도 보험자는 책임을 면한다는 원칙이다(영국 MIA 33조 3항).

4. 위반의 효과

(1) 영국 MIA의 규정

영국 MIA에 의하면 담보특약 위반이 있는 경우 보험증권에 달리 규정되어 있지 않는 한[90] 보험자는 담보특약 위반일로부터 그 책임을 면한다(영국 MIA 33조 3항).[91] 다만 담보특약 위반일 이전에 보험자에게 발생한 책임에는 영향이 없다. 한편 담보특약 위반 후 피보험자가 손해 발생 전에 담보특약 위반을 시정하여도 보험자가 담보특약 위반일로부터 책임을 면하는 것은 동일하다(영국 MIA 34조 2항).

(2) 영국의 판례

위에서 본 바와 같이 영국 MIA는 담보특약 위반일로부터 보험자가 책임을 면한다고 규정하고 있는데, 이 규정의 해석과 관련하여 영국에서는 담보특약 위반이 있으면 보험계약이 자동적으로 무효로 되는 것인가 아니면 보험자가 보험계약을 해제할 권리가 발생하는가 하는 점에 관하여 논란이 있었다. 이에 대해 귀족원은 담보특약 위반이 있더라도 보험계약의 효력에는 아무런 영향이 없으며 단지 보험자는 담보특약 위반시부터 자동적으로 보험금 지급책임을 면한다고 판시함으로써 그 논란에 종지부를 찍었다.[92]

위 귀족원 판결에 의할 때 담보특약 위반이 있으면 보험자는 그 시점부터 면

---

90) 협회선박기간보험약관 제 3 조와 협회선박항해보험약관 제 2 조는 「계속부보조항(held covered clause)」을 두어, 일정한 담보특약 위반 시에 피보험자가 그러한 위반 사실을 알게 된 즉시 보험자에게 그 사실을 통지하고 보험자가 요구하는 부보조건의 변경과 추가보험료에 관하여 당사자 사이에 합의가 이루어지면 계속 부보된다고 규정하고 있다.

91) 영국 MIA 제33조 제 3 항 의 원문은 다음과 같다.
"A warranty, as above defined, is a condition which must be exactly complied with, whether it be material to the risk or not. If it be not so complied with, then, subject to any express provision in the policy, the insurer is discharged from liability as from the date of the breach of warranty, but without prejudice to any liability incurred by him before that date."

92) The Bank of Nova Scotia v. Hellenic Mutual War Risks Association (Bermuda) Ltd. (The "Good Luck") [1991], 2 L.R., pp. 191-205.

책되기는 하나 보험계약은 계속하여 유효하게 존재하므로 보험계약자의 보험계약
상의 의무(주로 보험료 지급의무)는 여전히 남아 있게 된다.

제 3. 보험자대위

우리 상법과 마찬가지로 영국 해상보험법상으로도 보험금을 지급한 보험자는
피보험자의 권리를 대위한다. 그러나 영국 해상보험법상의 보험자 대위는 다음과
같은 특색이 있다. 즉 보험금을 지급하게 되면 보험자대위에 의해 보험자가 법률
상 당연히 피보험자의 권리를 취득하고 보험자 이름으로 그 권리를 행사할 수 있
게 되는 우리 상법의 입장과는 달리 영국 해상보험법상으로는 보험자대위가 일어
난다고 하더라도 보험자가 직접 자기 이름으로 피보험자의 권리를 행사할 수 있
는 것이 아니라 보험금을 지급받은 피보험자가 자신의 이름으로 권리를 행사하여
취득한 경제적 이익을 보험자에게 반환할 의무를 지게 된다.[93] 실무상으로는 피보
험자가 보험금을 지급받으면서 대위증서를 작성하여 보험자에게 교부하는데 이
대위증서에는 보험자가 피보험자의 이름으로 권리를 행사하는 것을 허락하는 내
용이 포함되게 된다. 한편 영국법상으로도 피보험자가 보험자에게 권리를 양도하
고 이러한 양도를 채무자에게 통지한 경우에는 보험자가 자신의 이름으로 피보험
자의 권리를 행사할 수 있다. 그러나 이는 영국 해상보험법상의 보험자대위의 효
과가 아니라 영국 재산법상의 권리양도의 효과에 불과하다.

제 4. 직접청구권

직접청구권이란 책임보험에 있어서 피해자인 제 3 자가 보험자에게 직접 손해
의 배상 또는 보상을 청구할 수 있는 권리를 말한다. 우리 상법은 제724조 제 2 항
에서 「제 3 자는 피보험자가 책임을 질 사고로 입은 손해에 대하여 보험금액의 한
도 내에서 보험자에게 직접 보상을 청구할 수 있다」고 규정하여 명시적으로 직접

---

93) 서울고등법원 1989. 5. 15. 88나44126 판결(보험자는 위와 같은 대위권에 기하여 그 자신의 이름
으로 소송을 수행할 수 없고 다만 손해를 보상받은 피보험자가 보험자의 위와 같은 권한행사를
위하여 행하는 소송에 있어서 자신의 이름을 빌려주고 필요한 모든 협조를 다하여야 할 의무가
있는 것으로 해석되며, 보험자가 자신의 이름으로 소송을 수행하기 위하여서는 영국의 재산법
(The Law of property act, 1925) 제136조의 규정에 따라 피보험자의 소권을 양도받아야 한다).

청구권을 인정하고 있다. 그런데 해상보험에서 책임보험의 성질을 가지는 충돌손
해배상책임보험이나 선주책임상호보험94)에서는 보험약관에 피보험자가 보험금을
청구하기 위해서는 반드시 피보험자가 먼저 제 3 자에게 배상 또는 보상하여야 한
다는 선지급 조항(소위 pay to be paid clause)을 두고 있다.

　여기서 과연 이러한 선지급 조항에도 불구하고 피보험자로부터 지급을 받지
못한 제 3 자가 보험자에 대하여 직접청구권을 행사할 수 있을 것인가 하는 점이
문제가 된다. 영국법에 의하면 이러한 선지급 조항이 유효하기 때문에 이러한 선
지급 조항이 있는 선박보험이나 선주책임상호보험에서 제 3 자는 보험자에게 직접
청구권을 행사하는 것이 가능하지 않다.95) 한편 우리 상법에 의하면 제 3 자의 직
접청구권에 관한 상법 제724조 제 2 항은 강행규정이므로 위 선지급 조항은 무효
로 보아야 할 것이다.96) 그러므로 이 점에 관해서는 제 3 자의 직접청구권에 적용
될 준거법이 무엇인가 하는 점이 선결문제가 된다. 제 3 자의 직접청구권의 준거법
에 관한 대법원 판례는 없으며, 하급심 판결은 보험계약의 준거법이 직접청구권의
준거법이 되어야 한다는 판결97)과 제 3 자의 피보험자에 대한 채권의 준거법이 직
접청구권의 준거법이 되어야 한다는 판결98)로 나뉜다. 학설로서는 후자의 판결과
같이 제 3 자의 피보험자에 대한 채권의 준거법이 직접청구권의 준거법이 되어야
한다는 견해99)와 국제사법의 제10조100)에 따라 보험계약의 준거법이나 제 3 자의

---

94) 선주책임상호보험의 법적 성질을 보상보험으로 보는 견해도 있으나(김인현, "한국과 미국의 선
　　주책임상호보험에서의 직접청구권의 비교법적 연구," 한국해법학회지 제28권 제 1 호 (2006),
　　15-21쪽), 선주책임상호보험은 책임보험으로 보는 것이 타당하다고 생각된다(박영준, "선주책임
　　상호보험에 관한 연구"(고려대학교 법학박사학위논문, 2003), 79-85쪽 참조).
95) *The Fanti and The Padre Island*, [1990] 2 Lloyd's Rep. 191 참조.
96) 김(성), (보), 618-619쪽; 고(평), (책임보험), 237쪽; 졸고, "선박보험과 피해자의 직접청구권," 보
　　험법연구 4(2002), 120쪽.
97) 부산지방법원 2009. 6. 17. 2008나3906 판결; 서울남부지방법원 2013. 6. 5. 2012가합7046 판결 참조.
98) 서울지방법원 2002. 7. 5. 2001가합36981 판결(불법행위를 이유로 하여 제 3 자가 직접 보험자에
　　게 손해배상을 청구하는 경우에도 보험계약의 준거법약정이 유효하다고 할 수 없고, 오히려 이
　　러한 경우는 준거법약정이 없는 경우에 해당하므로 우리나라 섭외사법 제45조에서 영해에서의
　　선박충돌에 관한 책임은 충돌지 법에 의한다고 규정한 바에 따라 이 사건 청구에 관한 준거법
　　은 선박의 충돌지인 대한민국 법이 된다고 할 것이고, 우리 상법 제724조 제 2 항에서는 보험자
　　에게 직접보상을 청구할 수 있다고 규정하고 있으므로 위 원고는 직접 보험자인 위 피고들에
　　대하여 손해배상을 구할 수 있다고 할 것이다). 한편 위 판결에서는 「선지급규정에 관한 위 약
　　관의 규정은 보험자와 피보험자 사이의 보험금 지급절차에 관한 것일 뿐 보험금 지급채무의 존
　　부에 관한 것은 아니므로 이를 가지고 보험자가 직접청구권자인 제 3 자에게 대항할 수 없다고
　　할 것이다」고 판시함으로써, 선지급 조항의 유효성에 관하여는 판단하지 아니 하였다.
99) 졸고, 전게 "선박보험과 피해자의 직접청구권," 118-123쪽.
100) 국제사법 제10조는 「외국법에 의하여야 하는 경우에 그 규정의 적용이 대한민국의 선량한 풍속

피보험자에 대한 채권의 준거법에 관계없이 우리 상법이 직접청구권의 준거법이
되어야 한다는 견해[101]가 있다. 향후 이점에 대한 대법원 판결의 입장을 지켜보아
야 할 것으로 생각된다.

그 밖의 사회질서에 명백히 위반되는 때에는 이를 적용하지 아니한다」라고 규정한다.
101) 김창준, "2009-2010 한국 해상법의 동향," 2010 제 3 차 동아시아 해상법포럼 자료(2010. 11. 26.),
51쪽; 졸고, 전게 "선박보험과 피해자의 직접청구권," 118-123쪽 참조.

해상분쟁의 해결

제1장 총 설

앞서 본 바와 같이 해상기업은 필연적으로 각종의 해상위험과 해양사고에 조우하게 되기 때문에 육상기업에 비해 더 많은 분쟁에 직면하게 된다. 또한 해상기업은 그 기업 활동이 본질적으로 국제성을 띠고 있기 때문에 그 분쟁의 해결에는 여러 가지 섭외적 법률문제가 관련되는 경우가 많다. 우선 해상분쟁을 소송에 의해 해결하는 경우에는 어느 국가의 법원이 해상분쟁의 해결을 위한 적정한 재판관할권을 갖는가 하는 점이 문제가 되고 이와 관련하여 외국판결의 승인과 집행이 문제가 된다. 다음으로 해운 실무에서는 해상분쟁을 중재에 의하여 해결하는 경우가 많은데 이와 관련해서는 중재약정의 적법성과 외국중재판정의 승인과 집행 등이 문제가 된다. 또한 해상분쟁의 해결을 위하여 적용되어야 할 준거법을 결정하는 것도 매우 중요한 문제가 되는데 이는 국제사법적인 문제로서 국제해상법으로 다루어지고 있다. 한편 해상기업의 물적 조직인 선박은 수시로 각국을 이동하는 특성을 갖기 때문에 이러한 선박에 대한 해상채권의 집행과 관련된 문제도 또한 중요한 문제가 된다.

이러한 문제들은 해상기업의 생활관계에 특유한 것이 아니기 때문에 전통적인 해상법에서는 다루지 않아온 문제들이다. 그러나 위에서 살펴본 바와 같이 해상기업은 육상기업에 비해 더 많은 분쟁에 직면하게 되고 그 분쟁은 육상기업의 분쟁에 비하여 특수하기 때문에 해상기업의 생활관계에서는 해상분쟁의 해결이 상당히 커다란 부분을 차지하고 있다. 그러므로 본서에서는 간단하게나마 해상분쟁의 해결에 관하여 다루기로 한다.[1]

아래에서는 해상분쟁의 해결과 관련하여 해상분쟁과 국제소송, 해상분쟁과 중재, 해상분쟁의 준거법 및 선박에 대한 집행의 순서로 살펴보기로 한다.

---

1) 이 편의 내용은 국제사법과 국제민사소송법 전문가들의 연구결과를 많이 참조하였음을 밝힌다.

제 2 장 해상분쟁과 국제소송

제 1 절   국제재판관할

제 1.   국제재판관할의 의의

국제재판관할이란 외국적 요소를 가진 민사 또는 상사분쟁의 해결에 관하여 국가를 단위로 어느 국가의 법원이 재판권을 갖느냐 하는 문제를 말한다.[1] 이처럼 어떤 사건이 어느 국가의 법원의 재판관할에 속하는가 하는 문제는 그 사건에 적용될 준거법의 결정에도 영향을 미친다. 왜냐하면 준거법의 선택에 관한 각국의 국제사법이 나라마다 다르기 때문이다.[2]

그런데 이러한 국제재판관할에 관하여는 아직 국제조약이나 일반적으로 승인된 국제법상의 원칙이 존재하지 아니한다. 따라서 국제재판관할은 각국이 독자적으로 국내법의 형식으로 결정하고 있다. 우리나라는 2001년에 국제사법을 개정하면서 국제재판관할에 관한 규정을 두었다(동 법 2조, 27조 및 28조).

한편 해운 실무에서는 해상분쟁에 관하여 자기에게 유리한 재판관할 국가를 선택하기 위한 법정지 선택(forum shopping)이 널리 행해진다. 이는 외국적 생활관계의 법적 안정성을 해하는 것이므로 바람직한 것은 아니나 국제재판관할에 관한 국제법상의 원칙이 없기 때문에 생기는 부득이한 현상이라고 할 수 있다.

---

1) 최(공), (국제), 266쪽.
2) 최(공), (국제), 266쪽.

제 2. 국제재판관할 결정의 일반적 기준

우리 국제사법상 외국적 요소가 있는 사건에서 우리나라 법원의 국제재판관할이 인정되기 위한 일반적인 기준은 다음과 같다.

1. 실질적 관련의 존재

우리나라 법원은 당사자 또는 분쟁이 된 사안이 대한민국과 실질적 관련이 있는 경우에 국제재판관할권을 가진다(국제사법 2 조 1 항 1 문). 그러므로 우리 국제사법상 우리나라 법원이 외국적 요소가 있는 사건에서 국제재판관할권을 갖기 위한 요건은 당사자 또는 분쟁이 된 사안과 우리나라와의 실질적 관련성이다. 여기서 실질적 관련이란 우리나라 법원이 재판관할권을 행사하는 것을 정당화할 수 있을 정도로 당사자 또는 분쟁 대상이 우리나라와 관련성을 갖는 것을 의미하며, 그 구체적인 인정 여부는 법원이 개별 사건마다 종합적인 사정을 고려하여 판단하게 된다.3) 한편 우리 국제사법은 「당사자」가 우리나라와 실질적 관련이 있는 것을 요구함으로써 반드시 피고가 아니라 원고가 우리나라와 실질적 관련을 갖는 경우에도 우리나라 법원의 재판관할권이 인정될 수 있으나,4) 해상분쟁에 있어서는 원고만 우리나라와 실질적 관련을 갖는 경우에 우리나라 법원의 재판관할권이 인정되는 경우는 드물 것으로 본다.

2. 국제재판관할 배분의 이념과 합리적인 원칙

한편 법원은 실질적 관련의 유무를 판단함에 있어 국제재판관할 배분의 이념에 부합하는 합리적인 원칙에 따라야 한다(국제사법 2 조 1 항 2 문). 우리 국제사법은 「국제재판관할 배분의 이념」이 무엇인지는 규정하고 있지 아니하다. 따라서 이는 해석에 맡겨져 있으나 대체로 당사자간의 공평, 재판의 적정, 신속 등을 말한다.5) 그러

---

3) 법무부, 국제사법 해설, 24쪽.
4) 석, (관할), 333쪽.
5) 대법원 1992. 7. 28. 91다41897 판결(섭외사건에 관하여 국내의 재판관할을 인정할지의 여부는 국제재판관할에 관하여 조약이나 일반적으로 승인된 국제법상의 원칙이 아직 확립되어 있지 않고 이에 관한 우리 나라의 성문법규도 없는 이상 결국 당사자간의 공평, 재판의 적정, 신속을 기한다는 기본이념에 따라 조리에 의하여 이를 결정함이 상당하다 할 것이고, 이 경우 우리나라의 민사소송법의 토지관할에 관한 규정 또한 위 기본리념에 따라 제정된 것이므로 위 규정에

므로 우리 국제사법상 법원은 당사자간의 공평, 재판의 적정, 신속 등의 이념과 합리성의 원칙에 따라 실질적 관련의 유무, 즉 국제재판관할의 인정여부를 결정하여야 한다.[6)]

3. 국내법의 관할 규정 및 국제재판관할의 특수성

국제사법 제2조 제1항에서 규정하고 있는 국제재판관할의 기준은 추상적이기 때문에 국제사법은 나아가 「법원은 국내법의 관할 규정을 참작하여 국제재판관할권의 유무를 판단하되, 제1항의 규정의 취지에 비추어 국제재판관할의 특수성을 충분히 고려하여야 한다」고 규정한다(동법 2조 2항). 따라서 해상분쟁에 있어서는 원칙적으로 민사소송법상의 관할 규정과 국제재판관할의 특수성을 고려하여 국제재판관할이 결정되게 된다. 즉 민사소송법상의 관할 규정에 따라 관할이 인정된다고 하더라도 국제재판관할의 특수성에 비추어 재판관할을 인정하는 것이 부적절하면 우리나라 법원의 재판관할이 부정되게 된다. 한편 국제재판관할의 특수성을 고려할 때에는 국제재판관할 배분의 이념이나 합리적인 원칙을 참작하여야 할 것이다.

제3. 국제재판관할을 위한 연결점의 개별적 검토

1. 영업소 소재지

민사소송법은 제5조 제1항에서 「법인, 그 밖의 사단 또는 재단의 보통재판적은 이들의 주된 사무소 또는 영업소가 있는 곳에 따라 정하고, 사무소와 영업소가 없는 경우에는 주된 업무담당자의 주소에 따라 정한다」고 규정하고, 제2항에서 「제1항의 규정을 외국법인, 그 밖의 사단 또는 재단에 적용하는 경우 보통재판적은 대한민국에 있는 이들의 사무소·영업소 또는 업무담당자의 주소에 따라 정한다」고 규정함으로써 외국 법인은 한국에 있는 사무소 또는 영업소에 보통재판적을 인정하고 있다. 한편 민사소송법은 제12조에서 「사무소 또는 영업소가 있

의한 재판적이 국내에 있을 때에는 섭외사건에 관한 소송에 관하여도 우리나라에 재판관할권이 있다고 인정함이 상당하다). 한편 소송경제도 국제재판관할 배분의 이념의 하나로 추가되어야 한다는 견해가 있다(석, (관할), 171쪽).

6) 「실질적 관련」과 「국제재판관할 배분의 이념 및 합리적인 원칙」이 국제재판관할권을 인정하기 위한 2가지 요건이라는 견해의 소개에 대하여는 석, (관할), 335쪽 참조.

는 사람에 대하여 그 사무소 또는 영업소의 업무와 관련이 있는 소를 제기하는 경
우에는 그 사무소 또는 영업소가 있는 곳의 법원에 제기할 수 있다」고 규정하여
영업소 소재지에 특별재판적을 인정하고 있다.

　이와 관련하여 해상분쟁의 상대방인 외국 법인이 한국에 사무소 또는 영업소
를 두고 있는 경우에 민사소송법 제5조가 적용되어 외국 법인에 대한 보통재판
적이 인정되어 그 사무소 또는 영업소의 업무와 관련이 없는 사건에 관하여도 우
리나라 법원이 국제재판관할권을 갖는가 아니면 민사소송법 제12조가 적용되어
그 사무소 또는 영업소의 업무에 관련이 있는 사건에 관하여만 우리나라 법원이
국제재판관할권을 갖는가 하는 점이 문제가 된다. 이에 대하여 2001년 국제사법
개정 전에 대법원은 외국 법인의 사무소 또는 영업소에 보통재판적을 인정하였
다.[7] 그러나 앞서 본 바와 같이 개정 국제사법이 국제재판관할의 유무를 판단할
때 국제재판관할의 특수성을 고려하도록 규정하고 있으므로 개정 국제사법하에서
는 위 대법원 판결은 변경되어야 한다고 본다.[8] 따라서 해상분쟁의 상대방인 외
국 법인이 국내에 사무소 또는 영업소를 두고 있는 경우에도 그 사무소 또는 영업
소의 업무에 관련이 있는 사건에 관하여만 우리나라 법원의 국제재판관할이 인정
된다.

2. 의무이행지

　민사소송법 제8조는 「재산권에 관한 소를 제기하는 경우에는 거소지 또는
의무이행지의 법원에 제기할 수 있다」고 규정한다. 여기서 재산권에 관한 소에는
불법행위, 부당이득, 사무관리 등의 법정채무가 포함된다. 한편 우리 법상 의무이
행지는 채권자의 주소지 또는 영업소인 것이 원칙인데(민 467조 2항), 위의 법정채
무에 대해서까지 의무이행지, 즉 채권자의 주소지나 영업소의 재판관할을 인정하
는 것은 피고에게 예측하지 못한 곳에서 응소를 강제하게 되어 부당하므로 법정

---

7) 대법원 2000. 6. 9. 98다35037 판결(우리 민사소송법 제4조(개정 후 제5조)에 의하면 외국법인
　등이 대한민국 내에 사무소, 영업소 또는 업무담당자의 주소를 가지고 있는 경우에는 그 사무소
　등에 보통재판적이 인정된다고 할 것이므로, 증거수집의 용이성이나 소송수행의 부담 정도 등
　구체적인 제반 사정을 고려하여 그 응소를 강제하는 것이 민사소송의 이념에 비추어 보아 심히
　부당한 결과에 이르게 되는 특별한 사정이 없는 한, 원칙적으로 그 분쟁이 외국법인의 대한민국
　지점의 영업에 관한 것이 아니라 하더라도 우리 법원의 관할권을 인정하는 것이 조리에 맞는다).
8) 위 대법원 판결에 대한 비판은 석, (관할), 236쪽 이하 참조.

채무에 대해서는 위 규정에 따른 국제재판관할이 인정되지 않는다고 본다.9) 그러므로 해상분쟁이 선박충돌 등의 불법행위로 인한 것인 경우에 채권자의 주소지 또는 영업소가 우리나라라는 이유만으로는 우리나라 법원의 국제재판관할이 인정되지 아니한다.

3. 불법행위지

민사소송법 제18조 제1항은 「불법행위에 관한 소를 제기하는 경우에는 행위지의 법원에 제기할 수 있다」고 규정하는데 이는 해상분쟁에 관한 국제재판관할에도 타당하다고 본다. 여기서 행위지란 행동지와 결과발생지를 포함한다.10) 그러므로 해상분쟁이 상대방의 불법행위로 인한 경우에는 상대방의 행동지가 우리나라이거나 피해가 우리나라에서 발생한 경우에 우리나라 법원의 국제재판관할이 인정된다.

또한 민사소송법 제18조 제2항은 「선박 또는 항공기의 충돌이나 그 밖의 사고로 말미암은 손해배상에 관한 소를 제기하는 경우에는 사고선박 또는 항공기가 맨 처음 도착한 곳의 법원에 제기할 수 있다」고 규정하고 있는데, 이는 국제재판관할에도 타당하다. 따라서 선박의 충돌이나 그 밖의 사고가 발생한 경우 사고선박이 맨 처음 도착한 곳이 우리나라이면 그 사고로 말미암은 손해배상에 관한 소에 관하여 우리나라 법원의 국제재판관할이 인정된다.

4. 재산소재지

민사소송법 제11조는 「대한민국에 주소가 없는 사람 또는 주소를 알 수 없는 사람에 대하여 재산권에 관한 소를 제기하는 경우에는 청구의 목적 또는 담보의 목적이나 압류할 수 있는 피고의 재산이 있는 곳의 법원에 제기할 수 있다」고 규

---

9) 석, (관할), 337쪽.

10) 대법원 1994. 1. 28. 93다18167 판결(섭외사법 제13조 제1항(현행 국제사법 제32조 제1항)에 의하면, 불법행위로 인하여 생긴 채권의 성립 및 효력은 그 원인된 사실이 발생한 곳의 법에 의한다고 규정하고 있는바, 여기에서 원인된 사실이 발생한 곳이라 함은 불법행위를 한 행동지 뿐만 아니라 손해의 결과발생지도 포함하는 개념이라고 풀이함이 타당하고, 가해행위 및 손해발생의 대부분이 공해상을 운항 중이던 선박 내에서 이루어졌다는 이유만으로 손해의 결과발생지에 포함되는 대한민국의 법을 준거법에서 배제하고 위 선박의 선적국법이 준거법이 되어야 한다고는 볼 수 없다).

정한다. 이와 관련하여 재산소재를 근거로 하여 당해 재산과 관련이 없는 사건에 대한 재판관할을 인정할 수 있는가 하는 점이 문제가 된다. 앞서 본 바와 같이 개정 국제사법이 국제재판관할의 유무를 판단할 때 국제재판관할의 특수성을 고려하도록 규정하고 있으므로 개정 국제사법하에서는 당해 재산과 관련이 없는 사건에 대한 우리나라 법원의 국제재판관할은 인정되지 아니한다고 본다.

따라서 해상분쟁의 상대방인 외국 법인이 소유하는 선박이 우리나라에 기항한 경우에 이를 가압류한 다음 그 선박과 관련이 있는 사건인지의 여부를 묻지 아니하고 민사소송법상의 재산소재지 관할을 근거로 하여 우리나라 법원에 그 외국 법인을 상대로 하여 본안 소송을 제기하는 해운 실무에서의 관행은 개정 국제사법하에서는 변경되어야 할 것으로 본다.

5. 선박소재지

민사소송법 제14조는 「선박채권, 그 밖에 선박을 담보로 한 채권에 관한 소를 제기하는 경우에는 선박이 있는 곳의 법원에 제기할 수 있다」고 규정한다. 이는 국제재판관할에도 적용된다고 본다. 여기서 선박채권이란 선박우선특권을 의미하며 그 밖에 선박을 담보로 한 채권이란 선박저당권 및 선박질권을 말한다.[11] 따라서 외국 선박이 우리나라에 기항하는 경우에 그 선박에 대한 선박우선특권, 선박저당권 및 선박질권에 관하여 우리나라 법원의 국제재판관할이 인정된다. 한편 이러한 국제재판관할은 앞서 본 재산소재지 관할에 의해서도 인정될 것이다.

6. 해난구조의 특별재판적

민사소송법 제19조는 「해난구조에 관한 소를 제기하는 경우에는 구제된 곳 또는 구제된 선박이 맨 처음 도착한 곳의 법원에 제기할 수 있다」고 규정한다. 이는 국제재판관할에도 적용된다고 본다. 따라서 해난구조된 선박이 맨 처음 우리나라에 도착하면 해난구조에 관하여 우리나라 법원의 국제재판관할이 인정된다.

---

11) 송(상), (민소), 95-96쪽.

7. 합의관할

(1) 우리 민사소송법상 일정한 요건하에 당사자들이 합의한 관할이 인정된다. 즉 민사소송법 제29조 제 1 항은 「당사자는 합의로 제 1 심 관할법원을 정할 수 있다」고 규정하고 동 조 제 2 항은 「제 1 항의 합의는 일정한 법률관계로 말미암은 소에 관하여 서면으로 하여야 한다」고 규정한다. 여기의 서면합의는 반드시 동일 서면에 의하여 체결될 것을 요구하지 아니하며 동시에 행해질 필요도 없다.[12] 한편 합의관할에는 다른 법원의 관할권을 배제하는 전속적 관할합의와 본래의 법정관할에 특정한 법원의 관할을 추가하는 부가적 관할합의가 있다. 전속적 관할합의인지 부가적 관할합의인지 하는 점은 당사자의 의사에 따를 문제인데, 당사자의 의사가 명백하지 아니한 경우에는 본래의 법정관할 중의 어느 하나를 지정하는 합의는 전속적 관할합의이고 본래의 법정관할이 없는 법원을 지정하는 합의는 부가적 관할합의라고 보는 것이 통설·판례이다.[13]

(2) 한편 해운 실무에 있어서는 선하증권이나 용선계약서 등에 국제재판관할에 관한 합의가 기재되는 경우가 많다. 이와 관련하여 앞서 본 국내 소송에 있어서의 합의관할에 관한 민사소송법의 원칙이 국제재판관할합의에도 적용될 것인가 하는 점이 문제가 된다. 생각건대 해운 실무에서 행해지는 국제재판관할합의 중 본래의 재판관할에 특정한 나라 법원의 재판관할을 추가하는 부가적 재판관할합의는 국내 소송에 있어서의 관할합의와 마찬가지로 일정한 법률관계로 인한 분쟁에 관하여 서면으로 하면 그 효력이 인정될 수 있다고 본다.[14] 한편 전속적 재판관할합의가 효력이 있는가 하는 점은 논란이 많은 문제이므로 절을 바꿔 새로운 절에서 살펴보기로 한다.

---

12) 이(시), (민소), 107쪽; 강(현), (민소), 90쪽; 김(홍), (민소), 114쪽.

13) 대법원 2008. 3. 13. 2006다68209 판결; 이(시), (민소), 108쪽; 석, (해설), 52쪽.

14) 참고로 로테르담 규칙은 대량운송계약(volume contract)을 제외한 통상의 운송계약에서는 전속적 합의관할을 인정하지 아니하고 운송인의 주소지, 운송물의 수령지, 운송물의 인도지, 운송물의 선적항 또는 양륙항의 특별재판적에 합의된 법원의 관할을 추가하는 부가적 관할합의로서의 효력만을 인정한다(동 규칙 66조).

제 2 절 전속적 재판관할합의의 효력

제 1. 합의의 방식

전속적 재판관할합의가 유효하기 위해서는 부가적 재판관할합의와 마찬가지로 그 합의가 서면으로 행해져야 한다. 그런데 해운 실무에서는 선하증권에 전속적 재판관할에 관한 약관이 기재되는 경우가 많다. 이와 관련하여 이러한 선하증권 약관이 유효한 서면합의로서 인정될 수 있는가 하는 점이 문제가 된다.15) 우리 민사소송법이 관할합의를 서면으로 할 것을 요구하는 취지는 당사자 사이의 합의를 명확히 함으로써 합의 그 자체에 대한 분쟁을 방지하기 위한 것이므로16) 서면 합의에 관하여는 엄격한 방식을 요구할 필요가 없다고 본다. 따라서 선하증권에 전속적 재판관할에 관한 약관이 기재되고 선하증권 소지인이 아무런 이의 없이 선하증권을 취득한 경우에는 서면합의의 요건이 충족되었다고 보아야 할 것이다.17)

제 2. 합의의 유효요건

1. 외국 법원을 전속적 관할법원으로 하는 합의

(1) 우리 대법원은 우리나라 법원의 관할을 배제하고 외국의 법원을 관할법원으로 하는 전속적 국제재판관할의 합의는 다음의 요건을 충족하여야 유효하다고 판시하였다.18) ① 당해 사건이 우리나라 법원의 전속관할에 속하지 않아야 하고, ② 지정된 외국법원이 그 외국법상 당해 사건에 대하여 관할권을 가져야 하며, ③

---

15) 이 문제는 선하증권에 의해 부가적 재판관할 약관이 기재되는 경우에도 마찬가지로 적용된다.

16) 정(동), (민소), 136쪽; 이(시), (민소), 107쪽.

17) 동지: 정(동), (민소), 138쪽; 이인재, 국제적 관할합의, 사법논집 20집(1989), 636쪽; 정(해), (국제), 32쪽.

18) 대법원 2004. 3. 25. 2001다53349 판결; 대법원 1997. 9. 9. 96다20093 판결(대한민국 법원의 관할을 배제하고 외국의 법원을 관할법원으로 하는 전속적인 국제관할의 합의가 유효하기 위하여는, 당해 사건이 대한민국 법원의 전속관할에 속하지 아니하고, 지정된 외국법원이 그 외국법상 당해 사건에 대하여 관할권을 가져야 하는 외에, 당해 사건이 그 외국법원에 대하여 합리적인 관련성을 가질 것이 요구된다고 할 것이고, 한편 전속적인 관할 합의가 현저하게 불합리하고 불공정한 경우에는 그 관할 합의는 공서양속에 반하는 법률행위에 해당하는 점에서도 무효이다).

당해 사건이 그 외국법원에 대하여 합리적인 관련성을 가져야 하고, ④ 전속적인 관할합의가 현저하게 불합리하거나 불공정하지 않아야 한다.

(2) 위 ①의 요건에 있어서의 「전속관할」이란 국내 소송에 적용되는 전속적 토지관할을 의미하는 것이 아니라 전속적 국제재판관할을 의미한다.[19] 우리나라 법원에 속하는 전속적 국제재판관할에는 (ⅰ) 국내에 있는 부동산에 대한 물권 또는 임대차를 목적으로 하는 소, (ⅱ) 우리나라 법인의 존부, 그 기관의 결정의 유·무효 등에 관한 소, (ⅲ) 우리나라의 공적 장부상의 기재의 유·무효를 목적으로 하는 소 등이 있다.[20]

(3) 위 ②의 요건과 관련해서는 지정된 외국법원이 관할권을 갖기는 하나 부적절한 법정지의 법리(doctrine of forum non convenience)[21]에 따라 국제재판관할을 행사하지 아니하는 경우에 전속적 재판관할의 합의의 효력을 인정할 것인가 하는 점이 문제가 된다. 생각건대 외국의 법원에 관할권이 있으면 일응 전속적 재판관할합의는 유효하나 외국 법원이 부적절한 법정지의 법리에 따라 재판권의 행사를 자제하는 경우 또는 자제할 것이 명백히 증명된 경우에는 그 외국 법원에 관할권이 없는 경우와 마찬가지로 보아 전속적 재판관할합의는 무효라고 본다.

(4) 위 ③의 요건에 관해서는 이를 비판하는 견해가 많다.[22] 당사자의 예측가능성을 보호한다는 취지에서 가급적 재판관할에 관한 당사자의 합의를 존중하는 것이 바람직하다는 점, 국제거래에서는 서로 다른 국가에 속하는 당사자들이 중립적인 국가에서 재판받을 합리적인 이유가 존재하는 점 및 아래에서 살펴보는 바와 같이 전속적 재판관할합의가 현저하게 불합리하거나 불공정한 경우에는 공서양속 위반을 이유로 무효로 할 수 있는 길이 열려 있다는 점 등을 고려해 볼 때 전속적 재판관할합의의 유효요건으로서 합리적 관련성을 요구하는 것은 타당하지 않다고 본다. 그러므로 대법원이 그 입장을 변경하는 것이 바람직하나 설사 대법원이 전속적 재판관할합의의 요건으로 합리적 관련성을 요구하는 입장을 유지한

19) 석광현, "선하증권에 의한 국제재판관할합의의 문제점," 서울지방변호사회, 판례연구, 제16집 (하)(2002), 183쪽.
20) 석광현, 전게 "선하증권에 의한 국제재판관할합의의 문제점," 184쪽.
21) 부적절한 법정지의 법리란 어느 국가의 법원이 국제재판관할권을 가지고 있으나 다른 국가의 법원이 더 적절한 법정지인 경우에 국제재판권의 행사를 자제하고 계속된 소송절차를 중지하거나 소를 각하하는 영미법상의 원칙을 말한다(상세는 석, (관할), 115쪽 이하 참조).
22) 석광현, 전게 "선하증권에 의한 국제재판관할합의의 문제점," 186쪽; 정(해), (국제), 39쪽; 손경한, "전속적인 국제관할합의의 유효요건," 중재 제29호(1998. 12.), 48-49쪽 등.

다고 하더라도 합리적 관련성의 존재여부에 관한 판단에는 상당한 융통성을 발휘
해야 할 것이다.[23]

(5) 위 ④의 요건은 선량한 풍속 기타 사회질서에 위반한 사항을 내용으로 하
는 법률행위는 무효로 한다는 민법 제103조의 일반 규정에 따른 것이다. 그러므로
전속적 국제재판관할합의가 현저하게 불합리하고 불공정한 경우에는 공서양속 위
반이 되어 무효로 된다. 이러한 공서양속 요건이 있기 때문에 합리적 관련성 요건
이 없더라도 부당한 결과를 방지할 수 있다는 점은 앞서 본 바와 같다.

2. 우리나라 법원을 전속적 관할법원으로 하는 합의

우리나라 법원을 전속적 관할법원으로 하는 합의의 유효요건도 외국 법원을
전속적 관할법원으로 하는 합의의 유효요건과 마찬가지라고 하는 것이 합리적이
다.[24] 따라서 그 유효요건은 ① 당해 사건이 외국 법원의 국제적 전속재판관할에
속하지 않아야 하고, ② 우리나라 법원이 당해 사건에 대하여 관할권을 가져야 하
며, ③ 전속적인 관할합의가 현저하게 불합리하거나 불공정하지 않아야 한다는 것
이 된다. 합리적 관련성에 관하여 우리 대법원이 그 입장을 유지하는 경우에는 당
해 사건이 우리나라 법원에 대하여 합리적인 관련성을 가져야 한다는 요건이 추
가될 것이다. 그러나 앞서 본 바와 같이 이 경우에도 합리적 관련성의 유무는 유
연하게 해석해야 한다.

제 3 절   외국판결의 승인과 집행

제 1. 총   설

외국 법원의 판결은 외국의 재판권이 행사된 것이기 때문에 그 국가 내에서

---

23) 석광현, 전게 "선하증권에 의한 국제재판관할합의의 문제점," 187쪽. 이처럼 합리적 관련성에
   관하여 융통성 있는 해석을 한다면 예컨대 중립적인 국가의 법원을 지정하는 전속적 재판관할
   합의는 그 중립적인 국가가 당사자와 이해관계가 없다는 점에서 소극적으로 사건과 합리적 관
   련성을 갖는다고 판단할 여지도 있다고 본다.
24) 석광현, 전게 "선하증권에 의한 국제재판관할합의의 문제점," 191-192쪽.

효력을 가질 뿐이고 우리나라에서 효력을 갖지 않는 것이 원칙이다. 그러나 이러한 원칙을 고집하게 되면 국제적인 민사 및 상사분쟁의 신속한 해결을 저해하게 된다.[25] 또한 민사재판은 사인(私人)간의 생활관계상의 분쟁을 해결하는 것이므로 외국판결의 효력을 인정한다고 하더라도 우리나라의 주권이 침해되거나 공익에 반하는 경우가 극히 드물다.[26] 따라서 우리나라를 비롯한 많은 국가들은 일정한 요건하에서 외국판결의 효력을 국내에서도 인정하고 그 집행을 허용한다.[27]

아래에서는 외국판결이 국내에서 효력을 발생하고 집행되기 위한 요건에 관하여 살펴보기로 한다.

제 2. 외국판결의 승인

1. 외국판결의 승인의 의의

외국판결의 승인이란 외국법원의 판결의 효력을 국내에서 인정하는 것을 말한다. 이러한 승인을 위해서는 별도의 절차가 필요 없이 우리 민사소송법이 규정하고 있는 승인요건(동 법 217조)을 갖추면 자동적으로 승인된다.[28] 이처럼 외국판결이 승인되면 동 판결은 재판국에서 부여되는 것과 동일한 효력을 우리나라에서도 갖는다(다수설).[29]

2. 승인이 가능한 재판

(1) 승인의 대상이 되는 판결은 외국법원의 확정판결이다. 여기서 외국법원의 판결이란 우리나라 법원 이외의 법원 기타의 사법기관에서 내려진 민사 및 상사에 관한 재판으로서 사법상의 권리관계에 관한 재판을 말한다.[30] 따라서 행정재판기관이나 형사재판기관의 판결은 여기에 포함되지 아니한다. 한편 외국법원의 결정이나 명령도 확정판결과 동일한 효력이 있는 것은 여기에 포함된다.[31]

---

25) 석, (1), 259쪽.
26) 주석 민사소송법(Ⅲ), 214쪽.
27) 석, (1), 259쪽.
28) 석, (1), 337쪽.
29) 주석 민사소송법(Ⅲ), 215쪽; 석, (1), 338쪽.
30) 주석 민사소송법(Ⅲ), 214쪽; 석, (1), 263쪽.
31) 대법원 2010. 3. 25. 2009마1600 결정; 이(시), (민소), 602쪽; 석, (1), 264쪽.

(2) 판결은 궐석재판이거나 간이절차에 의한 판결인지 여부를 묻지 아니하고 재산상의 것이든 신분상의 것이든 상관이 없다. 또한 그 내용이 이행, 확인 또는 형성판결인가의 여부도 묻지 아니한다.[32] 중간판결에 대해서는 종국재판이 아니므로 승인의 대상이 되지 아니한다는 견해[33]가 있으나 하급심 판결은 중간판결도 승인의 대상으로 보고 있다.[34] 생각건대 중간판결도 그 재판의 대상이 된 사항에 관하여 더 이상 불복할 수 없는 것이라면 승인의 대상이 된다고 보는 것이 타당하다. 한편 가압류, 가처분과 같은 보전처분은 승인의 대상에 포함되지 아니한다. 재판상의 화해로서 그 국가의 법률에 의해 확정판결과 동일한 효력을 갖는 것은 승인의 대상이 될 수 있다.[35]

(3) 판결의 확정이란 외국의 소송법규에 정하여진 통상적인 불복신청방법으로는 더 이상 불복을 할 수 없는 상태가 된 것을 말한다.[36]

3. 승인의 요건

우리 민사소송법상 외국법원의 확정판결은 다음 각호의 요건을 모두 갖추어야 효력이 인정된다(민소 217조).

(1) 대한민국의 법령 또는 조약에 따른 국제재판관할의 원칙상 그 외국법원의 국제재판관할권이 인정될 것(1호)

이는 앞서 국제재판관할에서 본 국제재판관할 배분의 원칙에 비추어 볼 때 그 외국법원이 국제재판관할권을 가져야 한다는 것이다.[37] 즉 당사자 또는 분쟁이 된 사안이 그 외국법원과 실질적 관련이 있어야 한다(국제사법 2 조 1 항 1 문). 한편 이러한 실질적 관련의 유무는 국제재판관할 배분의 이념에 부합하는 합리적인 원칙에 따라야 판단하여야 한다(동 항 2 문). 그리고 구체적으로는 국내법의 관할 규정

---

32) 주석 민사소송법(Ⅲ), 214쪽; 석, (1), 264쪽.
33) 석, (1), 266쪽.
34) 서울민사지방법원 1982. 12. 30. 82가합5372, 7489 판결.
35) 석, (1), 268쪽.
36) 석, (1), 265쪽.
37) 우리나라 법원이 외국적 요소가 있는 사건에 관하여 국제재판관할권을 갖는가 하는 문제가 직접관할의 문제이고 외국판결의 승인 및 집행의 전제로서 외국법원이 국제재판관할권을 갖는가 하는 문제가 간접관할의 문제이나 이 양자는 동일한 원칙에 따라 판단하여야 한다는 것이 판례와 다수설의 입장이다(석, (1), 273쪽).

을 참작하여 외국법원의 국제재판관할권의 유무를 판단하되 이 경우 국제재판관할의 특수성을 충분히 고려하여 외국법원이 국제재판관할권을 갖는지의 여부를 결정하여야 한다(동조 2 항). 국제재판관할에 관하여는 앞서 살펴보았으므로 여기에서는 자세한 설명을 생략하기로 한다(640쪽 이하 참조).

(2) 패소한 피고가 소장 또는 이에 준하는 서면 및 기일통지서나 명령을 적법한 방식에 따라 방어에 필요한 시간여유를 두고 송달받았거나(공시송달이나 이와 비슷한 송달에 의한 경우를 제외한다) 송달받지 아니하였더라도 소송에 응하였을 것(2호)

이는 소송에서 방어의 기회 없이 패소한 우리나라 국민인 피고를 보호하기 위한 규정이다. 따라서 우리나라 국민이 원고이거나 승소한 경우 또는 패소한 당사자가 우리나라 국민이 아닌 경우에는 적용되지 아니한다.[38] 또한 보충송달이나 우편송달에 의한 송달과 같이 통상적인 송달방법이 아닌 경우에는 위 요건을 충족하지 못하였다고 본다.[39] 한편 피고가 재판국에 송달받을 자를 두지 않았기 때문에 사법공조의 방식에 의해 외국송달이 이루어진 경우에는 이러한 송달은 재판국법과 국제조약[40] 및 국제민사사법공조법에 비추어 적법한 것이어야 한다.[41]

(3) 그 판결의 효력을 인정하는 것이 대한민국의 선량한 풍속이나 그 밖의 사회질서에 어긋나지 아니할 것(3호)

1) 이러한 요건을 규정한 것은 우리나라의 공서양속을 해치는 외국판결까지 효력을 인정하는 것은 우리의 국가이익을 해치고 정의에 반하기 때문이다.[42] 여기의 선량한 풍속이나 그 밖의 사회질서는 민법 제103조가 규정하는 국내적 공서양속을 의미하는 것이 아니라 국제적 공서양속을 말한다.[43]

---

38) 주석 민사소송법(Ⅲ), 216쪽.
39) 대법원 1992. 7. 14. 92다2585 판결; 주석 민사소송법(Ⅲ), 216쪽.
40) 예컨대 헤이그 송달협약(Hague Convention on the Service Abroad of Judicial and Extra-judicial Documents in Civil and Commercial Matters).
41) 이(시), (민소), 603쪽; 석, (1), 297쪽.
42) 주석 민사소송법(Ⅲ), 217쪽.
43) 이(시), (민소), 603쪽; 석, (1), 305쪽. 우리 대법원은 외국중재판정의 승인 및 집행에 관하여 같은 취지로 판시하였다(대법원 1990. 4. 10. 89다카20252 판결: 「뉴욕협약 제 5 조 제 2 항 나호에 의하면 중재판정의 승인이나 집행이 그 국가의 공공의 질서에 반하는 경우에는 집행국 법원은 중재판정의 승인과 집행을 거부할 수 있게 규정하고 있는바, 이는 중재판정이나 승인이 집행국의 기

2) 공서양속 위반에는 판결의 내용이 공서양속에 반하는 실체적 공서양속 위반과 판결이 공서양속에 반하는 방법에 의하여 성립된 절차적 공서양속 위반이 있다. 실체적 공서양속 위반의 예로는 지나치게 과도한 손해배상을 명한 판결이나[44] 징벌적 배상(punitive damage)을 명한 판결[45] 등이 있다. 그러나 판결의 내용이 우리나라의 단순한 강행법규 위반인 경우에는 공서양속에 위반되지 아니한다고 본다.[46] 절차적 공서양속 위반의 예로는 외국법원의 독립성이 인정되지 아니한 경우, 외국법원이 당사자에게 방어의 기회를 주지 아니하거나 당사자가 적법하게 대리되지 아니한 경우, 국내의 선행재판과 양립할 수 없는 판결을 얻은 경우[47] 등을 말한다.[48] 한편 사기에 의해 외국판결이 획득된 경우에 우리 대법원은 위조·변조 내지는 폐기된 서류를 사용하였다거나 위증을 이용하는 것과 같은 사기적인 방법으로 외국판결을 얻었다는 사유는 원칙적으로 승인 및 집행을 거부할 사유가 될 수 없고, 다만 피고가 재판국 법정에서 위와 같은 사기적인 사유를 주장할 수 없었고 또한 처벌받을 사기적인 행위에 대하여 유죄의 판결과 같은 고도의 증명이 있는 경우에 한하여 절차적 공서양속 위반이 된다고 판시하였다.[49]

본적인 도덕적 신념과 사회질서를 보호하려는데 그 취지가 있다할 것이므로 그 판단에 있어서는 국내적인 사정뿐만 아니라 국제적 거래질서의 안정이라는 측면도 함께 고려하여 제한적으로 해석하여야 할 것이다」).

44) 수원지방법원 평택지원 2009. 4. 24. 2007가합1706 판결.

45) 서울지방법원 동부지원 1995. 2. 10. 93가합19069 판결 참조.

46) 석, (1), 312쪽.

47) 대법원 1994. 5. 10. 93므1051 판결(동일 당사자 간의 동일 사건에 관하여 대한민국에서 판결이 확정된 후에 다시 외국에서 판결이 선고되어 확정되었다면 그 외국판결은 대한민국판결의 기판력에 저촉되는 것으로서 대한민국의 선량한 풍속 기타 사회질서에 위반되어 민사소송법 제203조 제 3 호에 정해진 외국판결의 승인요건을 흠결한 경우에 해당하므로 대한민국에서는 효력이 없다).

48) 이(시), (민소), 603쪽; 석, (1), 314쪽.

49) 대법원 2004. 10. 28. 2002다74213 판결(민사집행법 제27조 제 2 항 제 2 호, 민사소송법 제217조 제 3 호에 의하면 외국법원의 확정판결의 효력을 인정하는 것이 대한민국의 선량한 풍속이나 그 밖의 사회질서에 어긋나지 아니하여야 한다는 점이 외국판결의 승인 및 집행의 요건인바, 외국판결의 내용 자체가 선량한 풍속이나 그 밖의 사회질서에 어긋나는 경우뿐만 아니라 그 외국판결의 성립절차에 있어서 선량한 풍속이나 그 밖의 사회질서에 어긋나는 경우도 승인 및 집행을 거부할 사유에 포함된다고 할 것이나, 민사집행법 제27조 제 1 항이 "집행판결은 재판의 옳고 그름을 조사하지 아니하고 하여야 한다"고 규정하고 있을 뿐만 아니라 사기적인 방법으로 편취한 판결인지 여부를 심리한다는 명목으로 실질적으로 외국판결의 옳고 그름을 전면적으로 재심사하는 것은 외국판결에 대하여 별도의 집행판결제도를 둔 취지에도 반하는 것이어서 허용할 수 없으므로, 위조·변조 내지는 폐기된 서류를 사용하였다거나 위증을 이용하는 것과 같은 사기적인 방법으로 외국판결을 얻었다는 사유는 원칙적으로 승인 및 집행을 거부할 사유가 될 수 없고, 다만 재심사유에 관한 민사소송법 제451조 제 1 항 제 6 호, 제 7 호, 제 2 항의 내용에 비추어 볼 때 피고가 판결국 법정에서 위와 같은 사기적인 사유를 주장할 수 없었고 또한 처벌받을

(4) 상호보증이 있을 것(4호)

1) 상호보증이 있다는 것은 우리나라가 외국판결을 승인 및 집행하는 것과 마찬가지로 그 외국도 우리나라 판결을 승인 및 집행한다는 것을 말한다. 외국이 우리 민사소송법의 요건과 중요한 점에서 실질적으로 동등한 조건하에 우리나라 재판을 승인하면 그 외국과 우리나라 사이에 상호보증이 있다고 인정된다.[50] 한편 외국과 우리나라 사이에 상호보증을 인정하기 위해서는 그 외국에서 우리나라 판결이 승인 및 집행된 구체적인 선례가 요구되는 것이 아니라 그 외국의 법령, 판례 또는 관행 등에 의해 승인 및 집행가능성이 있으면 된다.[51]

2) 아래에서는 주요 국가별로 우리나라와 상호보증이 있는지의 여부를 살펴보기로 한다.

가. 미 국

미국은 외국판결의 승인 및 집행은 각주의 권한에 속하는 사항으로서 각 주별로 상호보증의 여부를 검토해야 한다.[52] 그런데 미국은 통일외국금전판결승인법(Uniform Foreign Money-Judgments Recognition Act)을 제정하여 여러 주가 이 법을 채택하고 있는데, 이러한 통일법을 채택한 미네소타주[53] 및 캘리포니아주[54] 와 우리나라 사이에 상호보증이 있다는 하급심 판결이 있다. 한편 이혼 및 양육비지급 등을 명한 판결에 관하여 뉴욕주와 우리나라 사이에 상호보증이 있다는 대법원 판결도 있다.[55] 이러한 판례의 경향에 비추어 볼 때 위 통일법을 채택한 주와 우리나라 사이에 금전판결에 관하여는 상호보증이 있다고 인정될 가능성이 많다.

사기적인 행위에 대하여 유죄의 판결과 같은 고도의 증명이 있는 경우에 한하여 승인 또는 집행을 구하는 외국판결을 무효화하는 별도의 절차를 당해 판결국에서 거치지 아니하였다 할지라도 바로 우리나라에서 승인 내지 집행을 거부할 수는 있다).

50) 대법원 2004. 10. 28. 2002다74213 판결(우리나라와 외국 사이에 동종 판결의 승인요건이 현저히 균형을 상실하지 아니하고 외국에서 정한 요건이 우리나라에서 정한 그것보다 전체로서 과중하지 아니하며 중요한 점에서 실질적으로 거의 차이가 없는 정도라면 민사소송법 제217조 제4호에서 정하는 상호보증의 요건을 구비하였다고 봄이 상당하고, 또한 이와 같은 상호의 보증은 외국의 법령, 판례 및 관례 등에 의하여 승인요건을 비교하여 인정되면 충분하고 반드시 당사국과의 조약이 체결되어 있을 필요는 없으며, 당해 외국에서 구체적으로 우리나라의 동종 판결을 승인한 사례가 없더라도 실제로 승인할 것이라고 기대할 수 있는 상태이면 충분하다 할 것이고, 이와 같은 상호의 보증이 있다는 사실은 법원이 직권으로 조사하여야 하는 사항이라 할 것이다).

51) 위 대법원 2004. 10. 28. 2002다74213 판결.

52) 석, (1), 327쪽.

53) 서울지방법원 동부지원 1995. 2. 10. 93가합19069 판결(불법행위로 인한 금전판결에 관한 것임).

54) 서울고등법원 1995. 3. 14. 944나11868 판결(계약상의 분쟁으로 인한 금전판결에 관한 것임).

55) 대법원 1989. 3. 14. 88므184, 191 판결.

나. 영국 및 홍콩

영국 및 홍콩과 우리나라 사이에 상호보증이 있는지의 여부에 관한 대법원 판례는 아직 없으나, 영국과 우리나라 사이에 상호보증을 인정한 하급심 판결이 있다.56) 학설로서는 영국법(홍콩법도 동일함)상 우리나라 판결은 영국의 보통법에 따라 승인 및 집행이 되는데, 영국 보통법상의 요건이 우리 민사소송법상의 요건과 실질적으로 동등하기 때문에 영국 및 홍콩과 우리나라 사이에 상호보증이 있다고 인정될 수 있다고 하는 유력한 견해가 있다.57)

다. 호　　주

호주와 우리나라 사이에는 상호보증이 없다고 하는 대법원 판결이 있으나,58) 그 후 호주가 외국재판법(Foreign Judgments Act 1991) 시행 규정을 개정하여 우리나라의 각급 법원을 상호주의가 존재하는 법원으로 명시하였으므로 호주와 우리나라 사이에는 상호보증이 있다고 본다.59)

라. 일　　본

매매대금의 지급을 내용으로 하는 재판상 화해의 집행과 관련하여 일본과 우리나라 사이에는 상호보증이 있다고 한 하급심 판결이 있으며60) 여러 하급심 판례가 이를 따르고 있다.

마. 중　　국

신용장대금과 관련된 분쟁에서 중국과 우리나라 사이에 상호보증이 있다고 인정한 하급심 판결이 있다.61) 다만 아직 중국에서 우리나라 판결을 승인 및 집행을 해 준 선례가 없기 때문에 앞으로 중국 법원의 입장을 지켜보아야 할 것으로 보인다.62)

---

56) 창원지방법원 통영지원 2010. 6. 24. 2009가합477 판결(영국법원의 외국판결 승인요건은 현저하게 균형을 상실하지 아니하고, 우리 민사소송법이 정한 그것보다 전체로서 과중하지 아니하며 상호보증요건을 요구하지 아니하여 오히려 관대하다고도 볼 수 있을 뿐만 아니라, 중요한 점에서 우리 민사소송법과 실질적으로 거의 차이가 없다고 할 수 있으며 달리 영국 상사법원에서 대한민국 법원이 선고한 판결의 승인 내지 집행요건이 문제된 사례에 관한 자료도 없으므로, 영국법원이 우리나라의 동종 판결을 승인할 것으로 기대할 수 있다고 봄이 상당하다).

57) 석, (1), 331쪽.

58) 대법원 1987. 4. 28. 85다카1767 판결.

59) 석, (1), 333쪽.

60) 서울민사지방법원 1968. 10. 17. 68가620 판결.

61) 서울지방법원 1999. 11. 5. 99가합26253 판결.

62) 중국과 일본 사이에는 상호보증이 없다는 중국 법원의 선례가 있다(석, (1), 334-335쪽).

바. 대   만

대만과 우리나라 사이에 상호보증이 있다고 인정한 대법원 판결이 있다.[63]

제 3. 외국판결의 집행

1. 외국판결의 집행의 의의

외국판결의 승인은 외국판결의 효력을 국내에서 인정하는 것을 말한다. 그러나 외국판결의 승인은 집행력을 부여하는 효력은 없다. 따라서 외국판결을 우리나라에서 집행하기 위해서는 우리나라에서 집행판결을 얻어야 한다. 즉 외국법원의 판결에 기초한 강제집행은 대한민국 법원에서 집행판결로 그 적법함을 선고하여야 할 수 있다(민집 26조 1 항). 집행판결을 청구하는 소(訴)는 채무자의 보통재판적이 있는 곳의 지방법원이 관할하며, 보통재판적이 없는 때에는 민사소송법 제11조의 규정에 따라 채무자에 대한 소를 관할하는 법원이 관할한다(동조 2 항).

2. 외국판결의 집행판결의 요건

외국판결의 집행판결 시에는 그 외국판결의 당부는 심사하지 아니한다. 즉 외국판결의 집행판결은 외국재판의 옳고 그름을 조사하지 아니하고 하여야 한다(민집 27조 1 항).

한편 집행판결을 하기 위해서는 외국법원의 판결이 확정된 것을 증명하여야 한다(민집 27조 2 항 1 호). 또한 외국판결은 앞서 본 승인의 요건을 갖추어야 한다(동조 2 항 2 호). 이러한 요건을 갖추지 아니한 때에는 집행판결을 구하는 소는 각하된다(동조 2 항).

---

63) 대법원 1968. 12. 3. 68다1929 판결(중화민국 민법 제188조, 제192조, 제197조에 외국인도 중화민국을 상대로 피용인의 직무집행시의 불법행위에 인한 재산상 및 정신상 손해를 배상하도록 규정되어 있으므로 중화민국과 우리나라 사이에 국가배상법 본조에 이른바 외국인이 피해자인 경우에 상호의 보증이 있는 때에 해당한다).

제3장 해상분쟁과 중재

제1절 총 설

중재라 함은 당사자 간의 합의로 사법상의 분쟁을 법원의 재판에 의하지 아니하고 중재인의 판정에 의하여 해결하는 절차이다. 이는 대안적 분쟁해결절차(alternative dispute resolution)의 하나로서 근래에 들어 많은 국가에서 소송을 통하지 아니한 분쟁해결의 수단으로 중요한 역할을 하고 있다. 특히 해상분야에서는 널리 사용되는 표준계약서양식이 대부분 그 계약상의 분쟁을 중재를 통하여 해결하도록 규정하고 있기 때문에 다른 분야에 비해 중재가 더욱 중요한 분쟁해결수단이 된다.

한편 해운 실무에서는 선하증권을 발행하면서 선하증권에 직접 중재조항을 규정하는 대신 용선계약서 등의 다른 계약서의 중재조항을 편입하는 경우가 많은데, 이러한 경우에 과연 중재합의가 유효하게 체결된 것인가 하는 점이 문제가 된다. 또한 해운 실무상 중재는 영국 등의 외국에서 하도록 약정하는 것이 보통인데, 이러한 외국중재판정이 국내에서 어떠한 효력을 갖는가 하는 점이 문제가 된다. 그리고 해상분쟁에 있어서는 채권자가 선박 또는 운송물에 대하여 선박우선특권이나 운송물유치권 등의 담보권을 갖는 경우가 많은데, 채권자와 채무자 사이에 중재약정이 있는 경우에 중재절차를 거치지 아니하고 이러한 담보권을 행사할 수 있는가 하는 점이 문제가 된다.

아래에서는 해상분쟁과 관련된 중재에서 특별히 문제가 되는 위와 같은 점들을 살펴보기로 한다.

제 2 절 중재합의의 유효성

제 1. 중재합의의 의의 및 방식

중재합의라 함은 계약상의 분쟁인지의 여부에 관계없이 일정한 법률관계에 관하여 당사자 간에 이미 발생하였거나 장래 발생할 수 있는 분쟁의 전부 또는 일부를 중재에 의하여 해결하도록 하는 당사자 간의 합의를 말한다(중재법 3 조 2 호, 뉴욕협약1) 2 조 1 항). 우리 중재법이나 뉴욕협약은 중재합의는 서면으로 하여야 한다고 규정한다(중재법 8조 2 항, 뉴욕협약 2 조 1 항). 이는 중재합의는 법원이 아닌 사인에게 분쟁해결을 맡기는 것이므로 이를 서면에 의하게 함으로써 그 중재합의의 진정성을 담보하는 한편 당사자들로 하여금 중재합의가 가지는 중요성을 인식시켜 신중한 의사결정을 할 필요가 있기 때문이다.2) 한편 이러한 서면성의 요건과 관련하여 중재법은 ① 당사자들이 서명한 문서에 중재합의가 포함되어 있는 경우, ② 서신·전보·전신 및 모사전송 기타 통신수단에 의하여 교환된 문서에 중재합의가 포함되어 있는 경우 및 ③ 일방 당사자가 당사자 간에 교환된 문서의 내용에 중재합의가 있는 것을 주장하고 상대방 당사자가 이를 다투지 아니하는 경우에는 이를 서면에 의한 중재합의로 본다(중재법 8 조 3 항). 한편 뉴욕협약 상으로도 위 ①과 ②의 경우에는 서면에 의한 중재합의로 볼 수 있다(동 협약 2 조 2 항). 그러나 위 ③의 경우에는 뉴욕협약 상으로는 서면에 의한 중재합의로 볼 수 없다고 해석된다.3)

---

1) 뉴욕협약이란 「외국중재판정의 승인 및 집행에 관한 국제연합협약(Convention on the Recognition and Enforcement of Foreign Arbitral Award, New York, 1958)」을 말한다. 우리나라는 1973년에 상사사항에 관하여만 위 협약을 적용할 것을 유보하면서 위 협약에 가입하였다.

2) 목, (중재), 37쪽.

3) 대법원 2004. 12. 10. 2004다20180 판결(뉴욕협약 제 4 조 제 1 항은 중재합의가 제 2 조에 정한 '서면에 의한 중재합의(agreement in writing)'일 것을 요구하고 있고, 제 2 조 제 2 항은 서면에 의한 중재합의란 "당사자들에 의하여 서명되었거나 서신(letter) 또는 전보(telegram) 교환 속에 담긴, 주된 계약 속의 중재조항 또는 중재합의를 포함한다"고 규정하고 있으므로, 이 사건 중재신청을 전후하여 원고와 피고 사이에 교환된 업무연락서류, 중재관련서류 등에 의하여 중재합의가 확인된다는 특별한 사정이 없는 한, 원고가 베트남 상사중재원에 중재판정을 신청하고 이에 대하여 피고가 아무런 이의를 제기하지 아니함으로써 일종의 묵시적인 중재합의가 이루어졌다 한들 이를 뉴욕협약 제 2 조에 정한 유효한 중재합의라고 볼 수는 없다).

제 2. 선하증권에 편입된 중재조항의 유효성

(1) 우선 선하증권에 편입된 용선계약상의 중재조항의 유효성에 관한 준거법은 그 선하증권의 준거법에 의하여 판단하여야 하는데,[4] 아래에서는 선하증권의 준거법이 우리나라 법인 경우를 전제로 하여 살펴보기로 한다.

우리 대법원 판례에 의할 때 용선계약상의 중재조항이 선하증권에 유효하게 편입되기 위해서는 우선 ① 용선계약상의 중재조항이 선하증권에 편입된다는 규정이 선하증권상에 기재되어 있어야 하고, ② 선하증권의 기재에 의할 때 용선계약의 일자와 당사자 등으로 해당 용선계약이 특정되거나 용선계약이 특정되지 않는 경우에는 선하증권의 소지인이 해당 계약의 존재와 중재조항의 내용을 알았어야 한다.[5] 한편 만약 선하증권상의 편입 문구의 기재가 중재조항을 특정하지 아니하고 용선계약상의 일반 조항 모두를 편입한다는 취지로 기재되어 있어 그 기재만으로는 용선계약상의 중재조항이 편입 대상에 포함되는지 여부가 분명하지 않을 경우는 선하증권의 양수인(소지인)이 그와 같이 편입의 대상이 되는 중재조항의 존재를 알았거나 알 수 있었어야 하고, 중재조항이 선하증권에 편입됨으로 인하여 해당 조항이 선하증권의 다른 규정과 모순이 되지 않아야 하며, 용선계약상의 중재조항은 그 중재약정에 구속되는 당사자의 범위가 선박 소유자와 용선자 사이의 분쟁뿐만 아니라 제 3 자 즉 선하증권의 소지인에게도 적용됨을 전제로 광범위하게 규정되어 있어야만 용선계약상의 중재조항이 유효하게 선하증권에 편입된다. 따라서 위 대법원 판결에 따르면 중재조항이 포함된 다른 문서를 인용하면

---

4) 대법원 2003. 1. 10. 2000다70064 판결(용선계약상의 중재조항이 선하증권에 편입되어 선하증권의 소지인과 운송인 사이에서도 효력을 가지는지 여부는 선하증권의 준거법에 의하여 판단하여야 한다).

5) 대법원 2003. 1. 10. 2000다70064 판결(일반적으로 용선계약상의 중재조항이 선하증권에 편입되기 위하여는 우선, 용선계약상의 중재조항이 선하증권에 '편입'된다는 규정이 선하증권상에 기재되어 있어야 하고, 그 기재상에서 용선계약의 일자와 당사자 등으로 해당 용선계약이 특정되어야 하며(다만, 위와 같은 방법에 의하여 용선계약이 특정되지 않았더라도 선하증권의 소지인이 해당 용선계약의 존재와 중재조항의 내용을 알았던 경우는 별론으로 한다), 만약 그 편입 문구의 기재가 중재조항을 특정하지 아니하고 용선계약상의 일반 조항 모두를 편입한다는 취지로 기재되어 있어 그 기재만으로는 용선계약상의 중재조항이 편입 대상에 포함되는지 여부가 분명하지 않을 경우는 선하증권의 양수인(소지인)이 그와 같이 편입의 대상이 되는 중재조항의 존재를 알았거나 알 수 있었어야 하고, 중재조항이 선하증권에 편입됨으로 인하여 해당 조항이 선하증권의 다른 규정과 모순이 되지 않아야 하며, 용선계약상의 중재조항은 그 중재약정에 구속되는 당사자의 범위가 선박 소유자와 용선자 사이의 분쟁뿐 아니라 제 3 자, 즉 선하증권의 소지인에게도 적용됨을 전제로 광범위하게 규정되어 있어야 할 것이다).

서 그 중재조항을 언급하는 소위 특정편입문구를 사용하는 경우에는 물론 이러한 중재조항에 대한 명시적인 언급이 없이 다른 문서를 인용하는 일반편입문구를 사용하는 경우에도 위에서 본 요건이 갖춰지면 중재합의의 서면성 요건이 충족된다고 할 수 있다.

(2) 그런데 선하증권에 편입된 중재조항의 유효성에 관하여는 그 선결문제로서 운송인이 일방적으로 작성하여 송하인에게 교부하는 선하증권의 특성상 선하증권에 기재되거나 편입된 중재조항이 중재합의의 서면성 요건을 충족하는가 하는 점이 문제가 되는데, 우리 대법원은 이처럼 선하증권에 기재되거나 편입된 중재조항도 일응 서면성 요건을 충족한다는 전제하에 위와 같이 편입의 조건에 관하여 판시하였다. 그런데 뉴욕협약상으로는 일반편입문구에 의해서는 중재합의의 서면성이 충족되지 아니한다는 것이 정립된 입장이며,[6] 특정편입문구에 의해 편입된 중재조항이 중재합의의 서면성 요건을 충족하는지에 관하여는 견해가 일치하지 아니한다.[7] 그러므로 선하증권상의 편입문구에 따라 국내에서 내려진 중재판정을 다른 뉴욕협약 가입국가에서 집행하는 경우에 중재합의의 서면성 요건이 충족되지 아니하였다는 이유로 그 승인 및 집행이 거부될 가능성을 배제할 수 없다.

제 3 절　외국중재판정의 승인과 집행

제 1.　총　　설

앞서 본 바와 같이 우리나라는 뉴욕협약에 가입하였기 때문에 뉴욕협약의 체약국에서 내려진 중재판정은 뉴욕협약에 정해진 요건에 따라 우리나라에서 승인 및 집행될 수 있다. 한편 우리 중재법은 뉴욕협약의 체약국이 아닌 나라에서 내려진 중재판정의 집행에 관한 특별한 규정을 두고 있다. 아래에서는 위 두 가지 경우를 나누어 외국중재판정이 우리나라에서 어떠한 효력을 갖는가를 살펴보기로 한다.

---

6) 이순우, "용선계약상 중재조항이 선하증권에도 자동삽입되는가," 중재 제297호(2000년 가을), 58쪽.
7) 석, (중재), 492쪽.

제 2.　뉴욕협약의 체약국에서 내려진 중재판정의 승인 및 집행

　　뉴욕협약은 동 협약의 체약국에서 내려진 중재판정이 다른 체약국에서 승인 및 집행되기 위해서 제출되어야 할 서류 및 그 승인 및 집행이 거부될 수 있는 사유를 규정하고 있다.

1. 제출 서류

　　(1) 외국중재판정의 승인과 집행을 얻기 위하여 승인과 집행을 신청하는 당사자는 신청시에 ① 정당하게 인증된 판정원본 또는 정당하게 증명된 그 등본, ② 중재합의의 원본 또는 정당하게 증명된 그 등본, ③ 중재판정과 중재합의에 관하여 공증인, 또는 선서한 번역관, 외교관 또는 영사관에 의하여 증명된 번역문(위 서류들이 원용될 국가의 공용어로 작성되어 있지 아니한 경우)을 제출하여야 한다(뉴욕협약 4조).

　　(2) 이와 관련하여 대법원은 위 ①과 ②의 서류들의 제출이 집행판결사건의 소의 적법요건으로서 법원이 직권으로 판단하여야 할 사항은 아니며, 당사자들 사이에 중재판정이나 중재합의의 존재 및 그 내용에 관한 다툼이 없는 경우에는 위 서류의 제출이 요구되지 아니한다고 판시하였다.[8] 즉 대법원은 위 서류들이 당사자들 사이에 중재판정이나 중재합의의 존재 또는 그 내용에 관한 다툼이 있는 경우에 그에 대한 증명을 하기 위한 증거방법에 불과하다는 입장을 취하고 있다. 또한 우리 대법원은 증거방법으로서 위 서류들을 제출하더라도 반드시 원본이나 등

----

[8] 대법원 2004. 12. 10. 2004다20180 판결(외국 중재판정의 승인 및 집행에 관한 협약 제4조 제1항은 "외국중재판정의 승인과 집행을 신청하는 당사자는 그 신청을 할 때에 ① 정당하게 인증된 중재판정의 원본 또는 정당하게 증명된 그 등본, ② 제2조에 정한 중재합의의 원본 또는 정당하게 증명된 그 등본을 제출하여야 한다"고 규정하고 있는바, 위 협약은 기본적으로 체약국들 사이에 서로 다른 나라에서 성립한 중재판정에 대한 집행을 용이하게 해주려는 취지에서 출발한 협약이라는 점에다가 국제적으로도 위 협약 제4조의 요건을 완화하여 해석하려는 경향이 강하다는 점까지 감안하여 볼 때, 위 제4조 제1항에 정한 서류들의 제출을 집행판결사건의 소의 적법요건으로서 법원이 직권으로 판단하여야 할 사항이라거나, 당사자들 사이에 중재판정이나 중재합의의 존재 및 그 내용에 관한 다툼이 없는 경우에까지 그 제출이 반드시 요구되는 것이라고 해석할 수는 없고, 이는 당사자들 사이에 중재판정이나 중재합의의 존재 또는 그 내용에 관한 다툼이 있는 경우에 있어서 그에 대한 증명은 오로지 위 제4조 제1항에 정한 서류로써만 하여야 한다는 증거방법에 관한 규정이라고 봄이 상당하며, 나아가 여기서 원본이나 등본을 제출하여야 한다는 것은 반드시 그 실물을 신청서 등에 첨부하여 제출하여야 한다는 의미가 아니고, 원본이나 등본의 제출에 갈음하여 그 사본을 제출하고 상대방이 아무런 이의를 제기하지 않으면서 그에 대하여 '성립인정'으로 인부하였다면, 이는 위 협약의 해석상으로도 적법한 원본이나 등본의 제출에 해당한다고 보아야 한다).

본을 신청서 등에 첨부하여 제출하여야 하는 것이 아니라, 원본이나 등본의 제출에 갈음하여 그 사본을 제출하고 상대방이 아무런 이의를 제기하지 않으면서 그에 대하여 「성립인정」으로 인부하였다면, 이는 위 협약의 해석상으로도 적법한 원본이나 등본의 제출에 해당한다고 본다. 나아가 대법원은 같은 판결에서, 외국중재판정의 승인과 집행을 신청하는 당사자가 제출하여야 하는 번역문 역시 반드시 위와 같은 엄격한 형식을 갖춘 것만으로 한정할 것은 아니며 위 뉴욕협약 제 4 조 제 2 항에 정한 형식에 따른 번역문이 제출되지 않았다는 이유만으로 집행판결청구를 배척할 수는 없다고 판시하였다.[9]

2. 승인 및 집행의 거부사유

(1) 뉴욕협약상 외국중재판정이 불리하게 원용되는 당사자가 ① 중재합의의 당사자가 그들에게 적용될 법률에 의하여 무능력자이었던가 또는 당사자들이 준거법으로서 지정한 법령에 의하여 또는 지정이 없는 경우에는 판정을 내린 국가의 법령에 의하여 중재합의가 무효인 경우, ② 판정이 불리하게 원용되는 당사자가 중재인의 선정이나 중재절차에 관하여 적절한 통고를 받지 아니하였거나 또는 기타 이유에 의하여 응할 수 없었을 경우, ③ 판정이 중재부탁 조항에 규정되어 있지 아니하거나 또는 그 조항의 범위에 속하지 아니하는 분쟁에 관한 것이거나 또는 그 판정이 중재부탁의 범위를 벗어나는 사항에 관한 결정을 포함하는 경우 (다만, 중재에 부탁한 사항에 관한 결정이 부탁하지 아니한 사항과 분리될 수 있는 경우에는 중재부탁 사항에 관한 결정을 포함하는 판정의 부분은 승인되고 집행될 수 있다), ④ 중재기관의 구성이나 중재절차가 당사자 간의 합의와 합치하지 아니하거나, 또는 이러한 합의가 없는 경우에는 중재를 행하는 국가의 법령에 합치하지 아니하는 경우, 또는 ⑤ 판

---

9) 661쪽 각주 8)의 대법원 2004. 12. 10. 2004다20180 판결(외국중재판정의승인및집행에관한협약 제 4 조 제 2 항은 "중재판정이나 중재합의가 그 적용될 국가의 공용어로 작성되지 아니한 경우에는 공적 기관인 번역관, 선서한 번역관, 외교관 또는 영사관에 의하여 증명된 번역문을 제출하여야 한다"고 규정하고 있는바, 위 협약의 제정경위 등에 비추어 볼 때, 외국중재판정의 승인과 집행을 신청하는 당사자가 제출하여야 하는 번역문 역시 반드시 위와 같은 엄격한 형식을 갖춘 것만으로 한정할 것은 아니고, 만약 당사자가 위와 같은 형식에 따르지 않은 번역문을 제출하였는데 그 내용이 부실하다고 인정되는 경우에는 그 서증제출자의 비용부담으로 전문번역인에게 번역을 의뢰하는 등의 방법에 의하여 이를 보완시킬 수도 있는 것이라고 봄이 상당하며, 따라서 위 제 4 조 제 2 항에 정한 형식에 따른 번역문이 제출되지 않았다는 이유만으로 집행판결청구를 배척할 수는 없다).

정이 당사자에 대한 구속력을 아직 발생하지 아니하였거나 또는 판정이 내려진 국가의 권한 있는 기관이나 또는 그 국가의 법령에 의거하여 취소 또는 정지된 경우 중 하나를 증명하는 경우에는 그 당사자의 청구에 의해 외국중재판정의 승인 및 집행이 거부될 수 있다(동 협약 5 조).

(2) 또한 당사자의 청구가 없는 경우에도 ① 분쟁의 대상인 사항이 그 국가의 법률 하에서는 중재에 의한 해결을 할 수 없는 것일 경우 또는 ② 판정의 승인이나 집행이 그 국가의 공공의 질서에 반하는 경우에는 외국중재판정의 승인과 집행이 거부될 수 있다. 여기서 외국중재판정의 승인 및 집행을 거부하기 위한 공서양속과 관련하여 우리 대법원이 이러한 공서양속을 민법 제103조의 국내적 공서양속이 아니라 국제적 공서양속을 의미한다는 입장을 취하고 있다는 점은 앞서 본 바와 같다.10)

제 3. 뉴욕협약의 비체약국에서 내려진 중재판정의 승인 및 집행

우리 중재법은 뉴욕협약의 비체약국에서 내려진 중재판정의 승인 및 집행에는 외국판결의 승인 및 집행에 관한 민사소송법 제217조, 민사집행법 제26조 제 1 항 및 제27조의 규정을 준용한다고 규정한다(중재법 39조 2 항). 그러므로 외국판결의 승인 및 집행에서 관하여 앞서 본 논의가 뉴욕협약의 비체약국에서 내려진 중재판정의 승인 및 집행에도 유추 적용된다.

---

10) 대법원 1990. 4. 10. 89다카20252 판결(뉴욕협약 제 5 조 제 2 항 나호에 의하면 중재판정의 승인이나 집행이 그 국가의 공공의 질서에 반하는 경우에는 집행국 법원은 중재판정의 승인과 집행을 거부할 수 있게 규정하고 있는바, 이는 중재판정이나 승인이 집행국의 기본적인 도덕적 신념과 사회질서를 보호하려는데 그 취지가 있다할 것이므로 그 판단에 있어서는 국내적인 사정뿐만 아니라 국제적 거래질서의 안정이라는 측면도 함께 고려하여 제한적으로 해석하여야 할 것이다).

제 4 절 중재약정과 담보권의 행사

제 1. 중재약정과 운송물유치권

앞서 본 바와 같이 해상물건운송인은 운송계약 또는 선하증권의 취지에 따라 운임·부수비용·체당금·체선료, 운송물의 가액에 따른 공동해손 또는 해난구조로 인한 부담액을 지급받기 위하여 운송물 위에 유치권을 갖고 있으며(상 807조), 법원의 허가를 받아 운송물을 경매하여 우선변제를 받을 권리가 있다(상 808조). 그런데 위 채무에 관하여 해상물건운송인과 채무자 사이에 중재약정이 있는 경우 해상물건운송인이 중재절차를 거치지 아니하고 바로 법원에 운송물의 경매허가를 신청할 수 있을 것인가 하는 점이 문제가 된다.

이 점에 관하여 대법원은 다툼이 있는 채권에 관하여 중재판정을 거침이 없이 바로 그 지급을 받기 위하여 운송물의 경매허가를 신청하는 것은 허용될 수 없다고 판시하였다.[11] 생각건대 위 대법원 판결은 채권의 확정절차와 담보권의 실행절차를 구분하지 아니한 것으로서 부당하다고 본다.[12] 그 이유는 다음과 같다. 즉 당사자 사이에 중재약정을 한 것은 피담보채권을 확정하는 절차를 법원에 의한 재판 대신에 중재로 하기로 약정한 것에 불과하다. 위 피담보채권에 대하여 담보권 즉 운송물유치권이 있는 경우에 그 운송물유치권의 실행은 피담보채권의 확정을 위한 중재약정과는 전혀 별개의 문제이다. 운송물유치권의 실행을 위하여 법원에 운송물의 경매허가를 신청하더라도 이는 담보권의 실행을 위한 것이고 피담보채권의 확정과는 관련이 없다. 그러므로 법원은 중재약정에도 불구하고 피담보채권의 소명 등 운송물의 경매요건이 충족되었음이 소명된다면 경매허가결정을 하여야 한다. 이 경우 피담보채권에 관하여 이의가 있는 수하인은 경매허가결정에 대하여 항고를 하는 한편(비송사건절차법 20조),[13] 본안에 관하여는 중재절차를 개시

---

11) 대법원 1983. 8. 1. 82마카77 결정(해상물건운송인(선박소유자)과 용선자(운송물 수하인) 간에 용선계약으로 인하여 발생할 모든 분쟁을 중재판정에 따라 해결하기로 한 중재계약이 체결된 경우에 수하인이 배상하여야 될 체선정박료 채무의 발생여부에 대해 위 당사자 간에 다툼이 있음에도 불구하고 법원이 그와 같이 다툼 있는 체선정박료 채권의 존부 및 범위를 확정하여 그 지급을 받기 위한 경매의 허부를 결정하는 것은 결과적으로 위 중재약정에 위배된다 하겠으므로 그 존부에 대하여 분쟁 있는 체선정박료 채권에 관하여 중재판정을 거침이 없이 바로 그 지급을 받기 위하여 수하인에게 인도된 운송물에 대한 선박소유자의 경매허가 신청은 허용될 수 없다).

12) 대체적으로 비슷한 취지: 정(해), (국제), 545-547쪽.

하여 승소의 중재판정을 얻어 이를 근거로 경매허가결정을 취소할 수 있다. 만일
경매허가결정에 대한 항고절차가 종결된 후에 수하인이 승소의 중재판정을 얻는
경우에는 해상물건운송인을 상대로 운송물 경매로 인하여 얻은 이득을 부당이득
으로 그 반환을 청구할 수 있을 것이다. 결국 위 대법원판결은 부당하므로 변경되
는 것이 바람직하다고 본다.[14]

제 2. 중재약정과 선박우선특권

선박에 대한 채권자에게 선박우선특권이 인정되는 경우에 그 피담보채권에
관하여 당사자 사이에 중재약정이 있다면 채권자가 중재판정을 거치지 아니하고
선박우선특권을 실행할 수 있는가 하는 점도 문제가 된다. 이 점에 관하여도 대법
원은 중재절차를 거치지 아니하고 선박우선특권에 기해 선박에 대한 경매를 신청
한 것은 부적법하다고 판시하였다.[15] 그러나 이 점도 앞서 중재약정과 운송물유치
권과의 관계에서 살펴본 바와 같이 피담보채권의 확정을 중재에 의하기로 하는
약정과 담보권인 선박우선특권을 실행하는 것은 아무런 관련이 없으므로 피담보
채권에 관하여 중재약정이 있다는 이유로 선박우선특권의 경매신청을 기각한 것
은 부당하다고 본다.[16] 그러므로 피담보채권의 소명 등의 요건이 충족되면 법원은
선박우선특권에 기한 경매개시결정을 하여야 하고, 피담보채권에 이의가 있는 선
박소유자 등은 경매개시결정에 대한 이의신청을 통해 경매개시결정의 당부를 다
투는 한편,[17] 피담보채권에 관한 본안에 관하여는 중재절차를 개시하여 피담보채
권의 전부 또는 일부의 부존재를 확정하여야 할 것으로 본다.

---

13) 경매허가결정에 대한 항고절차는 피담보채권의 소명이 있는가 하는 점을 다투는 것이므로 피담
  보채권을 확정하는 절차와는 다르고 따라서 중재약정과 관련이 없다고 본다.
14) 이에 대해 당사자 사이에 중재약정이 있는 경우에는 당사자 사이에 운송물유치권의 배제에 관
  한 특약이 있는 것으로 보아야 한다는 견해가 있다(채, (하), 772쪽). 그러나 중재약정의 내용이
  나 중재약정에 이르게 된 경위 등 모든 사정을 고려해 볼 때 당사자 사이에 운송물 유치권 배제
  의 특약이 있다고 인정되는 경우에는 위 견해가 타당할 수 있으나 중재약정이 있다고 하여 일
  률적으로 운송물유치권 배제의 특약이 있다고 하는 것은 합리적인 근거가 없다고 본다.
15) 대법원 1993. 10. 5. 93마621 결정.
16) 이는 예컨대 저당권설정계약에 중재약정이 포함되어 있는 경우에 피담보채권에 관하여 다툼이
  있다는 이유로 중재절차를 거쳐야만 저당권을 실행할 수 있다고 하는 것이 부당한 것과 마찬가
  지이다.
17) 앞서 본 운송물경매허가결정에 대한 항고절차와 마찬가지로 선박경매개시결정에 대한 이의신
  청은 피담보채권의 소명이 있는가 하는 점을 다투는 것이므로 중재약정과는 관련이 없다.

제4장 해상분쟁의 준거법(국제해상법)

제1절 총 설

해상기업에 관한 법률관계는 외국적 요소를 포함하는 것이 보통이므로 해상분쟁의 해결에 있어서는 그 분쟁에 적용될 준거법을 결정하는 것이 선결문제가 된다. 이는 국제사법의 문제이기는 하나 종래 국제해상법으로서 해상법에서도 다루어져 왔다. 한편 해상분쟁과 관련된 국제사법의 규정은 2001년에 국제사법이 개정되면서 상당 부분 개정되었는바, 아래에서는 선박에 대한 물권관계와 채권관계로 나누어 개정 국제사법의 내용을 살펴보기로 한다.

제2절 선박의 물권관계

1. 우리 국제사법의 원칙상 동산 및 부동산에 관한 물권 또는 등기하여야 할 권리는 그 목적물의 소재지법에 의한다(국제사법 19조 1항). 그러나 선박은 수시로 이동하는 물체이고 또한 공해상에 있는 경우도 많기 때문에 이러한 원칙이 그대로 적용되는 것은 적절하지 아니하다.[1] 따라서 국제사법은 선박에 관한 여러 이해관계인들의 예측가능성을 보장해 주기 위하여 특별히 (i) 선박의 소유권 및 저당권, 선박우선특권[2] 그 밖의 선박에 관한 물권과 (ii) 선박에 관한 담보물권의 우선

---

[1] 송·김, 648쪽.

[2] 다만 선박우선특권의 양도 또는 대위는 피담보채권의 양도 또는 대위에 따르게 되고, 피담보채권의 양도 또는 대위에 관한 준거법은 당해 채권의 준거법에 의한다. 대법원 2007. 7. 12. 2005다

순위는 선적국법에 의한다고 규정하고 있다(국제사법 60조). 여기서 선적국이란 선박이 국적을 가지고 있는 국가를 말한다(선박의 국적에 관하여는 44쪽 이하 참조). 선박우선특권이 발생한 후 그 선박우선특권이 실행되기 전에 선적국의 변경이 있는 경우에는 여전히 선박우선특권 발생 당시의 선적국법이 적용된다고 해석된다. 한편 위 (i)에 규정된 권리의 득실변경은 그 원인된 행위 또는 사실의 완성 당시 선박의 선적국법에 의한다고 본다(국제사법 19조 2항의 유추 적용).

2. 이처럼 선적국법이 선박의 물권관계에 관한 준거법이 되는 경우에는 반정이 허용되지 아니한다(국제사법 9조 2항 5호). 이는 반정을 허용하는 경우에 이해관계인들의 예측가능성을 보장하고자 하는 위 규정의 취지를 달성할 수 없으며 반정에 따른 선적국의 국제사법 규정을 확인하는 것도 용이하지 않아 신속한 해상분쟁의 해결에 장애가 되기 때문이다.[3] 이처럼 반정이 허용되지 아니하는 것은 아래에서 보는 바와 같이 해상채권관계 중 준거법이 선적국법으로 되는 경우에도 마찬가지이다.

3. 한편 편의치적의 경우에도 선적국법을 준거법으로 인정할 것인가 하는 점이 논란이 되는데, 이러한 경우에는 국제사법 제 8 조의 「이 법에 의하여 지정된 준거법이 해당 법률관계와 근소한 관련이 있을 뿐이고, 그 법률관계와 가장 밀접한 관련이 있는 다른 국가의 법이 명백히 존재하는 경우에는 그 다른 국가의 법에 의한다」는 예외규정에 의해 선적국법 대신 가장 밀접한 관련이 있는 다른 국가의 법이 준거법이 될 가능성이 있다는 견해가 유력하다.[4]

47939 판결(선박우선특권은 일정한 채권을 담보하기 위하여 법률에 의하여 특별히 인정된 권리로서 일반적으로 그 피담보채권과 분리되어 독립적으로 존재하거나 이전되기는 어려우므로, 선박우선특권이 유효하게 이전되는지 여부는 그 선박우선특권이 담보하는 채권의 이전이 인정되는 경우에 비로소 논할 수 있는 것인바, 국제사법 제60조 제 1 호, 제 2 호에서 선적국법에 의하도록 규정하고 있는 사항은 선박우선특권의 성립 여부, 일정한 채권이 선박우선특권에 의하여 담보되는지 여부, 선박우선특권이 미치는 대상의 범위, 선박우선특권의 순위, 선박우선특권의 소멸 등으로서 선박우선특권에 의하여 담보되는 채권 자체의 양도 및 대위에 관한 사항은 포함되어 있지 않다고 해석되므로, 특별한 사정이 없는 한 그 피담보채권의 양도가능성, 채무자 및 제 3 자에 대한 채권양도의 효력에 관한 사항은 국제사법 제34조 제 1 항 단서에 의하여 그 피담보채권의 준거법에 의하여야 하고, 그 피담보채권의 임의대위에 관한 사항은 국제사법 제35조 제 2 항에 의하여 그 피담보채권의 준거법에 의하여야 한다).

3) 법무부, 국제사법해설, 190쪽.

4) 석, (해설), 344쪽. 이와 동일한 입장을 취한 하급심 판결로는 창원지방법원 2013. 4. 10. 2012나 5173 판결 참조(선박이 편의치적이 되어 있어 선적만이 그 국가와 유일한 관련이 있을 뿐이고, 항해지, 실질적인 선박소유자, 실질적인 선박운영회사, 실질적인 선박의 근거지, 선원의 국적, 선박의 주된 항해지 및 주된 근거지, 당해 법률 분쟁이 발생한 장소 등이 선적국과 근소한 관련만 존재하는 경우에는, 임금채권을 근거로 하는 선박우선특권의 준거법은 선원근로계약의 체결

제3절 해상채권관계

제1. 총 설

해상채권관계에도 일반 채권관계에 관한 국제사법의 규정이 적용되는 것이 원칙이다. 그런데 우리 국제사법은 해상기업의 법률관계의 특수성을 감안하여 일부 채권관계에 관하여 특별한 규정을 두고 있다. 그러므로 우리 국제사법이 해상채권관계에 관하여 특별한 규정을 두고 있는 경우에는 이 규정이 일반 채권관계에 관한 규정에 우선하여 적용되게 된다. 아래에서는 국제사법의 특별 규정이 있는 해상채권관계의 준거법을 먼저 살펴보고 이러한 규정이 없는 경우의 그 밖의 해상채권관계의 준거법에 관하여 살펴보기로 한다.

제2. 특별 규정이 있는 해상채권관계

1. 선장과 해원의 행위에 관한 선박소유자의 책임범위

이에 관해서는 선적국법에 의한다(국제사법 60조 3호). 국제사법은 선박소유자의 「책임범위」라고 규정하고 있으나 선장과 해원의 행위에 대해 선박소유자가 책임을 지는지의 여부 및 그 책임의 성립요건까지도 위 규정을 유추 적용하여 선적국법에 의한다고 본다.

2. 선박소유자·용선자·선박관리인·선박운항자 그 밖의 선박사용인이 책임제한을 주장할 수 있는지 여부 및 그 책임제한의 범위

이에 관해서도 선적국법에 의한다(국제사법 60조 4호).5) 여기서의 책임제한이 총

경위 및 내용, 국제사법 제8조와 사회경제적 약자인 근로자를 보호하기 위해 규정한 국제사법 제28조의 취지 등을 고려하여 결정하여야 한다).

5) 말레이시아 선적의 선박과의 충돌로 인하여 손해를 입은 피해자가 가해자의 책임한도액이 우리 상법보다 현저히 낮은 말레이시아 상선법에 따르도록 하고 있는 위 국제사법 제60조 제4호가 위헌이라고 주장한 사건에서 헌법재판소는 위 국제사법 조항이 합헌이라고 판시하였다. 헌법재판소 2009. 5. 28. 2007헌바98 결정(이 사건에서 청구인들의 손해배상청구권이 제한되는 것은 이

체적 책임제한을 의미하는 것임은 명백하다. 한편 우리 대법원은 섭외사법(개정 전 국제사법)하에서 선박소유자 등이 금액책임주의에 따라 책임제한을 할 수 있는지의 여부에 관하여는 섭외사법 제44조 제 5 호(선장과 해원의 행위에 관한 선박소유자의 책임범위)가 적용된다고 전제한 뒤 섭외사법 제44조 제 5 호는 불법행위책임에는 적용될 수 없다고 판시하였다.[6] 그러나 국제사법의 개정으로 인하여 선박소유자 등의 총체적 책임제한에 관하여는 그 채권의 발생원인이 채무불이행인지 불법행위인지를 묻지 아니하고 그 준거법이 선적국법이라고 해석해야 한다. 그러므로 개정 국제사법하에서는 위 대법원 판결은 선례로서의 가치를 상실했다고 본다.

3. 공동해손

이에 관하여도 선적국법에 의한다(국제사법 60조 5 호). 그러나 앞서 본 바와 같이 공동해손에 관한 법규는 임의법규이고, 전 세계적으로 당사자들이 요크·앤트워프규칙에 따라 공동해손을 정산하기로 약정하는 것이 보통이므로 위 국제사법의 규정은 실익이 없다.

사건 법률조항 그 자체 때문이 아니라 청구인들의 손해배상청구권에 관하여 준거법으로 선적국법이 적용된 결과에 불과하다. 즉 이 사건 사고에 말레이시아 상선법을 적용함으로써 선박소유자의 책임한도액이 우리상법을 적용한 경우보다 현저하게 낮게 된다 하더라도 이는 이 사건 사고의 발생지, 해당 선박의 선적국, 채권자들의 국적 등이 상이하여 이 사건 법률조항에 따른 준거법을 적용한 반사적인 결과에 불과하므로, 이 사건 법률조항 자체로 인하여 청구인들의 재산권이 제한된다고 보기 어렵다. 또한 이 사건 법률조항은 내·외국 선박을 불문하고 모두에게 적용되는 법률이므로 차별적 취급이 존재한다고 할 수 없고, 이 사건 선박에 말레이시아 상선법을 적용하여 선박소유자 등의 책임한도액이 우리 상법을 적용한 경우보다 현저히 낮다고 하더라도 이는 이 사건 사고의 발생지, 해당 선박의 선적국, 채권자의 국적 등이 상이하여 이 사건 법률조항에 따른 준거법을 적용한 결과에 불과하므로, 이를 들어 합리적인 근거가 없는 자의적인 차별이라고 할 수 없다).

6) 대법원 1994. 1. 28. 93다18167 판결(섭외사법 제44조 제 6 호는 선박소유자가 선박과 운임을 위부하여 책임을 면할 수 있는 여부에 관하여는 선적국법에 의한다고 규정하고 있는데, 이는 그 문언 자체로 선박소유자의 위부에 관한 사항만을 규정하고 있는 것임이 명백하므로, 섭외사법이 선박소유자의 책임제한에 관하여 위부주의를 채택하고 있던 의용상법 시행 당시에 제정된 것이라는 이유만으로 위 조항이 금액 한도에 의한 선박소유자의 책임제한까지 아울러 규정한 것이라고는 볼 수 없다(그러한 사항은 같은 조 제 5 호에 의하여 규율되어야 할 것이다). 한편 섭외사법 제44조 제 5 호에 의하면 선장과 해원의 행위에 대한 선박소유자의 책임범위는 선적국법에 의한다고 규정하고 있으나, 위 조항이 민법상의 불법행위를 원인으로 한 손해배상청구의 경우까지도 섭외사법 제13조를 배제하고 선적국법을 준거법으로 하라는 취지라고 볼 수는 없다).

4. 선장의 대리권

이에 관하여도 선적국법에 의한다(국제사법 60조 6호). 이는 개정 국제사법에서 추가된 규정이다. 선장의 권한은 나라마다 다를 수가 있으므로 이를 명백히 하기 위하여 추가되었다.[7] 여기의 선장의 대리권은 임의대리권과 법정대리권 양자를 의미한다.[8]

5. 선박충돌

(1) 영해에서의 선박충돌

개항·하천 또는 영해에서의 선박충돌에 관한 책임은 그 충돌지법에 의한다 (국제사법 61조 1항). 이는 충돌지가 행동지 및 결과발생지이기 때문이다.

(2) 공해에서의 선박충돌

1) 공해에서의 선박충돌에 관한 책임은 각 선박이 동일한 선적국에 속하는 때에는 그 선적국법에 의하고, 각 선박이 선적국을 달리하는 때에는 가해선박의 선적국법에 의한다(국제사법 61조 2항). 여기서 「가해선박」이란 일방 선박의 과실로 인한 선박충돌에 있어서는 그 의미가 분명하나 쌍방 선박의 과실로 인한 선박충돌에 있어서는 어느 선박이 가해선박인가 하는 문제가 있다. 생각건대 교차책임설을 취하는 경우에는 상호 간의 손해배상청구권에 관하여 채무를 부담하는 각 선박소유자의 선박이 가해선박이 되고, 단일책임설을 취하는 경우에는 채권과 채무를 공제한 후 남은 손해배상청구권에 대한 채무를 부담하는 선박소유자의 선박이 가해선박이 된다고 본다.

2) 선박충돌은 불법행위의 한 유형이기 때문에 당사자들은 선박충돌 발생 후에 준거법을 합의할 수 있고(국제사법 33조), 배상액이 과다한 경우에는 이를 제한할 수 있다(국제사법 32조 4항).[9]

---

7) 법무부, 국제사법 해설, 189쪽.
8) 석, (해설), 354쪽.
9) 석, (해설), 358쪽.

6. 해난구조

해난구조로 인한 보수청구권은 그 구조행위가 영해에서 있는 때에는 행위지법에 의하고, 공해에서 있는 때에는 구조한 선박의 선적국법에 의한다(국제사법 62조). 여기서의 해난구조는 좁은 의미의 해난구조를 의미한다. 왜냐하면 계약구조의 경우에는 해난구조라는 이유로 국제사법 제25조가 규정하는 당사자 자치를 배제할 이유가 없기 때문이다. 한편 여기의 보수청구권은 구조에 대한 보수와 특별보상을 포함하는 해난구조료 청구권을 의미한다고 본다. 또한 이러한 해난구조료 청구권 이외에 해난구조의 효과도 위 준거법에 따른다.10)

제 3. 그 밖의 해상채권관계

(1) 해상채권관계에 관하여 국제사법이 특별히 규정하지 아니한 사항에 관하여는 국제사법상의 일반 채권관계에 관한 규정이 적용된다. 따라서 해상과 관련된 계약에 관하여는 당사자 자치가 인정되어 당사자들이 명시적 또는 묵시적으로 준거법을 선택할 수 있다(국제사법 25조).11) 또한 당사자가 준거법을 선택하지 아니한 경우에 계약은 그 계약과 가장 밀접한 관련이 있는 국가의 법에 의한다(국제사법 26조).

(2) 또한 사무관리는 그 관리가 행하여진 곳의 법에 의하는데, 다만 사무관리가 당사자간의 법률관계에 기하여 행하여진 경우에는 그 법률관계의 준거법에 의한다(국제사법 30조 1항). 그리고 부당이득은 그 이득이 발생한 곳의 법에 의하는데, 다만 부당이득이 당사자 간의 법률관계에 기하여 행하여진 이행으로부터 발생한 경우에는 그 법률관계의 준거법에 의한다(국제사법 31조).

(3) 불법행위는 원칙적으로 그 행위가 행하여진 곳의 법에 의하는데, 불법행위

---

10) 석, (해설), 361쪽.

11) 대법원 2012. 10. 25. 2009다77754 판결 참조(당사자가 계약의 준거법으로 지역에 따라 법을 달리하는 이른바 연방제국가의 어느 특정 지역의 법을 지정하지 않고 단순히 연방제국가의 법이라고만 약정한 경우, 선택된 법이 특정 지역의 법이 아니라 연방제국가의 법이라는 사정만으로 그러한 준거법 약정이 내용을 확정할 수 없는 것으로 당연 무효라고 보아서는 아니 되고 계약 문언, 계약 전후의 사정, 거래 관행 등 모든 사정을 고려하여 당사자가 그 국가의 어느 지역의 법을 지정한 것으로 합리적으로 인정되는지 까지 살펴보아야 한다. 나아가 지역에 따라 법을 달리하는 연방제국가라고 하더라도, 어느 법률관계에 관하여 그 국가 전체에 통일적으로 적용되는 이른바 연방법이 존재한다면 적어도 그 법률관계에 관하여는 연방법이 적용되어 지역에 따라 법을 달리한다고 할 수는 없으므로, 당사자가 그 법률관계에 관한 준거법으로 연방제국가의 법을 준거법으로 선택한 약정은 그 국가의 연방법을 준거법으로 선택한 약정으로서 유효하다).

가 행하여진 당시 동일한 국가 안에 가해자와 피해자의 상거소가 있는 경우에는 제1항의 규정에 불구하고 그 국가의 법에 의한다(국제사법 32조 1 항 및 2 항). 다만 가해자와 피해자간에 존재하는 법률관계가 불법행위에 의하여 침해되는 경우에는 그 법률관계의 준거법에 의한다(동조 3 항). 그리고 위 규정에 의하여 외국법이 적용되는 경우에 불법행위로 인한 손해배상청구권은 그 성질이 명백히 피해자의 적절한 배상을 위한 것이 아니거나 또는 그 범위가 본질적으로 피해자의 적절한 배상을 위하여 필요한 정도를 넘는 때에는 이를 인정하지 아니한다(동조 4 항).

(4) 사무관리, 부당이득 및 불법행위에 관하여는 이러한 행위 또는 사실이 발생한 후 합의에 의하여 대한민국 법을 그 준거법으로 선택할 수 있는데 다만 그로 인하여 제 3 자의 권리에 영향을 미치지 아니한다(국제사법 33조).

제5장 선박에 대한 집행

제1절 총 설

해상분쟁의 당사자들은 동일 국적이 아닌 경우가 많기 때문에 채권자에게는 외국 채무자에 대한 채권의 확보가 중요한 문제가 되는데, 선박에 대한 집행이 이러한 채권의 확보를 위하여 국제적으로 널리 사용되고 있다. 이는 선박이 채권자의 국내에 기항하는 경우도 있고 또는 선박이 외국에 있다고 하더라도 그 추적이 비교적 용이하기 때문이다.

이러한 선박에 대한 집행에는 채권의 보전을 위한 선박가압류·가처분과 선박에 대한 경매가 있으며[1] 선박에 대한 경매에는 판결 등의 집행권원에 의한 강제집행으로서의 경매와 선박우선특권 등의 담보권의 실행을 위한 경매가 있다. 우리 법상 이러한 선박에 대한 집행에는 민사집행법이 적용되게 된다.

아래에서는 선박집행의 일반론을 먼저 살펴본 다음 민사집행법이 선박가압류와 선박의 경매에 관하여 특별히 규정하고 있는 사항을 검토하기로 한다.

---

1) 민사집행법상의 「민사집행」은 강제집행과 담보권 등에 의한 경매를 말하고 가압류·가처분 등의 보전처분의 집행은 포함하지 아니하나(민집 1조), 여기에서의 선박에 대한 집행에는 보전처분의 집행까지 포함하는 개념으로 사용한다. 한편 선박에 대한 보전처분에는 선박가압류와 선박에 대한 가처분이 있으나 선박에 대한 가처분에는 선박가압류에 관한 규정이 준용되며(민집 301조) 선박가압류에 관한 규정이 없는 사항은 일반 가처분에 관한 규정이 준용되므로 선박가처분에 관한 설명은 생략하기로 한다.

제2절 선박에 대한 집행 일반론

제1. 선박에 대한 집행의 방법

1. 등 기 선

우리 민사집행법상 등기할 수 있는 선박, 즉 등기선의 가압류의 경우에는 동산의 가압류와는 달리 선박등기부에 가압류의 등기를 하는 방법이나 집행관에게 선박국적증서등을 선장으로부터 받아 집행법원에 제출하도록 명하는 방법으로 집행한다(민집 295조). 또한 등기선에 대한 경매는 원칙적으로 부동산의 강제경매에 관한 규정에 따른다(민집 172조). 그러므로 강제집행이나 담보권의 실행을 위하여 등기선을 경매하는 경우에는 동산의 경매와는 달리 법원의 경매개시결정을 받아야 한다(민집 80조 이하 및 264조 이하 참조). 등기선이란 앞서 해상기업의 물적 조직에 관한 장에서 살펴본 것과 마찬가지로 등기의무가 있는 총톤수 20톤 이상의 기선과 범선 및 총톤수 100톤 이상의 부선을 말한다. 실제로 등기되었는지의 여부를 묻지 아니한다.

한편 등기선 중 아직 등기하지 아니한 선박의 경우에는 채권자가 채무자를 대위하여 등기를 한 후 집행을 하게 된다.[2]

2. 비등기선

우리 민사집행법은 비등기선에 대한 집행에 관하여는 특별 규정을 두고 있지 아니하므로 비등기선에 대한 집행에는 동산집행에 관한 규정이 적용되게 된다. 따라서 비등기선에 대한 강제집행을 위한 경매 및 담보권의 실행을 위한 경매의 실행과 가압류의 집행은 집행관에 의해 동산의 경우와 마찬가지로 실시된다(민집 189조, 271조, 296조). 이처럼 비등기선에 대한 집행은 동산집행과 마찬가지이므로 아래에서는 비등기선에 대한 집행에 관한 설명은 생략하기로 한다.

---

2) 주석 민사집행법(4), 40쪽.

제 2. 외국선박에 대한 집행

우리 민사집행법 제186조는 「외국선박에 대한 강제집행에는 등기부에 기입할 절차에 관한 규정을 적용하지 아니한다」고 규정하고 있다. 그러므로 위 규정의 반대해석상 외국선박에 대한 집행에도 등기부에 기입하는 절차를 제외하고는 민사집행법의 규정이 적용된다고 해석된다. 여기서 외국선박이란 한국국적을 가지지 아니한 모든 선박으로서 외국적 선박과 무국적 선박을 포함한다.3) 이와 관련하여 외국선박의 경우에 어느 나라 법에 따라 등기선인지의 여부를 결정할 것인가 하는 점이 문제가 되나 선박에 대한 집행은 절차적인 문제이므로 법정지법인 우리 법에 따라 등기선인지의 여부를 결정하는 것이 타당하다고 본다.4)

제 3. 선박의 압류·가압류의 금지

선박에 대하여는 일정한 경우에 가압류 또는 경매를 위한 압류가 금지되나 이에 관하여는 「제 2 편 제 2 장 해상기업의 물적 조직」에서 살펴보았으므로 여기에서는 설명을 생략하기로 한다(59쪽 이하 참조).

제 3 절   선박가압류

제 1. 보전되는 채권

선박가압류라 함은 금전채권에 대하여 장래 선박에 대한 강제집행을 보전하기 위하여 선박을 처분하지 못하도록 하는 재판을 말한다(민집 276조 참조). 여기서 집행을 보전하고자 하는 채권자의 금전채권은 반드시 선박과 관련된 채권으로 제한되지 아니한다.5) 그러므로 채무자에 대한 금전채권을 가지고 있는 채권자는 그

---

3) 동지: 정(해), (국제), 397쪽.
4) 동지: 권오곤, "외국선박집행상의 몇가지 문제점," 재판자료, 34집, 법원행정처(1986), 628쪽; 정병석, "선박경매와 관련된 제문제," 인권과 정의, 제196호, 대한변호사협회, 67-68쪽; 정(해), (국제), 398쪽.
5) 이는 대륙법계국가의 입장으로서 우리 민사집행법의 체계는 대륙법체계를 계수한 것이다. 이와

금전채권의 발생 원인을 묻지 아니하고 채무자 소유의 선박을 가압류할 수 있다.

제 2. 관할법원

1. 선박소재지 관할법원

가압류할 선박이 있는 곳을 관할하는 지방법원은 선박가압류에 대한 관할권을 갖는다(민집 278조). 여기서 관할의 표준이 되는 시점이 언제인가 하는 점이 문제가 된다. 이에 관하여는 가압류 효력발생시에 선박이 소재하면 된다고 주장하는 견해가 있다.6) 생각건대, 민사집행법이 선박에 대한 강제집행의 경우에 관할법원을 「압류 당시」에 그 선박이 있는 곳이라고 규정하고 있는 것과는 달리 선박가압류에 대해서는 특별한 규정을 두고 있지 아니하므로 다른 가압류와 마찬가지로 해석해야 한다(선박에 대한 강제집행의 경우의 관할에 관하여는 678쪽 참조). 그러므로 선박가압류의 경우에도 가압류의 신청시에 선박이 소재하는 곳을 관할하는 법원이 관할권을 갖는다고 본다.7) 따라서 가압류 신청시에 아직 선박이 국내항에 기항하지 않은 경우에는 그 가압류신청은 부적법하므로 각하되어야 할 것이다. 이처럼 신청시설을 취할 경우 국내에 기항했다가 단시일 내에 출항하는 외국선박의 경우에 이를 가압류하는 데 실무상 어려움이 생기나, 이 경우에는 선박의 강제집행에 관한 선박국적증서 등의 인도명령에 관한 규정(민집 175조, 상세는 679쪽 참조)을 준용하여(민집 291조), 선박국적증서등의 인도명령을 미리 받았다가 선박의 입항을 기다려 바로 선박국적증서등을 수취함으로써 선박을 가압류할 수 있을 것이다.

한편 외국선박이라도 가압류신청시에 국내에 소재하는 한 피담보채권에 관한 본안이 외국법원의 전속적 관할에 속하거나 외국 중재에 의하는 경우에도 우리나라에서 선박을 가압류할 수 있다.8)

달리 영미법계 국가에서는 특정선박에 대해 관련이 있는 해사채권에 관해서만 선박가압류(arrest)가 허용된다. 1952년 선박가압류조약이나 1999년 선박가압류조약은 일정한 해사채권에 관해서만 선박가압류를 허용함으로써 영미법의 입장을 많이 반영하였다.

6) 정(해), (국제), 472쪽.
7) 주석 민사집행법(6), 105쪽; 주석 강제집행법(Ⅳ), 274쪽.
8) 동지: 정(해), (국제), 408쪽.

2. 본안의 관할법원

본안의 관할법원도 선박가압류에 관하여 관할권을 갖는다(민집 278조). 그러나 외국 선박을 국내에서 가압류하였더라도 당해 선박과 관련이 없는 채권에 관하여 국내법원이 본안에 관한 관할권을 갖지 아니한다는 점은 앞서 본 바와 같다.

제 3. 선박가압류의 집행

1. 선박 가압류 집행방법

등기할 수 있는 선박에 대한 가압류를 집행하는 경우에는 가압류등기를 하는 방법이나 집행관에게 선박국적증서등을 선장으로부터 받아 집행법원에 제출하도록 명하는 방법으로 한다. 이들 방법은 함께 사용할 수 있다(민집 295조 1 항). 가압류는 가압류결정이 채무자에게 송달되었을 때, 가압류등기가 된 때 또는 집행관이 선장으로부터 선박국적증서등을 수취하였을 때 그 효력이 발생한다(민집 83조 4 항, 174조 2 항). 가압류등기를 하는 방법에 의한 가압류집행은 가압류명령을 한 법원이, 선박국적증서등을 받아 제출하도록 명하는 방법에 의한 가압류집행은 선박이 정박하여 있는 곳을 관할하는 지방법원이 집행법원으로서 관할한다(민집 295조 2 항).

2. 선박에 대한 감수 · 보존처분

법원은 채권자의 신청에 따라 선박을 감수(監守)하고 보존하기 위하여 필요한 처분을 할 수 있다. 이러한 처분을 한 때에는 가압류결정이 송달되거나 선박등기부에 선박가압류가 기입되기 전에도 가압류의 효력이 생긴다(민집 291조 및 178조). 그런데 실무에서는 한국선박의 경우에 법원이 위와 같은 처분을 내리는 경우가 거의 없다.

제 4 절   선박의 경매

제 1. 선박에 대한 강제집행

1. 관할법원

선박에 대한 강제집행의 집행법원은 압류 당시에 그 선박이 있는 곳을 관할하는 지방법원으로 한다(민집 173조). 여기서 「압류 당시」 의미에 관하여 경매개시결정 신청시설, 경매개시결정시설 및 경매개시결정 효력발생시설이 대립하고 있는데 경매개시결정시설이 통설이나[9] 경매개시결정 효력발생시설이 유력해 지고 있다.[10] 생각건대 경매개시결정의 효력발생 시에 압류의 효력이 발생하므로 「압류 당시」란 경매개시결정 효력발생시라고 보아야 한다. 따라서 경매개시결정 효력발생시설이 타당하다고 본다. 압류 당시 선박이 그 법원의 관할 안에 없었음이 판명된 때에는 그 절차를 취소하여야 한다(민집 180조). 또한 압류된 선박이 관할구역 밖으로 떠난 때에는 집행법원은 선박이 있는 곳을 관할하는 법원으로 사건을 이송할 수 있다(민집 182조).

2. 선박경매개시결정 및 선박의 압류

앞서 본 바와 같이 등기할 수 있는 선박에 대한 강제집행은 부동산의 강제경매에 관한 규정에 따른다(민집 172조). 따라서 선박에 대한 강제집행을 위해서는 선박에 대한 경매개시결정을 얻어야 한다. 법원은 경매절차를 개시하는 결정을 하는 경우에는 동시에 그 선박의 압류를 명하여야 한다(민집 83조 1항). 또한 법원이 경매개시결정을 하면 법원사무관등은 즉시 그 사유를 등기부에 기입하도록 등기관(登記官)에게 촉탁하여야 한다(민집 94조 1항). 선박에 대한 압류는 채무자에게 경매개시결정이 송달된 때 또는 경매개시결정 등기가 된 때에 효력이 생긴다(민집 83조 4항).

---

9) 주석 민사집행법(4), 62쪽; 주석 강제집행법(IV), 45쪽.
10) 권오곤, "외국선박집행상의 몇가지 문제점," 635-636쪽; 정(해), (국제), 406-407쪽; 정병석, "선박경매와 관련된 제문제," 70-71쪽 등.

3. 선박국적증서 등의 수취

(1) 법원은 경매개시결정을 한 때에는 집행관에게 선박국적증서 그 밖에 선박운행에 필요한 문서를 선장으로부터 받아 법원에 제출하도록 명하여야 한다(민집 174조 1항). 여기서 그 밖의 선박운행에 필요한 문서란 선장이 선박에 비치하여야 할 서류로서, 선박국적증서가 없는 경우에 이를 대체하는 선적증서, 승무원명부, 항해일지, 화물에 관한 서류, 선박검사증서, 항행하는 해역의 해도, 기관일지, 속구목록, 선박의 승무정원증서 등을 말한다(선원법 20조, 선원법 시행규칙 13조).[11]

한편 경매개시결정이 송달 또는 등기되기 전에 집행관이 선박국적증서등을 받은 경우에는 그 때에 압류의 효력이 생긴다(민집 174조 2항).

경매개시결정이 있은 날부터 2월이 지나기까지 집행관이 선박국적증서 등을 넘겨받지 못하고, 선박이 있는 곳이 분명하지 아니한 때에는 법원은 강제경매절차를 취소할 수 있다(민집 183조).

(2) 선박에 대한 집행의 신청 전에 선박국적증서 등을 받지 아니하면 집행이 매우 곤란할 염려가 있을 경우에는 선적(船籍)이 있는 곳을 관할하는 지방법원(선적이 없는 때에는 대법원규칙이 정하는 법원)은 신청에 따라 채무자에게 선박국적증서 등을 집행관에게 인도하도록 명할 수 있고 급박한 경우에는 선박이 있는 곳을 관할하는 지방법원도 이 명령을 할 수 있다(민집 175조 1항).[12] 아직 입항하지 않은 선박이 기항 후 단시일 내에 출항하는 경우 등이 전자에 해당할 수 있으며 현재 선박이 정박 중이지만 단시일 내에 출항 예정인 경우 등이 후자에 해당할 수 있다.[13]

집행관은 선박국적증서 등을 인도받은 날부터 5일 이내에 채권자로부터 선박집행을 신청하였음을 증명하는 문서를 제출받지 못한 때에는 그 선박국적증서 등을 돌려주어야 한다(민집 175조 2항).

---

11) 주석 민사집행법(4), 65쪽; 주석 강제집행법(IV), 47쪽.
12) 선적이 없는 때 하는 선박집행신청 전 선박국적증서등의 인도명령신청사건의 관할법원은 서울중앙지방법원·인천지방법원·수원지방법원평택지원·춘천지방법원강릉지원·춘천지방법원속초지원·대전지방법원홍성지원·대전지방법원서산지원·대구지방법원포항지원·부산지방법원·울산지방법원·창원지방법원·창원지방법원진주지원·창원지방법원통영지원·광주지방법원목포지원·광주지방법원순천지원·광주지방법원해남지원·전주지방법원군산지원 또는 제주지방법원으로 한다(민사집행규칙 98조).
13) 주석 민사집행법(4), 72쪽; 주석 강제집행법(IV), 51쪽.

4. 압류선박의 정박

법원은 집행절차를 행하는 동안 선박이 압류 당시의 장소에 계속 머무르도록 명하여야 한다(민집 176조 1항). 법원은 영업상의 필요, 그 밖에 상당한 이유가 있다고 인정할 경우에는 채무자의 신청에 따라 선박의 운행을 허가할 수 있다. 이 경우 채권자・최고가매수신고인・차순위매수신고인 및 매수인의 동의가 있어야 한다(동조 2항). 그러나 실무에서는 선박의 운행에 대해 채권자 등이 동의하는 경우가 거의 없다.

5. 보증의 제공에 의한 강제경매절차의 취소

(1) 제도의 취지

채무자가 선박에 대한 집행에 관하여 다투는 경우 그 해결에 이르기까지 상당한 시일이 소요된다. 그런데 그동안 선박이 압류된 상태로 있어야 한다면 선박소유자는 막대한 손해를 입게 된다. 이러한 폐단을 방지하기 위하여 민사집행법은 채무자가 보증을 제공하면 선박을 압류에서 해제하는 한편 채권자의 권리는 채무자가 제공한 보증으로부터 만족을 받을 수 있도록 하는 제도를 둔 것이다(민집 181조).

(2) 경매절차 취소의 요건

1) 민사집행법 제49조 제2호 또는 제4호의 서류 제출

민사집행법 제49조 제2호의 서류는 「강제집행의 일시정지를 명한 취지를 적은 재판의 정본」인데, 실무상 경매개시결정에 대한 이의를 신청한 후 잠정적 가처분으로서 강제집행의 일시정지를 명하는 재판을 받거나(민집 86조), 담보권의 부존재확인의 소를 제기한 후 일반 보전처분으로서의 강제집행정지 가처분을 받아 이를 제출하게 된다.

제4호의 서류는 「집행할 판결이 있은 뒤에 채권자가 변제를 받았거나, 의무이행을 미루도록 승낙한 취지를 적은 증서」를 말한다.

2) 보증의 제공

채무자가 제공하는 보증의 금액은 압류채권자 및 배당을 요구한 채권자의 채권과 집행비용에 해당하는 금액이어야 한다. 한편 보증은 ① 금전 또는 법원이 상당하다고 인정하는 유가증권을 공탁하거나 또는 ② 은행 또는 보험회사가 채무자를 위하여 일정액의 금전을 법원의 최고에 따라 지급한다는 취지의 기한의 정함이 없는 지급보증위탁계약이 채무자와 은행 또는 보험회사 사이에 체결된 사실을 증명하는 문서를 제출하는 방법으로 제공할 수 있다. 다만 위 ②의 문서를 제출할 때에는 미리 집행법원의 허가를 얻어야 한다(민사집행규칙 104조 1 항). 그러나 집행법원이 이러한 허가를 하는 경우가 거의 없기 때문에 실무상으로는 위 ①에 의한 보증(특히 금전 공탁)만이 사용되고 있다.

3) 보증의 제공의 시기

이러한 보증은 경매절차에서 매수신고가 있기 전에 제공하여야 한다. 이는 매수신고가 있으면 매수신고인의 권리와 기대이익을 보호해 주어야 하기 때문이다.[14]

(3) 배당 등의 실시

보증의 제공에 의한 강제경매절차의 취소 후에 강제집행의 일시정지를 명하는 재판이 효력을 잃은 때에는 법원은 채무자가 제공한 보증금을 배당한다(민집 181조 2 항). 강제집행의 일시정지를 명하는 재판이 효력을 잃는 경우란 경매개시결정에 대한 이의신청이나 담보권부존재확인소송에서 채무자가 패소하는 경우 등을 말한다.

제 2. 선박에 대한 담보권의 행사

선박을 목적으로 하는 선박우선특권이나 저당권 등의 담보권 실행을 위한 경매절차에는 선박에 대한 강제집행에 관한 민사집행법 제172조 내지 제186조와 부동산을 목적으로 하는 담보권 실행을 위한 경매절차에 관한 규정을 준용한다(민집 269조). 그러므로 앞서 본 선박에 대한 강제집행으로서의 경매에 관한 논의가 선박에 대한 담보권의 실행을 위한 경매에도 유추 적용된다.

---

14) 주석 민사집행법(4), 110쪽; 주석 강제집행법(IV), 78쪽.

부 록

海 / 商 / 法 / 詳 / 論

Ⅰ. 해상법(상법 제5편 해상) 조문

제5편 해상 〈개정 2007.8.3〉

제1장 해상기업

제1절 선박
제740조 (선박의 의의) 이 법에서 "선박"이란 상행위나 그 밖의 영리를 목적으로 항해에 사용하는 선박을 말한다.

제741조 (적용범위) ①항해용 선박에 대하여는 상행위나 그 밖의 영리를 목적으로 하지 아니하더라도 이 편의 규정을 준용한다. 다만, 국유 또는 공유의 선박에 대하여는 「선박법」 제29조 단서에도 불구하고 항해의 목적·성질 등을 고려하여 이 편의 규정을 준용하는 것이 적합하지 아니한 경우로서 대통령령으로 정하는 경우에는 그러하지 아니하다.

②이 편의 규정은 단정(短艇) 또는 주로 노 또는 상앗대로 운전하는 선박에는 적용하지 아니한다.

제742조 (선박의 종물) 선박의 속구목록(屬具目錄)에 기재한 물건은 선박의 종물로 추정한다.

제743조 (선박소유권의 이전) 등기 및 등록할 수 있는 선박의 경우 그 소유권의 이전은 당사자 사이의 합의만으로 그 효력이 생긴다. 다만, 이를 등기하고 선박국적증서에 기재하지 아니하면 제3자에게 대항하지 못한다.

제744조 (선박의 압류·가압류) ①항해의 준비를 완료한 선박과 그 속구는 압류 또는 가압류를 하지 못한다. 다만, 항해를 준비하기 위하여 생긴 채무에 대하여는 그러하지 아니하다.

②제1항은 총톤수 20톤 미만의 선박에는 적용하지 아니한다.

제2절 선장
제745조 (선장의 선임·해임) 선장은 선박소유자가 선임 또는 해임한다.

제746조 (선장의 부당한 해임에 대한 손해배상청구권) 선박소유자가 정당한 사유 없이 선장을 해임한 때에는 선장은 이로 인하여 생긴 손해의 배상을 청구할 수 있다.

제747조 (선장의 계속직무집행의 책임) 선장은 항해 중에 해임 또는 임기가 만료된 경우에도 다른 선장이 그 업무를 처리할 수 있는 때 또는 그 선박이 선적항에 도착할 때까지 그 직무를 집행할 책임이 있다.

제748조 (선장의 대선장 선임의 권한 및 책임) 선장은 불가항력으로 인하여 그 직무를 집행하기가 불능한 때에 법령에 다른 규정이 있는 경우를 제외하고는 자기의 책임으로 타인을 선정하여 선장의 직무를 집행하게 할 수 있다.

제749조 (대리권의 범위) ①선적항 외에서는 선장은 항해에 필요한 재판상 또는 재판 외의 모든 행위를 할 권한이 있다. ②선적항에서는 선장은 특히 위임을 받은 경우 외에는 해원의 고용과 해고를 할 권한만을 가진다.

제750조 (**특수한 행위에 대한 권한**) ①선장은 선박수선료·해난구조료, 그 밖에 항해의 계속에 필요한 비용을 지급하여야 할 경우 외에는 다음의 행위를 하지 못한다.

1. 선박 또는 속구를 담보에 제공하는 일

2. 차재(借財)하는 일

3. 적하의 전부나 일부를 처분하는 일

②적하를 처분할 경우의 손해배상액은 그 적하가 도달할 시기의 양륙항의 가격에 의하여 정한다. 다만, 그 가격 중에서 지급을 요하지 아니하는 비용을 공제하여야 한다.

제751조 (대리권에 대한 제한) 선장의 대리권에 대한 제한은 선의의 제3자에게 대항하지 못한다.

제752조 (**이해관계인을 위한 적하의 처분**) ①선장이 항해 중에 적하를 처분하는 경우에는 이해관계인의 이익을 위하여 가장 적당한 방법으로 하여야 한다.

②제1항의 경우에 이해관계인은 선장의 처분으로 인하여 생긴 채권자에게 적하의 가액을 한도로 하여 그 책임을 진다. 다만, 그 이해관계인에게 과실이 있는 때에는 그러하지 아니하다.

제753조 (**선박경매권**) 선적항 외에서 선박이 수선하기 불가능하게 된 때에는 선장은 해무관청의 인가를 받아 이를 경매할 수 있다.

제754조 (**선박의 수선불능**) ①다음 각 호의 경우에는 선박은 수선하기 불가능하게 된 것으로 본다.

1. 선박이 그 현재지에서 수선을 받을 수 없으며 또 그 수선을 할 수 있는 곳에 도달하기 불가능한 때

2. 수선비가 선박의 가액의 4분의 3을 초과할 때

②제1항제2호의 가액은 선박이 항해 중 훼손된 경우에는 그 발항한 때의 가액으로 하고 그 밖의 경우에는 그 훼손 전의 가액으로 한다.

제755조 (**보고·계산의 의무**) ①선장은 항해에 관한 중요한 사항을 지체 없이 선박소유자에게 보고하여야 한다.

②선장은 매 항해를 종료한 때에는 그 항해에 관한 계산서를 지체 없이 선박소유자에게 제출하여 그 승인을 받아야 한다.

③선장은 선박소유자의 청구가 있을 때에는 언제든지 항해에 관한 사항과 계산의 보고를 하여야 한다.

제3절 선박공유

제756조 (선박공유자의 업무결정) ①공유선박의 이용에 관한 사항은 공유자의 지분의 가격에 따라 그 과반수로 결정한다.

②선박공유에 관한 계약을 변경하는 사항은 공유자의 전원일치로 결정하여야 한다.

제757조 (선박공유와 비용의 부담) 선박공유자는 그 지분의 가격에 따라 선박의 이용에 관한 비용과 이용에 관하여 생긴 채무를 부담한다.

제758조 (손익분배) 손익의 분배는 매 항해의 종료 후에 있어서 선박공유자의 지분의 가격에 따라서 한다.

제759조 (지분의 양도) 선박공유자 사이에 조합관계가 있는 경우에도 각 공유자는 다른 공유자의 승낙 없이 그 지분을 타인에게 양도할 수 있다. 다만, 선박관리인의 경우에는 그러하지 아니하다.

제760조 (공유선박의 국적상실과 지분의 매수 또는 경매청구) 선박공유자의 지분의 이전 또는 그 국적상실로 인하여 선박이 대한민국의 국적을 상실할 때에는 다른 공유자는 상당한 대가로 그 지분을 매수하거나 그 경매를 법원에 청구할 수 있다.

제761조 (결의반대자의 지분매수청구권) ① 선박공유자가 신항해를 개시하거나 선박을 대수선할 것을 결의한 때에는 그 결의에 이의가 있는 공유자는 다른 공유자에 대하여 상당한 가액으로 자기의 지분을 매수할 것을 청구할 수 있다.

②제1항의 청구를 하고자 하는 자는 그 결의가 있는 날부터, 결의에 참가하지 아니한 경우에는 결의통지를 받은 날부터 3일 이내에 다른 공유자 또는 선박관리인에 대하여 그 통지를 발송하여야 한다.

제762조 (해임선장의 지분매수청구권) ①선박공유자인 선장이 그 의사에 반하여 해임된 때에는 다른 공유자에 대하여 상당한 가액으로 그 지분을 매수할 것을 청구할 수 있다.

②선박공유자가 제1항의 청구를 하고자 하는 때에는 지체 없이 다른 공유자 또는 선박관리인에 대하여 그 통지를 발송하여야 한다.

제763조 (항해 중 선박 등의 양도) 항해 중에 있는 선박이나 그 지분을 양도한 경우에 당사자 사이에 다른 약정이 없으면 양수인이 그 항해로부터 생긴 이익을 얻고 손실을 부담한다.

제764조 (선박관리인의 선임·등기) ①선박공유자는 선박관리인을 선임하여야 한다. 이 경우 선박공유자가 아닌 자를 선박관리인으로 선임함에는 공유자 전원의 동의가 있어야 한다.

②선박관리인의 선임과 그 대리권의 소멸은 등기하여야 한다.

제765조 (선박관리인의 권한) ①선박관리인은 선박의 이용에 관한 재판상 또는 재판 외의 모든 행위를 할 권한이 있다.

②선박관리인의 대리권에 대한 제한은 선의의 제3자에게 대항하지 못한다.

제766조 (선박관리인의 권한의 제한) 선박관

리인은 선박공유자의 서면에 의한 위임이 없으면 다음 각 호의 행위를 하지 못한다.

1. 선박을 양도·임대 또는 담보에 제공하는 일
2. 신항해를 개시하는 일
3. 선박을 보험에 붙이는 일
4. 선박을 대수선하는 일
5. 차재하는 일

제767조 (장부의 기재·비치) 선박관리인은 업무집행에 관한 장부를 비치하고 그 선박의 이용에 관한 모든 사항을 기재하여야 한다.

제768조 (선박관리인의 보고·승인) 선박관리인은 매 항해의 종료 후에 지체 없이 그 항해의 경과상황과 계산에 관한 서면을 작성하여 선박공유자에게 보고하고 그 승인을 받아야 한다.

제4절 선박소유자 등의 책임제한

제769조 (선박소유자의 유한책임) 선박소유자는 청구원인의 여하에 불구하고 다음 각 호의 채권에 대하여 제770조에 따른 금액의 한도로 그 책임을 제한할 수 있다. 다만, 그 채권이 선박소유자 자신의 고의 또는 손해발생의 염려가 있음을 인식하면서 무모하게 한 작위 또는 부작위로 인하여 생긴 손해에 관한 것인 때에는 그러하지 아니하다.

1. 선박에서 또는 선박의 운항에 직접 관련하여 발생한 사람의 사망, 신체의 상해 또는 그 선박 외의 물건의 멸실 또는 훼손으로 인하여 생긴 손해에 관한 채권
2. 운송물, 여객 또는 수하물의 운송의 지연으로 인하여 생긴 손해에 관한 채권
3. 제1호 및 제2호 외에 선박의 운항에 직접 관련하여 발생한 계약상의 권리 외의 타인의 권리의 침해로 인하여 생긴 손해에 관한 채권
4. 제1호부터 제3호까지의 채권의 원인이 된 손해를 방지 또는 경감하기 위한 조치에 관한 채권 또는 그 조치의 결과로 인하여 생긴 손해에 관한 채권

제770조 (책임의 한도액) ①선박소유자가 제한할 수 있는 책임의 한도액은 다음 각 호의 금액으로 한다.

1. 여객의 사망 또는 신체의 상해로 인한 손해에 관한 채권에 대한 책임의 한도액은 그 선박의 선박검사증서에 기재된 여객의 정원에 17만5천 계산단위(국제통화기금의 1 특별인출권에 상당하는 금액을 말한다. 이하 같다)를 곱하여 얻은 금액으로 한다.
2. 여객 외의 사람의 사망 또는 신체의 상해로 인한 손해에 관한 채권에 대한 책임의 한도액은 그 선박의 톤수에 따라서 다음 각 목에 정하는 바에 따라 계산된 금액으로 한다. 다만, 300톤 미만의 선박의 경우에는 16만7천 계산단위에 상당하는 금액으로 한다.

  가. 500톤 이하의 선박의 경우에는 33만3천 계산단위에 상당하는 금액
  나. 500톤을 초과하는 선박의 경우에

는 가목의 금액에 500톤을 초과하여 3천톤까지의 부분에 대하여는 매 톤당 500 계산단위, 3천톤을 초과하여 3만톤까지의 부분에 대하여는 매 톤당 333 계산단위, 3만톤을 초과하여 7만톤까지의 부분에 대하여는 매 톤당 250 계산단위 및 7만톤을 초과한 부분에 대하여는 매 톤당 167 계산단위를 각 곱하여 얻은 금액을 순차로 가산한 금액

3. 제1호 및 제2호 외의 채권에 대한 책임의 한도액은 그 선박의 톤수에 따라서 다음 각 목에 정하는 바에 따라 계산된 금액으로 한다. 다만, 300톤 미만의 선박의 경우에는 8만3천 계산단위에 상당하는 금액으로 한다.

가. 500톤 이하의 선박의 경우에는 16만7천 계산단위에 상당하는 금액

나. 500톤을 초과하는 선박의 경우에는 가목의 금액에 500톤을 초과하여 3만톤까지의 부분에 대하여는 매 톤당 167 계산단위, 3만톤을 초과하여 7만톤까지의 부분에 대하여는 매 톤당 125 계산단위 및 7만톤을 초과한 부분에 대하여는 매 톤당 83 계산단위를 각 곱하여 얻은 금액을 순차로 가산한 금액

②제1항 각 호에 따른 각 책임한도액은 선박마다 동일한 사고에서 생긴 각 책임한도액에 대응하는 선박소유자에 대한 모든 채권에 미친다.

③제769조에 따라 책임이 제한되는 채권은 제1항 각 호에 따른 각 책임한도액에 대하여 각 채권액의 비율로 경합한다.

④제1항제2호에 따른 책임한도액이 같은 호의 채권의 변제에 부족한 때에는 제3호에 따른 책임한도액을 그 잔액채권의 변제에 충당한다. 이 경우 동일한 사고에서 제3호의 채권도 발생한 때에는 이 채권과 제2호의 잔액채권은 제3호에 따른 책임한도액에 대하여 각 채권액의 비율로 경합한다.

제771조 (동일한 사고로 인한 반대채권액의 공제) 선박소유자가 책임의 제한을 받는 채권자에 대하여 동일한 사고로 인하여 생긴 손해에 관한 채권을 가지는 경우에는 그 채권액을 공제한 잔액에 한하여 책임의 제한을 받는 채권으로 한다.

제772조 (책임제한을 위한 선박톤수) 제770조제1항에서 규정하는 선박의 톤수는 국제항해에 종사하는 선박의 경우에는 「선박법」에서 규정하는 국제총톤수로 하고 그 밖의 선박의 경우에는 같은 법에서 규정하는 총톤수로 한다.

제773조 (유한책임의 배제) 선박소유자는 다음 각 호의 채권에 대하여는 그 책임을 제한하지 못한다.

1. 선장·해원, 그 밖의 사용인으로서 그 직무가 선박의 업무에 관련된 자 또는 그 상속인, 피부양자, 그 밖의 이해관계인의 선박소유자에 대한 채권

2. 해난구조로 인한 구조료 채권 및 공동해손의 분담에 관한 채권

3. 1969년 11월 29일 성립한 「유류오염 손해에 대한 민사책임에 관한 국제조약」 또는 그 조약의 개정조항이 적용되는 유류오염손해에 관한 채권

4. 침몰 · 난파 · 좌초 · 유기, 그 밖의 해양사고를 당한 선박 및 그 선박 안에 있거나 있었던 적하와 그 밖의 물건의 인양 · 제거 · 파괴 또는 무해조치에 관한 채권

5. 원자력손해에 관한 채권

제774조 (책임제한을 할 수 있는 자의 범위) ①다음 각 호의 어느 하나에 해당하는 자는 이 절의 규정에 따라 선박소유자의 경우와 동일하게 책임을 제한할 수 있다.

1. 용선자 · 선박관리인 및 선박운항자

2. 법인인 선박소유자 및 제1호에 규정된 자의 무한책임사원

3. 자기의 행위로 인하여 선박소유자 또는 제1호에 규정된 자에 대하여 제769조 각 호에 따른 채권이 성립하게 한 선장 · 해원 · 도선사, 그 밖의 선박소유자 또는 제1호에 규정된 자의 사용인 또는 대리인

②동일한 사고에서 발생한 모든 채권에 대한 선박소유자 및 제1항에 규정된 자에 의한 책임제한의 총액은 선박마다 제770조에 따른 책임한도액을 초과하지 못한다.

③선박소유자 또는 제1항 각 호에 규정된 자의 1인이 책임제한절차개시의 결정을 받은 때에는 책임제한을 할 수 있는 다른 자도 이를 원용할 수 있다.

제775조 (구조자의 책임제한) ①구조자 또는 그 피용자의 구조활동과 직접 관련하여 발생한 사람의 사망 · 신체의 상해, 재산의 멸실이나 훼손, 계약상 권리 외의 타인의 권리의 침해로 인하여 생긴 손해에 관한 채권 및 그러한 손해를 방지 혹은 경감하기 위한 조치에 관한 채권 또는 그 조치의 결과로 인하여 생긴 손해에 관한 채권에 대하여는 제769조부터 제774조(제769조제2호 및 제770조제1항제1호를 제외한다)까지의 규정에 따라 구조자도 책임을 제한할 수 있다.

②구조활동을 선박으로부터 행하지 아니한 구조자 또는 구조를 받는 선박에서만 행한 구조자는 제770조에 따른 책임의 한도액에 관하여 1천 500톤의 선박에 의한 구조자로 본다.

③구조자의 책임의 한도액은 구조선마다 또는 제2항의 경우에는 구조자마다 동일한 사고로 인하여 생긴 모든 채권에 미친다.

④제1항에서 "구조자"란 구조활동에 직접 관련된 용역을 제공한 자를 말하며, "구조활동"이란 해난구조 시의 구조활동은 물론 침몰 · 난파 · 좌초 · 유기, 그 밖의 해양사고를 당한 선박 및 그 선박 안에 있거나 있었던 적하와 그 밖의 물건의 인양 · 제거 · 파괴 또는 무해조치 및 이와 관련된 손해를 방지 또는 경감하기 위한 모든 조치를 말한다.

제776조 (책임제한의 절차) ①이 절의 규정에 따라 책임을 제한하고자 하는 자는 채권자로부터 책임한도액을 초과하는

청구금액을 명시한 서면에 의한 청구를 받은 날부터 1년 이내에 법원에 책임제한절차개시의 신청을 하여야 한다.

②책임제한절차 개시의 신청, 책임제한의 기금의 형성·공고·참가·배당, 그 밖에 필요한 사항은 별도로 법률로 정한다.

제5절 선박담보

제777조 (선박우선특권 있는 채권) ①다음의 채권을 가진 자는 선박·그 속구, 그 채권이 생긴 항해의 운임, 그 선박과 운임에 부수한 채권에 대하여 우선특권이 있다.

1. 채권자의 공동이익을 위한 소송비용, 항해에 관하여 선박에 과한 제세금, 도선료·예선료, 최후 입항 후의 선박과 그 속구의 보존비·검사비

2. 선원과 그 밖의 선박사용인의 고용계약으로 인한 채권

3. 해난구조로 인한 선박에 대한 구조료 채권과 공동해손의 분담에 대한 채권

4. 선박의 충돌과 그 밖의 항해사고로 인한 손해, 항해시설·항만시설 및 항로에 대한 손해와 선원이나 여객의 생명·신체에 대한 손해의 배상채권

②제1항의 우선특권을 가진 선박채권자는 이 법과 그 밖의 법률의 규정에 따라 제1항의 재산에 대하여 다른 채권자보다 자기채권의 우선변제를 받을 권리가 있다. 이 경우 그 성질에 반하지 아니하는 한 「민법」의 저당권에 관한 규정을 준용한다.

제778조 (선박·운임에 부수한 채권) 제777조에 따른 선박과 운임에 부수한 채권은 다음과 같다.

1. 선박 또는 운임의 손실로 인하여 선박소유자에게 지급할 손해배상

2. 공동해손으로 인한 선박 또는 운임의 손실에 대하여 선박소유자에게 지급할 상금

3. 해난구조로 인하여 선박소유자에게 지급할 구조료

제779조 (운임에 대한 우선특권) 운임에 대한 우선특권은 지급을 받지 아니한 운임 및 지급을 받은 운임 중 선박소유자나 그 대리인이 소지한 금액에 한하여 행사할 수 있다.

제780조 (보험금 등의 제외) 보험계약에 의하여 선박소유자에게 지급할 보험금과 그 밖의 장려금이나 보조금에 대하여는 제778조를 적용하지 아니한다.

제781조 (선박사용인의 고용계약으로 인한 채권) 제777조제1항제2호에 따른 채권은 고용계약 존속 중의 모든 항해로 인한 운임의 전부에 대하여 우선특권이 있다.

제782조 (동일항해로 인한 채권에 대한 우선특권의 순위) ①동일항해로 인한 채권의 우선특권이 경합하는 때에는 그 우선의 순위는 제777조제1항 각 호의 순서에 따른다.

②제777조제1항제3호에 따른 채권의 우선특권이 경합하는 때에는 후에 생긴 채권이 전에 생긴 채권에 우선한다. 동

일한 사고로 인한 채권은 동시에 생긴 것으로 본다.

제783조 (수회항해에 관한 채권에 대한 우선특권의 순위) ①수회의 항해에 관한 채권의 우선특권이 경합하는 때에는 후의 항해에 관한 채권이 전의 항해에 관한 채권에 우선한다.

②제781조에 따른 우선특권은 그 최후의 항해에 관한 다른 채권과 동일한 순위로 한다.

제784조 (동일순위의 우선특권이 경합한 경우) 제781조부터 제783조까지의 규정에 따른 동일순위의 우선특권이 경합하는 때에는 각 채권액의 비율에 따라 변제한다.

제785조 (우선특권의 추급권) 선박채권자의 우선특권은 그 선박소유권의 이전으로 인하여 영향을 받지 아니한다.

제786조 (우선특권의 소멸) 선박채권자의 우선특권은 그 채권이 생긴 날부터 1년 이내에 실행하지 아니하면 소멸한다.

제787조 (선박저당권) ①등기한 선박은 저당권의 목적으로 할 수 있다.

②선박의 저당권은 그 속구에 미친다.

③선박의 저당권에는 「민법」의 저당권에 관한 규정을 준용한다.

제788조 (선박저당권 등과 우선특권의 경합) 선박채권자의 우선특권은 질권과 저당권에 우선한다.

제789조 (등기선박의 입질불허) 등기한 선박은 질권의 목적으로 하지 못한다.

제790조 (건조 중의 선박에의 준용) 이 절의 규정은 건조 중의 선박에 준용한다.

제2장 운송과 용선

제1절 개품운송

제791조 (개품운송계약의 의의) 개품운송계약은 운송인이 개개의 물건을 해상에서 선박으로 운송할 것을 인수하고, 송하인이 이에 대하여 운임을 지급하기로 약정함으로써 그 효력이 생긴다.

제792조 (운송물의 제공) ①송하인은 당사자 사이의 합의 또는 선적항의 관습에 의한 때와 곳에서 운송인에게 운송물을 제공하여야 한다.

②제1항에 따른 때와 곳에서 송하인이 운송물을 제공하지 아니한 경우에는 계약을 해제한 것으로 본다. 이 경우 선장은 즉시 발항할 수 있고, 송하인은 운임의 전액을 지급하여야 한다.

제793조 (운송에 필요한 서류의 교부) 송하인은 선적기간 이내에 운송에 필요한 서류를 선장에게 교부하여야 한다.

제794조 (감항능력 주의의무) 운송인은 자기 또는 선원이나 그 밖의 선박사용인이 발항 당시 다음의 사항에 관하여 주의를 해태하지 아니하였음을 증명하지 아니하면 운송물의 멸실·훼손 또는 연착으로 인한 손해를 배상할 책임이 있다.

1. 선박이 안전하게 항해를 할 수 있게 할 것

2. 필요한 선원의 승선, 선박의장(艤裝)과 필요품의 보급

3. 선창·냉장실, 그 밖에 운송물을 적

재할 선박의 부분을 운송물의 수령·
운송과 보존을 위하여 적합한 상태에
둘 것

제795조 (운송물에 관한 주의의무) ①운송인
은 자기 또는 선원이나 그 밖의 선박사
용인이 운송물의 수령·선적·적부(積
付)·운송·보관·양륙과 인도에 관하
여 주의를 해태하지 아니하였음을 증명
하지 아니하면 운송물의 멸실·훼손 또
는 연착으로 인한 손해를 배상할 책임
이 있다.

②운송인은 선장·해원·도선사, 그 밖
의 선박사용인의 항해 또는 선박의 관
리에 관한 행위 또는 화재로 인하여 생
긴 운송물에 관한 손해를 배상할 책임
을 면한다. 다만, 운송인의 고의 또는
과실로 인한 화재의 경우에는 그러하지
아니하다.

제796조 (운송인의 면책사유) 운송인은 다
음 각 호의 사실이 있었다는 것과 운송
물에 관한 손해가 그 사실로 인하여 보
통 생길 수 있는 것임을 증명한 때에는
이를 배상할 책임을 면한다. 다만, 제
794조 및 제795조제1항에 따른 주의를
다하였더라면 그 손해를 피할 수 있었
음에도 불구하고 그 주의를 다하지 아
니하였음을 증명한 때에는 그러하지 아
니하다.

1. 해상이나 그 밖에 항행할 수 있는 수
면에서의 위험 또는 사고
2. 불가항력
3. 전쟁·폭동 또는 내란
4. 해적행위나 그 밖에 이에 준한 행위

5. 재판상의 압류, 검역상의 제한, 그 밖
에 공권에 의한 제한
6. 송하인 또는 운송물의 소유자나 그
사용인의 행위
7. 동맹파업이나 그 밖의 쟁의행위 또는
선박폐쇄
8. 해상에서의 인명이나 재산의 구조행
위 또는 이로 인한 항로이탈이나 그
밖의 정당한 사유로 인한 항로이탈
9. 운송물의 포장의 불충분 또는 기호의
표시의 불완전
10. 운송물의 특수한 성질 또는 숨은 하
자
11. 선박의 숨은 하자

제797조 (책임의 한도) ①제794조부터 제
796조까지의 규정에 따른 운송인의 손
해배상의 책임은 당해 운송물의 매 포
장당 또는 선적단위당 666과 100분의 67
계산단위의 금액과 중량 1킬로그램당 2
계산단위의 금액 중 큰 금액을 한도로
제한할 수 있다. 다만, 운송물에 관한
손해가 운송인 자신의 고의 또는 손해
발생의 염려가 있음을 인식하면서 무모
하게 한 작위 또는 부작위로 인하여 생긴
것인 때에는 그러하지 아니하다.

②제1항의 적용에 있어서 운송물의 포
장 또는 선적단위의 수는 다음과 같이
정한다.

1. 컨테이너나 그 밖에 이와 유사한 운
송용기가 운송물을 통합하기 위하여
사용되는 경우에 그러한 운송용기에
내장된 운송물의 포장 또는 선적단위
의 수를 선하증권이나 그 밖에 운송

계약을 증명하는 문서에 기재한 때에는 그 각 포장 또는 선적단위를 하나의 포장 또는 선적단위로 본다. 이 경우를 제외하고는 이러한 운송용기 내의 운송물 전부를 하나의 포장 또는 선적단위로 본다.

2. 운송인이 아닌 자가 공급한 운송용기 자체가 멸실 또는 훼손된 경우에는 그 용기를 별개의 포장 또는 선적단위로 본다.

③제1항 및 제2항은 송하인이 운송인에게 운송물을 인도할 때에 그 종류와 가액을 고지하고 선하증권이나 그 밖에 운송계약을 증명하는 문서에 이를 기재한 경우에는 적용하지 아니한다. 다만, 송하인이 운송물의 종류 또는 가액을 고의로 현저하게 부실의 고지를 한 때에는 운송인은 자기 또는 그 사용인이 악의인 경우를 제외하고 운송물의 손해에 대하여 책임을 면한다.

④제1항부터 제3항까지의 규정은 제769조부터 제774조까지 및 제776조의 적용에 영향을 미치지 아니한다.

제798조 (비계약적 청구에 대한 적용) ①이 절의 운송인의 책임에 관한 규정은 운송인의 불법행위로 인한 손해배상의 책임에도 적용한다.

②운송물에 관한 손해배상청구가 운송인의 사용인 또는 대리인에 대하여 제기된 경우에 그 손해가 그 사용인 또는 대리인의 직무집행에 관하여 생긴 것인 때에는 그 사용인 또는 대리인은 운송인이 주장할 수 있는 항변과 책임제한

을 원용할 수 있다. 다만, 그 손해가 그 사용인 또는 대리인의 고의 또는 운송물의 멸실·훼손 또는 연착이 생길 염려가 있음을 인식하면서 무모하게 한 작위 또는 부작위로 인하여 생긴 것인 때에는 그러하지 아니하다.

③제2항 본문의 경우에 운송인과 그 사용인 또는 대리인의 운송물에 대한 책임제한금액의 총액은 제797조제1항에 따른 한도를 초과하지 못한다.

④제1항부터 제3항까지의 규정은 운송물에 관한 손해배상청구가 운송인 외의 실제운송인 또는 그 사용인이나 대리인에 대하여 제기된 경우에도 적용한다.

제799조 (운송인의 책임경감금지) ①제794조부터 제798조까지의 규정에 반하여 운송인의 의무 또는 책임을 경감 또는 면제하는 당사자 사이의 특약은 효력이 없다. 운송물에 관한 보험의 이익을 운송인에게 양도하는 약정 또는 이와 유사한 약정도 또한 같다.

②제1항은 산 동물의 운송 및 선하증권이나 그 밖에 운송계약을 증명하는 문서의 표면에 갑판적(甲板積)으로 운송할 취지를 기재하여 갑판적으로 행하는 운송에 대하여는 적용하지 아니한다.

제800조 (위법선적물의 처분) ①선장은 법령 또는 계약을 위반하여 선적된 운송물은 언제든지 이를 양륙할 수 있고, 그 운송물이 선박 또는 다른 운송물에 위해를 미칠 염려가 있는 때에는 이를 포기할 수 있다.

②선장이 제1항의 물건을 운송하는 때

에는 선적한 때와 곳에서의 동종 운송물의 최고운임의 지급을 청구할 수 있다.

③제1항 및 제2항은 운송인과 그 밖의 이해관계인의 손해배상청구에 영향을 미치지 아니한다.

제801조 (위험물의 처분) ①인화성·폭발성이나 그 밖의 위험성이 있는 운송물은 운송인이 그 성질을 알고 선적한 경우에도 그 운송물이 선박이나 다른 운송물에 위해를 미칠 위험이 있는 때에는 선장은 언제든지 이를 양륙·파괴 또는 무해조치할 수 있다.

②운송인은 제1항의 처분에 의하여 그 운송물에 발생한 손해에 대하여는 공동해손분담책임을 제외하고 그 배상책임을 면한다.

제802조 (운송물의 수령) 운송물의 도착통지를 받은 수하인은 당사자 사이의 합의 또는 양륙항의 관습에 의한 때와 곳에서 지체 없이 운송물을 수령하여야 한다.

제803조 (운송물의 공탁 등) ①수하인이 운송물의 수령을 게을리한 때에는 선장은 이를 공탁하거나 세관이나 그 밖에 법령으로 정한 관청의 허가를 받은 곳에 인도할 수 있다. 이 경우 지체 없이 수하인에게 그 통지를 발송하여야 한다.

②수하인을 확실히 알 수 없거나 수하인이 운송물의 수령을 거부한 때에는 선장은 이를 공탁하거나 세관이나 그 밖에 법령으로 정한 관청의 허가를 받은 곳에 인도하고 지체 없이 용선자 또

는 송하인 및 알고 있는 수하인에게 그 통지를 발송하여야 한다.

③제1항 및 제2항에 따라 운송물을 공탁하거나 세관이나 그 밖에 법령으로 정한 관청의 허가를 받은 곳에 인도한 때에는 선하증권소지인이나 그 밖의 수하인에게 운송물을 인도한 것으로 본다.

제804조 (운송물의 일부 멸실·훼손에 관한 통지) ①수하인이 운송물의 일부 멸실 또는 훼손을 발견한 때에는 수령 후 지체 없이 그 개요에 관하여 운송인에게 서면에 의한 통지를 발송하여야 한다. 다만, 그 멸실 또는 훼손이 즉시 발견할 수 없는 것인 때에는 수령한 날부터 3일 이내에 그 통지를 발송하여야 한다.

②제1항의 통지가 없는 경우에는 운송물이 멸실 또는 훼손 없이 수하인에게 인도된 것으로 추정한다.

③제1항 및 제2항은 운송인 또는 그 사용인이 악의인 경우에는 적용하지 아니한다.

④운송물에 멸실 또는 훼손이 발생하였거나 그 의심이 있는 경우에는 운송인과 수하인은 서로 운송물의 검사를 위하여 필요한 편의를 제공하여야 한다.

⑤제1항부터 제4항까지의 규정에 반하여 수하인에게 불리한 당사자 사이의 특약은 효력이 없다.

제805조 (운송물의 중량·용적에 따른 운임) 운송물의 중량 또는 용적으로 운임을 정한 때에는 운송물을 인도하는 때의 중량 또는 용적에 의하여 그 액을 정한

다.

제806조 (운송기간에 따른 운임) ①기간으로 운임을 정한 때에는 운송물의 선적을 개시한 날부터 그 양륙을 종료한 날까지의 기간에 의하여 그 액을 정한다.

②제1항의 기간에는 불가항력으로 인하여 선박이 선적항이나 항해도중에 정박한 기간 또는 항해 도중에 선박을 수선한 기간을 산입하지 아니한다.

제807조 (수하인의 의무, 선장의 유치권) ① 수하인이 운송물을 수령하는 때에는 운송계약 또는 선하증권의 취지에 따라 운임·부수비용·체당금·체선료, 운송물의 가액에 따른 공동해손 또는 해난구조로 인한 부담액을 지급하여야 한다.

②선장은 제1항에 따른 금액의 지급과 상환하지 아니하면 운송물을 인도할 의무가 없다.

제808조 (운송인의 운송물경매권) ①운송인은 제807조제1항에 따른 금액의 지급을 받기 위하여 법원의 허가를 받아 운송물을 경매하여 우선변제를 받을 권리가 있다.

②선장이 수하인에게 운송물을 인도한 후에도 운송인은 그 운송물에 대하여 제1항의 권리를 행사할 수 있다. 다만, 인도한 날부터 30일을 경과하거나 제3자가 그 운송물에 점유를 취득한 때에는 그러하지 아니하다.

제809조 (항해용선자 등의 재운송계약시 선박소유자의 책임) 항해용선자 또는 정기용선자가 자기의 명의로 제3자와 운송계약을 체결한 경우에는 그 계약의 이행이 선장의 직무에 속한 범위 안에서 선박소유자도 그 제3자에 대하여 제794조 및 제795조에 따른 책임을 진다.

제810조 (운송계약의 종료사유) ①운송계약은 다음의 사유로 인하여 종료한다.

1. 선박이 침몰 또는 멸실한 때
2. 선박이 수선할 수 없게 된 때
3. 선박이 포획된 때
4. 운송물이 불가항력으로 인하여 멸실된 때

②제1항제1호부터 제3호까지의 사유가 항해 도중에 생긴 때에는 송하인은 운송의 비율에 따라 현존하는 운송물의 가액의 한도에서 운임을 지급하여야 한다.

제811조 (법정사유로 인한 해제 등) ①항해 또는 운송이 법령을 위반하게 되거나 그 밖에 불가항력으로 인하여 계약의 목적을 달할 수 없게 된 때에는 각 당사자는 계약을 해제할 수 있다.

②제1항의 사유가 항해 도중에 생긴 경우에 계약을 해지한 때에는 송하인은 운송의 비율에 따라 운임을 지급하여야 한다.

제812조 (운송물의 일부에 관한 불가항력) ①제810조제1항제4호 및 제811조제1항의 사유가 운송물의 일부에 대하여 생긴 때에는 송하인은 운송인의 책임이 가중되지 아니하는 범위 안에서 다른 운송물을 선적할 수 있다.

②송하인이 제1항의 권리를 행사하고자 하는 때에는 지체 없이 운송물의 양륙

또는 선적을 하여야 한다. 그 양륙 또는 선적을 게을리한 때에는 운임의 전액을 지급하여야 한다.

제813조 (선장의 적하처분과 운임) 운송인은 다음 각 호의 어느 하나에 해당하는 경우에는 운임의 전액을 청구할 수 있다.

1. 선장이 제750조제1항에 따라 적하를 처분하였을 때

2. 선장이 제865조에 따라 적하를 처분하였을 때

제814조 (운송인의 채권·채무의 소멸) ①운송인의 송하인 또는 수하인에 대한 채권 및 채무는 그 청구원인의 여하에 불구하고 운송인이 수하인에게 운송물을 인도한 날 또는 인도할 날부터 1년 이내에 재판상 청구가 없으면 소멸한다. 다만, 이 기간은 당사자의 합의에 의하여 연장할 수 있다.

②운송인이 인수한 운송을 다시 제3자에게 위탁한 경우에 송하인 또는 수하인이 제1항의 기간 이내에 운송인과 배상 합의를 하거나 운송인에게 재판상 청구를 하였다면, 그 합의 또는 청구가 있은 날부터 3개월이 경과하기 이전에는 그 제3자에 대한 운송인의 채권·채무는 제1항에도 불구하고 소멸하지 아니한다. 운송인과 그 제3자 사이에 제1항 단서와 동일한 취지의 약정이 있는 경우에도 또한 같다.

③제2항의 경우에 있어서 재판상 청구를 받은 운송인이 그로부터 3개월 이내에 그 제3자에 대하여 소송고지를 하면 3개월의 기간은 그 재판이 확정되거나 그 밖에 종료된 때부터 기산한다.

제815조 (준용규정) 제134조, 제136조부터 제140조까지의 규정은 이 절에서 정한 운송인에 준용한다.

제816조 (복합운송인의 책임) ①운송인이 인수한 운송에 해상 외의 운송구간이 포함된 경우 운송인은 손해가 발생한 운송구간에 적용될 법에 따라 책임을 진다.

②어느 운송구간에서 손해가 발생하였는지 불분명한 경우 또는 손해의 발생이 성질상 특정한 지역으로 한정되지 아니하는 경우에는 운송인은 운송거리가 가장 긴 구간에 적용되는 법에 따라 책임을 진다. 다만, 운송거리가 같거나 가장 긴 구간을 정할 수 없는 경우에는 운임이 가장 비싼 구간에 적용되는 법에 따라 책임을 진다.

제2절 해상여객운송

제817조 (해상여객운송계약의 의의) 해상여객운송계약은 운송인이 특정한 여객을 출발지에서 도착지까지 해상에서 선박으로 운송할 것을 인수하고, 이에 대하여 상대방이 운임을 지급하기로 약정함으로써 그 효력이 생긴다.

제818조 (기명식의 선표) 기명식의 선표는 타인에게 양도하지 못한다.

제819조 (식사·거처제공의무 등) ①여객의 항해 중의 식사는 다른 약정이 없으면 운송인의 부담으로 한다.

②항해 도중에 선박을 수선하는 경우에는 운송인은 그 수선 중 여객에게 상당

한 거처와 식사를 제공하여야 한다. 다만, 여객의 권리를 해하지 아니하는 범위 안에서 상륙항까지의 운송의 편의를 제공한 때에는 그러하지 아니하다.

③제2항의 경우에 여객은 항해의 비율에 따른 운임을 지급하고 계약을 해지할 수 있다.

제820조 (수하물 무임운송의무) 여객이 계약에 의하여 선내에서 휴대할 수 있는 수하물에 대하여는 운송인은 다른 약정이 없으면 별도로 운임을 청구하지 못한다.

제821조 (승선지체와 선장의 발항권) ①여객이 승선시기까지 승선하지 아니한 때에는 선장은 즉시 발항할 수 있다. 항해 도중의 정박항에서도 또한 같다.

②제1항의 경우에는 여객은 운임의 전액을 지급하여야 한다.

제822조 (여객의 계약해제와 운임) 여객이 발항 전에 계약을 해제하는 경우에는 운임의 반액을 지급하고, 발항 후에 계약을 해제하는 경우에는 운임의 전액을 지급하여야 한다.

제823조 (법정사유에 의한 해제) 여객이 발항 전에 사망·질병이나 그 밖의 불가항력으로 인하여 항해할 수 없게 된 때에는 운송인은 운임의 10분의 3을 청구할 수 있고, 발항 후에 그 사유가 생긴 때에는 운송인의 선택으로 운임의 10분의 3 또는 운송의 비율에 따른 운임을 청구할 수 있다.

제824조 (사망한 여객의 수하물처분의무) 여객이 사망한 때에는 선장은 그 상속인에게 가장 이익이 되는 방법으로 사망자가 휴대한 수하물을 처분하여야 한다.

제825조 (법정종료사유) 운송계약은 제810조제1항제1호부터 제3호까지의 사유로 인하여 종료한다. 그 사유가 항해 도중에 생긴 때에는 여객은 운송의 비율에 따른 운임을 지급하여야 한다.

제826조 (준용규정) ①제148조·제794조·제799조제1항 및 제809조는 해상여객운송에 준용한다.

②제134조·제136조·제149조제2항·제794조부터   제801조까지·제804조·제807조·제809조·제811조 및 제814조는 운송인이 위탁을 받은 여객의 수하물의 운송에 준용한다.

③제150조, 제797조제1항·제4항, 제798조, 제799조제1항, 제809조 및 제814조는 운송인이 위탁을 받지 아니한 여객의 수하물에 준용한다.

제3절 항해용선

제827조 (항해용선계약의 의의) ①항해용선계약은 특정한 항해를 할 목적으로 선박소유자가 용선자에게 선원이 승무하고 항해장비를 갖춘 선박의 전부 또는 일부를 물건의 운송에 제공하기로 약정하고 용선자가 이에 대하여 운임을 지급하기로 약정함으로써 그 효력이 생긴다.

②이 절의 규정은 그 성질에 반하지 아니하는 한 여객운송을 목적으로 하는 항해용선계약에도 준용한다.

③선박소유자가 일정한 기간 동안 용선자에게 선박을 제공할 의무를 지지만 항해를 단위로 운임을 계산하여 지급하기로 약정한 경우에도 그 성질에 반하지 아니하는 한 이 절의 규정을 준용한다.

제828조 (용선계약서) 용선계약의 당사자는 상대방의 청구에 의하여 용선계약서를 교부하여야 한다.

제829조 (선적준비완료의 통지, 선적기간) ① 선박소유자는 운송물을 선적함에 필요한 준비가 완료된 때에는 지체 없이 용선자에게 그 통지를 발송하여야 한다. ②운송물을 선적할 기간의 약정이 있는 경우에는 그 기간은 제1항의 통지가 오전에 있은 때에는 그 날의 오후 1시부터 기산하고, 오후에 있은 때에는 다음 날 오전 6시부터 기산한다. 이 기간에는 불가항력으로 인하여 선적할 수 없는 날과 그 항의 관습상 선적작업을 하지 아니하는 날을 산입하지 아니한다. ③제2항의 기간을 경과한 후 운송물을 선적한 때에는 선박소유자는 상당한 보수를 청구할 수 있다.

제830조 (제3가가 선적인인 경우의 통지·선적) 용선자 외의 제3자가 운송물을 선적할 경우에 선장이 그 제3자를 확실히 알 수 없거나 그 제3자가 운송물을 선적하지 아니한 때에는 선장은 지체 없이 용선자에게 그 통지를 발송하여야 한다. 이 경우 선적기간 이내에 한하여 용선자가 운송물을 선적할 수 있다.

제831조 (용선자의 발항청구권, 선장의 발항권) ①용선자는 운송물의 전부를 선적하지 아니한 경우에도 선장에게 발항을 청구할 수 있다. ②선적기간의 경과 후에는 용선자가 운송물의 전부를 선적하지 아니한 경우에도 선장은 즉시 발항할 수 있다. ③제1항 및 제2항의 경우에 용선자는 운임의 전액과 운송물의 전부를 선적하지 아니함으로 인하여 생긴 비용을 지급하고, 또한 선박소유자의 청구가 있는 때에는 상당한 담보를 제공하여야 한다.

제832조 (전부용선의 발항 전의 계약해제 등) ①발항 전에는 전부용선자는 운임의 반액을 지급하고 계약을 해제할 수 있다. ②왕복항해의 용선계약인 경우에 전부용선자가 그 회항 전에 계약을 해지하는 때에는 운임의 3분의 2를 지급하여야 한다. ③선박이 다른 항에서 선적항에 항행하여야 할 경우에 전부용선자가 선적항에서 발항하기 전에 계약을 해지하는 때에도 제2항과 같다.

제833조 (일부용선과 발항 전의 계약해제 등) ①일부용선자나 송하인은 다른 용선자와 송하인 전원과 공동으로 하는 경우에 한하여 제832조의 해제 또는 해지를 할 수 있다. ②제1항의 경우 외에는 일부용선자나 송하인이 발항 전에 계약을 해제 또는 해지한 때에도 운임의 전액을 지급하여야 한다. ③발항 전이라도 일부용선자나 송하인

이 운송물의 전부 또는 일부를 선적한 경우에는 다른 용선자와 송하인의 동의를 받지 아니하면 계약을 해제 또는 해지하지 못한다.

제834조 (부수비용·체당금 등의 지급의무) ①용선자나 송하인이 제832조 및 제833조제1항에 따라 계약을 해제 또는 해지를 한 때에도 부수비용과 체당금을 지급할 책임을 면하지 못한다.

②제832조제2항 및 제3항의 경우에는 용선자나 송하인은 제1항에 규정된 것 외에도 운송물의 가액에 따라 공동해손 또는 해난구조로 인하여 부담할 금액을 지급하여야 한다.

제835조 (선적·양륙비용의 부담) 제833조 및 제834조의 경우에 운송물의 전부 또는 일부를 선적한 때에는 그 선적과 양륙의 비용은 용선자 또는 송하인이 부담한다.

제836조 (선적기간 내의 불선적의 효과) 용선자가 선적기간 내에 운송물의 선적을 하지 아니한 때에는 계약을 해제 또는 해지한 것으로 본다.

제837조 (발항 후의 계약해지) 발항 후에는 용선자나 송하인은 운임의 전액, 체당금·체선료와 공동해손 또는 해난구조의 부담액을 지급하고 그 양륙하기 위하여 생긴 손해를 배상하거나 이에 대한 상당한 담보를 제공하지 아니하면 계약을 해지하지 못한다.

제838조 (운송물의 양륙) ①운송물을 양륙함에 필요한 준비가 완료된 때에는 선장은 지체 없이 수하인에게 그 통지를 발송하여야 한다.

②제829조제2항은 운송물의 양륙기간의 계산에 준용한다.

③제2항의 양륙기간을 경과한 후 운송물을 양륙한 때에는 선박소유자는 상당한 보수를 청구할 수 있다.

제839조 (선박소유자의 책임경감 금지) ①제794조에 반하여 이 절에서 정한 선박소유자의 의무 또는 책임을 경감 또는 면제하는 당사자 사이의 특약은 효력이 없다. 운송물에 관한 보험의 이익을 선박소유자에게 양도하는 약정 또는 이와 유사한 약정도 또한 같다.

②제799조제2항은 제1항의 경우에 준용한다.

제840조 (선박소유자의 채권·채무의 소멸) ①선박소유자의 용선자 또는 수하인에 대한 채권 및 채무는 그 청구원인의 여하에 불구하고 선박소유자가 운송물을 인도한 날 또는 인도할 날부터 2년 이내에 재판상 청구가 없으면 소멸한다. 이 경우 제814조제1항 단서를 준용한다.

②제1항의 기간을 단축하는 선박소유자와 용선자의 약정은 이를 운송계약에 명시적으로 기재하지 아니하면 그 효력이 없다.

제841조 (준용규정) ①제134조, 제136조, 제137조, 제140조, 제793조부터 제797조까지, 제798조제1항부터 제3항까지, 제800조, 제801조, 제803조, 제804조제1항부터 제4항까지, 제805조부터 제808조까지와 제810조부터 제813조까지의 규정은 항해용선계약에 준용한다.

②제1항에 따라 제806조의 운임을 계산함에 있어서 제829조제2항의 선적기간 또는 제838조제2항의 양륙기간이 경과한 후에 운송물을 선적 또는 양륙한 경우에는 그 기간경과 후의 선적 또는 양륙기간은 선적 또는 양륙기간에 산입하지 아니하고 제829조제3항 및 제838조제3항에 따라 별도로 보수를 정한다.

제4절 정기용선

제842조 (정기용선계약의 의의) 정기용선계약은 선박소유자가 용선자에게 선원이 승무하고 항해장비를 갖춘 선박을 일정한 기간동안 항해에 사용하게 할 것을 약정하고 용선자가 이에 대하여 기간으로 정한 용선료를 지급하기로 약정함으로써 그 효력이 생긴다.

제843조 (정기용선자의 선장지휘권) ①정기용선자는 약정한 범위 안의 선박의 사용을 위하여 선장을 지휘할 권리가 있다.

②선장·해원, 그 밖의 선박사용인이 정기용선자의 정당한 지시를 위반하여 정기용선자에게 손해가 발생한 경우에는 선박소유자가 이를 배상할 책임이 있다.

제844조 (선박소유자의 운송물유치권 및 경매권) ①제807조제2항 및 제808조는 정기용선자가 선박소유자에게 용선료·체당금, 그 밖에 이와 유사한 정기용선계약에 의한 채무를 이행하지 아니하는 경우에 준용한다. 다만, 선박소유자는 정기용선자가 발행한 선하증권을 선의로 취득한 제3자에게 대항하지 못한다.

②제1항에 따른 선박소유자의 운송물에 대한 권리는 정기용선자가 운송물에 관하여 약정한 용선료 또는 운임의 범위를 넘어서 행사하지 못한다.

제845조 (용선료의 연체와 계약해지 등) ①정기용선자가 용선료를 약정기일에 지급하지 아니한 때에는 선박소유자는 계약을 해제 또는 해지할 수 있다.

②정기용선자가 제3자와 운송계약을 체결하여 운송물을 선적한 후 선박의 항해 중에 선박소유자가 제1항에 따라 계약을 해제 또는 해지한 때에는 선박소유자는 적하이해관계인에 대하여 정기용선자와 동일한 운송의무가 있다.

③선박소유자가 제2항에 따른 계약의 해제 또는 해지 및 운송계속의 뜻을 적하이해관계인에게 서면으로 통지를 한 때에는 선박소유자의 정기용선자에 대한 용선료·체당금, 그 밖에 이와 유사한 정기용선계약상의 채권을 담보하기 위하여 정기용선자가 적하이해관계인에 대하여 가지는 용선료 또는 운임의 채권을 목적으로 질권을 설정한 것으로 본다.

④제1항부터 제3항까지의 규정은 선박소유자 또는 적하이해관계인의 정기용선자에 대한 손해배상청구에 영향을 미치지 아니한다.

제846조 (정기용선계약상의 채권의 소멸) ①정기용선계약에 관하여 발생한 당사자 사이의 채권은 선박이 선박소유자에게 반환된 날부터 2년 이내에 재판상 청구

가 없으면 소멸한다. 이 경우 제814조제
1항 단서를 준용한다.

②제840조제2항은 제1항의 경우에 준용
한다.

제5절 선체용선

제847조 (선체용선계약의 의의) ①선체용선
계약은 용선자의 관리·지배 하에 선박
을 운항할 목적으로 선박소유자가 용선
자에게 선박을 제공할 것을 약정하고
용선자가 이에 따른 용선료를 지급하기
로 약정함으로써 그 효력이 생긴다.

②선박소유자가 선장과 그 밖의 해원을
공급할 의무를 지는 경우에도 용선자의
관리·지배하에서 해원이 선박을 운항
하는 것을 목적으로 하면 이를 선체용
선계약으로 본다.

제848조 (법적 성질) ①선체용선계약은 그
성질에 반하지 아니하는 한 「민법」상
임대차에 관한 규정을 준용한다.

②용선기간이 종료된 후에 용선자가 선
박을 매수 또는 인수할 권리를 가지는
경우 및 금융의 담보를 목적으로 채권
자를 선박소유자로 하여 선체용선계약
을 체결한 경우에도 용선기간 중에는 당
사자 사이에서는 이 절의 규정에 따라
권리와 의무가 있다.

제849조 (선체용선자의 등기청구권, 등기의
효력) ①선체용선자는 선박소유자에 대
하여 선체용선등기에 협력할 것을 청구
할 수 있다.

②선체용선을 등기한 때에는 그 때부터
제3자에 대하여 효력이 생긴다.

제850조 (선체용선과 제3자에 대한 법률관
계) ①선체용선자가 상행위나 그 밖의
영리를 목적으로 선박을 항해에 사용하
는 경우에는 그 이용에 관한 사항에는
제3자에 대하여 선박소유자와 동일한
권리의무가 있다.

②제1항의 경우에 선박의 이용에 관하
여 생긴 우선특권은 선박소유자에 대하
여도 그 효력이 있다. 다만, 우선특권자
가 그 이용의 계약에 반함을 안 때에는
그러하지 아니하다.

제851조 (선체용선계약상의 채권의 소멸) ①
선체용선계약에 관하여 발생한 당사자
사이의 채권은 선박이 선박소유자에게
반환된 날부터 2년 이내에 재판상 청구
가 없으면 소멸한다. 이 경우 제814조제
1항 단서를 준용한다.

②제840조제2항은 제1항의 경우에 준용
한다.

제6절 운송증서

제852조 (선하증권의 발행) ①운송인은 운
송물을 수령한 후 송하인의 청구에 의
하여 1통 또는 수통의 선하증권을 교부
하여야 한다.

②운송인은 운송물을 선적한 후 송하인
의 청구에 의하여 1통 또는 수통의 선
적선하증권을 교부하거나 제1항의 선하
증권에 선적의 뜻을 표시하여야 한다.

③운송인은 선장 또는 그 밖의 대리인
에게 선하증권의 교부 또는 제2항의 표
시를 위임할 수 있다.

제853조 (선하증권의 기재사항) ①선하증권

에는 다음 각 호의 사항을 기재하고 운송인이 기명날인 또는 서명하여야 한다.

1. 선박의 명칭·국적 및 톤수
2. 송하인이 서면으로 통지한 운송물의 종류, 중량 또는 용적, 포장의 종별, 개수와 기호
3. 운송물의 외관상태
4. 용선자 또는 송하인의 성명·상호
5. 수하인 또는 통지수령인의 성명·상호
6. 선적항
7. 양륙항
8. 운임
9. 발행지와 그 발행연월일
10. 수통의 선하증권을 발행한 때에는 그 수
11. 운송인의 성명 또는 상호
12. 운송인의 주된 영업소 소재지

②제1항제2호의 기재사항 중 운송물의 중량·용적·개수 또는 기호가 운송인이 실제로 수령한 운송물을 정확하게 표시하고 있지 아니하다고 의심할 만한 상당한 이유가 있는 때 또는 이를 확인할 적당한 방법이 없는 때에는 그 기재를 생략할 수 있다.

③송하인은 제1항제2호의 기재사항이 정확함을 운송인에게 담보한 것으로 본다.

④운송인이 선하증권에 기재된 통지수령인에게 운송물에 관한 통지를 한 때에는 송하인 및 선하증권소지인과 그 밖의 수하인에게 통지한 것으로 본다.

제854조 (선하증권 기재의 효력) ①제853조제1항에 따라 선하증권이 발행된 경우 운송인과 송하인 사이에 선하증권에 기재된 대로 개품운송계약이 체결되고 운송물을 수령 또는 선적한 것으로 추정한다.

②제1항의 선하증권을 선의로 취득한 소지인에 대하여 운송인은 선하증권에 기재된 대로 운송물을 수령 혹은 선적한 것으로 보고 선하증권에 기재된 바에 따라 운송인으로서 책임을 진다.

제855조 (용선계약과 선하증권) ①용선자의 청구가 있는 경우 선박소유자는 운송물을 수령한 후에 제852조 및 제853조에 따라 선하증권을 발행한다.

②제1항에 따라 선하증권이 발행된 경우 선박소유자는 선하증권에 기재된 대로 운송물을 수령 또는 선적한 것으로 추정한다.

③제3자가 선의로 제1항의 선하증권을 취득한 경우 선박소유자는 제854조제2항에 따라 운송인으로서 권리와 의무가 있다. 용선자의 청구에 따라 선박소유자가 제3자에게 선하증권을 발행한 경우에도 또한 같다.

④제3항의 경우에 그 제3자는 제833조부터 제835조까지 및 제837조에 따른 송하인으로 본다.

⑤제3항의 경우 제799조를 위반하여 운송인으로서의 의무와 책임을 감경 또는 면제하는 특약을 하지 못한다.

제856조 (등본의 교부) 선하증권의 교부를 받은 용선자 또는 송하인은 발행자의

청구가 있는 때에는 선하증권의 등본에 기명날인 또는 서명하여 교부하여야 한다.

제857조 (수통의 선하증권과 양륙항에 있어서의 운송물의 인도) ①양륙항에서 수통의 선하증권 중 1통을 소지한 자가 운송물의 인도를 청구하는 경우에도 선장은 그 인도를 거부하지 못한다.

②제1항에 따라 수통의 선하증권 중 1통의 소지인이 운송물의 인도를 받은 때에는 다른 선하증권은 그 효력을 잃는다.

제858조 (수통의 선하증권과 양륙항 외에서의 운송물의 인도) 양륙항 외에서는 선장은 선하증권의 각 통의 반환을 받지 아니하면 운송물을 인도하지 못한다.

제859조 (2인 이상 소지인의 운송물인도청구와 공탁) ①2인 이상의 선하증권소지인이 운송물의 인도를 청구한 때에는 선장은 지체 없이 운송물을 공탁하고 각 청구자에게 그 통지를 발송하여야 한다.

②선장이 제857조제1항에 따라 운송물의 일부를 인도한 후 다른 소지인이 운송물의 인도를 청구한 경우에도 그 인도하지 아니한 운송물에 대하여는 제1항과 같다.

제860조 (수인의 선하증권소지인의 순위) ① 제859조에 따라 공탁한 운송물에 대하여는 수인의 선하증권소지인에게 공통되는 전 소지인으로부터 먼저 교부를 받은 증권소지인의 권리가 다른 소지인의 권리에 우선한다.

②격지자에 대하여 발송한 선하증권은 그 발송한 때를 교부받은 때로 본다.

제861조 (준용규정) 제129조·제130조·제132조 및 제133조는 제852조 및 제855조의 선하증권에 준용한다.

제862조 (전자선하증권) ①운송인은 제852조 또는 제855조의 선하증권을 발행하는 대신에 송하인 또는 용선자의 동의를 받아 법무부장관이 지정하는 등록기관에 등록을 하는 방식으로 전자선하증권을 발행할 수 있다. 이 경우 전자선하증권은 제852조 및 제855조의 선하증권과 동일한 법적 효력을 갖는다.

②전자선하증권에는 제853조제1항 각 호의 정보가 포함되어야 하며, 운송인이 전자서명을 하여 송신하고 용선자 또는 송하인이 이를 수신하여야 그 효력이 생긴다.

③전자선하증권의 권리자는 배서의 뜻을 기재한 전자문서를 작성한 다음 전자선하증권을 첨부하여 지정된 등록기관을 통하여 상대방에게 송신하는 방식으로 그 권리를 양도할 수 있다.

④제3항에서 정한 방식에 따라 배서의 뜻을 기재한 전자문서를 상대방이 수신하면 제852조 및 제855조의 선하증권을 배서하여 교부한 것과 동일한 효력이 있고, 제2항 및 제3항의 전자문서를 수신한 권리자는 제852조 및 제855조의 선하증권을 교부받은 소지인과 동일한 권리를 취득한다.

⑤전자선하증권의 등록기관의 지정요건, 발행 및 배서의 전자적인 방식, 운

송물의 구체적인 수령절차와 그 밖에 필요한 사항은 대통령령으로 정한다.

제863조 (해상화물운송장의 발행) ①운송인은 용선자 또는 송하인의 청구가 있으면 제852조 또는 제855조의 선하증권을 발행하는 대신 해상화물운송장을 발행할 수 있다. 해상화물운송장은 당사자 사이의 합의에 따라 전자식으로도 발행할 수 있다.

②해상화물운송장에는 해상화물운송장임을 표시하는 외에 제853조제1항 각 호 사항을 기재하고 운송인이 기명날인 또는 서명하여야 한다.

③제853조제2항 및 제4항은 해상화물운송장에 준용한다.

제864조 (해상화물운송장의 효력) ①제863조제1항의 규정에 따라 해상화물운송장이 발행된 경우 운송인이 그 운송장에 기재된 대로 운송물을 수령 또는 선적한 것으로 추정한다.

②운송인이 운송물을 인도함에 있어서 수령인이 해상화물운송장에 기재된 수하인 또는 그 대리인이라고 믿을만한 정당한 사유가 있는 때에는 수령인이 권리자가 아니라고 하더라도 운송인은 그 책임을 면한다.

제3장 해상위험

제1절 공동해손
제865조 (공동해손의 요건) 선박과 적하의 공동위험을 면하기 위한 선장의 선박 또는 적하에 대한 처분으로 인하여 생긴 손해 또는 비용은 공동해손으로 한다.

제866조 (공동해손의 분담) 공동해손은 그 위험을 면한 선박 또는 적하의 가액과 운임의 반액과 공동해손의 액과의 비율에 따라 각 이해관계인이 이를 분담한다.

제867조 (공동해손분담액의 산정) 공동해손의 분담액을 정함에 있어서는 선박의 가액은 도달의 때와 곳의 가액으로 하고, 적하의 가액은 양륙의 때와 곳의 가액으로 한다. 다만, 적하에 관하여는 그 가액 중에서 멸실로 인하여 지급을 면하게 된 운임과 그 밖의 비용을 공제하여야 한다.

제868조 (공동해손분담자의 유한책임) 제866조 및 제867조에 따라 공동해손의 분담책임이 있는 자는 선박이 도달하거나 적하를 인도한 때에 현존하는 가액의 한도에서 책임을 진다.

제869조 (공동해손의 손해액산정) 공동해손의 액을 정함에 있어서는 선박의 가액은 도달의 때와 곳의 가액으로 하고, 적하의 가액은 양륙의 때와 곳의 가액으로 한다. 다만, 적하에 관하여는 그 손실로 인하여 지급을 면하게 된 모든 비용을 공제하여야 한다.

제870조 (책임있는 자에 대한 구상권) 선박과 적하의 공동위험이 선박 또는 적하의 하자나 그 밖의 과실 있는 행위로 인하여 생긴 경우에는 공동해손의 분담자는 그 책임이 있는 자에 대하여 구상권을 행사할 수 있다.

제871조 (공동해손분담제외) 선박에 비치한 무기, 선원의 급료, 선원과 여객의 식량·의류는 보존된 경우에는 그 가액을 공동해손의 분담에 산입하지 아니하고, 손실된 경우에는 그 가액을 공동해손의 액에 산입한다.

제872조 (공동해손분담청구에서의 제외) ① 속구목록에 기재하지 아니한 속구, 선하증권이나 그 밖에 적하의 가격을 정할 수 있는 서류 없이 선적한 하물 또는 종류와 가액을 명시하지 아니한 화폐나 유가증권과 그 밖의 고가물은 보존된 경우에는 그 가액을 공동해손의 분담에 산입하고, 손실된 경우에는 그 가액을 공동해손의 액에 산입하지 아니한다.
②갑판에 적재한 하물에 대하여도 제1항과 같다. 다만, 갑판에 선적하는 것이 관습상 허용되는 경우와 그 항해가 연안항행에 해당되는 경우에는 그러하지 아니하다.

제873조 (적하가격의 부실기재와 공동해손) ①선하증권이나 그 밖에 적하의 가격을 정할 수 있는 서류에 적하의 실가보다 고액을 기재한 경우에 그 하물이 보존된 때에는 그 기재액에 의하여 공동해손의 분담액을 정하고, 적하의 실가보다 저액을 기재한 경우에 그 하물이 손실된 때에는 그 기재액을 공동해손의 액으로 한다.
②제1항은 적하의 가격에 영향을 미칠 사항에 관하여 거짓 기재를 한 경우에 준용한다.

제874조 (공동해손인 손해의 회복) 선박소유자·용선자·송하인, 그 밖의 이해관계인이 공동해손의 액을 분담한 후 선박·속구 또는 적하의 전부나 일부가 소유자에게 복귀된 때에는 그 소유자는 공동해손의 상금으로 받은 금액에서 구조료와 일부손실로 인한 손해액을 공제하고 그 잔액을 반환하여야 한다.

제875조 (공동해손 채권의 소멸) 공동해손으로 인하여 생긴 채권 및 제870조에 따른 구상채권은 그 계산이 종료한 날부터 1년 이내에 재판상 청구가 없으면 소멸한다. 이 경우 제814조제1항 단서를 준용한다.

제2절 선박충돌

제876조 (선박충돌에의 적용법규) ①항해선 상호 간 또는 항해선과 내수항행선 간의 충돌이 있은 경우에 선박 또는 선박 내에 있는 물건이나 사람에 관하여 생긴 손해의 배상에 대하여는 어떠한 수면에서 충돌한 때라도 이 절의 규정을 적용한다.
②이 절에서 "선박의 충돌"이란 2척 이상의 선박이 그 운용상 작위 또는 부작위로 선박 상호 간에 다른 선박 또는 선박 내에 있는 사람 또는 물건에 손해를 생기게 하는 것을 말하며, 직접적인 접촉의 유무를 묻지 아니한다.

제877조 (불가항력으로 인한 충돌) 선박의 충돌이 불가항력으로 인하여 발생하거나 충돌의 원인이 명백하지 아니한 때에는 피해자는 충돌로 인한 손해의 배상을 청구하지 못한다.

제878조 (일방의 과실로 인한 충돌) 선박의 충돌이 일방의 선원의 과실로 인하여 발생한 때에는 그 일방의 선박소유자는 피해자에 대하여 충돌로 인한 손해를 배상할 책임이 있다.

제879조 (쌍방의 과실로 인한 충돌) ①선박의 충돌이 쌍방의 선원의 과실로 인하여 발생한 때에는 쌍방의 과실의 경중에 따라 각 선박소유자가 손해배상의 책임을 분담한다. 이 경우 그 과실의 경중을 판정할 수 없는 때에는 손해배상의 책임을 균분하여 부담한다.
②제1항의 경우에 제3자의 사상에 대한 손해배상은 쌍방의 선박소유자가 연대하여 그 책임을 진다.

제880조 (도선사의 과실로 인한 충돌) 선박의 충돌이 도선사의 과실로 인하여 발생한 경우에도 선박소유자는 제878조 및 제879조를 준용하여 손해를 배상할 책임이 있다.

제881조 (선박충돌채권의 소멸) 선박의 충돌로 인하여 생긴 손해배상의 청구권은 그 충돌이 있은 날부터 2년 이내에 재판상 청구가 없으면 소멸한다. 이 경우 제814조제1항 단서를 준용한다.

제3절 해난구조

제882조 (해난구조의 요건) 항해선 또는 그 적하 그 밖의 물건이 어떠한 수면에서 위난에 조우한 경우에 의무 없이 이를 구조한 자는 그 결과에 대하여 상당한 보수를 청구할 수 있다. 항해선과 내수항행선 간의 구조의 경우에도 또한 같다.

제883조 (보수의 결정) 구조의 보수에 관한 약정이 없는 경우에 그 액에 대하여 당사자 사이에 합의가 성립하지 아니한 때에는 법원은 당사자의 청구에 의하여 구조된 선박·재산의 가액, 위난의 정도, 구조자의 노력과 비용, 구조자나 그 장비가 조우했던 위험의 정도, 구조의 효과, 환경손해방지를 위한 노력, 그 밖의 제반사정을 참작하여 그 액을 정한다.

제884조 (보수의 한도) ①구조의 보수액은 다른 약정이 없으면 구조된 목적물의 가액을 초과하지 못한다.
②선순위의 우선특권이 있는 때에는 구조의 보수액은 그 우선특권자의 채권액을 공제한 잔액을 초과하지 못한다.

제885조 (환경손해방지작업에 대한 특별보상) ①선박 또는 그 적하로 인하여 환경손해가 발생할 우려가 있는 경우에 손해의 경감 또는 방지의 효과를 수반하는 구조작업에 종사한 구조자는 구조의 성공 여부 및 제884조와 상관없이 구조에 소요된 비용을 특별보상으로 청구할 수 있다.
②제1항에서 "비용"이란 구조작업에 실제로 지출한 합리적인 비용 및 사용된 장비와 인원에 대한 정당한 보수를 말한다.
③구조자는 발생할 환경손해가 구조작업으로 인하여 실제로 감경 또는 방지된 때에는 보상의 증액을 청구할 수 있고, 법원은 제883조의 사정을 참작하여

증액 여부 및 그 금액을 정한다. 이 경우 증액된다 하더라도 구조료는 제1항의 비용의 배액을 초과할 수 없다.

④구조자의 고의 또는 과실로 인하여 손해의 감경 또는 방지에 지장을 가져온 경우 법원은 제1항 및 제3항에서 정한 금액을 감액 혹은 부인할 수 있다.

⑤하나의 구조작업을 시행한 구조자가 제1항부터 제4항까지의 규정에서 정한 특별보상을 청구하는 것 외에 제882조에서 정한 보수도 청구할 수 있는 경우 그 중 큰 금액을 구조료로 청구할 수 있다.

제886조 (구조료의 지급의무) 선박소유자와 그 밖에 구조된 재산의 권리자는 그 구조된 선박 또는 재산의 가액에 비례하여 구조에 대한 보수를 지급하고 특별보상을 하는 등 구조료를 지급할 의무가 있다.

제887조 (구조에 관한 약정) ①당사자가 미리 구조계약을 하고 그 계약에 따라 구조가 이루어진 경우에도 그 성질에 반하지 아니하는 한 구조계약에서 정하지 아니한 사항은 이 절에서 정한 바에 따른다.

②해난 당시에 구조료의 금액에 대하여 약정을 한 경우에도 그 금액이 현저하게 부당한 때에는 법원은 제883조의 사정을 참작하여 그 금액을 증감할 수 있다.

제888조 (공동구조자 간의 구조료 분배) ① 수인이 공동으로 구조에 종사한 경우에 그 구조료의 분배비율에 관하여는 제883조를 준용한다.

②인명의 구조에 종사한 자도 제1항에 따라 구조료의 분배를 받을 수 있다.

제889조 (1선박 내부의 구조료 분배) ①선박이 구조에 종사하여 그 구조료를 받은 경우에는 먼저 선박의 손해액과 구조에 들어간 비용을 선박소유자에게 지급하고 잔액을 절반하여 선장과 해원에게 지급하여야 한다.

②제1항에 따라 해원에게 지급할 구조료의 분배는 선장이 각 해원의 노력, 그 효과와 사정을 참작하여 그 항해의 종료 전에 분배안을 작성하여 해원에게 고시하여야 한다.

제890조 (예선의 구조의 경우) 예선의 본선 또는 그 적하에 대한 구조에 관하여는 예선계약의 이행으로 볼 수 없는 특수한 노력을 제공한 경우가 아니면 구조료를 청구하지 못한다.

제891조 (동일소유자에 속한 선박 간의 보수) 동일소유자에 속한 선박의 상호 간에 있어서도 구조에 종사한 자는 상당한 구조료를 청구할 수 있다.

제892조 (구조료청구권 없는 자) 다음 각 호에 해당하는 자는 구조료를 청구하지 못한다.

1. 구조받은 선박에 종사하는 자
2. 고의 또는 과실로 인하여 해난사고를 야기한 자
3. 정당한 거부에도 불구하고 구조를 강행한 자
4. 구조된 물건을 은닉하거나 정당한 사유 없이 처분한 자

제893조 (구조자의 우선특권) ①구조에 종사한 자의 구조료채권은 구조된 적하에 대하여 우선특권이 있다. 다만, 채무자가 그 적하를 제3취득자에게 인도한 후에는 그 적하에 대하여 이 권리를 행사하지 못한다.

②제1항의 우선특권에는 그 성질에 반하지 아니하는 한 제777조의 우선특권에 관한 규정을 준용한다.

제894조 (구조료지급에 관한 선장의 권한) ①선장은 구조료를 지급할 채무자에 갈음하여 그 지급에 관한 재판상 또는 재판 외의 모든 행위를 할 권한이 있다.

②선장은 그 구조료에 관한 소송의 당사자가 될 수 있고, 그 확정판결은 구조료의 채무자에 대하여도 효력이 있다.

제895조 (구조료청구권의 소멸) 구조료청구권은 구조가 완료된 날부터 2년 이내에 재판상 청구가 없으면 소멸한다. 이 경우 제814조제1항 단서를 준용한다.

II. 국제조약

1. 해상운송에 관한 국제조약

(1) 1924년 헤이그 규칙

International Convention for the Unification
of Certain Rules of Law relating
to Bills of Lading, 1924 ("Hague Rules")

1924년 선하증권에 대한 규정의 통일에 관한
국제협약(헤이그 규칙)[1]

(Brussels, 25 August 1924)

(1924년 8월 25일 브뤼셀에서 채택)

Article 1

제1조

In this Convention the following words are employed with the meanings set out below:

(a) "Carrier" includes the owner or the charterer who enters into a contract of carriage with a shipper.

(b) "Contract of carriage" applies only to contracts of carriage covered by a bill of lading or any similar document of title, in so far as such document relates to the carriage of goods by sea, including any bill of lading or any similar document as aforesaid issued under or pursuant to a charter party from the moment at which such bill of lading or similar document of title regulates the relations between a carrier and a holder of the same.

(c) "Goods" includes goods, wares, merchandise and articles of every kind

본 조약에서 다음의 단어는 아래에 게기한 정확한 의의로 이를 사용한다.

(a) 「운송인」이라 함은 송하인과의 운송계약의 당사자인 선박소유자 또는 용선자이다.

(b) 「운송계약」은 선하증권 또는 해상화물운송에 관한 권리를 표시하는 선하증권 유사의 모든 증권에 의하여 증명되는 운송계약에 한하여 적용한다. 위의 「운송계약」은 용선계약에 의하여 발행되는 선박증권 또는 유사한 증권에도 그 증권이 운송인과 선하증권 소지인과의 관계를 정한 때로부터 이를 적용한다.

(c) 「화물」이라 함은 생동물과 운송계

---

1) 재판자료집 제54집(법원행정처), 363-370쪽에서 전재.

whatsoever except live animals and cargo which by the contract of carriage in stated as being carried on deck and is so carried.

(d) "Ship" means any vessel used for the carriage of goods by sea.
(e) "Carriage of goods" covers the period from the time when the goods are loaded on to the time they are discharged from the ship.

Article 2

Subject to the provisions of Article 6, under every contract of carriage of goods by sea the carrier, in relation to the loading, handling, stowage, carriage, custody, care and discharge of such goods, shall be subject to the responsibilities and liabilities, and entitled to the rights and immunities hereinafter set forth.

Article 3

1. The carrier shall be bound before and at the beginning of the voyage to exercise due diligence to:
(a) Make the ship seaworthy.
(b) Properly man, equip and supply the ship.
(c) Make the holds, refrigerating and cool chambers, and all other parts of the ship in

---

약에 의하여 갑판에 적부될 것이 표시되고 또 실제로 갑판에 적부되어 운송되는 적하를 제외한 재산, 물건, 상품과 각종의 물건을 말한다.

(d) 「선박」이라 함은 해상화물운송에 사용되는 모든 배를 말한다.
(e) 「화물운송」은 화물이 선박에 선적되는 때로부터 그 선박에서 양륙될 때까지의 기간을 포함한다.

제2조

제6조에서 정한 경우를 제외하고 운송인은 모든 해상화물운송계약에 있어 당해화물의 선적, 처리, 적부, 운송, 보관, 관리와 양륙에 관하여 이하의 규정에 따라서 책임과 의무를 지고 또한 권리와 면책을 얻는다.

제3조

1. 운송인은 발항 전과 발항 당시에 다음의 사항에 대하여 상당한 주의를 하여야 한다.
(a) 선박이 감항능력이 있도록 하는 일
(b) 선박에 대하여 적당히 선원의 승선, 의장과 필요품의 보급을 하는 일
(c) 선창, 냉장실과 냉기실 기타 화물이 적재되는 선박의 모든 부분을

which goods are carried, fit and safe for their reception, carriage and preservation.

2. Subject to the provisions of Article 4, the carrier shall properly and carefully load, handle, stow, carry, keep, care for, and discharge the goods carried.

3. After receiving the goods into his charge the carrier or the master or agent of the carrier shall, on demand of the shipper, issue to the shipper a bill of lading showing among other things:

(a) The leading marks necessary for identification of the goods as the same are furnished in writing by the shipper before the loading of such goods starts, provided such marks are stamped or otherwise shown clearly upon the goods if uncovered, or on the cases or coverings in which such goods are contained, in such a manner as should ordinarily remain legible until the end of the voyage.

(b) Either the number of packages or pieces, or the quantity, or weight, as the case may be, as furnished in writing by the shipper.

(c) The apparent order and condition of the goods.

Provided that no carrier, master or agent of the carrier shall be bound to state or show in the bill of lading any marks, number, quantity, or weight which he has reasonable ground for suspecting not accurately to represent the goods actually received, or

화물의 수령운송과 보존을 위하여 적당하고 안전하게 하는 일.

2. 제4조의 규정의 경우를 제외하고 운송인은 운송되는 화물의 선적, 처리, 적부, 운송, 보관, 관리와 양륙을 적당하고 신중하게 행하여야 한다.

3. 화물을 수령한 후 운송인, 선장 또는 운송인의 대리인은 송하인의 청구에 의하여 특히 다음의 사항을 기재한 선하증권을 송하인에게 교부하여야 한다.

(a) 화물의 동일성을 표시함에 필요한 주요 기호로서 화물선적개시 전에 송하인에 의하여 서면으로 통고된 것. 그러나 그 기호는 포장 없는 화물에는 그 위에 화물이 상자 또는 포장 안에 있을 때에는 그 상자 또는 포장 위에, 항해의 종료 시까지 통상판독할 수 있도록 압날하거나 기타 모든 방법으로 명료하게 표시하여야 한다.

(b) 포장 또는 개품의 개수용적 또는 중량으로 송하인에 의하여 서면으로 통고된 것.

(c) 화물의 외관
그러나 운송인, 선장 또는 운송인의 대리인은 위의 기호, 개수, 용적 또는 중량이 실제로 수령한 화물을 정확히 표시하지 아니한다는 것을 의심할 상당한 이유가 있을 때, 또는 검사할 상당한 방법이 없을 때에는 이를 선하증권에 기재

which he has had no reasonable means of checking.

4. Such a bill of lading shall be prima facie evidence of the receipt by the carrier of the goods as therein described in accordance with paragraph 3(a), (b) and (c).

5. The shipper shall be deemed to have guaranteed to the carrier the accuracy at the time of shipment of the marks, number, quantity and weight, as furnished by him, and the shipper shall indemnity the carrier against all loss, damages and expenses arising or resulting from inaccuracies in such particulars. The right of the carrier to such indemnity shall in no way limit his responsibility and liability under the contract of carriage to any person other than the shipper.

6. Unless notice of loss or damage and the general nature of such loss or damage be given in writing to the carrier or his agent at the port of discharge before or at the time of the removal of the goods into the custody of the person entitled to delivery thereof under the contract of carriage, or, if the loss or damage be not apparent, within three days, such removal shall be prima facie evidence of the delivery by the carrier of the goods as described in the bill of lading.

If the loss or damage is not apparent, the notice must be given within three days of the delivery of the goods.

또는 표시하지 않아도 된다.

4. 전항의 선하증권은 반증이 없는 한 전항 (a), (b)와 (c)호에 따라 그 증권에 기재된 화물을 운송인이 수령한 것으로 추정한다.

5. 송하인은 그 통고한 기호, 개수, 용적과 중량이 정확한 것을 선적시의 운송인에 대하여 담보한 것으로 보며 또한 이 점에 관한 부정확에서 생기는 모든 멸실, 손해와 비용에 관하여 운송인에 대하여 배상하여야 한다. 이 배상에 대한 운송인의 권리는 어떠한 경우에도 운송인이 운송계약에 의하여 송하인 이외의 모든 자에 대하여 부담하는 책임과 의무를 제한하지 아니한다.

6. 화물이 운송계약에 의하여 인도를 받을 권리가 있는 자에 인도되기 전 또는 그 당시에 있어 멸실, 손해와 그 멸실 손해의 일반적 성질에 관한 통고가 운송인 또는 양륙항에 있는 그 대리인에게 서면으로 행하여지지 않을 때에는 그 인도는 반증 없는 한 운송인이 선하증권에 기재한 화물을 인도한 것으로 추정한다. 멸실 손해가 외부에 나타나지 않을 때에는 그 통고는 화물인도일로부터 3일 이내에 이를 하여야 한다.

그 화물의 상태가 수령당시 입회검사를 받은 때에는 서면에 의한 통지는 아니하여도 된다. 화물을 인도한 날 또는 그 인도를 하였을 날로부터 1년 내에 소송

The notice in writing need not be given if the state of the goods has, at the time of their receipt, been the subject of joint survey or inspection.

In any event the carrier and the ship shall be discharged from all liability in respect of loss or damage unless suit is brought within one year after delivery of the goods or the date when the goods should have been delivered.

In the case of any actual or apprehended loss or damage the carrier and the receiver shall give all reasonable facilities to each other for inspecting and tallying the goods.

7. After the goods are loaded the bill of lading to be issued by the carrier, master, or agent of the carrier, to the shipper shall, if the shipper so demands, be a "shipped" bill of lading, provided that if the shipper shall have previously taken up any document of title to such goods, he shall surrender the same as against the issue of the "shipped" bill of lading, but at the option of the carrier such document of title may be noted at the port of shipment by the carrier, master, or agent with the name or names of the ship or ships upon which the goods have been shipped and the date or dates of shipment, and when so noted, if it shows the particulars mentioned in paragraph 3 of Article 3, shall for the purpose of this Article be deemed to constitute a "shipped" bill of lading.

의 제기가 없을 때에는 운송인과 선박은 어떠한 경우에도 멸실 손해에 관한 모든 책임이 면제된다.

현실상의 멸실 손해가 있던가 이를 추측할 수 있을 경우에는 운송인과 수하인은 화물의 검사와 포장의 개수의 검사를 위하여 상당한 모든 편의를 상호 제공하여야 한다.

7. 화물의 선적 후에 운송인, 선장 또는 운송인의 대리인에 의하여 송하인에게 교부될 선하증권은 송하인의 청구가 있을 때에는 「선적」 선하증권이어야 한다. 그러나 송하인이 이미 그 화물에 관한 권리를 표시하는 증서를 수령할 경우에는 송하인은 「선적」 선하증권의 교부와 상환하여 그 증서를 반환하여야 한다. 운송인, 선장 또는 대리인은 먼저 교부된 증서 위에 화물을 선적한 1척 또는 수척의 선박의 명칭과 1개 또는 수개의 선적의 일자를 선적항에서 기입할 수 있으며 이상의 기입있는 증서로서 본조 제3항의 사항을 기재한 때에는 본조의 목적에 관하여는 이를 「선적」 선하증권으로 본다.

8. Any clause, covenant, or agreement in a contract of carriage relieving the carrier or the ship from liability for loss or damage to, or in connexion with, goods arising from negligence, fault, or failure in the duties and obligations provided in this Article or lessening such liability otherwise than as provided in this Convention, shall be null and void and of no effect. A benefit of insurance in favour of the carrier or similar clause shall be deemed to be a clause relieving the carrier from liability.

Article 4

1. Neither the carrier nor the ship shall be liable for loss or damage arising or resulting from unseaworthiness unless caused by want of due diligence on the part of the carrier to make the ship seaworthy and to secure that the ship is properly manned, equipped and supplied, and to make the holds, refrigerating and cool chambers and all other parts of the ship in which goods are carried fit and safe for their reception, carriage and preservation in accordance with the provisions of paragraph 1 of Article 3. Whenever loss or damage has resulted from unseaworthiness the burden of proving the exercise of due diligence shall be on the carrier or other person claiming exemption under this Article.

2. Neither the carrier nor the ship shall be

8. 운송계약의 모든 조관, 약관 또는 협정으로서 운송인 또는 선박을 해태, 과실 또는 본조에 규정한 책임과 의무의 위반으로 인한 화물의 멸실 손해에 대한 책임을 면케 하거나 본 조약의 규정하는 바와 달리하여 그 책임을 경감하는 것은 무효로 한다. 보험의 이익을 운송인에게 양도하는 조관 또는 이에 유사한 모든 조관은 운송인으로 하여금 그 책임을 면케 하는 것으로 본다.

제4조

1. 운송인 또는 선박은 제3조 제1항의 규정에 따라 선박으로 하여금 항해를 감당할 수 있도록 하며 또는 선박에 관하여 적당히 승무원, 의장 또는 필수품의 보급을 하며 또는 선창, 냉장실과 냉기실 기타 화물이 선적되는 선박의 모든 부분을 화물의 수령, 운송과 보존을 위하여 적당하고 안전하게 하는데 대한 운송인 측의 상당한 주의의 흠결로 인한 경우가 아니면 불감항에 생기는 멸실, 손해에 대하여 책임을 지지 아니한다. 멸실, 손해가 불감항에서 생길 때에는 상당한 주의를 하였다는 거증책임은 항상, 본조에 규정하는 면책을 주장하는 운송인 또는 기타의 자가 이를 진다.

2. 운송인 또는 선박은 다음의 사유에서

responsible for loss or damage arising or resulting from:

(a) Act, neglect, or default of the master, mariner, pilot, or the servants of the carrier in the navigation or in the management of the ship.

(b) Fire, unless caused by the actual fault or privity of the carrier.

(c) Perils, dangers and accidents of the sea or other navigable waters.

(d) Act of God.

(e) Act of war.

(f) Act of public enemies.

(g) Arrest or restraint or princes, rulers or people, or seizure under legal process.

(h) Quarantine restrictions.

(i) Act or omission of the shipper or owner of the goods, his agent or representative.

(j) Strikes or lockouts or stoppage or restraint of labour from whatever cause, whether partial or general.

(k) Riots and civil commotions.

(l) Saving or attempting to save life or property at sea.

(m) Wastage in bulk or weight or any other loss or damage arising from inherent defect, quality or vice of the goods.

(n) Insufficiency of packing.

(o) Insufficiency or inadequacy of marks.

생기는 멸실 손해에 대하여서는 그 책임을 지지 아니한다.

(a) 항해 또는 선박의 관리에 관한 선장, 선원, 도선사 또는 운송인의 사용인의 행위, 해태 또는 과실

(b) 화재 그러나 운송인의 고의 또는 과실로 인한 것을 제외한다.

(c) 해상 기타 항행할 수 있는 수면에서의 위난, 위험 또는 사고

(d) 불가항력

(e) 전쟁행위

(f) 공적의 행위

(g) 군주, 관헌 또는 인민에 의한 억류, 강제관리 또는 재판상의 압류

(h) 검역상의 제한

(i) 송하인 또는 화물소유자, 그 대리인 또는 그 대표자의 작위 또는 부작위

(j) 동맹파업, 선박폐쇄 또는 노무에 대한 정지나 방해, 그러나 원인의 여하를 불문하고 또는 그 일부이거나 전부인 것을 불문한다.

(k) 폭동 또는 내란

(l) 해상에서의 인명 또는 재산의 구조 또는 구조의 기도

(m) 화물의 숨은 하자, 특수한 성질 또는 고유한 하자에서 생기는 용적이나 중량의 감소 또는 기타의 멸실 손해

(n) 포장의 불충분

(o) 기호의 불충분 또는 불완전

(p) Latent defects not discoverable by due diligence.

(q) Any other cause arising without the actual fault or privity of the carrier, or without the actual fault or neglect of the agents or servants of the carrier, but the burden of proof shall be on the person claiming the benefit of this exception to show that neither the actual fault or privity of the carrier nor the fault or neglect of the agents or servants of the carrier contributed to the loss or damage.

3. The shipper shall not be responsible for loss or damage sustained by the carrier or the ship arising or resulting from any cause without the act, fault or neglect of the shipper, his agents or his servants.

4. Any deviation in saving or attempting to save life or property at sea or any reasonable deviation shall not be deemed to be an infringement or breach of this Convention or of the contract of carriage, and the carrier shall not be liable for any loss or damage resulting therefrom.

5. Neither the carrier nor the ship shall in any event be or become liable for any loss or damage to or in connexion with goods in an amount exceeding 100 pounds sterling per package or unit, or the equivalent of that sum in other currency unless the nature and value of such goods have been declared by the shipper before shipment

(p) 상당한 주의로써도 발견할 수 없는 숨은 하자

(q) 운송인의 고의나 과실 또는 운송인의 대리인 또는 사용인의 고의나 과실에서 생기는 기타 모든 원인 그러나 그 예외의 이익을 주장하는 자는 거중책임을 지며 운송인 자신의 과실이나 고의, 운송인의 대리인 또는 사용인의 과실이나 고의가 멸실 손해에 관여되지 않음을 증명하여야 한다.

3. 송하인은 운송인 또는 선박이 입은 멸실 손해로서 송하인, 그 대리인 또는 사용인의 고의, 과실 또는 해태로 인하지 않은 모든 원인에서 생긴 것에 대하여 그 책임을 지지 아니한다.

4. 해상에서의 인명이나 재산의 구조 또는 구조의 기도를 위하여 한 이로, 또는 상당한 이유 있는 이로는 본 조약이나 운송계약에 대한 위반으로 보지 않으며 운송인은 그 결과로 생기는 멸실 또는 손해에 대하여 그 책임을 지지 아니한다.

5. 운송인과 선박은 화물의 성질과 가액이 그 선적 전에 송하인에 의하여 통고되고 또 그 통고가 선하증권에 기재되지 아니하면 화물에 생기거나 화물에 관한 멸실 손해에 대하여 1포장 또는 1단위에 대하여 영국화 100파운드 또는 다른 통화로 이와 동등한 액을 초과하는 어떠한 경우에도 그 책임을 지지 아

and inserted in the bill of lading.

This declaration if embodied in the bill of lading shall be prima facie evidence, but shall not be binding or conclusive on the carrier.

By agreement between the carrier, master or agent of the carrier and the shipper another maximum amount than that mentioned in this paragraph may be fixed, provided that such maximum shall not be less than the figure above named.

Neither the carrier nor the ship shall be responsible in any event for loss or damage to, or in connexion with, goods if the nature or value thereof has been knowingly misstated by the shipper in the bill of lading.

6. Goods of an inflammable, explosive or dangerous nature to the shipment whereof the carrier, master or agent of the carrier has not consented with knowledge of their nature and character, may at any time before discharge be landed at any place, or destroyed or rendered innocuous by the carrier without compensation and the shipper of such goods shall be liable for all damage and expenses directly or indirectly arising out of or resulting from such shipment. If any such goods shipped with such knowledge and consent shall become a danger to the ship or cargo, they may in like manner be landed at any place, or destroyed or rendered innocuous by the

니한다.

선하증권에 기재된 그 통고는 반증이 없는 한 추정력이 있다. 그러나 그 통고는 이를 다룰 수 있는 운송인을 구속하지 아니한다.

운송인, 선장 또는 운송인의 대리인과 송하인간의 협정에 의하여 본 항에 규정한 액과 다른 최고액을 정할 수 있다. 그러나 협정에 의한 최고액은 위의 수액을 내리지 못한다.

송하인이 선하증권에서 화물의 성질 또는 가액에 관하여 고의로 허위통고를 한 때에는 운송인 또는 선박은 화물에 생기거나 화물에 관한 멸실 손해에 대하여 어떠한 경우에도 그 책임을 지지 아니한다.

6. 연소성, 폭발성 또는 위험성이 있는 화물로서 운송인, 선장 또는 운송인의 대리인이 그 종류 또는 성질을 알았으면 그 선적을 승낙하지 않았을 것은 운송인이 송하인에게 배상하지 아니하고 그 양륙 전 언제든지 이를 임의의 장소에 양륙하거나 파괴 또는 무해하게 할 수 있으며 그 화물의 송하인은 그 선적에서 직접 또는 간접으로 생기는 모든 손해와 비용에 대하여 책임을 진다. 운송인의 요지와 승낙을 얻어 선적한 화물 중에 선박 또는 적하에 대하여 위험하게 된 것이 있으면 운송인은 공동해손으로 인한 책임 외에 그 책임을 지지 아니하고 이상과 같이 이를 양륙, 파괴 또는 무해케 할 수 있다.

carrier without liability on the part of the carrier except to general average, if any.

Article 5

A carrier shall be at liberty to surrender in whole or in part all or any of his rights and immunities or to increase any of his responsibilities and obligations under this Convention, provided such surrender or increase shall be embodied in the bill of lading issued to the shipper.

The provisions of this Convention shall not be applicable to charter parties, but if bills of lading are issued in the case of a ship under a charter party they shall comply with the terms of this Convention. Nothing in these rules shall be held to prevent the insertion in a bill of lading of any lawful provision regarding general average.

Article 6

Notwithstanding the provisions of the preceding Articles, a carrier, master or agent of the carrier and a shipper shall in regard to any particular goods be at liberty to enter into any agreement in any terms as to the responsibility and liability of the carrier for such goods, and as to the rights and immunities of the carrier in respect of such goods, or his obligation as to seaworthiness, so far as this stipulation is not contrary to

제5조

운송인은 본 조약에 규정된 그 권리와 면책의 전부나 일부를 포기하거나 그 책임과 의무를 증가할 수 있다. 그러나 그 포기 또는 증가는 송하인에 교부되는 선하증권에 이를 기재하여야 한다. 본 조약의 규정은 이를 용선계약에 적용하지 아니한다. 그러나 선박이 용선된 경우에 선하증권이 발행된 때에는 그 선하증권은 본 조약의 규정에 따른다. 본 조약의 규정은 공동해손에 관한 적법한 규정을 선하증권에 기재하여도 무방하다.

제6조

전 수조의 규정에도 불구하고 운송인, 선장 또는 운송인의 대리인과 송하인은 특정화물에 대하여 어떤 것이든지 이에 대한 운송인의 책임과 의무 및 그 화물에 관한 운송인의 권리와 면책, 공공질서에 반하지 않는 한 선박의 감항능력에 관한 운송인의 의무 또는 해상에서 운송되는 화물의 선적, 처리, 적부, 운송, 보관, 관리 및 양륙에 관한 사용인 또는 대리인의 주의에 관하여 조건을

public policy, or the care or diligence of his servants or agents in regard to the loading, handling, stowage, carriage, custody, care and discharge of the goods carried by sea, provided that in this case no bill of lading has been or shall be issued and that the terms agreed shall be embodied in a receipt which shall be a non-negotiable document and shall be marked as such.

Any agreement so entered into shall have full legal effect.

Provided that this Article shall not apply to ordinary commercial shipments made in the ordinary course of trade, but only to other shipments where the character or condition of the property to be carried or the circumstances, terms and conditions under which the carriage is to be performed are such as reasonably to justify a special agreement.

붙인 계약을 할 수 있다. 그러나 이 경우에는 선하증권을 발행하지 아니하였거나 이를 발행하지 아니함을 요하며 또한 성립한 협정의 조건은 이를 영수증에 기재하여야 한다. 그 영수증은 비유통증권이어야 하며 또한 이에 그 뜻을 기재하여야 한다.

전항의 규정에 의하여 체결된 모든 특약은 완전한 법률상 효력이 있다.

그러나 본조는 통상의 상거래에서 행하여지는 통상의 상업상의 적하에는 이를 적용하지 않는다. 기타의 적하로서 그 특징 또는 상태와 운송을 행할 사정, 조항과 조건이 특약의 체결을 정당한 것으로 하는 경우에 한하여 이를 적용한다.

Article 7

제7조

Nothing herein contained shall prevent a carrier or a shipper from entering into any agreement, stipulation, condition, reservation or exemption as to the responsibility and liability of the carrier or the ship for the loss or damage to, or in connexion with, the custody and care and handling of goods prior to the loading on, and subsequent to, the discharge from the ship on which the goods are carried by sea.

본 조약의 규정은 화물이 해상 운송되는 선박에의 선적전과 양륙 후에 있어 그 화물에 생기는 멸실 손해에 대하거나 또는 그 화물의 보관, 관리와 처리에 대한 운송인 또는 선박의 의무와 책임에 관하여 운송인 또는 송하인이 특약, 조건, 유보 또는 면책을 계약 중에 삽입하여도 무방하다.

Article 8

The provisions of this Convention shall not affect the rights and obligations of the carrier under any statute for the time being in force relating to the limitation of the liability of owners of sea-going vessels.

Article 9

The monetary units mentioned in this Convention are to be taken to be gold value.

Those contracting States in which the pound sterling is not a monetary unit reserve to themselves the right of translating the sums indicated in this Convention in terms of pound sterling into terms of their own monetary system in round figures.

The national laws may reserve to the debtor the right of discharging his debt in national currency according to the rate of exchange prevailing on the day of the arrival of the ship at the port of discharge of the goods concerned.

Article 10

The provisions of this Convention shall apply to all bills of lading issued in any of the contracting States.

제8조

본 조약의 규정은 항해선박소유자의 책임제한에 관한 모든 현행법령에 의한 운송인의 권리와 의무를 변경하지 아니한다.

제9조

본 조약에서의 화폐단위는 금가치로 한다.

화폐단위로서 영국화 파운드를 사용하지 않는 체약국은 본 조약에서 영국화 파운드로 표시되는 그 금액을 그 화폐제도에 따라 개수로 환산할 권리를 유보한다.

국내법은 선박이 당해화물의 양륙항에 도착한 날의 환시세에 따라 내국화폐로 지급할 권능을 채무자에 유보할 수 있다.

제10조

본 조약의 규정은 체약국의 1에서 작성되는 모든 선하증권에 이를 적용한다.

Article 11

After an interval of not more than two years from the day on which the Convention is signed, the Belgian Government shall place itself in communication with the Governments of the High Contracting Parties which have declared themselves prepared to ratify the Convention, with a view to deciding whether it shall be put into force. The ratifications shall be deposited at Brussels at a date to be fixed by agreement among the said Governments. The first deposit of ratifications shall be recorded in a procès-verbal signed by the representatives of the Powers which take part therein and by the Belgian Minister of Foreign Affairs.

The subsequent deposit of ratifications shall be made by means of a written notification, addressed to the Belgian Government and accompanied by the instrument of ratification.

A duly certified copy of the procès-verbal relating to the first deposit of ratifications, of the notifications referred to in the previous paragraph, and also of the instruments of ratification accompanying them, shall be immediately sent by the Belgian Government through the diplomatic channel to the Powers who have signed this Convention or who have acceded to it. In the cases contemplated in the preceding paragraph, the said Government shall

제11조

본 조약 서명일로부터 기산하여 늦어도 2년의 기간을 경과한 후 벨기에국 정부는 본 조약의 실시여부를 결정하기 위하여 본 조약 비준의 준비완료를 선언한 체약국정부와 협의를 개시하여야 한다. 비준서는 위의 정부 간의 합의에 의하여 정하여 질 날에 「브뤼셀」에 이를 기탁하여야 한다. 비준서의 제1회 기탁은 이에 관여하는 국가의 대표자와 벨기에국 외무부장관에 의하여 서명되는 조서로써 이를 확인하여야 한다.

이후의 기탁은 벨기에국 정부 앞으로 또 비준서를 첨부한 통지서에 의하여 이를 행하여야 한다.

비준서의 제1회 기탁조서, 전항에 게기한 통지서와 이에 첨부와 비준서의 인증등본은 벨기에국 정부의 진력에 의하여 또한 외교상의 절차에 의하여 본 조약의 서명국 또는 가입국에 즉시 송부하여야 한다. 전항에 정한 경우에는 벨기에국 정부는 동시에 통지서수령을 일자를 통지하여 한다.

inform them at the same time of the date
on which it received the notification.

Article 12

Non-signatory States may accede to the
present Convention whether or not they
have been represented at the International
Conference at Brussels.
A State which desires to accede shall notify
its intention in writing to the Belgian
Government, forwarding to it the document
of accession, which shall be deposited in
the archives of the said Government.
The Belgian Government shall immediately
forward to all the States which have signed
or acceded to the Convention a duly
certified copy of the notification and of the
act of accession, mentioning the date on
which it received the notification.

Article 13

The High Contracting Parties may at the
time of signature, ratification or accession
declare that their acceptance of the present
Convention does not include any or all of
the self-governing dominions, or of the
colonies, overseas possessions, protectorates
or territories under their sovereignty or
authority, and they may subsequently accede
separately on behalf of any self-governing
dominion, colony, overseas possession,

제12조

비서명국은 「브뤼셀」의 국제회의에 대
표자를 출석시킨 여부를 불문하고 본
조약에 가입할 수 있다.

가입을 희망하는 국가는 가입서를 벨기
에국 정부에 송부하고 서면으로 그 의
사를 통지하여야 한다. 이 가입서는 동
정부의 기록국에 기탁되어야 한다.
벨기에국 정부는 즉시 통지서에 가입서
의 인증등본을 모든 서명국 또는 가입
국에 송부하고 동정부가 그 통지서를
수령한 일자를 통지하여야 한다.

제13조

체약국은 서명 비준서기탁 또는 가입
시에 체약국이 본 조약에 대하여 부여
한 수락은 그 주권 또는 권력 하에 있는
자치령, 식민지, 속지, 보호령 또는 해외
영토의 일부 또는 전부에 적용하지 않
음을 선언할 수 있다. 따라서 이후 체약
국은 이상과 같이 그 당초의 선언에서
제외된 자치령, 식민지, 속지, 보호령 또
는 해외영토의 어느 것의 이름으로서나
개별적으로 가입할 수 있다. 체약국은

protectorate or territory excluded in their declaration. They may also denounce the Convention separately in accordance with its provisions in respect of any self-governing dominion, or any colony, overseas possession, protectorate or territory under their sovereignty or authority.

또한 그 주권 또는 권력 하에 있는 자치령, 식민지, 보호령 또는 해외영토의 1 또는 수개를 위하여 이 규정에 따라 개별적으로 본 조약을 폐기할 수 있다.

Article 14

The present Convention shall take effect, in the case of the States which have taken part in the first deposit of ratifications, one year after the date of the protocol recording such deposit.

As respects the States which ratify subsequently or which accede, and also in cases in which the Convention is subsequently put into effect in accordance with Article 13, it shall take effect six months after the notifications specified in paragraph 2 of Article 11 and paragraph 2 of Article 12 have been received by the Belgian Government.

제14조

제1회 비준서기탁에 참가한 국가에 관하여는 본 조약은 이 기탁서의 일자부터 1년 후에 효력을 발생한다. 이후 본 조약을 비준하거나 이에 가입하는 국가에 관하여서는 또한 실시가 이후 제13조에 따라 이루어지는 경우에는 본 조약은 제11조 제2항과 제12조 제 2항에 규정한 통지서가 벨기에국 정부에 의하여 수령된 때로부터 6개월 후에 그 효력을 발생한다.

Article 15

In the event of one of the contracting States wishing to denounce the present Convention, the denunciation shall be notified in writing to the Belgian Government, which shall immediately communicate a duly certified copy of the notification to all the other

제15조

체약국의 1인 본 조약을 폐기하고자 할 때에는 서면으로 벨기에국 정부에 대하여 폐기를 통지하여야 하며, 벨기에국 정부는 즉시 모든 타국에 대하여 이 통지서의 인증등본을 송부함과 동시에 이 통지를 수령한 일자를 통지하여야 한

States, informing them of the date on which it was received.

The denunciation shall only operate in respect of the State which made the notification, and on the expiry of one year after the notification has reached the Belgian Government.

다.

폐기는 이 통지를 한 국가에 한하며 또 통지서가 벨기에국 정부에 도달한 때로 부터 1년 후에 그 효력을 발생한다.

Article 16

Any one of the contracting States shall have the right to call for a fresh conference with a view to considering possible amendments. A State which would exercise this right should notify its intention to the other States through the Belgian Government, which would make arrangements for convening the Conference.

DONE at Brussels, in a single copy, August 25th, 1924.

제16조

각 체약국은 본 조약에 가할 수 있는 개 정을 토구하기 위하여 새로운 회의의 개최를 제의할 권능이 있다. 이 권능을 행사하고자 하는 국가는 벨 기에국 정부를 통하여 타국에 대하여 그 의사를 1년 전에 통지하여야 하며 벨기에국 정부는 회의의 소집의 책임을 진다.

1924년 8월 25일 「브뤼셀」에서 본서 1통 을 작성한다.

(2) 1968년 헤이그 비스비 규칙(1979년 SDR 개정의정서 내용 포함)

The International Convention for the Unification of Certain Rules of Law Relating to Bills of Lading, 1924, as amended by the Protocols of 1968 and 1979

1968년 개정의정서 및 1979년 개정의정서에 의해 개정된 1924년 선하증권에 대한 규정의 통일에 관한 국제협약(헤이그 비스비 규칙)[2]

Article 1

제1조

In this Convention the following words are employed with the meanings set out below:

(a) "Carrier" includes the owner or the charterer who enters into a contract of carriage with a shipper.

(b) "Contract of carriage" applies only to contracts of carriage covered by a bill of lading or any similar document of title, in so far as such document relates to the carriage of goods by sea, including any bill of lading or any similar document as aforesaid issued under or pursuant to a charter party from the moment at which such bill of lading or similar document of title regulates the relations between a carrier and a holder of the same.

(c) "Goods" includes goods, wares, merchandise and articles of every kind whatsoever except live animals and cargo which by the contract of carriage in stated as being carried on deck and is so carried.

본 조약에서 다음의 단어는 아래에 게기한 정확한 의의로 이를 사용한다.

(a) 「운송인」이라 함은 송하인과의 운송계약의 당사자인 선박소유자 또는 용선자이다.

(b) 「운송계약」은 선하증권 또는 해상화물운송에 관한 권리를 표시하는 선하증권 유사의 모든 증권에 의하여 증명되는 운송계약에 한하여 적용한다. 위의 「운송계약」은 용선계약에 의하여 발행되는 선박증권 또는 유사한 증권에도 그 증권이 운송인과 선하증권 소지인과의 관계를 정한 때로부터 이를 적용한다.

(c) 「화물」이라 함은 생동물과 운송계약에 의하여 갑판에 적부될 것이 표시되고 또 실제로 갑판에 적부되어 운송되는 적하를 제외한 재산, 물건, 상품과 각종의 물건을 말한다.

---

2) 재판자료집, 제54집(법원행정처), 363-394쪽에 게재된 1924년 헤이그 규칙, 1968년 비스비 규칙, 1979년 개정의정서의 번역문을 편집한 것임.

(d) "Ship" means any vessel used for the carriage of goods by sea.

(e) "Carriage of goods" covers the period from the time when the goods are loaded on to the time they are discharged from the ship.

Article 2

Subject to the provisions of Article 6, under every contract of carriage of goods by sea the carrier, in relation to the loading, handling, stowage, carriage, custody, care and discharge of such goods, shall be subject to the responsibilities and liabilities, and entitled to the rights and immunities hereinafter set forth.

Article 3

1. The carrier shall be bound before and at the beginning of the voyage to exercise due diligence to:

(a) Make the ship seaworthy.

(b) Properly man, equip and supply the ship.

(c) Make the holds, refrigerating and cool chambers, and all other parts of the ship in which goods are carried, fit and safe for their reception, carriage and preservation.

2. Subject to the provisions of Article 4, the carrier shall properly and carefully load,

(d) 「선박」이라 함은 해상화물운송에 사용되는 모든 배를 말한다.

(e) 「화물운송」은 화물이 선박에 선적되는 때로부터 그 선박에서 양륙될 때까지의 기간을 포함한다.

제2조

제6조에서 정한 경우를 제외하고 운송인은 모든 해상화물운송계약에 있어 당해 화물의 선적, 처리, 적부, 운송, 보관, 관리와 양륙에 관하여 이하의 규정에 따라서 책임과 의무를 지고 또한 권리와 면책을 얻는다.

제3조

1. 운송인은 발항 전과 발항 당시에 다음의 사항에 대하여 상당한 주의를 하여야 한다.

(a) 선박이 감항능력이 있도록 하는 일

(b) 선박에 대하여 적당히 선원의 승선, 의장과 필요품의 보급을 하는 일

(c) 선창, 냉장실과 냉기실 기타 화물이 적재되는 선박의 모든 부분을 화물의 수령 운송과 보존을 위하여 적당하고 안전하게 하는 일

2. 제4조의 규정의 경우를 제외하고 운송인은 운송되는 화물의 선적, 처리, 적부,

handle, stow, carry, keep, care for, and discharge the goods carried.

3. After receiving the goods into his charge the carrier or the master or agent of the carrier shall, on demand of the shipper, issue to the shipper a bill of lading showing among other things:

(a) The leading marks necessary for identification of the goods as the same are furnished in writing by the shipper before the loading of such goods starts, provided such marks are stamped or otherwise shown clearly upon the goods if uncovered, or on the cases or coverings in which such goods are contained, in such a manner as should ordinarily remain legible until the end of the voyage.

(b) Either the number of packages or pieces, or the quantity, or weight, as the case may be, as furnished in writing by the shipper.

(c) The apparent order and condition of the goods.

Provided that no carrier, master or agent of the carrier shall be bound to state or show in the bill of lading any marks, number, quantity, or weight which he has reasonable ground for suspecting not accurately to represent the goods actually received, or which he has had no reasonable means of checking.

4. Such a bill of lading shall be prima facie

운송, 보관, 관리와 양륙을 적당하고 신중하게 행하여야 한다.

3. 화물을 수령한 후 운송인, 선장 또는 운송인의 대리인은 송하인의 청구에 의하여 특히 다음의 사항을 기재한 선하증권을 송하인에게 교부하여야 한다.

(a) 화물의 동일성을 표시함에 필요한 주요 기호로서 화물선적개시 전에 송하인에 의하여 서면으로 통고된 것. 그러나 그 기호는 포장 없는 화물에는 그 위에 화물이 상자 또는 포장 안에 있을 때에는 그 상자 또는 포장 위에, 항해의 종료시까지 통상 판독할 수 있도록 압날하거나 기타 모든 방법으로 명료하게 표시하여야 한다.

(b) 포장 또는 개품의 개수용적 또는 중량으로 송하인에 의하여 서면으로 통고된 것.

(c) 화물의 외관

그러나 운송인, 선장 또는 운송인의 대리인은 위의 기호, 개수, 용적 또는 중량이 실제로 수령한 화물을 정확히 표시하지 아니한다는 것을 의심할 상당한 이유가 있을 때, 또는 검사할 상당한 방법이 없을 때에는 이를 선하증권에 기재 또는 표시하지 않아도 된다.

4. 전항의 선하증권은 반증이 없는 한

evidence of the receipt by the carrier of the goods as therein described in accordance with paragraph 3(a), (b) and (c). However, proof to the contrary shall not be admissible when the Bill of Lading has been transferred to a third party acting in good faith.

5. The shipper shall be deemed to have guaranteed to the carrier the accuracy at the time of shipment of the marks, number, quantity and weight, as furnished by him, and the shipper shall indemnity the carrier against all loss, damages and expenses arising or resulting from inaccuracies in such particulars. The right of the carrier to such indemnity shall in no way limit his responsibility and liability under the contract of carriage to any person other than the shipper.

6. Unless notice of loss or damage and the general nature of such loss or damage be given in writing to the carrier or his agent at the port of discharge before or at the time of the removal of the goods into the custody of the person entitled to delivery thereof under the contract of carriage, or, if the loss or damage be not apparent, within three days, such removal shall be prima facie evidence of the delivery by the carrier of the goods as described in the bill of lading.

If the loss or damage is not apparent, the notice must be given within three days of

전항 (a), (b)와 (c)호에 따라 그 증권에 기재된 화물을 운송인이 수령한 것으로 추정한다. 그러나 선하증권이 선의로 행동하는 제3자에게 이전된 경우에는 반증은 허용되지 아니한다.

5. 송하인은 그 통고한 기호, 개수, 용적과 중량이 정확한 것을 선적시의 운송인에 대하여 담보한 것으로 보며 또한 이 점에 관한 부정확에서 생기는 모든 멸실, 손해와 비용에 관하여 운송인에 대하여 배상하여야 한다. 이 배상에 대한 운송인의 권리는 어떠한 경우에도 운송인이 운송계약에 의하여 송하인 이외의 모든 자에 대하여 부담하는 책임과 의무를 제한하지 아니한다.

6. 화물이 운송계약에 의하여 인도를 받을 권리가 있는 자에 인도되기 전 또는 그 당시에 있어 멸실, 손해와 그 멸실 손해의 일반적 성질에 관한 통고가 운송인 또는 양륙항에 있는 그 대리인에게 서면으로 행하여지지 않을 때에는 그 인도는 반증 없는 한 운송인이 선하증권에 기재한 화물을 인도한 것으로 추정한다.

멸실 손해가 외부에 나타나지 않을 때에는 그 통고는 화물인도일로부터 3일 이

the delivery of the goods.

The notice in writing need not be given if the state of the goods has, at the time of their receipt, been the subject of joint survey or inspection.

Subject to paragraph 6bis the carrier and the ship shall in any event be discharged from all liability whatsoever in respect of the goods, unless suit is brought within one year of their delivery or of the date when they should have been delivered. This period may, however, be extended if the parties so agree after the cause of action has arisen.

In the case of any actual or apprehended loss or damage the carrier and the receiver shall give all reasonable facilities to each other for inspecting and tallying the goods.

6. bis. An action for indemnity against a third person may be brought even after the expiration of the year provided for in the preceding paragraph if brought within the time allowed by the law of the Court seized of the case. However, the time allowed shall be not less than three months, commencing from the day when the person bringing such action for indemnity has settled the claim or has been served with process in the action against himself.

7. After the goods are loaded the bill of lading to be issued by the carrier, master, or agent of the carrier, to the shipper shall, if the shipper so demands, be a "shipped"

내에 이를 하여야 한다.

그 화물의 상태가 수령당시 입회검사를 받은 때에는 서면에 의한 통지는 하지 아니하여도 된다.

제6항의 2를 조건으로 하여 어떠한 경우에도 화물을 인도한 때 또는 인도하여야 했을 날로부터 1년 이내에 소가 제기되지 아니하면 운송인과 선박은 화물에 관한 일체의 책임을 면한다.

현실상의 멸실 손해가 있던가 이를 추측할 수 있을 경우에는 운송인과 수하인은 화물의 검사와 포장의 개수의 검사를 위하여 상당한 모든 편의를 상호 제공하여야 한다.

6의 2. 제3자에 대한 배상청구소송은 사건이 계속된 법정지의 법에 의하여 허용된 기간 내에 제기되었을 때에는 전항에서 규정하는 기간이 만료된 후에 있어서도 제기될 수가 있다. 그러나 허용된 기간은 그러한 배상청구소송을 제기한 자가 손해배상금액을 지급한 날 또는 그 자에 대한 소송에 있어서 소장의 송달을 받은 날로부터 기산하여 3개월 이상이어야 한다.

7. 화물의 선적 후에 운송인, 선장 또는 운송인의 대리인에 의하여 송하인에게 교부될 선하증권은 송하인의 청구가 있을 때에는 「선적」 선하증권이어야 한다. 그

bill of lading, provided that if the shipper shall have previously taken up any document of title to such goods, he shall surrender the same as against the issue of the "shipped" bill of lading, but at the option of the carrier such document of title may be noted at the port of shipment by the carrier, master, or agent with the name or names of the ship or ships upon which the goods have been shipped and the date or dates of shipment, and when so noted, if it shows the particulars mentioned in paragraph 3 of Article 3, shall for the purpose of this Article be deemed to constitute a "shipped" bill of lading.

8. Any clause, covenant, or agreement in a contract of carriage relieving the carrier or the ship from liability for loss or damage to, or in connexion with, goods arising from negligence, fault, or failure in the duties and obligations provided in this Article or lessening such liability otherwise than as provided in this Convention, shall be null and void and of no effect. A benefit of insurance in favour of the carrier or similar clause shall be deemed to be a clause relieving the carrier from liability.

Article 4

1. Neither the carrier nor the ship shall be liable for loss or damage arising or resulting from unseaworthiness unless caused by

러나 송하인이 이미 그 화물에 관한 권리를 표시하는 증서를 수령할 경우에는 송하인은 「선적」 선하증권의 교부와 상환하여 그 증서를 반환하여야 한다. 운송인, 선장 또는 대리인은 먼저 교부된 증서 위에 화물을 선적한 1척 또는 수척의 선박의 명칭과 1개 또는 수개의 선적의 일자를 선적항에서 기입할 수 있으며 이상의 기입있는 증서로서 본조 제3항의 사항을 기재한 때에는 본조의 목적에 관하여는 이를 「선적」 선하증권으로 본다.

8. 운송계약의 모든 조관, 약관 또는 협정으로서 운송인 또는 선박을 해태, 과실 또는 본조에 규정한 책임과 의무의 위반으로 인한 화물의 멸실 손해에 대한 책임을 면케 하거나 본 조약의 규정하는 바와 달리하여 그 책임을 경감하는 것은 무효로 한다. 보험의 이익을 운송인에게 양도하는 조관 또는 이에 유사한 모든 조관은 운송인으로 하여금 그 책임을 면케 하는 것으로 본다.

제4조

1. 운송인 또는 선박은 제3조 제1항의 규정에 따라 선박으로 하여금 항해를 감당할 수 있도록 하며 또는 선박에 관하여

want of due diligence on the part of the carrier to make the ship seaworthy and to secure that the ship is properly manned, equipped and supplied, and to make the holds, refrigerating and cool chambers and all other parts of the ship in which goods are carried fit and safe for their reception, carriage and preservation in accordance with the provisions of paragraph 1 of Article 3. Whenever loss or damage has resulted from unseaworthiness the burden of proving the exercise of due diligence shall be on the carrier or other person claiming exemption under this Article.

2. Neither the carrier nor the ship shall be responsible for loss or damage arising or resulting from:

(a) Act, neglect, or default of the master, mariner, pilot, or the servants of the carrier in the navigation or in the management of the ship.

(b) Fire, unless caused by the actual fault or privity of the carrier.

(c) Perils, dangers and accidents of the sea or other navigable waters.

(d) Act of God.

(e) Act of war.

(f) Act of public enemies.

(g) Arrest or restraint or princes, rulers or people, or seizure under legal process.

(h) Quarantine restrictions.

(i) Act or omission of the shipper or

적당히 승무원, 의장 또는 필수품의 보급을 하며 또는 선창, 냉장실과 냉기실 기타 화물이 선적되는 선박의 모든 부분을 화물의 수령, 운송과 보존을 위하여 적당하고 안전하게 하는데 대한 운송인 측의 상당한 주의의 흠결로 인한 경우가 아니면 불감항에 생기는 멸실, 손해에 대하여 책임을 지지 아니한다. 멸실, 손해가 불감항에서 생길 때에는 상당한 주의를 하였다는 거증책임은 항상, 본조에 규정하는 면책을 주장하는 운송인 또는 기타의 자가 이를 진다.

2. 운송인 또는 선박은 다음의 사유에서 생기는 멸실 손해에 대하여서는 그 책임을 지지 아니한다.

(a) 항해 또는 선박의 관리에 관한 선장, 선원, 도선사 또는 운송인의 사용인의 행위, 해태 또는 과실

(b) 화재 그러나 운송인의 고의 또는 과실로 인한 것을 제외한다.

(c) 해상 기타 항행할 수 있는 수면에서의 위난, 위험 또는 사고

(d) 불가항력

(e) 전쟁행위

(f) 공적의 행위

(g) 군주, 관헌 또는 인민에 의한 억류, 강제관리 또는 재판상의 압류

(h) 검역상의 제한

(i) 송하인 또는 화물소유자, 그 대리인 또

owner of the goods, his agent or representative.

(j) Strikes or lockouts or stoppage or restraint of labour from whatever cause, whether partial or general.

(k) Riots and civil commotions.

(l) Saving or attempting to save life or property at sea.

(m) Wastage in bulk or weight or any other loss or damage arising from inherent defect, quality or vice of the goods.

(n) Insufficiency of packing.

(o) Insufficiency or inadequacy of marks.

(p) Latent defects not discoverable by due diligence.

(q) Any other cause arising without the actual fault or privity of the carrier, or without the actual fault or neglect of the agents or servants of the carrier, but the burden of proof shall be on the person claiming the benefit of this exception to show that neither the actual fault or privity of the carrier nor the fault or neglect of the agents or servants of the carrier contributed to the loss or damage.

3. The shipper shall not be responsible for loss or damage sustained by the carrier or the ship arising or resulting from any cause without the act, fault or neglect of the shipper, his agents or his servants.

는 그 대표자의 작위 또는 부작위

(j) 동맹파업, 선박폐쇄 또는 노무에 대한 정지나 방해, 그러나 원인의 여하를 불문하고 또는 그 일부이거나 전부인 것을 불문한다.

(k) 폭동 또는 내란

(l) 해상에서의 인명 또는 재산의 구조 또는 구조의 기도

(m) 화물의 숨은 하자, 특수한 성질 또는 고유한 하자에서 생기는 용적이나 중량의 감소 또는 기타의 멸실 손해

(n) 포장의 불충분

(o) 기호의 불충분 또는 불완전

(p) 상당한 주의로써도 발견할 수 없는 숨은 하자

(q) 운송인의 고의나 과실 또는 운송인의 대리인 또는 사용인의 고의나 과실에서 생기는 기타 모든 원인 그러나 그 예외의 이익을 주장하는 자는 거증책임을 지며 운송인 자신의 과실이나 고의, 운송인의 대리인 또는 사용인의 과실이나 고의가 멸실 손해에 관여되지 않음을 증명하여야 한다.

3. 송하인은 운송인 또는 선박이 입은 멸실 손해로서 송하인, 그 대리인 또는 사용인의 고의, 과실 또는 해태로 인하지 않은 모든 원인에서 생긴 것에 대하여 그 책임을 지지 아니한다.

4. Any deviation in saving or attempting to save life or property at sea or any reasonable deviation shall not be deemed to be an infringement or breach of this Convention or of the contract of carriage, and the carrier shall not be liable for any loss or damage resulting therefrom.

5. (a) Unless the nature and value of such goods have been declared by the shipper before shipment and inserted in the Bill of Lading, neither the carrier nor the ship shall in any event be or become liable for any loss or damage to or in connection with the goods in an amount exceeding 666.67 units of account per package or unit or 2 nits of account per kilo of gross weight of the goods lost or damaged, whichever is the higher.

(b) The total amount recoverable shall be calculated by reference to the value of such goods at the place and time at which the goods are discharged from the ship in accordance with the contract or should have been so discharged.

The value of the goods shall be fixed according to the commodity exchange price, or, if there be no such price, according to the current market price, or, if there be no commodity exchange price or current market price, by reference to the normal value of goods of the same kind and quality.

4. 해상에서의 인명이나 재산의 구조 또는 구조의 기도를 위하여 한 이로, 또는 상당한 이유 있는 이로는 본 조약이나 운송계약에 대한 위반으로 보지 않으며 운송인은 그 결과로 생기는 멸실 또는 손해에 대하여 그 책임을 지지 아니한다.

5. (a) 화물의 성질 및 가액이 선적하기 전에 송하인에 의하여 신고 되지 아니하였고 또한 선하증권상에 기재되지 않은 한, 운송인 또는 선박은 어떠한 경우에도 1 포장당 또는 1개 단위당 666.67 계산단위 혹은 멸실 또는 훼손된 화물의 총중량의 1킬로그램당 2 계산단위 가운데에서 높은 수액에 상당하는 액을 초과하여 화물 또는 화물에 관한 멸실 또는 훼손에 대한 책임을 지지 아니한다.

(b) 전보할 총액은 화물이 계약에 따라서 선박에서 양하되거나 혹은 양하되었어야 할 장소와 시기에 있어서의 화물의 가액을 고려하여 산정하여야 한다. 화물의 가액은 상품의 거래가격에 의해서 혹은 거래가격이 없는 경우에 그 당시의 시장가격에 따라서 결정되어야 한다. 상품의 거래가격이나 그 당시의 시장가격이 없는 경우에는 같은 종류 및 품질의 화물의 통상가격을 고려하여 결정하여야 한다.

(c) Where a container, pallet or similar article of transport is used to consolidate goods, the number of packages or units enumerated in the Bill of Lading as packed in such article of transport shall be deemed the number of packages or units for the purpose of this paragraph as far as these packages or units are concerned. Except as aforesaid such article of transport shall be considered the package or unit.

(d) The unit of account mentioned in this Article is the Special Drawing Right as defined by the International Monetary Fund. The amounts mentioned in sub-paragraph (a) of this paragraph shall be converted into national currency on the basis of the value of that currency on a date to be determined by the law of the Court seized of the case. The value of the national currency, in terms of the Special Drawing Right, of a State which is a member of the International Monetary Fund, shall be calculated in accordance with the method of valuation applied by the International Monetary Fund in effect at the date in question for its operations and transactions. The value of the national currency, in terms of the Special Drawing Right, of a State which is not a member of the International Monetary Fund, shall be calculated in a manner

(c) 컨테이너, 팰리트, 또는 이와 유사한 운송용구가 여러 개의 물건을 혼재하기 위하여 사용된 경우에는 선하증권상에 그러한 운송용구에 적입된 점으로서 수량표시가 된 포장 또는 단위의 수가 이러한 포장과 단위에 관련하는 이 항의 적용상의 포장 또는 단위의 수로 간주되어야 한다.

(d) 본조에서 말하는 계산단위는 국제통화기금에서 정의하는 특별인출권으로 한다. 본항 (a)호에서 말하는 금액은 소송이 계속된 법정지의 국내법에 의하여 정하는 일자의 통화가치를 기준으로 그 국내통화로 이를 환산한다. 국제통화기금의 회원인 국가에 있어서의 특별인출권에 의한 국내통화가치는, 그 취급과 거래에 관하여 당해 일자에 실시되고 있는 국제통화기금이 적용하는 평가의 방법에 따라서 이를 산출한다. 국제통화기금의 회원이 아닌 국가에 있어서의 특별인출권에 의한 국내통화가치는 그 국가에서 결정하는 방법으로 이를 산출한다. 그러나 국제통화기금의 회원이 아닌 국가로서 그 법률에 의하여 위 문장의 규정의 적용을 허용하지 아니하는 국가는 1979년의 의정서의 통지서에 또는 이 의정서에 대한 가입시나 그 이후 어느때에든지 자국의 영역내에 적용하기 위하여 그 조약에 규정된 책임의 한도를 다음과 같이 정한다는 것을 선언할 수가 있다.

determined by that State.

Nevertheless, a State which is not a member of the International Monetary Fund and whose law does not permit the application of the provisions of the preceding sentences may, at the time of ratification of the Protocol of 1979 or accession thereto or at any time thereafter, declare that the limits of liability provided for in this Convention to be applied in its territory shall be fixed as follows:

(i) in respect of the amount of 666.67 units of account mentioned in sub-paragraph (a) of paragraph 5 of this Article, 10,000 monetary units;

(i) 본조 제5항 (a)호에서 말하는 666.67 계산단위의 금액에 관하여는 10,000 화폐단위

(ii) in respect of the amount of 2 units of account mentioned in sub-paragraph (a) of paragraph 5 of this Article, 30 monetary units.

(ii) 본조 제5항 (a)호에서 말하는 2 계산단위의 금액에 관하여는, 30 화폐 단위

The monetary unit referred to in the preceding sentence corresponds to 65.5 milligrammes of gold of millesimal fineness 900. The conversion of the amounts specified in that sentence into the national currency shall be made according to the law of the State concerned.

위 문장에서 언급하는 화폐단위는 순도 1,000분의 900의 금 65.5밀리그램에 상당한다.

The calculation and the conversion mentioned in the preceding sentences shall be made in such a manner as to express in the national currency of the State as far as possible the same real

이 문장에 규정된 금액의 국내통화로의 환산은 관계국의 법률에 따라서 이를 행한다. 이상의 문장에서 말하는 산출 및 환산은 본조 제5항 (a)호에 계산단위로 표시되어 있는 금액과 동일한 실질가치를

value for the amounts in sub-paragraph (a) of paragraph 5 of this Article as is expressed there in units of account.

States shall communicate to the depositary the manner of calculation or the result of the conversion as the case may be, when depositing an instrument of ratification of the Protocol of 1979 or of accession thereto and whenever there is a change in either.

(e) Neither the carrier nor the ship shall be entitled to the benefit of the limitation of liability provided for in this paragraph if it is proved that the damage resulted from an act or omission of the carrier done with intent to cause damage, or recklessly and with knowledge that damage would probably result.

(f) The declaration mentioned in sub-paragraph (a) of this paragraph, if embodied in the Bill of Lading, shall be prima facie evidence, but shall not be binding or conclusive on the carrier.

(g) By agreement between the carrier, master or agent of the carrier and the shipper other maximum amounts than those mentioned in sub-paragraph (a) of this paragraph may be fixed, provided that no maximum amount so fixed shall be less than the appropriate maximum mentioned in that sub-paragraph.

그 국가의 국내통화로 표시할 수 있는 방법으로 이를 정하여야 한다.

국가는 1979년의 의정서에 대한 비준서 또는 가입서를 기탁할 때 또는 그러한 산출의 방법 또는 환산의 결과에 관한 변경이 있는 때에는, 언제든지 사안에 따라서 그 산출방법 또는 환산결과를 수탁자에게 통지하여야 한다.

(e) 손해를 발생시킬 의도로써 행하여졌거나 혹은 부주의하게 또한 손해가 생길 것임을 알고서 행한 운송인의 작위 또는 부작위의 결과로서 손해가 일어났다는 것이 입증된 경우에는 운송인 혹은 선박은 이 항에 규정하고 있는 책임제한의 이익을 주장하지 못한다.

(f) 이 항의 (a)호에 규정한 신고가 선하증권상에 기재되었을 경우에는 반증이 없는 한 추정력이 있다. 그러나 운송인에 관하여 구속력을 가지거나 또는 확정적인 것은 아니다.

(g) 운송인, 선장 또는 운송인의 대리인과 송하인 사이의 합의에 의하여 이 항 (a)호에 규정한 금액과 다른 최고한도액을 정할 수 있다. 다만 이러한 최고한도액은 동호에 규정하고 있는 해당 최고한도액보다 작아서는 아니된다. 선박은 어떠한 경우에도 화물 또는 물건에 관한 멸실 또는 손해에 대하여 책임을 지지 아니한다.

(h) Neither the carrier nor the ship shall be responsible in any event for loss or damage to, or in connection with, goods if the nature or value thereof has been knowingly mis-stated by the shipper in the Bill of Lading.

6. Goods of an inflammable, explosive or dangerous nature to the shipment whereof the carrier, master or agent of the carrier has not consented with knowledge of their nature and character, may at any time before discharge be landed at any place, or destroyed or rendered innocuous by the carrier without compensation and the shipper of such goods shall be liable for all damage and expenses directly or indirectly arising out of or resulting from such shipment. If any such goods shipped with such knowledge and consent shall become a danger to the ship or cargo, they may in like manner be landed at any place, or destroyed or rendered innocuous by the carrier without liability on the part of the carrier except to general average, if any.

Article 4 *bis*

1. The defences and limits of liability provided for in this Convention shall apply in any action against the carrier in respect of loss or damage to goods covered by a contract of carriage whether the action be founded in contract or in tort.

(h) 화물의 성질 또는 가액이 송하인에 의하여 고의로 선하증권상에 오기된 경우에는 운송인 또는

6. 연소성, 폭발성 또는 위험성이 있는 화물로서 운송인, 선장 또는 운송인의 대리인이 그 종류 또는 성질을 알았으면 그 선적을 승낙하지 않았을 것은 운송인이 송하인에게 배상하지 아니하고 그 양륙 전 언제든지 이를 임의의 장소에 양륙하거나 파괴 또는 무해하게 할 수 있으며 그 화물의 송하인은 그 선적에서 직접 또는 간접으로 생기는 모든 손해와 비용에 대하여 책임을 진다. 운송인의 요지와 승낙을 얻어 선적한 화물 중에 선박 또는 적하에 대하여 위험하게 된 것이 있으면 운송인은 공동해손으로 인한 책임 외에 그 책임을 지지 아니하고 이상과 같이 이를 양륙, 파괴 또는 무해케 할 수 있다.

제4조의 2

1. 이 협약에 규정되어 있는 항변사유 및 책임의 한도는 이 소송이 계약을 기초로 한 것이든지 또는 불법행위를 기초로 한 것이든지 간에 구별 없이 운송계약에 의하여 포함된 화물의 멸실 또는 훼손에 관하여 운송인에 대한 일체의 소송에 적용

2. If such an action is brought against a servant or agent of the carrier (such servant or agent not being an independent contractor), such servant or agent shall be entitled to avail himself of the defences and limits of liability which the carrier is entitled to invoke under this Convention.

3. The aggregate of the amounts recoverable from the carrier, and such servants and agents, shall in no case exceed the limit provided for in this Convention.

4. Nevertheless, a servant or agent of the carrier shall not be entitled to avail himself of the provisions of this Article, if it is proved that the damage resulted from an act or omission of the servant or agent done with intent to cause damage or recklessly and with knowledge that damage would probably result.

Article 5

A carrier shall be at liberty to surrender in whole or in part all or any of his rights and immunities or to increase any of his responsibilities and obligations under this Convention, provided such surrender or increase shall be embodied in the bill of lading issued to the shipper.

The provisions of this Convention shall not be applicable to charter parties, but if bills of lading are issued in the case of a ship

---

한다.

2. 그러한 소송이 운송인의 사용인 또는 대리인(그러한 사용인 또는 대리인은 도급계약자가 아닐 것)에 대하여 제기된 경우에는 그러한 사용인 또는 대리인은 운송인이 이 협약에 기하여 원용을 주장할 수 있는 항변사유 및 책임한도를 이용할 권리를 가진다.

3. 운송인 및 그의 사용인과 대리인으로부터 전보될 금액의 총계는 어떠한 경우에는 이 협약에서 정하고 있는 한도를 넘을 수 없다.

4. 그럼에도 불구하고 손해를 발생시킬 의도로써 행하여졌거나, 혹은 부주의하게 또한 손해가 생길 것임을 알고서 행한 운송인의 작위 또는 부작위의 결과로서 손해가 생겼다는 것이 입증된 경우에는 운송인의 사용인 또는 대리인이 대리인은 이 조 규정에 따른 이익을 누릴 수 없다.

제5조

운송인은 본 조약에 규정된 그 권리와 면책의 전부나 일부를 포기하거나 그 책임과 의무를 증가할 수 있다. 그러나 그 포기 또는 증가는 송하인에 교부되는 선하증권에 이를 기재하여야 한다.

본 조약의 규정은 이를 용선계약에 적용하지 아니한다. 그러나 선박이 용선된 경우에 선하증권이 발행된 때에는 그 선

under a charter party they shall comply with the terms of this Convention. Nothing in these rules shall be held to prevent the insertion in a bill of lading of any lawful provision regarding general average.

하증권은 본 조약의 규정에 따른다. 본 조약의 규정은 공동해손에 관한 적법한 규정을 선하증권에 기재하여도 무방하다.

Article 6

제6조

Notwithstanding the provisions of the preceding Articles, a carrier, master or agent of the carrier and a shipper shall in regard to any particular goods be at liberty to enter into any agreement in any terms as to the responsibility and liability of the carrier for such goods, and as to the rights and immunities of the carrier in respect of such goods, or his obligation as to seaworthiness, so far as this stipulation is not contrary to public policy, or the care or diligence of his servants or agents in regard to the loading, handling, stowage, carriage, custody, care and discharge of the goods carried by sea, provided that in this case no bill of lading has been or shall be issued and that the terms agreed shall be embodied in a receipt which shall be a non-negotiable document and shall be marked as such.

Any agreement so entered into shall have full legal effect.

Provided that this Article shall not apply to ordinary commercial shipments made in the ordinary course of trade, but only to other shipments where the character or condition

전 수조의 규정에도 불구하고 운송인, 선장 또는 운송인의 대리인과 송하인은 특정화물에 대하여 어떤 것이든지 이에 대한 운송인의 책임과 의무 및 그 화물에 관한 운송인의 권리와 면책, 공공질서에 반하지 않는 한 선박의 감항능력에 관한 운송인의 의무 또는 해상에서 운송되는 화물의 선적, 처리, 적부, 운송, 보관, 관리 및 양륙에 관한 사용인 또는 대리인의 주의에 관하여 조건을 붙인 계약을 할 수 있다. 그러나 이 경우에는 선하증권을 발행하지 아니하였거나 이를 발행하지 아니함을 요하며 또한 성립한 협정의 조건은 이를 영수증에 기재하여야 한다. 그 영수증은 비유통증권이어야 하며 또한 이에 그 뜻을 기재하여야 한다.

전항의 규정에 의하여 체결된 모든 특약은 완전한 법률상 효력이 있다.

그러나 본조는 통상의 상거래에서 행하여지는 통상의 상업상의 적하에는 이를 적용하지 않는다. 기타의 적하로서 그 특징 또는 상태와 운송을 행할 사정, 조항과

of the property to be carried or the circumstances, terms and conditions under which the carriage is to be performed are such as reasonably to justify a special agreement.

조건이 특약의 체결을 정당한 것으로 하는 경우에 한하여 이를 적용한다.

Article 7

Nothing herein contained shall prevent a carrier or a shipper from entering into any agreement, stipulation, condition, reservation or exemption as to the responsibility and liability of the carrier or the ship for the loss or damage to, or in connexion with, the custody and care and handling of goods prior to the loading on, and subsequent to, the discharge from the ship on which the goods are carried by sea.

제7조

본 조약의 규정은 화물이 해상 운송되는 선박에의 선적전과 양륙 후에 있어 그 화물에 생기는 멸실 손해에 대하거나 또는 그 화물의 보관, 관리와 처리에 대한 운송인 또는 선박의 의무와 책임에 관하여 운송인 또는 송하인이 특약, 조건, 유보 또는 면책을 계약 중에 삽입하여도 무방하다.

Article 8

The provisions of this Convention shall not affect the rights and obligations of the carrier under any statute for the time being in force relating to the limitation of the liability of owners of sea-going vessels.

제8조

본 조약의 규정은 항해선박소유자의 책임제한에 관한 모든 현행법령에 의한 운송인의 권리와 의무를 변경하지 아니한다.

Article 9

This Convention shall not affect the provisions of any international Convention or national law governing liability for nuclear damage.

제9조

이 협약은 원자력손해에 대한 책임을 규율하는 일체의 국제협약 또는 국내법의 규정에 영향을 미치지 아니한다.

Article 10

The provisions of this Convention shall apply to every Bill of Lading relating to the carriage of goods between ports in two different States if:

(a) the Bill of Lading is issued in a Contracting State,
or

(b) the carriage is from a port in a Contracting State,
or

(c) the contract contained in or evidenced by the Bill of Lading provides that the rules of this Convention or legislation of any State giving effect to them are to govern the contract

whatever may be the nationality of the ship, the carrier, the shipper, the consignee, or any other interested person.

Each Contracting State shall apply the provisions of this Convention to the Bills of Lading mentioned above.

This Article shall not prevent a Contracting State from applying the rules of this Convention to Bills of Lading not included in the preceding paragraphs.

Article 11

After an interval of not more than two years from the day on which the Convention is

제10조

이 협약의 규정은 선박, 운송인, 송하인, 수하인 기타 이해관계인의 국적에 관계없이 다음의 경우에는 2개의 다른 국가에 있는 항 사이의 화물운송에 관련된 모든 선하증권에 적용한다.

(a) 선하증권이 체약국에서 발행되었을 때, 또는

(b) 운송이 체약국의 항에서 개시되었을 때, 또는

(c) 선하증권 중에 포함된 계약 또는 선하증권에 의하여 증명된 계약이 이 협약의 규칙 또는 협약의 규칙에 효력을 주고 있는 국내입법이 계약을 규제할 것을 정한 때.

각 체약국은 이 협약의 규정을 위의 선하증권에 적용하여야 한다. 이 조항은 체약국이 전2항에 포함되어 있지 않은 선하증권에 대하여 이 협약의 원칙을 적용함을 방해하는 것은 아니다.

제11조

본 조약 서명일로부터 기산하여 늦어도 2년의 기간을 경과한 후 벨기에국 정부

signed, the Belgian Government shall place itself in communication with the Governments of the High Contracting Parties which have declared themselves prepared to ratify the Convention, with a view to deciding whether it shall be put into force. The ratifications shall be deposited at Brussels at a date to be fixed by agreement among the said Governments. The first deposit of ratifications shall be recorded in a procès-verbal signed by the representatives of the Powers which take part therein and by the Belgian Minister of Foreign Affairs.

The subsequent deposit of ratifications shall be made by means of a written notification, addressed to the Belgian Government and accompanied by the instrument of ratification.

A duly certified copy of the procès-verbal relating to the first deposit of ratifications, of the notifications referred to in the previous paragraph, and also of the instruments of ratification accompanying them, shall be immediately sent by the Belgian Government through the diplomatic channel to the Powers who have signed this Convention or who have acceded to it. In the cases contemplated in the preceding paragraph, the said Government shall inform them at the same time of the date on which it received the notification.

는 본 조약의 실시여부를 결정하기 위하여 본 조약 비준의 준비완료를 선언한 체약국정부와 협의를 개시하여야 한다. 비준서는 위의 정부 간의 합의에 의하여 정하여 질 날에 「브뤼셀」에 이를 기탁하여야 한다. 비준서의 제1회 기탁은 이에 관여하는 국가의 대표자와 벨기에국 외무부장관에 의하여 서명되는 조서로써 이를 확인하여야 한다.

이후의 기탁은 벨기에국 정부 앞으로 또 비준서를 첨부한 통지서에 의하여 이를 행하여야 한다.

비준서의 제1회 기탁조서, 전항에 게기한 통지서와 이에 첨부와 비준서의 인증등본은 벨기에국 정부의 진력에 의하여 또한 외교상의 절차에 의하여 본 조약의 서명국 또는 가입국에 즉시 송부하여야 한다. 전항에 정한 경우에는 벨기에국정부는 동시에 통지서수령을 일자를 통지하여 한다.

Article 12

Non-signatory States may accede to the present Convention whether or not they have been represented at the International Conference at Brussels.

A State which desires to accede shall notify its intention in writing to the Belgian Government, forwarding to it the document of accession, which shall be deposited in the archives of the said Government.

The Belgian Government shall immediately forward to all the States which have signed or acceded to the Convention a duly certified copy of the notification and of the act of accession, mentioning the date on which it received the notification.

제12조

비서명국은 「브뤼셀」의 국제회의에 대표자를 출석시킨 여부를 불문하고 본 조약에 가입할 수 있다.

가입을 희망하는 국가는 가입서를 벨기에국 정부에 송부하고 서면으로 그 의사를 통지하여야 한다. 이 가입서는 동 정부의 기록국에 기탁되어야 한다.
벨기에국 정부는 즉시 통지서에 가입서의 인증등본을 모든 서명국 또는 가입국에 송부하고 동정부가 그 통지서를 수령한 일자를 통지하여야 한다.

Article 13

The High Contracting Parties may at the time of signature, ratification or accession declare that their acceptance of the present Convention does not include any or all of the self-governing dominions, or of the colonies, overseas possessions, protectorates or territories under their sovereignty or authority, and they may subsequently accede separately on behalf of any self-governing dominion, colony, overseas possession, protectorate or territory excluded in their declaration. They may also denounce the Convention separately in

제13조

체약국은 서명 비준서기탁 또는 가입 시에 체약국이 본 조약에 대하여 부여한 수락은 그 주권 또는 권력 하에 있는 자치령, 식민지, 속지, 보호령 또는 해외영토의 일부 또는 전부에 적용하지 않음을 선언할 수 있다. 따라서 이후 체약국은 이상과 같이 그 당초의 선언에서 제외된 자치령, 식민지, 속지, 보호령 또는 해외영토의 어느 것의 이름으로서나 개별적으로 가입할 수 있다. 체약국은 또한 그 주권 또는 권력 하에 있는 자치령, 식민지, 보호령 또는 해외영토의 1 또는 수개를 위하여 이 규정에 따라 개

accordance with its provisions in respect of any self-governing dominion, or any colony, overseas possession, protectorate or territory under their sovereignty or authority.

별적으로 본 조약을 폐기할 수 있다.

Article 14

The present Convention shall take effect, in the case of the States which have taken part in the first deposit of ratifications, one year after the date of the protocol recording such deposit.

As respects the States which ratify subsequently or which accede, and also in cases in which the Convention is subsequently put into effect in accordance with Article 13, it shall take effect six months after the notifications specified in paragraph 2 of Article 11 and paragraph 2 of Article 12 have been received by the Belgian Government.

제14조

제1회 비준서기탁에 참가한 국가에 관하여는 본 조약은 이 기탁서의 일자부터 1년 후에 효력을 발생한다. 이후 본 조약을 비준하거나 이에 가입하는 국가에 관하여서는 또한 실시가 이후 제13조에 따라 이루어지는 경우에는 본 조약은 제11조 제2항과 제12조 제 2항에 규정한 통지서가 벨기에국 정부에 의하여 수령된 때로부터 6개월 후에 그 효력을 발생한다.

Article 15

In the event of one of the contracting States wishing to denounce the present Convention, the denunciation shall be notified in writing to the Belgian Government, which shall immediately communicate a duly certified copy of the notification to all the other States, informing them of the date on which it was received.

The denunciation shall only operate in

제15조

체약국의 1인 본 조약을 폐기하고자 할 때에는 서면으로 벨기에국 정부에 대하여 폐기를 통지하여야 하며, 벨기에국 정부는 즉시 모든 타국에 대하여 이 통지서의 인증등본을 송부함과 동시에 이 통지를 수령한 일자를 통지하여야 한다.

폐기는 이 통지를 한 국가에 한하며 또

respect of the State which made the notification, and on the expiry of one year after the notification has reached the Belgian Government.

통지서가 벨기에국 정부에 도달한 때로부터 1년 후에 그 효력을 발생한다.

Article 16

Any one of the contracting States shall have the right to call for a fresh conference with a view to considering possible amendments. A State which would exercise this right should notify its intention to the other States through the Belgian Government, which would make arrangements for convening the Conference.

제16조

각 체약국은 본 조약에 가할 수 있는 개정을 토구하기 위하여 새로운 회의의 개최를 제의할 권능이 있다.
이 권능을 행사하고자 하는 국가는 벨기에국 정부를 통하여 타국에 대하여 그 의사를 1년 전에 통지하여야 하며 벨기에국 정부는 회의의 소집의 책임을 진다.

(3) 2007년 로테르담 규칙

UNITED NATIONS CONVENTION ON CONTRACTS FOR THE INTERNATIONAL CARRIAGE OF GOODS WHOLLY OR PARTLY BY SEA

전부 또는 일부가 해상으로 운송되는 국제화물 운송계약에 관한 UN 협약

Chapter 1
General provisions

제1장 총 칙

Article 1
Definitions

제1조 정의

For the purposes of this Convention:

이 협약의 적용에 있어서:

1. "Contract of carriage" means a contract in which a carrier, against the payment of freight, undertakes to carry goods from one place to another. The contract shall provide for carriage by sea and may provide for carriage by other modes of transport in addition to the sea carriage.

2. "Volume contract" means a contract of carriage that provides for the carriage of a specified quantity of goods in a series of shipments during an agreed period of time. The specification of the quantity may include a minimum, a maximum or a certain range.

3. "Liner transportation" means a transportation service that is offered to the

1. "운송계약"이란 운송인이 운임의 대가로 화물을 한 장소에서 다른 장소로 운송할 것을 인수하는 계약을 의미한다. 동 계약은 해상운송의 방식으로 할 것을 정한 것이어야 하며 해상운송에 부가하여 다른 운송수단에 의한 운송을 정한 것일 수 있다.

2. "대량화물 정기운송계약(Volume contract)"이란 합의된 기간 동안 일련의 운송으로 특정된 수량의 화물의 운송을 제공할 것을 정하는 운송계약을 의미한다. 수량의 특정은 최소, 최대 또는 일정 범위를 정하는 방법으로 할 수 있다.

3. "정기선 운송(Liner transportation)"이란 공표 또는 이와 유사한 수단을 통하여 일반 대중에게 제공되고, 또한 공식

public through publication or similar means and includes transportation by ships operating on a regular schedule between specified ports in accordance with publicly available timetables of sailing dates.

4. "Non-liner transportation" means any transportation that is not liner transportation.

5. "Carrier" means a person that enters into a contract of carriage with a shipper.

6. (a) "Performing party" means a person other than the carrier that performs or undertakes to perform any of the carrier's obligations under a contract of carriage with respect to the receipt, loading, handling, stowage, carriage, care, unloading or delivery of the goods, to the extent that such person acts, either directly or indirectly, at the carrier's request or under the carrier's supervision or control.

(b) "Performing party" does not include any person that is retained, directly or indirectly, by a shipper, by a documentary shipper, by the controlling party or by the consignee instead of by the carrier.

7. "Maritime performing party" means a performing party to the extent that it performs or undertakes to perform any of the carrier's obligations during the period between the arrival of the goods at the port of loading of a ship and their departure from the port of discharge of a ship. An inland carrier is a maritime performing party

적으로 이용 가능한 항해일정표에 따라 지정된 항구 사이를 규칙적인 일정에 기초하여 운항하는 선박에 의한 운송을 포함하는 운송 서비스를 말한다.

4. "비정기선 운송"이란 정기선 운송이 아닌 모든 형태의 운송을 말한다.

5. "운송인(Carrier)"이란 송하인과 운송계약을 체결한 자를 지칭한다.

6. (a) "이행당사자(Performing party)"란 운송인 이외의 자로서 화물의 수령, 선적, 취급, 적부, 운송, 관리, 양륙 또는 인도에 관하여 운송인의 운송계약상 의무의 일부를 이행하거나 이행할 것을 인수한 자를 지칭한다. 그 당사자가 직접적 또는 간접적으로 운송인의 요구에 따라, 또는 운송인의 감독이나 통제 하에서 행위하는 한도에서 그러하다.

(b) "이행당사자"는 운송인 외에 송하인, 명의상의 송하인, 처분권자 또는 수하인에 의하여 직접, 간접으로 채용된 자를 포함하지 아니한다.

7. "해상이행당사자(Maritime performing party)"는 화물의 선적항에의 도착과 양륙항에서의 출발에 이르는 기간 동안 운송인의 의무의 일부를 이행하거나 이행할 것을 인수한 이행당사자를 지칭한다. 내륙 운송인은 전적으로 항만 안에서만 자신의 서비스를 제공하거나 제공할 것을 인수하는 경우에만 비로소 해

only if it performs or undertakes to perform its services exclusively within a port area.

8. "Shipper" means a person that enters into a contract of carriage with a carrier.

9. "Documentary shipper" means a person, other than the shipper, that accepts to be named as "shipper" in the transport document or electronic transport record.

10. "Holder" means:

   (a) A person that is in possession of a negotiable transport document; and (i) if the document is an order document, is identified in it as the shipper or the consignee, or is the person to which the document is duly endorsed; or (ii) if the document is a blank endorsed order document or bearer document, is the bearer thereof; or

   (b) The person to which a negotiable electronic transport record has been issued or transferred in accordance with the procedures referred to in article 9, paragraph 1.

11. "Consignee" means a person entitled to delivery of the goods under a contract of carriage or a transport document or electronic transport record.

12. "Right of control" of the goods means the right under the contract of carriage to give the carrier instructions in respect of the goods in accordance with chapter 10.

13. "Controlling party" means the person

상이행당사자가 된다.

8. "송하인(Shipper)"이란 운송인과 운송계약을 체결한 자를 지칭한다.

9. "명의상의 송하인(Documentary shipper)"이란 송하인 외의 자로서 운송증권 또는 전자운송기록에 "송하인"으로 기재될 것을 승낙한 자를 지칭한다.

10. "소지인(Holder)"은 다음을 지칭한다:

   (a) 유통운송증권을 점유하는 자로서 (ⅰ) 증권이 지시식인 경우, 동 증권에 송하인 또는 수하인으로 되어있는 자이거나 증권이 정당하게 그 앞으로 배서되어 있는 자 또는 (ⅱ) 증권이 백지식이거나 소지인 출급식인 경우에는 그 소지인 또는

   (b) 제9조 제1항에 규정된 절차에 따라 유통전자운송기록을 발행받거나 양도받은 자.

11. "수하인(Consignee)"은 운송계약, 운송증권 또는 전자운송기록상 화물의 인도를 받을 자로 지정된 자를 지칭한다.

12. "처분권(Right of control)"이란 운송인에게 제10장에 따라 화물에 관한 지시를 할 수 있는 운송계약상의 권리를 말한다.

13. "처분권자(Controlling party)"란 제51

that pursuant to article 51 is entitled to exercise the right of control.

14. "Transport document" means a document issued under a contract of carriage by the carrier that:

(a) Evidences the carrier's or a performing party's receipt of goods under a contract of carriage; and

(b) Evidences or contains a contract of carriage.

15. "Negotiable transport document" means a transport document that indicates, by wording such as "to order" or "negotiable" or other appropriate wording recognized as having the same effect by the law applicable to the document, that the goods have been consigned to the order of the shipper, to the order of the consignee, or to bearer, and is not explicitly stated as being "nonnegotiable" or "not negotiable".

16. "Non-negotiable transport document" means a transport document that is not a negotiable transport document.

17. "Electronic communication" means information generated, sent, received or stored by electronic, optical, digital or similar means with the result that the information communicated is accessible so as to be usable for subsequent reference.

18. "Electronic transport record" means information in one or more messages issued by electronic communication under a

조에 따라 처분권을 행사할 자격이 있는 자를 지칭한다.

14. "운송증권(Transport document)"이란 운송계약에 기초하여 운송인이 발행하는 증권으로서:

(a) 운송인 또는 이행당사자가 운송계약에 기초하여 화물을 수령하였음을 증명하며 그리고

(b) 운송계약을 증명하거나 그 내용을 나타내는 서류를 말한다.

15. "유통운송증권(Negotiable transport document)"이란 "지시식" 또는 "유통 가능한"과 같은 문구 또는 동 증권을 규율하는 법률에 의하여 이와 동등한 효력을 가진 것으로 인정되는 기타 적절한 문구에 의하여 송하인이나 수하인의 지시인, 또는 증권의 소지인이 수하인이 될 것을 지시하고, 아울러 "비유통(non-negotiable)" 또는 "유통 불가"(not negotiable) 등의 명시적 기재가 없는 운송증권을 말한다.

16. "비유통운송증권(Non-negotiable transport document)"이란 유통운송증권에 해당하지 아니하는 운송증권을 말한다.

17. "전자통신(Electronic communication)"이란 통신된 정보에 대한 사후적 참조를 가능케 하는 접근성을 보장하는 전자적, 광학적, 디지털 방식 또는 이와 유사한 수단에 의하여 생성, 송신, 수신 또는 저장되는 정보를 말한다.

18. "전자운송기록(Electronic transport record)"이란, 운송계약상 운송인이 전자통신에 의하여 발행하는 한 통 또는

contract of carriage by a carrier, including information logically associated with the electronic transport record by attachments or otherwise linked to the electronic transport record contemporaneously with or subsequent to its issue by the carrier, so as to become part of the electronic transport record, that:

(a) Evidences the carrier's or a performing party's receipt of goods under a contract of carriage; and

(b) Evidences or contains a contract of carriage.

19. "Negotiable electronic transport record" means an electronic transport record:

(a) That indicates, by wording such as "to order", or "negotiable", or other appropriate wording recognized as having the same effect by the law applicable to the record, that the goods have been consigned to the order of the shipper or to the order of the consignee, and is not explicitly stated as being "non-negotiable" or "not negotiable"; and

(b) The use of which meets the requirements of article 9, paragraph 1.

20. "Non-negotiable electronic transport record" means an electronic transport record that is not a negotiable electronic transport record.

21. The "issuance" of a negotiable electronic

수통의 메시지에 들어 있는 정보로서 첨부물에 의하여 전자운송기록과의 논리적 연관성을 가지는 정보, 또는 다른 방식으로 운송인이 전자운송기록을 발행함과 동시에 또는 그 이후에 그와 연관되어 전자운송기록의 일부가 되는 정보를 포함하여 지칭하는 것으로:

(a) 운송계약에 기초하여 운송인 또는 이행당사자가 화물을 수령하였음을 증명하며 그리고

(b) 운송계약을 증명하거나 그 내용을 나타내는 것을 말한다.

19. "유통전자운송기록"(Negotiable electronic transport record)이란

(a) "지시식" 또는 "유통 가능한"과 같은 문구 또는 동 기록을 규율하는 법률에 의하여 동등한 효력을 가진 것으로 인정되는 기타 적절한 문구에 의하여 송하인이나 수하인의 지시인이 수하인이 될 것을 지시하고, 아울러 "비유통(non-negotiable)" 또는 "유통 불가"(not negotiable)등의 명시적 기재가 없으며 그리고

(b) 제9조 제1항의 요구사항을 충족하는 방식으로 사용되는 전자운송기록을 말한다.

20. "비유통전자운송기록"(Non-negotiable electronic transport record)"이란 유통전자운송기록에 해당하지 아니하는 전자운송기록을 말한다.

21. 유통전자운송기록의 "발행"이란 동

transport record means the issuance of the record in accordance with procedures that ensure that the record is subject to exclusive control from its creation until it ceases to have any effect or validity.

22. The "transfer" of a negotiable electronic transport record means the transfer of exclusive control over the record.

23. "Contract particulars" means any information relating to the contract of carriage or to the goods (including terms, notations, signatures and endorsements) that is in a transport document or an electronic transport record.

24. "Goods" means the wares, merchandise, and articles of every kind whatsoever that a carrier undertakes to carry under a contract of carriage and includes the packing and any equipment and container not supplied by or on behalf of the carrier.

25. "Ship" means any vessel used to carry goods by sea.

26. "Container" means any type of container, transportable tank or flat, swapbody, or any similar unit load used to consolidate goods, and any equipment ancillary to such unit load.

27. "Vehicle" means a road or railroad cargo vehicle.

28. "Freight" means the remuneration payable to the carrier for the carriage of

기록이 그의 생성에서부터 그 효력이 소멸될 때까지 배타적인 통제를 받을 것을 보장하는 절차에 따른 동 기록의 발행을 말한다.

22. 유통전자운송기록의 "양도"란 동 기록에 대한 배타적인 처분권의 이전을 말한다.

23. "계약명세(Contract particulars)"란 운송증권 또는 전자운송기록에 나타나는, 운송계약 또는 화물과 관련되는 어떠한 정보(계약조건, 표시, 서명 그리고 배서를 포함함)를 말한다.

24. "화물(Goods)"이란 운송인이 운송계약상 운송을 인수한 제품, 상품 및 모든 종류의 물품을 의미하며 운송인이 제공하지 아니한, 또는 운송인을 대신하여 제공되지 아니한 포장, 장비와 컨테이너를 포함하여 지칭한다.

25. "선박(ship)"이란 해상에서 화물을 운송하는 데에 사용되는 선박을 의미한다.

26. "컨테이너(container)"란 화물을 통합하기 위하여 사용되는 모든 형태의 컨테이너, 운송 가능한 탱크 또는 플래트, 스왑바디 또는 이와 유사한 적재단위 또는 그러한 적재단위에 부수하는 다른 장비를 말한다.

27. "차량(Vehicle)"이란 도로 또는 철도 화물차량을 말한다,

28. "운임(Freight)"이란 운송계약상 화물의 운송에 대한 대가로 운송인에 지

goods under a contract of carriage.

29. "Domicile" means (a) a place where a company or other legal person or association of natural or legal persons has its (i) statutory seat or place of incorporation or central registered office, whichever is applicable, (ii) central administration or (iii) principal place of business, and (b) the habitual residence of a natural person.

30. "Competent court" means a court in a Contracting State that, according to the rules on the internal allocation of jurisdiction among the courts of that State, may exercise jurisdiction over the dispute.

Article 2
Interpretation of this Convention

In the interpretation of this Convention, regard is to be had to its international character and to the need to promote uniformity in its application and the observance of good faith in international trade.

Article 3
Form requirements

The notices, confirmation, consent, agreement, declaration and other communications referred to in articles 19, paragraph 2; 23, paragraphs 1 to 4; 36, subparagraphs 1 (b),

급되는 보수를 말한다.

29. "주소(Domicile)"란 (a) 회사 또는 다른 법인, 또는 자연인이나 법인의 단체가 가지는 (ⅰ) 법적인 설립지 또는 본점 등록지 중에서 적용이 가능한 장소, (ⅱ) 중앙 행정처가 있는 장소 또는 (ⅲ) 주요 영업소, 그리고 (b) 자연인인 경우 그의 상거소를 말한다.

30. "관할법원(Competent court)"이란 체약국의 법원 간의 내부적 관할의 할당에 관한 규칙에 따라 분쟁에 대한 관할권을 가지는 체약국의 법원을 의미한다.

제2조 협약의 해석

이 협약을 해석함에 있어서는 그 국제적 성격 및 적용상의 통일성과 국제거래에 있어서의 신의성실의 준수를 증진할 필요성을 고려하여야 한다.

제3조 형식요건

제19조 제2항, 제23조 제1항에서 4항, 제36조 제1항(b), (c)와 (d), 제40조 제4항(b), 제44조, 그리고 제80조 제2항 및 제5항의 통지, 확인, 동의, 합의, 선언

(c) and (d); 40, subparagraph 4 (b); 44; 48, paragraph 3; 51, subparagraph 1 (b); 59, paragraph 1; 63; 66; 67, paragraph 2; 75, paragraph 4; and 80, paragraphs 2 and 5, shall be in writing. Electronic communications may be used for these purposes, provided that the use of such means is with the consent of the person by which it is communicated and of the person to which it is communicated.

및 기타 의사교환은 서면으로 하여야 한다. 전자통신은 의사를 전달하는 자와 수신하는 자가 이를 사용할 것에 대하여 동의하는 한 위의 목적으로 사용될 수 있다.

Article 4

Applicability of defences and limits of liability

1. Any provision of this Convention that may provide a defence for, or limit the liability of, the carrier applies in any judicial or arbitral proceeding, whether founded in contract, in tort, or otherwise, that is instituted in respect of loss of, damage to, or delay in delivery of goods covered by a contract of carriage or for the breach of any other obligation under this Convention against:

(a) The carrier or a maritime performing party;

(b) The master, crew or any other person that performs services on board the ship; or

(c) Employees of the carrier or a maritime performing party.

2. Any provision of this Convention that

제4조 항변과 책임제한의 적용

1. 운송인이 원용 가능한 항변의 근거가 되거나 운송인의 책임을 제한하는 이 협약상의 모든 규정은, 운송계약상의 화물의 멸실, 훼손 또는 운송의 연착, 또는 그 밖의 이 협약상 의무의 위반에 관하여 계약, 불법행위 또는 그 밖의 권원에 기하여 아래에 열거한 자를 상대로 제기된 모든 사법절차나 중재절차에 적용된다:

(a) 운송인 또는 해상이행당사자

(b) 선상에서 서비스 업무를 이행하는 선장, 선원 또는 그 밖의 자 또는

(c) 운송인 또는 해상이행당사자의 피용자.

2. 송하인 또는 명의상의 송하인이 원용

may provide a defence for the shipper or the documentary shipper applies in any judicial or arbitral proceeding, whether founded in contract, in tort, or otherwise, that is instituted against the shipper, the documentary shipper, or their subcontractors, agents or employees.

가능한 항변의 근거가 되는 이 협약상의 모든 규정은, 계약, 불법행위 또는 그 밖의 권원에 기하여 송하인, 명의상의 송하인 또는 그들의 하도급자, 대리인 또는 피용자를 상대로 제기된 모든 사법절차나 중재절차에 적용된다.

Chapter 2
Scope of application

제2장 적용의 범위

Article 5
General scope of application

제5조 일반적 적용범위

1. Subject to article 6, this Convention applies to contracts of carriage in which the place of receipt and the place of delivery are in different States, and the port of loading of a sea carriage and the port of discharge of the same sea carriage are in different States, if, according to the contract of carriage, any one of the following places is located in a Contracting State:
   (a) The place of receipt;
   (b) The port of loading;
   (c) The place of delivery; or
   (d) The port of discharge.

1. 제6조의 적용 하에, 이 협약은 수령장소와 인도 장소가 서로 다른 국가에 있고, 해상운송의 선적항과 동 해상운송의 양륙항이 서로 다른 국가에 있는 운송계약에 적용된다. 다만, 운송계약에 따라 아래의 장소 중 하나가 체약국 내에 위치하여야 한다.

   (a) 수령장소
   (b) 선적항
   (c) 인도장소 또는
   (d) 양륙항

2. This Convention applies without regard to the nationality of the vessel, the carrier, the performing parties, the shipper, the consignee, or any other interested parties.

2. 이 협약은 선박, 운송인, 이행당사자, 송하인, 수하인 또는 다른 이해 당사자의 국적에 관계없이 적용된다.

Article 6

Specific exclusions

1. This Convention does not apply to the following contracts in liner transportation:

   (a) Charter parties; and

   (b) Other contracts for the use of a ship or of any space thereon.

2. This Convention does not apply to contracts of carriage in non-liner transportation except when:

   (a) There is no charter party or other contract between the parties for the use of a ship or of any space thereon; and

   (b) A transport document or an electronic transport record is issued.

Article 7

Application to certain parties

Notwithstanding article 6, this Convention applies as between the carrier and the consignee, controlling party or holder that is not an original party to the charter party or other contract of carriage excluded from the application of this Convention. However, this Convention does not apply as between the original parties to a contract of carriage excluded pursuant to article 6.

제6조 특정 적용제외

1. 이 협약은 정기선 운송 중 아래의 계약에는 적용되지 아니한다:

   (a) 용선계약 그리고

   (b) 선박 또는 선박의 공간의 사용을 위한 계약

2. 이 협약은 아래의 경우를 제외하고 비정기선 운송의 운송계약에는 적용되지 아니 한다:

   (a) 당사자 사이에 선박 또는 선박의 공간의 사용을 위한 용선계약이나 다른 계약이 없는 경우 그리고

   (b) 운송증권 또는 전자운송기록이 발행된 경우

제7조 특정 당사자에의 적용

제6조에도 불구하고, 이 협약은 동 협약의 적용에서 제외되는 용선계약 또는 그 밖의 운송계약의 본래 당사자가 아닌 수하인, 처분권자 또는 소지인과 운송인 사이에도 적용된다. 그러나 협약은 제6조에 의하여 제외되는 운송계약의 본래 당사자 사이에서는 적용되지 아니한다.

Chapter 3
Electronic transport records

제3장 전자운송기록

Article 8
Use and effect of electronic transport records

제8조 전자운송기록의 사용과 효과

Subject to the requirements set out in this Convention:

(a) Anything that is to be in or on a transport document under this Convention may be recorded in an electronic transport record, provided the issuance and subsequent use of an electronic transport record is with the consent of the carrier and the shipper; and

(b) The issuance, exclusive control, or transfer of an electronic transport record has the same effect as the issuance, possession, or transfer of a transport document.

이 협약에 규정된 요건들의 적용 하에:

(a) 이 협약에서 운송증권에 기재될 것은, 운송인과 송하인이 전자운송기록의 발행과 그 후의 사용에 대하여 동의를 한 경우에는, 전자운송기록에 기록될 수 있다.

(b) 전자운송기록의 발행, 배타적 통제 또는 이전은 운송증권의 발행, 배타적 통제, 또는 이전과 동일한 효력을 가진다.

Article 9
Procedures for use of negotiable electronic transport records

제9조 유통전자운송기록의 사용을 위한 절차

1. The use of a negotiable electronic transport record shall be subject to procedures that provide for:

(a) The method for the issuance and the transfer of that record to an intended holder;

1. 유통전자운송기록은 아래의 내용을 규정하는 절차에 따라야 한다:

(a) 소지인으로 예정된 자에게 기록의 발행과 이전을 하는 방법

(b) An assurance that the negotiable electronic transport record retains its integrity;

(c) The manner in which the holder is able to demonstrate that it is the holder; and

(d) The manner of providing confirmation that delivery to the holder has been effected, or that, pursuant to articles 10, paragraph 2, or 47, subparagraphs 1 (a) (ii) and (c), the electronic transport record has ceased to have any effect or validity.

2. The procedures in paragraph 1 of this article shall be referred to in the contract particulars and be readily ascertainable.

Article 10

Replacement of negotiable transport document or negotiable electronic transport record

1. If a negotiable transport document has been issued and the carrier and the holder agree to replace that document by a negotiable electronic transport record:

(a) The holder shall surrender the negotiable transport document, or all of them if more than one has been issued, to the carrier;

(b) The carrier shall issue to the holder a negotiable electronic transport record

(b) 유통전자운송기록이 완전성을 유지할 것에 대한 보증

(c) 소지인에 대한 인도가 이루어졌는지, 또는 제10조 제 2항 또는 제47조 제 1항(a) (ii)와 (c)에 따라 전자운송기록의 효력이 상실되었음에 대한 확인을 제공하는 방법

2. 본조 제1항의 절차는 운송계약명세에 나타나야 하고 확인이 용이하여야 한다.

제10조 유통운송증권 또는 유통전자운송기록의 대체

1. 유통운송증권이 발행되고 운송인과 소지인이 동 증권을 유통전자운송기록으로 대체하기로 합의한 경우:

(a) 소지인은 유통운송증권을, 수통이 발행된 경우에는 그 모두를, 운송인에게 인도하여야 한다.

(b) 운송인은 소지인에게 유통운송증권을 대체한다는 것을 명시한 유

that includes a statement that it replaces the negotiable transport document; and

(c) The negotiable transport document ceases thereafter to have any effect or validity.

2. If a negotiable electronic transport record has been issued and the carrier and the holder agree to replace that electronic transport record by a negotiable transport document:

(a) The carrier shall issue to the holder, in place of the electronic transport record, a negotiable transport document that includes a statement that it replaces the negotiable electronic transport record; and

(b) The electronic transport record ceases thereafter to have any effect or validity.

Chapter 4
Obligations of the carrier

Article 11

Carriage and delivery of the goods

The carrier shall, subject to this Convention and in accordance with the terms of the contract of carriage, carry the goods to the place of destination and deliver them to the consignee.

통전자운송기록을 발행하여야 한다. 그리고

(c) 유통운송증권은 그 이후로 효력을 상실한다.

2. 유통전자운송기록이 발행되고 운송인과 소지인이 동 기록을 유통운송증권으로 대체하기로 합의한 경우:

(a) 운송인이 소지인에게 전자운송기록 대신 유통전자운송기록을 대체한다는 것을 명시한 유통운송증권을 발행하여야 한다. 그리고

(b) 전자운송기록은 그 이후로 효력을 상실한다.

제4장 운송인의 의무

제11조 화물의 운송과 인도

운송인은 이 협약과 운송계약상의 조건에 따라 화물을 목적지까지 운송하고 수하인에게 인도하여야 한다.

Article 12

Period of responsibility of the carrier

1. The period of responsibility of the carrier for the goods under this Convention begins when the carrier or a performing party receives the goods for carriage and ends when the goods are delivered.

2. (a) If the law or regulations of the place of receipt require the goods to be handed over to an authority or other third party from which the carrier may collect them, the period of responsibility of the carrier begins when the carrier collects the goods from the authority or other third party.

  (b) If the law or regulations of the place of delivery require the carrier to hand over the goods to an authority or other third party from which the consignee may collect them, the period of responsibility of the carrier ends when the carrier hands the goods over to the authority or other third party.

3. For the purpose of determining the carrier's period of responsibility, the parties may agree on the time and location of receipt and delivery of the goods, but a provision in a contract of carriage is void to the extent that it provides that:

  (a) The time of receipt of the goods is subsequent to the beginning of their

제12조 운송인의 책임기간

1. 이 협약에서 화물에 대한 운송인의 책임은 운송인 또는 이행당사자가 운송을 위하여 화물을 수령한 때에 시작하고 화물이 인도된 때에 종료한다.

2. (a) 수령장소의 법률이나 규칙이 먼저 공적 기관 또는 그 밖의 제3자에게 화물이 인도될 것을 요구하고 운송인이 그로부터 화물을 인도받아야 하는 경우에는, 운송인의 책임기간은 운송인이 그 기관 또는 그 밖의 제3자로부터 화물을 인도받는 때에 시작된다.

  (b) 인도장소의 법률이나 규칙이 운송인으로 하여금 화물을 공적 기관 또는 그 밖의 제3자에게 인도할 것을 요구하고 수하인은 그로부터 화물을 인도받아야 하는 경우에는, 운송인의 책임기간은 운송인이 공적 기관 또는 그 밖의 제3자에게 인도한 때에 종료한다.

3. 당사자들은 운송인의 책임기간을 결정하기 위하여 화물의 수령과 인도의 시간과 장소를 정할 수 있다. 그러나 운송계약상의 조항이 아래와 같은 내용을 포함하는 경우 동 조항은 그에 한하여 무효로 한다:

  (a) 화물의 수령시간이 운송계약하의 최초 선적의 개시시기보다 후인 경

initial loading under the contract of carriage; or

(b) The time of delivery of the goods is prior to the completion of their final unloading under the contract of carriage.

우 또는

(b) 화물의 인도시간이 운송계약하의 최종 양륙의 완료시기보다 앞서는 경우

Article 13

Specific obligations

1. The carrier shall during the period of its responsibility as defined in article 12, and subject to article 26, properly and carefully receive, load, handle, stow, carry, keep, care for, unload and deliver the goods.

2. Notwithstanding paragraph 1 of this article, and without prejudice to the other provisions in chapter 4 and to chapters 5 to 7, the carrier and the shipper may agree that the loading, handling, stowing or unloading of the goods is to be performed by the shipper, the documentary shipper or the consignee. Such an agreement shall be referred to in the contract particulars.

제13조 구체적 의무

1. 운송인은 이 협약 제12조에 규정된 책임기간 동안 제26조의 규정에 따라 적절하고 주의 깊게 화물을 수령,선적, 취급,적부,운송,보관,관리,양륙하고 인도 하여야 한다.

2. 제1항에도 불구하고, 그리고 제4장과 제5장에서 제7장까지의 다른 규정에 영향을 미치지 아니하고, 운송인과 송하인은 화물에 대한 선적, 취급, 적부 또는 양륙이 송하인, 명의상의 송하인 또는 수하인에 의하여 행하여 질 것을 약정할 수 있다. 그러한 약정은 계약명세에 명시되어야 한다.

Article 14

Specific obligations applicable to the voyage by sea

The carrier is bound before, at the beginning of, and during the voyage by sea to exercise due diligence to:

(a) Make and keep the ship seaworthy;

제14조 항해시의 구체적 의무

운송인의 항해 전, 항해의 개시, 그리고 항해 중에 있어서 다음에 대하여 상당한 주의를 다하여야 한다.

(a) 선박의 감항능력을 확보하고 이를

(b) Properly crew, equip and supply the ship and keep the ship so crewed, equipped and supplied throughout the voyage; and

(c) Make and keep the holds and all other parts of the ship in which the goods are carried, and any containers supplied by the carrier in or upon which the goods are carried, fit and safe for their reception, carriage and preservation.

유지할 것

(b) 선원의 승선, 선박의장 및 필요품의 보급을 적절히 행하고, 항해하는 동안 그러한 상태를 유지할 것 그리고

(c) 선창과 기타 화물을 적재할 선박의 부분, 그리고 운송인이 제공하여 화물을 운반하는 컨테이너를 화물의 수령, 운송 및 보관에 적합하고 안전한 상태로 두고 이를 유지할 것.

Article 15
Goods that may become a danger

Notwithstanding articles 11 and 13, the carrier or a performing party may decline to receive or to load, and may take such other measures as are reasonable, including unloading, destroying, or rendering goods harmless, if the goods are, or reasonably appear likely to become during the carrier's period of responsibility, an actual danger to persons, property or the environment.

제15조 위험을 야기할 화물

제11조 및 제13조에도 불구하고, 운송인 또는 이행당사자는 화물이 운송인의 책임기간 중에 사람, 재산 또는 환경에 실제적으로 위험을 야기하거나 위험을 야기할 것으로 합리적으로 예상되는 경우에는, 화물의 수령 또는 선적을 거절할 수 있고, 양륙,파괴 또는 무해조치를 포함한 그 밖의 합리적인 수단을 사용할 수 있다.

Article 16
Sacrifice of the goods during the voyage by sea

Notwithstanding articles 11, 13, and 14, the carrier or a performing party may sacrifice goods at sea when the sacrifice is

제16조 항해 중 화물의 포기

제11조, 제13조 그리고 제14조에도 불구하고, 운송인 또는 이행당사자는 화물을 포기하는 것이 공동의 안전을 위하

reasonably made for the common safety or for the purpose of preserving from peril human life or other property involved in the common adventure.

여 또는 인명이나 공동위험체의 다른 재물을 위난으로부터 보호함에 있어 합리적인 경우에는 해상에서 화물을 포기할 수 있다.

Chapter 5
Liability of the carrier for loss, damage or delay

제5장 운송인의 멸실, 훼손 또는 연착에 대한 책임

Article 17
Basis of liability

제17조 책임의 기초

1. The carrier is liable for loss of or damage to the goods, as well as for delay in delivery, if the claimant proves that the loss, damage, or delay, or the event or circumstance that caused or contributed to it took place during the period of the carrier's responsibility as defined in chapter 4.

2. The carrier is relieved of all or part of its liability pursuant to paragraph 1 of this article if it proves that the cause or one of the causes of the loss, damage, or delay is not attributable to its fault or to the fault of any person referred to in article 18.

3. The carrier is also relieved of all or part of its liability pursuant to paragraph 1 of this article if, alternatively to proving the absence of fault as provided in paragraph 2 of this article, it proves that one or more of the following events or circumstances caused or contributed to the loss, damage,

1. 청구인이 화물의 멸실, 훼손 또는 연착, 또는 이를 야기하거나 이에 기여한 사건이나 사정이 제4장에서 규정된 운송인의 책임기간 중에 발생하였다는 것을 입증할 경우, 운송인은 화물의 멸실, 훼손 또는 인도의 지연에 대하여 책임이 있다.

2. 운송인은 멸실, 훼손 또는 연착의 원인 또는 원인 중 하나가 그 자신이나 제18조에 기재된 자의 과실로 인한 것이 아님을 입증할 경우, 본조 제1항의 책임의 전부 또는 일부를 면한다.

3. 운송인은, 그가 본조 제2항의 규정에 따라 무과실을 입증하는 대신 아래의 사건이나 사정 중 하나 또는 그 이상이 멸실, 훼손, 또는 연착을 야기하거나 기여한 것을 입증하는 경우 역시 본조 제1항의 책임의 전부 또는 일부를 면한다.

or delay:

(a) Act of God;

(b) Perils, dangers, and accidents of the sea or other navigable waters;

(c) War, hostilities, armed conflict, piracy, terrorism, riots, and civil commotions;

(d) Quarantine restrictions; interference by or impediments created by governments, public authorities, rulers, or people including detention, arrest, or seizure not attributable to the carrier or any person referred to in article 18;

(e) Strikes, lockouts, stoppages, or restraints of labour;

(f) Fire on the ship;

(g) Latent defects not discoverable by due diligence;

(h) Act or omission of the shipper, the documentary shipper, the controlling party, or any other person for whose acts the shipper or the documentary shipper is liable pursuant to article 33 or 34;

(i) Loading, handling, stowing, or unloading of the goods performed pursuant to an agreement in accordance with article 13, paragraph 2, unless the carrier or a performing party performs such activity on behalf of the shipper, the documentary shipper or the consignee;

(a) 천재지변

(b) 해상 또는 그 밖의 가항수역에서의 위난, 위험과 사고

(c) 전쟁, 적대행위, 무력충돌, 해적, 테러, 그리고 내란

(d) 검역상의 제한 운송인 또는 제18조에서 규정한 자가 야기한 것이 아닌 유치, 억류 또는 압류를 포함한 정부, 공공기관, 통치자 또는 시민에 의한 개입이나 방해

(e) 동맹파업, 직장폐쇄, 휴업 또는 근로의 제한

(f) 선박의 화재

(g) 상당한 주의로도 발견할 수 없는 숨은 하자

(h) 송하인, 명의상의 송하인, 처분권자, 또는 그 밖에 자신의 행위로 인하여 송하인 또는 명의상의 송하인이 제33조 또는 제34조에 따른 책임을 부담하게 되는 자에 의한 작위 또는 부작위

(i) 제13조 제2항에 따른 합의에 의거하여 행하여진 화물의 선적, 취급, 적부, 또는 양륙. 다만, 운송인 또는 이행당사자가 그러한 행위를 송하인, 명의상 송하인 또는 이행당사자가 그러한 행위를 송하인, 명의상의 송하인 또는 수하인을 대리하여 행한 경우는 제외한다.

(j) Wastage in bulk or weight or any other loss or damage arising from inherent defect, quality, or vice of the goods;

(k) Insufficiency or defective condition of packing or marking not performed by or on behalf of the carrier;

(l) Saving or attempting to save life at sea;

(m) Reasonable measures to save or attempt to save property at sea;

(n) Reasonable measures to avoid or attempt to avoid damage to the environment; or

(o) Acts of the carrier in pursuance of the powers conferred by articles 15 and 16.

4. Notwithstanding paragraph 3 of this article, the carrier is liable for all or part of the loss, damage, or delay:

(a) If the claimant proves that the fault of the carrier or of a person referred to in article 18 caused or contributed to the event or circumstance on which the carrier relies; or

(b) If the claimant proves that an event or circumstance not listed in paragraph 3 of this article contributed to the loss, damage, or delay, and the carrier cannot prove that this event or circumstance is not attributable to its fault or to the fault

(j) 화물 고유의 하자, 품질 또는 결함으로 인하여 발생하는 용적이나 중량의 감소 또는 기타의 모든 멸실 또는 훼손

(k) 운송인 또는 운송인을 대리하여 행하여지지 아니한 포장 또는 표시의 불충분 또는 하자

(l) 해상에서의 인명의 구조 또는 구조의 시도

(m) 해상에서의 재산의 구조 또는 구조의 시도를 위하여 행하여진 합리적인 조치

(n) 환경에 대한 훼손을 피하거나 피하기 위한 시도를 위하여 행하여진 합리적인 조치 또는

(o) 제15조와 제16조에 의하여 허용된 권리에 따른 운송인의 행위

4. 본조 제3항에도 불구하고, 운송인은 아래의 경우 멸실, 훼손 또는 연착의 전부 또는 일부에 대하여 책임이 있다:

(a) 청구인이 운송인이나 제18조에 규정된 자의 과실이 운송인이 근거로 삼은 사건 또는 사정을 야기하였거나 또는 기여한 것을 입증한 경우 또는

(b) 청구인이 본조 제 3항에 열거되지 아니한 사건 또는 사정이 멸실, 훼손 또는 연착에 기여하였음을 입증하고, 운송인이 동 사건 또는 사정이 자신이나 제18조에 규정된 자의 과실에 의한 것이 아님을 입증하지 못하는 경우

of any person referred to in article 18.

5. The carrier is also liable, notwithstanding paragraph 3 of this article, for all or part of the loss, damage, or delay if:

    (a) The claimant proves that the loss, damage, or delay was or was probably caused by or contributed to by (i) the unseaworthiness of the ship; (ii) the improper crewing, equipping, and supplying of the ship; or (iii) the fact that the holds or other parts of the ship in which the goods are carried, or any containers supplied by the carrier in or upon which the goods are carried, were not fit and safe for reception, carriage, and preservation of the goods; and

    (b) The carrier is unable to prove either that: (i) none of the events or circumstances referred to in subparagraph 5 (a) of this article caused the loss, damage, or delay; or (ii) it complied with its obligation to exercise due diligence pursuant to article 14.

6. When the carrier is relieved of part of its liability pursuant to this article, the carrier is liable only for that part of the loss, damage or delay that is attributable to the event or

5. 본조 제3항에도 불구하고, 운송인은 아래의 경우 역시 멸실, 훼손 또는 연착의 전부 또는 일부에 대하여 책임이 있다:

    (a) 청구인이 (i) 선박의 불감항성 (ii) 승무원 고용, 선박의장, 필요품 보급의 부적절성 또는 (iii) 선창과 기타 화물을 적재할 선박의 부분, 또는 운송인이 제공하여 화물을 운반하는 컨테이너가 화물의 수령, 운송, 및 보관에 적합하고 안전한 상태가 아니었다는 사정이 멸실, 훼손, 또는 연착을 야기 또는 기여하였거나 그러하였을 개연성이 있다는 것을 입증하고 그리고

    (b) 운송인이 (i) 위 제 5항(a)에서 열거된 사건 또는 사정 중 어느 것도 멸실, 훼손, 또는 연착을 야기하지 아니하였음 또는 (ii) 자신이 제 14조에 따라 상당한 주의를 하여야 할 의무를 이행하였음을 입증하지 못하는 경우

6. 운송인이 본항에 따라 책임의 일부가 면제될 경우, 운송인은 그가 본항에 따른 책임이 있는 사건이나 사정에 기인한 멸실, 훼손 또는 연착에 해당하는 부

circumstance for which it is liable pursuant to this article.

Article 18
Liability of the carrier for other persons

The carrier is liable for the breach of its obligations under this Convention caused by the acts or omissions of:

  (a) Any performing party;

  (b) The master or crew of the ship;

  (c) Employees of the carrier or a performing party; or

  (d) Any other person that performs or undertakes to perform any of the carrier's obligations under the contract of carriage, to the extent that the person acts, either directly or indirectly, at the carrier's request or under the carrier's supervision or control.

Article 19
Liability of maritime performing parties

1. A maritime performing party is subject to the obligations and liabilities imposed on the carrier under this Convention and is entitled to the carrier's defences and limits of liability as provided for in this Convention if:

  (a) The maritime performing party received the goods for carriage in a Contracting State, or delivered them

분에 대하여만 책임을 부담한다.

제18조 타인에 대한 운송인의 책임

운송인은 아래 열거된 자의 작위 또는 부작위에 의한 이 협약상 의무의 위반에 대한 책임을 부담한다.

  (a) 모든 이행당사자

  (b) 선박의 선장 또는 선원

  (c) 운송인 또는 이행당사자의 피용자 또는

  (d) 운송인의 요구 또는 관리감독 하에서 직접 또는 간접으로 행위하는 한, 운송계약상 운송인의 의무의 어떠한 것이라도 이행하거나 이행할 것을 인수한 자

제19조 해상이행당사자의 책임

1. 해상이행당사자는 아래의 경우 이 협약이 규정하는 운송인의 의무와 책임을 부담하고 이 협약이 규정한 운송인의 항변권 및 책임제한의 이익을 향유한다:

  (a) 해상이행당사자가 체약국에서 화물을 수령하거나, 또는 체약국에서 운송물을 인도하거나, 또는 체약국

in a Contracting State, or performed
its activities with respect to the goods
in a port in a Contracting State; and
(b) The occurrence that caused the loss,
damage or delay took place: (I)
during the period between the arrival
of the goods at the port of loading of
the ship and their departure from the
port of discharge from the ship; (ii)
while the maritime performing party
had custody of the goods; or (iii) at
any other time to the extent that it
was participating in the performance
of any of the activities contemplated
by the contract of carriage.

2. If the carrier agrees to assume
obligations other than those imposed on the
carrier under this Convention, or agrees that
the limits of its liability are higher than the
limits specified under this Convention, a
maritime performing party is not bound by
this agreement unless it expressly agrees to
accept such obligations or such higher
limits.

3. A maritime performing party is liable for
the breach of its obligations under this
Convention caused by the acts or omissions
of any person to which it has entrusted the
performance of any of the carrier's
obligations under the contract of carriage
under the conditions set out in paragraph 1
of this article.

에 있는 항구에서 화물에 관련된 행
위를 한 경우 그리고

(b) 멸실, 훼손 또는 연착을 야기한
사건이 (i) 화물이 선적항에 도착한
시점과 양륙항에서 출발할 시점의
사이 (ii) 해상이행당사자가 화물을
점유하고 있던 중 또는 (iii) 해상이
상당사자가 운송계약에 의하여 예
정된 어떠한 행위의 이행에 참여하
는 동안 발생한 경우.

2. 운송인이 이 협약에서 규정한 것 이
외의 의무를 인수한 경우, 또는 운송인
이 자신의 책임 한도가 이 협약에서 규
정한 책임의 제한보다 높다는 것에 합
의한 경우, 해상이행당사자는 그러한
의무 또는 높은 책임 한도의 수용에 명
시적으로 합의하지 아니하는 한 그러한
합의에 구속되지 아니한다.

3. 해상이행당사자는 자신의 본조 제1
항의 규정에 따른 운송계약상의 운송인
의 의무의 이행을 위임한 자의 작위 또
는 부작위에 의하여 야기된 자신의 이
협약상의 의무의 위반에 대하여 책임이
있다.

4. Nothing in this Convention imposes liability on the master or crew of the ship or on an employee of the carrier or of a maritime performing party.

4. 이 협약의 어떠한 규정도 선박의 선장 또는 선원 또는 운송인 또는 이행당사자의 피용자에게 책임을 부과하지 아니한다.

Article 20
Joint and several liability

1. If the carrier and one or more maritime performing parties are liable for the loss of, damage to, or delay in delivery of the goods, their liability is joint and several but only up to the limits provided for under this Convention.

2. Without prejudice to article 61, the aggregate liability of all such persons shall not exceed the overall limits of liability under this Convention.

제20조 연대책임

1. 운송인과 일인 또는 복수의 행상이행당사자가 화물의 멸실, 훼손 또는 운송의 지연에 책임 있는 경우, 그들은 연대책임을 지며 동 연대책임은 이 협약에서 규정하는 책임의 한도액까지만 미친다.

2. 제61조와 관계없이, 제1항에 열거한 모든 자들의 책임의 합은 이 협약이 규정하는 책임의 전체한도를 넘지 못한다.

Article 21
Delay

Delay in delivery occurs when the goods are not delivered at the place of destination provided for in the contract of carriage within the time agreed.

제21조 연착

인도의 지연은 화물이 합의된 시간 안에 운송계약에서 정한 목적지에 인도되지 아니한 경우에 발생한다.

Article 22
Calculation of compensation

1. Subject to article 59, the compensation payable by the carrier for loss of or damage to the goods is calculated by reference to

제22조 손해배상액의 산정

1. 제59조의 적용 하에, 화물의 멸실 또는 훼손에 대하여 운송인이 지급 할 배상액은 제43조에 따라서 정하여진 인도

the value of such goods at the place and time of delivery established in accordance with article 43.

2. The value of the goods is fixed according to the commodity exchange price or, if there is no such price, according to their market price or, if there is no commodity exchange price or market price, by reference to the normal value of the goods of the same kind and quality at the place of delivery.

3. In case of loss of or damage to the goods, the carrier is not liable for payment of any compensation beyond what is provided for in paragraphs 1 and 2 of this article except when the carrier and the shipper have agreed to calculate compensation in a different manner within the limits of chapter 16.

Article 23

Notice in case of loss, damage or delay

1. The carrier is presumed, in absence of proof to the contrary, to have delivered the goods according to their description in the contract particulars unless notice of loss of or damage to the goods, indicating the general nature of such loss or damage, was given to the carrier or the performing party that delivered the goods before or at the time of the delivery, or, if the loss or damage is not apparent, within seven

의 장소와 시점에서의 화물의 가치를 참고하여 산정한다.

2. 화물의 가치는 상품의 교환가격, 그러한 가격이 부재할 경우에는 시가에 따라서, 양자 모두가 부재할 경우에는 인도 장소에서의 동일한 종류와 품질의 상품의 통상 가치를 참고하여 산정한다.

3. 화물의 멸실 또는 훼손이 있는 경우의 손해에 대하여, 운송인은 본조 제1항과 제2항에서 규정한 금액을 초과하여 배상할 책임은 없다. 다만, 운송인과 송하인이 제16장의 한도 내에서 다른 방법으로 배상액을 산정하기로 합의한 경우에는 그러하지 아니하다.

제23조 멸실, 훼손 또는 연착의 통지

1. 화물의 멸실 또는 훼손에 대하여, 그러한 멸실 또는 훼손의 일반적 성격을 알리는 통지가 화물을 인도한 운송인이나 이행당사자에게 인도 전 또는 인도 시, 또는, 멸실 또는 훼손이 명백하지 아니한 때에는 화물인도장소에서 인도일로부터 7 영업일 이내에 이루어지지 아니한 경우 운송인은, 반대의 증거가 없는 한, 계약명세에 정한 바에 따라 화물을 인도한 것으로 추정된다.

working days at the place of delivery after the delivery of the goods.

2. Failure to provide the notice referred to in this article to the carrier or the performing party shall not affect the right to claim compensation for loss of or damage to the goods under this Convention, nor shall it affect the allocation of the burden of proof set out in article 17.

3. The notice referred to in this article is not required in respect of loss or damage that is ascertained in a joint inspection of the goods by the person to which they have been delivered and the carrier or the maritime performing party against which liability is being asserted.

4. No compensation in respect of delay is payable unless notice of loss due to delay was given to the carrier within twenty-one consecutive days of delivery of the goods.

5. When the notice referred to in this article is given to the performing party that delivered the goods, it has the same effect as if that notice was given to the carrier, and notice given to the carrier has the same effect as a notice given to a maritime performing party.

6. In the case of any actual or apprehended loss or damage, the parties to the dispute shall give all reasonable facilities to each other for inspecting and tallying the goods and shall provide access to records and documents relevant to the carriage of the

2. 운송인 또는 해상이행당사자에 대하여 본조에서 규정한 통지를 하지 아니하더라도 이는 이 협약상의 화물의 멸실 또는 훼손에 대한 손해배상청구권에 영향을 미치지 아니한다. 그리고 제17조에서 규정한 입증책임의 배분에도 영향을 미치지 아니한다.

3. 본조의 통지는, 화물을 인도받은 자와 운송인 또는 책임이 있다고 주장되는 해상이행당사자가 함께 화물을 검사하여 확인된 멸실 또는 훼손에 대하여는 요구되지 아니한다.

4. 연착으로 인한 멸실의 통지가 화물의 인도 후 연속하는 21일 이내에 운송인에게 이루어지지 아니하는 한 연착에 대한 손해배상은 불가하다.

5. 본조의 통지를 화물을 인도한 이행당사자에게 행한 경우, 그러한 통지는 운송인에게 통지를 한 것과 동일한 효력을 가지고, 운송인에게 행한 통지는 해상이행당사자에게 한 것과 동일한 효력을 가진다.

6. 실제 또는 예상되는 멸실 또는 훼손이 있는 경우, 분쟁의 당사자들은 화물의 검사 및 검량을 위한 모든 합리적인 수단을 제공하여야 하며 또한 화물의 운송과 관련된 기록과 서류에 대한 접근을 가능하게 하여야 한다.

goods.

Chapter 6
Additional provisions relating to particular stages of carriage

제6장　운송의 특정 단계에 관한 추가조항

Article 24
Deviation

제24조 항로 이탈

When pursuant to applicable law a deviation constitutes a breach of the carrier's obligations, such deviation of itself shall not deprive the carrier or a maritime performing party of any defence or limitation of this Convention, except to the extent provided in article 61.

적용 가능한 법에 따를 때 항로 이탈이 운송인의 의무의 위반에 해당하는 경우라 하더라도, 제61조에 규정한 경우를 제외하고는 그러한 항로 이탈 자치가 운송이 또는 해상이행당사자가 이 협약상 향유하는 항변 또는 책임제한을 박탈하는 것은 아니다.

Article 25
Deck cargo on ships

제25조 선상의 갑판적재화물

1. Goods may be carried on the deck of a ship only if:

　(a) Such carriage is required by law;

　(b) They are carried in or on containers or vehicles that are fit for deck carriage, and the decks are specially fitted to carry such containers or vehicles; or

　(c) The carriage on deck is in accordance with the contract of carriage, or the customs, usages or practices of the

1. 화물은 아래의 경우에만 갑판적하여 운송할 수 있다:

　(a) 갑판적이 법률에 의하여 요구되는 경우

　(b) 화물이 갑판적에 적합한 컨테이너 또는 용기에 운송되고, 또한 갑판이 그러한 컨테이너 또는 용기의 운송에 특별히 적합한 경우 또는

　(c) 갑판적이 운송계약, 또는 해당 거래에서의 관습, 관례나 관행에 따른 것인 경우

trade in question.

2. The provisions of this Convention relating to the liability of the carrier apply to the loss of, damage to or delay in the delivery of goods carried on deck pursuant to paragraph 1 of this article, but the carrier is not liable for loss of or damage to such goods, or delay in their delivery, caused by the special risks involved in their carriage on deck when the goods are carried in accordance with subparagraphs 1 (a) or (c) of this article.

3. If the goods have been carried on deck in cases other than those permitted pursuant to paragraph 1 of this article, the carrier is liable for loss of or damage to the goods or delay in their delivery that is exclusively caused by their carriage on deck, and is not entitled to the defences provided for in article 17.

4. The carrier is not entitled to invoke subparagraph 1 (c) of this article against a third party that has acquired a negotiable transport document or a negotiable electronic transport record in good faith, unless the contract particulars state that the goods may be carried on deck.

5. If the carrier and shipper expressly agreed that the goods would be carried under deck, the carrier is not entitled to the benefit of the limitation of liability for any loss of, damage to or delay in the delivery

2. 운송인의 책임과 관련된 이 협약 규정은 본조 제1항에 의한 갑판적 운송에서의 화물의 멸실, 훼손 또는 인도의 지연에 대하여도 적용된다. 그러나 운송인은 화물을 본조 1항(a) 또는 (c)에 따라 갑판적하여 운송함에 따른 특별한 위험에 의한 멸실 또는 훼손, 또는 인도의 지연에 대하여는 책임을 부담하지 아니한다.

3. 화물을 본조 제1항에서 정한 이외의 방법으로 갑판적하여 운송하는 경우에 운송인은 갑판적하여 운송한 것이 유일한 원인이 되는 화물의 멸실 또는 훼손 또는 인도의 지연에 대하여 책임을 부담하고 이 경우 제17조에서 규정하는 항변은 이를 원용할 수 없다.

4. 운송인은 계약명세에 화물이 갑판적될 수 있음이 명시되지 아니한 이상 유통운송증권 또는 유통전자운송기록을 선의취득한 제3자에 대하여 본조 제1항(c)를 원용할 수 없다.

5. 운송인과 송하인이 화물이 선창 내에 적재되어 운송될 것에 명시적으로 합의한 경우, 운송인은 화물의 멸실, 훼손 또는 연착이 갑판적의 결과로서 야기된 경우 그 한도에서 멸실, 훼손, 또는 인

of the goods to the extent that such loss, damage, or delay resulted from their carriage on deck.

Article 26

Carriage preceding or subsequent to sea carriage

When loss of or damage to goods, or an event or circumstance causing a delay in their delivery, occurs during the carrier's period of responsibility but solely before their loading onto the ship or solely after their discharge from the ship, the provisions of this Convention do not prevail over those provisions of another international instrument that, at the time of such loss, damage or event or circumstance causing delay:

  (a) Pursuant to the provisions of such international instrument would have applied to all or any of the carrier's activities if the shipper had made a separate and direct contract with the carrier in respect of the particular stage of carriage where the loss of, or damage to goods, or an event or circumstance causing delay in their delivery occurred;

  (b) Specifically provide for the carrier's liability, limitation of liability, or time for suit; and

  (c) Cannot be departed from by contract

도의 지연에 대한 책임제한의 이익을 향유할 수 없다.

제26조 해상운송 전 또는 후의 운송

화물의 멸실 또는 훼손, 또는 인도의 지연을 야기하는 사건 또는 사정이 운송인의 책임기간 동안에 발생하였지만 오로지 화물을 선박에 선적하기 전에 또는 오로지 선박으로부터 양륙을 한 다음에 발생한 경우 이 협약의 규정은 그러한 멸실, 훼손 또는 연착을 야기한 사건 또는 사정이 발생한 때에 아래의 조건을 충족하는 기타 국제협약의 규정에 우선하여 적용되지 아니한다:

  (a) 그러한 국제협약의 규정에 의할 경우 송하인이 화물의 멸실, 훼손, 또는 인도의 지연을 야기한 사건 또는 사정이 발생한 운송의 특정 단계와 관련하여 운송인과 별도의 직접적인 계약을 체결하였다면 운송인의 행위 일부 또는 전부에 대하여 그러한 국제협약의 규정이 적용되는 경우

  (b) 운송인의 책임, 책임의 제한 또는 제소기간에 대하여 명시적으로 규정하는 경우

  (c) 계약상 전적으로 또는 송하인에게

either at all or to the detriment of the shipper under that instrument.

불리하도록 그러한 협약의 적용에서 벗어나는 것이 금지되는 경우.

Chapter 7
Obligations of the shipper to the carrier

제7장 송하인의 운송인에 대한 의무

Article 27
Delivery for carriage

제27조 운송을 위한 인도

1. Unless otherwise agreed in the contract of carriage, the shipper shall deliver the goods ready for carriage. In any event, the shipper shall deliver the goods in such condition that they will withstand the intended carriage, including their loading, handling, stowing, lashing and securing, and unloading, and that they will not cause harm to persons or property.

2. The shipper shall properly and carefully perform any obligation assumed under an agreement made pursuant to article 13, paragraph 2.

3. When a container is packed or a vehicle is loaded by the shipper, the shipper shall properly and carefully stow, lash and secure the contents in or on the container or vehicle, and in such a way that they will not cause harm to persons or property.

1. 운송계약에서 달리 정한 경우를 제외하고, 송하인은 운송할 준비가 된 화물을 인도하여야 한다. 어떠한 경우에도, 송하인은 선적, 취급, 적부, 고막, 그리고 양륙을 포함하여 예정된 운송을 감당할 수 있으며, 사람 또는 재산에 손해를 야기하지 아니할 상태의 화물을 인도하여야 한다.

2. 송하인은 제13조 제2항에 따른 약정에 의거한 모든 의무를 적절하고 주의 깊게 행하여야 한다.

3. 송하인이 화물을 컨테이너를 포장하거나 차량을 싣는 경우, 송하인은 컨테이너 또는 차량의 내용물이 사람 또는 재산에 손해를 야기하지 아니하도록 그 내용물을 적절하고 주의 깊게 적부하고 고박하여야 한다.

Article 28

Cooperation of the shipper and the carrier in providing information and instructions

The carrier and the shipper shall respond to requests from each other to provide information and instructions required for the proper handling and carriage of the goods if the information is in the requested party's possession or the instructions are within the requested party's reasonable ability to provide and they are not otherwise reasonably available to the requesting party.

제28조 정보와 지시사항의 제공에 있어서 송하인과 운송인의 협력

화물의 적절한 취급과 운송을 위하여 요구되는 정보와 지시사항이, 만약 그 정보가 이를 요구받은 당사자의 소유이거나 그 지시사항이 이를 요구받은 당사자의 합리적인 제공능력의 범위 안에 있으며, 달리 요구하는 당사자에게 합리적으로 접근 가능하지 아니한 경우에 운송인과 송하인은 정보와 지시사항의 제공에 대한 서로의 요구에 응하여야 한다.

Article 29

Shipper's obligation to provide information, instructions and Documents

1. The shipper shall provide to the carrier in a timely manner such information, instructions and documents relating to the goods that are not otherwise reasonably available to the carrier, and that are reasonably necessary:

  (a) For the proper handling and carriage of the goods, including precautions to be taken by the carrier or a performing party; and

  (b) For the carrier to comply with law, regulations or other requirements of public authorities in connection with the intended carriage, provided that

제29조 정보, 지시사항 그리고 서류를 제공하여야 할 송하인의 의무

1. 송하인은 운송인에게 달리 합리적으로 접근 가능하지 아니하고, 아래의 사항을 위하여 합리적으로 필요한 화물과 정보, 지시사항 그리고 서류를 적시에 운송인에게 제공하여야 한다:

  (a) 운송인 또는 이행당사자가 취할 예방조치를 포함하여 화물의 적절한 취급과 운송을 위하여 그리고

  (b) 운송인이 송하인에게 공공기관이 요구하는 정보, 지시사항 그리고 서류를 적시에 통지한 경우 운송인이 예정된 운송에 관한 법률,

the carrier notifies the shipper in a timely manner of the information, instructions and documents it requires.

2. Nothing in this article affects any specific obligation to provide certain information, instructions and documents related to the goods pursuant to law, regulations or other requirements of public authorities in connection with the intended carriage.

Article 30
Basis of shipper's liability to the carrier

1. The shipper is liable for loss or damage sustained by the carrier if the carrier proves that such loss or damage was caused by a breach of the shipper's obligations under this Convention.

2. Except in respect of loss or damage caused by a breach by the shipper of its obligations pursuant to articles 31, paragraph 2, and 32, the shipper is relieved of all or part of its liability if the cause or one of the causes of the loss or damage is not attributable to its fault or to the fault of any person referred to in article 34.

3. When the shipper is relieved of part of its liability pursuant to this article, the shipper is liable only for that part of the loss or damage that is attributable to its fault or to the fault of any person referred

규칙 또는 그 밖의 공공기관의 요구사항을 준수하기 위하여

2. 송하인은 본조 제1항에 따라 제공되는 정보를 운송인이 수령하는 시점에 그 정확성을 보증하는 것으로 간주된다. 송하인은 그러한 정보의 부정확성으로 인한 멸실 또는 훼손에 대하여 운송인에게 손해를 배상하여야 한다.

제30조 송하인의 운송인에 대한 책임의 기초

1. 송하인은 운송인이 자신이 입은 멸실 또는 훼손이 이 협약상의 송하인의 의무의 위반으로 인하여 야기된 것임을 입증하면 그러한 멸실 또는 훼손에 대하여 책임이 있다.

2. 제31조 제2항과 제32조에 따른 송하인의 의무의 위반으로 인하여 야기된 멸실 또는 훼손의 경우를 제외하고, 송하인은 멸실 또는 훼손의 원인 또는 원인의 일부가 자신 또는 제34조에 열거된 자의과실에 의한 것이 아니라면 자신의 책임의 전부 또는 일부에 대하여 책임이 면제된다.

3. 송하인이 본조에 따라서 책임의 일부가 면제된 경우 송하인은 자신 또는 제34조에 열거된 자의 과실에 의한 멸실 또는 훼손의 부분에 대하여만 책임이 있다.

to in article 34.

Article 31

Information for compilation of contract particulars

1. The shipper shall provide to the carrier, in a timely manner, accurate information required for the compilation of the contract particulars and the issuance of the transport documents or electronic transport records, including the particulars referred to in article 36, paragraph 1; the name of the party to be identified as the shipper in the contract particulars; the name of the consignee, if any; and the name of the person to whose order the transport document or electronic transport record is to be issued, if any.

2. The shipper is deemed to have guaranteed the accuracy at the time of receipt by the carrier of the information that is provided according to paragraph 1 of this article. The shipper shall indemnify the carrier against loss or damage resulting from the inaccuracy of such information.

Article 32

Special rules on dangerous goods

When goods by their nature or character are, or reasonably appear likely to become, a danger to persons, property or the

제31조 운송계약명세의 작성을 위한 정보

1. 송하인은 운송인에게 적시에 계약명세의 작성과 운송증권 또는 전자운송기록의 발행을 위하여 요구되는 정확한 정보를 운송인에게 제공하여야 한다. 이러한 정보는 다음을 포함한다. 제36조 제1항에 규정된 명세 계약명세에 송하인으로 나타난 자의 성명 수하인이 있다면 그의 성명 그리고 운송증권 또는 전자 운송기록의 발행을 지시한 자가 있다면 그의 성명.

2. 송하인은 본조 제1항에 따라 제공되는 정보를 운송인이 수령하는 시점에 그 정확성을 보증하는 것으로 간주된다. 송하인은 그러한 정보의 부정확성으로 인한 멸실 또는 훼손에 대하여 운송인에게 손해를 배상하여야 한다.

제32조 위험물에 대한 특칙

화물이 그 성질 또는 특성상 사람, 재산 또는 환경에 위험을 야기하거나 위험을 야기할 것이 합리적으로 예상되는 경우

environment:

(a) The shipper shall inform the carrier of the dangerous nature or character of the goods in a timely manner before they are delivered to the carrier or a performing party. If the shipper fails to do so and the carrier or performing party does not otherwise have knowledge of their dangerous nature or character, the shipper is liable to the carrier for loss or damage resulting from such failure to inform; and

(b) The shipper shall mark or label dangerous goods in accordance with any law, regulations or other requirements of public authorities that apply during any stage of the intended carriage of the goods. If the shipper fails to do so, it is liable to the carrier for loss or damage resulting from such failure.

Article 33
Assumption of shipper's rights and obligations by the documentary shipper

1. A documentary shipper is subject to the obligations and liabilities imposed on the shipper pursuant to this chapter and pursuant to article 55, and is entitled to the shipper's rights and defences provided by this chapter and by chapter 13.

에:

(a) 송하인은 화물이 운송인 또는 이행당사자에게 인도되기 전에 적시에 운송인에게 화물의 위험한 성격 또는 특성을 운송인에게 고지하여야 한다. 만약 송하인이 이를 게을리 하고 운송이 또는 이행당사자가 그러한 위험한 성격 또는 특성에 대하여 달리 알지 못하는 경우에 송하인은 그러한 정보제공을 게을리 한 결과로 발생하는 멸실 또는 훼손에 대하여 운송인에게 책임을 부담한다. 그리고

(b) 송하인은 예정된 화물의 운송의 어떠한 단계에 적용되는 법률, 규정 또는 그 밖의 공공기관의 다른 요구사항에 따라 위험물에 표시를 하거나 부전을 달아야 한다. 송하인이 이를 게을리한 경우 그는 그 결과로 발생하는 멸실 또는 훼손에 대하여 운송인에게 책임을 부담한다.

제33조 명의상 송하인의 권리와 의무 인수

1. 명의상 송하인은 이 장과 제55조에 따라 송하인에게 부과되는 의무와 책임을 부담하고 이 장과 제13장이 규정하는 송하인의 권리와 항변을 원용할 수 있다.

2. Paragraph 1 of this article does not affect the obligations, liabilities, rights or defences of the shipper.

2. 본조 제1항은 송하인의 의무, 책임, 권리 또는 항변에 영향을 미치지 아니한다,

Article 34
Liability of the shipper for other persons

The shipper is liable for the breach of its obligations under this Convention caused by the acts or omissions of any person, including employees, agents and subcontractors, to which it has entrusted the performance of any of its obligations, but the shipper is not liable for acts or omissions of the carrier or a performing party acting on behalf of the carrier, to which the shipper has entrusted the performance of its obligations.

제34조 송하인의 타인에 대한 책임

송하인은 자신의 의무의 이행을 위임한 피용자, 대리인 그리고 하도급자를 포함한 모든 자들의 작위 또는 부작위에 의한 이 협약상 자신의 의무의 위반에 대하여 책임이 있다. 그러나 송하인은 자신의 의무의 이행을 위임한 운송인 또는 운송인을 대리하여 행위 하는 이행당사자의 작위 또는 부작위에 대하여는 책임을 부담하지 아니한다,

Chapter 8
Transport documents and electronic transport records

제8장 운송증권과 전자운송기록

Article 35
Issuance of the transport document or the electronic transport record

The shipper and the carrier have agreed not to use a transport document or an electronic transport record, or it is the custom, usage or practice of the trade not to use one, upon delivery of the goods for

제35조 운송증권 또는 전자운송기록의 발행

송하인과 운송인이 운송증권 또는 전자운송기록을 사용하지 아니하기로 합의하지 아니한 이상, 또는 화물이 운송을 위하여 운송인 또는 이행당사자에게 인도될 당시에 그것을 사용하지 아니하는

carriage to the carrier or performing party, the shipper or, if the shipper consents, the documentary shipper, is entitled to obtain from the carrier, at the shipper's option:

   (a) A non-negotiable transport document or, subject to article 8, subparagraph (a), a non-negotiable electronic transport record; or

   (b) An appropriate negotiable transport document or, subject to article 8, subparagraph (a), a negotiable electronic transport record, unless the shipper and the carrier have agreed not to use a negotiable transport document or negotiable electronic transport record, or it is the custom, usage or practice of the trade not to use one.

Article 36

Contract particulars

1. The contract particulars in the transport document or electronic transport record referred to in article 35 shall include the following information, as furnished by the shipper:

   (a) A description of the goods as appropriate for the transport;

   (b) The leading marks necessary for identification of the goods;

   (c) The number of packages or pieces, or the quantity of goods; and

---

것이 거래에서의 관습, 관례 또는 관행이 아닌 이상, 송하인 또는 송하인이 동의하는 경우 명의상 송하인은 송하인의 선택에 의하여 운송인으로부터 아래를 취득할 권리가 있다.

   (a) 비유통운송증권 또는 제8조(a)항에 따라 비유통전자운송기록 또는

   (b) 적절한 유통운송증권 또는 제8조(a)항에 따른 유통전자운송기록. 다만, 송하인과 운송인이 유통운송증권 또는 유통전자운송기록을 사용하지 아니하기로 합의한 경우 또는 그것을 사용하지 아니하는 것이 거래의 관습, 관례 또는 관행인 경우에는 그러하지 아니하다.

제36조 계약명세

1. 제35조에 정한 운송증권 또는 전자운송기록의 계약명세에는 송하인이 제공한 바에 따라 아래의 사항이 포함되어야 한다.

   (a) 운송에 적절한 화물에 대한 설명

   (b) 화물의 식별을 위하여 필요한 주요 기호

   (c) 포장 또는 개품의 수 또는 화물의 용량 그리고

(d) The weight of the goods, if furnished by the shipper.

2. The contract particulars in the transport document or electronic transport record referred to in article 35 shall also include:

  (a) A statement of the apparent order and condition of the goods at the time the carrier or a performing party receives them for carriage;

  (b) The name and address of the carrier;

  (c) The date on which the carrier or a performing party received the goods, or on which the goods were loaded on board the ship, or on which the transport document or electronic transport record was issued; and

  (d) If the transport document is negotiable, the number of originals of the negotiable transport document, when more than one original is issued.

3. The contract particulars in the transport document or electronic transport record referred to in article 35 shall further include:

  (a) The name and address of the consignee, if named by the shipper;

  (b) The name of a ship, if specified in the contract of carriage;

  (c) The place of receipt and, if known to the carrier, the place of delivery; and

  (d) The port of loading and the port of

(d) 송하인이 제공한 경우 화물의 중량.

2. 제35조에 정한 운송증권 또는 전자운송기록의 계약명세에는 아래의 사항이 또한 포함되어야 한다.

  (a) 운송인 또는 이행당사자가 운송을 위하여 수령할 당시의 화물의 외관상태에 대한 기술

  (b) 운송인의 명칭 및 주소

  (c) 운송인 또는 이행당사자가 화물을 수령한 날짜, 또는 화물이 선박에 선적된 날짜, 또는 운송증권 또는 전자운송기록이 발행된 날짜 그리고

  (d) 운송증권이 유통증권이고 복수의 원본이 발행된 경우 유통운송 증권의 원본의 수.

3. 제35조에 정한 운송증권 또는 전자운송기록의 계약명세에는 나아가 아래의 사항도 포함되어야 한다.

  (a) 송하인에 의하여 성명이 주어진 경우, 수하인의 성명과 주소

  (b) 운송계약에 특정된 경우, 선박의 명칭

  (c) 수령장소, 운송인에게 알려진 경우에는 인도의 장소 그리고

  (d) 운송계약에 특정된 경우, 선적항

discharge, if specified in the contract of carriage.

4. For the purposes of this article, the phrase "apparent order and condition of the goods" in subparagraph 2 (a) of this article refers to the order and condition of the goods based on:

(a) A reasonable external inspection of the goods as packaged at the time the shipper delivers them to the carrier or a performing party; and

(b) Any additional inspection that the carrier or a performing party actually performs before issuing the transport document or electronic transport record.

Article 37
Identity of the carrier

1. If a carrier is identified by name in the contract particulars, any other information in the transport document or electronic transport record relating to the identity of the carrier shall have no effect to the extent that it is inconsistent with that identification.

2. If no person is identified in the contract particulars as the carrier as required pursuant to article 36, subparagraph 2 (b), but the contract particulars indicate that the goods have been loaded on board a named ship, the registered owner of that ship is

과 양륙항.

4. 본조의 목적을 위하여, 본조 제2항(a)의 "화물의 외관상태"란 아래를 기준으로 한 화물의 상태를 말한다.

(a) 송하인이 운송인 또는 이행당사자에게 인도할 당시 포장된 상태의 화물에 대한 합리적인 외부 검사 그리고

(b) 운송증권 또는 전자운송기록을 발행하기 전에 운송인 또는 이행당사자가 행하는 추가적인 검사.

제37조 운송인의 확정

1. 운송인이 계약명세에 성명으로 확정되는 경우에는, 운송인의 신원과 관련되는 운송증권이나 전자운송기록의 다른 정보는 그 성명과 불일치하는 한도에서는 효력이 없다.

2. 어떠한 자도 제36조 제2항(b)가 정한 바 계약명세에 운송인으로서 확인되지 아니하고, 다만 계약명세가 화물이 선명을 가진 선박에 선적되었음을 나타내는 경우 그 선박의 등록 소유자는 선박이 운송 당시 선체용선 되었음을 증명

presumed to be the carrier, unless it proves that the ship was under a bareboat charter at the time of the carriage and it identifies this bareboat charterer and indicates its address, in which case this bareboat charterer is presumed to be the carrier. Alternatively, the registered owner may rebut the presumption of being the carrier by identifying the carrier and indicating its address. The bareboat charterer may rebut any presumption of being the carrier in the same manner.

3. Nothing in this article prevents the claimant from proving that any person other than a person identified in the contract particulars or pursuant to paragraph 2 of this article is the carrier.

하고 당해 선체용선자를 확인하고 그 주소를 밝히지 못하는 한 운송인으로 추정된다. 만일 이를 증명할 경우 선체용선자가 운송인으로 추정된다. 한편, 등록된 선박소유자는 운송인과 그 주소를 밝힘으로써 운송인으로서의 추정을 깨트릴 수 있다. 선체용선자는 동일한 방법으로 운송인으로서의 추정을 깨트릴 수 있다.

3. 본조는 청구인이 계약명세 또는 본조 제2항에 따라 확인된 자 이외의 자가 운송인임을 입증하는 것을 방해하지 아니한다.

Article 38
Signature

1. A transport document shall be signed by the carrier or a person acting on its behalf.

2. An electronic transport record shall include the electronic signature of the carrier or a person acting on its behalf. Such electronic signature shall identify the signatory in relation to the electronic transport record and indicate the carrier's authorization of the electronic transport record.

제38조 서명

1. 운송증권은 운송인 또는 그 대리인이 서명하여야 한다.

2. 전자운송기록은 운송인 또는 그 대리인의 전자 서명을 포함하여야 한다. 그러한 전자 서명은 전자운송기록과 관련하여 서명인을 확인할 수 있고 전자운송기록에 대한 운송인의 승인을 나타낼 수 있는 것이어야 한다.

Article 39

Deficiencies in the contract particulars

1. The absence or inaccuracy of one or more of the contract particulars referred to in article 36, paragraphs 1, 2 or 3, does not of itself affect the legal character or validity of the transport document or of the electronic transport record.

2. If the contract particulars include the date but fail to indicate its significance, the date is deemed to be:

  (a) The date on which all of the goods indicated in the transport document or electronic transport record were loaded on board the ship, if the contract particulars indicate that the goods have been loaded on board a ship; or

  (b) The date on which the carrier or a performing party received the goods, if the contract particulars do not indicate that the goods have been loaded on board a ship.

3. If the contract particulars fail to state the apparent order and condition of the goods at the time the carrier or a performing party receives them, the contract particulars are deemed to have stated that the goods were in apparent good order and condition at the time the carrier or a performing party received them.

제39조 계약명세의 흠결

1. 제36조 제1항, 제2항, 또는 제3항에 정한 계약명세 중의 하나 또는 수개가 누락되거나 또는 부정확한 경우 그 자체가 운송증권 또는 전자운송기록의 법적 성질 또는 유효성에 영향을 미치지는 아니한다.

2. 계약명세에 날짜가 기재되어 있으나 그 의미가 명확하지 아니한 경우에는 그 날짜는 아래의 것으로 간주된다.

  (a) 계약명세가 화물이 선박에 선적되었음을 나타내는 경우에는 운송증권 또는 전자운송기록에 기재된 모든 화물이 선박에 선적된 일자.

  (b) 계약명세가 화물이 선박에 선적되었음을 나타내지 아니하는 경우에는 운송인 또는 이행당사자가 화물을 수령한 일자.

3. 계약명세에 운송인 또는 이행당사자가 화물을 수령할 당시의 화물의 외관상태에 대한 기재가 없는 경우에는 계약명세에 운송인 또는 이행당사자가 화물을 수령할 당시 외관상 양호한 상태인 것으로 기재한 것으로 간주된다.

Article 40

Qualifying the information relating to the goods in the contract particulars

1. The carrier shall qualify the information referred to in article 36, paragraph 1, to indicate that the carrier does not assume responsibility for the accuracy of the information furnished by the shipper if:

   (a) The carrier has actual knowledge that any material statement in the transport document or electronic transport record is false or misleading; or

   (b) The carrier has reasonable grounds to believe that a material statement in the transport document or electronic transport record is false or misleading.

2. Without prejudice to paragraph 1 of this article, the carrier may qualify the information referred to in article 36, paragraph 1, in the circumstances and in the manner set out in paragraphs 3 and 4 of this article to indicate that the carrier does not assume responsibility for the accuracy of the information furnished by the shipper.

3. When the goods are not delivered for carriage to the carrier or a performing party in a closed container or vehicle, or when they are delivered in a closed container or vehicle and the carrier or a performing

제40조 계약명세의 화물에 관한 정보에 대한 수정

1. 운송인은 아래의 경우 자신이 송하인이 제공한 정보의 정확성에 대하여 책임을 지지 아니함을 나타내기 위하여는 제36조 제1항에 규정된 정보를 수정하여야 한다:

   (a) 운송인이 운송증권 또는 전자운송기록에의 어떠한 중대한 기재가 사실과 다르거나 오해를 일으키는 것을 알고 있는 경우 또는

   (b) 운송인이 운송증권 또는 전자운송기록에의 어떠한 중대한 기재가 사실과 다르거나 오해를 일으킨다고 믿을 합리적인 근거가 있는 경우.

2. 본조 제 1항과 상관없이, 운송인은 송하인이 제공한 정보의 정확성에 대하여 책임을 지지 아니한다는 것을 나태내기 위하여 본조 제3항과 제4항에 정하는 상황에서 동항에 적시된 방법으로 제36조 제1항에 규정된 정보를 수정할 수 있다.

3. 화물이 운송을 위하여 운송인 또는 이행당사자에게 밀폐된 컨테이너 또는 차량에 실린 채로 인도되지 아니하거나 또는 밀폐된 컨테이너 또는 차량에 실린 상태로 인도되었지만 운송인 또는

party actually inspects them, the carrier may qualify the information referred to in article 36, paragraph 1, if:

(a) The carrier had no physically practicable or commercially reasonable means of checking the information furnished by the shipper, in which case it may indicate which information it was unable to check; or

(b) The carrier has reasonable grounds to believe the information furnished by the shipper to be inaccurate, in which case it may include a clause providing what it reasonably considers accurate information.

4. When the goods are delivered for carriage to the carrier or a performing party in a closed container or vehicle, the carrier may qualify the information referred to in:

(a) Article 36, subparagraphs 1 (a), (b), or (c), if:

(i) The goods inside the container or vehicle have not actually been inspected by the carrier or a performing party; and

(ii) Neither the carrier nor a performing party otherwise has actual knowledge of its contents before issuing the transport document or the electronic transport record; and

이행당사자가 실제로 이들을 검사한 경우, 운송인은 아래와 같은 경우에 제36조 제1항에 규정된 정보를 수정할 수 있다:

(a) 운송인이 송하인에 의하여 제공된 정보를 확인할 물리적으로 가능하거나 또는 상업적으로도 합리적인 수단을 가지지 아니하는 경우, 확인할 수 없는 정보가 어떠한 것임을 기재할 수 있다 또는

(b) 운송인은 송하인에 의하여 제공된 정보가 부정확하다고 믿을 합리적인 근거가 있는 경우, 그가 합리적으로 정확한 정보라고 여기는 바를 기재할 수 있다.

4. 화물이 운송을 위하여 운송인 또는 이행당사자에게 밀폐된 컨테이너 또는 차량에 실린 채로 인도된 경우, 운송인은 아래의 정보에 대하여 수정을 가할 수 있다.

(a) 아래의 경우 제36조 제1항(a), (b) 또는 (c)에 규정된 정보에 대하여:

(i) 운송인 또는 이행당사자가 컨테이너 또는 차량 내부의 화물을 실제로 검사하지 아니한 경우 그리고 (ii) 운송인 또는 이행당사자가 운송증권 또는 전자운송기록을 발행하기 전에 그 내용물에 대하여 달리 실제로 알지 못하는 경우 그리고

(b) Article 36, subparagraph 1 (d), if:

  (i) Neither the carrier nor a performing party weighed the container or vehicle, and the shipper and the carrier had not agreed prior to the shipment that the container or vehicle would be weighed and the weight would be included in the contract particulars; or

  (ii) There was no physically practicable or commercially reasonable means of checking the weight of the container or vehicle.

Article 41
Evidentiary effect of the contract particulars

Except to the extent that the contract particulars have been qualified in the circumstances and in the manner set out in article 40:

  (a) A transport document or an electronic transport record is prima facie evidence of the carrier's receipt of the goods as stated in the contract particulars;

  (b) Proof to the contrary by the carrier in respect of any contract particulars shall not be admissible, when such contract particulars are included in:

  (i) A negotiable transport document or a negotiable electronic transport record that is transferred to a third

(b) 아래의 경우 제36조 제1항(d)에 규정된 정보에 대하여: (i) 운송인 또는 이행당사자가 컨테이너나 차량의 무게를 측량하지 아니하고, 또한 송하인과 운송인이 출하 전에 컨테이너 또는 차량의 무게가 측량되고 그 무게가 계약명세에 포함되어야 한다는 합의를 하지 아니한 경우 또는 (ii) 컨테이너나 차량의 무게를 확인할 물리적으로 가능하거나 상업적으로 합리적인 수단이 없는 경우.

제41조 계약명세의 증거력

제40조에서 정하는 상황에서 동조에 적시된 방법으로 계약명세가 수정된 경우를 제외하고:

  (a) 운송증권 또는 전자운송기록은 운송인이 계약명세에 기재된 바대로 화물을 수령하였다는 추정적 증거가 된다.

  (b) 아래의 경우 계약명세에 대한 운송인에 의한 반대의 입증은 허용되지 아니한다.
  (i) 그 계약명세가 선의의 제3자에게 양도된 유통운송증권 또는 유통전자운송기록에 포함된 것인 경우 또는

party acting in good faith; or

(ii) A non-negotiable transport document that indicates that it must be surrendered in order to obtain delivery of the goods and is transferred to the consignee acting in good faith;

(c) Proof to the contrary by the carrier shall not be admissible against a consignee that in good faith has acted in reliance on any of the following contract particulars included in a non-negotiable transport document or a non negotiable electronic transport record:

(i) The contract particulars referred to in article 36, paragraph 1, when such contract particulars are furnished by the carrier;

(ii) The number, type and identifying numbers of the containers, but not the identifying numbers of the container seals; and

(iii) The contract particulars referred to in article 36, paragraph 2.

Article 42

"Freight prepaid"

If the contract particulars contain the statement "freight prepaid" or a statement of a similar nature, the carrier cannot assert against the holder or the consignee the fact that the freight has not been paid. This

(ii) 화물의 인도를 받기 위하여는 제시되어야 한다는 것이 표시 되어 있으면서 선의의 수하인 에게 양도된 비유통운송증권에 포함된 것인 경우

(c) 비유통운송증권 또는 비유통전자 운송기록에 포함된 아래의 계약명 세를 신뢰한 선의의 수하인에 대 한 운송인의 반대의 입증은 허용 되지 아니한다:

(i) 운송인이 제공한 경우에 있어서, 제36조 제1항에 규정된 계약 명세

(ii) 컨테이너의 개수, 종류 그리고 인식번호, 그러나 컨테이너 봉 인의 인식번호는 제외한다. 그 리고

(iii) 제36조 제2항에 규정된 계약명 세.

제42조 "운임의 선급"

계약명세에 "운임 선급됨" 또는 이와 유사한 성격의 기재가 있는 경우, 운송 인은 소지인이나 수하인에 대하여 운임 이 지급되지 아니하였다는 사실을 주장 할 수 없다. 본조는 소지인 또는 수하인

article does not apply if the holder or the consignee is also the shipper.

이 동시에 송하인인 경우에는 적용되지 아니한다.

Chapter 9
Delivery of the goods

제9장 화물의 인도

Article 43
Obligation to accept delivery

제43조 인도를 수령할 의무

When the goods have arrived at their destination, the consignee that demands delivery of the goods under the contract of carriage shall accept delivery of the goods at the time or within the time period and at the location agreed in the contract of carriage or, failing such agreement, at the time and location at which, having regard to the terms of the contract, the customs, usages or practices of the trade and the circumstances of the carriage, delivery could reasonably be expected.

화물이 목적지에 도착하면, 운송계약상 화물의 인도를 요구하는 수하인은 운송 계약에서 합의된 때 또는 기간 내에 그리고 합의된 장소에서, 또는 그러한 합의가 없는 경우에는 운송계약의 내용, 거래의 관습, 판례 또는 관행과 운송의 상황을 고려하였을 때 인도가 합리적으로 예상되는 시점에 인도를 수령하여야 한다.

Article 44
Obligation to acknowledge receipt

제44조 수령을 확인할 의무

On request of the carrier or the performing party that delivers the goods, the consignee shall acknowledge receipt of the goods from the carrier or the performing party in the manner that is customary at the place of delivery. The carrier may refuse delivery if the consignee refuses to acknowledge such

화물을 인도하는 운송인 또는 이행당사자의 요구에 따라, 수하인은 도착지에서의 관습에 따른 방식으로 운송인 또는 이행당사자로부터의 화물 수령을 확인하여 주어야 한다. 운송인은 수하인이 수령의 확인을 거절하는 경우 인도를 거절할 수 있다.

receipt.

Article 45

Delivery when no negotiable transport document or negotiable electronic transport record is issued

When neither a negotiable transport document nor a negotiable electronic transport record has been issued:

  (a) The carrier shall deliver the goods to the consignee at the time and location referred to in article 43. The carrier may refuse delivery if the person claiming to be the consignee does not properly identify itself as the consignee on the request of the carrier;

  (b) If the name and address of the consignee are not referred to in the contract particulars, the controlling party shall prior to or upon the arrival of the goods at the place of destination advise the carrier of such name and address;

  (c) Without prejudice to article 48, paragraph 1, if the goods are not deliverable because (i) the consignee, after having received a notice of arrival, does not, at the time or within the time period referred to in article 43, claim delivery of the goods from the carrier after their arrival at

제45조 유통운송증권 또는 유통전자운송기록이 발행되지 아니한 경우의 인도

유통운송증권 또는 유통전자운송기록이 발행되지 아니한 경우:

  (a) 운송인은 제43조에 규정된 시간과 장소에서 수하인에게 화물을 인도하여야 한다. 운송인은 수하인임을 주장하는 자가 운송인의 요구가 있음에도 자신이 수하인임을 적절히 확인시키지 못하는 경우 화물의 인도를 거절할 수 있다.

  (b) 수하인의 성명과 주소가 계약명세에 기재되지 아니한 경우, 처분권자는 화물의 목적지에의 도착 전 또는 도착시에 그 성명과 주소를 운송인에게 통지하여야 한다.

  (c) 제48조 제1항과 상관없이, 화물이 (i) 수하인이, 도착의 통지를 수령한 이후에도 제43조에 규정된 때 또는 기간 내에 운송인에게 화물의 목적지 도착 이후 인도할 것을 청구하지 아니한 경우 (ii) 수하인임을 주장하는 자가 자신이 수하인임을 적절히 확인시키지 못하여

the place of destination, (ii) the carrier refuses delivery because the person claiming to be the consignee does not properly identify itself as the consignee, or (iii) the carrier is, after reasonable effort, unable to locate the consignee in order to request delivery instructions, the carrier may so advise the controlling party and request instructions in respect of the delivery of the goods. If, after reasonable effort, the carrier is unable to locate the controlling party, the carrier may so advise the shipper and request instructions in respect of the delivery of the goods. If, after reasonable effort, the carrier is unable to locate the shipper, the carrier may so advise the documentary shipper and request instructions in respect of the delivery of the goods;

(d) The carrier that delivers the goods upon instruction of the controlling party, the shipper or the documentary shipper pursuant to subparagraph (c) of this article is discharged from its obligations to deliver the goods under the contract of carriage.

운송인이 인도를 거절하는 경우, 또는 (iii) 운송인이 인도에 관한 지시를 요구하기 위하여 합리적 노력을 하였음에도 수하인을 찾지 못한 경우, 운송인은 처분권자에게 그러한 사실을 통지하고 그에게 화물의 인도에 관련한 지시를 요구할 수 있다. 만약, 합리적인 노력을 하였음에도 운송인이 처분권자를 찾을 수 없는 경우에는 운송인은 송하인에게 그러한 사실을 통지하고 그에게 화물의 인도에 관한 지시를 요구할 수 있다. 만약, 합리적인 노력을 하였음에도 운송인이 송하인을 찾을 수 없는 경우에는 운송인은 명의상 송하인에게 그러한 사실을 통지하고 그에게 화물의 인도에 관한 지시를 요구할 수 있다.

(d) 본조 (c)항의 규정에 따라 처분권자, 송하인 또는 명의상 송하인의 지시에 따라 화물을 인도하는 운송인은 운송계약상 화물을 인도할 의무를 면한다.

Article 46

Delivery when a non-negotiable transport document that requires surrender is issued

When a non-negotiable transport document has been issued that indicates that it shall be surrendered in order to obtain delivery of the goods:

(a) The carrier shall deliver the goods at the time and location referred to in article 43 to the consignee upon the consignee properly identifying itself on the request of the carrier and surrender of the non-negotiable document. The carrier may refuse delivery if the person claiming to be the consignee fails to properly identify itself on the request of the carrier, and shall refuse delivery if the non-negotiable document is not surrendered. If more than one original of the non-negotiable document has been issued, the surrender of one original will suffice and the other originals cease to have any effect or validity;

(b) Without prejudice to article 48, paragraph 1, if the goods are not deliverable because (i) the consignee, after having received a notice of arrival, does not, at the time or within the time period referred to in article 43, claim delivery of the goods

제46조 상환성을 가진 비유통운송증권이 발행된 경우의 인도

화물의 인도를 위하여는 증권과 상환될 것이 기재된 비유통운송증권이 발행된 경우:

(a) 수하인이 운송인의 요구에 따라 자신이 수하인임을 적절히 확인시키고 비유통증권을 제시하면 운송인은 제43조에 언급된 시간과 장소에서 수하인에게 화물을 인도하여야 한다. 운송인은 수하인임을 주장하는 자가 운송인의 요구가 있음에도 자신이 수하인임을 적절히 확인시키지 못하는 경우 인도를 거절할 수 있고, 비유통증권이 제시되지 아니한 경우 인도를 거절하여야 한다. 복수의 비유통운송증권 원본이 발행된 경우 한 통의 원본의 상환으로써 충분하고 이 때 다른 원본들은 효력을 상실한다.

(b) 제48조 제1항과 상관없이, 화물이 (i) 수하인이, 도착의 통지를 수령한 이후에도 제43조에 규정된 때 또는 기간 내에 운송인에게 화물의 목적지 도착 이후 인도할 것을 청구하지 아니한 경우 (ii) 수하인임을 주장하는 자가 자신이 수하

from the carrier after their arrival at the place of destination, (ii) the carrier refuses delivery because the person claiming to be the consignee does not properly identify itself as the consignee or does not surrender the document, or (iii) the carrier is, after reasonable effort, unable to locate the consignee in order to request delivery instructions, the carrier may so advise the shipper and request instructions in respect of the delivery of the goods. If, after reasonable effort, the carrier is unable to locate the shipper, the carrier may so advise the documentary shipper and request instructions in respect of the delivery of the goods;

(c) The carrier that delivers the goods upon instruction of the shipper or the documentary shipper pursuant to subparagraph (b) of this article is discharged from its obligation to deliver the goods under the contract of carriage, irrespective of whether the non-negotiable transport document has been surrendered to it.

인임을 적절히 확인시키지 못하여 운송인이 인도를 거절하는 결루, 또는 (iii) 운송인이 인도에 관한 지시를 요구하기 위하여 합리적 노력을 하였음에도 수하인을 찾지 못한 경우, 운송인은 송하인에게 그러한 사실을 통지하고 그에게 화물의 인도에 관한 지시를 요구할 수 있다. 만약, 합리적인 노력을 하였음에도 운송인이 송하인을 찾을 수 없는 경우에는 명의상 송하인에게 그러한 사실을 통지하고 그에게 화물의 인도에 관한 지시를 요구할 수 있다.

(c) 본조 (b)항의 규정에 따라 송하인 또는 명의상 송하인의 지시에 따라 화물을 인도하는 운송인은, 그에게 비유통운송증권이 제시되었는지의 여부를 불문하고, 운송계약상 화물을 인도할 의무를 면한다.

Article 47

Delivery when a negotiable transport document or negotiable electronic transport record is issued

1. When a negotiable transport document or a negotiable electronic transport record has been issued:

  (a) The holder of the negotiable transport document or negotiable electronic transport record is entitled to claim delivery of the goods from the carrier after they have arrived at the place of destination, in which event the carrier shall deliver the goods at the time and location referred to in article 43 to the holder:

    (i) Upon surrender of the negotiable transport document and, if the holder is one of the persons referred to in article 1, subparagraph 10 (a) (i), upon the holder properly identifying itself; or

    (ii) Upon demonstration by the holder, in accordance with the procedures referred to in article 9, paragraph 1, that it is the holder of the negotiable electronic transport record;

  (b) The carrier shall refuse delivery if the requirements of subparagraph (a) (i) or (a) (ii) of this paragraph are not met;

제47조 유통운송증권 또는 유통전자운송 기록이 발행된 경우의 인도

1. 유통운송증권 또는 유통전자운송기록이 발행된 경우:

  (a) 유통운송증권 또는 유통전자운송기록의 소지인은 화물이 목적지에 도착한 후 운송인에게 화물의 인도를 청구할 권리를 가지며, 이 경우 운송인은 제43조에 규정된 시간과 장소에서 아래와 같이 소지인에게 화물을 인도하여야 한다.

    (i) 유통운송증권의 상환과 동시에, 또한 만약 소지인이 제1조 제10항 (a)(i)에 열거된 자 중의 일인인 경우 소지인이 적절하게 자신을 확인시킬 때 또는

    (ii) 소지인이 제9조 제1항에 규정된 절차에 따라 자신이 유통전자운송기록의 소지인임을 입증할 때

  (b) 운송인은 본항 (a) (i) 또는 (a) (ii)의 조건이 충족되지 아니할 경우 인도를 거절하여야 한다.

(c) If more than one original of the negotiable transport document has been issued, and the number of originals is stated in that document, the surrender of one original will suffice and the other originals cease to have any effect or validity. When a negotiable electronic transport record has been used, such electronic transport record ceases to have any effect or validity upon delivery to the holder in accordance with the procedures required by article 9, paragraph 1.

2. Without prejudice to article 48, paragraph 1, if the negotiable transport document or the negotiable electronic transport record expressly states that the goods may be delivered without the surrender of the transport document or the electronic transport record, the following rules apply:

(a) If the goods are not deliverable because (i) the holder, after having received a notice of arrival, does not, at the time or within the time period referred to in article 43, claim delivery of the goods from the carrier after their arrival at the place of destination, (ii) the carrier refuses delivery because the person claiming to be a holder does not properly identify itself as one of the persons

(c) 복수의 유통운송증권의 원본이 발행된 경우, 그리고 원본의 수가 그 증권에 기재된 경우, 한 통의 원본을 상환하면 충분하고 이 때 다른 원본은 효력을 상실한다. 유통전자운송기록이 사용된 경우, 그러한 전자운송기록은 제9조 제1항에서 요구하는 절차에 따라 소지인에게 인도됨과 동시에 효력을 상실한다.

2. 제48조 제1항과 상관없이, 유통운송증권 또는 유통전자운송기록에 운송증권 또는 전자운송기록의 상환 없이 화물이 인도될 수 있다는 명시적인 기재가 있는 경우 아래의 규칙이 적용된다.

(a) 화물이 (i) 소지인이, 도착의 통지를 수령한 이후에도 제43조에 규정된 때 또는 기간 내에 운송인에게 화물의 목적지 도착 이후 인도할 것을 청구하지 아니한 경우 (ii) 소지인임을 주장하는 자가 자신이 제1조 제10항 (a)(i)에 열거된 자 중의 일인임을 적절히 확인시키지 못하여 운송인이 인도를 거절하는 경우, 또는 (iii) 운송인이 인도에 관한 지시를 요구하기 위하여 합

referred to in article 1, subparagraph 10 (a) (i), or (iii) the carrier is, after reasonable effort, unable to locate the holder in order to request delivery instructions, the carrier may so advise the shipper and request instructions in respect of the delivery of the goods. If, after reasonable effort, the carrier is unable to locate the shipper, the carrier may so advise the documentary shipper and request instructions in respect of the delivery of the goods;

(b) The carrier that delivers the goods upon instruction of the shipper or the documentary shipper in accordance with subparagraph 2 (a) of this article is discharged from its obligation to deliver the goods under the contract of carriage to the holder, irrespective of whether the negotiable transport document has been surrendered to it, or the person claiming delivery under a negotiable electronic transport record has demonstrated, in accordance with the procedures referred to in article 9, paragraph 1, that it is the holder;

(c) The person giving instructions under subparagraph 2 (a) of this article shall indemnify the carrier against loss arising from its being held liable to the holder under subparagraph 2 (e)

리적 노력을 하였음에도 소지인을 찾지 못한 경우, 운송인은 송하인에게 그러한 사실을 통지하고 그에게 화물의 인도에 관한 지시를 요구할 수 있다. 만약, 합리적인 노력을 하였음에도 운송인이 송하인을 찾을 수 없는 경우에는 운송인은 명의상 송하인에게 그러한 사실을 통지하고 그에게 화물의 인도에 관한 지시를 요구할 수 있다.

(b) 본조 제2항 (a)의 규정에 따라 송하인 또는 명의상 송하인의 지시에 따라 화물을 인도하는 운송인은, 그에게 유통운송증권이 제시되었는지의 여부, 또는 유통전자운송기록상 인도를 청구하는 자가 제9조 제1항에 규정된 절차에 따라 자신이 소지인임을 입증하였는지의 여부를 불문하고 운송계약상 소지인에게 화물을 인도할 의무를 면한다.

(c) 본조 제2항 (a)에 따라 지시를 하는 자는 본조 제2항(e)에 의하여 소지인에게 책임을 부담함으로써 야기되는 멸실에 대하여 운송인에게 보상하여 주어야 한다. 운송

of this article. The carrier may refuse to follow those instructions if the person fails to provide adequate security as the carrier may reasonably request;

(d) A person that becomes a holder of the negotiable transport document or the negotiable electronic transport record after the carrier has delivered the goods pursuant to subparagraph 2 (b) of this article, but pursuant to contractual or other arrangements made before such delivery acquires rights against the carrier under the contract of carriage, other than the right to claim delivery of the goods;

(e) Notwithstanding subparagraphs 2 (b) and 2 (d) of this article, a holder that becomes a holder after such delivery, and that did not have and could not reasonably have had knowledge of such delivery at the time it became a holder, acquires the rights incorporated in the negotiable transport document or negotiable electronic transport record. When the contract particulars state the expected time of arrival of the goods, or indicate how to obtain information as to whether the goods have been delivered, it is presumed that the holder at the time that it became a holder had or could reasonably have

인은 그 자가 운송인이 합리적으로 요구하는 적절한 보증을 제공하지 못할 경우 그러한 지시에 따를 것을 거절할 수 있다.

(d) 본조 제2항 (b)에 따라서 운송인이 화물을 인도한 이후 유통운송증권 또는 유통운송증권의 소지인이 된 자는, 그러한 인도전에 체결된 계약 또는 다른 약정에 따라 운송인에 대하여 운송 계약상 화물인도청구권 외의 다른 권리를 취득한다.

(e) 본조 제2항 (b)와 (d에도 불구하고, 그러한 인도 이후에 소지인이 된 자, 그리고 소지인이 될 당시에 그러한 인도가 있었는지 알지 못하였고 합리적으로 알 수 없었던 소지인은, 유통운송증권 또는 유통전자운송기록에 포함된 권리를 취득한다. 계약명세에 화물의 예정 도착시간이 기재된 경우, 또는 화물이 인도되었는지 여부에 관한 정보의 획득방법이 기재된 경우, 소지인은 소지인이 되는 때에 화물의 인도를 알았거나 합리적으로 알 수 있었던 때로 추정된다.

had knowledge of the delivery of the goods.

Article 48

Goods remaining undelivered

1. For the purposes of this article, goods shall be deemed to have remained undelivered only if, after their arrival at the place of destination:

   (a) The consignee does not accept delivery of the goods pursuant to this chapter at the time and location referred to in article 43;

   (b) The controlling party, the holder, the shipper or the documentary shipper cannot be found or does not give the carrier adequate instructions pursuant to articles 45, 46 and 47;

   (c) The carrier is entitled or required to refuse delivery pursuant to articles 44, 45, 46 and 47;

   (d) The carrier is not allowed to deliver the goods to the consignee pursuant to the law or regulations of the place at which delivery is requested; or

   (e) The goods are otherwise undeliverable by the carrier.

2. Without prejudice to any other rights that the carrier may have against the shipper, controlling party or consignee, if the goods

제48조 인도되지 아니한 화물

1. 본조의 목적을 위하여, 화물은 목적지에 도착한 이후 아래의 경우에 인도되지 아니한 것으로 본다:

   (a) 수하인이 이 장에 따라 제43조에 규정된 시간과 장소에서 화물의 인도를 수령하지 아니한 경우

   (b) 처분권자, 소지인, 송하인 또는 명의상의 송하인을 찾을 수 없거나 또는 운송인에게 제45조, 제46조 그리소 제47조에 따른 적절한 지시를 하지 아니하는 경우

   (c) 운송인이 제44조, 제45조, 제46조 그리고 제47조에 따라 인도를 거절할 권리가 주어지거나 거절할 것이 요구되는 경우

   (d) 인도가 요구되는 장소의 법률이나 규정에 따를 때 운송인이 수하인에게 화물을 인도할 것이 허용되지 아니한 경우 또는

   (e) 그 밖의 이유로 운송인이 화물을 인도하는 것이 불가능한 경우.

2. 운송인이 송하인, 처분권자 또는 수하인에 대하여 가지는 다른 권리에 영향을 주지 아니하고, 화물이 인도되지

have remained undelivered, the carrier may, at the risk and expense of the person entitled to the goods, take such action in respect of the goods as circumstances may reasonably require, including:

  (a) To store the goods at any suitable place;
  (b) To unpack the goods if they are packed in containers or vehicles, or to act otherwise in respect of the goods, including by moving them; and
  (c) To cause the goods to be sold or destroyed in accordance with the practices or pursuant to the law or regulations of the place where the goods are located at the time.

3. The carrier may exercise the rights under paragraph 2 of this article only after it has given reasonable notice of the intended action under paragraph 2 of this article to the person stated in the contract particulars as the person, if any, to be notified of the arrival of the goods at the place of destination, and to one of the following persons in the order indicated, if known to the carrier: the consignee, the controlling party or the shipper.

4. If the goods are sold pursuant to subparagraph 2 (c) of this article, the carrier shall hold the proceeds of the sale for the benefit of the person entitled to the goods,

아니한 경우, 운송인은 화물에 대한 권리를 가지는 자의 책임과 비용으로 화물과 관련하여, 아래의 사항을 포함하여 상황에 따라 합리적으로 요구되는 행동을 취할 수 있다:

  (a) 적절한 장소에 화물을 보관하는 것
  (b) 화물이 컨테이너나 차량에 실린 경우 이를 꺼내는 것, 또는 그밖에 화물을 이동하는 것을 포함하여 화물과 관련된 다른 행동을 취하는 것 그리고
  (c) 화물이 당시 위치하는 장소의 관례 또는 법률이나 규정에 따라 화물의 매도 또는 파괴하는 것.

3. 운송인은 계약 명세에 화물의 목적지에서의 도착을 통지받을 자로서 기재된 자가 있다면 그러한 자, 그리고 운송인에게 알려진 경우에는 수하인 처분권자 또는 송하인의 순서대로 이들 중 일인에게 본조 제2항 중 예정된 행위에 대한 합리적인 통지를 한 이후에만 본조 제2항의 권리를 행사할 수 있다.

4. 화물이 본조 제2항ⓒ에 따라 매각된 경우 운송인은 운송인이 지출한 비용 및 그 밖에 화물의 운송과 관련하여 운송인이 부담하게 된 다른 금액을 공제

subject to the deduction of any costs incurred by the carrier and any other amounts that are due to the carrier in connection with the carriage of those goods.

5. The carrier shall not be liable for loss of or damage to goods that occurs during the time that they remain undelivered pursuant to this article unless the claimant proves that such loss or damage resulted from the failure by the carrier to take steps that would have been reasonable in the circumstances to preserve the goods and that the carrier knew or ought to have known that the loss or damage to the goods would result from its failure to take such steps.

Article 49

Retention of goods

Nothing in this Convention affects a right of the carrier or a performing party that may exist pursuant to the contract of carriage or the applicable law to retain the goods to secure the payment of sums due.

하고 화물에 대한 권리를 가지는 자의 이익을 위하여 매각절차를 진행하여야 한다.

5. 운송인은 본조에 따라 화물이 인도되지 아니한 상태로 있는 동안에 발생한 멸실 또는 훼손에 대하여, 그러한 멸실 또는 훼손이 운송인이 상황에 따라 화물을 보존하기 위하여 합리적인 조치를 취하지 아니한 결과로 발생한 것이고 운송인이 자신이 그러한 조치를 취하지 아니하여 화물에 대한 멸실 또는 훼손이 발생할 수 있음을 알았거나 알았어야만 했음을 청구인이 입증하지 아니하는 한 책임을 부담하지 아니한다.

제49조 화물의 유치

이 협약의 어떤 조항도 지급되어야 하는 대금을 확보하기 위하여 화물을 유치할 운송계약상 또는 적용 가능한 법률에 따라 운송인 또는 이행 당사자가 가지는 권리에 영향을 미치지 아니한다.

Chapter 10
Rights of the controlling party

Article 50
Exercise and extent of right of control

1. The right of control may be exercised only by the controlling party and is limited to:

    (a) The right to give or modify instructions in respect of the goods that do not constitute a variation of the contract of carriage;

    (b) The right to obtain delivery of the goods at a scheduled port of call or, in respect of inland carriage, any place en route; and

    (c) The right to replace the consignee by any other person including the controlling party.

2. The right of control exists during the entire period of responsibility of the carrier, as provided in article 12, and ceases when that period expires.

Article 51
Identity of the controlling party and transfer of the right of control

1. Except in the cases referred to in paragraphs 2, 3 and 4 of this article:

    (a) The shipper is the controlling party

제10장   처분권자의 권리

제50조 처분권의 행사와 범위

1. 처분권은 처분권자에 의하여만 행사될 수 있으며 아래의 사항에 한한다:

    (a) 운송계약에 변경을 가하지 아니하는 한도에서 화물에 대한 지시를 하거나 지시를 수정할 수 있는 권리

    (b) 예정된 기항지 또는 내륙운송의 경우에는 경유지의 어떤 곳에서도 화물의 인도를 받을 수 있는 권리 그리고

    (c) 처분권자를 포함하여 그 밖의 어떠한 자로써 수하인을 대체할 수 있는 권리

2. 처분권은 제12조에 규정된 운송인의 책임기간의 전체 기간 동안 존재하고 그 기간의 종료로 소멸한다.

제51조 처분권자의 확정과 처분권의 양도

1. 본조 제2항, 제3항 그리고 제4항에 규정된 경우를 제외하고:

    (a) 운송계약이 체결된 때에 송하인이

unless the shipper, when the contract of carriage is concluded, designates the consignee, the documentary shipper or another person as the controlling party;

(b) The controlling party is entitled to transfer the right of control to another person. The transfer becomes effective with respect to the carrier upon its notification of the transfer by the transferor, and the transferee becomes the controlling party; and

(c) The controlling party shall properly identify itself when it exercises the right of control.

2. When a non-negotiable transport document has been issued that indicates that it shall be surrendered in order to obtain delivery of the goods:

(a) The shipper is the controlling party and may transfer the right of control to the consignee named in the transport document by transferring the document to that person without endorsement. If more than one original of the document was issued, all originals shall be transferred in order to effect a transfer of the right of control; and

(b) In order to exercise its right of control, the controlling party shall produce the document and properly

수하인, 명의살 송하인 또는 그 밖의 자를 처분권자로 지정하지 아니하는 한 송하인이 처분권자가 된다.

(b) 처분권자는 처분권을 타인에게 양도할 수 있는 권리가 있다. 양도는 양도인이 양도의 통지를 한 때에 운송인과 관계에서 효력이 발생하고, 양수인은 처분권자가 된다. 그리고

(c) 처분권자가 처분권을 행사할 때에는 처분권자임을 적절히 확인시켜야 한다.

2. 화물의 인도를 위하여 증권과 상환될 것이 기재된 비유통운송증권이 발행된 경우:

(a) 처분권자는 송하인이며 그는 운송증권에 기재된 수하인에게 배서 없이 증권을 양도함으로써 처분권을 양도할 수 있다. 복수의 증권 원본이 발행된 경우 처분권의 양도가 유효하기 위하여서는 모든 원본이 양도되어야 한다 그리고

(b) 처분권을 행사하기 위하여, 처분권자는 증권을 제시하여야 하고 처분권자임을 적절히 확인시켜야

identify itself. If more than one original of the document was issued, all originals shall be produced, failing which the right of control cannot be exercised.

3. When a negotiable transport document is issued:

(a) The holder or, if more than one original of the negotiable transport document is issued, the holder of all originals is the controlling party;

(b) The holder may transfer the right of control by transferring the negotiable transport document to another person in accordance with article 57. If more than one original of that document was issued, all originals shall be transferred to that person in order to effect a transfer of the right of control; and

(c) In order to exercise the right of control, the holder shall produce the negotiable transport document to the carrier, and if the holder is one of the persons referred to in article 1, subparagraph 10 (a) (i), the holder shall properly identify itself. If more than one original of the document was issued, all originals shall be produced, failing which the right of control cannot be exercised.

한다. 복수의 증권 원본이 발행된 경우에는 모든 원본이 제시되어야 하며 이를 하지 아니한 때에는 처분권을 행사할 수 없다.

3. 유통운송증권이 발행된 경우:

(a) 소지인, 또는 복수의 유통운송증권 원본이 발행된 경우에는 모든 원본의 소지인이 처분권자가 된다.

(b) 소지인은 제57조에 따라 타인에 유통운송증권을 양도함으로써 처분권을 양도할 수 있다. 복수의 증권 원본이 발행된 경우 처분권의 양도가 유효하기 위하여서는 그 자에게 모든 원본이 양도되어야 한다. 그리고

(c) 처분권을 행사하기 위하여는, 소지인은 유통운송증권을 운송인에게 제시하여야 하며 소지인이 제1조 제10항(a)(i)에 열거된 자 중 일인인 경우, 소지인은 그 신분을 확인시켜야 한다. 복수의 증권 원본이 발행된 경우에는 모든 원본이 제시되어야 하며 이를 하지 아니한 때에는 처분권을 행사할 수 없다.

4. When a negotiable electronic transport record is issued:

    (a) The holder is the controlling party;

    (b) The holder may transfer the right of control to another person by transferring the negotiable electronic transport record in accordance with the procedures referred to in article 9, paragraph 1; and

    (c) In order to exercise the right of control, the holder shall demonstrate, in accordance with the procedures referred to in article 9, paragraph 1, that it is the holder.

Article 52

Carrier's execution of instructions

1. Subject to paragraphs 2 and 3 of this article, the carrier shall execute the instructions referred to in article 50 if:

    (a) The person giving such instructions is entitled to exercise the right of control;

    (b) The instructions can reasonably be executed according to their terms at the moment that they reach the carrier; and

    (c) The instructions will not interfere with the normal operations of the carrier, including its delivery practices.

2. In any event, the controlling party shall

---

4. 유통전자증권기록이 발행된 경우:

    (a) 소지인이 처분권자가 된다.

    (b) 소지인은 제9조 제1항에 규정된 절차에 따라 타인에 유통전자운송기록을 양도함으로써 처분권을 양도할 수 있다. 그리고

    (c) 처분권을 행사하기 위하여 소지인은 제9조 제1항에 규정된 절차에 따라 자신이 소지인임을 입증하여야 한다.

제52조 운송인의 지시에 따른 이행

1. 본조 제2항과 제3항의 적용 하에, 운송인은 아래의 경우 제50조에서 규정된 지시를 이행하여야 한다:

    (a) 처분권을 행사할 권리를 가진 자가 그러한 지시를 한 경우

    (b) 지시가 운송인에게 도달하는 때에 그 지시에 따른 합리적인 이행이 가능한 경우 그리고

    (c) 지시가 인도의 관행을 포함하여 운송인의 정상업무를 방해하지 아니하는 경우

2. 어떠한 경우에도 처분권자는 운송인

reimburse the carrier for any reasonable additional expense that the carrier may incur and shall indemnify the carrier against loss or damage that the carrier may suffer as a result of diligently executing any instruction pursuant to this article, including compensation that the carrier may become liable to pay for loss of or damage to other goods being carried.

3. The carrier is entitled to obtain security from the controlling party for the amount of additional expense, loss or damage that the carrier reasonably expects will arise in connection with the execution of an instruction pursuant to this article. The carrier may refuse to carry out the instructions if no such security is provided.

4. The carrier's liability for loss of or damage to the goods or for delay in delivery resulting from its failure to comply with the instructions of the controlling party in breach of its obligation pursuant to paragraph 1 of this article shall be subject to articles 17 to 23, and the amount of the compensation payable by the carrier shall be subject to articles 59 to 61.

Article 53
Deemed delivery

Goods that are delivered pursuant to an instruction in accordance with article 52, paragraph 1, are deemed to be delivered at

이 초래한 합리적인 추가비용을 운송인에게 상환하여야 하며, 운송인이 본조에 따른 지시를 성실하게 실행한 결과로, 운송인이 운송중인 다른 화물에 대한 멸실 또는 훼손에 대하여 지급할 책임을 부담하는 배상을 포함하여, 운송인이 입게 되는 멸실 또는 훼손에 대하여 보상하여야 한다.

3. 운송인은 그가 본조에 따른 지시의 이행과 관련하여 발생할 것으로 합리적으로 예상되는 추가비용, 멸실 또는 훼손에 대하여 처분권자로부터 보증을 요구할 권리가 있다. 운송인은 그러한 보증금이 제공되지 아니한 경우 지시를 이행할 것을 거절할 수 있다.

4. 운송인이 처분권자의 지시를 이해하지 아니함으로써 본조 제1항에 따른 운송인의 의무를 위반하여 발생한 화물의 멸실, 훼손 또는 인도의 지연에 대한 그의 책임은 제17조 내지 제23조에 따르며, 운송인에 의하여 지급될 배상액은 제59조 내지 제61조에 따른다.

제53조 인도의 간주

제52조 제1항에 근거한 지시에 따라 인도된 화물은 목적지에서 인도된 것으로 간주되고 인도와 관련된 제9장의 규정

the place of destination, and the provisions of chapter 9 relating to such delivery apply to such goods.

이 이에 적용된다.

Article 54

Variations to the contract of carriage

1. The controlling party is the only person that may agree with the carrier to variations to the contract of carriage other than those referred to in article 50, subparagraphs 1 (b) and (c).

2. Variations to the contract of carriage, including those referred to in article 50, subparagraphs 1 (b) and (c), shall be stated in a negotiable transport document or in a non-negotiable transport document that requires surrender, or incorporated in a negotiable electronic transport record, or, upon the request of the controlling party, shall be stated in a non-negotiable transport document or incorporated in a non-negotiable electronic transport record. If so stated or incorporated, such variations shall be signed in accordance with article 38.

제54조 운송계약의 변경

1. 처분권자는 제50조 제1항(b)와(c)에 규정된바 이외의 운송계약의 변경에 대하여 운송인과 합의할 수 있는 유일한 자이다.

2. 제50조 제1항(b)와 (c)에 규정된 바를 포함하는 운송계약의 변경은 유통운송증권 또는 상환을 요하는 비유통운송증권에 기재되거나 유통전자운송기록에 포함되거나, 또는 처분권자의 요구에 따라 비유통운송증권에 기재되거나 비유통전자운송기록에 포함되어야 한다. 이와 같이 기재되거나 포함된 경우 그러한 변경은 제38조에 따라 서명되어야 한다.

Article 55

Providing additional information, instructions or documents to carrier

1. The controlling party, on request of the carrier or a performing party, shall provide in a timely manner information, instructions

제55조 운송인에 대한 추가적 정보, 지시 또는 서류의 제공

1. 처분권자는 운송인 또는 이행당사자의 요구에 따라 적시에 아직 송하인에 의하여 제공되지 아니하고 달리 운송인

or documents relating to the goods not yet provided by the shipper and not otherwise reasonably available to the carrier that the carrier may reasonably need to perform its obligations under the contract of carriage.

2. If the carrier, after reasonable effort, is unable to locate the controlling party or the controlling party is unable to provide adequate information, instructions or documents to the carrier, the shipper shall provide them. If the carrier, after reasonable effort, is unable to locate the shipper, the documentary shipper shall provide such information, instructions or documents.

Article 56
Variation by agreement

The parties to the contract of carriage may vary the effect of articles 50, subparagraphs 1 (b) and (c), 50, paragraph 2, and 52. The parties may also restrict or exclude the transferability of the right of control referred to in article 51, subparagraph 1 (b).

에게 합리적으로 접근 가능하지 아니한 것으로서 운송인이 운송계약상의 의무를 이행하기 위하여 합리적으로 필요한 화물과 관련된 정보, 지시 또는 서류를 제공하여야 한다.

2. 운송인이 합리적인 노력 후에도 처분권자를 찾을 수 없는 때 또는 처분권자가 운송인에게 적절한 정보, 지시 또는 서류를 제공할 수 없는 때에는 송하인이 이를 제공하여야 한다. 운송인이 합리적인 노력 후에도 송하인을 찾을 수 없는 때에는 명의상 송하인이 그러한 정보, 지시 또는 서류를 제공하여야 한다.

제56조 합의에 의한 변경

운송계약의 당사자들은 제50조 제1항 (b), (c)와 제2항, 그리고 제55조의 효력을 변경할 수 있다. 당사자들은 또한 제51조 제1항(b)에 규정된 처분권의 양도성을 제한하거나 배제할 수 있다.

Chapter 11
Transfer of rights

Article 57

When a negotiable transport document or negotiable electronic transport record is issued

1. When a negotiable transport document is issued, the holder may transfer the rights incorporated in the document by transferring it to another person:

   (a) Duly endorsed either to such other person or in blank, if an order document; or

   (b) Without endorsement, if: (i) a bearer document or a blank endorsed document; or (ii) a document made out to the order of a named person and the transfer is between the first holder and the named person.

2. When a negotiable electronic transport record is issued, its holder may transfer the rights incorporated in it, whether it be made out to order or to the order of a named person, by transferring the electronic transport record in accordance with the procedures referred to in article 9, paragraph 1.

제11장 권리의 양도

제57조 유통운송증권 또는 유통전자운송기록이 발행된 경우

1. 유통운송증권이 발행된 경우, 소지인은 아래에 따라 운송증권을 타인에게 이전함으로써 그러한 증권에 포함된 권리를 양도할 수 있다:

   (a) 지시식인 경우 양도받은 자에게 또는 백지식으로 배서함으로써 또는

   (b) (i) 소지인출급식 또는 백지식 배서 증권인 경우 또는 (ii) 기명된 자의 지시식으로 발행된 증권에서 양도가 최초 소지인과 그 기명된 자 사이에 이루어지는 경우에는 배서 없이

2. 유통전자운송기록이 발행된 경우에는 소지인은 그 운송기록에 포함된 권리를, 지시식 또는 기명된 자의 지시식인지 여부와 관계없이, 제9조 제1항에 규정된 절차에 따라 전자운송기록을 이전함으로써 양도할 수 있다.

Article 58

Liability of holder

1. Without prejudice to article 55, a holder that is not the shipper and that does not exercise any right under the contract of carriage does not assume any liability under the contract of carriage solely by reason of being a holder.

2. A holder that is not the shipper and that exercises any right under the contract of carriage assumes any liabilities imposed on it under the contract of carriage to the extent that such liabilities are incorporated in or ascertainable from the negotiable transport document or the negotiable electronic transport record.

3. For the purposes of paragraphs 1 and 2 of this article, a holder that is not the shipper does not exercise any right under the contract of carriage solely because:

(a) It agrees with the carrier, pursuant to article 10, to replace a negotiable transport document by a negotiable electronic transport record or to replace a negotiable electronic transport record by a negotiable transport document; or

(b) It transfers its rights pursuant to article 57.

제58조 소지인의 책임

1. 제55조와 상관 없이, 송하인이 아니면서 운송계약상의 권리를 행사하지 아니한 소지인은 소지인이라는 이유만으로는 운송계약상의 책임을 부담하지 아니한다.

2. 송하인이 아니면서 운송계약상의 어떠한 권리를 행사하는 소지인은 운송계약상 자신에게 부과된 책임을, 그러한 책임이 유통운송증권 또는 유통전자운송기록에 포함되어 있거나 또는 그로부터 확인 가능한 경우 그 한도에서 부담한다.

3. 본조 제1,2항의 목적을 위하여, 송하인이 아닌 소지인은 아래의 이유만으로는 운송계약상의 어떠한 권리를 행사하는 것으로 되지 아니한다:

(a) 유통운송증권에 대신하여 운송인에게 제10조에 따라 유통운송증권을 유통전자운송기록으로 대체할 것 또는 유통전자운송기록을 유통운송기록으로 대체할 것에 운송인과 합의하는 경우 또는

(b) 제57조에 따라 자신의 권리를 양도하는 경우

Chapter 12
Limits of liability

제12장 책임의 한도

Article 59
Limits of liability

제59조 책임의 한도

1. Subject to articles 60 and 61, paragraph 1, the carrier's liability for breaches of its obligations under this Convention is limited to 875 units of account per package or other shipping unit, or 3 units of account per kilogram of the gross weight of the goods that are the subject of the claim or dispute, whichever amount is the higher, except when the value of the goods has been declared by the shipper and included in the contract particulars, or when a higher amount than the amount of limitation of liability set out in this article has been agreed upon between the carrier and the shipper.

2. When goods are carried in or on a container, pallet or similar article of transport used to consolidate goods, or in or on a vehicle, the packages or shipping units enumerated in the contract particulars as packed in or on such article of transport or vehicle are deemed packages or shipping units. If not so enumerated, the goods in or on such article of transport or vehicle are deemed one shipping unit.

3. The unit of account referred to in this article is the Special Drawing Right as

1. 제60조, 제61조 제1항의 적용 하에, 운송인의 이 협약상의 의무위반에 대한 책임은, 송하인이 화물의 가격을 신고하고 이것이 계약명세에 포함된 경우, 또는 본조에 규정된 책임한도액보다 큰 금액이 운송인과 송하인 사이에 합의된 경우를 제외하고, 포장 또는 선적단위 당 875 계산단위, 또는 및 청구나 분쟁 대상인 화물의 총중량의 킬로그램당 3 계산단위 중에서 큰 금액으로 한다.

2. 화물이 컨테이너, 팔레트 또는 화물을 통합하기 위하여 사용된 유사한 운송용기, 또는 차량에 실려 운송되는 경우에, 계약명세에 운송용기 또는 차량 등에 적재된 것으로 기재된 포장이나 선적단위가 있는 경우에는 이를 포장이나 선적단위로 간주한다. 그러한 기재가 없는 경우 그러한 운송용기 또는 차량에 적재되어 있는 화물을 하나의 선적단위로 간주한다.

3. 본조에 규정된 계산단위는 국제통화기금(IMF)에 의하여 정의된 특별인출권

defined by the International Monetary Fund. The amounts referred to in this article are to be converted into the national currency of a State according to the value of such currency at the date of judgement or award or the date agreed upon by the parties. The value of a national currency, in terms of the Special Drawing Right, of a Contracting State that is a member of the International Monetary Fund is to be calculated in accordance with the method of valuation applied by the International Monetary Fund in effect at the date in question for its operations and transactions. The value of a national currency, in terms of the Special Drawing Right, of a Contracting State that is not a member of the International Monetary Fund is to be calculated in a manner to be determined by that State.

(SDR)으로 한다. 본조에 규정된 금액은 판결 또는 판정의 선고일 또는 당사자에 의하여 합의된 날의 통화가치에 따라 그 국가의 국내통화로 환산한다. 국제통화기금의 회원국인 체약국의 특별인출권에 대한 국내통화의 가치는 그 운영과 거래에 관하여 당해 일자에 실시되고 있는 국제통화기금이 적용하는 평가방법에 따라 산출한다. 국제통화기금의 회원국이 아닌 체약국의 특별인출권에 대한 국내통화의 가치는 그 국가에서 결정하는 방법에 따라 산출한다.

Article 60

Limits of liability for loss caused by delay

Subject to article 61, paragraph 2, compensation for loss of or damage to the goods due to delay shall be calculated in accordance with article 22 and liability for economic loss due to delay is limited to an amount equivalent to two and one-half times the freight payable on the goods delayed. The total amount payable pursuant to this article and article 59, paragraph 1, may not exceed the limit that would be

제60조 연착에 의한 손해에 대한 책임의 한도

제61조 제2항의 적용 하에, 연착으로 인한 화물의 멸실 또는 훼손에 대한 배상은 제22조에 따라 계산되어야 하며 연착으로 인한 경제적 손실에 대한 책임은 연착된 화물에 대하여 지급될 운임의 2.5배에 해당하는 금액으로 제한된다. 본조와 제59조 제1항에 따라 지급되는 총 금액은 관련 화물의 총 손해에 대하여 제59조 제1항에 따라 설정되는 책임제한액을 초과하지 못한다.

established pursuant to article 59, paragraph 1, in respect of the total loss of the goods concerned.

Article 61

Loss of the benefit of limitation of liability

1. Neither the carrier nor any of the persons referred to in article 18 is entitled to the benefit of the limitation of liability as provided in article 59, or as provided in the contract of carriage, if the claimant proves that the loss resulting from the breach of the carrier's obligation under this Convention was attributable to a personal act or omission of the person claiming a right to limit done with the intent to cause such loss or recklessly and with knowledge that such loss would probably result.

2. Neither the carrier nor any of the persons mentioned in article 18 is entitled to the benefit of the limitation of liability as provided in article 60 if the claimant proves that the delay in delivery resulted from a personal act or omission of the person claiming a right to limit done with the intent to cause the loss due to delay or recklessly and with knowledge that such loss would probably result.

제61조 책임제한이익의 상실

1. 운송인 또는 제18조에 열거된 어떠한 자도, 청구인이 운송인의 이 협약상 의무의 위반으로 인한 손해가 책임제한을 주장하는 자가 그러한 손해를 발생시킬 의도로써 또는 그러한 손해가 아마도 발생한 것을 인식하면서 무모하게 행한 작위 또는 부작위에 의하여 야기된 것임을 입증한 경우에는 제59조에 규정된 또는 운송계약상 제공된 책임제한의 이익을 주장할 수 없다.

2. 운송인 또는 제18조에 열거된 어떠한 자도, 청구인이 운송인의 이 협약상 의무의 위반에 의한 인도의 지연이 책임제한을 주장하는 자가 연착에 의한 손해를 발생시킬 고의로 또는 그러한 손해가 발생할 것을 알면서 무모하게 행한 작위 또는 부작위에 의하여 야기된 것임을 입증한 경우에는 제60조에 규정된 또는 운송계약상 제공된 책임 제한의 이익을 주장할 수 없다.

Chapter 13
Time for suit

제13장 제소의 시기

Article 62

Period of time for suit

제62조 제소기간

1. No judicial or arbitral proceedings in respect of claims or disputes arising from a breach of an obligation under this Convention may be instituted after the expiration of a period of two years.

2. The period referred to in paragraph 1 of this article commences on the day on which the carrier has delivered the goods or, in cases in which no goods have been delivered or only part of the goods have been delivered, on the last day on which the goods should have been delivered. The day on which the period commences is not included in the period.

3. Notwithstanding the expiration of the period set out in paragraph 1 of this article, one party may rely on its claim as a defence or for the purpose of set-off against a claim asserted by the other party.

1. 이 협약상의 의무위반과 관련하여 야기된 손해배상청구 또는 분쟁에 대한 어떠한 사법절차 또는 중재절차도 2년의 기간이 지난 후에 제기될 수 없다.

2. 본조 제1항에 규정된 기간은 운송인이 화물을 인도한 날, 또는 화물이 인도되지 아니하였거나 일부만 인도된 경우에는 화물이 인도되었어야 할 최후의 날부터 기산한다. 기산일은 기간에 산입되지 아니한다.

3. 본조 제1항에서 정한 기간의 만료에도 불구하고, 일방 당사자는 다른 당사자에 의하여 주장된 손해배상청구에 대하여 항변 또는 상계의 목적으로 자신의 손해배상청구를 원용할 수 있다.

Article 63

Extension of time for suit

제63조 제소기간의 연장

The period provided in article 62 shall not be subject to suspension or interruption, but the person against which a claim is made may at any time during the running of the

제62조의 기간은 정지 또는 중단의 대상이 되지 아니한다. 다만 피청구인은 기간의 진행 중 어느 때라도 청구인에게 승인함으로써 그 기간을 연장할 수

period extend that period by a declaration to the claimant. This period may be further extended by another declaration or declarations.

있다. 이 기간은 다른 승인으로써 재차 연장이 가능하다.

Article 64

Action for indemnity

제64조 구상청구소송

An action for indemnity by a person held liable may be instituted after the expiration of the period provided in article 62 if the indemnity action is instituted within the later of:

(a) The time allowed by the applicable law in the jurisdiction where proceedings are instituted; or

(b) Ninety days commencing from the day when the person instituting the action for indemnity has either settled the claim or been served with process in the action against itself, whichever is earlier.

책임이 있는 자에 의한 구상청구소송은 아래의 기간 중 늦은 때 이내에 제기된 경우 제62조에서 정한 기간의 만료 후에도 이를 제기할 수 있다

(a) 절차가 개시된 관할지역의 적용 가능한 법에서 허용하는 기간 또는

(b) 구상청구소송을 제기한 자가 손해배상에 합의한 날 또는 자신에게 제기된 소송의 고지를 받은 날 중에서 빠른 날로부터 기산되는 90일의 기간.

Article 65

Actions against the person identified as the carrier

제65조 운송인으로 확정된 자에 대한 소송

An action against the bareboat charterer or the person identified as the carrier pursuant to article 37, paragraph 2, may be instituted after the expiration of the period provided in article 62 if the action is instituted within the later of:

선체용선자 또는 제37조 제2항에 따라 운송인으로 확정된 자에 대한 소송은 아래의 기간 중 늦은 때 이내에 제기된 경우 제62조에서 제시된 기간의 만료 후에도 제기가 가능하다:

(a) The time allowed by the applicable law in the jurisdiction where proceedings are instituted; or

(b) Ninety days commencing from the day when the carrier has been identified, or the registered owner or bareboat charterer has rebutted the presumption that it is the carrier, pursuant to article 37, paragraph 2.

(a) 절차가 개시된 관할지역의 적용 가능한 법에서 허용하는 기간 또는

(b) 운송인이 확정되거나 또는 등록 된 선주나 선체용선자가 제37조 제2항에 따라 자신이 운송인이 아 님을 반증한 날로부터 기산되는 90일의 기간

Chapter 14
Jurisdiction

제14장 관   할

Article 66
Actions against the carrier

제66조 운송인에 대한 소송

Unless the contract of carriage contains an exclusive choice of court agreement that complies with article 67 or 72, the plaintiff has the right to institute judicial proceedings under this Convention against the carrier:

운송계약에 제67조 또는 제72조에 따른 배타적인 관할법원에 대한 합의가 부재 하는 한, 원고는 아래의 법원에서 운송 인을 상대로 이 협약상의 사법절차를 개시할 권리를 가진다.

(a) In a competent court within the jurisdiction of which is situated one of the following places:

(i) The domicile of the carrier;

(ii) The place of receipt agreed in the contract of carriage;

(iii) The place of delivery agreed in the contract of carriage; or

(iv) The port where the goods are initially loaded on a ship or the port where the goods are finally

(a) 아래 장소의 하나가 존재하는 관 할지역에 속하는 법원:

(i) 운송인의 주소지

(ii) 운송계약에서 합의된 수령장 소

(iii) 운송계약에서 합의된 인도장 소 또는

(iv) 화물이 최초로 선박에 선적된 항구 또는 화물이 최종적으로 선박으로부터 양륙된 항구 또

discharged from a ship; or

는

(b) In a competent court or courts designated by an agreement between the shipper and the carrier for the purpose of deciding claims against the carrier that may arise under this Convention.

(b) 이 협약상 발생할 수 있는 운송인에 대한 손해배상청구를 결정할 목적으로 한 송하인과 운송인의 합의에서 정하여진 법원 또는 법원들

Article 67

Choice of court agreements

제67조 법정선택의 합의

1. The jurisdiction of a court chosen in accordance with article 66, subparagraph (b), is exclusive for disputes between the parties to the contract only if the parties so agree and the agreement conferring jurisdiction:

1. 제66조 제(b)항에 따라 선택된 법원의 관할권은 계약의 당사자가 배타적 관할을 허용하겠다는 합의를 하고 그 합의가 아래의 조건에 합치되는 경우에만 그러한 당사자 사이의 분쟁에 배타적으로 적용된다

(a) Is contained in a volume contract that clearly states the names and addresses of the parties and either (i) is individually negotiated or (ii) contains a prominent statement that there is an exclusive choice of court agreement and specifies the sections of the volume contract containing that agreement; and

(a) 그러한 합의가 당사자의 성명과 주소를 명백히 기재한 대량화물 정기운송계약에 포함되어 있으며 (i) 개별적으로 협상되었거나 또는 (ii)배타적인 관할법원에 대한 합의가 있음을 알리는 명백한 기재가 있으며 동 합의가 포함된 부분을 특정하는 경우 그리고

(b) Clearly designates the courts of one Contracting State or one or more specific courts of one Contracting State.

(b) 그러한 합의가 한 체약국의 법원들 또는 한 체약국의 하나 또는 다수의 특정 법원을 명백히 지정한 경우

2. A person that is not a party to the volume contract is bound by an exclusive

2. 대량화물 정기운송계약의 당사자가 아닌 자는 아래의 경우에만 본조 제1항

choice of court agreement concluded in accordance with paragraph 1 of this article only if:

  (a) The court is in one of the places designated in article 66, subparagraph (a);

  (b) That agreement is contained in the transport document or electronic transport record;

  (c) That person is given timely and adequate notice of the court where the action shall be brought and that the jurisdiction of that court is exclusive; and

  (d) The law of the court seized recognizes that that person may be bound by the exclusive choice of court agreement.

Article 68

Actions against the maritime performing party

The plaintiff has the right to institute judicial proceedings under this
Convention against the maritime performing party in a competent court within the jurisdiction of which is situated one of the following places:

  (a) The domicile of the maritime performing party; or

  (b) The port where the goods are received by the maritime performing

에 따라 체결된 배타적인 관할법원에 대한 합의에 구속된다:

  (a) 합의된 법원이 제66조 제(a)항에서 지정된 장소의 하나인 경우

  (b) 그러한 합의가 운송증권 도는 전자운송기록에 포함된 경우

  (c) 그러한 자가 소송이 제기되는 법원에 대하여, 그리고 그 법원이 배타적 관할권을 가진다는 적시의 적절한 통지를 받은 경우 그리고

  (d) 합의된 법원이 적용하는 법률이 그러한 자가 배타적인 관할법원에 대한 합의에 대한 구속됨을 인정하는 경우

제68조 해상이행당사자에 대한 소송

원고는 아래 장소의 하나가 존재하는 관할 지역에 속하는 법원에서 해상 이행당사자를 상대로 이 협약상의 사법절차를 개시할 권리를 가진다:

  (a) 해상이행당사자의 주소지 또는

  (b) 화물이 해상이행당사자에 의하여 수령된 항구, 화물이 해상이행 당

party, the port where the goods are delivered by the maritime performing party or the port in which the maritime performing party performs its activities with respect to the goods.

사자에 의하여 인도된 항구, 또는 해상이행당사자가 화물과 관련된 행위를 이행하는 항구

Article 69
No additional bases of jurisdiction

Subject to articles 71 and 72, no judicial proceedings under this Convention against the carrier or a maritime performing party may be instituted in a court not designated pursuant to article 66 or 68.

제69조 추가적 재판관할의 불허

제71조와 제72조의 적용 하에, 제66조 또는 제68조에 따라 지정되지 아니한 법원에서는 운송인 또는 해상이행당사자에 대하여 이 협약상의 사법절차를 개시할 수 없다.

Article 70
Arrest and provisional or protective measures

Nothing in this Convention affects jurisdiction with regard to provisional or protective measures, including arrest. A court in a State in which a provisional or protective measure was taken does not have jurisdiction to determine the case upon its merits unless:

(a) The requirements of this chapter are fulfilled; or

(b) An international convention that applies in that State so provides.

제70조 압류와 잠정적 또는 보호적 조치

이 협약의 어떠한 규정도 압류를 포함하여 잠정적 또는 보호적인 조치와 관련된 관할권에 영향을 미치지 아니한다. 잠정적 또는 보호적 조치가 취하여진 국가의 법원은 아래의 경우가 아닌 한 본안에 대하여 판단할 관할권을 가지지 아니한다:

(a) 이 장의 요건이 충족된 경우 또는

(b) 그 국가에서 적용되는 국제협약이 그렇게 규정하는 경우

Article 71

Consolidation and removal of actions

1. Except when there is an exclusive choice of court agreement that is binding pursuant to article 67 or 72, if a single action is brought against both the carrier and the maritime performing party arising out of a single occurrence, the action may be instituted only in a court designated pursuant to both article 66 and article 68. If there is no such court, such action may be instituted in a court designated pursuant to article 68, subparagraph (b), if there is such a court.

2. Except when there is an exclusive choice of court agreement that is binding pursuant to article 67 or 72, a carrier or a maritime performing party that institutes an action seeking a declaration of non-liability or any other action that would deprive a person of its right to select the forum pursuant to article 66 or 68 shall, at the request of the defendant, withdraw that action once the defendant has chosen a court designated pursuant to article 66 or 68, whichever is applicable, where the action may be recommenced.

제71조 소의 병합과 철회

1. 제67조 또는 제72조에 따른 유효한 배타적인 관할법원에 대한 합의가 존재하는 경우를 제외하고, 하나의 사건으로부터 운송인 및 해상 이행당사자 양자에 대하여 단일의 소가 제기된 경우에, 그러한 소송은 제66조 및 제68조에 따라 지정된 법원에서만 제기되어야 한다. 그러한 법원이 부재하는 경우에는 그러한 소송은 제68조 (b)항에 따라 지정된 법원이 있는 경우 그 법원에서 제기되어야 한다.

2. 제67조 또는 제72조에 따른 유효한 배타적인 관할법원에 대한 합의가 존재하는 경우를 제외하고, 채무부존재확인의 소 또는 그 밖에 어떤 자로 하여금 제66조 또는 제68조에 따른 법정지를 선택할 권리를 박탈하려는 다른 소를 제기하는 운송인 또는 이행당사자는, 피고가 제6조 또는 제68조 중 적용 가능한 조항에 따라 지정된, 다시 소를 제기할 수 있는 법원을 선택한 경우 피고의 요구에 의하여 그 소송을 철회하여야 한다.

Article 72

Agreement after a dispute has arisen and jurisdiction when the defendant has entered an appearance

1. After a dispute has arisen, the parties to the dispute may agree to resolve it in any competent court.
2. A competent court before which a defendant appears, without contesting jurisdiction in accordance with the rules of that court, has jurisdiction.

Article 73

Recognition and enforcement

1. A decision made in one Contracting State by a court having jurisdiction under this Convention shall be recognized and enforced in another Contracting State in accordance with the law of such latter Contracting State when both States have made a declaration in accordance with article 74.
2. A court may refuse recognition and enforcement based on the grounds for the refusal of recognition and enforcement available pursuant to its law.
3. This chapter shall not affect the application of the rules of a regional economic integration organization that is a party to this Convention, as concerns the recognition or enforcement of judgements as

제72조 분쟁이 발생한 후의 합의 및 피고가 응소한 경우의 관할

1. 분쟁이 발생한 후 분쟁의 당사자는 어떤 법원에서든 분쟁을 해결할 것이 합의할 수 있다.
2. 피고가 법원에 그 법원의 규칙에 따라 관할에 대한 항변을 하지 아니한 채로 응소한 경우 그 법원 관할권을 가진다.

제73조 판결의 승인과 집행

1. 일방 계약국에서 이 협약상 재판관할권을 가지는 법원에 의하여 내려진 판결은 양 당사국이 제74조에 따른 선언을 한 경우에는 타방 체약국에서도 그 국가의 법에 따라 승인되고 집행되어야 한다.

2. 법원은 자국의 법률에 따라 인정되는 승인과 집행거절에 대한 근거에 기하여 승인과 집행을 거절 할 수 있다.

3. 이 장은 이 협약의 당사자인 지역경제통합기구의, 동 기구의 회원국 간에 있어서의 판결의 승인 또는 집행에 관한 규칙의 적용에, 그러한 규칙이 이 협약의 이전 또는 이후에 채택되었는지를

between member States of the regional economic integration organization, whether adopted before or after this Convention.

불문하고 영향을 미치지 아니한다.

Article 74
Application of chapter 14

The provisions of this chapter shall bind only Contracting States that declare in accordance with article 91 that they will be bound by them.

제74조 제14장의 적용

이 장의 규정은 제91조에 따라 동 규정들의 적용을 받는다고 선언한 체약국에만 적용된다.

Chapter 15
Arbitration

제15장 중   재

Article 75
Arbitration agreements

제75조 중재의 합의

1. Subject to this chapter, parties may agree that any dispute that may arise relating to the carriage of goods under this Convention shall be referred to arbitration.
2. The arbitration proceedings shall, at the option of the person asserting a claim against the carrier, take place at:
   (a) Any place designated for that purpose in the arbitration agreement; or
   (b) Any other place situated in a State where any of the following places is located:
      (i) The domicile of the carrier;
      (ii) The place of receipt agreed in the

1. 이 장의 적용 하에, 당사자들은 이 협약상의 화물의 운송과 관련하여 발생할 수 있는 어떠한 분쟁에 대하여서도 중재에 부탁할 것에 합의할 수 있다.
2. 중재절차는 운송인에 대하여 소를 제기하는 청구인의 선택에 따라 아래 장소 중 한 곳에서 행하여져야 한다:
   (a) 중재의 합의에서 그러한 목적을 위하여 지정된 장소 또는
   (b) 아래의 장소가 위치하는 국가에 있는 그 밖의 장소
      (i) 운송인의 주소지
      (ii) 운송계약에서 합의된 수령장

contract of carriage;

(iii) The place of delivery agreed in the contract of carriage; or

(iv) The port where the goods are initially loaded on a ship or the port where the goods are finally discharged from a ship.

3. The designation of the place of arbitration in the agreement is binding for disputes between the parties to the agreement if the agreement is contained in a volume contract that clearly states the names and addresses of the parties and either:

(a) Is individually negotiated; or

(b) Contains a prominent statement that there is an arbitration agreement and specifies the sections of the volume contract containing the arbitration agreement.

4. When an arbitration agreement has been concluded in accordance with paragraph 3 of this article, a person that is not a party to the volume contract is bound by the designation of the place of arbitration in that agreement only if:

(a) The place of arbitration designated in the agreement is situated in one of the places referred to in subparagraph 2 (b) of this article;

(b) The agreement is contained in the

소

(iii) 운송계약에서 합의된 인도장소 또는

(iv) 화물이 최초로 선박에 선적된 항구 또는 화물이 최종적으로 선박으로부터 양륙된 항구

3. 합의에 의한 중재지의 지정은 그러한 합의가 당사자의 성명과 주소를 명백히 기재한 대형화물 정기운송계약에 포함되어 있으며 또한 아래의 조건 중 하나를 만족할 경우 그러한 합의가 당사자 간의 분쟁을 구속한다:

(a) 개별적으로 협상되었거나 또는

(b) 중재의 합의가 있음을 나타내는 기재가 있으며 그러한 중재의 합의가 포합된 부분을 특정하는 경우

4. 중재의 합의가 본조 제3항에 따라 이루어진 경우에는, 대량화물 정기운송계약의 당사자가 아닌 자는 아래의 경우에만 그 합의에 의한 중재지의 지정에 구속된다

(a) 합의에 지정된 중재지가 본조 제2항 (b)에 언급된 장소 중 한 곳에 위치하는 경우

(b) 그러한 합의가 운송증권 또는 전

transport document or electronic transport record;

(c) The person to be bound is given timely and adequate notice of the place of arbitration; and

(d) Applicable law permits that person to be bound by the arbitration agreement.

5. The provisions of paragraphs 1, 2, 3 and 4 of this article are deemed to be part of every arbitration clause or agreement, and any term of such clause or agreement to the extent that it is inconsistent therewith is void.

Article 76

Arbitration agreement in non-liner transportation

1. Nothing in this Convention affects the enforceability of an arbitration agreement in a contract of carriage in non-liner transportation to which this Convention or the provisions of this Convention apply by reason of:

(a) The application of article 7; or

(b) The parties' voluntary incorporation of this Convention in a contract of carriage that would not otherwise be subject to this Convention.

2. Notwithstanding paragraph 1 of this article, an arbitration agreement in a

자운송기록에 포함된 경우

(c) 구속될 자가 중재지에 대하여 적시의 적절한 통지를 받은 경우 그리고

(d) 적용 가능한 법이 그러한 자가 중재합의에 구속됨을 인정하는 경우

5. 본조의 제1항, 제2항, 제3항, 그리고 제4항의 규정은 모든 중재조항 또는 중재합의의 일부로 간주되고 이와 충돌하는 그러한 조항 또는 합의의 내용은 그 한도에서 무효로 한다.

제76조 비정기선운송에서 중재의 합의

1. 이 협약의 어떠한 규정도 아래와 같은 이유로 이 협약 또는 이 협약의 규정이 적용되는 비정기선운송에서의 운송계약상 중재의 합의의 집행가능성에 영향을 미치지 아니한다:

(a) 제7조의 적용

(b) 달리 이 협약이 적용되지 아니하는 운송계약에서 당사자들이 자발적으로 이 협약을 운송계약에 편입

2. 본조 제1항의 규정에도 불구하고, 제7조의 적용으로 인하여 이 협약이 적용

transport document or electronic transport record to which this Convention applies by reason of the application of article 7 is subject to this chapter unless such a transport document or electronic transport record:

(a) Identifies the parties to and the date of the charter party or other contract excluded from the application of this Convention by reason of the application of article 6; and

(b) Incorporates by specific reference the clause in the charter party or other contract that contains the terms of the arbitration agreement.

되는 운송증권 또는 전자운송기록에 있는 중재의 합의는 그러한 운송증권 또는 전자운송기록이 아래의 조건을 만족하는 경우가 아닌 한 이장의 적용을 받는다:

(a) 제6조의 적용 때문에 이 조의 적용으로부터 제외되는 용선계약 또는 다른 계약의 당사자와 일자를 나타내며 그리고

(b) 중재의 합의의 조건을 포함하는 용선계약 또는 다른 계약의 항목을 특정한 기재로써 편입한 경우

Article 77
Agreement to arbitrate after a dispute has arisen

제77조 분쟁이 발생한 후의 중재의 합의

Notwithstanding the provisions of this chapter and chapter 14, after a dispute has arisen the parties to the dispute may agree to resolve it by arbitration in any place.

이 장과 제14장의 규정에도 불구하고, 분쟁이 발생한 이후 분쟁의 당사자는 어떤 장소에서든 중재에 의하여 이를 해결할 것에 합의할 수 있다.

Article 78
Application of chapter 15

제78조 제15장의 적용

The provisions of this chapter shall bind only Contracting States that declare in accordance with article 91 that they will be bound by them.

이 장의 규정들은 제91조에 따라 동 규정들의 적용을 받겠다고 선언한 체약국에만 적용된다.

Chapter 16
Validity of contractual terms

제16장　계약 조항의 유효성

Article 79

General provisions

제79조 총칙

1. Unless otherwise provided in this Convention, any term in a contract of carriage is void to the extent that it:

  (a) Directly or indirectly excludes or limits the obligations of the carrier or a maritime performing party under this Convention;

  (b) Directly or indirectly excludes or limits the liability of the carrier or a maritime performing party for breach of an obligation under this Convention; or

  (c) Assigns a benefit of insurance of the goods in favour of the carrier or a person referred to in article 18.

2. Unless otherwise provided in this Convention, any term in a contract of carriage is void to the extent that it:

  (a) Directly or indirectly excludes, limits or increases the obligations under this Convention of the shipper, consignee, controlling party, holder or documentary shipper; or

  (b) Directly or indirectly excludes, limits or increases the liability of the shipper, consignee, controlling party,

1. 이 협약에서 달리 정한 경우를 제외하고, 아래와 같은 운송계약상의 조항은 그 한도에서 무효이다.

  (a) 운송인 또는 해상이행당사자의 이 협약상 의무를 직접 또는 간접으로 배제하거나 제한하는 경우

  (b) 운송인 또는 해상이행당사자의 이 협약상 의무의 위반에 대한 책임을 직접 또는 간접으로 배제하거나 제한하는 경우 또는

  (c) 적하보험의 이익을 운송인 또는 제18조에 열거된 자에 유리하게 양도하는 경우

2. 이 협약에서 달리 정한 경우를 제외하고, 아래와 같은 운송계약상의 조항은 그 한도에서 무효이다:

  (a) 송하인, 수하인, 처분권이자, 소지인 또는 명의상의 송하인의 이 협약상 의무를 직접 또는 간접적으로 배제, 제한하거나 또는 증가시키는 경우 또는

  (b) 송하인, 수하인, 처분권자, 소지인 또는 명의상의 송하인의 이 협약상 의무의 위반에 대한 책임을 직

holder or documentary shipper for breach of any of its obligations under this Convention.

접 또는 간접으로 배제, 제한하거나 또는 증가시키는 경우

Article 80

Special rules for volume contracts

1. Notwithstanding article 79, as between the carrier and the shipper, a volume contract to which this Convention applies may provide for greater or lesser rights, obligations and liabilities than those imposed by this Convention.

2. A derogation pursuant to paragraph 1 of this article is binding only when:

(a) The volume contract contains a prominent statement that it derogates from this Convention;

(b) The volume contract is (i) individually negotiated or (ii) prominently specifies the sections of the volume contract containing the derogations;

(c) The shipper is given an opportunity and notice of the opportunity to conclude a contract of carriage on terms and conditions that comply with this Convention without any derogation under this article; and

(d) The derogation is neither (i) incorporated by reference from another document nor (ii) included in a contract of adhesion that is not

제80조 대량화물 정기운송계약에 관한 특칙

1. 제79조에도 불구하고, 운송인과 송하인 사이에서, 이 협약이 적용되는 대량화물 정기운송계약에서는 이 협약에서 정한 것보다 크거나 작은 권리, 의무 그리고 책임을 규정할 수 있다.

2. 제1항에 의한 이 협약 적용의 배제는 아래의 경우에만 효력이 있다:

(a) 대량화물 정기운송계약에 이 협약의 적용이 배제된다는 명백한 기재가 있고

(b) 대량화물 정기운송계약이 (i) 개별적으로 협상되었거나 (ii) 적용배제의 내용을 포함하는 대량화물 정기운송계약의 부분을 명백하게 특정하고

(c) 송하인에게 본조의 적용의 배제 없이 이 협약에 합치하는 조건을 내용으로 하는 운송계약을 체결할 기회와 그러한 기회가 있다는 데 대한 통지가 주어졌고, 그리고

(d) 적용의 배제가 (i) 다른 서류로부터의 참조표시에 의하여 편입된 것이 아니고 또한 (ii) 협상의 대상이 아닌 부합계약에 포함된 것

subject to negotiation.

3. A carrier's public schedule of prices and services, transport document, electronic transport record or similar document is not a volume contract pursuant to paragraph 1 of this article, but a volume contract may incorporate such documents by reference as terms of the contract.

4. Paragraph 1 of this article does not apply to rights and obligations provided in articles 14, subparagraphs (a) and (b), 29 and 32 or to liability arising from the breach thereof, nor does it apply to any liability arising from an act or omission referred to in article 61.

5. The terms of the volume contract that derogate from this Convention, if the volume contract satisfies the requirements of paragraph 2 of this article, apply between the carrier and any person other than the shipper provided that:

(a) Such person received information that prominently states that the volume contract derogates from this Convention and gave its express consent to be bound by such derogations; and

(b) Such consent is not solely set forth in a carrier's public schedule of prices and services, transport document or electronic transport record.

6. The party claiming the benefit of the

도 아닌 경우

3. 가격과 서비스에 대한 공적 스케줄, 운송증권, 전자운송기록 또는 유사한 서류는 본조 제1항의 대량화물 정기운송계약이 아니다. 다만 대량화물 정기운송계약은 참조표시를 통하여 그러한 서면을 계약의 조항으로 편입시킬 수 있다.

4. 본조 제1항은 제14조(a) 및 (b), 제29조와 제32조에 규정된 권리와 의무 또는 그 의무의 위반으로부터 야기되는 책임에 적용되지 아니하며, 제61조에 규정된 작위 또는 부작위의 결과로 야기되는 어떠한 책임에도 적용되지 아니한다.

5. 대량화물 정기운송계약이 본조 제2항의 조건을 충족하는 경우 이 협약의 적용이 배제되는 대량화물 정기운송계약의 조항은 아래의 경우에 운송인과 송하인 이외의 자 사이에 적용된다:

(a) 그러한 자가 대량화물 정기운송계약이 이 협약의 규정의 적용을 배제한다는 것을 명백히 나타내는 정보를 수령하고 그러한 적용의 배제에 구속될 것이라는 명시적인 동의를 한 경우 그리고

(b) 그러한 동의가 오로지 가격과 서비스에 대한 공적 스케줄, 운송증권, 또는 전자운송기록에만 나타낸 것이 아니어야 한다.

6. 적용배제의 이익을 주장하는 자는 적

derogation bears the burden of proof that the conditions for derogation have been fulfilled.

Article 81

Special rules for live animals and certain other goods

Notwithstanding article 79 and without prejudice to article 80, the contract of carriage may exclude or limit the obligations or the liability of both the carrier and a maritime performing party if:

(a) The goods are live animals, but any such exclusion or limitation will not be effective if the claimant proves that the loss of or damage to the goods, or delay in delivery, resulted from an act or omission of the carrier or of a person referred to in article 18, done with the intent to cause such loss of or damage to the goods or such loss due to delay or done recklessly and with knowledge that such loss or damage or such loss due to delay would probably result; or

(b) The character or condition of the goods or the circumstances and terms and conditions under which the carriage is to be performed are such as reasonably to justify a special agreement, provided that such contract of carriage is not related to

용배제의 요건이 충족되었음을 입증할 책임을 부담한다.

제81조 생동물과 그 밖의 특정 화물에 관한 특칙

제79조의 규정에도 불구하고 또한 제80조와 상관없이, 운송예약은 아래의 경우 운송인과 해상이행당사자 양자의 의무 책임을 면제하거나 제한할 수 있다:

(a) 화물이 생동물인 경우. 그러나 그러한 면제 또는 재한은 청구인이 화물에 대한 멸실, 훼손, 또는 인도의 지연이 운송인 또는 제18조에 열거된 자가 그러한 손해를 발생시킬 의도로써 또는 그러한 손해가 아마도 발생할 것을 인식하면서 무모하게 행한 작위 또는 부작위에 의하여 야기된 것임을 입증한 경우에는 효력이 없다.

(b) 화물의 성격이나 상태 또는 운송이 이행되는 조건이 특별한 합의를 합리적으로 정당화 시키는 경우. 다만, 그러한 운송계약은 일상적인 거래과정에서 이루어진 일반적인 상업적 운송과 관련된 것이 아니어야 하며 화물의 운송

ordinary commercial shipments made in the ordinary course of trade and that no negotiable transport document or negotiable electronic transport record is issued for the carriage of the goods.

을 위한 유통운송증권 또는 유통 전자기록이 발행되지 아니하였어 야 한다.

Chapter 17
Matters not governed by this Convention

제17장 이 협약의 적용을 받지 아니하는 사안

Article 82

International conventions governing the carriage of goods by other modes of transport

제82조 다른 운송수단에 의한 화물의 운송을 규정하는 국제협약

Nothing in this Convention affects the application of any of the following international conventions in force at the time this Convention enters into force, including any future amendment to such conventions, that regulate the liability of the carrier for loss of or damage to the goods:

(a) Any convention governing the carriage of goods by air to the extent that such convention according to its provisions applies to any part of the contract of carriage;

(b) Any convention governing the carriage of goods by road to the extent that such convention according to its provisions applies to the

이 협약의 어떠한 규정도 이 협약이 발효할 당시에 효력이 있는, 화물에 대한 멸실 또는 훼손에 대한 운송인의 책임을 규율하는 아래의 어떠한 국제협약의 적용에도 영향을 미치지 아니하며, 그 협약이 차후에 개정될 경우에도 같다

(a) 그 협약이 그 규정에 따라 운송계약의 일부에 적용되는 한도에서, 항공화물운송을 규율하는 협약

(b) 그 협약이 그 규정에 따라 도로화물차량에 실려 선박에 선적된 화물의 운송에 적용되는 한도에서, 도로화물운송을 규율하는 국제협

carriage of goods that remain loaded
on a road cargo vehicle carried on
board a ship;

(c) Any convention governing the carriage
of goods by rail to the extent that
such convention according to its
provisions applies to carriage of
goods by sea as a supplement to the
carriage by rail; or

(d) Any convention governing the
carriage of goods by inland
waterways to the extent that such
convention according to its provisions
applies to a carriage of goods without
trans-shipment both by inland
waterways and sea.

Article 83
Global limitation of liability

Nothing in this Convention affects the
application of any international convention
or national law regulating the global
limitation of liability of vessel owners.

Article 84
General average

Nothing in this Convention affects the
application of terms in the contract of
carriage or provisions of national law
regarding the adjustment of general average.

약

(c) 그 협약이 그 규정에 따라 철도운
송에 부수하는 해상화물운송에
적용되는 한도에서, 철도화물운송
을 규율하는 국제협약 또는

(d) 그 협약이 그 규정에 따라 내륙수
로와 해상 양자에 의한 환적 없는
화물의 운송에 적용되는 한도에
서, 내륙수로에 의한 화물 운송을
규율하는 국제협약

제83조 총체적 책임제한

이 협약의 어느 규정도 선박소유자의
총체적 책임제한을 규율하는 어떠한 국
재협약 또는 국내법의 적용에도 영향을
미치지 아니한다.

제84조 공동해손

이 협약의 어떤 규정도 공동해손의 정
산에 관한 운송계약상의 내용 또는 국
내법 규정의 적용에 영향을 미치지 아
니한다.

Article 85

Passengers and luggage

This Convention does not apply to a contract of carriage for passengers and their luggage.

Article 86

Damage caused by nuclear incident

No liability arises under this Convention for damage caused by a nuclear incident if the operator of a nuclear installation is liable for such damage:

(a) Under the Paris Convention on Third Party Liability in the Field of Nuclear Energy of 29 July 1960 as amended by the Additional Protocol of 28 January 1964 and by the Protocols of 16 November 1982 and 12 February 2004, the Vienna Convention on Civil Liability for Nuclear Damage of 21 May 1963 as amended by the Joint Protocol Relating to the Application of the Vienna Convention and the Paris Convention of 21 September 1988 and as amended by the Protocol to Amend the 1963 Vienna Convention on Civil Liability for Nuclear Damage of 12 September 1997, or the Convention on Supplementary Compensation for Nuclear Damage of 12 September 1997, including any

제85조 여객과 수하물

이 협약은 여객과 그 수하물 운송계약에는 적용되지 아니한다.

제86조 핵물질 사고로 인한 손해

핵물질 설비의 운영자가 아래에 의하여 핵물질 사고로 인한 손해에 대하여 책임이 있는 경우 이 협약으로부터는 책임이 발생하지 아니한다.

(a) 1964년 1월 28일 추가의정서, 1982년 11월 16일의 의정서 및 2004년 2월 12일의 의정서에 의하여 개정된 1960년 7월 29일 핵에너지 분야에 있어서 제3자책임에 관한 파리협약, 비엔나협약의 적용에 관한 합동의정서에 의하여 개정된 1963년 5월 21일 핵물질 손해에 대한 민사책임에 관한 비엔나협약 및 1997년 9월 12일의 1963년 핵물질 손해에 대한 민사책임에 관한 비엔나협약을 개정하기 위한 의정서에 의하여 개정된 1988년 9월21일 파리협약, 또는 1997년 9월 12일 핵물질 손해에 대한 추가보상에 관한 협약과 이들 협약에 대한 모든 개정과 핵물질 사고로 인한 손해에 대한 핵물질 설비의 운영자의 책임을 규율하는 향후의

amendment to these conventions and any future convention in respect of the liability of the operator of a nuclear installation for damage caused by a nuclear incident; or

(b) Under national law applicable to the liability for such damage, provided that such law is in all respects as favourable to persons that may suffer damage as either the Paris or Vienna Conventions or the Convention on Supplementary Compensation for Nuclear Damage.

모든 협약 또는

(b) 그러한 손해에 대한 책임에 적용 가능한 국내법. 다만, 그러한 국내법이 모든 면에서 파리협약이나 비엔나 협약 또는 핵물질 손해에 대한 추가보상에 관한 협약에 비하여 손해를 입은 자에 유리한 경우에 한한다.

Chapter 18
Final clauses

제18장 최종조항

Article 87
Depositary

제87조 수탁자

The Secretary-General of the United Nations is hereby designated as the depositary of this Convention.

국제연합의 사무총장을 이 협약의 수탁자로 임명한다.

Article 88
Signature, ratification, acceptance, approval or accession

제88조 서명, 비준 수락, 승인 또는 가입

1. This Convention is open for signature by all States at Rotterdam, the Netherlands, on 23 September 2009, and thereafter at the Headquarters of the United Nations in New

1. 이 협약은 네덜란드의 로테르담에서 2009년 9월 23일까지, 그 이후에는 뉴욕의 국제연합본부에서 모든 국가의 서명을 위하여 개방하여 둔다.

York.

2. This Convention is subject to ratification, acceptance or approval by the signatory States.

3. This Convention is open for accession by all States that are not signatory States as from the date it is open for signature.

4. Instruments of ratification, acceptance, approval and accession are to be deposited with the Secretary-General of the United Nations.

2. 이 협약은 서명국에 의하여 비준, 수락 또는 승인되어야 한다.

3. 이 협약은 서명을 위하여 개방한 일자로부터 서명국이 아닌 모든 국가의 가입을 위하여 개방하여 둔다.

4. 비준, 수락, 승인 그리고 가입서는 국제연합의 사무총장에게 기탁하는 것으로 한다.

Article 89

Denunciation of other conventions

제89조 다른 협약의 폐기

1. A State that ratifies, accepts, approves or accedes to this Convention and is a party to the International Convention for the Unification of certain Rules of Law relating to Bills of Lading signed at Brussels on 25 August 1924, to the Protocol to amend the International Convention for the Unification of certain Rules of Law relating to Bills of Lading, signed at Brussels on 23 February 1968, or to the Protocol to amend the International Convention for the Unification of certain Rules of Law relating to Bills of Lading as Modified by the Amending Protocol of 23 February 1968, signed at Brussels on 21 December 1979, shall at the same time denounce that Convention and the protocol or protocols thereto to which it is a party by notifying the Government of

1. 협약을 비준, 수탁, 승인 또는 가입한 국가로서 1924년 8월 25일 브뤼셀에서 체결된 선하증권에 관한 규칙의 통일을 위한 국제협약 1924년 8월 25일 브뤼셀에서 체결된 선하증권에 관한 규칙의 통일을 위한 국제협약을 개정하기 위하여 1968년 2월 23일 체결된 의정서 또는 1968년 2월 23일 개정의정서에 의하여 수정된 선하증권에 관한 규칙의 통일을 위한 국제협약을 개정하기 위하여 1979년 12월 21일 브뤼셀에서 체결된 의정서의 당사국인 국가는 이 협약의 비준, 수락, 승인 또는 가입과 동시에 이 협약이 자국에 대하여 효력을 발생하는 날로부터 그 폐기의 효력이 발생한다는 것을 선언함과 함께 이를 벨기에 정부에 통보함으로써 자신이 당사국인 그러한 협약 및 그 개정의정서를 폐기하여

Belgium to that effect, with a declaration that the denunciation is to take effect as from the date when this Convention enters into force in respect of that State.

2. A State that ratifies, accepts, approves or accedes to this Convention and is a party to the United Nations Convention on the Carriage of Goods by Sea concluded at Hamburg on 31 March 1978 shall at the same time denounce that Convention by notifying the Secretary-General of the United Nations to that effect, with a declaration that the denunciation is to take effect as from the date when this Convention enters into force in respect of that State.

3. For the purposes of this article, ratifications, acceptances, approvals and accessions in respect of this Convention by States parties to the instruments listed in paragraphs 1 and 2 of this article that are notified to the depositary after this Convention has entered into force are not effective until such denunciations as may be required on the part of those States in respect of these instruments have become effective. The depositary of this Convention shall consult with the Government of Belgium, as the depositary of the instruments referred to in paragraph 1 of this article, so as to ensure necessary coordination in this respect.

야 한다.

2. 이 협약을 비준, 승낙, 승인 또는 가입한 국가로서 1978년 3월 31일 함부르크에서 체결된 해상화물운송에 관한 유엔협약의 당사국인 국가는 비준, 수락, 승인 또는 가입과 동시에 이 협약이 자국에 대하여 효력을 발생하는 날로부터 폐기의 효력이 발생한다는 것을 선언함과 함께 이를 국제연합의 사무총장에게 통보함으로써 자신이 당사국인 그러한 협약을 폐기하여야 한다.

3. 본조의 목적을 위하여, 이 협약이 효력을 발생한 다음에 수탁자에 통지된 본조 제1항과 제2항에 열거된 협약들의 체약국에 의한 이 협약에 대한 비준, 수락, 승인 또는 가입은 그러한 국가들에게 요구되는 위 협약들의 폐기가 효력이 있기 전에는 효력이 없다. 이 협약의 수탁자는 이에 관하여 필요한 협력을 보장하기 위하여 본조 제1항에 열거된 협약들의 수탁자로서 벨기에 정부와 상의하여야 한다.

Article 90

Reservations

제90조 유보

No reservation is permitted to this Convention.

이 협약에서 유보는 허용되지 아니한다.

Article 91

Procedure and effect of declarations

제91조 선언의 절차와 효과

1. The declarations permitted by articles 74 and 78 may be made at any time. The initial declarations permitted by article 92, paragraph 1, and article 93, paragraph 2, shall be made at the time of signature, ratification, acceptance, approval or accession. No other declaration is permitted under this Convention.

2. Declarations made at the time of signature are subject to confirmation upon ratification, acceptance or approval.

3. Declarations and their confirmations are to be in writing and to be formally notified to the depositary.

4. A declaration takes effect simultaneously with the entry into force of this Convention in respect of the State concerned. However, a declaration of which the depositary receives formal notification after such entry into force takes effect on the first day of the month following the expiration of six months after the date of its receipt by the depositary.

5. Any State that makes a declaration under

1. 제74조와 제78조에 의하여 허용된 선언은 언제든지 이를 할 수 있다. 제92조 제1항과 제93조 제2항에 의하여 허용된 최초의 선언은 서명, 비준, 수락, 승인 또는 가입시에 이루어져야 한다. 이 협약에서는 어떤 다른 선언도 허용되지 아니한다.

2. 서명시에 이루어진 선언은 비준, 수락 또는 승인시에 확인되어야 한다.

3. 선언과 그의 확인은 서면으로 하여야 하고 수탁자에게 공식적으로 통지되어야 한다.

4. 선언은 이 협약의 효력 발생과 동시에 관련 국가에 대하여 효력이 발생한다. 그러나 수탁자가 그러한 효력의 발생 이후에 공식 통지를 다음에 받은 경우 선언은 수탁자가 그 통지를 수령한 날로부터 6개월 경과 후의 첫 달의 초일에 효력이 발생한다.

5. 이 협약상 선언을 한 국가는 수탁자

this Convention may withdraw it at any time by a formal notification in writing addressed to the depositary. The withdrawal of a declaration, or its modification where permitted by this Convention, takes effect on the first day of the month following the expiration of six months after the date of the receipt of the notification by the depositary.

앞으로 송부된 서면으로 공식적인 통지를 함으로써 언제든지 그 선언을 철회할 수 있다. 선언의 철회, 또는 이 협약이 허용하는 선언의 수많은 수탁자가 그 통지를 수려한 날로부터 6개월 경과 후의 첫 달의 초일에 효력이 발생한다.

Article 92

Effect in domestic territorial units

제92 국내 영토단위에 대한 효과

1. If a Contracting State has two or more territorial units in which different systems of law are applicable in relation to the matters dealt with in this Convention, it may, at the time of signature, ratification, acceptance, approval or accession, declare that this Convention is to extend to all its territorial units or only to one or more of them, and may amend its declaration by submitting another declaration at any time.

1. 체약국이 이 협약에서 규율하는 사항에 관하여 다른 법제도가 적용되는 둘 또는 그 이상의 영토단위를 가진 경우 그 국가는 거명, 비준, 수락, 승인 또는 가입 시에 이 협약이 그 국가의 모든 영토단위 또는 그 중 하나 또는 그 이상에만 적용될 것을 선언할 수 있으며, 언제든지 다른 선언을 함으로써 그 선언을 수정할 수 있다.

2. These declarations are to be notified to the depositary and are to state expressly the territorial units to which the Convention extends.

2. 이러한 선언은 수탁자에게 통지되어야 하며 협약이 적용되는 영토단위를 명백하게 나타내야 한다.

3. When a Contracting State has declared pursuant to this article that this Convention extends to one or more but not all of its territorial units, a place located in a territorial unit to which this Convention does not extend is not considered to be in

3. 체약국이 본조에 따라 이 협약이 하나 또는 그 이상, 그러나 그의 영토단위 전부에는 적용되지 아니한다는 것을 선언한 경우 이 협약이 적용되지 아니하는 영토단위에 위치한 장소는 이 협약의 목적을 위하여는 체약국 내에 있지 아니

a Contracting State for the purposes of this Convention.

4. If a Contracting State makes no declaration pursuant to paragraph 1 of this article, the Convention is to extend to all territorial units of that State.

Article 93

Participation by regional economic integration organizations

1. A regional economic integration organization that is constituted by sovereign States and has competence over certain matters governed by this Convention may similarly sign, ratify, accept, approve or accede to this Convention. The regional economic integration organization shall in that case have the rights and obligations of a Contracting State, to the extent that that organization has competence over matters governed by this Convention. When the number of Contracting States is relevant in this Convention, the regional economic integration organization does not count as a Contracting State in addition to its member States which are Contracting States.

2. The regional economic integration organization shall, at the time of signature, ratification, acceptance, approval or accession, make a declaration to the depositary specifying the matters governed by this Convention in respect of which

한 것으로 본다.

4. 체약국이 본조 제1항에 따른 선언을 하지 아니한 경우, 협약은 그 국가의 모든 영토단위에 적용되는 것으로 한다.

제93조 지역경제통합기구의 참가

1. 주권국가들로 구성되었으며 이 협약이 규율하는 사항에 대한 권한을 가지는 지역경제통합기구는 마찬가지로 이 협약에 서명, 비준, 수락, 승인 또는 가입할 수 있다. 지역경제통합기구는 그러한 경우 그 기구가 이 협약이 규율하는 사항에 대한 권한을 가지는 한도에서 체약국과 같은 권리와 의무를 가진다. 이 협약 체약국의 수와 관련하여서는 지역경제통합기구는 체약국인 그의 회원국들과 별도로 체약국으로서 산정되지는 아니한다.

2. 지역경제통합기구는 서명, 비준, 수락, 승인 또는 가입 시에 수탁자에게 이 협약에 의하여 규율되는, 그 회원국들로부터 이 기구로 권한이 이전된 사항들을 특정하는 선언을 하여야 한다. 지역경제통합기구는 본항에 따른 선언에

competence has been transferred to that organization by its member States. The regional economic integration organization shall promptly notify the depositary of any changes to the distribution of competence, including new transfers of competence, specified in the declaration pursuant to this paragraph.

3. Any reference to a "Contracting State" or "Contracting States" in this Convention applies equally to a regional economic integration organization when the context so requires.

Article 94

Entry into force

1. This Convention enters into force on the first day of the month following the expiration of one year after the date of deposit of the twentieth instrument of ratification, acceptance, approval or accession.

2. For each State that becomes a Contracting State to this Convention after the date of the deposit of the twentieth instrument of ratification, acceptance, approval or accession, this Convention enters into force on the first day of the month following the expiration of one year after the deposit of the appropriate instrument on behalf of that State.

3. Each Contracting State shall apply this

특정된 새로운 권한의 이전을 포함하여 권한의 배분에 변화가 있을 경우 수탁자에게 신속히 통지하여야 한다.

3. 이 협약상 "체약국" 또는 "체약국들"에 관한 사항들은 그 내용상 필요한 경우 지역경제통합기구에도 똑같이 적용된다.

제94조 발효

1. 이 협약은 20번째로 비준, 수락, 승인 또는 가입서가 기탁된 날로부터 1년 경과 후의 첫 달의 초일에 효력이 발생한다.

2. 20번째의 비준, 수락, 승인 또는 가입서가 기탁된 날 이후 이 협약의 체약국이 된 국가에 대하여는, 이 협약은 그 국가를 대표하여 적절한 기탁서가 기탁된 이후 1년 경과 후의 첫 달의 초일에 효력이 발생한다.

3. 각 체약국은 이 협약을 그 국가에 관

Convention to contracts of carriage concluded on or after the date of the entry into force of this Convention in respect of that State.

하여 이 협약이 발효한 날 또는 그 이후에 체결된 운송계약에 적용하여야 한다.

Article 95

Revision and amendment

1. At the request of not less than one third of the Contracting States to this Convention, the Secretary-General of the United Nations shall convene a conference of the Contracting States for revising or amending it.

2. Any instrument of ratification, acceptance, approval or accession deposited after the entry into force of an amendment to this Convention is deemed to apply to the Convention as amended.

제95조 개정 및 수정

1. 이 협약의 체약국의 3분의 1 이상의 요구가 있는 경우, 수탁자는 이 협약의 개정 또는 수정을 위하여 체약국의 회의를 소집하여야 한다.

2. 이 협약의 개정이 효력을 발생한 이후에 기탁된 비준, 수락, 승인 또는 가입서는 개정된 협약에 적용되는 것으로 간주된다.

Article 96

Denunciation of this Convention

1. A Contracting State may denounce this Convention at any time by means of a notification in writing addressed to the depositary.

2. The denunciation takes effect on the first day of the month following the expiration of one year after the notification is received by the depositary. If a longer period is specified in the notification, the denunciation takes effect upon the

제96조 이 협약의 폐기

1. 체약국은 수탁자 앞으로 송부된 서면으로 통지를 함으로써 언제든지 이 협약을 폐기할 수 있다.

2. 폐기의 효력은 수탁자가 그러한 통지를 수령한 후 1년 경과 후의 첫 달의 초일에 발생한다. 이 기간보다 긴 기간이 그러한 통지에 기재된 경우에는, 폐기의 효력은 수탁자가 그러한 통지를 수령한 날로부터 그러한 기간이 경과한

expiration of such longer period after the notification is received by the depositary.

DONE at New York, this eleventh day of December two thousand and eight, in a single original, of which the Arabic, Chinese, English, French, Russian and Spanish texts are equally authentic.

IN WITNESS WHEREOF the undersigned plenipotentiaries, being duly authorized by their respective Governments, have signed this Convention.

때부터 발생한다.

이 협약은 2008 년 12월 11일에 뉴욕에서, 동등하게 인증된 아랍어, 중국어, 영어, 불어, 러시아어 및 스페인어를 정본으로 한 1통의 원본으로 작성되었다.

이상의 증거로서 아래에 명기된 전권위원들은 그 각자의 정부로부터 정당하게 위임을 받아 이 협약에 서명하였다.

2. 선주책임제한에 관한 국제조약

(1) 1976년 해사채권 책임제한조약

Convention on Limitation of Liability for
Maritime Claims, 1976

(London, 19 November 1976)

1976년 해사채권에 대한 책임제한조약3)

1976년 11월 19일 런던에서 채택

CHAPTER I: THE RIGHT OF LIMITATION

제1장 책임제한의 권리

Article 1

Persons entitled to limit liability

제1조(책임제한의 주체)

1. Shipowners and salvors, as hereinafter defined, may limit their liability in accordance with the rules of this Convention for claims set out in Article 2.
2. The term "shipowner" shall mean the owner, charterer, manager and operator of a seagoing ship.
3. Salvor shall mean any person rendering services in direct connexion with salvage operations. Salvage operations shall also include operations referred to in Article 2, paragraph 1(d), (e) and (f).
4. If any claims set out in Article 2 are made against any person for whose act, neglect or default the shipowner or salvor is responsible, such person shall be entitled to avail himself of the limitation of liability provided for in this Convention.

1. 다음에 규정하는 선박소유자 및 구조자는 제2조에 정하는 채권에 대하여 이 조약의 규정에 따라 그 책임을 제한할 수 있다.
2. 선박소유자라 함은 항해선박의 소유자, 용선자, 관리자 및 운항자를 말한다.
3. 구조자라 함은 구조작업에 직접 관계된 역무를 제공하는 모든 자를 말한다. 구조작업에는 제2조 제1항 (d)호, (e)호 및 (f)호에 규정하는 작업도 포함한다.
4. 그의 작위, 부작위 또는 과실에 관하여 선박소유자 또는 구조자가 책임을 지는 자에 대하여 제2조에 규정하는 청구가 행해진 경우에 그 자는 본 조약에 규정된 책임제한을 원용할 권리가 있다.

---

3) 재판자료 제54집(법원행정처), 615-623쪽에서 전재.

5. In this Convention the liability of a shipowner shall include liability in an action brought against the vessel itself.

6. An insurer of liability for claims subject to limitation in accordance with the rules of this Convention shall be entitled to the benefits of this Convention to the same extent as the assured himself.

7. The act of invoking limitation of liability shall not constitute an admission of liability.

Article 2

Claims subject to limitation

1. Subject to Articles 3 and 4 the following claims, whatever the basis of liability may be, shall be subject to limitation of liability:

    (a) claims in respect of loss of life or personal injury or loss of or damage to property (including damage to harbour works, basins and waterways and aids to navigation), occurring on board or in direct connexion with the operation of the ship or with salvage operations, and consequential loss resulting therefrom;

    (b) claims in respect of loss resulting from delay in the carriage by sea of cargo, passengers or their luggage;

    (c) claims in respect of other loss resulting from infringement of rights other than contractual rights, occurring in direct connexion with the operation of the ship or salvage operations;

---

5. 이 조약에서 선박소유자의 책임은 선박자체에 대하여 제기된 소송에 관한 책임도 포함한다.

6. 이 조약규정에 따라 제한을 받는 채권에 대한 책임의 보험자는 피보험자 본인과 동일한 범위에서 이 조약의 이익을 받을 권리가 있다.

7. 책임제한을 주장하는 것이 그 책임의 승인으로 되는 것은 아니다.

제2조(제한을 받는 채권)

1. 제3조와 제4조의 경우를 제외하고 다음의 채권은 그책임의 원인 여하를 불문하고 책임의 제한을 받는다.

    (a) 선박상에서 또는 선박의 운항이나 구조작업에 직접 관련하여 발생한 사람의 사망·신체상해 또는 재산의 멸실이나 손상(항의 축조물, 정박시설, 수로 및 항로시설에 대한 손해도 포함한다) 및 이로 인하여 생긴 간접손해에 관한 채권

    (b) 화물, 여객 또는 여객의 수하물의 해상운송 중에 지연으로 인해 발생한 손해에 관한채권

    (c) 계약상의 권리 이외의 권리의 침해로 인하여 발생한 것으로서 선박의 운항 또는 구조작업과 직접 관련하여 생긴 손해에 관한 채권

(d) claims in respect of the raising, removal, destruction or the rendering harmless of a ship which is sunk, wrecked, stranded or abandoned, including anything that is or has been on board such ship;

(e) claims in respect of the removal, destruction or the rendering harmless of the cargo of the ship;

(f) claims of a person other than the person liable in respect of measures taken in order to avert or minimize loss for which the person liable may limit his liability in accordance with this Convention, and further loss caused by such measures.

2. Claims set out in paragraph 1 shall be subject to limitation of liability even if brought by way of recourse or for indemnity under a contract or otherwise. However, claims set out under paragraph 1(d), (e) and (f) shall not be subject to limitation of liability to the extent that they relate to remuneration under a contract with the person liable.

Article 3

Claims excepted from limitation

The rules of this Convention shall not apply to:

(a) claims for salvage or contribution in general average;

(d) 침몰, 난파, 좌초 또는 방기된 선박 및 당해선박상에 현존하는 일체의 물건의 인양, 제거, 파괴 또는 무해처분에 관한 채권

(e) 선박의 화물의 제거, 파괴 또는 무해처분에 관한 채권

(f) 그 손해에 대하여 책임있는 자가 이 조약에 따라 책임을 제한할 수 있는 손실을 방지하거나 최소화하기 위하여 취한 조치 및 그러한 조치에 의하여 발생한 추가적 손실에 관한 책임있는 자 이외의 자의 채권

2. 제1항에 게기된 채권은 계약 기타의 사유에 기한 상환 또는 보상으로 청구된 것인 경우에도 책임의 제한을 받는다. 그러나 제 1 항 (d)호, (e)호, (f)호에 게기된 채권은 책임을 질 자와의 계약에 따른 보수에 관련한 범위내에서 책임의 제한을 받지 아니한다.

제3조(제한에서 제외되는 채권)

이 조약의 규정은 다음의 채권에 대하여는 적용되지 아니한다.

(a) 구조 또는 공동해손의 분담에 관한 채권

(b) claims for oil pollution damage within the meaning of the International Convention on Civil Liability for Oil Pollution Damage, dated 29 November 1969 or of any amendment or Protocol thereto which is in force;

(c) claims subject to any international convention or national legislation governing or prohibiting limitation of liability for nuclear damage;

(d) claims against the shipowner of a nuclear ship for nuclear damage;

(e) claims by servants of the shipowner or salvor whose duties are connected with the ship or the salvage operations, including claims of their heirs, dependants or other persons entitled to make such claims, if under the law governing the contract of service between the shipowner or salvor and such servants the shipowner or salvor is not entitled to limit his liability in respect of such claims, or if he is by such law only permitted to limit his liability to an amount greater than that provided for in Article 6.

Article 4

Conduct barring limitation

A person liable shall not be entitled to limit his liability if it is proved that the loss

(b) 1969년 11월 29일에 성립한 유탁손해에 대한 민사책임에 관한 국제조약 또는 동 조약의 현행 개정 조항이나 동 의정서의 정의에 해당하는 유탁손해에 대한 채권

(c) 원자력손해에 대한 책임제한을 규제하거나 금지하는 국제조약 또는 국내법의 적용을 받는 채권

(d) 원자력손해로 인한 원자력선 소유자에 대한 채권

(e) 선박소유자나 구조자의 사용인으로서 선박 또는 구조작업에 관계되는 의무를 지고 있는 자의 채권 및 그 상속인·피부양자 기타 이러한 채권을 행사할 권리가 있는 자의 채권. 다만, 선박소유자나 구조자와 그 사용인간의 노무공급계약에 적용되는 법에 따라 선박소유자나 구조자가 이러한 채권에 대하여 책임을 제한할 권리가 없는 경우 또는 그러한 법에 따라 이 조약 제 6조에 규정하는 금액보다 많은 금액으로만 그 책임을 제한할 수 있도록 허용되어 있는 경우이어야 한다.

제4조 (제한이 금지되는 행위)

책임있는 자가 고의로 또는, 무모하게 또한 결과로서 발생할 것을 알면서 행

resulted from his personal act or omission, committed with the intent to cause such loss, or recklessly and with knowledge that such loss would probably result.

한 작위 또는 부작위로부터 손해가 발생하였다는 것이 입증되는 경우에는 그 책임있는 자는 자기의 책임을 제한할 권리가 없다.

Article 5

Counterclaims

제5조 (반대채권)

Where a person entitled to limitation of liability under the rules of this Convention has a claim against the claimant arising out of the same occurrence, their respective claims shall be set off against each other and the provisions of this Convention shall only apply to the balance, if any.

이 조약규정에 따라 책임제한의 권리를 갖는 자가 채권자에 대하여 동일한 사고로부터 발생한 채권을 갖고 있는 경우에는 각 채권은 상계되고 차액이 있는경우에는 그 차액에 대하여만 이 조약의 규정이 적용된다.

CHAPTER II: LIMITS OF LIABILITY

제2장 책임의 한도

Article 6

The general limits

제6조 (일반한도)

1. The limits of liability for claims other than those mentioned in Article 7, arising on any distinct occasion, shall be calculated as follows:

　(a) in respect of claims for loss of life or personal injury,

　(i) 333,000 Units of Account for a ship with a tonnage not exceeding 500 tons,

　(ii) for a ship with a tonnage in excess thereof, the following amount in addition to that mentioned in (i):

1. 특정사고에서 발생한 것으로써 제7조에 규정하는 채권 이외의 채권에 대한 책임한도는 다음과 같이 산출한다.

　(a) 사람의 사망 또는 신체상해에 대한 채권에 관하여는

　(i) 500톤까지의 선박에 대하여 333,000 계산단위

　(ii) 500톤초과의 선박에 대하여는 (i)의 계산단위에 다음의 금액을 가산한다.

for each ton from 501 to 3,000 tons, 500 Units of Account;

for each ton from 3,001 to 30,000 tons, 333 Units of Account;

for each ton from 30,001 to 70,000 tons, 250 Units of Account; and

for each ton in excess of 70,000 tons, 167 Units of Account,

(b) in respect of any other claims,

(i) 167,000 Units of Account for a ship with a tonnage not exceeding 500 tons,

(ii) for a ship with a tonnage in excess thereof the following amount in addition to that mentioned in (i):

for each ton from 501 to 30,000 tons, 167 Units of Account;

for each ton from 30,001 to 70,000 tons, 125 Units of Account; and

for each ton in excess of 70,000 tons, 83 Units of Account.

2. Where the amount calculated in accordance with paragraph 1(a) is insufficient to pay the claims mentioned therein in full, the amount calculated in accordance with paragraph 1(b) shall be available for payment of the unpaid balance of claims under paragraph 1(a) and such unpaid balance shall rank rateably with claims mentioned under paragraph 1(b).

3. However, without prejudice to the right of claims for loss of life or personal injury according to paragraph 2, a State Party may provide in its national law that claims in

501톤에서 3,000톤까지 1톤당 500 계산단위

3,001톤에서 30,000톤까지 1톤당 333 계산단위

30,001톤에서 70,000톤까지 1톤당 250 계산단위

70,000톤을 초과하는 경우 1톤당 167 계산단위

(b) 기타의 채권에 관하여는

(i) 500톤까지의 선박에 대하여 167,000 계산단위

(ii) 500톤초과의 선박에 대하여는 (i)의 계산단위에 다음의 금액을 가산한다.

501톤에서 30,000톤까지 1톤당 167 계산단위

30,001톤에서 70,000톤까지 1톤당 125 계산단위

70,000톤을 초과하는 경우 1톤당 83 회계단위

2. 제1항 (a)호에 따라 산출된 금액이 동호에 규정된 채권의 변제에 부족한 때에는 제1항 (b)호에 따라 산출된 금액은 변제부족잔액의 변제를 위하여 사용하고, 이러한 변제부족잔액의 변제순위는 제1항 (b)호의 채권과 동일순위로 한다.

3. 그러나 당사국은 제2항 규정에 의한 사람의 사망 또는 신체상해에 대한 청구권을 침해하지 아니하고, 그 국내법에 항의 축조물, 정박시설, 수로 또는

respect of damage to harbour works, basins and waterways and aids to navigation shall have such priority over other claims under paragraph 1(b) as is provided by that law.

4. The limits of liability for any salvor not operating from any ship or for any salvor operating solely on the ship to, or in respect of which he is rendering salvage services, shall be calculated according to a tonnage of 1,500 tons.

5. For the purpose of this Convention the ship's tonnage shall be the gross tonnage calculated in accordance with the tonnage measurement rules contained in Annex I of the International Convention on Tonnage Measurement of Ships, 1969.

Article 7
The limit for passenger claims

1. In respect of claims arising on any distinct occasion for loss of life or personal injury to passengers of a ship, the limit of liability of the shipowner thereof shall be an amount of 46,666 Units of Account multiplied by the number of passengers which the ship is authorized to carry according to the ship's certificate, but not exceeding 25 million Units of Account.

2. For the purpose of this Article "claims for loss of life or personal injury to passengers of a ship" shall mean any such claims brought by or on behalf of any

항로시설에 관한 채권이 제1항 (b)호에 규정한 채권에 우선한다고 규정할 수 있다.

4. 선박으로부터 작업을 하지 아니한 구조자나 오로지 선박상에서 작업한 구조자 또는 구조에 관하여 역무를 제공한 자에 대한 책임의 한도는 1,500톤을 기준하고 계산한다.

5. 이 조약상의 선박의 톤수는 1969년의 선박톤수측정에 관한 국제조약 부속서 I에 정하는 톤수측정규칙에 따라 계산된 총톤으로 한다.

제7조(여객의 채권에 대한 한도)

1. 특정사고에서 발생하는 선박의 여객의 사망이나 신체상해에 대한 채권에 관하여 그 선박소유자의 책임한도는 46,666 계산단위에 그 선박의 증명서에 따라 운송이 인정되고 있는 여객정원수를 곱한 총액으로 한다. 그러나 25,000,000 계산단위를 한도로 한다.

2. 이 조에서 「한 선박의 여객의 사망이나 신체상해에 의한 채권」이라 함은 그 선박으로 운송되는 다음의 자가 또는 그에 갈음하여 청구하는 채권을 말한

person carried in that ship:

    (a) under a contract of passenger carriage, or

    (b) who, with the consent of the carrier, is accompanying a vehicle or live animals which are covered by a contract for the carriage of goods.

Article 8

Unit of Account

1. The Unit of Account referred to in Articles 6 and 7 is the Special Drawing Right as defined by the International Monetary Fund. The amounts mentioned in Articles 6 and 7 shall be converted into the national currency of the State in which limitation is sought, according to the value of that currency at the date the limitation fund shall have been constituted, payment is made, or security is given which under the law of that State is equivalent to such payment. The value of a national currency in terms of the Special Drawing Right, of a State Party which is a member of the International Monetary Fund, shall be calculated in accordance with the method of valuation applied by the International Monetary Fund in effect at the date in question for its operations and transactions. The value of a national currency in terms of the Special Drawing Right, of a State Party which is not a member of the International

다.

    (a) 여객운송계약에 따라 운송되는 자 또는

    (b) 운송인의 동의를 얻어, 물건운송 계약에 따라 취급하는 차량 또는 생동물을 호송하는 자

제8조 (계산단위)

1. 제6조 및 제7조상의 계산단위라 함은 국제통화기금이 정의하는 특별인출원 (SDR)을 말한다. 제6조 및 제7조에 규정 한 금액은 제한기금이 형성되는 날, 변 제되는 날 또는 국내법에 따라 변제에 상당하는 담보가 제공되는 날의 그 통 화가치에 따라 제한주장이 있는 국가의 국내통화로 환산된다. 국제통화기금의 가맹국인 당사국의 특별인출권에 의하 여 환산되는 국내통화의 가치는 국제통 화기금의 취급과 거래에 관해 당해일자 에 시행되고 있는 기금사용의 평가방법 에 따라 계산한다.

국제통화기금의 가맹국이 아닌 당사국 의 특별인출권으로 환산되는 통화가치 는 그 당사국이 결정하는 방법으로 계 산한다.

Monetary Fund, shall be calculated in a manner determined by that State Party.

2. Nevertheless, those States which are not members of the International Monetary Fund and whose law does not permit the application of the provisions of paragraph 1 may, at the time of signature without reservation as to ratification, acceptance or approval or at the time of ratification, acceptance, approval or accession or at any time thereafter, declare that the limits of liability provided for in this Convention to be applied in their territories shall be fixed as follows:

(a) in respect of Article 6, paragraph 1(a) at an amount of:

(i) 5 million monetary units for a ship with a tonnage not exceeding 500 tons,

(ii) for a ship with a tonnage in excess thereof, the following amount in addition to that mentioned in (i):

for each ton from 501 to 3,000 tons, 7,500 monetary units;

for each ton from 3,001 to 30,000 tons, 5,000 monetary units;

for each ton from 30,001 to 70,000 tons, 3,750 monetary units; and

for each ton in excess of 70,000 tons, 2,500 monetary units; and

(b) in respect of Article 6, paragraph 1(b), at an amount of:

(i) 2.5 million monetary units for a ship with a tonnage not exceeding 500 tons,

2. 그러나 국제통화기금의 가맹국이 아닌 국가와 제1항 규정의 적용을 허용하지 아니하는 국내법을 보유하는 국가는, 비준·수락·승인에 관하여 유보없이 서명하는 때에 또는 비준·수락·승인의 때에 또는 가입이나 그 후 어느 때이든지, 자국의 영토내에 적용하도록 이 조약에 규정된 책임한도를 다음과 같이 정한다고 선언할 수 있다.

(a) 제6조제 1 항 (a)호에 관하여는 다음의 가액 :

(i) 500톤까지의 선박에 대하여는 5,000,000 화폐단위

(ii) 500톤을 초과하는 선박에 대하여는 다음의 화폐단위를 (i)의 단위에 가산한다.

501톤부터　3,000톤까지　매톤당 7,500 화폐단위

3,001톤부터 30,000톤까지 매톤당 5,000 화폐단위

30,001톤부터　70,000톤까지　매톤당 3,750 화폐단위

0,000톤을 초과하는 경우 매톤당 2,500 화폐단위

(b) 제6조제 1 항 (b)호에 관하여는 다음의 가액 :

(i) 500톤까지의 선박에 대하여는 2,500,000 화폐단위

(ii) for a ship with a tonnage in excess thereof, the following amount in addition to that mentioned in (i):

for each ton from 501 to 30,000 tons, 2,500 monetary units;

for each ton from 30,001 to 70,000 tons, 1,850 monetary units; and

for each ton in excess of 70,000 tons, 1,250 monetary units; and

(c) in respect of Article 7, paragraph 1, at an amount of 700,000 monetary units multiplied by the number of passengers which the ship is authorized to carry according to its certificate, but not exceeding 375 million monetary units.

Paragraphs 2 and 3 of Article 6 apply correspondingly to sub-paragraphs (a) and (b) of this paragraph.

3. The monetary unit referred to in paragraph 2 corresponds to sixty-five and a half milligrammes of gold of millesimal fineness nine hundred. The conversion of the amounts referred to in paragraph 2 into the national currency shall be made according to the law of the State concerned.

4. The calculation mentioned in the last sentence of paragraph 1 and the conversion mentioned in paragraph 3 shall be made in such a manner as to express in the national currency of the State Party as far as possible the same real value for the amounts in Articles 6 and 7 as is expressed there in

(ii) 500톤을 초과하는 선박에 대하여는 다음의 단위를 (i)의 단위에 가산한다.

501톤부터 30,000톤까지 매톤당 2,500 화폐단위

30,001톤부터 70,000톤까지 매톤당 1,850 화폐단위

70,000톤을 초과하는 경우 매톤당 1,250 화폐단위

(c) 제7조 제 1 항에 관하여는 700,000 화폐단위에 그 선박증명서에 따라 운송이 허가된 여객정원수를 곱한 가액으로 한다. 그러나 375,000,000 화폐단위를 한도로 한다.

제6조 제2항 및 제3항은 이 항 (a)호 및 (b)호에 대하여 각각 준용한다.

3. 제2항의 화폐단위라 함은 순도 1000분의 900인 금 65.5밀리그램에 상당한다. 이 금액을 국내통화로 환산하는 것은 그 국내법에 따른다.

4. 제1조 말문에 표시한 계산과 제3항에 표시한 환산은 가능한 한 제6조 및 제7조의 계산단위로 표시한 가액과 동일한 실질가치를 당사국의 국내통화로 표시할 수 있는 방법으로 행한다.

조약당사국은 제1항에 따른 계산방법 또는 경우에 따라서 제3항의 환산결과

units of account. States Parties shall communicate to the depositary the manner of calculation pursuant to paragraph 1, or the result of the conversion in paragraph 3, as the case may be, at the time of the signature without reservation as to ratification, acceptance or approval, or when depositing an instrument referred to in Article 16 and whenever there is a change in either.

를 비준·수락, 또는 승인에 관하여 유보없이 서명하는 때에 또는 제16조에 정하는 문서의 기탁의 때에 또한 변경이 있는 때는 어느 때이거나 수탁자에게 통지한다.

Article 9

Aggregation of claims

1. The limits of liability determined in accordance with Article 6 shall apply to the aggregate of all claims which arise on any distinct occasion:

 (a) against the person or persons mentioned in paragraph 2 of Article 1 and any person for whose act, neglect or default he or they are responsible; or

 (b) against the shipowner of a ship rendering salvage services from that ship and the salvor or salvors operating from such ship and any person for whose act, neglect or default he or they are responsible; or

 (c) against the salvor or salvors who are not operating from a ship or who are operating solely on the ship to, or in respect of which, the salvage services are rendered and any person for whose

제9조 (채권의 총액)

1. 제6조에 따라 결정된 책임의 한도는 특정한 사고에서 발생한 다음 각호의 모든 채권총액에 적용한다.

 (a) 제1조 제2항에 규정되어 있는 자 및 작위·부작위 또는 해태의 책임을 지는 모든 자에 대한 채권, 또는

 (b) 자선으로부터 구조용역을 제공한 선박소유자, 또는 그러한 선박에서 작업하는 구조자 및 작위·부작위 또는 해태의 책임을 지는 모든 자에 대한 채권, 또는

 (c) 선박으로부터 작업하지 아니하는 구조자 또는 전적으로 선박상에서 작업하고 있는 구조자 또는 그에 관하여 구조용역을 제공하고 있는 구조자와 자기의 작위·부작

act, neglect or default he or they are responsible.

2. The limits of liability determined in accordance with Article 7 shall apply to the aggregate of all claims subject thereto which may arise on any distinct occasion against the person or persons mentioned in paragraph 2 of Article 1 in respect of the ship referred to in Article 7 and any person for whose act, neglect or default he or they are responsible.

Article 10

Limitation of liability without constitution of a limitation fund

1. Limitation of liability may be invoked notwithstanding that a limitation fund as mentioned in Article 11 has not been constituted. However, a State Party may provide in its national law that, where an action is brought in its Courts to enforce a claim subject to limitation, a person liable may only invoke the right to limit liability if a limitation fund has been constituted in accordance with the provisions of this Convention or is constituted when the right to limit liability is invoked.

2. If limitation of liability is invoked without the constitution of a limitation fund, the provisions of Article 12 shall apply correspondingly.

3. Questions of procedure arising under the

위 또는 해태에 대하여 책임을 지는 자에 대한 채권

2. 제7조에 따라 결정된 책임한도는 동조의 선박에 관하여 제1조 제2항의 자 및 작위·부작위 또는 해태의 책임을 지는 자에 대하여 특별사고에서 발생하는 채권총액에 적용한다.

제 10조 (책임제한기금의 형성이 없는 경우의 책임제한)

1. 책임제한은 제11조의 제한기금이 형성되지 아니한 경우에도 주장할 수 있다. 그러나 당사국은 제한을 받는 채권을 실행하기 위하여 자국법원에 소송이 제기된 경우에는, 이 조약 규정에 따라 제한기금이 형성되어 있든지 또는 책임제한의 권리를 주장하는 때에 제한기금을 형성한다는 것을 조건으로 채무자가 책임제한의 권리를 주장할 수 있다는 취지를 국내법에 규정할 수 있다.

2. 제한기금의 형성없이 책임제한을 주장하는 경우에는 제12조 규정을 적용한다.

3. 이 조의 규정에 따라 발생하는 절차

rules of this Article shall be decided in accordance with the national law of the State Party in which action is brought.

상의 문제는 소송이 제기된 당사국의 국내법에 따라 결정된다.

CHAPTER III: THE LIMITATION FUND

제 3 장 책임제한기금

Article 11

Constitution of the fund

제11조 (기금의 형성)

1. Any person alleged to be liable may constitute a fund with the Court or other competent authority in any State Party in which legal proceedings are instituted in respect of claims subject to limitation. The fund shall be constituted in the sum of such of the amounts set out in Articles 6 and 7 as are applicable to claims for which that person may be liable, together with interest thereon from the date of the occurrence giving rise to the liability until the date of the constitution of the fund. Any fund thus constituted shall be available only for the payment of claims in respect of which limitation of liability can be invoked.

1. 누구든지 책임이 있다고 주장을 받고 있는 자는 책임 제한을 받는 채권에 관한 법적 절차가 제정되어 있는 어느 당사국에서나 법원 기타 권한당국에 기금을 형성할 수 있다. 기금은 제6조 및 제7조 규정의 한 도금액으로 형성되어야 하고 이 금액은 책임을 지게될 채권과 책임이 발생한 날로부터 기금형성일까지의 이자를 포함한 총액이 되어야 한다. 이와 같이 형성된 기금은 책임제한을 주장할 수 있는 채권의 변제에만 충당할 수 있다.

2. A fund may be constituted, either by depositing the sum, or by producing a guarantee acceptable under the legislation of the State Party where the fund is constituted and considered to be adequate by the Court or other competent authority.

2. 기금형성은 총액의 공탁이나 또는 기금이 형성되는 당사국법에 따라 그 법원 기타 권한당국이 합당하다고 인정하는 보증의 제공의 방법에 의한다.

3. A fund constituted by one of the persons mentioned in paragraph 1(a), (b) or (c) or

3. 제9조 제1항 (a)호, (b)호, (c)호 또는 제2항에 규정한 자의 1인 또는 그 보험

paragraph 2 of Article 9 or his insurer shall be deemed constituted by all persons mentioned in paragraph 1(a), (b) or (c) or paragraph 2, respectively.

자가 형성한 기금은 각각 동조 동항에 규정한 전원이 형성한 것으로 본다.

Article 12

Distribution of the fund

제12조 (기금의 분배)

1. Subject to the provisions of paragraphs 1, 2 and 3 of Article 6 and of Article 7, the fund shall be distributed among the claimants in proportion to their established claims against the fund.

2. If, before the fund is distributed, the person liable, or his insurer, has settled a claim against the fund such person shall, up to the amount he has paid, acquire by subrogation the rights which the person so compensated would have enjoyed under this Convention.

3. The right of subrogation provided for in paragraph 2 may also be exercised by persons other than those therein mentioned in respect of any amount of compensation which they may have paid, but only to the extent that such subrogation is permitted under the applicable national law.

4. Where the person liable or any other person establishes that he may be compelled to pay, at a later date, in whole or in part any such amount of compensation with regard to which such person would have enjoyed a right of

1. 제6조 제1항, 제2항, 제3항 및 제7조의 규정에 따라 기금은 채권자간에 그 기금에 대하여 확정된 채권의 비율에 따라 분배한다.

2. 기금분배 전에 책임있는 자 또는 그 보험자가 기금에 대한 채권을 변제한 경우에는 그 자는 변제액을 한도로 보상받은 자가 이 조약에 따라 향유할 권리를 대위에 의하여 취득한다.

3. 제2항의 대위권은 동항에 규정된 자 이외의 자도 그들이 지급한 보상금액에 관하여 이를 행사할 수 있다. 그러나 이러한 대위가 그에 적용되는 국내법에 따라 허용되는 범위를 한도로 한다.

4. 책임있는 자 또는 기타의 자가 만약 기금분배 이전에 보상이 행해졌다면 제2항 및 제3항에 따라 자기가 대위권을 향유하였을 보상액의 전부 또는 일부를 지급하도록 후일에 강제당할 염려가 있음을 입증하면, 기금이 형성된 당사국

subrogation pursuant to paragraphs 2 and 3 had the compensation been paid before the fund was distributed, the Court or other competent authority of the State where the fund has been constituted may order that a sufficient sum shall be provisionally set aside to enable such person at such later date to enforce his claim against the fund.

의 법원 기타 권한당국은 후일 그 자가 기금에 대하여 청구권을 행사할 수 있도록 충분한 금액을 잠정적으로 유보할 것을 명령할 수 있다.

Article 13

Bar to other actions

1. Where a limitation fund has been constituted in accordance with Article 11, any person having made a claim against the fund shall be barred from exercising any right in respect of such claim against any other assets of a person by or on behalf of whom the fund has been constituted.

2. After a limitation fund has been constituted in accordance with Article 11, any ship or other property, belonging to a person on behalf of whom the fund has been constituted, which has been arrested or attached within the jurisdiction of a State Party for a claim which may be raised against the fund, or any security given, may be released by order of the Court or other competent authority of such State. However, such release shall always be ordered if the limitation fund has been constituted:

    (a) at the port where the occurrence took place, or, if it took place out of

제13조 (타소송의 금지)

1. 제11조에 따라 책임제한기금이 형성된 경우에는 기금에 대하여 청구한 자는 누구나 기금을 형성한 자 또는 그를 위하여 기금이 형성된 자의 다른 재산에 대하여 동일채권에 관한 여하한 권리도 행사할 수 없다.

2. 제11조에 따라 책임제한기금이 형성된 후에는, 그를 위하여 기금이 형성된 자에 속하는 선박 또는 기타 재산으로써, 그 기금 또는 제공된 담보에 대한 채권을 위하여 당사국 관할구역 내에 압류되거나 억류되어 있는 것은 당사국의 법원 기타 권한당국의 명령으로 이를 해제할 수 있다.
그러나 제한기금이 다음의 곳에 형성된 경우에만 그러한 해제를 명할 수 있다.

    (a) 사고가 발생한 항 또는 사고가 항 외에서 발생한 때에는 그 후의 최

port, at the first port of call thereafter; or

(b) at the port of disembarkation in respect of claims for loss of life or personal injury; or

(c) at the port of discharge in respect of damage to cargo; or

(d) in the State where the arrest is made.

3. The rules of paragraphs 1 and 2 shall apply only if the claimant may bring a claim against the limitation fund before the Court administering that fund and the fund is actually available and freely transferable in respect of that claim.

초의 기항항

(b) 사람의 사망 또는 신체상해에 관한 채권에 대하여 하선항

(c) 화물손해에 관하여는 양륙항

(d) 선박 또는 재산이 압류된 국가

3. 제1항 및 제2항의 규정은 채권자가 책임제한기금을 관리하는 법원에 제한기금에 대하여 청구할 수 있고 또한 기금은 그 채권변제를 위하여 실제로 사용할 수 있고 또한 그 채권에 관하여 자유로이 양도할 수 있는 경우에 한하여 적용한다.

Article 14
Governing law

Subject to the provisions of this Chapter the rules relating to the constitution and distribution of a limitation fund, and all rules of procedure in connexion therewith, shall be governed by the law of the State Party in which the fund is constituted.

제14조 (준거법)

책임제한기금의 형성과 분배에 관한 이 장의 규정에 위배되지 아니하는 한 그에 관한 모든 절차규칙은 기금이 형성된 당사국법을 적용한다.

CHAPTER IV: SCOPE OF APPLICATION

Article 15

1. This Convention shall apply whenever any person referred to in Article 1 seeks to

제4장　적용범위

제15조

1. 제1조에 규정된 자가 어느 체약국 법원에 자기책임의 제한을 주장하는 때

limit his liability before the Court of a State Party or seeks to procure the release of a ship or other property or the discharge of any security given within the jurisdiction of any such State. Nevertheless, each State Party may exclude wholly or partially from the application of this Convention any person referred to in Article 1 who at the time when the rules of this Convention are invoked before the Courts of that State does not have his habitual residence in a State Party or does not have his principal place of business in a State Party or any ship in relation to which the right of limitation is invoked or whose release is sought and which does not at the time specified above fly the flag of a State Party.

2. A State Party may regulate by specific provisions of national law the system of limitation of liability to be applied to vessels which are:

(a) according to the law of that State, ships intended for navigation on inland waterways

(b) ships of less than 300 tons.

A State Party which makes use of the option provided for in this paragraph shall inform the depositary of the limits of liability adopted in its national legislation or of the fact that there are none.

3. A State Party may regulate by specific provisions of national law the system of limitation of liability to be applied to claims

또는 어느 체약국 관할구역 내에서 선박이나 기타 재산의 해방이나 또는 제공된 담보의 해제를 청구하는 때에는 언제나 이 조약을 적용한다.

그러나 각 당사국은 제1조에 규정된 자가 이 조약의 규정을 체약국 법원에서 주장하는 때에 한 당사국 내에 그 주소나 주된 영업소를 두고 있지 아니하는 경우, 또는 책임제한의 권리를 주장하는 데에 관련된 선박이나 압류해방이 요구되는 선박이 그 당시 어느 당사국의 국적도 보유하고 있지 아니하는 경우에는, 이 조약의 적용의 전부 또는 일부를 배제할 수 있다.

2. 당사국은 국내법의 특별규정에 의하여 다음의 선박에 책임제한제도를 적용하도록 규제할 수 있다.

(a) 당사국법에 따라 내수항행을 목적으로 하는 선박

(b) 300톤 미만의 선박

이 항에 규정한 선택권을 이용하는 당사국은 국내법에 책임제한을 채택하였다는 것 또는 아무런 채택이 없으면 그 뜻을 기록보관소에 통지하여야 한다.

3. 당사국은 타당사국의 국민인 자의 이익이 관계되지 아니한 경우에 발생하는 채권에 적용할 책임제한제도를 국내법

arising in cases in which interests of persons who are nationals of other States Parties are in no way involved.

4. The Courts of a State Party shall not apply this Convention to ships constructed for, or adapted to, and engaged in, drilling:

(a) when that State has established under its national legislation a higher limit of liability than that otherwise provided for in Article 6; or

(b) when that State has become party to an international convention regulating the system of liability in respect of such ships.

In a case to which sub-paragraph (a) applies that State Party shall inform the depositary accordingly.

5. This Convention shall not apply to:

(a) air-cushion vehicles;

(b) floating platforms constructed for the purpose of exploring or exploiting the natural resources of the sea-bed or the subsoil thereof.

CHAPTER V: FINAL CLAUSES

Article 16

Signature, ratification and accession

1. This Convention shall be open for

의 특별규정으로 정할 수 있다.

4. 당사국 법원은 다음의 경우에는 해저 굴착을 위하여 건조되거나 개조되고 또 그 일에 종사하는 선박에 대하여 이 조약을 적용하여서는 아니된다.

(a) 그 당사국이 국내법에 의하여 이 조약 제6조의 규정보다 더 높은 책임한도를 정하고 있는 경우

(b) 그 당사국이 그러한 (특수)선박에 관한 책임제도를 규율하는 국제조약의 당사국이 되어 있는 경우

이항 (a)호를 적용하는 경우에는 그 당사국은 기록보관소에 적절한 통지를 하여야 한다.

5. 이 조약은 다음에 대하여는 적용하지 아니한다.

(a) 공기쿳션선

(b) 해상이나 해저하층부의 천연자원을 탐사 또는 개발할 목적으로 건조한 부동태

제5장 최종조항

(제16조 내지 제23조는 서명·비준·가입·발효·유보·폐기·개정·회계단위 등의 개정·기록보관소(UN사무총장), 용어 등 의정서절차 조항으로 생략함)

signature by all States at the Headquarters of the Inter-Governmental Maritime Consultative Organization (hereinafter referred to as "the Organization") from 1 February 1977 until 31 December 1977 and shall thereafter remain open for accession.

2. All States may become parties to this Convention by:

(a) signature without reservation as to ratification, acceptance or approval; or

(b) signature subject to ratification, acceptance or approval followed by ratification, acceptance or approval; or

(c) accession.

3. Ratification, acceptance, approval or accession shall be effected by the deposit of a formal instrument to that effect with the Secretary-General of the Organization (hereinafter referred to as the "Secretary-General").

Article 17

Entry into force

1. This Convention shall enter into force on the first day of the month following one year after the date on which twelve States have either signed it without reservation as to ratification, acceptance or approval or have deposited the requisite instruments of ratification, acceptance, approval or accession.

2. For a State which deposits an instrument

of ratification, acceptance, approval or accession, or signs without reservation as to ratification, acceptance or approval, in respect of this Convention after the requirements for entry into force have been met but prior to the date of entry into force, the ratification, acceptance, approval or accession or the signature without reservation as to ratification, acceptance or approval, shall take effect on the date of entry into force of the Convention or on the first day of the month following the ninetieth day after the date of the signature or the deposit of the instrument, whichever is the later date.

3. For any State which subsequently becomes a Party to this Convention, the Convention shall enter into force on the first day of the month following the expiration of ninety days after the date when such State deposited its instrument.

4. In respect of the relations between States which ratify, accept, or approve this Convention or accede to it, this Convention shall replace and abrogate the International Convention relating to the Limitation of the Liability of Owners of Sea-going Ships, done at Brussels on 10 October 1957, and the International Convention for the Unification of certain Rules relating to the Limitation of Liability of the Owners of Sea-going Vessels, signed at Brussels on 25 August 1924.

Article 18

Reservations

1. Any State may, at the time of signature, ratification, acceptance, approval or accession, reserve the right to exclude the application of Article 2 paragraph 1(d) and (e). No other reservations shall be admissible to the substantive provisions of this Convention.

2. Reservations made at the time of signature are subject to confirmation upon ratification, acceptance or approval.

3. Any State which has made a reservation to this Convention may withdraw it at any time by means of a notification addressed to the Secretary-General. Such withdrawal shall take effect on the date the notification is received. If the notification states that the withdrawal of a reservation is to take effect on a date specified therein, and such date is later than the date the notification is received by the Secretary-General, the withdrawal shall take effect on such later date.

Article 19

Denunciation

1. This Convention may be denounced by a State Party at any time one year from the date on which the Convention entered into force for that Party.

2. Denunciation shall be effected by the deposit of an instrument with the Secretary-General.

3. Denunciation shall take effect on the first day of the month following the expiration of one year after the date of deposit of the instrument, or after such longer period as may be specified in the instrument.

Article 20

Revision and amendment

1. A Conference for the purpose of revising or amending this Convention may be convened by the Organization.

2. The Organization shall convene a Conference of the States Parties to this Convention for revising or amending it at the request of not less than one-third of the Parties.

3. After the date of the entry into force of an amendment to this Convention, any instrument of ratification, acceptance, approval or accession deposited shall be deemed to apply to the Convention as amended, unless a contrary intention is expressed in the instrument.

Article 21

Revision of the limitation amounts and of Unit of Account or monetary unit

1. Notwithstanding the provisions of Article

20, a Conference only for the purposes of altering the amounts specified in Articles 6 and 7 and in Article 8, paragraph 2, or of substituting either or both of the Units defined in Article 8, paragraphs 1 and 2, by other units shall be convened by the Organization in accordance with paragraphs 2 and 3 of this Article. An alteration of the amounts shall be made only because of a significant change in their real value.

2. The Organization shall convene such a Conference at the request of not less than one fourth of the States Parties.

3. A decision to alter the amounts or to substitute the Units by other units of account shall be taken by a two-thirds majority of the States Parties present and voting in such Conference.

4. Any State depositing its instrument of ratification, acceptance, approval or accession to the Convention, after entry into force of an amendment, shall apply the Convention as amended.

Article 22

Depositary

1. This Convention shall be deposited with the Secretary-General.

2. The Secretary-General shall:

(a) transmit certified true copies of this Convention to all States which were invited to attend the Conference on

Limitation of Liability for Maritime Claims and to any other States which accede to this Convention;

(b) inform all States which have signed or acceded to this Convention of:

(i) each new signature and each deposit of an instrument and any reservation thereto together with the date thereof;

(ii) the date of entry into force of this Convention or any amendment thereto;

(iii) any denunciation of this Convention and the date on which it takes effect;

(iv) any amendment adopted in conformity with Articles 20 or 21;

(v) any communication called for by any Article of this Convention.

3. Upon entry into force of this Convention, a certified true copy thereof shall be transmitted by the Secretary-General to the Secretariat of the United Nations for registration and publication in accordance with Article 102 of the Charter of the United Nations.

Article 23

Languages

This Convention is established in a single original in the English, French, Russian and Spanish languages, each text being equally authentic.

DONE AT LONDON this nineteenth day of November one thousand nine hundred and seventy-six.

IN WITNESS WHEREOF the undersigned being duly authorized for that purpose have signed this Convention.

(2) 1976년 해사채권 책임제한조약에 대한 1996년 개정의정서

Protocol of 1996 to amend the Convention
on Limitation of Liability for Maritime Claims
of 19 November 1976
(London, 2 May 1996)

1976년 해사채권의 책임제한조약에 대한
1996년 개정의정서
(런던 1996년 5월 2일)

Article 1

For the purposes of this Protocol:
1. "Convention" means the Convention on
Limitation of Liability for Maritime Claims,
1976.
2. "Organization" means the International
Maritime Organization.
3. "Secretary-General" means the Secretary-
General of the Organization.

제1조

이 개정의정서에서 사용되는 용의의 의
미는 다음과 같다.
'조약'이라 함은 1976년 해사채권의 책
임제한에 관한 조약을 말한다.
'기구'라 함은 국제해사기구를 말한다.
'사무총장'이라 함은 기구의 사무총장
을 말한다.

Article 2

Article 3, subparagraph (a) of the
Convention is replaced by the following
text:
(a) claims for salvage, including, if
applicable, any claim for special
compensation under Article 14 of the
International Convention on Salvage 1989,
as amended, or contribution in general
average;

제2조

조약 제3조 (a)호를 다음의 규정으로 대
체한다.
"해난구조로 인한 구조료채권(1989년
해난구조에 관한 국제조약 제14조에 규
정된 특별보상청구가 가능한 경우 이를
포함한다)과 공동해손의 분담에 관한
채권"

Article 3

Article 6, paragraph 1 of the Convention is

제3조

조약 제6조 제1항을 다음으로 대체한

replaced by the following text:

1. The limits of liability for claims other than those mentioned in Article 7, arising on any distinct occasion, shall be calculated as follows:

(a) in respect of claims for loss of life or personal injury,

(i) 2 million Units of Account for a ship with a tonnage not exceeding 2,000 tons,

(ii) for a ship with a tonnage in excess thereof, the following amount in addition to that mentioned in (i):

for each ton from 2,001 to 30,000 tons, 800 Units of Account;

for each ton from 30,001 to 70,000 tons, 600 Units of Account; and

for each ton in excess of 70,000 tons, 400 Units of Account,

(b) in respect of any other claims,

(i) 1 million Units of Account for a ship with a tonnage not exceeding 2,000 tons,

(ii) for a ship with a tonnage in excess thereof, the following amount in addition to that mentioned in (i):

for each ton from 2,001 to 30,000 tons, 400 Units of Account;

for each ton from 30,001 to 70,000 tons, 300 Units of Account; and

for each ton in excess of 70,000 tons, 200 Units of Account.

다.

"1. 특정사고에서 발생한 것으로서 제7조에 규정하는 채권 이외의 채권에 대한 책임한도는 다음과 같이 산출한다.

(a) 사람의 사망 또는 신체상해에 대한 채권에 관하여는

① 2,000톤 이하의 선박에 대하여는 2,000,000 계산단위에 상당하는 금액

② 2,000톤을 초과하는 선박에 대하여는 ①목의 계산단위에 다음의 금액을 가산한다.

2,001톤에서 30,000톤까지의 부분에는 매 톤당 800 계산단위

30,001톤에서 70,000톤까지의 부분에는 매 톤당 600 계산단위

70,000톤을 초과하는 부분에는 매 톤당 400 계산단위

(b) 기타의 채권에 관하여는

① 2,000톤 이하의 선박에 대하여는 1,000,000 계산단위에 상당하는금액

② 2,000톤을 초과하는 선박에 대하여는 ①목의 계산단위에 다음의 금액을 가산한다.

2,001톤에서 30,000톤까지의 부분에는 매 톤당 400 계산단위

30,001톤에서 70,000톤까지의 부분에는 매 톤당 300 계산단위

70,000톤을 초과하는 부분에는 매 톤당 200 계산단위"

Article 4

Article 7, paragraph 1 of the Convention is replaced by the following text:

1. In respect of claims arising on any distinct occasion for loss of life or personal injury to passengers of a ship, the limit of liability of the shipowner thereof shall be an amount of 175,000 Units of Account multiplied by the number of passengers which the ship is authorized to carry according to the ship's certificate.

Article 5

Article 8, paragraph 2 of the Convention is replaced by the following text:

2. Nevertheless, those States which are not members of the International Monetary Fund and whose law does not permit the application of the provisions of paragraph 1 may, at the time of signature without reservation as to ratification, acceptance or approval or at the time of ratification, acceptance, approval or accession or at any time thereafter, declare that the limits of liability provided for in this Convention to be applied in their territories shall be fixed as follows:

(a) in respect of Article 6, paragraph 1(a), at an amount of

(i) 30 million monetary units for a ship with a tonnage not exceeding 2,000 tons;

제4조

조약 제7조 제1항을 다음으로 대체한다.

"특정사고에서 발생하는 선박의 여객의 사망이나 신체상해에 대한 채권에 관하여 선박소유자의 책임한도는 그 선박의 선박검사증명서에 기재된 여객의 정원에 175,000 계산단위를 곱하여 얻은 금액으로 한다."

제5조

조약 제8조 제2항을 다음으로 대체한다.

"그러나 국제통화기금의 가맹국이 아닌 국가와 제1항 규정의 적용을 허용하지 아니하는 국내법을 보유하는 국가는, 비준·수락·승인에 관하여 유보없이 서명하는 때에 또는 비준·수락·승인의 때에 또는 가입이나 그 후 어느 때이든지 자국의 영토 내에 적용하도록 이 조약에 규정된 책임한도를 다음과 같이 정한다고 선언할 수 있다.

(a) 제6조 제1항 (a)호에 관하여는 다음의 가액:

① 2,000톤 이하의 선박에 대하여는 30,000,000 화폐단위

(ii) for a ship with a tonnage in excess thereof, the following amount in addition to that mentioned in (i):

for each ton from 2,001 to 30,000 tons, 12,000 monetary units;

for each ton from 30,001 to 70,000 tons, 9,000 monetary units; and

for each ton in excess of 70,000 tons, 6,000 monetary units; and

(b) in respect of Article 6, paragraph 1(b), at an amount of:

(i) 15 million monetary units for a ship with a tonnage not exceeding 2,000 tons;

(ii) for a ship with a tonnage in excess thereof, the following amount in addition to that mentioned in (i):

for each ton from 2,001 to 30,000 tons, 6,000 monetary units;

for each ton from 30,001 to 70,000 tons, 4,500 monetary units; and

for each ton in excess of 70,000 tons, 3,000 monetary units; and

(c) in respect of Article 7, paragraph 1, at an amount of 2,625,000 monetary units multiplied by the number of passengers which the ship is authorized to carry according to its certificate.

Paragraphs 2 and 3 of Article 6 apply correspondingly to subparagraphs (a) and (b) of this paragraph.

② 2,000톤을 초과하는 선박에 대하여는 다음의 화폐단위를 ①목의 화폐단위에 가산한다.

2,001톤부터 30,000톤까지의 부분에는 매 톤당 12,000 화폐단위

30,001톤부터 70,000톤까지의 부분에는 매 톤당 9,000 화폐단위

70,000톤을 초과하는 부분에는 매 톤당 6,000 화폐단위

(b) 제6조 제1항 (b)호에 관하여는 다음의 가액

① 2,000톤 이하의 선박에 대하여는 15,000,000 화폐단위

② 2,000톤을 초과하는 선박에 대하여는 다음의 화폐단위를 ①목의 화폐단위에 가산한다.

2,001톤부터 30,000톤까지의 부분에는 매 톤당 6,000 화폐단위

30,001톤부터 70,000톤까지의 부분에는 매 톤당 4,500 화폐단위

70,000톤을 초과하는 부분에는 매 톤당 3,000 화폐단위

(c) 제7조 제1항에 관하여는 그 선박의 선박검사증서에 기재된 여객의 정원에 2,625,000 화폐단위를 곱하여 얻은 금액으로 한다.

제6조 제2항 및 제3항은 위 (a)호 및 (b)호에 각 준용한다.

Article 6

The following text is added as paragraph 3bis in Article 15 of the Convention:

3bis Notwithstanding the limit of liability prescribed in paragraph 1 of Article 7, a State Party may regulate by specific provisions of national law the system of liability to be applied to claims for loss of life or personal injury to passengers of a ship, provided that the limit of liability is not lower than that prescribed in paragraph 1 of Article 7. A State Party which makes use of the option provided for in this paragraph shall inform the Secretary-General of the limits of liability adopted or of the fact that there are none.

Article 7

Article 18, paragraph 1 of the Convention is replaced by the following text:

1. Any State may, at the time of signature, ratification, acceptance, approval or accession, or at any time thereafter, reserve the right:

(a) to exclude the application of Article 2, paragraphs 1(d) and (e);

(b) to exclude claims for damage within the meaning of the International Convention on Liability and Compensation for Damage in Connection with the Carriage of Hazardous and

제6조

조약의 제15조에 다음 항을 3bis로 추가한다.

"3bis 그러나 제7조 제1항의 책임한도에도 불구하고 체약국은 여객선의 인명 사상의 청구에 적용되는 국내법규정을 둘 수 있다. 그러나 그 한도는 제7조 제1항에 규정된 금액보다 낮아서는 아니된다. 이 항에 규정된 선택권을 이용하는 체약국은 사무총장에게 국내법의 책임한도 또는 무한책임의 사실을 통지하여야 한다."

제7조

조약 제18조 제1항을 다음으로 대체한다.

"당사국은 서명·비준·수락·승인·동의 시 또는 그 이후에 다음의 권리를 유보할 수 있다.

(a) 제2조 제1항 (d) 또는 (e)의 적용을 배제할 권리

(b) 1996년 유해·독극물질의 해상운송과 관련된 손해에 대한 책임 및 보상에 관한 국제조약 또는 그 개정조약 또는 개정의정서가 적용되는 손해배상청구를 배제할 권리

Noxious Substances by Sea, 1996 or of any amendment or protocol thereto.
No other reservations shall be admissible to the substantive provisions of this Convention.

Article 8
Amendment of limits

1. Upon the request of at least one half, but in no case less than six, of the States Parties to this Protocol, any proposal to amend the limits specified in Article 6, paragraph 1, Article 7, paragraph 1 and Article 8, paragraph 2 of the Convention as amended by this Protocol shall be circulated by the Secretary-General to all Members of the Organization and to all Contracting States.

2. Any amendment proposed and circulated as above shall be submitted to the Legal Committee of the Organization (the Legal Committee) for consideration at a date at least six months after the date of its circulation.

3. All Contracting States to the Convention as amended by this Protocol, whether or not Members of the Organization, shall be entitled to participate in the proceedings of the Legal Committee for the consideration and adoption of amendments.

4. Amendments shall be adopted by a two-thirds majority of the Contracting States to the Convention as amended by this

위 사항을 제외하고 이 조약의 다른 실체적 규정에 관하여 유보는 허용되지 아니한다."

제8조 (책임한도의 개정)

1. 이 개정의정서 체약국 수의 절반 이상이면서 6개국 이상의 체약국의 요청이 있는 경우 사무총장은 이 개정의정서에 의하여 개정된 조약 제6조 제1항, 제7조 제1항, 제8조 제2항에 명시된 책임한도의 수정안을 기구의 모든 회원국과 모든 체약국에 회람하여야 한다.

2. 전항에 따라 제안되고 회람된 개정안은 회람 후 6개월 이후로 정해진 날에 기구의 법률위원회('법률위원회')에서 심의를 위하여 제출되어야 한다.

3. 이 개정의정서에 의하여 개정된 조약의 모든 체약국들은 기구의 회원국인지 여부와 관계없이 개정안의 심의와 채택을 위하여 법률위원회의 절차에 참여할 수 있다.

4. 개정안의 채택은 이 개정의정서에 의하여 개정된 조약의 체약국 수의 절반 이상이 출석한 법률위원회 회의에 출석

Protocol present and voting in the Legal Committee expanded as provided for in paragraph 3, on condition that at least one half of the Contracting States to the Convention as amended by this Protocol shall be present at the time of voting.

5. When acting on a proposal to amend the limits, the Legal Committee shall take into account the experience of incidents and, in particular, the amount of damage resulting therefrom, changes in the monetary values and the effect of the proposed amendment on the cost of insurance.

6. (a) No amendment of the limits under this Article may be considered less than five years from the date on which this Protocol was opened for signature nor less than five years from the date of entry into force of a previous amendment under this Article.

(b) No limit may be increased so as to exceed an amount which corresponds to the limit laid down in the Convention as amended by this Protocol increased by six percent per year calculated on a compound basis from the date on which this Protocol was opened for signature.

(c) No limit may be increased so as to exceed an amount which corresponds to the limit laid down in the Convention as amended by this Protocol multiplied by three.

7. Any amendment adopted in accordance

하여 투표한 체약국 3분의 2 이상의 찬성으로 한다.

5. 책임한도액 개정안을 심의하는 경우 법률위원회는 사건의 경험 특히 손해의 액수, 화폐가치의 변화, 개정안이 보험비용에 미칠 영향 등을 고려하여야 한다.

6. (a) 이 개정의정서가 서명을 위하여 제시된 날로부터 5년이 지나기 전 또는 이전의 개정이 발효된 날로부터 5년이 지나기 전에 새로운 개정은 허용되지 않는다.

(b) 이 개정서가 서명을 위하여 제시된 날부터 기산하여 년 6%의 복리로 계산된 금액을 초과한 금액으로 이 개정의정서에 의하여 개정된 책임한도의 개정은 허용되지 않는다.

(c) 이 개정의정서에 의하여 개정된 조약의 책임한도의 3배를 초과하는 금액으로의 개정은 허용되지 않는다.

7. 제4항에 따라 개정안이 채택된 경우

with paragraph 4 shall be notified by the Organization to all Contracting States. The amendment shall be deemed to have been accepted at the end of a period of eighteen months after the date of notification, unless within that period not less than one-fourth of the States that were Contracting States at the time of the adoption of the amendment have communicated to the Secretary-General that they do not accept the amendment, in which case the amendment is rejected and shall have no effect.

8. An amendment deemed to have been accepted in accordance with paragraph 7 shall enter into force eighteen months after its acceptance.

9. All Contracting States shall be bound by the amendment, unless they denounce this Protocol in accordance with paragraphs 1 and 2 of Article 12 at least six months before the amendment enters into force. Such denunciation shall take effect when the amendment enters into force.

10. When an amendment has been adopted but the eighteen-month period for its acceptance has not yet expired, a State which becomes a Contracting State during that period shall be bound by the amendment if it enters into force. A State which becomes a Contracting State after that period shall be bound by an amendment which has been accepted in accordance with paragraph 7. In the cases referred to

기구는 모든 체약국에 통지하여야 한다. 개정안은 그 통지 후 18개월의 기간이 만료되는 날에 수락된 것으로 간주된다. 그러나 그 기간 중 개정안을 채택할 당시의 체약국의 4분의 1 이상의 체약국이 사무총장에 개정안을 수락하지 않을 것임을 통보하는 경우 개정안은 거절된 것으로 보아 발효되지 아니 한다.

8. 제7항에 따라 수락된 것으로 간주된 개정안은 수락 후 18개월 후 발효된다.

9. 체약국이 개정안이 발효되기 전 6개월 이전에 제12조 제1항, 제2항에 따라 이 개정의정서를 폐기하지 않는 한 개정안은 모든 체약국을 구속한다. 체약국이 폐기를 결정한 경우 그 폐기는 개정안의 발효와 동시에 발효된다.

10. 개정안이 채택된 후 수락을 위한 18개월이 경과하기 전에 이 개정의정서의 체약국이 된 당사국은 개정안이 발효되는 경우 이에 구속된다. 그 기간 이후에 체약국이 된 당사국도 제7항에 따라 개정된 개정안에 구속된다. 이 항이 적용되는 경우 당사국은 개정안이 발효된 때부터, 만약 그 당사국에 대하여 그 이후에 발효되는 경우 그 나중의 시점부터, 개정안에 구속된다.

in this paragraph, a State becomes bound by an amendment when that amendment enters into force, or when this Protocol enters into force for that State, if later.

Article 9

1. The Convention and this Protocol shall, as between the Parties to this Protocol, be read and interpreted together as one single instrument.

2. A State which is Party to this Protocol but not a Party to the Convention shall be bound by the provisions of the Convention as amended by this Protocol in relation to other States Parties hereto, but shall not be bound by the provisions of the Convention in relation to States Parties only to the Convention.

3. The Convention as amended by this Protocol shall apply only to claims arising out of occurrences which take place after the entry into force for each State of this Protocol.

4. Nothing in this Protocol shall affect the obligations of a State which is a Party both to the Convention and to this Protocol with respect to a State which is a Party to the Convention but not a Party to this Protocol.

제9조

1. 이 개정의정서의 당사국들 간에는 조약 및 이 개정의정서는 하나의 단일문서로 읽어지고 해석되어야 한다.

2. 이 개정의정서의 체약국이지만 조약의 체약국이 아닌 국가는 이 개정의정서의 다른 체약국과의 관계에서 이 개정의정서에 의하여 개정된 조약의 규정에 구속되나 오직 조약에만 가입한 체약국과의 관계에서는 조약의 규정에 구속되지 아니한다.

3. 이 개정의정서에 의하여 개정된 조약은 이 개정의정서가 각 체약국에서 발효된 이후에 발생한 사건에만 적용된다.

4. 조약의 체약국이지만 개정의정서의 체약국이 아닌 국가와의 관계에서 이 개정의정서의 규정은 조약과 개정의정서 양자에 가입한 체약국이 부담하는 의무에 아무런 영향을 미치지 아니 한다.

FINAL CLAUSES

Article 10

Signature, ratification, acceptance, approval and accession

1. This Protocol shall be open for signature at the Headquarters of the Organization from 1 October 1996 to 30 September 1997 by all States.

2. Any State may express its consent to be bound by this Protocol by:

(a) signature without reservation as to ratification, acceptance or approval; or

(b) signature subject to ratification, acceptance or approval followed by ratification, acceptance or approval; or

(c) accession.

3. Ratification, acceptance, approval or accession shall be effected by the deposit of an instrument to that effect with the Secretary-General.

4. Any instrument of ratification, acceptance, approval or accession deposited after the entry into force of an amendment to the Convention as amended by this Protocol shall be deemed to apply to the Convention so amended, as modified by such amendment.

최종 조항

제10조 (서명, 비준, 수락, 승인 및 가입)

1. 이 개정의정서는 1996년 10월 1일부터 1997년 9월 30일까지 기구의 본부에서 서명을 위하여 모든 국가에 개방되어야 한다.

2. 각 당사국은 다음과 같은 방식으로 이 개정의정서에 구속된다는 동의의 의사표시를 할 수 있다.

(a) 비준, 수락 또는 승인에 관하여 유보 없는 서명

(b) 비준, 수락 또는 승인을 조건으로 하여 서명한 후의 비준, 수락 또는 승인

(c) 가입

3. 비준, 수락, 승인 또는 가입은 사무총장에게 그러한 효과를 갖는 공식문서를 기탁함으로서 효력이 발생한다.

4. 이 개정의정서에 의해 수정된 조약의 개정안이 발효된 이후 비준, 수락, 승인 또는 가입의 모든 공식문서는 이러한 개정에 의해 수정된 개정 조약이 적용되는 것으로 간주한다.

Article 11

Entry into force

1. This Protocol shall enter into force ninety days following the date on which ten States have expressed their consent to be bound by it.

2. For any State which expresses its consent to be bound by this Protocol after the conditions in paragraph 1 for entry into force have been met, this Protocol shall enter into force ninety days following the date of expression of such consent.

Article 12

Denunciation

1. This Protocol may be denounced by any State Party at any time after the date on which it enters into force for that State Party.

2. Denunciation shall be effected by the deposit of an instrument of denunciation with the Secretary-General.

3. A denunciation shall take effect twelve months, or such longer period as may be specified in the instrument of denunciation, after its deposit with the Secretary-General.

4. As between the States Parties to this Protocol, denunciation by any of them of the Convention in accordance with Article 19 thereof shall not be construed in any way as a denunciation of the Convention as

제11조 (발효)

1. 이 개정의정서는 10개국이 이를 준수하겠다는 동의를 표시한 날로부터 90일째 되는 날 발효한다.

2. 발효요건에 대한 제1항의 조건이 충족된 후에 이 개정의정서를 준수하겠다는 동의를 표시한 국가에 대해서는, 본 개정의정서는 그러한 동의의 의사표시를 한 날로부터 90일째 되는 날 발효한다.

제12조 (폐기)

1. 이 개정의정서는 본 개정의정서가 체약국에서 발효된 날 이후에는 언제든지 그 체약국에 의해 폐기될 수 있다.

2. 폐기는 사무총장에게 폐기 문서를 기탁함으로써 효력이 발생한다.

3. 폐기는 사무총장에게 이를 기탁한 날로부터 12개월 후 또는 폐기 문서에 명기된 그 이상의 기간이 경과한 후에 효력을 발생한다.

4. 본 개정의정서의 당사국 사이에 제19조에 따른 조약의 폐기가 있더라도, 어떤 식으로도 본 개정의정서에 의해 수정된 조약의 폐기로 해석될 수 없다.

amended by this Protocol.

Article 13

Revision and amendment

1. A conference for the purpose of revising or amending this Protocol may be convened by the Organization.

2. The Organization shall convene a conference of Contracting States to this Protocol for revising or amending it at the request of not less than one-third of the Contracting States.

Article 14

Depositary

1. This Protocol and any amendments adopted under Article 8 shall be deposited with the Secretary General.

2. The Secretary-General shall:

(a) inform all States which have signed or acceded to this Protocol of:

(i) each new signature or deposit of an instrument together with the date thereof;

(ii) each declaration and communication under Article 8, paragraph 2 of the Convention as amended by this Protocol, and Article 8, paragraph 4 of the Convention;

(iii) the date of entry into force of this Protocol;

제13조 (수정 및 개정)

1. 기구는 이 개정의정서의 수정 및 개정을 위한 회의를 소집할 수 있다.

2. 기구는 체약국의 3분의 1 이상의 요청이 있을 경우 본 개정의정서의 수정 및 개정을 위한 체약국 회의를 소집하여야 한다.

제14조 (기탁)

1. 이 개정의정서와 제8조에 따라 채택된 개정안은 사무총장에게 기탁되어야 한다.

2. 사무총장은

ⓐ 이 개정의정서에 서명하거나 가입한 모든 국가들에게 다음 사항을 통보하여야 한다.

① 새로운 서명이나 가입문서의 기탁과 그 날짜

② 이 개정의정서에 의해 개정된 조약 제8조 제2항 및 조약 제8조 제4항에 따른 선언 및 회람

③ 이 개정의정서의 발효일

④ 제8조 제1항에 따라 마련된 책임한도를 수정하는 제안

⑤ 제8조 제4항에 따라 채택된 모

(iv) any proposal to amend limits which has been made in accordance with Article 8, paragraph 1;

(v) any amendment which has been adopted in accordance with Article 8, paragraph 4;

(vi) any amendment deemed to have been accepted under Article 8, paragraph 7, together with the date on which that amendment shall enter into force in accordance with paragraphs 8 and 9 of that Article;

(vii) the deposit of any instrument of denunciation of this Protocol together with the date of the deposit and the date on which it takes effect;

(b) transmit certified true copies of this Protocol to all Signatory States and to all States which accede to this Protocol.

3. As soon as this Protocol enters into force, the text shall be transmitted by the Secretary-General to the Secretariat of the United Nations for registration and publication in accordance with Article 102 of the Charter of the United Nations.

Article 15
Languages

This Protocol is established in a single original in the Arabic, Chinese, English, French, Russian and Spanish languages, each text being equally authentic

든 개정안

⑥ 제8조 제7항에 따라 채택된 것으로 간주되는 개정안 및 동조 제8항 및 제9항에 따라 발효되는 개정안의 일자

⑦ 이 개정의정서의 폐기 문서의 기탁 및 그의 효력 발생 일자

ⓑ 이 개정의정서의 인증 등본을 모든 서명국가와 이 개정의정서에 가입한 모든 국가들에게 송부하여야 한다.

3. 이 개정의정서의 발효 시점에서 사무총장은 국제연합 사무국에 국제연합헌장 제102조의 규정에 따라 등록 및 공표를 위해 문서를 송부하여야 한다.

제15조 (언어)

이 개정의정서는 동등한 정본인 아랍어와 중국어, 영어, 불어, 러시아어 및 스페인어로 된 단일원본으로 작성된다.

DONE at London this second day of May one thousand nine hundred and ninety-six. IN WITNESS WHEREOF the undersigned, being duly authorized by their respective Governments for that purpose, have signed this Protocol.

1996년 5월 2일 런던에서 작성되었다. 이상의 증거로서 아래 서명자는 당해 정부로부터 정당하게 권한을 위임받아 본 개정의정서에 서명하였다.

3. 해난구조에 관한 국제조약(1989년 해난구조조약)

The International Convention On Salvage, 1989

1989년 해난구조에 관한 국제협약[4]

Chapter I - *General provisions*

제1장 총 칙

Article 1 - *Definitions*

제1조 (정의)

For the purpose of this Convention:

이 협약의 목적을 위하여 :

(a) Salvage operation means any act or activity undertaken to assist a vessel or any other property in danger in navigable waters or in any other waters whatsoever.

(a) 「구조작업」이라 함은 선박 또는 기타 재산이 가항수역 또는 기타의 어떠한 수역에서 위험에 처하고 있을 때에 그것을 구원하기 위하여 행하여지는 모든 행위 또는 활동을 말한다.

(b) Vessel means any ship or craft, or any structure capable of navigation.

(b) 「선박」이라 함은 선박, 주정 또는 모든 항행 가능한 구조물을 말한다.

(c) Property means any property not permanently and intentionally attached to the shoreline and includes freight at risk.

(c) 「재산」이라 함은 해안선에 항구적이며 의도적으로 고착되지 아니한 재산을 말하며 위험에 처해 있는 운임을 포함한다.

(d) Damage to the environment means substantial physical damage to human health or to marine life or resources in coastal or inland waters or areas adjacent thereto, caused by pollution, contamination, fire, explosion or similar major incidents.

(d) 「환경손해」라 함은 오염, 오탁, 화재, 폭발, 기타 유사한 거대사고에 의해 연안, 내수 또는 그 인접수역에 있어서의 사람의 건강 또는 해양생물이나 자원에 발생한 중대한 물리적 손해를 말한다.

(e) Payment means any reward, remuneration or compensation due under this Convention.

(e) 「지급」이라 함은 이 협약하에 의해

---

4) 재판자료 제54집(법원행정처), 557-566쪽에서 전재.

(f) Organization means the International Maritime Organization.

(g) Secretary-General means the Secretary-General of the Organization.

Article 2 - *Application of the Convention*

This Convention shall apply whenever judicial or arbitral proceedings relating to matters dealt with in this Convention are brought in a State Party.

Article 3 - *Platforms and drilling units*

This Convention shall not apply to fixed or floating platforms or to mobile offshore drilling units when such platforms or units are on location engaged in the exploration, exploitation or production of sea-bed mineral resources.

Article 4 - *State-owned vessels*

1. Without prejudice to article 5, this Convention shall not apply to warships or other non-commercial vessels owned or operated by a State and entitled, at the time of salvage operations, to sovereign immunity under generally recognized principles of international law unless that State decides otherwise.

지급해야 할 대가, 보수 또는 보상을 말한다.

(f) 「기구」라 함은 「국제해사기구」를 말한다.

(g) 「사무총장」이라 함은 「국제해사기구의 사무총장」을 말한다.

제2조 (적용범위)

이 협약은 이 협약에 규정된 사항에 대해 재판 또는 중재절차가 체약국에서 제기되는 모든 경우에 적용된다.

제3조 (플랫폼 및 굴착장치)

이 협약은 고정되었거나 혹은 떠있는 플랫폼 또는 이동가능한 근해 굴착장치가 해저광물자원의 탐사, 개발 또는 생산에 종사하는 장소에 있을 경우에는 이들에 대해서는 적용되지 아니한다.

제4조 (국유선)

1. 제5조의 규정을 침해하지 않는 범위에서 이 협약은 국가가 달리 규정하지 않는 한, 군함 또는 국가가 소유하거나 혹은 운영하고, 구조작업당시에 국제법상 일반적으로 인정된 원칙에 의해 주권면제의 권리를 가진 기타의 비상업적 선박에는 적용하지 아니한다.

2. Where a State Party decides to apply the Convention to its warships or other vessels described in paragraph 1, it shall notify the Secretary-General thereof specifying the terms and conditions of such application.

2. 어떤 체약국이 군함 또는 제1항에서 기술한 기타 선박에 이 협약을 적용할 것을 결정한 경우에는 그 체약국은 적용을 위한 구체적인 조건을 사무총장에게 통지하여야 한다.

Article 5 - *Salvage operations controlled by public authorities*

제5조 (공공기관이 감독하는 구조작업)

1. This Convention shall not affect any provisions of national law or any international convention relating to salvage operations by or under the control of public authorities.

2. Nevertheless, salvors carrying out such salvage operations shall be entitled to avail themselves of the rights and remedies provided for in this Convention in respect of salvage operations.

3. The extent to which a public authority under a duty to perform salvage operations may avail itself of the rights and remedies provided for in this Convention shall be determined by the law of the State where such authority is situated.

1. 이 협약은 공공기관이 수행하거나 감독하는 구조작업에 관한 국내법 또는 국제협약의 어떠한 규정에도 영향을 미치지 아니한다.

2. 전항의 규정에도 불구하고 그러한 구조작업을 수행하는 자는 구조작업에 관해 이 협약에 규정한 권리와 구제의 수단을 이용할 수 있다.

3. 구조작업을 수행해야 할 의무가 있는 공공기관이 이 협약에 규정된 권리와 구제수단을 이용할 수 있는 범위는 그 기관이 소속된 국가의 법률에 의해 정해진다.

Article 6 - *Salvage contracts*

제6조 (구조계약)

1. This Convention shall apply to any salvage operations save to the extent that a contract otherwise provides expressly or by implication.

2. The master shall have the authority to

1. 계약에서 명시적 또는 묵시적으로 달리 규정하고 있는 경우를 제외하고는, 모든 구조작업에 이 협약을 적용한다.

2. 선장은 선박소유자를 대리하여 구조

conclude contracts for salvage operations on behalf of the owner of the vessel. The master or the owner of the vessel shall have the authority to conclude such contracts on behalf of the owner of the property on board the vessel.

3. Nothing in this article shall affect the application of article 7 nor duties to prevent or minimize damage to the environment.

작업에 관한 계약체결권을 갖는다. 선장 또는 선박소유자는 조난선박에 적재된 재산의 소유자를 대리하여 그러한 계약체결권을 갖는다.

3. 이 조는 제7조의 적용에 영향을 미치지 아니하며, 또한 환경손해를 방지 또는 경감할 의무에도 영향을 미치지 아니한다.

Article 7 - *Annulment and modification of contracts*

제7조 (계약의 무효 및 변경)

A contract or any terms thereof may be annulled or modified if:

(a) the contract has been entered into under undue influence or the influence of danger and its terms are inequitable; or

(b) the payment under the contract is in an excessive degree too large or too small for the services actually rendered.

다음의 경우에는 계약 또는 그 계약조건을 무효로 하거나 변경할 수 있다.

(a) 계약이 강박 또는 위협상황하에서 체결되고, 또 그 조건이 불공평한 때.

(b) 계약에 따른 지급이 실제적으로 제공된 역무에 비해 현저하게 많거나 또는 적을 때.

Chapter II - Performance of salvage operations

제2장 구조작업의 수행

Article 8 - *Duties of the salvor and of the owner and master*

제8조 (구조자와 선박소유자 및 선장의 의무)

1. The salvor shall owe a duty to the owner of the vessel or other property in danger:

1. 구조자는 위험에 처한 선박 또는 기타 재산소유자에 대하여 다음의 의무를 진다.

(a) to carry out the salvage operations with due care;

(b) in performing the duty specified in subparagraph (a), to exercise due care to prevent or minimize damage to the environment;

(c) whenever circumstances reasonably require, to seek assistance from other salvors; and

(d) to accept the intervention of other salvors when reasonably requested to do so by the owner or master of the vessel or other property in danger; provided however that the amount of his reward shall not be prejudiced should it be found that such a request was unreasonable.

2. The owner and master of the vessel or the owner of other property in danger shall owe a duty to the salvor:

(a) to co-operate fully with him during the course of the salvage operations;

(b) in so doing, to exercise due care to prevent or minimize damage to the environment; and

(c) when the vessel or other property has been brought to a place of safety, to accept redelivery when reasonably requested by the salvor to do so.

Article 9 - *Rights of coastal States*

Nothing in this Convention shall affect the

(a) 상당한 주의를 기울여 구조작업을 수행할 것.

(b) (a)호에 규정된 의무를 이행할 때에는 환경손해를 방지 또는 경감하기 위해 상당한 주의를 기울일 것.

(c) 상황을 합리적으로 판단하여 필요한 경우에는, 다른 구조자의 원조를 요청할 것.

(d) 위험에 처한 선박이나 기타 재산의 소유자 또는 선장으로부터 정당한 요청이 있을 때에는 다른 구조자의 개입을 수락할 것. 다만, 그러한 요청이 비합리적인 것임이 판명되었을 때는, 구조자의 보수액은 불이익을 받지 아니함.

2. 위험에 처하여 있는 선박의 소유자와 선장 또는 기타 재산의 소유자는 구조자에 대해 다음의 의무를 진다.

(a) 구조작업중에는 구조자에게 전적으로 협력할 것.

(b) 전호의 의무를 수행할 때에는 환경손해를 방지 또는 경감하기 위해 상당한 주의를 기울일 것.

(c) 선박 또는 기타 재산이 안전한 장소로 인양된 경우에 구조자로부터 정당한 요청이 있을 때에는 이의 인수를 수락할 것.

제9조 (연안국의 권리)

이 협약은 연안국이 구조작업에 관해

right of the coastal State concerned to take measures in accordance with generally recognized principles of international law to protect its coastline or related interests from pollution or the threat of pollution following upon a maritime casualty or acts relating to such a casualty which may reasonably be expected to result in major harmful consequences, including the right of a coastal State to give directions in relation to salvage operations.

지시를 할 권리를 포함하여 국제법상 일반적으로 인정된 원칙에 따라서 관계 연안국이 해상사고에 의한 오염 또는 오염의 위험으로부터 연안선이나 관련 이익을 보호하기 위한 수단을 강구할 권한, 또는 관련 연안국이 거대한 유해 결과를 초래할 것이 합리적으로 예상되는 사고에 관해 조치를 취할 권한에 대해서는 아무런 영향을 미치지 아니한다.

Article 10 - *Duty to render assistance*

1. Every master is bound, so far as he can do so without serious danger to his vessel and persons thereon, to render assistance to any person in danger of being lost at sea.
2. The States Parties shall adopt the measures necessary to enforce the duty set out in paragraph 1.
3. The owner of the vessel shall incur no liability for a breach of the duty of the master under paragraph 1.

제10조 (구원의무)

1. 모든 선장은 본선과 그 선상에 있는 자에 대하여 중대한 위험을 야기하지 않고 수행할 수 있는 한, 해상에서 생명이 위난에 처한 자에 대하여 구원할 의무를 진다.
2. 체약국은 제1항에 규정한 의무를 실행시키기 위하여 필요한 수단을 강구하여야 한다.
3. 선박소유자는 선장이 제1항에서 규정한 의무를 위반한 것에 대하여 책임을지지 아니한다.

Article 11 - *Co-operation*

A State Party shall, whenever regulating or deciding upon matters relating to salvage operations such as admittance to ports of vessels in distress or the provision of facilities to salvors, take into account the need for co-operation between salvors,

제11조 (협력)

체약국은 조난선의 입항허가 또는 구조자에 대한 시설의 제공등 구조작업에 관한 사항을 규정 또는 결정할 경우에는, 보편적으로 환경에 대한 손해의 방지는 물론이고, 위험에 처한 인명 또는 재산의 구원을 목적으로 하는 구조작업

other interested parties and public authorities in order to ensure the efficient and successful performance of salvage operations for the purpose of saving life or property in danger as well as preventing damage to the environment in general.

이 효율적이고, 성공적으로 완수될 수 있도록, 구조자, 기타 이해관계인 및 공공기관간의 협력의 필요성을 고려하여야 한다.

Chapter III - Rights of salvors

제3장 구조자의 권리

Article 12 - *Conditions for reward*

제12조 (보수의 조건)

1. Salvage operations which have had a useful result give right to a reward.
2. Except as otherwise provided, no payment is due under this Convention if the salvage operations have had no useful result.
3. This chapter shall apply, notwithstanding that the salved vessel and the vessel undertaking the salvage operations belong to the same owner.

1. 구조작업이 유익한 결과를 얻은 경우에는 보수청구권이 발생한다.
2. 구조작업이 유익한 결과를 얻지 못했을 경우에는 달리 정한 경우를 제외하고는 이 협약에 의해서는 어떠한 지급의무도 발생하지 않는다.
3. 이 장은 피구조선박과 구조작업에 종사하는 선박이 동일소유자에게 속하고 있는 경우에도 적용된다.

Article 13 - *Criteria for fixing the reward*

제13조 (보수결정의 기준)

1. The reward shall be fixed with a view to encouraging salvage operations, taking into account the following criteria without regard to the order in which they are presented below:

1. 보수는 다음 기준을 그 기술 순서에 관계없이 고려하여 구조작업을 장려하는 취지에서 결정한다.

  (a) the salved value of the vessel and other property;

  (a) 구조된 선박 및 기타 재산의 가액

  (b) the skill and efforts of the salvors in preventing or minimizing damage to the

  (b) 환경손해를 방지 또는 경감하는 데 있어 구조자의 기능 및 노력

environment;

(c) the measure of success obtained by the salvor;

(d) the nature and degree of the danger;

(e) the skill and efforts of the salvors in salving the vessel, other property and life;

(f) the time used and expenses and losses incurred by the salvors;

(g) the risk of liability and other risks run by the salvors or their equipment;

(h) the promptness of the services rendered;

(i) the availability and use of vessels or other equipment intended for salvage operations;

(j) the state of readiness and efficiency of the salvor's equipment and the value thereof.

2. Payment of a reward fixed according to paragraph 1 shall be made by all of the vessel and other property interests in proportion to their respective salved values. However, a State Party may in its national law provide that the payment of a reward has to be made by one of these interests, subject to a right of recourse of this interest against the other interests for their respective shares. Nothing in this article shall prevent any right of defence.

3. The rewards, exclusive of any interest and recoverable legal costs that may be

(c) 구조자가 달성한 성공의 정도

(d) 위험의 성질 및 정도

(e) 선박, 기타 재산 및 인명을 구조하기 위한 구조자의 기능 및 노력

(f) 구조자가 사용한 시간, 지급한 경비 및 입은 손해

(g) 구조자 또는 그 구조설비가 행한 책임부담 및 기타 위험

(h) 수행된 작업의 신속성

(i) 구조작업에 제공된 선박 또는 기타 구조설비의 이용가능성 및 효용성

(j) 구조자의 구조설비의 준비상태와 효율성 및 그 가액

2. 제1항에 따라 결정한 보수는 모든 선박 및 기타 재산의 이해관계자가 각자의 피구조가액에 비례하여 지급한다. 그러나 체약국은 이해관계자 가운데 한 사람이, 다른 이해관계자에 대해 각자의 분담액에 대한 구상권을 갖는다는 것을 전제로, 보수를 지급할 수 있도록 국내법에서 규정할 수 있다.
이 조는 항변의 권리를 방해하지 아니한다.

3. 보수는, 그것에 추가하여 지급해야할 이자 및 회수가능한 소송비용은 제외하

payable thereon, shall not exceed the salved value of the vessel and other property.

고, 선박 및 기타 피구조 재산의 가액을 초과할 수 없다.

Article 14 - *Special compensation*

제14조 (특별보상)

1. If the salvor has carried out salvage operations in respect of a vessel which by itself or its cargo threatened damage to the environment and has failed to earn a reward under article 13 at least equivalent to the special compensation assessable in accordance with this article, he shall be entitled to special compensation from the owner of that vessel equivalent to his expenses as herein defined.

2. If, in the circumstances set out in paragraph 1, the salvor by his salvage operations has prevented or minimized damage to the environment, the special compensation payable by the owner to the salvor under paragraph 1 may be increased up to a maximum of 30% of the expenses incurred by the salvor. However, the tribunal, if it deems it fair and just to do so and bearing in mind the relevant criteria set out in article 13, paragraph 1, may increase such special compensation further, but in no event shall the total increase be more than 100% of the expenses incurred by the salvor.

3. Salvor's expenses for the purpose of paragraphs 1 and 2 means the out-of-pocket

1. 선박 그 자체 또는 그 선박의 적하가 환경손해를 발생시킬 염려가 있는 선박에 대하여 구조자가 구조작업을 수행하고 또한 이 조에 따라 산정된 특별보상과 적어도 동액의 보수를 제13조에 의해서 받지 못한 경우에는 그는 이 조에서 규정한 자기지출 비용과 동액의 특별보상을 선박소유자로부터 받을 권리가 있다.

2. 구조자가 제1항에 규정된 것과 같은 상황에서 그의 구조작업에 의하여 환경손해를 방지 또는 경감한 경우에는 제1항에 따라서 선박소유자가 구조자에게 지급해야 할 특별보상은 구조자가 지출한 비용의 최대 30%까지 증액될 수 있다. 그러나, 법원이 제13조 제1항에 규정된 관계기준들을 고려하여 공평하며 정당하다고 판단하는 경우에는 이러한 특별보상을 증액할 수 있다. 그러나 어떠한 경우에도 증액의 합계는 구조자가 지출한 비용의 100%를 초과할 수 없다.

3. 제1항 및 제2항에서 「구조자의 비용」이라고 함은 구조작업중에 구조자에 의

expenses reasonably incurred by the salvor in the salvage operation and a fair rate for equipment and personnel actually and reasonably used in the salvage operation, taking into consideration the criteria set out in article 13, paragraph 1 (h), (i) and (j).

4. The total special compensation under this article shall be paid only if and to the extent that such compensation is greater than any reward recoverable by the salvor under article 13.

5. If the salvor has been negligent and has thereby failed to prevent or minimize damage to the environment, he may be deprived of the whole or part of any special compensation due under this article.

6. Nothing in this article shall affect any right of recourse on the part of the owner of the vessel.

Article 15 - *Apportionment between salvors*

1. The apportionment of a reward under article 13 between salvors shall be made on the basis of the criteria contained in that article.

2. The apportionment between the owner, master and other persons in the service of each salving vessel shall be determined by the law of the flag of that vessel. If the salvage has not been carried out from a vessel, the apportionment shall be determined by the law governing the contract between

해 합리적으로 지출된 실비 및 구조작업중에 실제적이고, 합리적으로 사용된 설비 및 인원에 관하여 제13조 제1항의 (h)호, (i)호 및 (j)호에 규정된 기준을 고려한 적정사용요금을 말한다.

4. 이 조에 의한 특별보상은 그 총액이 제13조에 의해 구조자가 취득할 수 있는 보수를 초과하는 경우에 한하여, 또한 그 범위내에서만 지급된다.

5. 구조자에게 과실이 있고 그 때문에 환경손해를 방지 또는 경감하지 못한 경우에는 그는 이 조에 따라 구조자에게 지급해야할 특별보상의 전부 또는 일부를 지급받지 못할 수도 있다.

6. 이 조의 어떠한 규정도 선박소유자의 구상권의 행사에 영향을 미치지 아니한다.

제15조 (구조자간의 분배)

1. 제13조에 의한 구조자간의 보수의 분배는 동 조에서 규정한 기준에 의한다.

2. 각 구조선의 소유자, 선장 및 기타 구조활동에 종사한 자간의 분배는 당해 선박의 기국법이 정하는 바에 의한다. 구조가 선박에서 행하여지지 아니한 경우에는 분배는 구조자와 그 사용인 간의 계약상의 준거법이 정하는 바에 의한다.

the salvor and his servants.

Article 16 - *Salvage of persons*

1. No remuneration is due from persons whose lives are saved, but nothing in this article shall affect the provisions of national law on this subject.
2. A salvor of human life, who has taken part in the services rendered on the occasion of the accident giving rise to salvage, is entitled to a fair share of the payment awarded to the salvor for salving the vessel or other property or preventing or minimizing damage to the environment.

Article 17 - *Services rendered under existing contracts*

No payment is due under the provisions of this Convention unless the services rendered exceed what can be reasonably considered as due performance of a contract entered into before the danger arose.

Article 18 - *The effect of salvor's misconduct*

A salvor may be deprived of the whole or part of the payment due under this Convention to the extent that the salvage operations have become necessary or more difficult because of fault or neglect on his

제16조 (인명구조)

1. 생명의 구조를 받은 자는 보수를 지급할 의무가 없다. 그러나 이 조의 어떠한 규정도 이러한 사항에 관한 국내법의 규정에 영향을 미치지 아니한다.
2. 구조를 필요로 하는 사고에 있어서 구조작업에 종사하여 인명을 구조한 자는 선박이나 기타 재산의 구조, 또는 환경손해방지나 경감에 대해 구조자에게 지급되는 보수로부터 공평한 분배를 받을 수 있다.

제17조 (기존구조계약에 의한 구조작업)

구조작업이 위험이 발생하기 이전에 체결된 계약의 당연한 이행이라고 합리적으로 판단되는 범위를 초과하여 이루어지지 않는 한, 이 협약의 규정에 의해서는 어떠한 지급의무도 발생하지 아니한다.

제18조 (구조자의 위법행위의 효과)

구조자의 과실 또는 해태에 의해 구조작업이 필요하게 되든가, 더욱 곤란하게 되거나 구조자가 사기 혹은 부정행위를 저질렀다고 인정된 경우에는 그 범위내에서 이 협약에 의해서 구조자에

part or if the salvor has been guilty of fraud or other dishonest conduct.

Article 19 - *Prohibition of salvage operations*

Services rendered notwithstanding the express and reasonable prohibition of the owner or master of the vessel or the owner of any other property in danger which is not and has not been on board the vessel shall not give rise to payment under this Convention

Chapter IV - Claims and actions

Article 20 - *Maritime lien*

1. Nothing in this Convention shall affect the salvor's maritime lien under any international convention or national law.
2. The salvor may not enforce his maritime lien when satisfactory security for his claim, including interest and costs, has been duly tendered or provided.

Article 21 - *Duty to provide security*

1. Upon the request of the salvor a person liable for a payment due under this Convention shall provide satisfactory security for the claim, including interest and costs of the salvor.

게 지급될 금액의 전부 또는 일부를 감액할 수 있다.

제19조 (구조작업의 금지)

선박소유자, 선장 또는 위험에 처한 재산으로 조난선상에 없거나 혹은 지금까지 없었던 재산의 소유자에 의한 명시적이고 타당한 금지에도 불구하고 행해진 구조작업에 대해서는 이 협약의 규정에 의한 어떠한 지급도 허용되지 않는다.

제4장 청구 및 소송

제20조 (선박우선특권)

1. 이 협약은 국제협약 또는 국내법에 의한 구조자의 선박우선특권에 어떠한 영향도 미치지 아니한다.
2. 구조자는 자기의 청구에 대해 이자 및 소송비용을 포함하는 충분한 담보가 지체없이 제공된 경우에는 선박우선특권을 행사할 수 없다.

제21조 (담보제공의무)

1. 구조자의 요구가 있을 경우에 이 협약에 의해 지급의무가 있는 자는 그 청구에 대해 이자와 소송비용을 포함하는 충분한 담보를 제공하여야 한다.

2. Without prejudice to paragraph 1, the owner of the salved vessel shall use his best endeavours to ensure that the owners of the cargo provide satisfactory security for the claims against them including interest and costs before the cargo is released.

3. The salved vessel and other property shall not, without the consent of the salvor, be removed from the port or place at which they first arrive after the completion of the salvage operations until satisfactory security has been put up for the salvor's claim against the relevant vessel or property.

Article 22 - *Interim payment*

1. The tribunal having jurisdiction over the claim of the salvor may, by interim decision, order that the salvor shall be paid on account such amount as seems fair and just, and on such terms including terms as to security where appropriate, as may be fair and just according to the circumstances of the case.

2. In the event of an interim payment under this article the security provided under article 21 shall be reduced accordingly.

Article 23 - *Limitation of actions*

1. Any action relating to payment under this Convention shall be time-barred if judicial

2. 제1항에 반하지 않는 한, 피구조선박의 소유자는 하주들에게 적하를 인도하기 전에, 그들에 대한 구조자의 청구에 대하여 이자와 소송비용을 포함하는 충분한 담보를 제공하는 것을 보장하기 위하여 최선의 노력을 기울여야 한다.

3. 피구조선박 및 기타 피구조재산은 당해선박 또는 재산에 대한 구조자의 청구에 대하여 충분한 담보가 제공되기까지는 구조작업완료후 최초에 도착한 항구 또는 장소에서 구조자의 동의없이 이동되어서는 아니된다.

제22조 (중간지급)

1. 구조자의 청구에 대한 관할법원은 공평하고 정당하다고 인정되는 일정액의 착수금이, 타당한 경우에는 담보에 관한 조건을 포함하여 사안의 상황에 따라 공평하고 정당한 조건으로, 구조자에게 지불되도록 중간결정에 의해 명할 수 있다.

2. 이 조에 따라서 중간지급을 행한 경우에는 그것에 대응해서 제21조에 따라서 제공된 담보를 감액하여야 한다.

제23조 (제소기간)

1. 이 협약에 의한 지급에 관한 청구권은 재판 또는 중재절차가 2년이내에 제

or arbitral proceedings have not been instituted within a period of two years. The limitation period commences on the day on which the salvage operations are terminated.

2. The person against whom a claim is made may at any time during the running of the limitation period extend that period by a declaration to the claimant. This period may in the like manner be further extended.

3. An action for indemnity by a person liable may be instituted even after the expiration of the limitation period provided for in the preceding paragraphs, if brought within the time allowed by the law of the State where proceedings are instituted.

기되지 않는 한, 시효로 소멸한다. 제소 기간은 구조작업이 완료된 날부터 개시 한다.

2. 청구를 받은 자는 제소기간의 진행중 언제든지 청구자에게 통지함으로써 그 기간을 연장할 수 있다. 이 기간은 동일 방법에 의해 다시 연장할 수 있다.

3. 지급의무를 진 자에 의한 배상청구소 송은 소송이 제기된 국가의 법률에 의 해 허용된 기간내에 제기되었을 때에는 제1항 및 제2항에 정한 제소기간의 만 료후라도 제기될 수 있다.

Article 24 - *Interest*

The right of the salvor to interest on any payment due under this Convention shall be determined according to the law of the State in which the tribunal seized of the case is situated.

제24조 (이자)

이 협약에 의한 지급에 대한 이자를 부 가하는 구조자의 권리는 그 사건이 계 류되는 법원이 소재하는 국가의 법률에 의해 결정된다.

Article 25 - *State-owned cargoes*

Unless the State owner consents, no provision of this Convention shall be used as a basis for the seizure, arrest or detention by any legal process of, nor for any proceedings in rem against, non-

제25조 (국가소유 적하)

소유자인 국가의 동의가 없는 한, 이 협 약의 어떠한 규정도 국가가 소유하고, 또한 구조작업시에 국제법상 일반적으 로 인정된 원칙에 따라서 주권면제의 권리가 있는 비상업적 적하를 여하한

commercial cargoes owned by a State and entitled, at the time of the salvage operations, to sovereign immunity under generally recognized principles of international law.

Article 26 - *Humanitarian cargoes*

No provision of this Convention shall be used as a basis for the seizure, arrest or detention of humanitarian cargoes donated by a State, if such State has agreed to pay for salvage services rendered in respect of such humanitarian cargoes.

Article 27 - *Publication of arbitral awards*

States Parties shall encourage, as far as possible and with the consent of the parties, the publication of arbitral awards made in salvage cases.

Chapter V - Final clauses

Article 28 - *Signature, ratification, acceptance approval and accession*

1. This Convention shall be open for signature at the Headquarters of the Organization from 1 July 1989 to 30 June 1990 and shall thereafter remain open for accession.
2. States may express their consent to be

재판절차에 의한 압류, 가압류 혹은 억류하는 근거로나 이러한 적하에 대한 대물소송의 근거로 이용될 수 없다.

제26조 (인도적인 적하)

이 협약의 어떠한 규정도 국가가 기부한 인도적인 적하에 대해서 그 국가가 이러한 인도적인 적하를 대상으로 한 구조작업에 대한 보수지급에 동의한 경우에는 그 적하에 대한 압류, 가압류 또는 억류하는 근거로 이용될 수 없다.

제27조 (중재판정의 공시)

체약국은 가능한 한 그리고 당사자의 동의를 얻어 구조사건에서 행해진 중재판정의 공시를 권장해야 한다.

제5장 최종조항

제28조 (서명, 비준, 수락, 승인 및 가입)

1. 이 협약은 기구의 본부에서 1989년 7월 1일부터 1990년 6월 30일까지는 서명하기 위해 그 후는 가입을 위해 개방된다.
2. 국가는 다음의 조치로써 이 협약에

bound by this Convention by:

    (a) signature without reservation as to ratification, acceptance or approval; or

    (b) signature subject to ratification, acceptance or approval, followed by ratification, acceptance or approval; or

    (c) accession.

3. Ratification, acceptance, approval or accession shall be effected by the deposit of an instrument to that effect with the Secretary-General.

Article 29 - *Entry into force*

1. This Convention shall enter into force one year after the date on which 15 States have expressed their consent to be bound by it.

2. For a State which expresses its consent to be bound by this Convention after the conditions for entry into force thereof have been met, such consent shall take effect one year after the date of expression of such consent.

Article 30 - *Reservations*

1. Any State may, at the time of signature, ratification, acceptance, approval or accession, reserve the right not to apply the provisions of this Convention:

    (a) when the salvage operation takes

의해 구속되는데 대한 동의를 표명할 수 있다.

    (a) 비준, 수락 또는 승인을 유보하지 아니한 서명

    (b) 비준, 수락 또는 승인을 조건으로 서명한 후, 비준, 수락 또는 승인

    (c) 가입

3. 비준, 수락, 승인 또는 가입은 이를 위한 문서를 사무총장에게 기탁함으로써 효력을 발생한다.

제29조 (효력발생)

1. 이 협약은 15개국이 이 협약에 의해 구속되는데 대한 동의를 표명한 날로부터 1년후에 효력을 발생한다.

2. 이 협약의 발효요건이 충족된 후 이 협약에 의해 구속되는데 대한 동의를 표명한 국가에 대해서는 이러한 동의를 표명한 날로부터 1년후에 효력을 발생한다.

제30조 (유보)

1. 모든 국가는 다음의 경우에는 서명, 비준, 수락, 승인 또는 가입시에 이 협약의 규정을 적용하는 것을 유보할 권리를 갖는다.

    (a) 구조작업이 내수에서 행해지고 또

place in inland waters and all vessels involved are of inland navigation;

(b) when the salvage operations take place in inland waters and no vessel is involved;

(c) when all interested parties are nationals of that State;

(d) when the property involved is maritime cultural property of prehistoric, archaeological or historic interest and is situated on the sea-bed.

2. Reservations made at the time of signature are subject to confirmation upon ratification, acceptance or approval.

3. Any State which has made a reservation to this Convention may withdraw it at any time by means of a notification addressed to the Secretary-General. Such withdrawal shall take effect on the date the notification is received. If the notification states that the withdrawal of a reservation is to take effect on a date specified therein, and such date is later than the date the notification is received by the Secretary-General, the withdrawal shall take effect on such later date.

한 모든 관련선박이 내수항로의 선박일 때

(b) 구조작업이 내수에서 행해지고 또한 어떠한 선박도 관계하고 있지 않을 때

(c) 모든 이해관계업자가 자국민일 때

(d) 관계된 재산이 선사의 해양문화재이거나 고고학적 또는 역사적 가치가 있는 해양문화재이며, 해저에 위치하고 있는 것일 때

2. 서명시에 취한 유보조치는 비준, 수락 또는 승인시에 재확인되어야 한다.

3. 이 협약에 유보를 선언한 모든 국가는 사무총장에게 통지함으로써 언제든지 유보를 철회할 수 있다. 철회는 통지가 수령된 날에 효력이 발생한다. 통지상에 유보 철회의 효력발생을 위한 특정일자가 기재되어 있고, 또 당해특정일자가 사무총장이 통지를 수령한 일자보다도 후일인 경우에는 철회는 당해특정일자에 효력이 발생한다.

Article 31 - *Denunciation*

1. This Convention may be denounced by any State Party at any time after the expiry of one year from the date on which this Convention enters into force for that State.

제31조 (폐기)

1. 체약국은 자국에 적용될 이 협약의 효력이 발생한 날로부터 1년을 경과한 후에는 언제든지 이 협약을 폐기할 수 있다.

2. Denunciation shall be effected by the deposit of an instrument of denunciation with the Secretary-General.

3. A denunciation shall take effect one year, or such longer period as may be specified in the instrument of denunciation, after the receipt of the instrument of denunciation by the Secretary-General.

2. 폐기는 사무총장에게 문서를 기탁함으로써 효력을 발생한다.

3. 폐기는 사무총장이 폐기의 문서를 접수한 날로부터 1년후나 또는 1년이상의 기간을 폐기의 문서에 명기한 경우에는 그 기간이 경과한 후에 효력을 발생한다.

Article 32 - *Revision and amendment*

1. A conference for the purpose of revising or amending this Convention may be convened by the Organization.

2. The Secretary-General shall convene a conference of the States Parties to this Convention for revising or amending the Convention, at the request of eight States Parties, or one fourth of the States Parties, whichever is the higher figure.

3. Any consent to be bound by this Convention expressed after the date of entry into force of an amendment to this Convention shall be deemed to apply to the Convention as amended.

제32조 (개정)

1. 기구는 이 협약의 개정을 위하여 회의를 소집할 수 있다.

2. 사무총장은 체약국중 8개국 또는 체약국의 4분의 1중 다수가 되는 국가들로부터 요청이 있는 경우에는 이 협약의 개정을 위한 체약국회의를 소집해야 한다.

3. 이 협약의 개정이 효력을 발생한 날 이후에 이 협약에 의해 구속되는데 대한 동의가 표명됐을 때는 그 동의는 개정된 협약에 관한 것으로 본다.

Article 33 - *Depositary*

1. This convention shall be deposited with the Secretary-General.

2. The Secretary-General shall:

   (a) inform all States which have signed this Convention or acceded thereto, and

제33조 (기탁자)

1. 이 협약은 사무총장에게 기탁된다.

2. 사무총장은 다음의 조치를 취한다.

   (a) 이 협약에 서명 또는 가입한 모든 국가 및 기구의 모든 회원에 대해

all Members of the Organization, of:

(i) each new signature or deposit of an instrument of ratification, acceptance, approval or accession together with the date thereof;

(ii) the date of the entry into force of this Convention;

(iii) the deposit of any instrument of denunciation of this Convention together with the date on which it is received and the date on which the denunciation takes effect;

(iv) any amendment adopted in conformity with article 32;

(v) the receipt of any reservation, declaration or notification made under this Convention;

(b) transmit certified true copies of this Convention to all States which have signed this Convention or acceded thereto.

3. As soon as this Convention enters into force, a certified true copy thereof shall be transmitted by the Depositary to the Secretary-General of the United Nations for registration and publication in accordance with Article 102 of the Charter of the United Nations.

Article 34 - *Languages*

This Convention is established in a single original in the Arabic, Chinese, English,

다음 사항을 통고할 것.

(i) 신규서명 또는 비준, 수락, 승인 혹은 가입 문서의 기탁 및 그 일자

(ii) 이 협약의 발효일자

(iii) 이 협약의 폐기문서의 기탁과 그 수령일자 및 폐기의 발효일자

(iv) 제32조의 규정에 따라 채택된 개정

(v) 이 협약에 의거한 모든 유보, 선언 또는 수령

(b) 이 협약에 서명 또는 가입한 모든 국가에게 이 협약의 인증등본을 송부할 것.

3. 이 협약의 효력발생 즉시 국제연합헌장 제102조의 규정에 의거한 등록 및 공표를 위해 국제연합사무총장에 대한 기탁으로써 인증등본을 송부한다.

제34조 (언어)

이 협약은 동등히 정본인 아랍어, 중국어, 영어, 프랑스어, 러시아어 및 스페인

French, Russian and Spanish languages, each text being equally authentic.

IN WITNESS WHEREOF the undersigned being duly authorized by their respective Governments for that purpose have signed this Convention.

DONE AT LONDON this twenty-eighth day of April one thousand nine hundred and eighty-nine.

어로 원본 1통씩을 작성한다.

이상의 증거로서 각각의 정부에 의해 정당하게 위임을 받아 이 협약에 서명하였다.

1989년 4월 28일에 런던에서 작성하였다.

4. 복합운송에 관한 국제조약(1980년 UN 국제복합운송조약, 미발효)

United Nations Convention on International Multimodal Transport of Goods

(Geneva, 24 May 1980)

PART I. GENERAL PROVISIONS

Article 1

Definitions

For the purposes of this Convention:

1. "International multimodal transport" means the carriage of goods by at least two different modes of transport on the basis of a multimodal transport contract from a place in one country at which the goods are taken in charge by the multimodal transport operator to a place designated for delivery situated in a different country. The operations of pick-up and delivery of goods carried out in the performance of a unimodal transport contract, as defined in such contract, shall not be considered as international multimodal transport.

2. "Multimodal transport operator" means any person who on his own behalf or through another person acting on his behalf concludes a multimodal transport contract and who acts as a principal, not as an agent or on behalf of the consignor or of the carriers participating in the multimodal

1980년 UN 국제복합물건운송협약 (복합운송협약)[5]

1980년 5월 24일 제네바에서 채택

제1장 총 칙

제1조(정의)

이 조약의 적용에 있어서

1. 「국제복합운송」이라 함은 복합운송인이 물건을 자기의 보관아래 인수한 한 국가의 지점에서 다른 국가에 위치하고 있는 인도가 예정된 지점까지, 복합운송계약에 의건한 적어도 2종류 이상의 운송수단에 의한 물건운송을 의미한다. 어느 한 운송수단에 의한 운송계약의 이행으로서 그러한 계약에 정의된 바대로 행한 집하와 인도는 국제복합운송으로 간주하지 아니한다.

2. 「복합운송인」이라 함은 스스로 혹은 자신을 대리한 타인을 통하여 복합운송계약을 체결하고, 송화인이나 복합운송작업에 관여하는 운송인의 대리인으로서 또는 그러한 사람에 갈음하여서가

---

5) 재판자료 제54집(법원행정처), 473-491쪽에서 전재.

transport operations, and who assumes responsibility for the performance of the contract.

3. "Multimodal transport contract" means a contract whereby a multimodal transport operator undertakes, against payment of freight, to perform or to procure the performance of international multimodal transport.

4. "Multimodal transport document" means a document which evidences a multimodal transport contract, the taking in charge of the goods by the multimodal transport operator, and an undertaking by him to deliver the goods in accordance with the terms of that contract.

5. "Consignor" means any person by whom or in whose name or on whose behalf a multimodal transport contract has been concluded with the multimodal transport operator, or any person by whom or in whose name or on whose behalf the goods are actually delivered to the multimodal transport operator in relation to the multimodal transport contract.

6. "Consignee" means the person entitled to take delivery of the goods.

7. "Goods" includes any container, pallet or similar article of transport or packaging, if supplied by the consignor.

8. "International convention" means an international agreement concluded among States in written form and governed by

아니라 주체로서 행위를 하고, 또한 계약의 이행에 관한 채무를 부담하는 사람을 말한다.

3. 「복합운송계약」이라 함은 운송인이 운임의 지급을 대가로 국제복합운송을 실행하거나 또는 그 실행을 확보할 것을 인수하는 계약을 말한다.

4. 「복합운송증권」이라 함은 복합운송계약과 복합운송인이 자기의 보관아래 물건을 인수하였다는 것 및 그 계약의 내용에 따라서 운송인이 물건을 인도할 의무를 부담한다는 것을 증명하는 증권을 말한다.

5. 「송화인」이라 함은 스스로 또는 자기명의로 또는 대리인을 통하여 복합운송인과 복합운송계약을 체결한 사람이나 혹은 스스로 또는 자기명의로 또는 대리인을 통하여 복합운송계약과 관련하여 물건을 운송인에게 실제로 인도하는 사람을 말한다.

6. 「수화인」이라 함은, 물건을 인도받을 권리를 가진 자를 말한다.

7. 「물건」은 컨테이너, 팰리트 또는 유사한 운송용구나 포장용구가 송화인이 공급한 것인 경우에는 이를 포함한다.

8. 「국제조약」이라 함은 국가들간에 문서형식으로 체결된 국제적 합의로서 국제법의 규율을 받는 것을 말한다.

international law.

9. "Mandatory national law" means any statutory law concerning carriage of goods the provisions of which cannot be departed from by contractual stipulation to the detriment of the consignor.

10. "Writing" means, inter alia, telegram or telex.

9. 「강행적 국내법」이라 함은 물건운송에 관한 법으로서 계약조항으로 그 규정을 송화인에게 불리하도록 변경할 수 없는 제정법을 의미한다.

10. 「문서」라 함은 특히 전보 및 텔렉스를 포함한다.

Article 2

Scope of application

The provisions of this Convention shall apply to all contracts of multimodal transport between places in two States, if:

(a) the place for the taking in charge of the goods by the multimodal transport operator as provided for in the multimodal transport contract is located in a Contracting State, or

(b) the place for delivery of the goods by the multimodal transport operator as provided for in the multimodal transport contract is located in a Contracting State.

제2조(적용범위)

이 체약국내에 조약의 규정은 다음 경우에 두 국가간의 모든 복합운송계약에 적용한다.

(a) 복합운송인이 물건을 복합운송계약에 규정된 대로 자기의 보관아래 인수한 곳이 체결국에 있을 때, 또는

(b) 복합운송인이 물건을 복합운송계약에 규정된 데로 인도한 곳이 체약국내에 있을 때

Article 3

Mandatory application

1. When a multimodal transport contract has been concluded which according to article 2 shall be governed by this Convention, the provisions of this Convention shall be mandatorily applicable

제3조 (강행적 적용)

1. 제2조에 따라 본 조약의 적용을 받는 복합운송계약이 체결된 때에는 본 조약의 규정은 그러한 계약에 강행적으로 적용된다.

to such contract.

2. Nothing in this Convention shall affect the right of the consignor to choose between multimodal transport and segmented transport.

Article 4

Regulation and control of multimodal transport

1. This Convention shall not affect, or be incompatible with, the application of any international convention or national law relating to the regulation and control of transport operations.

2. This Convention shall not affect the right of each State to regulate and control at the national level multimodal transport operations and multimodal transport operators, including the right to take measures relating to consultations, especially before the introduction of new technologies and services, between multimodal transport operators, shippers, shippers' organizations and appropriate national authorities on terms and conditions of service; licensing of multimodal transport operators; participation in transport; and all other steps in the national economic and commercial interest.

3. The multimodal transport operator shall comply with the applicable law of the country in which he operates and with the provisions of this Convention.

2. 본 조약의 여하한 규정도 화주가 복합운송과 구간별 운송중 선택할 수 있는 권리를 해하지 아니한다.

제4조 (복합운송의 규율과 통제)

1. 이 조약은 운송 오퍼레이션의 규율과 규제에 관한 국내법이나 국제조약의 적용에 영향을 미치거나 그것과 저촉되지 아니한다.

2. 이 조약은 특히 새로운 기술과 서비스를 도입하기 이전의 복합운송인, 화주, 화주기구 및 유관국가기관간의 서비스의 내용과 조건에 관한 협의, 복합운송인의 면허, 운송에의 참여 및 국가 경제적 상업적이행에 대한 그 밖의 모든 조치에 관한 권리를 포함하여 각국이 국가적인 차원에서 복합운송업과 복합운송운영자에 대하여 규율하고 규제할 수 있는 권리를 해하지 않는다.

3. 복합운송인의 자기가 영업을 하고 있는 나라에서 적용되는 법 및 본 조약의 규정을 준수하여야 한다.

PART Ⅱ. DOCUMENTATION

Article 5

Issue of multimodal transport document

1. When the goods are taken in charge by the multimodal transport operator, he shall issue a multimodal transport document which, at the option of the consignor, shall be in either negotiable or non-negotiable form.

2. The multimodal transport document shall be signed by the multimodal transport operator or by a person having authority from him.

3. The signature on the multimodal transport document may be in handwriting, printed in facsimile, perforated, stamped, in symbols, or made by any other mechanical or electronic means, if not inconsistent with the law of the country where the multimodal transport document is issued.

4. If the consignor so agrees, a non-negotiable multimodal transport document may be issued by making use of any mechanical or other means preserving a record of the particulars stated in article 8 to be contained in the multimodal transport document. In such a case the multimodal transport operator, after having taken the goods in charge, shall deliver to the consignor a readable document containing

제2장 증   서

제5조 (복합운송증권의 발행)

1. 복합운송인은 물건을 자기의 보관 아래 인수한 때에는 송화인의 선택에 따라서 유통성증권형식 혹은 비유통성증권형식의 복합운송증권을 발행하여야 한다.

2. 복합운송증권에는 복합운송인 또는 그로부터 권한을 부여받은 자가 서명되어져야 한다.

3. 복합운송증권이 발행된 국가의 법에 저촉되지 않는 한, 복합운송증권의 서명은 자필, 복사인쇄, 천공, 압인, 부호 기타의 기계적 또는 전자적 방법으로 할 수 있다.

4. 송화인이 합의하는 경우에는 제8조에 규정된 복합운송증권에 포함되어야 할 명세들의 기록을 보존하는 기계적 방법 혹은 기타의 방법을 사용하여 비유통성 복합운송증권을 발행할 수 있다. 그러한 경우 복합운송인은 물건을 자신의 보관 아래 인수한 후 그렇게 기록된 모든 명세를 포함하고 있는 판독이 가능한 증권을 송화인에게 교부하여야 하며, 그러한 증권은 본 조약규정의

all the particulars so recorded, and such document shall for the purposes of the provisions of this Convention be deemed to be a multimodal transport document.

적용상 복합운송증권으로 간주된다.

Article 6

Negotiable multimodal transport document

제6조 (유통성 복합운송증권)

1. Where a multimodal transport document is issued in negotiable form:
  (a) it shall be made out to order or to bearer;
  (b) if made out to order it shall be transferable by endorsement;

  (c) if made out to bearer it shall be transferable without endorsement;

  (d) if issued in a set of more than one original it shall indicate the number of originals in the set;
  (e) if any copies are issued each copy shall be marked "non-negotiable copy".

1. 복합운송증권이 유통성 증권형식으로 발행된 경우에는
  (a) 지시식 또는 소지인식으로 작성되어야 하며,
  (b) 지시식으로 작성된 경우에는 배서에 의하여 증권을 양도할 수 있어야 하며,
  (c) 소지인식으로 작성된 경우에는 배서에 의하지 않고 증권을 양도할 수 있어야 하며,
  (d) 1통 이상의 원본이 1조로 발행될 때에는 세트를 이루고 있는 원본의 통수를 기재하여야 하고,
  (e) 사본을 발행 할 때는 매사본마다 "비유통성 사본"이라는 표시를 하여야 한다.

2. Delivery of the goods may be demanded from the multimodal transport operator or a person acting on his behalf only against surrender of the negotiable multimodal transport document duly endorsed where necessary.

2. 물건의 인도는 필요한 경우 정당하게 배서된 유통성 복합운송증권과의 상환으로만 복합운송인 또는 그에 갈음하여 행위를 하는 사람에게 이를 청구할 수 있다.

3. The multimodal transport operator shall be discharged from his obligation to deliver

3. 유통성 복합운송증권이 2통 이상의 원본을 1조로 발행된 경우, 복합운송인

the goods if, where a negotiable multimodal transport document has been issued in a set of more than one original, he or a person acting on his behalf has in good faith delivered the goods against surrender of one of such originals.

또는 그에 갈음하여 행위를 하는 사람이 선의로 그러한 원본중 1통과 상환으로 물건을 인도한 때에는, 복합운송인은 물건을 인도할 그의 의무를 면한다.

Article 7
Non-negotiable multimodal transport document

제7조 (비유통성 복합운송증권)

1. Where a multimodal transport document is issued in non-negotiable form it shall indicate a named consignee.
2. The multimodal transport operator shall be discharged from his obligation to deliver the goods if he makes delivery thereof to the consignee named in such non-negotiable multimodal transport document or to such other person as he may be duly instructed, as a rule, in writing.

1. 복합운송증권이 비유통성증권형식으로 발행될 경우에는 지명된 수화인을 증권을 기재하여야 한다.
2. 복합운송인은 그러한 비유통성 복합운송증권에 지명되어 있는 수화인 또는 수화인으로부터 서면으로 정당하게 지시를 받은 그밖의 사람에게 물건을 인도한 경우에는 그 물건의 인도의무를 면한다.

Article 8
Contents of the multimodal transport document

제8조 (복합운송증권의 내용)

1. The multimodal transport document shall contain the following particulars:
   (a) the general nature of the goods, the leading marks necessary for identification of the goods, an express statement, if applicable, as to the dangerous character of the goods, the number of packages or

1. 복합운송증권에는 다음의 사항을 기재하여야 한다.
   (a) 물건의 일반적인 성질, 물건의 식별에 필요한 주요표지, 적용이 있는 경우 화물의 위험성에 관한 명시적 기재, 포 또는 개품의 수, 물건의 중량 또는 그밖의 표시에 의

pieces, and the gross weight of the goods or their quantity otherwise expressed, all such particulars as furnished by the consignor;

(b) the apparent condition of the goods;

(c) the name and principal place of business of the multimodal transport operator;

(d) the name of the consignor;

(e) the consignee, if named by the consignor;

(f) the place and date of taking in charge of the goods by the multimodal transport operator;

(g) the place of delivery of the goods;

(h) the date or the period of delivery of the goods at the place of delivery, if expressly agreed upon between the parties;

(i) a statement indicating whether the multimodal transport document is negotiable or non-negotiable;

(j) the place and date of issue of the multimodal transport document;

(k) the signature of the multimodal transport operator or of a person having authority from him;

(l) the freight for each mode of transport, if expressly agreed between the parties, or the freight, including its currency, to the extent payable by the consignee or other indication that freight is payable by him.

한 수량, 기타 송화인 제공한 모든 사항.

(b) 물건의 외관상태

(c) 복합운송인의 성명 및 주된 영업소의 소재지

(d) 송화인의 성명

(e) 송화인이 지명한 경우에는 수화인

(f) 복합운송인이 물건을 자기의 보관 아래 인수한 장소 및 일자

(g) 물건의 인도지

(h) 당사자간에 명시적으로 합의된 경우에는 인도지에서 물건을 인도할 날 또는 기간

(i) 복합운송증권이 유통성 또는 비유통성임을 나타내는 표시

(j) 복합운송증권의 발행지 및 발행일

(k) 복합운송인 또는 그로부터 수권한 자의 서명

(l) 당사자간에 명시적으로 합의된 경우 각 운송수단별 운임, 혹은 수화인이 지급할 범위의 운화와 운임으로 지급할 통화 또는 운임을 수화인인 지급할 것임을 나타내는 기타 표시

(m) the intended journey route, modes of transport and places of transhipment, if known at the time of issuance of the multimodal transport document;

(n) the statement referred to in paragraph 3 of article 28;

(o) any other particulars which the parties may agree to insert in the multimodal transport document, if not inconsistent with the law of the country where the multimodal transport document is issued.

2. The absence from the multimodal document of one or more of the particulars referred to in paragraph 1 of this article shall not affect the legal character of the document as a multimodal transport document provided that it nevertheless meets the requirements set out in paragraph 4 of article 1.

Article 9
Reservations in the multimodal transport document

1. If the multimodal transport document contains particulars concerning the general nature, leading marks, number of packages or pieces, weight or quantity of the goods which the multimodal transport operator or a person acting on his behalf knows, or has reasonable grounds to suspect, do not accurately represent the goods actually

(m) 예정된 운송경로, 운송수단 및 복합운송증권의 발행시에 알려진 경우에는 환적지

(n) 제28조 제3항에 규정한 기재

(o) 그 밖에, 당사자간에 복합운송증권에 삽입하기로 합의된 기타의 사항으로서 복합운송증권이 발행된 국가의 법에 저촉되지 아니하는 것.

2. 복합운송증권에 본조 제1항에 규정된 사항중 하나 이상의 결여가 있더라도 제1조 제4항에 규정된 요건을 충족하는 한 복합운송증권으로서의 증권의 법률적 성질에 영향을 미치지 아니한다.

제9조 (복합운송증권상의 유보)

1. 복합운송증권에 기재된 물건의 일반적 성질, 주요표지, 포 또는 개품의 수, 중량 또는 수량에 관한 사항이 실제로 자기의 보관아래 인수한 물건을 정확하게 표시하고 있지 아니하는 것을 복합운송인 또는 복합운송인에 갈음하여 행위를 하는 사람이 알고 있거나 그렇게 의심할말한 정당한 이유가 있는 때, 또

taken in charge, or if he has no reasonable means of checking such particulars, the multimodal transport operator or a person acting on his behalf shall insert in the multimodal transport document a reservation specifying these inaccuracies, grounds of suspicion or the absence of reasonable means of checking.

2. If the multimodal transport operator or a person acting on his behalf fails to note on the multimodal transport document the apparent condition of the goods, he is deemed to have noted on the multimodal transport document that the goods were in apparent good condition.

는 그러한 사항을 확인할 적당한 방법이 없는 때에는, 복합운송인 또는 복합운송인에 갈음하여 행위를 하는 사람은 그러한 부정확성, 의심할 이유 또는 적당한 확인방법의 결여를 적기한 유보를 복합운송증권에 삽입하여야 한다.

2. 복합운송인 또는 복합운송인에 갈음하여 행위를 하는 사람이 복합운송증권에 물건의 외관상태를 기지해지 아니한 때에는 물건이 외관상 양호한 상태에 있었다는 것을 복합운송증권에 기재한 것으로 본다.

Article 10

Evidentiary effect of the multimodal transport document

제10조 (복합운송증권의 증거력)

Except for particulars in respect of which and to the extent to which a reservation permitted under article 9 has been entered:

    (a) the multimodal transport document shall be prima facie evidence of the taking in charge by the multimodal transport operator of the goods as described therein; and

    (b) proof to the contrary by the multimodal transport operator shall not be admissible if the multimodal transport document is issued in negotiable form and has been transferred to a third party,

제9조에 의하여 허용되는 유보에 관한 사항 및 그 유보의 범위를 제외하고

    (a) 복합운송증권은 복합운송인이 동 증권에 기재된대로 물건을 자기의 보관아래 인수하였다는 추정증거로 된다.

    (b) 복합운송증권이 유통증권형식으로 발행되어, 수화인을 포함하여 동 증권상의 그 물건에 대한 기재를 신뢰하고 선의로 행위를 한 제3자에게 양도된 때에는 복합운송

including a consignee, who has acted in good faith in reliance on the description of the goods therein.

인에 의한 반증은 허용되지 아니한다.

Article 11

Liability for intentional misstatements or omissions

When the multimodal transport operator, with intent to defraud, gives in the multimodal transport document false information concerning the goods or omits any information required to be included under paragraph 1(a) or (b) of article 8 or under article 9, he shall be liable, without the benefit of the limitation of liability provided for in this Convention, for any loss, damage or expenses incurred by a third party, including a consignee, who acted in reliance on the description of the goods in the multimodal transport document issued.

제11조 (고의적인 부실기재나 기재의 누락에 대한 책임)

복합운송인이 사기의 목적으로 복합운송증권에 물건에 관한 정보를 허위로 표시하거나 제8조 제1항(a) 또는 (b) 또는 제9조에 의하여 포함시켜야할 정보를 기재하지 아니한 경우에는, 복합운송인은 수화인을 포함하여 발행된 복합운송증권상의 물건명세를 신뢰하고 행위를 한 제3자가 입은 멸실, 손상 또는 비용에 대하여, 이 조약에 규정된 책임제한의 이익없이 이를 배상할 책임이 있다.

Article 12

Guarantee by the consignor

1. The consignor shall be deemed to have guaranteed to the multimodal transport operator the accuracy, at the time the goods were taken in charge by the multimodal transport operator, or particulars relating to the general nature of the goods, their marks, number, weight and quantity and, if

제12조 (송하인에 의한 보증)

1. 송화인은 복합운송인이 물건을 자기의 보관아래 인수한 때에, 복합운송증권의 기재를 위하여 자기가 제출한 물건의 일반적 성질, 그 표지, 개수, 중량 및 수량, 적용이 있는 경우, 물건의 위험성에 관한 사항이 정확하다는 것을 복합운송인에게 담보한 것으로 본다.

applicable, to the dangerous character of the goods, as furnished by him for insertion in the multimodal transport document.

2. The consignor shall indemnify the multimodal transport operator against loss resulting from inaccuracies in or inadequacies of the particulars referred to in paragraph 1 of this article. The consignor shall remain liable even if the multimodal transport document has been transferred by him. The right of the multimodal transport operator to such indemnity shall in no way limit his liability under the multimodal transport contract to any person other than the consignor.

2. 송화인은 본조 제1항에 규정한 사항의 부정확 또는 부적합으로 인하여 생긴 손실에 대하여 복합운송인에게 보상하여야 한다.

송화인은 복합운송증권을 양도한 경우에는 그 책임을 면하지 못한다. 그러한 보상에 관한 복합운송인의 권리는 복합운송계약에 의한 송화인 이외의 모든 사람에 대한 복합운송인의 책임을 제한하지 못한다.

Article 13

Other documents

제13조 (기타서류)

The issue of the multimodal transport document does not preclude the issue, if necessary, of other documents relating to transport or other services involved in international multimodal transport, in accordance with applicable international conventions or national law. However, the issue of such other documents shall not affect the legal character of the multimodal transport document.

복합운송증권의 발행으로 인하여 필요한 경우 적용되는 국제조약 또는 국내법에 따라서 국제복합운송에 관련 운송 기타의 업무에 관한 다른 증권을 발행하는 것이 방해를 받지 아니한다. 그러나 그러한 다른 증권의 발행은 복합운송증권의 법률적 성질에 영향을 미치지 아니한다.

PART Ⅲ. LIABILITY OF THE MULTIMODAL TRANSPORT OPERATOR

Article 14
Period of responsibility

1. The responsibility of the multimodal transport operator for the goods under this Convention covers the period from the time he takes the goods in his charge to the time of their delivery.

2. For the purpose of this article, the multimodal transport operator is deemed to be in charge of the goods:

(a) from the time he has taken over the goods from:

(i) the consignor or a person acting on his behalf; or

(ii) an authority or other third party to whom, pursuant to law or regulations applicable at the place of taking in charge, the goods must be handed over for transport;

(b) until the time he has delivered the goods:

(i) by handing over the goods to the consignee; or

(ii) in cases where the consignee does not receive the goods from the multimodal transport operator, by placing them at the disposal of the consignee in accordance with the multimodal transport contract or with the law or with the

제3장　복합운송인의 책임

제14조 (책임의 기간)

1. 이 조약에 의한 물건에 관한 복합운송인의 책임은 복합운송인이 물건을 자기의 보관아래 인수한 때로부터 물건을 인도할 때까지의 기간에 미친다.

2. 본조의 적용에 있어서 다음 기간중 물건이 복합운송인의 보관아래 있는 것으로 본다.

(a) 복합운송인이 물건을,

(i) 송화인 또는 송화인에 갈음하여 행위를 하는 사람으로부터, 또는

(ii) 인수지에서 적용되는 법령에 따라서 운송을 위하여 물건을 교부하여야 할 당국 기타의 제3자로부터 인수한 때로부터,

(b) 복합운송인이 물건을,

(i) 수화인에게 물건을 교부함으로써 또는

(ii) 수화인이 복합운송인으로부터 물건을 수령하지 아니하는 경우에는 복합운송계약 또는 인도지에서 적용되는 법률이나 당해거래의 관습에 따라서 물건을 수화인의 처분으로 넘김

usage of the particular trade applicable at the place of delivery; or

(iii) by handing over the goods to an authority or other third party to whom, pursuant to law or regulations applicable at the place of delivery, the goods must be handed over.

3. In paragraphs 1 and 2 of this article, reference to the multimodal transport operator shall include his servants or agents or any other person of whose services he makes use for the performance of the multimodal transport contract, and reference to the consignor or consignee shall include their servants or agents.

으로써 또는

(iii) 인도지에서 적용되는 법령에 따라서 물건을 교부하여야 할 당국 기타의 제3자에게 물건을 교부함으로써 인도할 때까지

3. 본조 제1항 및 제2항에서 정하는 복합운송인에는 복합운송인의 대리인 또는 사용인 기타 복합운송인이 복합운송계약의 이행을 위하여 그 역무를 이용하는 사람을 포함하며, 송화인 또는 수화인 또는 수화인의 사용인 또는 대리인을 포함한다.

Article 15

The liability of the multimodal transport operator for his servants, agents and other persons

제15조 (복합운송인의 그 사용인, 대리인 기타의 사람에 대한 책임)

Subject to article 21, the multimodal transport operator shall be liable for the acts and omissions of his servants or agents, when any such servant or agent is acting within the scope of his employment, or of any other person of whose services he makes use for the performance of the multimodal transport contract, when such person is acting in the performance of the contract, as if such acts and omissions were his own.

제21조를 조건으로, 복합운송인은 그 직무의 범위내에서 행위를 하고 있을 때의 복합운송인의 사용인이나 대리인 또는 복합운송계약의 이행을 위하여 행위를 하는 사람의 작위 또는 부작위에 대하여 그러한 작위 또는 부작위인 것처럼 책임을 진다.

Article 16

Basis of liability

1. The multimodal transport operator shall be liable for loss resulting from loss of or damage to the goods, as well as from delay in delivery, if the occurrence which caused the loss, damage or delay in delivery took place while the goods were in his charge as defined in article 14, unless the multimodal transport operator proves that he, his servants or agents or any other person referred to in article 15 took all measures that could reasonably be required to avoid the occurrence and its consequences.

2. Delay in delivery occurs when the goods have not been delivered within the time expressly agreed upon or, in the absence of such agreement, within the time which it would be reasonable to require of a diligent multimodal transport operator, having regard to the circumstances of the case.

3. If the goods have not been delivered within 90 consecutive days following the date of delivery determined according to paragraph 2 of this article, the claimant may treat the goods as lost.

Article 17

Concurrent causes

Where fault or neglect on the part of the multimodal transport operator, his servants

제16조 (책임의 원인)

1. 복합운송인은 물건의 멸실, 훼손 또는 인도지연의 원인으로 된 사소가 물건이 제14조에 정의된 운송인의 보관아래 있는 동안에 일어난 때에는 그 멸실 또는 훼손 및 지연으로 인하여 생긴 손실에 대하여 책임을 진다. 그러나 복합운송인이 자기 또는 제15조에서 정하는 그 사용인이나 대리인 또는 그 밖의 사람이 그 사고 및 그 결과를 회피하기 위하여 합리적으로 요구되는 모든 조치를 취하였다는 것을 증명한 때에는 그러하니 아니한다.

2. 인도지연은 물건이 명시적으로 합의된 기간 내에 그러한 합의가 없는 경우에는, 당해 사안의 정황을 고려하여 성실한 복합운송인에게 합리적으로 요구되는 기간 내에 인도되지 아니한 때에 생긴다.

3. 물건이 본조 제2항에 따라 결정된 인도일에 이은 연속한 90일내에 인도되지 아니한 때에는, 배상청구자는 물건이 멸실된 것으로 간주할 수 있다.

제17조 (원인의 경합)

복합운송인 또는 제15조에서 정하는 그 사용인이나 대리인 또는 그밖의 사람측

or agents or any person referred to in article 15 combines with another cause to produce loss, damage or delay in delivery, the multimodal transport operator shall be liable only to the extent that the loss, damage or delay in delivery is attributable to such fault or neglect, provided that the multimodal transport operator proves the part of the loss, damage or delay in delivery not attributable thereto.

의 과실 또는 부주의가 다른 원인과 경합하여 멸실, 훼손 또는 인도지연을 일으킨 경우에는, 복합운송인은 그러한 과실 또는 부주의의 탓으로 돌릴 수 있는 멸실, 훼손 또는 인도지연의 범위내에서만 책임을 진다. 이 경우 복합운송인은 그러한 과실 또는 부주의의 탓으로 돌릴 수 없는 멸실, 훼손 또는 인도지연의 부분을 증명하여야 한다.

Article 18
Limitation of liability

제18조 (책임의 한도)

1. When the multimodal transport operator is liable for loss resulting from loss of or damage to the goods according to article 16, his liability shall be limited to an amount not exceeding 920 units of account per package or other shipping unit or 2.75 units of account per kilogramme of gross weight of the goods lost or damaged, whichever is the higher.

2. For the purpose of calculating which amount is the higher in accordance with paragraph 1 of this article, the following rules apply:

   (a) where a container, pallet or similar article of transport is used to consolidate goods, the packages or other shipping units enumerated in the multimodal transport document as packed in such article of transport are deemed packages

1. 복합운송인이 제16조에 의하여 물건의 멸실 또는 훼손으로 인한 손해에 대하여 책임을 지는 경우, 그 책임은 1짐짝 또는 기타의 적재단위당 920 계산단위를 초과하지 아니하는 금액과 멸실 또는 훼손된 물건의 총중량 1킬로그램당 2.75 계산단위중 많은 금액으로 제한된다.

2. 본조 제1항에 의한 고액의 산출에 있어서 다음 원칙을 적용한다.

   (a) 컨테이너, 팰리트 기타 이와 유사한 운송용구가 물건을 통합하기 위하여 사용되는 경우, 이러한 운송용구에 포장된 것으로 복합운송증권에 표시되어 있는 포장물 또는 적재단위를 포장물 또는 적

or shipping units. Except as aforesaid the goods in such article of transport are deemed one shipping unit.

(b) in cases where the article of transport itself has been lost or damaged, that article of transport, if not owned or otherwise supplied by the multimodal transport operator, is considered one separate shipping unit.

3. Notwithstanding the provisions of paragraphs 1 and 2 of this article, if the international multimodal transport does not, according to the contract, include carriage of goods by sea or by inland waterways, the liability of the multimodal transport operator shall be limited to an amount not exceeding 8.33 units of account per kilogramme of gross weight of the goods lost or damaged.

4. The liability of the multimodal transport operator for loss resulting from delay in delivery according to the provisions of article 16 shall be limited to an amount equivalent to two and a half times the freight payable for the goods delayed, but not exceeding the total freight payable under the multimodal transport contract.

5. The aggregate liability of the multimodal transport operator, under paragraphs 1 and 4 or paragraphs 3 and 4 of this article, shall not exceed the limit of liability for total loss of the goods as determined by paragraph 1 or 3 of this article.

재단위로 본다.

(b) 운송용구 자체가 멸실 또는 훼손된 경우, 그 운송용구를 복합운송인이 소유하거나 공급한 것이 아닌 때에는 이를 하나의 별개의 적재단위로 본다.

3. 본조 제1항 및 제2항의 규정에 불구하고 국제복합운송이 계약에 따라 내수 혹은 해상운송을 포함하지 않는 경우, 복합운송인의 책임은 멸실 혹은 손상된 화물의 총중량 1킬로그램당 8.33 계산단위를 초과하지 않는 금액으로 제한된다.

4. 제16조의 규정에 의한 인도지연으로 인한 손해에 대한 복합운송인의 책임은, 지연된 화물에 대하여 지급되는 운임의 2.5배에 상당하는 금액으로 제한하되 복합운송계약상 지급되는 운임총액을 초과할 수 없다.

5. 본조 제1항과 제4항 혹은 제3항과 제4항에 의한 복합운송인의 책임의 총액은 본조 제1항 혹은 제3항에 의해 결정되는 화물의 전손에 대한 책임의 한도를 초과하지 못한다.

6. By agreement between the multimodal transport operator and the consignor, limits of liability exceeding those provided for in paragraphs 1, 3 and 4 of this article may be fixed in the multimodal transport document.

7. "Unit of account" means the unit of account mentioned in article 31.

6. 복합운송인과 송화인간의 합의에 의해 본조 제1항, 제3항 및 제4항에 규정된 한도를 초과하는 책임한도를 복합운송증권에 정할 수 있다.

7. 「계산단위」는 제31조에서 정하는 계산단위를 의미한다.

Article 19

Localized damage

제19조 (국지적 손해)

When the loss of or damage to the goods occurred during one particular stage of the multimodal transport, in respect of which an applicable international convention or mandatory national law provides a higher limit of liability than the limit that would follow from application of paragraphs 1 to 3 of article 18, then the limit of the multimodal transport operator's liability for such loss or damage shall be determined by reference to the provisions of such convention or mandatory national law.

물건의 멸실 또는 손상이 복합운송의 어느 한 특정구간에서 발생하고 그 구간에 관하여 적용되는 국제조약 또는 강행적 국내법에서 제18조 제1항 내지 제3항의 적용으로 산출되는 한도보다 높은 한도를 규정하고 있는 경우에는 그러한 멸실 또는 손상에 대한 복합운송인의 책임의 한도는 그러한 조약 또는 강행적 국내법의 규정에 따라서 결정한다.

Article 20

Non-contractual liability

제20조 (비계약적 책임)

1. The defences and limits of liability provided for in this Convention shall apply in any action against the multimodal transport operator in respect of loss resulting from loss of or damage to the goods, as well as from delay in delivery,

1. 이 조약에 정하는 책임에 관한 항변 및 한도는 소송이 계약에 의거한 것이든 불법행위 기타에 의거한 것이든 묻지 아니하고, 물건의 멸실 또는 손상 또한 인도지연에 관한 복합운송인의 모든 소송에 적용한다.

whether the action be founded in contract, in tort or otherwise.

2. If an action in respect of loss resulting from loss of or damage to the goods or from delay in delivery is brought against the servant or agent of the multimodal transport operator, if such servant or agent proves that he acted within the scope of his employment, or against any other person of whose services he makes use for the performance of the multimodal transport contract, if such other person proves that he acted within the performance of the contract, the servant or agent or such other person shall be entitled to avail himself of the defences and limits of liability which the multimodal transport operator is entitled to invoke under this Convention.

3. Except as provided in article 21, the aggregate of the amounts recoverable from the multimodal transport operator and from a servant or agent or any other person of whose services he makes use for the performance of the multimodal transport contract shall not exceed the limits of liability provided for in this Convention.

Article 21
Loss of the right to limit liability

1. The multimodal transport operator is not entitled to the benefit of the limitation of liability provided for in this Convention if it

2. 물건의 멸실 또는 손상 또한 인도지연에 관한 소송이 복합운송인의 사용인 또는 대리인에 대하여 제기된 경우, 그러한 사용인 또는 대리인이 그 직무의 범위내에서 행위를 하였다는 것을 증명한 때 또는 복합운송인이 복합운송인이 복합운송계약의 이행을 위하여 그 업무를 이용하는 그밖의 사람에 제기된 경우에 그러한 사람이 그가 계약이행의 범위내에서 행위를 하였음을 입증한때에는 그 사용인이나 대리인 또는 그밖의 사람은 이 조약 아래서 복합운송인이 주장할 수 있는 책임에 관한 항변 및 한도를 원용할 권리가 있다.

3. 제21조에 규정된 경우를 제외하고, 복합운송인 및 사용인이나 대리인 또는 복합운송인이 복합운송계약의 이행을 위하여 그 업무를 이용하는 그밖의 사람으로부터 배상을 받을 수 있는 총액은 이 조약에 규정된 책임의 한도를 초과하지 못한다.

제21조 (책임제한의 권리의 상실)

1. 멸실, 손상 또는 인도지연이 그러한 멸실, 손상 또는 지연을 일으킬 의도로써, 또는 무모하게 또한 그러한 멸실,

is proved that the loss, damage or delay in delivery resulted from an act or omission of the multimodal transport operator done with the intent to cause such loss, damage or delay or recklessly and with knowledge that such loss, damage or delay would probably result.

2. Notwithstanding paragraph 2 of article 20, a servant or agent of the multimodal transport operator or other person of whose services he makes use for the performance of the multimodal transport contract is not entitled to the benefit of the limitation of liability provided for in this Convention if it is proved that the loss, damage or delay in delivery resulted from an act or omission of such servant, agent or other person, done with the intent to cause such loss, damage or delay or recklessly and with knowledge that such loss, damage or delay would probably result.

손상 또는 지연이 일어나리라는 것을 알면서 한 복합운송인의 작위 또는 부작위로 인하여 생긴 것이 증명된 때에는 복합운송인은 본 조약에 규정된 책임제한의 이익에 대한 권리를 가지지 못한다.

2. 제20조 제2항의 규정에도 불구하고, 멸실, 손상 또는 지연이 그러한 멸실, 손상 또는 지연이 그러한 멸실, 손상 또는 지연을 일으킬 의도로써, 또는 무모하게 또한 그러한 멸실, 손상 또는 지연이 일어나리라는 것을 알면서 한 사용인이나 대리인 또는 복합운송계약의 이행을 위하여 복합운송인이 그 업무를 이용하는 그밖의 사람의 작위 또는 부작위로 인하여 생긴 것이 증명된 때에는 그러한 사용인이나 대리인 또는 그밖의 사람은 본 조약에 규정된 책임제한의 이익에 대한 권리를 가지지 못한다.

PART IV. LIABILITY OF THE CONSIGNOR

Article 22
General rule

The consignor shall be liable for loss sustained by the multimodal transport operator if such loss is caused by the fault or neglect of the consignor, or his servants or agents when such servants or agents are

제4장 송화인의 책임

제22조 (일반원칙)

송화인은 복합운송인이 입은 손실이 송화인 또는 그 사용인이나 대리인이 그 직무의 범위내에서 행위를 하고 있을 때의 과실이나 부주의로 인해 생긴 경우 그러한 손실에 대하여 책임을 져야

acting within the scope of their employment. Any servant or agent of the consignor shall be liable for such loss if the loss is caused by fault or neglect on his part.

한다. 송화인의 사용인 또는 대리인도 그러한 손실이 그 사용인 또는 대리인 측의 과실 또는 부주의로 인해 생긴 경우 그러한 손실에 대하여 책임을 져야 한다.

Article 23

Special rules on dangerous goods

1. The consignor shall mark or label in a suitable manner dangerous goods as dangerous.
2. When the consignor hands over dangerous goods to the multimodal transport operator or any person acting on his behalf, the consignor shall inform him of the dangerous character of the goods and, if necessary, the precautions to be taken. If the consignor fails to do so and the multimodal transport operator does not otherwise have knowledge of their dangerous character:

 (a) the consignor shall be liable to the multimodal transport operator for all loss resulting from the shipment of such goods; and

 (b) the goods may at any time be unloaded, destroyed or rendered innocuous, as the circumstances may require, without payment of compensation.

3. The provisions of paragraph 2 of this article may not be invoked by any person if

제23조 (위험물에 관한 특칙)

1. 송화인은 위험물에 관하여 적절한 방법으로 위험성이 있다는 표식을 하거나 또는 라아벨을 붙여야 한다.
2. 송화인 복합운송인 또는 복합운송인에 갈음하여 행위를 하는 사람에게 위험물을 인도한 때에는 송화인은 물건의 위험성 및 필요한 경우, 취하여야 할 예방조치에 관하여 복합운송인에게 통지하여야 한다. 송화인이 그 통지를 하지 아니하고 복합운송인이 물건의 위험성에 관하여 달리 알지 못한 경우에는

 (a) 송화인은 그러한 물건의 적재로부터 생기는 모든 손실에 대하여 복합운송인에게 책임을 지고 : 또,

 (b) 그 물건은 필요한 상황에서는, 배상금을 지급하지 아니하고, 언제든지 이를 양하, 파괴 또는 무해처분을 할 수 있다.

3. 복합운송중 물건의 위험성을 알고 그 물건을 자기의 보관아래 수령한 사람은

during the multimodal transport he has taken the goods in his charge with knowledge of their dangerous character.

4. If, in cases where the provisions of paragraph 2(b) of this article do not apply or may not be invoked, dangerous goods become an actual danger to life or property, they may be unloaded, destroyed or rendered innocuous, as the circumstances may require, without payment of compensation except where there is an obligation to contribute in general average or where the multimodal transport operator is liable in accordance with the provisions of article 16.

PART V. CLAIMS AND ACTIONS

Article 24
Notice of loss, damage or delay

1. Unless notice of loss or damage, specifying the general nature of such loss or damage, is given in writing by the consignee to the multimodal transport operator not later than the working day after the day when the goods were handed over to the consignee, such handing over is prima facie evidence of the delivery by the multimodal transport operator of the goods as described in the multimodal transport document.

본조 제2항의 규정을 원용할 수 없다.

4. 본조 제2항(b)의 규정이 적용되지 아니하거나 이를 원용할 수 없는 경우, 위험물이 인명 또는 재산에 실제적 위험을 미치게 된 때에는 그 위험물은 필요한 상황에서는 공동해손분담금을 부담할 의무를 지는 경우 또는 복합운송인이 제16조의 규정에 따라서 책임을 지는 경우를 제외하고, 배상금을 지급하지 아니하고, 이를 양하, 파괴 또는 무해처분할 수 있다.

제5장　청구 및 소송

제24조 (멸실, 손상 또는 지연의 통지)

1. 물건이 수화인에게 교부된 날의 익일인 거래일 중에 수화인이 복합운송인에 대하여 문서로 멸실 또는 손상의 개황을 명기하여 통지를 하지 아니한 때에는, 그러한 교부는 복합운송인이 물건을 복합운송증권에 기재된 대로 또는 그러한 증권이 발급되지 아니한 때에는, 양호한 상태로 인도하였다는 추정 증거로 한다.

2. Where the loss or damage is not apparent, the provisions of paragraph 1 of this article apply correspondingly if notice in writing is not given within six consecutive days after the day when the goods were handed over to the consignee.

3. If the state of the goods at the time they were handed over to the consignee has been the subject of a joint survey or inspection by the parties or their authorized representatives at the place of delivery, notice in writing need not be given of loss or damage ascertained during such survey or inspection.

4. In the case of any actual or apprehended loss or damage the multimodal transport operator and the consignee shall give all reasonable facilities to each other for inspecting and tallying the goods.

5. No compensation shall be payable for loss resulting from delay in delivery unless notice has been given in writing to the multimodal transport operator within 60 consecutive days after the day when the goods were delivered by handing over to the consignee or when the consignee has been notified that the goods have been delivered in accordance with paragraph 2(b)(ii) or (iii) of article 14.

6. Unless notice of loss or damage, specifying the general nature of the loss or damage, is given in writing by the multimodal transport operator to the

2. 멸실 또는 손상이 외부에서 확인되지 아니한 경우, 물건이 수화인에게 교부된 날로부터 연속된 6일 이내에 문서에 의한 통지가 되지 아니한 때에는, 본조 제1항의 규정이 그대로 적용된다.

3. 물건이 수화인에게 교부된 때에 그 상태가 인도지에서 양당사자 또는 그로부터 권한이 부여된 대리인에 의한 공동의 조사 또는 검사의 대상이 된 때에는, 그 조사 또는 검사 중에 확인된 멸실 또는 손상에 관하여는 문서에 의한 통지를 요하지 아니한다.

4. 멸실 또는 손상이 실제로 일어났거나 또는 일어났을 것이라는 의심이 있는 때에는 복합운송인 및 수화인은 물건의 검사 및 개수의 점검을 위하여 서로 모든 상당한 편의를 제공하여야 한다.

5. 물건이 수화인에게 교부됨으로써 인도된 날 혹은 제14조 제2항(b)(ii) 혹은 (iii)에 따라 인도되었음이 수화인에게 통지된 날로부터 연속된 60일 이내에 복합운송인에 대하여 문서로 통지를 하지 아니한 때에는 인도지연으로부터 생긴 손실에 대한 배상금은 지급되지 아니한다.

6. 멸실 또는 손상이 생긴 날 또는 물건을 제14조 제2항(b)호에 따라서 인도한 날 중 늦은 날로부터 연속된 90일 이내에 복합운송인이 송화인에 대하여 문서

consignor not later than 90 consecutive days after the occurrence of such loss or damage or after the delivery of the goods in accordance with paragraph 2(b) of article 14, whichever is later, the failure to give such notice is prima facie evidence that the multimodal transport operator has sustained no loss or damage due to the fault or neglect of the consignor, his servants or agents.

7. If any of the notice periods provided for in paragraphs 2, 5 and 6 of this article terminates on a day which is not a working day at the place of delivery, such period shall be extended until the next working day.

8. For the purpose of this article, notice given to a person acting on the multimodal transport operator's behalf, including any person of whose services he makes use at the place of delivery, or to a person acting on the consignor's behalf, shall be deemed to have been given to the multimodal transport operator, or to the consignor, respectively.

로 멸실 또는 손상의 개황을 명기하여 통지를 하지 아니한 때에는, 그러한 통지의 해태는 복합운송인이 송화인 또는 그 사용인이나 대리인의 과실 또는 부주의로 인하여 멸실 또는 손상을 입지 아니하였다는 추정증거로 된다.

7. 본조 제2항과 제5항 및 제6항에 규정된 통지기간이 인도지의 거래일이 아닌 날로 만료되는 때에는, 그러한 기간은 다름 거래일까지 연장된다.

8. 본조의 적용에 있어서 인도지에서 그 업무를 이용하는 사람을 포함하여 복합운송인에 갈음하여 행위를 하는 사람 또는 송화인에 갈음하여 행위를 하는 사람에게 한 통지는 복합운송인 또는 송화인에게 한 통지로 본다.

Article 25

Limitation of actions

제25조 (제소의 제한)

1. Any action relating to international multimodal transport under this Convention shall be time-barred if judicial or arbitral proceedings have not been instituted within

1. 사법절차 또는 중재절차가 2년의 기간 이내에 개시되지 아니하는 때에는 본 조약에 의한 국제복합운송에 관한 어떠한 소송도 시효 소멸한다. 그러나

a period of two years. However, if notification in writing, stating the nature and main particulars of the claim, has not been given within six months after the day when the goods were delivered or, where the goods have not been delivered, after the day on which they should have been delivered, the action shall be time-barred at the expiry of this period.

2. The limitation period commences on the day after the day on which the multimodal transport operator has delivered the goods or part thereof or, where the goods have not been delivered, on the day after the last day on which the goods should have been delivered.

3. The person against whom a claim is made may at any time during the running of the limitation period extend that period by a declaration in writing to the claimant. This period may be further extended by another declaration or declarations.

4. Provided that the provisions of another applicable international convention are not to the contrary, a recourse action for indemnity by a person held liable under this Convention may be instituted even after the expiration of the limitation period provided for in the preceding paragraphs if instituted within the time allowed by the law of the State where proceedings are instituted; however, the time allowed shall not be less than 90 days commencing from

배상청구의 종류와 주요사항을 명기한 서면에 의한 통지가 물건이 인도된 날로부터 또는 물건이 인도되지 않았을 때는 인도되었어야 했을 날로부터 6개월내에 행하여 지지 아니한 때에는 소송은 그 기간 만료시에 시효소멸한다.

2. 제소기간은 복합운송인이 물건의 전부 또는 일부를 인도한 날의 익일 또는 물건이 인도되지 않았을 때는 물건이 인도되었어야 했을 날로 익일에 개시한다.

3. 배상청구를 받은 자는 제소기간의 진행 중에 언제라도 배상청구자에 대한 서면에 의한 통지로 그 기간을 연장할 수 있다. 이 기간은 그 후의 다른 통고에 의하여 다시 연장될 수 있다.

4. 다른 적용되는 국제적인 조약의 규정에 저촉되지 아니하는 한 본 조약에 따라 책임을 질 사람에 대한 배상청구소송은 전 제항에 규정된 제소기간의 만료후에도 소송절차를 개시하는 국가의 법률에 의하여 허용된 기간내에는 이를 제기할 수 있다. 그러나 그 허용기간은 그러한 배상청구소송을 제기하는 사람이 자기에 대한 청구를 해결할 날 또는 자기에 대한 소송에서 소장의 송달을 받은 날로부터 기산하여 90일 미만이 아니어야 한다.

the day when the person instituting such action for indemnity has settled the claim or has been served with process in the action against himself.

Article 26

Jurisdiction

1. In judicial proceedings relating to international multimodal transport under this Convention, the plaintiff, at his option, may institute an action in a court which, according to the law of the State where the court is situated, is competent and within the jurisdiction of which is situated one of the following places:

(a) the principal place of business or, in the absence thereof, the habitual residence of the defendant; or

(b) the place where the multimodal transport contract was made, provided that the defendant has there a place of business, branch or agency through which the contract was made; or

(c) the place of taking the goods in charge for international multimodal transport or the place of delivery; or

(d) any other place designated for that purpose in the multimodal transport contract and evidenced in the multimodal transport document.

2. No judicial proceedings relating to international multimodal transport under this

제26조 (재판관할권)

1. 이 조약에 의한 국제복합운송에 관한 법적 절차에서는, 원고는 자기의 선택에 따라 그 법원의 소재국의 법률에 의하여 재판관할권을 가지고 또한 그 관할권내에 다음 장소중의 하나가 소재하는 법원에 소송을 제기할 수 있다.

(a) 피고의 주된 영업소의 소재지 또는 그것이 없는 때에는 피고의 평소의 거소:

(b) 복합운송계약의 체결지. 이 경우에는 피고가 그곳에 계약체결을 행하였던 영업소, 지점 또는 대리점을 가진 곳이어야 한다.

(c) 국제복합운송을 위하여 물건을 인수한 곳 또는 인도지, 또는

(d) 복합운송계약에서 그 목적을 위하여 지정한 장소로서 복합운송증권으로 증명되는 그 밖의 곳.

2. 이 조약에 의한 복합운송에 관한 법적절차는 본조 제1항에 특정되어 있지

Convention may be instituted in a place not specified in paragraph 1 of this article. The provisions of this article do not constitute an obstacle to the jurisdiction of the Contracting States for provisional or protective measures.

3. Notwithstanding the preceding provisions of this article, an agreement made by the parties after a claim has arisen, which designates the place where the plaintiff may institute an action, shall be effective.

4. (a) Where an action has been instituted in accordance with the provisions of this article or where judgement in such an action has been delivered, no new action shall be instituted between the same parties on the same grounds unless the judgement in the first action is not enforceable in the country in which the new proceedings are instituted.

(b) For the purposes of this article neither the institution of measures to obtain enforcement of a judgement nor the removal of an action to a different court within the same country shall be considered as the starting of a new action.

Article 27
Arbitration

1. Subject to the provisions of this article, parties may provide by agreement evidenced

아니한 곳에서는 이를 제기할 수 없다. 본조의 규정은 예비적 조치 또는 보전적 조치를 위한 체약국이 재판 관할권에 대한 장애로 해석되지 아니한다.

3. 본조의 전 제항의 규정에도 불구하고, 청구가 발생한 후에 원고가 소송을 제기할 수 있는 곳을 지정하는 당사자에 의하여 성립된 합의는 효력이 있다.

4. (a) 소송이 본조의 제 조항의 의하여 제기되어 있는 경우 또는 그러한 소송에서 판결이 선고된 경우에는 최초의 소송에서의 판결이 새로운 절차가 제기된 국가에서 이를 집행할 수 없는 것이 아닌 한, 동일 당사자간에 동일 사유로 새로운 소송을 제기할 수 없다.

(b) 본조의 적용에 있어서 판결을 집행하기 위한 수단의 실행 또는 동일국가내의 다른 법원으로의 소송의 이송은 새로운 소송의 개시로 인정하지 아니한다.

제27조 (중재)

1. 본조의 규정에 따라서 당사자는 이 조약에 의해 복합운송에 관하여 생기는

in writing that any dispute that may arise relating to international multimodal transport under this Convention shall be referred to arbitration.

2. The arbitration proceedings shall, at the option of the claimant, be instituted at one of the following places;

    (a) a place in a State within whose territory is situated:

    (i) the principal place of business of the defendant or, in the absence thereof, the habitual residence of the defendant; or

    (ii) the place where the multimodal transport contract was made, provided that the defendant has there a place of business, branch or agency through which the contract was made; or

    (iii) the place of taking the goods in charge for international multimodal transport or the place of delivery; or

    (b) any other place designated for the purpose in the arbitration clause or agreement.

3. The arbitrator or arbitration tribunal shall apply the provisions of this Convention.

4. The provisions of paragraphs 2 and 3 of this article shall be deemed to be part of every arbitration clause or agreement and any term of such clause or agreement which is inconsistent therewith shall be null and void.

5. Nothing in this article shall affect the validity of an agreement on arbitration

---

어떠한 분쟁도 중재에 부탁하여야 한다는 것을 문서로 증명되는 합의로 규정할 수 있다.

2. 중재절차는 신청인의 선택에 따라 다음 장소중의 하나에서 이를 제기하여야 한다.

    (a) 일국의 영토내에 소재하는 다음의 장소:

    (i) 피신청인의 주된 영업소의 소재지 또는 그것이 없는 때에는 피신청인의 평상의 거소, 또는

    (ii) 복합운송계약의 체결지. 이 경우에는 피신청인이 그곳에 계약체결을 행하였던 사무소, 지점 또는 대리점을 가진 곳이어야 한다. 또는,

    (iii) 국제복합운송을 위하여 물건을 인수한 곳 또는 인도지.

    (b) 중재조항 또는 중재계약에 의하여 그 목적을 위하여 지정된 그 밖의 곳.

3. 중재인 또는 중재법정은 본 조약의 규정을 적용하여야 한다.

4. 본조 제2항 및 제3항의 규정은 모든 중재조항 또는 합의의 일부인 것으로 보며, 그러한 규정에 저촉되는 중재조항 또는 합의의 내용은 이를 무효로 본다.

5. 본조의 어떠한 규정도 복합운송에 관한 청구가 생긴 후에 당사자에 의하여

made by the parties after the claim relating to the international multimodal transport has arisen.

성립된 중재에 관한 합의의 효력에 영향을 미치지 아니한다.

PART VI. SUPPLEMENTARY PROVISIONS

Article 28
Contractual stipulations

1. Any stipulation in a multimodal transport contract or multimodal transport document shall be null and void to the extent that it derogates, directly or indirectly, from the provisions of this Convention. The nullity of such a stipulation shall not affect the validity of other provisions of the contract or document of which it forms a part. A clause assigning benefit of insurance of the goods in favour of the multimodal transport operator or any similar clause shall be null and void.

2. Notwithstanding the provisions of paragraph 1 of this article, the multimodal transport operator may, with the agreement of the consignor, increase his responsibilities and obligations under this Convention.

3. The multimodal transport document shall contain a statement that the international multimodal transport is subject to the provisions of this Convention which nullify any stipulation derogating therefrom to the detriment of the consignor or the

제6장 보 칙

제28조 (계약조항)

1. 복합운송계약 또는 복합운송증권에 있는 조항은 이 조약의 규정을 직접 또는 간접으로 해하는 범위에서 이를 무효로 한다. 이러한 조항의 무효는 그것이 일부를 이루고 있는 계약 또는 증권의 다른 규정의 효력에 영향을 미치지 아니한다. 물건에 관한 보험의 이익을 운송인을 위하여 양도한다는 조항 기타 이와 유사한 조항은 무효로 한다.

2. 본조 제1항의 규정에도 불구하고, 복합운송인은 송화인의 동의를 얻어 이 조약상의 자기의 책임 및 의무를 가중할 수 있다.

3. 복합운송증권에는 당해 복합운송이 송화인 또는 수화인에게 불이익하게 이 조약을 해하는 조항은 무효로 한다는 이 조약의 규정의 규율을 받는다는 뜻의 기재를 포함하여야 한다.

consignee.

4. Where the claimant in respect of the goods has incurred loss as a result of a stipulation which is null and void by virtue of the present article, or as a result of the omission of the statement referred to in paragraph 3 of this article, the multimodal transport operator must pay compensation to the extent required in order to give the claimant compensation in accordance with the provisions of this Convention for any loss of or damage to the goods as well as for delay in delivery. The multimodal transport operator must, in addition, pay compensation for costs incurred by the claimant for the purpose of exercising his right, provided that costs incurred in the action where the foregoing provision is invoked are to be determined in accordance with the law of the State where proceedings are instituted.

Article 29

General average

1. Nothing in this Convention shall prevent the application of provisions in the multimodal transport contract or national law regarding the adjustment of general average, if and to the extent applicable.
2. With the exception of article 25, the provisions of this Convention relating to the liability of the multimodal transport operator

4. 물건에 관한 배상청구자가 본조에 의한 무효조항으로 인하여 또는 본조 제3항에서 정하는 기재의 결여로 인하여 손실을 입은 경우에는, 복합운송인은 배상청구자에게 물건의 멸실 또는 훼손 또한 인도지연에 대하여 이 조약의 규정에 따라서 배상을 하기 위하여 필요한 범위 내에서 손해배상을 하여야 한다. 또한 복합운송인은 청구권자라 그 권리의 행사를 위하여 지출한 비용에 대하여도 배상을 하여야 한다. 그러나 그 규정이 원용되는 소송에서 발생한 비용은 소송이 계속된 법정지의 법에 따라서 이를 결정한다.

제29조 (공동해손)

1. 이 조약의 어떠한 규정도 공동해손의 정산에 관한 복합운송계약 또는 국내법의 규정이 있는 경우 그 적용이 있는 범위 내에서, 그 적용을 방해하지 아니한다.
2. 제25조의 경우 외에는 물건의 멸실 또는 손상에 관한 복합운송인의 책임에 관한 이 조약의 제 규정은 수화인이 공

for loss of or damage to the goods shall also determine whether the consignee may refuse contribution in general average and the liability of the multimodal transport operator to indemnify the consignee in respect of any such contribution made or any salvage paid.

동해손의 분담을 거절할 수 있는가의 여부를 결정하고, 부담한 그러한 분담금 또는 지급한 구조료에 관하여 수화인에게 보상할 복합운송인의 책임을 결정한다.

Article 30

Other conventions

제30조 (타조약)

1. This Convention does not modify the rights or duties provided for in the Brussels International Convention for the unification of certain rules relating to the limitation of owners of sea-going vessels of 25 August 1924; in the Brussels International Convention relating to the limitation of the liability of owners of sea-going ships of 10 October 1957; in the London Convention on limitation of liability for maritime claims of 19 November 1976; and in the Geneva Convention relating to the limitation of the liability of owners of inland navigation vessels (CLN) of 1 March 1973, including amendments to these Conventions, or national law relating to the limitation of liability of owners of sea-going ships and inland navigation vessels.

1. 본 조약은 1924년 8월 25일의 해상항행선박 소유자의 책임제한에 관한 약간의 규칙통일을 위한 브뤼셀 국제조약, 1957년 10월 10일의 해상항행선박 소유자의 책임제한에 관한 브뤼셀 국제조약, 1976년 11월 19일의 해사채권의 책임제한에 관한 런던조약 및 1973년 3월 1일의 내항선박 소유자의 책임제한에 관한 제네바조약, 이들 제 조약의 개정 혹은 내항선박과 해상항행선박 소유자의 책임제한에 관한 국내법에 규정되어 있는 제 권리와 의무를 변경하지 아니한다.

2. The provisions of articles 26 and 27 of this Convention do not prevent the application of the mandatory provisions of any other international convention relating

2. 본 조약의 제26조, 제27조의 규정은 동 조에 규정된 사항들과 관련한 타 국제조약의 강행적 규정들의 적용을 방해하지 아니한다. 다만, 분쟁이 전적으로

to matters dealt with in the said articles, provided that the dispute arises exclusively between parties having their principal place of business in States parties to such other convention. However, this paragraph does not affect the application of paragraph 3 of article 27 of this Convention.

3. No liability shall arise under the provisions of this Convention for damage caused by a nuclear incident if the operator of a nuclear installation is liable for such damage:

(a) under either the Paris Convention of 29 July 1960 on Third Party Liability in the Field of Nuclear Energy as amended by the Additional Protocol of 28 January 1964 or the Vienna Convention of 21 May 1963 on Civil Liability for Nuclear Damage, or amendments thereto; or

(b) by virtue of national law governing the liability for such damage, provided that such law is in all respects as favourable to persons who may suffer damage as either the Paris or Vienna Conventions.

4. Carriage of goods such as carriage of goods in accordance with the Geneva Convention of 19 May 1956 on the Contract for the International Carriage of Goods by Road in article 2, or the Berne Convention of 7 February 1970 concerning the Carriage of Goods by Rail, article 2, shall not for the States Parties to Conventions governing such

그러한 타 조약의 당사국내에 주된 영업소를 가지고 있는 사업자들간에 발생된 것이어야 한다. 그러나 본항은 본 조약 제27조 제3항의 적용에 대해서는 영향을 미치지 아니한다.

3. 원자력시설의 운영자가 원자력사고로 인한 손해애 대하여 다음 법류에 의하여 책임을 지는 경우에는, 이 조약에 의거한 책임은 생기지 아니한다.

(a) 1964년 1월 28일의 추가의정서에 의하여 개정된 「원자력에너지 분야의 제3자에 대한 책임에 관한 1960년 7월 29일의 파리조약」 또는 원자력 손해에 대한 민사책임에 관한 1963년 5월 21일의 비엔나 조약 혹은 그 개정.

(b) 그러한 손해에 대한 책임을 규율하는 국내법. 다만 그러한 국내법이 모든 점에서 파리조약 또는 비엔나조약과 같이 손해를 입은 자에게 유리한 경우에 한한다.

4. 국제도로 물건운송계약에 대한 1956년 5월 19일의 제네바조약의 제2조 혹은 국제철도 물건운송에 관한 1970년 2월 7일 베른조약 제2조에 의거한 물건운송과 같은 물건운송은 그러한 운송을 규율하는 조약의 당사국들에 대해, 그러한 당사국들이 동 물건운송에 대한 해당 조약규정의 적용을 받아야 하는

carriage be considered as international multimodal transport within the meaning of article 1, paragraph 1, of this Convention, in so far as such States are bound to apply the provisions of such Conventions to such carriage of goods.

한 본 조약 제1조 제1항의 의미에 속하는 국제복합운송으로 간주하지 아니한다.

Article 31

Unit of account or monetary unit and conversion

1. The unit of account referred to in article 18 of this Convention is the Special Drawing Right as defined by the International Monetary Fund. The amounts referred to in article 18 shall be converted into the national currency of a State according to the value of such currency on the date of the judgement or award or the date agreed upon by the parties. The value of a national currency, in terms of the Special Drawing Right, of a Contracting State which is a member of the International Monetary Fund, shall be calculated in accordance with the method of valuation applied by the International Monetary Fund, in effect on the date in question, for its operations and transactions. The value of a national currency in terms of the Special Drawing Right of a Contracting State which is not a member of the International Monetary Fund, shall be calculated in a manner determined by that

제31조 (계산단위 또는 통화단위 및 환산)

1. 이 조약 제18조에 규정된 계산단위는 국제통화기금(IMF)에서 정의하는 특별인출권(S.D.R)으로 한다. 제18조에 정한 금액은 판결이나 중재판정의 날 또는 당사자가 합의한 날의 국내 통화가치에 따라서 그 국가의 국내통화로 이를 환산한다. 국제통화기금의 회원인 체약국의 특별인출권에 의한 국내통화가치는 그 취급과 거래에 관하여 당해일자에 실시되고 있는 국제통화기금이 적용하는 평가방법에 따라서 이를 산출한다. 국제통화기금의 회원이 아닌 체약국의 특별인출권에 의한 국내통화가치는 그 국가에서 결정하는 방법에 따라서 이를 산출한다.

State.

2. Nevertheless, a State which is not a member of the International Monetary Fund and whose law does not permit the application of the provisions of paragraph 1 of this article may, at the time of signature, ratification, acceptance, approval or accession or at any time thereafter, declare that the limits of liability provided for in this Convention to be applied in its territory shall be fixed as follows: with regard to the limits provided for in paragraph 1 of article 18 to 13,750 monetary units per package or other shipping unit or 41.25 monetary units per kilogramme of gross weight of the goods, and with regard to the limit provided for in paragraph 3 of article 18 to 124 monetary units.

3. The monetary unit referred to in paragraph 2 of this article corresponds to sixty-five and a half milligrammes of gold of millesimal fineness nine hundred. The conversion of the amount referred to in paragraph 2 of this article into national currency shall be made according to the law of the State concerned.

4. The calculation mentioned in the last sentence of paragraph 1 of this article and the conversion referred to in paragraph 3 of this article shall be made in such a manner as to express in the national currency of the Contracting State as far as possible the same real value for the amounts in article 18 as is

2. 그러나 국제통화기금의 회원국이 아닌 국가로서, 그 법률상 본조 제1항의 규정의 적용이 허용되지 아니하는 그 국가는 서명시나 비준, 수락, 승인 또는 가입시 또는 그후 어느 때라도 자국의 영토 내에서 이 조약에 규정된 책임한도를 제18조 제1항에 규정되어 있는 책임한도에 대해서는 포 혹은 선적단위당 13,750 화폐단위 또는 화물총중량 킬로당 41.25 화폐단위, 제18조 제3항에 규정된 한도에 대해서는 124 화폐단위로 한다는 것을 선언할 수 있다.

3. 본조 제2항에 규정된 통화단위는 순도 1,000분의 900의 금65.5mg에 상당한다. 제2항에 의한 금액의 국내통화의 환산은 당해국가 법률에 따라서 이를 행한다.

4. 본조 제1항 말문에 규정된 산출 및 본조 제3항에 규정된 환산은 가능한한 제18조에 계산단위로서 표시되어 있는 금액과 동일한 실질가치를 체약국의 국내통화로 표시할 수 있는 방법으로 이를 행하여야 한다.

expressed there in units of account.

5. Contracting States shall communicate to the depositary the manner of calculation pursuant to the last sentence of paragraph 1 of this article, or the result of the conversion pursuant to paragraph 3 of this article, as the case may be, at the time of signature or when depositing their instruments of ratification, acceptance, approval or accession, or when availing themselves of the option provided for in paragraph 2 of this article and whenever there is a change in the manner of such calculation or in the result of such conversion.

5. 체약국은 본조 제1항 말문에 따른 산출방법 또는 본조 제3항에 규정된 환산의 결과에 관하여, 각 경우에 따라서 서명시, 비준서, 수락서, 승인서 또는 가입서를 기탁할 때 또는 본조 제2항에 규정된 선택권을 이용할 때 및 그러한 산출방법 또는 그러한 환산의 결과에 변경이 있는 때에는 수탁자에게 이를 통지하여야 한다.

PART VII. CUSTOMS MATTERS

Article 32

Customs transit

1. Contracting States shall authorize the use of the procedure of customs transit for international multimodal transport.

2. Subject to provisions of national law or regulations and intergovernmental agreements, the customs transit of goods in international multimodal transport shall be in accordance with the rules and principles contained in articles I to VI of the Annex to this Convention.

3. When introducing laws or regulations in

제7장 통관문제

제32조 (보세운송)

1. 체약국은 국제복합운송을 위한 보세운송 절차의 이용을 승인하여야 한다.

2. 국내법령이나 규칙 및 정부간 합의의 규정에 따른 것을 조건으로 국제복합운송에 있어서의 물건의 보세운송은 본 조약 부속서 제Ⅰ조 내지 제Ⅵ조에 포함되어 있는 규칙과 원칙에 준하여야 한다.

3. 물건의 복합운송과 관련하여 보세운

respect of customs transit procedures relating to multimodal transport of goods, Contracting States should take into consideration articles I to VI of the Annex to this Convention.

송 절차에 관한 법인나 규칙을 제정할 때에는 체약국은 본 조약 부속서 제I조 내지 제VI조를 고려하여야 한다.

PART VIII. FINAL CLAUSES

제8장   최종조항

Article 33
Depositary

제33조 (수탁자)

The Secretary-General of the United Nations is hereby designated as the depositary of this Convention.

UN사무국장을 본 조약의 수탁자로 임명한다.

Article 34
Signature, ratification, acceptance, approval and accession

제34조 (서명, 비준, 수락, 승인 및 가입)

1. All States are entitled to become Parties to this Convention by:
    (a) signature not subject to ratification, acceptance or approval; or
    (b) signature subject to and followed by ratification, acceptance or approval; or

    (c) accession.
2. This Convention shall be open for signature as from 1 September 1980 until and including 31 August 1981 at the Headquarters of the United Nations in New York.

1.모든 국가는 다음의 방법에 의해 본 조약의 당사국이 될 수 있다.
    (a) 비준, 수락, 승인을 조건으로 하지 않은 서명, 또는
    (b) 비준, 수락 또는 승인을 조건으로 서명한 후의 비준, 수락 또는 승인, 또는
    (c) 가입.
2. 본 조약은 서명을 위해 1980년 9월 1일부터 1981년 8월 31일까지 뉴욕 UN본부에 개방된다.

3. After 31 August 1981, this Convention shall be open for accession by all States which are not signatory States.

4. Instruments of ratification, acceptance, approval and accession are to be deposited with the depositary.

5. Organizations for regional economic integration, constituted by sovereign States members of UNCTAD, and which have competence to negotiate, conclude and apply international agreements in specific fields covered by this Convention shall be similarly entitled to become Parties to this Convention in accordance with the provisions of paragraphs 1 to 4 of this article, thereby assuming in relation to other Parties to this Convention the rights and duties under this Convention in the specific fields referred to above.

Article 35
Reservations

No reservation may be made to this Convention.

Article 36
Entry into force

1. This Convention shall enter into force 12 months after the Governments of 30 States have either signed it not subject to ratification, acceptance or approval or have

3. 1981년 8월 31일이후, 본 조약은 모든 비서명국들의 가입을 위해 개방된다.

4. 비준, 수락, 승인 및 가입문서는 UN 사무국장에게 기탁되어야 한다.

5. UNCTAD회원인 주권국가로 구성된 지역적 경제통합기구로서 이 조약이 적용되는 특정분야의 국제조약들에 대해 협상, 체결하고 적용할 권한이 있는 기구는 본조 제1항 내지 제4항의 규정에 따라 동일하게 본 조약의 당사자가 될 수 있으며 그에 의해서 본 조약 당사국과의 관계하에서는 전기한 특정분야내에서 본 조약상의 제 권리와 의무를 갖는다.

제35조 (유보)

본 조약에 대하여는 유보를 할 수 없다.

제36조 (발효)

1. 본 조약은 30개국의 정부가 비준, 수락 혹은 승인을 조건으로 하지 않고 서명을 했거나 비준, 수락 혹은 승인 혹은 가입문서를 수탁자에게 기탁한 12개월

deposited instruments of ratification, acceptance, approval or accession with the depositary.

2. For each State which ratifies, accepts, approves or accedes to this Convention after the requirements for entry into force given in paragraph 1 of this article have been met, the Convention shall enter into force 12 months after the deposit by such State of the appropriate instrument.

후에 발효한다.

2. 본조 제1항의 발효요건이 충족되고 난 후 본 조약에 비준, 수락, 승인 혹은 가입하는 각국에 대해서는 그러한 국가에 의해 적절한 문서가 기탁된 12개월 후에 본 조약이 발효한다.

Article 37

Date of application

Each Contracting State shall apply the provisions of this Convention to multimodal transport contracts concluded on or after the date of entry into force of this Convention in respect of that State.

제37조 (적용일자)

각 체약국은 동 국에 대하여 본 조약이 이후에 체결된 복합운송계약에 대해 본 조약의 규정을 적용해야 한다.

Article 38

Rights and obligations under existing conventions

제38조 (기존조약하에서의 제 권리와 의무)

If, according to articles 26 or 27, judicial or arbitral proceedings are brought in a Contracting State in a case relating to international multimodal transport subject to this Convention which takes place between two States of which only one is a Contracting State, and if both these States are at the time of entry into force of this Convention equally bound by another

본 조약에 따른 국제복합운송으로 양 국가중 한 국가만이 체약국인 경우에 제26조 및 제27조에 의거한 법적 절차나 중재절차가 한 체약국내에서 제기되었을 시, 그리고 양 국가가 본 조약 발효당시 똑같이 타 국제조약에 구속받을 경우 법원이나 중재법정은 그러한 조약상의 의무에 따라 그 조약의 규정을 적용할 수 있다.

international convention, the court or arbitral tribunal may, in accordance with the obligations under such convention, give effect to the provisions thereof.

Article 39
Revision and amendments

1. At the request of not less than one third of the Contracting States, the Secretary-General of the United Nations shall, after the entry into force of this Convention, convene a conference of the Contracting States for revising or amending it. The Secretary-General of the United Nations shall circulate to all Contracting States the texts of any proposals for amendments at least three months before the opening date of the conference.

2. Any decision by the revision conference, including amendments, shall be taken by a two thirds majority of the States present and voting. Amendments adopted by the conference shall be communicated by the depositary to all the Contracting States for acceptance and to all the States signatories of the Convention for information.

3. Subject to paragraph 4 below, any amendment adopted by the conference shall enter into force only for those Contracting States which have accepted it, on the first day of the month following one year after its acceptance by two thirds of the

제39조 (개정)

1. 본 조약 발효후 수탁자는 본 조약 체약국 3분의 1이상의 요청에 의해 조약개정을 위한 체약국 회의를 소집하여야 한다. 사무국장은 적의도 회의개시 3개월 이전에 개정제안의 내용을 모든 체약국에 회람하여야 한다.

2. 개정회의의 결정은 참가투표국 3분의 2의 다수결에 의한다. 수탁자는 전 체약국에 대해서는 수락을 위해 조약의 전 서명국에 대해서는 홍보를 목적으로 회의에서 채택된 개정 내용들을 통보하여야 한다.

3. 다음 제4항을 조건으로, 회의에서 채택된 개정사항은 체약국 3분의 2에 의한 수락후 1년이 경과한 익월의 제1일에 그 개정을 수락한 체약국에 대해서만 발효한다. 체약국 3분의 2가 개정을 수락한 후에 동 개정을 수락한 국가에

Contracting States. For any State accepting an amendment after it has been accepted by two thirds of the Contracting States, the amendment shall enter into force on the first day of the month following one year after its acceptance by that State.

4. Any amendment adopted by the conference altering the amounts specified in article 18 and paragraph 2 of article 31 or substituting either or both the units defined in paragraphs 1 and 3 of article 31 by other units shall enter into force on the first day of the month following one year after its acceptance by two thirds of the Contracting States. Contracting States which have accepted the altered amounts or the substituted units shall apply them in their relationship with all Contracting States.

5. Acceptance of amendments shall be effected by the deposit of a formal instrument to that effect with the depositary.

6. Any instrument of ratification, acceptance, approval or accession deposited after the entry into force of any amendment adopted by the conference shall be deemed to apply to the Convention as amended.

대해서는 그 국가나 동 개정을 수락한 후 1년이 경과한 익월의 제1일에 발효한다.

4. 제18조 및 제31조 제2항에 규정한 액의 변경 또는 제31조 제1항 및 제3항에 정의된 단위들의 일방 혹은 쌍방을 다른 단위로 대체하는 의결개정은 그 개정을 체약국 3분의 2가 수락한 후 1년이 경과한 익월의 제1일에 발효한다. 변경된 액이나 대체된 단위들을 수락한 체약국은 전 체약국들과의 관계에서 이를 적용하여야 한다.

5. 개정의 수락은 그 취지에 대한 공식문서를 수탁자에게 기탁함으로써 이를 한다.

6. 회의에 의해 채택된 개정이 효력을 발생한 후에 기탁된 비준서, 수락서, 승인서 또는 가입서는 개정된 조약에 적용되는 것으로 본다.

Article 40
Denunciation

1. Each Contracting State may denounce this Convention at any time after the expiration of a period of two years from

제40조 (폐기)

1. 각 체약국은 본 조약이 효력을 발생한 날로부터 2년의 기간이 경과한 후에는 수탁자에게 발송한 서면통지에 의해

the date on which this Convention has entered into force by means of a notification in writing addressed to the depositary.

2. Such denunciation shall take effect on the first day of the month following the expiration of one year after the notification is received by the depositary. Where a longer period is specified in the notification, the denunciation shall take effect upon the expiration of such longer period after the notification is received by the depositary.

IN WITNESS WHEREOF the undersigned, being duly authorized thereto, have affixed their signatures hereunder on the dates indicated.

DONE at Geneva on 24 May 1980 in one original in the Arabic, Chinese, English, French, Russian and Spanish languages, all texts being equally authentic.

서 언제라도 본 조약을 폐기할 수 있다.

2. 그러한 폐기는 수탁자가 그 통지를 수령한 날로부터 1년이 경과한 후의 익월의 제1일에 효력을 발생한다. 통지상에 그보다 장기간이 표기되어 있을 때는 수탁자가 통지를 수령한 날로부터 그 기간이 경과함으로써 폐기는 효력을 발생한다.

이상의 증거로써 정당하게 위임을 받은 서명자는 기재일자에 서명하였다.

1980년 5월 24일 제네바에서 동일한 전문으로 아랍어, 중국어, 영어, 불어, 러시아어 및 스페인어로 정본 1통을 작성하였다.

Ⅲ. 표준 계약서 양식

1. 표준 선체용선계약서(BARECON 2001)

1. Shipbroker	**BIMCO STANDARD BAREBOAT CHARTER** **CODE NAME: "BARECON 2001"**　PART I
	2. Place and date
3. Owners/Place of business (Cl. 1)	4. Bareboat Charterers/Place of business (Cl. 1)
5. Vessel's name, call sign and flag (Cl. 1 and 3)	
6. Type of Vessel	7. GT/NT
8. When/Where built	9. Total DWT (abt.) in metric tons on summer freeboard
10. Classification Society (Cl. 3)	11. Date of last special survey by the Vessel's classification society
12. Further particulars of Vessel (also indicate minimum number of months' validity of class certificates agreed acc. to Cl. 3)	

13. Port or Place of delivery (Cl. 3)	14. Time for delivery (Cl. 4)	15. Cancelling date (Cl. 5)
16. Port or Place of redelivery (Cl. 15)	17. No. of months' validity of trading and class certificates upon redelivery (Cl. 15)	
18. Running days' notice if other than stated in Cl. 4	19. Frequency of dry-docking (Cl. 10(g))	

20. Trading limits (Cl. 6)	
21. Charter period (Cl. 2)	22. Charter hire (Cl. 11)
23. New class and other safety requirements (state percentage of Vessel's insurance value acc. to Box 29)(Cl. 10(a)(ii))	
24. Rate of interest payable acc. to Cl. 11(f) and, if applicable, acc. to PART IV	25. Currency and method of payment (Cl. 11)

First issued by The Baltic and International Maritime Council (BIMCO), Copenhagen, in 1974 as "Barecon A" and "Barecon B". Revised and amalgamated 1989. Revised 2001

Copyright, published by The Baltic and International Maritime Council (BIMCO), Copenhagen. Issued November 2001

Printed and sold by Fr. G. Knudtzons Bogtrykkeri A/S,
Vallensbaekvej 61, DK-2625 Vallensbaek, Fax: +45 4366 0701

continued

(continued) **"BARECON 2001" STANDARD BAREBOAT CHARTER** PART I

26. Place of payment; also state beneficiary and bank account (Cl. 11)	27. Bank guarantee/bond (sum and place)(Cl. 24)(optional)
28. Mortgage(s), if any (state whether 12(a) or (b) applies; if 12(b) applies state date of Financial Instrument and name of Mortgagee(s)/Place of business)(Cl. 12)	29. Insurance (hull and machinery and war risks)(state value acc. to Cl. 13(f) or, if applicable, acc. to Cl. 14(k))(also state if Cl. 14 applies)
30. Additional insurance cover, if any, for Owners' account limited to (Cl. 13(b) or, if applicable, Cl. 14(g))	31. Additional insurance cover, if any, for Charterers' account limited to (Cl. 13(b) or, if applicable, Cl. 14(g))
32. Latent defects (only to be filled in if period other than stated in Cl. 3)	33. Brokerage commission and to whom payable (Cl. 27)
34. Grace period (state number of clear banking days)(Cl. 28)	35. Dispute Resolution (state 30(a), 30(b) or 30(c); if 30(c) agreed Place of Arbitration <u>must</u> be stated (Cl. 30)
36. War cancellation (indicate countries agreed)(Cl. 26(f))	
37. Newbuilding Vessel (indicate with "yes" or "no" whether PART III applies)(optional)	38. Name and place of Builders (only to be filled in if PART III applies)
39. Vessel's Yard Building No. (only to be filled in if PART III applies)	40. Date of Building Contract (only to be filled in if PART III applies)

41. Liquidated damages and costs shall accrue to (state party acc. to Cl. 1)
  a)
  b)
  c)	

42. Hire/Purchase agreement (indicate with "yes" or "no" whether PART IV applies)(optional)	43. Bareboat Charter Registry (indicate "yes" or "no" whether PART V applies)(optional)
44. Flag and Country of the Bareboat Charter Registry (only to be filled in if PART V applies)	45. Country of the Underlying Registry (only to be filled in if PART V applies)
46. Number of additional clauses covering special provisions, if agreed	

PREAMBLE - It is mutually agreed that this Contract shall be performed subject to the conditions contained in this Charter which shall include PART I and PART II. In the event of a conflict of conditions, the provisions of PART I shall prevail over those of PART II to the extent of such conflict but no further. It is further mutually agreed that PART III and/or PART IV and/or PART V shall only apply and only form part of this Charter if expressly agreed and stated in the Boxes 37, 42 and 43. If PART III and/or PART IV and/or PART V apply, it is further agreed that in the event of a conflict of conditions, the provisions of PART I and PART II shall prevail over those of PART III and/or PART IV and/or PART V to the extent of such conflict but no further.

Signature (Owners)	Signature (Charterers)

PART II
"BARECON 2001" Standard Bareboat Charter

1. Definitions 1
In this Charter, the following terms shall have the 2
meanings hereby assigned to them: 3
"*The Owners*" shall mean the party identified in Box 3; 4
"*The Charterers*" shall mean the party identified in Box 4; 5
"*The Vessel*" shall mean the vessel named in Box 5 and 6
with particulars as stated in Boxes 6 to 12. 7
"*Financial Instrument*" means the mortgage, deed of 8
covenant or other such financial security instrument as 9
annexed to this Charter and stated in Box 28. 10

2. Charter Period 11
In consideration of the hire detailed in Box 22, the 12
Owners have agreed to let and the Charterers have 13
agreed to hire the Vessel for the period stated in Box 21 14
("The Charter Period"). 15

3. Delivery 16
(not applicable when Part III applies, as indicated in Box 37) 17
(a) The Owners shall before and at the time of delivery 18
exercise due diligence to make the Vessel seaworthy 19
and in every respect ready in hull, machinery and 20
equipment for service under this Charter. 21
The Vessel shall be delivered by the Owners and taken 22
over by the Charterers at the port or place indicated in 23
Box 13 in such ready safe berth as the Charterers may 24
direct. 25
(b) The Vessel shall be properly documented on 26
delivery in accordance with the laws of the flag State 27
indicated in Box 5 and the requirements of the 28
classification society stated in Box 10. The Vessel upon 29
delivery shall have her survey cycles up to date and 30
trading and class certificates valid for at least the number 31
of months agreed in Box 12. 32
(c) The delivery of the Vessel by the Owners and the 33
taking over of the Vessel by the Charterers shall 34
constitute a full performance by the Owners of all the 35
Owners' obligations under this Clause 3, and thereafter 36
the Charterers shall not be entitled to make or assert 37
any claim against the Owners on account of any 38
conditions, representations or warranties expressed or 39
implied with respect to the Vessel but the Owners shall 40
be liable for the cost of but not the time for repairs or 41
renewals occasioned by latent defects in the Vessel, 42
her machinery or appurtenances, existing at the time of 43
delivery under this Charter, provided such defects have 44
manifested themselves within twelve (12) months after 45
delivery unless otherwise provided in Box 32. 46

4. Time for Delivery 47
(not applicable when Part III applies, as indicated in Box 37) 48
The Vessel shall not be delivered before the date 49
indicated in Box 14 without the Charterers' consent and 50
the Owners shall exercise due diligence to deliver the 51
Vessel not later than the date indicated in Box 15. 52
Unless otherwise agreed in Box 18, the Owners shall 53
give the Charterers not less than thirty (30) running days' 54
preliminary and not less than fourteen (14) running days' 55
definite notice of the date on which the Vessel is 56
expected to be ready for delivery. 57
The Owners shall keep the Charterers closely advised 58
of possible changes in the Vessel's position. 59

5. Cancelling 60
(not applicable when Part III applies, as indicated in Box 37) 61
(a) Should the Vessel not be delivered latest by the 62
cancelling date indicated in Box 15, the Charterers 63
have the option of cancelling this Charter by giving the 64

Owners notice of cancellation within thirty-six (36) 65
running hours after the cancelling date stated in Box 66
15, failing which this Charter shall remain in full force 67
and effect. 68
(b) If it appears that the Vessel will be delayed beyond 69
the cancelling date, the Owners may, as soon as they 70
are in a position to state with reasonable certainty the 71
day on which the Vessel should be ready, give notice 72
thereof to the Charterers asking whether they will 73
exercise their option of cancelling, and the option must 74
then be declared within one hundred and sixty-eight 75
(168) running hours of the receipt by the Charterers of 76
such notice or within thirty-six (36) running hours after 77
the cancelling date, whichever is the earlier. If the 78
Charterers do not then exercise their option of cancelling, 79
the seventh day after the readiness date stated in the 80
Owners' notice shall be substituted for the cancelling 81
date indicated in Box 15 for the purpose of this Clause 5. 82
(c) Cancellation under this Clause 5 shall be without 83
prejudice to any claim the Charterers may otherwise 84
have on the Owners under this Charter. 85

6. Trading Restrictions 86
The Vessel shall be employed in lawful trades for the 87
carriage of suitable lawful merchandise within the trading 88
limits indicated in Box 20. 89
The Charterers undertake not to employ the Vessel or 90
suffer the Vessel to be employed otherwise than in 91
conformity with the terms of the contracts of insurance 92
(including any warranties expressed or implied therein) 93
without first obtaining the consent of the insurers to such 94
employment and complying with such requirements as 95
to extra premium or otherwise as the insurers may 96
prescribe. 97
The Charterers also undertake not to employ the Vessel 98
or suffer her employment in any trade or business which 99
is forbidden by the law of any country to which the Vessel 100
may sail or is otherwise illicit or in carrying illicit or 101
prohibited goods or in any manner whatsoever which 102
may render her liable to condemnation, destruction, 103
seizure or confiscation. 104
Notwithstanding any other provisions contained in this 105
Charter it is agreed that nuclear fuels or radioactive 106
products or waste are specifically excluded from the 107
cargo permitted to be loaded or carried under this 108
Charter. This exclusion does not apply to radio-isotopes 109
used or intended to be used for any industrial, 110
commercial, agricultural, medical or scientific purposes 111
provided the Owners' prior approval has been obtained 112
to loading thereof. 113

7. Surveys on Delivery and Redelivery 114
(not applicable when Part III applies, as indicated in Box 37) 115
The Owners and Charterers shall each appoint 116
surveyors for the purpose of determining and agreeing 117
in writing the condition of the Vessel at the time of 118
delivery and redelivery hereunder. The Owners shall 119
bear all expenses of the On-hire Survey including loss 120
of time, if any, and the Charterers shall bear all expenses 121
of the Off-hire Survey including loss of time, if any, at 122
the daily equivalent to the rate of hire or pro rata thereof. 123

8. Inspection 124
The Owners shall have the right at any time after giving 125
reasonable notice to the Charterers to inspect or survey 126
the Vessel or instruct a duly authorised surveyor to carry 127
out such survey on their behalf:- 128
(a) to ascertain the condition of the Vessel and satisfy 129

PART II
"BARECON 2001" Standard Bareboat Charter

themselves that the Vessel is being properly repaired 130
and maintained. The costs and fees for such inspection 131
or survey shall be paid by the Owners unless the Vessel 132
is found to require repairs or maintenance in order to 133
achieve the condition so provided; 134
(b) in dry-dock if the Charterers have not dry-docked 135
her in accordance with Clause 10(g). The costs and fees 136
for such inspection or survey shall be paid by the 137
Charterers; and 138
(c) for any other commercial reason they consider 139
necessary (provided it does not unduly interfere with 140
the commercial operation of the Vessel). The costs and 141
fees for such inspection and survey shall be paid by the 142
Owners. 143
All time used in respect of inspection, survey or repairs 144
shall be for the Charterers' account and form part of the 145
Charter Period. 146
The Charterers shall also permit the Owners to inspect 147
the Vessel's log books whenever requested and shall 148
whenever required by the Owners furnish them with full 149
information regarding any casualties or other accidents 150
or damage to the Vessel. 151

9. Inventories, Oil and Stores 152
A complete inventory of the Vessel's entire equipment, 153
outfit including spare parts, appliances and of all 154
consumable stores on board the Vessel shall be made 155
by the Charterers in conjunction with the Owners on 156
delivery and again on redelivery of the Vessel. The 157
Charterers and the Owners, respectively, shall at the 158
time of delivery and redelivery take over and pay for all 159
bunkers, lubricating oil, unbroached provisions, paints, 160
ropes and other consumable stores (excluding spare 161
parts) in the said Vessel at the then current market prices 162
at the ports of delivery and redelivery, respectively. The 163
Charterers shall ensure that all spare parts listed in the 164
inventory and used during the Charter Period are 165
replaced at their expense prior to redelivery of the 166
Vessel. 167

10. Maintenance and Operation 168
(a)(i) Maintenance and Repairs - During the Charter 169
Period the Vessel shall be in the full possession 170
and at the absolute disposal for all purposes of the 171
Charterers and under their complete control in 172
every respect. The Charterers shall maintain the 173
Vessel, her machinery, boilers, appurtenances and 174
spare parts in a good state of repair, in efficient 175
operating condition and in accordance with good 176
commercial maintenance practice and, except as 177
provided for in Clause 14(l), if applicable, at their 178
own expense they shall at all times keep the 179
Vessel's Class fully up to date with the Classification 180
Society indicated in Box 10 and maintain all other 181
necessary certificates in force at all times. 182
(ii) New Class and Other Safety Requirements - In the 183
event of any improvement, structural changes or 184
new equipment becoming necessary for the 185
continued operation of the Vessel by reason of new 186
class requirements or by compulsory legislation 187
costing (excluding the Charterers' loss of time) 188
more than the percentage stated in Box 23, or if 189
Box 23 is left blank, 5 per cent. of the Vessel's 190
insurance value as stated in Box 29, then the 191
extent, if any, to which the rate of hire shall be varied 192
and the ratio in which the cost of compliance shall 193
be shared between the parties concerned in order 194
to achieve a reasonable distribution thereof as 195

between the Owners and the Charterers having 196
regard, inter alia, to the length of the period 197
remaining under this Charter shall, in the absence 198
of agreement, be referred to the dispute resolution 199
method agreed in Clause 30. 200
(iii) Financial Security - The Charterers shall maintain 201
financial security or responsibility in respect of third 202
party liabilities as required by any government, 203
including federal, state or municipal or other division 204
or authority thereof, to enable the Vessel, without 205
penalty or charge, lawfully to enter, remain at, or 206
leave any port, place, territorial or contiguous 207
waters of any country, state or municipality in 208
performance of this Charter without any delay. This 209
obligation shall apply whether or not such 210
requirements have been lawfully imposed by such 211
government or division or authority thereof. 212
The Charterers shall make and maintain all arrange- 213
ments by bond or otherwise as may be necessary to 214
satisfy such requirements at the Charterers' sole 215
expense and the Charterers shall indemnify the Owners 216
against all consequences whatsoever (including loss of 217
time) for any failure or inability to do so. 218
(b) Operation of the Vessel - The Charterers shall at 219
their own expense and by their own procurement man, 220
victual, navigate, operate, supply, fuel and, whenever 221
required, repair the Vessel during the Charter Period 222
and they shall pay all charges and expenses of every 223
kind and nature whatsoever incidental to their use and 224
operation of the Vessel under this Charter, including 225
annual flag State fees and any foreign general 226
municipality and/or state taxes. The Master, officers and 227
crew of the Vessel shall be the servants of the Charterers 228
for all purposes whatsoever, even if for any reason 229
appointed by the Owners. 230
Charterers shall comply with the regulations regarding 231
officers and crew in force in the country of the Vessel's 232
flag or any other applicable law. 233
(c) The Charterers shall keep the Owners and the 234
mortgagee(s) advised of the intended employment, 235
planned dry-docking and major repairs of the Vessel, 236
as reasonably required. 237
(d) Flag and Name of Vessel - During the Charter 238
Period, the Charterers shall have the liberty to paint the 239
Vessel in their own colours, install and display their 240
funnel insignia and fly their own house flag. The 241
Charterers shall also have the liberty, with the Owners' 242
consent, which shall not be unreasonably withheld, to 243
change the flag and/or the name of the Vessel during 244
the Charter Period. Painting and re-painting, instalment 245
and re-instalment, registration and re-registration, if 246
required by the Owners, shall be at the Charterers' 247
expense and time. 248
(e) Changes to the Vessel – Subject to Clause 10(a)(ii), 249
the Charterers shall make no structural changes in the 250
Vessel or changes in the machinery, boilers, appurten- 251
ances or spare parts thereof without in each instance 252
first securing the Owners' approval thereof. If the Owners 253
so agree, the Charterers shall, if the Owners so require, 254
restore the Vessel to its former condition before the 255
termination of this Charter. 256
(f) Use of the Vessel's Outfit, Equipment and 257
Appliances - The Charterers shall have the use of all 258
outfit, equipment, and appliances on board the Vessel 259
at the time of delivery, provided the same or their 260
substantial equivalent shall be returned to the Owners 261
on redelivery in the same good order and condition as 262
when received, ordinary wear and tear excepted. The 263

PART II
"BARECON 2001" Standard Bareboat Charter

Charterers shall from time to time during the Charter 264 *)
Period replace such items of equipment as shall be so 265
damaged or worn as to be unfit for use. The Charterers 266
are to procure that all repairs to or replacement of any 267
damaged, worn or lost parts or equipment be effected 268 *)
in such manner (both as regards workmanship and 269
quality of materials) as not to diminish the value of the 270
Vessel. The Charterers have the right to fit additional 271
equipment at their expense and risk but the Charterers 272
shall remove such equipment at the end of the period if 273
requested by the Owners. Any equipment including radio 274
equipment on hire on the Vessel at time of delivery shall 275
be kept and maintained by the Charterers and the 276
Charterers shall assume the obligations and liabilities 277
of the Owners under any lease contracts in connection 278
therewith and shall reimburse the Owners for all 279
expenses incurred in connection therewith, also for any 280
new equipment required in order to comply with radio 281
regulations. 282
(g) Periodical Dry-Docking - The Charterers shall dry- 283
dock the Vessel and clean and paint her underwater 284
parts whenever the same may be necessary, but not 285
less than once during the period stated in Box 19 or, if 286
Box 19 has been left blank, every sixty (60) calendar 287
months after delivery or such other period as may be 288
required by the Classification Society or flag State. 289

11. Hire 290
(a) The Charterers shall pay hire due to the Owners 291
punctually in accordance with the terms of this Charter 292
in respect of which time shall be of the essence. 293
(b) The Charterers shall pay to the Owners for the hire 294
of the Vessel a lump sum in the amount indicated in 295
Box 22 which shall be payable not later than every thirty 296
(30) running days in advance, the first lump sum being 297
payable on the date and hour of the Vessel's delivery to 298
the Charterers. Hire shall be paid continuously 299
throughout the Charter Period. 300
(c) Payment of hire shall be made in cash without 301
discount in the currency and in the manner indicated in 302
Box 25 and at the place mentioned in Box 26. 303
(d) Final payment of hire, if for a period of less than 304
thirty (30) running days, shall be calculated proportionally 305
according to the number of days and hours remaining 306
before redelivery and advance payment to be effected 307
accordingly. 308
(e) Should the Vessel be lost or missing, hire shall 309
cease from the date and time when she was lost or last 310
heard of. The date upon which the Vessel is to be treated 311
as lost or missing shall be ten (10) days after the Vessel 312
was last reported or when the Vessel is posted as 313
missing by Lloyd's, whichever occurs first. Any hire paid 314
in advance to be adjusted accordingly. 315
(f) Any delay in payment of hire shall entitle the 316
Owners to interest at the rate per annum as agreed in 317
Box 24. If Box 24 has not been filled in, the three months 318
interbank offered rate in London (LIBOR or its successor) 319
for the currency stated in Box 25, as quoted by the British 320
Bankers' Association (BBA) on the date when the hire 321
fell due, increased by 2 per cent., shall apply. 322
(g) Payment of interest due under sub-clause 11(f) 323
shall be made within seven (7) running days of the date 324
of the Owners' invoice specifying the amount payable 325
or, in the absence of an invoice, at the time of the next 326
hire payment date. 327

12. Mortgage 328
(only to apply if Box 28 has been appropriately filled in) 329

(a) The Owners warrant that they have not effected 330
any mortgage(s) of the Vessel and that they shall not 331
effect any mortgage(s) without the prior consent of the 332
Charterers, which shall not be unreasonably withheld. 333
(b) The Vessel chartered under this Charter is financed 334
by a mortgage according to the Financial Instrument. 335
The Charterers undertake to comply, and provide such 336
information and documents to enable the Owners to 337
comply, with all such instructions or directions in regard 338
to the employment, insurances, operation, repairs and 339
maintenance of the Vessel as laid down in the Financial 340
Instrument or as may be directed from time to time during 341
the currency of the Charter by the mortgagee(s) in 342
conformity with the Financial Instrument. The Charterers 343
confirm that, for this purpose, they have acquainted 344
themselves with all relevant terms, conditions and 345
provisions of the Financial Instrument and agree to 346
acknowledge this in writing in any form that may be 347
required by the mortgagee(s). The Owners warrant that 348
they have not effected any mortgage(s) other than stated 349
in Box 28 and that they shall not agree to any 350
amendment of the mortgage(s) referred to in Box 28 or 351
effect any other mortgage(s) without the prior consent 352
of the Charterers, which shall not be unreasonably 353
withheld. 354
*) (Optional, Clauses 12(a) and 12(b) are alternatives; 355
indicate alternative agreed in Box 28). 356

13. Insurance and Repairs 357
(a) During the Charter Period the Vessel shall be kept 358
insured by the Charterers at their expense against hull 359
and machinery, war and Protection and Indemnity risks 360
(and any risks against which it is compulsory to insure 361
for the operation of the Vessel, including maintaining 362
financial security in accordance with sub-clause 363
10(a)(iii)) in such form as the Owners shall in writing 364
approve, which approval shall not be un-reasonably 365
withheld. Such insurances shall be arranged by the 366
Charterers to protect the interests of both the Owners 367
and the Charterers and the mortgagee(s) (if any), and 368
the Charterers shall be at liberty to protect under such 369
insurances the interests of any managers they may 370
appoint. Insurance policies shall cover the Owners and 371
the Charterers according to their respective interests. 372
Subject to the provisions of the Financial Instrument, if 373
any, and the approval of the Owners and the insurers, 374
the Charterers shall effect all insured repairs and shall 375
undertake settlement and reimbursement from the 376
insurers of all costs in connection with such repairs as 377
well as insured charges, expenses and liabilities to the 378
extent of coverage under the insurances herein provided 379
for. 380
The Charterers also to remain responsible for and to 381
effect repairs and settlement of costs and expenses 382
incurred thereby in respect of all other repairs not 383
covered by the insurances and/or not exceeding any 384
possible franchise(s) or deductibles provided for in the 385
insurances. 386
All time used for repairs under the provisions of sub- 387
clause 13(a) and for repairs of latent defects according 388
to Clause 3(c) above, including any deviation, shall be 389
for the Charterers' account. 390
(b) If the conditions of the above insurances permit 391
additional insurance to be placed by the parties, such 392
cover shall be limited to the amount for each party set 393
out in Box 30 and Box 31. The Owners or 394
the Charterers as the case may be shall immediately 395
furnish the other party with particulars of any additional 396

PART II
"BARECON 2001" Standard Bareboat Charter

insurance effected, including copies of any cover notes 397
or policies and the written consent of the insurers of 398
any such required insurance in any case where the 399
consent of such insurers is necessary. 400
(c) The Charterers shall upon the request of the 401
Owners, provide information and promptly execute such 402
documents as may be required to enable the Owners to 403
comply with the insurance provisions of the Financial 404
Instrument. 405
(d) Subject to the provisions of the Financial Instru- 406
ment, if any, should the Vessel become an actual, 407
constructive, compromised or agreed total loss under 408
the insurances required under sub-clause 13(a), all 409
insurance payments for such loss shall be paid to the 410
Owners who shall distribute the moneys between the 411
Owners and the Charterers according to their respective 412
interests. The Charterers undertake to notify the Owners 413
and the mortgagee(s), if any, of any occurrences in 414
consequence of which the Vessel is likely to become a 415
total loss as defined in this Clause. 416
(e) The Owners shall upon the request of the 417
Charterers, promptly execute such documents as may 418
be required to enable the Charterers to abandon the 419
Vessel to insurers and claim a constructive total loss. 420
(f) For the purpose of insurance coverage against hull 421
and machinery and war risks under the provisions of 422
sub-clause 13(a), the value of the Vessel is the sum 423
indicated in Box 29. 424

14. Insurance, Repairs and Classification 425
(Optional, only to apply if expressly agreed and stated 426
in Box 29, in which event Clause 13 shall be considered 427
deleted). 428
(a) During the Charter Period the Vessel shall be kept 429
insured by the Owners at their expense against hull and 430
machinery and war risks under the form of policy or 431
policies attached hereto. The Owners and/or insurers 432
shall not have any right of recovery or subrogation 433
against the Charterers on account of loss of or any 434
damage to the Vessel or her machinery or appurt- 435
enances covered by such insurance, or on account of 436
payments made to discharge claims against or liabilities 437
of the Vessel or the Owners covered by such insurance. 438
Insurance policies shall cover the Owners and the 439
Charterers according to their respective interests. 440
(b) During the Charter Period the Vessel shall be kept 441
insured by the Charterers at their expense against 442
Protection and Indemnity risks (and any risks against 443
which it is compulsory to insure for the operation of the 444
Vessel, including maintaining financial security in 445
accordance with sub-clause 10(a)(iii)) in such form as 446
the Owners shall in writing approve which approval shall 447
not be unreasonably withheld. 448
(c) In the event that any act or negligence of the 449
Charterers shall vitiate any of the insurance herein 450
provided, the Charterers shall pay to the Owners all 451
losses and indemnify the Owners against all claims and 452
demands which would otherwise have been covered by 453
such insurance. 454
(d) The Charterers shall, subject to the approval of the 455
Owners or Owners' Underwriters, effect all insured 456
repairs, and the Charterers shall undertake settlement 457
of all miscellaneous expenses in connection with such 458
repairs as well as all insured charges, expenses and 459
liabilities, to the extent of coverage under the insurances 460
provided for under the provisions of sub-clause 14(a). 461
The Charterers to be secured reimbursement through 462
the Owners' Underwriters for such expenditures upon 463

presentation of accounts. 464
(e) The Charterers to remain responsible for and to 465
effect repairs and settlement of costs and expenses 466
incurred thereby in respect of all other repairs not 467
covered by the insurances and/or not exceeding any 468
possible franchise(s) or deductibles provided for in the 469
insurances. 470
(f) All time used for repairs under the provisions of 471
sub-clauses 14(d) and 14(e) and for repairs of latent 472
defects according to Clause 3 above, including any 473
deviation, shall be for the Charterers' account and shall 474
form part of the Charter Period. 475
The Owners shall not be responsible for any expenses 476
as are incident to the use and operation of the Vessel 477
for such time as may be required to make such repairs. 478
(g) If the conditions of the above insurances permit 479
additional insurance to be placed by the parties such 480
cover shall be limited to the amount for each party set 481
out in Box 30 and Box 31, respectively. The Owners or 482
the Charterers as the case may be shall immediately 483
furnish the other party with particulars of any additional 484
insurance effected, including copies of any cover notes 485
or policies and the written consent of the insurers of 486
any such required insurance in any case where the 487
consent of such insurers is necessary. 488
(h) Should the Vessel become an actual, constructive, 489
compromised or agreed total loss under the insurances 490
required under sub-clause 14(a), all insurance payments 491
for such loss shall be paid to the Owners, who shall 492
distribute the moneys between themselves and the 493
Charterers according to their respective interests. 494
(i) If the Vessel becomes an actual, constructive, 495
compromised or agreed total loss under the insurances 496
arranged by the Owners in accordance with sub-clause 497
14(a), this Charter shall terminate as of the date of such 498
loss. 499
(j) The Charterers shall upon the request of the 500
Owners, promptly execute such documents as may be 501
required to enable the Owners to abandon the Vessel 502
to the insurers and claim a constructive total loss. 503
(k) For the purpose of insurance coverage against hull 504
and machinery and war risks under the provisions of 505
sub-clause 14(a), the value of the Vessel is the sum 506
indicated in Box 29. 507
(l) Notwithstanding anything contained in sub-clause 508
10(a), it is agreed that under the provisions of Clause 509
14, if applicable, the Owners shall keep the Vessel's 510
Class fully up to date with the Classification Society 511
indicated in Box 10 and maintain all other necessary 512
certificates in force at all times. 513

15. Redelivery 514
At the expiration of the Charter Period the Vessel shall 515
be redelivered by the Charterers to the Owners at a 516
safe and ice-free port or place as indicated in Box 16, in 517
such ready safe berth as the Owners may direct. The 518
Charterers shall give the Owners not less than thirty 519
(30) running days' preliminary notice of expected date, 520
range of ports of redelivery or port or place of redelivery 521
and not less than fourteen (14) running days' definite 522
notice of expected date and port or place of redelivery. 523
Any changes thereafter in the Vessel's position shall be 524
notified immediately to the Owners. 525
The Charterers warrant that they will not permit the 526
Vessel to commence a voyage (including any preceding 527
ballast voyage) which cannot reasonably be expected 528
to be completed in time to allow redelivery of the Vessel 529
within the Charter Period. Notwithstanding the above, 530

PART II
"BARECON 2001" Standard Bareboat Charter

should the Charterers fail to redeliver the Vessel within 531
the Charter Period, the Charterers shall pay the daily 532
equivalent to the rate of hire stated in Box 22 plus 10 533
per cent. or to the market rate, whichever is the higher, 534
for the number of days by which the Charter Period is 535
exceeded. All other terms, conditions and provisions of 536
this Charter shall continue to apply. 537
Subject to the provisions of Clause 10, the Vessel shall 538
be redelivered to the Owners in the same or as good 539
structure, state, condition and class as that in which she 540
was delivered, fair wear and tear not affecting class 541
excepted. 542
The Vessel upon redelivery shall have her survey cycles 543
up to date and trading and class certificates valid for at 544
least the number of months agreed in Box 17. 545

16. Non-Lien 546
The Charterers will not suffer, nor permit to be continued, 547
any lien or encumbrance incurred by them or their 548
agents, which might have priority over the title and 549
interest of the Owners in the Vessel. The Charterers 550
further agree to fasten to the Vessel in a conspicuous 551
place and to keep so fastened during the Charter Period 552
a notice reading as follows: 553
"This Vessel is the property of (name of Owners). It is 554
under charter to (name of Charterers) and by the terms 555
of the Charter Party neither the Charterers nor the 556
Master have any right, power or authority to create, incur 557
or permit to be imposed on the Vessel any lien 558
whatsoever." 559

17. Indemnity 560
(a)   The Charterers shall indemnify the Owners against 561
any loss, damage or expense incurred by the Owners 562
arising out of or in relation to the operation of the Vessel 563
by the Charterers, and against any lien of whatsoever 564
nature arising out of an event occurring during the 565
Charter Period. If the Vessel be arrested or otherwise 566
detained by reason of claims or liens arising out of her 567
operation hereunder by the Charterers, the Charterers 568
shall at their own expense take all reasonable steps to 569
secure that within a reasonable time the Vessel is 570
released, including the provision of bail. 571
Without prejudice to the generality of the foregoing, the 572
Charterers agree to indemnify the Owners against all 573
consequences or liabilities arising from the Master, 574
officers or agents signing Bills of Lading or other 575
documents. 576
(b)   If the Vessel be arrested or otherwise detained by 577
reason of a claim or claims against the Owners, the 578
Owners shall at their own expense take all reasonable 579
steps to secure that within a reasonable time the Vessel 580
is released, including the provision of bail. 581
In such circumstances the Owners shall indemnify the 582
Charterers against any loss, damage or expense 583
incurred by the Charterers (including hire paid under 584
this Charter) as a direct consequence of such arrest or 585
detention. 586

18. Lien 587
The Owners to have a lien upon all cargoes, sub-hires 588
and sub-freights belonging or due to the Charterers or 589
any sub-charterers and any Bill of Lading freight for all 590
claims under this Charter, and the Charterers to have a 591
lien on the Vessel for all moneys paid in advance and 592
not earned. 593

19. Salvage 594
All salvage and towage performed by the Vessel shall 595
be for the Charterers' benefit and the cost of repairing 596
damage occasioned thereby shall be borne by the 597
Charterers. 598

20. Wreck Removal 599
In the event of the Vessel becoming a wreck or 600
obstruction to navigation the Charterers shall indemnify 601
the Owners against any sums whatsoever which the 602
Owners shall become liable to pay and shall pay in 603
consequence of the Vessel becoming a wreck or 604
obstruction to navigation. 605

21. General Average 606
The Owners shall not contribute to General Average. 607

22. Assignment, Sub-Charter and Sale 608
(a)   The Charterers shall not assign this Charter nor 609
sub-charter the Vessel on a bareboat basis except with 610
the prior consent in writing of the Owners, which shall 611
not be unreasonably withheld, and subject to such terms 612
and conditions as the Owners shall approve. 613
(b)   The Owners shall not sell the Vessel during the 614
currency of this Charter except with the prior written 615
consent of the Charterers, which shall not be unreason- 616
ably withheld, and subject to the buyer accepting an 617
assignment of this Charter. 618

23. Contracts of Carriage 619
*)   (a)   The Charterers are to procure that all documents 620
issued during the Charter Period evidencing the terms 621
and conditions agreed in respect of carriage of goods 622
shall contain a paramount clause incorporating any 623
legislation relating to carrier's liability for cargo 624
compulsorily applicable in the trade; if no such legislation 625
exists, the documents shall incorporate the Hague-Visby 626
Rules. The documents shall also contain the New Jason 627
Clause and the Both-to-Blame Collision Clause. 628
*)   (b)   The Charterers are to procure that all passenger 629
tickets issued during the Charter Period for the carriage 630
of passengers and their luggage under this Charter shall 631
contain a paramount clause incorporating any legislation 632
relating to carrier's liability for passengers and their 633
luggage compulsorily applicable in the trade; if no such 634
legislation exists, the passenger tickets shall incorporate 635
the Athens Convention Relating to the Carriage of 636
Passengers and their Luggage by Sea, 1974, and any 637
protocol thereto. 638
*)   Delete as applicable. 639

24. Bank Guarantee 640
(Optional, only to apply if Box 27 filled in) 641
The Charterers undertake to furnish, before delivery of 642
the Vessel, a first class bank guarantee or bond in the 643
sum and at the place as indicated in Box 27 as guarantee 644
for full performance of their obligations under this 645
Charter. 646

25. Requisition/Acquisition 647
(a)   In the event of the Requisition for Hire of the Vessel 648
by any governmental or other competent authority 649
(hereinafter referred to as "Requisition for Hire") 650
irrespective of the date during the Charter Period when 651
"Requisition for Hire" may occur and irrespective of the 652
length thereof and whether or not it be for an indefinite 653

PART II
"BARECON 2001" Standard Bareboat Charter

or a limited period of time, and irrespective of whether it 654
may or will remain in force for the remainder of the 655
Charter Period, this Charter shall not be deemed thereby 656
or thereupon to be frustrated or otherwise terminated 657
and the Charterers shall continue to pay the stipulated 658
hire in the manner provided by this Charter until the time 659
when the Charter would have terminated pursuant to 660
any of the provisions hereof always provided however 661
that in the event of "Requisition for Hire" any Requisition 662
Hire or compensation received or receivable by the 663
Owners shall be payable to the Charterers during the 664
remainder of the Charter Period or the period of the 665
"Requisition for Hire" whichever be the shorter. 666
(b) In the event of the Owners being deprived of their 667
ownership in the Vessel by any Compulsory Acquisition 668
of the Vessel or requisition for title by any governmental 669
or other competent authority (hereinafter referred to as 670
"Compulsory Acquisition"), then, irrespective of the date 671
during the Charter Period when "Compulsory Acqui- 672
sition" may occur, this Charter shall be deemed 673
terminated as of the date of such "Compulsory 674
Acquisition". In such event Charter Hire to be considered 675
as earned and to be paid up to the date and time of 676
such "Compulsory Acquisition". 677

26. War 678
(a) For the purpose of this Clause, the words "War 679
Risks" shall include any war (whether actual or 680
threatened), act of war, civil war, hostilities, revolution, 681
rebellion, civil commotion, warlike operations, the laying 682
of mines (whether actual or reported), acts of piracy, 683
acts of terrorists, acts of hostility or malicious damage, 684
blockades (whether imposed against all vessels or 685
imposed selectively against vessels of certain flags or 686
ownership, or against certain cargoes or crews or 687
otherwise howsoever), by any person, body, terrorist or 688
political group, or the Government of any state 689
whatsoever, which may be dangerous or are likely to be 690
or to become dangerous to the Vessel, her cargo, crew 691
or other persons on board the Vessel. 692
(b) The Vessel, unless the written consent of the 693
Owners be first obtained, shall not continue to or go 694
through any port, place, area or zone (whether of land 695
or sea), or any waterway or canal, where it reasonably 696
appears that the Vessel, her cargo, crew or other 697
persons on board the Vessel, in the reasonable 698
judgement of the Owners, may be, or are likely to be, 699
exposed to War Risks. Should the Vessel be within any 700
such place as aforesaid, which only becomes danger- 701
ous, or is likely to be or to become dangerous, after her 702
entry into it, the Owners shall have the right to require 703
the Vessel to leave such area. 704
(c) The Vessel shall not load contraband cargo, or to 705
pass through any blockade, whether such blockade be 706
imposed on all vessels, or is imposed selectively in any 707
way whatsoever against vessels of certain flags or 708
ownership, or against certain cargoes or crews or 709
otherwise howsoever, or to proceed to an area where 710
she may be subject, or is likely to be subject to a 711
belligerent's right of search and/or confiscation. 712
(d) If the insurers of the war risks insurance, when 713
Clause 14 is applicable, should require payment of 714
premiums and/or calls because, pursuant to the 715
Charterers' orders, the Vessel is within, or is due to enter 716
and remain within, any area or areas which are specified 717
by such insurers as being subject to additional premiums 718
because of War Risks, then such premiums and/or calls 719
shall be reimbursed by the Charterers to the Owners at 720

the same time as the next payment of hire is due. 721
(e) The Charterers shall have the liberty: 722
(i) to comply with all orders, directions, recommend- 723
ations or advice as to departure, arrival, routes, 724
sailing in convoy, ports of call, stoppages, 725
destinations, discharge of cargo, delivery, or in any 726
other way whatsoever, which are given by the 727
Government of the Nation under whose flag the 728
Vessel sails, or any other Government, body or 729
group whatsoever acting with the power to compel 730
compliance with their orders or directions; 731
(ii) to comply with the orders, directions or recom- 732
mendations of any war risks underwriters who have 733
the authority to give the same under the terms of 734
the war risks insurance; 735
(iii) to comply with the terms of any resolution of the 736
Security Council of the United Nations, any 737
directives of the European Community, the effective 738
orders of any other Supranational body which has 739
the right to issue and give the same, and with 740
national laws aimed at enforcing the same to which 741
the Owners are subject, and to obey the orders 742
and directions of those who are charged with their 743
enforcement. 744
(f) In the event of outbreak of war (whether there be a 745
declaration of war or not) (i) between any two or more 746
of the following countries: the United States of America; 747
Russia; the United Kingdom; France; and the People's 748
Republic of China, (ii) between any two or more of the 749
countries stated in Box 36, both the Owners and the 750
Charterers shall have the right to cancel this Charter, 751
whereupon the Charterers shall redeliver the Vessel to 752
the Owners in accordance with Clause 15, if the Vessel 753
has cargo on board after discharge thereof at 754
destination, or if debarred under this Clause from 755
reaching or entering it at a near, open and safe port as 756
directed by the Owners, or if the Vessel has no cargo 757
on board, at the port at which the Vessel then is or if at 758
sea at a near, open and safe port as directed by the 759
Owners. In all cases hire shall continue to be paid in 760
accordance with Clause 11 and except as aforesaid all 761
other provisions of this Charter shall apply until 762
redelivery. 763

27. Commission 764
The Owners to pay a commission at the rate indicated 765
in Box 33 to the Brokers named in Box 33 on any hire 766
paid under the Charter. If no rate is indicated in Box 33, 767
the commission to be paid by the Owners shall cover 768
the actual expenses of the Brokers and a reasonable 769
fee for their work. 770
If the full hire is not paid owing to breach of the Charter 771
by either of the parties the party liable therefor shall 772
indemnify the Brokers against their loss of commission. 773
Should the parties agree to cancel the Charter, the 774
Owners shall indemnify the Brokers against any loss of 775
commission but in such case the commission shall not 776
exceed the brokerage on one year's hire. 777

28. Termination 778
(a) Charterers' Default 779
The Owners shall be entitled to withdraw the Vessel from 780
the service of the Charterers and terminate the Charter 781
with immediate effect by written notice to the Charterers if: 782
(i) the Charterers fail to pay hire in accordance with 783
Clause 11. However, where there is a failure to 784
make punctual payment of hire due to oversight, 785
negligence, errors or omissions on the part of the 786

PART II
"BARECON 2001" Standard Bareboat Charter

Charterers or their bankers, the Owners shall give 787
the Charterers written notice of the number of clear 788
banking days stated in Box 34 (as recognised at 789
the agreed place of payment) in which to rectify 790
the failure, and when so rectified within such 791
number of days following the Owners' notice, the 792
payment shall stand as regular and punctual. 793
Failure by the Charterers to pay hire within the 794
number of days stated in Box 34 of their receiving 795
the Owners' notice as provided herein, shall entitle 796
the Owners to withdraw the Vessel from the service 797
of the Charterers and terminate the Charter without 798
further notice; 799
(ii) the Charterers fail to comply with the requirements of: 800
(1) Clause 6 (Trading Restrictions) 801
(2) Clause 13(a) (Insurance and Repairs) 802
provided that the Owners shall have the option, by 803
written notice to the Charterers, to give the 804
Charterers a specified number of days grace within 805
which to rectify the failure without prejudice to the 806
Owners' right to withdraw and terminate under this 807
Clause if the Charterers fail to comply with such 808
notice; 809
(iii) the Charterers fail to rectify any failure to comply 810
with the requirements of sub-clause 10(a)(i) 811
(Maintenance and Repairs) as soon as practically 812
possible after the Owners have requested them in 813
writing so to do and in any event so that the Vessel's 814
insurance cover is not prejudiced. 815
(b) Owners' Default 816
If the Owners shall by any act or omission be in breach 817
of their obligations under this Charter to the extent to which 818
the Charterers are deprived of the use of the Vessel 819
and such breach continues for a period of fourteen (14) 820
running days after written notice thereof has been given 821
by the Charterers to the Owners, the Charterers shall 822
be entitled to terminate this Charter with immediate effect 823
by written notice to the Owners. 824
(c) Loss of Vessel 825
This Charter shall be deemed to be terminated if the 826
Vessel becomes a total loss or is declared as a 827
constructive or compromised or arranged total loss. For 828
the purpose of this sub-clause, the Vessel shall not be 829
deemed to be lost unless she has either become an 830
actual total loss or agreement has been reached with 831
her underwriters in respect of her constructive, 832
compromised or arranged total loss or if such agreement 833
with her underwriters is not reached it is adjudged by a 834
competent tribunal that a constructive loss of the Vessel 835
has occurred. 836
(d) Either party shall be entitled to terminate this 837
Charter with immediate effect by written notice to the 838
other party in the event of an order being made or 839
resolution passed for the winding up, dissolution, 840
liquidation or bankruptcy of the other party (otherwise 841
than for the purpose of reconstruction or amalgamation) 842
or if a receiver is appointed, or if it suspends payment, 843
ceases to carry on business or makes any special 844
arrangement or composition with its creditors. 845
(e) The termination of this Charter shall be without 846
prejudice to all rights accrued due between the parties 847
prior to the date of termination and to any claim that 848
either party might have. 849

29. Repossession 850
In the event of the termination of this Charter in 851
accordance with the applicable provisions of Clause 28, 852
the Owners shall have the right to repossess the Vessel 853

from the Charterers at her current or next port of call, or 854
at a port or place convenient to them without hindrance 855
or interference by the Charterers, courts or local 856
authorities. Pending physical repossession of the Vessel 857
in accordance with this Clause 29, the Charterers shall 858
hold the Vessel as gratuitous bailee only to the Owners. 859
The Owners shall arrange for an authorised represent- 860
ative to board the Vessel as soon as reasonably 861
practicable following the termination of the Charter. The 862
Vessel shall be deemed to be repossessed by the 863
Owners from the Charterers upon the boarding of the 864
Vessel by the Owners' representative. All arrangements 865
and expenses relating to the settling of wages, 866
disembarkation and repatriation of the Charterers' 867
Master, officers and crew shall be the sole responsibility 868
of the Charterers. 869

30. Dispute Resolution 870
*) (a) This Contract shall be governed by and construed 871
in accordance with English law and any dispute arising 872
out of or in connection with this Contract shall be referred 873
to arbitration in London in accordance with the Arbitration 874
Act 1996 or any statutory modification or re-enactment 875
thereof save to the extent necessary to give effect to 876
the provisions of this Clause. 877
The arbitration shall be conducted in accordance with 878
the London Maritime Arbitrators Association (LMAA) 879
Terms current at the time when the arbitration proceed- 880
ings are commenced. 881
The reference shall be to three arbitrators. A party 882
wishing to refer a dispute to arbitration shall appoint its 883
arbitrator and send notice of such appointment in writing 884
to the other party requiring the other party to appoint its 885
own arbitrator within 14 calendar days of that notice and 886
stating that it will appoint its arbitrator as sole arbitrator 887
unless the other party appoints its own arbitrator and 888
gives notice that it has done so within the 14 days 889
specified. If the other party does not appoint its own 890
arbitrator and give notice that it has done so within the 891
14 days specified, the party referring a dispute to 892
arbitration may, without the requirement of any further 893
prior notice to the other party, appoint its arbitrator as 894
sole arbitrator and shall advise the other party 895
accordingly. The award of a sole arbitrator shall be 896
binding on both parties as if he had been appointed by 897
agreement. 898
Nothing herein shall prevent the parties agreeing in 899
writing to vary these provisions to provide for the 900
appointment of a sole arbitrator. 901
In cases where neither the claim nor any counterclaim 902
exceeds the sum of US$50,000 (or such other sum as 903
the parties may agree) the arbitration shall be conducted 904
in accordance with the LMAA Small Claims Procedure 905
current at the time when the arbitration proceedings are 906
commenced. 907
*) (b) This Contract shall be governed by and construed 908
in accordance with Title 9 of the United States Code 909
and the Maritime Law of the United States and any 910
dispute arising out of or in connection with this Contract 911
shall be referred to three persons at New York, one to 912
be appointed by each of the parties hereto, and the third 913
by the two so chosen; their decision or that of any two 914
of them shall be final, and for the purposes of enforcing 915
any award, judgement may be entered on an award by 916
any court of competent jurisdiction. The proceedings 917
shall be conducted in accordance with the rules of the 918
Society of Maritime Arbitrators, Inc. 919
In cases where neither the claim nor any counterclaim 920

PART II
"BARECON 2001" Standard Bareboat Charter

exceeds the sum of US$50,000 (or such other sum as 921
the parties may agree) the arbitration shall be conducted 922
in accordance with the Shortened Arbitration Procedure 923
of the Society of Maritime Arbitrators, Inc. current at 924
the time when the arbitration proceedings are commenced. 925

*) **(c)** This Contract shall be governed by and construed 926
in accordance with the laws of the place mutually agreed 927
by the parties and any dispute arising out of or in 928
connection with this Contract shall be referred to 929
arbitration at a mutually agreed place, subject to the 930
procedures applicable there. 931

(d) Notwithstanding (a), (b) or (c) above, the parties 932
may agree at any time to refer to mediation any 933
difference and/or dispute arising out of or in connection 934
with this Contract. 935

In the case of a dispute in respect of which arbitration 936
has been commenced under (a), (b) or (c) above, the 937
following shall apply:- 938

(i) Either party may at any time and from time to time 939
elect to refer the dispute or part of the dispute to 940
mediation by service on the other party of a written 941
notice (the "Mediation Notice") calling on the other 942
party to agree to mediation. 943

(ii) The other party shall thereupon within 14 calendar 944
days of receipt of the Mediation Notice confirm that 945
they agree to mediation, in which case the parties 946
shall thereafter agree a mediator within a further 947
14 calendar days, failing which on the application 948
of either party a mediator will be appointed promptly 949
by the Arbitration Tribunal ("the Tribunal") or such 950
person as the Tribunal may designate for that 951
purpose. The mediation shall be conducted in such 952
place and in accordance with such procedure and 953
on such terms as the parties may agree or, in the 954
event of disagreement, as may be set by the 955
mediator. 956

(iii) If the other party does not agree to mediate, that 957

fact may be brought to the attention of the Tribunal 958
and may be taken into account by the Tribunal when 959
allocating the costs of the arbitration as between 960
the parties. 961

(iv) The mediation shall not affect the right of either 962
party to seek such relief or take such steps as it 963
considers necessary to protect its interest. 964

(v) Either party may advise the Tribunal that they have 965
agreed to mediation. The arbitration procedure shall 966
continue during the conduct of the mediation but 967
the Tribunal may take the mediation timetable into 968
account when setting the timetable for steps in the 969
arbitration. 970

(vi) Unless otherwise agreed or specified in the 971
mediation terms, each party shall bear its own costs 972
incurred in the mediation and the parties shall share 973
equally the mediator's costs and expenses. 974

(vii) The mediation process shall be without prejudice 975
and confidential and no information or documents 976
disclosed during it shall be revealed to the Tribunal 977
except to the extent that they are disclosable under 978
the law and procedure governing the arbitration. 979

(Note: The parties should be aware that the mediation 980
process may not necessarily interrupt time limits.) 981

(e) If Box 35 in Part I is not appropriately filled in, sub-clause 982
30(a) of this Clause shall apply. Sub-clause 30(d) shall 983
apply in all cases. 984

*) *Sub-clauses 30(a), 30(b) and 30(c) are alternatives;* 985
indicate alternative agreed in Box 35. 986

31. Notices 987

(a) Any notice to be given by either party to the other 988
party shall be in writing and may be sent by fax, telex, 989
registered or recorded mail or by personal service. 990

(b) The address of the Parties for service of such 991
communication shall be as stated in Boxes 3 and 4 992
respectively. 993

"BARECON 2001" Standard Bareboat Charter

PART III
PROVISIONS TO APPLY FOR NEWBUILDING VESSELS ONLY
(Optional, only to apply if expressly agreed and stated in Box 37)

OPTIONAL PART

1.   Specifications and Building Contract   1
(a)   The Vessel shall be constructed in accordance with   2
the Building Contract (hereafter called "the Building   3
Contract") as annexed to this Charter, made between the   4
Builders and the Owners and in accordance with the   5
specifications and plans annexed thereto, such Building   6
Contract, specifications and plans having been counter-   7
signed as approved by the Charterers.   8
(b)   No change shall be made in the Building Contract or   9
in the specifications or plans of the Vessel as approved by   10
the Charterers as aforesaid, without the Charterers'   11
consent.   12
(c)   The Charterers shall have the right to send their   13
representative to the Builders' Yard to inspect the Vessel   14
during the course of her construction to satisfy themselves   15
that construction is in accordance with such approved   16
specifications and plans as referred to under sub-clause   17
(a) of this Clause.   18
(d)   The Vessel shall be built in accordance with the   19
Building Contract and shall be of the description set out   20
therein. Subject to the provisions of sub-clause 2(c)(ii)   21
hereunder, the Charterers shall be bound to accept the   22
Vessel from the Owners, completed and constructed in   23
accordance with the Building Contract, on the date of   24
delivery by the Builders. The Charterers undertake that   25
having accepted the Vessel they will not thereafter raise   26
any claims against the Owners in respect of the Vessel's   27
performance or specification or defects, if any.   28
Nevertheless, in respect of any repairs, replacements or   29
defects which appear within the first 12 months from   30
delivery by the Builders, the Owners shall endeavour to   31
compel the Builders to repair, replace or remedy any defects   32
or to recover from the Builders any expenditure incurred in   33
carrying out such repairs, replacements or remedies.   34
However, the Owners' liability to the Charterers shall be   35
limited to the extent the Owners have a valid claim against   36
the Builders under the guarantee clause of the Building   37
Contract (a copy whereof has been supplied to the   38
Charterers). The Charterers shall be bound to accept such   39
sums as the Owners are reasonably able to recover under   40
this Clause and shall make no further claim on the Owners   41
for the difference between the amount(s) so recovered and   42
the actual expenditure on repairs, replacement or   43
remedying defects or for any loss of time incurred.   44
Any liquidated damages for physical defects or deficiencies   45
shall accrue to the account of the party stated in Box 41(a)   46
or if not filled in shall be shared equally between the parties.   47
The costs of pursuing a claim or claims against the Builders   48
under this Clause (including any liability to the Builders)   49
shall be borne by the party stated in Box 41(b) or if not   50
filled in shall be shared equally between the parties.   51

2.   Time and Place of Delivery   52
(a)   Subject to the Vessel having completed her   53
acceptance trials including trials of cargo equipment in   54
accordance with the Building Contract and specifications   55
to the satisfaction of the Charterers, the Owners shall give   56
and the Charterers shall take delivery of the Vessel afloat   57
when ready for delivery and properly documented at the   58
Builders' Yard or some other safe and readily accessible   59
dock, wharf or place as may be agreed between the parties   60
hereto and the Builders. Under the Building Contract the   61
Builders have estimated that the Vessel will be ready for   62
delivery to the Owners as therein provided but the delivery   63
date for the purpose of this Charter shall be the date when   64
the Vessel is in fact ready for delivery by the Builders after   65
completion of trials whether that be before or after as   66
indicated in the Building Contract. The Charterers shall not   67
be entitled to refuse acceptance of delivery of the Vessel   68

and upon and after such acceptance, subject to Clause   69
1(d), the Charterers shall not be entitled to make any claim   70
against the Owners in respect of any conditions,   71
representations or warranties, whether express or implied,   72
as to the seaworthiness of the Vessel or in respect of delay   73
in delivery.   74
(b)   If for any reason other than a default by the Owners   75
under the Building Contract, the Builders become entitled   76
under that Contract not to deliver the Vessel to the Owners,   77
the Owners shall upon giving to the Charterers written   78
notice of Builders becoming so entitled, be excused from   79
giving delivery of the Vessel to the Charterers and upon   80
receipt of such notice by the Charterers this Charter shall   81
cease to have effect.   82
(c)   If for any reason the Owners become entitled under   83
the Building Contract to reject the Vessel the Owners shall,   84
before exercising such right of rejection, consult the   85
Charterers and thereupon   86
(i) if the Charterers do not wish to take delivery of the Vessel   87
they shall inform the Owners within seven (7) running days   88
by notice in writing and upon receipt by the Owners of such   89
notice this Charter shall cease to have effect; or   90
(ii) if the Charterers wish to take delivery of the Vessel   91
they may by notice in writing within seven (7) running days   92
require the Owners to negotiate with the Builders as to the   93
terms on which delivery should be taken and/or refrain from   94
exercising their right to rejection and upon receipt of such   95
notice the Owners shall commence such negotiations and/   96
or take delivery of the Vessel from the Builders and deliver   97
her to the Charterers;   98
(iii) in no circumstances shall the Charterers be entitled to   99
reject the Vessel unless the Owners are able to reject the   100
Vessel from the Builders;   101
(iv) if this Charter terminates under sub-clause (b) or (c) of   102
this Clause, the Owners shall thereafter not be liable to the   103
Charterers for any claim under or arising out of this Charter   104
or its termination.   105
(d) Any liquidated damages for delay in delivery under the   106
Building Contract and any costs incurred in pursuing a claim   107
therefor shall accrue to the account of the party stated in   108
Box 41(c) or if not filled in shall be shared equally between   109
the parties.   110

3.   Guarantee Works   111
If not otherwise agreed, the Owners authorise the   112
Charterers to arrange for the guarantee works to be   113
performed in accordance with the building contract terms,   114
and hire to continue during the period of guarantee works.   115
The Charterers have to advise the Owners about the   116
performance to the extent the Owners may request.   117

4.   Name of Vessel   118
The name of the Vessel shall be mutually agreed between   119
the Owners and the Charterers and the Vessel shall be   120
painted in the colours, display the funnel insignia and fly   121
the house flag as required by the Charterers.   122

5.   Survey on Redelivery   123
The Owners and the Charterers shall appoint surveyors   124
for the purpose of determining and agreeing in writing the   125
condition of the Vessel at the time of re-delivery.   126
Without prejudice to Clause 15 (Part II), the Charterers   127
shall bear all survey expenses and all other costs, if any,   128
including the cost of docking and undocking, if required,   129
as well as all repair costs incurred. The Charterers shall   130
also bear all loss of time spent in connection with any   131
docking and undocking as well as repairs, which shall be   132
paid at the rate of hire per day or pro rata.   133

"BARECON 2001" Standard Bareboat Charter

PART IV
HIRE/PURCHASE AGREEMENT
(Optional, only to apply if expressly agreed and stated in Box 42)

On expiration of this Charter and provided the Charterers 1
have fulfilled their obligations according to Part I and II 2
as well as Part III, if applicable, it is agreed, that on 3
payment of the final payment of hire as per Clause 11 4
the Charterers have purchased the Vessel with 5
everything belonging to her and the Vessel is fully paid 6
for. 7

In the following paragraphs the Owners are referred to 8
as the Sellers and the Charterers as the Buyers. 9

The Vessel shall be delivered by the Sellers and taken 10
over by the Buyers on expiration of the Charter. 11

The Sellers guarantee that the Vessel, at the time of 12
delivery, is free from all encumbrances and maritime 13
liens or any debts whatsoever other than those arising 14
from anything done or not done by the Buyers or any 15
existing mortgage agreed not to be paid off by the time 16
of delivery. Should any claims, which have been incurred 17
prior to the time of delivery be made against the Vessel, 18
the Sellers hereby undertake to indemnify the Buyers 19
against all consequences of such claims to the extent it 20
can be proved that the Sellers are responsible for such 21
claims. Any taxes, notarial, consular and other charges 22
and expenses connected with the purchase and 23
registration under Buyers' flag, shall be for Buyers' 24
account. Any taxes, consular and other charges and 25
expenses connected with closing of the Sellers' register, 26
shall be for Sellers' account. 27

In exchange for payment of the last month's hire 28
instalment the Sellers shall furnish the Buyers with a 29
Bill of Sale duly attested and legalized, together with a 30
certificate setting out the registered encumbrances, if 31
any. On delivery of the Vessel the Sellers shall provide 32
for deletion of the Vessel from the Ship's Register and 33
deliver a certificate of deletion to the Buyers. 34
The Sellers shall, at the time of delivery, hand to the 35
Buyers all classification certificates (for hull, engines, 36
anchors, chains, etc.), as well as all plans which may 37
be in Sellers' possession. 38

The Wireless Installation and Nautical Instruments, 39
unless on hire, shall be included in the sale without any 40
extra payment. 41

The Vessel with everything belonging to her shall be at 42
Sellers' risk and expense until she is delivered to the 43
Buyers, subject to the conditions of this Contract and 44
the Vessel with everything belonging to her shall be 45
delivered and taken over as she is at the time of delivery, 46
after which the Sellers shall have no responsibility for 47
possible faults or deficiencies of any description. 48

The Buyers undertake to pay for the repatriation of the 49
Master, officers and other personnel if appointed by the 50
Sellers to the port where the Vessel entered the Bareboat 51
Charter as per Clause 3 (Part II) or to pay the equivalent 52
cost for their journey to any other place. 53

PART V
PROVISIONS TO APPLY FOR VESSELS REGISTERED IN A BAREBOAT CHARTER REGISTRY
(Optional, only to apply if expressly agreed and stated in Box 43)

1. **Definitions** 1
For the purpose of this PART V, the following terms shall 2
have the meanings hereby assigned to them: 3
"The Bareboat Charter Registry" shall mean the registry 4
of the State whose flag the Vessel will fly and in which 5
the Charterers are registered as the bareboat charterers 6
during the period of the Bareboat Charter. 7
"The Underlying Registry" shall mean the registry of the 8
State in which the Owners of the Vessel are registered 9
as Owners and to which jurisdiction and control of the 10
Vessel will revert upon termination of the Bareboat 11
Charter Registration. 12

2. **Mortgage** 13
The Vessel chartered under this Charter is financed by 14
a mortgage and the provisions of Clause 12(b) (Part II) 15
shall apply. 16

3. **Termination of Charter by Default** 17
If the Vessel chartered under this Charter is registered 18
in a Bareboat Charter Registry as stated in Box 44, and 19
if the Owners shall default in the payment of any amounts 20
due under the mortgage(s) specified in Box 28, the 21
Charterers shall, if so required by the mortgagee, direct 22
the Owners to re-register the Vessel in the Underlying 23
Registry as shown in Box 45. 24
In the event of the Vessel being deleted from the 25
Bareboat Charter Registry as stated in Box 44, due to a 26
default by the Owners in the payment of any amounts 27
due under the mortgage(s), the Charterers shall have 28
the right to terminate this Charter forthwith and without 29
prejudice to any other claim they may have against the 30
Owners under this Charter. 31

2. 표준 정기용선계약서

(1) 1946 NYPE

F1   NEW YORK PRODUCE EXCHANGE FORM

Time Charter

GOVERNMENT FORM

Approved by the New York Produce Exchange

November 6th, 1913—Amended October 20th, 1921; August 6th, 1931; October 3rd, 1946

1 **This Charter Party,** made and concluded in .... day of .... 19.......

2 Between ....

3 Owners of the good {Steamship / Motorship} .... of ....

4 of .... tons gross register, and .... tons net register, having engines of .... indicated horse power

5 and with hull, machinery and equipment in a thoroughly efficient state, and classed ....

6 at .... of about .... cubic feet bale capacity, and classed ....

7 deadweight capacity (cargo and bunkers, including fresh water and stores not exceeding one and one-half percent of ship's deadweight capacity,

8 allowing a minimum of fifty tons) on a draft of .... feet .... inches on .... Summer freeboard, inclusive of permanent bunkers,

9 which are of the capacity of about .... tons of fuel, and capable of steaming, fully laden, under good weather

10 conditions about .... knots on a consumption of about .... tons of best Welsh coal—best grade fuel oil—best grade Diesel oil,

11 now .... and ....

12 .... Charterers of the City of ....

13 **Witnesseth,** That the said Owners agree to let, and the said Charterers agree to hire the said vessel, from the time of delivery, for

14 about ....

15 ....

16 Charterers to have liberty to sublet the vessel for all or any part of the time covered by this Charter, but Charterers remaining responsible for

17 the fulfilment of this Charter Party.

18 Vessel to be placed at the disposal of the Charterers, at ....

19 .... within below mentioned trading limits.

20 in such dock or at such wharf or place (where she may safely lie, always afloat, at all times of tide, except as otherwise provided in clause No. 6), as

21 the Charterers may direct. If such dock, wharf or place be not available time to count as provided for in clause No. 5. Vessel on her delivery to be

22 ready to receive cargo with clean-swept holds and tight, staunch, strong and in every way fitted for the service, having water ballast, winches and

23 donkey boiler with sufficient steam power, or if not equipped with donkey boiler, then other power sufficient to run all the winches at one and the same

24 time (and with full complement of officers, seamen, engineers and firemen for a vessel of her tonnage), to be employed, in carrying lawful merchan-

25 dise, including petroleum or its products, in proper containers, excluding

26 (vessel is not to be employed in the carriage of Live Stock, but Charterers are to have the privilege of shipping a small number on deck at their risk,

27 all necessary fittings and other requirements to be for account of Charterers), in such lawful trades, between safe port and/or ports in British North

28 America, and/or United States of America, and/or West Indies, and/or Central America, and/or Caribbean Sea, and/or Gulf of Mexico, and/or

29 Mexico, and/or South America.

30 and/or Europe

31 and/or Africa, and/or Asia, and/or Australia, and/or Tasmania, and/or New Zealand, but excluding Magdalena River, River St. Lawrence between

32 October 31st and May 15th, Hudson Bay and all unsafe ports; also excluding, when out of season, White Sea, Black Sea and the Baltic,

33 ....

34 ....

NEW YORK PRODUCE EXCHANGE FORM   F1

35 as the Charterers or their Agents shall direct, on the following conditions:
36   1. That the Owners shall provide and pay for all provisions, wages and consular shipping and discharging fees of the Crew; shall pay for the
37 insurance of the vessel, also for all the cabin, deck, engine-room and other necessary stores, including boiler water and maintain her class and keep
38 the vessel in a thoroughly efficient state in hull, machinery and equipment for and during the service.
39   2. That the Charterers shall provide and pay for all the fuel except as otherwise agreed, Port Charges, Pilotages, Agencies, Commissions,
40 Consular Charges (except those pertaining to the Crew) and all other usual expenses except those before stated, but when the vessel puts into
41 a port for causes for which vessel is responsible, then all such charges incurred shall be paid by the Owners. Fumigations ordered because of
42 illness of the crew to be for Owners account. Fumigations ordered because of cargoes carried or ports visited while vessel is employed under this
43 charter to be for Charterers account. All other fumigations to be for Charterers account after vessel has been on charter for a continuous period
44 of six months or more.
45   Charterers are to provide necessary dunnage and shifting boards, also any extra fittings requisite for a special trade or unusual cargo, but
46 Owners to allow them the use of any dunnage and shifting boards already aboard vessel. Charterers to have the privilege of using shifting boards
47 for dunnage, they making good any damage thereto.
48   3. That the Charterers, at the port of delivery, and the Owners, at the port of re-delivery, shall take over and pay for all fuel remaining on
49 board the vessel at the current prices in the respective ports, the vessel to be delivered with not less than............tons and not more than
50 ....tons and to be re-delivered with not less than............tons and not more than............tons.
51   4. That the Charterers shall pay for the use and hire of the said Vessel at the rate of ....
52 ....United States Currency per ton on vessel's total deadweight carrying capacity, including bunkers and
53 stores, on............summer freeboard, per Calendar Month, commencing on and from the day of her delivery, as aforesaid, and at
54 and after the same rate for any part of a month; hire to continue until the hour of the day of her re-delivery in like good order and condition, ordinary
55 wear and tear excepted, to the Owners (unless lost) at............tons and not more than............
56 ....unless otherwise mutually agreed. Charterers are to give Owners not less than............days
57 notice of vessel's expected date of re-delivery, and probable port.
58   5. Payment of said hire to be made in New York in cash in United States Currency, semi-monthly in advance, and for the last half month or
59 part of same of the approximate amount of hire, and should same not cover the actual time, hire is to be paid for the balance day by day, as it becomes
60 due, if so required by Owners, unless bank guarantee or deposit is made by the Charterers, otherwise failing the punctual and regular payment of the
61 hire, or bank guarantee, or on any breach of this Charter Party, the Owners shall be at liberty to withdraw the vessel from the service of the Char-
62 terers, without prejudice to any claim they (the Owners) may otherwise have on the Charterers. Time to count from 7 a.m. on the working day
63 following that on which written notice of readiness has been given to Charterers or their Agents before 4 p.m., but if required by Charterers, they
64 to have the privilege of using vessel at once, such time used to count as hire.
65   Cash for vessel's ordinary disbursements at any port may be advanced as required by the Captain, by the Charterers or their Agents, subject
66 to 2½% commission and such advances shall be deducted from the hire. The Charterers, however, shall in no way be responsible for the application
67 of such advances.
68   6. That the cargo or cargoes be laden and/or discharged in any dock or at any wharf or place that Charterers or their Agents may
69 direct, provided the vessel can safely lie always afloat at any time of tide, except at such places where it is customary for similar size vessels to safely
70 lie aground.
71   7. That the whole reach of the Vessel's Hold, Decks, and usual places of loading (not more than she can reasonably stow and carry), also
72 accommodations for Supercargo, if carried, shall be at the Charterers' disposal, reserving only proper and sufficient space for Ship's officers, crew,
73 tackle, apparel, furniture, provisions, stores and fuel. Charterers have the privilege of passengers as far as accommodations allow, Charterers
74 paying Owners............per day per passenger for accommodations and meals. However, it is agreed that in case any fines or extra expenses are
75 incurred in the consequence of the carriage of passengers, Charterers are to bear such risk and expense.
76   8. That the Captain shall prosecute his voyages with the utmost despatch, and shall render all customary assistance with ship's crew and
77 boats. The Captain (although appointed by the Owners), shall be under the orders and directions of the Charterers as regards employment and
78 agency; and Charterers are to load, stow, and trim the cargo at their expense under the supervision of the Captian, who is to sign Bills of Lading for
79 cargo as presented, in conformity with Mate's or Tally Clerk's receipts.
80   9. That if the Charterers shall have reason to be dissatisfied with the conduct of the Captian, Officers, or Engineers, the Owners shall on
81 receiving particulars of the complaint, investigate the same, and, if necessary, make a change in the appointments.
82   10. That the Charterers shall have permission to appoint a Supercargo, who shall accompany the vessel and see that voyages are prosecuted

F1   NEW YORK PRODUCE EXCHANGE FORM

with the utmost despatch. He is to be furnished with free accommodation, and same fare as provided for Captain's table, Charterers paying at the rate of $1.00 per day. Owners to victual Pilots and Customs Officers, and also, when authorized by Charterers or their Agents, to victual Tally Clerks, Stevedore's Foreman, etc., Charterers paying at the current rate per meal, for all such victualling.

11. That the Charterers shall furnish the Captain from time to time with all requisite instructions and sailing directions, in writing, and the Captain shall keep a full and correct Log of the voyage or voyages, which are to be patent to the Charterers or their Agents, and furnish the Charterers, their Agents or Supercargo, when required, with a true copy of daily Logs, showing the course of the vessel and distance run and the consumption of fuel.

12. That the Captain shall use diligence in caring for the ventilation of the cargo.

13. That the Charterers shall have the option of continuing this charter for a further period of .... on giving written notice thereof to the Owners or their Agents ....days previous to the expiration of the first-named term, or any declared option.

14. That if required by Charterers, time not to commence before ....and should vessel not have given written notice of readiness on or before ....but not later than 4 p.m. Charterers or their Agents to have the option of cancelling this Charter at any time not later than the day of vessel's readiness.

15. That in the event of the loss of time from deficiency of men or stores, fire, breakdown or damages to hull, machinery or equipment, grounding, detention by average accidents to ship or cargo, drydocking for the purpose of examination or painting bottom, or by any other cause preventing the full working of the vessel, the payment of hire shall cease for the time thereby lost; and if upon the voyage the speed be reduced by defect in or breakdown of any part of her hull, machinery or equipment, the time so lost, and the cost of any extra fuel consumed in consequence thereof, and all extra expenses shall be deducted from the hire.

16. That should the Vessel be lost, money paid in advance and not earned (reckoning from the date of loss or being last heard of) shall be returned to the Charterers at once. The act of God, enemies, fire, restraint of Princes, Rulers and People, and all dangers and accidents of the Seas, Rivers, Machinery, Boilers and Steam Navigation, and errors of Navigation throughout this Charter Party, always mutually excepted.

The vessel shall have the liberty to sail with or without pilots, to tow and to be towed, to assist vessels in distress, and to deviate for the purpose of saving life and property.

17. That should any dispute arise between Owners and the Charterers, the matter in dispute shall be referred to three persons at New York, one to be appointed by each of the parties hereto, and the third by the two so chosen; their decision or that of any two of them, shall be final, and for the purpose of enforcing any award, this agreement may be made a rule of the Court. The Arbitrators shall be commercial men.

18. That the Owners shall have a lien upon all cargoes, and all sub-freights for any amounts due under this Charter, including General Average contributions, and the Charterers to have a lien on the Ship for all monies paid in advance and not earned, and any overpaid hire or excess deposit to be returned at once. Charterers will not suffer, nor permit to be continued, any lien or encumbrance incurred by them or their agents, which might have priority over the title and interest of the owners in the vessel.

19. That all derelicts and salvage shall be for Owners' and Charterers' equal benefit after deducting Owners' and Charterers' expenses and Crew's proportion. General Average shall be adjusted, stated and settled, according to Rules 1 to 15, inclusive, 17 to 22, inclusive, and Rule F of York-Antwerp Rules 1924, at such port or place in the United States as may be selected by the carrier, and as to matters not provided for by these Rules, according to the laws and usages at the port of New York. In such adjustment disbursements in foreign currencies shall be exchanged into United States money at the rate prevailing on the dates made and allowances for damage to cargo claimed in foreign currency shall be converted at the rate prevailing on the last day of discharge at the port or place of final discharge of such damaged cargo from the ship. Average agreement or bond and such additional security, as may be required by the carrier, must be furnished before delivery of the goods. Such cash deposit as the carrier or his agents may deem sufficient as additional security for the contribution of the goods and for any salvage and special charges thereon, shall, if required, be made by the goods, shippers, consignees or owners of the goods to the carrier before delivery. Such deposit shall, at the option of the carrier, be payable in United States money and be remitted to the adjuster. When so remitted the deposit shall be held in a special account at the place of adjustment in the name of the adjuster pending settlement of the General Average and refunds or credit balances, if any, shall be paid in United States money.

In the event of accident, danger, damage, or disaster, before or after commencement of the voyage resulting from any cause whatsoever, whether due to negligence or not, for which, or for the consequence of which, the carrier is not responsible, by statute, contract, or otherwise, the goods, the shipper and the consignee, jointly and severally, shall contribute with the carrier in general average to the payment of any sacrifices, losses, or expenses of a general average nature that may be made or incurred, and shall pay salvage and special charges incurred in respect of the goods. If a salving ship is owned or operated by the carrier, salvage shall be paid for as fully and in the same manner as if such salving ship or ships belonged to strangers.

NEW YORK PRODUCE EXCHANGE FORM   F1

Provisions as to General Average in accordance with the above are to be included in all bills of lading issued hereunder.

20. Fuel used by the vessel while off hire, also for cooking, condensing water, or for grates and stoves to be agreed to as to quantity, and the cost of replacing same, to be allowed by Owners.

21. That as the vessel may be from time to time employed in tropical waters during the term of this Charter, Vessel is to be docked at a convenient place, bottom cleaned and painted whenever Charterers and Captain think necessary, at least once in every six months, reckoning from time of last painting, and payment of the hire to be suspended until she is again in proper state for the service.

22. Owners shall maintain the gear of the ship as fitted, providing gear (for all derricks) capable of handling lifts up to three tons, also providing ropes, falls, slings and blocks. If vessel is fitted with derricks capable of handling heavier lifts, Owners are to provide necessary gear for same, otherwise equipment and gear for heavier lifts shall be for Charterers' account. Owners also to provide on the vessel lanterns and oil for night work, and vessel to give use of electric light when so fitted, but any additional lights over those on board to be at Charterers' expense. The Charterers to have the use of any gear on board the vessel.

23. Vessel to work night and day, if required by Charterers, and all winches to be at Charterers' disposal during loading and discharging; steamer to provide one winchman per hatch to work winches day and night, as required, Charterers agreeing to pay officers, engineers, winchmen, deck hands and donkeymen for overtime work done in accordance with the working hours and rates stated in the ship's articles. If the rules of the port, or labor unions, prevent crew from driving winches, shore Winchmen to be paid by Charterers. In the event of a disabled winch or winches, or insufficient power to operate winches, Owners to pay for shore engine, or engines, in lieu thereof, if required, and pay any loss of time occasioned thereby.

24. It is also mutually agreed that this Charter is subject to all the terms and provisions of and all the exemptions from liability contained in the Act of Congress of the United States approved on the 13th day of February, 1893, and entitled "An Act relating to Navigation of Vessels, etc.," in respect of all cargo shipped under this charter to or from the United States of America. It is further subject to the following clauses, both of which are to be included in all bills of lading issued hereunder:

U.S.A. Clause Paramount

This bill of lading shall have effect subject to the provisions of the Carriage of Goods by Sea Act of the United States, approved April 16, 1936, which shall be deemed to be incorporated herein, and nothing herein contained shall be deemed a surrender by the carrier of any of its rights or immunities or an increase of any of its responsibilities or liabilities under said Act. If any term of this bill of lading be repugnant to said Act to any extent, such term shall be void to that extent, but no further.

Both-to-Blame Collision Clause

If the ship comes into collision with another ship as a result of the negligence of the other ship and any act, neglect or default of the Master, mariner, pilot or the servants of the Carrier in the navigation or in the management of the ship, the owners of the goods carried hereunder will indemnify the Carrier against all loss or liability to the other or non-carrying ship or her owners in so far as such loss or liability represents loss of, or damage to, or any claim whatsoever of the owners of said goods, paid or payable by the other or non-carrying ship or her owners to the owners of said goods and set off, recouped or recovered by the other or non-carrying ship or her owners as part of their claim against the carrying ship or carrier.

25 The vessel shall not be required to enter any ice-bound port, or any port where lights or light-ships have been or are about to be with-drawn by reason of ice, or where there is risk that in the ordinary course of things the vessel will not be able on account of ice to safely enter the port or to get out after having completed loading or discharging.

26. Nothing herein stated is to be construed as a demise of the vessel to the Time Charterers. The owners to remain responsible for the navigation of the vessel, insurance, crew, and all other matters, same as when trading for their own account.

27. A commission of 2½ per cent is payable by the Vessel and Owners to .... on the hire earned and paid under this Charter, and also upon any continuation or extension of this Charter.

28. An address commission of 2½ per cent payable to .... By cable authority from ....

BROKERS.

The original Charter Party in our possession.

on the hire earned and paid under this Charter.

As ....For Owners

132
133
134
135
136
137
138
139
140
141
142
143
144
145
146
147
148
149
150
151
152
153
154
155
156
157
158
159
160
161
162
163
164
165
166
167
168
169
170
171
172
173
174
175

(2) 1993 NYPE

Code Name: **"NYPE 93"**
Recommended by:
The Baltic and International Maritime Council (BIMCO)
The Federation of National Associations of
Ship Brokers and Agents (FONASBA)

TIME CHARTER©

New York Produce Exchange Form
Issued by the Association of Ship Brokers and Agents (U.S.A.), Inc.

November 6th, 1913 - Amended October 20th, 1921; August 6th, 1931; October 3rd, 1946; Revised June 12th, 1961; September 14th 1993.

THIS CHARTER PARTY, made and concluded in	1
this day of 19	2
Between	3
	4
Owners of the Vessel described below, and	5
	6
	7
Charterers.	8
Description of Vessel	9
Name Flag Built (year).	10
Port and number of Registry	11
Classed	12
Deadweight in long*/metric* tons (cargo and bunkers, including freshwater and	13
stores not exceeding long*/metric* tons) on a salt water draft of	14
on summer freeboard.	15
Capacity cubic feet grain cubic feet bale space.	16
Tonnage GT/GRT.	17
Speed about knots, fully laden, in good weather conditions up to and including maximum	18
Force on the Beaufort wind scale, on a consumption of about long*/metric*	19
tons of	20
*Delete as appropriate.	21
For further description see Appendix "A" (if applicable)*	22
1. **Duration**	23
The Owners agree to let and the Charterers agree to hire the Vessel from the time of delivery for a period	24
of	25
	26
	27
within below mentioned trading limits.	28
2. **Delivery**	29
The Vessel shall be placed at the disposal of the Charterers at	30
	31
	32
The Vessel on her delivery	33
shall be ready to receive cargo with clean-swept holds and tight, staunch, strong and in every way fitted	34
for ordinary cargo service, having water ballast and with sufficient power to operate all cargo-handling gear	35
simultaneously.	36
The Owners shall give the Charterers not less than days notice of expected date of	37

delivery.   38

3. **On-Off Hire Survey**   39

Prior to delivery and redelivery the parties shall, unless otherwise agreed, each appoint surveyors, for their   40
respective accounts, who shall not later than at first loading port/last discharging port respectively, conduct   41
joint on-hire/off-hire surveys, for the purpose of ascertaining quantity of bunkers on board and the condition   42
of the Vessel. A single report shall be prepared on each occasion and signed by each surveyor, without   43
prejudice to his right to file a separate report setting forth items upon which the surveyors cannot agree.   44
If either party fails to have a representative attend the survey and sign the joint survey report, such party   45
shall nevertheless be bound for all purposes by the findings in any report prepared by the other party.   46
On-hire survey shall be on Charterers' time and off-hire survey on Owners' time.   47

4. **Dangerous Cargo/Cargo Exclusions**   48

(a) The Vessel shall be employed in carrying lawful merchandise excluding any goods of a dangerous,   49
injurious, flammable or corrosive nature unless carried in accordance with the requirements or   50
recommendations of the competent authorities of the country of the Vessel's registry and of ports of   51
shipment and discharge and of any intermediate countries or ports through whose waters the Vessel must   52
pass. Without prejudice to the generality of the foregoing, in addition the following are specifically   53
excluded: livestock of any description, arms, ammunition, explosives, nuclear and radioactive materials,   54

  55
  56
  57
  58
  59
  60
  61
  62
  63
  64

(b) If IMO-classified cargo is agreed to be carried, the amount of such cargo shall be limited to   65
               tons and the Charterers shall provide the Master with any evidence he may   66
reasonably require to show that the cargo is packaged, labelled, loaded and stowed in accordance with IMO   67
regulations, failing which the Master is entitled to refuse such cargo or, if already loaded, to unload it at   68
the Charterers' risk and expense.   69

5. **Trading Limits**   70

The Vessel shall be employed in such lawful trades between safe ports and safe places   71
within   72
                                               excluding   73
  74
  75
                    as the Charterers shall direct.   76

6. **Owners to Provide**   77

The Owners shall provide and pay for the insurance of the Vessel, except as otherwise provided, and for   78
all provisions, cabin, deck, engine-room and other necessary stores, including boiler water; shall pay for   79
wages, consular shipping and discharging fees of the crew and charges for port services pertaining to the   80
crew; shall maintain the Vessel's class and keep her in a thoroughly efficient state in hull, machinery and   81
equipment for and during the service, and have a full complement of officers and crew.   82

7. **Charterers to Provide**   83

The Charterers, while the Vessel is on hire, shall provide and pay for all the bunkers except as otherwise   84
agreed; shall pay for port charges (including compulsory watchmen and cargo watchmen and compulsory   85
garbage disposal), all communication expenses pertaining to the Charterers' business at cost, pilotages,   86

towages, agencies, commissions, consular charges (except those pertaining to individual crew members   87
or flag of the Vessel), and all other usual expenses except those stated in Clause 6, but when the Vessel   88
puts into a port for causes for which the Vessel is responsible (other than by stress of weather), then all   89
such charges incurred shall be paid by the Owners. Fumigations ordered because of illness of the crew   90
shall be for the Owners' account. Fumigations ordered because of cargoes carried or ports visited while   91
the Vessel is employed under this Charter Party shall be for the Charterers' account. All other fumigations   92
shall be for the Charterers' account after the Vessel has been on charter for a continuous period of six   93
months or more.   94

The Charterers shall provide and pay for necessary dunnage and also any extra fittings requisite for a   95
special trade or unusual cargo, but the Owners shall allow them the use of any dunnage already aboard   96
the Vessel. Prior to redelivery the Charterers shall remove their dunnage and fittings at their cost and in   97
their time.   98

8. **Performance of Voyages**   99

(a) The Master shall perform the voyages with due despatch, and shall render all customary assistance   100
with the Vessel's crew. The Master shall be conversant with the English language and (although   101
appointed by the Owners) shall be under the orders and directions of the Charterers as regards   102
employment and agency; and the Charterers shall perform all cargo handling, including but not limited to   103
loading, stowing, trimming, lashing, securing, dunnaging, unlashing, discharging, and tallying, at their risk   104
and expense, under the supervision of the Master.   105

(b) If the Charterers shall have reasonable cause to be dissatisfied with the conduct of the Master or   106
officers, the Owners shall, on receiving particulars of the complaint, investigate the same, and, if   107
necessary, make a change in the appointments.   108

9. **Bunkers**   109

(a) The Charterers on delivery, and the Owners on redelivery, shall take over and pay for all fuel and   110
diesel oil remaining on board the Vessel as hereunder. The Vessel shall be delivered with: 111
long*/metric* tons of fuel oil at the price of   per ton;   112
tons of diesel oil at the price of   per ton. The vessel shall   113
be redelivered with: tons of fuel oil at the price of   per ton;   114
tons of diesel oil at the price of   per ton.   115

* Same tons apply throughout this clause.   116

(b) The Charterers shall supply bunkers of a quality suitable for burning in the Vessel's engines   117
and auxiliaries and which conform to the specification(s) as set out in Appendix A.   118

The Owners reserve their right to make a claim against the Charterers for any damage to the main engines   119
or the auxiliaries caused by the use of unsuitable fuels or fuels not complying with the agreed   120
specification(s). Additionally, if bunker fuels supplied do not conform with the mutually agreed   121
specification(s) or otherwise prove unsuitable for burning in the Vessel's engines or auxiliaries, the Owners   122
shall not be held responsible for any reduction in the Vessel's speed performance and/or increased bunker   123
consumption, nor for any time lost and any other consequences.   124

10. **Rate of Hire/Redelivery Areas and Notices**   125
The Charterers shall pay for the use and hire of the said Vessel at the rate of $ 126
U.S. currency, daily, **or** $ U.S. currency per ton on the Vessel's total deadweight   127
carrying capacity, including bunkers and stores, on   summer freeboard, per 30 days,   128
commencing on and from the day of her delivery, as aforesaid, and at and after the same rate for any part   129
of a month; hire shall continue until the hour of the day of her redelivery in like good order and condition,   130
ordinary wear and tear excepted, to the Owners (unless Vessel lost) at   131
132
133
unless otherwise mutually agreed.   134

The Charterers shall give the Owners not less than　　　　　　　　days notice of the Vessel's　135
expected date and probable port of redelivery.　136

For the purpose of hire calculations, the times of delivery, redelivery or termination of charter shall be　137
adjusted to GMT.　138

11. **Hire Payment**　139

(a) *Payment*　140

Payment of Hire shall be made so as to be received by the Owners or their designated payee in　141
　　　　　　　　　　　　　　　, viz　142
　143
　144
　　　　　　　　　　　　　　　　　　　　　　　　　　　　　in　145
　　　　　　　　　currency, or in United States Currency, in funds available to the　146
Owners on the due date, 15 days in advance, and for the last month or part of same the approximate　147
amount of hire, and should same not cover the actual time, hire shall be paid for the balance day by day　148
as it becomes due, if so required by the Owners. Failing the punctual and regular payment of the hire,　149
or on any fundamental breach whatsoever of this Charter Party, the Owners shall be at liberty to　150
withdraw the Vessel from the service of the Charterers without prejudice to any claims they (the Owners)　151
may otherwise have on the Charterers.　152

At any time after the expiry of the grace period provided in Sub-clause 11 (b) hereunder and while the　153
hire is outstanding, the Owners shall, without prejudice to the liberty to withdraw, be entitled to withhold　154
the performance of any and all of their obligations hereunder and shall have no responsibility whatsoever　155
for any consequences thereof, in respect of which the Charterers hereby indemnify the Owners, and hire　156
shall continue to accrue and any extra expenses resulting from such withholding shall be for the　157
Charterers' account.　158

(b) *Grace Period*　159

Where there is failure to make punctual and regular payment of hire due to oversight, negligence, errors　160
or omissions on the part of the Charterers or their bankers, the Charterers shall be given by the Owners　161
　　　　　　　　clear banking days (as recognized at the agreed place of payment) written notice to rectify the　162
failure, and when so rectified within those　　　　　　　　days following the Owners' notice, the payment shall　163
stand as regular and punctual.　164

Failure by the Charterers to pay the hire within　　　　　　　　days of their receiving the Owners' notice as　165
provided herein, shall entitle the Owners to withdraw as set forth in Sub-clause 11 (a) above.　166

(c) *Last Hire Payment*　167

Should the Vessel be on her voyage towards port of redelivery at the time the last and/or the penultimate　168
payment of hire is/are due, said payment(s) is/are to be made for such length of time as the Owners and　169
the Charterers may agree upon as being the estimated time necessary to complete the voyage, and taking　170
into account bunkers actually on board, to be taken over by the Owners and estimated disbursements for　171
the Owners' account before redelivery. Should same not cover the actual time, hire is to be paid for the　172
balance, day by day, as it becomes due. When the Vessel has been redelivered, any difference is to be　173
refunded by the Owners or paid by the Charterers, as the case may be.　174

(d) *Cash Advances*　175

Cash for the Vessel's ordinary disbursements at any port may be advanced by the Charterers, as required　176
by the Owners, subject to 2½ percent commission and such advances shall be deducted from the hire.　177
The Charterers, however, shall in no way be responsible for the application of such advances.　178

12. **Berths**　179

The Vessel shall be loaded and discharged in any safe dock or at any safe berth or safe place that 180
Charterers or their agents may direct, provided the Vessel can safely enter, lie and depart always afloat 181
at any time of tide. 182

13. Spaces Available 183

(a) The whole reach of the Vessel's holds, decks, and other cargo spaces (not more than she can 184
reasonably and safely stow and carry), also accommodations for supercargo, if carried, shall be at the 185
Charterers' disposal, reserving only proper and sufficient space for the Vessel's officers, crew, tackle, 186
apparel, furniture, provisions, stores and fuel. 187

(b) In the event of deck cargo being carried, the Owners are to be and are hereby indemnified by the 188
Charterers for any loss and/or damage and/or liability of whatsoever nature caused to the Vessel as a 189
result of the carriage of deck cargo and which would not have arisen had deck cargo not been loaded. 190

14. Supercargo and Meals 191

The Charterers are entitled to appoint a supercargo, who shall accompany the Vessel at the Charterers' 192
risk and see that voyages are performed with due despatch. He is to be furnished with free 193
accommodation and same fare as provided for the Master's table, the Charterers paying at the rate of 194
                              per day. The Owners shall victual pilots and customs officers, and also, when 195
authorized by the Charterers or their agents, shall victual tally clerks, stevedore's foreman, etc., 196
Charterers paying at the rate of   per meal for all such victualling. 197

15. Sailing Orders and Logs 198

The Charterers shall furnish the Master from time to time with all requisite instructions and sailing 199
directions, in writing, in the English language, and the Master shall keep full and correct deck and engine 200
logs of the voyage or voyages, which are to be patent to the Charterers or their agents, and furnish the 201
Charterers, their agents or supercargo, when required, with a true copy of such deck and engine logs, 202
showing the course of the Vessel, distance run and the consumption of bunkers. Any log extracts 203
required by the Charterers shall be in the English language. 204

16. Delivery/Cancelling 205

If required by the Charterers, time shall not commence before   and should the 206
Vessel not be ready for delivery on or before   but not later than   hours, 207
the Charterers shall have the option of cancelling this Charter Party. 208

Extension of Cancelling 209

If the Owners warrant that, despite the exercise of due diligence by them, the Vessel will not be ready 210
for delivery by the cancelling date, and provided the Owners are able to state with reasonable certainty 211
the date on which the Vessel will be ready, they may, at the earliest seven days before the Vessel is 212
expected to sail for the port or place of delivery, require the Charterers to declare whether or not they will 213
cancel the Charter Party. Should the Charterers elect not to cancel, or should they fail to reply within two 214
days or by the cancelling date, whichever shall first occur, then the seventh day after the expected date 215
of readiness for delivery as notified by the Owners shall replace the original cancelling date. Should the 216
Vessel be further delayed, the Owners shall be entitled to require further declarations of the Charterers in 217
accordance with this Clause. 218

17. Off Hire 219

In the event of loss of time from deficiency and/or default and/or strike of officers or crew, or deficiency 220
of stores, fire, breakdown of, or damages to hull, machinery or equipment, grounding, detention by the 221
arrest of the Vessel, (unless such arrest is caused by events for which the Charterers, their servants, 222
agents or subcontractors are responsible), or detention by average accidents to the Vessel or cargo unless 223
resulting from inherent vice, quality or defect of the cargo, drydocking for the purpose of examination or 224
painting bottom, or by any other similar cause preventing the full working of the Vessel, the payment of 225

hire and overtime, if any, shall cease for the time thereby lost. Should the Vessel deviate or put back 226
during a voyage, contrary to the orders or directions of the Charterers, for any reason other than accident 227
to the cargo or where permitted in lines 257 to 258 hereunder, the hire is to be suspended from the time 228
of her deviating or putting back until she is again in the same or equidistant position from the destination 229
and the voyage resumed therefrom. All bunkers used by the Vessel while off hire shall be for the Owners' 230
account. In the event of the Vessel being driven into port or to anchorage through stress of weather, 231
trading to shallow harbors or to rivers or ports with bars, any detention of the Vessel and/or expenses 232
resulting from such detention shall be for the Charterers' account. If upon the voyage the speed be 233
reduced by defect in, or breakdown of, any part of her hull, machinery or equipment, the time so lost, and 234
the cost of any extra bunkers consumed in consequence thereof, and all extra proven expenses may be 235
deducted from the hire. 236

18. Sublet 237

Unless otherwise agreed, the Charterers shall have the liberty to sublet the Vessel for all or any part of 238
the time covered by this Charter Party, but the Charterers remain responsible for the fulfillment of this 239
Charter Party. 240

19. Drydocking 241

The Vessel was last drydocked 242

*(a) The Owners shall have the option to place the Vessel in drydock during the currency of this Charter 243
at a convenient time and place, to be mutually agreed upon between the Owners and the Charterers, for 244
bottom cleaning and painting and/or repair as required by class or dictated by circumstances. 245

*(b) Except in case of emergency no drydocking shall take place during the currency of this Charter 246
Party. 247

*Delete as appropriate 248

20. Total Loss 249

Should the Vessel be lost, money paid in advance and not earned (reckoning from the date of loss or 250
being last heard of) shall be returned to the Charterers at once. 251

21. Exceptions 252

The act of God, enemies, fire, restraint of princes, rulers and people, and all dangers and accidents of the 253
seas, rivers, machinery, boilers, and navigation, and errors of navigation throughout this Charter, always 254
mutually excepted. 255

22. Liberties 256

The Vessel shall have the liberty to sail with or without pilots, to tow and to be towed, to assist vessels 257
in distress, and to deviate for the purpose of saving life and property. 258

23. Liens 259

The Owners shall have a lien upon all cargoes and all sub-freights and/or sub-hire for any amounts due 260
under this Charter Party, including general average contributions, and the Charterers shall have a lien on 261
the Vessel for all monies paid in advance and not earned, and any overpaid hire or excess deposit to be 262
returned at once. 263

The Charterers will not directly or indirectly suffer, nor permit to be continued, any lien or encumbrance, 264
which might have priority over the title and interest of the Owners in the Vessel. The Charterers 265
undertake that during the period of this Charter Party, they will not procure any supplies or necessaries 266
or services, including any port expenses and bunkers, on the credit of the Owners or in the Owners' time. 267

24. Salvage   268

All derelicts and salvage shall be for the Owners' and the Charterers' equal benefit after deducting 269
Owners' and Charterers' expenses and crew's proportion.   270

25. General Average   271

General average shall be adjusted according to York-Antwerp Rules 1974, as amended 1990, or any 272
subsequent modification thereof, in   and settled in   273
currency.   274

The Charterers shall procure that all bills of lading issued during the currency of the Charter Party will 275
contain a provision to the effect that general average shall be adjusted according to York-Antwerp Rules 276
1974, as amended 1990, or any subsequent modification thereof and will include the "New Jason 277
Clause" as per Clause 31.   278

Time charter hire shall not contribute to general average.   279

26. Navigation   280

Nothing herein stated is to be construed as a demise of the Vessel to the Time Charterers. The Owners 281
shall remain responsible for the navigation of the Vessel, acts of pilots and tug boats, insurance, crew, 282
and all other matters, same as when trading for their own account.   283

27. Cargo Claims   284

Cargo claims as between the Owners and the Charterers shall be settled in accordance with the Inter-Club 285
New York Produce Exchange Agreement of February 1970, as amended May, 1984, or any subsequent 286
modification or replacement thereof.   287

28. Cargo Gear and Lights   288

The Owners shall maintain the cargo handling gear of the Vessel which is as follows: 289
                                                                                                            290
                                                                                                            291
                                                                                                            292

providing gear (for all derricks or cranes) capable of lifting capacity as described. The Owners shall also 293
provide on the Vessel for night work lights as on board, but all additional lights over those on board shall 294
be at the Charterers' expense. The Charterers shall have the use of any gear on board the Vessel. If 295
required by the Charterers, the Vessel shall work night and day and all cargo handling gear shall be at the 296
Charterers' disposal during loading and discharging. In the event of disabled cargo handling gear, or 297
insufficient power to operate the same, the Vessel is to be considered to be off hire to the extent that 298
time is actually lost to the Charterers and the Owners to pay stevedore stand-by charges occasioned 299
thereby, unless such disablement or insufficiency of power is caused by the Charterers' stevedores. If 300
required by the Charterers, the Owners shall bear the cost of hiring shore gear in lieu thereof, in which 301
case the Vessel shall remain on hire.   302

29. Crew Overtime   303

In lieu of any overtime payments to officers and crew for work ordered by the Charterers or their agents, 304
the Charterers shall pay the Owners, concurrently with the hire   per month 305
or pro rata.   306

30. Bills of Lading   307

(a) The Master shall sign the bills of lading or waybills for cargo as presented in conformity with mates 308
or tally clerk's receipts. However, the Charterers may sign bills of lading or waybills on behalf of the 309
Master, with the Owner's prior written authority, always in conformity with mates or tally clerk's receipts. 310

(b) All bills of lading or waybills shall be without prejudice to this Charter Party and the Charterers shall 311
indemnify the Owners against all consequences or liabilities which may arise from any inconsistency 312
between this Charter Party and any bills of lading or waybills signed by the Charterers or by the Master 313
at their request. 314

(c) Bills of lading covering deck cargo shall be claused: "Shipped on deck at Charterers', Shippers' and 315
Receivers' risk, expense and responsibility, without liability on the part of the Vessel, or her Owners for 316
any loss, damage, expense or delay howsoever caused." 317

31. **Protective Clauses** 318

This Charter Party is subject to the following clauses all of which are also to be included in all bills of lading 319
or waybills issued hereunder: 320

(a) CLAUSE PARAMOUNT 321
"This bill of lading shall have effect subject to the provisions of the Carriage of Goods by Sea Act of the 322
United States, the Hague Rules, or the Hague-Visby Rules, as applicable, or such other similar national 323
legislation as may mandatorily apply by virtue of origin or destination of the bills of lading, which shall 324
be deemed to be incorporated herein and nothing herein contained shall be deemed a surrender by the 325
carrier of any of its rights or immunities or an increase of any of its responsibilities or liabilities under said 326
applicable Act. If any term of this bill of lading be repugnant to said applicable Act to any extent, such 327
term shall be void to that extent, but no further." 328

and 329

(b) BOTH-TO-BLAME COLLISION CLAUSE 330
"If the ship comes into collision with another ship as a result of the negligence of the other ship and any 331
act, neglect or default of the master, mariner, pilot or the servants of the carrier in the navigation or in 332
the management of the ship, the owners of the goods carried hereunder will indemnify the carrier against 333
all loss or liability to the other or non-carrying ship or her owners insofar as such loss or liability represents 334
loss of, or damage to, or any claim whatsoever of the owners of said goods, paid or payable by the other 335
or non-carrying ship or her owners to the owners of said goods and set off, recouped or recovered by the 336
other or non-carrying ship or her owners as part of their claim against the carrying ship or carrier. 337

The foregoing provisions shall also apply where the owners, operators or those in charge of any ships or 338
objects other than, or in addition to, the colliding ships or objects are at fault in respect to a collision or 339
contact." 340

and 341

(c) NEW JASON CLAUSE 342
"In the event of accident, danger, damage or disaster before or after the commencement of the voyage 343
resulting from any cause whatsoever, whether due to negligence or not, for which, or for the 344
consequences of which, the carrier is not responsible, by statute, contract, or otherwise, the goods, 345
shippers, consignees, or owners of the goods shall contribute with the carrier in general average to the 346
payment of any sacrifices, losses, or expenses of a general average nature that may be made or incurred, 347
and shall pay salvage and special charges incurred in respect of the goods. 348

If a salving ship is owned or operated by the carrier, salvage shall be paid for as fully as if salving ship 349
or ships belonged to strangers. Such deposit as the carrier or his agents may deem sufficient to cover 350
the estimated contribution of the goods and any salvage and special charges thereon shall, if required, 351
be made by the goods, shippers, consignees or owners of the goods to the carrier before delivery." 352

and 353

(d) U.S. TRADE - DRUG CLAUSE 354
"In pursuance of the provisions of the U.S. Anti Drug Abuse Act 1986 or any re-enactment thereof, the 355
Charterers warrant to exercise the highest degree of care and diligence in preventing unmanifested 356
narcotic drugs and marijuana to be loaded or concealed on board the Vessel. 357

Non-compliance with the provisions of this clause shall amount to breach of warranty for consequences 358
of which the Charterers shall be liable and shall hold the Owners, the Master and the crew of the Vessel 359
harmless and shall keep them indemnified against all claims whatsoever which may arise and be made 360
against them individually or jointly. Furthermore, all time lost and all expenses incurred, including fines, 361
as a result of the Charterers' breach of the provisions of this clause shall be for the Charterer's account 362
and the Vessel shall remain on hire. 363

Should the Vessel be arrested as a result of the Charterers' non-compliance with the provisions of this 364
clause, the Charterers shall at their expense take all reasonable steps to secure that within a reasonable 365
time the Vessel is released and at their expense put up the bails to secure release of the Vessel. 366

The Owners shall remain responsible for all time lost and all expenses incurred, including fines, in the 367
event that unmanifested narcotic drugs and marijuana are found in the possession or effects of the 368
Vessel's personnel." 369

and 370

(e) WAR CLAUSES 371
"(i) No contraband of war shall be shipped. The Vessel shall not be required, without the consent of the 372
Owners, which shall not be unreasonably withheld, to enter any port or zone which is involved in a state 373
of war, warlike operations, or hostilities, civil strife, insurrection or piracy whether there be a declaration 374
of war or not, where the Vessel, cargo or crew might reasonably be expected to be subject to capture, 375
seizure or arrest, or to a hostile act by a belligerent power (the term "power" meaning any de jure or de 376
facto authority or any purported governmental organization maintaining naval, military or air forces). 377

(ii) If such consent is given by the Owners, the Charterers will pay the provable additional cost of insuring 378
the Vessel against hull war risks in an amount equal to the value under her ordinary hull policy but not 379
exceeding a valuation of   In addition, the Owners may purchase and the 380
Charterers will pay for war risk insurance on ancillary risks such as loss of hire, freight disbursements, 381
total loss, blocking and trapping, etc. If such insurance is not obtainable commercially or through a 382
government program, the Vessel shall not be required to enter or remain at any such port or zone. 383

(iii) In the event of the existence of the conditions described in (i) subsequent to the date of this Charter, 384
or while the Vessel is on hire under this Charter, the Charterers shall, in respect of voyages to any such 385
port or zone assume the provable additional cost of wages and insurance properly incurred in connection 386
with master, officers and crew as a consequence of such war, warlike operations or hostilities. 387

(iv) Any war bonus to officers and crew due to the Vessel's trading or cargo carried shall be for the 388
Charterers' account." 389

32. **War Cancellation** 390

In the event of the outbreak of war (whether there be a declaration of war or not) between any two or 391
more of the following countries: 392
393
394
395
either the Owners or the Charterers may cancel this Charter Party. Whereupon, the Charterers shall 396
redeliver the Vessel to the Owners in accordance with Clause 10; if she has cargo on board, after 397
discharge thereof at destination, or, if debarred under this Clause from reaching or entering it, at a near 398
open and safe port as directed by the Owners; or, if she has no cargo on board, at the port at which she 399
then is; or, if at sea, at a near open and safe port as directed by the Owners. In all cases hire shall 400
continue to be paid in accordance with Clause 11 and except as aforesaid all other provisions of this 401
Charter Party shall apply until redelivery. 402

33. **Ice** 403

The Vessel shall not be required to enter or remain in any icebound port or area, nor any port or area 404

where lights or lightships have been or are about to be withdrawn by reason of ice, nor where there is 405
risk that in the ordinary course of things the Vessel will not be able on account of ice to safely enter and 406
remain in the port or area or to get out after having completed loading or discharging. Subject to the 407
Owners' prior approval the Vessel is to follow ice-breakers when reasonably required with regard to her 408
size, construction and ice class. 409

34. Requisition
410

Should the Vessel be requisitioned by the government of the Vessel's flag during the period of this Charter 411
Party, the Vessel shall be deemed to be off hire during the period of such requisition, and any hire paid 412
by the said government in respect of such requisition period shall be retained by the Owners. The period 413
during which the Vessel is on requisition to the said government shall count as part of the period provided 414
for in this Charter Party. 415
If the period of requisition exceeds   months, either party shall have the option 416
of cancelling this Charter Party and no consequential claim may be made by either party. 417

35. Stevedore Damage
418

Notwithstanding anything contained herein to the contrary, the Charterers shall pay for any and all 419
damage to the Vessel caused by stevedores provided the Master has notified the Charterers and/or their 420
agents in writing as soon as practical but not later than 48 hours after any damage is discovered. Such 421
notice to specify the damage in detail and to invite Charterers to appoint a surveyor to assess the extent 422
of such damage. 423

(a) In case of any and all damage(s) affecting the Vessel's seaworthiness and/or the safety of the crew 424
and/or affecting the trading capabilities of the Vessel, the Charterers shall immediately arrange for repairs 425
of such damage(s) at their expense and the Vessel is to remain on hire until such repairs are completed 426
and if required passed by the Vessel's classification society. 427

(b) Any and all damage(s) not described under point (a) above shall be repaired at the Charterers' option, 428
before or after redelivery concurrently with the Owners' work. In such case no hire and/or expenses will 429
be paid to the Owners except and insofar as the time and/or the expenses required for the repairs for 430
which the Charterers are responsible, exceed the time and/or expenses necessary to carry out the 431
Owners' work. 432

36. Cleaning of Holds
433

The Charterers shall provide and pay extra for sweeping and/or washing and/or cleaning of holds between 434
voyages and/or between cargoes provided such work can be undertaken by the crew and is permitted by 435
local regulations, at the rate of   per hold. 436

In connection with any such operation, the Owners shall not be responsible if the Vessel's holds are not 437
accepted or passed by the port or any other authority. The Charterers shall have the option to re-deliver 438
the Vessel with unclean/upswept holds against a lumpsum payment of   in lieu of cleaning. 439

37. Taxes
440

Charterers to pay all local, State, National taxes and/or dues assessed on the Vessel or the Owners 441
resulting from the Charterers' orders herein, whether assessed during or after the currency of this Charter 442
Party including any taxes and/or dues on cargo and/or freights and/or sub-freights and/or hire (excluding 443
taxes levied by the country of the flag of the Vessel or the Owners). 444

38. Charterers' Colors
445

The Charterers shall have the privilege of flying their own house flag and painting the Vessel with their 446
own markings. The Vessel shall be repainted in the Owners' colors before termination of the Charter 447
Party. Cost and time of painting, maintaining and repainting those changes effected by the Charterers 448
shall be for the Charterers' account. 449

39. Laid up Returns   450

The Charterers shall have the benefit of any return insurance premium receivable by the Owners from their   451
underwriters as and when received from underwriters by reason of the Vessel being in port for a minimum   452
period of 30 days if on full hire for this period or pro rata for the time actually on hire.   453

40. Documentation   454

The Owners shall provide any documentation relating to the Vessel that may be required to permit the   455
Vessel to trade within the agreed trade limits, including, but not limited to certificates of financial   456
responsibility for oil pollution, provided such oil pollution certificates are obtainable from the Owners'   457
P & I club, valid international tonnage certificate, Suez and Panama tonnage certificates, valid certificate   458
of registry and certificates relating to the strength and/or serviceability of the Vessel's gear.   459

41. Stowaways   460

(a) (i) The Charterers warrant to exercise due care and diligence in preventing stowaways in gaining   461
access to the Vessel by means of secreting away in the goods and/or containers shipped by the   462
Charterers.   463

(ii) If, despite the exercise of due care and diligence by the Charterers, stowaways have gained   464
access to the Vessel by means of secreting away in the goods and/or containers shipped by the   465
Charterers, this shall amount to breach of charter for the consequences of which the Charterers   466
shall be liable and shall hold the Owners harmless and shall keep them indemnified against all   467
claims whatsoever which may arise and be made against them. Furthermore, all time lost and all   468
expenses whatsoever and howsoever incurred, including fines, shall be for the Charterers' account   469
and the Vessel shall remain on hire.   470

(iii) Should the Vessel be arrested as a result of the Charterers' breach of charter according to   471
sub-clause (a)(ii) above, the Charterers shall take all reasonable steps to secure that, within a   472
reasonable time, the Vessel is released and at their expense put up bail to secure release of the   473
Vessel.   474

(b) (i) If, despite the exercise of due care and diligence by the Owners, stowaways have gained   475
access to the Vessel by means other than secreting away in the goods and/or containers shipped   476
by the Charterers, all time lost and all expenses whatsoever and howsoever incurred, including   477
fines, shall be for the Owners' account and the Vessel shall be off hire.   478

(ii) Should the Vessel be arrested as a result of stowaways having gained access to the Vessel   479
by means other than secreting away in the goods and/or containers shipped by the Charterers,   480
the Owners shall take all reasonable steps to secure that, within a reasonable time, the Vessel   481
is released and at their expense put up bail to secure release of the Vessel.   482

42. Smuggling   483

In the event of smuggling by the Master, Officers and/or crew, the Owners shall bear the cost of any   484
fines, taxes, or imposts levied and the Vessel shall be off hire for any time lost as a result thereof.   485

43. Commissions   486

A commission of   percent is payable by the Vessel and the Owners to   487
                                                                                     488
                                                                                     489
                                                                                     490
on hire earned and paid under this Charter, and also upon any continuation or extension of this Charter.   491

44. Address Commission   492

An address commission of   percent is payable to   493

	494
	495
on hire earned and paid under this Charter.	496

45. **Arbitration**   497

(a) NEW YORK   498
All disputes arising out of this contract shall be arbitrated at New York in the following manner, and 499
subject to U.S. Law: 500

One Arbitrator is to be appointed by each of the parties hereto and a third by the two so chosen. Their 501
decision or that of any two of them shall be final, and for the purpose of enforcing any award, this 502
agreement may be made a rule of the court. The Arbitrators shall be commercial men, conversant with 503
shipping matters. Such Arbitration is to be conducted in accordance with the rules of the Society of 504
Maritime Arbitrators Inc.   505

For disputes where the total amount claimed by either party does not exceed US $ ** 506
the arbitration shall be conducted in accordance with the Shortened Arbitration Procedure of the Society 507
of Maritime Arbitrators Inc.   508

(b) LONDON   509
All disputes arising out of this contract shall be arbitrated at London and, unless the parties agree 510
forthwith on a single Arbitrator, be referred to the final arbitrament of two Arbitrators carrying on business 511
in London who shall be members of the Baltic Mercantile & Shipping Exchange and engaged in Shipping, 512
one to be appointed by each of the parties, with power to such Arbitrators to appoint an Umpire. No 513
award shall be questioned or invalidated on the ground that any of the Arbitrators is not qualified as 514
above, unless objection to his action be taken before the award is made. Any dispute arising hereunder 515
shall be governed by English Law.   516

For disputes where the total amount claimed by either party does not exceed US $ ** 517
the arbitration shall be conducted in accordance with the Small Claims Procedure of the London Maritime 518
Arbitrators Association.   519

*Delete para (a) or (b) as appropriate   520

** Where no figure is supplied in the blank space this provision only shall be void but the other provisions 521
of this clause shall have full force and remain in effect.   522

If mutually agreed, clauses   to   , both inclusive, as attached hereto are fully 523
incorporated in this Charter Party.   524

APPENDIX "A"   525

To Charter Party dated   526
Between   Owners 527
and   Charterers 528
                                                                             529
Further details of the Vessel: 530

(3) 1939 BALTIME(2001년 개정사항 포함)

1. Shipbroker	**BIMCO UNIFORM TIME-CHARTER (AS REVISED 2001) CODE NAME: "BALTIME 1939"** PART I
	2. Place and Date of Charter
3. Owners/Place of business	4. Charterers/Place of business
5. Vessel's Name	6. GT/NT
7. Class	8. Indicated brake horse power (bhp)
9. Total tons d.w. (abt.) on summer freeboard	10. Cubic feet grain/bale capacity
11. Permanent bunkers (abt.)	12. Speed capability in knots (abt.) on a consumption in tons (abt.) of
13. Present position	14. Period of hire (Cl. 1)
15. Port of delivery (Cl. 1)	16. Time of delivery (Cl. 1)
17. (a) Trade limits (Cl. 2) (b) Cargo exclusions specially agreed	
18. Bunkers on re-delivery (state min. and max. quantity)(Cl. 5)	19. Charter hire (Cl. 6)
20. Hire payment (state currency, method and place of payment; also beneficiary and bank account) (Cl. 6)	
21. Place or range of re-delivery (Cl. 7)	22. Cancelling date (Cl. 21)
23. Dispute resolution (state 22(A), 22(B) or 22(C); if 22(C) agreed Place of Arbitration <u>must</u> be stated) (Cl. 22)	24. Brokerage commission and to whom payable (Cl. 24)
25. Numbers of additional clauses covering special provisions, if agreed	

It is mutually agreed that this Contract shall be performed subject to the conditions contained in this Charter which shall include PART I as well as PART II. In the event of a conflict of conditions, the provisions of PART I shall prevail over those of PART II to the extent of such conflict.

Signature (Owners)	Signature (Charterers)

Issued 1909; Amended 1911; 1912; 1920; 1920; 1939; 1950; 1974; and 2001

Copyright, published by The Baltic and International Maritime Council (BIMCO), Copenhagen

Printed and sold by Fr. G. Knudtzons Bogtrykkeri A/S, Vallensbaekvej 61, DK-2625 Vallensbaek, Fax: +45 4366 0701

PART II
"BALTIME 1939" Uniform Time-Charter (as revised 2001)

It is agreed between the party mentioned in Box 3 as Owners 1
of the Vessel named in Box 5 of the gross/net tonnage 2
indicated in Box 6, classed as stated in Box 7 and of indicated 3
brake horse power (bhp) as stated in Box 8, carrying about 4
the number of tons deadweight indicated in Box 9 on 5
summer freeboard inclusive of bunkers, stores and 6
provisions, having as per builder's plan a cubic-feet grain/ 7
bale capacity as stated in Box 10, exclusive of permanent 8
bunkers, which contain about the number of tons stated in 9
Box 11, and fully loaded capable of steaming about the 10
number of knots indicated in Box 12 in good weather and 11
smooth water on a consumption of about the number of 12
tons fuel oil stated in Box 12, now in position as stated in 13
Box 13 and the party mentioned as Charterers in Box 4, as 14
follows: 15

1. Period/Port of Delivery/Time of Delivery 16
The Owners let, and the Charterers hire the Vessel for a 17
period of the number of calendar months indicated in 18
Box 14 from the time (not a Sunday or a legal Holiday 19
unless taken over) the Vessel is delivered and placed at 20
the disposal of the Charterers between 9 a.m. and 6 21
p.m., or between 9 a.m. and 2 p.m. if on Saturday, at the 22
port stated in Box 15 in such available berth where she 23
can safely lie always afloat, as the Charterers may direct, 24
the Vessel being in every way fitted for ordinary cargo 25
service. The Vessel shall be delivered at the time 26
indicated in Box 16. 27

2. Trade 28
The Vessel shall be employed in lawful trades for the 29
carriage of lawful merchandise only between safe ports 30
or places where the Vessel can safely lie always afloat 31
within the limits stated in Box 17. No live stock nor 32
injurious, inflammable or dangerous goods (such as 33
acids, explosives, calcium carbide, ferro silicon, 34
naphtha, motor spirit, tar, or any of their products) shall 35
be shipped. 36

3. Owners' Obligations 37
The Owners shall provide and pay for all provisions and 38
wages, for insurance of the Vessel, for all deck and 39
engine-room stores and maintain her in a thoroughly 40
efficient state in hull and machinery during service. The 41
Owners shall provide winchmen from the crew to 42
operate the Vessel's cargo handling gear, unless the 43
crew's employment conditions or local union or port 44
regulations prohibit this, in which case qualified shore- 45
winchmen shall be provided and paid for by the 46
Charterers. 47

4. Charterers' Obligations 48
The Charterers shall provide and pay for all fuel oil, port 49
charges, pilotages (whether compulsory or not), canal 50
steersmen, boatage, lights, tug-assistance, consular 51
charges (except those pertaining to the Master, officers 52
and crew), canal, dock and other dues and charges, 53
including any foreign general municipality or state taxes, 54
also all dock, harbour and tonnage dues at the ports of 55
delivery and re-delivery (unless incurred through cargo 56
carried before delivery or after re-delivery), agencies, 57
commissions, also shall arrange and pay for loading, 58
trimming, stowing (including dunnage and shifting 59
boards, excepting any already on board), unloading, 60
weighing, tallying and delivery of cargoes, surveys on 61
hatches, meals supplied to officials and men in their 62
service and all other charges and expenses whatsoever 63
including detention and expenses through quarantine 64
(including cost of fumigation and disinfection). All ropes, 65
slings and special runners actually used for loading 66

and discharging and any special gear, including special 67
ropes and chains required by the custom of the port for 68
mooring shall be for the Charterers' account. The Vessel 69
shall be fitted with winches, derricks, wheels and or- 70
dinary runners capable of handling lifts up to 2 tons. 71

5. Bunkers 72
The Charterers at port of delivery and the Owners at port 73
of re-delivery shall take over and pay for all fuel oil 74
remaining in the Vessel's bunkers at current price at the 75
respective ports. The Vessel shall be re-delivered with 76
not less than the number of tons and not exceeding the 77
number of tons of fuel oil in the Vessel's bunkers stated 78
in Box 18. 79

6. Hire 80
The Charterers shall pay as hire the rate stated in Box 81
19 per 30 days, commencing in accordance with Clause 82
1 until her re-delivery to the Owners. 83
Payment of hire shall be made in cash, in the currency 84
stated in Box 20, without discount, every 30 days, in 85
advance, and in the manner prescribed in Box 20. In 86
default of payment the Owners shall have the right of 87
withdrawing the Vessel from the service of the Charterers, 88
without noting any protest and without interference by 89
any court or any other formality whatsoever and without 90
prejudice to any claim the Owners may otherwise have 91
on the Charterers under the Charter. 92

7. Re-delivery 93
The Vessel shall be re-delivered on the expiration of the 94
Charter in the same good order as when delivered to 95
the Charterers (fair wear and tear excepted) at an ice- 96
free port in the Charterers' option at the place or within 97
the range stated in Box 21, between 9 a.m. and 6 p.m., 98
and 9 a.m. and 2 p.m. on Saturday, but the day of re- 99
delivery shall not be a Sunday or legal Holiday. 100
The Charterers shall give the Owners not less than ten 101
days' notice at which port and on about which day the 102
Vessel will be re-delivered. Should the Vessel be ordered 103
on a voyage by which the Charter period will be exceeded 104
the Charterers shall have the use of Vessel to enable 105
them to complete the voyage, provided it could be 106
reasonably calculated that the voyage would allow 107
redelivery about the time fixed for the termination of the 108
Charter, but for any time exceeding the termination date 109
the Charterers shall pay the market rate if higher than 110
the rate stipulated herein. 111

8. Cargo Space 112
The whole reach and burthen of the Vessel, including 113
lawful deck-capacity shall be at the Charterers' disposal, 114
reserving proper and sufficient space for the Vessel's 115
Master, officers, crew, tackle, apparel, furniture, 116
provisions and stores. 117

9. Master 118
The Master shall prosecute all voyages with the utmost 119
despatch and shall render customary assistance with 120
the Vessel's crew. The Master shall be under the orders 121
of the Charterers as regards employment, agency, or 122
other arrangements. The Charterers shall indemnify the 123
Owners against all consequences or liabilities arising 124
from the Master, officers or Agents signing Bills of Lading 125
or other documents or otherwise complying with such 126
orders, as well as from any irregularity in the Vessel's 127
papers or for overcarrying goods. The Owners shall not 128
be responsible for shortage, mixture, marks, nor for 129
number of pieces or packages, nor for damage to or 130
claims on cargo caused by bad stowage or otherwise. If 131

PART II
"BALTIME 1939" Uniform Time-Charter (as revised 2001)

the Charterers have reason to be dissatisfied with the 132
conduct of the Master or any officer, the Owners, on 133
receiving particulars of the complaint, promptly to 134
investigate the matter, and, if necessary and practicable, 135
to make a change in the appointments. 136

10. Directions and Logs 137
The Charterers shall furnish the Master with all 138
instructions and sailing directions and the Master shall 139
keep full and correct logs accessible to the Charterers 140
or their Agents. 141

11. Suspension of Hire etc. 142
(A) In the event of drydocking or other necessary 143
measures to maintain the efficiency of the Vessel, 144
deficiency of men or Owners' stores, breakdown of 145
machinery, damage to hull or other accident, either 146
hindering or preventing the working of the Vessel and 147
continuing for more than twenty-four consecutive hours, 148
no hire shall be paid in respect of any time lost thereby 149
during the period in which the Vessel is unable to perform 150
the service immediately required. Any hire paid in 151
advance shall be adjusted accordingly. 152
(B) In the event of the Vessel being driven into port or to 153
anchorage through stress of weather, trading to shallow 154
harbours or to rivers or ports with bars or suffering an 155
accident to her cargo, any detention of the Vessel and/or 156
expenses resulting from such detention shall be for the 157
Charterers' account even if such detention and/or 158
expenses, or the cause by reason of which either is 159
incurred, be due to, or be contributed to by, the 160
negligence of the Owners' servants. 161

12. Responsibility and Exemption 162
The Owners only shall be responsible for delay in 163
delivery of the Vessel or for delay during the currency of 164
the Charter and for loss or damage to goods onboard, if 165
such delay or loss has been caused by want of due 166
diligence on the part of the Owners or their Manager in 167
making the Vessel seaworthy and fitted for the voyage 168
or any other personal act or omission or default of the 169
Owners or their Manager. The Owners shall not be 170
responsible in any other case nor for damage or delay 171
whatsoever and howsoever caused even if caused by 172
the neglect or default of their servants. The Owners shall 173
not be liable for loss or damage arising or resulting 174
from strikes, lock-outs or stoppage or restraint of labour 175
(including the Master, officers or crew) whether partial 176
or general. The Charterers shall be responsible for loss 177
or damage caused to the Vessel or to the Owners by 178
goods being loaded contrary to the terms of the Charter 179
or by improper or careless bunkering or loading, stowing 180
or discharging of goods or any other improper or 181
negligent act on their part or that of their servants. 182

13. Advances 183
The Charterers or their Agents shall advance to the 184
Master, if required, necessary funds for ordinary 185
disbursements for the Vessel's account at any port 186
charging only interest at 6 per cent. p.a., such advances 187
shall be deducted from hire. 188

14. Excluded Ports 189
The Vessel shall not be ordered to nor bound to enter: 190
(A) any place where fever or epidemics are prevalent or 191
to which the Master, officers and crew by law are not 192
bound to follow the Vessel; 193
(B) any ice-bound place or any place where lights, 194
lightships, marks and buoys are or are likely to be 195
withdrawn by reason of ice on the Vessel's arrival or 196
where there is risk that ordinarily the Vessel will not be 197

able on account of ice to reach the place or to get out 198
after having completed loading or discharging. The 199
Vessel shall not be obliged to force ice. If on account of 200
ice the Master considers it dangerous to remain at the 201
loading or discharging place for fear of the Vessel being 202
frozen in and/or damaged, he has liberty to sail to a 203
convenient open place and await the Charterers' fresh 204
instructions. Unforeseen detention through any of above 205
causes shall be for the Charterers' account. 206

15. Loss of Vessel 207
Should the Vessel be lost or missing, hire shall cease 208
from the date when she was lost. If the date of loss 209
cannot be ascertained half hire shall be paid from the 210
date the Vessel was last reported until the calculated 211
date of arrival at the destination. Any hire paid in advance 212
shall be adjusted accordingly. 213

16. Overtime 214
The Vessel shall work day and night if required. The 215
Charterers shall refund the Owners their outlays for all 216
overtime paid to officers and crew according to the hours 217
and rates stated in the Vessel's articles. 218

17. Lien 219
The Owners shall have a lien upon all cargoes and 220
sub-freights belonging to the Time-Charterers and any 221
Bill of Lading freight for all claims under this Charter, 222
and the Charterers shall have a lien on the Vessel for all 223
moneys paid in advance and not earned. 224

18. Salvage 225
All salvage and assistance to other vessels shall be for 226
the Owners and the Charterers' equal benefit after 227
deducting the Master's, officers' and crew's proportion 228
and all legal and other expenses including hire paid 229
under the charter for time lost in the salvage, also repairs 230
of damage and fuel oil consumed. The Charterers shall 231
be bound by all measures taken by the Owners in order 232
to secure payment of salvage and to fix its amount. 233

19. Sublet 234
The Charterers shall have the option of subletting the 235
Vessel, giving due notice to the Owners, but the original 236
Charterers shall always remain responsible to the 237
Owners for due performance of the Charter. 238

20. War ("Conwartime 1993") 239
(A) For the purpose of this Clause, the words: 240
(i) "Owners" shall include the shipowners, bareboat 241
charterers, disponent owners, managers or other 242
operators who are charged with the management of the 243
Vessel, and the Master; and 244
(ii) "War Risks" shall include any war (whether actual or 245
threatened), act of war, civil war, hostilities, revolution, 246
rebellion, civil commotion, warlike operations, the laying 247
of mines (whether actual or reported), acts of piracy, 248
acts of terrorists, acts of hostility or malicious damage, 249
blockades (whether imposed against all vessels or 250
imposed selectively against vessels of certain flags or 251
ownership, or against certain cargoes or crews or 252
otherwise howsoever), by any person, body, terrorist or 253
political group, or the Government of any state 254
whatsoever, which, in the reasonable judgement of the 255
Master and/or the Owners, may be dangerous or are 256
likely to be or to become dangerous to the Vessel, her 257
cargo, crew or other persons on board the Vessel. 258
(B) The Vessel, unless the written consent of the Owners 259
be first obtained, shall not be ordered to or required to 260
continue to or through, any port, place, area or zone 261
(whether of land or sea), or any waterway or canal, where 262

PART II
"BALTIME 1939" Uniform Time-Charter (as revised 2001)

it appears that the Vessel, her cargo, crew or other 263
persons on board the Vessel, in the reasonable 264
judgement of the Master and/or the Owners, may be, or 265
are likely to be, exposed to War Risks. Should the Vessel 266
be within any such place as aforesaid, which only 267
becomes dangerous, or is likely to be or to become 268
dangerous, after her entry into it, she shall be at liberty 269
to leave it. 270
(C) The Vessel shall not be required to load contraband 271
cargo, or to pass through any blockade, whether such 272
blockade be imposed on all vessels, or is imposed 273
selectively in any way whatsoever against vessels of 274
certain flags or ownership, or against certain cargoes 275
or crews or otherwise howsoever, or to proceed to an 276
area where she shall be subject, or is likely to be subject 277
to a belligerent's right of search and/or confiscation. 278
(D) (i) The Owners may effect war risks insurance in 279
respect of the Hull and Machinery of the Vessel and their 280
other interests (including, but not limited to, loss of 281
earnings and detention, the crew and their Protection 282
and Indemnity Risks), and the premiums and/or calls 283
therefor shall be for their account. 284
(ii) If the Underwriters of such insurance should require 285
payment of premiums and/or calls because, pursuant 286
to the Charterers' orders, the Vessel is within, or is due 287
to enter and remain within, any area or areas which are 288
specified by such Underwriters as being subject to 289
additional premiums because of War Risks, then such 290
premiums and/or calls shall be reimbursed by the 291
Charterers to the Owners at the same time as the next 292
payment of hire is due. 293
(E) If the Owners become liable under the terms of 294
employment to pay to the crew any bonus or additional 295
wages in respect of sailing into an area which is 296
dangerous in the manner defined by the said terms, 297
then such bonus or additional wages shall be re- 298
imbursed to the Owners by the Charterers at the same 299
time as the next payment of hire is due. 300
(F) The Vessel shall have liberty:- 301
(i) to comply with all orders, directions, recom- 302
mendations or advice as to departure, arrival, routes, 303
sailing in convoy, ports of call, stoppages, destinations, 304
discharge of cargo, delivery, or in any other way 305
whatsoever, which are given by the Government of the 306
Nation under whose flag the Vessel sails, or other 307
Government to whose laws the Owners are subject, or 308
any other Government, body or group whatsoever acting 309
with the power to compel compliance with their orders 310
or directions; 311
(ii) to comply with the order, directions or recom- 312
mendations of any war risks underwriters who have the 313
authority to give the same under the terms of the war 314
risks insurance; 315
(iii) to comply with the terms of any resolution of the 316
Security Council of the United Nations, any directives of 317
the European Community, the effective orders of any 318
other Supranational body which has the right to issue 319
and give the same, and with national laws aimed at 320
enforcing the same to which the Owners are subject, 321
and to obey the orders and directions of those who are 322
charged with their enforcement; 323
(iv) to divert and discharge at any other port any cargo or 324
part thereof which may render the Vessel liable to 325
confiscation as a contraband carrier; 326
(v) to divert and call at any other port to change the crew 327
or any part thereof or other persons on board the Vessel 328
when there is reason to believe that they may be subject 329
to internment, imprisonment or other sanctions. 330
(G) If in accordance with their rights under the foregoing 331
provisions of this Clause, the Owners shall refuse to 332
proceed to the loading or discharging ports, or any one 333

or more of them, they shall immediately inform the 334
Charterers. No cargo shall be discharged at any 335
alternative port without first giving the Charterers notice 336
of the Owners' intention to do so and requesting them 337
to nominate a safe port for such discharge. Failing such 338
nomination by the Charterers within 48 hours of the 339
receipt of such notice and request, the Owners may 340
discharge the cargo at any safe port of their own choice. 341
(H) If in compliance with any of the provisions of sub- 342
clauses (B) to (G) of this Clause anything is done or not 343
done, such shall not be deemed a deviation, but shall 344
be considered as due fulfilment of this Charter. 345

21. Cancelling 346
Should the Vessel not be delivered by the date indicated 347
in Box 22, the Charterers shall have the option of 348
cancelling. If the Vessel cannot be delivered by the 349
cancelling date, the Charterers, if required, shall declare 350
within 48 hours after receiving notice thereof whether 351
they cancel or will take delivery of the Vessel. 352

22. Dispute Resolution 353
*) (A) This Charter shall be governed by and construed in 354
accordance with English law and any dispute arising 355
out of or in connection with this Charter shall be referred 356
to arbitration in London in accordance with the Arbitration 357
Act 1996 or any statutory modification or re-enactment 358
thereof save to the extent necessary to give effect to the 359
provisions of this Clause. 360
The arbitration shall be conducted in accordance with 361
the London Maritime Arbitrators Association (LMAA) 362
Terms current at the time when the arbitration 363
proceedings are commenced. 364
The reference shall be to three arbitrators. A party 365
wishing to refer a dispute to arbitration shall appoint its 366
arbitrator and send notice of such appointment in writing 367
to the other party requiring the other party to appoint its 368
own arbitrator within 14 calendar days of that notice and 369
stating that it will appoint its arbitrator as sole arbitrator 370
unless the other party appoints its own arbitrator and 371
gives notice that it has done so within the 14 days 372
specified. If the other party does not appoint its own 373
arbitrator and give notice that it has done so within the 374
14 days specified, the party referring a dispute to 375
arbitration may, without the requirement of any further 376
prior notice to the other party, appoint its arbitrator as 377
sole arbitrator and shall advise the other party 378
accordingly. The award of a sole arbitrator shall be 379
binding on both parties as if he had been appointed by 380
agreement. 381
Nothing herein shall prevent the parties agreeing in 382
writing to vary these provisions to provide for the 383
appointment of a sole arbitrator. 384
In cases where neither the claim nor any counterclaim 385
exceeds the sum of US$50,000 (or such other sum as 386
the parties may agree) the arbitration shall be conducted 387
in accordance with the LMAA Small Claims Procedure 388
current at the time when the arbitration proceedings are 389
commenced. 390
*) (B) This Charter shall be governed by and construed in 391
accordance with Title 9 of the United States Code and 392
the Maritime Law of the United States and any dispute 393
arising out of or in connection with this Contract shall 394
be referred to three persons at New York, one to be 395
appointed by each of the parties hereto, and the third by 396
the two so chosen; their decision or that of any two of 397
them shall be final, and for the purposes of enforcing 398
any award, judgement may be entered on an award by 399
any court of competent jurisdiction. The proceedings 400
shall be conducted in accordance with the rules of the 401
Society of Maritime Arbitrators, Inc. 402

PART II
"BALTIME 1939" Uniform Time-Charter (as revised 2001)

In cases where neither the claim nor any counterclaim 403
exceeds the sum of US$50,000 (or such other sum as 404
the parties may agree) the arbitration shall be conducted 405
in accordance with the Shortened Arbitration Procedure 406
of the Society of Maritime Arbitrators, Inc. current at the 407
time when the arbitration proceedings are commenced. 408

*) **(C)** This Charter shall be governed by and construed in 409
accordance with the laws of the place mutually agreed 410
by the parties and any dispute arising out of or in 411
connection with this Charter shall be referred to 412
arbitration at a mutually agreed place, subject to the 413
procedures applicable there. 414
(D) Notwithstanding (A), (B) or (C) above, the parties 415
may agree at any time to refer to mediation any difference 416
and/or dispute arising out of or in connection with this 417
Charter. 418

In the case of a dispute in respect of which arbitration 419
has been commenced under (A), (B) or (C) above, the 420
following shall apply:- 421
(i) Either party may at any time and from time to time 422
elect to refer the dispute or part of the dispute to 423
mediation by service on the other party of a written notice 424
(the "Mediation Notice") calling on the other party to agree 425
to mediation. 426
(ii) The other party shall thereupon within 14 calendar 427
days of receipt of the Mediation Notice confirm that they 428
agree to mediation, in which case the parties shall 429
thereafter agree a mediator within a further 14 calendar 430
days, failing which on the application of either party a 431
mediator will be appointed promptly by the Arbitration 432
Tribunal ("the Tribunal") or such person as the Tribunal 433
may designate for that purpose. The mediation shall 434
be conducted in such place and in accordance with such 435
procedure and on such terms as the parties may agree 436
or, in the event of disagreement, as may be set by the 437
mediator. 438
(iii) If the other party does not agree to mediate, that fact 439
may be brought to the attention of the Tribunal and may 440
be taken into account by the Tribunal when allocating 441
the costs of the arbitration as between the parties. 442
(iv) The mediation shall not affect the right of either party 443
to seek such relief or take such steps as it considers 444

necessary to protect its interest. 445
(v) Either party may advise the Tribunal that they have 446
agreed to mediation. The arbitration procedure shall 447
continue during the conduct of the mediation but the 448
Tribunal may take the mediation timetable into account 449
when setting the timetable for steps in the arbitration. 450
(vi) Unless otherwise agreed or specified in the 451
mediation terms, each party shall bear its own costs 452
incurred in the mediation and the parties shall share 453
equally the mediator's costs and expenses. 454
(vii) The mediation process shall be without prejudice 455
and confidential and no information or documents 456
disclosed during it shall be revealed to the Tribunal 457
except to the extent that they are disclosable under the 458
law and procedure governing the arbitration. 459
(Note: The parties should be aware that the mediation 460
process may not necessarily interrupt time limits.) 461
(E) If Box 23 in Part I is not appropriately filled in, sub- 462
clause (A) of this Clause shall apply. Sub-clause (D) 463
shall apply in all cases. 464
*) *(A), (B) and (C) are alternatives; indicate alternative* 465
agreed in Box 23. 466

23. General Average
467
General Average shall be settled according to York/ 468
Antwerp Rules, 1994 and any subsequent modification 469
thereof. Hire shall not contribute to General Average. 470

24. Commission
471
The Owners shall pay a commission at the rate stated 472
in Box 24 to the party mentioned in Box 24 on any hire 473
paid under the Charter, but in no case less than is 474
necessary to cover the actual expenses of the Brokers 475
and a reasonable fee for their work. If the full hire is not 476
paid owing to breach of Charter the party liable therefor 477
shall indemnify the Brokers 478
against their loss of commission. Should the parties 479
agree to cancel the Charter, the Owners shall indemnify 480
the Brokers against any loss of commission but in such 481
case the commission not to exceed the brokerage on 482
one year's hire. 483

3. 표준 항해용선계약서(GENCON 1994)

1. Shipbroker	RECOMMENDED THE BALTIC AND INTERNATIONAL MARITIME COUNCIL UNIFORM GENERAL CHARTER (AS REVISED 1922, 1976 and 1994) (To be used for trades for which no specially approved form is in force) CODE NAME: "GENCON" Part I
	2. Place and date
3. Owners/Place of business (Cl. 1)	4. Charterers/Place of business (Cl. 1)
5. Vessel's name (Cl. 1)	6. GT/NT (Cl. 1)
7. DWT all told on summer load line in metric tons (abt.) (Cl. 1)	8. Present position (Cl. 1)
9. Expected ready to load (abt.) (Cl. 1)	
10. Loading port or place (Cl. 1)	11. Discharging port or place (Cl. 1)
12. Cargo (also state quantity and margin in Owners' option, if agreed; if full and complete cargo not agreed state "part cargo") (Cl. 1)	
13. Freight rate (also state whether freight prepaid or payable on delivery) (Cl. 4)	14. Freight payment (state currency and method of payment; also beneficiary and bank account) (Cl. 4)
15. State if vessel's cargo handling gear shall not be used (Cl. 5)	16. Laytime (if separate laytime for load. and disch. is agreed, fill in a) and b). If total laytime for load. and disch., fill in c) only) (Cl. 6)
17. Shippers/Place of business (Cl. 6)	a) Laytime for loading
18. Agents (loading) (Cl. 6)	b) Laytime for discharging
19. Agents (discharging) (Cl. 6)	c) Total laytime for loading and discharging
20. Demurrage rate and manner payable (loading and discharging) (Cl. 7)	21. Cancelling date (Cl. 9)
	22. General Average to be adjusted at (Cl. 12)
23. Freight Tax (state if for the Owners' account) (Cl. 13 (c))	24. Brokerage commission and to whom payable (Cl. 15)
25. Law and Arbitration (state 19 (a), 19 (b) or 19 (c) of Cl. 19; if 19 (c) agreed also state Place of Arbitration) (if not filled in 19 (a) shall apply) (Cl. 19)	
(a) State maximum amount for small claims/shortened arbitration (Cl. 19)	26. Additional clauses covering special provisions, if agreed

It is mutually agreed that this Contract shall be performed subject to the conditions contained in this Charter Party which shall include Part I as well as Part II. In the event of a conflict of conditions, the provisions of Part I shall prevail over those of Part II to the extent of such conflict.

Signature (Owners)	Signature (Charterers)

PART II
"Gencon" Charter (As Revised 1922, 1976 and 1994)

1. It is agreed between the party mentioned in Box 3 as the Owners of the Vessel 1
named in Box 5, of the GT/NT indicated in Box 6 and carrying about the number 2
of metric tons of deadweight capacity all told on summer loadline stated in Box 3
7, now in position as stated in Box 8 and expected ready to load under this 4
Charter Party about the date indicated in Box 9, and the party mentioned as the 5
Charterers in Box 4 that: 6
The said Vessel shall, as soon as her prior commitments have been completed, 7
proceed to the loading port(s) or place(s) stated in Box 10 or so near thereto as 8
she may safely get and lie always afloat, and there load a full and complete 9
cargo (if shipment of deck cargo agreed same to be at the Charterers' risk and 10
responsibility) as stated in Box 12, which the Charterers bind themselves to 11
ship, and being so loaded the Vessel shall proceed to the discharging port(s) or 12
place(s) stated in Box 11 as ordered on signing Bills of Lading, or so near 13
thereto as she may safely get and lie always afloat, and there deliver the cargo. 14

2. Owners' Responsibility Clause 15
The Owners are to be responsible for loss of or damage to the goods or for 16
delay in delivery of the goods only in case the loss, damage or delay has been 17
caused by personal want of due diligence on the part of the Owners or their 18
Manager to make the Vessel in all respects seaworthy and to secure that she is 19
properly manned, equipped and supplied, or by the personal act or default of 20
the Owners or their Manager. 21
And the Owners are not responsible for loss, damage or delay arising from any 22
other cause whatsoever, even from the neglect or default of the Master or crew 23
or some other person employed by the Owners on board or ashore for whose 24
acts they would, but for this Clause, be responsible, or from unseaworthiness of 25
the Vessel on loading or commencement of the voyage or at any time 26
whatsoever. 27

3. Deviation Clause 28
The Vessel has liberty to call at any port or ports in any order, for any purpose, 29
to sail without pilots, to tow and/or assist Vessels in all situations, and also to 30
deviate for the purpose of saving life and/or property. 31

4. Payment of Freight 32
(a) The freight at the rate stated in Box 13 shall be paid in cash calculated on the 33
intaken quantity of cargo. 34
(b) *Prepaid.* If according to Box 13 freight is to be paid on shipment, it shall be 35
deemed earned and non-returnable, Vessel and/or cargo lost or not lost. 36
Neither the Owners nor their agents shall be required to sign or endorse bills of 37
lading showing freight prepaid unless the freight due to the Owners has 38
actually been paid. 39
(c) *On delivery.* If according to Box 13 freight, or part thereof, is payable at 40
destination it shall not be deemed earned until the cargo is thus delivered. 41
Notwithstanding the provisions under (a), if freight or part thereof is payable on 42
delivery of the cargo the Charterers shall have the option of paying the freight 43
on delivered weight/quantity provided such option is declared before breaking 44
bulk and the weight/quantity can be ascertained by official weighing machine, 45
joint draft survey or tally. 46
Cash for Vessel's ordinary disbursements at the port of loading to be advanced 47
by the Charterers, if required, at highest current rate of exchange, subject to 48
two (2) per cent to cover insurance and other expenses. 49

5. Loading/Discharging 50
(a) *Costs/Risks* 51
The cargo shall be brought into the holds, loaded, stowed and/or trimmed, 52
tallied, lashed and/or secured and taken from the holds and discharged by the 53
Charterers, free of any risk, liability and expense whatsoever to the Owners. 54
The Charterers shall provide and lay all dunnage material as required for the 55
proper stowage and protection of the cargo on board, the Owners allowing the 56
use of all dunnage available on board. The Charterers shall be responsible for 57
and pay the cost of removing their dunnage after discharge of the cargo under 58
this Charter Party and time to count until dunnage has been removed. 59
(b) *Cargo Handling Gear* 60
Unless the Vessel is gearless or unless it has been agreed between the parties 61
that the Vessel's gear shall not be used and stated as such in Box 15, the 62
Owners shall throughout the duration of loading/discharging give free use of 63
the Vessel's cargo handling gear and of sufficient motive power to operate all 64
such cargo handling gear. All such equipment to be in good working order. 65
Unless caused by negligence of the stevedores, time lost by breakdown of the 66
Vessel's cargo handling gear or motive power - pro rata the total number of 67
cranes/winches required at that time for the loading/discharging of cargo 68
under this Charter Party - shall not count as laytime or time on demurrage. 69
On request the Owners shall provide free of charge cranemen/winchmen from 70
the crew to operate the Vessel's cargo handling gear, unless local regulations 71
prohibit this, in which latter event shore labourers shall be for the account of the 72
Charterers. Cranemen/winchmen shall be under the Charterers' risk and 73
responsibility and as stevedores to be deemed as their servants but shall 74

always work under the supervision of the Master. 75
(c) *Stevedore Damage* 76
The Charterers shall be responsible for damage (beyond ordinary wear and 77
tear) to any part of the Vessel caused by Stevedores. Such damage shall be 78
notified as soon as reasonably possible by the Master to the Charterers or their 79
agents and to their Stevedores, failing which the Charterers shall not be held 80
responsible. The Master shall endeavour to obtain the Stevedores' written 81
acknowledgement of liability. 82
The Charterers are obliged to repair any stevedore damage prior to completion 83
of the voyage, but must repair stevedore damage affecting the Vessel's 84
seaworthiness or class before the Vessel sails from the port where such 85
damage was caused or found. All additional expenses incurred shall be for the 86
account of the Charterers and any time lost shall be for the account of and shall 87
be paid to the Owners by the Charterers at the demurrage rate. 88

6. Laytime 89
* (a) *Separate laytime for loading and discharging* 90
The cargo shall be loaded within the number of running days/hours as 91
indicated in Box 16, weather permitting, Sundays and holidays excepted, 92
unless used, in which event time used shall count. 93
The cargo shall be discharged within the number of running days/hours as 94
indicated in Box 16, weather permitting, Sundays and holidays excepted, 95
unless used, in which event time used shall count. 96
* (b) *Total laytime for loading and discharging* 97
The cargo shall be loaded and discharged within the number of total running 98
days/hours as indicated in Box 16, weather permitting, Sundays and holidays 99
excepted, unless used, in which event time used shall count. 100
(c) *Commencement of laytime (loading and discharging)* 101
Laytime for loading and discharging shall commence at 13.00 hours, if notice of 102
readiness is given up to and including 12.00 hours, and at 06.00 hours next 103
working day if notice given during office hours after 12.00 hours. Notice of 104
readiness at loading port to be given to the Shippers named in Box 17 or if not 105
named, to the Charterers or their agents named in Box 18. Notice of readiness 106
at the discharging port to be given to the Receivers or, if not known, to the 107
Charterers or their agents named in Box 19. 108
If the loading/discharging berth is not available on the Vessel's arrival at or off 109
the port of loading/discharging, the Vessel shall be entitled to give notice of 110
readiness within ordinary office hours on arrival there, whether in free pratique 111
or not, whether customs cleared or not. Laytime or time on demurrage shall 112
then count as if she were in berth and in all respects ready for loading/ 113
discharging provided that the Master warrants that she is in fact ready in all 114
respects. Time used in moving from the place of waiting to the loading/ 115
discharging berth shall not count as laytime. 116
If, after inspection, the Vessel is found not to be ready in all respects to load/ 117
discharge time lost after the discovery thereof until the Vessel is again ready to 118
load/discharge shall not count as laytime. 119
Time used before commencement of laytime shall count. 120
* Indicate alternative (a) or (b) as agreed, in Box 16. 121

7. Demurrage 122
Demurrage at the loading and discharging port is payable by the Charterers at 123
the rate stated in Box 20 in the manner stated in Box 20 per day or pro rata for 124
any part of a day. Demurrage shall fall due day by day and shall be payable 125
upon receipt of the Owners' invoice. 126
In the event the demurrage is not paid in accordance with the above, the 127
Owners shall give the Charterers 96 running hours written notice to rectify the 128
failure. If the demurrage is not paid at the expiration of this time limit and if the 129
vessel is in or at the loading port, the Owners are entitled at any time to 130
terminate the Charter Party and claim damages for any losses caused thereby. 131

8. Lien Clause 132
The Owners shall have a lien on the cargo and on all sub-freights payable in 133
respect of the cargo, for freight, deadfreight, demurrage, claims for damages 134
and for all other amounts due under this Charter Party including costs of 135
recovering same. 136

9. Cancelling Clause 137
(a) Should the Vessel not be ready to load (whether in berth or not) on the 138
cancelling date indicated in Box 21, the Charterers shall have the option of 139
cancelling this Charter Party. 140
(b) Should the Owners anticipate that, despite the exercise of due diligence, 141
the Vessel will not be ready to load by the cancelling date, they shall notify the 142
Charterers thereof without delay stating the expected date of the Vessel's 143
readiness to load and asking whether the Charterers will exercise their option 144
of cancelling the Charter Party, or agree to a new cancelling date. 145
Such option must be declared by the Charterers within 48 running hours after 146
the receipt of the Owners' notice. If the Charterers do not exercise their option 147
of cancelling, then this Charter Party shall be deemed to be amended such that 148

PART II

"Gencon" Charter (As Revised 1922, 1976 and 1994)

the seventh day after the new readiness date stated in the Owners' notification 149
to the Charterers shall be the new cancelling date. 150
The provisions of sub-clause (b) of this Clause shall operate only once, and in 151
case of the Vessel's further delay, the Charterers shall have the option of 152
cancelling the Charter Party as per sub-clause (a) of this Clause. 153

10. Bills of Lading 154
Bills of Lading shall be presented and signed by the Master as per the 155
"Congenbill" Bill of Lading form, Edition 1994, without prejudice to this Charter 156
Party, or by the Owners' agents provided written authority has been given by 157
Owners to the agents, a copy of which is to be furnished to the Charterers. The 158
Charterers shall indemnify the Owners against all consequences or liabilities 159
that may arise from the signing of bills of lading as presented to the extent that 160
the terms or contents of such bills of lading impose or result in the imposition of 161
more onerous liabilities upon the Owners than those assumed by the Owners 162
under this Charter Party. 163

11. Both-to-Blame Collision Clause 164
If the Vessel comes into collision with another vessel as a result of the 165
negligence of the other vessel and any act, neglect or default of the Master, 166
Mariner, Pilot or the servants of the Owners in the navigation or in the 167
management of the Vessel, the owners of the cargo carried hereunder will 168
indemnify the Owners against all loss or liability to the other or non-carrying 169
vessel or her owners in so far as such loss or liability represents loss of, or 170
damage to, or any claim whatsoever of the owners of said cargo, paid or 171
payable by the other or non-carrying vessel or her owners to the owners of said 172
cargo and set-off, recouped or recovered by the other or non-carrying vessel 173
or her owners as part of their claim against the carrying Vessel or the Owners. 174
The foregoing provisions shall also apply where the owners, operators or those 175
in charge of any vessel or vessels or objects other than, or in addition to, the 176
colliding vessels or objects are at fault in respect of a collision or contact. 177

12. General Average and New Jason Clause 178
General Average shall be adjusted in London unless otherwise agreed in Box 179
22 according to York-Antwerp Rules 1994 and any subsequent modification 180
thereof. Proprietors of cargo to pay the cargo's share in the general expenses 181
even if same have been necessitated through neglect or default of the Owners' 182
servants (see Clause 2). 183
If General Average is to be adjusted in accordance with the law and practice of 184
the United States of America, the following Clause shall apply: "In the event of 185
accident, danger, damage or disaster before or after the commencement of the 186
voyage, resulting from any cause whatsoever, whether due to negligence or 187
not, for which, or for the consequence of which, the Owners are not 188
responsible, by statute, contract or otherwise, the cargo shippers, consignees 189
or the owners of the cargo shall contribute with the Owners in General Average 190
to the payment of any sacrifices, losses or expenses of a General Average 191
nature that may be made or incurred and shall pay salvage and special charges 192
incurred in respect of the cargo. If a salving vessel is owned or operated by the 193
Owners, salvage shall be paid for as fully as if the said salving vessel or vessels 194
belonged to strangers. Such deposit as the Owners, or their agents, may deem 195
sufficient to cover the estimated contribution of the goods and any salvage and 196
special charges thereon shall, if required, be made by the cargo, shippers, 197
consignees or owners of the goods to the Owners before delivery.". 198

13. Taxes and Dues Clause 199
(a) *On Vessel* -The Owners shall pay all dues, charges and taxes customarily 200
levied on the Vessel, howsoever the amount thereof may be assessed. 201
(b) *On cargo* -The Charterers shall pay all dues, charges, duties and taxes 202
customarily levied on the cargo, howsoever the amount thereof may be 203
assessed. 204
(c) *On freight* -Unless otherwise agreed in Box 23, taxes levied on the freight 205
shall be for the Charterers' account. 206

14. Agency 207
In every case the Owners shall appoint their own Agent both at the port of 208
loading and the port of discharge. 209

15. Brokerage 210
A brokerage commission at the rate stated in Box 24 on the freight, dead-freight 211
and demurrage earned is due to the party mentioned in Box 24. 212
In case of non-execution 1/3 of the brokerage on the estimated amount of 213
freight to be paid by the party responsible for such non-execution to the 214
Brokers as indemnity for the latter's expenses and work. In case of more 215
voyages the amount of indemnity to be agreed. 216

16. General Strike Clause 217
(a) If there is a strike or lock-out affecting or preventing the actual loading of the 218
cargo, or any part of it, when the Vessel is ready to proceed from her last port or 219

at any time during the voyage to the port or ports of loading or after her arrival 220
there, the Master or the Owners may ask the Charterers to declare, that they 221
agree to reckon the laydays as if there were no strike or lock-out. Unless the 222
Charterers have given such declaration in writing (by telegram, if necessary) 223
within 24 hours, the Owners shall have the option of cancelling this Charter 224
Party. If part cargo has already been loaded, the Owners must proceed with 225
same, (freight payable on loaded quantity only) having liberty to complete with 226
other cargo on the way for their own account. 227
(b) If there is a strike or lock-out affecting or preventing the actual discharging 228
of the cargo on or after the Vessel's arrival at or off port of discharge and same 229
has not been settled within 48 hours, the Charterers shall have the option of 230
keeping the Vessel waiting until such strike or lock-out is at an end against 231
paying half demurrage after expiration of the time provided for discharging 232
until the strike or lock-out terminates and thereafter full demurrage shall be 233
payable until the completion of discharging, or of ordering the Vessel to a safe 234
port where she can safely discharge without risk of being detained by strike or 235
lock-out. Such orders to be given within 48 hours after the Master or the 236
Owners have given notice to the Charterers of the strike or lock-out affecting 237
the discharge. On delivery of the cargo at such port, all conditions of this 238
Charter Party and of the Bill of Lading shall apply and the Vessel shall receive 239
the same freight as if she had discharged at the original port of destination, 240
except that if the distance to the substituted port exceeds 100 nautical miles, 241
the freight on the cargo delivered at the substituted port to be increased in 242
proportion. 243
(c) Except for the obligations described above, neither the Charterers nor the 244
Owners shall be responsible for the consequences of any strikes or lock-outs 245
preventing or affecting the actual loading or discharging of the cargo. 246

17. War Risks ("Voywar 1993") 247
(1) For the purpose of this Clause, the words: 248
(a) The "Owners" shall include the shipowners, bareboat charterers, 249
disponent owners, managers or other operators who are charged with the 250
management of the Vessel, and the Master; and 251
(b) "War Risks" shall include any war (whether actual or threatened), act of 252
war, civil war, hostilities, revolution, rebellion, civil commotion, warlike 253
operations, the laying of mines (whether actual or reported), acts of piracy, 254
acts of terrorists, acts of hostility or malicious damage, blockades 255
(whether imposed against all Vessels or imposed selectively against 256
Vessels of certain flags or ownership, or against certain cargoes or crews 257
or otherwise howsoever), by any person, body, terrorist or political group, 258
or the Government of any state whatsoever, which, in the reasonable 259
judgement of the Master and/or the Owners, may be dangerous or are 260
likely to be or to become dangerous to the Vessel, her cargo, crew or other 261
persons on board the Vessel. 262
(2) If at any time before the Vessel commences loading, it appears that, in the 263
reasonable judgement of the Master and/or the Owners, performance of 264
the Contract of Carriage, or any part of it, may expose, or is likely to expose, 265
the Vessel, her cargo, crew or other persons on board the Vessel to War 266
Risks, the Owners may give notice to the Charterers cancelling this 267
Contract of Carriage, or may refuse to perform such part of it as may 268
expose, or may be likely to expose, the Vessel, her cargo, crew or other 269
persons on board the Vessel to War Risks; provided always that if this 270
Contract of Carriage provides that loading or discharging is to take place 271
within a range of ports, and at the port or ports nominated by the Charterers 272
the Vessel, her cargo, crew, or other persons onboard the Vessel may be 273
exposed, or may be likely to be exposed, to War Risks, the Owners shall 274
first require the Charterers to nominate any other safe port which lies 275
within the range for loading or discharging, and may only cancel this 276
Contract of Carriage if the Charterers shall not have nominated such safe 277
port or ports within 48 hours of receipt of notice of such requirement. 278
(3) The Owners shall not be required to continue to load cargo for any voyage, 279
or to sign Bills of Lading for any port or place, or to proceed or continue on 280
any voyage, or on any part thereof, or to proceed through any canal or 281
waterway, or to proceed to or remain at any port or place whatsoever, 282
where it appears, either after the loading of the cargo commences, or at 283
any stage of the voyage thereafter before the discharge of the cargo is 284
completed, that, in the reasonable judgement of the Master and/or the 285
Owners, the Vessel, her cargo (or any part thereof), crew or other persons 286
on board the Vessel (or any one or more of them) may be, or are likely to be, 287
exposed to War Risks. If it should so appear, the Owners may by notice 288
request the Charterers to nominate a safe port for the discharge of the 289
cargo or any part thereof, and if within 48 hours of the receipt of such 290
notice, the Charterers shall not have nominated such a port, the Owners 291
may discharge the cargo at any safe port of their choice (including the port 292
of loading) in complete fulfilment of the Contract of Carriage. The Owners 293
shall be entitled to recover from the Charterers the extra expenses of such 294
discharge and, if the discharge takes place at any port other than the 295
loading port, to receive the full freight as though the cargo had been 296

PART II
"Gencon" Charter (As Revised 1922, 1976 and 1994)

carried to the discharging port and if the extra distance exceeds 100 miles, 297
to additional freight which shall be the same percentage of the freight 298
contracted for as the percentage which the extra distance represents to 299
the distance of the normal and customary route, the Owners having a lien 300
on the cargo for such expenses and freight. 301

(4) If at any stage of the voyage after the loading of the cargo commences, it 302
appears that, in the reasonable judgement of the Master and/or the 303
Owners, the Vessel, her cargo, crew or other persons on board the Vessel 304
may be, or are likely to be, exposed to War Risks on any part of the route 305
(including any canal or waterway) which is normally and customarily used 306
in a voyage of the nature contracted for, and there is another longer route 307
to the discharging port, the Owners shall give notice to the Charterers that 308
this route will be taken. In this event the Owners shall be entitled, if the total 309
extra distance exceeds 100 miles, to additional freight which shall be the 310
same percentage of the freight contracted for as the percentage which the 311
extra distance represents to the distance of the normal and customary 312
route. 313

(5) The Vessel shall have liberty:- 314
(a) to comply with all orders, directions, recommendations or advice as to 315
departure, arrival, routes, sailing in convoy, ports of call, stoppages, 316
destinations, discharge of cargo, delivery or in any way whatsoever which 317
are given by the Government of the Nation under whose flag the Vessel 318
sails, or other Government to whose laws they are subject, or any 319
other Government which so requires, or any body or group acting with the 320
power to compel compliance with their orders or directions; 321
(b) to comply with the orders, directions or recommendations of any war 322
risks underwriters who have the authority to give the same under the terms 323
of the war risks insurance; 324
(c) to comply with the terms of any resolution of the Security Council of the 325
United Nations, any directives of the European Community, the effective 326
orders of any other Supranational body which has the right to issue and 327
give the same, and with national laws aimed at enforcing the same to which 328
the Owners are subject, and to obey the orders and directions of those who 329
are charged with their enforcement; 330
(d) to discharge at any other port any cargo or part thereof which may 331
render the Vessel liable to confiscation as a contraband carrier; 332
(e) to call at any other port to change the crew or any part thereof or other 333
persons on board the Vessel when there is reason to believe that they may 334
be subject to internment, imprisonment or other sanctions; 335
(f) where cargo has not been loaded or has been discharged by the 336
Owners under any provisions of this Clause, to load other cargo for the 337
Owners' own benefit and carry it to any other port or ports whatsoever, 338
whether backwards or forwards or in a contrary direction to the ordinary or 339
customary route. 340

(6) If in compliance with any of the provisions of sub-clauses (2) to (5) of this 341
Clause anything is done or not done, such shall not be deemed to be a 342
deviation, but shall be considered as due fulfilment of the Contract of 343
Carriage. 344

18. General Ice Clause 345
Port of loading 346
(a) In the event of the loading port being inaccessible by reason of ice when the 347
Vessel is ready to proceed from her last port or at any time during the voyage or 348
on the Vessel's arrival or in case frost sets in after the Vessel's arrival, the 349
Master for fear of being frozen in is at liberty to leave without cargo, and this 350
Charter Party shall be null and void. 351
(b) If during loading the Master, for fear of the Vessel being frozen in, deems it 352
advisable to leave, he has liberty to do so with what cargo he has on board and 353
to proceed to any other port or ports with option of completing cargo for the 354
Owners' benefit for any port or ports including port of discharge. Any part 355
cargo thus loaded under this Charter Party to be forwarded to destination at the 356
Vessel's expense but against payment of freight, provided that no extra 357
expenses be thereby caused to the Charterers, freight being paid on quantity 358
delivered (in proportion if lumpsum), all other conditions as per this Charter 359
Party. 360
(c) In case of more than one loading port, and if one or more of the ports are 361
closed by ice, the Master or the Owners to be at liberty either to load the part 362
cargo at the open port and fill up elsewhere for their own account as under 363
section (b) or to declare the Charter Party null and void unless the Charterers 364
agree to load full cargo at the open port. 365

Port of discharge 366
(a) Should ice prevent the Vessel from reaching port of discharge the 367
Charterers shall have the option of keeping the Vessel waiting until the re- 368
opening of navigation and paying demurrage or of ordering the Vessel to a safe 369
and immediately accessible port where she can safely discharge without risk of 370
detention by ice. Such orders to be given within 48 hours after the Master or the 371
Owners have given notice to the Charterers of the impossibility of reaching port 372

of destination. 373
(b) If during discharging the Master for fear of the Vessel being frozen in deems 374
it advisable to leave, he has liberty to do so with what cargo he has on board and 375
to proceed to the nearest accessible port where she can safely discharge. 376
(c) On delivery of the cargo at such port, all conditions of the Bill of Lading shall 377
apply and the Vessel shall receive the same freight as if she had discharged at 378
the original port of destination, except that if the distance of the substituted port 379
exceeds 100 nautical miles, the freight on the cargo delivered at the substituted 380
port to be increased in proportion. 381

19. Law and Arbitration 382
* (a) This Charter Party shall be governed by and construed in accordance with 383
English law and any dispute arising out of this Charter Party shall be referred to 384
arbitration in London in accordance with the Arbitration Acts 1950 and 1979 or 385
any statutory modification or re-enactment thereof for the time being in force. 386
Unless the parties agree upon a sole arbitrator, one arbitrator shall be 387
appointed by each party and the arbitrators so appointed shall appoint a third 388
arbitrator, the decision of the three-man tribunal thus constituted or any two of 389
them, shall be final. On the receipt by one party of the nomination in writing of 390
the other party's arbitrator, that party shall appoint their arbitrator within 391
fourteen days, failing which the decision of the single arbitrator appointed shall 392
be final. 393
For disputes where the total amount claimed by either party does not exceed 394
the amount stated in Box 25** the arbitration shall be conducted in accordance 395
with the Small Claims Procedure of the London Maritime Arbitrators 396
Association. 397

* (b) This Charter Party shall be governed by and construed in accordance with 398
Title 9 of the United States Code and the Maritime Law of the United States and 399
should any dispute arise out of this Charter Party, the matter in dispute shall be 400
referred to three persons at New York, one to be appointed by each of the 401
parties hereto, and the third by the two so chosen; their decision or that of any 402
two of them shall be final, and for purpose of enforcing any award, this 403
agreement may be made a rule of the Court. The proceedings shall be 404
conducted in accordance with the rules of the Society of Maritime Arbitrators, 405
Inc.. 406
For disputes where the total amount claimed by either party does not exceed 407
the amount stated in Box 25** the arbitration shall be conducted in accordance 408
with the Shortened Arbitration Procedure of the Society of Maritime Arbitrators, 409
Inc.. 410

* (c) Any dispute arising out of this Charter Party shall be referred to arbitration at 411
the place indicated in Box 25, subject to the procedures applicable there. The 412
laws of the place indicated in Box 25 shall govern this Charter Party. 413
(d) If Box 25 in Part 1 is not filled in, sub-clause (a) of this Clause shall apply. 414
* (a), (b) and (c) are alternatives; indicate alternative agreed in Box 25. 415
** Where no figure is supplied in Box 25 in Part 1, this provision only shall be void but 416
the other provisions of this Clause shall have full force and remain in effect. 417

4. 표준 슬로트용선계약서(SLOTHIRE)

<table>
<tr>
<td colspan="2">

1. Shipbroker

</td>
<td colspan="2">

THE BALTIC AND INTERNATIONAL MARITIME COUNCIL (BIMCO)
STANDARD SLOT CHARTER PARTY
CODE NAME: "SLOTHIRE"   PART I

</td>
</tr>
<tr>
<td colspan="2" rowspan="2">

3. Owners/Address

</td>
<td colspan="2">

2. Place and date

</td>
</tr>
<tr>
<td colspan="2">

4. Charterers/Address

</td>
</tr>
<tr>
<td colspan="2">

5. Vessel

</td>
<td colspan="2">

6. Call Sign

</td>
</tr>
<tr>
<td colspan="2">

7. Slot Allocation (state no. of TEUs) (Cl. 1)

</td>
<td colspan="2">

8. Weight Allocation (state maximum total weight of Containers) (Cl. 1)

</td>
</tr>
<tr>
<td colspan="2">

9. State no. of Containers to be connected to Vessel's refrigerating machinery/ power supply (Cl. 1)

</td>
<td colspan="2">

10. Vessel's Itinerary (Cl. 6)

</td>
</tr>
<tr>
<td colspan="2">

11. Commencement Date and Place (Cl. 2)

</td>
<td colspan="2" rowspan="4"></td>
</tr>
<tr>
<td colspan="2">

12. Termination (state period of notice of termination) (Cl. 2)

</td>
</tr>
<tr>
<td colspan="2">

13. Notice (state earliest date on which notice of termination may be given) (Cl. 2)

</td>
</tr>
<tr>
<td colspan="2">

14. State port and date, or scheduled period (Cl. 2)

</td>
</tr>
<tr>
<td colspan="2" rowspan="3">

15. Slot Charter Hire (FIOS) per voyage (Cl. 5)

</td>
<td colspan="2">

16. Additional amount (per day) payable for each Container receiving a supply of power from the Vessel (Cl. 5)

</td>
</tr>
<tr>
<td colspan="2">

17. Place of payment; also state beneficiary and bank account (Cl. 5)

</td>
</tr>
<tr>
<td colspan="2"></td>
</tr>
<tr>
<td colspan="2">

18. Latest payment date (Cl. 5)

</td>
<td colspan="2">

19. Interest rate per annum (Cl. 5)

</td>
</tr>
<tr>
<td colspan="4">

20. Charterers' maximum claim settlement authority (Cl. 15(d))

</td>
</tr>
<tr>
<td colspan="2">

21. General Average to be adjusted at (Cl. 19)

</td>
<td colspan="2">

22. Brokerage commission and to whom payable

</td>
</tr>
<tr>
<td colspan="2">

23. Law and Arbitration (state (a), (b) or (c) of Cl. 23; if (c) agreed also state Place of Arbitration) (Cl. 23)

</td>
<td colspan="2">

24. Number of additional clauses covering special provisions

</td>
</tr>
</table>

It is mutually agreed that this Contract shall be performed in accordance with the conditions in PART I including additional clauses, if any agreed and stated in Box 23, and PART II. In the event of a conflict of conditions, the provisions of PART I shall prevail over those of PART II to the extent of such conflict but no further.

<table>
<tr>
<td>

Signature (Owners)

</td>
<td>

Signature (Charterers)

</td>
</tr>
</table>

Printed by The BIMCO Charter Party Editor

PART II
"SLOTHIRE" Standard Slot Charter Party

It is agreed on the date as indicated in Box 2 between the party named in Box 3 (hereinafter referred to as "the Owners") of the Vessel named in Box 5 and with the call sign as stated in Box 6, and the party named in Box 4 (hereinafter referred to as "the Charterers") as follows:

Definitions

In this Slot Charter Party, the following words shall have the meanings hereby assigned to them:
"TEU" means a Twenty Foot Equivalent Unit.
"Slot" means the space on board the Vessel necessary to accommodate one TEU.
"Container" means any Standard ISO Container.
"Goods" means the whole or any part of the cargo received from the Charterers and includes any Container not owned or hired by the Charterers.
"Sub-contractor" shall include direct and/or indirect sub-contractors and/or their respective servants and agents.

1. Slot and Weight Allocation
(a) The Owners shall let and the Charterers shall hire the number of Slots as agreed in Box 7 for the carriage of Goods and Containers, of which the number of Containers as indicated in Box 9 may be connected to the Vessel's refrigerating machinery and/or power supply, provided that the total weight of said Goods and Containers does not exceed the weight shown in Box 8.
(b) Slots shall be available to the Charterers on a voyage basis as specified in Box 15 and may be used by the Charterers for the carriage of Goods and Containers between all the specified ports.
(c) The Owners shall have free use of any Slot or weight allocation unused by the Charterers on any voyage leg, provided that such Slot or weight allocation is available to the Charterers at the next port at which the Charterers are entitled to load.

2. Period
This Slot Charter Party shall commence on the date and at the place shown in Box 11 and shall terminate upon either party giving notice in writing as agreed in Box 12, which notice shall not be given before the date agreed in Box 13. Alternatively, the parties may agree that the termination of this Slot Charter Party shall be effected upon discharge at a port and on a scheduled date or within a scheduled period as agreed in Box 14.

3. Trading Limits
The Vessel shall be employed in lawful trades within the Institute Warranty Limits for the carriage of lawful merchandise.

4. Permitted Cargoes
Except as provided below, the Slots shall be used exclusively for the carriage of Goods properly packed and stowed in Containers complying with the International Convention for Safe Containers. The following items may only be shipped with the prior approval of the Owners (see also Clause 12):
(a) Uncontainerised Goods
(b) Containers of Non-Standard Sizes and Specifications
(c) Live Animals
(d) Hazardous Goods, provided also that such Goods are loaded, stowed, discharged and documented in accordance with IMO Regulations
(e) Radioactive Materials
provided that
(i) previous written full particulars of such Goods have been given to the Owners by or on behalf of the Charterers and;
(ii) all the relevant requirements and recommendations and the law in force in the port of loading and discharge and any intermediate scheduled port of call as well as the law of the country in which the Vessel is registered, have been complied with
(iii) the carriage of such Goods is not excluded under the Owners' P&I cover.

5. Slot Charter Hire
Slot Charter Hire at the rate shown in Box 15 and an additional amount (per day) indicated in Box 16 for each Container receiving a supply of power from the Vessel, if any, shall be payable at the place indicated in Box 17 within the number of days shown in Box 18 after commencement of the voyage. Such Slot Charter Hire and additional amount, if any, shall be deemed earned upon the commencement of the voyage, irrespective of the number of Slots used, and shall be non-returnable in any event.
Late payment shall entitle the Owners to an interest rate per annum as agreed in Box 19. If Box 19 has not been filled in, the official discount rate on bills of exchange as valid at the place of payment indicated in Box 17, increased by 3 per cent., shall apply.

6. Itinerary
(a) The schedule of the itinerary as specified in Box 10 shall be advised to the Charterers as early as possible together with prompt advice of any amendments thereto.
(b) The Owners shall be entitled to exercise the liberty to deviate as provided in the Hague-Visby Rules at any time without notice to the Charterers. However, if during the course of a voyage the Vessel should deviate in circumstances which are not permitted by a bill of lading or other contract of carriage covering Goods for which the Charterers have used a Slot, the Owners shall indemnify the Charterers for any liability thereby incurred, unless the Owners have given at least 48 hours prior notice to the Charterers of such intended deviation, in which case this indemnity shall not operate.

7. Opening Containers
The Owners shall be entitled at any time to open any Container or package and to inspect the contents. Any Container opened must be re-sealed and the Charterers advised accordingly.

8. Stowaways
Any costs incurred in respect of stowaways shall be for the Owners' account, unless it can be established that the means by which the stowaways gained access to the Vessel was by secreting away in the Charterers' Goods and/or Containers prior to loading, in which case all such costs shall be for the Charterers' account.

9. Drugs
In the event that contraband and/or unmanifested drugs or goods are found to have been shipped as part of the Charterers' Goods and/or in the Charterers' Containers on board the Vessel, any fines or imposts levied and legal and all other costs incurred, including but not limited to, loss of time for the Vessel shall be for the Charterers' account and the Charterers shall, on demand, provide the security required to enable the Vessel to sail. However, if it can be established that the presence of contraband and/or unmanifested drugs or goods was due solely to the act, neglect or default by the Owners, their servants, agents or Sub-contractors, such fines or imposts levied and legal and other costs incurred shall be for the Owners' account.

10. Repairs
The Owners shall have liberty to take the Vessel out of service for maintenance and repairs, with reasonable notice to the Charterers.

11. Owners' Obligations
(a) The Owners shall arrange for the loading onto, securing and discharging from the Vessel of the Charterers' Goods and Containers as agent for, and for the account of, the Charterers.
(b) If required by the Charterers, the Owners shall sign a receipt for the tally of Goods and Containers loaded on board the Vessel at each port of loading. In the absence of such receipt, both parties agree to accept terminal tallies as conclusive evidence of the tally of Goods and Containers loaded and discharged.
(c) During the voyage, the Master and Engineer shall keep full and correct logs and adequate records concerning the care and condition of the Goods and Containers and all such logs and records shall be accessible to the Charterers or their agents.

12. Charterers' Obligations
(a) The Charterers shall provide such information and/or documentation and comply with the Owners' procedures in relation to any Goods and Containers under this Slot Charter Party as the Owners may reasonably require and the Charterers warrant that such information and/or documentation shall be complete, accurate and in time for loading/ discharging operations to be planned.
(b) The Charterers shall undertake that all Goods and Containers within the Charterers' allocation shall be delivered at the loading terminal at least 24 hours before the arrival of the Vessel.

13. Indemnity and Agency
(a) The Charterers undertake that no claim or allegation shall be made against the Owners or any servant, agent or Sub-contractor of the Owners by any person whomsoever, other than the Charterers, which imposes or attempts to impose upon the Owners or any such servant, agent or Sub-contractor or any Vessel owned by any of them, any liability whatsoever in connection with Goods and Containers, or their carriage, (even if such liability arises wholly or in part by reason of the act, neglect or default of the Owners or of such servant, agent or Sub-contractor), and in the event of any such claim or allegation nevertheless being made, the Charterers shall indemnify the Owners and such servant, agent or Sub-contractor against all consequences whatsoever thereof.
The Charterers further undertake that bills of lading issued for the

PART II
"SLOTHIRE" Standard Slot Charter Party

Charterers' Goods and Containers carried under this Slot Charter Party 147
shall contain: 148
(i) No Identity of Carrier Clause which purports to establish a 149
contractual relationship between the Owners and the cargo interests 150
of the Charterers. 151
(ii) A Clause Paramount applying the Hague or Hague-Visby Rules as 152
enacted in the country of shipment. 153
(iii) A Himalaya Clause or Circular Indemnity Clause giving the Owners 154
the benefit of the bill of lading terms and conditions and/or 155
protection from tortious claims by third parties. 156
If, despite the provisions of (i) above, a contractual relationship between 157
the Owners and the Charterers' cargo interests is construed, the 158
Charterers shall indemnify the Owners against all consequences thereof. 159
(b) The Charterers shall not make any claim or allegation against any 160
servant, agent or Sub-contractor of the Owners which imposes or 161
attempts to impose on any such servant, agent or Sub-contractor any 162
liability whatsoever in connection with Goods and Containers, or their 163
carriage, (even if such liability arises wholly or in part by reason of the 164
act, neglect or default of the Owners or of such servant, agent or Sub- 165
contractor), and, in the event of any such claim or allegation nevertheless 166
being made, the provisions of sub-clause 13(a) shall apply as if such 167
claim or allegation had been made by persons other than the Charterers. 168
(c) Without prejudice to sub-clause 13(a) the Owners authorise and 169
empower the Charterers to act as the Owners' agents and/or trustees to 170
stipulate for the Owners to have as against other persons the benefit of 171
any immunities, exemptions or liberties regarding the Goods and 172
Containers, or their carriage, but the Charterers shall have no authority to 173
make any contract imposing any obligations upon the Owners in 174
connection with the Goods and Containers or their carriage. 175
(d) Nothing in this Clause shall preclude any claim made by the owners of 176
any property on board the Vessel for a General Average contribution in 177
accordance with the York-Antwerp Rules 1974, as amended 1990, or any 178
subsequent modification thereof. 179
(e) If the Owners are not the actual owners of the Vessel, the provisions of 180
sub-clauses 13(a), (b) and (c) shall also apply to the actual owners of the 181
Vessel, their servants, agents and Sub-contractors in the same manner 182
as they apply to the Owners, their servants, agents and Sub-contractors. 183

14. Owners' Responsibilities and Liabilities
184
Except as otherwise provided elsewhere in this Slot Charter Party, the 185
responsibilities and liabilities of the Owners shall be as follows: 186
(a) The Owners shall be responsible for the seaworthiness of the Vessel in 187
accordance with Article III Rule 1 and Article IV Rule 1 of the Hague-Visby 188
Rules and for all purposes in connection with this Slot Charter Party they 189
shall be entitled to the rights and immunities set out in Article IV Rules 2, 4 190
and 6 of the said Hague-Visby Rules. 191
(b) Subject to sub-clause 14(a), the Owners shall be responsible for the 192
proper and careful carriage, custody and care of the Goods and 193
Containers whilst on board the Vessel, and for discharging, handling and 194
storing Goods and Containers discharged solely in order to be re-loaded 195
or in order to load or discharge other goods and containers, and for re- 196
loading and re-stowing the same. 197
(c) The Owners shall provide electrical power to integral refrigerated unit 198
Containers and to refrigeration clip-on units attached to insulated 199
Containers shipped on the Vessel. The Owners shall use all reasonable 200
endeavours to monitor and record the performance of all such units 201
whilst on board and, at the expense of the Charterers, to repair and 202
rectify any breakdown, fault or deficiency which may occur in respect of 203
such units, using the resources on board the Vessel. 204
If such resources are insufficient, the Owners, at the expense of the 205
Charterers, shall use all reasonable endeavours promptly to obtain any 206
required spares or specialised repair facilities. 207
Except as provided above, the Owners shall not be liable for 208
malfunctioning of integral refrigerated Containers and power packs put 209
on board by the Charterers. 210
(d) The liability of the Owners under this Clause shall be subject to Article III 211
Rule 6 (including 6bis) of the Hague-Visby Rules. 212
(e) In respect of loss of or damage to Containers owned or hired by the 213
Charterers, the quantum of liability of the Owners shall in no event 214
exceed the lesser of the reasonable cost of repair or market value of the 215
Container, however, the Charterers shall make no claim for damage to 216
any Container of less than USD 500 on any one voyage. 217
(f) In respect of loss of or damage to Goods, the quantum of liability of the 218
Owners shall be determined as follows: 219
(i) If the port of loading is in a country which is a party to the Hague- 220
Visby Rules the quantum of liability of the Owners to the Charterers 221
shall be determined by the relevant legislation of that country as if 222
this Slot Charter Party were a Bill of Lading with no declaration of 223
value. 224
(ii) If the port of loading is in a country which is a party to the Hague 225

Rules, the quantum of liability of the Owners to the Charterers shall 226
be determined by the relevant legislation of that country as if this Slot 227
Charter Party were a Bill of Lading with no declaration of value. 228
(iii) In all other cases the quantum of liability of the Owners to the 229
Charterers shall be determined by reference to the Hague Rules 230
Articles I-VIII only as if this Slot Charter Party were a Bill of Lading with 231
no declaration of value, save that the limitation sum for the purposes 232
of Article IV Rule 5 of the Hague Rules shall be GBP 100 sterling. 233
(iv) If quantum of limitation is calculated by reference to packages, the 234
quantum of liability of the Owners to the Charterers shall be 235
calculated by reference to the same tally as is applicable between 236
the Charterers and their customer. 237
(v) In addition to the liability as outlined in (i) to (iv) above, the Owners 238
will reimburse the Charterers for reasonable legal and other costs 239
necessarily incurred in connection with claims for which the Owners 240
are liable under this Slot Charter Party. 241
(g) The Owners shall indemnify the Charterers against any claims for 242
personal injury incurred on or about the Vessel unless caused by the 243
negligence of the Charterers, their servants, agents or Sub-contractors 244
or any defect in the Charterers' Goods and/or Containers. 245

15. Charterers' Responsibilities and Liabilities
246
(a) Whilst the Charterers are responsible for all costs incurred prior to 247
placing into stow in the Vessel and after removal from stow in the Vessel, 248
the Owners acting as the Charterers' agents to arrange such services 249
(see Clause 11(a)), the Charterers shall only be liable to the Owners for 250
any loss of or damage to the Vessel or to other goods and containers 251
caused by stevedores during such services to the extent that a recovery 252
is made from the stevedores. This recovery right is herewith assigned to 253
the Owners which assignment is accepted by the Owners. 254
(b) The Charterers shall be responsible for the proper and careful loading, 255
stowage, lashing and securing of the Goods in the Containers and place 256
them for shipment and shall be liable for all loss or damage (including 257
loss of or damage to the Vessel) caused to the Owners as a result of 258
improper or careless performance of such operations. 259
(c) The Charterers shall indemnify the Owners against any expenses, 260
liabilities, losses, damages, claims or demands which the Owners may 261
incur or suffer by reason of any failure to comply with any relevant laws, 262
regulations, directions or notices of Customs, port and any other 263
authorities, or by reason of any infestation, contamination or 264
condemnation of Goods and/or Containers, insofar as such failure, 265
infestation, contamination or condemnation arises from any act, neglect 266
or default of the Charterers, the consignors or consignees of their Goods 267
and/or Containers, or their servants, agents or Sub-contractors. 268
(d) Whenever possible, the Charterers shall give all reasonable facilities to 269
the Owners for inspecting damaged Goods and Containers for which 270
they intend to seek reimbursement from the Owners. 271
(e) The Charterers shall make no payment in excess of the amount as stated 272
in Box 20 in settlement of a claim for which they will seek recovery from 273
the Owners without prior notice to the Owners. The Owners authorise the 274
Charterers to grant extensions of time in respect of such claims provided 275
the Charterers give the Owners immediate notice thereof. 276
(f) In any event, the Charterers shall be discharged from all liabilities arising 277
under this Slot Charter Party unless suit is brought within 15 months of the 278
occurrence of the incident giving rise to the liability or the date upon 279
which the Owners became aware of such occurrence. 280

16. Mutual Exemption Clause
281
(a) Neither the Owners nor the Charterers shall be responsible for any loss 282
or damage or delay or failure in performance under this Slot Charter 283
Party resulting from Act of God, war, civil commotion, quarantine, strikes, 284
lock-outs, arrest or restraint of princes, rulers and peoples or any other 285
event whatsoever which cannot be avoided or guarded against. 286
(b) Except as elsewhere provided, neither the Owners nor the Charterers 287
shall be responsible for any indirect or consequential loss, including but 288
not limited to damage or decline in the market value of the Vessel or 289
Goods during delays, loss of profit or loss of business opportunities in 290
respect of any claim that the one may have against the other. 291

17. Lien
292
The Owners shall have a lien, including after discharge, upon the Charterers' 293
Goods and Containers for all sums due to the Owners from the Charterers, 294
their servants, agents, Sub-contractors or principals in respect of services 295
provided by the Owners to the Charterers under the terms of this Slot Charter 296
Party. 297

18. Dues, Charges and Taxes
298
(a) The Owners shall pay all dues, charges and taxes customarily levied on 299
the Vessel, howsoever the amount thereof may be assessed. 300
(b) The Charterers shall pay all dues, charges, duties and taxes customarily 301

PART II

"SLOTHIRE" Standard Slot Charter Party

levied on the Goods and/or Containers, howsoever the amount thereof　302
may be assessed.　303

19. General Average　304

General Average shall be adjusted at the place as indicated in Box 21　305
according to the York-Antwerp Rules 1974, as amended 1990, or any　306
subsequent modification thereof. Slot Charter Hire shall not contribute to　307
General Average. The Owners authorise and empower the Charterers to act　308
as the agents of the Owners in the collection of General Average security. The　309
Charterers shall guarantee the contributions properly due to the Owners in　310
respect of:　311
 (a) Goods for which the Charterers are the contracting carrier unless　312
   such Goods are delivered to the Charterers prior to notice being　313
   given by the Owners to the Charterers that General Average security　314
   is required; and　315
 (b) Containers shipped by the Charterers under this Slot Charter Party.　316

20. Salvage　317

In the event of the Vessel needing to engage salvage services and in order to　318
secure the release of Goods and/or Containers for on-carriage, the Owners　319
shall be required to give any undertaking to salvors to assist in the collection　320
of security and not to release Goods and/or Containers until acceptable　321
salvage security has been provided. The Charterers shall guarantee to the　322
Owners that the requirements of such undertaking will be met in respect of　323
Goods, for which the Charterers are the contracting carrier and Containers　324
shipped by the Charterers under this Slot Charter Party, provided that these　325
requirements are notified to the Charterers prior to the delivery of the Goods　326
and/or Containers to the Charterers.　327

21. Deck Carriage　328

Goods and Containers may be carried on deck and shall contribute in　329
General Average whether carried on or under deck.　330

22. Sub-letting　331

The Charterers shall not assign this Slot Charter Party and shall not sub-let　332
the Slots without the prior approval of the Owners.　333

23. Law and Arbitration　334

*) (a) This Slot Charter Party shall be governed by and construed in　335
   accordance with English law and any dispute arising out of this Slot　336
   Charter Party shall be referred to arbitration in London in accordance　337
   with the Arbitration Acts 1950 and 1979 or any statutory modification or　338
   re-enactment thereof for the time being in force, one arbitrator being　339
   appointed by each party. On the receipt by one party of the nomination in　340
   writing of the other party's arbitrator, that party shall appoint their　341
   arbitrator within fourteen days, failing which the decision of the single　342
   Arbitrator appointed shall apply. If two Arbitrators properly appointed　343
   shall not agree they shall appoint an umpire whose decision shall be　344
   final. The Arbitrators shall be commercial men engaged in shipping.　345
*) (b) This Slot Charter Party shall be governed by and construed in　346
   accordance with Title 9 of the United States Code and the Maritime Law of　347
   the United States and should any dispute arise out of this Slot Charter　348
   Party, the matter in dispute shall be referred to three persons at New　349
   York, one to be appointed by each of the parties hereto, and the third by　350
   the two so chosen; their decision or that of any two of them shall be final,　351
   and for purpose of enforcing any award, this agreement may be made a　352
   rule of the Court. The Arbitrators shall be commercial men engaged in　353
   shipping.　354
*) (c) Any dispute arising out of this Slot Charter Party shall be referred to　355
   arbitration at the place indicated in Box 23, subject to the procedures　356
   applicable there. The laws of the place indicated in Box 23 shall govern　357
   this Slot Charter Party.　358
  (d)If Box 23 in PART I is not filled in, sub-clause (a) of this Clause shall　359
   apply.　360
*) *(a), (b) and (c) are alternatives; indicate alternative agreed in Box 23.*　361

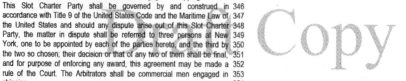

5. 표준 선하증권

(1) CONLINEBILL 2000

Page 1

Shipper (full style and address)	**BIMCO LINER BILL OF LADING** **CODE NAME: "CONLINEBILL 2000"** Amended January 1950; August 1952; January 1973; July 1974; August 1976; January 1978; November 2000.	
Consignee (full style and address) or Order	B/L No.	Reference No.
	Vessel	
Notify Party (full style and address)	Port of loading	
	Port of discharge	

PARTICULARS DECLARED BY THE SHIPPER BUT NOT ACKNOWLEDGED BY THE CARRIER

Container No./Seal No./Marks and Numbers	Number and kind of packages; description of cargo	Gross weight, kg	Measurement, m³

Draft Copy

SHIPPED on board in apparent good order and condition (unless otherwise stated herein) the total number of Containers/Packages or Units indicated in the Box opposite entitled "Total number of Containers/Packages or Units received by the Carrier" and the cargo as specified above, weight, measure, marks, numbers, quality, contents and value unknown, for carriage to the Port of discharge or so near thereunto as the vessel may safely get and lie always afloat, to be delivered in the like good order and condition at the Port of discharge unto the lawful holder of the Bill of Lading, on payment of freight as indicated to the right plus other charges incurred in accordance with the provisions contained in this Bill of Lading. In accepting this Bill of Lading the Merchant* expressly accepts and agrees to all its stipulations on both Page 1 and Page 2, whether written, printed, stamped or otherwise incorporated, as fully as if they were all signed by the Merchant. One original Bill of Lading must be surrendered duly endorsed in exchange for the cargo or delivery order, whereupon all other Bills of Lading to be void. IN WITNESS whereof the Carrier, Master or their Agent has signed the number of original Bills of Lading stated below right, all of this tenor and date.

Total number of Containers/Packages or Units received by the Carrier	
Shipper's declared value	Declared value charge
Freight details and charges	

Carrier's name/principal place of business	Date shipped on board	Place and date of issue
	Number of original Bills of Lading	
	Pre-carriage by**	
Signature .... Carrier or, for the Carrier .... as Master (Master's name/signature) .... as Agents (Agent's name/signature)	Place of receipt by pre-carrier**	
	Place of delivery by on-carrier**	

*As defined hereinafter (Cl. 1)
**Applicable only when pre-/on-carriage is arranged in accordance with Clause 8

Printed and sold by Fr. G. Knudtzons Bogtrykkeri A/S, Vallensbaekvej 61, DK-2625 Vallensbaek, Fax: +45 4366 070

BIMCO LINER BILL OF LADING

Code Name: "CONLINEBILL 2000"

1. Definition.
"Merchant" includes the shipper, the receiver, the consignor, the consignee, the holder of the Bill of Lading, the owner of the cargo and any person entitled to possession of the cargo.

2. Notification.
Any mention in this Bill of Lading of parties to be notified of the arrival of the cargo is solely for the information of the Carrier and failure to give such notification shall not involve the Carrier in any liability nor relieve the Merchant of any obligation hereunder.

3. Liability for Carriage Between Port of Loading and Port of Discharge.
(a) The International Convention for the Unification of Certain Rules of Law relating to Bills of Lading signed at Brussels on 25 August 1924 ("the Hague Rules") as amended by the Protocol signed at Brussels on 23 February 1968 ("the Hague-Visby Rules") and as enacted in the country of shipment shall apply to this Contract. When the Hague-Visby Rules are not enacted in the country of shipment, the corresponding legislation of the country of destination shall apply, irrespective of whether such legislation may only regulate outbound shipments.
When there is no enactment of the Hague-Visby Rules in either the country of shipment or in the country of destination, the Hague-Visby Rules shall apply to this Contract save where the Hague Rules as enacted in the country of shipment or, if no such enactment is in place, the Hague Rules as enacted in the country of destination apply compulsorily to this Contract.
The Protocol signed at Brussels on 21 December 1979 ("the SDR Protocol 1979") shall apply where the Hague-Visby Rules apply, whether mandatorily or by this Contract.
The Carrier shall in no case be responsible for loss of or damage to cargo arising prior to loading, after discharging, or with respect to deck cargo and live animals.
(b) If the Carrier is held liable in respect of delay, consequential loss or damage other than loss of or damage to the cargo, the liability of the Carrier shall be limited to the freight for the carriage covered by this Bill of Lading, or to the limitation amount as determined in sub-clause 3(a), whichever is the lesser.
(c) The aggregate liability of the Carrier and/or any of his servants, agents or independent contractors under this Contract shall, in no circumstances, exceed the limits of liability for the total loss of the cargo under sub-clause 3(a) or, if applicable, the Additional Clause.

4. Law and Jurisdiction.
Disputes arising out of or in connection with this Bill of Lading shall be exclusively determined by the courts and in accordance with the law of the place where the Carrier has his principal place of business, as stated on Page 1, except as provided elsewhere herein.

5. The Scope of Carriage.
The intended carriage shall not be limited to the direct route but shall be deemed to include any proceeding or returning to or stopping or slowing down at or off any ports or places for any reasonable purpose connected with the carriage including bunkering, loading, discharging, or other cargo operations and maintenance of Vessel and crew.

6. Substitution of Vessel.
The Carrier shall be at liberty to carry the cargo or part thereof to the Port of discharge by the said or other vessel or vessels either belonging to the Carrier or others, or by other means of transport, proceeding either directly or indirectly to such port.

7. Transhipment.
The Carrier shall be at liberty to tranship, lighter, land and store the cargo either on shore or afloat and reship and forward the same to the Port of discharge.

8. Liability for Pre- and On-Carriage.
When the Carrier arranges pre-carriage of the cargo from a place other than the Vessel's Port of loading or on-carriage of the cargo to a place other than the Vessel's Port of discharge, the Carrier shall contract as the Merchant's Agent only and the Carrier shall not be liable for any loss or damage arising during any part of the carriage other than between the Port of loading and the Port of discharge even though the freight for the whole carriage has been collected by him.

9. Loading and Discharging.
(a) Loading and discharging of the cargo shall be arranged by the Carrier or his Agent.
(b) The Merchant shall, at his risk and expense, handle and/or store the cargo before loading and after discharging.
(c) Loading and discharging may commence without prior notice.
(d) The Merchant or his Agent shall tender the cargo when the Vessel is ready to load and as fast as the Vessel can receive including, if required by the Carrier, outside ordinary working hours notwithstanding any custom of the port. If the Merchant or his Agent fails to tender the cargo when the Vessel is ready to load or fails to load as fast as the Vessel can receive the cargo, the Carrier shall be relieved of any obligation to load such cargo, the Vessel shall be entitled to leave the port without further notice and the Merchant shall be liable to the Carrier for deadfreight and/or any overtime charges, losses, costs and expenses incurred by the Carrier.
(e) The Merchant or his Agent shall take delivery of the cargo as fast as the Vessel can discharge including, if required by the Carrier, outside ordinary working hours notwithstanding any custom of the port. If the Merchant or his Agent fails to take delivery of the cargo the Carrier's discharging of the cargo shall be deemed fulfilment of the contract of carriage. Should the cargo not be applied for within a reasonable time, the Carrier may sell the same privately or by auction. If the Merchant or his Agent fails to take delivery of the cargo as fast as the Vessel can discharge, the Merchant shall be liable to the Carrier for any overtime charges, losses, costs and expenses incurred by the Carrier.
(f) The Merchant shall accept his reasonable proportion of unidentified loose cargo.

10. Freight, Charges, Costs, Expenses, Duties, Taxes and Fines.
(a) Freight, whether paid or not, shall be considered as fully earned upon loading and non-returnable in any event. Unless otherwise specified, freight and/or charges under this Contract are payable by the Merchant to the Carrier on demand. Interest at Libor (or its successor) plus 2 per cent. shall run from fourteen days after the date when freight and charges are payable.
(b) The Merchant shall be liable for all costs and expenses of fumigation, gathering and sorting loose cargo and weighing onboard, repairing damage to and replacing packing due to excepted causes, and any extra handling of the cargo for any of the aforementioned reasons.
(c) The Merchant shall be liable for any dues, duties, taxes and charges which under any denomination may be levied, *inter alia*, on the basis of freight, weight of cargo or tonnage of the Vessel.
(d) The Merchant shall be liable for all fines, penalties, costs, expenses and losses which the Carrier, Vessel or cargo may incur through non-observance of Customs House and/or import or export regulations.
(e) The Carrier is entitled in case of incorrect declaration of contents, weights, measurements or value of the cargo to claim double the amount of freight which would have been due if such declaration had been correctly given. For the purpose of ascertaining the actual facts, the Carrier shall have the right to obtain from the Merchant the original invoice and to have the cargo inspected and its contents, weight, measurement or value verified.

11. Lien.
The Carrier shall have a lien on all cargo for any amount due under this contract and the costs of recovering the same and shall be entitled to sell the cargo privately or by auction to satisfy any such claims.

12. General Average and Salvage.
General Average shall be adjusted, stated and settled in London according to the York-Antwerp Rules 1994, or any modification thereof, in respect of all cargo, whether carried on or under deck. In the event of accident, danger, damage or disaster before or after commencement of the voyage resulting from any cause whatsoever, whether due to negligence or not, for which or for the consequence of which the Carrier is not responsible by statute, contract or otherwise, the Merchant shall contribute with the Carrier in General Average to the payment of any sacrifice, losses or expenses of a General Average nature that may be made or incurred, and shall pay salvage and special charges incurred in respect of the cargo. If a salving vessel is owned or operated by the Carrier, salvage shall be paid for as fully as if the salving vessel or vessels belonged to strangers.

13. Both-to-Blame Collision Clause.
If the Vessel comes into collision with another vessel as a result of the negligence of the other vessel and any act, negligence or default of the Master, Mariner, Pilot or the servants of the Carrier in the navigation or in the management of the Vessel, the Merchant will indemnify the Carrier against all loss or liability to the other or non-carrying vessel or her Owner in so far as such loss or liability represents loss of or damage to or any claim whatsoever of the owner of the cargo paid or payable by the other or non-carrying vessel or her Owner to the owner of the cargo and set-off, recouped or recovered by the other or non-carrying vessel or her Owner as part of his claim against the carrying vessel or Carrier. The foregoing provisions shall also apply where the Owner, operator or those in charge of any vessel or vessels or objects other than, or in addition to, the colliding vessels or objects are at fault in respect of a collision or contact.

14. Government directions, War, Epidemics, Ice, Strikes, etc.
(a) The Master and the Carrier shall have liberty to comply with any order or directions or recommendations in connection with the carriage under this Contract given by any Government or Authority, or anybody acting or purporting to act on behalf of such Government or Authority, or having under the terms of the insurance on the Vessel the right to give such orders or directions or recommendations.
(b) Should it appear that the performance of the carriage would expose the Vessel or any cargo onboard to risk of seizure, damage or delay, in consequence of war, warlike operations, blockade, riots, civil commotions or piracy, or any person onboard to risk of loss of life or freedom, or that any such risk has increased, the Master may discharge the cargo at the Port of loading or any other safe and convenient port.
(c) Should it appear that epidemics; quarantine; ice; labour troubles, labour obstructions, strikes, lockouts (whether onboard or on shore); difficulties in loading or discharging would prevent the Vessel from leaving the Port of loading or reaching or entering the Port of discharge or there discharging in the usual manner and departing therefrom, all of which safely and without unreasonable delay, the Master may discharge the cargo at the Port of loading or any other safe and convenient port.
(d) The discharge, under the provisions of this Clause, of any cargo shall be deemed due fulfilment of the contract of carriage.
(e) If in connection with the exercise of any liberty under this Clause any extra expenses are incurred they shall be paid by the Merchant in addition to the freight, together with return freight, if any, and a reasonable compensation for any extra services rendered to the cargo.

15. Defences and Limits of Liability for the Carrier, Servants and Agents.
(a) It is hereby expressly agreed that no servant or agent of the Carrier (which for the purpose of this Clause includes every independent contractor from time to time employed by the Carrier) shall in any circumstances whatsoever be under any liability whatsoever to the Merchant under this Contract of carriage for any loss, damage or delay of whatsoever kind arising or resulting directly or indirectly from any act, neglect or default on his part while acting in the course of or in connection with his employment.
(b) Without prejudice to the generality of the foregoing provisions in this Clause, every exemption from liability, limitation, condition and liberty herein contained and every right, defence and immunity of whatsoever nature applicable to the Carrier or to which the Carrier is entitled, shall also be available and shall extend to protect every such servant and agent of the Carrier acting as aforesaid.
(c) The Merchant undertakes that no claim shall be made against any servant or agent of the Carrier and, if any claim should nevertheless be made, to indemnify the Carrier against all consequences thereof.
(d) For the purpose of all the foregoing provisions of this Clause the Carrier is or shall be deemed to be acting as agent or trustee on behalf of and for the benefit of all persons who might be his servants or agents from time to time and all such persons shall to this extent be or be deemed to be parties to this Contract of carriage.

16. Stowage.
(a) The Carrier shall have the right to stow cargo by means of containers, trailers, transportable tanks, flats, pallets, or similar articles of transport used to consolidate goods.
(b) The Carrier shall have the right to carry containers, trailers, transportable tanks and covered flats, whether stowed by the Carrier or received by him in a stowed condition from the Merchant, on or under deck without notice to the Merchant.

17. Shipper-Packed Containers, trailers, transportable tanks, flats and pallets.
(a) If a container has not been filled, packed or stowed by the Carrier, the Carrier shall not be liable for any loss of or damage to its contents and the Merchant shall cover any loss or expense incurred by the Carrier, if such loss, damage or expense has been caused by:
(i) negligent filling, packing or stowing of the container;
(ii) the contents being unsuitable for carriage in container; or
(iii) the unsuitability or defective condition of the container unless the container has been supplied by the Carrier and the unsuitability or defective condition would not have been apparent upon reasonable inspection at or prior to the time when the container was filled, packed or stowed.
(b) The provisions of sub-clause (i) of this Clause also apply with respect to trailers, transportable tanks, flats and pallets which have not been filled, packed or stowed by the Carrier.
(c) The Carrier does not accept liability for damage due to the unsuitability or defective condition of reefer equipment or trailers supplied by the Merchant.

18. Return of Containers.
(a) Containers, pallets or similar articles of transport supplied by or on behalf of the Carrier shall be returned to the Carrier in the same order and condition as handed over to the Merchant, normal wear and tear excepted, with interiors clean and within the time prescribed in the Carrier's tariff or elsewhere.
(b) The Merchant shall be liable to the Carrier for any loss, damage to, or delay, including demurrage and detention incurred by or sustained to containers, pallets or similar articles of transport during the period between handing over to the Merchant and return to the Carrier.

ADDITIONAL CLAUSE

U.S. Trade. Period of Responsibility.
(i) In case the Contract evidenced by this Bill of Lading is subject to the Carriage of Goods by Sea Act of the United States of America, 1936 (U.S. COGSA), then the provisions stated in said Act shall govern before loading and after discharge and throughout the entire time the cargo is in the Carrier's custody and in which event freight shall be payable on the cargo coming into the Carrier's custody.
(ii) If the U.S. COGSA applies, and unless the nature and value of the cargo has been declared by the shipper before the cargo has been handed over to the Carrier and inserted in this Bill of Lading, the Carrier shall in no event be or become liable for any loss or damage to the cargo in an amount exceeding USD 500 per package or customary freight unit.

(2) CONGENBILL 2007

BIMCO

CONGENBILL 2007
BILL OF LADING
To be used with charter parties
Page 1

Shipper	Bill of Lading No.	Reference No.
Consignee	Vessel	
Notify address	Port of loading	
	Port of discharge	

Shipper's description of goods — Gross weight

(of which _____ on deck at shipper's risk; the Carrier not being responsible for loss or damage howsoever arising)

Freight payable as per CHARTER PARTY dated:

SHIPPED at the Port of Loading in apparent good order and condition on the Vessel for carriage to the Port of Discharge or so near thereto as the Vessel may safely get the goods specified above.

Weight, measure, quality, quantity, condition, contents and value unknown.

FREIGHT ADVANCE.
Received on account of freight:

IN WITNESS whereof the Master or Agent of the said vessel has signed the number of Bills of Lading indicated below all of this tenor and date, any one of which being accomplished the others shall be void.

FOR CONDITIONS OF CARRIAGE SEE OVERLEAF.

Date shipped on board	Place and date of issue	Number of original Bills of Lading

Signature:

(i) .... Master
Master's name and signature
Or
(ii) .... as Agent for the Master
Agent's name and signature
Or
(iii) .... as Agent for the Owner*
Agent's name and signature
.... Owner
*if option (iii) filled in, state Owner's name above

Sample copy

CONGENBILL 2007
BILL OF LADING
To be used with charter parties
Page 2

Conditions of Carriage

(1) All terms and conditions, liberties and exceptions of the Charter Party, dated as overleaf, including the Law and Arbitration Clause/Dispute Resolution Clause, are herewith incorporated.

(2) **General Paramount Clause**
The International Convention for the Unification of Certain Rules of Law relating to Bills of Lading signed at Brussels on 25 August 1924 ("the Hague Rules") as amended by the Protocol signed at Brussels on 23 February 1968 ("the Hague-Visby Rules") and as enacted in the country of shipment shall apply to this Contract. When the Hague-Visby Rules are not enacted in the country of shipment, the corresponding legislation of the country of destination shall apply, irrespective of whether such legislation may only regulate outbound shipments.

When there is no enactment of the Hague-Visby Rules in either the country of shipment or in the country of destination, the Hague-Visby Rules shall apply to this Contract save where the Hague Rules as enacted in the country of shipment or if no such enactment is in place, the Hague Rules as enacted in the country of destination apply compulsorily to this Contract.

The Protocol signed at Brussels on 21 December 1979 ("the SDR Protocol 1979") shall apply where the Hague-Visby Rules apply, whether mandatorily or by this Contract.

The Carrier shall in no case be responsible for loss of or damage to cargo arising prior to loading, after discharging, or while the cargo is in the charge of another carrier, or with respect to deck cargo and live animals.

(3) **General Average**
General Average shall be adjusted, stated and settled according to York-Antwerp Rules 1994 in London unless another place is agreed in the Charter Party.

Cargo's contribution to General Average shall be paid to the Carrier even when such average is the result of a fault, neglect or error of the Master, Pilot or Crew.

(4) **New Jason Clause**
In the event of accident, danger, damage or disaster before or after the commencement of the voyage, resulting from any cause whatsoever, whether due to negligence or not, for which, or for the consequence of which, the Carrier is not responsible, by statute, contract or otherwise, the cargo, shippers, consignees or the owners of the cargo shall contribute with the Carrier in General Average to the payment of any sacrifices, losses or expenses of a General Average nature that may be made or incurred and shall pay salvage and special charges incurred in respect of the cargo. If a salving vessel is owned or operated by the Carrier, salvage shall be paid for as fully as if the said salving vessel or vessels belonged to strangers. Such deposit as the Carrier, or his agents, may deem sufficient to cover the estimated contribution of the goods and any salvage and special charges thereon shall, if required, be made by the cargo, shippers, consignees or owners of the goods to the Carrier before delivery.

(5) **Both-to-Blame Collision Clause**
If the Vessel comes into collision with another vessel as a result of the negligence of the other vessel and any act, neglect or default of the Master, Mariner, Pilot or the servants of the Carrier in the navigation or in the management of the Vessel, the owners of the cargo carried hereunder will indemnify the Carrier against all loss or liability to the other or non-carrying vessel or her owners in so far as such loss or liability represents loss of, or damage to, or any claim whatsoever of the owners of said cargo, paid or payable by the other or non-carrying vessel or her owners to the owners of said cargo and set-off, recouped or recovered by the other or non-carrying vessel or her owners as part of their claim against the carrying Vessel or the Carrier. The foregoing provisions shall also apply where the owners, operators or those in charge of any vessel or vessels or objects other than, or in addition to, the colliding vessels or objects are at fault in respect of a collision or contact.

For particulars of cargo, freight,
destination, etc., see overleaf.

6. 표준 해난구조계약서(Lloyd's Standard Form of Salvage Agreement-No Cure No Pay: LOF 2000)

LLOYD'S

LLOYD'S STANDARD FORM OF
SALVAGE AGREEMENT

(APPROVED AND PUBLISHED BY THE COUNCIL OF LLOYD'S)

LLOYD'S STANDARD SALVAGE AND ARBITRATION CLAUSES

1. INTRODUCTION

1.1.   These clauses ("the LSSA Clauses") or any revision thereof which may be published with the approval of the Council of Lloyd's are incorporated into and form an integral part of every contract for the performance of salvage services undertaken on the terms of Lloyd's Standard Form of Salvage Agreement as published by the Council of Lloyd's and known as LOF 2000 ("the Agreement" which expression includes the LSSA clauses and Lloyd's Procedural Rules referred to in Clause 6).

1.2.   All notices communications and other documents required to be sent to the Council of Lloyd's should be sent to:

> Salvage Arbitration Branch
> Lloyd's
> One Lime Street
> London EC3M 7HA
>
> Tel: +44 (0) 20 7327 5408/5407/5849
> Fax: +44 (0) 20 7327 6827/5252
> E-mail: lloyds-salvage@lloyds.com

2. OVERRIDING OBJECTIVE

In construing the Agreement or on the making of any arbitral order or award regard shall be had to the overriding purposes of the Agreement namely:

(a)   to seek to promote safety of life at sea and the preservation of property at sea and during the salvage operations to prevent or minimise damage to the environment;

(b)   to ensure that its provisions are operated in good faith and that it is read and understood to operate in a reasonably businesslike manner;

(c)   to encourage cooperation between the parties and with relevant authorities;

(d)   to ensure that the reasonable expectations of salvors and owners of salved property are met and

(e)   to ensure that it leads to a fair and efficient disposal of disputes between the parties whether amicably, by mediation or by arbitration within a reasonable time and at a reasonable cost.

3. DEFINITIONS

In the Agreement and unless there is an express provision to the contrary:

3.1.   "award" includes an interim or provisional award and "appeal award" means any award including any interim or provisional award made by the Appeal Arbitrator appointed under clause 10.2.

3.2.   "personal effects or baggage" as referred to in Box 2 of the Agreement means those which the passenger, Master and crew member have in their cabin or are otherwise in their possession, custody or control and shall include any private motor vehicle accompanying a passenger and any personal effects or baggage in or on such vehicle.

3.3.   "Convention" means the International Convention on Salvage 1989 as enacted by section 224, Schedule II of the Merchant Shipping Act 1995 (and any amendment of either) and any term or expression in the Convention has the same meaning when used in the Agreement.

3.4. "Council" means the Council of Lloyd's

3.5. "days" means calendar days

3.6. "Owners" means the owners of the property referred to in box 2 of the Agreement

3.7. "owners of the vessel" includes the demise or bareboat charterers of that vessel.

3.8. "special compensation" refers to the compensation payable to salvors under Article 14 of the Convention.

3.9. "Scopic Clause" refers to the agreement made between (1) members of the International Salvage Union (2) the International Group of P&I Clubs and (3) certain property underwriters which first became effective on 1st August 1999 and includes any replacement or revision thereof. All references to the Scopic Clause in the Agreement shall be deemed to refer to the version of the Scopic Clause current at the date the Agreement is made.

4. **PROVISIONS AS TO SECURITY, MARITIME LIEN AND RIGHT TO ARREST**

4.1. The Contractors shall immediately after the termination of the services or sooner notify the Council and where practicable the Owners of the amount for which they demand salvage security (inclusive of costs expenses and interest) from each of the respective Owners.

4.2. Where a claim is made or may be made for special compensation the owners of the vessel shall on the demand of the Contractors whenever made provide security for the Contractors claim for special compensation provided always that such demand is made within 2 years of the date of termination of the services.

4.3. The security referred to in clauses 4.1. and 4.2. above shall be demanded and provided in the currency specified in Box 4 or in United States Dollars if no such alternative currency has been agreed.

4.4. The amount of any such security shall be reasonable in the light of the knowledge available to the Contractors at the time when the demand is made and any further facts which come to the Contractors' attention before security is provided. The arbitrator appointed under clause 5 hereof may, at any stage of the proceedings, order that the amount of security be reduced or increased as the case may be.

4.5. Unless otherwise agreed such security shall be provided (i) to the Council (ii) in a form approved by the Council and (iii) by persons firms or corporations either acceptable to the Contractors or resident in the United Kingdom and acceptable to the Council. The Council shall not be responsible for the sufficiency (whether in amount or otherwise) of any security which shall be provided nor the default or insolvency of any person firm or corporation providing the same.

4.6. The owners of the vessel including their servants and agents shall use their best endeavours to ensure that none of the property salved is released until security has been provided in respect of that property in accordance with clause 4.5.

4.7. Until security has been provided as aforesaid the Contractors shall have a maritime lien on the property salved for their remuneration.

4.8. Until security has been provided the property salved shall not without the consent in writing of the Contractors (which shall not be unreasonably withheld) be removed from the place to which it has been taken by the Contractors under clause A. Where such consent is given by the Contractors on condition that they are provided with temporary security pending completion of the voyage the Contractors maritime lien on the property salved shall remain in force to the extent necessary to enable the Contractors to compel the provision of security in accordance with clause 4.5.

4.9. The Contractors shall not arrest or detain the property salved unless:
   (i) security is not provided within 21 days after the date of the termination of the services or
   (ii) they have reason to believe that the removal of the property salved is contemplated contrary to clause 4.8. or
   (iii) any attempt is made to remove the property salved contrary to clause 4.8.

5. **APPOINTMENT OF ARBITRATOR**

5.1. Whether or not security has been provided the Council shall appoint an arbitrator ("the Arbitrator") upon receipt of a written request provided that any party requesting such appointment shall if required by the Council undertake to pay the reasonable fees and expenses of the Council including those of the Arbitrator and the Appeal Arbitrator.

5.2. The Arbitrator and the Council may charge reasonable fees and expenses for their services whether the arbitration proceeds to a hearing or not and all such fees and expenses shall be treated as part of the costs of the arbitration.

6. **ARBITRATION PROCEDURE AND ARBITRATORS POWERS**

6.1. The arbitration shall be conducted in accordance with the Procedural Rules approved by the Council ("Lloyd's Procedural Rules") in force at the time the Arbitrator is appointed.

6.2. The arbitration shall take place in London unless (i) all represented parties agree to some other place for the whole or part of the arbitration and (ii) any such agreement is approved by the Council on such terms as to the payment of the Arbitrator's travel and accommodation expenses as it may see fit to impose.

6.3. The Arbitrator shall have power in his absolute discretion to include in the amount awarded to the Contractors the whole or part of any expenses reasonably incurred by the Contractors in:
    (i)   ascertaining demanding and obtaining the amount of security reasonably required in accordance with clause 4.5
    (ii)   enforcing and/or protecting by insurance or otherwise or taking reasonable steps to enforce and/or protect their lien

6.4. The Arbitrator shall have power to make but shall not be bound to make a consent award between such parties as so consent with or without full arbitral reasons

6.5. The Arbitrator shall have power to make a provisional or interim award or awards including payments on account on such terms as may be fair and just

6.6. Awards in respect of salvage remuneration or special compensation (including payments on account) shall be made in the currency specified in Box 4 or in United States dollars if no such alternative currency has been agreed.

6.7. The Arbitrator's award shall (subject to appeal as provided in clause 10) be final and binding on all the parties concerned whether they were represented at the arbitration or not and shall be published by the Council in London.

7.   **REPRESENTATION OF PARTIES**

7.1. Any party to the Agreement who wishes to be heard or to adduce evidence shall appoint an agent or representative ordinarily resident in the United Kingdom to receive correspondence and notices for and on behalf of that party and shall give written notice of such appointment to the Council.

7.2. Service on such agent or representative by post or facsimile shall be deemed to be good service on the party which has appointed that agent or representative.

7.3. Any party who fails to appoint an agent or representative as aforesaid shall be deemed to have renounced his right to be heard or adduce evidence.

8.   **INTEREST**

8.1. Unless the Arbitrator in his discretion otherwise decides the Contractors shall be entitled to interest on any sums awarded in respect of salvage remuneration or special compensation (after taking into consideration any sums already paid to the Contractors on account) from the date of termination of the services until the date on which the award is published by the Council and at a rate to be determined by the Arbitrator.

8.2. In ordinary circumstances the Contractors' interest entitlement shall be limited to simple interest but the Arbitrator may exercise his statutory power to make an award of compound interest if the Contractors have been deprived of their salvage remuneration or special compensation for an excessive period as a result of the Owners gross misconduct or in other exceptional circumstances.

8.3. If the sum(s) awarded to the Contractors (including the fees and expenses referred to in clause 5.2) are not paid to the Contractors or to the Council by the payment date specified in clause 11.1 the Contractors shall be entitled to additional interest on such outstanding sums from the payment date until the date payment is received by the Contractors or the Council both dates inclusive and at a rate which the Arbitrator shall in his absolute discretion determine in his award.

9.   **CURRENCY CORRECTION**

In considering what sums of money have been expended by the Contractors in rendering the services and/or in fixing the amount of the award and/or appeal award the Arbitrator or Appeal Arbitrator shall to such an extent and insofar as it may be fair and just in all the circumstances give effect to the consequences of any change or changes in the relevant rates of exchange which may have occurred between the date of termination of the services and the date on which the award or appeal award is made.

10.   **APPEALS AND CROSS APPEALS**

10.1. Any party may appeal from an award by giving written Notice of Appeal to the Council provided such notice is received by the Council no later than 21 days after the date on which the award was published by the Council.

10.2. On receipt of a Notice of Appeal the Council shall refer the appeal to the hearing and determination of an appeal arbitrator of its choice ("the Appeal Arbitrator").

10.3. Any party who has not already given Notice of Appeal under clause 10.1 may give a Notice of Cross Appeal to the Council within 21 days of that party having been notified that the Council has received Notice of Appeal from another party.

10.4. Notice of Appeal or Cross Appeal shall be given to the Council by letter telex facsimile or in any other permanent form. Such notification if sent by post shall be deemed received on the working day following the day of posting.

10.5. If any Notice of Appeal or Notice of Cross Appeal is withdrawn prior to the hearing of the appeal arbitration, that appeal arbitration shall nevertheless proceed for the purpose of determining any matters which remain outstanding.

10.6. The Appeal Arbitrator shall conduct the appeal arbitration in accordance with Lloyd's Procedural Rules so far as applicable to an appeal.

10.7. In addition to the powers conferred on the Arbitrator by English law and the Agreement, the Appeal Arbitrator shall have power to:
    (i)   admit the evidence or information which was before the Arbitrator together with the Arbitrator's Notes and Reasons for his award, any transcript of evidence and such additional evidence or information as he may think fit;
    (ii)   confirm increase or reduce the sum(s) awarded by the Arbitrator and to make such order as to the payment of interest on such sum(s) as he may think fit;
    (iii) confirm revoke or vary any order and/or declaratory award made by the Arbitrator;
    (iv) award interest on any fees and expenses charged under clause 10.8 from the expiration of 28 days after the date of publication by the Council of the Appeal Arbitrator's award until the date payment is received by the Council both dates inclusive.

10.8. The Appeal Arbitrator and the Council may charge reasonable fees and expenses for their services in connection with the appeal arbitration whether it proceeds to a hearing or not and all such fees and expenses shall be treated as part of the costs of the appeal arbitration.

10.9. The Appeal Arbitrator's award shall be published by the Council in London.

11. **PROVISIONS AS TO PAYMENT**

11.1. When publishing the award the Council shall call upon the party or parties concerned to pay all sums due from them which are quantified in the award (including the fees and expenses referred to in clause 5.2) not later than 28 days after the date of publication of the award ("the payment date")

11.2. If the sums referred to in clause 11.1 (or any part thereof) are not paid within 56 days after the date of publication of the award (or such longer period as the Contractors may allow) and provided the Council has not received Notice of Appeal or Notice of Cross Appeal the Council shall realise or enforce the security given to the Council under clause 4.5 by or on behalf of the defaulting party or parties subject to the Contractors providing the Council with any indemnity the Council may require in respect of the costs the Council may incur in that regard.

11.3. In the event of an appeal and upon publication by the Council of the appeal award the Council shall call upon the party or parties concerned to pay the sum(s) awarded. In the event of non-payment and subject to the Contractors providing the Council with any costs indemnity required as referred to in clause 11.2 the Council shall realise or enforce the security given to the Council under clause 4.5 by or on behalf of the defaulting party.

11.4. If any sum(s) shall become payable to the Contractors in respect of salvage remuneration or special compensation (including interest and/or costs) as the result of an agreement made between the Contractors and the Owners or any of them, the Council shall, if called upon to do so and subject to the Contractors providing to the Council any costs indemnity required as referred to in clause 11.2 realise or enforce the security given to the Council under clause 4.5 by or on behalf of that party.

11.5. Where (i) no security has been provided to the Council in accordance with clause 4.5 or (ii) no award is made by the Arbitrator or the Appeal Arbitrator (as the case may be) because the parties have been able to settle all matters in issue between them by agreement the Contractors shall be responsible for payment of the fees and expenses referred to in clause 5.2 and (if applicable) clause 10.8. Payment of such fees and expenses shall be made to the Council within 28 days of the Contractors or their representatives receiving the Council's invoice failing which the Council shall be entitled to interest on any sum outstanding at UK Base Rate prevailing on the date of the invoice plus 2% per annum until payment is received by the Council.

11.6. If an award or appeal award directs the Contractors to pay any sum to any other party or parties including the whole or any part of the costs of the arbitration and/or appeal arbitration the Council may deduct from sums received by the Council on behalf of the Contractors the amount(s) so payable by the Contractors unless the Contractors provide the Council with satisfactory security to meet their liability.

11.7. Save as aforesaid all sums received by the Council pursuant to this clause shall be paid by the Council to the Contractors or their representatives whose receipt shall be a good discharge to it.

11.8. Without prejudice to the provisions of clause 4.5 the liability of the Council shall be limited to the amount of security provided to it.

GENERAL PROVISIONS

12. **Lloyd's documents:** Any award notice authority order or other document signed by the Chairman of Lloyd's or any person authorised by the Council for the purpose shall be deemed to have been duly made or given by the Council and shall have the same force and effect in all respects as if it had been signed by every member of the Council.

13. **Contractors personnel and subcontractors**.

13.1. The Contractors may claim salvage on behalf of their employees and any other servants or agents who participate in the services and shall upon request provide the owners with a reasonably satisfactory indemnity against all claims by or liabilities to such employees servants or agents.

13.2. The Contractors may engage the services of subcontractors for the purpose of fulfilling their obligations under clauses A and B of the Agreement but the Contractors shall nevertheless remain liable to the Owners for the due performance of those obligations.

13.3. In the event that subcontractors are engaged as aforesaid the Contractors may claim salvage on behalf of the subcontractors including their employees servants or agents and shall, if called upon so to do provide the Owners with a reasonably satisfactory indemnity against all claims by or liabilities to such subcontractors their employees servants or agents.

14. **Disputes under Scopic Clause.**

Any dispute arising out of the Scopic Clause (including as to its incorporation or invocation) or the operations thereunder shall be referred for determination to the Arbitrator appointed under clause 5 hereof whose award shall be final and binding subject to appeal as provided in clause 10 hereof.

15. **Lloyd's Publications**.

Any guidance published by or on behalf of the Council relating to matters such as the Convention the workings and implementation of the Agreement is for information only and forms no part of the Agreement.

LLOYD'S

판례 찾아보기

사항 찾아보기

저자약력

서울대학교 법과대학 졸업
LL.M.(미국 미시간대학교 로스쿨)
법학박사(서울대학교)
한국 변호사(사법시험 제21회, 사법연수원 제11기)
미국 뉴욕주 변호사
前 연세대학교 법과대학 교수(상법 담당)
前 김·장 법률사무소, 영국 법률회사 Holman Fenwick Willan 근무
前 해양수산부 고문변호사, 법무부 상법 항공운송편 제정 특별분과위원회 위원,
　금융감독원 금융분쟁자문위원, 금융감독원 감리위원회 위원, 보험감독원 보험분쟁조정위원,
　금융감독원 분쟁조정위원(보험분야), 전자거래 분쟁조정위원
前 사법연수원, 서울대학교 법학연구소, 고려대학교 법무대학원, 경희대학교 법무대학원,
　명지대학교 법학과, 상지대학 강사
現 법무법인 세경 대표변호사
　대한상사중재원 중재인 및 해사중재자문위원
　한국해법학회 수석부회장
　법무부 해상보험개정위원회 위원

제 2 판

해상법상론

초판발행	2009년 8월 15일
제 2 판인쇄	2014년 3월 15일
제 2 판발행	2014년 3월 25일

지은이	최종현
펴낸이	안종만

편 집	우석진·이재홍
기획/마케팅	조성호
표지디자인	최은정
제 작	우인도·고철민

펴낸곳	(주) **박영사**
	서울특별시 종로구 평동 13-31번지
	등록 1959. 3. 11. 제300-1959-1호(倫)
전 화	02)733-6771
f a x	02)736-4818
e-mail	pys@pybook.co.kr
homepage	www.pybook.co.kr
ISBN	979-11-303-2578-1 93360

정 가   49,000원